中国近现代史学思潮与流派（1840—1949）

上　册

本册著者　　胡逢祥　张文建

商务印书馆
创于1897 The Commercial Press
2019年·北京

图书在版编目（CIP）数据

中国近现代史学思潮与流派：1840—1949：全三册/胡逢祥等著. — 北京：商务印书馆，2019
ISBN 978-7-100-16469-6

Ⅰ.①中… Ⅱ.①胡… Ⅲ.①史学－研究－中国－1840-1949 Ⅳ.①K092

中国版本图书馆CIP数据核字（2018）第182105号

中国近现代史学思潮与流派（1840—1949）
（全三册）
胡逢祥 等著

商 务 印 书 馆 出 版
（北京王府井大街36号 邮政编码 100710）
商 务 印 书 馆 发 行
三河市尚艺印装有限公司印刷
ISBN 978－7－100－16469－6

2019年7月第1版　　开本 680×960 1/16
2019年7月第1次印刷　　印张 85

定价：180.00元

总目

上册

下 册

上册目录

绪 论

一、近代社会变迁与传统史学的转型

史学是中国文化中历史最为悠久的一种学术，几千年来，它一直以“道统相传”的方式递嬗并加固自己，逐渐构筑起世界文化史上独特而根植深厚的传统史学体系，直到近代[①]，才在西学浪潮的碰撞激发下，卷入国际学术的潮流，开始了深刻的裂变和转型过程。

史学的兴衰递变，历来与社会的风云变幻息息相关。在中国古代，社会的治乱兴衰、民生的升降荣枯、王朝的盛衰存亡、疆域的分合消长，无不激起过史学的种种变化。但这些变化，都只是同一文化构体内的自我修复更新或层累堆积式的增高发展，而未能改变其基本的知识架构和自古以来相沿不替的文脉。然而，进入近代社会后，这一史学演变的惯性却被无情地打断了。

鸦片战争后，随着外国资本主义对华政治、经济、军事侵略的不断加深，中国社会开始急遽地走上了半殖民地半封建的道路。中国的领土完整和主权独立逐渐丧失，以自给自足为主的农业自然经济日趋遭到侵蚀。与此同时，在西方资本主义商品经济的不断冲击下，国内资本主义因素则有了较前为快但却畸形的发展。而在文化上，因受时势激荡和逐步输入的西学——欧美近代思想学说和自然科学的影响，也出现了一系

---

① 在我国，“近代”这一概念一度特指1840年至1919年间的时段，此后至1949年则称“现代”。现在所说的“近代”，一般包括1840年至1949年之间的整个时间段，但在涉及学术特征的讨论时，考虑到1900年前后差异较大，为对两者有所区分，本书对20世纪上半叶这一与当代学术连接更为密切的时段，往往采用“现代”这一表述概念。

列具有社会转型意义的变动。史学的走向，同样如此。

两千多年来的中国史学，虽然不断有所发展，但从其性质和运作方式看，都未能越出传统学术的藩篱。只有在近代，其发展主流才第一次真正显示出日趋挣脱旧学羁绊而向着新型文化形态转化的趋势：历史研究的目的，渐由为历代统治者提供“资鉴”而转向为解决社会现实问题及发展新的生产关系服务，要求编写“民史”、“国史”、“社会文明史”和“人类资治通鉴”以取代“帝王教科书”的呼声日高；长期以来在史学界居统治地位的形而上学、唯古是从观念不再为许多人所崇信，而肯定社会变化进步的历史变易观、进化论和唯物史观日益传播流行；以帝王将相为中心的旧史格局渐被打破，历史研究的范围扩大到了与人类生活密切相关的社会政治、经济、文化、民俗等各方面，一些与现实直接相关的课题更成为史学界探讨的重点；越来越多的人开始接受和运用近代科学方法治史；在史书体例、文字等表现形式上，也日趋大众化和通俗化。新文化运动以后，推进历史学的科学化更成为国内各派新史家共识。

就学术自身的性质而言，中国史学向现代转型的一个突出标志，便是逐步改变在传统学术中作为封建法定政治学——经学的附庸地位，开始走向真正具有现代意义的学科独立化。

先秦时期，史为包举各种人类知识的总称，史官代表统治者垄断了一切文化知识。故梁启超认为：“中国古代，史外无学，举凡人类智识之记录，无不丛纳之于史。厥后经二千年分化之结果，各科次第析出。”① 自汉至清两千年间，总天下学术为一的状况虽不断有所改进，然历代统治者为巩固其专制权威起见，运用政治权力，定儒家经学于一尊，并在此基础上确立起整个传统学术的层次结构和主从关系，使史学与其他学术均降为经学的附庸（尽管史学受经学束缚的程度各时代并不相同，但此种基本定势，始终存在）。《汉书》以后历代官修正史的倾向自不消说，即私家修史，亦多有以“载道”和“羽翼经训”相尚者。事实上，在这一文化体制中，统治者不仅严格掌控了当代史的纂修权，即

① 梁启超：《中国历史研究法》，《饮冰室合集·专集之七十三》，中华书局1932年版，第30页。

一般民间私人的史学活动也很难越出其意识形态的牢笼之外。宋以后，随着中央专制集权的加强，经学的变种——理学日益贯注于史学。如范祖禹的《唐鉴》，因吸取了不少理学观点，而大为程颐称赞，以为“三代以后无此议论”，“足以垂世”。[①]朱熹更是力倡：“读书须是以经为本，而后读史。”浙东学派的吕祖谦因提倡读史，稍稍偏离了这一轨道，便被他斥为舍本逐末，“于史分外子细，于经却不甚理会”，“抬得司马迁不知大小，恰比孔子相似”。[②]其《通鉴纲目》之作，即是这种以经贯史主张的实践。旧史学对经学的依附特性，一方面形成了崇尚“春秋笔法”，讲求“经世资治”的深厚传统，同时也限制了它本身的独立发展。

进入近代社会以后，随着王朝帝制走向最后崩溃，作为其政治精神支柱和理论基础的经学，也渐失去了赖以安身立命之地而趋于衰落。于是，史学始得逐步挣脱经学的羁绊，走上独立发展的道路。这种学术演变的新动向，在近代一些进步史家的论述中可以很清楚地感受到。如近代早期的龚自珍，在当时一般士人尚心营目注于经学之时，便针对“号为治经则道尊，号为治史则道绌”的流俗之见，力倡“尊史”之说，以为今日之所谓“经”，不过是古代之史，史学乃关系国家盛衰之说，故“欲知大道，必先为史”[③]；20世纪初新史学思潮兴起后，更十分强调史学的重要性。梁启超提出：“史学者，学问之最博大而最切要者也，国民之明镜也，爱国心之源泉也。今日欧洲民族主义所以发达，列国所以日进文明，史学之功居其半焉。”[④]马叙伦也在《国粹学报》撰文说：“史者，所以纲维群物而条具事理者也。是故一朝之典故，一代之政俗，而盛衰之由、沿革之数、民族之原、教化之本、人物之繁、食货之重，莫不史乎系之。”[⑤]值得注意的是，这种观点与宋明以来某些学者提倡的“六经皆史”说，虽同是要求提高史学的地位，出发点已大为不同。后者之重史学，大多是从“经史同源”的角度去体会的，即认为经史作用

---

① 程颢、程颐：《河南程氏外书》卷一二，《二程集》第二册，中华书局1981年版，第443、439页。

② 参见《朱子语类》卷一二二，中华书局1986年版，第2951页。

③ 龚自珍：《尊史》，《龚自珍全集》，中华书局1959年版，第81页。

④ 梁启超：《新史学》，《饮冰室合集·文集之九》，第1页。

⑤ 马叙伦：《史学存微》，《国粹学报》1906年第19期。

相同，唯表达“道”之方式各异而已，所谓“以事言谓之史，以道言谓之经。事即道，道即事。《春秋》亦经，五经亦史”①。“经史一物也。史而不经，则为秽史矣，何以垂戒鉴乎？经而不史，则为说白话矣，何以彰事实乎？”② 其意仍在加强经史一体化，或将史学纳入经学的精神轨道，以史补经，使当时的政治理论得到新的充实。而史学之在近代受到高度重视，恰恰是以承认其学科的独立性为前提的。

如王国维在1904年就提出，学术研究应超越利害关系之外，不应视为道德、政治之手段，其所求乃“天下万世之真理，故不能尽与一时一国之利益合，且有时不能相容，此即其神圣之所存也”。如专重一时之功利，“求以合当世之用”，有时反会自失其价值。③ 章太炎也认为：“学者将以实事求是，有用与否，固不暇计求六艺者。”④ 新文化运动时期，随着民主与科学思潮的兴起，这一观念在学术界更为滋蔓。如顾颉刚认为：“学的范围原比人生的范围大得多，如果我们要求真知，我们便不能不离开了人生的约束而前进。所以在应用上虽是该作有用无用的区别，但在学问上则只当问真不真，不当问用不用。学问固然可以应用，但应用只是学问的自然的结果，而不是着手做学问时的目的。”⑤ 甚至连一向十分强调以学术经世的梁启超这时也表示：“我国人无论治何种学问，皆含有主观的作用……惟史亦然，从不肯为历史而治历史，而必侈悬一更高更美之目的——如‘明道’、‘经世’等，一切史迹，则以供吾目的之刍狗而已，其结果必至强史就我，而史家之信用乃坠地。此恶习起自孔子，而二千年之史，无不播其毒。”⑥

这些议论表明，两千多年来传统学术结构层次的坚冰已开始被打破。它的实质，显然不在于一般地否认史学的社会功用，而是要求从根

① 王阳明：《传习录》上，《王阳明全集》卷一，上海古籍出版社1992年版。

② 李贽：《经史相为表里》，《焚书》卷五，中华书局1961年版。

③ 王国维：《静安文集·论哲学家与美学家之天职》，《王国维全集》卷一，浙江教育出版社、广东教育出版社2009年版，第131页。

④ 章太炎：《与王鹤鸣书》，汤志钧编：《章太炎年谱长编》（上），中华书局1979年版，第237页。

⑤ 顾颉刚：《古史辨·自序》，《古史辨》（一），上海古籍出版社1982年版，第25—26页。

⑥ 梁启超：《中国历史研究法》，《饮冰室合集·专集之七十三》，第31页。

本上改变其充当帝王政治御用工具的传统，摆脱经学的束缚，而作为一门独立的现代学科发挥其社会作用。如王国维在提出前述看法的同时就指出，学术研究首应冲破儒学的价值观念体系，因“今日之时代，已入研究自由之时代，而非教权专制之时代，苟儒家之说而有价值也，则因研究诸子之学而益明；其无价值也，虽罢斥百家，适足滋世人之疑惑耳”①。他还要求改变那种“多托于忠君爱国、劝善惩恶”②的治学宗旨，认为：“学术之发达，存于其独立而已。然则吾国今日之学术界，一面当破中外之见，而一面毋以为政论之手段，则庶可有发达之日欤！”③应当看到，这些反传统观念在当时的提出，对于克服旧时代学术过分依附于帝王政治和缺乏独立意识的弊端，确立我国现代学术形态和健全史学的学科独立发展机制，实是一种必要的针砭和“矫枉”，因而具有明显的时代进步意义。当然，史学在近代的学科独立化，是经过了相当一个时期的发展才完成的。大抵近代前期，这种倾向只是不断加强，但经史仍时相混杂，一些有影响的史学家魏源、康有为、章太炎、刘师培等，同时又是经学家，其史学思想往往带有很浓的经学门户色彩，直到新文化运动以后，随着旧经学淡出历史舞台，史学才真正获得了独立发展。

这里，应特别指出，传统学术在近代中国的转型，虽然涉及所有的学科领域，但对于各学科来讲，其变动的程度和内涵实不尽相同。大体来说，有三种情形：一是本土原无此学科而完全从外部引入者，如社会学、人类学和相当一部分自然科学等；二是本土学术中虽有一定根基，但需完全按新形态重新组合者，如考古学等；三是传统学术中原有此学科且本身框架较完备，经注入新理念和建构新体制而实现其改造者，这类学科最少，史学即其中之一。正是在此意义上，可以说史学是中国传统文化向现代转型中最具典型的一种学术，而其本身极为深厚的学术凭借，也必然要在这一转型的过程中顽强地表现自己，这就决定了中国史学的现代转型尽管是在西学东渐的直接刺激下开始的，并表现出一定的“西

① 王国维：《奏定经学科大学文学科大学章程书后》，《王国维全集》卷一四，第 36 页。

② 王国维：《静安文集·论哲学家与美术家之天职》，《王国维全集》卷一，第 132 页。

③ 王国维：《静安文集·论近年之学术界》，《王国维全集》卷一，第 125 页。

化”的趋势，却绝非西方模式的简单复制，而是在自身内在因素尤其是社会环境和文化传统的作用下，呈现出相当明显的个性。这主要表现在：

首先，从史学现代化的路径看，一般认为，西方是以倡导“为学术而学术”的非功利主义学术观作为摆脱中世纪学术依附于神学和开启现代史学独立性的新契机的，如英国当代史家浦朗穆（John Harold Plumb，1911—2001）就说过：“至文艺复兴以降，史学家逐渐决定致力于了解曾经发生之往事，为了解而了解，非为宗教，非为国运，非为道德，亦非为神圣化之制度…… 史学家日趋于窥探往事之真相，而冀自此建立有历史根据之社会变迁轨迹。此为一西方之发展。”① 但在中国，虽然20世纪初王国维便发出过类似的呐喊，但应者寥寥。新文化运动时期，认同“为学术而学术”等观念的人似乎多了起来，但持续时间并不长，且始终未能成为主流意识。不仅如此，在传统史学转型的一些重要关头，学术界强调的也往往是经世意识而不是“为学术而学术”。如鸦片战争前后的学术风气之变就是以龚自珍、魏源等人倡导“经世致用”开始的；20世纪初梁启超在其开创现代史学的名篇《新史学》中，开篇就说：“于今日泰西通行诸学科中，为中国所固有者，惟史学。史学者，学问之最博大而最切要者也，国民之明镜也，爱国心之源泉也。今日欧洲民族主义所以发达，列国所以日进文明，史学之功居其半焉。然则但患其国之无兹学耳，苟其有之，则国民安有不团结，群治安有不进化者？”② 打出的同样是强化史学社会经世功能的旗号——当然其服务对象已从旧史所关注的帝王将相转向社会进步与国民。

又如，西方文化走向近代是以文艺复兴开其端的，中国自晚清起，也有人憧憬过“文艺复兴”的出现，如梁启超在《中国学术思想变迁之大势》（1902）和《清代学术概论》（1920）中一再称清代学术“以复古为解放”的特征，“其动机及其内容，皆与欧洲之‘文艺复兴’绝相类”③。邓实更认为，中国先秦诸子百家学术之盛，足与西方文化的源头——古希腊罗马学术相相颉颃，故振兴民族文化，亟应复兴先秦古

① John Harold Plumb, *The Death of the Past*, London: The MacMillan Press, 1969, pp. 12-13.

② 梁启超：《新史学》，《饮冰室合集·文集之九》，第1页。

③ 梁启超：《清代学术概论》，《梁启超全集》卷一〇，北京出版社1999年版，第3069页。

学，“刷垢磨光，钩玄提要，以发见种种之新事理”。如此，“则安见欧洲古学复兴于十五世纪，而亚洲古学不复兴于二十世纪也”。[①] 实际却不然。纵观历史，无论东西，凡文化上的大变局，尤其是一种质变性新飞跃的产生，除了社会本身提供的物质条件外，大多是不同类型的异质文化相互撞击和融合的结果。文艺复兴中被重新发掘出来的古希腊罗马文化传统，与西方中世纪一统天下的基督教文化本属不同传统和系统的文明，西方近代文化正是在这两大不同类型文化的相互撞击中破茧而出的。而先秦非儒诸子学说虽然在汉以后的文化史上始终处于非主流地位，但却从未像古希腊罗马学说在西欧中世纪那样遭到过长期湮没无闻的命运。事实上，诸子学说不仅与儒学属同一文化系统和时代的产物，且长期维系着主辅共存、相互斗争而又相互渗透兼容的文化格局。提倡“复兴古学”和恢复诸子应有的学术地位，固然有助于更完整地认识传统文化的内在价值，却难以导引中国文化走上现代化的道路。历史已经证明，中国现代文化与学术的巨变，绝非由本系统内不同派别冲突和整合酿成，而乃本土和西方两大不同系统文明相互摩荡交汇的产物。

其次，从史学理论与方法这一历史学运作的核心层面看，过去一般认为中国史学的现代化似乎也是尾随着西方的某种理论或方法体系展开的，具体来说，20 世纪前半叶表现为以宗奉西方实证论的新考证派为主流，后半叶则是马克思主义唯物史观的一统天下。但现在看来，此种笼统的结论应当重新加以审视。众所周知，历史研究的主要工作，不外围绕着两个层面展开：一是基本史实的认定，二是对历史的理解或解释。前者通常包括史料的搜集和史实的考证排比，为整个历史研究的基础；后者包括对历史因果关系及其是非得失的分析和意义的追寻，形成历史研究的认识升华。由此两个层面考察中国史学的现代转型，可以发现其间存在着一定的差异。

应当看到，在史料和史实考证的基础工作方面，中国现代史学史上倡导的所谓“实证史学”其实并未改变清代以来考据学基本方法和主流路

① 邓实：《古学复兴论》，《国粹学报》1905 年第 9 期。类似的言论，还可参见于章太炎的《革命之道德》（《民报》1907 年第 8 号）、许守微《论国粹无阻于欧化》（《国粹学报》1905 年第 7 期）、邓实《拟设国粹学堂启》（《国粹学报》1907 年第 26 期）。

向，不少人按照胡适的说法，认定清代朴学方法就是科学方法，以致他们所从事的实证史学用的是西方的术语，走的却基本是乾嘉以来的传统史学路子，或者仅仅是这一路向的拓展。这一点，即使是主张按近代自然科学标准建立“科学的历史学”的傅斯年也不否认，他公开宣称：“我们宗旨第一条，是保持亭林、百诗的遗训。”因为“他们的历史学和语言学，都是照着材料的分量出货物的。他们搜寻金石刻文以考证史事，亲看地势以察古地名……本这精神，因行动扩充材料，因时代扩充工具，便是唯一的正当路径”。又说：“没有客观的处理史学或语言学的题目之精神，即所谓亭林、百诗的遗训者，是不感觉着扩充材料之必要，且正也扩充不了；若不扩张工具，也不能实现这精神，处置这材料。”[①] 对于胡适的“科学方法”，与其亲近的一些朋友也以为“始终没有跳出中国‘乾嘉学派’和西洋中古僧侣所搞的‘《圣经》学’的窠臼”[②]。而胡适晚年，竟向何炳棣自承：“你曾对我说过好几次，傅孟真办史语所，不但承继了清代朴学的传统，并且把欧洲的语言、哲学、心理，甚至比较宗教等工具都向所里输入了；但是他却未曾注意到西洋史学观点、选题、综合、方法和社会科学工具的重要。你每次说，我每次把你搪塞住，总是说这事谈何容易……今天我非要向你讲实话不可：你必须了解，我在康乃尔头两年是念农科的，后两年才改文科，在哥大研究院念哲学也不过只有两年；我根本就不懂多少西洋史和社会科学，我自己都做不到的事，怎能要求史语所做到？”[③] 胡适和傅斯年都是如此，遑论其他人。自然，在此期间，也有一些学者在尝试运用西方输入的社会学、经济学等社会科学从事历史特别是社会经济史研究，但总的来说，并不占主导地位。

而在历史解释层面，中国现代史学的主流走的明显是西学路子，从20世纪初进化论的流行，到五四以后唯物史观的广泛传播，以及其他一些西方历史解释系统的流入，都反映了这一点。而属于中国传统历史解释

---

① 傅斯年：《历史语言研究所工作之旨趣》，蒋大椿主编：《史学探渊——中国近代史学理论文编》，吉林教育出版社1991年版，第499页。

② 唐德刚编校译注：《胡适的自传》注，葛懋春、李兴芝编辑：《胡适哲学思想资料选》（下），华东师范大学出版社1981年版，第141—142页。

③ 何炳棣：《读史阅世六十年》，广西师范大学出版社2005年版，第321页。

系统的循环论、治乱得失论、复古论等大抵皆式微不堪。

上述现象表明，史学作为一种社会学术文化，其在现代的转型是一个十分复杂的过程，其间，传统与现代（尤其是在文化学术领域）的关系绝非简单的对决或你死我活之争，而是更多地体现为一种类似生命运动的新旧交织、新陈代谢之状；作为异质文化的西学在输入中国之后，尽管与传统中学有过剧烈的冲突，但不能不看到，两者之间仍存在着相互制约和摩荡融合的一面。这种情况，不仅在史学现代化的路向及其史学理论与方法体系的重新构筑方面有所表现，在现代学术运行制度的建设和运行等方面同样有所反映。正是这种相互制约和融合的趋势，才使中国学术现代化刻上了自己的个性。

回首百年来的中国学术史，人们不难发现，现代化并不等于西化，中国社会的现代转型，在注入具有普世意义的“现代性”要素同时，也在其中刻下了具有自己个性亦即中国“现代性”的印记。在滚滚东去的现代化潮流中，无论是外来西学还是本土固有文化，都不得不在“中国的现代性”面前接受考量。西学虽然更多地代表了新的文化因素，但它与“中国现代性”之间并不存在着天然的等号，实际上，只有那些经过实践检验，真正与本土环境相结合的因子才能在现代中国的土壤中扎下根来；而传统学术与现代社会也并不存在着截然鸿沟，经过批判性的扬弃，其中某些具有现实生命力的因素，也同样可以融入现代学术之中。这就要求我们，在考察中国史学现代化及其特点的过程中，不仅要关注西方史学的影响，也应对传统史学的实际作用做一番深入的探究，才不致陷入认识上的片面性。

二、近代史学的演变历程与时代特征

中国近代史学的演变，是当时整个社会转型的一个环节，但作为一种文化学术现象，其表现和观察角度又与其他社会系统有着明显的差异。如社会政治的转型，往往可以依据某些重要历史事变或改革与革命的发生划出比较明晰的界线。而对史学这类社会文化学术转型的研判，似乎要更复杂些，大多只能从种种新旧杂糅、呈模糊状的社会群相中去筛选出一些典型的特征，借以界定其性质和基本走向。

按照现有的认识，中国史学进入近代的标志，主要显现在两方面：一是历史研究是否开始反映出中国近代社会的特点，尤其是帝国主义和中华民族的矛盾、封建主义和人民大众的矛盾这些具有重大现实问题的意识；二是史学观念、方法、研究重心、运作模式等制约历史学发展的基本要素是否已表现出逐步摆脱旧学束缚而向现代学术形态转变的趋势。据此研判 1840 年至 1949 年中国史学的发展进程，可见其大致经历了三个阶段。

第一阶段，自鸦片战争前后至 1890 年代，是为中国传统史学的蜕变期。此期虽尚未形成真正具有新时代意义的史学，然就其演变的动向看，则是在朝着摆脱封建史学羁绊的方向走，为其后打破封建史学的一统天下和建立现代新史学准备了条件。因而可视为中国史学发展主流由传统向现代转化的一个过渡阶段。就其量变的程度而言，又可以洋务运动为界略划为前后两期。前期主要表现为受到清朝官方赞许提倡的考据史学末流日益遭到进步史家的抨击，带有强烈经世特别是关怀现实意图的历史研究风气渐盛，由此表明旧史学阵营内已在发生分化和蜕变。后期则西学输入步伐加快。虽然其初目光局限在军事、科技、制造、商业、外交、国际法等方面，但学科可以分类，西学的资本主义文化观念却无法阉割。西方自然科学的输入，必然同时带来文化观念的更新，并促使传统史学逐步走出原先封闭式的旧文化系统，开始接触西方史学的某些进步因素。

第二阶段，自 1890 年代至新文化运动时期，是为中国现代史学的初兴期。随着此期西方近代史学专业理论的源源输入，进化论、地理环境论和社会学理论等在史学界的影响迅速扩大，1901 年和 1902 年梁启超发表的《中国史叙论》和《新史学》，更在猛烈抨击传统史学种种弊病的基础上，初步提出了一系列建立现代新史学的主张：要求以进化论考察历史，打破独重政治史的旧史格局，扩大研究范围，并注重吸收地理学、地质学、人类学、语言学、宗教学乃至生物学等各种现代科学新成果和新方法，创造新史体例。有的还就此做了初步实践。这些，都标志着我国现代史学的崛起。

第三阶段，自新文化运动至1949年新中国成立，为我国现代史学走向科学化的建设时期。这一时期，不仅是我国马克思主义历史科学的肇兴期，其他非马克思主义的各派新史家，尽管在历史学能否成为一门“科学”或如何建设“科学史学”的问题上认识并不一致，但一般也多主张以“科学的方法”治史。胡适就一再向人倡导运用自然科学“实验室的态度”或实证科学方法研究历史。提倡“近代的历史学只是史料学”的傅斯年也主张“利用自然科学供给我们的一切工具”处理史料，认为历史学现已“成了一个各种科学的方法之汇集”。[①]应当说，这些主张中的合理部分，对于推进中国史学的科学化也起有一定的作用。如郭沫若在运用唯物史观从事古史研究时，就曾得益于罗振玉、王国维等人甲骨金文和古史研究成果，并从他们的治学方法中受到很大启发，甚至认为：“大抵在目前欲论中国的古学，欲清算中国的古代社会，我们是不能不以罗、王二家之业绩为其出发点了。”[②]此期的史学发展，也可划为前后两期。

前期自新文化运动至1920年代末，新史学的发展形成了两大潮流：一是随着马克思主义在中国的广泛传播，产生了以崭新的唯物史观为指导的历史科学；二是20世纪初崛起的科学实证史学有了较大发展，逐步建立起了较为坚实的基础。新文化思潮的激荡和西方各种学说的联袂而来，促使一些新史家在积极介绍和移植西方历史哲学和史学方法，继续批判旧史学的同时，还努力从事现代史学理论的建设，特别是方法论的探讨，如梁启超对清儒治学方法的理论总结及其《中国历史研究法》的发表，胡适对清代乾嘉朴学方法的讨论，以及陈垣对校勘学、年代学、避讳学的系统研究等。应当指出，在中国传统社会，由于科技水平的限制和旧思想的束缚，专门的方法论探讨一般来说很少为人重视，一直处于经验的自发阶段。新文化运动以后重视方法论研究的风气，无疑是中国现代史学建设取得重要进展的标志。不仅如此，一些学者还运用近代方法，对大量新发现的史料和地下出土物进行系统整理研究，对古史记

① 傅斯年：《历史语言研究所工作之旨趣》，蒋大椿主编：《史学探渊——中国近代史学理论文编》，第498页。

② 郭沫若：《中国古代社会研究·自序》，人民出版社1954年版。

载做了新的批判和考辨，取得了可观的成就。

后期自1920年代末至1949年。这一时期，一方面是马克思主义的历史科学在经历了一系列学术思想界的重大斗争和血与火的社会政治实践洗礼后，逐步建立起坚实的阵地，日益走向成熟，出现了郭沫若《中国古代社会研究》等马克思主义史学的力作以及吕振羽、翦伯赞、范文澜等成体系的通史新著。另一方面，从整个史学界看，与前十年相比，学风上也起了显著变化。在新文化运动以后一段时期里，不少学者醉心于科学思潮，沉潜于较为单纯的学术研究。但1920年代末起，一连串政治事变极大地震动了史学界，重新唤起了知识分子那强烈的经世意识。先是1927年大革命的失败，促使不少学者围绕着“中国社会向何处去”的问题，卷入了一场历时十年之久的中国社会性质和社会史大论战。接着是1931年九一八事变东北沦陷和1937年七七事变全国抗日战争爆发的刺激，使更多具有民族气节的爱国学者投身于救国的时代洪流之中。如顾颉刚就在此时针对国土沦丧的惨痛事实，极力提倡边疆地理和民族研究，后来更直接介入救国宣传并到边疆进行工作。陈垣也说自己早年专重考证之学，服膺嘉定钱氏（大昕），“‘九一八’以后，世变日亟，乃改顾氏《日知录》，注意事功，以为经世之学在是矣”[①]。这一阶段史学发展所形成的传统和学风，对我国当代史学影响尤为直接。

应当看到，中国近代史学的演变，是在半殖民地半封建条件下展开的，故其途径与西方原发性的资本主义国家存在着相当差异。西方的近代化，一般经历的多为经济发展、文化启蒙到政治制度变革的序列过程（当然这只是就资产阶级建立政权前，其社会力量在各个时期的表现侧重点而言，实际情形则要复杂得多），整个过程长达几百年，从而使其近代文化体系（包括史学）得以建立在比较厚实稳固的基础上。中国则由于传统社会内部的资本主义萌芽不发达，其鸦片战争后出现的社会大变动，并非全由自身内部新生产关系的发展直接激起，而是更多地表现为西方入侵和国际资本潮流冲击下的被动应变。这种应变，突出的是对付外来

① 陈垣：《致席启駉》，陈智超编注：《陈垣来往书信集》，上海古籍出版社1990年版，第216页。

侵略等急迫的社会政治问题，故其近代化表现为一种军事—经济—政治—文化的变革序列过程，即首先从应付西方列强的侵略出发，致力于军事、工业、商业的近代化，以求富国强兵。当这条路受到挫折时，又把注意力转到要求实现政治制度的近代化上，最后才是文化问题。如戊戌之前，资产阶级改良派的宣传主要是对上层统治集团和士大夫进行政治变法的鼓动，直到变法失败后，才使更多的维新人士痛感“民智不开”贻害之大，而将主要精力转向“鼓民力，开民智，新民德”的思想启蒙事业中。在这种背景下，中国的新史学于20世纪初骤然兴起，一时间造成很大的社会声势。但因缺乏西方那种系统而长时间资产阶级启蒙运动的准备，基础仍不免相当薄弱。这应当是其在相当长的一段时期内，主导理论大多只是照抄照搬西方史学，而未能在认真消化的基础上，结合本民族文化的特点，建立起自己现代史学理论体系的重要原因之一。

强烈的社会政治参与意识，是中国近代史学的又一显著特征。由于近代社会一直处于剧烈的动荡变迁中，民族矛盾和阶级矛盾交相起伏，救亡图存和民族自强始终是这一时期中国面临的急迫历史使命。政治问题的异常突出，反映到学术上，使各时期的史学发展无不深深打上了这一时代烙印。其时，各种社会势力和政治集团，凡探讨现实政治，寻求解决社会实际问题的答案，乃至政治鼓动，无不发诸史学，以至于中国近代的重要史学家如龚自珍、魏源、王韬、梁启超、章太炎等几乎都是政治家或政治思想家，五四之后的不少著名史家（如蒋廷黻、胡适、张其昀等）也多有兼为积极的政治活动家者。至于马克思主义的史学，更是十分强调对现实政治的参与。这种密切结合社会重大现实斗争的历史研究，一方面大大促进了史学的发达，使其紧随时代潮流的起伏而演进；另一方面，“经世”的急迫性，又使在传统专制充满压抑的历史条件下形成的借古喻今、影射比附之风获得了一展身手的舞台，直接导致一些历史论著流于浮浅。压倒一切的时代政治斗争和急遽变化的社会，还使史学界无暇对一些专业理论进行从容深入的探讨，这也在一定程度上影响了我国近代史学理论的系统建设。

当然，史学之所以在近代焕发出如此强烈的政治功能，与传统文化的惯性影响也有相当关系。中国的传统学术，按旧式分类，大抵为经、史、子、集四部。以层次论，经学居首，史、子、集次之；以内容论，经、史较相近且稳定，子、集较庞杂。由于儒家观念的支配和当时科举制度的需要，对一般士子知识构成影响最大的，实为经史，余则多被视为“小道”。因经学在封建政治中的特殊作用，每当社会出现变化时，经学总是首当其冲受到波及并做出反应。儒学在中国古代所以历经两汉经学、宋明理学、清代朴学的变化，原因就在这里。鸦片战争前后，在学术界占统治地位的汉、宋学首先遭到抨击和今文经学的时兴，也反映了经学在社会大变动中做出的自我调整。龚自珍和魏源等人利用今文经学的微言大义讥切时政，虽有震动人心，开启一代新学风的作用，然其本意固不在否定王朝制度和经学，而是试图通过今文经学的复兴来完善这一统治理论，以便挽回其江河日下的颓波。康有为提倡今文经学的用意当然与龚、魏不同，在于利用它为实现资产阶级君主立宪服务，但也未尝不想通过那套“改制”学说，让古老的经学焕发出新的生命，他甚至还提出过建立孔教并定其为国教的主张。不过经学的内容和形式毕竟太陈旧僵化了，无法适应性质已在变化的近代社会需要，故这种改造经学的活动只能归于失败。与此不同的是，作为传统学术的史学，却表现出较大的社会适应性和更新能力，这就使一些旧知识分子在经学衰落、故垒渐失时，自然而然将注意力转向具有深厚民族传统的史学。在一些人看来，“于今日泰西通行诸学科中，为中国所固有者，惟史学”①。他们认为通过引进现成的西方史学理论与方法，便可将传统史学改造为适应近代社会需要的学术形态，于是群趋于治史。以致在相当一个时期内，历史学除了发挥本学科的通常功能外，还兼揽了政治学、社会学的部分功能。这种倾向，在20世纪初期显得尤为突出。

三、近代史学思潮的演变及其流派分野

学术思潮是测定各时代学术风气、发达程度和变化趋势的信息标和

① 梁启超：《新史学》，《饮冰室合集·文集之九》，第1页。

风向仪，其兴衰起伏，往往敏锐地反映着一定时期学术流变的脉息动向。

关于“学术思潮”，梁启超曾在《清代学术概论》中做过相当精要的解释：“今之恒言，曰‘时代思潮’，此其语最妙于形容。凡文化发展之国，其国民于一时期中，因环境之变迁，与夫心理之感召，不期而思想之进路，同趋于一方向，于是相与呼应，汹涌如潮然。始焉其势甚微，几莫之觉；寖假而涨——涨——涨，而达于满度；过时焉则落，以渐至于衰熄。凡‘思’非皆能成‘潮’，能成‘潮’者，则其思必有相当之价值，而又适合于其时代之要求者也。凡‘时代’非皆有‘思潮’，有思潮之时代，必文化昂进之时代也。”[①] 简言之，学术思潮为一定时期社会上带有普遍性的治学倾向或观念，这是一种在较深广程度上反映时代要求的社会群体文化现象。它的出现，一般总是当时社会政治、经济、文化、外来冲击等多种复杂因素刺激的结果，同时又受到传统势力积极或消极的影响，形成一定的时代和民族风格。社会的变迁推动着学术思潮的不断演变起伏，而学术思潮的形成及其流播又对人们的意识和社会活动产生一定的反作用。

所谓“学术流派”，则是指某一学科的研究者中，因相同的学术旨趣或师承关系而形成的具有独特治学观点、方法、风格的学术群体。由于客观世界的复杂多样性和人们认识事物的具体方法和角度差异，对学术问题的探讨总不免仁者见仁，智者见智，从而产生观点不同的各种流派。

学术思潮与流派，两者既有联系又有区别。一定的学术思潮往往会派生出相应的学术流派，甚至几种学术见解不同的流派。流派的发展，有时也会形成思潮。应当看到，学术思潮与流派的演变发展，虽与时代脉搏的跳动息息相关，并不可避免地受到政治和一般社会思潮的影响，但作为一个特定的学术思想领域，又具有自己特殊的内涵与表现形式。因此，考察中国近代史学思潮的流变，应避免简单套用政治史或思想史的概念，而当从其学科的特点出发，对各种现象进行具体分析。

关于中国近代史学思潮的流变，目前学术界已有不少探讨。不少

---

① 梁启超：《清代学术概论》，《饮冰室合集·专集之三十四》，第1页。

人认为，自鸦片战争至辛亥革命时期的史学思潮，主要是爱国主义史学思潮。[①] 诚然，民族救亡斗争在近代的突出尖锐性，使爱国主义这一建立在最深厚社会基础上的思潮，在政治、经济、文化学术各方面都有强烈表现。但如以此来概括整个民主主义时期的史学思潮，却不免有些笼统，且这类概念所表达的主要只是政治思想方面的内容，较难细化地体现作为史学思潮本身的学术特征。至于五四以后30年的史学思潮，有人将其归纳为实证主义、相对主义和马克思主义三大史学主潮。[②] 应当说，将实证主义和马克思主义列为中国现代的史学主潮，学术界并无异议。而第一次世界大战后，西方相对主义思潮对我国史学界产生过一些影响，也是事实，但它究竟有没有在我国形成过堪与前两者鼎足而三的大思潮，却是大可商榷的。众所周知，实证主义和马克思主义史学之所以在现代中国形成这样大的影响力，除了种种历史和现实的原因外，还因其理论内涵存在着某些与中国传统文化易于结合的因素有关。而中国自古代形成史官记事制度后，历史向来就被视为客观存在过的事物，“求历史之真”也被悬为治史的基本宗旨之一，这种文化氛围，使相对主义在中国史学界从未获得过充足的滋长空间（至少直到1940年代以前是如此，至于近年史学理论界受后现代主义影响而出现的一些观念，则属另一时段的学术现象，不便在此展开讨论）。而被视为相对主义史学代表的梁启超等人虽说过一些同情相对主义观点的话，但直到晚年，这种观点事实上并未成为其史学实践的主导意识。至于钱穆，也不能因他重视历史研究过程中史家主体意识的作用，便将其归入相对主义史家的行列，因为与此同时，他也十分强调历史本身的客观性。

这种倾向，在划分近代史学流派时也不同程度地存在。如人们常将中国近代的史学流派按阶级、阶层划为地主阶级改革派史学、洋务派史学、资产阶级改良派史学、革命派史学等。诚然，各史学家和史学流派的思想，从本质上看，莫不反映了一定阶级、阶层的利益和要求，各阶

---

① 在这方面，主要以白寿彝先生和俞旦初先生为代表，详可参见白寿彝《谈谈近代中国的史学》（《史学史研究》1983年第3期）和俞旦初《中国近代的爱国主义史学思潮》（《史学史研究》1985年第2期）。

② 详请参见张书学：《中国现代史学思想研究》，湖南教育出版社1998年版。

级、阶层的人也可以有他们的史学，但不一定成为严格意义上的学派。因为学派的划分虽应注意揭示其阶级实质，却并不是直接以世界观和阶级地位为根据的。世界观虽然从总体上规定了人们认识事物的根本方法论，然而并不妨碍人们在具体的学术研究中运用独特的手段，从各种不同的角度得出自己的独特见解。因而，具有同一世界观的人，在研究同一学科或同一问题时，完全可能形成不同的学派；而不同的世界观，有时也并不妨碍人们在某些学术问题上取得相同或近似的结论。例如，在近代学术史上，鸦片战争前后地主阶级改革派人物的经学，便有主汉宋调和的、主今文的，甚至仍主汉学的几派。至于近代的资产阶级改良派与革命派，尽管反映在史著中的政治主张不同，但在批判旧史学、提倡运用西方近代史学方法及进行“史界革命”等史学主张上却并无不同。20 世纪初，改良派和革命派在史学领域，特别是中外革命史的研究上，曾发生过激烈的论战，但所争焦点仍为在中国实行改良立宪还是革命的政治问题，并不涉及史学的基本理论及其发展方向问题，故很难认为两者已各自形成了具有独特治史风格的流派。而五四以后，同是以唯物史观为指导的马克思主义史家中，也因对某些历史理论问题的不同见解而形成了一些不同的学术流派。

从中国近代社会及其文化演变的实际出发，结合史学自身的学术特性，我们认为，中国近代真正形成较具影响并有实质性建树的史学思潮主要有经世致用史学思潮、新史学思潮、国粹主义史学思潮、科学实证史学思潮、新人文主义史学思潮、民族主义史学思潮和马克思主义史学思潮等，其依次递兴，大致显示出一种由依附于一般学术思潮到逐步形成独立史学思潮的趋势。

经世致用史学思潮发端于鸦片战争前后，它首先是一种广泛影响于经学、史学、文学、哲学各个领域的综合性学术思潮。作为对清乾嘉以来专重文献和古史考证风气的一种反动，其根本主旨在于提倡引古筹今、以天下兴亡为己任的治学精神，以解决社会现实问题为目的。洋务运动时期的史学主流，大体上是这一思潮的延续，不过渗入了新的时代内容，开始日益受到西学的影响罢了。

19 世纪末至 20 世纪初，经梁启超振臂一呼而迅速崛起的新史学，是中国史学史上第一次出现独立的也是真正具有现代意义的史学思潮，它标志着史学作为一门独立的学科已迈进一个全新的阶段。自此至1949年，在中国史坛上涌起的各种思潮，其最具影响者，当推科学实证、唯物史观和民族本位文化三大史学思潮。

其中科学实证史学是西方近代科学日趋发达条件下的产物，其目的是按照科学的理念和方法改造历史学，使之跻身于现代科学的行列。20世纪初年的新史学思潮和新文化运动以后大盛的科学主义史学思潮其实都属它的派生物。不过，这两种科学实证理论关注的侧重点是不同的，前者主要是吸取了法国孔德、英国巴克尔和斯宾塞，以及日本文明史学的社会进化论观点，肯定探究人类历史的“公理公例”为历史研究的基本目的所在。后者则基本放弃了这一目标，而转以师法德国兰克学派的客观主义史学相标榜，其工作的着眼点主要在文献或史实的整理考证。中国现代史学史上的科学方法派（以胡适和傅斯年为代表）、古史辨派（以顾颉刚等为代表）、新考证派（以王国维、陈垣和陈寅恪为代表）等史学活动，大抵都可以归入这一思潮。

唯物史观史学是在马克思主义的世界观或学理观指导下的一种史学实践。过去对这一思潮的讨论往往局限于李大钊、郭沫若、范文澜、吕振羽、翦伯赞、侯外庐等一些共产党人为代表的史学。但实际上，由于唯物史观本身的科学性和学术魅力，它在当时学术界的影响决不局限于共产党人内部。如在1920年代后期至1930年代的中国社会性质和社会史论战中，论战各方——无论其党派和政治立场如何，就多从唯物史观吸取了相应的理论依据和方法（当然，各家均有程度和理解上的不同）。很显然，这完全是受马克思主义唯物史观自身旺盛生命力的感染影响所致，因为当时并没有外在的人为因素强制学者个人这样做。不仅如此，在现代一些党外人士和非马克思主义的史家论著中，有时也可以看到对唯物史观的运用或某些观点的采纳。凡此，皆应列入这一思潮加以考察。当然，与此同时，也应对其中存在的不同情况，特别是各方对唯物史观的理解、接受程度和运用特征做出区分和深入剖析，才能更全面地认识这一思潮对现代史学的实际影响。

民族本位文化史学是中国现代最具深厚本土历史根基的一种思潮，

在举世趋新，史家普遍倾向改用西法治史的潮流中，该思潮抛出了以本土民族文化为主体的史学建设主张，它从一个侧面反映了中国近代史学发展过程中各种观念冲突争论的曲折特性。这一思潮所倡导的理念，往往具有整体文化的性质，着眼点也在整个现代文化建设的路向上，而非单纯的史学思潮，只是其学术主张、治学风格等在史学上都有较为集中的反映。辛亥革命时期的国粹主义史学和新文化运动时期的新人文主义史学皆体现了这一特征，抗战时期的民族主义史学特别是其中的民族本位文化论也与此有很大的关联。

此三大史学思潮，此起彼伏，互争雄长，交替主导了20世纪上半叶中国史学的基本走向。大抵1920年代之前，科学实证史学为当时史界影响最大的思潮；自1920年代末起，唯物史观史学在学术界异军突起，到1930年代前期，声望更是一度盖过前者而成为新史界的主流思潮之一，以致"'卡尔'（指马克思）的唯物观乃成为一般'有声有色'的作家直接间接的圣经。是辩证革命Dialectic-Revolutionary时代。大多数'新作家'的脑后，都隐隐地蹲立着一个普罗革命的神像。前期所高唱的那套'实事求是'、'为知识而知识'的自由派科学谈，到此时乃一贬而被斥为一种布尔乔亚免避现实麻醉人生的丑技"①。有人认为，这种现象的出现，乃在"社会主义原是出发于人道主义，因此，许多有良心的读中国书的人，常常抱着《礼记》中的《礼运篇》来接受社会主义。其次，社会主义是发生于西方世界，而又是对西方世界加以批判的思想；在它是'西方的'这一点上，可以满足我们'西化'的要求；在它是修正或打倒资本主义的这一点上，又可以满足我们对西方的憎恨……所以接着五四运动而起的，实际是社会主义思想的时代。这因国民党十三年的联俄容共而更增加其气势。当时的政治团体，各有一部分从事文化思想工作的人，也各有其文化思想，但粗略地说，没有哪一个团体和社会主义绝缘"②。及至抗战军兴，倡导民族本位文化的史学又上升为最具时

---

① 林同济：《第三期的中国学术思潮》，原载《战国策》第14期，1940年11月1日；收入温儒敏等编：《时代之波》，中国广播电视出版社1995年版，第320—321页。

② 徐复观：《三十年来中国的文化思想问题》，《学术与政治之间》，台北学生书局1985年版，第431页。

代影响力的思潮。可见其间的势力消长，莫不与时局之变化环环相扣。

在近现代众多的史学理论流派或风尚中，此三大史学思潮所以能在其中脱颖而出，显示出持久的生命力和深远影响，除了因缘际会和其本身在理论和方法上的某些长处外，最主要的，乃是因为在现代史学的建设过程中能自觉地注意融合中西之长，并在本土文化中找到了合适的生长点，由此建立起了较为稳固的根基之故。在这方面，科学实证史学主要表现为西方实证主义与以乾嘉朴学为代表的传统考据方法间的结合；马克思主义唯物史观的理论与实践统一观及其积极投身改造世界的革命观，则与传统文化注重“经世”和勇于参与现实的精神达成了融会；民族本位文化的史学虽偏重于强调本土传统的继承，然对外来文化也能注意探究吸纳，其致力于总结弘扬传统文化的实践，虽曾被时人视为“保守”之举，却同样是现代文化建设不可或缺的一个环节，传统文化需要在批判中实现更新和发展，但也需要后人的惜护，因为一个失去了文化之根的民族是无法自立于现代世界的，这也正是该思潮在现代屡仆屡起，具有绵延不绝生命力的原因所在。

在上述史学思潮前拥后推的过程中，近代的史学流派也经历了一个由不明显到明显，由不发达到繁荣的过程。在中国古代，统治者从维护其专制统治的需要出发，总是推行翦灭或销熔各家而独尊一说的文化专制主义政策。秦尊法家，汉崇儒术，当儒学内部产生派别之争时，便由皇帝亲自出马，诏诸儒讲五经同异，消弭分歧，重归一说。西汉宣帝甘露三年（前51）的“石渠阁奏议”和东汉章帝建初四年（79）的“白虎观奏议”都属这种性质。这在很大程度上限制了学派的产生和兴旺。近代早期，此种情况仍未得到根本改变，其时史学界比较接近学派性质的只有鸦片战争前后的西北史地学派和光绪朝的元史学派。前者以徐松、沈垚、张穆、何秋涛等为代表，后者以李文田、洪钧、盛昱、文廷式、沈曾植等为代表。这些人在学术上相互投契，并于相互切磋的过程中形成了相同的治学内容、方法、风格和前后承继关系。其余如外国史地研究、当代史研究等，虽为一时风气，有些还酿为一种思潮，然皆未形成学派。直到新文化运动以后，才真正出现了史学流派纷呈的繁兴景象。

中国近代史学思潮与流派的发展所以形成上述特点，是有其深刻根源的。如前所述，中国的传统史学，原对王权政治和经学有很强的依附性，其史学观念的核心在于探讨当时的“治道”。故历代史家，无论进步与否，均将总结治乱兴亡之道悬为治史鹄的，其重视人伦关系、彰善瘅恶、阐扬教化，也无不与受此观念的支配有关。以至学术思潮往往依附于政治思潮，史学思潮与流派又依附于经学思潮与流派，难以独立发展。章太炎甚至说：“夫国学有不必讲派别者，如史学是。”① 两千余年的古代史学史上，可以称作史学思潮与流派的，最明显的也许只举得出浙东史学与乾嘉史学，然“浙东之学，言性命者必究于史”②，乾嘉史学与经学更有着不解之缘。进入近代以后，因旧文化形态的基础在相当程度上仍存在，加之社会大变动过程中剧烈的政治斗争影响，使史学思潮与流派在相当一段时期里仍不免承旧文化形态之余绪，处于不明显、不发达状态，并与一般西方国家的近代史学有着很大的不同。西方近代文化是在反封建禁欲主义和蒙昧主义的斗争中发展起来的，突出的是人文主义和理性观念，故其近代哲学特别发达，几乎各种哲学观都会直接影响到史学领域，产生相应的史学思潮与流派，如实证主义史学、实用主义史学、结构主义史学、新康德主义历史哲学等。中国近代的史学思潮与流派，则在较长时期内仍染有较深的政治斗争色彩，且往往未能形成如西方近代史学流派所具有的那种完整细密的历史哲学或学科理论体系。这一点，正反映了半殖民半封建社会时期中国近代文化的特征。

20世纪以后，此种境况开始出现明显变化。史坛先后出现了国粹派、科学方法派、新考证派、古史辨派、新人文主义派、食货派、禹贡派、战国策派、民族本位文化派等众多流派，马克思主义史学内部也因中国古代社会分期的不同见解而形成了西周封建说、春秋战国封建说和魏晋封建说等不同的学术流派。这些流派，大多都与前述三大史学思潮有着十分密切的关系，或者竟可以说是前者的派生物。

---

① 转引自汤志钧编：《章太炎年谱长编》（下），第674页。

② 章学诚：《文史通义·内篇二·浙东学术》，仓修良编注：《文史通义新编新注》，浙江古籍出版社2005年版，第121页。

在中国近现代史学的发展过程中，各史学思潮和流派之间既充满着矛盾斗争，也存在着相互关联。因此，在讨论中，不仅要注意揭示其各自的特点、相互分歧的焦点及对史学演变的影响，还应体察其间的互动关系，这一点，往往为不少研究所忽视。实际上，由于中国近代所处社会转型时期的特殊情况，使这一时期的农民阶级和地主阶级、西学和中学、资本主义和封建主义、无产阶级和资产阶级等各种力量的思想文化冲突始终呈现一种多极交锋的态势，导致史家的思想也往往带有多元的矛盾性格。不少史家的思想虽有其基本的阶级倾向，但又夹杂着其他阶级的思想成分：或以资产阶级史学思想为主，而杂有旧思想意识；或坐守传统史学的藩篱，而受到一些近代治学方法的影响；或始终处于变幻不定之中，有的前后思想立场变化很大，甚至跨入了不同的阶级阵营。由此带动了某些史学观念在不同派别间的流动。而在史学理论和方法上，各思潮和流派之间的相互关联和影响似乎更多。如作为新考证派大家的陈寅恪，其治学路向就与持新人文主义观念的学衡派有接近的地方；后来投入国民党政府的食货派领军人物陶希圣就曾明显受到过唯物史观的理论影响；马克思主义史家郭沫若的甲骨金文和古史研究，在方法上也明显受到过罗振玉和王国维学术的启发。这些，都应引起我们的注意。

本书对中国近现代史学思潮的讨论，即系按上述认识展开，并将针对以往有关这一时期史学思潮研究中存在的薄弱点，从两方面做重点铺叙：一是对各史学思潮消长过程的考察，除史学自身的因素外，还应对影响其演变趋势的诸社会原因和一定时代的政治思潮、文化思潮、哲学思潮等交叉作用进行多向度的检视；二是对各史学思潮的作用考察，不能仅局限于从思想到理论、理论到方法的层面，而应进一步与其向实践层面辐射所产生的作用，如史学运行机制的变化、历史教学与专业人才培养模式的转换、新研究领域的拓展及其学术研究的成就和得失等结合起来进行分析。只有这样，才能从理论与实践的关联上把握近代史学思潮的演变趋势和实际影响。

最后，还应说明一下，限于主题和叙事架构，本书对中国近现代史学史上某些成就卓著但未具明显史学思潮与流派特征的学者，未能纳入其中或虽提到而未展开充分论述，颇引为憾，只能俟诸他日补救了。

第一章

鸦片战争前后的经世致用史学思潮

第一节　晚清社会变局与经世学的复兴

一、明清学术主潮的演变趋势

晚明到晚清的学术主潮，差不多经历了一个否定之否定的曲折变化过程，即由明末清初的讲求经世致用，变为乾嘉间学究式的考据学盛行，复至晚清时期经世学的重兴。这一趋势，与整个明清社会及其思潮的变动是密切相关的。

在中国古代思想史上，明代即使称不上是发皇期，也是一个重要的转折年代。明代前期，王权强固，在文化专制主义的严密掌控下，思想界处于相对沉闷状态。中叶以后，政治腐败，内忧外患不断，国势日衰，朝廷对整个社会的控制渐显得力不从心，人身依附关系和“文网”也因之有所松动。当时的思想界，更缘两大因素的刺激，出现了新的发展态势。

首先是这一时期工商业经济的发展，促使了一些地区市镇的繁荣和早期市民意识的产生。尤其是江南地区，市镇星罗棋布，吸引了大批农民前往谋生，所谓“正德以前，百姓十一在官，十九在田，盖因四民各有定业……自四五十年来，赋税日增，徭役日重，民命不堪，遂皆迁业”，“今去农而改业为工商者，三倍于前矣”[①]，即是这种情况的写照。其余如山西、陕西、山东、福建、广东等地的商业都市，也呈日趋发达之势。[②]这些市镇，少则几百户，大者数千家，聚居着大量从事商业和

---

① 何良俊：《四友斋丛说摘抄》四，《丛书集成》本。

② 参见傅衣凌：《明清时代商人及商业资本》，人民出版社1956年版，第20—24页。

手工业的人口。工商业的繁荣与商业资本的活跃，直接导致了富商经济实力的增强和社会影响的扩大。而市镇手工业的发达，又使一般手工业劳动者和市民在生活中逐步形成了一种利益相关的整体意识，明中叶以后临清市民的“罢市”，武昌市民、苏州织工和景德镇市民反对矿监、税使的暴动，都是在这种历史背景下发生的。凡此，皆酝酿着新的价值观念和“异端”思想的滋生，如何心隐对当时商贾社会地位的肯定[①]，李贽的张扬平等、自由、个性和承认人心皆有其私的自然合理性[②]，以及东林党人争取自由结社讲学的运动和敢于挺身为工商市民利益鸣不平的精神，无不在一定程度上反映了这一趋势。

其次是传教士东来引发的西学东渐之风，也给思想界以不小的震动。16世纪以后，随着西方资本主义的发展和东西航路的开辟，其势力渐向世界各地扩张，并及于中国。继1557年葡萄牙殖民主义者强居澳门后，荷兰和西班牙殖民者相继到我国东南沿海进行骚扰，还一度侵占了台湾。与此同时，西方传教士利玛窦（Matthaeus Ricci，1552—1610）、熊三拔（Sabbathino de Ursis，1575—1620）、艾儒略（Julio Aleni，1582—1649）、邓玉函（Joannes Terrenz，1576—1630）等也纷纷漂洋过海来到东方。为了取信于中国知识界，减少传教阻力，他们不仅穿儒服，习华语，广泛结交士大夫，还著书立说，把西方的天文、地理、数学、几何、制器等自然科学知识介绍到中国。虽然这些“西学”并非都属“近代科学”，甚至包含着大量中世纪的旧观念，但作为一种外来“异质”文化，它的输入，仍然对当时的知识界形成了一定冲击，使一部分人得以打破“华夏文化独尊”的狭隘观念，意识到西方科学的“象律舆图诸论，探原穷流，实千古来未发之昌，俾我华宗学人终日戴天，今始知所以高；终日履地，今终知所以厚。昔人云，数术穷天地，制作侔造化，惟西士当无愧色耳”。[③]徐光启、李之藻、王徵等人在接受西方自然科学

① 参见何心隐：《爨桐集》卷三，《何心隐集》，中华书局1960年版。

② 参见李贽：《焚书》卷一《答周西岩书》，《李氏文集》卷一八、卷一九《明灯道古录》，《藏书》卷二四《德业儒臣后论》等。

③ 毕拱辰：《邓玉函〈泰西人身概说〉序》，转引自侯外庐主编：《中国思想通史》第四卷下册，人民出版社1960年版，第1206页。

知识方面尤表现出极大的热忱，他们积极参与翻译了《几何原本》（利玛窦口授）、《泰西水法》（熊三拔口授）、《测量法义》（利玛窦口译）、《勾股义》（利玛窦口授）、《测量异同》（利玛窦口译，以上几种皆徐光启笔译）、《同文指算》、《圜容较义》（以上两种均为利玛窦口授，李之藻演）、《职方外纪》（艾儒略增译，杨廷筠汇记）和《远西奇器图说》（邓玉函口授，王徵译绘）等介绍西学之作。其中《职方外纪》等书还对西方国家的赋税、法律刑讼、文化教育制度及社会救济事业等情况做了介绍。应当指出，其时较接近传教士及西学的徐光启、李之藻、杨廷筠、王徵、李贽等人士，差不多都属思想界的新派或早期启蒙学者，这一现象绝非偶然。而徐光启、王徵等人的实学思想，更因吸取了西方自然科学知识而放射出异样的光彩。如徐氏强调，研治历算之学，“渐次推广，更有百千有用之学出焉”[①]。其编《农政全书》，往往“躬执耒耜之器，亲尝草木之味，随时采集，兼之访问，缀而成书”[②]，便表现出注重实验的鲜明特征。王氏在介绍西洋物理学和机械工程学的同时，还身体力行地试制了自行车、自转磨、自鸣钟、水轮自汲等各种器具（包括模型）达五十五种。[③]可见西学知识的输入，对于晚明启蒙与实学思潮的兴起，都起有一定的推波助澜作用。

晚明启蒙思潮表现了早期市民意识对专制主义和蒙昧主义的抗争；而实学思潮，则是对当时理学空疏学风的反拨，目的在于倡导一种经世致用和关怀现实的精神。至明末清初，该思潮在“天崩地解”的鼎革剧变中，经方以智、黄宗羲、顾炎武、王夫之、颜元等进步思想家的奔走呼喊，更发展为一股不可遏制的思想洪流。

这股思想洪流，政治上猛烈撞击着几千年来的君主专制主义。特别是黄宗羲的《明夷待访录》，对其流毒做了深刻揭露，指出：“凡天下之无地而得安宁者，为君也。是以其未得之也，屠毒天下之肝脑，离散天下之子女，以博我一人之产业，曾不惨然，曰我固为子孙创业也。其既得之也，敲剥天下之骨髓，离散天下之子女，以奉我一人之淫乐，视为

① 卞永誉：《式古堂书画汇考》卷二八，台北正中书局 1958 年版。
② 陈子龙：《农政全书·例言》，中华书局 1956 年版，第 11 页。
③ 参见方豪：《中国天主教史人物传》（上），中华书局 1988 年版，第 228—229 页。

当然，曰此我产业之花息也。然则为天下之大害者，君而已矣！向使无君，人各得自私也。”在此体制下，法律必然不公，权利必然不等。“而小儒规规焉以君臣之义无所逃于天地之间……岂天地之大，于兆人万姓之中，独私其一人一姓乎？”[①]顾炎武也对所谓“忠君报国”的正统观念提出了异议，认为“国”与“天下”，本自有别，“易姓改号，谓之亡国。仁义充塞，而至于率兽食人，人将相食，谓之亡天下”，故“保国者，其君其臣肉食者谋之。保天下者，匹夫之贱，与有责焉耳”。[②]公开表示他已不屑与那种以“私天下”为志业的“忠君报国”为伍。为了革除专制政治之弊，他们还提出了各种进步的政治主张，如黄宗羲要求提高宰相的权威，使之得与天子“同议可否”，并发挥学校作为社会清议机构的作用，以形成一种“天子之所是未必是，天子之所非未必非，天子遂亦不敢自谓非是，而公其非是于学校”的理想政治。[③]顾炎武的“地方自治论”，目的也在于削弱专制皇权和改变“私天下”的局面。此外，黄宗羲之强调工商“皆本”和反对迷信鬼神妄说，顾炎武肯定人之私心为其常情和主张“因而用之”的思想[④]，以及颜元思想中的男女平权倾向[⑤]，也都继承和发扬了明末以来的启蒙思潮传统。

在学术上，一些进步思想家和具有民族气节的遗民故老因感怀明清鼎革的社会大变局，痛定思痛，深鉴明代士人空谈心性、昧于时务之弊，乃相率倡导经世实学，欲以矫正世风。他们强调：“凡文之不关于六经之指、当世之务者，一切不为。”[⑥]盖“儒者之学，经纬天地，而后世乃以语录为究竟……徒以生民立极、天地立心、万世开太平之阔论钤束天下，一旦有大夫之忧，当报国之日，则蒙然张口，如坐云雾，世道

---

① 黄宗羲：《明夷待访录·原君》，中华书局1981年版，第2、3页。

② 顾炎武：《日知录》卷一三“正始”条，《顾炎武全集·日知录》，上海古籍出版社2012年版，第527页。

③ 黄宗羲：《明夷待访录·置相》、《学校》，第9、10页。

④ 顾炎武：《亭林文集》卷一《郡县论一》，《顾炎武全集·亭林诗文集》，第57页。

⑤ 参见颜元：《颜习斋先生言行录》卷上《理欲第二》、《法乾第六》，《颜元集》，中华书局1987年版。

⑥ 顾炎武：《亭林文集》卷四《与人书三》，《顾炎武全集·亭林诗文集》，第139页。

以是潦倒泥腐”①。故学者不应只重一己之修养，而“当求实学，凡天文、地理、兵、农、水、火及一代典章之故，不可不熟究”②。他们不仅要求将儒家经典的精义施诸实践，还极力主张关注现实政治、财政、边防、风俗等切于人生日用之事。其治史，也主张“取古今经国之大猷，一一详究其始末，斟酌其确当，定一代之规模。使今日坐而言者，他日可以作而行耳”③，即通过探索历代治乱兴亡之故，特别是明亡原因，寻求改革社会的方法，并寄托其反清和恢复故国之志。他们的主张，激起了极大的社会共鸣，形成了一股影响广泛的经世实学思潮。

在治学方法上，经世派大多十分推重“实测”之学亦即实验科学。如方以智每有所闻，则分条别记，“采摭所言，或无征，或试之不验，此贵质测，征其确然者耳”④。尝谓：“物有其故，实考究之，大而元会，小而草木蠢蠕，类其性情，征其好恶，推其常变，是曰质测。”⑤主张通过“质测”以探事物之“通几”（哲理），复以“通几护质测之穷”。⑥王夫之也明确反对宋明理学家从“理”出发的“格物”观，认为“格物者即物以穷理，唯质测为得之”。⑦认定必须从物质现象出发，方能求得事物的原理。其余如顾炎武治学之重证据和实地调查，颜元之倡导“实文、实行、实体、实用”和德、行、艺皆须“征诸物”等思想，也都反映了这一特征。

明清之际激荡的启蒙与经世思潮，由于孕育着新的时代思想种子，如顺势发展，本来完全可以开出更加波澜壮阔的局面。可是，在入清以后的数十年间，终因种种社会条件的制约而渐归于消退。

如前所述，晚明启蒙思潮的出现，与早期市民意识的觉醒有关。但明清之际的战争，特别是清兵下江南时当地人民的激烈抵抗和清兵的大规模屠城（如“扬州十日”、“嘉定三屠”、江阴屠城等），使这一商品经

---

① 黄宗羲：《赠编修弁玉吴君墓志铭》，《南雷文定后集》卷三，中华书局 1985 年版。
② 顾炎武：《亭林余集·三朝纪事阙文序》，《顾炎武全集·亭林诗文集》，第 216 页。
③ 万斯同：《与从子点一书》，《石园文集》卷七，1936 年张氏约园刻本。
④ 方中通：《物理小识编录缘起》，《物理小识》，商务印书馆 1937 年版。
⑤ 方以智：《物理小识自序》。
⑥ 方以智：《愚者智禅师语录·示中履》，安徽教育出版社 1983 年版。
⑦ 王夫之：《搔首问》，《船山遗书》，上海太平洋书店 1933 年版。

济最为发达的地区遭到严重打击，一时市镇倾圮，人口骤减，作为启蒙意识基础的市民力量因之大受削弱。加之晚明以来以西方传教士作为中介的西学东渐，由于宫廷斗争的牵连和宗教意识的冲突，在雍正、乾隆时被迫中断，遂令中国不但失去了继续了解西方科技文化的重要渠道，也加重了自身闭关守旧的陋习。这些因素，都明显不利于启蒙思潮的进一步发展。

至于经世思想，虽素为中国传统学术所宗，但在当时，也因政治上易触时忌而渐被视为畏途。盖清初诸经世学者，身历亡国之痛，其言行所倡，往往带有浓厚的民族反抗情绪，有的还参加过各地的武装抗清斗争。其时经世学者的史学活动，主要有三种类型：一是以黄宗羲为代表的浙东学派，致力于当代文献的整理收集和明史著述，如黄宗羲的《明史案》（已佚）、《行朝录》、《明儒学案》、《明文海》，万斯同的《明史稿》、《明季两浙忠义考》等皆其例；一是以顾炎武为代表的浙西学派，侧重于经史考释和古今山川地理、风俗制度的辨析，顾炎武的《日知录》即其例；一是以王夫之为代表，汲汲于历史哲学和历代治乱兴衰得失之探讨，其史著以史论为代表，如《春秋世论》、《读通鉴论》、《宋论》等（以上就黄、顾、王三家史学社会影响的侧重面而言，非全面评述三家史学，事实上，他们三人的治史面都是很宽的）。其中王夫之因明亡后窜居湘西穷荒之地，生时既鲜与人通，殁后著作又淹没一百五十余年，至清道光时方得较完整地刊刻行世，故其史论在当时影响不大。黄宗羲浙东学派的明史研究和著述，虽在清初一度影响最大，然因多触清统治者的忌讳，经康、雍、乾三朝屡兴文字狱，士人咸钳口不言当代史，其学遂渐不昌。其后，即使是号为“浙东史学殿军”的章学诚，也未能在当代史撰述上有所建树。唯有顾炎武开创的考证学，后来却蔚然勃兴，发展成了清全盛期史学的主流。

考据史学所以会在清代取得独盛的正宗学术地位，有着深刻的时代背景。

清统治者入关建立全国性政权后，为了消弭汉族知识分子的民族反抗意识，随即采用各种手段，加强了对学术思想领域的控制。还在入关之初的顺治二年（1645），便命降臣冯铨、洪承畴、李建泰为总裁，开馆修史，并多次下令征集天启、崇祯两朝实录及史料。清廷这样做，一方面固然是出于笼络汉族文人的需要，同时也希望将当时方兴未艾的私家修史逐渐纳入官方意志的轨道，以消除各种不利其统治的“歧说”。以后，随着其政权的逐步稳固，一方面继续以此网罗羁縻文人学者为之所用，如康熙十二年（1673）的诏举“山林隐逸”，十七年（1678）的开“博学宏词科”，十八年（1679）的开明史馆等；另一方面开始更多地采用暴力，迫使思想异己者就范，其中最为突出的便是大兴文字狱。其时因私修当代史（明史）触其忌讳，惨遭灭族戮尸者不乏其人。康熙二年（1663）的庄廷鑨“明史案”、康熙五十年（1711）的戴名世“《南山集》案”，雍正朝的吕留良、曾静案和陆生柟的“史论案”等，都因作史、论史获罪于清廷，有的大案株连而死者多达百余人。淫威所及，连那些稍涉明清及清帝名讳、庙号、年号等用字的诗文、科举试卷、日记、经注，也多被捕风捉影，罗织成罪，轻则入狱充军，重则身首异处。遂使一般士人无不以谈论时事和涉足当代史为戒，有的“只好躲起来读经，校刊古书，做些古时的文章，和当时毫无关系的文章”①。至此，明清之际盛极一时的经世思潮乃不得不转为一种伏流。

与此同时，为了将整个社会的学术纳入其“御用”轨道，清政府除极力宣扬“三纲五常”的程朱理学外，还利用政权的力量，诱使人们都去从事不问时务的书斋式学术研究。如康、雍时期组织大批士人编纂大型类书《古今图书集成》，乾隆时招集海内学者三百人入四库馆编《四库全书》等，都带有这种意图。乾隆帝且以“稽古右文”之主自命，一再“崇奖实学，命大臣举经术之儒”②，并发布上谕，极力提倡研治古籍，声称：“其巨者，羽翼经训，垂范方来，固足称千秋法鉴。即在识小之徒，专门撰述，细及名物象数，兼综条贯，各自成家，亦莫不有所发明，可为游艺养心之一助。”又特“诏中外搜访遗书，并令儒臣校勘十三经、二十一史，遍布黉宫，嘉惠后学。复开馆纂修《纲目三编》、《通鉴辑览》及三通诸书。凡艺林承学之士，所当户诵家弦者，既已荟

---

① 鲁迅：《三闲集·无声的中国》，《鲁迅全集》卷四，人民文学出版社 1956 年版，第 10—11 页。

② 戴震：《江慎修先生事略状》，《戴东原集》卷一二，商务印书馆 1936 年版。

萃略备。第念读书固在得其要领，而多识前言往行以蓄其德，惟蒐罗益广，则研讨愈精”。[①] 在清廷的倡导扶植下，加之当时海内承平日久，经济较为繁荣，为学者系统整理古代文化遗产提供了较好的物质条件，于是考据学日以骎盛，到乾嘉间，竟至风靡学界，几于“家家许（慎）郑（玄），人人贾（逵）马（融）”。其间即使有少数特立独行之士，致力在思想领域开辟新界，亦很少有人响应。如乾嘉学者戴震除在考据学上取得重大成就外，哲学思想方面也有相当建树，其《孟子字义疏证》对人们正常生活欲望的肯定和宋明理学“以理杀人”的批判，以及具有朴素唯物主义倾向的认识论，在当时达到了很高的思想境界。他本人对此亦极自负，但却颇不为时人理解，连其弟子也说“戴氏可传者不在是”。另一位史学家章学诚承清初浙东史学之绪，在考据学披靡一世之际，力倡经世之学，并在史学理论上提出了不少独创见解，同样也因其学“不合时宜”，声气孤寂而终。

乾嘉时期，学术界形成了思想淡出、考据独盛的局面。考据学又称朴学或汉学，其治学，以运用汉儒治经的训诂方法来整理考订古籍和辨析古代名物制度见长；其精神，则以博古稽古为特征。而最擅长者，乃在广搜证据，通过归纳和演绎（以归纳为主）等形式逻辑方法立论。这种方法的系统运用，至少可上溯到明代的陈第，特别是其《毛诗古音考》，破除“叶音”旧说，提出了语音发展变化的理论，不仅奠定了我国古音学的基础，还因“言必有征，典必探本”[②] 的严谨方法，开创了考证学的新局面。入清以后，在一派倡导实学的呼声中，这种方法经顾炎武等人的继承发扬，影响日大，遂被学术界奉为主流。

依据梁启超的总结，乾嘉考据学的工作范围，以经学为中坚，“经学之附庸则小学，以次及于史学、天算学、地理学、音韵学、律吕学、金石学、校勘学、目录学等，一皆以此种研究精神治之。质言之，则举凡自汉以来书册上之学问，皆加以一番磨琢，施以一种组织”[③]。在工作目标上，按乾嘉学者王鸣盛的说法，则主张“但当考其典制之实，俾

---

① 乾隆三十七年正月初四日上谕，见《四库全书总目》卷首，中华书局 1965 年影印本。

② 《四库全书总目提要·经部》小学类三“毛诗古音考”条。

③ 梁启超：《清代学术概论》，上海古籍出版社 1998 年版，第 47—48 页。

数千百年建置沿革，了如指掌，而或宜法，或宜戒，待人之自择焉可矣……学问之道，求于虚不如求于实，议论褒贬皆虚文耳”[①]，也即不在乎思想的发挥，而是希望通过辨伪、校勘、训诂、考订、辑佚等手段，恢复古文献的原貌和原意。他们的工作，在整理和保存古代文化遗产、提倡严谨治学方面，虽有其积极的作用，但弊端也是显而易见的。

应当指出，乾嘉考据学虽然也以讲求“实学”相标榜，但这种“实学”，与清初顾炎武等人倡导的“经世实学”实有着很大差异。顾炎武的“实学”，有四个显著特点。一是重视探讨现实问题。反对“置四海之穷困不言，而终日讲危微精一之说”的脱离实际学风，以为“自一身以至于天下国家，皆学之事也”。[②]其所作《天下郡国利病书》，即搜罗了大量明代各地赋役、屯垦、水利、漕运、兵防、马政、盐政、少数民族及农民起义资料，考论了其制度的利弊得失。二是重实行。顾炎武虽为学贯天人的一代大儒，然其本意实不愿仅以书生自显，倒是时时以实行家自勉。他曾亲自参加过明末反对腐败宦官权贵的斗争和南明抗清活动，后来恢复故国之望既绝，才不得已韬晦于世。其著作《日知录》的经史考证，也旨在“见诸行事，以跻斯世于治古之隆”[③]。三是重实际调查。顾炎武一生，足迹半天下，所到之处，辄访问当地人士，考其山川风俗、疾苦利病。全祖望《亭林先生神道表》称其每出游，“以二马二骡载书自随。所至阨塞，即呼老兵退卒，询其曲折；或与平日所闻不合，则即坊肆中发书而对勘之”[④]。可见十分注意将书本知识与实地考察相印证。四是重证据。反对束书不观，游谈无根，要求治学尽量从原始资料下手，“采铜于山”，“有一疑义，反复参考，必归于至当；有一独见，援古证今，必畅其说而后止”。[⑤]而乾嘉考据家的“实学”，强调的差不多只是最后一条，即唯重书本文献的求证。虽然在原则上，他们一般并不反对以学术“经世”，因为这是以儒学为代表的中国文化传统，

---

① 王鸣盛：《十七史商榷·序》，《丛书集成初编》本。
② 顾炎武：《与友人论学书》，《亭林文集》卷三。
③ 顾炎武：《与人书二十五》，《亭林文集》卷四。
④ 全祖望：《鲒埼亭集》卷一二，《四部丛刊》本。
⑤ 潘耒：《〈日知录〉序》，《顾炎武全集》。

但总的来说，由于失去了前者那种勇于干预现实和触及时弊的治学精神，从而不能不蜕变为一种较为单纯的文献整理和考订工作。

这种埋头于故纸的史学研究，无疑滋长了知识分子中脱离现实的倾向。至其末流，弊端更大。嘉道之际，考据学日显烦琐僵化，往往“繁称千言，始晓一形一声之故”，严重束缚了人们的思想，阻碍了学术发展，因而引起了一些学者的强烈不满和批评。时李兆洛指出：“汉学兴，于是乎以注攻注，以为得计，其实非为解经，为八股耳。一二君子倡之于前，无识者乃藉以取名，或甚以此希取富贵，波流至今日而极，而掇拾愈细，其味愈薄，亦稍稍有厌之者矣。”① 不少人还揭露了考据学的种种弊端。如张瑛认为：“近世言汉学者，喜搜古义，一字聚讼，动辄数千言，几如秦近君之说《尚书》……及其有事，欲以口耳之学，当天下之变，宜其束手无策。”② 龚自珍、魏源、姚莹等人也纷纷指责考据学的“琐碎饾饤”，驳杂悠谬，禁锢智慧之弊。沈垚的批评尤为激烈，他说：“乾隆中叶后，士人习气，考证于不必考之地，上下务为相蒙，学术衰而人才坏。”③ 音韵训诂之学，原不过是“治经之门户，非即所以为学。金石特证史之一端，非即所以治史。精此二艺，本非古之所谓通儒，况但拾其唾余，以瓦砾炫耀耶？”然而许多人却舍本逐末，他们于“一拇一指，察及罗纹之疏密，辨其爪之长短厚薄可谓细矣，而于一手一足之全，已不能遍识，况一心之大、一身之全乎？”④ 这种支离破碎的治学方法，在学术界造成了很坏影响。对于宋学，他也指责说：“宋儒实有过高之弊。寒不能不衣，饥不能不食，衣食足而后责以礼节，先王之教也。先办一饿死地以立志，宋儒之教也。饿死二字，如何可以责人？岂非宋儒之教，高于先王而不本于人情乎！”认为其说虚而不实，不足为训。

不仅如此，一些原来被学术界视为泰山北斗的考据史学大师也遭到了非议。如沈垚指出：“钱氏（指钱大昕）有史学而无史才，故以之释

---

① 李兆洛：《与方植之》，《养一斋文集》卷一八，光绪四年（1878）刻本。

② 张瑛：《读毛诗传》，《知退斋稿》卷一，光绪十八年（1892）刊本。

③ 沈垚：《与孙愈愚》，《落帆楼文集》卷八，吴兴嘉业堂1918年刊本，第21页。

④ 沈垚：《与张渊甫》，《落帆楼文集》卷八，第11、18页。

史则得，以之著史则琐屑破碎，不合史法。”[①] 包世臣甚至对顾炎武《日知录》的某些治学方法也表示不满，以为其中的“摘章句以说经，及畸零证据，犹未免经生射策之习”[②]。

这都表明，曾经盛极一时的乾嘉考据史学，已经走向衰落了。

二、晚清社会危机与经世学术

考据史学所以日益遭到人们的讥评，除了其本身盛极而衰暴露出来的种种弊病外，更主要的，还与当时日趋严重的社会危机在思想界引起的震波有关。

在海内竞尚考据的乾隆时期，由于清初以来百余年的休养生息，社会经济一度呈现所谓“殷富”的繁荣景象，在相当程度上掩盖了其内部的某些矛盾。但到了嘉道间，情形便不同了。

首先是内忧频仍。乾隆末年后，统治集团日益腐化，吏治窳败，军备废弛，整个社会的阶级矛盾和民族矛盾渐趋尖锐。乾隆帝六次南巡，所至之处，地方骚扰，官员与绅商刻意逢迎，争奇斗富，虚耗民财不知凡几，往往供奉“一日之餐，费至十余万”[③]。上有所好，下必甚焉。大小官僚也竞习奢靡，贪污贿赂成风。嘉庆时大官僚和珅被治罪抄家，在被抄的 109 号家产中，仅估价的 26 号便值银 22000 万两，相当于其时国库年收入的五倍多或乾隆朝用兵费用的两倍。一些地方疆吏贪污案发，一次抄没家资动辄数十万，其余可见。统治者的奢侈无度和贪冒成习，直接导致了清廷的财政危机，乾隆五十五年（1790）之前，清廷库银高达 8000 万两，然至其末年，库存已告匮竭，大抵赋税年剩 200 万，一遇灾荒紧急，即捉襟见肘。为了弥补国库亏空，清廷和地方官府不断加重对百姓的赋敛盘剥，逼迫大批农民流离失所，由此造成了极为严重的流民问题。受尽压迫和剥削的下层人民忍无可忍，纷纷铤而走险，揭

① 沈垚：《与许海樵》，《落帆楼文集》卷九，第 6、25 页。
② 包世臣：《读亭林遗书》，《安吴四种艺舟双楫》卷八，咸丰元年（1851）重刊本。
③ 昭梿：《啸亭续录》，《啸亭杂录》，上海古籍出版社 2012 年版，第 308 页。

竿起义。自乾隆三十九年（1774）山东王伦起义后，较大规模的农民起义和各族人民反抗斗争连年不断，特别是嘉庆年间的川陕白莲教起义，绵延历时九年半，波及川、鄂、陕、甘、豫五省，极大地震撼了清朝统治。

其次是外患日逼。正当清王朝国势寖微之时，西方资本主义侵略势力却骎骎东来。特别是英国，通过产业革命，经济力量迅速增强，为了掠夺廉价原料和寻找广阔的商品输出市场，急于在东方谋求扩张。19世纪初，它已凭借武力和欺诈完全统治了印度，1819年复占据东方战略要地新加坡，1824年侵入缅甸，并把侵略矛头直指中国。为改变其当时对华贸易的逆差地位，它还不惜以非法手段，偷偷向中国输入大量鸦片毒品。鸦片贸易不仅严重损害了中国人民的健康，还引起了大量白银外流和中国国内商业停滞，腐化了清朝的官僚机器，加剧了清廷财政支绌的窘状和下层百姓破产的速度。不仅如此，英国侵略者还不断在东南沿海一带进行武装挑衅，屡次向中国村民和民船开枪开炮，肆意杀害中国人，并一再向清政府提出无理的侵略要求。当鸦片贸易因禁烟运动而遭到抵制时，英国政府于1840年悍然对中国发动了鸦片战争。由于清政府的腐败无能，中国的抵抗失败了。接着订立的中英《南京条约》和其他一些不平等条约，使中国逐步丧失了独立主权，开始走向半殖民地半封建的道路。

严酷的事实，促使一些有识之士首先把眼光转向社会，有的还对当时的种种黑暗现实发出了尖锐批判。如沈垚指责统治者只图享乐而诛求无厌，“中朝贵人取给于方面，方面取给于州县，州县取给于小民，层层剥取，即层层护持”[①]，致使民不堪命，社会经济日形凋敝。并认为造成这种现象的原因，在于官僚统治的腐败，指出：“公卿率庸猥鄙啬，概置天下大小事不问，惟孳孳焉庇私人殖货利是务。”[②]他还抨击朝廷上下文恬武嬉、征逐歌舞的情状说：“都下衣冠之会，无有一人言及四方水旱者，终日华轩快马，驰骋于康庄，翰林则谒拜阁师，部郎则进谒台

---

① 沈垚：《与许海樵》，《落帆楼文集》卷九，第28页。

② 沈垚：《记小皮受挞》，《落帆楼文集》卷七，第19页。

长，公事则胥吏持稿顾名画诺，私退则优伶横陈，笙歌鼎沸。其间有文雅者，亦不顾民生之艰难，惟有访碑、评帖、证据琐屑而已。”[①]张际亮、吴铤、包世臣、黄爵滋等人，对当时政治败坏、土地兼并和农民的悲惨境遇都做了一定的披露。最激烈的是龚自珍，他认为，清朝统治已入衰微陵夷的病态，虽然其“文类治世，名类治世，声音笑貌类治世”，内里却朽不可问，官僚上下因循苟且，百姓困苦无告，整个社会仿佛遍体疥癣漫延，无药可治。经济更是每况愈下，“自京师始，概乎四方，大抵富户变贫户，贫户变饿者，四民之首，奔走下贱，各省大局，岌岌乎皆不可以支月日，奚暇问年岁？”[②]天下大乱已为时不远了。

鉴此，他们急切地要求改变乾嘉以来士人中脱离现实、昧于当世之务的学风，极力提倡以学术经世，挽救社会危机。如李兆洛认为，“治经者，知读书所以致用，必有观其会通而不泥于迹者，庶几六经之在天壤，不为占毕记诵之所荒，不为迂僻胶固之所窜也夫”[③]。治史者，应明于古今成败得失，谈时务者，当探其风气变化之趋向，“若稽古而不核，非陋即冗；诹今而不审，非棼即缪；徒以迷误后来，不如无书矣”[④]。龚自珍还提出了“一代之治，即一代之学”的主张，要求治学达到“能言其大本大原，而究其所终极；综百氏之所谭，而知其义例，遍入其门径，我从而管钥之，百物为我隶用”[⑤]。

经世学者治学的最大特点，是讲求实事、实功、实效，注重解决时代面临的各种急迫的实际问题，在鸦片战争前后，则具体表现为挽救当时社会危机的种种学术活动。由于他们对时弊直言无忌，不阿时俗，故往往为当权者所抑而屈沉下僚。

如汤鹏平日“慨然有肩荷一世之志，每致书大吏，多所议论”[⑥]，但政治上却很不得志，其后作《浮邱子》91篇，“其指务在剖析天人王

---

① 沈垚：《与许海樵》，《落帆楼文集》卷九，第28页。
② 龚自珍：《西域置行省议》，《龚自珍全集》，中华书局1959年版，第106页。
③ 李兆洛：《周官记序》，《养一斋文集》卷三。
④ 李兆洛：《跋咸淳毘陵志》，《养一斋文集》卷六。
⑤ 龚自珍：《与人笺一》，《龚自珍全集》，第337页。
⑥ 姚莹：《汤海秋传》，汤鹏：《浮邱子》，岳麓书社1987年版。

霸，发抒体用本末，原于经训，证于史策，切于家国、天下，施于无穷。其心务在琢磨主术臣道，护持国势民风”[①]。更多的则是对当时十分棘手的财政、银荒、兵制、海防、塞防、吏治、农政、河工、漕运、盐法、水利、流民、钱法等问题进行探讨。龚自珍在《尊史》中提出，史家应做到对“天下山川形势、人心风气、土所宜、姓所贵皆知之；国之祖宗之令，下逮吏胥之所□守皆知之。其于言礼、言兵，言政、言狱，言掌故、言文体、言人贤否，如其言家事”[②]，以便在史著中更好地反映社会的面貌。包世臣也曾自序其治学经历说：“比及成童，见百为废弛，贿赂公行，吏治污而民气郁，殆将有变，思所以禁暴除乱，于是学兵家。又见民生日蹙，一被水旱，则道殣相望，思所以劝本厚生，于是学农家。又见齐民跬步即陷非辜，奸民趋死如鹜而常得自全，思所以饬邪禁非，于是学法家。既已求三家之学于古，而饥驱奔走者数十年，验以人情地势，殊不相远，斟古酌今，时与当事论说所宜，虽补偏救弊之术，偶蒙采纳，皆有所效。”[③]即从现实的需要出发去治学，既学之后，复“验以人情地势”，施诸实政，这可以说是经世学者治学方法的一个典型。其所作《中衢一勺》专论治河之策，《齐民四术》专论农、礼、刑、兵之事，都体现了这种为学之旨。李兆洛在《怀远县志序》中还强调，纂修方志的目的，在“志民生之休戚也，志天下之命脉也，志前世之盛衰以为法戒也，志异日之因革以为呼吁也”[④]。并身体力行地贯彻这种主张。在他担任安徽凤台知县期间，曾主持编纂过《凤台县志》，且亲为该志撰写了食货、沟洫、艺文、选举、人物等志叙论，特别是在食货、沟洫等志中，对当地各种物产及农林经济、水利事业等现状缕述无遗，提出了不少改进的建议和措施。如果不是对地方吏治民生十分关注并做过周密调查的话，是决然写不出的。其余如龚自珍的讨论西北边政与流民问题，魏源替贺长龄辑《皇朝经世文编》和为陶澍筹议漕运、水利、票盐诸政及后来的议海防，姚莹、沈垚、张穆的边防事务研究，无

① 汤鹏：《树文》，《浮邱子》卷一二，第403页。

② 《龚自珍全集》，第80—81页。

③ 包世臣：《再与杨季子书》，《安吴四种艺舟双楫》卷八。

④ 李兆洛：《怀远县志序》（代康兰皋中丞），《养一斋文集》卷二。

不反映了这一特点。

在上述进步知识分子的倡导下，万马齐喑的清代学术界，又响起了“经世致用”的大潮音。清初以来沉寂已久的经世史学复苏了。

三、传统史学内部的分化

清初和晚清的两次经世致用史学思潮，都是在“天崩地解”的社会大动荡中产生的，但后一次无疑要较前一次来得更为深刻，它实质上是君主专制及其社会制度没落时期，人们要求改革的呼声在学术界激起的有力回荡。

在经世致用思潮的冲击下，传统史学内部渐渐出现了分化的趋势。虽然鸦片战争前后，考据史学仍有着相当的影响，学者中断断于史籍校勘、考订、辑佚、补正的风气依然较盛，并出现了不少这方面的著作。但好些原来锐意攻训诂、习考证的学者，却开始改变学风，走上了诵史鉴、考掌故、慷慨论天下事的史地研究道路，龚自珍、魏源、周济、李兆洛、俞正燮、沈垚、张穆、何秋涛、梁廷枏等，便是其中的代表。这些人大多对当时的社会危机和统治集团的腐败有一定认识，并具有不同程度的社会批判和地主阶级改革思想。

如龚自珍为乾嘉著名朴学大师段玉裁的外孙，自小承家学渊源，于经史、诸子、文字音韵、金石等均有相当造诣，沿着这条治学道路，本来很可能成为一个考据学大家。但他却不愿株守旧学，当朋友几次劝他写定《易》、《书》、《诗》、《春秋》等经书时，他都以“未暇也”为辞，而把眼光转向了注重探讨现实问题的“天地东西南北之学”，并表示愿做一个衰世的史学家，去实现“良史之忧忧天下”的抱负，企望“后之人必有如京师以观吾书者焉，则太史公之志也”。[①] 沈垚早年亦一度沉浸于名物训诂之学，后来“自知琐悉之非计”，在给好友张履的信中表示：“垚好用心于琐屑纷赜之处，颇亦自知其误究名物而弃微言，指示病根

① 龚自珍：《尊史》，《龚自珍全集》，第 82 页。

至为痛切，垚当以为坐右铭。”[①]遂与正统考据学分道扬镳。另外，如梁廷枏、汪文台、钱仪吉等，原来都致力于旧史辑佚和考订，并取得了相当成就，以后也分别走上了究心时务，以经世为志的治史道路。

鸦片战争前后传统史学的分化，不仅表现为地主阶级内部各派史学因学术志趣不同而各趋异途，还突出地反映在治史风气的变化上。

首先，在史学思想上，传统历史观中进步的变易观日益为一些人所重视。特别是龚自珍和魏源，以历史变易观为依据，提出了一套历史进化的理论。他们认为，“气化无一息不变者也”，一切自然现象和社会现象都处于不断的变化运动之中，“三代以上，天皆不同今日之天，地皆不同今日之地，人皆不同今日之人，物皆不同今日之物”。[②]星象、地理、河道无不在变，人类社会更是在变，“自古及今，法无不改，势无不积，事例无不变迁，风气无不移易”[③]。以此观察历史，他们在一定程度上认识到，历史的变化存在着某种趋势。龚自珍说，秦以后郡县制取代封建制，乃是一种历史必然，封建、郡县“天不两立。天不两立，何废何立，天必有所趋，天之废封建而趋一统也昭昭矣”。汉初重新封建诸侯的做法，其实违背了历史潮流，这才招来了“大乱繁兴”。[④]魏源针对当时史学界流行的颂古非今的复古史观，指出，历史是不断发展进步的，如三代行肉刑，行封建世卿世禄制，皆是为“私”的表现，后世废之不行，这是为“公”，公胜于私，故“后世胜于三代”。他列举古代以来政治、经济各种制度的演变因革，说明这都是大势所趋，因此，“古乃有古，执古以绳今，是为诬今；执今以律古，是为诬古。诬今不可以为治，诬古不可以语学”[⑤]。

他们还用今文经学的《春秋公羊传》“三世”说，解释历史变化的程序。如龚自珍认为，“世有三等，三等之世，皆观其才；才之差，治

① 沈垚：《与张渊甫》，《落帆楼文集》卷八，第3—4页。
② 魏源：《默觚治篇五》，《魏源集》，中华书局1976年版，第47页。
③ 龚自珍：《上大学士书》，《龚自珍全集》，第319页。
④ 龚自珍：《答人问关内侯》，《龚自珍全集》，第331页。
⑤ 魏源：《默觚治篇五》，《魏源集》，第48页。

世为一等，乱世为一等，衰世别为一等”①。魏源则以为历史是一个按照太古、中古、末世三世依次递变、往复无穷的过程。他说，社会的变化总是由淳朴的太古，进到有弊有救的中古，终至“弊极将歼”的末世，然后复返于太古淳朴之初。他把每个三世递变的过程称为一“气运”，如传说中的五帝时代为太古，夏、商、周三代为中古，春秋战国至秦为末世，是为一“气运”。汉初，“气运再造，民脱水火”②，复为太古，开始一个新的三世递变过程。

龚自珍、魏源等人极力阐发历史变易观的根本目的，在于为他们倡导的地主阶级改革提供理论依据。龚自珍一再强调，“一祖之法无不敝，千夫之议无不靡，与其赠来者以劲改革，孰若自改革？抑思我祖所以兴，岂非革前代之败耶？前代所以兴，又非革前代之败耶？”③魏源也说：“天下无数百年不弊之法，无穷极不变之法”，“宜民者无迂途，实效者无虚议，大人化裁通变之事也。”④在他们看来，既然社会历史在不断地变化，那么，体现社会政治、经济秩序的法也必须应时而变，方能保持其统治的长治久安。

当然，这一时期地主阶级经世派史学家的历史变易观，总的来说，并未突破传统历史哲学的范畴而升华到更高的层次。这是因为，两千多年来的中国历史一直处在地主制的农业社会阶段，在此种政治、经济、文化氛围中，其地主阶级的身份和个人生活经验，都使他们的思想无法越出现实生产关系的眼界而看到未来的社会发展方向，故这种历史观虽然有承认社会发展变化的一面，最后却终不免堕入循环论的窠臼。魏源的三世递变和气运再造史观，便明显地存在着这种倾向。龚自珍也认为：“古人之世，倏而为今之世；今人之世，倏而为后之世，旋转簸荡而不已。”⑤并说：“万物之数括于三：初异中，中异终，终不异初。”⑥甚至认为“体常静，用常

① 龚自珍：《乙丙之际箸议第九》，《龚自珍全集》，第 6 页。
② 魏源：《论老子二》，《魏源集》，第 258 页。
③ 龚自珍：《乙丙之际箸议第七》，《龚自珍全集》，第 6 页。
④ 魏源：《释虘篇》，《魏源集》，第 432 页。
⑤ 龚自珍：《释风》，《龚自珍全集》，第 128 页。
⑥ 龚自珍：《壬癸之际胎观第五》，《龚自珍全集》，第 16 页。

动”[①]，“天下有万亿年不夷之道”[②]。这说明他们的社会改革并不愿触动现存制度的根本，有着很大的阶级局限性。尽管如此，在西方近代进化论传入中国之前，历史变易观仍不失为一种进步的历史观，它不仅对推动当时政治思想界的地主阶级改革思潮发展起了积极的作用，也有力地冲击了史学界根深蒂固的崇古复古史观，拓深了人们认识历史的程度，对中国近代史学思想的发展产生了深远影响。戊戌变法前后，康有为发挥《春秋公羊传》“三世”说大义，将其改造成为宣传资产阶级改良的“三世”说历史进化观，便在一定程度上受到龚、魏历史变易观的启发。

其次，在治史方法上，史论重新得到了重视。在乾嘉时期，史论因被认为“议论褒贬皆虚文耳”而很不发达。鸦片战争前后，此风丕变，随着经学上主张“微言大义”的今文学兴起，一些学者开始以史论的形式，通过臧否人物史事，抒发对现实政治的看法。如沈垚虽以精史地考证闻于时，但他自己却并不以此为满足，曾表示“意之所期，实不愿以考证见”[③]，“垚之所欲言者，拟为史论以发之”[④]。并作《史论・风俗篇》、《史论・立名篇》等以论古今治乱之故。龚自珍、张穆、李兆洛、周济等经世派史学家也多通过史论借古喻今、讥切时政，阐发自己的政治主张。

第三，在历史研究内容上，一变乾嘉以来以博古相尚之风，一些与现实政治、经济、军事密切相关的历史课题成了人们注目的重心，不少进步史家走上了究当务之急的史学道路，特别是与当时边防及国势盛衰直接有关的西北史地、世界史地和当代史（清史）研究蔚然成风。

经世派史学家的上述史学活动，性质上虽未越出传统文化的范畴，但已表现出若干异于“正统”旧史学的精神和特点，它实质上是从地主阶级营垒内部对居学术界统治地位的传统史学（主要是受到清统治集团提倡的考据史学）观念和形式发出的不满和否定，同时也标志着，清中叶以来史坛沉潭积水、缺乏生气的局面已被打破，中国史学的发展开始进入了近代更化期。

---

① 龚自珍：《壬癸之际胎观第七》，《龚自珍全集》，第 19 页。

② 龚自珍：《乙丙之际箸议第七》，《龚自珍全集》，第 5 页。

③ 沈垚：《与吴半峰》，《落帆楼文集》卷一〇，第 4 页。

④ 沈垚：《与许海樵》，《落帆楼文集》卷九，第 30 页。

第二节　西北史地学的兴起

一、西北史地研究风气的形成

中国近代的西北史地学，是在19世纪中叶经世致用史学思潮的直接推动下发展起来的。它的兴起，不仅开拓了新的史学研究领域，且以其关心时事、注重实际的学风，大大促进了晚清历史地理沿革学的进步。

对西北史地比较专门的研究，可追溯到清初的梁份。梁份（1641—1729），字质人，江西南丰人。少从彭士望、魏禧等讲经世之学。因感明人对西北地理记载“得一漏万，置重举轻，无裨实用，虽卫各有志，而芜秽虚文，展卷欲眯，宜乎边事之难言也……祖制藩服，一旦陆沉，其为谬妄岂浅小哉？夫文献无征，足迹未及，执空文而肆其臆说，则书之不可尽信类多如此”[①]。乃于康熙间只身游历西北，览其攻守形势，考其成败之迹，回旋万里，所至记其山川道里、阬塞险要、城堡兵卫之形，蕃部彝族之众，法制战守、馈饟屯牧风俗之宜，著为《西陲亥步》2卷、《图说》4卷、《西陲今略》8卷[②]，人称“西陲三书”，备叙河州与西宁、庄浪、凉州、甘州、肃州、靖远、宁夏、延绥诸卫形势要害，及其附近部落游牧之事，以资边政之用。与此同时，因东北边境黑龙江流域一度遭到过沙俄哥萨克侵略军的骚扰，故这一带边防也颇引人注目，

---

① 梁份：《与熊孝感书》，《怀葛堂文集》卷一，光绪十三年（1887）排印本。

② 《西陲今略》之卷数，各书记载不一。刘继庄《广阳杂记》谓“数十卷”，朱字绿《杜谿文集·梁质人西陲二书序》谓“八卷”，惜原书今不见，无从查考。又据近代人沈曾植《秦边纪略书后》（《学海》1944年第1卷第1期）和缪荃孙《秦边纪略跋》（《艺风堂文集》卷七）考证，《秦边纪略》即《西陲今略》，然是书各传本卷数亦不同。《四库全书总目》载无名氏撰《秦边纪略》4卷，清同治年间，吴坤修据抄本刊为6卷。

并出现了一些边疆流人和官员使臣有关东北边疆地形、物产贡赋、民情风俗、边防兵制的记载，如杨宾《柳边纪略》、吴振臣《宁古塔记略》、方式济《龙沙纪略》等。这些著作，内容虽然简略，已开后来西北史地研究的先声。

清代中叶，新疆等地次第平定，西北广大地区作为中国的领土进一步得到巩固。这就为在更广范围内研究西北地理提供了某些条件，有关著述渐趋增多。如乾隆间官修的《盛京通志》[①]、《西域图志》、《皇舆西域图志》，以及椿园氏《西域闻见录》[②]、洪亮吉《天山客话》和《纪程》、松筠《绥服纪略》、西清《黑龙江外纪》等。此外，一些辽金元史研究著作，如厉鹗《辽史拾遗》、钱大昕《元史考异》、汪辉祖《元史本证》等，也对西北史地有所考证。不过，这一时期的西北史地记载和研究，除几部官修地志外，私家著述，大抵仍属见闻杂录和游记之类，有的则为治辽金元史的附带性考证，并非专门研究，也未在史学界形成风气。如乾隆中李绂得叶桐君所著史论，见其考论尤悉于西北边陲史地，乃叹道："此近日史学所希也。"[③] 可见其时治此学者仍很少。

19 世纪以后，由于西方资本主义侵略势力在中亚、西亚一带的扩张活动日益加剧，西北边疆渐趋动荡不安。时英国殖民主义者的势力已由印度北上，扩展到了阿富汗，沙俄也日思向东南扩张领土，他们都对中国辽阔的西北边疆心生觊觎，准备乘清王朝衰弱之机，叩关入侵。嘉庆二十五年（1820），流亡国外的原维吾尔族上层贵族后裔张格尔在英国殖民者的支持下，勾结浩罕国势力，利用维吾尔族人民对清朝腐败官僚统治的不满，窜入南疆，煽动叛乱，遭到清军打击后，又屡屡活动，直到道光七年（1827）才被最后平定。与此同时，沙俄从 1830 年代起，也不断对当时中国西北境内的巴尔喀什湖与斋桑湖地区实行武装渗透和非法占领。日趋紧张的边防局势引起了不少究心时务者的不安与关注。于

---

① 此书始修于康熙中，初为 30 卷，后增至 130 卷，于乾隆中完成。

② 此书作者为"七十一"，然据洪钧说，此书又名《新疆外藩记略》，其曾得一乾隆时旧刊本，但"云椿园氏著，《朔方备乘》谓七十一所著，乃误以其年为其名"（《元史译文证补》卷二十七下《西域古地考三》）。今从之。

③ 全祖望：《叶征士桐君哀词》，《鲒埼亭集外编》卷七，《四部丛刊》本。

是，一些进步学者试图通过西北史地的研究，来辨明形势，求得安边对策。在这方面首开风气的，当推祁韵士和徐松。

祁韵士（1751—1815），字谐庭，又字鹤皋，山西寿阳人。乾隆进士。授翰林院编修，擢右中允，历户部主事、郎中，充宝泉局监督。嘉庆十年（1805），因局库亏铜案遣戍伊犁。赦还后，以著述终老。一生致力于西北史地研究，时人程恩泽称其治史“穷源溯流，荟萃贯串，能揽其巨，实经世可施用”①。官翰林时，充国史馆纂修，尝奉旨创立《蒙古王公表传》，博稽档册，考核史实，于内外蒙古、回部、西藏各部王公世系事迹，一一列传记之。另撰《皇朝藩部要略》18 卷及表 4 卷，编年叙述蒙、回、西藏各部归清始末及封爵、建置等事。及戍伊犁，奉伊犁将军松筠命，草创《伊犁总统事略》12 卷，又据其亲履西北考察所得，参以史乘，别为《西域释地》1 卷、《西陲要略》4 卷，考古证今，述新疆山川疆里、城池沿革及天山南北两路山水、卡伦、军台、城堡、职官、清廷驻兵始末、屯田、水利、训练、牧养和少数民族源流风俗。并谓：“近年士大夫于役西陲，率携琐谈、闻见录等书为枕中秘。惜所载不免附会失实，有好奇志怪之癖，山川沿革，按之历代史乘，皆无考据。又于开辟新疆之始末，仅就传闻耳食为之演叙，讹舛尤多。夫记载地理之书，体裁近史，贵乎简要。倘不足以信今而证古，是无益之书，可以不作。”② 足见其治西北史地学带有明显的经世意图。

徐松（1781—1848），字星伯，顺天大兴（今北京）人，祖籍浙江上虞。嘉庆进士。授翰林院编修，出为湖南学政。嘉庆十七年（1812），因事戍伊犁，二十五年赦还，官至陕西榆林知府。其在伊犁，受命修订祁韵士所纂《伊犁总统事略》，成《新疆识略》12 卷（另卷首 1 卷），于新疆南北两路城垣建置、控扼险要、满汉驻防、钱粮兵籍，言之甚详。另撰有《新疆赋》1 卷、《西域水道记》5 卷、《汉书西域传补注》2 卷等有关西北史地著作多种。徐松治学，不仅学问博洽，且极重视实地考察。曾遍历新疆各城，记其道路曲折，访诸仆夫、驿卒、台弁、通事，

① 程恩泽：《户部福建司郎中鹤皋祈公神道碑铭》，《程侍郎遗集》卷八，《丛书集成初编》本。
② 祁韵士：《西陲要略·自序》，《丛书集成初编》本。

有所得，复证之旧史方略及案牍有关记载。故其著述，皆征引详赡而考订精审，深受时人推崇。

徐松回京后，随着其时张格尔在南疆一带叛乱活动的加剧，西北边务日趋引人注目，这使得在他周围很快聚集了一批进步学者，相与探讨时局及西北史地。其中，最值得注意的是龚自珍和沈垚。

龚自珍（1792—1841），又名巩祚，字瑟人，号定盦，浙江仁和（今杭州）人。道光进士。历官内阁中书、宗人府主事、礼部主事。道光十九年（1839）辞官南归，晚主丹阳云阳书院讲席。他对边疆史地的研究，始于助程同文修《会典》、负责校理"理藩院"一门及青海西藏各图时。道光元年（1821），又在程同文帮助下修《蒙古图志》，拟为图二十八、表十八、志十二，并附徐松所作哈萨克、布鲁特二表。逾年，书未成而遭火毁，遂中辍。残存《拟进上蒙古图志表文》及志表序文 10 篇。与此同时，他还参与重修《一统志》，上书总裁，论西北塞外诸部落沿革，订旧志之疏漏凡 18 条。龚自珍不仅对西北史地学造诣很深，而且十分注重运用这方面的知识解决实际问题。特别是嘉庆二十五年（1820）写成的《西域置行省议》，针对西北边政的不安现状，首先提出了在新疆设立行省的建议，并对新疆的经济、边防，以至 14 个府州、40 个县的设置，都做了具体论述。当时，新疆虽是我国统一的多民族国家的一个重要组成部分，但自康熙以后，清廷对其的管理一直采用委派将军、参赞大臣等"镇守"办法，缺乏一套系统的行政管理机构，这显然不利于有效开发新疆和巩固国防。龚自珍认为清时边疆形势与前代大不相同，汉唐时期的"凿空"、"羁縻"之法已不适用，因而主张在那儿施行与内地一样的行省制度，并迁"内地无产之民"入疆开垦，以解决严重的流民问题，促进边疆经济和国防建设。即使这样做现在"所费极厚，所建极繁，所更张极大"，但"所收之效在二十年以后，利且万倍"。[①] 这些意见，在社会上产生了很大的反响。

沈垚（1798—1840），字敦三，号子敦，浙江乌程（今吴兴）人。道光府学廪生。曾从金史学家施国祁问业。道光十二年（1832），入安

---

① 龚自珍：《西域置行省议》，《龚自珍全集》，第 105—111 页。

徽学政沈维鐈幕。十五年（1835），以优贡生赴京，屡试不售，困滞都下，先后为姚元之、徐宝善、徐松、沈涛撰书。生平著作多有关西北史地，其最著者为《六镇释》、《西游记金山以东释》1卷、《新疆私议》1卷。《六镇释》对宋以来诸家纷言不一的北魏国防六镇名称及方位做了较正确的考定。《西游记金山以东释》则据张德辉《塞北纪程》，参以他书，对元李志常《长春真人西游记》所记河北至金山（今阿尔泰山）以东交通要道、山水驿程、成吉思汗分封东方诸王分地、和林地点及西北地形险要等作了考释，纠正了前人某些误记。《新疆私议》作于道光八年（1828），时清政府刚平定张格尔叛乱，新疆善后问题一时成为朝野议论的中心。文中，沈垚坚决反对某些人以喀什噶尔等边城“悬远难守”、费用浩大为由而主张放弃边防的“捐西守东”之议，说：“然者远终不可守乎？非也。不尽其守之道，故不可得而守也。不守远必守近，而守近之费不减于远或更甚焉。”他列举汉以来历朝经营西域的史实，说明新疆的安定对我国国防和领土统一意义十分重大。并针对当时新疆的局势，提出了加强边政建设，开发水利，实行募民垦荒，以民屯为主，军屯、民屯相配合之策，同时让屯垦的民户也接受一定的军事训练等巩固边防的主张。为给新疆屯田事业发展提供依据，他还征引有关史书记载，对该地区水道变迁做了考索，指出：“镇守诸臣，诚以时度地形，益治沟洫，广田蓄，务储积，则内地之转输可罢，蓄积益多，兵食益足，缓急有备。”①

与祁韵士和徐松比较起来，龚自珍和沈垚的西北史地研究显然具有更为强烈的现实针对性。尤为难能的是，他们还对当时十分敏感的边疆民族关系提出了看法。如沈垚认为，要保持边疆的长治久安，除了加强兵备、屯田积谷外，还须慎重处理民族关系。他指责清廷驻疆官员不知体恤维吾尔族民情，与当地维吾尔族上层分子相勾结，“恣为贪酷，侵夺其财货，虏辱其妇女，以积其愁苦冤怨之气”，这才引起了维吾尔族人民的不满，而使张格尔这样的少数“桀黠凶悍之人，乘机

① 沈垚：《新疆私议》，《落帆楼文集》卷一。

鼓扇”[①]分裂叛乱。并说，这些史实均应引以为戒。龚自珍也曾恳切要求清廷驻疆官员“不以驼羊视回男，不以禽雀待回女”，“令回人安益安，信益信而已”，他还主张边疆地区以农耕为主的汉族人民和以畜牧为业的少数民族彼此尊重，“耕者毋出屯以垦，牧者毋越圈而刈”[②]，做到和睦相处。当道光年间居于青海的蒙古、藏族之间发生纠纷，有人要清政府出兵助蒙攻藏时，龚自珍坚决表示反对，说蒙古、藏两族都信奉佛教，可让青海大喇嘛出面劝导双方息争，这样做，“不调一兵，不费一粟，以外夷和外夷（指边疆少数民族。——引者），智之魁也”[③]。这些，都反映了他们勇于正视现实，触及时事的治学精神。

这一时期从事西北史地研究的，除上述几人外，还有程恩泽[④]、俞正燮、张穆和稍后的何秋涛、李光廷[⑤]等。这些人时常相互切磋学问，相互推挹，情如师友，渐渐形成了一个专门讲求西北舆地学的学者群。如徐松在京师时，常与张穆、沈垚等人一起，“剧谈西北边外地理，以为笑乐”[⑥]。龚自珍与徐松、沈垚也时相交往。其赠徐松诗曰“笥河寂寂覃溪死，此席今时定属公”[⑦]，十分推重徐松的学识。他还与沈垚书信往还，讨论有关历史地理的问题。[⑧]张穆则与程恩泽、俞正燮、何秋涛关系甚密。程、俞、沈三人卒后，遗著均由张穆整理刊刻行世。张穆卒后，其遗著则由何秋涛整理补辑刊行。他们之间，不仅有着共同的学术志趣，而且在相互探讨、取长补短的过程中，形成了共同的治学风格。这特别表现在以下二方面：

---

① 沈垚：《新疆私议》，《落帆楼文集》卷一。

② 龚自珍：《上镇守吐鲁番领队大臣宝公书》，《龚自珍全集》，第311—312页。

③ 龚自珍：《与人论青海事宜书》，《龚自珍全集》，第342页，又作《与人笺》。

④ 程恩泽（1785—1837），字云芬，号青海，安徽歙县人。嘉庆进士。累官户部右侍郎。生平颇能奖拔人才，在当时学者中有很高声望。著有《国策地名考》20卷、《程侍郎遗集》10卷。

⑤ 李光廷（1812—1880），字著道。又字恢垣，广东番禺人。咸丰二年（1852）进士，官吏部主事，迁员外郎，旋告归，以著述终其身。著有《汉西域图考》7卷、《普法战辑要》等。

⑥ 张穆：《落帆楼文稿序》，《落帆楼文稿》，《丛书集成》本。

⑦ 引自《清史列传》卷七三《徐松传》。按：笥河为朱筠，覃溪为翁方纲，皆乾嘉时著名学者，与徐松同为大兴（今北京）人。

⑧ 沈垚：《与龚定庵书》，《落帆楼文集》卷四。

首先，他们的史地研究都寓有强烈的经世致用精神。他们对西北舆地、水道变迁、城垣兴废、民情风俗、兵额财赋的实地考察或考证，无不是为了解决当时各种急迫的边政问题，如国防、边疆行政体制、农田水利、民族关系等。

其次，他们不仅都精于朴学，善于运用乾嘉以来考据学的有关成果以及考证、校勘、训诂等方法从文献上考索史地，还十分注重实地勘察。虽然除祁韵士和徐松外，其余诸人因条件所限，未能亲履西北，但他们都很强调治地理学过程中实地考察、“目验得之”的重要性，认为“必验之实在情形，不为虚词以欺世”[①]，方有俾实用，并力求以前人和同时学者亲历实地所得的原始资料为依据进行研究，由此形成了一套朴实严谨的治学方法。

上述情况可见，鸦片战争前后，对西北史地的研究已成为一种风气和时事针对性很强的专门学术，而不再仅仅是治辽金元史的兼涉学问或极少数亲历边塞者的话题，并且在一些进步学者的提倡下，初步形成了一个有着共同学术志趣和治学风格的西北史地学派，其中，成就最大的则是张穆和何秋涛。

二、张穆与《蒙古游牧记》

张穆（1805—1849），又名瀛暹，字石州，号月斋居士，山西平定人。道光优贡生，充正白旗汉教习。因乡试时忤监者，坐摈斥，遂一意著述，“益讲求经世之学，于兵制、农政、水利、海运、钱法尤所究心”[②]。鸦片战争后，对边疆安全和中外关系发展深抱忧虑，提出了一些巩固边防的设想，并尖锐指斥签订中法《黄埔条约》等不平等条约对中国主权的严重危害，表达了他一生心忧天下的爱国精神。其学不专主一家，凡经史、小学、天文、算术，莫不博通，尤精西北舆地之学。著有

① 沈垚：《答徐墨伯》，《落帆楼文稿》，第 37 页。

② 祁寯藻：《月斋文集序》，《月斋文集》，咸丰八年（1858）刻本。

《顾亭林先生年谱》4 卷、《阎丘潜先生年谱》4 卷、《昆仑异同考》、《俄罗斯事补辑》、《魏延昌地形志》[①] 等。

《蒙古游牧记》为张穆最重要的代表作，前后"致力十年，稿凡屡易"[②]，足见搜讨之勤。其死时书尚未完稿，经友何秋涛校订，并排比补辑末 4 卷，方成完璧。书凡 16 卷，其中内蒙古二十四部 6 卷，外蒙古喀尔喀四部 4 卷，额鲁特蒙古 4 卷，额鲁特新旧土尔扈特 3 卷。按蒙古各盟旗，分记其游牧地区历朝建置沿革、道里四至、山川城堡、古迹、庙宇、卡伦、驿站、与中原王朝关系及清时各部封建领主的封爵功勋和与清朝的会盟臣贡关系，尤详于明清蒙古各部沿革变迁情况。所论范围广及今蒙古人民共和国和中国境内的内蒙古、新疆、青海、宁夏、东北三省等蒙古族活动区域。

张穆治学，"专以笃实为主"[③]，尝谓"当今天下多故，农桑、盐铁、河工、海防、民风、士习，何一事不当讲求？"[④] 这种经世思想在《蒙古游牧记》中有着突出的反映。他认为，清朝疆域广大，全国各省府厅州县，包括一些边疆地区如吉林、西藏、台湾都修有方志，以辨方纪事，考古镜今，唯内外蒙古未有此方面专书，况且清朝治理蒙古，"一命之吏，必请于朝；一石之粟，必输于官"，同于内地，而"城乌里雅苏台、科布多、塔尔巴哈台以莅治之；北守库伦，西守伊犁，以控制之。形势既得，中外永安"[⑤]，其中多有良法美意可取。因而他决心编写《蒙古游牧记》，以真实反映这一地区的现状和历史。

历史上，蒙古族很早就是中华民族的一员。蒙古族的先民，《旧唐书》称为"蒙兀室韦"，开始活动在我国今内蒙古自治区境内的额尔古纳河（唐时称望建河）南岸，后来逐渐强大，继宋、金之后建立了元朝。明代，居于北边的蒙古各部封建领主虽一度为达延汗所统一，但总的来说处于互争雄长的封建割据状态，不少部落先后与明朝政府建立了臣属

---

① 此书原稿为 20 卷，后散亡，据孙殿起《贩书偶记》，尝见底稿残本 3 卷，为卷一至卷三。
② 张穆：《蒙古游牧记自序》，《㐆斋文集》卷三。
③ 吴式训：《㐆斋文集跋》，《㐆斋文集》卷三。
④ 张穆：《与陈颂南先生书》，《㐆斋文集》卷三。
⑤ 张穆：《蒙古游牧记自序》。

关系，受明封号。后金（清）崛起后，一些蒙古部陆续归顺清人，与其结成同盟，在清统一中国及后来平定额鲁特准噶尔部的作战中起了很大作用。据此，张穆认识到，蒙古地与中原相依，“其部落强弱，关系中国盛衰”[①]，故书中不仅历叙蒙古各部接受清朝封爵和助其作战情况，还很注意考察蒙古与清廷的关系。如引证资料指出，居地紧靠盛京边的蒙古科尔沁部，所以列为内札萨克二十四部之首，素为清廷另眼相待，除了与清皇室几代联姻外，还因其每“有大征伐，必以兵从，如亲征噶尔丹及剿策妄阿喇布坦、罗卜藏丹津、噶尔丹策凌、达瓦齐诸役，札萨克等效力戎行，莫不懋著勤劳”。“世祖当草创初，冲龄践阼，中外帖然，繄蒙古外戚扈戴之力。”[②]是清皇朝主要的军事支柱，其兵力和所居地理位置，皆与北部边疆的稳定直接有关。对清政府扶助蒙古各部经济的某些措施，张穆也做了不少记载，如雍正元年（1723），郭尔罗斯部乏食，清政府即调拨伯都讷之粮救济该部，并另拨“帑银三万两往振［赈］，再将郭尔罗斯旗下实在穷苦并无生饩之人，按户口给与乳牛羊只”[③]。

“通古今，稽史籍，明边防”，是《蒙古游牧记》的又一主要着眼点。内外蒙古，瀚海千里，是中国北部的边防屏藩，明其山川阨塞险夷，是关乎国防强弱的要事。张穆明确表示，他在书中历陈山川城堡，意在“志形势也”。[④]《蒙古游牧记》博征史籍，考古论今，对蒙古各处地形、驻军重镇，乃至边地卡伦屯兵情况均作了详赡记载。如谓科尔沁右翼前旗东南的西伯城（亦作席北）为东北行军要冲，西北科布多附近的乌兰古木足以“度形势，立营伍，以资防守”等。张穆看到，加强边防，除兵备因素外，还应兼顾军储供给问题，方能做到战守自如，无后顾之忧。据此，他认为，屯兵戍守营地，最好是水草丰美之处，并指出察罕庾尔“地近喀尔喀游牧，如大兵会集驻扎，不惟军威强盛，防护亦有裨益”。至于哈密，田畴沃衍，气候温暖，商民辐辏，地当东西孔道，

---

① 引自祁寯藻《蒙古游牧记序》，《蒙古游牧记》，同治六年（1867）寿阳祁氏刊本，下引此书，皆此版本。

② 张穆：《蒙古游牧记》卷一，第5页。

③ 张穆：《蒙古游牧记》卷一，第25页。

④ 张穆：《蒙古游牧记自序》。

西南通吐鲁番，为天山南路咽喉；北通巴里坤，为天山北路要冲。兼扼两路，形势尤胜，“盖自古战守扼要之地”①，最为西陲重地。

值得注意的是，张穆的上述议论，很大程度上是针对当时侵略性很强的沙俄的。他在论及中俄交界地的恰克图时说，恰克图“为喀尔喀四部适中之区。迤东二十八卡伦，土谢图、车臣两部设。迤西十九卡伦，札萨克图、赛音诺颜部设。商民于此建立一木城，俄罗斯亦于对面建设市圈，万货云屯，居然一都会矣。钦差大臣驻扎库伦以控制之”。并特别指出“恰克图迤东车臣汗部十四卡伦，沙甸平坦。迤西多山，林木蓊郁，往来以色楞格河为津要，连冈而东。迤南至衮图达坝罕，其间侠［峡］沟丛树，险隘天成，足资防御”。② 这就清楚地表明了其“明边防”的实际用意。

从经世思想出发，张穆治西北地理还十分注意对自然经济条件的考察。在《魏延昌地形志》中就指出：“西北陂塘堰泽，尤有心经世者讨论所必先，兹考其兴废及现今情形，庶后来者有所取法焉。”③ 其《蒙古游牧记》每涉一地，必详引前人著作或旧案，记其水道泉源流向，何处有水草宜稼穑畜牧，何处水咸不可食，皆叙述分明。如引《方略》说：“自察罕托辉至石觜子一百里，其野广平，土脉肥润，籽种易生，其地性较暖，可引水”，并多“前人引水分水故道，以年久多淤塞，然形迹尚存，今若更修建渠坝及放水闸，其两岸可以垦田万顷”，雍正间，便曾开渠溉田数十万顷。其余如敖汉、奈曼、巴林一带，濒河沃衍，“水草便畜”，“田土甚嘉，百谷可种”。另外，对一些不宜畜牧耕作地区，张穆也做了说明，如“自拖诺山以下，由东迄西，约五千里，皆在瀚海北有水草之处，哈尔哈诸部并游牧其间，其在瀚海中者，惟插汉、七老稍大，余皆平地沙冈，非游牧之地”。④ 这些记载，为在蒙古地区发展畜牧和农田水利提供了一定参考。

---

① 张穆：《蒙古游牧记》卷一三第 19 页、卷一六第 12 页。

② 张穆：《蒙古游牧记》卷七，第 27—28 页，亦见张穆《月斋文集》卷二《俄罗斯事补辑》。两者文字稍有出入，此处所引据后者（按：《蒙古游牧记》亦注明引自《俄罗斯事补辑》）。

③ 张穆：《魏延昌地形志自序》，《月斋文集》。

④ 张穆：《蒙古游牧记》卷六第 8 页、卷三第 7 页、卷九第 2 页。

《蒙古游牧记》不仅显示出作者重视边疆国防和经济的进步思想，在编纂上也有其独到之处。

首先，《蒙古游牧记》是一部史志体著作，但其记事内容和范围却超越于一般史志，在体例上对旧史志体也有所发展。《蒙古游牧记》之作，其初是欲补祁韵士《皇朝藩部要略》之阙。据祁寯藻《蒙古游牧记序》说："始余校刊先大夫《藩部要略》，延石州复加校核。石州因言：自来郡国之志与编年纪事之体相为表里，昔司马子长作纪传，而班孟坚创修地理志补龙门之阙，而相得益彰。今《要略》编年书也，穆请为地志以错综而发明之。"但事实上，《蒙古游牧记》并未成为《皇朝藩部要略》的附庸，而是自成体系，单独行世，其记事内容亦远较旧史地理志为丰富。为了不破坏史志体本身的结构，张穆还采用了自撰书自为注的方法，全书正文用笔简练，主要记载内外蒙古各部地理和建置沿革，同时在注中引征大量资料，介绍其地古今史迹、文物、山川水道、地形险夷、各部历史等。这种正文与注相辅，既突出某一主题，又兼顾其与他方面事物联系的编写方法，可以说是开了史志体的新生面。

既陈古义，复论今事，是《蒙古游牧记》的第二个特点。此书所记，固以明清蒙古各部沿革为主，但对明以前该地区民族迁徙之迹和建置沿革也作了叙述，读去脉络分明，使人对蒙古地区的古今变迁有一个完整的历史概念。故祁寯藻称"陈古义之书则贵乎实事求是，论今事之书则贵乎经世致用，二者不可得兼，而张子石州《蒙古游牧记》独能兼之"。此书一出，"读史者得实事求是之资，临政者收经世致用之益，岂非不朽之盛业哉！"①

最后，《蒙古游牧记》在资料运用上的长处也值得一提。此书的编纂，特别是注文主要采用了广征他书的集解和间加考证的方法，但却广而不滥。元以前主要依据正史及《元朝秘史》、《圣武亲征录》、《长春真人西游记》、耶律铸《双溪醉隐集》等。明代多取材于《蒙古源流》。清代部分尤为其功力所在，资料最富，并都经过精心选择，特重实地考察所得

① 祁寯藻：《蒙古游牧记序》。

和原始资料。书中大量征引清人游历西北地区的记载，如方式济《龙沙纪略》、龚之钥《出塞录》、图理琛《异域录》、祁韵士《西域释地》、徐松《西域水道记》和《新疆识略》等。引用最多的则是清官方档案和近于档案性质的官修《方略》，如《大清会典》、《大清一统志》、《理藩院则例》、《平定朔漠方略》、《平定准噶尔方略》、《国史列传》、《满洲名臣传》等。他说："凡国家丰功伟烈，见于《方略》诸书者，罔不敬录而阐扬之。其近年兴建，则又询诸典属，访诸枢垣，以蕲精详而备讨论。"[①] 可见除了成文官书之外，还很注意搜访某些口碑材料。虽然这些官方档案不免代表了清统治者的观点，对史实也难免有歪曲或掩饰之处，但毕竟保存了许多上谕、奏折等原始文献，仍不失为研究有关问题的第一手资料。此外，张穆还尽量吸收同时学者俞正燮、魏源、沈垚等人的研究成果。1848 年，即其死前一年，当他看到徐继畬的《瀛寰志略》，仍表示要将有关内容采入所著的《水经注表》中。[②] 他还十分注重吸取当代实地调查的成果。如道光间，徐松任榆林知府，曾让怀远知县何丙勋确查西夏统万城故址，此次实地勘测资料，即为张穆记入《蒙古游牧记》中，这条资料，至今仍为人们确认或研究该古城遗址的主要依据。这种博征兼蓄的治学方法，是《蒙古游牧记》得以取得很高成就的重要原因。

《蒙古游牧记》是我国第一部较系统的蒙古地志，它的出现，不仅可补辽、金、元三史之阙和提供清代蒙古各部沿革变迁与较清晰的社会风貌，还与张穆一生的进步史学活动一起，奠定了他在近代西北史地学发展史上的突出地位。

三、何秋涛与《朔方备乘》

何秋涛（1824—1862），字愿船，福建光泽人。道光进士。授刑部主事，曾为保定莲池书院院长。夙究心经世之务，精西北史地学，与张

---

① 张穆：《蒙古游牧记自序》。

② 张穆：《复徐松龛中丞书》，《㐆斋文集》卷三。

穆齐名。以中国北部疆界与俄罗斯相邻，而诸家论述，未有专著，乃采集官私载籍，为《北徼汇编》6卷，后复增衍图说至80卷[①]，进呈咸丰帝，赐名《朔方备乘》。1860年，英法联军陷北京期间，书被毁。吏部侍郎黄宗汉复取副本，拟重加抄写，旋复毁于火。光绪间，其子何芳稌取出残稿，由黄彭年及畿辅志局诸人按原目补缀排类，复还旧观。刊后风行一时，通行本为81卷。著作尚有《王会篇笺释》3卷、《校正元亲征录》、《一灯精舍甲部稿》5卷等。

《朔方备乘》在近代史学史上素享盛名，其书不仅取材广、考订精，且经世目的鲜明。全书包括凡例目录1卷、"圣训"及钦定诸书12卷、圣武述略6卷、考24卷、传6卷、纪事始末2卷、记2卷、考订诸书15卷、辨正诸书5卷、表7卷、图说1卷。其所取材，"一曰本钦定之书以正传讹，二曰据历代正史以证古迹，三曰汇中外舆图以订山川，四曰搜稗官外纪以资考核"[②]。详记有关中国东北、蒙古、新疆以至中亚、东欧等地各事及清代中俄关系状况。其中历代北徼诸国、诸王、将帅传、北徼事迹和沿革表，元代北方疆考，乌孙部族考等均属西北史地沿革和民族史，其余大部分为当代史地。

何秋涛编纂此书时，正值沙俄加紧侵华步伐之际，故书中所体现的反侵略的国防思想十分强烈。"凡例"中说："是书备用之处有八：一曰宣圣德以服远人，二曰述武功以著韬略，三曰明曲折以示威信，四曰志险要以昭边禁，五曰列中国镇戍以固封圉，六曰详遐荒地理以备出奇，七曰征前事以具法戒，八曰集夷务以烛情伪。"[③]也就是欲通过宣扬汉唐元及清前期武功，激励清统治者提高自强信心，整顿边防，抵御外侮，并为人们提供历朝经营北边的经验，及北部边疆用兵地形和中外关系等必要知识。

《朔方备乘》首先是一部军事历史地理著作。从"揽地理戎机之

---

① 黄彭年《清故莲池书院院长刑部员外郎何君墓表》谓"复增衍图说为八十五卷"，但后整理刊印此书时李鸿章叙中谓系"八十卷"，同时黄彭年在书末跋（作于1881年）中亦未表示异议。今通行本卷数与李说同（八十卷，又目录、凡例一卷），故从之。

② 何秋涛：《朔方备乘·凡例》，光绪七年（1881）畿辅志局初刊本。

③ 何秋涛：《朔方备乘·凡例》。

要”的目的出发，它不仅记载历朝北边用兵得失之故，还对从东北到西北的边疆沿革和攻守地形作了详尽考察。何秋涛认为：“边防之事有备无患”，虽然“国家承平二百余年”，但“常宿重兵于漠北，将帅大臣星罗棋布，东西相望，其所以防患于未然者，意至深远”。[①]他指出，当时对中国北部边疆侵略威胁最大的是沙俄，说：“俄罗斯地在哈萨克以外，势渐强盛”，虽距我边地卡伦尚有千数百里远近不等，中隔哈萨克部，但“哈萨克诸部皆无城廓，迁徙不常，是以俄罗斯人竟可直至喀伦（卡伦）之外，如嘉庆年间有俄罗斯向哈萨克人索取安集延人口之事，即系至塔尔巴哈台喀伦之外……其明验也”。[②]由此认为，“西北塞防，乃国家根本”[③]，并对北部边防卡伦等设施一一作了考叙。

论及东北边防，何秋涛认为，吉林尤关至要，“其地域广远，东至库叶岛（库页岛），跨海外数千里，东北至赫哲、费雅喀部落，延袤三千余里，接俄罗斯境，重关巨扃，捍卫天府，实为东北第一雄镇”。而黑龙江，则“左枕龙江，右环兴岭，为东省屏藩，北门锁钥”。[④]何秋涛之前，一般人对“止设姓长乡长，未立专官”的吉林东海诸部不甚重视，如赵翼《皇朝武功纪盛》，自康熙中平定三藩后诸役，悉有述略，唯东海诸部之事则阙载。魏源《圣武记》亦仅将努尔哈赤与皇太极统一东海诸部的史迹附见他事，未立专篇。何秋涛对此不满，说：“吉林东北隅三姓副都统地，与俄罗斯密迩，三姓所属打牲、采捕诸部落，即旧时东海诸部，慕德向化，久为编氓，是则为盛京屏障者吉林也，为吉林根本者东海诸部也”，因此“论北徼边防，不可不留意于东海矣”。[⑤]并特考求群书，以专篇记东海诸部事迹。

针对沙俄企图吞并中国东北的阴谋，何秋涛还在《朔方备乘》中历叙清初沙俄屡侵黑龙江地区，被清政府击退的史实，并对该地区的边疆

---

① 何秋涛：《朔方备乘》卷一一《北徼形势考·叙》。

② 何秋涛：《朔方备乘》卷一〇《北徼喀伦考》。按：哈萨克，语言属阿尔泰语系突厥语族，有文字，本以游牧为生，18—19世纪并入俄国。1991年独立为哈萨克斯坦共和国，并加入独联体。其族人部分居于中国、俄罗斯等国。

③ 何秋涛：《朔方备乘》卷一一《北徼形势考》。

④ 何秋涛：《朔方备乘》卷一一《北徼形势考》。

⑤ 何秋涛：《朔方备乘》卷一《东海诸部内属述略·叙》。

沿革作了考证，纠正了一些不正确的说法。如书中指出，皇太极天聪八年（1634）十二月命将征黑龙江全境后，“远近部落，相率来归，皆号新满洲”，统一了黑龙江各部。“近人著述，或以为黑龙江至康熙二十一年（1682）始入版图，失考订矣。”[①] 又说，雅克萨、尼布楚在清“崇德年间始征克之，至康熙年间为罗刹（即沙俄侵略者）所踞，复经大兵挞伐恢复，纪载家以为罗刹于崇德间已据地筑城，非也。兹详考前后用兵之事，以订讹谬”[②]。这些确凿史实表明，黑龙江地区历来是中国领土，从而驳斥了某些错误观点。

何秋涛边防思想的可贵处，不仅在于主张从深入研究本国边防现状着手，制定有效的边防措施，还在于在当时一般人士尚昧于外情的条件下，努力探求外国情势，特别是搜集和研究有关资料，向人们介绍了较为完整的俄国历史、地理、政区、户口、文化、宗教、民族、习俗和物产等概貌，以及清前期中俄关系史，从而为“知夷制夷”，更好抵御沙俄侵略提供了依据。通过研究，他认为，沙俄是一个侵略性很强的军事帝国，“康熙年间，俄罗斯彼得罗王始耀兵讲武”，在 18 世纪初的北方战争中，“与西费耶战胜，割其东境芬兰之地，筑城于海滨而迁都焉”。“传至加达利纳（叶卡捷林娜）女主，乃发兵攻克波兰，夺其土壤之三分之二。”[③] 在东方，它乘着一些草原部落衰弱之际，加紧扩张，“略地而东，遂于顺治年间窃取雅克萨地，侵扰索伦等部垂四十年”[④]。他还指出，当时西北形势，亦危如累卵，“今土尔扈特既东徙内附，而布哈尔亦为俄罗斯所攻，日益微弱。其安集延等部，俄罗斯亦有索取人口之事”[⑤]。不仅如此，沙俄还一直阴谋插手我新疆事务，如乾隆间，就曾暗中支持额鲁特辉特部阿睦尔撒纳叛清分裂，阿睦尔撒纳兵败逃入俄境，沙俄仍“欲抚而用之”，后因其很快病死而未能得逞。[⑥] 这些记载，对揭露沙俄

① 何秋涛：《朔方备乘》卷首一《圣训》。
② 何秋涛：《朔方备乘·凡例》。
③ 何秋涛：《朔方备乘》卷一六《波罗的等路疆域考》。
④ 何秋涛：《朔方备乘》卷二《索伦诸部内属述略·叙》。
⑤ 何秋涛：《朔方备乘》卷一一《北徼形势考》。
⑥ 何秋涛：《朔方备乘》卷首二《圣训》。

的侵略性，提高人们的国防意识，无疑起了一定的作用。

《朔方备乘》对西北史地的研究，在不少方面有所突破，发展了前人的成就。

首先，它“兼方志外纪之体”，扩大了西北史地研究范围。在何秋涛之前，祁韵士、徐松、张穆等人对西北史地的研究，或致力于新疆一隅，或集中于蒙古史地。《朔方备乘》则不仅把前人对东北、蒙古、新疆的史地研究成果汇为一体，还把研究范围扩大到域外史地，主要是开展了对与中国北部毗连的俄国历史和地理的研究。这种把西北史地放到某一世界性区域范围和中外关系沿革变迁的角度进行研究的方法，标志着我国西北史地学的发展已进入一个新的阶段，也可以说是开了广义西域史研究的先声。

其次，研究方法更趋精密。与清代一般地理学者不同，何秋涛没有把他的研究局限在传统的沿革地理方面，而是注意更多地把地理研究与对边疆各民族的历史、习俗、源流等状况的考察结合起来，这就大大丰富了《朔方备乘》的内容，其中如“述略”、“传”等部分都显示了这一特点。不仅如此，该书记载地名方位，还一律采用经纬度定位，说：“北徼星度，古者言天家所未详，史传载各国相距里数，亦多未能核实，惟定北极高度及距京师偏东西度，斯为准确。”[①] 凡国内地名方位，皆按清康熙、乾隆时官方实测所得经纬度，俄国境内地名经纬度则本诸西人《地理全志》（唯皆以经北京的经线为子午线），从而大大加强了记载的准确性。应当指出，以经纬度定位的方法，虽然在康熙时传教士帮助测绘的地图中已采用，但康熙、乾隆时完成的两内府舆图一般人不易看到，何秋涛生时，社会上流行的地图仍多采用传统的画方计里之法，不甚准确。正因如此，《朔方备乘》的这种地理定位法更显得难能可贵。

第三，《朔方备乘》还对前人有关西北史地及俄国的研究成果，进行了认真总结。如书中考订和辨正诸书共20卷，对清初以来《职方外纪》、《使俄罗斯行程录》、《异域录》、《龙沙纪略》、《绥服纪略》、《俄罗斯佐领考》、《俄罗斯事辑》、《俄罗斯事补辑》、《月斋签记》、《俄罗

---

① 何秋涛：《朔方备乘·凡例》。

斯国总记》、《俄罗斯盟聘记》、《海国图志》、《元代北方疆域考》、《康辅纪行》、《西域闻见录》、《檐曝杂记》、《癸巳存稿》、《瀛寰志略》等18种著作有关俄国的记载部分逐一作了考订，纠正了其中一些错误。书中有关西北地理沿革及北方诸少数民族历史的记载，也足补正史之阙。

《朔方备乘》在当时确属一部有重大成就的著作，但因时代和阶级局限，也存在一些弱点。在考证上，如以汉代西北乌孙音近罗思、露西亚、俄罗斯，即以俄人为乌孙之后等论，皆近乎武断。特别是从正统思想出发，书中一再“宣圣德”，称颂清政府“天威远震，环海镜清”之词随处可见，对清廷业已衰落的症状却无表示，这至少是对清朝腐败程度的认识不足。在记事上，也过分强调“考证皆以钦定之书及正史为据”，“载籍浩繁，必折衷于圣言（指清帝谕旨、诗作等）”[①]，这就不免带来一些问题。如书于汉、唐、元经营北边情形皆有叙述，唯独不及明代，这显然是为了突出清朝的“功迈前朝”。其实，明洪武年间，朱元璋就数遣大将冯胜、傅友德、蓝玉等出征东北，通过军事行动和招抚，统一了东北等地，先后在东北设置了辽东都司、奴儿干都司，建立卫所、驿站和管理钱粮司法等机构，清太祖努尔哈赤及其先人就曾为明建州左卫官员，受过明朝封爵。但清入关取得全国政权后，各种官方记载对此都讳莫如深，使清早期历史显得扑朔迷离。《朔方备乘》对明统一东北等边疆地区避而不谈，显然是以清“钦定之书”记载为是非标准的结果，这是违背历史真实的。当然，这些弱点的产生，除作者本人的主观原因外，有一些则是时代造成的。

梁启超在《中国近三百年学术史》中指出：“大抵道咸以降，西北地理与元史学相并发展，如骖之有靳。一时风会所趋，士大夫人人乐谈，如乾嘉间之竞言训诂音韵焉，而名著亦往往间出，其大部分工作在研究蒙古，而新疆及东三省则其附庸也。”[②]西北史地学由西北边疆地理、蒙古及北方少数民族史研究，发展到南海交通史、西域史、中外关系史的研究，直至1930年代禹贡学会的《研究边疆计划书》中仍说：“读沈

① 何秋涛：《朔方备乘·凡例》。

② 《饮冰室合集·专集之七十五》，第322—323页。

垚之《新疆私议》、林则徐之《伊犁日记》、徐继畬之《瀛寰志略》等书，即可见其忧患之深。是故当时学者之精神集于西北。”主张在“强邻肆虐，国亡无日”的存亡危急之秋，发扬道咸学者关心国家命运的经世精神，从事边疆史地研究，“期为国用”[①]，足见其影响之深远。

① 禹贡学会：《研究边疆计划书》，《史学史研究》1981年第1期。

第三节 “开眼看世界”的外国史地探讨

一、从反侵略到“开眼看世界”

鸦片战争时期，中国史学界兴起了一股研究外国史地的热潮。这股热潮，不仅为中国史学的发展注入了新的血液，且在介绍和输入西方近代思想文化方面起着重要的桥梁作用，从而成为中国人走向认识世界道路的最初缩影。

《共产党宣言》指出，世界资本主义发展起来后，“过去那种地方的和民族的自给自足和闭关自守状态，被各民族的各方面的互相往来和各方面的互相依赖所代替了。物质的生产是如此，精神的生产也是如此”。这种“精神生产”变化的重要标志之一，便是东西方互相了解和文化交流的日益频繁。鸦片战争时期中国的外国史地研究，与其时西方对中国的研究一样，都反映了这一时代趋势，只是两者的研究意图和发展途径，却不甚相同。当时西方资本主义国家对中国的研究及其东方学（Orientalism），是随着其殖民势力在东方的急遽膨胀而兴盛的，作为西方列强对外实行殖民开拓的“参谋学”，它不仅为其提供东方殖民地和落后国家的政治、经济、文化情报，还往往不惜歪曲史实，为殖民主义侵略制造各种理论依据，故常含有侵略性。1932 年苏联出版的普·叶·斯卡奇科夫编的《中国书志》即指出：在俄国，“旧汉学是作为沙俄专制制度殖民政策的思想武器而发展起来的。沙俄在东方的推进在旧汉学中反映出来并找到辩护的理由，旧汉学是俄国沙皇专制制度强盗殖民政策各个阶段的反映”[①]。实际上，近代英、法、日本等国东方学、蒙古学的勃兴都曾一度与这种侵略政策有关。与此相反，中国近代的外国史地研究，则是在强敌频侵，民族危机日形严重之际发展起来的，它经历了一个由被动到逐步自觉的过程，反映了中国人民要求了解世界风云，以求走上富国强兵之路的热切愿望，故始终贯串着强烈的民族自卫意识。

中国人对西方的研究，其始以沙俄为主。这是因为，16—17 世纪以后，沙俄在远东不断进行领土扩张，特别是 17 世纪时对中国黑龙江、乌苏里江地区的侵扰，使它很容易成为人们首先注意的目标，以致清初以来，就不断有人著书谈到沙俄的情况，如方式济的《龙沙纪略》、张鹏翮的《奉使俄罗斯行程记》(亦称《漠北日记》)、图理琛的《异域录》等。不过其中所记多为见闻杂录，并非专门研究。真正具有近代意义的沙俄史研究，当始于嘉道间的俞正燮。俞正燮（1775—1840），字理初，安徽黟县人。道光举人。曾为林则徐聘修《两湖通志》，晚年主持江宁（今南京）惜阴书院。著有《癸巳类稿》、《癸巳存稿》各 15 卷。俞氏虽以考据学名家，然并不拘泥于旧籍字句考订，而颇留意时事，于河工、水道、海运、漕运、边防皆有所论述。嘉庆十年（1805），他在京师闻沙俄遣使与清廷交涉，遂据京报等资料，作《俄罗斯事辑》、《俄罗斯长编稿跋》等，力求对俄国历史作一贯通考察。虽然这种考察因资料不足，尚很粗浅并存在错误，但却对此后俄国史的研究起了先导作用，以致“后来诸家记北徼事者多援引之”[②]，张穆还写了《俄罗斯事补辑》，对其作了续补。与此同时，姚莹在嘉庆中警于外患日逼之势，也作有《俄罗斯通市始末》、《卡伦形势》等篇，对沙俄情况作了考论。[③]

鸦片战争前夕，随着英国殖民主义者对华侵略日肆猖獗，英国的

---

① 普·叶·斯卡奇科夫：《中国书志·序》，第 7—8 页，莫斯科，1932 年。转引自刘存宽：《苏联对中国的研究和我们加强对苏联研究的迫切性》，收入中国社会科学院近代史研究所编：《中俄关系史论文集》，甘肃人民出版社 1979 年版，第 20 页。按：此《中国书志》原序 1960 年莫斯科再版时已被删去。

② 何秋涛：《朔方备乘》卷四八，第 1 页。

③ 姚莹《康輶纪行·自序》谓：“莹自嘉庆中，每闻外夷桀骜，窃深忧愤，颇留心兹事，尝考其大略，论著于《识小录》矣，然仅详西北陆路。”按其所指，即《识小录》卷四所记《俄罗斯通市始末》、《库伦》、《卡伦形势》、《土尔扈特》等篇。

情况日益引人注目。如何大庚[1]《英夷说》指出："英吉利者，昔以其国在西北数万里外，距粤海极远，似非中国切肤之患。今则骎骎而南，凡南洋濒海各国，远若明呀喇、曼哒喇萨、孟买等国，近若吉兰丹、丁加罗、柔佛、乌土国，以及海中三佛齐、葛留巴、娑罗诸岛，皆为其所胁服而供其赋税。其势日南，其心日侈，岂有餍足之日哉！"[2]正是出于这种担忧，少数有识之士开始对从海道来华贸易的欧美国家，特别是英国进行研究，一些有关著作也相继出现。

最早以亲身航海经历向国内介绍西方国家情况的，是谢清高的《海录》。谢清高（1765—1821），广东嘉应（今梅市）人。少从商贩浮舶南洋。18 岁时，在海上遇险，为外国商船所救，遂随之遍游海外诸国，所至习其言语，记其岛屿厄塞和风俗物产，历 14 年而返粤。后双目失明，流寓澳门，以充当口译为生。嘉庆二十五年（1820），其乡人杨炳南据其口述航海经历，记录整理为《海录》1 卷。书中叙南洋、印度、欧洲及非洲 90 余国岛地理位置、风土人情、气候物产、水路途程等，内容以南洋、印度为多，对葡萄牙、西班牙、法国、荷兰、瑞士、比利时、普鲁士、意大利、奥地利、英国、美国等西方资本主义国家亦有简略记载。该书虽提及一些欧洲国家制器精巧和在南洋地区占岛驻兵的侵略活动，但主要着眼点仍为海外奇风异俗和航路情况等，其作书本意也只希望"纪其所见，传之于后"，在观察和记载外国事物的角度及格局上，与元代汪大渊《岛夷志略》之类的书差别不大，故其近代特点尚不明显。不过它的出现确引起了不少有心探讨外国史地者的重视。如其时李兆洛[3]正在广州极力访求来华贸易各国"所在远近，海道曲折，及其国之大小强弱、风气厚薄美恶、政令刑禁之大凡"，欲以"考验故籍，规揣今势"，但苦于一般人，包括那些常与洋商打交道的"通事译卒"

---

① 据梁廷枏《夷氛闻记》载：何大庚，浙江诸生。尝习申韩之术，在粤就院司幕，工笔札。鸦片战争中，激于爱国义愤，与钱江同倡捐资召勇，以抗英军侵略，为当局所忌，被递籍。钱江亦因此被逮，遣戍新疆。

② 参见《海国图志》（100 卷本）卷一五，古微堂 1852 年刻本，第 20—21 页。

③ 李兆洛（1769—1841），字申耆，江苏阳湖（今武进）人。嘉庆进士．初任安徽凤台知县，后主讲江阴暨阳书院。学主经世，辑著有《皇朝文典》70 卷、《历代地理志韵编今释》21 卷、《大清一统舆地全图》、《养一斋文集》等。

都对外情“贸然莫辨，复时为谩诞以相眩骇，意常恨之”。当他从嘉应人吴兰修处得到《海录》时[①]，大为高兴，认为其“所言具有条理，于洪涛巨浸、茫忽数万里中，指数如视堂奥，又于红毛荷兰诸国吞并滨海小邦、要隘处辄留兵戍守，皆一一能详，尤深得要领者也”[②]。打算向谢清高进一步当面了解外国情况，并罗网唐以来“诸史及海国记载诸书，摘其有关考证者录之，拟俟其来而问焉”。后以谢氏遽卒而未能如愿，遂将《海录》略加整编，列图于首，改名《海国纪闻》，末附其所辑录的外国史地资料《海国集览》。[③] 鸦片战争时期，《海录》更得到了较为广泛的流行。

这一时期有关英国的记载，以萧令裕《记英吉利》和叶钟进《英吉利国夷情记略》（均成于1830年代）较有影响。萧令裕，字梅生（或作枚生），江苏清河（今淮阴）人。嘉庆后期，为淮榷使幕僚。道光初年，至广州粤海关任事。后以淮北盐纲变法，综核有劳，例得盐运使经历，未赴而卒。生平与包世臣、吴兰修等相交好。所作《河上陈言》、《借黄济运议》、《深黄出清议》、《收买淮北池产余盐议》、《淮鹾一得》、《淮榷志遗序》、《粤东市舶论》等，于河渠、盐法、漕运、海防诸重大时事，均有论列。[④] 叶钟进，字蓉塘，安徽歙县人。著有《寄味山房杂记》。萧、叶两人都是当时究心时务的人物，对广东的中外贸易情况尤为熟悉，故他们的著作，在一定程度上反映了鸦片战争前夕中国人对英国等西方国家的认识水平。

从俞正燮、萧令裕、叶钟进诸人的著作看，他们对英、俄等国的侵略性都有一定的感性知识。俞氏列举不少史实，说明沙俄是一个通过不断对周围国家实行蚕食而迅速膨胀起来的军事帝国。[⑤] 萧、叶两人则

---

① 此《海录》据李兆洛《海国纪闻序》所述，乃吴兰修笔录，故可能与今通行之杨炳南录本稍有出入，但未刊。汪文台（泰）《红毛番英吉利考略》所引《海录》之文，有火船、火药两条，为今通行本《海录》所无，即系据吴兰修录本改编成的《海国纪闻》而来。

② 李兆洛：《海国纪闻序》，《养一斋文集》卷二。

③ 李兆洛：《海国集览序》，《养一斋文集》卷二。按：《海国纪闻》及《海国集览》均未刊。

④ 关于萧令裕生平事迹，目前留下的资料很少。此据光绪二年（1876）《清河县志》卷二一《萧令裕传》。并参以其他记载，略述梗概。

⑤ 俞正燮：《俄罗斯事辑》，《癸巳类稿》卷九，辽宁教育出版社2001年版。

指出英国“国俗急功尚利，以海贾为生，凡海口埔头有利之地咸欲争之”[①]，“遇有可乘之隙，即用大炮兵船占据海口，设夷目为监督，以收出入税”[②]，是个侵略性很强的国家。因此，他们的研究，除考察中外关系外，都较重视讲求边防。

如《俄罗斯事辑》主要叙述了清俄关系史，指出早在清初，沙俄就曾入侵中国，略地东南，“夺雅克萨、尼布楚”，并“南向侵扰布拉特乌梁海”。《尼布楚条约》签订后，沙俄还时欲插手中国边疆地区的民族纠纷，希图从中渔利。他指出“自俄罗斯西南，若荷兰、若红毛英吉利、若佛郎机、若大吕宋、若意大利亚，皆工器械，骛利耐远贾，沿海而东而南……此数国者，远隔重洋，辛苦远戍，其用意甚深”[③]，故须“思患豫防”。并特作《喀尔喀伊犁》、《蒙古》、《澳门纪略跋》等篇，讨论边防事务。

《记英吉利》和《英吉利国夷情记略》也着重回顾了中英贸易关系史，认为自中英贸易开展以来，英国一直垂涎葡萄牙人得居澳门之利，在他们企图占据舟山的要求被拒绝后，一再在东南海疆寻衅。嘉庆十三年（1808），英兵船突入澳门，意图强占。道光初，英国水兵又在广东新安“上岸滋事，用鸟枪击毙数人”[④]，扬长而去。萧令裕甚至预言，英国对华侵略“十年之后，患必中于江浙，恐前明倭祸，复见于今日”[⑤]。他们认为英国殖民者之能横行海上，全仗船炮精利，因此，向人们介绍了西方国家兵船火器及火轮制造运用简况，建议仿造，以加强海防。根据英军“老巢既远，持久为难”的弱点，他们还提出了一些克敌制胜的建议。

萧令裕和叶钟进的某些反侵略主张，在当时产生了相当影响。如萧令裕经多年探访，了解到西方各资本主义国家间存在着种种矛盾，在《粤东市舶论》中首次提出了“以夷治夷”的思想，指出英国不仅与葡

---

① 萧令裕：《记英吉利》，《海国图志》（100卷本）卷五三。
② 叶钟进：《英吉利国夷情记略》，《海国图志》（100卷本）卷五二。
③ 俞正燮：《澳门纪略跋》，《癸巳存稿》卷五，第149页。
④ 叶钟进：《英吉利国夷情记略》，《海国图志》（100卷本）卷五二。
⑤ 参见包世臣：《答萧枚生书》，《安吴四种·齐民要术》卷一一。

人不和，与美、法诸国亦“夙与仇雠”，在反侵略中应利用这种矛盾，“使相攻击，以夷伐夷，正可抚为我用”。[①] 后来林则徐、魏源的“以夷攻夷”策略思想，正是在此基础上进一步发挥而成的。叶钟进的“探阅外情”之说，还为日后中国人的外国史地研究提供了一条运用外国资料的新路。他指出，面临外国的侵略威胁，中国人对外情依旧茫然无知，相反“中国人用人行政及大吏一举一动，彼夷番无不周知”，这是很危险的，因而主张：“澳门所谓新闻纸者，初出意大利亚，后各国皆出。遇事之新奇及有关系者皆许刻印，散售各国无禁，苟当事留意探阅，亦可觇各国之情形，皆边防所不可忽也。”[②]

以上可见，鸦片战争前夕中国人对世界知识的探求，已开始显示出反对外国资本主义侵略的近代特点。不过因风气初开和见闻不广，这种研究还很粗浅零碎，牵强附会固不少，且未形成广泛的社会影响，还处于中国近代外国史地研究的萌发时期。

中国近代外国史地研究之成为一种时代风气，是在鸦片战争爆发之后。鸦片战争的失败彻底暴露了清朝统治制度的腐败，强烈震动了朝野。“赫赫天朝”竟大挫于“区区岛夷”，这一面使人们深感奇耻大辱，同时也激起了一些人对外部世界的求知欲，甚至少数上层统治集团的人经此事变，也感到再不能安坐井中、无视天下之大了。他们急切地开始探索世界大势，企图从中求得“御夷之策”。一股“开眼看世界”的新思潮在知识界激荡，林则徐和姚莹[③] 便是其中的杰出代表。

林、姚都在鸦片战争中领导和参加过东南沿海的抗英斗争。斗争的实践使他们认识到，清廷在鸦片战争中的惨败，“正由中国书生狃于不勤远略，海外势事夷情平日置之不讲，故一旦海舶猝来。惊若鬼神，畏如雷霆，夫以是偾败至此耳！”因此，他们大声发出了“开眼看世界”的疾呼，要求对海外诸有名大国，“一一考其事实，作为图说，著之于

① 萧令裕：《粤东市舶论》，《小方壶斋舆地丛钞》再补编九，上海著易堂 1897 年版。

② 叶钟进：《英吉利国夷情记略》，《海国图志》（100 卷本）卷五二。

③ 姚莹（1785—1853），字石甫，安徽桐城人。嘉庆进士。鸦片战争期间，任台湾兵备道，率军民奋力抗击侵台英军，为投降派所忌，贬官四川，后任广西、湖南按察使。著有《中复堂全集》。

书”，使“中国童叟皆习见习闻，知彼虚实，然后徐筹制夷之策”。[①]

这种“开眼看世界”的思想，是在付出了相当惨重的代价后才产生的。尽管林、姚在官僚阶层中，都算得上是处理各种国内政事的干才，但在对世界的认识上，起初也受到传统观念的束缚。如林则徐在禁烟中曾认为：茶叶、大黄，“外国所不可一日无也。中国若靳其利而恤其害，则夷人何以为生？”[②]甚至以“天朝上国”自居，从衣冠服饰和发须外观上对外国人表示鄙夷。姚莹也说，只要“天朝绝彼贸易”，英国便“无计资生”了。[③]林则徐还一度以为，英国距中国太远，其发出的战争威胁，“本系恫喝，固不足信”[④]。低估了英军大规模侵华的危险。

但鸦片战争的炮火，打破了他们的幻觉。战争中，英军占我土地，杀我军民，掠我财富；清军则“大将数出，失地丧师，卒以千万”。严酷的现实使他们悲愤泣血，认识到英国政府的对华战争，从根本上说，并非由禁烟引起或出于什么“报复”，乃是欲遂“平日垂涎之素志耳”。[⑤]林则徐还指出：“夷性无厌，得一步又进一步，若使威不能克，即恐患无已时，且他国效尤，更不可不虑。”[⑥]看到了西方各列强将乘清朝积弱之势，纷起侵凌中国的危险前景。审时度势，他们体会到，西方各国于中国地利人事，“日夕探习者几数十年，无不知之。而吾中国曾无一人焉留心海外事者，不待兵革之交而胜负之数已较然矣。澳门夷人至于著书笑中国无人留心海外，宜其轻中国而敢肆猖獗也”[⑦]。

林、姚不仅提出了“开眼看世界”的进步主张，还身体力行，积极从事世界形势及各国历史、地理研究。林则徐在广东即“日日使人刺探西事，翻译西书，又购其新闻纸”[⑧]。积累了大量有关资料，如今天

① 姚莹：《复光律原书》，《中复堂全集·东溟文后集》卷八，同治六年（1867）安福县重刊本。
② 《林则徐集·公牍六》，中华书局 1965 年版，第 126 页。
③ 姚莹：《复邓制府筹勘防夷状》，《中复堂全集·东溟文后集》卷四。
④ 《林则徐集·奏稿》，第 762 页。
⑤ 姚莹：《复福州史太守书》，《中复堂全集·东溟文后集》卷七。
⑥ 《林则徐集·奏稿》，第 883—885 页。
⑦ 姚莹：《复光律原书》。
⑧ 魏源：《道光洋艘征抚记》，《魏源集》，第 174 页。

保存下来的《洋事杂录》[1]，仅仅是这些资料中的“千百之一”，其中已记载了不少鸦片战争前欧美各国的简单历史和现状，及其政治、经济、军事、地理、风土人情、国际关系等方面的见闻传说。他还请人翻译了各种外国人出版的书籍、商业情报乃至传教小册子，并亲加审订，先后编译成《澳门月报》、《四洲志》、《华事夷言》、《滑达尔各国律例》等。姚莹在台湾参加抗英时，就据英俘颠林口供作为图说，考求世界地理。1843 年被贬四川后，更怀抱“冀雪中国之耻，重边海之防”的爱国忠愤，“喋血饮恨”，将多年搜罗到的世界知识资料，参以查访所得，撰成《康辅纪行》16 卷。这些著作，内容虽颇广泛驳杂，但有不少是有关地理历史的。特别是《四洲志》，系据英国人慕瑞（Hugh Murry）《世界地理大全》（*Cyclopaedia of Geography*）译出，它介绍了世界三十多个地区和国家的历史与地理概况，是近代第一部较系统的世界史地译作。姚莹的《康辅纪行》也记载了不少有关英、法、俄、印度、廓尔喀（尼泊尔）、哲梦雄（锡金）等国地理历史知识，考证了天主教、伊斯兰教、佛教源流，绘制了世界和中国西南边疆地图，并揭露了英国对西藏的觊觎及英、俄两国在中亚、西亚的争斗情况。由于他们的研究已开始从翻译外文资料入手，这就使中国人对世界的认识相当大地跨进了一步。

当然，林、姚的外国史地研究主要都还是从反侵略的军事和外交斗争需要出发的，故尚带有较浓的情报色彩，从史学角度看，也未形成自己的理论方法或体例。《四洲志》纯是一部译作，《康辅纪行》系合日记杂录而成，连姚莹自己也说，此“皆逐日杂记，本非著书”[2]。且其内容广涉古今学术人物文章和使藏杂感等，并非专论外国史地。因此，这些著作还未能在史学上建立起自己的学科阵地。但是，他们的“开眼看世界”思想和世界史地研究，毕竟推开了中国人面向世界之窗，其筚路蓝缕之功，不可泯灭。

---

① 按《洋事杂录》系林则徐亲信幕僚陈德培手录的林则徐所藏洋务资料的一小部分，原件今藏上海社会科学院历史研究所，今经林永俣、孟彭兴整理标点，刊于《中山大学学报》1986 年第 3 期。

② 姚莹：《康辅纪行序》，《中复堂全集》。

二、中国第一部世界史地志——《海国图志》

真正把“开眼看世界”思想付诸史学实践并产生重大影响的，应首推魏源的《海国图志》。

魏源（1794—1857），原名远达，字默深，湖南邵阳人。道光进士。曾任内阁中书。鸦片战争前，受江苏布政使贺长龄之聘，辑《皇朝经世文编》，又助江苏巡抚陶澍筹议漕运、水利、票盐诸事。道光二十一年（1841），入两江总督裕谦幕，参与鸦片战争中的浙东抗英斗争。未几，以清廷昏庸无能，愤而辞归著述。后为江苏高邮知州，在任倡办地主团练，与太平军作战。晚弃官学佛，卒于杭州。著作除《海国图志》外，尚有《圣武记》、《元史新编》、《古微堂集》等。

魏　源

魏源的外国史地研究，始于鸦片战争中。1840 年，他曾在浙东抗英前线宁波通过英俘安突德（P. Antuther）了解英国情况，后据此写成《英吉利小记》。1841 年 6 月，林则徐被革去四品卿衔，由浙江发往伊犁，途经京口（今镇江江口）遇魏源，即将自己主持编译的《四洲志》及其他有关外国资料交他，嘱其续为编纂。魏源遂广搜中外著述，按区分国，增补整理，于 1843 年初编成《海国图志》50 卷，凡 57 万字，地图 23 幅，洋炮图式 8 页，刊刻行世。道光二十六至二十七年又增为 60 卷，刊于扬州，据魏源原叙后自注，此次刊行增入西南洋、希腊等回国[①]、五印度沿革总考[②]、欧洲总沿革、北洋普鲁社（即普鲁士）国、琏国（丹麦）、外大西洋墨利加洲（即美洲），及《南洋西洋各国教门表》、《中国西洋历法异同表》、《中国西洋纪年通表》等。关于西洋技艺，50 卷本仅附录 1 卷，60 卷本增为 8 卷，内容涉及火轮船、地雷、水雷、望远镜等

① 回国，指信奉伊斯兰教的国家。

② 五印度，指印度地区，包括北印度、西印度、南印度、东印度、中印度。

《海国图志》（100 卷本），
古微堂 1852 年刻本

器艺制造和使用方法。咸丰二年（1852）复扩成 100 卷，刊于高邮，内容更为丰富，总计约 88 万字，各种地图 70 余幅，船炮器艺图式数十种，较 60 卷本增补地球天文合论、国地总论等 9 卷，地志增为 66 卷，西洋技艺增为 12 卷，成为当时中国最完备的世界知识汇编。

《海国图志》是中国人编纂的第一部世界史地志，它的出现，正值人们经历了鸦片战争失败的深创剧痛、渴望了解世界大势之际，故其书一出，即风行天下，给思想界以极大的启示，不仅对西学在近代中国的传播起了凿破鸿蒙的启蒙作用，且在史学上也有独特建树，为中国近代的世界史地研究奠定了基础。这种作用，主要表现在三个方面。

第一，《海国图志》第一次从理论上提出了研究世界史地的时代意义和方法问题。

在魏源之前，中国虽然也有一些记载外国史地的著作，但从未有人将其视为一个单独的史学分枝并从理论上加以探讨过。在权威性的《四库全书》中，这些书或厕于杂史列，或附庸于地理类，足见地位之不显。魏源则首次从理论上肯定了研究世界史地的必要性。从“气运”变化说的历史变易观出发，他认为“天地之气，其至明而一变乎！沧海之运，随地圜体，其自西而东乎！”[①] 随着明末以降西方资本主义的兴起及其商船炮舰的日渐东来，过去那种东西方互不通声息的状态业已结束，他朦胧察觉到，从此，世界各国都将不可避免地被卷入一种相互联系的共同运动趋势中，“于是从古不通中国之地，披其山川，如阅《一统志》之图，览其风土，如读中国十七省之志，岂天地气运，自西北而东南，将中外一家欤！”[②] 在这种形势下，如还抱着“八荒之外存而不论”的传统观念不放，又“乌知宇宙之大哉？”[③] 据此，他明

① 魏源：《海国图志》（100 卷本）卷五《叙东南洋》。
② 魏源：《海国图志·后叙》（100 卷本）。
③ 魏源：《海国图志》（100 卷本）卷五九《外大西洋墨利加洲总叙》。

确提出了“地气天时变，则史例亦随世而变”[①]的史学命题，要求正视历史变化的潮流，进行世界史地研究，并提出了一系列研究方法。首先，他要求把研究建立在较坚实的史料基础上，从“立译馆翻夷书”入手，尽量采用外国人的记载，避免旧史述域外事因本于传闻杂录而常有的附会之弊。他一再强调，《海国图志》与前人记海外史地的最大不同，就在“彼皆以中土人谭西洋，此则以西洋人谭西洋也”。书中引录最多的资料，便是当时传入中国的西人著作，如《四洲志》、英国人祎理哲的《地球图说》、马礼逊的《外国史略》、葡萄牙人马吉斯的《地理备考》、美国人裨治文编译的《美理哥合省国志略》等，地图亦多采自香港英人送给清广东地方官府的“洋图”。其次，他主张研究应加强系统性。而以往有关外国的记载，大多“详于岛岸土产之繁，埠市货船之数，天时寒暑之节，而各国沿革之始末，建置之永促，能以各国史书志富媪山川纵横九万里、上下数千年者，惜乎未之闻焉”[②]。这种支离破碎、漫无系统的研究状况亟待改变。其《海国图志》的编纂，便尽可能完整地叙述了各国的地理历史情况。最后，《海国图志》的世界史地研究，还初步注意到东西方历史的联系和对比。如在论及亚非地区国家时，往往很注重叙述西方列强在该地区的殖民侵略等活动，并再三声明，其“志南洋”、“志小西洋”、“志北洋”，都是为了“志大西洋也”，提醒人们注意近代世界各地区之间的联系。另外，书中《南洋西洋各国教门表》、《中国西洋历法异同表》、《中国西洋纪年通表》，也分别对佛、伊斯兰、基督教各世界宗教和中西纪年历法作了对比考察。这种考察，不管何等粗浅，却已露出了“合人类全体而比较之，通古今文野之界而观察之”的近代史学方法端倪。

第二，在编纂上，《海国图志》也初步形成了自己的著作结构。

鸦片战争前，中国的有关外国史地之作，多为航海游记杂录，很少自成一家体例。魏源在这方面作了大胆尝试。从经世致用的史学思想出发，他力图将《海国图志》编成一部可为当时反侵略斗争提供各种应

---

① 魏源：《海国图志》（100 卷本）卷五《叙东南洋》。

② 魏源：《海国图志·原叙》、《后叙》（100 卷本）。

敌方略和情报资料的海防全书。内容上，全书主要分为两部分。1. 自撰部分，包括《筹海篇》及各总叙、后评和文中夹注，它集中体现了魏源反侵略的思想和精心筹划的“以夷攻夷”、“以夷款夷”、“师夷长技以制夷”等抗敌策略，这是全书的灵魂。2. 资料汇编部分，这是全书的内容主体。它汇集了当时所能得到的外国史地资料，编排时，由近而远，首南洋、印度，次非洲，次欧洲，次南北美洲，并据反侵略斗争的需要，分类介绍船炮、火轮船、地雷水雷、望远镜等西洋技艺，读去脉络分明。其中孰详孰略，也都经过斟酌。如英国是当时侵略中国的元凶，故“志于英夷特详”，共占了 4 卷，以便人们明其底细，有效抗击其侵略。在叙述印度、安南、缅甸等国时，魏源不仅以印度等国的亡国教训告诫国人不忘边患，还企图从缅甸、安南抗击英国侵略的史实中，求得借鉴。此外，从“以夷攻夷”的策略思想出发，在研究西方国家时，他还很注重分析各国间的关系，认为沙俄是英国的劲敌，美国原属英殖民地，经独立战争方摆脱英国控制，成为独立之国，这都是可以联络攻英的对象。可见《海国图志》虽内容广博，却始终不脱反侵略的中心，书中各部分正是在这一中心思想贯串下，构成了较为有机的整体。

第三，《海国图志》的划时代意义还在于给了闭塞已久的中国人以全新的近代世界概念。

在此之前，中国旧史中之外国传等，多失之荒略；记载外国情况的专书寥若晨星，且往往不脱海外奇谈色彩；即有少数人航海归来，记其闻见，如元汪大渊《岛夷志略》、明马欢《瀛涯胜览》等，也大抵走马看花，所记不出水路程途和风俗土产，而鲜及其制度、文化和历史原委。明末清初，西洋传教士利玛窦、艾儒略、南怀仁等挟其世界地理新知东来，虽一度引起不少人震动，然旋复冷落，《四库全书总目提要》至谓利、艾等书皆据汉东方朔《神异经》等“依仿而变幻其说，不必皆有实迹”，“不免多所夸饰”。[①]《海国图志》之出，打破了这种孤陋寡闻的状况，它不仅向人们提供了近代世界各国地图，还以 66 卷的巨大篇幅，详叙各国史地，丰富了中国人的世界知识，特别是使人们对一向

① 参见《四库全书总目提要》卷七一“坤舆图说”条、“职方外纪”条。

生疏的西方世界有了大致了解。如叙西方近代机器生产的情况说，“机房织造，不用手足”，“农器便利，不用耒耜，灌水皆以机关，有如骤雨……制造之匠，纯用火机关，所藉以动机关者煤炭”。对资本主义的商业、铁路、银行、学校、新闻制度，乃至议会制度，也都作了一定介绍。如说英国凡国“有要务，则国王召议事百十三员会议……议国大小事”，议员由各地士民推举，其行政、征税、外交诸事，咸由“乡绅之会”议决。并称赞美国的民主共和制“其章程可垂奕世而无弊”。书中还指出英国“不务行教而专行贾，且佐行贾以行兵，兵贾相资，遂雄”①。看到了发展商业在国家富强中的作用。这些论述，虽然还未认识西方资本主义社会制度的实质，但已大大开阔了人们的视野，跨出了中国认识近代世界的重要一步。

更为可贵的是，魏源从整个世界历史发展的过程中，体会到“善师四夷者，能制四夷；不善师外夷者，外夷制之”②的规律。他多次提到俄国彼得大帝勇于学习西方先进技术，致国于强盛的事迹，称其“聪明奇杰，离其国都，微行游于岩士达览等处船厂火器局，讲习工艺，旋国传授，所造火器战舰，反优于他国……其兴勃然，遂为欧罗巴最雄大国”③。并第一个提出了“师夷长技”的口号，说“中国智慧无所不有”，只要认真向西方学习，“尽得西洋之长技，为中国之长技”，将来“风气日开，智慧日出，方见东海之民犹西海之民”。④这些话，正表明魏源力图通过世界史地研究，从中寻找救国之策，使国家迅速强大起来的雄心所在。

《海国图志》问世后，不仅在国内影响历久不衰，在国外也引起了一定反响。英人威妥玛、德国传教士郭士立等纷纷摘译，向西方介绍书中的某些内容。在日本，更是辗转翻刻，据鲇泽信太郎统计，1854至1856年间，翻刻版本达二十余种（均为部分翻刻），对当时日本各界了

---

① 魏源：《海国图志》（100卷本）卷五一《大西洋英吉利国广述上》、《后叙》，卷三七《大西洋总叙》。

② 魏源：《海国图志》（50卷本）卷二四《大西洋欧罗巴洲各国总叙》。

③ 魏源：《海国图志》（100卷本）卷五四《俄罗斯国总记》。

④ 魏源：《海国图志》（100卷本）卷二《筹海篇》。

解世界乃至明治维新思潮的形成，都起了积极作用。日本史学家井上清在《日本现代史》中便指出："幕府末期的日本学者文化人等，经由中国输入的文献所学到的西学情形与一般近代文化，并不比经过荷兰所学到的有何逊色。例如横井小楠的思想起了革命，倾向开国主义，其契机是读了中国的《海国图志》。"①

《海国图志》也存在一些不足处。此书总的来说仍是一部资料汇编，虽有自己的裁别条贯，却还不是一部融会贯通的史著。加之时代所限，内容上也有不少错误，如以波斯为西印度，以耶稣教、伊斯兰教为同出婆罗门教等。不过，由于它为世界史地研究作了大量史料搜集和分类工作，并从理论上提出了一些有关研究方法，这就为中国世界史地研究学科的出现奠定了第一块基石。从此，中国的世界史地、中外关系史等研究才结束了作为地理、杂史附庸的历史，开始成为一门史学的分枝而发展起来。

三、梁廷枏和徐继畬的世界史地研究

在魏源编纂《海国图志》的同时或稍后，还出现了其他一些有相关论著。如安徽廪生汪文台（或作汪文泰）② 于道光二十一年（1841）春，闻英国侵略军攻陷广东虎门，愤当道暗于敌情，"传者不识夷情，务为夸谩"③ 乃采辑《海国纪闻》、《海国南见录》、《明史》、《职方外纪》、《澳门纪略》等有关资料，作《红毛番英吉利考略》，考论明季迄清道光初英国情况。同年，江苏诸生陈逢衡④ 亦据英俘安突德口供及图说作

---

① 井上清：《日本现代史》，生活·读书·新知三联书店 1956 年版，第 28 页。

② 汪文台（1796—1844），字南士，安徽黟县人。道光廪生。以授课为生，学博而深通经史，与同县俞正燮齐名相善，尝为阮元聘至扬州论学。另辑著有《七家后汉书》21 卷、《淮南子校勘记》等。关于他的名字，《碑传集补》卷五〇及《七家后汉书》皆题汪文台，唯《红毛番英吉利考略》题为汪文泰。或系"台"、"泰"两字音近致讹。

③ 汪文泰：《红毛番英吉利考略》自识，道光二十四年（1844）京都漱六轩刊《域外丛书海外番夷录》本。

④ 陈逢衡（1778—1855），字履长、穆堂，江苏江都（今扬州）人。道光诸生。富藏书，喜治经，精考证。著有《逸周书补注》、《竹书纪年集证》、《博物志考证》等。

《英吉利纪略》1 卷，对英国的地理、风俗、服饰、语言、工艺等有所记载。不过这两种著作都失于简略，并有不少错误。这一时期最值得注意的是梁廷枏的《海国四说》和徐继畬的《瀛寰志略》，他们对外国或世界史地的研究，在某些方面还显示出较前人深入的发展趋势。

梁廷枏（1796—1861），字章冉，号藤花主人，广东顺德人。道光副贡生。曾任广州越华、粤秀书院监院、学海堂学长、澄海县训导等职。早年从事辞章考据之学，撰有《金石称例》5 卷、《南汉书》18 卷、《南越五主传》3 卷等。自道光十五年（1835）入海防书局纂修《广东海防汇览》起，究心时务，致力采集各种中外资料，探讨西方国家“岛屿强弱，古今分合之由”①。后复应聘总纂《粤海关志》。道光十九年，林则徐至广州查禁鸦片，他曾为之绘海防图规划形势。鸦片战争失败后，退而研究外国史地，先后写成《耶稣教难入中国说》、《合省国说》3 卷、《兰仑偶说》4 卷、《粤道贡国说》6 卷，于道光二十六年合刊为《海国四说》，后稍加修订，复刊于咸丰年间。《耶稣教难入中国说》叙耶稣教产生流传情况并考论其传入中国的历史；《合省国说》即美国史（合省国，即美利坚合众国之意）；《兰仑偶说》记英国史地与现状（兰仑即英国首都伦敦，为 London 之异译，代指英国）；《粤道贡国说》收录清初至道光间由海道至广东贸易或入贡的暹罗、荷兰、西班牙、英国、意大利、葡萄牙等国与清廷往来文书和有关清帝谕旨、大臣奏章，是一部按年汇编的鸦片战争前清代中外关系文件集。

徐继畬（1795—1873），字健男，号松龛，山西五台人。道光进士。历官广西浔州知府、两广盐运使、福建布政使等。道光二十六年（1846）授广西巡抚；旋改福建巡抚兼署闽浙总督。在此期间，先后向雅裨理、甘威廉、李太郭、阿礼国等外国传教士和外交人士询访世界地理、历史知识，于 1844 年秋草成《瀛寰考略》稿二卷。后复广搜西人著作，“荟萃采择，得片纸亦存录勿弃。每晤泰西人，辄披册子考证之，于域外诸国地形时势，稍稍得其涯略。乃依图立说，采诸书之可信者，衍之为篇”。终于五阅寒暑，“稿凡数十易”，于道光二十八年撰成《瀛

① 梁廷枏：《合省国说·自序》，《海国四说》1846 年刊本。

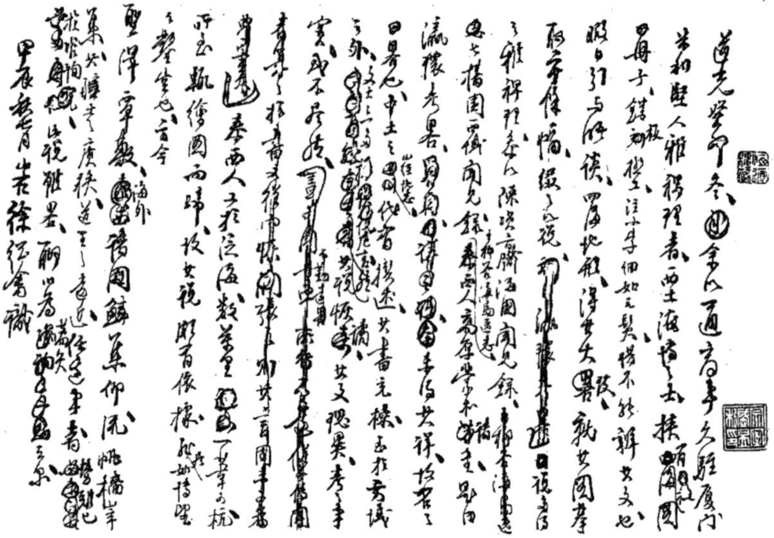

《瀛寰考略》手稿本，1844 年秋

寰志略》10 卷，刊刻出版。[①]

《海国四说》与《瀛寰志略》规模均不及《海国图志》，但对外国史地的研究，某些方面却更为深入。

首先，它们既不是《四洲志》式的译作，也不同于《海国图志》的资料汇编，而是一家撰述之作，这就从编纂体例上前进了一步。

梁廷枏认为，其时国内的外国史地著作大多缺乏贯通性，如对英国，“当世立言之彦偶记见闻，亦堪荟萃，然大率详今略古，究未得其立国之所由来”。因而主张编写较系统介绍西方国家“风土起灭之由”的史地著作。其《合省国说》和《兰仑偶说》便是按照这种要求编写的。方法上，因受传统史体影响，先集中叙历代政治沿革，后叙其地理、宗教、文化、经济、风俗等，《兰仑偶说》对英国情况的介绍便是如此；另一方面，因受某些西人著作启发，有时也采用以年为经，史事为纬，穿插其政治、地理、经济的叙述法，这在美国史《合省国说》中表现较明显。这种方法，开创了近代中国人编写外国通史的先河。如

① 徐继畬：《瀛寰志略·自序》，清总理衙门 1866 年刊本。

《兰仑偶说》中，梁廷枏叙述了纪元初至1838年不列颠岛政治沿革、统治世系，对其地古代诸民族之兴替均有论及，虽不免时有阙误，其详细程度确非当时同类著作所及。

《瀛寰志略》与《海国图志》虽同属世界地志，但体例更趋严谨。《海国图志》因系资料汇编，书中兼存各家之说，不少材料内容重复，有些尚未经过充分消化，以至对相互矛盾之说有时也缺乏自己的论断，如关于美洲发现时间及情况，即几说并存，有明弘治年说、万历年说等。《瀛寰志略》则已将所得资料熔为一炉，全书14万余字，地图42幅，以图为纲，较系统地介绍了世界近80个国家和地区的地理、历史沿革和经济文化、风土人情简况，尤注重各国重大政治事件、商务关系（特别是中外商务）、英美法等国的考察。其繁博固不及《海国图志》，但结构紧凑，选用地图亦较准确，给人以明晰而较完整的近代世界地理全貌。

其次，内容上，《海国四说》与《瀛寰志略》也有较前人深入之处。除介绍西方国家政治、经济、军事、文化情况外，还对资本主义的民主政治制度作了更多的记叙。如《合省国说》中，梁廷枏对当时最先进的美国民主共和制作了重点叙述，以相当赞许的口吻详志其总统轮换制、议员选举制和三权分立制等。如说，在美国，“凡事无大小缓急，必集议而后行，议必按例（指法律），否则虽统领（即总统）不自专。故凡统领初受事，辄誓于众曰：我必循例，自正其身而后尽力民事云……盖稍涉偏私，则举国必不服，而议事官（即议员）先不会议，即议亦断不可行也”①。对其司法制度乃至律师出庭情形，书中皆作了仔细描绘。《瀛寰志略》也论及英国的议会制度说：“都城有公会所，内分两所，一曰爵房（即上议院），一曰乡绅房（即下议院）……国有大事，王谕相，相告爵房，聚众公议，参以条例，决其可否，复转告乡绅房，乡绅酌核，上之爵房，爵房酌议，可行则上之相而闻于王，否则报罢。”②梁廷枏还特别提到英国史上的《大宪章》，认为它是形成近代英国立宪制的

① 梁廷枏：《合省国说》卷二。
② 徐继畬：《瀛寰志略》卷七。

历史渊源。1215年英国《大宪章》的确立，削弱了国王法庭权力，是英国史上的重要转折，在英国资产阶级革命时期，它曾被用来作为争取权利的法律根据。这一史实，当时中国人的著作极少提到，梁廷枏指出："至若翰（即约翰）性暴戾，虐遇其众。教师因民情不忍，聚众困迫之，国内旧受封爵者亦群起围所居，不得已与民约，凡事听民自专不问，沿为风俗。"① 上述介绍，使人们由此看到了一个与"天朝"制度迥然不同的西方近代世界。

鉴于鸦片战争后外国资本主义侵华的日益加深，《海国四说》和《瀛寰志略》都继承了近代以来外国史地研究紧密结合现实的反侵略思想传统，对西方列强的侵略性及其兵势强弱和外交等情况作了进一步考察。

梁廷枏在论及美洲的开发时说，欧洲人"初至时，其地已先有土著如中国之苗者十数万人……各国商船始不过以贸易至，货尽即行，续侦知其力弱谋拙无能为，又人少土旷，谓可夺而有之……遂先后劫以兵而分裂其地"②。指出了美洲早期殖民运动的侵略实质，同时，他对英国殖民者在东方灭印度、攻缅甸、占南洋群岛的侵略活动也一一作了揭露。徐继畬在《瀛寰志略》中分析了西方资本主义列强间纵横捭阖、钩心斗角的关系，认为英法曾反对过沙俄吞并土耳其的阴谋，但并非真出于什么保护弱国之心，而是因为土耳其所据地位十分重要，倘若沙俄阴谋得逞，"则地兼三海（波罗的海、黑海、地中海），于欧罗巴一土已扼其吭而拊其背矣。彼且治船炮，阅形势，一旦拥十万之众，卷甲西驰，诸国其能宴然已乎？故英佛之存土，非爱土也，惧俄之兼土而事未有所止也……欧罗巴情势颇类战国，故纵横之谋，有不期然而然者"③。他还批评葡萄牙殖民主义者贩卖非洲黑人的可耻行径，谓其"竟以贩鬻人口为利薮，则尤不足道也"④。这些见解，都较前人为深刻。

《海国四说》和《瀛寰志略》对外国史地的研究能比前人有所深

① 梁廷枏：《兰仑偶说》卷一，《海国四说》1846年刊本。
② 梁廷枏：《合省国说》卷一。
③ 徐继畬：《瀛寰志略》卷六。
④ 徐继畬：《瀛寰志略》卷八。

入，并不是偶然的。虽然这两部著作的出现距第一次鸦片战争仅几年时间，但正是经过短短几年的痛苦摸索和斗争实践，加之西人著述的日渐输入，中国人才开始对西方国家有了一定了解，并必然会在史学上有所反映。

如鸦片战争中，一些先进的中国人虽已在不同程度上看到了西方的某些先进优势，但起初不少人都认为这种差距主要表现在火器上，故林则徐、姚莹等对西方的研究，多侧重于军事、兵员、武器等方面，他们讲“西洋长技”，一般也是指军事技术。只是在经过一段时期的摸索研究后，人们才逐渐注意到经济甚至政治上的原因。

梁廷枏指出，英、美等国国力强盛的重要原因，“实以贸易为本务，所入视农工远甚，统领之所劝奖者固在此。盖税之所出，国用攸资也”[①]。并认为英国政府采取农器进口免税和国内矿藏“听民自开采而征其税”[②]等政策对发展生产均有积极作用。徐继畬认为，英国之富强，与其对广大殖民地的掠夺是分不开的。不仅如此，他还看到了英国经济生活中利归富商而工反贫困的现象，说英国“织布者四十九万余人”，因运用机器生产，“工省而价廉”，“其商船四海之中无处不到，大利归于商贾而工则贫”。[③]这些看法，虽未能揭示资本主义国家发达的根本原因，但较之仅从军事火器上看问题，则要深多了。

又如对美国民主共和制，魏源和梁廷枏都表示过赞慕之意，但认识程度却有不同。魏源称美国总统制“匪惟不世及，且不四载即受代，一变古今官家之局，而人心翕然，可不谓公乎！议事听讼，选官举贤皆自下始，众可可之，众好好之，众恶恶之……可不谓周乎！”[④]所论较简单。而梁廷枏的认识便深了一步，他说：“予盖观于米利坚之合众为国，行之久而不变，然后知古者‘可畏非民’之未为虚语也。彼自立国以来，凡一国之赏罚禁令，咸于民定其议而后择人以守之，未有统领先有国法，法也者，民心之公也。统领限年而易，殆如中国之命吏，虽有善

① 梁廷枏：《合省国说》卷二。

② 梁廷枏：《兰仑偶说》卷四。

③ 徐继畬：《瀛寰志略》卷七。

④ 魏源：《海国图志》（60 卷本）卷三九《外大西洋总叙》。

者，终未尝以人变法。既不能据而不退，又不能举以自代，其举其退，一公之民，持乡举里选之意，择无可争夺、无可拥戴之人，置之不能作威、不能久据之地，而群听命焉。盖取所谓‘视听自民’之茫无可据者，至是乃彰明较著而行之，实事求是而证之。为统领者，既知党非我树，私非我济，则亦惟有力守其法，于瞬息四年中，殚精竭神，求足以生去后之思，而无使覆当前之𫗧斯已耳！又安有贪侈凶暴，以必不可固之位、必不可再之时，而徒贻其民以口实者哉？”[①]不仅论述了美国政治制度的作用及其民主选举对监督总统和防其滥用权力的意义，还特别提到法制在其政治中的特殊作用，认为坚持法制，不以人易法是保持其政治清明国力日强的基础。这实际上已注意到从行政结构角度去探讨资产阶级政治制度的特点了。值得注意的是，梁廷枏还在《合省国说》中从地理环境、政治、民情三方面提出了美国民主共和制得以建立的原因，虽然并没有从美国当时资本主义经济发展壮大和民主意识深入人心的历史考察中去揭示真正的答案，但这样来探讨欧美资本主义政治制度形成的原因，在中国还是第一次。

中国近代的外国史地研究是在鸦片战争时期酝酿发展起来的，它以强烈的经世意识和崭新的时代内容登上史坛，在短短的几年中，便汇成了一股富有生气的史学思潮。它之所以能在较短时间内取得较广泛的影响，最根本的原因，是因为顺应了历史发展的潮流，具有时代的进步性：首先，它及时反映了鸦片战争时期兴起的“开眼看世界”时代思潮的要求。外国史地研究的勃兴，不仅促进了当时人们对世界真实面貌的认识和反侵略斗争的开展，还成为近代早期介绍和输入西学的重要渠道。如其中对欧美资产阶级民主制度的介绍，虽有附会中国古代“民本”思想和儒家学说的局限，客观上却对西方近代民主思想起了某种宣传作用。其次，它已显示出某种近代意义的史学发展新趋势。外国史地的研究，不仅反映了进入近代社会后中国人民反抗外来侵略的重大历史课题，还多少改变了以往中国史学限于以本土传统社会、主要是帝王将相业迹为考察内容的旧格局，开拓了一个接触和研究新型社会形态——

① 梁廷枏：《合省国说·自序》。

资本主义政治、经济、军事、文化、思想的局面。

中国近代社会大变动的性质，决定了这一时期史学发展的曲折道路，鸦片战争时期外国史地研究的发展状况也表明了这一点。由于当时中国社会地区经济的不平衡和思想发展的曲折特性，各地区、各史学家在认识世界的道路上跨出的步子并不一致。一般说来，在这个大陆国家，外国史地研究在东南沿海较早感受资本主义风气的地带发展较快，一些主要作者大多是这一带人或在这一地区长期生活过，而内地广大地区则仍在小农经济的禁锢下处于风气不开的状况，以至如《瀛寰志略》这样的著作起初也“罕行世，见者亦不之重，自东瀛翻本出，而坊肆乃流传殆遍”[①]。这就使少数先进思想家发出的“向西方学习”的呼吁往往被淹没在旧世俗势力的汪洋大海之中，而不能较快地对国家政治、经济生活发生影响。这也是中国传入西学并不比日本晚，而学习资本主义政治制度却远落在日本之后的重要原因之一。

这一时期的外国史地研究，还反映出十分复杂的思想斗争。一方面，由于一些当权守旧官僚极力反对“刺探外洋情事”，给外国史地研究的发展造成了很大阻力，魏源就曾为此感叹说：“使后世有人焉日翻夷书，刺夷事，筹夷情，如外夷之侦我虚实，其不转罪以多事，甚坐以通番者几希！”[②]另一方面，在从事外国史地研究的人中间也存在着各种思想分歧，如魏源和梁廷枏都承认西方国家技术的长处，但对魏源的“师夷长技”思想，梁廷枏却表示异议，说是“延其人而受其学，失体孰甚？”[③]表现出较多的保守顾虑。又如在对待西方侵略的态度上，林则徐、姚莹、魏源、梁廷枏都主张坚决抵抗，徐继畬则比较犹豫。鸦片战争中，他看到英国侵略军船坚炮利，便对抵抗信心不足，一再发出抵抗“竟未知作何了局”的悲叹[④]，以后更宣扬“夷不可敌”的思想，说中国海岸线太长，对英军防不胜防，“以兵勇血肉之躯与浮沉之巨舰相争拒，鲜不为其炮火所攻溃”。并攻击主战言论为“血性之谈，胪之篇章而甚

---

① 阎锡山：《松龛全集序》，《山右丛书初编》，1915年刊本。

② 魏源：《海国图志》卷一九。

③ 梁廷枏：《夷氛闻记》，中华书局1959年版，第172页。

④ 徐继畬：《致赵盘文明经谢石珊孝廉书》，《松龛全集·文集》卷三。

易；耳食之说，施之实事而多诬”。[①] 这种现象，深刻地透露出近代早期社会大动荡中思想界各种新旧观点交错斗争的情状。

与一切社会思潮和历史现象一样，鸦片战争时期的外国史地记载和研究也有其时代局限性。由于当时中国尚未产生近代资本主义，研究者都属地主阶级人物，因传统思想的熏陶和现实经济关系的束缚，使他们都还不能脱出旧观念的樊篱，因而对西方资本主义的看法不少地方还夹杂着陈腐的意识。如梁廷枏在《合省国说》中一面赞扬美国民主共和制，一面却将其视为特殊地理、政治因素的产物，这就从实际上否定了其普遍的历史意义，当然更不敢去谈学习了。徐继畬还认为欧洲人之所以长于制器和工业，与其居地“在乾戌方，独得金气”有关，而非洲之所以较落后是因其地“以八卦方向视之，正当坤位，其气重浊”之故。甚至断言美洲开凿巴拿马运河的宏伟计划不会实现，因“两地之限隔，天地之所以界画东西也。今欲以人力凿之，不亦慎乎！”[②] 这就表明，站在封建立场上，去观察分析近代世界，特别是资本主义社会，总不免如隔雾看花，受到极大的限制。因此，要把外国史地研究推向较深阶段，只有在国内近代工业资本主义逐步发展起来和资产阶级史学产生以后才有可能实现。

---

① 徐继畬：《揣度夷情密陈管见疏》，《松龛全集·奏疏下》。

② 徐继畬：《瀛寰志略》卷四、卷八、卷一〇。

第四节　蔚为风气的当代史著述

一、突破私家修当代史的“禁区”

中国传统社会，虽不乏留心现实和写作当代史的史家，但因专制统治的严密控制，加之一般士人思想多为“信而好古”的儒家传统观念所囿，历史研究总的来说是在古书古史中打圈子，当代史的纂修，则日益为官方垄断。清代由于封建文化专制主义的恶性膨胀，此弊更甚。虽然在清初，因一些士人倦思故国，民间撰写当代史一度成风，黄宗羲《行朝录》、王夫之《永历实录》、潘柽章《国史考异》、傅维鳞《明书》、温睿临《南疆逸史》、计六奇《明季北略》和《明季南略》、邵廷采《东南纪事》和《西南纪事》、谷应泰《明史纪事本末》、张岱《石匮藏书》和《石匮书后集》、查继佐《罪惟录》和《国寿录》、谈迁《国榷》等一时并出，但经康、雍、乾三朝文字狱屡加摧锄，流风渐息，当代史（明清史）研究成了“禁区”，日趋荒芜。到清代中期，私家著述中除一些掌故笔记杂录外，已很少涉及明清史，其时较有规模的清史著作，皆为官修，如《开国方略》、《清通典》、《清通志》、《清文献通考》、《平定准噶尔方略》、《平定两金川方略》等。这些著作，虽保留了部分清史资料，但全系秉承统治集团意志而修，其中连篇累牍，不外是对清廷所谓“文治武功”的颂扬，体例既粗陋，记事亦多隐讳曲笔。

鸦片战争前后，日趋衰落的清王朝对思想文化领域的控制逐步削弱。同时，地主阶级中的一些有识之士为解决社会面临的各种军事和财政危机，也把眼光转向清史研究，希望以此追本溯源，探求国家积贫积弱的原因，当代史研究由此始稍稍有人问津。这种动向，最初表现在一些史家对当代史、特别是清人传记资料的系统搜集整理上。

在这方面，首先应提及钱仪吉的《碑传集》。钱仪吉（1783—1850），字衎石，号新梧，浙江嘉兴人。嘉庆进士，历官户部主事、河南道御史、会典馆总纂等。后主讲广州学海堂、开封大梁书院。道光初，有感于当代人物史料搜寻不易，国史馆所藏人物列传一般人又无法见到，乃广搜流传民间及散见于各种资料的碑版行状和地志别传，历时近三十年，采集资料达560余家，编为《碑传集》120卷。钱氏生时，稿未及刊。光绪间，经浙江布政使黄彭年重为厘定，去其重复不当，删除原编附存奏议杂文之见于《皇朝经世文编》者，并将各类人物按科目、行事、生卒先后编次，厘为164卷，方始刊行。书仿宋杜大珪《名臣碑传琬琰集》和明焦竑《国史献征录》之例，分宗室、功臣、宰辅、部院大臣、内阁九卿、翰詹、科道、曹司、督抚、河臣、监司、守令、校官、佐式杂职、武臣、忠节、逸民、理学、经学、文学、孝友、义行、方术、蕃臣、列女二十五类，收录后金天命至清嘉庆时人物2000余人，末附存文及集外文，载卒于道光间人物若干。

钱仪吉在自序中强调，《碑传集》之辑，“可以考德行，可以习掌故，故不徒飞文染翰，为耳目之玩已也”。他列举事实，指出考习朝章国故，实有裨于经世致用。如道光三年（1823）户部以嘉庆二十一年（1816）江西漕项奏销册中有里民津贴粮米之款，按部例无有，且无人知道此事来龙去脉，曾议将此款解归户部备作他用。后钱仪吉从搜集到的墓志资料中才知道，江西多山溪，漕运道险困难，故康熙三十八年（1699）特令设立里民津贴夫船费，若将此款归部，地方运费不足，必然又会向百姓重新摊派费用，从而加重他们的负担。对此，他不竟感叹道：“旧章之当博考，而文字之益为无穷也。”①

《碑传集》虽属资料汇纂性质，但也间附按语，或订正史实，或补充史实，或发表政见。不仅如此，钱仪吉还试图在广泛搜集资料的基础

① 钱仪吉：《国朝碑传集序》、《国朝碑传集后序》，《衎石斋记事稿》卷三，道光十四年（1834）钱氏家刻本。

上，编撰一部清人传记集《先正事略》。[①] 此书虽未写成，但其用意已可从他写的一些零篇人物传记中见到。如在《书三巡抚》一文中，通过叙述某巡抚索贿以赂和珅之事，揭露了乾隆晚年吏治之不整。又作《续良吏述》，希望那些当政者“闻善言，见善行，必有兴起而愿法之者”[②]，表达了他对“澄清吏治”的关切。这些，都可见他苦心汇辑清人传记资料的经世微意所在。

《碑传集》是近代第一部私家编辑的大型清人传记资料集，在此之前，固然有过几种清人传记，如钱林的《文献征存录》、江藩的《汉学师承记》和《宋学渊源记》等，不过记载范围皆局限于学术人物，远不能反映社会各类人物的情况。《碑传集》之出，在一定程度上弥补了这一缺憾，故引起了不少人的注目，以致在它未刊刻前，就有人传抄其目。刊行后，缪荃孙、闵尔昌、汪兆镛又先后编辑《续碑传集》、《碑传集补》、《碑传集三编》等为之续补。继钱仪吉之后，清人传记著作日渐增多，其中以李元度的《国朝先正事略》和李桓的《国朝耆献类征初编》较为有名。

李元度（1821—1887），字次青，湖南平江人，道光举人。咸丰中，随曾国藩湘军镇压太平军，因作战屡败罢职。后复起，官云南按察使、贵州布政使。所作《国朝先正事略》60卷，成于同治五年（1866），分名臣、名儒、经学、文苑、遗逸、循良、孝义七门，凡正传500人，附见者608人。系据文集笔记和方志中有关名人言行的记载编写的一部清人传记集。在材料运用上，李元度主张“博观而慎取”，其中有的传记，一篇即采集资料十余种，故记事较详核。尤其是鸦片战争后的一些人物传，如林则徐、邓廷桢、李星沅、江忠源、罗泽南、李续宾、胡林翼等，距写作此书时间较近，收集资料较及时，有些人物还与作者有过直接交往，因而更见详尽。

---

① 曾国藩《国朝先正事略序》谓：“余尝以大清达人杰士超越古初而记述阙如，用为叹憾。道光之末，闻嘉兴钱衎石给事仪吉仿明焦竑《征献录》为《国朝征献录》，因嘱给事从子应溥写其目录……同治初，又得鄢陵苏源生文集，具述其师钱给事于《征献录》之外，复节录名臣为《先正事略》，于是知钱氏颇有造述，不仅抄纂诸家之文矣。”

② 钱仪吉：《续良吏述序》，《衎石斋记事续稿》卷五。

李桓（1827—1891），字叔虎，号黼堂。湖南湘阴人。官至广西布政使。其辑《国朝耆献类征初编》，始自同治中，成于光绪年。此书卷帙浩繁，凡720卷。前冠《钦定宗室王公功绩表传》、《钦定外藩蒙古回部王公表传》及续修各表传，后分宰辅、卿贰、词臣、谏臣、郎署、疆臣、监司、守令、僚佐、将帅、材武、忠义、孝友、儒行、经学、文艺、卓行、隐逸、方技十九类，广收道光三十年（1850）之前清人传记资料，另附《国朝贤媛类征》12卷，记有关女子事迹。其所采集，先国史馆本传，次及私家撰述，虽编辑体例欠精，却搜罗宏富，时罕其匹。李桓在该书体例中规定：凡碑传为死者子孙撰写或记事无实证近于谀墓者“不敢滥录”；所录文字，随载文体及撰人姓名，“偶有本文里居、科目、职官等类与他文小有异同者，即于附载文体撰人下略按数语，以备参证”[①]，可见义例亦有严谨之处。书前还附有姓名通检，查阅较为方便。

清人传记资料的大规模搜集整理，对突破其时当代史研究的“禁区”无疑具有一定的促进作用，但亦存在着很大的局限。这是因为，首先，这类书系资料汇编（李元度《国朝先正事略》虽对资料略有裁剪，然基调仍本诸各原传），收录的传记多为传主亲朋好友所作，除了记载人物生卒，履历较为得真外，颇多隐恶扬善，谀辞不实处，自然也算不上研究著作。其次，这些著作的编纂思想大抵恪守正统观念，以表彰封建伦理德行，“使读者油然生忠孝之心”为主旨，甚至认为“叙当代事迹与史例不同。史无论贤奸，但有关系者皆列之”，而当代史的记载，应“专主扬善”[②]，实际上是对现实社会的种种弊端故意采取回避态度，因而其主导思想并未越出统治集团许可的范围。

二、《圣武记》对清史的开创性研究

真正对晚清当代史研究具有突破意义的，是鸦片战争后出现的魏源

① 李桓：《国朝耆献类征初编述意》，光绪十年（1884）湘阴李氏刊本。

② 李元度：《国朝先正事略·凡例》，《近代中国史料丛刊》，台北文海出版社影印本。

《圣武记》及不少有关鸦片战争的记载。

《圣武记》是魏源编写的一部清代军事政治史著。魏源认为："国家欲兴数百年之利弊，在综核名实始。欲综核名实，在士大夫舍楷书帖括而讨朝章、讨国故始，舍胥吏例案而图讦谟、图远猷始。"[①] 因而很早就开始留意当代史研究。道光九年（1829）以后，他利用在京任职之便，广泛阅读"史馆秘阁官书及士大夫私家著述，故老传说"，搜集了大量资料，为清史的编写作了准备。鸦片战争中，清军节节败阵的消息传来，使魏源悲愤异常，于是奋笔写下了《圣武记》。他在叙中说："晚侨江淮，海警沓至，忾然触其中之所积，乃尽发其椟藏，排比经纬，驰骋往复，先出其专涉兵事及尝所论议若干篇，为十有四卷，统四十余万言，告成于海夷就款江宁（即《南京条约》签订）之月。"道光二十二年，《圣武记》首由古微堂家刻刊出，二十四年和二十六年，又两次修订重印，其中，"如征苗、征缅甸及道光回疆，向止一篇者，今皆为上、下篇。其全改者，如廓尔喀、俄罗斯等篇；其半改者，如雍正征厄鲁特篇。其余诸记亦各有损益。至武事余记第十二、十三卷，旧多冗沓，今移其琐事散附各记之末，而更正其体例"[②]。现通行的《圣武记》即道光二十六年第三次重订本。

《圣武记》14卷，可分两大部分：前十卷为纪事本末体，将清（后金）的崛起、统一东北、进攻明朝、入关建立全国政权直至道光间的主要战事，归纳为开创、藩镇、外藩、土司苗瑶回民、海寇民变兵变、教匪6个专题加以叙述；后四卷武功余记，分兵制兵饷、掌故考证、事功杂述、议武4个专题，阐述作者对练兵用兵等军事问题的主张。

魏源编写《圣武记》的目的，是欲通过清史研究，"溯洄于民力物力之盛衰、人材风俗进退消息之本末"[③]，从中寻求解决现实社会危机的切实办法。故书中不仅从军事政治史的角度，记载了有清一代盛衰大势，且十分注重探讨其成败得失之故。

在《开国龙兴记》、《康熙戡定三藩记》等篇中，魏源通过许多史

---

① 魏源：《圣武记》，中华书局1984年版，第488页。

② 魏源：《圣武记》目录后附识。

③ 魏源：《圣武记·叙》。

实，说明清开国时所以用兵所向克捷，主要原因在于当时清统治集团充满生气，善于集思广益，同时机构精干，办事果断，赏罚严明。如："太祖每有征伐，与诸贝勒适野而谋，画地而议，上马而传令，上下等威不甚异。以五大臣议政，十大臣理事，无留狱，无壅情，令简而速，故事无不举。临敌七旗却走，一旗拒战，即以七旗佐领之丁给一旗；一旗却走，七旗拒战者，亦如之；一旗内半却走半拒战者，亦如之。罪不贷亲，功疏不遗，令信而必，故战无不克。"而康熙所以能迅速平定三藩之乱，也由于其治军严明，"不宽王贝勒劳师养寇之罪，罚先行于亲贵"[①]，情报迅速准确，指挥敏捷，并注意团结满汉将领之故。

书中认为，清统治的转向衰落，始于乾隆末年，时苗民起义、白莲教起义接踵而起，漫延各地，清王朝日益陷入"川壅必溃"的境地。《圣武记》后半部记载的虽多是清统治者镇压各族人民起义的"战功"，但也在一定程度上透露了清统治日趋衰落的某些原因和其时各种尖锐的社会矛盾。如记贵州苗民起义的原因是土地被占夺；湘粤桂瑶民起义是迫于官吏和汉族地主的残酷剥削；对清政府苛政暴敛激起白莲教大起义的背景记载尤详。与此同时，书中还对清廷官吏及其军队的腐败作了一些揭露。如将领间的钩心斗角、贪污挥霍、贿赂公行，以及残害无辜百姓以冒功邀赏等，连嘉庆帝的诏书也不得不承认，"各省督抚多借军功保奏私人、幕友、亲戚，滥邀功赏"，官军将领"在军唯酒肉笙歌自娱，以国帑供其浮冒；而各路官兵乡勇饷迟不发，致令枵腹无裈，牛皮裹足，跣行山谷"。[②] 这些记载，实际上也隐含着对道光间军政弊端的批评。

《圣武记》对清代复杂的边疆民族问题，也提出了不少有见地的看法。在《康熙亲征准噶尔记》、《雍正两征厄鲁特记》、《乾隆戡定回疆记》、《国朝抚绥西藏记》等篇中，魏源充分肯定了康、雍、乾三朝为统一新疆、西藏等边疆地区所作的努力。指出，自乾隆平定新疆后，改变了康熙、雍正间"烽火逼近畿，边民寝锋镝"的不安定局面，不仅节省了大量军费开支，还使西北地区出现了"地不加增，而户口日盛"之

---

① 魏源：《圣武记》，第21、72页。

② 魏源：《圣武记》，第408、399页。

势。与此同时，他也批评了清廷某些驻疆大臣“素愦愦不治事，又酗酒宣淫”[①]的腐败现象，认为这是引起边疆少数民族人民不满而使极少数叛乱分裂分子得以有机可乘的原因。他建议慎重处理好中央政府与边疆各族的关系，进一步发展边疆屯田、开矿等经济事业，以加强西北边防。

通过对这些史实的回顾，魏源建议清统治者认真总结历史经验，“知武烈之不易，则知王业之艰难，知王业艰难，则不敢谓祖宗朝侥天之幸，以一旅取天下”，以便励精图治，转衰为盛。为此，他在书中提出了有关军政改革的主张，要求首重人才之选，“人材进则军政修，人心肃则国威遒”[②]，以天下之人才整军备武理财，致国家于富强。

针对当时英国的侵略威胁，魏源在分析其侵略活动的形式、特点的同时，还阐述了“以夷攻夷”和“以彼长技御彼长技”等反侵略的策略，以及如何进行战、守、和的具体设想。这些，都显示了《圣武记》的爱国主义倾向和强烈的现实感。

《圣武记》的编纂，对晚清时期的当代史研究具有开创意义。在此之前，有关清史的著作，多为官方钦定，观点上唯皇帝旨意是瞻，毫无个性，且因成于众手，体例较纷乱，人名地名翻译不一，记事常互相矛盾；即使有极少数私家著述，如乾嘉时赵翼的《皇朝武功纪盛》，内容也十分单薄，记事“往往言胜不言败，书功不书罪”[③]，一味以“铺张鸿庥，扬厉伟绩”[④]为事，很难反映清代军事史的真实全貌。《圣武记》则是近代第一部系统记载道光以前清朝军事史的私家著述，除取材于官方实录、方略、正史外，还采录了不少地方志、私家记载和知情人提供的资料，故其观点和材料均对官修书有所突破。如明季著名的萨尔浒之战，乾隆十三年与四十九年的《盛京通志》都说努尔哈赤以兵500破明军40万，魏源参证各种资料，认为当时明军实止20余万，清方投入的兵力也相当，只是战术不同罢了。又如卷六关于俄罗斯方位的论述，批驳了官书《四裔考》之误。由于他利用了当时学者的边疆史地研究成

① 魏源：《圣武记》，第159、158、179页。
② 魏源：《圣武记·叙》，第22页。
③ 魏源：《圣武记》，第501页。
④ 赵翼：《皇朝武功纪盛·序》，《丛书集成初编》本。

果，因而在这方面的考证也较官书详细。

《圣武记》强烈的经世色彩及其在清史研究上取得的成就，使之在社会上赢得了很大声誉，一时“索观者众，随作随刊”，不数年间，风行海内，甚至流传至日本，被多方翻刻，产生了相当影响。它的问世，在一定程度上打破了官方对修纂当代史的垄断，有力地促进了此后私家的清史研究，有的甚至还仿其体例，为之续补，如张殿的《十一朝圣武记》便是一例。

作为一部开创性的清史著作，《圣武记》也难免存在一些缺点。因有的材料来自第二手或第三手，又是在鸦片战争期间仓促写成，不遑细辨而造成了一些错误。如卷三《雍正两征厄鲁特记》中说：“会罗卜藏丹津与其族罗卜藏舍楞谋杀噶尔丹策零，事觉被执。八月，噶尔丹策零遣使特磊表献丹津，中途闻师出而止。”据近人考证，此说不确。① 又如关于白莲教起义的时间、组织等记载，亦与故宫博物院所藏清代档案所载不一致。② 有时甚至将材料出处引错。③ 特别是因其材料多取自方略等官书，为清统治者歌功颂德的色彩较严重，由此也可见该书仍受到官方观点的相当束缚。

三、鸦片战争史研究的繁兴

这一时期私家热衷探讨当代史的风气，尤突出地反映在对鸦片战争史的研究上。

鸦片战争后，中国社会逐步走上了半殖民地半封建道路。面对外国资本主义的肆意侵略和国家主权日削的形势，不少人忧心忡忡，开始从事鸦片战争史研究，企图从中总结历史教训，求得救国御侮之策，由此而出现了不少著作。如记载战争中英军入侵广东情形的《英夷入粤纪

① 参见孟森：《明清史讲义》，中华书局 1981 年版，第 501 页。

② 参见张书才：《〈圣武记〉所记白莲教起义史料辨误》，《文献》第一辑。

③ 关于《圣武记》的记载之误，清末胡思敬曾作有《圣武记纂误》为之辨析，可参见。

略》[①]、《广东军务记》，记载浙江乍浦战役的沈筠著《壬寅乍浦殉难录》，记载江苏上海、镇江一带战事的曹晟著《夷患备尝记》（即《十三日备尝记》）、华亭野史（袁陶愚）著《壬寅闻见纪略》、隐园居士（法芝瑞）著《京口偾城录》、朱士云著《草间日记》、苏庵道人（杨棨）著《出围城记》等。其中最具代表性的则为魏源的《道光洋艘征抚记》、梁廷枏的《夷氛闻记》和夏燮的《中西纪事》。

《道光洋艘征抚记》是现存最早较全面记载第一次鸦片战争的史著，初名《夷艘寇海记》、《夷舶入寇记》或《英夷入寇记》，约成于道光二十三年（1843）[②]，凡上下两篇，记事起道光十八年鸿胪寺卿黄爵滋奏请厉禁鸦片，迄二十三年耆英赴粤办理中英交涉。该书曾长期以抄本流传，不著撰人，然据汤纪尚《槃薖文集》等记载，实出魏源之手。道光二十六年所刊《圣武记》修订本目录中亦标有《道光夷艘征抚记》的篇名，并注明“补刊”，只是正文未收入。直至光绪四年（1878）上海申报馆排印《圣武记》方将其正式刊入，名《道光洋艘征抚记》，其内容与文字，较《夷舶入寇记》等早期抄本略有增删，记事亦延至咸丰元年（1851），当为后来所补记。

《夷氛闻记》[③]5卷，成于咸丰初年，原刻本及抄本均不署作者名，当时流传极稀。据傅以礼《华延年室题跋》和《清史列传》卷七三所记，知为梁廷枏所撰。书记中英通商由来、禁烟运动、鸦片战争中各重要战役经过及《南京条约》签订后广东等地人民继续坚持反侵略斗争的事迹，迄于道光二十九年（1849）广州反英人入城斗争。

《中西纪事》的作者夏燮（1800—1875），字谦甫，号谢山居士，安徽当涂人。道光举人。曾任青阳、直隶临城等地训导，咸丰十年（1860）入两江总督曾国藩幕，后官江西永宁知县。因有感于时局艰难，为究明

① 是书原抄本不著撰人，书中屡有“松案”二字，则“松”当为作者名。据黄良《〈英夷入粤纪略〉及其作者》（《光明日报》1961年12月30日）一文考证，作者为广东人梁松年。

② 姚薇元《关于〈道光洋艘征抚记〉的作者问题》一文及李瑚《魏源诗文系年》据该书记道光二十一年事有称“去年”、“去夏”者，认为此书当成于道光二十二年。其说亦可参考。

③ 《清史列传》卷七三《梁廷枏传》作《夷氛记闻》，1936年孟森将抄本付北平研究院史学研究会印行时，亦据之改题此名，然据原刻本，书名实为《夷氛闻记》。

“中西争竞之关键”，乃搜辑邸抄文报及新闻纸等有关资料，于道光三十年（1850）编为此书，经咸丰九年（1859）、同治四年（1865）两次增补，厘定为24卷。刊时未署真名，题“江上蹇叟撰”，旋因触犯时忌被毁版，至同治十年重刊，始得广为流传。书为纪事本末体，分24目，叙述了1840年至1860年间两次鸦片战争的过程。

这些著作，大多表现出强烈的爱国主义民族意识。有的以亲身见闻，控诉了英国侵略军犯下的累累罪行。如记英军在广东，所到之处，“抢夺耕牛，搜索衣物，淫辱妇女，发掘坟墓，祸及枯骨，种种贻害，不可胜言”①。陷镇江时，“掳掠焚杀惨甚……炮声震江岸，自瓜州至仪征之盐艘巨舶，焚烧一空，火光百余里”②。镇江城内，尸横遍野，“河中浮尸亦累累，一门石上，遗书十数册，旁有鲜血涴石。淋漓几遍”，街上“卧尸连接，皆以败席覆之”③。

也有的以确凿的史实，肯定了林则徐、邓廷桢、关天培、陈化成、姚莹等人在禁烟运动和抗英战争中的历史功绩，认为“诚使海疆将帅，皆如陈军门（化成），偏裨以下，皆为刘君（国标），而又得总统林制军者为之居中规划、讲求船炮、练习战士，夷焰虽炽，夫何畏？”④一些著作还对三元里抗英，广州“火烧夷馆”及以社学为核心的反英人入城等民众反侵略斗争作了相当记载，并对人民群众在斗争中表现出来的昂扬斗志表示赞赏。如说三元里九十余乡，人民奋起抗英时，“老弱馈食，丁壮赴战，一时义愤同赴，不呼而集者数万人……夷兵方舍命突围出，无奈人如山积，围开复合，各弃其鸟枪，徒手延颈待戮，乞命之声震山谷”。1849年广州反英人入城中，民众“不假招募，不领经费，旬日之内如响斯应，如辙斯合，得十万人”⑤等。这些记载，固然含有自壮声威之意，但无疑也显示了民众中蕴藏的巨大反侵略力量。

---

① 无名氏：《广东军务记》，《中国近代史资料丛刊·鸦片战争》（三），神州国光社1954年版，第32—33页。

② 魏源：《道光洋艘征抚记》，《魏源集》，第200页。

③ 隐园居士：《京口偾城录》，《中国近代史资料丛刊·鸦片战争》（三），第70页。

④ 大涤山人：《壬寅闻见纪略·后序》，《中国近代史资料丛刊·鸦片战争》（三），第123页。

⑤ 梁廷枏：《夷氛闻记》，第75—76、168页。

更多的则是对清廷投降派出卖民族利益和清军腐败情状的斥责。如叙琦善一到广州，便自动撤出海防，并加罪于主战将领，"兵心由是解体"。大角、沙角炮台失守后，他更是一意主降，"以为非和则事未可知，特自惴无以回天也，遽以粤中地势无要可握，军械无利可恃，兵力不固，民情不坚陈奏"。在其投降行径遭到当地爱国人士反对时，他竟说："诸君未识情形，争执如是，早晚祸及，可自为计。"[①]道光帝派去"大申天讨"的将军大臣，与英军一触即溃，奕山兵败后龟缩于广州城内，吓得"面无人色"，对英军勒索六百万元军饷的要求，"一切允之，城上改树白旗"。参赞文蔚在浙江前敌"弃军宵遁，沿途赏舆夫，赏舟子，唯恐英兵追及"。[②]一个个丑态毕露。清军指挥不一，军情不明，赏罚不公，"全无节制，驱之使战，遇贼即逃。即溃之后，并不加罚"[③]。甚至讳败为胜，虚冒战功，已到了无可救药的地步。这些记载，客观上暴露了清廷腐败不堪的本质，揭示了鸦片战争失败的原因。

出于对国家和民族前途的严重关注，这些著作还对鸦片战争的起因和如何抵御外来侵略等问题作了认真探讨。

当时不少人认为，鸦片战争是由禁烟引起的。夏燮以为不然，他在《中西纪事》中指出，"今载考前后，乃知衅端之原于互市而非起于鸦片也。夫互市者，实中西交争之利"，外商来华贸易，本为求利，但因受到关税的限制和"关胥牙侩"的勒索，遂由失望而"怨谤沸腾"，"乃回诉于本国，于是带兵船讲论而干戈之衅以起"。[④]这种看法，已多少涉及一些隐藏在这场战争背后的经济利益，但因对外国资本主义的侵略性认识不足，结论仍是错误的。梁廷枏的《夷氛闻记》认为，由于英国方面从鸦片贸易中得利甚厚，他们是绝不愿轻易放弃这种罪恶活动的，中国单方面禁烟并不能有效阻止鸦片入口，"纵设法不令入虎门，而自老万山外，蔓延诸省，灌输内地者，安所底止"。他还指出，英国政府发动对华侵略实蓄谋已久，说"英夷狡焉思逞志于内地久矣"，其"意主

---

① 梁廷枏：《夷氛闻记》，第 50、55—56、60 页。
② 魏源：《道光洋艘征抚记》，《魏源集》，第 183、190 页。
③ 乔青：《咄咄吟》，《中国近代史资料丛刊·鸦片战争》(三)，第 175 页。
④ 夏燮：《互市档案》，《中西纪事》卷三，江上草堂 1884 年刊本，第 23—24 页。

争市牟利，倾国以求尝试，先定旷日持久之谋，不得逞于粤，则肆毒于闽、浙”[①]，必欲达其目的而后甘，这就在一定程度上揭露了英国殖民主义的侵略性。

针对外国资本主义日益猖獗的侵略，一些作者通过鸦片战争史的研究，还提出了自己的反侵略方针，如魏源在《道光洋艘征抚记》中指出：“夷寇之役，首尾二载，糜帑七千万。中外朋议，非战即款，非款即战，从未有专议守者……粤东不议守而专款，是浪款也。奕山不筹守而即战，是浪战也。颜伯焘、裕谦、牛鉴不择地而守，是浪守也。”这都只能招致失败。只有“择地利，守内河，坚垣垒，练精卒，备火攻，设奇伏，如林、邓之守虎门、厦门，先为不可胜以待敌之可胜，则能以守为战，以守为款”。[②]同时利用各资本主义国家间的矛盾，“以夷制夷”，方能有效抵御外来侵略。梁廷枏在《夷氛闻记》中主张探求世界知识，了解敌情，铸炮造船，并从广东、福建、浙江、江南四省水师中选拔精锐，组成国防海军以与英军坚船利炮相抗。[③]还有的则要求清廷起用人才，统一军令，同时注意借用民众力量以抗敌。这些看法，都具有很现实的针对性。

上述著作的鸦片战争史研究，及时反映了近代社会中华民族与外国资本主义侵略势力之间的基本矛盾，在当时外患日亟的形势下，起到了促进反侵略斗争的积极作用，但也因此遭到了清廷投降派官僚的忌恨，他们不仅力图用自己的权势钳制舆论，还往往以颠倒黑白的记载扰乱视听，篡改历史。在这方面，黄恩彤[④]的《道光抚夷纪略》和赘漫野叟的《庚申夷氛纪略》便是突出的例子。

《道光抚夷纪略》一名《抚远纪略》，成于同治四年（1865），简略记载了第一次鸦片战争、特别是黄恩彤本人参与订立《南京条约》的过程。为了洗刷自己的卖国罪名，黄恩彤竟把英国军事侵略说成是为了

① 梁廷枏：《夷氛闻记》，第28—29、170页。
② 魏源：《道光洋艘征抚记》，《魏源集》，第206页。
③ 梁廷枏：《夷氛闻记》，第143—144页。
④ 黄恩彤（1801—1883），字石琴，山东宁阳人。道光进士，官至广东巡抚。曾参与中英《南京条约》谈判，是鸦片战争时期清廷投降派代表人物之一。

“申冤”，并极力美化投降派官僚，说伊里布、耆英、牛鉴等人“深沉多大略”，“周知情伪”，“洞悉机宜”等，称他们的投降活动为“刚柔迭用，操纵互施，虽有时俯顺其情，要未敢稍失国体”。他还在《抚夷论》中，极力宣扬投降理论，说英国侵略军的“船坚炮烈，断难力敌，亦无术破”，中国即使致力于造船铸炮，“亦难言制胜”，因我“火药不及，弹子不及，炮手更万万不及，遽欲与之争能，勿亦不揣本而齐末乎？”[①]故对付英国侵略，只有拱手求和一策。

《庚申夷氛纪略》的说法更为荒唐，竟把西方资本主义列强侵略带来的灾难，说成是由林则徐等爱国者坚持抵抗造成的，说：“追思致乱之由，初作难者，以林则徐为首，而成之者裕谦也……其善为抚驭，消患于未萌者，以钦差大臣大学士两江总督伊里布为第一，大学士侯爵两广总督琦善次之，大学士两广总督宗室耆英又次之。赞襄枢密，始终其事，任劳任怨，安天下者，则军机大臣大学士穆彰阿一人也。”并捏造史实，攻击林则徐烧毁鸦片时，“委员有被烟熏死者，为请恩施，独未计及挑怒英夷，起意寻衅”。此书不仅观点荒谬，所记第一次鸦片战争之事除得自传闻外，几无一句从其他基本史料中得到印证，相反其中舛误、杜撰却不乏显例。如将1858年直隶总督谭廷襄在大沽失陷时乘轿而逃，与1859年僧格林沁击败英法联军误系于同时。又谓八里桥开战时，“胜公一马直前与贼目对面接话，大喝曰：‘我是胜保，尔等亦尝闻我之名乎？’”纯属无稽戏言。至于说胜保在作战中先中枪弹，“血满胸前犹带伤挥军血战……复被炸炮击碎胜公所乘马首”[②]，更不可信，连胜保本人的三通奏报也只称“忽为炮子所中”，“登时落马不省人事”[③]，何来“带伤血战”之事？

投降派的一些谬论，当时就受到了爱国史学家的驳斥。如投降派造谣说，林则徐禁烟时，先许诺缴烟一箱，偿茶叶若干觔，后仅以一觔予之，致使英人不满而加剧了冲突。[④]对此，梁廷枏力为辩诬说；“林公至

① 黄恩彤：《抚远纪略》，《中国近代史资料丛刊·鸦片战争》（五），第419、422、434—435页。
② 均见《中国近代史资料丛刊·第二次鸦片战争》（二），上海人民出版社1979年版。
③ 均见《中国近代史资料丛刊·第二次鸦片战争》（五），第105—107页。
④ 黄恩彤：《抚远纪略》，《中国近代史资料丛刊·鸦片战争》（五），第411页。

粤，居越华书院……义律呈缴禀至，夜传总商入见，责以汝为官商，倘有私许夷人以价而后设法赔补事，慎汝脑袋。”根本不存在“先许以值，后负而激成”之事。① 投降派诬陷姚莹、达洪阿在台湾击退英国侵略军是“捏奏冒功”，夏燮等不仅以史实为之辩白，且指出：“台湾之狱，外则耆（英）相主之，内则穆（彰阿）相主之。怡（良）制使之查办此案，竟以‘莫须有’三字定谳，固由忮功，亦奉政府枋臣指授也。”② 对投降派的拙劣行径做了揭露。

以上情况表明，这一时期的鸦片战争史研究，已非封建统治集团的权力、意志所能左右。由于鸦片战争的失败暴露了清廷腐朽本质，统治者十分害怕民众揭露这场战争的真相，当然更不许私人写成史书流布开来，《软尘私议》记当时的情况说：“和议之后，都门仍复恬喜，大有雨过忘雷之意。海疆之事，转喉触讳，绝口不提。即茶坊酒肆间，亦大书‘免谈时事’四字，俨有诗书偶语之禁。”因此，这些有关鸦片战争的记载如《道光洋艘征抚记》、《夷氛闻记》、《英夷入粤纪略》、《广东军务记》、《京口偾城录》等，都不得不匿去作者真名，有的长期以抄本流传。夏燮在《中西纪事》自序中说，其书初成于道光三十年，因“两相枋国（指穆彰阿与耆英），防口綦严，珍此享帚之藏，窃怀挟书之惧”，无法公诸世。但这恰恰从反面说明，当代史的研究，已开始挣脱官方的严密控制而反映出一般人对时事的看法，其中对当局腐败政治的揭露和抨击，更显示出进步的时代意义，为整个晚清史学的发展注入了勃勃生机。

由于这一时期有关鸦片战争史的著作，大多为当时人记当时事，因而还具有很高的史料价值。如《道光洋艘征抚记》所记史实，据今人用中外文材料核证，除一些细节和英方情况稍有错误外，大多忠实可信。《夷氛闻记》的作者梁廷枏曾亲身参加过广州禁烟运动及其后的抗英斗争，与当时几任两广总督邓廷桢、林则徐、祁墳、徐广缙等均交往甚密，当过他们的幕僚，故所记战争前后广东官方内情及当地人民的反侵略斗

---

① 梁廷枏：《夷氛闻记》，第 43 页。

② 夏燮：《台湾之狱》，《中西纪事》卷一〇。

争事迹，尤翔实可据。正因为如此，这些著作在当时及后世都极为人重视。《道光洋艘征抚记》以抄本流传时，就为许多人引用，王之春（芍唐居士）还据之抄编为《防海纪略》2 卷。被人称为"述鸦片祸华沿革最详"的李圭《鸦片事略》一书，其中光绪二年（1876）以前内容多本自《中西纪事》。[①] 直到今天，这些材料仍是人们研究鸦片战争史的主要依据。

① 经对照，李圭《鸦片事略》所记光绪二年以前之事多抄自《中西纪事》卷四《漏卮本末》及卷一八《洋药上税》，只是增录了一些奏折原文。

第二章

洋务思潮与史学

第一节　洋务思潮的性质及其文化意义

一、洋务思潮的文化特征

经过两次鸦片战争，在外国资本主义商品经济的输入和冲击下，中国社会的自然经济日益遭到破坏。特别是太平天国运动和第二次鸦片战争造成的所谓“内忧”和“外患”，迫使清廷统治者寻找新的出路，以挽救迫在眉睫的军事和财政危机。面对国内外形势的巨大变化，统治集团中的一部分人主张学习西方资本主义国家的“长技”，引进先进的军事装备和军工产业，建立一支近代化的军队，以达到“剿贼”和“御侮”的双重目的，从而维护其摇摇欲坠的统治。所谓“洋务运动”，就是在这种思想指导下开展起来的。

从19世纪六七十年代开始，在洋务官僚的主持下，全国先后建立了一批官办企业。这些企业主要是新式军事工业，雇用了大量工人，由于这些工厂大体上按照西方近代企业的组织形式来进行生产，因而不同于旧有的官营工场手工业，是带有资本主义性质的企业。此后，洋务派官僚又办了一系列民用企业，如轮船招商局、开平煤矿、机器织布局、电报局等二十多个近代企业。民族资本主义随之开始产生，全国大办洋务的热潮由是兴起。当时，不仅洋务派首领人物认为“洋务乃圣之时”，而且在知识阶层也出现了一大批“洋务”论者。冯桂芬首倡“采西学”、“制洋器”的主张，王韬极力鼓吹“洋务”是最大的“时务”、“急务”，薛福成的《筹洋刍议》还提出了一系列筹办洋务的建议。在一派兴办“洋务”的呼声中，随着洋务思潮主旋律的节奏起伏，还出现了一些所谓“安内和外论”、“强兵富国论”、“借法自强论”的和曲，一时“朝野交哄，皆以通达洋务为能事”。[①] 事实上，这股历经三十多年乃至更长些时间的洋务思潮乃是鸦片战争以来士大夫中酝酿的经世思想在新历史条件下的发展和具体化，它不仅在当时清政府的政治、经济、军事、外交方面有着集中反映，也影响到社会文化学术的各层面。

应当看到，洋务运动虽然并不具有完整的近代化意义，却反映了其时上自官僚集团，下至普通民众，对于传统文化完美无缺的信念已发生动摇。在洋务派看来，“降及今日，泰西诸国以其器数之学，勃兴海外，履垓埏若户庭，御风霆如指臂，环大地九万里，罔不通使互市，虽以尧舜当之，终不能闭关独治”[②]。故向西方学习，乃势之必然，如“时宪之历、钟表、枪炮之器皆西法也。居今日而据六历以颁朔，修刻漏以稽时，挟弩矢以临戎，曰：吾不用夷礼也，可乎？”并认识到，中国较之西洋，不但船炮等制造技艺落后，且其“算学、重学、视学、光学、化学等，皆得格物至理，舆地书备列百国山川阨塞风土物产，多中人所不及”[③]。而“近今一切西法，无不从格致（指自然科学）中出，制造机器，皆由格致为之根底，非格致无以发明其理”[④]。因此，洋务官僚在派遣学生留洋、举办新式教育机构和译刊西书的过程中，不仅注重对西方近代兵制、军工、商务、公法、船政、矿务、工艺等实用知识的学习引进，还把眼光投向了声、光、电、化等自然科学领域，从而扩大了西学输入渠道和规模。

虽然他们这样做的目的，原不过是要“取西人器数之学，以卫吾尧舜禹汤文武周孔之道”[⑤]，为维护和延长现存制度服务，故主观上始终想把西学输入的范围牢牢地控制在属于“器艺”的应用技术和自然科学方面。但事实上，这种努力是枉然的。因为西学的学科可以分类，其资本主义的文化观念却无法阉割。西方自然科学的输入，必然会同时促使

① 《近四十年世风之变态》，《辛亥革命前十年间时论选集》第一卷下册，生活·读书·新知三联书店1960年版。

② 薛福成：《筹洋刍议·变法》，《中国近代史资料丛刊·戊戌变法》（一），神州国光社1955年版，第159—160页。

③ 冯桂芬：《校邠庐抗议》卷下，上海书店出版社2002年版，第51、55页。

④ 王韬：《格致书院丙午课艺序》，上海富强斋书局1898年石印本。

⑤ 薛福成：《筹洋刍议·变法》，《中国近代史资料丛刊·戊戌变法》（一），第160页。

整个社会文化观念的逐步更新。如严复之留学英国，本系主修海军驾驶及枪炮、营垒之学，回国后却成为传播西方近代社会学、政治学和哲学的杰出代表人物。这一时期通过译书流布国内的天文学“日心说”和牛顿天体力学、物理学之“以太说”、化学之物质不灭原理、古地质学与古生物学所涉之进化论等，对包括康有为、谭嗣同、梁启超、唐才常等在内的新一代知识分子世界观或哲学观的形成，更起着显著的影响。与此同时，近代科学的传播还直接冲击了那种崇尚“义理”、鄙落“技艺”的传统价值观念和“夷夏之辨”的陈说，并渗入到科举考试的领地，使中国的知识分子从此不再以死读“四书五经”为唯一的晋身之阶。甚至连郭嵩焘这样的老官僚，后来也悟出了“西洋立国，有本有末。其本在朝廷政权，其末在商贾，造船、制器相辅以益其强，又末中之一节也”的道理。①认为西方国家强盛的根源，在于“君民上下同心，一力以求所以自立”②，流露出相当的钦羡之意。至于如王韬、薛福成、郑观应等少数原先持洋务观点的人，甚至还越出了以效法西方“器艺”为限的思想框架，小心翼翼地提出了在中国实行“君民共主”（即君主立宪）政治的设想。可见，洋务运动时期的西学输入，尽管内容受到一定的限制，却仍对异常凝固的传统文化整体起着徐徐侵蚀和分解的作用。

洋务思潮的复杂性在于，尽管它作为清统治集团中较为务实一派的思想，并且最初还是以顽固思想的对立面出现的，但因其基本立场仍在于维护传统制度，故本质上，仍是一种保守文化的变形。此种文化观的要旨，概括而言，起初叫作“中本西辅”、“中本西末”或“中道西器”，后来则以“中体西用”的说法最具代表性。它主张在制器和自然科学等方面效法西方之长，有时也倾向于对练兵、教育、科举考试等内政作些顺应时代潮流的变通，唯于传统文化的主体，特别是政治制度和纲常名教，则始终坚守不变。在他们看来：“中国文物制度，迥异外洋獉狉之俗，所以郅治保邦固丕基于勿坏者，固自有在。”③

---

① 参见《中国近代史资料丛刊·洋务运动》（一），第142页。

② 郭嵩焘：《玉池老人自叙》，光绪十九年（1893）养知屋刊本，第27页。

③ 李鸿章：《置办外国铁厂机器折》，《李文忠公全集·奏稿》卷九，光绪三十四年（1908）刊本，第35页。

盖“中国者，神灵之域，而声名文物所从出者也，五帝三王以来四五千岁，圣贤英智之徒，继起而辈出，相与创政立教，讲述损益，穷乎天人之奥，而极于性命之微，一事一理，至明且备。然则今日之纲纪法度，固积四五千岁之智而后有此”。只是其“杂艺不逮泰西，而道德、学问、制度、文章则敻然出于万国之上，莫能及也”[①]。故欲求自强，当“以中国之伦常名教为原本，辅以诸国富强之术”[②]。或者说是“以中国之道，用泰西之器”，才不至“骛其末而自忘其本”。如果越出这个限定，“至以为中国纲纪法度一皆未善，不可复用，此谬说也。用夷变夏之机，固将萌于此矣”。[③]

这种文化观的保守倾向，越到后来，表现得越是突出。这一点，从后期洋务派的理论代表作——张之洞的《劝学篇》可以看得很清楚。问世于1898年的《劝学篇》，一方面肯定了以往洋务派吸纳西方近代工艺和自然科学、派遣留学生、改革学制和科举、讲求农工商学等主张或实践。另一方面，则对“中体西用”的文化观从理论上作了更为明确的界说，特别是强调了以中学或旧学为体的主导意识。张之洞认为：“中学为内学，西学为外学；中学治身心，西学应世事；不必尽索之于经文，而必无悖乎经义。如其心圣人之心，行圣人之行，以孝弟忠信为德，以尊主庇民为政，虽朝运汽机，夕驰铁路，无害为圣人之徒也。”这也反映了，在整个社会文化体系中，王朝制度及其意识形态精神的中学或旧学应居于绝对的主导地位，而具有近代意义的西学或新学则只能处于辅助和补充的地位。“中国学术精微，纲常名教以及经世大法无不具备，但取西人制造之长补我不逮，足矣”，这就叫“旧学为体，新学为用”。张之洞认为，当今之计，欲强中国、存中学，固不得不讲西学。然讲西学，“必先通经以明我中国先圣先师立教之旨”，守住这一牢固不拔的中学根底，“然后择西学之可以补吾阙者用之，西政之可以起吾疾者取之，斯有其益而无其害”。两者关系不可稍有错置，否则，“则强者为乱首，弱者为人奴，其祸更烈于不通西学者矣”。不仅如此，作

① 邵作舟：《邵氏危言·纲纪》、《译书》，光绪二十七年（1901）岭海报馆本。
② 冯桂芬：《校邠庐抗议》卷下，第57页。
③ 邵作舟：《邵氏危言·纲纪》。

为“体”的中学之根本——帝制及其名教纲常还是永不可变的。“夫不可变者伦纪也，非法制也；圣道也，非器械也；心术也，非工艺也……所谓道本者，三纲四维是也，若并此弃之，法未行而大乱作矣。”因“三纲为中国神圣相传之至教，礼政之原本，人禽之大防”。“五信之要，百行之原，相传数千年，更无异议。圣人之所以为圣人，中国之所以为中国，实在于此。”

按照这样的价值判断准则，《劝学篇》对于西学或新学中一切有悖于“圣教伦常”的观念和可能损及封建专制统治秩序的政治学说，皆示坚决的反对。声言“民权之说，无一益而有百害”，“使民权之说一倡，愚民必喜，乱民必作，纲纪不行，大乱四起”，而维新派所倡导的平等、自由，“人人有自主之权”等说，“尤大误矣”。至于开设议院、行君主立宪，亦非中国所需，“方今朝政清明，果有忠爱之心，治安之策，何患其不能上达？如其事可见施行，固朝廷所乐闻者。但建议在下，裁择在上，庶乎收群策之益，而无沸羹之弊，何必袭议院之名哉？”[①]这些言论，与当时一般顽固派所谓“吾人舍名教纲常，别无立足之地；除忠孝节义，亦岂有教人之方？今康、梁所用以惑世者，民权、平等耳。试问权既下移，国谁与治？民可自主，君亦何为？是率天下而乱也”[②]，实无任何差别，它显露出洋务派后期坚决拒绝在制度和社会意识形态的文化层次上学习近代西方，只是希望通过一些不触及要害的变革和对封建文物制度的修修补补，竭力维持旧统治秩序的苦心。

据《抱冰堂弟子记》称，张之洞精心炮制《劝学篇》，用意原在两线作战——既批评顽固人士的守旧“不知通”，复驳斥维新派菲薄名教、鼓吹民权改制的“邪说”，态度似乎不偏不倚。但实际上无论从主观意识还是客观影响看，其攻击的重心，都是针对了维新派及刚刚兴起的资产阶级政治和文化观念。正因如此，《劝学篇》的出笼，不仅深为洋务派人士击节叹赏，也受到了守旧势力的普遍欢迎。慈禧太后阅

---

① 上引见《劝学篇》中《外篇会通第十三》、《自序》、《外篇设学第三》、《内篇循序第七》、《外篇变法第七》、《内篇明纲第三》和《正权第六》，1898年两湖书院刊本。

② 《宾凤阳等上王益吾院长书》，苏舆编：《翼教丛编》卷五，光绪二十四年（1898）武昌重刻本，第5页。

后大为赏识，下谕旨令军机处给各省督抚学政各一部，俾“广为刊布，实力劝导，以重名教而杜卮言”[①]。又令总理衙门排印三百部，使之“挟朝廷之力而行之，不胫而遍于海内”[②]，十日之内，三易其版，刊印数达二百万册以上。一些地方顽固派人士亦视之如宝，如湖南的苏舆为反对维新变法和“挽伦纪、扶圣教”而编辑的《翼教丛编》，在收录王先谦、叶德辉等言论的同时，特辑入《劝学篇》的《教忠》、《明纲》、《知类》、《正权》等篇内容，并称：“疆臣佼佼，厥惟南皮，《劝学》数篇，挽澜作柱”，“康、梁辈方骎骎向用……自朝逮野，默不能言，惟张香涛尚书《劝学篇》……辞而辟之”。[③]显然，他们已将张之洞之流的洋务派完全引为封建顽固派的同调了。

洋务思潮的上述特点，在当时的史学领域同样有着明显的反应。

二、洋务思潮影响下的史学

鸦片战争后，中国社会性质和中外关系发生了“数千年来未有之变局”。洋务派统治集团和士大夫阶层的有识之士，从正视和承认这一现实出发，提出了“变局”历史观。这种历史观，就成了洋务史学的指导思想。

1864年，王韬在《代上苏抚李宫保书》中正式阐明“古今之变局”论。同年，薛福成也指出：“方今中外之势，古今之变局也。”[④]曾纪泽在复杨商农信中，亦不无感慨地说：“中西通商互市，交际旁午，开千古未曾有之局，盖天运使然。中国不能闭门而不纳，束手而不问，亦已明矣。”[⑤]他们都认为，中国历史自开辟以来，“天道数千年一大变，数百年一小变”，经历了由“鸿荒之天下，一变为文明之天下”，再由

① 光绪二十四年六月初七日上谕，《劝学篇》卷首，1898年两湖书院刊本。
② 梁启超：《自由书》，《饮冰室合集·专集之二》，第7页。
③ 苏舆：《翼教丛编》卷首目录、后记及序。
④ 《上曾侯相·筹海防》，《庸庵文外编》卷三，光绪十九年（1893）刻本。
⑤ 《使西日记》，《走向世界丛书》，湖南人民出版社1982年版，第24—25页。

"封建之天下，一变为郡县之天下"，时至今日，又由"华夷隔绝之天下，一变为中外联属之天下"[①]的发展过程。这种"变道"的思想继承和发展了近代早期龚自珍和魏源等人的"历史变易观"，它既是一种时局观，又是与顽固派所遵奉的"道不变"论相对立的历史观。由于它开始从人类历史由低级向高级发展的时代变革观念和从全球范围对世界形势的新认识角度，来观察探究近代中国所发生的巨大变化，在某种意义上承认一定的"突变"，承认人类历史发展的质变，包含了若干进化史观的因素，因而已不完全是中国传统的历史变易观。然而，一探究到历史之所以发生变化的原因，洋务思想家就把它归之于时与势，运会或气数乃至于天或天道上去了，所以最后还是没能完全摆脱循环史观的窠臼。

洋务史学正是在上述矛盾交织的"变局"历史观制约下，显现出传统史学向资产阶级史学转型的某种过渡特点。首先，洋务史学在一定程度上改变了旧正统史学的封闭狭隘性，开阔了历史研究的领域。人们在外交史编纂、外国史考察，或是科技和军事史研究上，都开始不止限于"述兴亡之由，明成败得失"，而扩大到世界性的广阔时空范围，注重探讨中外历史普遍联系和相互影响的双向过程。在这一时期刊行的外交类史书不仅专记中西互市成和诸事，且欲"洞悉各国事机"以应变；外国史考察则是在走向世界的广阔天地中，议论天下大势，寻找救国真理；军事类史书论列古今中外兵事军制，尤取鉴于近世西人成功的战史兵法；科技类史书则详述西方算学、化学、电学、医学及机器制造等发展历史，"欲世之考求西学者，知其滥觞之所自尔"。诸如此类，无不打破了旧史学以王朝为中心的内向性传统格局，为近代史学研究开辟了新的途径。其次，及时反映了近代中国社会变化的新特点。史学研究的重心开始转向外向性，开创了新的研究风气。外交史正是对"千古未有之变局"和被迫对外开放现实的正视，所记外交大事"实皆为国势盛衰之一大关键"；外国史考察顺应了近代中国向西方学习的历史潮流，更多地

① 薛福成：《筹洋刍议・变法》，丁凤麟、王欣之编：《薛福成选集》，上海人民出版社 1987 年版，第 554—555 页。

体现了从“开眼看世界”到走向世界的时代要求；科技、军事史著述则是探求“富国强兵之计”的产物。所有这些因时而变的洋务史学内容，既是半殖民地半封建社会时代特征的反映，又是传统史学适应历史条件的变化继续演进的结果。

作为洋务思潮总纲的“中体西用”论具有兴西学和保中学的双重内涵，但这两者有时又是相互矛盾的，只是在当时特定的历史环境中又不得不杂糅相存。在洋务思潮“中体西用”论影响下，洋务史学同样显示着“皆务增其新而未尝一言变旧”的矛盾状态。在半殖民地半封建社会的特定历史条件下，洋务史学一方面承袭了旧史学的余绪，表现出循环史观的“复古”意向，如应洋务运动“安内和外”需要而产生的“中兴史”和外交史，其主旨实在达到对内加紧镇压，对外但求相安无事，以继续维持清王朝统治。这一时期纷纷出笼的着重总结镇压太平天国起义和其他各族人民起义的历史经验，褒扬所谓“中兴之业”和“中兴名臣”，为清廷“中兴之治”歌功颂德的“中兴史”，就是以曾国藩、左宗棠、李鸿章为代表的洋务派统治集团的“剿贼”主张和经历在史学中的折射；外交史则从另一个侧面反映了洋务派企图通过对中外关系及历史的考究，从中寻求“中外相安”之策，提供其外交政策之依据的史学活动。它们表现了洋务史学“未尝一言变旧”的根本目的。但是，另一方面由于近代时势变化所迫，洋务史学自然而然地以历史变局观为理论依据，毕竟表现出“皆务增其新”的倾向和特点。这些新的洋务史学内容，表明了这样一个事实：时代不允许一成不变地重复旧时代那些传统的东西，而是要求史学在新的历史条件下，及时调整某些内容，寻求某些新形式，以求适合洋务运动政治和经济的需要。

与洋务思潮的错综复杂性相应，洋务史学也是多层次、多成分组合而成的。从洋务史学的著作者来说，不独有中央官员和洋务大臣，也有洋务派幕僚和一般知识分子；就其思想倾向来看，他们又分别代表了洋务派和早期改良派两翼。虽然他们的政治态度和阶级利益不尽相同，但在学习西方、谋求富国强兵的洋务思潮中，两者不是对立而是相通的，他们朝野呼应，共同服务于洋务运动的理论和实践。洋务史学的基本出发点，正如张之洞所指出的那样，为“通今致用”，“考见世变，可资今日取法者”。[1]

应当指出，洋务史学虽是一种多层次、多成分的意识形态，其中个别内容已接近于资产阶级改良派史学，但在总体上，它不可避免地打下了洋务派统治集团意志的印记，其实质是要用以新卫旧的形式，来达到它继续维护旧制度和旧文化的目的。不过，由于资本主义的“用”和王权专制的“体”终究是不可调和的，新的一旦突破了旧的，其发展的所向和归趋，就不是以洋务运动主持者们的意愿为转移了。洋务史学的变化即是这种复杂文化现象的显示。

① 张之洞：《劝学篇·守约第八》。

第二节 “中兴史”和外交史的编纂

一、“中兴史”编著热的出现

洋务运动的基本政治纲领是建立“安内和外”的“自强新政”，应这一纲领的需要，当时出现了不少“中兴史”和外交史著作。

19 世纪中期，清朝统治在经历了两次鸦片战争和太平天国农民起义的沉重打击后，不仅政治上面临严重危机，而且体现其意识形态的学术文化也受到了猛烈的扫荡，以至一度出现“百学中落”的萧条景象。然而，一切旧思想旧文化都不可能在一次冲击下就退出历史舞台。作为旧学主要学术形态之一的史学同样会通过各种方式，顽强地表现自己。同治年间，太平天国起义被残酷镇压和作为“自强新政”的洋务运动的兴起，被清廷自夸为“同治中兴”。为了继续维持其统治，鼓起人们对日趋衰落的封建道德文化的信念，一些官绅地主知识分子纷纷从事所谓“中兴史”研究。从 19 世纪 60 年代初到 90 年代末，有关记述和研究“中兴”历史的著作纷纷出笼，形成了一股在洋务热潮掩护下的正统史学回流。从事和参与“中兴史”著作的学者，上至中央官员和洋务大臣，下至地方官吏和一般知识分子，人数非常之多。不管他们后来的归趋如何，当时研究和记载“中兴史”的指导思想是共同的，即试图从中找出“致治之法”，以求延续和挽救受到沉重打击而岌岌可危的清廷统治。

这些众多的“中兴史”著作有全国性记载，也有地方性记载，范围遍及太平军和其他农民起义活动的所有地区。据有关资料初步估算，这一时期的“中兴史”著作，至少有六百多种。至于地方志和其他著作中的有关记载，更是不计其数。其所包括的内容，大体上可分为以下几个方面。

（一）记载镇压太平天国及其他农民起义的经过

清廷设置方略馆诏派奕䜣等主编的《钦定剿平粤匪方略》、《钦定剿平捻匪方略》、《钦定平定云南回匪方略》、《钦定平定贵州苗匪方略》、《钦定平定陕甘新疆回匪方略》均为御笔制序的官方记载，由清朝内务府刊行。五种方略均按年月日排列，收录汇编了有关章奏文牍，详尽记述了清军先后镇压太平天国、捻军起义和云南、陕甘、新疆回民起义及贵州苗族人民起义的全过程，并着重总结镇压人民起义前后的经验教训，认为"倡乱"之初，发兵讨捕失利的原因是"承平日久，将士多不知兵，溃逸出柙，几乱大局"。最后荡平"匪乱"，则是由于圣哲治赋治军，破格用人，因此，纂为方略，一方面"为毫末斧柯之炯戒"，一方面"以彰皇考圣德神功垂裕后昆之遗烈"。

由清军将领和地方官吏编纂的半官方史志有：易孔昭的《平定关陇纪略》、周义亭的《平定瑶匪纪略》、杜文澜的《平定粤匪纪略》和《曾爵相平粤逆节略》、杨毓秀的《平回志》、魏光焘的《戡定新疆记》、李鹤年的《平捻纪略》、陈锦的《南师平捻纪略》、尹嘉宾的《征剿纪略》等。这些著作一般多按武功记的形式，依年记载清军武装镇压各地人民起义的经过。有的颂扬左宗棠系统绞杀陕甘回民起义的所谓大智大勇，称："左文襄公合军与饷，皆一身任之。朝命甫下，人人皆为公危，又西土苦寒，诸将校多不愿往，公独毅然率其二三同仇，提师由秦逾陇以达关外，察贼之情伪，以定剿抚。"①有的吹捧曾国藩领湘军镇压太平天国的血腥"功业"，谓："曾公督师自楚攻江皖，胡文忠驻楚皖界……金陵久困而不拔，恭逢我皇上禀两宫皇太后慈训，庙略十全，俾曾公得以运筹于安庆，沅圃中丞躬冒矢石于城下，破巨穴而歼丑类，吴越肃清，大功乃告厥成。"②

① 杨毓秀：《平回志·序》，《中国近代史资料丛刊·回民起义》，神州国光社1952年版。

② 杜文澜：《平定粤匪纪略·序》，《近代中国史料丛刊》第一辑。

其他地方性记载如钱勖的《吴中平寇记》叙述李鸿章指挥淮军在江苏与太平军作战史事。秦湘业、陈钟英的《平浙纪略》记左宗棠等在浙江杭州、金华各地围攻太平军始末。周世澄的《淮军平捻记》汇集了淮军镇压捻军的有关奏疏、文报及当时言论，极力吹嘘淮军之"功"。其他如张瑞墀的《两淮戡乱记》、陈庆年的《镇江剿平粤匪记》、肖盛远的《粤匪起事记实》、钱塘的《广东剿匪纪略》、汪士铎的《胡文忠公抚鄂记》等，都从不同途径、不同方面记载了这一时期清廷派出的官员在各地凶狠镇压人民起义的历史过程。

（二）颂扬"中兴之业"和"中兴名臣"

有关这方面的著作，无不"鼓吹庥明，导扬盛美"，上追"皇考深思"，下导"圣朝厚德"[①]，竭力颂扬当代武功之烜赫，人才之盛美，以彰大朝廷"中兴"伟绩。

如清末著名的洋务派政论家和外交家薛福成，早年任曾国藩幕僚时所写《中兴叙略》，讴歌了曾国藩镇压太平天国起义成功的"中兴"伟业："曾公竭诚靡隐，算无遗策，爰荐李公帅吴、左公帅浙，分兵餽饟，授以节度，俾介弟中丞公躬统雄师，长驱东迈，连拔沿江坚城、名关数十，旬月间收地千余里，径造金陵城下，贼震栗失措。"[②]并总结其成功的经验，不仅在于能"任群才以集事"，更重要的是"能得任才之才以集事"，使各种中兴文武之才皆能为其所用。

洋务派统治集团的幕僚朱孔彰《中兴将帅别传》、彭鸿年《中兴名将传略》、缪荃孙《续碑传集》等传记著作，极力称颂"群公辈出"的时势，吹捧曾国藩"以儒臣首创湘军，激厉忠义，知人善任"；胡林翼"建节鄂中，始陈布方略，调护诸将，屹成荆襄巨镇"；李鸿章功济环宇，启中兴之业。"将才之盛方之汉卫霍、唐郭李殆远过之矣"[③]。除此之外，还为镇压太平天国起义的一批大大小小的将领树碑立传，如左宗棠、江忠源、罗泽南、塔齐布、李续宾、曾国荃、张国樑、沈葆桢、僧

---

① 汪堃：《盾鼻随闻录》，《中国近代史资料丛刊·太平天国》，神州国光社 1952 年版。

② 薛福成：《中兴叙略》上，《庸庵文编》卷二，光绪十三年（1857）刊本。

③ 孙诒让：《咸丰以来中兴将帅别传序》，朱孔彰：《中兴将帅别传》，岳麓书社 2008 年版。

格林沁、刘铭传、刘锦棠、岑毓英、丁宝桢等，几无一遗漏。有些传记著作还把华尔、戈登、法尔第福这帮伙同清政府镇压太平天国起义，双手沾满中国人民鲜血的外国侵略分子，也作为替清廷建功立业的“中兴将帅”来立传，夸耀他们“精劲为诸军冠”，并冠之以所谓“殊邦烈士”之号，加以表彰。

王闿运的《湘军志》、王定安的《湘军记》等著作，目的也在于为地主武装湘军镇压太平军“叙战绩，纪功烈”。其中大力褒扬曾国藩、胡林翼、左宗棠和李鸿章“皆命世之英”，同时探求地主武装的存亡得失之机和“常胜之理”。如以曾国藩死守祁门多伤亡，后听从曾国荃劝告移师合围安庆，战败陈玉成之例，得出“吾初起兵，遇败危则有死心，自吾去祁门，而后乃知徒死无益，而苟生之可以图后功也”的结论（曾国藩语）。又如认为向荣、张国樑之亡，由轻举远征，无远识所致，非战之罪也。而曾国藩兄弟治军，审全局，规远势，“不急旦夕之效，不为众议所摇，其有所见，撼之而弗动，促之而弗行……由斯言之，得失之机，虽天命，岂非人事哉”[①]。并且认为“船坚炮利，不如猛士”，“唯夫忠诚谋国，百折不回，勇士赴敌，视死如归，斯则常胜之理，万古不变耳”。[②]

（三）表彰封建忠义节烈之士

太平天国起义的风暴席卷了半个中国，清军和地主武装在太平军的沉重打击下，死伤累累，损失惨重。为了表彰这些效命朝廷的地主阶级忠臣孝子节夫烈妇，提倡封建伦理道德，咸丰十一年（1861）秋，各直省督抚奉旨设立褒忠局，由各地素有名望的封疆大吏领衔主修忠义录之类的谱牒名册。如《两江忠义录》、《中兴苏浙表忠录》、《江表忠略》、《哀忠集》、《广西昭忠录》、《湖南褒忠录》、《湖北节义录》、《汉口节烈传》、《江西忠义录》、《皖省褒忠录》、《江苏昭忠录》、《浙江忠义录》、《四川通省忠义总录》等。此类忠义录，也是人物传记的种类之一。它

① 王定安：《湘军记》卷一二、卷九，岳麓书社 1983 年版。

② 王定安：《湘军记》卷二四。

专收地主阶级中和太平军作战的殉节者，内又细分为殉阵、殉城、殉防、殉劳、殉团、殉职、殉贞等门类，通卷浸透了“正人心，厉国俗，兴教化”的封建伦理观念，充满着“拼命报国，侧身修行”的正统道德说教。曾国藩在《湘乡昭忠祠记》中就发出了“君子之道，莫大乎以忠诚为天下倡”的号召。所谓忠，就是要求地主阶级成员对君主及朝廷的“深仁厚泽”，“油然生忠孝之心”，从而尽心尽力，甚至不惜以死殉事。丁日昌辑《百将图传》，皆取“伊古将才其卓然可师尚者”，以训士卒。他说：“兵事之可言者，器也，法也。其不可强者，智也，勇也。而知以鼓其智勇，运其器法者，仁也，廉也。”李鸿章也为之作序曰：“观乎前史已然之迹，以审求成败得失之由，设身于艰巨交集之场，顿发其敌忾同仇之谊。”[①] 并且劝诫镇压人民起义成功后的清军将士，不要有生之乐而无死之心，企图以此坚其继续为清廷卖命之心。

“中兴史”这股史学逆流的泛起，是封建正统史学在近代历史条件下的回复和延续。从著书目的来看，“中兴史”的著作者们“以诩我国家中兴”，“再造宏谟”为目的，无非是为清朝统治者提供历史教科书式的“资治”之道，挽救其垂危的统治。从历史思想来看，“中兴史”的著作者们大谈“天时”、“天命”，认为在扑灭人民起义的血泊中建立起来的“中兴之治”是“天心厌乱”的必然结果，完全是天命史观的陈词滥调。从编纂体例来看，“中兴史”著作体裁形式有纪事本末、编年、传记、谱牒、笔记、日志、文牍，以纪事本末体的方略为主。这种史书多记本朝史事，专以歌功颂德为主旨。早在康熙年间，每当一次军事行动之后，为宣示其武功，都下诏史馆“纪其始末”，纂辑卷帙浩繁的方略自此成为定例。“中兴史”著作的体例均与国史相表里，以章奏为经，并采辑见闻，蒐集遗轶，因事纂录，用于为君主专制统治“存信实而昭法戒”[②]，“亦润色鸿业之一助尔”。可见，“中兴史”著作无论内容和形式都属于王朝正统史学的范畴。

然而，正如马克思所说：“把某个作家实际上提供的东西和只是他

---

① 丁日昌辑：《百将图传・序》，江苏书局刊本。

② 易孔昭：《平定关陇纪略・凡例》，《中国近代史资料丛刊・回民起义》。

自己认为提供的区别开来，是十分必要的。”[①] 从这个意义上说，代表清官方营垒的“中兴史”记载，从反面为我们提供了大量有关太平天国及其他人民起义的宝贵资料，对进一步研究太平天国史是极有价值的。

二、“夷务”和外交史编纂

鸦片战争后，随着“天朝上国”与外部世界的人为隔绝状态被打破，清朝统治者不得不正视现实，被迫和外国人打交道，从而产生了所谓“夷务”以及探讨“夷务”问题的外交史著。

近代正式记述中外关系的史书，实始于夏燮的《中西纪事》。是书记载了两次鸦片战争期间的中外关系史。继之，王韬根据英国传教士伟烈亚力口译而著录的《华英通商事略》1卷，记述自明崇祯年间英船抵虎门，迄清道光年间东印度公司专利取消的200年中英通商始末。然未正式刊刻，后收入《西学辑存六种》。较系统地辑录近代中外交涉史料，则起自咸丰时设馆修纂《道光朝筹办夷务始末》，此后，清廷沿为定例，陆续编纂了《咸丰朝筹办夷务始末》、《同治朝筹办夷务始末》，总名冠以《筹办夷务始末》。这是一部官修的大型外交史料汇编，“凡内阁军机大臣所奉谕旨，内外臣工折奏，下至外国夷书，凡有涉于夷务而未尽载入实录者，编年纪月，按日详载，以次备书，非徒详往事之是非，实以资异时之考证”[②]。后王彦威、王亮父子，复以私人之力，抄辑军机处外交档案中有关光绪朝、宣统朝外交史料，编为《清季外交史料》一书，以继《筹办夷务始末》。从而较完备地保存了鸦片战争到清末的近代外交史料。

清朝统治阶层中的洋务派集团，在和外国人打交道的同时，更是十分重视外交史料的备案和外交史编纂。还在总理衙门成立之初，洋务派首领文祥即指示专人编纂《洋务纪事本末》，将有关中外交涉的文件分

---

① 《马克思恩格斯全集》第34卷，人民出版社1972年版，第343页。

② 《道光朝筹办夷务始末·恭折》，中华书局1960年标点本。

门别类地按专题汇编起来，试图打破《筹办夷务始末》那种以皇帝为中心的实录式编纂方法，以便检索和实用，惜后因故未能完成。随着洋务派官僚频繁的遣使出洋办理外交，总理衙门又明文规定：出国使臣须写日记定期寄回，将所见所闻，特别是对外交涉事宜一一详记，使国人读后能逐渐洞悉各国事机。这样就产生了一大批洋务派外交大臣的星轺日记。如志刚《初使泰西记》、郭嵩焘《使西纪程》、陈兰彬《使美述略》、何如璋《使东述略》、张德彝《随使法国记》、黎庶昌《西洋杂志》、李凤苞《使德日记》、曾纪泽《使西日记》、薛福成《出使四国日记》、张荫桓《三洲日记》等。这些出使日记不仅反映了清朝外交官们对世界各国的认识，而且如实记载了半殖民地的外交活动，可以说是一种日记体的近代外交史料。此后，有关外交史的论著时有出现，如罗惇曧的《中英滇案交涉本末》和《中俄伊犁交涉始末》、钱恂的《中外交涉类要表》和《光绪通商综核表》、倚剑生的《中外大事汇记》、唐才常的《各国交涉源流考》等。屯庐主人的《五千年中外交涉史》，还辑录了自黄帝迄庚子八国联军之役间的外交史迹，对我国古今外交发展大势作一通盘考察。在这些外交史著中，较早自成一家体例的，应首推洋务派官僚王之春的《国朝柔远记》。此书又名《国朝通商始末记》，初刊于光绪十七年（1891），系据谕旨奏折、中西著述等有关资料编成。凡 20 卷，前 18 卷按年月记顺治元年（1644）至同治十三年（1874）清朝对外交涉事。附编 2 卷为《瀛海各国统考》、《沿海形势略》，并有图说。《国朝柔远记》编于“同光中兴”之时，适应了洋务运动的需要，具有强烈的政治色彩，正如王之春自述著书动机“就中外交涉之端，详晰编次”，“欲使善于约束羁縻，或有裨于久安长治”。① 上述大多数外交史料和史书是在洋务派“对外羁縻”外交路线指导下写成的，故多反映了洋务派统治集团特有的外交思想。

（一）“柔远抚夷”论

郭嵩焘、王之春等在他们的著作中，明确阐述了这种旨在“和戎”

---

① 王之春：《国朝柔远记・叙》，广雅书局 1891 年刊本。

的外交主张。郭嵩焘认为，西方列强“其至中国，唯务通商而已”，并不利我土地人民，而中国饷竭兵疲，无力开战，也只能用“抚”的办法来对付侵略者。他还寻找历史根据，宣传道义恩泽的传统外交观念，谓自古以来，圣人皆以“至诚待夷狄”。班固《匈奴传》赞曰：“来则惩而御之，去则备而守之，其慕义贡献则接之以礼让，羁縻不绝，使曲在彼。”汉高祖不耻和亲，唐太宗屈尊突厥，开国英主，不以为讳。“王者保国安民，其道固应如此。”只是到了南宋以后，历明迄今，才越来越盛行一种不务实际、“以夷狄为大忌，以和为大辱”的好战言论。[①] 王韬甚至认为，由于中外交涉事务纷繁，清廷官吏不知外情，故有鸦片战争的爆发。因此，他提出，处理中外交涉“所要者在知其情伪，而已不知其情而虚与羁縻之无当也”，“盖叹当轴之昧于外情，而失驾驭远人之道焉”。[②] 王之春也引经据典道：“魏绛和戎，实深沉之至计；赵范挑衅，徒孟浪以贻忧。景延广剑诩横磨，范文虎舟矜远泛，卒至祸延君国，倾覆全师。凡此前车，堪为殷鉴。”[③] 因此，他们主张与那些侵略者“倾诚相接”。郭嵩焘在《使西纪程》中还说：“近年英、法、俄、美、德诸大国角立称雄，创为万国公法，以信义相先，尤重邦交之谊，致情尽礼，质有其文，视春秋列国殆远胜之……绝不一逞兵纵暴，以掠夺为中心，其构兵中国，犹展转据理争辩，持重而后发。”“处今日之势，唯有倾诚以与各国相接，舍是无能自立者。”[④] 洋务派对外“倾诚相接”的结果，是咸丰十年九月和议（即《北京条约》）的签订。这个丧权辱国的条约当然遭到大多数人反对，一时舆论哗然。然而，王之春却在《国朝柔远记》中竭力为签订和约的奕䜣辩解，甚至评功摆好。他说：“恭亲王以天潢之胄，躬捍大难，屹然不摇……既杜其无餍之要求，卒能委曲成和，此其所保全者大，而其所设施者远也。执事后之议论，以訾局中之艰危，乌乎可哉。”[⑤] 但历史表明，用所谓立诚信，怀柔远，委曲求全

---

① 郭嵩焘：《使西纪程》光绪二年十一月十八日、十二月六日，辽宁人民出版社 1994 年版，第 23、40 页。

② 《华英通商事略》王韬按语，《西学辑存六种》，淞隐庐 1889 年铅印本。

③ 王之春：《国朝柔远记·叙》。

④ 郭嵩焘：《使西纪程》，第 39—40 页。

⑤ 王之春：《国朝柔远记》卷一四。

的办法去感化外国入侵者，争取“中外相安”，在帝国主义强权外交的时代，实在只能是一种幻想。

（二）“春秋盟会”论

春秋盟会，史不绝书。洋务派借鉴古史中的传统外交智术，加上当代的诠释和定义，发展为和外国“联合结盟”的外交思想。如《使西日记》记载曾纪泽和日本驻英公使吴雅娜会晤，提出联日的外交策略。曾纪泽认为，欧洲诸国所以能强盛者，同心一志以御外侮，得古人合纵之义。同样，中华与日本皆在亚洲，辅车依倚，唇齿毗连，理应联盟。中国财力足以沾润于东邻；日本兵力足以屏蔽于东海。“中华之富庶，日本之自强，皆欧洲之所敬畏也。”“邦交既固，外患可泯，盖不独通商之利而已。”[①] 何如璋在《使东述略》中也赞同联日方针。他认为欧西大势有如战国，“环视五大部洲，唯中土壤地相接，唇齿相依，果能化畛域，联辅车，则南台、澎，北肥、萨首尾相应，呼吸可通”[②]。黎庶昌在《西洋杂志》中分析国际形势后，也主张择交一二邦国联盟。他指出，大抵西洋今日各以富强相竞，内施诈力，外假公法，与其维持，颇有春秋战国遗风，其中英实为雄长，俄罗斯虎视北方，法与德未忘旧耻，数国皆未暇注意东方，“中国诚能于此时廓开大计，与众合从，东联日本，西备俄罗斯，而于英、法等大邦择交一二，结为亲与之国”[③]，是为上策。

王之春在《国朝柔远记》“联与国”篇中，进一步提出了“以夷制夷”的外交策略。他援古证今道：“秦之所以兼并者，远交而近攻；蜀之所以抗魏者，联吴而释怨。多助者强，寡助者弱。”他列举事实，分析俄人狡诈强悍，“久视我为弱肉，而不能为我用者也”，日人则“短小精悍，性情坚僻”，近年来“有得步进步之势，此亦不能为我用者也”。美国志在通商，曾遏制日本侵占琉球，“亦为我所用”。但日受俄牵制，俄恐德蹑其后，法人因畏德，不敢结俄。因此，中国欲驭日本而制俄人，首宜交德，次宜交美，对法国也“不得不与之羁縻”。王之春

① 曾纪泽：《使西日记》，《走向世界丛书》，湖南人民出版社 1982 年版，第 68 页。
② 何如璋：《使东述略》，《小方壶斋舆地丛钞》第十帙。
③ 黎庶昌：《西洋杂志》，《走向世界丛书》，湖南人民出版社 1982 年版，第 180—181 页。

和其他洋务派官员或是想利用列强间存在的矛盾，或是企图借助外国的力量，但他们恰恰忽视了最重要的一点，即中外力量对比的悬殊和列强对中国侵略的一致性。倒是另一洋务派人士朱克敬看到了这一点，他把这种外交伎俩说成是“袭仪、秦之故智”，“或怒楚绝齐，或倚秦临赵，翕张捭阖，中立以图自全，其用心苦矣”，然不知“今则彼有必战之形，我有必不敢战之实，情见势绌……况泰西各国虽有异同，而通商内地则利害相共，岂肯昵我而自离其交，此凿空之终归无济也”。[①] 因此，以“战国策”、“春秋盟会”等传统外交观念，来对付帝国主义弱肉强食的侵略行径，其结果必然是制夷不成反被夷制。

这些外交史著作还记载了许多近代的外交事件和外交活动，具有一定的史料价值。如王之春《国朝柔远记》特别提到，自第二次鸦片战争签订和约以后，中外均以诚信相孚。李鸿章等甚至选募洋将协同助剿，并嘉奖镇压太平军的华尔“常胜军”，“以彰中外和好，同心协助之意”[②]。

以蒲安臣为首的中国第一个外交使团到达英国时，正值国内扬州发生英国传教士受伤害事件，英国借此派兵船前往江宁。志刚《初使泰西记》披露了使团和英国外部谈判的始末。谈判最后议定，英国只能向总理衙门提出交涉，不能擅调兵船向地方官争执。这表明，总理衙门成立之初，在外国人的心目中还是有一定地位的，西方列强在某种程度上承认了洋务派集团在国内的主政权威。

张德彝《随使法国记》记载，天津教案发生后，清廷被迫派出专使崇厚携带同治皇帝的国书，去法国“通好谢罪”。刚刚上任的法国总统梯也尔非常傲慢地接见了中国使节，他在答词中辱骂中国人民“愚昧”，蛮横要求中国皇帝必须谕告地方官“优待”传教士。崇厚只得代表中国皇帝，向法国政府再三表示“可惜之意”，也就是赔礼道歉，才算了结了这一教案，这在中国近代外交史上，是极不光彩的一页。

由于外国侵略势力日益深入到中国边疆和内地，使清统治者再也不能完整地行使自己的权力，为了避免自己的统治陷入无可挽救的危

---

① 朱克敬辑：《洋务用军必读》“总论”，挹秀山房 1884 年刻本。

② 王之春：《国朝柔远记》卷一六。

机，他们不能不表现出一定程度上抗争外侮的一面。这在外交史记载中也有所反映。如《使西日记》记载，曾纪泽在同沙皇俄国谈判收复伊犁等地时，沙皇爪牙常常对他“面冷词横”，坚持要中国偿付1200万卢布的兵费，甚至公然恫吓：“俄正欲一战，以补糜费。”曾纪泽针锋相对地回答：开战胜负难知，“如中国获胜，则俄国亦需还我兵费”。在曾纪泽的据理力争下（当然还有其他因素），沙皇俄国不得不有所收敛，同意重新订约，使中国收回了一部分土地和主权。《出使四国日记》及续刻记载，薛福成利用国际公法对英国也曾开展过合法斗争。为保护海外侨胞，争取在英国华侨聚居地区设中国领事，尽了很大努力，为中国取得了在英属各地设置领事的对等权利。他还援引旧案，以国际公法为依据，向英国主动提出滇缅界务、商务谈判。经过艰苦的谈判，终于签订了中英《续议滇缅界务、商务条款》，使英国被迫承认中国的合法要求，在一定程度上遏制了列强的侵略野心，提高了中国的国际威望。

上述记载或据所亲历，“必于洋务交涉者，始笔之于书”，或采稽旧牍奏章和档案，“不敢稍涉虚诬”，因而被作为“足资考镜”，“昭示来兹”的重要史料，受到人们的普遍重视。

这一时期的外交史编纂思想呈现出一种相当复杂，甚至自相矛盾的状态。它既反映鸦片战争以来“夷务”不断发生和扩大的史实，强调中国与外部世界交往和联系的必要性，又用“对外羁縻，怀柔远人”，“四方蛮夷向化中朝”等传统外交观念去概括这个新发现的历史课题；它既描绘了风云变幻的国际形势和纵横捭阖的外交格局，又坚持以“战国策”、“合纵连横”、“春秋盟会”之类的传统外交智术，来解释资本主义列强弱肉强食的侵略行径。这说明在对外开放风气初开不久的情况下，一部分为天下先的士大夫，虽然敢于开拓这个前所未有的历史研究领域，但仍不能摆脱传统观念的束缚，其编纂内容基本上属于旧史学范畴。然而，在编纂体例上，外交史毕竟突破了狭隘的以一朝一代帝王为中心的传统格局，显示出具有中国近代社会特点的史学发展新趋势。同时，也为政治史别开一生面。“外交无专书，未足启文明之进步也。”[①] 严

① 屯庐主人辑：《五千年中外交涉史·序》，上海蜚英书局1903年刊本。

格的说，外交史是在近代才开始发展起来的政治史分支。如《国朝柔远记》不仅溯及清代开国以来中西互市成和诸事，更重要的是在近代形势下提出了慎约议、联与国等济世策论，被清朝统治阶级称为“诚抚远之宏图，绥远之良策”。“视魏源之书（《圣武记》）用意尤为深远”的时务切要之言。[①] 这正说明外交史本质上还是政治史，但已从封闭型向开放型过渡，开辟了政治史研究的新途径。并且，这一时期的外交史著作还为此后中外关系史的全面研究起了先导作用。

---

① 参见王之春：《国朝柔远记》，李元度、彭玉麟、俞樾等叙。

第三节　探求“富国强兵”的科技史和军事史著

一、科技史译著的发轫

洋务运动时期，中国开始有人提出发展科学的主张[①]，如介绍国外的各种科学知识，引进新的科学技术，并举办了一些工矿铁路事业。洋务运动中成立的江南制造局附设翻译馆，一开始就比较系统地翻译了许多西方近代科技书籍。为了配合洋务运动军事工业的进行，翻译馆以及京师同文馆、天津水师学堂等官办机构优先翻译出版了一批工业与军事用书，如《汽机发轫》、《开煤要法》、《西艺知新》、《海防新论》、《行军测绘》、《行海要术》、《克虏伯炮说》、《轮船布阵》、《攻守炮法》、《营垒图说》、《水雷秘要》等。除此之外，也译出了不少基础性的格致之书，如艾约瑟、李善兰译的《重学》，将牛顿力学三大定律首次介绍进中国；傅兰雅、徐寿译《化学鉴原》，首创了一套化学元素中文命名原则；玛高温、华蘅芳译的《地学浅释》，首次具体介绍了达尔文的生物进化论；韦廉臣、李善兰译的《植物学》，首次将细胞学说介绍进来。据傅兰雅 1878 年统计，江南制造局翻译最多的是兵法工艺书，占已刊诸书的 41%。以后，通过各种洋务出版机构译出的格致之书数目也十分可观。梁启超 1896 年所作《西学书目表》著录的 352 种西学书中，属于科技兵法范围的达 259 种，占总数的 73%。徐维则 1899 年所作《东西学书录》，著录的 537 种书中，属于格致类书 387 种，占总数的 75.2%。

---

① 但中国的科学教育运动直至五四运动时方才兴起，其时，大专院校增设了自然科学课程，报刊大量介绍了西方近代自然科学的发展，中国科学社、中华学艺社等科学社团相继成立。

科技译著的大量出版，扩大了西方自然科学在中国的传播，对开通因循守旧的社会风气，起了很大的促进作用。

在此基础上，外国传教士所著的西方科技史著作也开始传入中国，如艾约瑟的《希腊数学考》在《中西旬见录》报刊上连载，韦廉臣的《格物探源》在《万国公报》上分期刊出。伟烈亚力口译的《西国天学源流》由王韬笔述问世，此书虽寥寥数十页，却词简意赅，“巨细精粗，无乎不贯，异同正变，无乎不备，谈天者于此诚有所取资而得其要领矣”。王韬在自序中说：“天算之学行于中国久矣，顾执是业者寥寥无几，西国自明天算以来，代有沿革，其源流固可得而言焉。”[①]他追溯了古希腊天算学的成就、中世纪托勒密的天文学说，以及哥白尼的日心说、凯卜勒（即开普勒）和牛顿的科学成就等，并用科技发展进步的观点，批评了阮元《畴人传》株守儒家经说，在天文学上的某些陈旧观念。与此同时，他还在1853、1858年与英国传教士艾约瑟合译了《格致新学提纲》1卷，对在象纬、历数、格致、机器等方面，能发现新理或有所创造者，必追记其始源，书成附于《中西通书》末，后散佚无存。鉴于西方算学、化学、光学、电学、医学及机器制造等日有发展，王韬复辑撰《西学原始考》1卷，按公历年代顺序考述西方学术源流，起公元前1400年希腊电学之始，迄19世纪中叶欧洲发明计算器事，于自然科学、文字、法律、建筑、宗教、水利等情况，均有涉及。1896年，王仁俊编《格致精华录》，这书实际上是一部我国古代科学技术史资料汇编。分门别类，井井有条，实为近代中国人较早编著的西方科技发展大事记。此外，魏允恭编著的《江南制造局记》也很值得注意。此书包括图1卷，表5卷，正文“考工枪略”、“考工炮略”、“考工药铜引子弹略”、“考工炼钢略”4卷，附录“仿造克虏伯说”1篇。此书记载了李鸿章等在洋务运动中创办军工业的情形，认为其“数十年经营缔构，其创造之端，成效之迹，亟应编辑志乘，昭示来兹”。[②]

这一时期还出现了传记性质的科技史著作，如1886年诸可宝著

---

① 《西国天学源流》逸史王韬曰。《西国天学源流》初连载于《六合丛谈》，后收入《西学辑存六种》。

② 魏允恭：《江南制造局记·序》，光绪三十一年（1905）本。

《畴人传三编》1卷，1898年黄钟骏著《畴人传四编》12卷，均为《畴人传》续作。《畴人传》为嘉庆间阮元所作，凡46卷，“综算氏之大名，纪步天之正轨”，收录在数学、历法、天文等方面取得成就的古代自然科学家243人传记，另附西洋科学家37人于清代人物后，以见西方自然科学传入中国之情形。道光年间，罗士琳撰《续畴人传》，以补前传所未收者44人。《畴人传三编》和《畴人传四编》则仿阮、罗二书体例，“荟萃简编，网罗散失”，续补本国科学家387人，其中有清代著名人物吴任臣、龚士燕、骆腾凤、张文虎、李善兰、朱骏声、冯桂芬、曾纪鸿、周济、顾栋高、程恩泽、俞正燮、钱仪吉、阮元、罗士琳等。收录外国科学家169人，其中有西方传教士艾约瑟、伟烈亚力等人，还包括亚里士多德、柏拉图、伽利略等著名科学家，用资博考“累经改易、派别支分”的西洋新法。西洋诸人传记材料多取自王韬辑录的《泰西著述考》、《西国天学源流》等。上述四书虽非一时之作，但体例相同，篇末间加评论，内容衔接而不重复，且编撰的指导思想又基本一致，共收录起自上古，迄于清末的天文律历等方面科学家881人，其中包括女学者11人，外国科学家206人，是不可多得的我国历代科技史资料汇编。

此外，还有陈作霖的《中国机器学家考》专篇史论，考论古来创造发明者的事迹，对中国古代科技发明，叙述颇为明晰，其“补畴人之缺佚，阐艺苑之幽隐，尤为征实有用之文”[①]。

上述科技史译著，不仅在介绍输入西方近代科学文化方面有相当的作用，还开拓了历史研究的新领域。

二、军事史编著的趋盛

鸦片战争之后的中国，内外战事频仍，清政府出于“剿贼”和“御

---

① 张舜徽：《清人文集别录》下册，中华书局1963年版。《中国机器学家考》收入《可园文存》第16卷，有宣统元年（1909）刻本。

侮”的当务之急，以练兵为“第一大政”，企图建立一支近代化的军队，来达到强兵治国的目的。在这种治国以强兵为本思想的指导下，一大批军事著作纷纷面世。李鸿章等洋务派官僚非常重视兵学和译介西方近代的军事学著作，如江南制造局翻译馆、天津机器局、天津水师学堂、京师同文馆等都是当时主要的官办西方兵学翻译出版机构。据《江南制造局翻译馆译书提要》统计，该馆刊译西书160种，其中与军事直接相关的33种[①]，数目居各类译书之冠，其刊印的英、德著作《防海新论》和《临阵管见》还是洋务治军的必读之书。即使该馆翻译的大量反映自然科学的格致类著作，仍然是使“其间算学、电学、化学、水学诸门者，则皆将资以制造以为强兵之用”[②]。特别是甲午战后，中国面临着被帝国主义列强瓜分的严重危机。迫于形势，清廷不得不故伎重演，再次推行“富国强兵之计”。以张之洞为首的洋务派上层集团，一面重弹治国以强兵为本的老调，一面采用西法，大设文武学堂，习中国历史兵事和外国军政律法格致等。他的著名文章《劝学篇》专节论述兵学，并在《书目答问》中特开兵家目录，列为士人必读之书。他还编有《西洋兵书十种》。张之洞参照学堂制度整顿书院时，提出增设兵法课程，以纠中国向来士不知兵的积弊。这些措施得到洋务派知识分子的拥护，如廖寿丰立即参照西法，辑成《武备新书十种》，两湖译书学堂也编出《中西武备新书》，徐建寅1898年编成《兵学新书》，“集近时兵学之大成，采集各国军政……上自募选训练以及布阵运用，下自军士起居饮食之微，凡军所需与一切有关军事者，无不绘图系说”[③]。他自述撰述动机是不忍列强侵略，认为“非兵威不足以慑强暴”，“非集中国有志之士自行讲求兵学之精义，必不能训练兵士使成劲旅”。[④]社会上的强兵讲武活动，包括军事史书的撰著迅即涌现。

在众多的军事学译著中，军事史书占有一定的比重，其内容大体可分为战史、军史和兵法史三大类，兹择其要者略述如下。

---

① 另有《江南制造局译书汇刻》亦收入该局历年翻译的兵学著作44种。

② 梁启超：《论译书》，《饮冰室合集·文集之一》。

③ 徐建寅：《兵学新书·凡例》，光绪十四年（1884）刊本。

④ 徐建寅：《兵学新书·自序》。

（一）战史

西方史界向来十分重视战史研究，近代以来，战史还被列为西方军事院校的必修课，在日本，甚至“通国之人竞为此学，刊行战史岁有所增”。鸦片战争后，中国的战史著作亦渐趋增多，然其初大抵为颂扬清朝武功的官修之作，故在记事内容方面不能不存在很大的局限。以后，私家撰写的实录性质的战史著作相继出现，如魏源的《道光洋艘征抚记》、华廷杰的《触藩始末》、梁廷枏的《夷氛闻记》和璧昌的《兵武闻见录》等，突破了对统治者一味颂扬的官修战史格局，开启了近代战史编写的新风气。洋务运动时期，对战史的研究总结更为人重视，除了所谓剿匪纪略之类的战史，以总结镇压太平天国及其他各族人民起义的历史经验教训外，反映当代国内外战事，特别是记载历次中外战争经过的著作日渐增多。王韬《法越交兵纪叙》、无名氏《克复凉山大略》、郑丙炎《福川马江战事大略》、留心时事人《华洋战书》、寰宇义民《刘大将军平倭战纪》、洪弃夫《中东战纪》、姚锡光《东方兵事纪略》、思恢复生《中倭战守始末记》等。这些著作对于诸战役的起始结局和有关细节，均有细致详尽的描述和记载，勾勒了战争过程的大致轮廓，是研究中法战争史、中日甲午战争史等的重要参考资料。由于作者大多曾参与战事，身历其境，他们怀着“忠义贯天，誓扫倭寇”的爱国之心而纂著的史书，旨在明可耻之事，求雪耻之道，对清廷不筹制胜之策，不图制敌之事而坐失良机颇多批评。当时还有外国人写的中国战史和外国战史被翻译刊印，如林乐知与蔡尔康的《中东战纪本末》、爱特华斯的《中国六十年战史》、清香田村维则的《中东战史》、浅野正恭的《日清海战史》等。其他则有王树枏编的《欧洲列国战事本末》，江南制造局出版的李景镐译《西美战史》等。

（二）军史

王闿运的《湘军志》和王定安的《湘军记》，不仅是湘军镇压太平军起义的战史，而且对湘军缘起、水陆营制、筹办俸饷、兵法谋略等有所论述。两书各有短长，是研究湘军史的重要参考书。王定安另撰《曾文正公水陆行军练兵制》，也反映了曾国藩初建湘军的营制、营规情况。

这些军史著作适应了清政府练兵强国的军事需要。当时，风起云涌的农民战争打得八旗、绿营溃不成军，以致曾国藩发出了“居今之世，用今之兵，虽诸葛复起未必能灭此贼”的感叹[①]，因而许多地方官僚和洋务派大臣希望通过总结当代军制的演变和列朝军史得失，改革兵制，加强其统治力量，于是出现了《皇朝兵制考略》之类的著作。甲午战争失败后，不少人认为，兵随地形人势而变，“岂有可泥之法、不弊之制”，因而多主张“采用西法”组军练兵，以抵御外侮。反映西方各国兵制的著作由是风行一时，如《地球万国兵制》、《西国军制考》等，从选将、练兵、营规等各方面分论之，内容涉及英、美、法、德、俄等国兵制。又分水师考和陆军考，如江南制造局刊的《西国陆军制考略》，上究欧罗巴古时兵制兵事，下及近世西国募兵成军之法，于英、法、德、俄四国兵之源流及兵制各事叙述尤详。

（三）兵法史

凡述历代兵家战略战术的史著统称为兵法史。然史传所详兵略，并无专本，到了太平天国时期，清廷由于对内镇压的需要，首出《兵法集鉴》、《防守集成》、《武备辑要》之类的专书。湘军将领胡林翼为了和太平军作战，特“取列史之足劝惩者”[②]，如《左传》、《通鉴》中的兵谋兵事，评价古代战略战术的得失，辑成《读史兵略》12卷，以教将才。一时四海风行，不胫而走。甲午战后，“国家外交内治，兵事亟须讲求，士子养气读书虽未必皆投笔从戎，亦沾沾以武功自喜”[③]。张之洞认为兵法之学，体大思精，应于学堂增设的兵法一门课程中分为三类，第一就是兵法史略学，“讲求历代史鉴，兵事方略”[④]。从而形成了一批从战略角度总结古代战争历史经验的著作。如1900年刊行的胡林翼辑录了自宋至明兵事方略的10卷本《读史兵略续编》，“欲以古人之方略，证今人

① 《曾文正公书札》卷三，光绪二年（1876）传忠书局编刻本。

② 胡林翼：《读史兵略·序》，1869年武昌节署本。

③ 俞樾：《读史兵略续编·序》，上海图书集成印书局刊本。

④ 《张文襄公牍稿》卷一三，引自朱有瓛主编：《中国近代学制史料》第一辑下册，华东师范大学出版社1986年版，第397页。

之事功”。以后续作者不乏其人，光绪末，坊间又出《续读史兵略》若干种。其他如陈龙昌 1897 年所著《中西兵略指掌》，声称“昔读胡文忠公《读史兵略》一书，窃以为详于考古略于适今，尝欲别为论著，以补其缺佚”[①]。故采曾国藩、左宗棠营阵诸说，择外洋言兵各书之切实有裨军务者，合中西而编之，凡 24 卷，上自营制，下及军器，纤悉必具，于古近征伐之役亦赅备。并说，目击甲午一役，军事败坏，外患日逼而来，感到有挽回时局之责者，“援此互相考镜，相与激发天良，讲明纪律，以敌王忾而振军威，于将来安攘之计，或者不无万一之裨”[②]。又如陈庆年受张之洞之聘，在两湖书院任兵法史略学课程教习，因有感于当时敌患日迫，“求其洞悉一时局势，言之关今日鉴戒者，尚无其书”[③]。遂著《兵法史略学》，论述春秋时局及战势兵法，间或参以中外近事，以见世变。是书不同于一般兵家抄撮成书的资料汇编，而是自成一家的兵法史代表作，认为“欲明兵法先明方略，欲明方略先明史事”[④]。从而克服了胡林翼《读史兵略》仅从史书中断章摘录，史事前后原委不明的弱点，为以后清政府正式规定的高等学堂兼习兵学，讲授兵法史开了先河。

上述军事史书的出现，适应了近代战争的实际需要，既是洋务运动时期治军自强思想在史学上的反映，也充分表现出近代史学那种与时代息息相关的强烈社会作用。虽然，这一时期的军事史研究还处于积累资料的初步阶段，但毕竟为日后开辟近代史学领域中的重要分支学科——中国军事史，做出了较早的尝试。

---

① 陈龙昌：《中西兵略指掌·序》，1897 年刊本。

② 陈龙昌：《中西兵略指掌·自跋》。

③ 陈庆年致缪荃孙己亥（1899）四月初二日函，见《艺风堂友朋书札》下，上海古籍出版社 1980 年版，第 963 页。

④ 陈庆年：《兵法史略学·凡例》，1899 年两湖书院正学堂刊本。

第四节　走向世界的外国史地考察

一、从“开眼看世界”到走向世界

洋务运动兴起后，外国历史、地理方面的知识主要通过外国教会组织和洋务出版机构为媒介，在中国的士大夫阶层中间传播。如同文馆、江南机器制造局附设翻译馆、益智书会等，曾编译刊出过《列国岁计政要》、《西国近事汇编》、《四裔编年表》、《各国史略》、《万国通鉴》、《俄史辑译》等世界历史著作。对人们了解西方国家的“自强开化之成迹”[①]，有一定参考价值。但是随着洋务运动的深入，洋务派及其知识分子感到这些第二手的“西史”无法满足处理洋务和开展外交的实际需要，于是他们决然走向世界，实地考察和研究外国的历史、地理及现状。当时，陆续乘槎海外的留学、游历和出使者留下的大量游记和出使日记，不仅详书外交事宜，而且对异域的风土人情、国事政俗、制度文物等，也无不涉猎，较早地记录了近代中国人对外国的直接见闻和观感。这些介绍虽属零星片断，却是亲身观察所得，开了走向世界探索新知的一代风尚，成为全面考察外国史地之先导。

如同15世纪末开始的寻找新航路的活动和“地理大发现”，大大开阔了西方人的眼界，使世界史的编纂成为可能一样，洋务运动时期，中国被迫对外开放，部分中国知识分子走出曾经闭锁的国门，开始认识世界各国的真实面貌，也使中国人的外国史地编纂有了一个较可靠的实际知识基础，从而兴起了以实地考察为主要特征的外国史地研究。王韬的

① 徐维则：《东西学书录》上“史志第一”，光绪二十五年（1899）刊本。

《法国志略》和《普法战纪》、黄遵宪的《日本国志》、薛福成的《续瀛寰志略》、徐建寅的《德国合盟纪事本末》等，便是这一时期的代表作。他们的外国史撰著和研究，标志着中国人对世界的认识达到了一个新的水平，进入了近代世界史地研究的新阶段。

与鸦片战争时期的世界史地研究者如林则徐、魏源、徐继畬等人比较起来，洋务运动时期的外国史地研究者，是在近代资本主义工业产生以后，受到日益输入的西学影响，并有着强烈的变法图强要求的士大夫和知识分子，有的在思想上已接近了资产阶级改良派的行列，由他们去观察分析近代世界，特别是西方资本主义，自然要胜过前人。这些外国史地的著作者们，身份虽不尽相同，他们当中有学者，有外交官，有工程师，但都是洋务运动的积极参与者；他们以后所走的道路虽各有取向，但当时撰史的宗旨和途径是共同的，即把史学研究和现实需要结合起来，对镜中外，借法自强，在走向世界的广阔天地中，向西方寻求救国真理。

王韬（1828—1897），原名利宾，字兰卿，江苏甫里人。1862年因上书太平天国事发逃亡香港，1867年应英国传教士理雅各之约，去欧洲旅居三年，曾两次经过法国，“览其宫室之雄丽，廛市之殷阗，人民之富庶，兵甲之盛强”[①]。并与通晓汉文的法国犹太学者儒莲有过交往，对法国的历史、地理及其社会现状有较深刻的了解，萌发了撰写法国史的念头。当时在国内翻译出版的国别史大都是由外国人撰写的，如慕维廉的《大英国志》、裨治文的《联邦志略》、阚斐迪的《俄史辑译》、冈千仞的《米利坚志》和《法兰西志》。王韬对此并不满意，认为欧洲各国素无史职，记载阙如，近代始有的私史，大半出于教士之手，其书又不谙体例，详略失当，近今所译于中土者，唯纪国俗舆地物产而已，事实未备。故欲“兹为之补其所缺

王　韬

① 王韬：《重订法国志略·凡例》，光绪十六年（1890）淞隐庐刊本。

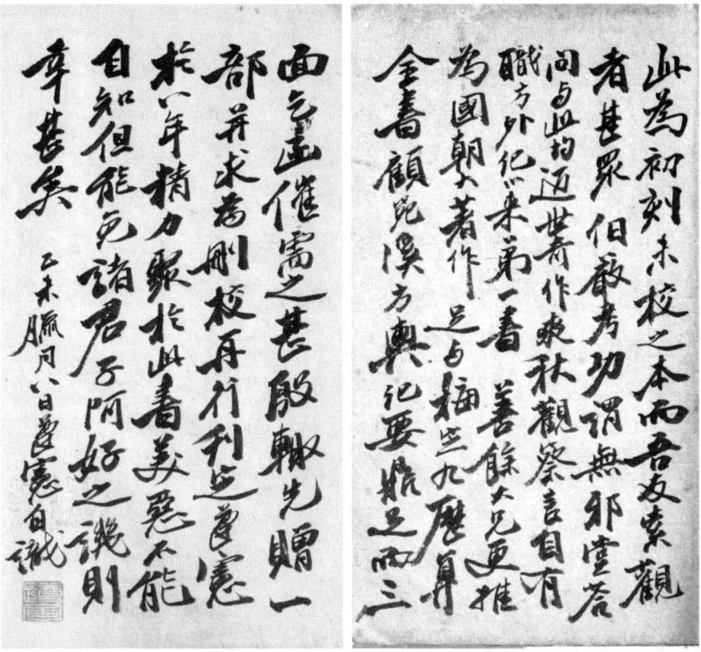

华东师范大学图书馆藏《日本国志》（初刻本）前黄遵宪亲笔题语

失，而后一国之典章制度粲然以明”。[①] 1870年王韬回香港后，丁日昌嘱其将所纂的《地球图说》（系据美国人著作译出）中的《法国图说》部分“增辑史事，裒益近闻，著为定本”，他遂广泛搜集资料，又就见闻所及，编撰《法国志略》成14卷，1890年增订为24卷。王韬另作有《西古史》、《俄罗斯志》、《美利坚志》等，但均未刊行。

王韬在壮游环宇、察访各国的同时，还十分关心世界时势。1871年普法战争结束之后，他即“摭拾其前后战书，汇为一书，凡十有四卷”[②]。1886年，王韬根据普法军队中的随营记录和各国有关评论，增补为《普法战纪》20卷，对普鲁士与法国交战时期两国的政治、军事、经济等情况有较深入的论述。他自称：“岂独志普、法哉，欧洲全局之枢

① 王韬：《重订法国志略·序》。

② 王韬：《普法战纪·前序》。此书初为14卷，有同治十二年（1873）中华印务总局活字版，后增补为20卷本，刊于光绪十二年（1886）。

机总括于此矣。”[①]

黄遵宪（1848—1905），字公度，广东嘉应州（今广东梅县）人。1877年随使日本，为使馆参赞，在日本生活了四年多。日本明治维新，向西方国家学习所取得的成效，给他留下了深刻印象。于是“网罗旧闻，参考新政”，对日本的历史和现状作了深入系统的调查研究，1879年，着手撰写《日本国志》，记述日本三千多年的历史沿革，特别是详细介绍了日本明治维新以来在政治、军事、经济、外交、文化等各个方面的变革情况。“意在借镜而观，导引国人，知其所取法。”[②]

薛福成（1838—1894），字叔耘，江苏无锡人。他在出使英国、法国、意大利、比利时四国期间，叹羡西洋国政民风之美，“尝广求亚洲地志及西人游历日记，命随槎诸君分曹纂录，绘图译说”[③]，自己亲自进行编写，并将主要内容摘入了《出使四国日记》。几年下来，积有西史译稿数十册，拟称《续瀛寰志略》。其中一部分后由其子薛莹中编成《美法义比志译略》，于1899年印行，有关亚洲国家的志略亦复刻印出版。

徐建寅（1845—1901），原名仲虎，江苏无锡人。曾任驻德国参赞，主要使命为考察德国、法国，英国的工艺技术，采购枪炮、兵船、军火等，但他在德国期间，与当地人士多所交往，相互探讨国家政治得失，并觅得《德国合盟纪事本末》一书，认为其“识见之超卓，志意之敦厚，亦非他人之考技艺译条例，讫无大纲者，所可同日而语也”，遂“译而行之”。[④]

洋务运动时期中国知识分子的先行者所进行的外国史地考察，及时反映了此期兴起的走向世界进步思潮的要求。鸦片战争时期的世界史地研究是在“开眼看世界”思潮中发展起来的，它首先要解决的是闭关局面被打破后的中国急切了解外部世界的历史任务，由此，开拓了中国人认识近代世界的最初道路。洋务运动时期的世界史地研究，则是在走向世界思潮中发展起来的，它担负的是时代赋予的学习西方借法自强的历

---

① 王韬：《普法战纪·叙》，1895年弢园王氏铅印本。

② 黄遵楷：《公度先生事实述略》，北京大学中文系近代诗研究小组编：《人境庐集外诗辑》附录三，中华书局1960年版。

③ 薛福成：《英法意比志译略》，薛莹中谨识，1899年上海石印本。

④ 徐建寅：《德国合盟纪事本末·跋》，《质学丛书》本。

史使命。显然，只是局促于国内一隅，间接的“开眼看世界”，已经不符合历史提出的要求。于是，走出“天朝”大门，实地考察和研究外国的历史和现状，对照中外，向西方寻求救国真理，便成为这一时期世界史地研究的主要特征，从而发展为中国人认识世界的更高阶段。从“开眼看世界”思潮到走向世界思潮，前后相衔，逐浪高涨，从一个侧面显示了中国近代的历史进程。同时，也体现出中国近代世界史地研究依次递进的有序性。

二、“借法自强”和外国史地考察

洋务运动时期的世界史地编纂和研究，具有以下特点。

首先，这一时期的著作并非一般性地介绍世界各国史地知识和概况，而是详近略远，以期鉴而用之，因而更侧重于外国近代历史及现状的记载。

王韬编《法国志略》即专标“略古而详今，舍远而志近”为宗旨，其书原多取材于日本冈千仞《法兰西志》和冈本监辅《万国史记》，鉴于这两书对近代史事记载阙略，特据当时报刊及其他西人著述以补其不足。原书14卷，保存了其蓝本《地球图说》“于地理独详”的特点，其中《法兰西疆域总志》和《法兰西郡邑志》分别介绍了法国的地理总貌和分区，《法国蕃属附志》记载了法国所占殖民地概况。同时也十分注意其政治、军事、经济和社会现状。如《广述》纪事首为法英婚盟和战记，次为拿破仑第三用兵记，重订本时又增入普法战纪。《法兰西总志》等对法国人口户籍、都邑疆界、国用度支、兵船火器、交通邮驿、学术文化等尤加详述。王韬之所以致力于向国人介绍法国历史，是因为在他看来，法国是西方最早与中国交通的国家之一，其制度法律文物之美，为泰西诸国之冠。“而我民人固陋自安，曾不知天壤间有瑰伟绝特之事，则人何以自奋，国何以自立哉。”[1]故著此书。

---

① 王韬：《重订法国志略·序》。

《普法战纪》可以说是一部有关普鲁士和法国的当代史。几乎在普法战争结束的同一年，王韬即以新闻记者般的敏捷，随见随译，依据当时日报和口译材料，以及其他文献，网罗搜采，汇编成书，旨在“观夫普法战争之际，而求其盛衰升降之故，成败胜负之端”①。更可贵的是，书中对普法战争后巴黎公社的壮烈斗争，也作了报道，虽是片断的叙述，仍不失为中国人较早接触社会主义运动的实录。王韬寓居香港时期，还曾“网罗泰西之近闻，采取欧洲之实事”以及“于近今四十年来所有国政民情、朝聘盟会、和战更革诸大端”②，撰成《四溟补乘》120 卷。此书虽佚，但由此可见王韬对外国当代史的特别重视。

《日本国志》所记虽为日本自古至今三千多年的历史，但绝大部分是叙述明治维新史实，故黄遵宪自称此书实乃“明治维新史”。作者从日本“变法以来，革故鼎新，旧日政令，百不存一“的实际出发，根据“详今略古，详近略远，凡涉西法，尤加详备”③的原则，探究了明治维新发生的原因，详细地研究了日本明治时代的政治经济制度，以为中国变法自强的借鉴。

《德国合盟纪事本末》所述为 1815 年以后之事及 1867 年至 1871 年政治沿革。徐建寅认为，“德国为欧洲中原，声名文物夙所著闻，其政治沿革之详，难以殚述”④，故兹集此编，略述德国近代南北各邦合盟统一之事。

以上可见，这些中国人纂译的外国历史著作，无不表现出“通今致用”的近代史学特点。

其次，内容上更为深入地触及到了资本主义社会内部的各个方面，特别择其西方近代政治体制和物质文明予以宣传，意在导引国人学习西方，借法自强。

王韬、黄遵宪、薛福成、徐建寅等人周游列国，开拓见闻，实地考察和研究了他们目睹的资本主义新型社会形态后，几乎不约而同地认

① 王韬：《普法战纪・代序》。

② 王韬：《弢园著述总目》，《弢园文录外编》附录，中华书局 1959 年版，第 391 页。

③ 黄遵宪：《日本国志・凡例》，光绪二十三年（1897）富文斋刊本。

④ 徐建寅：《德国合盟纪事本末・译述前言》。

为，建立君主立宪政体是西方和日本国家富强的缘由，也是中国自强图存的根本之道。因此，他们在著作中对君主立宪政体不吝篇幅，详加考究。如王韬在《法国志略》中评论法国政体得失时认为，今法国时而君主，时而民主，数十年中已三变矣，“国家之乱遂因之而开”。他既斥责君主专制“擅作威福，抑制民权”，也批评民主共和之政“酿民人凌上之风”，“其为祸之烈”。他所赞同的是“君民共治”的立宪制。他说：“人君之所以不敢挟其威虐，其民者以国宪限其权也。国民之所以不敢负其力凌其君者，以国宪定其分也。”“故欲其国之永安久治，以制国宪定君民权限为第一要义也。”①

《日本国志》对明治维新后的政治改革和“立宪制”设立情况尤为致意。书中介绍日本明治政府成立之后，设立议政官、行政官、刑法官等各类机构，分别担任立法、行政，司法之职的情况，指出这种“君民共主”的“三权分立”政体，中国应该效法实行。

他们对君主立宪制的基础——资本主义政治的国会和议院制度，颇为赞赏。王韬指出，“议会为张治化之基本也”。“国会之设，唯其有公而无私，故民无不服也。欧洲诸国类无不如是。即有雄才大略之主崛起于其间，亦不能少有所更易新制变乱旧章也。如是则上下相安，君臣共治。”②黄遵宪在详细介绍日本议会组织形式的同时，赞美议会制“以公国是，而伸民权，意甚美也”③。薛福成也赞叹“西洋各邦立国规模，以议院为最良”。并认为西方各国议会中，美国式的民权过重，不如英、德等国有君位有议院的政权组织形式。④故对英国的议会组成方式介绍尤多。徐建寅《德国合盟纪事本末》则专门译述了德国议院章程，誉之为“章程精密，条理秩然，可以通人情，可以交上下”⑤。表示他赞成维新派开议院、行宪政的政治主张。

不仅如此，他们还非常重视法律在资本主义政治中的作用。如王韬

① 王韬：《重订法国志略》卷三、序、卷六、卷一六。

② 王韬：《重订法国志略·凡例》。

③ 黄遵宪：《日本国志》卷一四。

④ 薛福成：《出使日记》卷三。

⑤ 徐建寅：《德国合盟纪事本末·德国议院章程序》。

特别提到“拿破仑出，更定法律，其精审为欧洲冠”。他还引日本冈千仞语曰：“所有法律皆成于国会，国会所定，故其为法，以护人民权利为主，人民权利日愈增加而国家元气日愈充厚矣，上下之情通，君民之交固，国家有大事，千万人之心为一心，近世欧洲列国雄视宇内，职是之由。”总之，欧洲国家执行的法律制度是“保民以辅君”，中国恰恰相反，是“尊君以卑民”，“君尊民卑则必以张政府威权为主，政治威权日愈隆盛而人民生气日愈凋丧”。这是中国之所以积弱衰败的根源，“世之论政体得失者宜鉴于此”。[①] 黄遵宪的《日本国志》还编有《刑法志》，概述日本明治维新后颁行的新法制。他十分推崇日本和欧美立法、司法制度严密，以为一切“无不有一定之法”，方可“使天下无冤民，朝廷无滥狱”。[②]

除了资本主义政治制度，西方近代物质文明也是这一时期的外国史考察对象。王韬在《法国志略》凡例中指出，西史间及民间琐事者（如各类发明），也是他记载中不可偏废的内容。因此，他的《法国志略》和《火器略说》，对火轮舟车、武器弹药、电报矿务、考工制器等泰西科技工艺予以极大的关注。薛福成则多次强调，欧美各国勃兴之绝大关键，不过恃火轮舟车及电线诸务，因而尤其注意技术发明推广对于经济发展的巨大影响。黄遵宪也在《日本国志》中说：“举一切光学、气学、化学、力学，咸以资工艺之用，富强也以此，强兵也以此。”[③] 他在《学术志》和《工艺志》中，考察日本在明治维新后学习西方先进科学技术的过程，承认其成就“彰彰可睹”的事实。徐建寅使欧期间，深入现场，重点考察了许多工厂，在《欧游杂录》中介绍了60种金属加工工艺和设备，这些都是当时世界上最先进的加工方法，也是中国兵工厂迫切需要学习的内容。

所有这些外国史考察和研究，无疑对当时国内政治形势起了积极的影响。如关于君主立宪制的介绍和宣传，实际上已反映出资产阶级改良派的政治主张，对以后康梁维新变法的政治实践更有着直接的启

---

① 王韬：《重订法国志略·凡例》及卷三。

② 黄遵宪：《日本国志》卷二七。

③ 黄遵宪：《日本国志》卷四〇。

发作用。

再次，这一时期的外国史地研究，更具有世界意义，在这些著作中，有关国际时事和天下大势的议论常常跃然纸上。

洋务运动前一些记载外国史地的著作，虽名为世界史地之作，然难脱以中国为世界中心的传统观念。即使开世界史地研究之先河的《海国图志》和《瀛寰志略》，也不免其弊。洋务运动和“环球通达”的形势，从根本上打破了这种荒谬的观念，为这时的外国史地研究者，提供了放眼世界、关心国际事务的现实舞台。如王韬撰写的《法国志略》并未孤立地写国别史，而是以世界眼光和全局观点看待法国历史，把法国放到欧洲甚至东西方历史的联系和对比中去观察和分析。他认为法国位于欧洲中土，为千余年自立之国，其安危关系欧洲全局，其沿革皆有关列国治乱。论者但知法之所以盛，而不知其所以衰，故特编史探究法国近代“盛极而衰”之变，“愿欧洲诸国以法为鉴焉”。[①]《法国志略》不仅记法国史事，而且也载与法国有关的他国史事，《法英婚盟和战记》、《法英助土攻俄记》、《法奥和战始末》对英国、俄国、土耳其、奥地利等国的有关情况都有所反映。

在《普法战纪》中，王韬更是纵论世界大势，自谓其书“虽志普法两国，而于欧洲列国形势情实，赅括无遗”。他认为普法之役为欧洲三大战之一，亦为欧洲之一大变局，而欧洲局势之动荡，又维系着亚洲的安危。他分析普强法弱的原因时指出，国家得人则兴，失人则亡。普鲁士地不过中国粤东二三省之大，人口也谈不上殷繁，但由于能得人用人，终于转弱为强，成为欧洲霸主。相反，法自恃强盛，轻启衅端，结果国家几乎败灭。“盖以普法之战观之，天下大势不极其变，则不能复。”[②]拿中国来说，“地非不广也，材非不足也，人非不众也”，中国要兴旺，其关键岂不亦在“得人”吗？由于该书所论，涉及整个欧洲大势，故“世之留心欧洲战事者，多欲一见以为快”。[③]“谈西国形势者，

---

① 王韬：《重订法国志略·原序》。

② 王韬：《普法战纪·凡例》、《后序》。

③ 王韬：《弢园著述总目》，《弢园文录外编》附录，第383页。

无不奉为圭臬。”[①] 传入日本后，被称为“以卓识伟论，鼓舞一世风痒”[②]之作。成了当时日本知识界了解世界大势的重要参考书之一。

黄遵宪《日本国志》在研究日本历史的同时，也强调要开眼认识世界大势。他指出，当今之世是“弱肉强食”、“以力服人”的世界，所有的国家都被卷入竞争角逐之中，凡是老朽腐败而又不知改革求新者，最终逃脱不了亡国亡种的命运，“印度则亡矣，埃及则弱矣，土耳其则危矣”[③]，这些触目惊心的历史教训值得记取。只有像日本那样，不断向外部世界学习，从政治、经济、军事、文化等各方面进行全面改革，以应世界大势之变，方能自强于世界民族之林。

上述外国历史著作不仅在内容上有较前人深入之处，而且编纂体例更趋完备，独具一格。在此之前，国内的世界史地著作内容虽广涉各国史地、国俗、物产和一般社会情况，但大多失之笼统粗疏。而《法国志略》、《日本国志》等著作却以专精取胜，自成外国国别专史。王韬《法国志略》采用纪事本末体，条系件分，以事实为要，对法国历史做了系统研究。并且十分注意吸取其他编纂方法，在记载法国古今历代大事时，用“纪”的写法，在介绍法国的典章制度时，取为“广志”，有关方面的琐事逸闻，则以“广述”的形式表现。黄遵宪《日本国志》则取典志体，分门别类，细微尽到，日本一国之典章制度灿然以明。同时，他又广泛运用史表，汇集了很多调查资料和日本政府公布的有关统计数字，为中国人了解和研究日本提供了具体、可靠的依据。梁启超称其书“在旧体史中实为创作”[④]。值得指出的是，他们在编纂时还采用“逸史氏曰”、“外史氏曰”的史论形式，夹叙夹议，论史论政，发表自己的政治观点，使史学形式和内容较好地统一起来。

洋务运动时期外国史地考察和研究的上述特点，标示着近代中国走向世界过程中的一个新阶段。第二次鸦片战争后，经历“千古未有之变局”的中国人，别无选择，不得不痛苦地承认：只有学习西方，借法

---

① 缕馨仙史：《瓮牖余谈序二》，上海大达图书供应社 1931 年版。
② 冈千仞：《跋》，王韬：《扶桑游记》，《走向世界丛书》，湖南人民出版社 1982 年版。
③ 黄遵宪：《日本国志》卷二〇。
④ 梁启超：《中国近三百年学术史》之十五，《饮冰室合集·专集之七十五》，第 283 页。

自强，才是唯一的出路。洋务运动和资本主义的发生和发展，则符合了这种历史发展的需要。虽然，洋务运动“师夷长技”的根本目的在于巩固垂危的清廷统治，但是，“西学”一旦引进近代中国后，随着“西学”内涵的不断调整和深化，其发展趋向就不是以洋务运动主持者们的意愿为转移的了。从开始学习西方的科技工艺，继而进一步学习西方的政治经济教育制度的延伸过程，可以看出近代中国历史发展的必然趋势。如果说，鸦片战争前后世界史地研究反映的主要是中国人民反侵略的时代主流，那么，洋务运动时期的世界史地研究则更多地表现了近代中国学习西方的历史课题。它不仅开拓了世界史地研究的新局面，对中国史学的近代化作出了贡献，而且从思想文化史的视角来看，也构成了近代中国认识世界道路上的一个重要阶梯。

第五节　光绪朝的元史学

一、光绪朝的元史学及其流派

光绪中叶，元史和西北地理研究再度趋盛，它上承道咸以降经世派西北史地学之绪，下开民国间新考证派研治蒙元史之风，对我国近现代蒙古学的形成有很大的推动作用。

光绪朝出现的这股元史研究热，既有学术缘故，也有现实的动因。从学术上看，明初两次开馆修纂《元史》，前后历时不过一年，成书过于仓促，不仅史料搜集不全，纂修也极乏裁剪之功。志书大抵皆抄撮案牍而成。列传编排草率，甚至出现同书一人两传之误，如卷八速不台、卷九雪不台，实为一人；卷十八完者都与卷十九完者拔都内容亦属重复。记事详略不当且多纰漏，特别是对蒙古初兴、三次西征和西北四大汗国事迹，尤为疏略。由此引起了许多学者不满。明洪武中，书方修成，即遭人指责，朱右和解缙还分别作《元史拾遗》和《元史正误》进行修正，以后又有胡粹中的《元史续编》为之续补。入清后，顾炎武、朱彝尊、钱大昕等学者亦纷起对其批评，研治元史者前后不绝。光绪间学者既承此种学风，又获得了一些原来为人忽略的史料秘本和来自西方的有关史料，治此学的兴趣因而大增。不过，其时对元史研究影响更巨的则是时局的刺激。太平天国起义失败后，清统治进入了所谓“同光中兴”时期。但是，“中兴”的名号并不能掩盖其虚弱的本质，在帝国主义列强的肆意侵略面前，颟顸无能的清政府军事上一败再败，外交上连连失利。特别是在沙俄外交讹诈下订立的中俄《瑷珲条约》、中俄《北京续增条约》和中俄《勘分西北界约记》，竟使中国东北、西北地区大片领土不战而失。光绪间的中俄伊犁交涉和其他几个勘界议定书，又使我国西部丧失了七万多平方公里领土。目睹外患频迫，国土日蹙的形势，爱国人士莫不深怀忧虑，亟谋自保之策。一部分知识分子有感于清廷用事大臣不谙地理边务，勘界谈判动辄失地千里的现状，遂群起研讨西北地理，企图以此究明疆域沿革变迁而资边界交涉之用。又因清西北地区，皆元时旧壤，蒙元史地遂益为学术界注目。一些京朝士大夫还以此相互倡导，风气所及，连对士人吸引力最大的科举考试中也时常出现这类策问题。①

光绪朝的元史研究，按其方式，大略可归为二途。

其一以考证元史或整理文献为主，可称之为“史料考证派”，代表人物为盛昱②、李文田③、洪钧、文廷式④、沈曾植⑤、丁谦⑥等，他们的研究活动主要集中在对元史史料的搜集、校勘、考证、注释方面。这些人的政治倾向虽不尽相同，如盛昱、李文田较为保守，文廷式和沈曾植后来则是倾向维新的著名帝党人物，但都心系国危，十分关注时局与中外交涉。洪钧每与人“言海国形势之异宜与其所以强弱之故，俯仰太息而不能已”⑦。文廷式是中日甲午战争时的主战派，曾强烈反对签订《马关条约》。沈曾植则是北京强学会的发起和组织人之一。他们的元史和西北地理研究看去虽不如道咸间张穆、何秋涛那样直接触及时事，而表现出更多的学究气，但显然也隐含着为边疆交涉服务的用意。

其二以改编《元史》为主，后人或名之为“改写派”，代表人物为屠寄、柯劭忞、曾廉。三人之中，曾廉和柯劭忞政治思想保守，曾廉

---

① 如光绪六年（1880）会试便有关于北徼事的策问。光绪十一年的广东乡试策问，也涉及蒙古事。参见王蘧常编《沈寐叟年谱》和《康南海自编年谱》。

② 盛昱（1850—1900），字伯熙。满镶白旗人。光绪进士，官至国子监祭酒，有《意园文略》等传世。

③ 李文田（1834—1895），字畬光，号芍农、仲约。广东顺德人。咸丰进士，官至礼部右侍郎。

④ 文廷式（1856—1904），字芸阁，号道希。江西萍乡人。光绪进士，官翰林院侍读学士，后因得罪西太后及李鸿章被革职。

⑤ 沈曾植（1850—1922），字子培。浙江嘉兴人。光绪进士，官至安徽提学使，署安徽布政使。

⑥ 丁谦（1843—1919），字益南。浙江仁和（今杭州）人。同治举人，选授浙江象山县教谕。

⑦ 费念慈：《清故光禄大夫兵部左侍郎洪公墓志铭》，《碑传集补》卷五，燕京大学国学研究所1923年铅印本。

的《元书》成书最早，其中一味宣扬封建名教纲常。柯劭忞的《新元史》刊行于民国间，却仍散发出一股清遗老气息。只有屠寄的《蒙兀儿史记》史学思想比较进步。在治学方法上，屠寄和柯劭忞都与考证派有较深的渊源，在史料考证上作了大量工作，故其书学术价值较高。不过，由于《元史》本身保存了大量的原始资料，特别是其据以写就的元十三朝实录和《经世大典》等大多亡佚，故这些改写著作虽取得了一些成就，却仍无法取代《元史》的作用。

与前人的元史研究比较起来，光绪朝的元史学具有以下新特点。

第一，视野较开阔。随着当时海禁大开、中外使节往还和文化交流日趋频繁，这些学者已开始注意吸取和运用西方有关史料。除洪钧利用出使欧洲之便，收集采译西书成《元史译文证补》外，文廷式也认为："他日中国文士能通西国语言，其考据必有出人意表者。"[①] 沈曾植还主张在蒙元史和西北地理研究中"汇欧学之精英，罗诸几席……若条支后裔之西迁，若帖木儿后王之世系，若月支西域之分布，若案达罗、俱兰、中印南印之兴衰，但得欧籍参证吾国史书，固尚有未经发挥之佳义，可以贡诸世界也"[②]。屠寄、柯劭忞的蒙元史著作也尽量利用了所能找到的外文资料。有的还与日本的那珂通世、内藤湖南、法国的伯希和等东西方学者建立了直接的学术交流。这就使我国的元史学摆脱了仅限于运用国内史料的封闭状况，进入了国际学术交流中，从而有力地促进了自身的发展。

第二，研究范围不断扩大，并开拓出一些新的领域和史地学分枝，如西域史、中西交通史、南海交通史、边疆少数民族史等。沈曾植《佛国记校注》，丁谦《大唐西域记地理考证》、《释辨机大唐西域记地理考证》等对中西交通史的研究；沈曾植《近疆西夷传注》和《蛮书校注》、丁谦的历代正史四裔民族考证等对少数民族史的研究；沈曾植《岛夷志略广证》、《诸蕃志校注》等对南海交通史的研究，都反映了这种发展趋势。

光绪朝的元史学还直接启导了民国以后的蒙古学和西北地理研究。如

---

① 文廷式：《纯常子枝语》卷一二，光绪九年（1883）刊本。

② 沈曾植：《致罗振玉》，《海日楼遗札》，《同声月刊》第 4 卷第 2 号，第 96 页。

屠寄、柯劭忞的蒙元史著均刊于民国年间，在当时的学术界产生了很大影响。王国维晚年的治元史和西北地理，受到沈曾植的相当影响。民国初年王国维在日本时，沈曾植就在给罗振玉的信中向他建议参证中西史料研治西北史地。[①]1916年，王国维自日本归国后，寓居上海数年，与沈曾植过从尤密，曾抄得其所作《和林三唐碑跋》、《穆天子传书后》，他的《九姓回鹘可汗碑跋》、《月氏未西徙大夏时故地考》等论文以及《圣武亲征录校注》等均明显地受到沈氏观点的启发。[②]

因此，光绪朝的元史研究，实为我国蒙元史学发展史上一个承先启后的重要时期。

二、考证派对元史文献的整理研究

对《元史》的系统考证始于清乾嘉间，代表作为钱大昕的《元史考异》和汪辉祖的《元史本证》。钱书着重于考订《元史》所涉年代、官制、地理、蒙古氏族和世系等。汪书分证误、证遗、证名三部分，采取以子之矛，攻子之盾之法，专以《元史》纪、传、志、表的记载相互参证比勘，指出和纠正其中之误，论证十分有力。光绪朝的考证派元史学者继承了这些传统方法，他们对元史史料的整理考订主要集中在以下几种。

（一）对《元朝秘史》的考释

无名氏撰《元朝秘史》(本名《蒙古秘史》)，是我国蒙古族现存最

① 参见《海日楼遗札》，《同声月刊》第4卷第2号，第96页。

② 按王氏《九姓回鹘可汗碑跋》系在沈氏碑跋的基础上写成，文中已说明。《月氏未西徙大夏时故地考》作于1925年冬，认为月氏即《穆天子传》中之“禺知”，其部周末居雁门之北、黄河之东，秦汉间居敦煌祁连间。汉文帝四年（前176）为匈奴所败，乃西居且末、于阗间，后复西击大夏而臣之。关于《逸周书》、《穆天子传》中可察知古代北方匈奴、月氏、大夏等民族西徙踪迹的看法，始发于沈曾植《穆天子传书后》一文，王氏曾亲手抄录此文，今国家图书馆犹藏王氏抄校本（附于《和林三唐碑跋》），故王氏此文所说实进一步发挥沈说而成。王氏之《圣武亲征录校注》颇称引1894年桐庐袁昶刻《圣武亲征录》中的“光绪朝士校语”，经与《知服斋丛书》本《校正元亲征录》对照，这些校语大多出自沈曾植手。

早的一部历史和文学巨著，13世纪中叶成书，元时藏于禁中，称“脱卜赤颜”，秘不外宣，后蒙文本佚，仅明初汉字音译（附汉文翻译）12卷本和15卷本传世。内容记蒙古族之起源和成吉思汗、窝阔台汗时期事迹，为研究蒙古早期社会历史和语言文字的最重要资料。明译本文字鄙俚，原不甚为人所重，流传极稀，且未收入《四库全书》。乾嘉时钱大昕从《永乐大典》中抄出15卷本并加介绍，自此渐为人重视。道光间，张穆亦从《永乐大典》中抄出此书汉译部分，校以钱本，刊入杨氏《连筠簃丛书》。与钱大昕同时，顾广圻从晋江张祥云处发现了一部影元椠旧抄12卷本，加以抄录校勘，此本后归盛昱，其复抄本由叶德辉于1908年刊刻行世，称“叶氏观古堂本”。[①] 光绪间，李文田、文廷式、沈曾植等从盛昱处抄得12卷本《元朝秘史》，进行校勘和考释。其中以李文田用力最勤，其《元朝秘史注》15卷（1897年刊）征引正史11种、宋代史料7种、金人著述1种、元代史料7种、明代史料10种、清人著述17种、元人碑碣10多种，对书中年代、史实、地理进行注释，这是我国第一部有关《元朝秘史》的系统注释。此后，阮惟和《元秘史地理今释》[②]、施世杰《元秘史山川地名考》12卷（1897年刊）、高宝铨《元秘史李注补正》15卷（1902年刊）等相继出现。这些注释，多集中于地理方面，其内容主要有两方面。1. 比勘各种资料，疏通译名。《元朝秘史》系从蒙文译出，其中人名、地名汉字音译往往前后不统一，与《元史》、《圣武亲征录》、《金史》、《蒙古源流》等比较，同名异译情况更多，如“合剌温”又作“哈剌温、“客鲁涟”又作“怯绿连”等。对此，这些注释著作均极力加以沟通。2. 考证其中各地名的地理方位、形势和沿革。这都为后人阅读和理解此书提供了方便。不过，由于这些研究者均不懂蒙文，引证史料又不出中土旧籍，故不免时有牵强附会。此期，沈曾植也作有《元秘史补注》15卷[③]，较偏重史事考证，其繁博虽不若李文田之注，却时有独到之见。如《元朝秘史》记铁木真（成吉思

---

① 参见甄金：《〈蒙古秘史〉源流研究概叙》，《蒙古史研究》第二辑，内蒙古人民出版社1986年版。

② 此书未刊，抄本今存复旦大学图书馆。参见方龄贵：《记所见阮惟和〈元秘史地理今释〉抄本》，《中国蒙古史学会成立大会纪念集刊》，内蒙古人民出版社1979年版。

③ 此书沈氏卒后由其友张尔田校订，1945年刊入北平古学院《敬跻堂丛书》。

汗）破蔑儿乞惕部事无确切年代，沈氏据窝阔台汗生年推知其兄术赤出生的相对年代在1184年之前，而术赤是在其母为蔑儿乞部人抢去时生，由此指出破蔑儿乞惕部也当在这一时期。其余如考证拖雷生卒年以及辽金时北方一些少数民族族源等均有启发人处。同时，沈氏还对《元朝秘史》记事的一些纰漏也作了有益的提示。如《元朝秘史》载1224年术赤、察合台、窝阔台三人攻克兀笼格城，“私分城廓、百姓，未出成吉思合罕之分”，成吉思汗大怒，“时孛斡儿出，木合黎（木华黎）、失吉忽秃忽三人”劝其息怒，沈氏据《元史》等记载提出：“木华黎时已卒于中原，此所云殆有误。”①同书记成吉思汗与王罕战于合兰真沙陀，称成吉思汗胜。沈氏详考前后情形，以为此战实成吉思汗失利。这就澄清了某些史文之误。

（二）对《圣武亲征录》的校注

《圣武亲征录》又名《皇元圣武亲征录》，系元人据蒙文《脱卜赤颜》编译而成，主要记成吉思汗和窝阔台汗事迹，《元史》中太祖、太宗二纪大半取材于此。清修《四库全书》，以其叙述无法，译文互异，未予收入，仅存其目于史部杂史类中。钱大昕较早提出此书价值。道光间，张穆、何秋涛获得此书抄本，时书因传钞多误，“方隅之颠倒，名氏之踳舛，年月日之参错，触处皆是”②，经何秋涛用《元史》及其他有关史料文集参校，方才可读。光绪间，黄彭年从何秋涛子何芳徕处得到何校本，“由是都下士大夫颇传抄，续有校勘刊误者”③。1894年，何校本《圣武亲征录》由袁昶刊于芜湖，并将李文田、文廷式、沈曾植诸人校注语以双行小注印入书中（其中大多为沈曾植

沈曾植

① 沈曾植：《元秘史补注》卷一三，第7页。据《元史·太祖本纪》，木华黎自1217年南征，1223年春卒。

② 何秋涛：《圣武亲征录·序》，《丛书集成》本。

③ 姚士达：《圣武亲征录·跋》。

校注），然未标明各条注的注者（仅文廷式注有标明者），人称“光绪朝士校语”。与此同时，顺德人龙凤镳也将沈曾植、李文田二家校注合刊入《知服斋丛书》本《校正元亲征录》，并标明李、沈合注。此外，丁谦的《元圣武亲征录》在何校本基础上做了进一步校勘，并对《元朝秘史》所未及的地名作了考证。这里，较值得注意的是沈曾植的校注。他第一个纠正了顾广圻以来直至李文田等人将蒙文“秘史”音译“纽察脱察安”当作者之名的错误，指出：“《元秘史》蒙语‘册’之蒙语曰‘迭卜帖’……‘忙豁仑’是蒙古，‘纽察脱察安’是秘史。颇疑‘脱卜’之言册，‘赤颜’即‘察安’之言史。《虞集传》谓国书脱卜赤颜者，谓国书史册也。”在校勘方面，他也指出了不少何秋涛误解或未能发现的舛误。如何秋涛把书中的蒙古大将“折里麦”误释为“朮鲁台”，沈氏指出，折里麦当是者勒蔑之异译，而非朮鲁台。何秋涛对书中叙及成吉思汗与札木合战于答兰版朱思之野，“札木合败走，彼军初越二山，半途为七十二灶，烹狼为食”一句不得其解，以为“此下疑有脱文”。沈氏认为此“狼”字系误译，盖蒙语呼狼为“赤那因”，译人错将“赤那思”（指属于成吉思汗阵营的捏古思部人）读作“赤那因”，故有此误。同时指出，此战成吉思汗兵败，《圣武亲征录》讳败为胜，实不足取。直到晚年，沈曾植还致力于《说郛》本《圣武亲征录》的校勘，可见用力之勤。

（三）对《蒙古源流》的疏证

《蒙古源流》原名《汗等宝贝史纲》，系明末蒙古萨囊彻辰著，1662年成书[①]，1777年译为满文，复由满文译成汉文。原书不分卷，后人或分为三部，或分为10章，汉译本为8卷。此书与《元朝秘史》、《蒙古黄金史》同被称为蒙古三大历史名著。作者自称据《古昔蒙古汗等源流大黄册》等7种蒙古文、藏文资料写成。内以佛教传播（印度→西藏→蒙古）附会蒙古族起源，历述蒙古各汗世系及作者本人经历之事。其最有价值者，为有关元亡后蒙古地区政治、经济、喇嘛教传播、封建领地划分、各部间战争之记载，尤详于俺答汗及鄂尔多斯部事迹，明时蒙古各汗活动和

① 一说成书在1685年。

王统世系，赖此书得以考见。但书中记载亦有误会失实处，汉译本经蒙古文、满文转译，更有舛误。清以来学者虽屡引证其书，却“未有综其全书而理董其绪者”[①]。鉴此，沈曾植据正史、方志、舆图、佛教典籍及其他记载等七十多种资料，作《蒙古源流笺证》一书[②]，对其进行校勘、疏证和注释，于原书人名、地名、译文、史迹，皆有考订。他不仅运用有关汉、满、蒙古文音纽方面的知识，比勘各种史料，指出了汉译本在翻译上存在的某些错误，还从中钩稽出一些较少为人注意的史实。如据《藩部要略》、《西域图志》和《蒙古源流》考出瓦剌部也先（即额森）以上六世的世系，参证《续文献通考》、《武备志》等辨析明代兀良哈三卫部落等，均甚见功力。

除此之外，他们还对孟珙（实为赵珙）《蒙鞑备录》、彭大雅《黑鞑事略》、李志常《长春真人西游记》、耶律楚材《西游录》、耶律铸《双溪醉隐集》、刘郁《西使记》、张德辉《塞北纪行》和《元经世大典地图》以及蒙古地区发现的和林碑刻等进行了认真校注或考订。

考证派对蒙元史料的整理研究，主要袭用了乾嘉朴学的一套方法，其中最明显的是校勘法和对音法。校勘是乾嘉学者整理史料的基本手段之一。蒙元史料有不少译自蒙文，存在着不同程度的错译，加之年深月久，辗转传抄，更添讹漏，给阅读带来了困难。对这些史料，考证派几乎每种必校，他们在董理史文方面所作的大量工作，无疑为蒙元史的进一步研究提供了必要的基础。由于蒙元史学涉及的对象是北方少数民族史和地理，即使是同一人名、地名、部族名、职官、俗语，各书记载或读音亦时有差异，考证起来极费踌躇。在不懂蒙文和外语的条件下，考证派运用乾嘉学者以音韵学辅助考证的方法，通过对音，反复审其异同，取得了一些成果。当然，有的学者在考证中，过分依赖对音法，也出现了不少牵强附会。如施世杰的《元秘史山川地名考》便因“仅知对音之法，不能细绎全文，谬误殊多”[③]。举例来说，《元朝秘史》中所说的“豁里秃马

① 沈曾植：《蒙古源流笺证》卷一，1932年刊本，第1页。
② 此书原稿名《蒙古源流事证》，沈氏卒后经张尔田整理增补，改题“笺证”，并加入王国维校语，于1932年刊行。
③ 丁谦：《元秘史地理考证·凡例》，《蓬莱轩舆地学丛书》本。

敦地面”，应在今贝加尔湖东，施世杰却将其误认作内蒙古“土默特”之对音。又如李文田在《朔方备乘札记》中竟把古西域国名“嚈哒”误释为《元朝秘史》中“按答”（友人）之对音，可谓失之毫厘，谬以千里。造成这类错误的原因，一方面是因为对音法本身使用起来相当灵活，如 p 和 m、i 和 k 可以通转，t 和 d 同属齿音，亦可通转。甚至一个四音节的人名或地名，只要有两个音节约略相符，就可进行对比，故易陷于穿凿。另一方面，西北地区数千年来民族迁徙不定，古音演变难以确定，运用对音时，如缺乏丰富的外语、少数民族语言，特别是古代少数民族语言知识，不注意与其他地理和历史条件变化相互印证，自然也会出错。

值得注意的是，光绪朝元史学者已开始在研究中努力运用外文史料。这里，特别应提及洪钧及其《元史译文证补》。

洪钧（1839—1893），字陶士，号文卿，江苏吴县人。同治进士，曾任湖北学政、内阁学士等职。光绪十三年（1887）简派清廷驻俄、德、奥、荷四国大臣。在此期间，他从探索欧亚各国衰兴历史和辨析西北边疆舆地沿革的愿望出发，悉心搜访各种蒙古史地资料和图籍，组织使馆译员进行翻译，节录其要，并在此基础上，广征博稽，前后“稿经三易，时逾两年”，写成《元史译文证补》初稿。回国后，复与国内学者沈曾植等参证本国史籍，细加商榷，作了大量修订。洪钧卒时，全书未及改定。光绪二十三年（1897），该书改定部分由陆润庠刊刻行世，凡 30 卷（其中 10 卷有目无书），包括太祖本纪译证、定宗宪宗本纪补异、后妃公主表补辑、地理志西北地附录释地、西域古地考、蒙古部族考（缺）、元世各教名考、《旧唐书·大食传》考证及朮赤、拔都（附伯勒克）、忙哥帖木儿诸王、察合台诸王（缺）、旭烈兀（缺）、阿八哈、阿鲁浑、合赞、合儿班答、不赛因（缺）、阿里不哥、海都、帖木耳（缺）、图克鲁帖木儿（缺）、哲别、西域、报达、木剌夷（附康里）、克烈部（缺）等补传和速不台（缺）、曷思麦里（缺）、郭宝玉郭德海（缺）等传注。

洪　钧

在外文资料的采集上，《元史译文证补》的特点首先在于，力求在对各种资料细加比较鉴别的基础上，择善而从。该书系以贝勒津所译拉施特《史集》第一卷和多桑《蒙古史》为主，参以霍渥尔特、阿卜而嘎锡（所据似为戴美桑的法译本）、华而甫、哈木耳、哀忒蛮诸人之书编译而成。其中，洪钧除对《史集》和多桑书评价较高外，对其他几种都有不同程度的批评。如霍渥尔特在论及华而甫、哈木耳、哀忒蛮等书时，皆称赞不已，洪钧则以多桑书与华而甫书互校后指出："华而甫书好逞臆见，引述旧说，往往改易失真。"同时又认为："拔都西伐，则华而甫叙述转详，且多出于西国当时文报记载，故亦本之。"而哀忒蛮书，"自谓专本拉施特，然仍时时掺杂他说，其人文理鄙僿，译述多误，但宜节取，未足深凭"。对哈木耳书的叙述，取舍也颇严。在谈到霍渥尔特书时，洪钧认为，其书"搜猎过繁，胸无断制，异说丛积，辄自矛盾，求述作之才于侏儒之文，亦大难矣"[①]。这些评论，都有其中肯之处。其次，是针对汉文史籍中较为薄弱的环节。旧汉文史籍中虽然保存了大量蒙古史料，但由于种种历史原因，特别是因蒙古初兴时文化较落后及以后西北诸蒙古宗藩汗国与元廷若即若离的关系，使蒙古早期历史及其西征军事活动、西北四大汗国世系与史迹、西北宗藩对元廷的战争、西北地理情况以及蒙古帝国境内各种复杂的民族和宗教等，均未在汉文史籍中留下多少记载。《元史译文证补》的内容，便在一定程度上弥补了上述缺陷。

《元史译文证补》的可贵处不只向学术界提供了国内从未见过的蒙古史料，还以此与汉文史籍相参证，做了许多精审的考证。如关于成吉思汗长子朮赤的事迹，《元史》本传仅有160余字的记载，且谬误不少。洪钧据《元朝秘史》及拉施特、阿卜而嘎锡、多桑、哈木耳等书，作《朮赤补传》，不仅补充了许多资料，还纠正了《元史》之误，列出了《元史》失载的朮赤子14人之名，为人们了解钦察汗国史提供了有益的参考。又如元朝疆域广大，欧亚民族错居，加以蒙古统治者对各种宗教的扶植和利用政策，使宗教关系显得十分复杂。除中国本土原有的道、

① 洪钧：《元史译文证补·引用西域书目》，《国学基本丛书》本，商务印书馆1937年版。

释等教外，还有来自西域的木速蛮、也里可温、答失蛮、朮忽等，名目繁多，《元史》所立《释老传》根本不能反映其全貌。鉴于此，洪钧对木速蛮（穆斯林）、也里可温（天主教）等进行了考证，启迪了后来学者对元代宗教问题的进一步研究。对元西北地理沿革的考证，洪钧更倾注了极大的精力，这与他企图以此资边疆交涉的用意是一致的。《元史》于西北地理记载十分疏略，《地理志・西北地附录》所列近百个地名，大多无任何说明，不知方位所在。清季以来，徐松、魏源、李光廷等虽有所论及，但错误不少。洪钧使俄期间，得俄人裴智乃耳德（或译作“白莱脱胥乃德”）有关《经世大典地图》及《元史・地理志》西北地考证之作，“译其所著书，参以见闻，增订删汰，成《西北地释地》一卷，本于裴智乃耳德者十居四五”①。后又与沈曾植、朱珩等“爬梳剔抉，以满、蒙、西域三合音、古今方言，互证参考，推得十之四五”②。对这些地名沿革和今地所在一一作了考证，至今仍有一定参考价值。

在考证上，洪钧除继承了乾嘉朴学的方法外，还根据其译采西文史料的特点，较多地注意了以下二点。一是通过中西史料的对勘比较去发现问题。或以汉文记载正西书之误，或以西书证汉籍之失，更多的则以中西史籍互为补充，如叙成吉思汗灭乃蛮、蒙古西征、海都与元廷战争经过等，皆用此法。二是以译文与调查相参证。鉴于蒙古史涉及地域广阔，史料来源不一，洪钧常就《元史译文证补》编著中遇到的语言、史迹、地方风俗等问题，向各国外交官、学者请教，“人名、地名、部族名有翻改歧异者，有前后不一者，乃复询之俄国诸通人，及各国驻俄之使臣，若英，若法，若德，若土耳其，若波斯，习其声音，聆其议论，然后译以中土文字”③。

当然，也应指出，洪钧在选择西书史料时，由于受到传统史观支配，往往只重政治、军事史，而忽略经济制度、古代东西交往等重大史实。如阿八哈、阿鲁浑补传中，便不录多桑书所记伊利汗国与罗马教廷、法兰西王菲力普等信使往来详情。多桑书原记伊利汗国合赞汗事迹

① 洪钧：《元史地理志西北地附录释地》，《同声月刊》1943 年第 6 期。
② 姚士达：《圣武亲征录・跋》。
③ 陆润庠：《元史译文证补・序》。

特详，其中第九章专论合赞汗推行改革情形，于当时课税、理财、农业、军事制度设施、货币、度量衡、法律等，均有详细记载。但《元史译文证补》却仅取政治、军事方面的内容，而略去后者。这些地方，都不能不说是弱点。此外，《元史译文证补》在翻译、考证史事上也存在一些错误。但无论如何，洪钧在中国史学界首开“用西方之资料，以证中国之事实”的风气，功不可没。尤其是在此之前，国内学者研治蒙古史，或因认识局限，或为文献所囿，皆不免局促于“元朝史”或中国蒙古史一隅，故只可称为“元史学”而不能称为“蒙古学”。自洪钧书出，国内才得以了解蒙古人在中亚、西亚乃至欧洲的活动历史和国外蒙古史的研究与资料情况。因此可以说，在中国，真正具有世界意义的“蒙古学”是从洪钧《元史译文证补》的出现开始的。

除洪钧外，丁谦的元史和西北地理研究也较注重西方史料，他的《元秘史地理考证》、《元圣武亲征录地理考证》、《元经世大典图地理考证》等便主要参考了洪钧的《元史译文证补》及当时国内出版的各种西方地图。在考证中，他还确立了八条准则，即揆地望、度情形、审方向、察远近、核时日、知径路、辨异同、宜阙疑，总起来说，是要求考证地理应详审当时漠北诸部居地方位、战争情形和各种历史条件，切忌片面。虽然丁谦的考证仍有不少错误，其成就也不及洪钧，但这些准则的提出，无疑是地理考证方法的进步。

有的学者在元史研究中还吸收了一些近代史学观念。如沈曾植在论及《元朝秘史》记载蒙古族祖先为狼鹿相配而生时指出，狼鹿配生，元朝人已颇忌讳，后人致有嗤其鄙陋者。但实际上，“域内之国各有所尊，中国尊龙，天竺尊牛，北狄尊狼，皆非倮虫之类，各以所敬畏者为神明，因尊所以敬畏之人为神明之胤。北俗言狼种，正当犹中国龙种耳。嗤鄙隐讳均陋识也”[①]。这种看法，多少已触及到了原始部族的图腾崇拜制。又如，在考释《圣武亲征录》中地名“拜答剌边只儿”时，他运用有关自然地理知识指出，此即今拜达里克河，“边只儿”又作“别竭儿”、“巴齐尔”、“巴勒赤儿”，意为“河身”，因“漠北之河时涨涸，

① 沈曾植：《元秘史补注》卷一，第1页。

故有拜答剌河身之称”。[①]

元史研究对西方史料乃至某些近代观念的吸收（尽管是有限的），正反映了光绪朝元史学由对乾嘉朴学传统的继承逐步向近代蒙古学发展的趋势。

三、曾廉和柯劭忞的《元史》改写

光绪朝之前，致力于重修《元史》的主要有邵远平、钱大昕、魏源三家。邵远平为康熙间人，其《元史类编》42卷，纪传体（无志表），“凡天文、地理、历律、制度，皆按年入纪，令人一览而尽，故于本纪独详”[②]。对元代制度、史事、诏令奏议、人物事迹等，也能兼采《元典章》、《元经世大典》、《元文类》、《大元一统志》及稗乘诸书和私家抄本，加以补载和考订，但对原书删略甚多，叙次亦有沓冗不当处。钱大昕的《元史稿》虽仅成《氏族表》3卷、《艺文志》4卷，然搜罗甚广，考证严谨，素为后人推重。魏源的《元史新编》95卷。[③]其征引虽不出旧籍范围，考证亦多粗疏武断，但体例上却颇有创见。全部列传按开国、世祖、中叶、元末四期，以类相从编次，如功臣传、相臣传、文臣传、言臣传等。除保留某些正史类传名目外，又特据蒙元一代大事，增立太祖平服各国传、中统以后屡朝平服叛藩传、平金平蜀平宋功臣传、治历治水漕运诸臣传、平叛藩诸臣传、天历交兵诸臣传等。这些类传，传人与传事相兼，名为列传，实取纪事本末之意，流露出把人物放在一定的历史事变中去认识的进步倾向。曾廉和柯劭忞的《元史》改写，便是在这些前人工作的基础上进行的。

曾廉（1857—1928）[④]，字伯隅，号阳生，湖南邵阳人。光绪举人。

---

① 《校正元亲征录》，《知服斋丛书》本，第23页。

② 邵远平：《元史类编凡例》，清南沙席氏扫叶山房刊本。

③ 此书魏源生前未完成，光绪间由其族孙魏光焘委托邹代过、欧阳俌之整理，校勘，修补后，于1905年刊刻行世。

④ 关于曾廉卒年，素不见记载。1987年，我在任中国史学史课时，得知班里同学赵立彬（现为中山大学历史系教授）与曾氏同乡，乃请其假期回原籍时帮助寻访。时赵同学祖父赵寄尘先生方任职湖南邵阳市文史办，当年11月，即向我提供了一份采访资料。今全录之以存

戊戌变法时，曾上书反对新法，力请下诏斩康、梁，“以塞邪慝之门”[①]。旋纳赀为国子监学正，预修《清会典》。庚子事变起，随西太后、光绪帝逃至西安，迁陕西道员。1901 年黜职南归。后致力于改编《元史》，成《元书》102 卷，包括本纪 15 卷、志 10 卷、列传 76 卷、自序 1 卷，于宣统三年（1911）刊刻行世。

《元书》的内容，大抵不出《元史》范围。本纪皆从《元史》删成。志书除去《五行》、《舆服》二志，补入钱大昕所作《艺文志》外，其余仅在名称、叙事顺序上稍作更动，如改《地理志》为《寰宇志》、《祭祀志》为《郊祭志》、《百官志》为《职官志》；合天文与历志为《历象志》、兵与刑志为《兵刑志》；将《食货志》中“海漕”并入《河渠志》、“岁赐”和“丝钞”并入《寰宇志》、“俸秩”并入《职官志》、“赈恤”移入本纪等。列传部分增补较多，除收入《元史类编》、《元史新编》所补人物传记外，另又增补《元史》阙载的忽必来、者勒蔑、旭烈兀、和礼霍孙、兀伯都剌、旭迈杰、留梦炎、王积翁、蒲寿庚、方回、谢翱、郑所南等五六十人。对《元史》疏略的蒙古兴起事迹也有所补充，如据《元朝秘史》等记载增立《始祖以来诸族传》、《与太祖并立时诸部传》、《太祖四王传》等。但囿于见闻不广，大都十分简略。

柯劭忞（1850—1933），字凤荪，号蓼园，山东胶州（今胶县）人。光绪进士。历任翰林院编修，国子监司业，湖南学政、湖北及贵州提学

（接上页）此史料：曾廉，字伯隅，别号阳生，清朝举人，亦晚近湖南国学巨子，著《元书》，与魏默深、柯凤荪齐名。世居邵阳县太平二都（现属邵东，离火厂坪镇五公里左右），年七十余。戊戌变法，曾氏上书光绪，要杀康、梁。曾氏晚年，仍极顽固，在民国九年时，主修《曾氏族谱》，其年号只落花甲，不写民国。力阻其乡开办学校。曾氏主讲杨塘书院（由曾姓全族负责经费），从学者常百余人。曾所教学生中，也有不少国学较好者，因之乡人皆敬之。授业一如昔日，不许学习新学，不许阅读新书，乡人胁息不敢与忤，以是当时太平一带，不知有所谓新学教育。顾其人甚公直，言动有则，待人和厚无诈饰，乡人均服之。民国十六年，乡村农民协会蜂起，其学说与当地农会有违言，惧祸外逃。农会中人有欲波及曾氏者。众谓阳生老人不可犯，也不必犯，倖得无故。民国十七年（1928）农历七月，病死故乡。曾氏既殁，杨塘书院即改为小学校（补注：民国十二年间，有一赵姓富商兄弟为其父举办七旬寿宴，大请宾客，花费贰佰银圆，请曾氏作寿屏。曾氏厌恶赵商兄弟穿绸着缎，骑马坐轿，好似官府纨绔公子，故在寿屏词中塞进两句讽刺语：“不耕读而富，不诗书而秀”，以此可见曾氏刚正不阿，至今乡人传为美谈）。

① 曾廉：《蠡庵集》卷一二《应诏上封事》，曾氏会辅堂 1911 年刊本。

柯劭忞

使、京师大学堂经科监督署总监督等职。辛亥革命后，仍为清废帝溥仪侍讲。并任清史馆纂修、总纂、代馆长，负责审定《清史稿》本纪，整理儒林、文苑、畴人诸传，撰写天文、时宪、灾异诸志。1925年任东方文化事业总委员会委员长，主持《续修四库全书》提要。其对元史的研究和改写始于光绪间，即20世纪初。至1920年编成《新元史》一书，被当时的民国政府大总统徐世昌下令列入正史，成为“二十五史”之一，并出资于1922年刊行全书。1930年，该书经柯氏略事修改，重加刊行，此为《新元史》定本。

《新元史》凡257卷，内本纪26卷、表7卷、志70卷、列传154卷。其内容与结构同《元史》比较起来，本纪部分：太祖之前增立《序纪》，改《顺帝纪》为《惠帝纪》，末补入《昭宗（顺帝子爱猷识理达腊）纪》；志表部分：分《礼乐志》为《礼》、《乐》两志，将《祭祀志》并入《舆服志》，删去后妃、公主两表，将其内容归入有关列传叙述，合《宗室世系表》与《诸王表》为《宗室世表》，另增入《氏族表》与《行省宰相年表》；列传部分：分《儒学传》为《儒林》、《文苑》两传，改《良吏传》为《循吏传》，《孝友传》为《笃行传》，删去奸臣、叛臣、逆臣三传，增立记载西南少数民族的《蛮夷传》，排列大体均按时代先后为序。全书本纪较简，涉及制度文物的材料多移入志书，故其志书较《元史》及其他元史著作为详博。列传增补尤多，如把《新元史》吸收《元史类编》、《元史新编》、《元书》等增补的人物传记统计在内，其对《元史》人物传记的增补当不下千余人。

曾、柯两人政治上均十分保守。出于顽固派的立场，曾廉对清末旧制度及其学术文物的日趋没落深感痛心疾首，他不仅反对维新变法，还反对一切西学西艺，认为修铁路、办矿务、造船炮都是虚耗财物，无裨国计，变法更是使“君臣父子夫妇之纲荡然尽矣”[①]。直到辛亥革命后，仍嫉新学如仇。清亡后柯劭忞亦以遗老自居。其《新元史》刊行于国民时，却仍署作“赐进士出身日讲起居注官翰林院侍读国史馆纂修胶州柯劭忞撰”；书中凡提到清朝或清帝，皆恭称“我大清”、“皇朝”、“我高宗纯皇帝”，并一律提行抬头，以示尊崇；发表史论，还均冠以“史臣曰”的字样，一如清朝未亡时。

同样，他们的史学观念也十分陈旧。其史著中较突出的一是宣扬天命史观。如曾廉认为，天下治乱兴亡虽通过人事来反映，实皆“天意”之体现，“天意非别有所属，岂能救天下之焚溺哉？”[②]柯劭忞的《新元史》在论及一些人物遭遇和史事变迁时，也屡屡发出“天道神明，报施不爽，尤可畏哉”的感叹。其《五行志》在谈到成吉思汗西征遇大雨雪和雷，耶律楚材为解其疑惑，屡以天象比附人事，还说：“或乃疑其附会失实，不亦妄乎……然考天变以征人事，则岂有外于《洪范》之大义者哉？”[③]二是鼓吹以儒术治世的封建文化观。认为儒学体现了最完美的社会政治和人伦秩序，是所谓“彻天地贯古今，尽己之性以尽人物之性，无有乎弗具，无有乎弗同者也”[④]。故欲达致治之隆，必不可舍儒学。三是提倡封建纲常名教思想。如柯劭忞在《新元史·笃行传》中说：“自三代以下，犯上作乱者日逞而未有艾。至元之季世，邪慝兴而妖乱作，社稷卒亡于盗贼。呜呼！民之失教久矣，虽有一二敦行之士，有司旌之以为故事，无当于化民型俗也。然其人则天理民彝所赖以维系者焉。”很显然，他作《笃行传》的目的就在于弘扬封建教化。在这方面，曾廉的《元书》显得更为突出。他自称，《元书》的编写，是欲“继麟经之志，而后君臣之位定。君臣之位定，然后邪说不敢肆，而《春秋》之义行矣”[⑤]。因此，书中不仅利用一切机会宣扬“忠孝节义”的封建伦理，在内容编排上也煞费苦心。《元书》的编写，对《元史》原有材料

① 曾廉：《蠡庵集》卷一三《上杜先生书》。
② 曾廉：《蠡庵集》卷八《张良称沛公大授论》。
③ 《新元史·五行志上》，开明书店 1935 年版。
④ 《元书·儒林传序》，1911 年刻本。
⑤ 《元书·乱臣传》。

作了大量删削，唯对那些直接体现封建纲常思想的内容或类传，不仅不删，还极力扩充。如忠节（《元史》作忠义）、孝义（《元史》作孝友）、列女等类传，除了把原来不属这些传的某些列传人物拦入其中，还从其他资料中搜集了不少传记来充数。《元史》中，《孝友传》原为105人，《元书》增为156人；《列女传》原为107人，《元书》增至160余人；《忠义传》原仅85人，《元书》增至160余人，几为前者的二倍。其评价人物史事，更多从褒忠斥奸着眼，显得十分迂腐无力。此外，《元书》和《新元史》中，咒骂农民起义和贬斥革新之词，也随处可见。

由于曾、柯两人史学观念较相近，在编纂上也存在着一些共同的弱点。主要是：1. 由于一味模仿正史，两书于所引资料皆不注出处，这就大大降低了其使用价值。特别是《新元史》征引材料很广，然全书既无序例，又无考据和资料出处。虽然柯氏死后，北京大学研究院文史部为其刊行的遗著中有《新元史考证》58卷，对《新元史》部分纪、传、志的某些材料出处或史实考证作了说明，但十分简略，远不能令人满意。2. 在史料取舍时，重政治而轻经济。如曾廉的《元书》，对《元史》纪传部分本来就不多的有关地方灾情、赈贷、租赋、差税、盐铁、屯田等社会经济记载作了很多删削，而于大臣任免、皇帝册封、朝贡等所谓军国大事则一概保留。《新元史》除删掉了《元史》中不少有关经济的记载，还有意删去了一些涉及当时民族矛盾、人民起义方面的材料。

《元史》和《新元史》的不同点，主要在于取材的广狭和研治功力的深浅。

曾廉改编《元史》时，不仅国内出现了何秋涛、李文田、沈曾植、高宝铨、施世杰等所著的元史考订著作，国外有关蒙古史的记载也开始传入中国，如洪钧的《元史译文证补》。因而曾廉本来至少可在资料上胜过前人。可是，由于受到旧正统观念的严重束缚，他既未很好吸收同时学者的研究成果，也怀疑国外资料的可靠性。从《元书》及曾廉的另一著作《元史考订》看，其所征引，大抵不出旧籍，即使看到了《元史译文证补》，也往往因其记载与中国正史不符而不敢引用。如《元书》卷三十九朮赤传谓："别记（即《元史译文证补》）又言朮赤子十四人……又言朮赤后分钦察诸地为四汗，其语殆未可据。"《元书》及《元史考订》虽也对前人的某些错误有所纠正，如《元史新编》谓塔塔儿部人合儿吉勒失剌曾窜入成吉思汗部中，欲害其子拖雷，幸为哲伯（哲别）所救，然据《元朝秘史》，救拖雷者当为者歹、者勒蔑，曾廉即据以纠正之。《元史新编》卷二十一博尔忽传谓征秃马惕种时，“孛罗脱浑遇伏死，博尔忽独全师反，复偕多尔伯申讨之，尽俘其部”，并说其“后从征西夏殁于敌”。曾廉据《圣武亲征录》纠正为博尔忽征秃马惕时中伏被杀。但总的来说，曾廉对元史的考订十分粗糙，错误很多，如误将察合台后王笃哇与朮赤系后王脱脱混为一人，以察合台后王笃来帖木儿误作地名等，是以不为人所重。

相比之下，号为集清末元史研究大成的《新元史》取材却十分广泛，除光绪朝元史学者共同重视的《元朝秘史》、《元典章》、《蒙古源流》等蒙元史要籍外，还利用了《元经世大典》残篇和大量金元、明初人文集、方志、金石碑刻资料。在外文史料方面，除《元史译文证补》外，还引用了德人哀忒蛮（Erdmann）所译拉施特《史集·部族志》、多桑《蒙古史》等，对《元史》记载的一些疏略环节作了许多补充。如本纪部分对蒙古兴起和西征事迹作了详述。《氏族表》充实了取自《史集·部族志》的材料，并将蒙古民族分为黑、白、野三类，显得脉络较清。《宗室世表》对西北三大藩察合台汗、钦察汗、伊利汗国的世系事迹增补尤为完备。又运用《元典章》等资料，对志书作了补充，如《百官志》末，补入覃官、封赠、荫官、注官、守阙、赴任、程限、给假、丁忧、任养等；《兵志》中，关于马政加入和买马、括马、抽分羊马三项，又加入军粮一门；《刑法志》中《刑名》篇末，补入狱具及其他记载以下条格、断例、语制三者之定义等；《食货志》中，辑补关于盐、茶、酒醋、市舶四课，并增入《斡脱官钱》等篇。对于内外诸仓、常平义仓二项，亦大加增补。这些，都为旧《元史》所不及。

在史事、地理的考证方面，柯劭忞也作了不少工作，对《元史》某些错误有所纠正。但《新元史》的考证在许多地方仍存在错误，如《太祖本纪》中误书其与金人夹击塔塔儿部为金明昌四年（1193），实应为承安元年（1196）；《地理志》中，误以开元路之治所即金之会宁府（治今黑龙江阿城南白城）。本纪及列传中又误以为此即金末蒲鲜万奴割据政权的最后根据地等。不过，从总体上看，柯绍忞在元史研究方面的功力，较曾廉要深得多。

正是上述不同点，决定了《元书》和《新元史》在元史学界的不同地位，也是人们肯定《新元史》至今仍有一定参考价值的原因所在。

四、屠寄与《蒙兀儿史记》①

在清末学者的《元史》改写著作中，以屠寄的《蒙兀儿史记》功力最深和最有特色。

屠寄（1856—1921），字敬山，号结一宧主人，江苏武进人。早年工诗词骈文。光绪十一年（1885）中举。十四年入两广总督张之洞幕，主修《广东舆地图》，并与缪荃孙等整理徐松所辑《宋会要》。十八年中进士，授翰林院庶吉士，后历任工部主事、黑龙江舆图局总办、京师大学堂正教习、奉天大学堂总教习、浙江淳安知县等职。辛亥革命时，参加常州光复活动，被举为武进县民政长。1917年出任北京大学国史馆总纂。

屠寄发愿重修蒙元史，约始于19世纪末。光绪二十一年（1895），他因吉林将军延茂奏派随赴黑龙江查办漠河金矿，次年事毕，留在当地主持黑龙江舆地图的绘纂，前后数年。在此期间，他一面实地考察测绘东北边疆地理，一面研读《元史》、《元朝秘史》、《长春真人西游记》、张德辉《边堠纪行》以及清代学者祁韵士、徐松、张穆、何秋涛、李文田、洪钧等人的元史和西北地理学著作，并撰成《黑龙江水道记》、《黑龙江驿程录》、《柳外归程录》、《元秘史地理今释》、《元秘史注》（均未刊）等著作。在此基础上，开始了《蒙兀儿史记》的编撰，直到去世，仍未完稿。

屠　寄

① 本小节吸收了亡友童浩《屠寄史学研究》一文中的一些观点，特此注明。

屠寄生前，曾将撰成的部分《蒙兀儿史记》书稿于 1911 年先行刊刻，凡 48 卷，包括纪 7 卷、传 38 卷、表 2 卷、志 1 卷。后又增刻入凡例、目录和列传 9 卷，共计 57 卷。屠氏卒后，余稿经其子孝实、孝宧整理，陆续刊行，至 1934 年，印成 28 册 160 卷，凡本纪 18 卷、列传 129 卷、表 12 卷、志 1 卷，其中 14 卷有目无文。此本与初刻本比较，列传部分内容有较大修改，但也遗落了初刻本中原有的《嵬名察罕传》与《李祯传》2 篇列传。

《蒙兀儿史记》与其他《元史》改写著作比较起来，有以下三个明显特点。

一是突破旧《元史》断代格局，创编了蒙古族通史。

明修《元史》及后来改写的《元史续编》、《元史类编》、《元史新编》、《元书》和《新元史》，所记大多不出元朝历史范围。《蒙兀儿史记》则是我国第一部纪传体蒙古族通史。屠寄认为，旧《元史》将忽必烈之前的蒙古大汗成吉思汗、窝阔台、贵由、蒙哥等称为元太祖、太宗、定宗、宪宗等本来就违背史实，因其时元朝尚未建立，这些称号只不过是后来追认的罢了。因而，“元史”之称，不足以概括蒙古兴衰事迹。他在《蒙兀儿史记 · 凡例》中称：“本书起讫，不囿有元一代，故不曰元史，而曰蒙兀儿史。”

作为一部蒙古族通史，《蒙兀儿史记》的记事从时间跨度上讲。主要是加强了对《元史》本来较薄弱的蒙古族起源及先元四朝史的叙述，同时对元亡以后蒙古族的活动情况也尽可能作了涉及。

书中，屠寄最早系统地提出了“蒙古源于东胡”的主张，说：“蒙兀儿者，室韦之别种也，其先出于东胡。楚汉之际，东胡王为匈奴冒顿单于所破杀，余众迸走，保险以自固，或为鲜卑，或方乌桓，或为室韦、契丹……（室韦）至唐部分愈众，而蒙兀室韦北傍望建河。望建，即完水，今黑龙江也。蒙兀之名始见于此。”[①] 并据《元朝秘史》、《圣武亲征录》、拉施特《史集》等有关资料，作《世纪》，专述蒙古祖先事迹。对成吉思汗至蒙哥汗时期史事，除立《成吉思可汗纪》、《斡歌歹

① 屠寄：《蒙兀儿史记》卷一，民国初刻本，第 1 页。

（即窝阔台）可汗纪》、《古余克（即贵由）可汗纪》、《蒙格（即蒙哥）可汗纪》外，还补立《王罕、札木合列传》、《乃蛮塔阳罕列传》、《成吉思诸弟列传》以及帖卜腾格里、豁儿赤兀孙、者勒蔑、忽必来等传进行叙述。

元史断限一般迄于1368年元顺帝妥欢帖睦尔亡国。《蒙兀儿史记》则不然，其原计划作《后纪》以述元亡后蒙古事迹虽未成，但其《宗室世系表》中《妥欢帖睦尔可汗诸子世系》和《巴图蒙克（即成吉思汗十五世孙达延汗）诸子世系》等已对元亡后塞外蒙古统治集团世系和明清时代蒙古沿革变迁勾出了一条线索。

从地域上讲，元朝只是蒙古族建立的一个以中原为中心的王朝，它疆域虽广，但仍远不足以覆盖蒙古族活动的广大区域，不仅其时西北地区的蒙古宗王与元廷始终处于叛服不定的关系，朮赤系后王统治的钦察汗国和旭烈兀建立的伊利汗国更是各行其政。故《元史》中对蒙古三次西征及建立西北四大汗国事记载均极为荒略。有鉴于此，屠寄在书中立《西域传》、《者勒蔑、忽必来、者别、速必额台列传》、《察阿歹诸王列传》、《拙赤（即朮赤）列传》、《巴秃（即拔都）列传》、《昔班列传》、《漠北三大汗诸子烈传》、《木剌夷列传》、《巴黑塔列传》、《阿八哈列传》和《脱黑脱列传》等对此作了大量记载。对13世纪后期在中亚纵横一时的帖木儿帝国，也立《帖木儿传》加以叙述。从而使蒙古族的历史在书中有了大体完整的反映。

二是广搜中外史料，集前人研究之成果。

《蒙兀儿史记》取材广博，除《元史》、《元朝秘史》、《元亲征录》、《蒙鞑备录》、《黑鞑事略》、《长春真人西游记》、《西游录》、《元朝名臣事略》、《南村辍耕录》等蒙元史要籍外，还广泛利用了元人文集、金石志、方志资料。在外文史料方面，则有洪钧《元史译文证补》、周秉清译多桑《蒙古史》、屠孝实译美国人乞迷亚可丁（Jeremiah Curtin）《蒙古史》、屠孝宧译英人撰《史家之历史》，以及俄人撰《蒙兀泉谱》、德人撰《元代疆域图》所附《察合台世系表》和《旭烈兀世系表》、英人霍渥尔特撰《蒙古史》和《马可波罗游记》等。此外，对洪钧译《中俄交界全图》、邹代钧译《中俄界说》以及郑麟趾《高丽史》、金泽荣《韩国小史》、日本学者那珂通世《成吉思汗实录》、白鸟库吉的历史地理论著、河野原三《蒙古史》等也均有采用。当然，在屠寄引用的外文史料中，除拉施特《史集》和多桑《蒙古史》史料价值较高外，其余均是第三手甚至更间接的资料，意义不大。但不管怎样，他确实已在这方面尽了自己的努力。

屠寄在运用各种史料和参考吸取当代学者钱大昕、徐松、魏源、张穆、何秋涛、洪钧、李文田、柯劭忞等人的研究成果时，态度十分严谨，很少像柯劭忞《新元史》那样大段抄袭前人的著作，而是慎于取舍，并能注意纠正前人失误。如《蒙兀儿史记》中有关成吉思汗的88位开国功臣的考证，既汲取了那珂通世的研究成果，又发表了不少新见解，并纠正了那珂氏的一些失误。如《蒙兀·色目氏族表》既汲取了钱大昕《元史氏族表》的成果，复补正了钱表的不足处。[①] 对于旧《元史》中的错误，他也根据其他中外史料或《元史》纪、传、志、表之间记载的矛盾，作了不少有价值的考证和纠正。这些，均为后人的进一步研究提供了方便。

三是自撰自注，考证精详。

与其他《元史》改写著作比较起来，《蒙兀儿史记》的考证最为精详。其书的编写采用了“自撰自注”的方式，将有关史料、史实的考证均双行夹注于书中。对此，梁启超极为赞赏，说：“屠著自为史文自注之，其注纯属《通鉴考异》的性质，而详博特甚，凡驳正一说，必博征群籍，说明所以弃彼取此之由。以著作体例言，可谓极矜慎极磊落者也。”[②]

《蒙兀儿史记》中的考证范围很广，包括史实、年代、人名、世系、封爵、谥号、职官、地理、封地、部族族源和族属等，其中虽有一些错误或武断处，但不少考证至今仍不失其价值。特别是对地理的考证，尤见功力。屠寄生平十分重视沿革地理研究，认为可以此通经、考史和知兵。他先后主持过《广东舆地图》和《黑龙江舆地图》的绘制。在黑龙江期间，“测绘所及，旁涉奉天、吉林、内外蒙兀及斡鲁速（俄罗

① 参见屠寄：《蒙兀儿史记》卷二七、卷一五二至一五五。

② 梁启超：《中国近三百年学术史》，《饮冰室合集·专集之七十五》，第283页。

斯）属鲜卑儿亚（西伯亚）毗连之地，故于蒙兀初起用兵及东道地理分地，一山一水，皆能知其古地今名，分注纪传中，大足补洪、魏二家之缺误。若李侍郎文田《元秘史注》之误，更不辩自明矣”[①]。1900年自黑龙江南归时，还西入内蒙古草原，过滚尔淖，“经内蒙十有七旗，由独石口（今河北赤城县北）入边”[②]，顺路考察了这一带地理情况，积累了丰富的实际经验，并使其有关蒙元史地的考证，往往有独到见解。如认为成吉思汗第一大斡耳朵所在地阔迭兀阿剌勒在“今车臣汗本旗之巴颜乌兰山……其南麓之七孤山，一名拖陵山，即朵罗安孛勒答黑，亦即《亲征录》朵栾盘陀山”。指出成吉思汗葬地起辇谷在克鲁伦“河曲之濒，西南距拨阿里客额儿、合里勒秃纳兀儿，东北距阔迭兀阿剌勒均不远”[③]。都较近于事实。

由于屠寄在戊戌变法前后思想倾向维新改良，辛亥革命时又参加了家乡地区的光复活动，故其史著中还有不少进步的观点。

他在《蒙兀儿史记》中一再对清季以来“西力东渐”民族危机日趋严重的局势发出感慨，对历史上那些“坐视国亡，偷生求荣”的民族败类如南宋夏贵、吕文焕、陈奕等作了无情鞭笞。并列举史实，深有含义地指出，国家强盛的关键是内政修明，徒恃外援而不立足于自强，终难免失败。在讨论元亡原因时，他既批评了蒙古统治集团实行民族歧视政策之弊，同时又反对把元亡之故仅仅归结于民族矛盾，因为历史上汉族建立的王朝同样不免于灭亡，专制暴政才是这些王朝覆灭的根源。为此，他大声疾呼“自今而往，继清而起者，勿恃同种相爱，逞其一家天下之私，谓之二世三世至于千万世，可传之无穷也！”[④]这种超脱“夷夏之防”的传统狭隘民族观，而将辽、金、元、清等少数民族政权放在与汉族王朝平等地位看待的观念，显然是受了民国初年“五族共和”思想影响的结果。

不仅如此，从资产阶级民主思想出发，《蒙兀儿史记》通过对元朝

---

① 屠寄：《蒙兀儿史记·凡例》。

② 《屠敬山先生致张蔚西（相文）先生函》，《地学杂志》第八年（1917）第1期。

③ 屠寄：《蒙兀儿史记》卷二第14页、卷三第33页。

④ 屠寄：《蒙兀儿史记·忽必烈可汗本纪（下）》卷八。

某些腐败政治现象的剖析，抨击了王朝专制制度的持法不平和“家天下”之制，说蒙古贵族统治者“遇事一切武断，不知何者为政法……一国之中刑法三分焉，何其不平也！”[①]并认为自蒙哥大汗登位起，蒙古贵族内部的自相残杀倾轧日益公开化，终元一代，未有已时，“以是知家天下之法不足尚也”[②]。

在治学方法上，《蒙兀儿史记》的一个很大特点是注重“目治”，即实地考察，努力把史料和考古材料等结合起来使用。屠寄治史，强调“目治者可信，耳治者未能全信”[③]。在黑龙江舆图局期间，他曾“河山跋涉，不避风雪，穷荒探险，往往数百里不睹人烟，虽幽林邃谷，绝闻危厓，苟可攀援，靡弗躬历”[④]。在自黑龙江经内蒙古南归时，他还考察了金代为防御蒙古而筑的西北、西南路边堡残垣，并将调查结果写入《蒙兀儿史记》中。这样的经历，在光绪朝的元史学者中，几乎是绝无仅有的。旧《元史》载元将伯颜下江南灭宋“兵不血刃”，屠寄根据家乡常州十八村的调查资料指出：“东门内有土丘，高二丈许，占地可三亩，掘之，其下悉枯骨，当日积尸之京观也。城南树炮之垒，濒运渠右，至今高尚与城齐，过其地者，可想见六百年前州人城守之坚、北军炮攻之剧焉。”[⑤]以事实揭示了历史真相，十分有说服力。这种治史方法，显然带有近代实证主义倾向，也是其《蒙兀儿史记》能取得较前人更大成就的重要原因之一。

光绪朝的元史研究不仅在我国蒙元史学的发展中起有承先启后的作用，而且在国际“东方学”或“蒙古学”界也享有相当声誉。如日本学者那珂通世的《成吉思汗实录》中就曾吸取了沈曾植的某些研究成果。民国初年，法国著名汉学家伯希和也闻名与沈曾植讨论契丹、蒙古、畏兀儿国书及摩尼、婆罗门诸教源流。[⑥]柯劭忞《新元史》退耕堂初刻本

---

① 屠寄：《蒙兀儿史记·忽必烈可汗本纪（下）》卷一七《妥欢帖睦尔可汗本纪》。

② 屠寄：《蒙兀儿史记·忽必烈可汗本纪（下）》卷七四《阿里不哥海都列传》。

③ 屠寄：《答张蔚西成吉思汗陵寝辩证书》，《地学杂志》第七年（1916）第10—11期。

④ 屠孝宧：《先君敬山先生年谱》光绪二十三年，屠寄后裔家藏油印本。

⑤ 屠寄：《蒙兀儿史记·丞相伯颜列传》卷九〇。

⑥ 参见王蘧常编：《沈寐叟年谱》1916年引叶昌炽《缘督庐日记》。

问世后，日本东京帝国大学文学部东洋史学系于1924年特授予柯劭忞文学博士学位（当然其中也含有拉拢清朝遗老的用意）。屠寄的《蒙兀儿史记》在国际学术界也颇获好评，法国学者韩百诗（L. Hambis）的《元史宗室世系表笺注》（*Le Chapitre CVII du Yuan che*，Leiden，1945）、《元史诸王表笺注》（*Le Chapitre CVIII du Yuan che*，Leiden，1954）就大量采用了此书《宗室世系表》、《诸王表》的考证成果。这表明，我国的蒙元史学发展已开始汇入了整个国际近代学术潮流。

第六节　来华传教士的史书编译及其影响

一、近代早期传教士的史书编译

在近代中西文化交流史上，传教士的活动始终是一个引人注目而又错综异常的历史现象，它不仅涉及面广，且社会影响十分复杂。他们的史学活动，同样具有这种性质。

传教士的航海东来，首先当然是为了传播所谓“上帝的福音”，使东方世界皈依基督，故其最初的文化活动多集中在宣传宗教思想上。但不久，他们就感到，单纯的传教在中国收效并不大，这不仅因为当时清政府实行的是闭关和禁止传教的政策，更主要的是以儒学为主的中国传统文化意识对异端宗教神学的巨大而无形的排斥力量，使他们的“播道”工作阻力重重。为此，一些传教士不得不变通方法，试图通过介绍中国人比较感兴趣的西方知识来扩大其影响并挟售宗教思想。

1833年6月，普鲁士传教士郭实腊（Karl Friedrich August Gützlaff，1803—1851）在《东西洋考每月统纪传》的《创刊计划书》中写道，应通过出版物的宣传，让中国人了解西方的技艺、科学和准则，以“消除他们高傲的排外思想”[①]。次年11月，广州成立的有传教士参加的“在华实用知识传播会”也设想以这种方式，使中国人“在智力的炮弹前让步”。[②]事实上，传教士对西方知识的介绍，有不少正是通过编译史地读物来实现的。美国传教士雅裨理（David Abeel，1804—1846）便

① 转引自顾长声：《从马礼逊到司徒雷登》，上海人民出版社1985年版，第59页。

② 转引自顾长声：《传教士与近代中国》，上海人民出版社1981年版，第38页。

认为，要“使中国皈依上帝”，应“让中国人熟悉其他民族的历史和别国的地理”。[①] 为此，他们不仅在《察世俗每月统纪传》（*Chinese Monthly Magazine*，马六甲，1815—1821）、《持选撮要》（*Monthly Magazine*，巴达维亚，1823—1826）、《天下新闻》（*Universal Gazette*，马六甲，1828—1829），《东西洋考每月统纪传》（*Eastern Western Monthly Magazine*，广州和新加坡，1833—1837）等中文期刊上零星介绍西方或世界史地知识，还着手编译出版一些有关书籍。如1835年，美国传教士裨治文（Elijah Coleman Bridgman，1801—1861）在“在华实用知识传播会”第一届年会的会务报告中提到该会正在编译的三种中文读物，便全属史地一类，其中一部为世界通史，一部为世界地理，还有一幅世界地图。在1837年该会第二届年会提出计划出版的24种书刊中，史地也占了10种，包括世界简史、国别史、商业史、殖民史、西方文学史及世界地理、各国游记等。[②]

不过，在近代早期，由于传教士对编译史书这类“世俗”文化活动并未普遍重视，故他们的著述中，史地类总的说来比重很小。据英国传教士伟烈亚力（Alexander Wylie，1815—1887）《基督教在华传教士纪念录》所列1810年至1867年来华新教传教士中文（包括部分方言和少数民族文字）著述目录统计，在约760种出版物中（重复者不计）绝大多数属宗教读物，人文科学和自然科学约各占6%，而严格意义上的史地译著仅20余种。其中比较值得注意的有以下几种。

第一，《东西史记和合》（*Comparative Chronology*），巴达维亚1829年石印本，另有马六甲同年木刻本及1833年重刊本，凡30页。英国传教士麦都思（Walter Henry Medhurst，1796—1857）编。书中将中国史书某些记载与《圣经》记载比附排列，力图证明中国历史与《圣经》所叙有不少暗合之处，以便“向中国人显示西方具有早于公元前四千年的悠久历史记载，借以纠正他们的虚骄自夸”[③]。

---

① 转引自顾长声：《从马礼逊到司徒雷登》，第69页。

② *Chinese Repository*，1837年3月，第510—512页。

③ 伟烈亚力：《基督教在华传教士纪念录》（Alexander Wylie, *Memorials of Protestant Missionaries to the Chinese*, Shanghai, 1867, p.30）。

裨治文

第二，《美理哥合省国志略》（*Brief Geographical History of the United States of America*），裨治文编。为最早较系统介绍美国史地的中文著述，1838年初版于新加坡，署名高理文。凡27节，简述美国地理疆域、历史、居民、人口、自然状貌、经济、政治、宗教、语言、风俗、国防等。1846年修订重版于广州，名《亚美理驾合众国志略》，记事迄于修订时。后又经较大修改，以《大美联邦志略》之名，1862年刊于上海，署名裨治文。分两篇，上篇概述美国史地、政治、经济、教育等，下篇分别简介当时美国所属的四十一州。

第三，《贸易通志》（*Treatise on Commerce*）刊于1840年，凡5篇，63页，附一海图。郭实腊编译。叙述商业史、世界各地商业现状及与贸易有关之交通运输、货币信用、关税制度、契约等。郭氏另有《古今万国纲鉴》（*Universal History*）、《大英国统志》（*History of England*）、《万国史传》（*General History*）、《万国地理全集》（*Universal Geography*）等中文史地译著，出版后均几经修订重印。

第四，《地理全志》（*Universal Geography*），1853—1854年刊于上海，凡2卷，365页。英国传教士慕维廉（William Muirhead，1822—1900）编译。自谓此书之作，颇仿《海国图志》与《瀛寰志略》之意，"专以外国地志为本，希中土儒林披而获益"[①]。第1卷5篇，论政治地理，主要译自英人米尔纳（Milner）的《地理全志》（*Universal Geography*）并参考澳门葡人马吉斯（Marques）《地理备览》（一作《地理备考》）和徐继畬《瀛寰志略》而成。第2卷10篇，论自然地理和历史地理，系据萨默维尔（Somerville）《自然地理》（*Physical Geography*）、米尔纳《自然地理图集》（*Physical Atlas*）和里德（Reid）《地质学和天文学概要》（*Outlines of Geology and Astronomy*）编译成。为当时国内介绍西方地理学知识较系统

① 慕维廉编译：《地理全志》，光绪九年（1883）重纂本序。

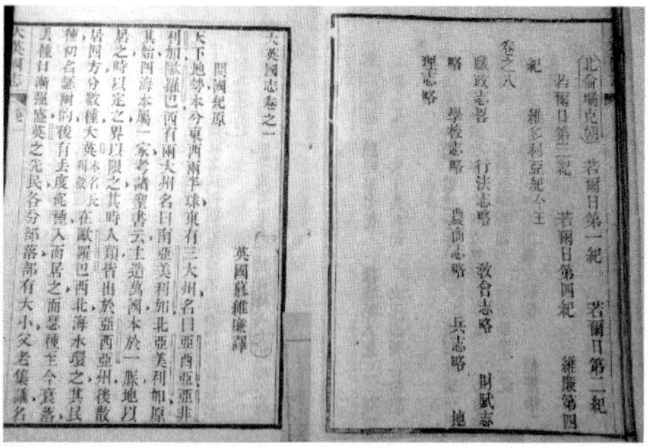
大英國志卷之一
開國紀原
英國慕維廉譯
天下地勢本分東西兩半球東有三大州名曰亞西亞亞非利加歐羅巴西有兩大州名曰南亞美利加北亞美利加原
其始四海本屬一家考諸聖書云上帝造萬國本於一脈地以
居之時以定之界以限之其時人類皆出於亞西亞州後散
居四方分數種大英在歐羅巴西北海水環之其民
種初名瑟爾的後有丟度尼種入而居之而瑟種至今衰落
其種日漸强盛英之先民各分部落部有大小父老集議名

若爾日第一紀 若爾日第二紀
若爾日第三紀 若爾日第四紀 維廉第四
紀 維多利亞紀今王
卷之八
國政志略 行法志略 教會志略 財賦志
略 學校志略 農商志略 兵志略 地
理志略

慕维廉编译《大英国志》，上海墨海书馆 1856 年刊本

之作。1859 年，另一传教士俾士（George Piercy）曾将其缩编为《地理略论》（*Digest of Geography*），刊于广州。光绪九年（1883），慕氏又对原书重加编纂，内容较原来有较大调整，其书先简介西方近代地理学知识，如地形、地动、地广、地线、地气生物等；次分述亚、欧、非、大洋群岛（包括澳洲）各国及各地区地理、气候、物产、政治、历史、文化、经济、习俗等。

第五，《大英国志》（*History of England*），1856 年首刊于上海，322 页。慕维廉编译。其中前 7 卷叙英国历朝重大史事，译自米尔纳著作。第 8 卷为英国宪政、宗教、经济、教育、国防、地理简介，译自其他资料，前列英王世系表，末附英国版图。叙事原迄于 1856 年，修订本末附《大英国志续刻》，略记 1856 至 1860 年英国在海外扩张活动。是书实由华人蒋剑人（敦复）帮助编成，《续刻》部分则出自沈毓桂手笔。

在这些译著中，传教士们向中国人介绍了不少地理新知识和西方国家史地及其他情况。

如郭实腊所编《贸易通志》较多介绍了西方国家的经济情况和制度，称“西洋以商立国，故心计之工，如贾三倍。其国所立规制，以利上下者，一曰银票，二曰银馆，三曰换银票，四曰担保会”。对资本主义的商业货币信用制度、银行乃至社会保险业及其作用均做了说明。书中还解释了使西方国家生产力发生巨大变革的蒸汽机一般工作原理，并具体描述了轮船、火车、蒸汽纺织机的发明和使用情况。[①]

---

① 《小方壶斋舆地丛钞》再补编第十二帙，上海著易堂 1897 年版，第 2—3 页。

有的则介绍了欧美国家的文明和教育发达程度，如美国“民无论男女贫富，皆准入学，以故诵读之人较他国为夥”①。英国学校中，“凡象纬、舆地、性理、律历、政事、辩论、格物学咸备……此外有博通古今语言文字之学，有兵法之学，有公会之学，有教会之学，其他私立小学无算。教育普及率达 8.7%（即 115 人中 10 人入学）”。

这些书对英美资本主义政治制度也做了一定宣传。如《大英国志》卷八中《职政志略》扼要介绍了英国议会制度，上下两院人员构成、名称、职能，及与国王、首相的关系，谓国中有事，由议院“集众公议可否，以众寡为去取，必三议乃定……国中政刑财赋及与列邦盟会战守、商贾出入贷税、公司领事、兵船军士、各地方事宜，分立官员，共襄庶政”，“朝廷用人，必择巴力门（国会——引者注）所推重者一人为首辅，领度支，亦任以铨选之职……若不协于舆论，则国人推择之者得黜陟之”。美国传教士祎理哲（Richard Quarterman Way，1819—1895）在《地球说略》中称美国无国王，“有众统领一职，任牧民之责，其任以四年为满，至国之律法制度，有各省之智能者至京城会议之，无专主之事也。统领之职不世及，亦不拘资格，唯择有德者为之。其择也，前统领任满，每省推数人至京城，以所推选者书其姓名投于柜中，毕则启示，所推最多者为继焉”②。至于《美理哥合省国志略》，对美国民主共和制及其法律制度的记载更为周详，并特意指出，在美国，各级政府首脑“起居饮食衣服亦无异平民，但事权属之”③，与封建等级制全然不同。

这些介绍，尽管简略肤浅，但对长期生活于封建闭关状况下的中国人来说，无疑展现了一个新的世界，对一些进步知识分子震动更大，由此深刻地影响了近代早期中国的世界史地研究。魏源的《海国图志》、梁廷枏的《海国四说》、徐继畬的《瀛寰志略》，都曾大量取材于《平安

① 《小方壶斋舆地丛钞》，第 29 页。

② 参见《小方壶斋舆地丛钞》再补编第十二帙，第 29 页。按：祎理哲《地球说略》原名《地球图说》，1848 年刊于宁波，后经较大修订充实，1856 年重刊于宁波，改题此名。

③ 参见《小方壶斋舆地丛钞》再补编第十二帙。

通书》[①]、《地球图说》、《美理哥合省国志略》、《天下万国地理全图集》[②]、《贸易通志》、《东西洋考每月统纪传》等来华传教士的编译之作。徐继畬在编写《瀛寰志略》时，还多次直接向雅裨理、甘威廉等传教士请教有关外国史地知识，并从他们那儿得到过一些地图和其他文字资料。直至19世纪末，《联邦志略》和《大英国志》仍被梁启超推荐为了解西国历史的主要著作[③]，慕维廉的《地理全志》还被某些书坊私以《瀛寰志略续集》之名翻印[④]。可见近代早期中国人的世界史地知识有不少正是经西方传教士的媒介而得到的。

二、从广方言馆到广学会

第二次鸦片战争后，西方传教士通过不平等的《天津条约》和《北京条约》，取得了在中国传教的特权。随着大批传教士的涌入及其在华势力的急遽膨胀，他们利用文化出版事业进行各种宣传的规模也日见扩大。这一时期传教士的史学活动、特别是史书编译主要通过两个途径进行。

一是进入清政府中洋务集团举办的官方机构京师同文馆、上海广方言馆、江南制造局翻译馆（广方言馆后并入此馆）等从事编译。虽然这些机构所出的大多为兵法、舆地、军工、国际法、工艺技术、自然科学类西学书，但也包括一些史书。美国传教士林乐知（Young John Allen，1836—1907）便自称其“在广方言馆译西书，亦系史学俱多”[⑤]。以当

① 麦嘉缔培瑞（Pvie Bethnne Mccartee）编，1850—1853年刊于宁波。
② 此书或即郭实腊编的《万国地理全集》。
③ 参见梁启超：《读西学书法》，上海时务报光绪二十二年（1896）石印本。
④ 如1898年老扫叶山房将《瀛寰志略》、《瀛寰志略续集》、《瀛寰志略续集补遗》三种合订石印。经对照，所谓《续集》即慕维廉《地理全志》（光绪九年重纂本），唯前删慕氏原序，另添“游五大洲人重识”，实则此“重识”乃抄录李提摩太《三十一国志要》前一段而来。而《续集补遗》则即李提摩太《三十一国志要》，唯将书中原置于第十一的中国改列第一，称“大清国志”。
⑤ 林乐知：《欧洲与中国关系紧要论略》，《万国公报》1875年9月5日。

时江南制造局翻译出版的西书为例，其中较有影响的史书即有金楷理（Carl T. Kreyer）等译《西国近事汇编》，傅兰雅（John Fryer，1839—1928）译《俄国新志》8卷、《法国新志》4卷（两书均为英人陔勒低原辑，潘松笔述），林乐知译《四裔编年表》4卷（英人博那原编，严良勋同译，李凤苞编）、《列国岁计政要》12卷（英人麦丁富得力原纂，郑昌棪笔述）、《欧洲东方交涉记》12卷（英人麦高尔原辑，瞿昂来同译）、《埏纮外乘》25卷及补遗一卷（严良勋同译）[①]等。这些书，内容大多侧重当代史，目的显然是欲通过对西方各国当代政治、经济、军事、外交的介绍，帮助清廷了解世界大势，并为洋务集团推行"新政"和进行外交提供依据或借鉴。如《西国近事汇编》系逐周译辑多种西文报刊资料、按时间顺序编次而成，记同治十二年（1873）至光绪二十五年（1899）间[②]各国时政，军备、外交、战和大事及宗教等；《俄国新志》和《法国新志》为19世纪后期俄、法两国疆域、人口、物产、工商、交通、财政、宗教、教育、国防、货币信用制度等介绍；《列国岁计政要》差不多是一部当时世界各国概况手册；《埏纮外乘》所述虽为欧、美、亚26国古今历史沿革，然亦以近代为详；《欧洲东方交涉记》则属外交史，汇辑了克里米亚战后英、法、俄有关外交文献，对欧洲各国外交政策与策略均有叙述。可见，传教士的这类史书编译活动，在相当程度上是从属于国内洋务派的政治需要的。

二是通过教会组织及其出版机构进行活动。这方面，尤以广学会最为典型。该会由英国长老会传教士韦廉臣（Alexander Williamson，1829—1890）创办于1887年，初名"同文书会"，1892年改称"广学会"，为基督教在华历史较长、规模最大的出版机构，其骨干林乐知、慕维廉、艾约瑟（Joseph Edkins，1823—1905）、李提摩太（Timothy Richard，1845—

① 此书部分内容为美国人卫理译，汪振声述。

② 参加此书编译的除金楷理外，尚有林乐知、罗亨利及姚棻、蔡锡龄、钟天纬等。光绪八年（1882）以后，为钟天纬一人编辑。又该刊1882年之前不定期刊布，此后则仅以活字排印送总理衙门，南北洋海关道各一份，不再公开发行。故一般传本记事止于1882年。然华东师范大学图书馆所藏"愚斋藏书"（盛宣怀藏书）本则记事迄于1899年，凡108册。盖盛氏1879年后曾长期兼任天津海关道等职。故所收能较他人为全。

1919）、丁韪良（William Alexander Parsons Martin，1827—1916）等均为知名传教士。在广学会出版的书刊中，史书占了相当的数量。以1905年所登“广学会书目”为例，在已出版的258种图书中（重复者不计），史地书便有近60种，为总数的五分之一强，内容涉及世界史地、国耻史、政治史、战争史、社会风俗史、宗教史、人物传记等各方面，如《万国通史》、《全地五大洲女俗通考》、《三十一国志要》、《泰西新史揽要》、《列国变通兴盛记》、《政史撮要》、《俄国政俗通考》、《中东战纪本末》、《威廉振兴荷兰记略》、《英兴记》、《印度史揽要》、《地球一百名人传》、《泰西名人事略》、《欧洲八大帝王传》、《美国名君言行录》、《俄国历皇记略》、《路德改教记》、《近代教士列传》等。如果说，在洋务机构中，传教士作为清政府的雇员，在译书的选题或内容取舍方面总不免受到某些官方意图约束的话，那么，在教会出版机构编译的史书中，他们则可以比较随心所欲地通过按语、增删原文或插入史论来散布教会和个人的主张，因此，这些史书往往更直接地反映了传教士的史学观点和政治倾向。

应当指出，史书编译所以在19世纪六七十年代以后逐步引起了传教士们较为普遍的重视，并非因为他们真的对史学产生了什么兴趣或癖好之故，更多的实是出于某种策略的需要。在不少传教士眼里，“中国人最大的特征就是注重学问以及他们对之所树立的荣誉……凡欲影响这个帝国的人必定要利用出版物”[①]。李提摩太等人还一再强调，官僚士大夫是中国社会的“真正灵魂”，实际操纵着中央到地方的一切，只要从思想上控制了这些人，便等于控制了全中国，因此，出版物应以这批人作为主要对象。他们看到，在中国士大夫的知识结构中，传统经史居有极重要的地位，故对其宣传的最有效方式，便是利用对方既熟悉又易接受的经学和史学。由于中国经学的特定内涵——儒家学说与基督教神学存在着很大差异，尽管有些传教士试图用《圣经》加儒经即“耶稣加孔子”的方式来兜售基督教教义，但那样做毕竟有些牵强附会，且难以为大部分中国士人接受。相比之下，史学的表现内容则灵活得多，不仅范围上可牢笼古今中外，还可借以发表各派观点，这就使一些传教士纷

① 韦廉臣：《同文书会发起书》，《同文书会章程、职员名单、发起书和司库报告》，1887年。

纷从事史书编译或在报刊论说中尽量引证史事，以迎合中国士大夫的心理。德国传教士花之安（Ernst Faber，1839—1899）的《自西徂东》在极力鼓吹“耶稣加孔子”，要人们“共往西国，真心求耶稣之理”的同时，也没有忘记专门立上“史学琐谈”一章，学着中国士人的口吻，大谈中国史书与史学传统，说是“居今稽古，将欲讨论得失，明别是非，是不得舍史事而别求简帙也明矣”[①]。传教士的这种方法，确也收到了一定的效果，如他们办的《万国公报》就因“多记载泰西各国地理历史及社会风俗等，我国人多读而善之”[②]。显然，传教士们一时热衷于此道，乃是因为他们多少看到了史学在中国这种特殊文化环境里深厚的根基和影响力而采用的宣传手法。

传教士的史书编译活动在19世纪最后十年达到了高峰。这期间，正值中国经历了甲午中日战争和戊戌维新的风云变幻，刚刚开始觉醒并登上政治舞台的资产阶级及其知识分子，怀着向西方寻找救国真理、在中国实现资本主义和致国家于富强的热情，迫切要求从西学西书中吸取思想营养，以作为进行自身建设与启蒙宣传的理论依据。于是传教士编译的书刊（主要是非宗教性读物）一时大行其道，成为人们了解世界大势、西方史地和各种新知识的主要来源。据有关资料统计，到19世纪末，比较活跃的教会出版机构至少有12家以上，编著和翻译的非宗教书籍达几百种。[③]广学会更是影响日大，1893年其出版物销售额仅洋银800余元，此后连年上升，1898年为18000多元，五年之内陡增二十余倍。该会第11届年会（1898年）《纪略》称：“广学会于十年来译著《自西徂东》、《泰西新史揽要》、《中东战纪本末》、《格物探原》、《时事新论》、《列国变通兴盛记》及《万国公报》诸书，初印时人鲜顾问，往往随处分赠，既而渐有乐购者。近三年内，几于四海风行……何况本会各书，屡遭书贾之翻刻，他省不及察，所察而知者四川一省，翻板至十

① 花之安：《自西徂东·自序》，光绪十年（1884）香港刊本。

② 陈伯熙：《上海轶事大观》，上海书店出版社2000年版，第246页。按：本书早年有上海泰东书局1912年版。

③ 参见费正清等编：《剑桥中国晚清史》第十一章“1900年以前的基督教传教活动及其影响”，中国社会科学出版社1985年版。

林乐知

有九种。”[①] 其所列举的6部畅销书中，一半为史书，足见一时风气所趋。

这里，特别值得一提的是林乐知和李提摩太两人的史学活动。

林乐知别号荣章，美国监理会教士。1860年到中国传教，1864年任上海广方言馆教习，后兼为江南制造局翻译馆译书，并创办《教会新报》（后改名《万国公报》）。广学会成立后，被举为协理，主持复刊的《万国公报》，发表过不少有关中外历史的译著，其中影响最大的为《中东战纪本末》，规模最大的为《全地五大洲女俗通考》。《中东战纪本末》（与蔡尔康同译辑）系汇集中日甲午战争期间林、蔡两人发表于《万国公报》的有关论著、译文及上谕、奏疏、军中电文、公牍、布告、条约、中外报道和评述等编成，叙事虽间有谬误，但保存了不少原始资料，包括李鸿章所提供的战时军中密电及欧美时人评论等，对研究甲午战争有一定参考价值。书凡三编16卷。初编8卷，1896年由广学会印行后，因内容触及国内普遍关心的时局问题，声誉鹊起，“远近争购，以先睹为快”[②]。初版3000部很快销售一空。续、三编各4卷，分别出版于1897年和1900年。后全书一再重印，销量达万部以上。《全地五大洲女俗通考》（*Woman In All Landsor China's Place Among The Nations*）由华人任保罗（廷旭）协助编译成，1903年广学会印行。凡十集21卷（另卷首1卷）“上溯千古，下览万国，教化之阶级、政俗之沿革，悉具于编中，都百余万言”[③]。林乐知在序中自谓：“此书虽由鄙人纂辑而成，实不啻为鄙人创著之作。因自古以来，无专考女俗之成书，鄙人殚半生之精力，搜罗东西各国古今经书、历史、道书、地理志、风俗通，以及名人游记、列女传志等书，凡有关女俗者，或有关于教化之盛衰者，靡不采其菁华，以为引证”，前后三年，方纂成此作。

① 参见《万国公报》第120号，1899年1月。
② 朱昌鼎：《中东战纪本末·序》。
③ 林乐知编译：《全地五大洲女俗通考·例言》。

李提摩太

其所论，除女俗外，凡世界各地区各国地理、人种、物产、历史、政情、衣食住行、习俗、宗教、教育及其演变均有介绍，实为一部五洲社会风俗通考。全书于1905年出齐后，曾被列为广学会当年出版物中规模最巨的两大著作之一（另一部为《万国通史》），以黄贡缎装订，“恭呈”中、日两国皇后。

李提摩太别号菩岳，1870年受英国浸礼会派遣至中国传教，1891年起接替死去的韦廉臣任广学会督办（后称总干事）。他一贯主张利用出版物干预中国政治，声称：“从摩西到伟大的犹太先知时代直到现在，政治和真正的宗教从来就是无法分开的。”[①] 为此，它的译著多越出一般的宗教范围，或论政，或论时局，尤注重运用史学进行宣传。如在主天津《时报》笔政期间，其撰写的社论、时评常大谈中外史鉴。以后，又编译了多种史著，其中以《泰西新史揽要》最负盛名。该书系据英国麦恳西（Robert Mackenzie）的《十九世纪史》（*The Nineteenth Century*，1880）译出，由蔡尔康笔录。初以《摘录泰西近百年来大事记》为名（后省略“摘录”二字）连载于1894年3月至1895年5月的《万国公报》，1895年广学会正式出版单行本，改题《泰西新史揽要》。凡23卷，附记1卷。以国为经，以事为纬，记19世纪英、法、德、奥、意、俄、土耳其、美诸国政治、军事、外交、财政、工商、交通、教育、新闻、社会救济、民族问题、殖民地等事，特详于英国，法国次之，末叙罗马天主教廷事。附记论会党、欧洲新政及学校。并称：“若欲博考西学，振兴中土，得此入

蔡尔康

① 参见李提摩太1900年在纽约普世基督教会议上的讲话。转引自江文汉：《广学会是怎样一个机构》，《文史资料选辑》第43辑。

《泰西新史揽要》

门之秘钥，于以知西国之所以兴，与夫利弊之所在，以华事相印证，若者宜法，若者宜戒，则于治国读书之道，思过半矣。”[1]是书初版即行销30000册，其后连年重印，不少书商还私自翻刻或删为节本刊行[2]，成为当时“最风行的读物”。

李提摩太不仅身体力行于此道，还把这种方针极力贯彻到广学会的出版事业中去，他主持广学会的25年间（1891—1916），也是该会编译出版史书最多的时期。直至辛亥革命以后，他还根据曾在埃及和印度担任过殖民政府首脑的英国克罗麦爵士（Lord Cromer）、莫理爵士（Lord Morley）、赖亚尔爵士（Sir Alfred Lyall）等人的意见，由广学会出版了一套英、美伟人传记，如格兰斯顿、毕查但（Lord Chatham）、毕维廉（William Pitt）、华盛顿、翟斐生（今译杰弗逊）、哈密登（今泽汉密尔顿）、林肯、李统帅传等，企图以此来指导中国政治或民国政府官员。不过，由于形势的变化，这些史书的影响已远不能和19世纪末传教士译著相比了。

事实上，自1900年后，传教士史学活动的影响便已开始从顶峰上跌落下来。这是因为，经过义和团运动，不少传教士在镇压义和团运动中扮演了很不光彩的角色，这就大大改变了某些英美新教传教士原先在一部分中国士人心目中的“西学传播者”形象。同时，1900年以后，国内社会政治思潮主流渐由原来的资产阶级改良主义转向革命。如果说，在戊戌变法前后，英美传教士中不少人曾对此持有不同程度的同情，有的甚至还对变法思潮的形成起过一定的推波助澜作用，那么，对当时方兴未艾的资产阶级民主革命思潮却几乎多持敌视态度，这种违背历史潮流的举动，自然只能使他们在中国人民及其知识分子中日益孤立，从而

① 李提摩太：《泰西新史揽要·译序》。
② 如1901年吴兴周氏梦坡室刊有周庆云节录8卷本。

造成其出版物读者的减少。另外，更值得注意的是，由于这一时期大批青年赴欧美、日本留学和学成归国，中国已出现了通晓东西文字并对西学有相当修养的知识分子群，他们在新的历史条件下充当了中外文化交流的主要媒介，除了严复等人直接通过西文著作译介西学外，更多的人则转由翻译日文著作间接输入西学和近代史学。五四前后，一些从欧美归来的知识分子，对西学进行了规模更大、更系统的输入，这就使西方传教士完全失去了昔日译介西书时得天独厚的地位。这一点，就连传教士自己也感受到了。五四以后，曾经盛极一时的广学会终于被迫改变李提摩太任总干事时代直接干预现实政治的方针，宣称今后将“专出基督教书籍以为播道之用”[①]，并随之大大减少了其出版物中的世俗读物和各类史书。

以上可见，传教士在近代中国的史学活动及其影响的消长，是和其在华政治势力特别是社会影响的起落相一致的。

三、传教士史学的思想倾向

虽然来华传教士的思想不一，情况各异，史学观点也不尽相同，但如果仔细分析一下现在所能看到的大部分传教士史著，仍能从中发现一些共同的史学思想倾向。

一是极力宣扬宗教神意史观。如慕维廉在《大英国志》中便一再宣扬：“作史者衡量古今盛衰升降之势若何，其理若何，有以知所以盛衰升降者之原于上帝。上帝之手不特垂于霄壤，抑且以天对人世事翻之覆之，俾成其明睿圣仁之旨……史册所载，天道微而显，上帝以定律治人，鉴其善恶，降以罪福，天下人人能博稽载籍，感发天良，悔过迁善，斯为要理。”在他看来，一切人事成败兴废，皆取决于上帝，如奉侍神灵不敬，一旦“干上帝怒，国家将衰”。[②]故编史讲史，都当以阐明

① 转引自江文汉：《广学会是怎样一个机构》，《文史资料选辑》第43辑。

② 慕维廉：《大英国志·自序》卷七，第51页。

谢卫楼

此理为要。

在这方面，更为典型的是美国公理会传教士谢卫楼（Devello Zololos Sheffield，1841—1913）编译的《万国通鉴》（*Outlines of General History*）。这是一部用浅近文言编就的世界历史教科书，主要依据韦伯（Weber）、威尔逊（Wilson）、斯温顿（Swinton）的史纲并参考其他辞典、专史等摘译编成，由赵如光笔述，光绪八年（1882）美国长老会在上海开设的美华书馆印行。凡4卷，第一卷略论中国、日本、印度等东方国家史，余3卷分叙西方古代、中世纪和近代主要国家历史，末附地图13幅。谢卫楼声称，该书“已将基督教梗概牢置于历史之中，叙述了其源起、教义、势力消长、涤罪，及其对各国文明产生巨大影响的原因。希望这些关于基督教史的简短说明能使有思想的中国文人学士感兴趣，以便引导他们更仔细地学习其教义”[①]。据此，书中反复讲授“真主创造天地万物”的一套神学说教，评价史事人物亦莫不以此为归旨。

至于像林乐知、李提摩太这样一些热衷世俗事务，看去宗教气质稍淡的传教士也不例外。他们言必称：“亘古以来，变化世界之大经大法，惟有广行教术，斯为无上上等。”[②]把是否信奉基督教作为衡量国家文明和决定其盛衰的关键，还断言：“凡不奉基督教之国，其政权无一非专制暴虐者也。无论何故，皆可即其国之史事以证之。”[③]如欧洲各国之所以强大，正是因为有基督教“指引迷津”[④]，而中国、日本、暹罗、缅甸、印度等东方国家，“虽已有儒教、释教、神道等教，但尚未为受基督教之国，古昔未受教化之老规仍未尽除，以致不能日进于文明之域”。甚至威胁说：“中国所以不能进于文明富强之地位者，以其与基

① 谢卫楼：《万国通鉴·自序》（原文为英语，今据之译出）。
② 李提摩太译：《泰西新史揽要》卷一〇，第1页。
③ 林乐知编译：《全地五大洲女俗通考》第十集下卷，第50页。
④ 李思·伦白·约翰·蔡尔康译：《万国通史》卷五，广学会1900年版，第7页。

督教为敌，甘蹈逆天之覆辙也。”[①] 这种历史观，显然十分荒谬。一个国家或地区的文明程度，是由其经济、文化、政治等多种因素发展决定的；国家政体的专制或民主，也是社会发展到一定历史阶段的产物，与基督教没有必然的联系。诚然，宗教作为一种意识形态，会对人的思想产生或大或小的影响，欧洲16世纪的宗教改革运动作为资产阶级反封建斗争的序幕，对于解放人们的思想更起过积极的作用，但这本身就是资产阶级社会力量的逐步兴起及其与封建制度的冲突在意识形态领域的反映，而不能头足倒置地把近代欧美各国的社会进步和变革原因统统栽到基督教身上去。

二是公然鼓吹殖民主义“有理有功”论。林乐知在《全地五大洲女俗通考》中振振有词地说：以武力服人，“近时正合于文明诸国之常性”，“彼以为本洲人满为患，极目他洲，类多货弃于地，几有全世界三分之二之土地在黑暗暴虐、积弱不长诸朝廷之手中……此等国度，虚占有用之地，反有妨于全球人类之利益。譬如人身之有赘瘤，去之亦不足惜。由是观之，能自强者，以势力压服之并分其天地自然之利而均享之，亦何伤于公理乎？”又其甚者，则以为上帝创造世界，当作上帝所赐之产业观，“苟见有一地不治，即当引为己任，代为治之。强国所到之处，常征服弱国；（文）明人所到之处，常驱逐野（蛮）人，实据公理而行，本无伤于仁德也”。[②] 按照这种霸权逻辑，近代西方列强对世界各弱小国家的殖民并吞不仅算不得是侵略，简直还是一种无量功德。如郭实腊在《万国地理全图集》中称，地中海沿岸亚非国家“居民劲悍，专在地中海劫商船，三百年来，惊害各国，故佛兰西起水师，渡海以讨其罪而取其邦”[③]。把法国对这一带的殖民侵略说成了除暴安良的行动。李提摩太也说，非洲人“向未受化，杀人放火，掳人为奴，以此为生，良善者常受其虐，残暴不可言状。前百年上下，有荷兰及英人命将出师，先往亚非利加南隅辟地，渐成小国，野人亦渐受教化，守规矩。近十四年内比国（比利时）悯非洲内地之受残暴掳掠也，乃于非洲中地辟

① 林乐知编译：《全地五大洲女俗通考》第二集上卷第3页、第十集上卷第24页。

② 林乐知编译：《全地五大洲女俗通考》第七集下卷，第55页。

③ 参见《小方壶斋舆地丛钞》再补编第十二帙。

而立国，名孔戈（刚果），设塾以化导之”[①]。在《三十一国志要》中，他还说法国之侵占安南（即越南），乃因安南王虐待教民，一再寻衅之故。对于英国在世界各地、特别是东方的侵略“战功”当然更是称赞不已。

在论及中国近代史时，他们同样采用了这种歪曲史实的手法。如说二次鸦片战争都是因中国方面“不谙事理”[②]，拒绝通商，才引起战端。中日甲午之战中，中国惨败于小国日本，也是因其“不体天心，不和异国，不敬善人”之故[③]。林乐知的《中东战纪本末》还赤裸裸地宣扬帝国主义强权论，认为“夫各国之鹰瞵而虎视者，非尽欲欺侮中华也。弱肉而强食，势有必至，理有固然也”。“若夫各国之入中国，则竟如水之就下，有进无退，有盈无缩也，其孰从而御之哉！”在分析甲午战争的原因时，他把战争的责任多推到中国一边，而对日本军国主义公然干涉朝鲜内政却表示赞赏，说这场战争“中败而日胜，是天之败中国也”，为中国计，只有赶快向日本投降，“无论有无兵费，不妨悉索敝赋以应之”。同时，对中国人民的抗日情绪特别是刘永福等在台湾的抗日斗争则极为反感，斥为“违制殃民，罪无可绾”，诬蔑刘永福“闻警而逃，潜改劲装，苟延残喘”。“眼光如豆者反从而嘉之，而不知其辱国残民。且内地如福州斋匪、甘肃回匪、广州会匪纷纷斩木揭竿，肆行作乱，亦皆刘永福‘自主台湾’一语阶之厉也。”[④]

不少传教士还傲然以优等民族自居，把世界上的人分成三类：最上者为文明的白种人，其次是中国、印度等“半开化人”，最下者为“未开化”的黑人。他们认为白种人对半开化和未开化的有色人种负有一种责任（“White man’s burden”）即将其置于欧美列强的“保护”之下，进行“开化”和“教导”。故他们编译的史书，尤津津乐道于西方人在东方殖民地的“治绩”和推进社会文明之功。如谓“自英人治理埃及以来，百度维新，皆有埃及生平所未见之端”[⑤]。至于英国在印度的殖民统

① 李提摩太：《欧洲各国开辟非洲考》，《小方壶斋舆地丛钞》再补编第十二帙。
② 林乐知：《治安新策》，见《中东战纪本末初编》本，广学会1896年版。
③ 李提摩太：《泰西新史揽要·译序》。
④ 林乐知编译：《中东战纪本末》序，初编卷八第9、34—37页，卷六第18页，卷四第69页。
⑤ 林乐知编译：《全地五大洲女俗通考》第三集下卷，第41页。

治，更成了他们经常挂在口边炫耀的“文明楷模”，说是“自英为政于印度，去其太甚，教所未经，不数年而俗为之一新”。[①]并依据这种观点，编译出版了不少介绍印度的史著，如《大英国治理印度新政考》、《印度史揽要》、《印度政治家事略》等。《泰西新史揽要》在论及英国建立印度殖民政府时也说：“英人之意，欲使此二百五十兆黄发元肤之辈，救之悉登彼岸，不再蹈历代苦海之沈沦。似此大事，实亘古之所未有……吾知后之人浏览今史，必叹息曰：此天意也。天欲使几占地球四分之一之人与地，托付行五万里路绕出阿非利加洲之寥寥数英人，教导而成全之，于是向之罕受教化者、未受治化者、罔知守法者，英皆治之以善政，而以救世教之法，俾之为自主之人。”[②]林乐知译的《印度隶英十二益说》还罗列了印度降为英国殖民地后的所谓息纷争、禁盗贼、正律法、拯疾苦、筑铁路、浚水源、兴营缮、广文学、课吏治、论时政、增进益和通声气等12条好处，并要求中国起而效法，“先于东南方遴择两省地，租归英治，凡有利弊，听其变置……本昔之治印者，一一移而治华”，以成“富强”之国。[③]显而易见，林乐知等人极力宣扬殖民侵略“有理有功”论的目的，是想把中国也变为像印度那样的殖民地。

但是，必须看到，传教士的史著并不只是宣扬了上述思想，要是那样，它们也不会在近代中国产生如此广泛的社会影响了。事实上，其中也确实传播了不少近代西方文化意识，甚至还对中国近代的维新思潮起过一定的积极作用。

从传教士的史著、特别是戊戌变法前后编译出版的史著看，不少都宣传过资产阶级改良思想。如通过中西历史和现状对照，尖锐地指责了中国的专制落后，说：西方国家主民主自由，中国则重君父之权，且“诽谤偶语者弃市，言论不得自由也；谋逆者族诛，罪及无辜也。此岂非明证其为专制君主所立之法乎？”西方国家通过公众选举等方法选用官员，中国则多论门第、循资格；对于维护封建统治秩序的纲常之说，他们直斥为“愚民之要术；又为束缚人心之极端”。并认为造成中国贫

---

① 李提摩太：《时事新论》卷八，广学会1894年版，第11页。

② 参见《泰西新史揽要》卷一二，第25—26页。

③ 参见《万国公报》第94号，1896年。

弱的主要原因：一是恪守旧训，“事事必遵先王之法言”，不知变通；二是受专制之毒，“上下不相亲，权利不平等，为君者以律法束人，不以律法持己，专制主权日炽，而进化之机日窒矣”。[①]

他们认为，要治理好中国，应先取各国之史为借鉴，明其兴衰之由，“以指示愚蒙，使之返躬自省，变法图存”[②]。他们列举史实，反复宣传：凡墨守成规，泥于古法者，其国多衰。如土耳其，本为欧亚间一大帝国，近代以来，因不肯变通旧章，国势日衰。[③]反之，因时而变，勇于改革者，其国常兴。如古希腊“伯理起（今译伯里克利）当国时，除旧布新……推广各等专门新学，国赖以富强”[④]。近代一度落后的意大利“欧洲人皆谓其病入膏肓，而发于百体，几无起死回生之望，今一旦化裁通变，立起沈疴”[⑤]。

为了更具体地说明维新之益，一些传教士还向人们介绍了不少俄、日等国变法图强的历史。李提摩太在任《时报》主笔时，便发表过好些介绍俄彼得大帝改革的文章。1894年，又特意将这些文字以及论述日本、印度、缅甸、安南诸国兴衰史实的文章重加整理，编为《列国变通兴盛记》4卷，由广学会出版，“以为锐意谋新者之嚆矢”[⑥]。对日本变法史的介绍更多些。还在1871年，林乐知编的《教会新报》就发表文章称赞明治天皇“大布新政”的德政，谢卫楼的《万国通鉴》也谓日本自明治以后，“数年之间，举国人心丕变，咸愿学习西国教化”，并极力称赞其推行近代教育、广开民智、发展工商业和电讯交通事业等做法。[⑦]李提摩太的《三十一国志要》和林乐知的《全地五大洲女俗通考》等都给了明治维新以极高的评价。有的还建议中国派人“详考日本之教法，呈诸国家，辨其法之善否，中国可行与否，而思所以创行新教法之事”[⑧]。

---

① 林乐知编译：《全地五大洲女俗通考》第一集上卷，第26—29、17、60页。

② 林乐知编译：《全地五大洲女俗通考·自序》。

③ 李提摩太口译：《土耳其国久睡初醒说》，《万国公报》第35号，1891年。

④ 李提摩太译：《地球一百名人传》卷三，广学会1909年排印本，第2页。

⑤ 李提摩太译：《泰西新史揽要》卷一八，第26页。

⑥ 李提摩太：《列国变通兴盛记·自序》，广学会1894年铅印本。

⑦ 参见《万国通鉴》卷一，第71页。

⑧ 卫理：《日本学校源流考》译本序，江南制造局1899年刊本。

这些主张与传教士史学中的殖民侵略意识似相矛盾，但却恰恰折射出其所处的复杂时代和文化背景。

近代传教士的大批东来，与其时西方资本主义在世界各地的扩张和商品输出以及掠夺廉价原料的活动确有相当关系。英国汇丰银行大班艾迪斯就说过，传教与通商“实质的利益是一致的”[①]。林乐知也毫不掩饰地承认，近年以来，西方国家“相率以传道为先声，以通商为后劲”[②]。此种枯荣相依的纽带，使传教士的史著往往带有为殖民利益服务的一面。

但另一方面，作为西方资本主义的文化人，传教士为其世界观所决定，又必然要在各种场合表现其近代政治和文化意识。尽管传教士带来的大多不是资本主义文化中精髓的部分，然较之中国的农耕文化，总是高了一个历史层次。特别是其史著中对资产阶级民主观念的宣传，在当时中国确有一定的启蒙作用。如林乐知在《全地五大洲女俗通考》中指出，古代东西各国政权代表的只是少数人利益，至18世纪欧洲启蒙运动后，自由平等之说大倡，人们要求恢复“久为暴君所攘夺”的“人生固有之权利”，“其所欲得者，即其本有之公见也。公见维何？即‘国属于民、政府为民而立、政权必出于民’三语而已矣”。书中还简述了伏尔丹（泰）、卢骚（梭）、孟德斯鸠、提德庐（狄德罗）等法国启蒙思想家争人权、争民主的学说，认为其时自由民主之潮已深入人心，“有长进而无退缩，虽经百折而其志不回，正如江流之朝宗于海……今之世主，动以夺人自主为宗旨，是犹欲阻水之入海，能乎不能！”从资本主义观念出发，书中对当时中国社会弊病的批评也显较一般士人锐利。如认为中国等东方国家因“皆守治家之道以治国，家有族长，村有村长，推而至于国家，以君为至尊之独立”，造成“重君轻民”之势，“以视泰西文明诸国以君为尊，亦以民为重，任民自主，君民一心，日新不已，日进无疆，其相去不能以道里计矣”。[③] 又如《中东战纪本末》固然露骨宣扬

① 转引自江文汉：《广学会是怎样一个机构》，《文史资料选辑》第43辑。

② 林乐知编译：《全地五大洲女俗通考》第十集下卷，第18页。

③ 林乐知编译：《全地五大洲女俗通考》第五集上卷第34页、第六集中卷第62—63页、第三集上卷第2页。

了弱肉强食的侵略理论，但其中对中国战败原因的分析，如战前外交失策、因循苟且、守旧闭塞，战时清军将帅的指挥失当、行军无纪，甚至拥兵观望、临阵逃脱等种种腐败情状的揭露，也有不少击中了要害。

此外，从传教士的主观愿望看，也并不希望中国完全保持旧体制的一切。因为在中国实现一定程度的资本主义，无论对传教还是西方列强的经济扩张，都是有利的，这就是为什么他们会一再要求在中国开学堂、发展铁路电讯，并赞同政治改良的原因所在，也正因如此，有的传教士才在史著中屡屡对戊戌变法的失败表示惋惜，甚至还对1901年以后清政府的所谓“新政”提出了责备，认为这只是“新其末而不新其本”的“伪维新”，并说：“伪维新之误国，其祸必甚于其真守旧之误国矣。”[①]

从以上分析可见，传教士的特殊身份，决定了其史学在近代中西文化交流中的双重地位，即既有宣传殖民理论的一面，又有传播近代西学的一面。其主观意图和宣传内容，虽以前者为主，然其客观作用，反而以后者为大。因为一种思想或文化活动，其社会影响的大小，不仅取决于本身的内在价值，也与接受对象的感受、要求和心理状态（或者也可说是“社会客观需要”）有极大的关系。从中国近代思想史的发展轨迹看，由于社会变动的剧烈、政治斗争的风云迭起以及民族救亡图存的急迫性，使人们在相当一段时期内对西学的理解和吸收，往往抱着“经世致用”的急切愿望，采用一种近乎实用的态度，而来不及从理论深处去领会其精髓，以致某些西方学说在传入中国的过程中常因受到这种急于“为我所用”的过滤而被不同程度地变形或者肤浅化，有时一些本来谬误的观点也会因理解和接受角度的不同而产生积极的效果。如斯宾塞的社会达尔文主义，本是一种肯定帝国主义弱肉强食的侵略理论，但传入中国后，却成了促进民族救亡意识高涨的警钟，斯宾塞的全部社会学理论反而没有多少人能领会。传教士史著在中国的遭遇也是如此。他们介绍的世界史地知识和西学，因恰好适应了这一时期中国人迫切要求认

① 林乐知编译：《全地五大洲女俗通考》第十集上卷，第64页。

识外部世界和向西方寻求救国真理的需要而大受青睐，其热心宣扬的宗教神学史观和殖民理论则一直受到冷落。以近代早期魏源、梁廷枏、徐继畬等人的世界史地研究为例，他们的著作虽大量引用传教士提供的资料，但对其中的宗教观念，却毫无例外都持批评态度。戊戌变法前后出现的传教士史著，固然多带有殖民主义意识，但这类宣传的效果，恐怕连传教士也感到失望。相反，其中的维新改良思想，却产生了积极的社会共鸣。梁启超《读西学书法》介绍《泰西新史揽要》时，就特别强调其“述百年以来欧美各国变法自强之迹”的内容，变法期间，康有为还将此书与《列国变通兴盛记》和《列国岁计政要》一并上呈光绪皇帝，由此亦可见这些书在维新派心目中的价值所在了。明乎此，我们对于传教士编译的那些并不高明的史著，包括被某些西方学者称为“第三流的历史著作中最叫人恶心的渣滓”——《泰西新史揽要》①，竟会在近代中国获得如此广泛流传的历史现象，也就不会感到困惑不解了。

四、传教士的史学活动与西方史学的输入

传教士编译的史书，虽多属世界史地知识的一般介绍，而很少对西方史学理论和方法作有意识的探讨，但这些人既然来自资本主义国家，受过西方文化的熏陶，所译史著又多本自西书，其史学观念和史书表现形式也就不可避免地会带有某些近代特征。

较早对西方史学有所介绍的是慕维廉，他在1856年刊印的《大英国志·凡例》中说：“英史体例与中国不同，中国设立史官及起居注、实录，而易代修史，具有章程。泰西诸国无史官，士民皆得纪载国事……观者勿以中国体例例此英史也。”并说中西史书不仅纪年方法不同（一为帝王年号纪年，一为耶稣纪年），且记事内容也各有侧重，中史多详人物传记，西史则“有本纪而无列传（名人事迹具见他书），一

① 参见费正清等编：《剑桥中国晚清史》，第625页。

代政教兵刑，事无大小，悉统于纪。体例既异，文字遂繁，观者勿讥其凌杂无节也”。为了投合中国读者的口味，他所编译的《大英国志》并未一遵原书体例，而是模仿中国传统史书体例作了相应变动。如将原书按朝代顺序记事比附于中国纪传体史书的本纪；鉴于中国正史多有志书记载典章制度，又在书末添立原书所无的职政、刑法、教会、财赋、学校、农商、兵、地理等八志略。八志的名称多取自中国旧史，然其内容却显示了西方资本主义特点。如职政、刑法志略记英国议会制度和司法制度；教会、农商两志更为中国旧史所无，叙述了西方社会特有的宗教和商业发达情况。这种体例，反映出近代早期来华传教士史学的某种不自然的中西杂糅文化色彩。

19 世纪七八十年代以后出现的传教士史著，更多地直接采用了西方史书编纂体例，从谢卫楼的《万国通鉴》，艾约瑟译的《希腊志略》、《罗马志略》、《欧洲史略》（1884—1886 年总税务司印本）到林乐知、李提摩太的史著，有不少都是和中国传统史书体例不同的章节体，有的还大量运用了新式图表。如《俄国新志》和《法国新志》中，举凡人口、土地、矿产、工农业产值、进出口额、财政收支、军队、船炮，乃至宗教信仰、教育普及率、社会犯罪率等变化情况，无不列表以见。这

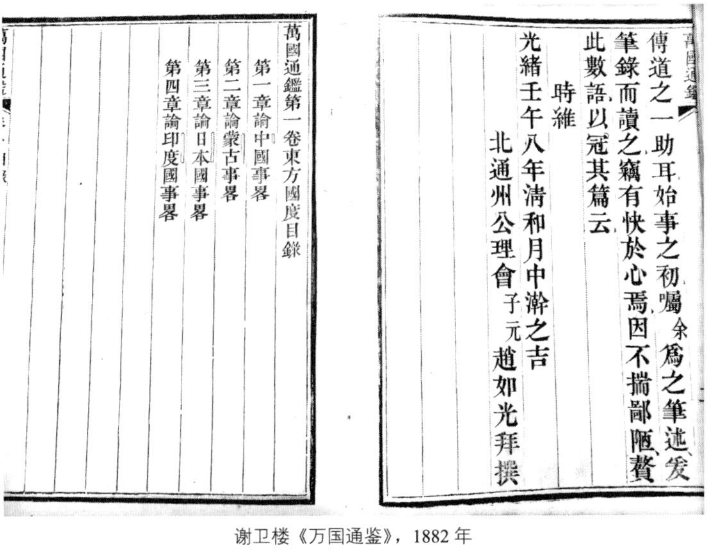
傳道之一助耳始事之初囑余爲之筆述爰
筆錄而讀之竊有快於心焉因不揣鄙陋贅
此數語以冠其篇云
時維
光緒壬午八年清和月中澣之吉
北通州公理會子元趙如光拜撰

萬國通鑑第一卷東方國度目錄
第一章論中國事畧
第二章論蒙古事畧
第三章論日本國事畧
第四章論印度國事畧

谢卫楼《万国通鉴》，1882 年

些表与中国传统史书中侧重于名物变迁和事态沿革考察的世系表、百官公卿表、大事表、地理沿革表等不同，突出的是各类经济或其他社会现象的数字统计，反映了西方近代史学注重量变分析的发展趋势。在运用插图方面，《全地五大洲女俗通考》和《万国通史》尤有特色，前者收入插图 1400 余幅，后者也有近千幅，内容包括自然景色、古今各地风物、器具、建筑、习俗、服饰、历史事件、人物、古迹等，大多描摹精美细腻，富有实感。在史书的文字表达上，传教士也多主张通俗和大众化，以为“苟以探奥之文理，自炫其长，则其所译之书，必不能家喻户晓，似于开通民智之本意正相反矣”[①]。

与此同时，传教士史著还引用了一些西方近代史学的观点和研究方法。如达尔文的进化论，最初便是由传教士的译书先简单介绍到国内的。1873 年，江南制造局出版的由美国传教士玛高温（D. J. Macgowan）和中国学者华衡芳合译的《地学浅释》，就提到了“物种可变”说，此后，傅兰雅编的《格致汇编》（1877）、丁韪良的《西学考略》（1883）、艾约瑟的《西学略述》（1886）等也都介绍过一些拉马克和达尔文有关自然界进化和人猿同祖的观点。只是开始时传教士对这些观点的态度并不积极。但在 1890 年代后，他们的一些史著已不同程度地接受并运用了进化论观点。如李提摩太在《泰西新史揽要》中便表达过今人胜于古人的看法。有的还以进化论驳斥了旧式的循环史观，说：“世运盛衰之说，不足凭也。自古以来，论国则有盛有衰，论教化则有进无退，即有时或有他故，致教化有退缩之象，而其发皇透达之萌芽，则仍伏于其中而未有已也。”[②] 甚至认为：“朝局虽有废兴，国政虽有成败，而世人则必有进境。故读史而眼明如月者，从甲国之兴以迄于败，又观乙国亦复如是，人似觉周而复始，或将仍返其故步，实则岂其然哉？如螺钉然，一转一深，出于人之所不及，盖自古至今所谓进而益上者，大率类此也。”[③]

19 世纪中叶以后，西方社会学、人类学、民族学、考古学等相继兴

---

① 林乐知编译：《全地五大洲女俗通考·例言》。
② 林乐知编译：《全地五大洲女俗通考》第六集下卷，第 73 页。
③ 李思：《万国通史》前编自序，广学会 1900 年版。

《全地五大洲女俗通考》

起，其研究方法和成果给历史学以相当影响，一部分传教士的史著，也反映了史学的这一发展趋势。

如林乐知编译的《全地五大洲女俗通考》，就运用了不少社会学和民族学的观点方法。书中划分历史阶段，并未采用当时一般新体史书常用的上古、中古、近世的笼统概念，而是按社会文明程度分为未教化、有教化和文明教化三个时期。未教化时代，为文字发明之前的原始氏族社会，其时人们极重血缘关系，崇拜雷电风雨等自然现象；有教化时代，国家和君主已产生，文字已出现，社会分工日益发达；文明教化时代，为文化发达、人有民主自由权利的资本主义社会。值得注意的是，在论及美国土著风俗时，他还吸取了摩尔根《古代社会》的观点，介绍了一些北美依罗圭（易洛魁）人氏族社会的部落规制、宗教信仰、风俗习惯、工具制作等情况，如述其原始图腾制度谓：“凡各族，皆有一记号以表明之，其记号，皆用一种生物之象，有如依罗圭族中，以熊族、龟族、狼族为贵族。”又说：“土人并无治法，大概皆释放自由，不相统摄，惟各族有一长，亦有名位而无治权，一切要事，皆由族众会议而定，与议院相似。”[①] 这对于开阔人们的历史视野，无疑是十分有益的。

在运用近代考古学理论和方法治史方面，比较突出的是李思（John Lambert Rees）译辑的《万国通史》（*History of Ancient and Modern Nations*）。该书凡30卷。前编10卷，述太古至古希腊、罗马时期历史，由蔡尔康笔述，1900年上海广学会出版。续、三编各10卷，分述英、法、德、俄四国历史，由曹曾涵笔述，分别出版于1904年和1905年。在译本序中，李思充分肯定了西方学者以“考古之学合诸古史，比类而观”，即将考古资料与文字史料相结合研治古史的方法，并对西方近代考古史

① 李思：《万国通史》第九集上卷第四章“美国土俗考”，第12—14页。

及方法做了扼要说明。认为人类早期历史，文献阙载，后代留下的传说又多难以征信，“即如中国古家述盘古、三皇、伏羲，神农诸事，考古者谓不尽可凭”。为了掌握有关上古社会状况的可靠材料，西方考古学者力求通过科学的野外发掘，“以取真凭。佣工掘物出地之时，又必亲见其果在何层，以凭论定。似此悉心体认，固不独一人然，且不独一地然也。欧亚斐美各洲皆有人遵其道而行之，且共著书立说，互相质证，确切不移，从此未有书契以前之古事彰明较著，不啻有史乘之留遗”。并指出，考古学的研究证明了人类社会的发展是一个“由粗入精”的过程，“大抵皆经历古石、新石、铜、铁四代，然后渐而成今日之盛。若论中国地底，唯于蒙古掘得石镞，可知其石代之有人，他处则直至此时从未经人考察，不详其太古之情景。然自今以后，当有借此法以穷究皇初者，度其寻得之踪迹亦必如他处之有此四代也”①，主张运用考古学来推进中国古史研究。书中，译辑者引用了不少考古资料考证各国古史。如据埃及石碑文及赫涕王大宫遗址述历史古国赫涕（即赫梯）事迹，据德国考古学家许雷门（Heinrich Schliemann，今译谢里曼）1871年至1873年间发掘特洛伊古城遗址的发现以证荷马史诗中有关记载等。在叙述地球远古情况时，该书还引用了古地理学、古生物学、天体物理学的某些研究成果，并从人类学、语言学等角度考论了人类起源问题。

可见，来华传教士的史学活动，是近代前期西方史学输入中国的主要途径之一。虽然这种输入对传教士来说，多非出于自觉，且缺乏系统性，但对于冲击和更新中国的传统史学观念，丰富中国史学的表现内容和形式，促进中国史学的近代化，仍有一定的积极意义。

---

① 李思：《太古志》，《万国通史》前编卷一，第6、26—27页。

第三章

二十世纪初的新史学思潮

第一节　新史学思潮与近代史学的开启

一、新史学思潮的兴起

20世纪初，中国史学界兴起了一股富有生气的新史学思潮。它的出现，有着崭新的时代意义。

自1870年代起，随着近代机器工业在国内出现，民族资本主义开始走上了艰难的发展道路。19世纪末至20世纪初，随着民族资本主义的初步发展，资产阶级开始形成独立的政治力量，登上了历史舞台。为了建立资本主义制度，改良派和革命派不仅先后发动了戊戌维新运动和辛亥革命，还通过办报纸、兴学堂、开学会，著书立说，输入西方近代社会政治和哲学理论，进行了一系列启蒙宣传，力图确立起本阶级在意识形态领域的主导地位。新史学思潮的兴起，就是当时国内资产阶级文化启蒙运动的一个重要方面。

新史学思潮的形成，有一个逐步酝酿的过程。还在戊戌变法之前的1896年，梁启超就在《变法通议·论译书》中提出，中国旧史，“所重在一朝一姓兴亡之所由，谓之君史”，西国之史，“所重在一城一乡教养之所起，谓之民史”，认为这是传统史学的不足。次年，又在《续译列国岁计政要叙》中把历史分为“君史”、“国史”和“民史”三种，指出西方资本主义国家最兴盛的是“民史”，而在中国，二千年来民史“几绝”，凡正史、编年、载记、传记、纪事本末、诏令奏议各类旧史，“强半皆君史也”，其内容“不过为一代之主作谱牒，若何而攻城争地，若何而取威定霸，若何而固疆圉、长子孙，如斯而已。至求其内政之张弛，民俗之优绌，所谓寖强寖弱与何以强弱之故者，几靡得而睹焉……

是故君史之敝极于今日”。1897年至1898年，严复在《国闻报》刊出翻译斯宾塞的《社会学研究》第一篇《论群学不可缓》，其中也批评“前史体例”“于君公帝王之事，则虽小而必书，于民生风俗之端，则虽大而不载。是故以一群强弱盛衰之故，终无可稽”。[①] 徐仁铸则在《湘学报》上撰文指责中国正史不过是“十七姓家谱”而已。[②] 戊戌变法以后，对封建史学的批评逐步增多，以至连和洋务派很接近的罗振玉也在1899年作的那珂通世《支那通史》翻印本序中说，以进化论观点衡量中国旧史，“则唯司马子长氏近之，此外二十余代载籍如海，欲借以知一时之政治风俗学术，比诸石层千仞，所存殭石不过一二，其他卷帙纷纶，只为帝王将相状事实作谱系，信如斯宾塞氏‘东家产猫’之喻，事非不实，其不关体要亦已甚矣”[③]。只是这些批评都较零碎，并未在史学界产生广泛的影响。

新史学思潮的真正崛起，是在20世纪初，特别是1901年和1902年梁启超的《中国史叙论》和《新史学》发表之后。在这两篇震动一时的史论中，梁启超以痛快淋漓的笔墨，高屋建瓴的气势，对二千多年来的旧史学作了猛烈而有系统的批判。他痛斥二十四史不过是二十四姓帝王之家谱，“曾无有一书为国民而作者”，其中连篇累牍，记载的不外是“有权力者兴亡隆替之事”[④] 和统治集团间争权夺利的血腥残杀，“真可谓地球上空前绝后之一大相斫书也”。至于“本纪列传一篇一篇，如海岸之石，乱堆错落，质而言之，则合无数之墓志铭而成者耳！”并指出，旧史学的最大病根在于“四蔽”，即“知有朝廷而不知有国家”，“知有个人而不知有群体”，“知有陈迹而不知有今务”，“知有事实而不知有理想”。其褒贬予夺，一唯统治者旨意是遵，数千年来旧史家争辩不已的“正统”问题和“春秋笔法”，实际上正是以帝王之是非为是非的典型表现，“一言以蔽之曰：自为奴隶根性所束缚，而复以煽后人之奴隶

① 原译文见《国闻汇编》1897年12月8日第一册、12月28日第二册、1898年1月7日第四册，即1903年出版的《群学肄言》中《砭愚》，但文字较原来有改动。

② 徐仁铸：《輶轩今语》，《湘学报》1898年3月13日第30册。

③ 据甘孺辑述《永丰乡人（罗振玉）行年录》，此序实出王国维手。

④ 梁启超：《中国史叙论》，《饮冰室合集·文集之六》，第1页。

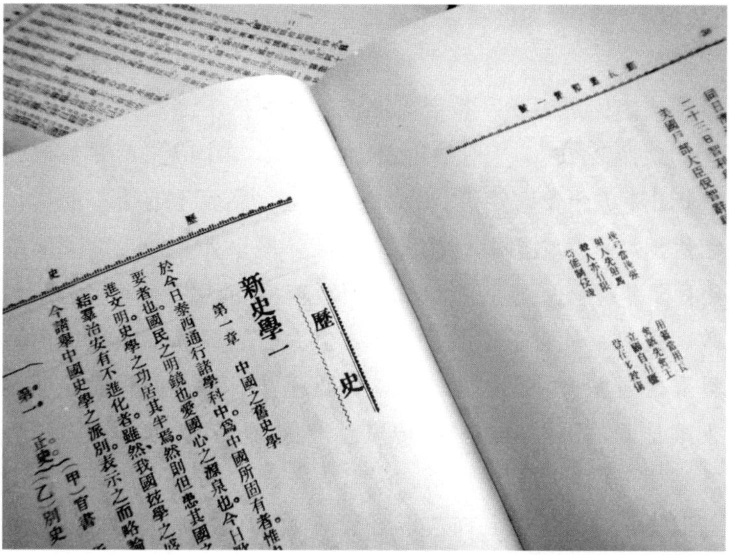

梁启超《新史学》，刊《新民丛报》第 1 号，1902 年

根性而已”。这种批判，已触及到了旧史学的核心——帝王中心主义及其正统史观的实质，因而具有相当的深刻性。在编纂学上，他认为旧史学也存在二大弊病：其一，能铺叙而不能别裁；其二，能因袭而不能创作。旧史家中，除司马迁、杜佑、郑樵、司马光、袁枢、黄宗羲等少数人外，大多“陈陈相因”，毫无创新。这样的史书，只能是以往历史的呆板记录，既不能结合实际，究明社会政治、经济和文化生活的优劣得失，以利民生，其上者也不过充当帝王的“政治教科书”，与国家民族的事业毫无关系，更不能显示群体进化之理，以“鉴既往之大例，示将来之风潮”。据此，他呼吁进行“史界革命”，“呜呼！史界革命不起，则吾国遂不可救，悠悠万事，惟此为大”①，要求按照资产阶级的面貌改造传统史学，建立适应日益变化着的近代社会需要的“新史学”。

梁启超对旧史学的批判和“史界革命”口号的提出，在当时引起了极大的社会共鸣。就在《新史学》发表后不久，马君武在《法兰西近世史》译本序中沉痛地说：“吾中国尘尘四千年，乃有朝廷而无国家，有君谱而无历史，有虐政而无义务，至于今日。”1902 年 10 月，

① 均见梁启超：《新史学》，《饮冰室合集·文集之九》，第 3—6 页。

《新民丛报》转载新加坡《天南新报》的文章《私史》中也指出，中国旧史“把数百年事务，作一人一家之谱而为之，一切英雄之运动，社会之经练，国民之组织，教派之源流，泯泯然，漠漠然，毫不关涉”，“甚矣中国之无公史”。[①]有的论者还发出了“中国无史”的感叹，如黄炎培等指出，二十四史于“兴灭成败之迹，聒聒千万言不能尽，乃于文化之进退，民气之开塞，实业之衰旺，概乎弗之道也”，“恫哉，我国无史！”[②]甚至像王舟瑶这样旧学传统较深的学者也说：“西人之史，于国政、民风、社会、宗教、学术、教育、财政、工艺最所究心，所以推世界之进状，壮国民之志气。中国之史，重君而轻民，陈古而略今，正闰是争，无关事实，纪传累卷，有似志铭，鲜特别之精神，碍人群之进化，所以贻新学之诮，来后生之讥。”[③]不仅如此，不少学者都把对旧史学弊端的批判锋芒指向了专制主义，如邓实认为，秦以后，由于统治者的严密控制，“史在朝廷，史局由朝廷诏设，史职由朝廷特简，监修有官，分纂有官”，“举天下之史而专制之”，致使私家动触禁网，而官修书则“惟贡其谀佞，舍铺张虚美盛德大业外无文字”[④]，严重阻碍了史学的正常发展。赵必振指出，旧时代君权的极度膨胀，使旧史家的眼光往往局限于君主的活动，以至秉笔记事，多以叙述朝代兴衰、旌忠表烈为务，“以社会之大，民族之众，而以彼一姓一族一人而统括之，私矣小矣，夸矣误矣”[⑤]。这些批判，无疑从根本上动摇了旧史学的基础。

20世纪初中国史学界对旧史学的批判，不仅有资产阶级改良派和革命派，还有一部分受到西学影响的开明封建学者。这就表明“新史学”的主张已在史学界得到了广泛的响应，并形成一股深入人心、澎湃激荡的学术文化思潮了。

---

① 参见《新民丛报》1902年10月31日第19号“舆论一斑”。

② 支那少年编译：《支那四千年开化史·弁言》，支那翻译会1903年初印本。据郑逸梅《艺坛百影》中《黄炎培的著作》一文，该书系黄炎培、邵力子、张伯初三人译编。

③ 王舟瑶：《京师大学堂中国通史讲义》（贰编），《论读史法》，商务印书馆1904年版。

④ 邓实：《民史总叙》，《政艺通报》1904年第17号“政学文编”。

⑤ 赵必振：《日本维新三十年史》译本序，广智书局1902年印本。

二、新史学的宗旨

在猛烈抨击传统旧史学的同时，资产阶级史学家还旗帜鲜明地提出了一系列建立新史学的主张。这些主张，最根本的就是要求改变旧史学为专制统治利益服务的状况，提倡为“国民”写史。他们认为史学不应只是为帝王统治术提供“资鉴”和从事封建伦理纲常说教，而应“叙一群人相交涉、相竞争、相团结之道”及其“所以休养生息同体进化之状”，着力于探讨整个国家和民族兴衰之故，使之成为“国民资鉴”，以激发人们的爱国心，教育团结国民和推进社会文明。为此，梁启超提出了一个崭新的史学命题：“历史者，叙述人群进化之现象而求得其公理公例者也。”[①]强调历史研究必须注意从纷纭错综的历史现象中，寻找其发展变化的因果律，“说明其事实之关系与其原因结果”，“探察人间全体之运动进步，即国民全部之经历及其相互之关系”。[②]“使后人循其理率其例，以增幸福于无疆也。”[③]有的学者还认为：“夫历史之天职，记录过去现在人群所表现于社会之生活运动与其起原、发达、变迁之大势，而纪念国民之美德，指点评判帝王官吏之罪恶，使后人龟鉴之、圭臬之，而损益、而调剂、而破坏、而改造、而进化者也。”[④]

围绕着新史学的这一宗旨，资产阶级史学家提出了一系列具体要求。

首先，在观点上，主张以西方进化论历史观为指导，反对复古倒退、停滞不变或“一治一乱”循环不已的传统旧史观。如曾鲲化指出：“近世以来，英国大哲学家达尔文，斯宾塞等，阐发天演公理，曰‘社会者，经岁月而愈复杂者也。人智者，经复杂而愈进化者也’。余谓历史学之精神，亦以此为根据地。”[⑤]梁启超认为，“就历史界以观察宇宙，则见其生长而不已，进步而不知所终，故其体为不完全，且其进步又非

① 梁启超：《新史学》，《饮冰室合集·文集之九》，第10页。

② 梁启超：《中国史叙论》，《饮冰室合集·文集之六》，第1页。

③ 梁启超：《新史学》，《饮冰室合集·文集之九》，第11页。

④ 横阳翼天氏（曾鲲化）编译：《中国历史·中国历史出世辞》，日本东新译社1903年版。

⑤ 横阳翼天氏（曾鲲化）编译：《中国历史》，第3页。

为一直线，或尺进而寸退，或大涨而小落，其象如一螺线，明此理者，可以知历史之真相矣”。不仅如此，他们还要求以新的价值尺度，来重新评价历史事件和人物的功过是非。梁启超在批判旧史学的“正统”观和褒贬“书法”的同时，就针锋相对地提出：“统也者，在国非在君也，在众人非在一人也。舍国而求诸君，舍众人而求诸一人，必无统之可言，更无正之可言。”因此，在有君主的国家，如真要讲“正统”，只有如英、德、日这类“以宪法而定君位继承”的君主立宪国，才能算得上。至于史书的“书法”，则当以“伟大高尚之理想，褒贬一民族全体之性质，若者为优，若者为劣，某时代以何原因而获得强盛，某时代以何原因而致衰亡，使后起之民族读焉而因以自鉴曰‘吾侪宜尔，吾侪宜毋尔’”。也只有这样，方能“使百世之下，闻其风者，赞叹舞蹈，顽廉懦立，刺激其精神血泪，以养成活气之人物”。[①] 曾鲲化《中国历史》在评论伯夷、叔齐“扣马而谏”周武王伐商，商亡后“义不食周粟”而死的事迹时，认为：“古今学者，皆贤夷、齐。虽然，贤者何？能为国民增福，为社会改良之谓也。商纣之横暴也，社会惨无天日，武王以英武之资，悯国民之深入地狱，出其阔刀巨斧，杀民贼纣，破坏旧恶之社会，以改造新社会。而夷、齐乃妄谓不仁……其意盖谓既为天子，则君臣之分定，虽君王曾禽兽之不如，亦当俯首事之，而可置国民于不问。虽然，国家者，国民公共之产物也。国王者，国民所请之公奴隶，以经理国务者也。今国王不惟不能监督国事，而反肆蠹于国民，则国民屠之戮之，岂非应尽之义务乎……后世一孔之儒，无夷、齐之志，而师其言为经典，妄诋毁古今为国民造新社会之大英杰大革命家，而为我国进化之度之一大阻力也。”[②] 这些看法，在当时确使人耳目一新，也反映了他们试图为新史学建立评价史事人物标准的用意。

其次，在内容上，要求突破封建史学以帝王将相为中心和政治史为基干的狭隘格局，把记载和研究范围扩大到智力、产业、工艺、美术、学术、宗教、风俗、教育、交通等人类生活的各方面。如汪荣宝在《史

---

① 梁启超：《新史学》，《饮冰室合集·文集之九》，第 29 页。

② 横阳翼天氏（曾鲲化）编译：《中国历史》，第 84—85 页。

学概论》中指出："人间社会为最复杂之现象。故历史有种种之方面，若政治，若法律，若宗教，若产业，若学术技能，无一非人间社会之产物，即无一非历史之要素。"[①] 只有对历史现象进行多方面的综合考察分析，方能认识"历代国民全部运动进化之大势"。与此同时，他们还要求改变旧史学偏重于古史的陋习，把研究重心转移到与现实生活联系更为密切的当代史方面，做到"详近略远"，及时总结历史经验，为人们的现实生活提供借鉴。

第三，在方法上，要求突破传统史学方法的束缚，充分吸收地理学、地质学、人类学、考古学、语言学、政治学、宗教学、法律学、经济学以及伦理学、心理学、物理学、社会学乃至生物、化学、数学等各种现代科学新成果和新方法。认为："世运渐进，学术之分科亦如工艺之分业，源一流百，互相会通，凡今日众多之科学，通观之，无不有昆弟伯叔之关系，断无一种之学术，不借他学之应援而独立自存者也。史学之范围，既极广博，从而其求援于他学之点亦与为多焉。"不少学者还主张按照西方近代史学观点，把历史学建设成一门科学。他们强调，过去的史学，即使讲求借鉴作用，亦"不过撮录自国数千年之故实，以之应用于劝善惩恶之教育，务使幼稚者读之而得模拟先哲之真似而已"，故只是一种叙述，"而未能完成其为科学之形体。就此众多之方面与不完全之形体，而予以科学的研究，寻其统系而冀以发挥其真相者，是今日所谓史学者之目的也"。[②] 在研究中，他们要求把横向考察和纵向考察结合起来，一方面应注意史事人物与周围环境及其他事件的相互影响作用，避免孤立地看问题；另一方面，应依据不同时代的实际，"详细观察其精神行动渐次相异之点，而后可以为适当之品评焉"。切忌以今人思想附会或苛求古人古事，如"不以时代之思想铭诸其脑，则夫历史之事实，岂能免多少之误解乎？"[③] 虽然在历史学能否成为一门"科学"和成为怎样一门科学的问题上，学术界一直存在着争议，但这一学科建设

---

① 参见《译书汇编》1902 年第 9 期。

② 汪荣宝编译：《史学概论》第五节"关于史学之学科"、第一节序论，《译书汇编》1902 年第 10、9 期。

③ 汪荣宝编译：《史学概论》第三节。

目标的提出，本身就是史学史上的一大进步。

第四，在表现形式上，反对模拟因袭旧史体，主张创新。如章太炎在《中国通史略例》中就提出，新的中国通史应“旨在独裁”。陈黻宸也在《新世界学报》上撰文提倡“据我中国古书，旁及东西邻各史籍，荟萃群言，折衷贵当，创成史例”①。更多的则是采用当时西方传入中国不久，能较好反映历史发展过程中各种纵横交错关系而又叙事清晰的章节体。鉴于中国旧史“无论何体何家总不离贵族性，其读客皆限于少数特别阶级——或官阀阶级，或智识阶级，故其效果亦一如其所期助成国民性之畸形的发达”②，新史学从为“国民”服务的目的出发，还在史书文字表达的通俗化和大众化方面作了一些努力。如梁启超的不少史著，便是以浅显的文言写就的，读去朗朗上口。特别是当时的《中国白话报》、《杭州白话报》等刊物，专辟有“历史”或“历史故事”栏，以通俗的口语写作向人们介绍中外历史知识。有的还以下层市民百姓喜闻乐见的演义体形式编写史书，如观我斋主人的《罂粟花》（一作《通商原委》，内容有关鸦片战争史）、我佛山人（吴趼人）的《两晋演义》和《云南野乘》、蔡东藩的中国历代通俗演义以及《泰西历史演义》等。

新史学主张的提出，反映了新兴阶级力图从观点、内容、形式上全面改造传统史学，使之成为适合现时代需要的文化意识形态的愿望。为了更好实现这一目标，陈黻宸还提出了“史之独权”说，建议赋史家以“独权”，具体设想是：“今拟位太史公于诸王公上，于京师辟一太史馆，以太史公主之。太史公有参政之责、议政之任，如东西邻之司法大臣然。国有大事，则议而决之，且书而垂之。忤上意者勿得罪……各直省府州厅县遍设分史馆，以卿大夫主之，弗孚民望者黜不庸。重其责，多其员，以察民之好恶性情与风俗事业之不同，如欧美各强国之调查然……太史公之去就，视乎各史馆之卿大夫；各史馆卿大夫之进退，视乎民。如是，斯可以言史之独权也。”③这一设想，似是受清初黄宗羲

---

① 陈黻宸：《独史》，《新世界学报》1902年第2期。

② 梁启超：《中国历史研究法》，《饮冰室合集·专集之七十三》，第28—29页。

③ 陈黻宸：《独史》，《新世界学报》1902年第2期。

《明夷待访录》中“学校”篇的启发而来，其意义也不仅仅是扩大史官权限的问题，实际上是想建立一种直接向国民负责、独立而不受其他权力牵制的民情采访和舆论监督，兼有报馆和议会职能的机构。不过，其中要求摆脱专制统治对史学的控制，使史学直接为当代社会特别是资产阶级利益服务的用心是很明显的。

三、新史学的初步实践

在新史学思潮的直接推动下，不少进步史家开始运用近代史学观点治史，并取得了一些初步成果。这一点，可从以下几方面看到。

（一）对近代史学理论的介绍和研究

中国古代史学虽素号发达，但专业史学理论的探讨却不甚为大多数史家所重，系统研究史法的仅刘知幾、章学诚等寥寥数家，其余各家即使对此有所论及，亦较零碎分散。新史学思潮兴起后，由于提倡运用“科学”方法治史，使人们愈来愈感到系统掌握近代史学理论和方法的重要性，于是出现了不少有关译作和著述。《译书汇编》、《汉声》、《游学译编》、《学报》、《学部官报》等刊物纷纷译载日本近代史家坪井九马三、久米邦武、浮田和民以及英国实证主义史学家巴克尔等人的史学理论著作；专门探讨史学理论的论著日趋增多，如梁启超的《中国史叙论》、《新史学》以及后来撰成的《中国历史研究法》，陈黻宸的《独史》和《读史总论》，邓实的《史学通论》，马叙伦的《史学总论》和《史界大同说》，曹佐熙的《史学通论》等；此外，一些外国史、世界史编译著作以及新体史著的绪论中，往往也辟有介绍一般近代史学理论的专节。史学专业理论一时引起史学界如此广泛的重视，这在中国史学史上确是破天荒的，它对更新人们的史学观念和中国史学向近代的转型，无疑起了很大的促进作用。

（二）尝试编写新体中国通史

为了改造传统旧史，一些学者还按照新史学的要求，提出了编写新体中国通史的设想，其中最为引人注目的是梁启超、章太炎、陈黻宸三家的编史方案。

梁启超在1901年就“欲草一中国通史，以助爱国主义之发达”。他的《中国史叙论》，便是该通史的“叙论”部分。据《饮冰室合集·专集之四十九》所附“原拟中国通史目录”，其书计划分三大部：一为政治之部，包括朝代、民族、地理、阶级、政制组织、政权运用、法律、财政、军政、藩属、国际、清议及政党十二篇；二为文化之部，包括语言文字、宗教、学术思想、文学、美术、音乐剧曲、图籍、教育八篇；三为社会及生计之部，包括家族、阶级、乡村都会、礼俗、城廓宫室、田制、农事、物产、虞衡、工业、商业、货币、通运十三篇。观此可知，其体裁实兼容典志体与纪事本末体而成。

1902年7月，章太炎在致梁启超的信中，也阐述了自己编写通史的设想，以为“今日作史，若专为一代，非独难发新理，而事实亦无由详细调查。惟通史上下千古，不必以褒贬人物、胪叙事状为贵……一方以发明社会政治进化衰微之原理为主，则于典志见之；一方以鼓舞民气、启导方来为主，则亦必于纪传见之”，主张融合心理学、社会学、宗教学诸新理，在兼采各种传统史体之长的基础上，创立新史体。书末并附所拟“中国通史目录”[①]。以后，又将此目录稍事修订，附刊入《訄书》重订本《哀清史第五十九》。其目分五表（帝王、方舆、职官、师相、文儒）、十二典（种族、民宅、浚筑、工艺、食货、文言、宗教、学术、礼俗、章服、法令、武备）、十记（周服、秦帝、南胄、唐藩、党锢、革命、陆交、海交、胡寇、光复）、九考纪（秦始皇、汉武帝、王莽、宋武帝、唐太宗、元太祖、明太祖、清三帝、洪秀全）、二十五别录（管商萧葛、李斯、董公孙张、崔苏王、孔老墨韩、许二魏汤李、顾黄王颜、盖傅曾、王猛、辛张金、郑张、多尔衮、张鄂、曾李、杨颜

---

① 《章太炎来简》，《新民丛报》1902年第13号。又此信末所附目与《訄书》重订本所录稍有不同，为五表、十二志、十记、八考、二十七别录。

钱、孔李、康有为、游侠、货殖、刺客、会党、逸民、方技、畴人、叙录），凡百卷。一改旧史以帝王为中心的面目，取郑樵《通志·二十略》之意，以典志为全书主干，叙古今制度沿革，“使一事之文野、一物之进退，皆可以比较得之”。同时，考虑到“人事纷駈，非制度所能限，然其系于社会兴废、国力强弱，非眇末也”，复采纪事本末体，作“记”以论述中国史上重大事端。其考纪和别录，旨在“振厉士气，令人观感”，凡“非有关于政法、学术、种族、风教四端者，虽明若文、景，贤若房、魏，暴若胡亥，奸若林甫，一切不得入录”。表则去繁就简，以补典、记、考纪、别录之所未逮。[①]这种体裁，实际是一种新的综合史体。

陈黻宸的通史编写方案也颇具特色。陈黻宸（1859—1917），字介石，又名芾，浙江瑞安人。光绪进士。学通经史，曾任乐清梅溪书院山长。甲午战后，与人合办东瓯利济学堂，并创《利济学堂报》，倡导新学，主张维新改良，与汤寿潜、章太炎等过从甚密。1900年起，先后任上海时务学堂总教习、杭州养正书院史学教习、《新世界学报》主笔、清户部主事和京师大学堂教习等职。1902年，他在《新世界学报》发表的《独史》一文中，系统阐述了自己对修通史的看法。认为史家之“大例”，应是“于强国不加益，于弱国不加损，于真王不加褒，于伪统不加抑”，史家之“公理”，应是“斧钺不能威，章服不能奖，天子不能争，朝廷不能有”，即具有独立不倚、实事求是的精神。从反对专制帝王中心史观出发，他主张改造旧史体，特别是废除旧史中的“本纪”，凡人物传记，无论帝王还是平民，均入列传，以示平等。他所设计的新体中国通史包括八表、十录和十二传。八表为帝王年月表、列代政体表、历代疆域表、邻国疆域表、平民习业表、平民户口表、平民风俗表、官制沿革表；十录为氏族、礼、乐、律、历、学校、食货、山川、文字语言、昆虫草木；十二传为仁君、暴君、名臣、酷吏、儒林、任侠、高士、烈女、一家、义民、盗贼、胥吏。其中强调了对于中外历史的联系和平民社会生活的考察，表现出鲜明的近代史学特征。

与此同时，不少学者则提出了编纂“民史”的设想。如《政艺通

---

① 参见《章太炎全集》(三)，上海人民出版社1984年版，第328—333页。

报》1902 年第 17 期刊出的樵隐《论中国亟宜编辑民史》，倡议裒集中国古今物产土性、工商宜忌、盛衰之沿革、国家征税出入轻重利弊之关系、各业物质法度、生理替待盈虚之变更，“一一证以欧美当师法、当修改、当参酌之实际，以补列朝国史所未备，命曰《普通民史》，使天下智愚贤不肖，真知灼见于国民之维系”。1904 年，邓实又在（该）刊发表《民史总叙》和《民史分叙》，提出了从种族、言语文字、风俗、宗教、学术、教育、地理、户口、实业、人物、民政、交通等专史研究入手，全面考察“民史”的主张。[①]

上述主张，虽多是设想而未能真正成书，但从体例目录中已可看到，他们的通史研究都十分注重历代文物制度和民生日用沿革变迁的考察，且视野宽阔，范围古今，给后人的历史研究以很大启发。

此外，有人在新史学思潮的鼓动下，还尝试编写了一些新体中国通史著作，较著名的如曾鲲化的《中国历史》、夏曾佑的《中国古代史》、刘师培的《中国历史教科书》等。有的甚至编写了白话文通史，如《中国白话报》“历史”栏连载的《中国历史大略》、《人种》、《政体》、《交通》、《兵制》、《田赋》、《刑法》、《宗教》、《教育》等，就是一部白话新体中国通史。这些著作，规模虽不若梁、章、陈等人筹划的宏大，但都能注意改变传统史书偏重政治史的弊病，努力运用进化观点，对历代学术、宗教、美术、风俗、实业等变迁及其原因进行较广泛的论述，有的还通过中西文化学术、国民心理的对比分析，对中国历史发展的特点作了探索，从而为中国通史的研究开拓了新的途径。

（三）着眼现实斗争，取鉴中外历史

“新史学”倡导之初，正值晚清改良和革命思潮此伏彼起之时，期间，社会各政治派别都十分注重利用史学宣传自己的政治主张，并写下了不少直接为现实斗争服务的史著。这些史著，大致可分为三类：一是通过对某些历史事件或人物的论述，借古喻今，阐发资产阶级的政治观点。如梁启超所作的《赵武灵王传》、《王荆公》、《管子传》，便以叙述

---

① 参见《政艺通报》1904 年第 17—19 号。

古人勇于改革的事迹，抒发自己的改良主义抱负。而刊于《江苏》杂志的亚卢（即柳亚子）《郑成功传》和《中国革命家第一人陈涉传》，署名“汉儿”的《为民族流血史可法传》，署名“复汉种者”的《新国史略》，以及刊于《浙江潮》的《中国爱国者郑成功传》等，则表达了革命派对郑成功、史可法等民族英雄的敬仰和对陈胜、洪秀全等革命领袖的高度赞赏，寄托了他们决心进行反清革命的志向。二是通过某些历史专题的研究，为在中国实现资本主义寻求借鉴，如当时改良派和革命派对立宪（或变法）史、革命（或独立）史的研究，以及众多的有关财政史、外交史、经济学说史、商业史、法制史、西方思想史、教育史、战史的介绍和研究，都反映了这种倾向。三是编写记载资产阶级自身政治活动的史著，及时总结历史经验。如梁启超的《南海康先生传》和《戊戌政变记》对改良派政治实践的总结，革命党人陶成章的《浙案纪略》对光复会反清革命斗争的总结等。这些著作，不仅在当时具有强烈的现实意义，也为后人留下了研究资产阶级改良派和革命派活动的第一手资料，尤值得我们重视。

新史学在理论建设和史学实践上取得的初步成就，标志着资产阶级史学的真正崛起。从此，我国的史学进入了一个新的发展阶段。

第二节　西方近代史学的输入及其影响

一、西方史学传入的最初途径与内容

新史学思潮的勃兴，从整个世界范围看，并不是一个孤立的文化现象，而是受到西方近代史学进步潮流的冲击及其史学理论传入国内后激起的积极回响。

西方史学的传入中国，最初除了通过近代来华传教士的史学活动外，中国人自己编写的外国史地著作也是一个媒介渠道。应当指出，在近代早期，国内的一些外国史地研究者对西方史学理论和方法本不甚重视。这一方面是因为中国史学本身的悠久传统和富厚的学术积蕴，使他们多少对此抱有自足之感；另一方面则是由于当时所能看到的外国史地书籍多为传教士编译之作或供官方办理外交的参考资料，真正在理论和方法上形成体系的西方史学精华之作并未传入中国，致使他们还不能领略到对方的长处。但即便如此，他们在西方史学传入中国过程中所起的积极作用仍不可忽视。如魏源的《海国图志》因采用按类汇辑资料的方法，使当时传入中国的西方译著和传教士史著基本保持了原貌，这对于扩大西方史地书的传播范围和影响起了很大的作用。梁廷枏在参考传教士裨治文的《美理哥合省国志略》编写《合省国说》（美国史）时，虽曾对该书的编纂方法表示不满，说其“未悉著作体例”[①]，但同时又受其叙事格局的影响，在《合省国说》中先概述世界地理，然后以年为经，以事为纬，介绍美洲大陆的发现和历史沿革，并其政治制度、疆域、气

① 梁廷枏：《合省国说·自序》，《海国四说》1846 年刊本。

候、文化、宗教、习俗、物产、经济、交通诸事，这与传统史书首重统治世系和突出政治史的做法显然不同，实际上正是不自觉地受西史体例影响的结果。

中国近代外国史地研究者中较早注意到西方史学特点并有所取法的是王韬。他在1871年编成、经增订后于1890年刊行的《重订法国志略》中指出，中国史书“原以专叙历代治乱、沿革得失、天地变异，而于国势民情，则略焉不讲，盖已包蕴于其中矣。西史则间及民间琐事，如发明一事，创造一器，必追原其始，以觇人材之进步，制作之源流焉。此亦纪载之所不可废也”①。从中西史书的对比中，他看到了西方近代史书考察社会面较广的优点，因而不仅在书的“广志”部分缕述法国政治、经济、文化、军事、宗教、教育等情况及制度，还从体察“国势民情”和“民间琐事”出发，另立“广述”，以记其国学术、艺器、物产、民俗等事。稍后，黄遵宪因受东西近代史书编纂体例的影响，也在所著《日本国志》中大量使用数字统计等新式史表。据统计，该书共有89表，记载日本政治、经济、文化、军事各方面情况。

19世纪末，随着西学的进一步输入，西方史学受到了国内学者更多的注意，他们编写的不少外国史著作都对近代史学观点有所阐发。周维翰的《西史纲目》便是一个较典型的例子。该书凡120卷，编成于1900年。上古史部分20卷，1903年由湖南书局刊行。②这是一部纲目体世界编年史，其中引用了不少当时所能搜集到的外国译著，书前所附上古史引用书目，便达58种。其中包括中国人所著：《瀛寰志略》、《海国图志》、《四国日记》、《使俄草》、《俄游汇编》、《西国天学源流》、《西学原始考》、《法国志略》、《重学浅说》、《日本国志》、《采风记》、《西学通考》、《各国统系考》、《各国交涉源流考》；已译日文书：《万国史记》、《十五战纪》、《经国美谈》、《万国通商史》、《东洋史要》、《欧罗巴通史》、《印度蚕食史》、《世界商业史》；已译西文书：《新旧约》、《二约释义丛书》、《万国通鉴》、《万国通史》、《四裔编年表》、《古史探源》、

① 王韬：《重订法国志略·凡例》。

② 该书其余部分未见，是否刊行不得而知。

《格致汇编》、《职方外纪》、《坤舆外纪》、《博物新编》、《动物学新编》、《古教汇参》、《希腊志略》、《罗马志略》、《欧洲志略》、《八大帝王传》、《三十一国志要》、《万国舆图》、《俄属游记》、《西学考略》、《大英国志》、《各国交涉公法论》、《几何原本》、《谈天》、《法人游探记》、《民约论》、《万法精理》、《政治学》、《天演论》、《犹太地志》；未译日文书：《万国史要》、《日耳曼史略》、《万国通史揽要》；未译西文书：《犹太列王传》、《以色列列王传》、《希腊古史》。这个书目，在相当程度上反映了当时国内获得世界史知识的主要来源。从这些书中，作者吸收了大量近代史学和自然科学观点加以阐发，这特别表现在全书一开始对地球原始、动植物原始、人类原始、鬼神原始、饮食原始、语言原始、人事原始、种族原始等一系列问题的探讨中。

如在“地球原始”的标题下，作者引用康德的“星云说”解释了地球的形成过程。在“动植物原始”的标题下，依据生物进化观点，指出：“古今生物，大都先流而后凝，先贱而后贵，先简而后繁，先弱而后强，先浑而后华，先愚而后智，盖断断然矣。”并谓生物之进化，大体为先水草后陆草，渐演化成“动植不分物，如海特珊瑚”，进而“衍为柔体动物”，直到一般陆兽、猿和产生人类。在论证古代社会历史和人类生活情况时，他运用了西方近代地质学和考古学知识，说人类古代经历了一个漫长的发展过程，始则为浑浑噩噩的“初生之世”，无衣无室，穴居野处，茹毛饮血，“性情蒙昧，不过禽兽之一类耳”。继则为少有智慧的“野番之世”，进而为“酋长之世”和“君主之世”。在谈到原始人类发明用火的情况时，书中还运用了民俗学资料进行旁证，指出，原始人“贮火之法，大抵积薪焚之，日夜不息。一以防猛兽之侵陵，一以便朝夕之炊爨。今深山野人，其俗犹是”。当时人类的“火食”之法，也可从今日世界上某些遗留的原始习俗得到证实，如“今欧亚极北之土人，则掘地为穴，衬以兽皮，满贮清水，纳肉其中，继以烧红石子连投之，至水沸肉熟而后止，其蛮野之情，虽可笑悯，恐亦上古人之所不免”。

对于人类的饮食、居住、语言、宗教等方式及其变化对社会发展的影响，作者也提出了不少有价值的思想。如鬼神宗教观念的出现，他认为与人类智慧的发展状况恰成反比，“人愈愚，则鬼神之说愈盛；人愈智，则鬼神之说愈衰，盖断断然矣”。古代人因“不明万物之所运行生灭之理”，才把天地山川一切自然现象的变化都看作由神灵支配，“今则格致益明，脑质益粹，灵府益辟，眼界益广……万物之功用，可以原质化合之分剂求之；生物之天演，可以地质层累之次第决之。使再阅千百年，新理新学，深占黄白棕黑红人之脑界，则鬼神之陈迹，终必绝于世”。在论及语言源起时，他不仅运用人体生理知识，从发音原理上作了说明，还指出，语言与文字的契合或疏隔，对社会文化的发展有着密切关系，“语言与文字合，则振兴文化易，语言与文字离，则振兴文化难。今泰西诸国文字即语言，语言即文字；而中国文字自文字，语言自语言。故读书识字之人，西国较多，中国较少，此又中西智愚之因而强弱之原也”[①]。这些讨论，都有一定的理论深度，显示了作者努力运用近代科学思想研究历史和认识历史的进步倾向。

以上粗略考察可知，西方史学的传入中国，最初主要通过一些外国史地著作（包括译著），其内容大抵局限在史书编纂体例和零星的近代史学观点方面，并无系统，故仍处于一种自发的输入阶段。尽管如此，这些新的史书表现形式和观点，还是引起了一些进步知识分子的注目。

如康有为在看到严复《天演论》译稿前，便已通过《万国公报》、《西国近事汇编》等书刊，接受了一些近代科学知识和进化观念，认识到“生物始于苔，动物始于介类”，“人类之生，不能过五千年”。[②]并按照这种观点，详考古今历史，“编《各国风俗制度考》，以验人群进化之理焉”[③]。进而糅合中西学说，逐步构筑起以“公羊三世”说为外壳的历史进化论思想体系。唐才常1897年发表的《史学论略》，在极力倡导习读西史的同时，也主张效法西史的编写制度和方法，说：“泰西不立史馆，盖报馆即其史馆也……故语无忌讳，言多实录，视中国之史书为尤足信。况其推广新闻纸之多，虽至酒楼茶肆，往往而有。是史馆为

① 上引均见周维翰：《西史纲要》卷二。

② 《南海康先生口说学术源流》，广州中山图书馆藏抄本，转引自吴熙钊：《合中外古今文化而成新的学术思想》，《中山大学学报》1986年第1期。

③ 《康南海自编年谱》，《中国近代史资料丛刊·戊戌变法》（四），第126页。

一国公有之权，史学乃四民与知之业。且凡民数、地数，比较多寡；火车、铁路、电线，推算方里；货殖出入吨数，以及官制、教会、学校、国计、兵数，靡勿签记赅核，与中史各表志例同。”并认为：“今日之报章，即异日之史料，政治家、格致家、律法家，胥权衡如此，一举而三善备焉。故西国之有君史又有民史者，诚重之也，诚慎之也。”① 这里，实际也是借西史之长批评中国旧史学重古而略今，重君而轻民，以及由于专制统治，著史动触时忌的种种弊端。

可见，19 世纪末之前西方史学的传入，虽然零星无系统，却已在逐步动摇中国的传统史学观念，并酝酿着新史学的产生。

二、社会学和历史学

西方史学理论较有系统地输入中国，是在 19 世纪末以后。不过这种输入，其初往往并非直接通过史学本身，而是在积极吸取西方近代哲学和社会政治学说为资产阶级现实政治服务的过程中带入的。其中，社会学的一些理论和方法，便对传统史学产生过很大的冲击。

社会学是 19 世纪中叶兴起于西方的一门社会科学，倡始人为法国的实证主义者孔德（Auguste Comte，1798—1857），经英国学者斯宾塞（Hebert Spencer，1820—1903）的阐扬，逐渐发展为一门包括人类学、人种志学以及历史发展总理论的包罗万象的学科。这门新学科的产生，既反映了西方资产阶级试图通过研究日益发达和复杂化的社会内部结构机制及其演变过程，以求认识并解决各种社会现实问题的愿望，也透露出科学发展的某种新的智力综合趋势。

斯宾塞

西方社会学的兴起和发展，深深吸引着

① 参见《唐才常集》，中华书局 1980 年版，第 41—42 页。

侯官嚴幾道先生述
赫胥黎天演論
呂增祥署檢

譯天演論自序
英國名學家穆勒約翰有言欲考一國之文字語言而能見其理極非諳曉數國之言語文字者不能也斯言也吾始疑之乃今深喻篤信而歎其說之無以易也豈徒言語文字之散者而已即至大義微言古之人殫畢生之精力以從事於一學當其有得藏之一心則為理動之口舌著之簡策則為詞固皆有其所以得此理之由亦有其所以載焉以傳之故嗚呼豈偶然哉自後人讀古人之書而未嘗為古人之學則於古人所得以為理者已有切膚精憮之異矣又況歷時久遠簡牘沿譌

严译《天演论》

刚刚踏上政治舞台的中国近代知识分子，他们希望通过对这一学说的引进和研究，指导自己的社会政治实践。较早将社会学介绍到国内的是严复。他在1895年发表的《原强》一文中，便简略提到过斯宾塞的社会学及其治学观点，称其宗天演之理“而大阐人伦之事，帜其学曰群学（即社会学）”，并盛赞其学说“精深微妙，繁富奥衍……于一国盛衰强弱之故，民德醇漓翕散之由，尤为三致意焉”。甚至说“群学治，而后能修齐治平，用以持世保民，以日进于郅治馨香之极盛也。呜呼！美矣备矣，自生民以来，未有若斯之懿也。虽文、周生今，未能舍其道而言治也”。[①] 在此后译刊的赫胥黎《天演论》（*Evolution and Ethics*）中，他也一再通过按语阐发斯宾塞的社会学理论。1897—1898年间，又在天津《国闻报》发表据斯宾塞《群学肄言》（*The Study of Sociology*）第一、二章译述的《劝学篇》，并于1903年将全书译成出版。该书详细论证了社会学得以成为一门科学的理由，以及社会学的功用和研治该学的方法，较系统地阐述了斯宾塞建立社会学的基本思想。

与此同时，谭嗣同在1897年写就的《仁学》中，也提到了“社会

① 王栻主编：《严复集》第一册，中华书局1986年版，第6—7页。

学”。次年，复在《壮飞楼治事》第九篇《群学》中简述了其所理解的社会学。章太炎则和曾广铨合作将斯宾塞的《社会学原理》节译为《斯宾塞尔文集》，刊于《昌言报》。20世纪初，国内对社会学的介绍文字和译作日趋繁多。1902年，章太炎翻译了日本学者岸本能武太的《社会学》，由上海广智书局出版，此为我国最早出版的普通社会学著作全译本。该书兼取斯宾塞和美国心理学派吉丁斯（F. H. Giddings，1855—1931）两家社会学之说，章氏称誉其“综合故言，尚乎中行……穷极往逝，而将有所见于方来，诚学、理交胜者哉！”[①]此外，还有麦仲华据日人有贺长雄《社会进化论》译出的《人群进化论》（1900年译成，1903年上海广智书局版），马君武译《斯宾塞社会学原理》（1903年少年新中国社版），赵兰生译《斯宾塞干涉论》（1903年帝国丛书社版），吴建常译美国吉丁斯《社会学提纲》（即《社会化理论》）等。有的学校如京师法政学堂、国粹保存会拟设的国粹学堂还专门设置了社会学课程。社会学因此在国内得到了一定的传播。

社会学作为一门探索社会体系发展和作用规律的学科，就其精神而言，与历史学是一致的，因其研究依据的都是历史事实，目标也十分相近，即都主张以人类社会生活为考察对象。虽然两者的侧重各有不同，一为当代，一为过去。但实际上，正如有人指出的那样，“当代社会与过去社会之间的分界线是微妙的、不断变动的，而且是人为的。‘原始的’文化和‘文明的’文化之间的分界线也是如此。其次，有一些极其重要的问题——例如文化转移、不同社会（通常指比较原始的社会和比较先进的社会）之间的接触所引起的变化——对于人类学家、社会学家和历史学家来说，都是同等重要的研究主题”[②]。因此之故，社会学的产生，很快引起了西方史学界的重视，其理论和方法也被引入历史研究领域。历史学与社会学的结合，成了19世纪后期西方史学发展的一种趋势。这种趋势，在中国近代同样有所反映。

社会学自传入我国之日起，便与历史学结下了不解之缘。如严复翻

---

① 章太炎：《社会学》译本序，朱维铮、姜义华编注：《章太炎选集》，上海人民出版社1981年版，第148页。

② 杰弗里·巴勒克拉夫：《当代史学主要趋势》，杨豫译，上海译文出版社1987年版，第71页。

译的英国甄克思（Edward Jenks，1861—1939）《社会通诠》（*A History of Politics*），本身就是一部运用社会学方法考察人类社会各种形态的社会发展史，是社会学和历史学结合的一个范例。书中认为人类社会经历了蛮夷社会（亦称图腾社会）、宗法社会和国家社会（亦称军国社会）三种历史形态，并对各时期的政治、经济、文化、宗教、习俗及其制度沿革作了论述。章太炎在 1902 年 2 月致梁启超的信中也曾说："酷暑无事，日读各种社会学书，平日有修《中国通史》之志，至此新旧材料融合无间，兴会勃发。"[①] 其时章氏方译毕岸本能武太的《社会学》，可见他在研读和翻译社会学书籍时，已将之与《中国通史》的研究编写结合起来思索了。他的《訄书》中，有不少史学论文，便是运用社会学观点和方法写成的。这种情况表明，由于社会学内在的某些历史学属性，加之当时中国人士在传统文化熏陶下建立起来的对史学的普遍重视，使之很容易被人引向历史学领域，从而在这片古老的学术土地上开花结出果实来。

西方社会学对我国早期资产阶级史学的影响是多方面的，其中最主要的莫过于其有关社会进化的理论。虽然，在严复译述《天演论》之前，达尔文的进化论已零星传入国内，但这种理论，基本上仍是以自然科学的姿态出现的，并未在历史研究领域产生多少影响。严复对进化论的介绍，一开始就特别强调其社会学的意义。在《天演论》中，他就不赞成原作者赫胥黎截然区分自然法则与人类社会伦理关系的做法，认为其说"不若斯宾塞氏之密"，并反复称引斯宾塞的普遍进化观念，说物竞天择，适者生存，优胜劣败，"此天演公例，自草木虫鱼以至人类，所随地可察者"。[②] 这种社会学意义上的进化论（即社会达尔文主义），尽管改变了达尔文生物进化论的初志，包含着严重的谬误，但显然更符合当时中国人面临深重的民族危机，迫切要求自强保种、救亡图存的社会心理，因而产生了极大的社会共鸣，同时也启发了长期在复古论、循环论中徘徊彷徨的历史学界，给人们提供了新的历史认识武器。当时一些进步史家的历史研究，几无不奉此为圭臬。如章太炎认为，修史应

---

① 《章太炎来简》，《新民丛报》1902 年第 13 号。

② 严复译：《天演论》，商务印书馆 1981 年版，第 32、38 页。

“深识进化之理，是乃所谓良史也。因是求之，则达于廓氏（廓模德，今译孔德）、斯氏（斯宾塞）、葛氏（葛通哥斯，今译吉丁斯）之说，庶几不远矣”[①]。按照社会进化的观点，资产阶级史学家们批判了盘踞中国史坛几千年的复古观和循环史观，认为“世道必进，后胜于今”[②]。“尚古之风，儒学之所煽，而阶级世禄之余臭也。”[③]梁启超进而指出：“世界既进步之后，则断无复行退步之理。即有时为外界别种阻力之所遏，亦不过停顿不进耳，更无复返其初。”[④]至于孟子那种“一治一乱”的循环观，其实是对历史发展螺旋形进程的误解。因而在《新史学》中，他直接将历史学的界说规定为：“历史者，叙述人群进化之现象而求得其公理公例者也。”

在具体考察历史时，他们还提出了种种社会形态发展说。如康有为在《论语注》中主张，人类社会进化乃“由独人而渐至酋长，由酋长而渐立君臣，由君臣而渐为立宪，由立宪而渐为共和”。梁启超的《论君政民政相嬗之理》提出了“三世六别”说，认为社会发展始为“多君为政之世”（内分酋长之世和封建及世卿之世），继为“一君为政之世”（内分君主之世和君民共主之世），进而为“民为政之世”（内分有总统之世和无总统之世）。在《中国专制政治进化史论》中，他又据社会学观点，将历史上政治制度分为族制、酋长、神权、封建、专制、立宪君主及革命民主等六个依次进化的政体加以考察。孙中山也把世界的发展分为物质进化、物种进化和人类进化三大阶段，其中人类社会的进化又分洪荒、神权、君权、民权四个时期。还有不少人则接受了当时西方的一般社会发展观，认为人类社会从生产工具上看，经历过石器、铜器和铁器时代，从生产和生活方式上看，乃经渔猎而游牧，由游牧而耕稼，直到现代产业社会。不独如此，这种鲜明的进化观还直接影响到当时出版的各种新体史著的体例和历史分期上。如梁启超在《论中国学术思想变迁之大势》中，把整个中国学术思想史分为胚胎时代（春秋之前）、

---

① 章太炎：《致吴君遂书八》，《章太炎年谱长编》（上），第 141 页。
② 严复译：《天演论》，第 47 页。
③ 汪荣宝编译：《史学概论》，《译书汇编》1902 年第 9 期，第 107 页。
④ 梁启超：《南海康先生传》，《饮冰室合集·文集之六》，第 72 页。

全盛时代（春秋至战国）、儒学一统时代（西汉）、老学时代（魏晋）、佛学时代（南北朝至唐）、儒佛混合时代（宋元明）、衰落时代（清）、复兴时代（晚清），借以体现其演变发展之迹。夏曾佑的《中国古代史》则把中国历史划成了上古、中古、近世三大时期七个小时代，来叙述其波浪式的起伏进化过程。

与此同时，社会学中的人种学观点，也被较广泛地引用到历史研究的实践中。人种志学在斯宾塞的社会学理论中占有极重要的地位，他的《社会学原理》实质上就是依据人种志学材料建立完整的社会学理论体系的第一次尝试。书中，他根据大量未经严格选择的人种志学材料，企图从理论上再现原始人的体质、情感、智力、宗教生活，并考察其家庭关系、祭祀制度和政治制度的演变。这种人种学观点，带有明显的社会达尔文主义倾向，但却被国内不少人视为认识人类历史的基点。如梁启超在 1896 年写的《变法通议》中就认为，一部历史，不过是万类竞争的历史，自始至终充满着物物之争、人物之争和人种之争。在《新史学》中，他指出："历史者何？叙人种发达与其竞争而已，舍人种则无历史，何以故？历史生于人群，而人之所以能群，必其于内焉有所结，于外焉有所排，是即种界之所由起也。故始焉自结其家族以排他家族，继焉自结其乡族以排他乡族，继焉自结其部族以排他部族，终焉自结其国族以排他国族，此实数千年世界历史经过之阶级。"1897 年，唐才常在严复《原强》等文介绍的斯宾塞社会学观点启发下，作《各国种类考》一文，征引《万国史记》、《万国通鉴》、《万国近政考略》、《欧洲史略》等近三十种中外史籍，对亚、欧、美、非、澳五洲各国人种作了考论，以为种族盛衰，"人为之也，非天也"，故当"开通政学，以保种强种"。[①] 1903 年，刘成禺在《湖北学生界》发表了《历史广义内篇·人种第一》，指出："人种一义，尤属历史运动之主力，化合之母质，所以贯通一般科学而为历史界关系之本位也……故夫史学者，考究人种进化顺序及法则之学也。"西方史学，对人种的产生、发达、革命、外交、战争等活动皆有记载，中国有数千年的史学传统，却"未闻直叙盛衰兴亡

---

① 参见《湘学报类编·史学》"史学第五、各国种类考"。

之理为吾人种而作史也”，因而强烈要求编写出中国的人种史。[①]最值得注意的是章太炎于1904年发表的《序种姓》。该文吸取了近代人类学和人种学的观点，从古文献中爬梳出大量资料，通过姓氏的研究，考论了中国古代人种的由来、各族的渊源、华夏族的形成以及各姓氏的起源与衍变，并从胡汉姓氏相杂的错综历史事实中探索了其相互融合之迹。他认为，生活在中国大陆的太古人，并不同出一系，具有同一文化的华夏族是后来才形成的。中国古代，也同世界上其他古老民族一样，经历了由野蛮到文明的进化道路，曾有过崇拜图腾、知母不知父的母系社会，夏以后，“母系始绝，往往以官、字、谥、邑为氏”，从此女子称姓，男子称氏，以别婚姻血缘关系。古人重视辨章姓氏和谱系记录，为的是防止与其他蛮族发生血缘混淆，此风直到汉魏时仍保存着。自北魏至明，一些匈奴、鲜卑、突厥、契丹、女真、蒙古等贵族，纷纷改取汉族姓氏，于是种姓“统系樊然棼乱矣”。当然，这些少数民族与汉族同化已久，毋需“举晋衰以来夷汉之种姓，一切疏通分北之，使无干渎”，而应使之“与汉民比肩”，“勿使自外”，并了解其来龙去脉便是了。[②]章氏的本意虽含有反满情绪，且流露出浓厚的汉族文明优越感，具体论证上也有失之附会武断处，但在研究方法上的积极意义却不容忽视。

社会学的传入，对当时中国史学界建立“历史科学”思想的萌发，也起了促进作用。严译《群学肄言》在论证社会学可以成为一门科学时即指出，与历史学专研讨纷纭错综的具体史迹不同，社会学的研究目的，在于通过考察“古今所有之国种民群，相其文野之度，而比例参伍之，即异观同，见其会通”，从中窥见人类社会由低级到高级，由野蛮到文明的演进轨迹，以明各民族国家兴衰起灭之由，“然则吾学所治，方之史家政科之所斤斤逐逐者，其本末巨细之判，又何如乎？”[③]社会学旨在探索社会发展规律及其得以成为科学的理由，使要求摆脱旧史学狭隘格局而建立新史学的中国进步史家深感鼓舞。麦仲华在

① 参见《湖北学生界》1903年第1期。

② 《章太炎全集》（三），第170—190页。

③ 严复译：《群学肄言》，商务印书馆1981年版，第300页。

所译的《人群进化论》中便主张将社会学的这一宗旨引入历史学，说：“夫史学之异于人群学者，只述一国特别之事，非解释万国普通之理也。然不先知普通进化之理，则难知特别进化之理，故非本于人群学，则史学难成。”[①] 严复也认识到：“读史而但观古人之事迹，虽考之甚密，必不足以得盛衰治乱之由。惟知求群学，籀其公例者，乃能据往事知来者耳。”[②] 梁启超的《新史学》更是反复强调历史学应以“群”、“群体”、“人群进化”现象作为研究对象，说：“历史所最当注意者，惟人群之事，苟其事不关系人群者，虽奇言异行，而必不足以入历史之范围也。”并肯定历史学也是一门寻求社会发展因果律之学。这些都与受社会学理论的影响有关。

此外，从孔德以来社会学倡导的实证方法、比较历史方法（包括世界各地各族社会的横向比较和纵向社会发展阶段的历史比较）以及广泛吸取考古学、语言文字学、法学、民俗学、统计学、地理学等研究方法和成果的主张，也引起了不少国内学者的重视。如章太炎指出，斯宾塞在社会学研究中，往往能从探讨一些语言的起源及其初义下手，而得到重要的发现。这是因为“上世草昧，中古帝王之行事，存在传记者已寡，惟文字语言间留其痕迹，此与地中僵石为无形之二种大史。中国寻审语根，诚不能繁博如欧洲，然即以禹域一隅言，所得固已多矣”[③]，主张借助现代语言学知识考史。严复则较多地注意到了中西历史文化的比较研究。如在《论世变之亟》中指出：“中之人好古而忽今，西之人力今以胜古；中之人以一治一乱、一盛一衰为天行人事之自然，西之人以日进无疆，既盛不可复衰、既治不可复乱为学术政化之极则。”又谓：“东西立国之相异，而国民资格，亦由是而大不同也。盖西国之王者，其事专于作君而已。而中国帝王，作君而外，兼以作师，且其社会，固宗法之社会也，故又曰，元后作民父母。夫彼专为君，故所重在兵刑，而礼乐、宗教、营造、树畜、工商乃至教育、文字之事，皆可放任其民，使自为之。中国帝王，下至守宰，皆以其身兼天、地、君、亲、师

① 麦仲华译：《人群进化论》，上海广智书局1903年版，第3页。
② 严复译：《群学肄言》，第54页译者注。
③ 章太炎：《致吴君遂书九》，《章太炎年谱长编》（上），第142页。

之众责，兵刑二者，不足以尽之也……卒之君上之责任无穷，而民之能事，无由以发达。”[①] 这种认识，在当时确是比较深刻的。

总之，19 世纪末 20 世纪初西方社会学的输入，对于更新中国传统史学观念、知识结构和治学手段，扩大人们的历史视野，以及资产阶级新史学的确立，都起有十分积极的作用。

三、近代史学专业理论的输入及其影响

19 世纪后期，随着西方历史学逐渐形成为一门独立的学科，出现了不少《历史方法论手册》、《历史研究导论》之类的专业治学指导书。这些书的流行，对于近代史学理论的传播和普及起过很大的作用。20 世纪初，在新史学急遽兴起的浪潮中，这类概论式的史学理论著作也开始被译介到中国，受到史学界进步学者的普遍欢迎。

这类史书的传入，初多由日本转译而来。1902 年，留日学生汪荣宝在《译书汇编》发表了据日本近代史学元老坪井九马三（1859—1936）《史学研究法》讲义和久米邦武（1839—1931）、浮田和民（1859—1946）等人有关论著编译的《史学概论》，简述了近代史学的目的、定义、研究法及其相关学科，并称“所采皆最近史学界之学说，与本邦从来史学之习惯大异其趣，聊绍介于吾同嗜者，以为他日新史学之先河焉”[②]，指出了近代史学理论和方法对建立中国“新史学”的引导作用。对当时中国史学界影响更大的是浮田和民的《史学原论》。此书凡八章，博采西方史学名家之说，较系统概要地阐述了近代史学的基本原理与方法，深得时人好评，留日学生竞

坪井九马三

① 严复译：《社会通诠》，商务印书馆 1981 年版，第 133 页按语。

② 参见《译书汇编》1902 年第 9 期，第 105 页。

相翻译，将其介绍到国内，仅1903年间，此书汉译本即至少有五种之多。① 还在《史学原论》汉译本出版前，章太炎就托人购求，以为“于修史有益”②。汉译本出版以后，闽学会及《苏报》、《游学译编》等刊物纷纷登载广告，大加称赞，有的还指出其于史学宗旨“阐发无遗，其中蕴奥，能一取而观之，亦可以定读史之方针矣”③。坪井九马三的《史学研究法》也在《汉声》、《学报》等好几种刊物上被摘译刊登。与此同时，一些西方史学理论著作如巴克尔（Henry Thomas Buckle，1821—1862）的《英国文明史》也被译介到国内。这股史学专业理论著作译刊热的出现，标志着中国近代对西方史学的输入已进入了一个自觉的阶段。

浮田和民

20世纪初年，对中国史学界影响最大的，是来自东西方的三股近代史学思潮。

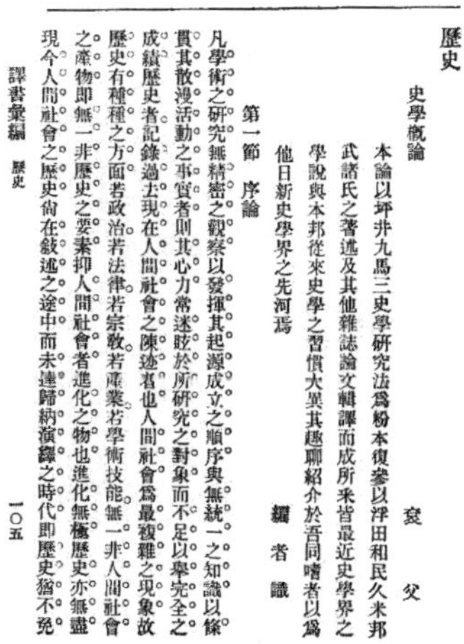

歷史

史學概論　袞父

本論以坪井九馬三史學研究法爲粉本復參以浮田和民久米邦武諸氏之著述及其他雜誌論文輯譯而成所采皆最近史學界之學說與本邦從來史學之習慣大異其趣聊紹介於吾同嗜者以爲他日新史學界之先河焉　編者識

第一節　序論

凡學術之研究無精密之觀察以發揮其起源成立之順序與無統一之知識以條貫其散漫活動之事實者則其心力常迷眩於所研究之對象而不足以舉完全之成績歷史者記錄過去現在人間社會之陳迹者也人間社會爲最複雜之現象故歷史有種種之方面若政治若法律若宗教若產業若學術技能無一非人間社會之產物即無一非歷史之要素抑人間社會者進化之物也進化無極歷史亦無盡現今人間社會之歷史尚在敍述之途中而未達歸納演繹之時代即歷史猶不免

譯書彙編　歷史　一〇五

汪荣宝编译《史学概论》，刊《译书汇编》1902年第9期

（一）实证主义史学

实证主义是随着19世纪自然科学的蓬勃发展而出现的一种哲学思潮，创导人为法国的孔德。他认为科学应从形而上学和神学的束缚中解脱出来，其任务是发现诸现象之间经常重复出现的规律，并主张把自然科学依据经验事实和观察而求得事物变化规律的方法，即“实证”的方法，应用于对社会的研究，以揭示各种复杂社会现象的规律。这种思想，为实证主义社

① 参见邬国义：《梁启超新史学思想探源》，《社会学科》2006年第6期。

② 《章太炎来简》，《新民丛报》1902年第13号。

③ 吕瑞廷、赵澂璧：《新体中国历史叙论》，商务印书馆1911年版。

巴克尔

会学和历史学的创立奠定了理论基础。19世纪中叶对实证主义史学作出了重大发展的是英国的巴克尔。巴克尔的思想曾受法国启蒙思想家孟德斯鸠、霍尔巴赫以及孔德的影响，认为人既然是自然界的一部分，那么人类社会的发展也不能不受自然规律和精神规律的制约。他的代表作为《英国文明史》（*History of Civilization in England*，1857—1861）。这部因其早逝而未能完成的著作仅出了两卷，实际上只是全书的一个导论，但因其中系统阐发了巴克尔关于建立“历史科学”的思想，不仅使其声名大著，还有力促进了作为“理性探索”的近代历史学的发展。20世纪初西方实证史学对中国的影响，主要便通过该书的流传。

国内较早介绍巴克尔及其史学的，是1902年广智书局刊印的“中国广东青年”译《泰西政治学者列传》（日本杉山藤次郎原编）中的《邈克尔传》。该传简要叙述了巴克尔的生平和写作《英国文明史》的情况，认为该书“总论二卷，已倍于基率特（基佐）文明史全书，使天假以年，则全卷落成，不几如涑水《通鉴》之大著”。1903年，南洋公学译书院刊印了据英文原本卷一前五章译出的《英国文明史》，前附《亨利·多马斯·勃克鲁传》[①]，在介绍巴克尔生平的同时，也高度评价了其史学，谓：“勃克鲁以著《英国文明史》得盛名，全书具在，发而读之，觉其理绪深微，节次秩如也。开章专论著史之法，揭其大纲，渐及统核人群进化程途之公例，次乃撮举各国历史记载之异同，以发明著史之法与所谓大纲、所谓统核人群进化程途之公例。”并把巴克尔的史学观点概括为十个要点加以介绍。《学部官报》1906—1907年第3至28期，1911年第155、156、158、160期先后刊载了魏易节译的该书前三章（第三章仅开头部分）和第八章。[②]与此同时，汪荣宝的《史学概论》和浮田和民的《史学原论》中译本等也对巴克尔史学及其实证方法有所征

① 李孝迁认为此传乃参考《大英百科全书》第九版有关巴克尔的条目前半部分内容编译成。参见李孝迁：《西方史学在中国的传播》，华东师范大学出版社2007年版，第62—63页。

② 参见李孝迁：《西方史学在中国的传播》，第60—61页。

引介绍。此外，1903 年《政艺通报》的新书广告和 1904 年作新社出版的《美国留学报告》还报道过其他一些《英国文明史》译本的翻译和出版消息。

实证史学中最引时人注目的观点是：

第一，主张历史学应成为一门科学。巴克尔指出："人事虽繁，然无毫末事也可独立而无前因后果之相随也。今夫治他学者皆知贵得其提纲挈领之公例矣……独史学则不然，凡史家皆蓄一牢不可破之谬见，以为作史者其职为叙述已往之事迹，间或参以己之论断足矣。职是之故，而史学乃不能与他科学同其造就。"① 事实上，历史的发展既非命定也非任意，而是受精神规律和自然规律支配的，只要把自然科学方法引入历史研究领域，注意考察"人群"（即全社会民众或民族）而不是个人的活动，寻求其规律，历史学就可成为如物理学一样精确的科学。浮田和民《史学原论》的中译本还针对那种把历史视为人心自由的创造物而否定其发展规律，进而否认史学可以成为科学的主张，以巴克尔的观点进行了驳斥，认为人的活动固然受其意志支配，但意志的形成，必然受到社会及自然环境诸因素的制约，并非不可捉摸。并强调："所谓社会进化之大现象者，夫固可以科学方法证明之也。"② 故历史学完全可以成为一门科学。

第二，认为人类社会的存在及其发展，取决于物质环境和精神条件。物质环境（物理）指气候、食物、土壤和自然景观等对人的影响，精神条件（心理）指人的道德、知识等文化因素。在巴克尔看来，一般自然景观（天然形势）可直接感染人的精神状态，如阴森使人恐怖，雄伟使人想象力开阔等。气候、食物、土壤则对社会财富的创造、积累和分配方式，乃至阶级的形成和社会政治都具有极大的制约作用。如气候炎热的膏腴之地，天然物产丰富，往往文明早熟，但因较易谋生而养成了人们依赖天然之性，使其文明无法持久发展，如印度和埃及。而在气候较寒和天然物产不丰之地，虽然文明产生较晚，但其谋生较难的环境

---

① 魏易译：《文明史》，《学部官报》1906 年第 3 期，第 2 页。

② 李浩生译：《史学通论》第二章"历史之定义"，上海合众译书局 1903 年印本。

反而促使人类养成与自然力相角的强悍冒险精神，如欧洲。可见地理环境与民族性的形成具有极为密切的关系。同时，“考究文明之原动力，不仅恃天然物产之丰盛，应视其地天然物产是否能为人力所节制，所谓能为人力所节制者，即人可利用之以造文化是也”①。知识的积累、道德观念的形成，固然与物质环境有关，但这种精神文明的发展程度越高，就越能制约或减弱物理之公例（自然规律）的作用，而成为支配人类社会进程的决定性因素。据此，他认为，从古至今人类的文明可分“非欧文明”与“欧洲文明”两大类，前者主要受物理之公例支配，人类处于受制于自然的低级文明阶段状况；后者主要受心理之公例（精神规律）支配，表现出文明进入较高阶段的人定胜天特点。

这种观念，尽管包含着机械论和“欧洲中心”论的错误因素，但在当时确使人耳目一新，大受震动。1901 年，蔡元培在见到南洋公学译书院的未刊译本后，就对其中的一些基本观点留下了较深印象，并在日记中作了概括记录。② 陈怀③ 和陈黻宸等学者也在论著中一再称引其说：“善哉！《英伦文明史》曰：天下精微之理，极数千年，通人学士竭虑研思，万方未得其解者，求之日用见闻之间，而其理悉备。”④ 新史学思潮兴起过程中不少人赞同建立“历史科学”的主张，显然也与这股实证主义史学思潮的影响有关。而巴克尔等人依据自然环境解释人类社会文明消长原因的观点，更为许多人广泛引用。

如梁启超在《地理与文明之关系》中说：“热带之人，得衣食太易而不思进取，寒带之人，得衣食太难而不能进取。惟居温带者，有四时之变迁，有寒暑之代谢，苟非劳力，则不足以自给，苟能劳力，亦必得其报酬，此文明之国民，所以起于北半球之大原也。”“要而论之，欧罗

---

① 魏易译：《文明史》，《学部官报》1907 年第 18 期，第 31 页。

② 参见《蔡元培全集》第 15 卷，浙江教育出版社 1998 年版，第 357 页。

③ 陈怀（1877—1922），字孟冲，瑞安人。陈黻宸侄。1901 年任教于永嘉三溪书院。次年起，为《新世界学报》主要撰稿人。1906 年后，历任清京师编译局分纂、两广方言学堂和优级师范学堂、温州府中学堂和两浙优级师范学堂教习。民国初年，曾出任瑞安县议会副议长和署山西河曲县知县。晚任教于北大预科和北京高等师范。著有《清史要略》和《中国近百年史要》等。

④ 陈黻宸：《读史总论》，《政艺通报》1904 年第 17 号。

巴以前之文明，全恃天然界之恩惠，其得之也，非以人力，故虽能发生，而不能进步。欧洲则适相反，其天然界不能生文明，故自外输入之文明，不可不以人力维持之，兢兢焉，勤勤焉，而此兢兢勤勤之人力，即进步之最大原因也。”[①] 汪荣宝的《史学概论》也指出：“地理学之补助于史学者有二要焉。其一则利用实际之山河以解释历史之事实，英人帕克尔论高山大河之势力影响于人间之心理，此在今日已成老生常谈。”有的还以此解释了某些具体历史现象。如汪德渊在为王国维译的《日本地理志》所作的序中指出，近代日本所以“进文明跃如也”，盖因其国“兼有山海之胜，其民亦具山海情俗。山居之民，质实而果敢；海居之民，便给而轻疾，两者相调，遂成天赋，故日本之民，有敏捷不羁之性质”，加之其国小海岸线长，“无大陆险阻之沈锢，故其民之心思，绝少滤瀯”，易感受外界风气，“于他国之文物，多所取摄”。反观中国，地理民情正相反，故“自道光至今，屡受创夷，而傲倪侈言之民犹脊脊也”[②]。这种看法，虽过于机械，但提出地理等自然条件在社会发展中的作用，较之于仅从帝王将相的意志或“上帝精神”中去探求历史变化原因的旧史观，毕竟要高明多了。

（二）德国的民族主义史学

近代德国史学产生于德意志民族国家思想兴起和德国统一运动时期，由于受到时代历史使命感的激发，一开始就染有浓厚的民族主义色彩。从整个 19 世纪的德国史坛看，影响最大的约有四派：1. 以黑格尔（Gcorg Wilhelm Friedrich Hegel，1770—1831）为代表的唯心论派；2. 以尼布尔（Barthold Georg Niebuhr，1776—1831）和兰克（Leopold von Ranke，1795—1886）为代表的客观论派；3. 以杜罗耶森（Johann Gustav Croysen，1808—1884）、济柏尔（Heinrich von Sybel，1817—1895）以及特赖奇克（Heinrich von Treitschke，1834—1896）为代表的民族自由论派；4. 以布克哈特（Jacob Burckhardt，1818—1897）为代表的文化史学派。其中，除文

---

① 参见《饮冰室合集·文集之十》，第 107、113、114 页。

② 参见王国维译：《日本地理志》，金粟斋译书处 1901 年印本。

化史学派外，另三派都有不同程度的民族主义倾向，他们的史学差不多都以鼓吹民族国家思想为己任。

黑格尔本人不仅极力倡导日耳曼民族中心主义，还是“西欧历史中心”论的系统首创者。其《历史哲学》认为，只有像西欧那样的温带地区才是历史的真正舞台。至于寒带与热带，看来“必须永远排斥在世界历史的运动之外”。并说属于新世界的澳、美两洲不能算在世界历史之中，因为“新世界里发生的种种，只是旧世界的一种回声——一种外来生活的表现而已”。非洲“还完全处于精神发展的原始阶段”，中国也缺乏“自由理想”的主要意识，“可以说还在世界历史的局外”。甚至认为，自罗马帝国灭亡之后，世界历史的中心便转移到了日耳曼世界。他还把世界各民族划为世界历史民族和非世界历史民族，否认中国、印度、印第安等民族属于“历史民族”范围，认为“斯拉夫人曾经多少沾染了‘西方理性’的影响，然而这全部民族在‘理性’的世界历史的各个阶段中，一向没有出现独立的因素，所以始终不在我们考虑的范围内”。总而言之，只有日耳曼民族才有能力作“精神高等原则的负荷者”。[①] 兰克也认为，世界史的内容在于日耳曼民族与罗马民族的相互关系，构成罗马—日耳曼这一独特世界的法兰西、西班牙、德意志、英吉利、意大利、斯堪的那维亚六大民族是形成“人类思想”的伟大民族，自希腊、罗马时代以来，这六大民族就成为世界历史发展的主流，而其他民族或国家只不过是这一主流上无足轻重的“附加物”罢了。民族自由论派史学的德意志民族意识表现尤为强烈。其著史皆以颂扬母国文化为能，对普鲁士的成就尽力鼓吹，行文亦多带民族感情，欲以此来激起人们的爱国心和对本国史的兴趣。

德国近代史学的兴起虽较英法晚些，但在世界史坛上的影响却很大，特别是客观派史学，经过兰克的系统阐发和传播，一度风靡西方，成为近代西方史学的主流，并远传日本。1887年兰克的年轻助手利斯（Ludwig Riess，1861—1928）被引入日本帝国大学后，该派的史学观念与世界史研究成果更在日本史学界产生了广泛影响。中国学界对德国史

---

① 黑格尔：《历史哲学》，王造时译，生活·读书·新知三联书店1956年版，第124、131、396、397页。

学的了解，最初正是通过日本间接而来的。1900 年王国维在为《欧罗巴通史》（箕作元八、峰岸米造编著）中译本所作序中就曾提到过兰克。其后，《西洋史要》（日本小川银次郎著，1901 年金粟斋译本）、《西洋历史》（1902 年杭州史学斋本）、《欧洲历史揽要》（1902 年敬业学社本）、《世界通史》（1903 年上海通社本），以及译自日本濑川秀雄《西洋通史》的《百年来西洋学术之回顾》等论著也都谈及黑格尔、尼布尔、兰克、特赖奇克等人。有的还指出尼布尔等致力“以科学的研究法号召一世”，通过“广征史料，凡断简残编，苟稍有研究之价值者，靡不毕备。既得之逡［后］①，则以其炯眼巨识，鉴别此等史料之真伪，而确定一中正不偏之史实”。而兰克治史，“特长有四：搜集之勤一也，宅心之公二也，学识之高三也，断案之确四也”②，对客观主义史学的基本特征作了一定的揭示。但尽管如此，仍应指出，在 20 世纪最初的十年间，这些方法对中国学界的影响实远不如其宣扬的民族主义史观。一个最为显著的例子就是梁启超。以梁氏之博学和涉书之广，且身处日本，当不至未闻兰克及客观派之盛名，然观其当时著述，则几无一语及之。究其原因，很可能是在这位受过清代正统考据学系统训练的学者看来，客观主义史学方法较中国旧学似无多少新意，故难以引起他的关注。但德国史学的民族主义倾向与社会达尔文主义的相互推动，却激起了正处于民族救亡高潮时期的中国学术界相当的共鸣。

如 1903 年，刘成禺在《湖北学生界》发表的《历史广义内篇·人种第一》中便引用过这样一条消息：“柏林史学大会宣言：‘提倡民族帝国主义竞争之民族，造成一种新国民，为历史家第一要义，否则不足御外种人，国几亡。’”③ 1905 年黄节在《国粹学报》发表《黄史·总叙》，其中也引用了同一条消息（文字稍有不同）并感叹说：“悲夫，吾国种族史之亡而社会无传记也。”④ 可见德国民族主义史学给某些人的印象之

---

① 该文中“逡”字反复出现，然用法均与其字意不符。详审全文，乃多为“後”字排印之误。文中如“初以耶氏哲学为已尽善，厥逡历年既久，乃亦独树一帜”；“然其逡当全国心醉法兰西文学之时”；“三氏而逡，为德意志文学界之大师者，是为三大抒情诗人”等，均是。

② 仲遥译：《百年来西洋学术之回顾》，《学报》1908 年 6 月 26 日第 11 号。

③ 参见《湖北学生界》1903 年第 1 期。

④ 参见《国粹学报》1905 年第 1 期。

深。由于受此种史观的影响和国内民族救亡运动的刺激，当时不少人都把阐发民族爱国思想作为历史学的最根本任务。梁启超在《新史学》中开头就说："史学者，学问之最博大而最切要者也，国民之明镜也，爱国心之源泉也。今日欧洲民族主义所以发达，列国所以日进文明，史学之功居其半焉。"刘成禺也认为："夫所重乎历史者，重其能述一种民族中一团体一分子之原理，其苗裔繁衍之情况，描写祖国，惠彼后人，使生爱种之遐心也。"[①] 有的史著干脆主张："历史之起源，变文言之，即记人种竞争之演剧也……今特发挥种族团体之大义，严本族外族之鸿沟，使爱种保种尊种之念，油然而生，以养成种族主义之特质。"[②]

不仅如此，德国民族主义史学的理论观点也为一些人所接受。其中，比较典型的是梁启超。其《新史学》在论讨历史与人种关系时，将人种区分为"历史人种"与"非历史人种"。前者"能扩张本种以侵蚀他种，骎骎焉垄断世界历史之舞台"，后者"则本种日以陵夷衰微，非惟不能扩张于外，而且澌灭于内。寻至失其历史上本有之地位，而舞台为他人所占。故夫叙述数千年来各种族盛衰兴亡之迹者，是历史之性质也。叙述数千年来各种族所以盛衰兴亡之故者，是历史之精神也"。又说："同为历史的人种也，而有世界史的与非世界史的之分。何谓世界史的？其文化武力之所及，不仅在本国之境域，不仅传本国之子孙，而扩之充之以及于外，使全世界之人类，受其影响，以助其发达进步，是名为世界史的人种"，这种世界史的人种，在当时唯"白种中之阿利安种"可当之，"所谓阿利安人者，则条顿人而已，条顿人实今世史上独一无二之主人翁也"。如果以此比照一下上述黑格尔、兰克等人的观点，其渊源所自，也就不言而喻了。

观察一下 20 世纪初年中国的史坛，还可以发现，当时的一些民族史著作也是在德国民族主义史学的影响下出现的。如 1904 年出版的陶成章撰《中国民族权力消长史》（1907 年再版，易名为《中国民族史》）、刘师培于 1905 年撰成的《中国民族志》等，都以叙述中国历史上各民

① 刘成禺：《历史广义内篇·人种第一》，《湖北学生界》1903 年第 1 期。
② 横阳翼天氏（曾鲲化）：《中国历史·中国历史内容重点》"乙、关系之种类"。

族的兴衰及其战争、融合为主。梁启超本拟将其所著《国史稿》也题为《中国民族外竞史》，后因见到陶成章所著《中国民族权力消长史》第一编，才改变主意。还有一些新体史著，虽名称不作“民族史”，考其内容，亦多以民族盛衰为基本线索。如曾鲲化的《中国历史》，便按照汉民族的发生、创国、优胜、与外族冲突交涉等情形来区分时代。当然，这种情况的出现，也与当时国内民族救亡以及“反满”革命形势的发展有关。

（三）日本的文明史学

日本文明史学产生并流行于明治初年大倡“文明开化”的资产阶级社会启蒙运动时期，这是一种直接受法国基佐（Francios Pierre Guillaume Guizot，1787—1874）和英国巴克尔文明史著作以及斯宾塞社会学理论启发而形成的具有日本近代早期特征的启蒙史学，代表人物为福泽谕吉（1834—1901）和田口卯吉（1855—1905）。它以“鼓动世道之改进，知识之开化”为宗旨[①]，激烈批判传统旧史，主张研究人类文明进步的因果关系，以取代帝王为中心和偏重政治权力记载的旧史学，这是“试图掌握日本社会史和文明史的沿革，为最初有系统地抓住主要问题来研究日本历史的创举”[②]。

日本的文明史学之风在19世纪末便逐步吹入中国。康有为在1897年所刊《日本书目志》中列有不少日本文明史著作，如《文明要论》、田口卯吉《日本开化小史》、福田久松《日本文明略史》、物集高见《日本文明史略》等。1902年，梁启超在《新民丛报》发表《东籍月旦》，向国内介绍日本书籍，其中对文明史学作了专门介绍，表示十分推崇，认为写作文明史著须“将数千年之事实网罗于胸中，食而化之，而以特别之眼光，超象外以下论断，然后为完全之文明史”。并说田口卯吉的代表作《日本开化小史》，“议论常多独到处，虽我邦人读之，亦不至生

---

① 北川藤吉：《日本文明史》，转引自芳贺登：《批判近代日本史学思想史》，柏书房1974年版，第61页。

② 远山茂树、佐藤进一编：《日本史研究入门》，吕永清译，生活·读书·新知三联书店1959年版，第1—2页。

厌，若欲知日本数千年进化之迹，毋宁此书为良”。在论及田口氏的另一著作《支那开化小史》时，更是称赞不置，谓其“目光如炬，善能以欧美之大势，抉中国之病源，诚非吾邦詹詹小儒所能梦也”①。章太炎也认为：“顷者东人为支那作史，简略无义，惟文明史尚有种界异闻，其余悉无关闳旨。”② 与此同时，日本文明史学著作的汉译本开始在国内不断出现，如中西牛郎《支那文明史论》（1901 年普通学书室译本）、田口卯吉《中国文明小史》（即《支那开化小史》，1902 年上海广智书局刘陶译本）、白河次郎与国府种德合著《支那文明史》（1903 年上海竞化书局译本）等。福泽谕吉《文明论概略》也被列入《译书汇编》“已译待刊书目”广告。③ 其中有的还一再重版，如《中国文明小史》至 1905 年初已四次重印。《支那文明史》汉译出版后，也得到不少人好评。《游学译编》广告称其“将中国四千年来所谓形而上、形而下之种种质点支配于区区小册子中，而稽其起源发达变迁进化之大势，评判之，论断之，其尤有特色者，看破中国专制政治、奴隶学术之真相，屡发卓议痛诋，诚救中国之良药也”④。《浙江潮》还特辟栏介绍，谓其“史眼如炬，考证精严，凡我国民四千年来文明之梗概，如政治、宗教、学术、工艺、美术等类，皆博采兼收，亦历史界中之珍本也”⑤。

文明史学的传入，给 20 世纪初处于动荡变化阶段的中国史学界以相当刺激。如福泽谕吉等人在批判封建史学时，曾激烈提出：日本已往所有之历史，非考究王室之递禅，即论述君臣有司之得失，否则即讲战争之胜败，类似艺人之演唱。旧日之历史，率皆若是。即偶有与政府无关之历史，也只记叙些佛家之荒诞怪论，亦无足观。总之，过去只有日本政府之历史，至于日本国家之历史，则付阙如。学者未注意及此，斯诚国家之一大憾事也。⑥ 这种“日本无国史”说，显然对当时国内兴起

① 参见《新民丛报》1902 年第 9、11 号。
② 《章太炎来简》，《新民丛报》1902 年第 13 号。
③ 参见《译书汇编》1901 年第 7—9 期，广告中书名《文明论之概略》，然未见此译本。
④ 《游学译编》1902 年第 1 期。
⑤ 《浙江潮》1903 年第 7 期“新著绍介”。
⑥ 福泽谕吉：《文明论概略》，转引自远山茂树、佐藤进一编：《日本史研究入门》，吕永清译，第 2 页。《文明论概略》（北京编译社译，商务印书馆 1959 年版）文字表述与此稍同。

的批判旧史学风气有一定的促进作用。

当时国内流传的日本文明史著作，都十分注重探讨历史因果关系，如田口卯吉的《中国文明小史》指出："开化史者，所以穷历代兴废之由而详时势变迁之迹。"家永丰吉在《万国史纲》中声称，其书"于王侯将相之事迹、征战之实谈等，不能尽详，至于历史之对于世界文明有如何影响，则一一论究，莫或遗焉"。他们反对机械地罗列堆积史料，要求抓住关系人类文明发展的主要线索进行研究，从中揭示进化之原理。这些观点，使不少中国学者深受启发。章太炎指出："自唐而降，诸为史者，大氐陈人邪！纪传泛滥，书志则不能言物始，苟务编缀，而无所于期赴。何者？中夏之典，贵其记事，而文明史不详，故其实难理……非通于物化，知万物之皆出于几，小大无章，则弗能为文明史。"[①] 谢无量认为："吾国数千年不知有新史体，由左丘明至于今，所以为史著者交错相虬，不可悉纪，学者头白而不能究，是以民智日坐暗下。"因而主张采用"文明史体"，从纷繁的旧史记载中爬梳出有关"文明变迁大势"的材料，加以条贯论述。[②] 有的还依据文明史学的观点做了大胆的实践。如黄炎培等将日人市村瓒次郎等著《支那史》中有关帝王的事迹删去，专取"关于文明之进步者"，芟芜补阙，编为《支那四千年开化史》。[③] 曾鲲化的《中国历史》也系"仿泰东泰西文明史及开化史例"而作，目的是"调查历代国民全部运动进化之大势，撮录其原因结果之密切关系，以实国民发达史价值，而激发现在社会之国魂"[④]。其书在叙述社会发展大势的同时，以将近一半的篇幅，详记各时代文明发展状况，内容广涉政治、学术、宗教、美术、风俗、实业各方面，提出了不少新见解。

除此之外，其时西方近代史学专业理论的输入，还使人们获得了不少新的史学概念和研究方法。如史料概念的扩大以及分类、搜集、鉴别和考证方法，充分运用语言学、古文书学、地理学、年代学、考古学、

---

① 章太炎：《訄书·尊史第五十六》，《章太炎全集》（三），第313页。
② 谢无量：《万国史纲》邵希雍译本序，上海支那翻译社1903年印本。
③ 支那少年编译：《支那四千年开化史·弁言》，支那翻译会1903年初印本。
④ 横阳翼天氏（曾鲲化）编译：《中国历史·中国历史内容重点》，第1页。

系谱学、古泉学等相关学科的研究成果和辅助手段，以及重视实际调查和纵横比较观察等。不过，由于中国传统史学，特别是乾嘉考据学在史料处理上的某些长处及其与作为当时西方史学主流的德国客观派史学方法的某些接近之处，使大部分史家虽然在理论上也肯定西方史学方法的严谨，但在实践上却多偏重于吸取其史学观念（包括历史观等），至于史料考订等，则仍多沿用乾嘉考据方法。这种情况，直到五四运动前后才有所改观。

第三节　新史学的奠基人梁启超

一、梁启超的史学道路

梁启超

梁启超（1873—1929），字卓如，号任公、饮冰室主人。广东新会人。光绪举人。早年就学于广州学海堂，后入万木草堂为康有为弟子，并投身维新变法活动，担任过上海《时务报》总撰述、长沙时务学堂“中学”总教习。戊戌政变后流亡日本，先后主编《清议报》和《新民丛报》，继续鼓吹资产阶级民权思想和改良主义，并结合政治斗争，积极宣传西方哲学、社会政治学说和史学理论，在学术思想界产生了广泛影响。民国以后，一度任职于北洋政府，嗣因政治活动累遭挫败，失望之余，于1918年离开政界，出游欧洲。1920年起，任清华、南开等大学教授，专事学术研究和著述。有《饮冰室合集》传世。

梁启超的学术兴趣极为广泛，举凡文、史、哲、经、法律、政治、教育、新闻、宗教诸学，莫不涉略，而其最注重者，则为史学。诚如其友林志钧所说：“知任公者，则知其为学虽数变，而固有其坚密自守者在，即百变不离史是（观）已。其髫年即喜读《史记》、《汉书》，居江户草《中国通史》，又欲草世界史及政治史、文化史等，所为文如《中国史叙论》、《新史学》及传记学案，乃至传奇小说，皆涵史性。”[1] 他是中国近代倡导新史学的第一人，不仅首先对旧史学发出了猛烈而全面的批判，还通过史学实践，建立起较系统的史学理论体系，从而为近代新史学的确立奠定了基础。

梁氏一生的史学活动，大体经历过以下几个发展变化阶段。

15 岁之前纯受旧式教育。从习读四书五经、《史记》、《汉书》，直到张之洞的《书目答问》、段王训诂之学等。1887 年入学海堂后，更得到了严格而系统的旧学训练。这种深厚的传统学术熏陶，不仅为他打下了坚实的国学根基，培植起对民族文化的自豪感，也使他与近代大部分学者和思想家一样，或多或少背上了传统的包袱，以至每当在学术进途中遇到阻碍或疑虑时，便往往会不自觉地回到这个最初的学术基点来进行反思。在治学方法上，他尤其受到清代乾嘉考据学的影响。虽然他对乾嘉学时有批评，但对其治学方法，却始终推崇不已，称其“以实事求是为学鹄，颇饶科学的精神”，甚至西方学者所用的归纳、比较等“科学方法”，乾嘉学者亦莫不备之。[2] 其史学理论中有关治史方法的部分（主要是史料鉴别技术）就有不少取自乾嘉考据学。

16—25 岁为中西学兼收时期。1890 年，梁启超赴京应试不第，归经上海，购得《瀛寰志略》读之，并见到不少江南制造局所译西书，由是稍知世界各国之事。是秋，复因同学陈千秋介绍，改从康有为问学，开始走上了一条以经世为目的，研究传统学术与历代典章制度，同时涉猎“译本西籍”，兼收西学的学术道路。因此，这一阶段不仅是梁启超资产阶级改良主义世界观奠定时期，也是其成人知识结构形成时期。当然他在此期获得的西学知识仍是十分有限的。这就使梁启超的学术思想呈现一种“不中不西”、“不今不古”的状态。如他在 1896 年作的《西学书目表后序》中说：“舍西学而言中学者，其中学必为无用，舍中学而言西学者，其西学必为无本，皆不足以治天下。”差不多是在重复“中体西用”说，并上书张之洞，提议：“为今之计，莫如用政治学院之意以提倡天下，因两湖之旧而示以所重，以六经诸子为经，而以西人公理公法之书

---

① 林志钧：《饮冰室合集序》。该序亦载《浙江图书馆馆刊》第 4 卷第 3 期，其中“即百变不离于史是观已”一句，“观”字在“已”后，如此，则“观”当属下句。

② 梁启超：《论中国学术思想变迁之大势》，《饮冰室合集 · 文集之七》，第 87 页。

辅之，以求治天下之道；以历朝掌故为纬，而以希腊罗马古史辅之，以求古人治天下之法；以按切当今时势为用，而以各国近政近事辅之，以求治今日天下所当有事。”[①]主张中西调和的改良主义教育方针。1897年，在他任湖南时务学堂总教习时，还将这种主张付诸实践，要求学生先通彻传统经史大义，“根柢既植，然后以其余日肆力于西籍，夫如是而乃可谓之学”[②]。这种“中西杂糅”的学术思想倾向，以后仍时有表现，并成为梁启超史学的特点之一。

26岁以后以吸收西学为主。特别是流亡日本期间，许多“畴昔所未见之籍，纷触于目。畴昔所未穷之理，腾跃于脑”[③]，使其知识结构经历了一次更新，“思想为之一变”[④]。对于以往奉为圭臬的儒学，他也提出了大胆批评，主张“抉破罗网，造出新思想”，并“思以数年之功著一大书，揭孔教之缺点”。[⑤]同时，极力倡导“读东西诸硕学之书，务衍其学说，以输入于中国”[⑥]。梁启超这一时期对西学的了解，虽不甚深，但范围很广，不仅写了许多介绍西学之文，如《论学术之势力左右世界》、《生计学学说沿革小史》、《论希腊古代学术》，以及对亚里士多德、霍布斯、斯宾诺莎、卢梭、颉德、培根、笛卡儿、达尔文、孟德斯鸠、边沁、康德、伯伦知理等人学说的简介。对西方近代史学理论的研究和吸取，也倾注了很多精力。他所接触的日本书籍，史书占有很大比重，以其《东籍月旦》介绍的日本书为例，总共70种书中，史书竟达50种之多。通过这些书籍，梁启超从中吸收了不少西方近代史学和社会学、考古学、政治学、人种学等研究成果。1901—1902年，他接连发表《中国史叙论》和《新史学》，猛烈抨击传统史学，倡导“史学革命”，较系统地阐述了有关史学功用、历史哲学、治史态度和方法等一系列资产

---

① 梁启超：《上南皮张尚书书》（1896），《饮冰室合集·文集之一》，第106页。

② 梁启超：《湖南时务学堂约》，《饮冰室合集·文集之二》，第25—26页。

③ 梁启超：《论学日本文之益》，《饮冰室合集·文集之四》，第81页。

④ 梁启超：《三十自述》，《饮冰室合集·文集之十一》，第18页。

⑤ 梁启超：《与夫子大人书》（1902），《梁启超年谱长编》，上海人民出版社1983年版，第279页。

⑥ 梁自超：《清议报一百册祝辞并论报馆之责任及本馆之经历》，《饮冰室合集·文集之六》，第54页。

阶级史学主张，从而初步构筑起其史学理论体系的基本框架。这些主张，成了他日后治史的方针。

梁启超的上述经历，既为他提供了兼取中西史学建立新史学理论体系的可能，也使他的学术思想常因新旧相缠而陷入矛盾，特别是在晚年，这种倾向尤其明显。新文化运动以后，梁启超一面致力于总结生平研究史学理论及史学实践的心得，写下了著名的《中国历史研究法》及其补编，一面从事中国通史和学术思想史等方面的研究与撰述，发表了大批名动一时的学术专著，从而进入了其生命最后十年的学术发皇期。但在史学思想上却日益摇摆不定，开始怀疑以前崇信的进化论和历史因果律，声称自己虽然向来不赞成“一治一乱”的传统循环史观，但现在却“不敢十分坚持了。我们平心看一看，几千年中国历史，是不是一治一乱在那里循环！何止中国，全世界只怕也是如此”。[①] 又说：“说明事实之原因结果，为史家诸种职责中之最重要者”，但“历史为人类心力所造成，而人类心力之动，乃极自由而不可方物”，倘若一定要在历史研究中贯彻探究因果的思想，“或竟为不可能的而且有害的，亦未可知”。[②] 这类思想矛盾，深深地困扰着他，直至死去。它反映了这位因时代和阶级的局限而不能科学地认识历史的资产阶级学者，在种种历史与现实、理论与实践的冲突面前已陷入了无法自圆其说的困境。

二、梁启超的史学理论体系

梁启超的史学理论体系在中国近代资产阶级史学的形成发展中具有十分重要而典型的意义。这一理论体系，初步形成于 1902 年左右，即《中国史叙论》和《新史学》发表之时，以后逐步加以完善，而以 1921 年和 1926 年《中国历史研究法》及其补编的发表为集其大成。它是以西方近代史学理论和方法为主（包括某些自然科学的理论和方法），同时

① 梁启超：《什么是文化》，《饮冰室合集·文集之四十》，第 5 页。

② 梁启超：《中国历史研究法》，《饮冰室合集·专集之七十三》，第 100 页。

改造和吸取了中国传统史学的某些方法（特别是乾嘉考据学方法）而建立起来的。

梁启超的史学理论，贯彻着鲜明的资产阶级史学功用观。他认为，史家应在如实记载史实的基础上，着重说明历史演变的因果关系，打破以君史和政治史为本体的旧史结构，开阔历史视野，“合人类全体而比较之，通古今文野之界而观察之。内自乡邑之法团，外至五洲之全局，上自穹古之石史，下至昨今之新闻”，皆在考察之列，以究人群进化之“公理公例”，写出国史和民史，“使国民察知现代之生活与过去未来之生活息息相关……然后能将历史纳入现在生活界使生密切之联锁”。① 新史学的理论，应贯彻这一根本治史方针。

在他看来，“凡学问必有客观主观二界。客观者，谓所研究之事物也。主观者，谓能研究此事物之心灵也。和合二观，然后学问出焉。史学之客体，则过去现在之事实是也。其主体，则作史读史者心识中所怀之哲理是也。有客观而无主观，则其史有魄无魂，谓之非史焉可也”②。故史学理论的宗旨，不外阐明人和作为其认识对象的历史之间的关系。

历史研究的客体，是随着时间流逝而一去不返的人类过去，故不可能如自然科学那样用实验手段直接对其进行研究，而只能通过各种前人遗存的文字或实物史料作间接研究。由于种种原因，史料所反映的历史事实大多并不完整，加之历代天灾人为的破坏，古代史料留存至今往往百不存一，历史研究的困难性和特殊性就在于要透过这些残缺不全或与事实真相有一定距离的史料去认识过去。为了尽可能多和全面地掌握史料，梁启超主张按照西方近代史学观点，建立新的史料观念，改变那种仅从旧史记载中搜寻史料的习惯，充分吸收地质学、考古学、人种学、言语学等学科的最新研究成果，“畴昔不认为史迹者，今则认之；畴昔认为史迹者，今或不认。举从前弃置散佚之迹，钩稽而比观之。其夙所因袭者，则重加鉴别，以估定其价值。如此则史学之立于‘真’的基础之上，而推论之功，乃不至枉施也”③。他介绍了西方近代学者利用各国

① 梁启超：《中国历史研究法》，《饮冰室合集 · 专集之七十三》，第 3 页。

② 梁启超：《新史学》，《饮冰室合集 · 文集之九》，第 10 页。

③ 梁启超：《中国历史研究法 · 自序》，《饮冰室合集 · 专集之七十三》，第 1 页。

神话资料研究各民族早期思想和宗教文学观念的情况，指出："我国为文化最古之国，故神话传说必极丰富，其中若言华胥言昆仑等，殊不能谓其于史迹绝无系属。"[①] 主张从神话中探寻古代地方风俗和社会心理，如从《山海经》中观察古人的某些思想，从纬书中看古代人的宇宙观，以及从传统节日或地方节日中寻找民俗史料等。与此同时，他还提出了新的史料分类法，认为非文字记录和文字记录两大类史料各有长短，应结合使用，不可偏废。这种史料学观念，正反映了梁启超企图以近代理性观念来重新鉴定旧史料和建立新的史料价值观的要求。

广泛搜集史料，固然是历史研究的前提，但研究的结果如何，还须取决于治史者的主观认识能力。为此，梁启超又对历史研究的主观一方——史家提出了四长的要求，即史德、史学、史识和史才。史家四才之说，虽取自唐代刘知幾和清代章学诚，但在梁启超那里，又融入了新的含义。如四长的排列次序，刘知幾以才、学、识为次，章学诚复益以史德。梁启超则以德、学、识、才为序，突出了史德观，要求史家须持"公平之心"，"对于所叙述的史迹，纯采客观的态度，不丝毫参以自己的意见"[②]。在此基础上，学、识、才方能发挥正常作用。虽然梁启超所谓的"纯客观"历史研究，事实上很难实现，但其中毕竟包含着提倡实事求是治史态度的合理因素，仍有可取之处。至于四长的具体内容，更显示出近代史学的特点。如他所说的"学"，不仅指旧史家所谓的深厚文史修养，还包括许多与史学相关的近代新兴学科和自然科学知识。他认为地理学、地质学、人种学、人类学、言语学、社会学、政治学、宗教学、法律学、经济学，"皆与史学有直接之关系"，伦理学、心理学、逻辑学、文章学、天文学、物质学、化学、生理学等，"其理论亦常与史学有间接之关系，何一而非主观所当凭借者。取诸学之公理公例，而参伍钩距之，虽未尽适用，而所得又必多矣"。[③] 如指出，生物界生存的共通法则可类推到人类生活上去，"社会学所以能应运而生，可以说全部都建设在生物学基础之上。不惟直接产生社会学而已，凡有关于人事

① 梁启超：《太古及三代载记》，《饮冰室合集·专集之四十三》，第1页。
② 梁启超：《中国历史研究法补编》，《饮冰室合集·专集之九十九》，第14页。
③ 梁启超：《新史学》，《饮冰室合集·文集之九》，第10—11页。

之诸学科，如法律学，如经济学，如政治学，如历史学，都受了他的刺戟，一齐把研究方向挪转”[①]。至于地理学，他称之为“诸学科之基础”[②]，并作《亚洲地理大势论》、《中国地理大势论》、《欧洲地理大势论》、《地理与文明之关系》等，考察地理环境及其变迁对人类历史发展的影响。他的《历史统计法》、《〈统计学之原理与应用〉序》等文，则论述了数学统计在历史研究中的运用和意义，以为“凡欲治一专门之学，观其大较，而得其共相，舍此末由也”[③]。这些史学主张，表现了近代史家远较旧史家阔大的治学气象。

鉴于历史研究是人们运用一定的观点和技术手段，通过对现存史料去粗取精、去伪存真的一系列排比思维活动，去认识历史真相及其与现实联系的过程，梁启超的史学理论还十分注重探讨历史研究中史家所持的观点和方法问题。

他指出：“善为史者，必研究人群进化之现象，而求其公理公例之所在，于是有所谓历史哲学者出焉。历史与历史哲学虽殊科，要之，苟无哲学之理想者，必不能为良史，有断然也。”[④]主张以进化史观为指导来研究历史。在他看来，世界万物都处于一种普遍的进化状态中。就人类社会而论，这种进化主要是通过人种、民族、国家间优胜劣败的斗争来实现的，这种观点，显然受到社会达尔文主义的深刻影响。他还认识到，历史进化是一种顺着一定次序螺旋形上升和波浪起伏的曲折运动过程，“明此理者，可以知历史之真相矣”[⑤]。

梁启超对历史哲学的阐述并未停留在承认历史进化这点上，而是试图由此而入，去探讨隐在历史表象之后的各种制约历史进化序列和程度的力量是什么。在这方面，他几乎倾注了一生的精力，前后发表过许多看法。这些看法，既交织着这位近代史学倡导人在学术上进行艰辛探索的成功和局限，也深刻地反映了他在无法窥得历史奥秘时的彷徨和苦闷

---

① 梁启超：《生物学在学术界之位置》，《饮冰室合集·文集之三十九》，第20页。

② 梁启超：《地理与文明之关系》，《饮冰室合集·文集之十》，第106页。

③ 《梁启超年谱长编》，第631页。

④ 梁启超：《新史学》，《饮冰室合集·文集之九》，第7—8页。

⑤ 梁启超：《新史学》，《饮冰室合集·文集之九》，第10、11页。

心理，从而构成了其史学理论体系中富有特色的一章。

梁启超认为，历史进化的基本制约力可分两类。

第一，心力。即支配人类历史活动的心理意识，其中又可分为个人心理、党派心理、阶级心理、民族心理、社会心理等。“心理之发动，极自由不可方物。无论如何固定之社会，殊不能预料或限制其中之任何时任何人忽起一奇异之感想，此感想一度爆发，视其人心力之强度如何，可以蔓延及于全社会。”① 梁启超指出，个人心理可扩展为团体心理，乃至影响全社会，而后者也借前者而得到集中表现。影响历史进程的诸心理因素中，以英雄伟人之心理最为重要。盖进化虽为全社会的进步，但“导率社会多数以进者，又恒在一二人。古今中外能进化之社会，皆其历代圣哲豪杰人格之化成也”②。如中国的历史便是大禹、孔子等人格所化成，其学术、伦理、政治、人才亦皆由得孔子而兴，“苟无孔子，即中国二千年当非复二千年来之中国。中国非复二千年来之中国，则世界亦非二千年来之世界也”③。故“世界者何？豪杰而已矣，舍豪杰则无有世界”④。他称那些英雄伟人为“先时人物”、“历史的人格者”和“社会之原动力”。⑤ 因此，研究历史，只需抓住社会心理的变化动态，特别是由此“精察夫个人心理之所以作成之表出之者，其道何由能致力于此，则史的因果之秘密藏，其可以略睹矣”⑥。

第二，物力。这里所谓的“物力”，并非通常所说的物质条件，按照梁启超的解释：“物者何？谓与心对待的环境，详言之，则自然界之状况，以及累代遗传成为固形的之风俗、法律与夫政治现象、经济现象，乃至他社会之物的心的抵抗力皆是也。”⑦ 即人们进行历史活动时客观存在的各种现实物质条件乃至上层建筑方面的限制因素，因而内涵很广。其中梁氏经常提到的物力主要有如下几种。

---

① 梁启超：《中国历史研究法》，《饮冰室合集·专集之七十三》，第116页。
② 梁启超：《纪夏殷王业》，《饮冰室合集·专集之四十四》，第3页。
③ 梁启超：《孔子》，《饮冰室合集·专集之三十六》，第65页。
④ 梁启超：《自由书》，《饮冰室合集·专集之二》，第33页。
⑤ 梁启超：《南海康先生传》，《饮冰室合集·文集之六》，第58页。
⑥ 梁启超：《中国历史研究法》，《饮冰室合集·专集之七十三》，第115页。
⑦ 梁启超：《中国历史研究法》，《饮冰室合集·专集之七十三》，第121—122页。

一是地理作用。他指出："地理与历史，最有紧切之关系，是读史者所最当留意也。"[①]地理"环境对于'当时此地'之支配力，其伟大乃不可思议"[②]。它可以影响人们的素质、生产活动、物质生活、对外交通、思想习俗、文化传统乃至政治制度。如中国文明发生较早、历史上常出现南北政权对峙、西北少数民族屡屡在军事上战败汉族和入统中原等历史现象，莫不可从地理上得到说明。在有关中国学术文化史的研究中，他还从地理环境角度对中国文化的特征、分布及地方风格的形成作了解释。如说中国东南面海，西阻于崇山峻岭，西北流沙千里的地形，限制了它与其他地区的文化交往，从而使其文化成为独立发展系统。[③]中国传统文化所以较重实际而少宗教色彩，也因其文明"起于北方，其气候严寒，地味确瘠，得天较薄，故其人无余裕以驰心广远，游志幽微，专就寻常日用之问题悉心研究，是以思想独倚于实际"[④]。

二是人种因素。因受西方人种史观的影响，梁启超认为，世界上各色人种，"其血管中之微生物与其脑之角度"皆有不同，其中白种人最优，"白人之优于他种人者何也？他种人好静，白种人好动；他种人狃于和平，白种人不辞竞争；他种人保守，白种人进取。以故他种人只能发生文明，白种人则能传播文明"。[⑤]故人种不同，也是造成东西方历史不同和今日世界西方强于东方的原因之一。

三是文化传统力量。梁启超把这称为"文化共业"，它包括先贤学说、政治法律和力量"大得可怕"的社会习俗等，对推动或抑制历史进化往往起着很大的作用，并认为国家的盛衰存亡，"实乃由全国人过去之共同业力所造成，而至今乃食其依报者"。[⑥]

梁启超的史学理论体系中，还包含着大量有关治史方法的专门论叙，总的意见是：运用西方近代"科学方法"，改造中国传统的主要是

① 梁启超：《中国史叙论》，《饮冰室合集·文集之六》，第4页。
② 梁启超：《近代学风之地理的分布》，《饮冰室合集·文集之四十一》，第50页。
③ 梁启超：《中国印度之交通》，《饮冰室合集·专集之五十七》。
④ 梁启超：《论中国学术思想变迁之大势》，《饮冰室合集·文集之七》，第6页。
⑤ 梁启超：《新民说》，《饮冰室合集·专集之四》，第10页。
⑥ 梁启超：《国家运命论》，《饮冰室合集·文集之二十二》，第98页。

乾嘉学派的治学方法，建立新的方法论。这些方法论，包括四方面的内容。

第一，搜集史料之法。主张不仅要注意一般人公认的文献和实物资料，还应开阔视野，“恒注意于常人所不注意之处”，在“常人向来不认为史料”的东西中“寻觅出可贵之史料”；不仅要留心普通史料、抽象史料、正面史料与积极史料，还应留心特别史料、具体史料、反面史料和消极史料；不仅要利用现成资料，还应从各类散见材料的比照中，去搜剔旧史中全然失载或缺略之事实，以及为旧史家故意湮灭和错乱的资料。为此，他要求治史者“将脑筋操练纯熟，使常有锐敏的感觉”，提高发现和利用史料的能力。在具体方法上，他特别强调采用按研究专题，广泛搜集和积累“同类或相似之事项综析比较”之法，以为“史料之为物，往往有单举一事，觉其无足重轻，及汇集同类之若干事比而观之，则一时代之状况可以跳活表现”。“吾侪欲得史料，必须多用此等方法。”①

第二，鉴别史料之法。在这方面，梁启超着重论述了正误和辨伪二种方法。认为正误最直接之法，莫过于举出一极有力之反证。如明知其事极不可信却找不到明确反证的史料，则不妨指出可疑之处，并立假说以待后来再审定。关于辨伪，他从辨伪书和辨伪事两方面作了详细说明，并列举了辨伪书的十二条标准和辨伪事的七条标准。前者在明胡应麟《四部正讹》所举古书辨伪之例的基础上，结合乾嘉考据学者的本证、旁证、理证、事证、书证等方法，对古书进行各个角度的考察，以确定其真伪。后者则从史迹的来源、流传、衍变、性质，以及撰者的主观动机等方面，区别记载的真伪，以判明史料的实际价值。两者结合，形成了一套较系统的史料考证法。

第三，分析和论次史事之法。梁启超认为，在掌握了丰富史料的基础上，还须对各类史料进行贯通的分析，注意历史事件纵横两方面的联系，并将其放到整个世界历史发展的背景中去考察，通过有关史事的比较，同中观异，异中观同，加深认识。在叙述上，他要求将错

① 梁启超：《中国历史研究法》，《饮冰室合集·专集之七十三》，第65、64页。

综复杂的历史头绪按一定的因果关系，理清眉目，使读者易于得其要领。他还依据自己的治史经验，列出了分析和论次史事的八项程序，从确立历史研究专题到有关资料的选择、各种相关因素的把握，以及各历史事件中代表人物、精神心理、客观条件和机缘等作用的考察等，都作了具体说明。这种把史料所反映的史实置于整体关系和动态过程中加以综合分析论次的方法，已不纯是形式逻辑的归纳法，而是带有了某些辩证法的因素。

第四，撰写史著之法。梁启超认为，史家应学会善于组织和驾驭材料，既不可任意杜撰史事，也不必拘泥于旧史的一字一句，写出的史著要剪裁得体，详略恰当。同时要加强文学修养，讲求文辞的简洁生动。在史书体裁方面，既要注意吸收传统史书的某些长处，又要不断充实新的技术手段，特别是重视新式图表的制作。并提出，要写出好的通史，必须先做好专史的研究与编纂。他把专史分为人、事、文物、地方、断代五大类，列举大量材料，示范性地重点说明了人和文物两类专史的做法，提出了不少十分精到的意见。

综上可见，梁启超的史学理论体系，是按照人们研究和认识历史的系统运动过程而建立起来的有机整体，主要由作为历史研究的主体（史家）、客体（史料）和史家所凭借之治史手段（历史哲学和史学方法论）三方面论述组成。其内部结构参见“梁启超史学理论体系示意图”。

从结构上看，梁启超的史学理论体系存在一个明显的缺陷，就是未能对研究结果如何进行社会检验以及史家如何对检验后的社会信息反馈作出反应的问题展开专门的论述。历史研究实际上是人们认识特殊事物（已消逝的过去）的一种方式。从搜集资料到得出研究结论，固然是一个相对独立的认识过程，但对于人的一生或整个人类认识历史的漫长过程来说，它不过是一系列连续不断认识运动中的一个片断或环节。因为人们对于历史（哪怕是对个别人物和事件）的认识，一般并非一次最后完成，而往往需要反复多次，甚至许多代人的研究才能逐步深化和接近事实真相。虽然历史研究因其对象的特殊性，而无法通过历史的重演来直接检验其研究结果的正确与否，但它仍将以其他方式受到社会检验，如新发现史料和考古资料的检证，各地区、各民族相似发展阶段或类型

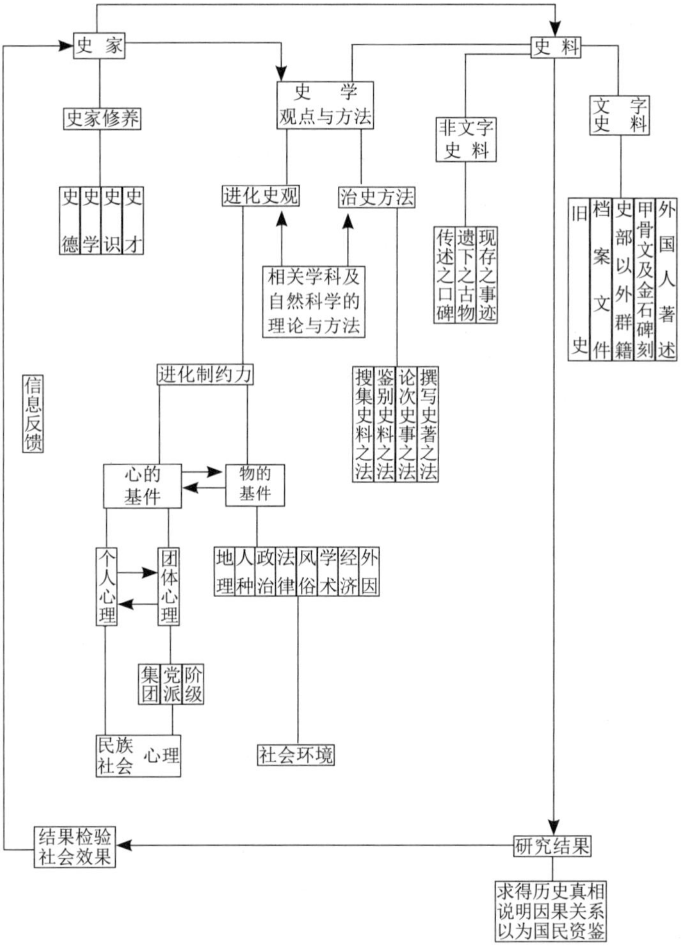

梁启超史学理论体系示意图

的比较等，史学家应当根据检验反馈的信息来证实或修正原来的研究结论，由此逐渐加深对历史的认识。故历史研究的全过程应是：研究认识—社会检验—再研究再认识，从而使人类的历史洞察力不断地由低级走向高级。只要人类社会的历史不中断，这种自我认识活动便不会了结，各时代的人们不仅对过去尚未触及过的，而且对某些早已认识过、得出过结论的历史也会继续研究和重新反省，以深化过去的认识，甚至推翻前人的陈说。梁启超的史学理论所以缺乏对这一重要理论问题的阐述，反映了他在哲学认识论上的局限。

三、梁启超史学的时代特点

梁启超的史学，具有以下几个基本特点。

第一，多元论的倾向。梁启超的史学理论，就哲学指导思想而论，是唯心主义的，但又时而表现出一种多元的倾向。如他一面强调“历史为人类自由意志的创造品”[①]，一面又说，在历史运动的过程中，心力作用必然要受到物的限制。在研究历史时，他虽然总是突出思想的作用，但对客观社会环境等因素也较重视，认为“苟离却社会与时代，而凭空以观某一个人或某一群人之思想动作，则必多不可了解者”[②]。主张把历史人物或事件放到一定的社会环境、时代、风俗等背景中去加以观察。在分析影响历史发展的各种因素的作用时，梁启超的史学思想也显示出相当的辩证因素。如论及英雄与群众、心理与社会环境的历史作用，他指出：“宇宙间曾无不受社会性之影响束缚而能超然存在的个人，亦曾无不借个性之缫演推荡而能块然具存的社会，而两者之间互相矛盾、互相妨碍之现象，亦所恒有。”[③]并认为，英雄伟人之所以能成就事业，是因为他们代表了无数无名英雄意志的缘故，甚至说“凡一国之进步也，其主动者在多数之国民，其驱役一二之代表人以为助动者，则其事罔不成；其主动者在一二之代表人，而强求多数之国民以为助动者，则其事鲜不败”[④]。因而主张历史研究既要考察大圣哲、大英雄、大战争和大革命，也要注意某些“微细而难见者”，包括“匹夫匹妇日用饮食之活动”所反映的“一社会一时代之共同心理共同习惯”[⑤]等，以期认识人类社会历史的“共相”和“共业”。不仅如此，他还能以发展变化的观点去看待各类历史作用力在不同历史阶段的不同强度。他认为，地理环境对历史的作用力是与人类文明的发展程度成反比的，“愈古代则地理规定历

① 梁启超：《研究文化史的几个重要问题》，《饮冰室合集·文集之四十》，第3页。
② 梁启超：《中国历史研究法》，《饮冰室合集·专集之七十三》，第105页。
③ 梁启超：《先秦政治思想史》，《饮冰室合集·专集之五十》，第183页
④ 梁启超：《过渡时代论》，《饮冰室合集·文集之六》，第32页。
⑤ 梁启超：《中国历史研究法》，《饮冰室合集·专集之七十三》，第2—3页。

史之程度愈强，且其所规定，不徒在物的方面，而兼及心的方面，往往因地理影响形成民族特别性格”，随着人类文明程度的提高，控制和改造自然能力的加强，特别是近代科学的日益昌明，地理条件对历史的影响力也日渐减弱。[①]同样，英雄的历史作用也是如此。“愈在上古，则英雄愈不出世，而愈见重于时……降及近世，此风稍熄。”由于教育日益普及，过去唯英雄能做之事，许多人都能做到，故英雄伟人对历史的影响将日渐减弱。[②]这些观点，都包含着一定的深刻性。

梁启超史学理论的上述多元论倾向，一方面，显然与受到当时西方社会学中社会有机论的影响有关。更主要的是，由于在史学实践中唯心主义的一元历史动力论对许多历史现象的解释都难以自圆其说，这就促使梁启超企图从制约历史发展的多种因素、特别是心物两者力量极限的度量中，去找出历史的因果关系和发展趋势。如他的《新民说》，曾从文化、政治、地理环境、民族心理等多种角度探讨了中国封建社会长期延续的原因。在《中国历史研究法（补编）》中，他还主张：“我们作史，对于伟大人物的自由意志和当时此地的环境都不可忽略或偏重偏轻。”梁氏的这些观点，较之某些一味以精神思想去解释历史的唯心论者，眼界毕竟要开阔些，这也是他治史能取得较大成就的原因之一。虽然在总体上他并没有也不愿抛弃唯心史观。

第二，开放型的结构。这一点，突出地表现在两个方面。首先，梁启超并未因历史研究的特殊性而将其自我封闭起来，而是提倡与其他学科包括自然科学加强横向联系，努力吸收其他学科的新理论和新成果，以充实历史学并逐步完善其知识结构（可参见前面有关史家四长的论述）。其次，梁启超认为史学理论、方法或研究结论，应在史学实践中不断有所发展更新，才能始终保持生气和活力，他说：“真正做学问的人，晚年与早年不同。从前错的，现在改了；从前没有，现在有了。一个人要是今我不同昨我宣战，那只算不得长进。我到七十岁，还要与六十九挑战；我到八十岁，还要与七十九挑战。”对以前的错误，一经

---

① 梁启超：《地理及年代》，《饮冰室合集·专集之四十七》，第2页。

② 梁启超：《自由书》，《饮冰室合集·专集之二》，第84—86页。

发现，“立刻改正，虽把十年的工作完全毁掉，亦所不惜”[①]。并公然主张：“不惜以今日之我，难昔日之我。”[②]这种思想方法，与同时某些资产阶级学者比较起来，表现出很大优点。如其师康有为自称“吾学三十岁已成，此后不复有进，亦不必有进”，这种思想状况，使其戊戌以后在学术或政治上都很少有发展。至于章太炎，虽然辛亥革命前政治上较梁启超激进，但学术上“谨守家法之结习甚深”，对某些新兴学科如甲骨金文学也不愿承认。梁启超则学术上较少成见，“常自觉其学未成，且忧其不成，数十年日在旁皇求索中”[③]，因而直到后期仍能在史学实践中表现出相当的求新和拓荒精神。顺便指出，有的人由于忽视了梁启超史学的这一特点，往往把他一生学术思想的多变视为破坏其史学理论体系的因素。这种看法，实际上过分强调了体系的稳定性，而将其与体系内部正常的知识和理论更新对立起来，其结果必然把体系当成一种凝固化的东西，因此，必须加以纠正。

第三，不稳定性。梁启超的史学理论体系确有不稳定的一面。如他的历史哲学本是建立在进化论基础上的，但后来却对此发生了动摇，虽然并未完全否定进化论，却将其适用的范围大大缩小，认为只有“人类平等及人类一体的观念”和“世界各部分人类心能所开拓出来的‘文化共业’”这二种历史现象可确认在进化之中，并由此对历史因果律也表示怀疑。这种不稳定性，从表面上看，与其史学理论的多元论倾向和开放型结构似有一定关系，但实际上，却是他所处的时代、社会和阶级在其史学理论上打下的深刻烙印。梁启超史学产生于19世纪末20世纪初。此期，世界各主要资本主义国家已先后进入帝国主义阶段，随着其对外扩张的加剧，资本主义文明以更快的速度被传播到了各地。而在中国，初步形成独立力量并登上政治舞台的资产阶级，正急需大量吸收西方近代哲学和政治理论，以指导自己的社会实践。这种历史机缘的凑合，使这一阶段的西学对中国形成了相当密切的以单向传导为主的感应关系，以至当时西方出现的各种理论学说和思想震波无不很快传入中国，并引

① 梁启超：《中国历史研究法（补编）》，《饮冰室合集·专集之九十九》，第23页。
② 梁启超：《清代学术概论》，《饮冰室合集·专集之三十四》，第63、70页。
③ 梁启超：《清代学术概论》，《饮冰室合集·专集之三十四》，第66页。

起连锁反应。19世纪以来，西方兴起了一股科学主义思潮，梁启超便是在这种思潮的影响下提出把求得“公理公例”作为史学目的的。但到19世纪末20世纪初，由于自然科学的一系列革命性发现，以及第一次世界大战的历史巨变，使相对主义和不可知论在西方知识界蔓延起来。1918年底至1920年初梁启超欧游期间，在接触了法国柏格森“生命哲学”（梁谓之“直觉的创化论”）、美国詹姆士的实用主义（梁谓之“人格的唯心论”）和德国新康德主义者李凯尔特（梁译“立卡儿特”）的史学理论后，他也认为：“史迹是人类自由意志的反影，而各人自由意志之内容绝对不会从同，所以史家的工作和自然科学家正相反，专务求‘不共相’”，“何必把自然科学所用的工具扯来装自己门面。”[①] 可见，其后期对进化论及因果律的怀疑正反映了当时整个资产阶级思想界的上述思潮倾向。

此外，梁氏个人的政治实践，也是导致其史学思想动摇不定的重要原因。梁启超前期作为走在时代前列的资产阶级改良主义代表人物，曾深信其政治主张顺天应人，必然实现，故对历史也力主有“公理公例”可循。及至后期改良主义政治实践累遭惨败，其所信奉之庸俗进化论又无法解释许多历史现象，以至不能不对过去的主张发生怀疑。1915年，他在《吾今后所以报国者》一文中万分感慨地说：“吾二十年来之生涯，皆政治生涯也……虽然，吾今体察既确，吾历年之政治谭，皆败绩失据也。吾自问本心，未尝不欲为国中政治播佳种，但不知吾所谓佳种者误于别择耶？将播之不适其时耶？抑将又播之不以其道耶？要之，所获之果，殊反于吾始愿所期。”甚至说：“比诸泛舟，北逆固为断潢，南驶亦成绝港，缘延回洑，迷复循环，诘其所届，莫之能对。今日之中国，岂不如是耶？”[②] 这种苦闷彷徨的心情，与其时的史学思想是一致的。

应当看到，梁启超史学思想的上述变化，并非简单的史学思想倒退。进化论在中国的传播，固然使人们的历史认识水平大大提高了一步。但这种将生物学的观点套用于历史研究的方法，毕竟不能真正解释

① 梁启超：《研究文化史的几个重要问题》，《饮冰室合集·文集之四十》，第2页。
② 梁启超：《大中华发刊词》，《饮冰室合集·专集之七十三》，第80页。

人类社会发展的原因，最终必然要被人们扬弃。实际上，在整个中国近代思潮发展的逻辑顺序中，进化论的流行只不过是一个环节，而对进化论的普遍怀疑和失望，又恰恰是引起一部分先进的中国人继续探求新的救国真理和马克思主义唯物史观在中国广泛传播的前奏。梁启超后期对进化论的动摇，多少承认了庸俗进化论在现实和史学实践中破产的事实，故其中又包含着对历史的认识趋向深化和复杂化的一面。如梁启超在论及历史发展的过程时认为："每一段史迹殆皆在前进之半途中作若行若止之态，常将其未竟之绪之一部分贻诸方来。"指出了其新陈代谢的特点。又说："凡成为历史事实之一单位者，无一不各有其个别之特性，此种个性，不惟数量上复杂不可缕指，且性质上亦幻变不可方物。而最奇异者，则合无量数互相矛盾的个性、互相分歧或反对的愿望与努力，而在若有意若无意之间，乃各率其职以共赴一鹄，以组成此极广大极复杂极致密之'史网'。人类之不可思议，莫过是矣。"① 这里，尽管流露出一种因无法窥得错综复杂历史事变的真实原因而产生的迷茫，但却包含着对某些历史真相的朦胧猜测。

梁启超史学理论体系的不稳定性，也是中国近代资产阶级史学的特点所规定的。中国近代的资产阶级史学，是一种半殖民地半封建文化意识形态，一方面，它始终带有相当的封建文化残余；另一方面，在吸收西方近代史学理论时，因整个过程十分短促，往往囫囵吞枣，缺乏认真的选择和消化，以至造成了一种新旧杂陈、中西糅合的不协调色彩。这种情形，在近代其他一些资产阶级学者身上都有不同程度的反映，梁启超也未能免此。如在日本时，他一面倡导输入西学，一面又担忧"自今以往二十年中，吾不患外国学术思想之不输入，吾惟患本国学术思想之不发明"②。梁启超曾计划创办《国学报》，以提倡国粹。后因黄遵宪作书劝阻才罢。晚年又在《学校读经问题》中提倡读经。这种学术思想的复杂性，在当时一部分新史家中，实具有相当的代表性。

---

① 梁启超：《中国历史研究法》，《饮冰室合集·专集之七十三》，第112页。

② 梁启超：《论中国学术思想变迁之大势》，《饮冰室合集·文集之七》，第3页。

四、梁启超的历史研究成就

梁启超不仅为资产阶级的史学理论建设作出了突出贡献，在运用近代方法治史方面也取得了很大成就。其中，最引人瞩目的是关于中国通史和学术思想史的研究。

梁氏从1901年起就立志并着手编写一部《中国通史》，后虽因种种原因未能完成，但也留下了一个《中国通史》目录（参见本章第一节）和不少有关文字。他的《中国史叙论》和《中国历史研究法》便都是计划中的《中国通史》第一卷。1918年以后写的《太古及三代载记》、《春秋载记》、《战国载记》、《志语言文字》、《志三代宗教礼学》等，则多为该书先秦部分的内容。此外，《地理及年代》（约1918）、《历史上中国民族之观察》（1906）、《中国历史上民族之研究》（1920）等也均与通史的编写有关。这些论著中，他对中国历史发表了不少新颖而精辟的见解。

如在《太古及三代载记》中，梁启超以进化的观点考察中国原始社会的基本状况及由原始社会向有阶级社会的过渡，考证分析了远古神话传说，驳斥了旧史家对上古社会的美化和某些西方人散布的中国人种文化西来说，有力地论证了中国文化的多元化起源及其走向融合统一的过程。他认为，旧史中有关三皇五帝的世系谱牒并不可靠，“古代群族并立，地丑德齐，率土一王，绝无其事”，“诚能熟察部落政治之状态，则观载籍中所传古酋种姓之繁多，推见初民万芽齐茁之象；观其递兴迭仆，可想见诸落交通竞争之迹；因其异说之纷挐，益知其年代之绵远。如是则古史之印象，既已略具矣”。[①] 在《纪夏殷王业》中，他进而指出，中国古代，“王天下自大禹始”。夏较之前代，有四点区别：即“定九州贡献之制”、“封建制度实始萌芽”、“定畿甸与各州相维之制”、“传子之局”，认为其“国家体制始具”[②]，已不再纯以血缘关系而是按地域来治理臣民了。

---

① 参见《饮冰室合集·专集之四十三》，第9页。

② 参见《饮冰室合集·专集之四十四》，第1—2页。

其《春秋载记》和《战国载记》则考察了春秋战国这一历史上战乱纷争，由兼并、霸政到走向统一的时代，充分肯定了秦统一六国的意义，说："后之读史者，虽五尺之童，咸知哀六国而憎秦。夫疾强暴，愍微弱，人性宜然矣。虽然，假长此不获统一，岁岁交糜烂其民而战之，其惨状将伊于胡底？而在六七专制君主之下，重以各地大小之封君，徭役供亿，民又何以堪命？其他若曲防遏籴，关讥市征，各自为政，民之患苦，亦何可量？故孔子尊大一统，孟子称定于一。秦并六国，实古代千余年大势所趋，至是而始成熟。非始皇一人所能为，并非秦一国所能为，其功罪尤非一人一国所宜任受也。"[①] 对于秦始皇，他既肯定了其所采取的一系列加强国家统一的措施，也抨击了其专制忌刻之政。这些认识，都显示了梁启超不同流俗的敏锐历史眼光。

梁启超对先秦史的论述，尽管还不能对这一时期的整个历史变革作出科学的解释，但显然已廓清了原先笼罩在旧史文献中的神秘气氛，在相当程度上使之恢复了生动活泼发展的历史本来面貌。

在《历史上中国民族之观察》和《中国历史上民族之研究》中，他依据大量的史料，扣住了中国境内以汉族为主体的各民族不断融合发展的线索，较真实地展示了中华民族形成和发展的历史，指出了民族融合对中国经济文化发展所起的促进作用及其光明的前途。

梁启超原拟编一部《中国文化史》，从现存目录看，该书包括政治、经济、文化等各方面内容25类，篇目结构与计划编写的《中国通史》大多相同。其书仅成《中国文化史・社会组织篇》，反映了梁氏对中国社会史的一些看法。书中，他吸取了近代社会学的理论，详细考察了中国上古社会由母系到父系的发展，论述了婚姻制度的变化，并以很大的篇幅研究"家族及宗法"，对周代的宗法制度作了较翔实的叙述。其中"姓氏"章论证了中国古代姓、氏和名、字、号、谥的源起和流变。"阶级"两章以大量的史料说明了中国史上的蓄奴制度。"乡治"和"都市"两章通过中西对比，考察了中国古代城市和乡村的社会政治组织情况及其与欧洲的不同特点，在方法和观点上均有一些新颖之论。当然，由于

---

① 参见《饮冰室合集・专集之四十六》，第50页。

受到资产阶级学术和政治观点的束缚，梁启超在书中也提出了一些错误观点，如认为中国婚姻制度“绝对承认男女平等之原则”，秦汉以后中国已不复存在阶级等，这些，显然都是违背历史事实的。

对于学术思想史的研究，梁氏倾注了更多的精力。在他看来，对人类社会和历史影响力最广而又最持久的，莫过于学术思想，盖“学术思想之在一国，犹人之有精神也，而政事、法律、风俗及历史上种种之现象，则其形质也。故欲觇其国文野强弱之程度如何，必于学术思想焉求之”[①]。为此，他先后写下了《论学术之势力左右世界》、《论中国学术思想变迁之大势》、《老子哲学》、《老孔墨以后学派概观》、《墨子学案》、《中国佛法兴衰沿革说略》、《先秦政治思想史》、《明清之交中国思想界及其代表人物》、《清代学术概论》、《中国近三百年学术史》等大量研究著作，并拟编写一部多卷本的《中国学术史》。他在这些著作中所提出的某些看法，至今仍值得人们重视。

如在1902年写的《论中国学术思想变迁之大势》中，他把三千年的中国思想史划分为七阶段，作了概括性的论述。他认为，春秋战国的百家争鸣是中国也是世界古代思想史上一个光辉灿烂的时代，这种学术繁兴局面的出现，原因有七：“蕴蓄之宏富”、“社会之变迁”、“思想言论之自由”、“交通之频繁”、“人材之见重”、“文字之趋简”、“讲学之风盛”。这种分析，尽管未能揭示学术思想斗争与一定时代阶级斗争的关系，但已看到了社会变动对思想界的影响。他还认为，由于秦汉时期中国君主专制日趋完备，文化上禁网日严，使战国以来各思想流派皆遭到压制，从此形成“独尊儒术”之局，给学术发展带来了不利影响。他进而分析了儒学得以成为君主制下官方学派的原因，说：“墨氏主平等，大不利于专制。老氏主放任，亦不利于干涉。”“惟孔学则严等差，贵秩序，而措而施之者，归结于君权。”[②]由于儒学本身具备了一些适合君主专制统治的特点，才造成了其二千年来的独尊地位。对于魏晋南北朝三百年间的玄学流行，他认为是当时政治动乱过多、“民志皇皇”造成

---

① 梁启超：《论中国学术思想变迁之大势》，《饮冰室合集·文集之七》，第1页。

② 参见《饮冰室合集·文集之七》，第40页。

的。当时学术思潮也是由儒学占统治地位向佛学占统治地位的过渡。书中对隋唐佛学评价很高，这是梁氏本人一贯陶醉佛学的观念反映。此外，他对于明清时期的学术思想发展也提出了不少中肯的意见，并在以后写成的《清代学术概论》中做了进一步发挥。

在1922年发表的《先秦政治思想史》中，梁启超对先秦各家政治学说作了深入研究。该书不仅取材较慎，考证较严，且能以发展的观点去分析各家思想，对每个思想家政治观的考察，总是同其哲学思想、经济思想及当时的政治法律制度联系起来。同时，还能注意将先秦思想与古希腊、罗马进行比较，从中寻找中国古代思想的特点，指出中国的先哲“以研究人类现世生活之法理为中心”，未着力于世界本原的探索，因而思辨哲学不发达。他把儒、墨、道、法四显学的政治思想较好地归纳为：儒家重礼治主义和人治主义，墨家主人治主义和法治主义，道家和法家分别尚无治主义和法治主义。尤值得注意的是，梁启超还看到了先秦各家思想在争鸣斗争中互相渗透和吸收的特点，如认为法家是“儒、道、墨三家之末流嬗变汇合而成者也”[①]，它从儒家那里继承了“正名分”思想，吸收并改造了道家的“自然法”，使之成为“人为法”，又从墨家那里吸取了“尚同”说，由此形成一种系统的政治学说。这种看法，具有一定的辩证因素。

梁启超在学术思想史研究方面最负盛名的力作为《清代学术概论》（1920）和《中国近三百年学术史》（1924）。两书所论都是清代学术史，但材料的组织，却各有侧重。《清代学术概论》所重在“论”，即致力于清代学术发展演变过程的整体考察，读去有高屋建瓴、沛然而下、鸟瞰全局、一览无余之势。《中国近三百年学术史》则偏重于“史”，全书广征博引，纵横论列，犹如细数家珍。在内容方面，两者也有不同。《清代学术概论》强调，清代学术中，“卓然成一潮流，带有时代运动色彩者，在前半期为‘考证学’，在后半期为‘今文学’”[②]。故所论以乾嘉考据学与晚清今文经学兴衰为主，对乾嘉学的代表人物如惠栋、戴震、段

① 参见《饮冰室合集·专集之四十六》，第50页。

② 梁启超：《清代学术概论·自序》，《饮冰室合集·专集之三十四》，第4页。

玉裁、王念孙、王引之和今文经学家刘逢禄、龚自珍、康有为、梁启超，以及同时的谭嗣同、章炳麟（太炎）等人均有专节讨论，而对清初学术的论述则稍略。《中国近三百年学术史》却特详于清初各学派开创人物，如黄宗羲、顾炎武、阎若璩、王夫之、朱之瑜（舜水）、颜元、王锡阐、方以智、唐甄、刘献廷、吕留良等，皆辟专节详论。

与旧体学术史著比较起来，梁启超这两部书具有以下特点：一是注重对一代学术的贯通考察。如《中国近三百年学术史》在分述各学派或学科之前，先以《反动与先驱》、《清代学术变迁与政治的影响》两章，叙述了清代学术由清初的盛倡经世致用，到乾嘉时期的考据学独昌，变为晚清时期的经世学复兴过程，清晰地勾勒出一代学术发展的线索，为其时各派学术的产生、发展、兴衰提供了社会思潮起伏的动态历史背景。二是扩大了学术史的考察面。旧体学术史所论，往往不出一家一派之说，规模大的，也仍局限于儒学一方面。《清代学术概论》和《中国近三百年学术史》除论述清代汉学、宋学、心学、今文经学等各派儒学外，还对史学、语言文字学、乐曲学、地理学、历算学等也作了相当研究，较全面地反映了各学术领域的发展状貌。三是重视对各派学术的社会政治文化和学术思潮背景分析。如指出阎若璩生平著作并不多，但却被公认为清代第一流学者，原因就在于他的《古文尚书疏证》一破长期以来人们对儒经的盲目崇信，开启了一种新的治学风气。又说戴震在哲学上本有相当建树，但却仅以考据家闻于时，这是由于其时考证学风靡一世，多数士人心理皆趋于重方法而轻哲理一途，以致忽略和淹没了戴震哲学的价值。这种历史地观察问题的方法，较之于呆板孤立的就事论事，显然要高明和深刻得多了。四是力戒门户之见，持论平实。旧体学术史著往往因作者介入学派相争之局，不免时将门户派别观念带入书中，如清江藩《汉学师承记》和《宋学渊源记》的尊汉抑宋，唐鉴《国朝学案小识》的宋学家气味，皆是显例。有鉴于此，梁启超主张著学术史应“以超然客观之精神论列之”。虽然他并不可能真正做到“超然客观”，但这种治学态度，使他对清代各派学术的评价大多较为公允。如对清初倡导实践主义的颜元，既肯定了他反对宋明理学空谈道义之习和注重力行的进步意义，也批评其把“习”局限于“古圣成法”、“唐虞三代实务”的复古倾向。对乾嘉学派，他既赞赏其治学方法的严谨慎密，又指出了其流于烦琐、专重书本考古而脱离现实之弊。即使是对其师康有为，也不是一味袒护。他认为康有为在中国近代学术史上的作用是对旧学的破坏大于对新学的建设，其治学主观性过强，“所以不能立健实之基础”；至于他本人，则政治上“保守性与进取性常交战于胸中”，学术上“务广而荒”，著述“多模糊影响笼统之谈”。[①] 这些批评出自一个资产阶级学者之口，确实是难能的。

梁启超还是我国最早提出研治史学史的人之一。在《论中国学术思想变迁之大势》、《新史学》和《中国近三百年学术史》中，他已对中国古代史学的发展情况、各家得失有所论及。在《中国历史研究法·过去之中国史学界》中，又简要地评述了“二千年来史学经过之大凡”，对史官制度，各种旧史体裁的源起、演变和优劣一一做了评判，对司马迁、司马光、郑樵、刘知幾、章学诚等在史学上的创造性贡献作了充分肯定，也指出了旧史学的种种弊端，并从资产阶级的需要出发，提出了不少改造旧史的意见。在《中国历史研究法（补编）》中，他还专门立了“史学史的做法”一节，阐述了自己对建立这门历史学分支学科的基本观点。他指出，中国古代史学一直十分发达，完全应当建立一门专史加以研究。在他看来，史学史的研究对象和基本内容至少应包括四方面。1. 史官。包括史官的起源、历代史官建置和修史制度沿革，及其对史学发展的影响。2. 史家。包括历代重要史家和史书，特别是有创新的史书，说明其间的继承关系，并着重考察史体演变与史家的观点及写作方法。3. 史学的成立及发展。研究传统史学评论和史学理论发展，及其对史学演变发生的作用和意义。4. 最近史学的趋势。探讨其新进展和存在之问题，指出其可能的发展前景及应循方向。对于中国史学的演变，他虽未作出明晰的分期，但也提出了若干划分阶段的标识，如说“司马迁以前无所谓史学”，《史记》出而“史学因之转变方向”，肯定了其在中国史学史上的开创地位；又谓正史之编纂，“惟有一明显之分野最当注意者，则唐以前书皆私撰而成于一人之手，唐以后书皆官撰而成于

---

① 梁启超：《清代学术概论》，《饮冰室合集·文集之三十四》，第 57、63、65 页。

多人之手”，而“清朝的史学，各种都勃兴，但大体的趋向和从前都不同”[①]，故皆含有某种转折的意义。这些论述，都给后来的史学史研究以很大启发。

此外，梁启超在中国政治史、财政史、宗教史等方面也留下了不少著述。这些史著，不仅显示了梁启超个人开阔的历史视野和渊博的学识，也在一定程度上反映出中国近代史学初创时期勇于开拓的生气。

① 梁启超：《中国历史研究法》，东方出版社 1996 年版，第 19、322、21、327 页。

第四节　政潮起伏中的外国史研究

一、戊戌变法时期的外国史介绍和研究

以史为鉴，为现实服务，是中国史学的传统。近代以来，由于社会大变动和东西交通的发展，人们的社会生活环境发生了巨大变异，一些史学家逐渐感到，仅从中国古代历史中寻求借鉴的方法，显然日见局促。“鉴于远古，不若鉴于近今”[①]，只有开阔视野，从世界史特别是近代世界史的研究中去开辟“借鉴史学”的新境，才能切用于纷繁多变的当代社会实际。因此，还在戊戌变法前后，资产阶级改良派就积极提倡阅读外国史著，了解世界大势。同时身体力行，运用当时还比较有限的世界史知识，编写了一些有关论著。如梁启超的《波兰灭亡记》，唐才常的《最古各国政学兴衰考》、《各国交涉源流考》、《各国政教公理总论》、《日本宽永以来大事述》、《各国种类考》等。并在上海创办大同译书局，“首译各国变法之事，及将变未变之际一切情形之书，以备今日取法”[②]，出版了《俄土战纪》、《意大利侠士传》、《地球十五大战役》、《瑞士变政记》等译著，借以阐发他们的忧时救国和变法主张。

如梁启超的《波兰灭亡记》简述了波兰不图自强而托庇大国，终遭俄、普瓜分而亡的史实；在为汤觉顿译《俄土战纪》所作的叙中，又分析了土耳其衰败的主要原因在于内政腐败和外交不慎，并特指出，“其与今日中国之情实何相类也”。为此，他呼吁应把这类外国史著“悬诸

① 康有为：《进呈突厥削弱记序》，汤志钧编：《康有为政论集》（上），中华书局1981年版，第298页。

② 梁启超：《大同译书局叙例》，《饮冰室合集·文集之二》，第58页。

国门，以为我四万万人告”[①]，以启发人们的忧国意识。唐才常也在其外国史论著中极力鼓吹“遵新必盛，守旧必亡”的思想，认为“罗马教皇恃威力仇格致，至死不变，遂墟其国”，希腊的“蹶而复振，盖其政俗善变也”。[②]从近代史上看，英、法、俄、日等国，莫不因勇于变法而富强，唐才常因而强烈要求起而效法。这些宣传，对于国内维新思潮的发展，显然具有积极的促进作用。

这一时期改良派领袖康有为的外国史研究，尤为引人注目。康有为（1858—1927），字广厦，号长素，广东南海人。光绪进士。1888年后，屡上书清帝请变法，并糅合西方进化论和今文经学《公羊》“三世”说的观点，建立起资产阶级改良主义的思想体系和历史观。为了阐扬维新主张，他刻意考求各国变法史实，编写了好几部外国史著作，于戊戌变法期间进呈光绪帝。

据《康南海自编年谱》载，康有为曾编有俄、日、德、英几种变政考，但现在所能看到的仅《俄彼得变政记》和《日本变政考》两种。

《俄彼得变政记》是康有为所著各国变政考中唯一公开刊行的一种，约7000字。书于1898年3月进呈光绪帝，收入同年四月上海大同译书局出版的石印本《南海先生七上书记》。书中介绍了彼得大帝决心改变俄国贫困落后面貌，微服出游瑞典、荷兰、英、德、法诸国，认真学习各国先进技术和政治、法律制度，“用是数十年而文明大辟，开地万里，为霸地球”[③]的过程。

《日本变政考》凡12卷，编年记载了日本明治元年（1868）至明治二十三年间的历史，特详于明治政府所实行的各项维新变法措施，并通过许多按语，分析了这些改革措施的作用、利弊和意义，进而结合中国的实际情况，提出了一系列变法维新的具体建议。末附《日本变政表》1卷，分11个记事栏目，将明治维新后发生的大事，按年逐月列出，读去眉目清晰。是书于1898年7、8月间分卷陆续进呈光绪帝，未公开刊行。[④]

① 梁启超：《俄土战纪叙》，《饮冰室合集·文集之三》，第33—31页。
② 唐才常：《最古各国政学兴衰考》，《觉颠冥斋内言》卷一，1898年刻本。
③ 康有为：《进呈俄罗斯大彼得变政记序》，《康有为政论集》（上），第226页。
④ 进呈本现藏北京故宫博物院。

康有为十分希望通过向光绪帝介绍各国变法史，来大力推行变法。他认为，地球之上，“富乐莫如美，而民主之制与中国不同；强盛莫如英、德，而君民共主之制，仍与中国少异。惟俄国其君权最尊，体制崇严，与中国同。其始为瑞典削弱，为泰西摈鄙，亦与中国同。然其以君权变法，转弱为强、化衰为盛之速者，莫如俄前主大彼得。故中国变法莫如法俄，以君权变法莫如采法彼得”。并指出，彼得大帝之所以成功，关键在于“纡尊降贵，游历师学而已”。他特别赞赏彼得“不惜易服为仆隶，辱身为工匠”，“凡强敌之长技，必通晓而摹仿之，凡万国之美法，必采择而变行之”[①]的精神，期望光绪帝亟起效法，“知时从变，应天而作，奋其武勇，破弃千年自尊自愚之习，排却群臣沮挠大计之说”[②]，毅然决然，维新变法。

在《日本变政考》中，康有为还就如何进行变法的问题提出了自己的主张。他认为：“我朝变法，但采鉴于日本，一切已足。”[③]因为日本不仅与中国地理相邻，文化、习俗、国情相近，且其三十年变法的成功和曲折经历，皆足借鉴。总结日本明治维新成功的经验，他认为“其条理虽多，其大端则不外于：大誓群臣以定国是，立制度局以议宪法，超擢草茅以备顾问，纡尊降贵以通下情，多派游学以通新学，改朔易服以易人心数者，其余自令行若流水矣”。因此，书中在详细介绍明治维新所采取的各项新法和步骤时，极力主张追步其后，要求光绪帝广集公议，设立制度局，改革旧有官制，大胆起用维新人士，推行新法，积极发展国内资本主义工商业和近代文化教育事业。

在以各国变法史迹正面启导光绪帝的同时，康有为还编写了《波兰分灭记》、《突厥削弱记》、《法国革命记》等外国史著，试图通过介绍一些国家的亡国史、衰落史和革命史实，从反面去坚定其变法的决心。

《波兰分灭记》[④]凡7卷，叙述了波兰因政治腐败，从一个欧洲大国，

---

① 康有为：《上清帝第七书》，《康有为政论集》，第218页。

② 康有为：《进呈俄罗斯大彼得变政记序》，《康有为政论集》，第226页。

③ 康有为：《日本变政考·跋》，《康南海先生遗著汇刊》第10册，宏业书局1987年版，第335页。

④ 此书未刊印，进呈本现藏北京故宫博物院。

渐至衰弱不堪，终于被强国瓜分灭亡的历史。康有为认为，波兰被灭的主要原因，一是由于当权的贵族大臣冥顽不化，竭力阻挠改革和压制爱国人士，对于“言新学者，则斥之曰异端；有言工艺者，则骂之曰淫巧；有言开矿者，则阻之曰泄地气；有言游历者，则诋之曰通敌人；有言养民者，则谤之曰倡民权；有立国会者，则禁之曰谋叛逆。凡言新法新政者无不为守旧者所诋诽攻击，甚至倡造谣言，颠倒是非，使言变法者为之噤口结舌”，遂使波兰因循苟且，日益陷入衰弱不振的境地。二是轻信和依赖侵略性很强的沙俄。书中揭露了沙俄出动军队，捕杀波兰爱国者，收买贵族大臣，最后公开瓜分波兰的惨痛史实，指出：“俄为虎狼之国，日以吞并为事，大地所共闻也。”“我辽东之归地，实藉俄力，而以铁路输之，今岁则以旅大与之，动辄阻挠，我之不为波兰者几希！今吾贵族大臣未肯开制度局以变法也。夫及今为之犹或可望，稍迟数年，东北俄路既成，长驱南下，于是而我乃欲草定宪法，恐有勒令守旧法而不许者矣。然则吾其为波兰乎，而凡守旧阻挠变法者非助俄自分之乎？”[①]提醒人们牢记前车之鉴，勿蹈波兰亡国覆辙。在《突厥削弱记》中，他进而指出，“横览万国与中国至近形似，比拟同类，鉴戒最切者，莫如突厥（即土耳其）矣”。历史上的土耳其，曾是一个使欧洲各国“心慑骨震”的强大帝国，但近代以来，日趋守旧落后，衰弱贫困，长此以往，不是灭亡便是发生革命，“人人思易朝逐君矣”。[②]欧洲列强早已讥称中国与土耳其为东亚两病夫，中国若不奋起变法自强，其危亡指日可待。

在《法国革命记》中，康有为则极力渲染革命的流血恐怖，说：“臣读各国史，至法国革命之际，君民争祸之剧，未尝不掩卷而流涕也……普大地杀戮变乱之惨，未有若近世革命之祸酷者矣。盖皆自法肇之也。”他认为法国革命中被民众处死的法皇路易十六是一位恭俭之君，只因优柔寡断，不能顺民情而变政，才招致杀身之祸。有鉴于此，他要求光绪帝“乾纲独断”，不失时机地实行变法。

---

① 《波兰分灭记》卷三、序、卷七。

② 康有为：《进呈突厥削弱记序》，《康有为政论集》（上），第298—300页。

以上可见，康有为在这些外国史著中反复论证的主旨只有一个：面临深重的民族危机，中国必须维新变法，否则，不是衰弱灭亡，便是爆发革命。而后两种结果，对于清皇朝都是不利的。这些书，对坚定光绪帝的变法决心曾起了相当作用。光绪帝读了《波兰分灭记》以后，竟“为之唏嘘感动”[①]不已，而在他百日维新期间发布的一些变法诏令和措施，有的便直接受到《日本变政考》的启发。

二、辛亥革命时期的外国史编译和研究

资产阶级的外国史编译和研究，在20世纪初年出现了一个高潮。打开当时的各种报纸杂志、出版物和书目广告，各类外国史论著纷然杂陈，不少著作甚至同时出现几种译本或在几家杂志刊出，一时风会所趋，声势颇盛。这些论著，内容十分庞杂，有世界史、地区史、国别史、政治史、外交史、战争史、经济史、教育史、学术思想史以及人物传记等，其中最为集中的，则为三个方面。

（一）亡国史的编译研究

这是当时有关外国史的著作中数量最多的一类，据粗略统计，1900年至1911年间出版的亡国史论著（包括杂志所刊）便在50种以上。其中流传较广的有殷鉴社编《近世亡国史》、黄海锋郎《世界亡国小史》（1902年《杭州白话报》）、薛蛰龙（公侠）译《波兰衰亡史》、章起谓译《埃及近世史》（商务印书馆1903年版，日人柴四郎著）等。一些与中国唇齿相依的周围国家，其亡国史尤引起了不少人的关注。如关于印度，便同时出现夏清馥编译《印度灭亡战史》（上海群谊社1903年版）、程树德译《印度史》（闽学会1903年版，日人北村三郎著）、汪郁年译《印度蚕食战史》（1901—1902年《励学译编》，日人涩江保著）、钱瑞香

① 《康南海自编年谱》，《康有为学术著作选》，中华书局1992年版，第53页。

《印度灭亡史》（1903 年《童子世界》）等好几种；关于朝鲜，有李芝圃《朝鲜亡国史》、毛乃庸译《朝鲜近世史》（上海教育世界社 1903 年版）、独头山熊译《朝鲜史》（上海点石斋 1903 年版，日本吉备西村著）以及梁启超《朝鲜亡国史》、《日本并吞朝鲜记》等；关于越南，有毛乃庸译《安南史》（上海教育世界社 1903 年版，日人引田利章著）、《越南亡国惨话》（《第一晋话报》1905 年第 6 期）、《安南亡国后之痛史》（《东方杂志》1910 年第 8 期）和梁启超《越南亡国史》等；关于缅甸，有秦力山《缅甸史序》、张成清《缅甸史》、高黎贡（李根源）《缅甸灭亡小史》（均见 1908 年《云南》）等。有的还编译了《西力东侵史》、《俄国蚕食亚洲史略》（养浩斋主人辑译，上海广智书局 1902 年版）、《哥萨克东方侵略史》（上海作新社 1902 年版）等，结合帝国主义的侵略活动，对东方一些国家的亡国情形作了考察。

亡国史编译和研究的一时趋盛，从根本上说，是这一时期极度严重的民族危机激起的。庚子事变后，一些帝国主义分子公开叫嚷瓜分中国，说："对中国来说，完全的独立既不可能也不可取。"有的要求"国际共管"中国，即由各列强派代表组成委员会或直接进入中国政府内阁以操纵政事。[①] 依据不平等的《辛丑条约》，列强可以在中国驻扎军队，控制交通，开矿筑路，为所欲为，中国的"独立"已名存实亡，分瓜形势，亟亟可待。触目时艰，爱国史学家莫不扼腕深痛，于是纷纷从事亡国史编译和研究，企图从中寻求借鉴，免蹈某些国家的亡国覆辙。

他们认为："搜罗世界上已亡国之惨状，录为一集，以供献之于将亡国民，固亦吾人义务之所不容已也。闻者苟稍有人心，大为醒悟，而早自为计，则东亚病夫三百年来之大病庶有疗乎！"[②] 如梁启超的《越南亡国史》引录越南潘佩珠《海外血泪书》的记载，列叙法国殖民当局对越南人民横施暴政和残酷镇压民族反抗的情形，殷鉴社编的《近世亡国史》详论朝鲜、越南、缅甸、印度等国人民凄凉悲惨的亡国境遇，都旨

① 丁韪良：《北京被围目击记》，《李提摩太通信集》第 50 号，转引自顾长声：《传教士和近代中国》，上海人民出版社 2013 年版，第 216—218 页。

② 直斋（赵伸）：《腥风血雨录》，《云南》1907 年，转引自《云南杂志选辑》，科学出版社 1958 年版，第 700 页。

在告诫国人奋起自强，以免亡国。

有的作者还十分注意将灭亡国的情况与中国作对比，以增强研究的现实感。如说，印度与中国同为亚洲文明古国，而今却沦为英国殖民地，可见所谓“黄帝开国以来数千年周公孔子之教泽弥漫神州，其说何可恃也”[①]。麦鼎华在《埃及近世史》序中也尖锐指出：埃及亡国前，“其内治衰乱，财政纷紊，官俸微薄，士吏贪庸，奔竞钻营，寡廉鲜耻，甚乃抑国民，禁报馆，其腐败之情况，何匣然与我同也”。埃及之亡，足为前车之鉴，中国若不改弦更辙，亡国之祸亦必旋踵而至。

重视探讨被灭国的亡国原因，是这些亡国史著作的共同特点。如不少作者都指出，不求自强而一味希图借重外力立国，是某些国家亡国的重要原因，“国家之患，不患不自存，而患不自立，而尤患不自立而有依赖心。依赖心一生，则志气以沮，精神以颓，保身之念以深，爱国之心以冷。一惟仰承他人之鼻息，翼卵他人之肘下，以幸保无事，苟安旦夕，而凡自存自立之道悉置不讲，驯至朝日东升，冰山消解，傀然失依，终于澌灭”[②]。如埃及、波兰，印度、朝鲜多类此。有的作者还进而从政治制度方面分析了国家的强弱之故，指出压制民主的专制统治，必然使国家衰弱，国家要强盛，“必其人民有爱国之热诚，有自由之性质，有组织议会之能力，有参与政治之权利者也”[③]。显然，这些论述全是对清廷顽固坚持封建专制统治和卖国媚外政策的针砭指斥。

鉴于当时各帝国主义列强到处扩张势力，蚕食兼并弱小国家，一些亡国史著作还对帝国主义的侵略手法做了相当揭露。如指出其常“以通商为先锋，及其膏髓枯竭，精力疲罢，而后继之以兵戈，则块然如几上肉，听其宰割，莫能抵抗，此其术最工，而其毒亦最酷”[④]。或者“假传教为名，窥测其各地之风俗人情，观察其各地之山川险要，为国家殖民之导线，为军团开侵略之先河也……如俄国之规取中部亚细亚及西叙利亚，英国之经营北美巴尼亚及中非西拉利阿，德国之占据中国胶州湾，

---

① 殷鉴社编：《近世亡国史》，殷鉴社 1911 年版，第 103 页。

② 薛蛰龙译：《波兰衰亡史》，上海镜今书局 1904 年版，第 78—79、4 页。

③ 薛蛰龙译：《波兰衰亡史》，第 4 页。

④ 殷鉴社编：《近世亡国史》，第 93 页。

非其先例乎？”至于以政治或外交欺骗谋人国家，更是手法繁多，不胜枚举。李芝圃《朝鲜亡国史》说：“灭国之法，日见新奇……英灭埃及，则以放债设顾问灭之；俄灭波兰，则以煽党祸挟王权灭之；美灭菲律宾，则以平内乱助革命灭之；印度波亚之灭，则以通商练兵开矿务筑铁路灭之，此犹灭国新法方现萌芽之时代也。至于朝鲜之灭，未尝传攻城略地之警闻，未尝有某城失守某地丧师之惨报，而其版图即为他人所占据，其权利即为他人所攫取，其人民即为他人所辖制，此为灭国新法大见进步之时代也。”[①] 因此，必须对帝国主义的种种“灭国新法”严加警惕，以挫败其侵略阴谋。

（二）立宪史的编译研究

1901 年，清廷在遭受庚子事变的巨创后，为了缓和国内阶级矛盾，欺骗中外舆论，维持其摇摇欲坠的统治，宣布实行所谓“新政”。于是，一些改良派分子、特别是与清朝官方有着较深关系的民族资产阶级上层人物，在经过戊戌政变以后相当一个时期的沉默后，心头重新燃起了立宪的希望。1904—1905 年日俄战争的结果，立宪小国一举击败专制大国沙俄，使中国朝野大为震动。改良派借此大作文章，并运动一些封疆大吏和驻外使节纷纷上书奏请立宪。迫于形势，清廷于 1906 年下诏预备立宪，各地立宪团体争相建立。远在海外的康有为、梁启超也不甘落后，为此设立了“帝国宪政会”、“政闻社”等，与之遥相呼应。改良思潮由此又渐趋活跃。

立宪改良思潮的发展必然要在思想文化领域、其中包括史学上得到反映，这一时期改良派积极编译出版各种立宪史的活动便说明了这一点。1901 年后，诸如佩弦生的《欧美各国立宪史论》、《英国制度沿革史》（广智书局 1902 年译印版，英人非立啡斯弥士著）、麦孟华译《英国宪法史》（广智书局 1903 年版，日人松平康国著）、《英国变政小史》（1906 年《北洋官报》）、《日本变法记》（1901 年《京话报》）、程尧章译述《日本变法次第类考》、罗普（孝高）译述《日本维新三十年史》、

① 李芝圃译：《朝鲜亡国史》，直隶教育图书局 1911 年版，第 3、1—2 页。

《日本国会纪原》(译书汇编社1903年译印版，日人细川广世著)、汪有龄译《日本议会史》、《日本立宪史略论》(《宪政杂志》1906年第2期)、胡源仁等译述《明治维新四十年政党史》(宪政研究社1907年版，日本太阳杂志社编)、《明治维新过渡史》(1907年《北洋政法学报》)、《日本立宪史谭》(1907年《北洋政法学报》)、《普国变法中兴记》(《京话报》1901年第6期)、陈外《俄国立宪史论》(《宪政杂志》1906年第1期)等，纷纷出笼。从这些著作看，改良派对立宪史的研究，大多集中在英、日、德等君主立宪国，尤以英、日为盛。因为在他们看来，"英国为宪法政治之祖国，凡世界立宪国皆于此取法焉，然则研究宪法，莫要于英国。虽然，英国之宪法，非以人力一时制作也，而自然发达逐渐成长者也，故必寻其起源变迁发达，乃能究英国宪法之真相，故宪法史为最要矣"①。至于日本，尤足为中国立宪之楷模，《新民丛报》对《日本国会纪原》的介绍便力称该书记日本国会设立过程"至详且备，译者以其可为我国前车之鉴，译以饷我国人，我同胞有希望宪法者乎？诚宜亟览此书以为借鉴也"②。一些立宪派不仅希望通过立宪史的编译宣传其政治主张，还试图以此影响清最高统治集团。如1903年张謇访日归国后，十分钦羡日本维新以来取得的成功，特出资译印《日本宪法》、《日本议会史》等，分送各界人士，并托人密送入清宫，足见其对编译出版立宪史著作的重视。

通过这些著作，改良派极力宣传立宪致强，专制必亡的观点。他们鼓吹："夫立宪者，限制豪强之专肆，保护弱者之安全而近代之最良政体也。十九世纪以来，欧洲诸国莫不自专制而趋于立宪，此诚世界文明之自然进步而不可抵抗者矣。"③针对顽固势力阻碍立宪的做法，张謇在《日本议会史》序中还提出，立宪绝非坐等而来，乃"人为之而时合之也……施政之秩序有缓急，国民之智力无强弱，事不难于发端，亦贵有以先之耳"④，要求人们从《日本议会史》等书对日本开设国会的记载中

① 《新民丛报》1903年第31号刊麦孟华译《英国宪法史》出版广告。

② 《新民丛报》1903年第30号"绍介新著"。

③ 佩弦生：《欧美各国立宪史论》，《新民丛报》1902年第23、24号。

④ 张謇：《日本议会史·序》(工藤武重著，汪有龄译)，江苏通州翰墨林书局1904年版。

去体会其良法美意，努力在中国实行立宪。

为了促使清廷早日立宪，改良派在外国史研究中还列举种种史实，力陈因循守旧的危害。如土耳其，便因“死守着祖宗传来的古老法子，抵死不肯改变”[①]，结果国势日衰。梁启超甚至说：“朝鲜灭亡最大之原因，实惟宫廷。今世立宪国，君主无政治上之责任，不能为恶，故其贤与不肖，与一国之政治无甚关系。惟专制国则异是，国家命运全系于宫廷，往往以君主一人一家之事而牵一发以动全身，致全国亿兆悉蒙痛毒，征诸我国史乘，其覆辙如一丘之貉。”[②]把未行立宪视为朝鲜亡国的最大原因。与此同时，改良派反复阐述立宪的长处，认为，专制制度上拥“无限之大权，悍然如不羁之野马，下则无防护权利之凭藉，薾焉如失律之败军”，流弊无穷；立宪则“举一国之君臣上下齐而纳之规律之中，虽有暴君污吏，亦皆缚于规条，怵然不敢犯天下之不韪。其或强暴枭桀，悍然滥用其特权矣，然受其害者犹得起而抵抗，据宪法而力与之争，故匹夫穷民皆有所恃以自固，法治国与人治国其利害之悬绝如此”。且“立法自制，公此政权，则欧美革命之惊波或不横流于亚陆，而国家庶可永固”[③]。梁启超说得更露骨：“宪法立而革命之惨剧可以永绝，所革者责任大臣，而与君主无与也，此诚过渡时代绝妙之法门也。”[④]因此，他们对君主立宪之路十分津津乐道，说英国，“以保守之精神，行改革之政略，持之以坚忍，劘之以岁月，驯至今日，遂以成不拔之基”，“其民权之张盛，且或远逾民主之邦”。[⑤]而日本变法成功的关键亦在“进必以渐”，“非一跃而至今日”。[⑥]并特编译了《日本变法次第类考》、《明治法制史》、《明治维新四十年政党史》等著作，喋喋而论日本明治以来开国会、立宪法及其各种政治设施渐进的过程，强调“若不审其何者宜先，何者宜后，而但曰变法，吾惧其倒行而逆施，不特为西人笑，且为

① 宣樊子（林獬）：《俄土战纪》，《杭州白话报》1901年第11—15期。
② 梁启超：《朝鲜灭亡之原因》，《饮冰室合集·专集之二十》，第1页。
③ 佩弦生：《欧美各国立宪史论》，《新民丛报》1902年第23号。
④ 梁启超：《斯巴达小志》，《饮冰室合集·专集之十五》，第1页。
⑤ 佩弦生：《欧美各国立宪史论》，《新民丛报》1902年24号。
⑥ 《明治法制史》，《译林》1901年第1期。

东人笑也"①。可见他们研究各国变法史的用心，是在为中国走上"循序渐进"的改良道路提供具体的方略。

（三）革命史和独立史的编译研究

20世纪初，随着资产阶级革命思潮的兴起，一些进步知识分子为了广泛宣传革命，还编译出版了不少介绍外国资产阶级革命的著作。如《泰西革命史鉴》(译书汇编社版)、《美国独立史》(译书汇编社1902年章宗元译本，美国姜宁著)、《美国独立战史》(商务印书馆1911年译本)、《美国独立史别裁》(群学社1906年清河译本)、《美利坚自立记》(1901年《杭州白话报》)、东京支那青年会编辑部译述《法兰西革命史》、《法国革命战史》、《法兰西史》、《佛（法）国革命史》(上海人演社译本)、《纪十八世纪末法国之乱》(1903年《游学译编》)、《意大利独立史》(上海广智书局1903年初张仁普译本)、东京留学生译述《义（意）大利独立战史》(此与上书均据同一日文著作编译)、《意大利建国史》(上海一新书局1903年译本)、中国同时伤心人译《飞腊滨独立战史》、《非（菲）律宾民党起义记》(1901年《杭州白话报》)、《苏格兰独立志》(通社1903年穆湘瑶译本)、《苏格兰独立史》(商务印书馆《历史丛书》本)、《荷兰独立史》(1903年《江苏》)、《希腊独立史》(上海广智书局1902年秦嗣宗译本)、《葡萄牙革命史》(商务印书馆1911年版)、《俄国革命战史》(上海人演社1903译本)等。

从这些外国革命史和独立史著作中，革命派发出了要求以革命手段救国的呼声。《浙江潮》在介绍青年会编译的《法国革命史》时指出，此书"欲鼓吹民族主义，以棒喝我国民，改订再三，始行出版。其中叙法国革命流血之事，慷慨激昂，奕奕欲生，正可为吾国前途之龟鉴云云。购而读之，不觉起舞，真救吾国之妙药，兴吾国之主动机关也。爱国志士不可不各手一编，以自策励"②，明确主张，编译和阅读外国革命史，是为了从中寻找"救吾国之妙药"。

---

① 俞樾：《日本变法次第类考序》，程恩培集案，程尧章译述：《日本变法次第类考》，政学译社1902年版。

② 参见《浙江潮》1903年第7期"绍介新著"。

革命派认为，纵观近代西方各国风起云涌的革命独立运动，无一不是封建专制统治压制民权激起的，专制统治“欲民之帖然就范，非束缚自由抑制民权不可。岂知民既呼吸十九世纪之文明空气，民权自由之理了然于心，安肯受暴君污吏之压制乎？”当封建贵族依仗世袭特权，专横跋扈，鱼肉百姓，平民痛苦无告，必然铤而走险，“是以法之革命起于前，希腊之独立继于后，普鲁士、奥地利、波兰、法兰西之乱接踵而起，至是遂有义大利之独立战”①。因而，资产阶级革命是近代历史发展的必然，它可以“破封建之遗习，灭专制之恶政，以树民主平等之新旗帜”。他们举法国大革命为例，指出它对世界政治、军事、经济、文化都产生了不可磨灭的深远影响，使“十八世纪之旧天地，一跃而入十九世纪之新乾坤，使世界文明史上作一大段落，实振古以来之大变革也”②。并大呼：“今日世界中，有久困于专制政体之下，而急思脱离之者，法之国民，导其先河矣。”③要求走外国资产阶级革命的道路。

从辛亥革命时期的革命史编译著作看，对外国独立史的介绍显然要较革命史为多，这是有着深刻的原因的。当时的中国，不仅在列强侵略下，处于国土日削，主权沦丧的境地，且国内也存在着清朝贵族的民族压迫统治，在有的革命派看来，中国甚至处于“异族”统治之下，这就使争取民族独立的斗争显得异常突出，并决定了不少人对近代美国、意大利、希腊、荷兰式的民族独立革命较之法国式的共和革命更感兴趣，认为争取民族独立对中国更为迫切，也更能取得一般人的同情和支持。就当时的革命派说，虽然大多赞赏法国革命，但在具体行动中，往往更倾向美国式的革命，他们心中设想的建国方案也多以美国为准式。如秦力山在《中国灭亡论》中曾称美国“血战七载，卒得独立，为世界第一等之共和国”。其后在《革命箴言》中，于政治革命也只举美国革命。④邹容《革命军》列举“革命独立大义”时，也主张中国将来宪法、自治法律及各种制度“悉照美国”办理。这显然都与上述原因有关。

---

① 东京留学生译述：《意大利独立战史》卷二，商务印书馆1902年版，第1页。

② 东京支那青年会编辑译述：《法兰西革命史》，上海明权社1903年版，第211页。

③ 商务印书馆编译所编：《法国革命战史》，商务印书馆1911年再版本，第4页。

④ 参见《国民报汇编》，第48—49、55—57页。

另外，从革命派对欧美革命史的研究中，也可以看到他们的某些思想弱点。如不少作者虽然肯定法国革命的历史作用，但对其大动乱和大流血的方式，特别是雅各宾派的政策则不甚赞同。东京支那青年会译述的《法兰西革命史》认为，法国革命时，巴黎平民“各拥魁首，白昼横行”，“不问贵族豪富，即稍有资产者亦均被残杀，闻者为之战栗”，“举国之秩序紊乱不能理”。[①] 即使是革命派汪东驳斥康有为对法国革命的污蔑时也认为，以罗伯斯庇尔为代表的雅各宾资产阶级革命民主专政是“剽悍峻迈，失乎中正之道”[②]，明显带有不少偏见和倾向于大资产阶级代表吉伦特党政策的观点。这些地方，正反映了中国资产阶级的软弱性格。

辛亥革命时期的外国史编译和研究之所以集中在上述三方面，并非偶然，它实质上反映了中国近代旧民主主义革命时期资产阶级救亡思潮的三个思想层次及其发展轨迹。

亡国史的研究，体现了爱国人士在严重民族危机刺激下产生的急切救国愿望，这种愿望是近代中国一切进步思潮的激发点，也是资产阶级爱国救亡思潮发展的第一个思想层次。从事这一时期亡国史编译的，不仅有资产阶级改良派和革命派，也包括一部分具有爱国思想的地主阶级知识分子，他们的思想虽各有不同，但在爱国救国、反对列强侵略上却有共通之处。亡国史研究著作在这一时期数量特多，重要原因正在于这一思想层次的社会基础比较广泛。

立宪史的研究，体现了近代资产阶级爱国救亡思潮发展的第二个思想层次，热衷于立宪史研究的主要是资产阶级改良派或后来的立宪派。他们的史著既反映了试图以改良主义挽救民族危亡的愿望，也暴露出害怕人民革命，企图以君主立宪抵制革命思潮的良苦用心及其代表民族资产阶级上层利益的阶级实质。

革命史和独立史的研究，主要体现了近代资产阶级爱国救亡思潮发展的第三个思想层次。鉴于资产阶级改良派维新变法失败的流血教

① 商务印书馆编译：《法兰西史》，商务印书馆 1903 年版。

② 寄生（汪东）：《正明夷〈法国革命史论〉》，《辛亥革命前十年间时论选集》卷二下，生活·读书·新知三联书店 1963 年版，第 643 页。

训，革命派认识到：改良道路在中国是行不通的，要挽救国家危亡，争取民族独立，唯有以革命手段推翻帝国主义的走狗清廷政权，建立资产阶级民主共和国。他们的革命史和独立史研究，便是围绕着这一目标展开的。这一思想层次达到了旧民主主义革命时期资产阶级思想发展的高峰。

从逻辑上看，这三个思想层次是前后相衔的几个环节，它不仅贯穿于旧民主主义革命时期中国资产阶级救亡思潮发展的整个进程，也表现在某些资产阶级人物一生思想发展的曲折道路中。但由于中国近代社会在短时期内变动异常剧烈和西方各种社会思潮纷至沓来的冲击，使整个资产阶级救亡思潮的发展，往往呈现前浪乍起、后波迭涌的运动状态，故在表现上，这三个思想层次又时常形成互相交错，甚至互相对立斗争的多层次结构，这就造成了辛亥革命时期亡国史、立宪史和革命史的研究一时并兴的现象。

三、近代中国在认识世界道路上的飞跃

作为一种人文学术现象，历史研究总是要受到当时社会斗争的制约和影响。这一时期资产阶级改良派和革命派在外国史研究中所表现出来的认识上的异趋，便反映了这一特点。

当改良派在立宪史著作中极力鼓吹君主立宪时，革命派便对其作了严厉批驳。宋教仁在《日本内阁更迭感言》中认为，日本只是名义上的立宪国，由于一些日本藩阀和军人在明治尊王倒幕中建有殊勋，其政治实权长期掌握在萨摩长州系的政客手中，其宪法也多体现了这些人的意志。他还批评了英、德的君主立宪制，认为英国在1911年通过“限制上院否决权法案”之前，其国会“理论上不能不以贵族为统治权总揽者之一部分。贵族者，国家之特别少数阶级，以少数阶级而统揽统治权，其不符于民主的精神，莫此为甚”。[①] 对德国，他在1906年翻译《普国

① 宋教仁：《英国之国会革命》，《宋教仁集》，中华书局1981年版，第301页。

官制》时便指出，其制度“盖纯然与专制国无异也”[①]，根本不值得仿效。与此同时，他还作《清太后之宪政谈》、《钦定宪法问题》、《宪政梦可醒矣》、《希望立宪者其失望矣》等文，对清廷的假立宪作了无情揭露。

同时，在革命史研究上，改良派出于对革命的恐惧和仇视，也极尽污蔑之能事。梁启超在1902年编的《罗兰夫人传》中便对法国大革命作了歪曲介绍，说法国大革命与英国革命“其事最相类”，“惟其国民幸福之结果则两国绝异。英国革命之后，则宪政确立焉，民业骤进焉，国威大扬焉；法国革命后，则演成恐怖时代，长以血迹污染其国史，使千百年后闻者犹为之股栗，为之酸鼻”。并由此得出结论：“故以无公德无实力之人民而相率以之破坏之途，是不啻操刀而割其国脉也。”他还大发感叹说：“呜呼！有读《罗兰夫人传》者乎？其在上位者，持保守主义者，当念民望之不可失、民怒之不可犯也如彼……其在下位者，持进取主义者，当念民气之既动而难静、民德之易涣而难结也如此，苟无所以养之于平日，一旦为时势所迫，悍然投其身投其国于孤注一掷，则必有如法国当日互相屠杀，今日同志，明日仇雠，争趋私利，变成无政府之现象。”这些话的用意十分明显，即既要以法国革命的流血恐怖来警告清统治者赶快实行立宪，以免噬脐之悔，又想阻止“在下位者”的革命。对于这类论点，革命派指出：“为此说者，殆全无独立之性质，恶享自由之幸福者也。平心而论，此革命之目的，在扫除封建余习，打破门阀之积弊，抱持平等主义，组织活泼之社会。法民此等目的，就直接观之，当时固仅达其半，然法之所以能确立于世界上者，实以此革命为之母，则其功固伟甚矣哉！”[②]

外国史研究中上述两种对立观点的斗争在1906年达到了高潮。继该年九月清廷下诏预备立宪后，改良派的喉舌《新民丛报》连刊明夷（康有为）的长篇史论《法国革命史论》，对革命进行狂谬攻击。他认为法国大革命“譬犹庸医，未识病症，而敢妄用砒霜之毒药、大黄之泻剂，其不毒杀人者幸耳”。在他眼里，这场革命只不过是一场人类自相

① 宋教仁：《我之历史》，《宋教仁集》，第687页。

② 商务印书馆编译所编：《法国革命战史》，第1页。

残杀的大噩梦，结果是“兰玉碎焚，流血横尸”，“大乱绵于八十余年，流血至于数千万人，不亡国几希。谁生厉阶，惨祸若是”。并恐吓说，中国若行革命，后果将更惨，“不尽杀四万万人不止。即幸能存者，亦留为白人之奴隶马牛而已”[①]。因为革命必引起自相残杀，终至于外国入侵，种族胥沦。

该文出笼后，章太炎立即嘱汪东作《正明夷〈法国革命史论〉》进行反击。汪东指出，法国大革命绝非康有为之流所说的可怕“大劫”，而是18世纪以来法国王公贵族长期“骄恣暴戾”，大失民心的必然结果，所谓法国革命“杀人流血”，也是封建暴政激起的，“革命即不能不杀人流血。杀人流血，忍事也；忍而为之，即将以达其舍身拯民、不忍人之心也”。他分析了法国大革命的种种史实，认为这场革命尽管有不足之处，“然一洗旧弊，遂能祛虐政，均利权，卒达改革之首志，其抑赫然可观哉！”针对保皇派发出的各种有关革命的凶险预言，汪东认为：“此真病狂之言也。”并断言：“法民既成功而去，继其烈者，必吾中国之民矣。”[②]有的革命派还列举世界各国独立斗争的史实，号召：“嗟我同胞，其起其速起，起而发挥其国民之特性，振揭其民族之精神，为荷兰，为希腊，为意大利，为德意志，以与家贼战、独夫战、丑类战。”[③]要求走独立革命的道路。

上述情况表明，资产阶级各派政治力量都十分注重史学的社会功用，他们运用史学宣传自己的政治主张，在社会上产生了广泛的影响。他们在外国史研究上展开的争论，有力地促进了人们对世界和当代社会的认识。不少人读了外国史编译著作后，思想大受震动。有的说：“斯拉夫之墟波兰，盎格鲁撒逊人之殖印度，其前鉴也。植天赋人权之因，结革命自由之果，美利坚之脱英羁绊，德意志之湔法雠仇，其可师也。国不能自立则覆，人不能自立则灭。支那而不自立也，则波兰我、印度我；支那人而自由也，则美利坚我、德意志我。”[④]有的说：“吾尝读意大

---

① 参见《辛亥革命前十年间时论选集》卷二上。
② 寄生（汪东）：《正明夷〈法国革命史论〉》，《辛亥革命前十年间时论选集》卷二下。
③ 怀蕫：《立宪驳议》，《辛亥革命前十年间时论选集》卷二上。
④ 候生：《哀江南》，《江苏》1903年第1期。

利独立史，而惊其局缩于非种专制之轟下，而且破坏且成立，以图再造古罗马之光荣。”[①] 可见，此期的外国史编译和研究在传播新思想，特别是鼓动人们奋起救亡或革命方面确起了相当积极的作用。

与此同时，还应看到，这一时期的外国史研究就广度或深度而论，也较前有了很大发展。中国近代的外国史研究发端于鸦片战争时期，最初的著作仅《海国图志》、《海国四说》、《瀛寰志略》等数种，其对象大抵以英、美、俄为主，至于一般西方国家，则如蜻蜓点水，涉足甚浅，加之研究者均为地主阶级人物，又未能亲历国外考察，因而在不少方面对西方认识终不免限于表象，无法深入。洋务运动时期，随着出使官员的增多和留学生的逐步派遣，出现了不少游历外国的日记杂录，中国人对近代世界的认识在感性上是提高了一步。但由于出使官员多为朝廷官僚和清室贵族，除少数人外，这些人一般都不懂近代科技文化和外文，其精神状态与资本主义多格格不入，故他们在认识世界上迈出的步子仍是有限的。19世纪后期，王韬的《普法战纪》、《法国志略》以及后来黄遵宪《日本国志》和康有为《日本变政考》等著作问世，虽把对外国史的研究推进了一下，对个别国家的观察也有一定深度，但这类著作毕竟数量太少，远不能满足中国人认识世界的要求。只是到了20世纪初，这种状况才大大改观。这一个时期，大批留学生出国，大量外国译著传入，促进了国内资产阶级知识分子群的产生和发展，使中国和近代世界之间的距离迅速缩小。这不仅是中国资产阶级政治上走向成熟的时期，也是近代中国认识世界道路上的一个飞跃阶段。辛亥革命时期外国史的编译研究正反映了这一时代特征。它不仅因大多直接译自外文而使研究依据渐趋严谨（当然在文字翻译上仍存在不少粗糙之处），而且范围甚广；它不仅要求广泛了解世界各国历史及其社会生活，且力图从“学理”上加以探讨。如当时专门刊载译著的《译书汇编》指出：“各国之制度，非可徒求诸形迹，要当进探乎学理，否则，仅知其当然，仍不知其所以然，盖其各种之经营结构，莫不本乎学理之推定，而所谓学理者，盖几经彼国之钜儒硕学朝考夕稽以得之真谛也。”故要求将有关欧、

① 匪石：《中国爱国者郑成功传》，《浙江潮》1903年第2期。

美、日本最新“学理”之书逐一翻译，“饷遗海内”[①]。在这种思想指导下，这一时期出现了不少如《泰西学案》、《泰西民族文明史》、《世界文明史》、《欧洲文明史》、《东西洋伦理学史》、《政治进化论》、《泰西教育史》、《欧洲财政史》、《英国外交政略史》等重在探讨“学理”沿革的外国史著作。即使是一些政治史著作，也较重视介绍思想文化情况。如《法兰西革命史》，便对法国资产阶级启蒙时期的学术思想文化，特别是孟德斯鸠、伏尔泰、卢骚（梭）等的学说作了一一介绍叙述。宋教仁的《万国社会党大会略史》和朱执信的《德意志社会革命家列传》还对兴起不久的马克思学说作了简略介绍。

毋庸讳言，由于当时史学界激于风气，对外国史的编译往往“唯多是务”，不注重消化，因而也夹入了一些消极的东西。如在《西力东侵史》中，作者极力宣扬社会达尔文主义，甚至对英国吞灭印度的侵略行径表示钦佩，称“其丰功伟业，诚有可观”[②]。有人在探讨印度灭亡原因时，还引用德人阿尔腾勃尔之说，谓“其人民之精神气象为炎热所制，偷惰苟安……故毫无坚固忍耐之性，其国力亦萎缩而不能伸畅”，由此得出“沃土之民不才”的结论，把印度的衰弱完全归咎于地理气候条件，并认为印度人本为“有进取活泼之气象”的阿（雅）利安人种，进入印度地区后因与土著居民杂婚，遂失其原有精神，日形式微。[③]这些地方，显然是不自觉地宣传了含有帝国主义侵略意图的地理环境决定论和种族史观，其危害是不言而喻的。

---

① 《译书汇编发行之趣意》，《译书汇编》1902 年第 1 期。

② 秦元弼译：《西力东侵史》，上海文明编译局 1903 年版，第 15 页。

③ 叶公：《印度灭亡之原因》，《浙江潮》1903 年第 1 期。

第五节　新式历史教学与教科书的编著

一、清季学堂的兴起和历史课程设置

20世纪初，在废科举、兴学校、开民智的热潮中，历史教学曾经寖寖大盛，蔚为一时风气，它从一个侧面标示出中国近代史学新的趋向和意义。

重视历史教学，是我国古代的优良传统。早在春秋时代，孔子打破“学在官府”，开创私人讲学，历史知识便成为主要的教学内容，战国的诸子百家也都像孔子那样把历史教学作为传授学问的组成部分。汉以后，以儒学为核心的经学和史学一直是维护帝制的最重要学术形态。近代以来，随着经学和科举制度的日趋没落，历史教学出现了新的发展态势。这种新局面的出现，首先是和清末学堂的兴起分不开的。

1895年，顺天府府尹胡燏棻在条陈变法自强疏中提出设立学堂以储人才的主张，认为“泰西各国，人材辈出，其大本大源全在广设学堂”[①]。次年，刑部左侍郎李端棻向皇帝上了《请推广学校折》，倡议在全国范围内开设府州县学、省学、京师大学三级学校。戊戌变法期间，康有为、梁启超等资产阶级改良派，更为具体地提出了改革教育制度，取法泰西、日本，设立各级学校以“启民智”而普及教育的主张。洋务派大官僚张之洞也在《劝学篇·设学》中认为，“各省、各道、各府、各州县皆宜有学，京师省会为大学堂，道府为中学堂，州县为小学堂”。这种形势下，以光绪为首的清政府开始筹办高、中、小各级学堂，“兼习中学和西学”。变法失败后，各地兴办学堂之势依然不衰。1905年，清政府终于正式宣布

① 《光绪政要》卷二一，转引自《中国近代学制史料》第一辑下册，第473页。

“停科举以广学校”，从此结束了在我国实行了一千三百多年的科举制度。据有关统计，自盛宣怀开办“西学学堂”和“南洋公学”始，至1905年，各种公私立新式学校已有4222所，1911年更达到52348所。而在这些新式学堂的课程设置中，自大学以至小学、蒙学无不有史学一门。

清代的书院，原设有史学课程。阮元创建“学海堂”，就以史学传授门人，并针对当时大多数书院仅以时文帖括教授学生的弊病，指出：“夫经述修治之原，史载治乱之迹，疏于史鉴，虽经学文章，何以致用。”[①] 把学史与通经放到同等的地位。以后，惜阴书舍、龙门书院、诂经精舍、南菁书院、广雅书院等各地书院，均陆续开设了经史专科课目。戊戌变法前，康有为的万木草堂，也设有“万国政治沿革得失”、“中国政治沿革得失”、“万国史学”等课目。由梁启超任中学总教习的湖南时务学堂，诸生除了博观历朝掌故沿革得失，还要读《日本国志》、《万国史记》、《泰西新史揽要》等。张之洞等在奏请变通科举章程时，强调各级学校当“新旧兼学”和中西历史兼修。他还照学校办法整顿书院，普遍增设史地学课程。1898年，光绪帝颁布了科举新章，规定乡会试首场试中国史事和国朝政治，考官命题，则以御批《通鉴纲目》、“九通”及历代正史为本。第二场试时务策论，专问五洲各国之政、专门之艺。次年，又在诏开的京师大学堂中别立史学、地理、政治三堂。这一切，都为新式历史教学的兴起创造了一定的客观条件。但在清末“新政”之前，全国在这方面尚无统一的学制规定和课程设置。

1904年颁布的《奏定学堂章程》进一步明确了各级历史课程的教育要义，如初等小学的历史科目要求学生“俾知中国文化所由来及本朝列圣德政，以养国民忠爱之本源，尤当先讲乡土历史，采本境内乡贤名宦流寓诸名人之事迹……以动其希贤慕善之心”[②]。高等小学的历史科目，除了上述教学任务之外，还要求“知古今世界之变迁，邻国日多，新器日广……以养成国民自强之志气”[③]。中学堂的历史教学内容更加明确周

---

① 阮元：《己未会试策问》，《揅经室集二》卷八，中华书局1993年版。

② 《奏定初等小学堂章程》，转引自舒新城：《中国近代教育史资料》中册，人民教育出版社1961年版，第416页。

③ 《奏定高等小学堂章程》，转引自舒新城：《中国近代教育史资料》中册，第431页。

详，先讲中国史，尤重百年以内之大事，兼及学术技艺之隆替，武备之弛张，政治之沿革，农工商业之进境，风俗之变迁；次讲亚洲各国史，宜详于日本及朝鲜、越南、柬埔寨、缅甸，五十年以内之事尤宜加详，并示以今日西方侵略东方诸国之危局；再次讲欧美史，详于大国而略于小国，详于近代而略于远年。特别强调“凡教历史者，注意在发明实事之关系，辨文化之由来，使得省悟强弱兴亡之故，以振发国民之志气”①。

在上述历史教育思想的指导下，新式历史课程的设置渐趋系统。兹以奏定大学堂文学科大学，中国史学门和万国史学门主课科目为例，列表如下（见表3.1、表3.2）。

表3.1：中国史学门科目

主　课	第一年每星期课时	第二年每星期课时	第三年每星期课时
史学研究法	3	3	3
御批历代通鉴辑览	2	2	2
各种纪事本末	5	5	5
中国历代地理沿革	1	0	0
国朝事实	2	2	1
中国古今外交史	0	1	2
中国古今历代法制考	1	2	3
补助课			
四库史部提要	1	0	0
世界史	1	1	0
中外古今地理	1	1	1
西国科学史	6	1	1
外国语文	6	6	6
总计	24	24	24

说明：以奏定大学堂文学科大学中国史学门主要科目为例。

① 《奏定中学堂章程》，转引自舒新城：《中国近代教育史资料》中册，第504页。

表 3.2：万国史学门科目

主　课	第一年每星期课时	第二年每星期课时	第三年每星期课时
史学研究法	2	3	4
泰西各国史	6	6	6
亚洲各国史	3	2	2
西国外交史	2	2	0
年代学	1	0	0
补助课			
御批历代通鉴辑览	2	2	2
中国古今历代法制史	0	1	2
万国地理	2	2	2
外国语文	6	6	6
总 计	24	24	24

说明：以奏定大学堂文学科大学万国史学门主要科目为例。

此外，经学科大学的历史科目有历代通鉴辑览、中国古今历代法制考、中外教育史、世界史、西国法制史、比较法制史；政法科大学的历史科目有中国古今历代法制考、东西各国法制比较、各国理财学史、各国近世外交史、各国政治史、中国历代刑律考；进士馆学科之目分为十一门，首列“史学”，要求精于泰西近时政治史、日本明治变法史等。

从上列课程可以看出，当时大学历史科目不仅有基础课，而且设专业提高课，如外交史、法制史、科学史、教育史、理财史和史学研究法等。这些都是国内前所未有的专史，显系受到西学教育知识体系的影响，体现了分科教学的科学性和课程设置的规范化。

这些课程的设置，无疑有助于拓宽学生的历史视野。如《奏定大学堂章程》制订的“中国史学研究法”①，列举的中国史学内容即包括：

① 《奏定大学堂章程》，引自舒新城：《中国近代教育史资料》中册。

历代统系、疆域、政化创始因革之大端，历代国政善否、国力强弱之比较，古今地方盛衰和地势轻重之变迁，历代人民多少与国家之关系，人民性质智愚强弱之变迁，物产盛衰之原因，历代建置都会重镇之用意，官制得失、内外轻重之变迁，历代人民贫富不同之故，国用足不足之故，学校之盛衰，文人学士于国势民风强弱有关系之处，民间习俗嗜好于国家有关系之处，历代选举之得失，历代人才多少之比较，兵制之变迁、兵力强弱之故，农业盛衰之故，工作日趋精巧之渐，工艺有益无益之区别，商业开通之渐，水陆道路于民生国势之关系，物价贵贱之变，历代钱币之得失，度量衡之变迁，赋税利弊之比较，历代朝廷用财之法式，历代理财家之宗派，刑法之得失，历代吏权轻重之故，历代工役用民力和不用民力之别，沿海利害之变迁，历代治河之得失，游民游士之所由来，各种教派之消长，外国渐通中国之原委，历代交邻驭外之得失，各种利源之创始，各种政事积弊之所以然，礼乐仪文丧服之改变，古今历法之变迁，历代典祀私祀盛衰与政俗之关系，历代政事之门户派别，历代学术之门户派别，每一朝政事风俗偏重之处，奏议公牍体式之变迁，外国史可证中国史之处，历代变法得失不同之故，历代史法之长短和史学家之盛衰等。可见，此时史学所研究的对象已几乎涉及人类社会生活的一切方面，且颇重社会经济和文化在历史发展中的作用。

至于师范学堂，除了上述必修科目之外，还需授以历史教授法。较早的如 1901 年南洋公学师范所译日本樋口勘次郎著《统合教授法》，将学科教授法从日本介绍到了国内。对西方近代历史教学法的专门介绍，是从 1904 年《教育世界》刊登《历史教授法》开始的。该文凡四章，1.5 万余字，未署名，可能译自日文或德文教材。其内容包括教授历史之目的、材料、方法和历史沿革等，认为历史课具有“多途广用”的价值，可以对儿童的智、情、意起陶冶的作用；并阐明历史教材的编选，应遵循简明扼要、循序渐进和以近世史、本国史为主的方针。此后，1906 年上海开明印刷部出版的夏清贻所编《历史教授法》等课本也在师范学堂广为流传。西方近代历史教育思想的输入，为新型历史教科书的编写和教学方法的进步提供了理论指导。

二、新式历史教科书的出现：国外引进和本土化战略

清末历史教学进步的另一重要表现，是新式学堂历史教科书的产生和盛行。我国古代社会，虽也出现过一批蒙童历史读物。如“五经”之中，《春秋》就是经孔子笔削的一种历史教本。宋元以后，产生了不少历史启蒙读本，王令的《十七史蒙求》、胡寅的《叙古千文》、陈标的《历代蒙求》、杨慎的《廿一史弹词》、吴乘权的《纲鉴易知录》等。这些读物，有的是历史典故或故事，有的述历史大略，形式多样，语言押韵，颇便记诵，在传播历史知识方面发挥过相当的作用。但这些历史读本并不是严格意义上教科书。作为教科书，其一，至少在知识方面要具有系统性，而不是零乱的资料性汇编，内容要遵循由浅入深的递升原则；其二，要考虑受教育者的对象，内容必须符合学龄儿童的心理，易为儿童所接受。按此标准，无论是《十七史蒙求》还是《纲鉴易知录》，实际上都未能从学制角度，据儿童年龄逐级递进的特点组成系统合理的历史知识体系，大多只是“叙述数千年之陈迹，汗漫邈散，而无一纲领以贯之”，即使皓首治史，“读史十年，如坠言海”。[①] 这类流水账式罗列史事的读物，不仅难以起到开启现代民智的作用，有时还易“塞读史者之感情”[②]。张元济据自己少年时代受教育的感受，就指出过《御批通鉴辑览》、《资治通鉴》、二十四史诸书，卷帙繁重，只“宜于浏览，而不宜于教科”[③]。其时读书人普遍的感觉是：“历代全史，卷帙浩繁，学者耗力数年，不能尽其巅末。《通鉴》等作，虽挈纲领，亦非累月积时，不能终业。”[④] 即使是号为简括的《纲鉴易知录》，“明眼人看起来，也有大半是无谓陈言，不合教科”[⑤]。清末“新政”推行后，这方面的矛盾日益突出。连张之洞等清廷大臣整顿书院时，也感到这种旧读物不便教学，

---

① 《高等小学中国历史·自序》，江户编译社 1906 年印本。

② 《中国史：中等历史教科书·总论》，上海科学会编辑部 1908 年再版印本。

③ 涉园主人（张元济）：《中国历史教科书序》，商务印书馆 1903 年印本。

④ 李广濂：《高等小学国史教科书·序》，文明书局 1904 年印本。

⑤ 《绘图中国白话史·绪言》，上海彪蒙书室 1905 年印本。

曾拟将历代史书编为简本，作为两湖书院课程。他在《劝学篇·守约》中曾讨论这个问题，并与其幕僚屡次商榷正史节本的编辑义例。陈庆年在1898年《上张广雅尚书》谈到分编正史以为课本时，就提出了省约本纪、节取列传、会通纪传、分别篇题之法，并认为“纪传志表，各史承用，分编简本，以资诵习，但当有所删节，不当革其面目”[①]。这种意见，虽仍局限在删改旧史的范围，却表明采用新式历史教科书以应学堂教育之需已成当务之急。于是，在本土历史教材一时难敷其用的情况下，借用和参考国外历史课本遂成为我国踏上现代历史教学的最初重要台阶。清政府在《奏定学堂章程·学务纲要》中便列有“选外国教科书实无流弊者，暂应急用”的专门条目。

“教科书”这一新事物最初由传教士带到中国。鸦片战争后，外国传教士开始在中国创办学校，到1877年各地教会学校已达到347所，在校学生人数达5917人。[②] 为解决教材问题，1877年由丁韪良、韦廉臣、狄考文、林乐知、傅兰雅等人组成了一个委员会——“学校教科书委员会”（School and Textbook Series Committee），中文名称为“益智书会”，专门编写出版教会学校使用的教科书。据学校教科书委员会1890年统计报告，编写出版的历史教科书有4种15册，包括《古代史纲要》、《现代史纲要》、《中国史》、《英国史》、《美国史》。[③] 这个委员会制订了较为完备的教科书编写程序，不仅在形式上有了图说一类的课本，而且在内容上开始将名词规范化和知识条理化，为我国近代教科书的编写提供了最早的范本，“教科书之名自是始于我国矣”[④]。

在我国，大规模翻译和编译国外历史教科书始于20世纪初，且多数取自日本，尤其“支那史”、“东洋史”课本全部来自东瀛。明治维新以来，日本政府十分重视教育，从西方引进较为完备的教育体制，而清政府所颁布的新学制就是模仿日本。日本原先也没有专门性的历史教

① 陈庆年：《上张广雅尚书》，《横山乡人类稿》卷二〇，陈氏横山草堂1924年本。

② 王建军：《中国近代教科书发展研究》，广东教育出版社1996年版，第51页。

③ 陈学恂主编：《中国近代教育史教学参考资料》，人民教育出版社1987年版，第87页。

④ 《教科书之发刊概况》，张静庐编：《中国近代出版史料初编》，上海书店出版社2003年版，第219页。

科书，明治维新后才开始大量聘请西人，翻译西史，形成了门类科目齐全的教科书体系，诚如江楚编译局所言："日本兴学之初，其教科书悉取材于西译而鉴定于文部，厥后由学堂教授时经验，屡加更改，乃成今日完善之书。"[①] 翻译日本现成历史教科书以供国内教科之需，在当时确为一条捷径，也是许多新派人士的共识，在他们看来："泰西可译之书多矣，而史为要，史不胜译矣，而以日东名士所译之史为尤要。盖泰西上古、中古、近古数千年盛衰兴亡之理，史皆具焉。日本与吾国近，自明治维新汲汲之以译书为事，所译以历史为多，且其书皆足以为吾国鉴戒，故译史尤以日本所译之史为尤要。"[②] 张之洞亦认为译日人之书有利颇多，"西书甚繁，凡西学不切要者东人已删节而酌改之，中、东情势风俗相近，易仿行，事半功倍，无过于此"[③]。而清学部也认定，欲满足各地新兴学堂历史课本的急需，势"不得不借用外国成书以资诵习"[④]。故在1903年颁行的《暂定各学堂应用书目》中，其中国史学门的教材除鲍东里《史鉴节要便读》、潘世恩《读史镜古篇》等外，余几全为日本教科书。

由于日本学校历史科目中原专设有"支那史"、"东洋史"课程，并有一些相应的教本，有的还以汉文写成，故其中有不少略经删改翻译后，即被引入国内充当中国史教科书。其中，较值得注意的是那珂通世的《支那通史》和桑原骘藏的《东洋史要》（原名《中等东洋史》），这是较早传入中国并影响很大的两部章节体历史教科书。《支那通史》系以汉文编就的中国通史，凡4卷，分上世、中世两部，叙事起上古，迄南宋，元以下近世部分未成。1899年，罗振玉在重刻《支那通史》序中，称赞此书："持今世之识以读古书，故其所作，提要钩元，而于政治风俗学科之间，尤三致意"，是一部"简而赅，质而雅"的历史教科书。《东洋史要》则是一部以中国史为主的亚洲地区史，深得梁启超等人的好评，认为"颇能包罗诸家之所长，专为中学校教科用，条理颇

---

① 《江宁江楚编译局条具译书章程并厘定局章呈江督禀》，《东方杂志》1904年第9期。

② 《欧洲历史揽要·序》，敬业学社1902年印本。

③ 张之洞：《劝学篇》，上海书店出版社2002年版，第39页。

④ 张百熙等：《学务纲要》，舒新城编：《中国近代教育史资料》上册，第211页。

整……简繁得宜，论断有识”[①]。“桑原骘藏之书尤号佳构，所谓文不繁，事不散，义不隘者，盖皆得之。”[②]两书都被清官方作为“审定”教科书使用过，在各地学堂流传极广。《支那通史》经东文学社重刻发行后，不满一年，重印三次，“久已脍炙士林，岁下脱销万余部”[③]。《东洋史要》“盛行殆遍于东南诸省”[④]。

在许多人心目中，日本人编写的中国史教材与中国传统史籍比较起来，确有优势，“彼以其新学说、新眼光，观察吾中国数千年治乱兴亡之由，迥非本邦旧学名家所能梦到者”[⑤]。部分知识分子通过阅读日人史籍，还开始比照、反思中国旧史，对传统史学提出了尖锐的批评，由此促进了新史学思潮的深入发展。如京师大学堂教习王舟瑶认为“中国旧史，病在于繁，不适时用”，对日本桑原骘藏的《东洋史要》、田中萃一郎的《东邦近世史》、市村瓒次郎和泷川龟太郎的《支那史》、那珂通世的《支那通史》、河野通之和石村贞一的《最近支那史》、田口卯吉的《支那开化小史》、白河次郎和国府种德的《支那文明史》等新编教材，则颇为推赞。[⑥]1905年汪嵚编写的《中国史讲义》指出，白河次郎、国府种德的《支那文明史》、浅井虎冈的《支那法制史》、古城吉贞的《支那文学史》、历史地理讲习会的《东洋史讲义》、坂本健一的《世界史》“皆备参考之列”。[⑦]接受新式学堂教育的年轻一代同样有这样的看法，如吴宓于1905年（12岁）得读《东洋史要》、《支那通史》二书后，就自感“获益至多”[⑧]，其时学生有类似感触者应不在少数。

相对于支那史、东洋史教本，汉译西洋史教科书的数量更多，而且以翻译或转译自日文本为主。如《欧罗巴通史》（箕作元八、峰山米造

① 梁启超：《东籍月旦》，《饮冰室合集·文集之四》，第98页。
② 陈庆年：《中国历史教科书·序》，两湖文高等学堂刊印。
③ 马雄：《续支那通史·序》，会文政记1903年印本。
④ 陈庆年：《中国历史教科书·后序》，商务印书馆1913年版。
⑤ 参见《新民丛报》第1号（1902年2月8日）《中国文明小史》出版广告。
⑥ 王舟瑶：《京师大学堂中国通史讲义》（贰编），《论读史法》，商务印书馆1904年版。
⑦ 汪嵚：《中国史讲义·例》（第一编），南昌普益书局1905年印本。
⑧ 吴宓认为《支那通史》“多采录中国经史古籍之原文，尤为其精华所在”（《吴宓自编年谱》，生活·读书·新知三联书店1995年版，第55页）。

合纂，1901 年东亚译书会本）、《西洋史要》（小川银次郎著，1901 年金粟斋译书社本）、《万国历史》（日本长泽氏著，1902 年作新社本）、《世界文明史》（高山林次郎著，1903 年商务本）、《万国史纲》（家永丰吉、元良勇次郎著，1903 年上海支那翻译会社本）、《万国史要》（维廉斯因顿著，1903 年杭州史学斋本）、《世界通史》（布列著，1903 年上海通社本）等。从《中外日报》、《时报》及《申报》所刊登的有关史籍书目广告来分析，20 世纪初年汉译西洋史教科书数量应极为可观，不但对培养国人的现代世界观念，发挥了不可替代的作用，且对近现代中国治史学者的影响也甚为长久。五四一代的史家早年多数在新式学堂中接受教育，受过西洋史的洗礼，这对他们日后的治史产生过一定的作用。吕思勉讲他 11 岁（1894 年）那年读书的情况说，他读了邹代钧编的《五洲列国志》、日本冈本监辅的《万国史记》、蔡尔康所译的《泰西新史揽要》、王韬的《普法战纪》及黄遵宪的《日本国志》，才开始对世界史略有所知。[①] 顾颉刚也说 6 岁时（1898 年）恣意翻阅《万国史记》、《泰西新史揽要》、《万国演义》等书，才算懂得了一点世界史[②]，1922 年复云："我们虽是做的中国史，也必使他在世界史中得到相当的关系和位置。"[③] 蒙文通撰写成名作《古史甄微》的时候，"就靠读书时学过些西洋史，知道点罗马、希腊、印度的古代文明，知道他们在地理、民族、文化上都不相同，从这里受到启发"[④]。蒋廷黻回忆早年读书经历说："我们西洋史采用课本是麦尔斯（Myers）所著《通史》的中译本，是山西基督书院一批学者译的。该书除了使我感兴趣外，更为我开辟了一个新天地。我从书中学到希腊、罗马、中世纪、文艺复兴、宗教改革，以及法国和美国的大革命，等等。在当时，我们中国还没有像麦氏《通史》那样的历史课本。虽然我花了很多时间去读中国历史，但我所知的只是星星点点，不能窥其全豹。读了麦氏《通史》之后，我认为我应该研究整个西

---

① 《蒿庐问学记 —— 吕思勉生平与学术》，生活·读书·新知三联书店 1996 年版，第 229 页。
② 顾潮编著：《顾颉刚年谱》，中国社会科学出版社 1993 年版，第 9 页。
③ 顾颉刚：《中学校本国史教科书编纂法的商榷》，《教育杂志》第 14 卷第 4 号，1922 年 4 月。
④ 蒙文通：《治学杂语》，《蒙文通学记》，生活·读书·新知三联书店 1993 年版，第 2 页。

方世界的进步情形。”[①] 从这些史家的零星记载或回忆中，我们不难感受到清季西洋史教育对现代史学发展产生的深远影响。

作为历史教科书，从国外翻译或编译而来的史籍，为晚清学人书写历史提供了可资取鉴的史学观念和书写模式。这主要表现在：第一，历史书写的对象从原来的帝王将相被扩展到了政治、学术、风俗、宗教等更为宽广的社会历史领域；第二，在观念上，受西方现代史学以及德国民族主义史学的影响，史书的编写形成了以民族国家为核心和进化论为发展主线的基本格局；第三，在编纂体例上，19 世纪末 20 世纪初年，不论编译或自编教科书，大多抛弃了旧式的编年、纪传体体裁，而采用新式章节体；第四，国外历史教科书多数在“绪论”部分对史学理论有较集中的阐述，国人所编纂的历史教本也往往结合传统史学，对史学理论问题有所探索。如 1906 年祝震的《最新中等中国历史教科书》（上海南洋官书局），“总论”分论历史定义、国名、地势、人种、史体、时代等六章，表述了一种有别于旧史学的观念，谓：“历史者，进化之母也，明现事物之根源，以修养智识。凡诸社会事物甚复杂，第有序焉，如源泉，非如急湍，有规则焉，为螺旋形，不为直线，由古迄今，无时不在进行中。”又谓《春秋》、《史记》、《资治通鉴》都是“以言文学、言道德、言政治，或且据一隅而不见全体之真相，且将混史学于文学、道德、政治之中，安所谓史学”。[②] 其申论史学独立的要求溢于言表。又如 1907 年吕瑞廷、赵澂璧合编的《新体中国历史》“叙论”分为历史之范围、历史之种类、历史与国家之关系、历史与地理之关系、历史与人种之关系。历史课本中这种“简约式”的史学概论，通过教科书传播于学堂，这是那些高文典册的史学理论专著所无法替代的。西方（日本）进步的史学观念和编纂方法的输入，为 20 世纪初年历史教科书本土化提供了范例。

自然，从国外引进历史教科书只是一种权宜之计，自编教材才是当时朝野的一致主张。时人批评“近年以来稍稍有历史课本出，然大都

---

① 《蒋廷黻回忆录》，岳麓书社 2003 年版，第 42 页。

② 祝震：《最新中等中国历史教科书》，上海南洋官书局 1906 年版，第 1 页。

取日本成书，点窜一二以为之，颇有伤于国民之感情，谈教育者时以为憾”[①]。另一方面，这些教科书因国情不同，不能完全充当国内教科之用，支那史、东洋史在日本只是作为外国史一科，其新编虽较为简要，且多新识，“惟以外国人而编中国史，则又病于太略，且多舛误”[②]。《文明书局编辑蒙学中外历史教科书约恉》一文对日人所著教科书更是提出了尖锐批评：“顾近岁以来，各学堂多借东邦编述之本，若《支那通史》、若《东洋史要》，以充本国历史科之数。夫以彼人之口吻，取吾国史料为彼学校外国历史之科，吾率取其书用之，勿论程级之不审，而称谓辞气之间，客观让作主位，令国民遂不兴其历史之观念，可忧孰甚焉。”[③]1904年同文社也认为：“教科书者，养育国民之乳也。取他国之成，编以为课本，何异雇东邻之乳母，育西邻之小孩乎。”[④]国学保存会从民族自尊立场说：“坊间所备多译自东文，以本国之学术事实，而反求之译本，其疏略可知，其可耻孰甚。”[⑤]我国学堂用外人历史教科书有诸多不合之处，已成为时人的普遍共识。以民族主义为动力，清季学人开始参考外人的编纂经验，尝试自己编写国史教科书，这种努力几乎是带有全民族性的，有学堂自编应用者，有私人编辑者，有民营出版者，有官营出版者，纷纷投入教科书出版事业。清末诞生的出版社绝大部分都与发行教科书密切相关，如文明书局、商务印书馆、震东学社、乐群书局、会文学社、南洋官书局、集成图书公司、均益图书公司、教科书译辑社、东文学社、普通学书室、作新社、镜今书局、广智书局、时中书局，等等，其中又以商务印书馆和文明书局发行的教科书数量最多、影响亦最大。在这些出版社的努力之下，于较短的时间里编写出一大批本国史教科书，被各地学堂广泛采用，很快替换了外人教科书。不过需要指出的是：其一，所谓历史教科书的“本土化”，仍然指陈的是本国史教科书从翻译、编译到自编的发展历程。至于西洋史教科书，清末虽然出版过

① 《新书介绍：最新高等小学中国历史教科书》，《东方杂志》1904年第1期。
② 王舟瑶：《京师大学堂中国通史讲义》（贰编），《论读史法》，商务印书馆1904年版。
③ 《文明书局编辑蒙学中外历史教科书约恉》，《大公报》1903年10月19日。
④ 《同文社黄著蒙学教科书十六种》，《时报》1904年11月24日。
⑤ 《国粹学报略例》，《国粹学报》1905年第1期。

为数不少名为“自编”教科书，其实绝大部分是编译作品，翻译和编译西洋史教科书在学校西洋史教育中仍占据首要地位，这种局面被打破恐怕要到五四时期甚至更晚。其二，清末出版的各种历史教科书几乎都是针对中小学堂，而高等学堂历史课程所使用的教材，数量很少，当时全国高等学堂亦寥寥无几。较有影响的是京师大学堂，编有讲义 7 种，1904 年由商务印书馆出版，其中《中国通史》和《中国史》两种分别由史学教习王舟瑶、陈黻宸编写，“各学堂争相购取，奉为准则”[①]，在晚清史学界有一定的影响。

综观当时出版的国人自编历史教材，数量最多的实为一般通史。国人自编国史课本约始于 20 世纪初。对于第一部国史教科书花落谁家，史学界尚无一定之说，多数人认为是柳诒徵的《历代史略》(《历代史略教科书》)。张舜徽《中国古代史籍举要》指出：“当清末罢科举，兴学堂时期，江楚书局最先出版了一部《历代史略》，从唐虞三代编起，至明末为止，共为六卷，而每卷分篇章，用流畅的文辞，较有条理、有系统地把历史史实叙述出来，由纲鉴的旧形式，一变而成为教科书的新形式。这大约是我国最早的第一部历史教科书。”[②] 柳氏后人据先祖日记，指出“从次年（1902 年）正月十三日起，他开始钞《历代史略》，至当年九月十六编竟”[③]。全书元以前历史，系据那珂通世《支那通史》编译而成，元、明两朝则为其自编。而柳氏当年在《时报》刊登的“启事”，同样证实江楚书局版《历代史略》确出其手，“书分上世史、中世史、近世史三级，厘订八卷，末附历代世系表，曾蒙江楚译印书局审定，准为高等小学校及中学校课本，刊印木版发行，惟以工本昂贵，购办匪易，殊失普及教育之意”，尔后清廷颁布《大学堂章程》，准著书人自行刊行发售，柳氏才敢详加校雠，交付中新书局出版铅印本，且请官厅存案，以防书贾盗印。[④]《历代史略》凡分三大纪，自唐虞三代至秦二千余

---

① 参见《申报》1904 年 9 月 10 日《京师大学堂讲义》贰编出版广告。

② 张舜徽：《中国古代史籍举要》，湖北人民出版社 1980 年版，第 6 页。

③ 柳曾符：《柳诒徵早期的三部历史著作》，《劬堂学记》，上海书店出版社 2002 年版，第 198—199 页。

④ 参见《时报》1905 年 10 月 12 日《历代史略教科书》出版广告。

年为上世史，自秦至唐一千余年为中世史，自五代至明七百余年为近世史。凡历代政治、制度、风俗、学艺、宗教，提纲挈领，囊括无遗，且文笔雅洁，可用于高等小学校、中学校及师范学校教科。这部国史教科书在清末学堂流传很广，学部审定为“中学应用历史教科”，给予较高评价，以为“日本人述中史，究不免疏漏”，此书“取材尚丰润，而无断烂朝报之讥”，所补元、明历史，略胜日人河野通之和石村贞一合辑之《最近支那史》。[①]不过《历代史略》大部分内容据日人著作编译，只有元、明历史才属自编，故充其量也只能算半部自编国史课本，而且也不是最早的。

清季新式教育方兴之际，从翻译、编译到自编教材需要一段时间的摸索，故而1902年国人自编国史教科书极少。目前发现有两种国史课本出版时间略早于《历代史略》。其一为1902年华洋书局出版的《新编简明小学历史读本》，“上溯三皇，下迄往岁，页纸百余，而于古今历史大要已应有尽有。其中分课次第，略如南洋公学所编《蒙学课本》之例，文词亦甚简明，俾童蒙读之，既可藉明文义，又可知古今大势，诚善本也”[②]。其二为1902年钥新书社出版的《中国白话小史》，凡6册，分上古、中古、近古（详后）。然都因影响不及《历代史略》而遭人忽略。

国史教科书的大量涌现是在1903年以后，其中以商务印书馆和文明书局出版者尤为著名。商务印书馆创办于1897年，在编辑出版教科书事业上成绩卓著。其最早发行的一种国史教科书是1903年8月出版的《中国历史教科书》，张元济作序。至1911年，其所出版各种中小学本国史教科书几乎占据了国内教育界的半壁江山，其中较流行的有姚祖义的《最新高等小学中国历史教科书》，初版于1904年，至1910年已发行22版。该教材共240课，约10万言，上起太古，下迄当代，于历朝盛衰之故，因革之端，举其大纲，无所遗漏。而于清朝入关至庚子事变间文事武功、外交内政，尤能纲举目张，有条不紊。且文辞雅训，体

① 《审定书目：书目提要》，《学部官报》1908年第57期。

② 参见《译书汇编》第2年第1期（1902年4月）《新编简明小学历史读本》广告。按：《历代史略》到1902年9月份才编完，出版时间当然不会早于9月，而《新编简明小学历史读本》刊登出版广告时间是1902年4月，又言“刻已付梓，即不日出书”，其出版时间应该在9月之前。

例允当，又附历代图表，颇便检阅。蒋维乔的《简明中国历史教科书》，凡 80 课，取材适当，文句简明，注重我国文学、风俗、农工商等之进化，名人、风俗、艺术等插图搜罗颇富。富光年的《简易历史课本》初版于 1906 年 5 月，一个月后即再版。该教材专为家境贫寒无力受教育者编写，将上古至庚子议和历史浓缩于一册，虽极简略，然历代之兴亡、种族之盛衰、政学之隆替、宗教之变迁，靡不备载。陈庆年的《中国历史教科书》初刻于 1903 年武昌两湖文高等学堂，据桑原骘藏《东洋史要》编译，叙事至元、明，1913 年商务印书馆请原南洋公学复旦公学教习赵玉森重加参订，增入清代史实，列为近世史，合成一部完整通史。吕瑞廷、赵澂璧编的《新体中国历史》凡 6 卷，各分章节，模仿日本史书体例，夹叙夹议，断制谨严，每卷之末详举制度、学术、宗教、风俗、技艺、产业诸门，以见文明进化之序。是书初版于 1907 年，至 1910 年已再版 10 次。其余如吴曾祺的《中国历史读本》（1 册）和师范学堂用书《中国历史》（上下卷）等也颇具影响。商务版国史教材所以能形成如此影响，不仅因为得到了学部支持，还在于有一批能征惯战的编辑队伍，他们之中有的具备较长的教育实践经验（如姚祖义曾任教于澄衷学堂），有的曾出国考察过教育，深谙国外教科书体系。因而所编教材，无论在形式还是内容上，具形成了自己明显的优势。

文明书局由俞复、丁宝书等创办于 1902 年，发行所设于上海棋盘街。开业之初即发行《蒙学课本》七编，风行海内，“译印万部，不两月即售尽”①，迅速在教科书市场占有一席之地。其发行的第一本国史教科书还略早于商务印书馆，系日本早稻田专门学校留学生张肇桐编辑，名《高等小学国史教科书》，凡 200 课，仅 100 余页，对上古以迄近今四千载事迹，均有简明扼要之说明，于近世国权之得失，尤为措意，期以唤醒儿童之爱国心。其书自 1903 年初版，至 1905 年已再版 5 次。此外，文明版本国史教科书尚有：丁宝书的《蒙学中国历史教科书》（1903）、李广濂的《高等小学中国历史教科书》（1904）、《中国历史画教本》（1907）、章嵚的《中国大历史》（1910）等。其中《蒙学中国历史教

---

① 《书局宏开》，《闽报》1902 年 12 月 31 日。

科书》凡8篇：一古代、二秦汉三国、三晋及南北朝、四隋唐、五五代及宋、六元明、七明季及大清之开国、八我朝（清）与外国交涉，述事至于1899年，即该书出版前4年。篇下分章节，叙次简约，而历朝治乱兴亡之故，因果递嬗，瞭如秩如，篇中尤以增进文化，改良社会为宗旨。是书系“蒙学科学全书”之一，也是文明版最有影响的一种本国史教科书，从初版到1906年通过学部审定，先后出版了19次，后又不断再版，到1908年至少出版了40次。《中国历史画教本》是一种颇有创意的课本，将历史上可歌可泣的事实绘为彩图，惟妙惟肖，对之如亲历其境，颇便于小学生记诵，即不解历史之妇孺，亦可获历史智识，以启发其爱国心，且附说明书一册。

清末个人和其他民间出版团体在这方面的工作也不可忽视。如开智书室版《小学历史》（1903），澄衷学堂版《小学本国史教科书》（2册，1905），会文学堂版的《初等小学中国历史教科书》（3册）、《初等小学本国历史教科书》（3册）和《高等小学中国历史教科书》（2册），乐群书局版的《初等小学中国历史新教科书》（3册）、《初等小学中国历史教授法》（3册）、《初等小学女子历史教科书》（3册）、《本朝史教科书》（1册）和《小学中国史教科书》（1册，均1906年出版），集成图书公司版的《国史第一读本》、《中学本国史》和《初等历史教授案》，新学会社版《初等小学简明历史教科书》，震东学社版的《初等小学本国历史教科书》（3册）和《高等小学本国历史教科书》（4册）等，皆一时流行之作。有的还针对儿童教育的特点，在编写方法上作了有益探索，如袁桐的《中国历史歌》（作新社，1903），以诗歌韵语体历述中国史上政治大势及相关人物事迹，简略之处，复加注释，颇便记诵。而崇实印书局版《绘图蒙学历史读本》（1905）和何琪所编《精图中等本国历史教科书》（会文学堂版，1905）等采用图文结合的方式，铺叙历代政体变迁、舆地沿革、民族盛衰诸事，也在加强历史教学的生动性方面做了很好的尝试。

与民营出版者相比，官办书局在编辑教科书方面成绩颇差，目前仅知南洋官书局出版《中国通史》（1册）、《中国史学通论》（3册）、《初等小学中国历史教科书》（2册）、《最新中等中国历史教科书》（6册）、

《高等小学中国历史教科书》，且在社会上无所反响，流传似乎不广。

鉴于一般通史，内容大多限于古代而略于当代（清代）。《奏定学堂章程》特规定初等小学第五年“讲本朝开国大略及列圣仁政”；高等小学“宜多讲本朝仁政，俾知列圣德泽之深厚，以养成国民自强之志气，忠爱之性情”；中学堂习“本朝史”。为应教材之急，教育界曾从日本引进了增田贡《清史揽要》、河野通之和石村贞一合著《最近支那史》、三岛雄太郎《支那近三百年史》、佐藤楚材《清朝史略》等清史著作，《最近支那史》还被审定为“暂用书目”，至 1904 年已发行第 4 版，“销数逾万”。[①] 稍后，才开始有了国人自己编写了当代史教材，其中较值得注意的是汪荣宝的《本朝史讲义》（京师学务处官书局 1906 年印行）。是书凡 2 册，分为三编：自清朝创业之始迄三藩台湾平定为开创时期，自康熙中世迄乾隆末年为全盛时期，自嘉庆初年迄于当下为忧患时期。学部对此书高度评价，“钩元提要，本末悉贯”，“文简事明，别具史裁”，“洵近今教科书中仅见之作”。[②]《本朝史讲义》最初作为中学历史教科之用，1909 年经张元济校订，改名《中国历史教科书》，商务印书馆出版；1913 年商务印书馆出版《清史讲义》，属《本朝史讲义》的改订增补本。《本朝史讲义》原迄至太平天国运动，民国成立后，清史首尾已具，商务请许国英增补同治初年迄于宣统退位，勒为第四编。1907 年乐群书局出版《本朝史教科书》（1 册），共 80 课，自明清交涉迄预备立宪，其间之事实无不备载；1909 年中国图书公司出版沈恩膏的《本朝史》，凡 5 章：天命至崇德、顺治至乾隆、乾隆中叶至道光中叶、道光中叶至光绪。叙事简洁，断制有法，足称善本。唯全书分量过少，以为中学校及师范学校用书，似嫌太略。

当然，从总体上看，中国人最初自编的一些历史教科书有不少仍深受日本教科书的影响，有的甚至就是据日人原著改编而来的。如曾鲲化的《中国历史》，有不少章节从名称到叙事框架，都明显受到那珂通世《支那通史》的影响，特别是“首篇总论”和书末的“上世史附录”，几

---

① 参见《中外日报》1904 年 7 月 15 日四版洋装《最近支那史》出书广告。

② 《审定书目：书目提要》，《学部官报》1908 年第 57 期。

全仿自《支那通史》。而汪荣宝的《本朝史》，从历史分期至章节内容，更有不少直接取自日本三岛雄太郎的《支那近三百年史》。这可以说是清末历史教科书由国外引进发展为自己编写的过渡时期特点。

按照《奏定学堂章程》规定，其时大学堂历史科目还要求开设外交史、理财史、科学史、教育史等专门史课程。这种按照知识性质，分门别类叙述某一知识发展的历史，是近代分科之学的产物，这方面，国内最初的教材同样来自国外。如1904年山西大学译书院出版的《十九周新学史》（Alfred Russel Wallace 著，梁润勋译），便是一本19世纪的科技发展专史。1905年许家庆由日译本转译中文的《世界商业史》，于各国商界历史搜采宏富，条理精细，凡条顿、拉丁商业之沿革、东洋美洲航路之开辟，以及英法之商战、俄德之商业保护自由主义、制造器械之发明等，皆叙述完美，最适合商业学校教科书之用。与此同时，国人也开始尝试着撰写某些专史。如1906年柳诒徵编成《中国商业史》（2册，江南高等商业学校印行），分上古（春秋战国以前）、中古（西汉至五代）、近世（北宋至明）三编，一反轻商贱商的传统，吸收亚当·斯密《原富》、孟德斯鸠《法意》以及达尔文进化论学说，详述古代商贸业的发展，从经济角度寻求历史发展的因果规律。陈家锟所编《中国商业史》（1908）和《中国工业史》（1909）也颇可注意。两书均由中国图书公司出版，前者分商业发生及扩张时代、商业繁剧及衰落时代，和商业激动及进取时代等三编，史料丰富，调查精确，适合中等商业学校使用。后者分上世、中世、近世、现世四时期，上世为开化及进化时代，中世、近世为退化时代，现世为退化而趋于进化时代，备述历代工业之盛衰，以唤起国民的工业思想。同类教材还有1903年蜚英书局出版的《五千年中外交涉史》、1906年沈同芳的《中国渔业历史》、1907年群学社的《中国历代法制史》、至诚书局的《中国铁路史》、集成图书公司的《中国实业进化史》、震东学社出版《中国商业通史初编》（1册）、南洋官书局的《最新中国实业界进化史》（1册）等。虽然这些专史教材数量不多，涉及面也不广，但却填补了教科书体系中的空白，具有开创意义，为五四时期史学的专业化、学科化奠基了基础。

三、新眼界、新体裁和新趋势

从史学发展的角度看，新式历史教科书的学术含量虽然不足，但作为近代教育制度的产物，其观念、表现形式和教学目的都明显带有新的时代文化特征。同时，由于其所应对的各类受教育人群涉及社会面较广，故在传播历史知识乃至近代史学理念方面的作用亦不可小视。这些，都决定了晚清历史教科书的下述新特点。

首先是反映了近代历史教育和知识传播渐向大众化的趋势。

晚清历史教科书的编辑，在相当程度上贯注了戊戌以来思想启蒙运动中提出的“开民智”精神，一改传统历史教学专重科举应试所需经史知识的套路，把眼光转向了更为宽广的社会受众。其时出版的教材，不但数量可观，且门类齐全，以求切合各类人员和年龄层次的需要。从形式看，历史教科书除一般按时间编次外，也出现了分专题叙述的课本，如文明书局出版的《高等小学中国历史》，分历代更易之概、历代人物之概、历代内事之概、历代外事之概、历代文明之概等5个专题，务求简单，文字趋浅近，期与童年智力相符。1908年均益图书公司发行的（高等小学）《新体中国历史》凡7章：地势篇、人种篇、宗教篇、统系篇、学术篇、政治篇、歌括篇。为方便教学，教科书往往有《教授法》相辅而行，如姚祖义的《最新高等小学中国史教科书》有《教授法》相配套，乐群书局也出版过《初等小学中国历史教授法》（3册）。在语言的表述上，也呈现大众化的趋势，当时教科书采用的大多是浅易文言文，有的还是白话文、歌诀甚至小曲这种大众通俗化的语言。为使历史教本更加生动形象，一般历史课本都能注意到插图的运用，有的甚至以图画为主，文字为辅，如文明书局出版的《中国历史画教本》便是如此。而其中最值得注意的，则为这一时期出现的白话历史教科书和乡土历史教科书。

“言文分离”是传统社会语言的常态。平时说话使用的是白话，而书面语则用文言文，从而造成所谓的“言文分离”，使得知识的传播为少数精英阶层所垄断，普通民众被排斥在知识之外。降及晚清，随着启蒙运动的崛起，“言文分离”日益遭到进步人士的批评。[①]有识之士不仅创办白话报，还主张用白话编写教科书，以便教育之普及。白话历史教本的编写由此应运而生，特别是20世纪初年，这类教材问世更多。如1902年钥新学社出版的《中国白话小史》，1905年四川傅氏图书局出版的《五代白话史》、《秦汉白话史》、《西晋白话史》、《南北朝白话史》、《西国古时白话史》等。[②]有的则连载于期刊，如《史学报》第1册首列《中国四千年白话史》。[③]1903—1904年《中国白话报》“历史”栏目连载了人种、政体、交通、兵制、田赋、刑法、宗教、教育等多种专题，可以说是一部完整的“白话中国史”，系林獬（白话道人）和刘师培（光汉）演述。1904年《江苏白话报》刊登《中国开港史》，《福建白话报》发表《福建白话史》，《扬子江白话报》连载《中国历史问答》，《杭州白话报》连载《中国历史》，1905年《直隶白话报》连载《中国白话史》，1908年《安徽白话报》登载《神州旧史》，1910年《丽泽随笔》连载《中国白话史》等。其中《中国白话小史》是目前所见较早的一种白话史课本，全书6册，分上古、中古、近古。发行所在杭州上城柴木巷沈宅，下城六克巷施宅。有“倬庵居士”序称：“欲知人治进化之理。则必借镜于历史”，但中国和日本学者编写的通史课本，“要其文字语言离而为二”，一般学童难以理解，故演述《中国白话小史》，“虽其言不

---

① 1895年黄遵宪在《日本国志·文学志》中提出了“言文合一”的主张，指出“盖语言与文字离，则通文者少；语言与文字合，则通文者多，其势然也”，要求“更变一文体，为适用于今，通行于俗者”。梁启超在《变法通议·论幼学》说：“今人出话，皆用今语；而下笔，必效古言。故妇孺农氓，靡不以读书为难事”，亟当改变这种状况，“今宜专用俚语，广著群书，上之可以借传圣教，下之可以杂叙史事，近之可以激发国耻，远之可以旁及彝情”。创办《无锡白话报》的裘廷梁在《论白话为维新之本》一文中具体列出白话文的八项好处：省日力、除骄气、免枉读、保圣教、便幼学、炼心力、少弃少、便贫民，认为“愚天下之具，莫如文言；智天下之具，莫如白话”。故而建议：“便幼学，一切学堂功课书，皆用白话编辑，逐日讲解，积三四年之力，必能通中外古今，及环球各科学问之崖略。”（《无锡白话报》第1920合刊，1898年8月27日）自幼饱读经书、深谙国学的刘师培也极力批评中国文字流弊，谓：“近岁以来，中国之热心教育者，渐知言文不合一之弊，乃创为白话报之体，以启发愚蒙。”（《国粹与西化——刘师培文选》，上海远东出版社1996年版）主张以白话文编写教科书。

② 参见《时报》1905年1月27日傅氏图书局广告。

③ 《惠报志谢》，《中外日报》1902年3月23日。

雅驯，缙绅先生所不道，然吾国乡曲之民，暨乎妇孺、佣隶识字者，希借此以邮文明之域”。这部白话史可以说是中西合璧的产物，在形式上采用了章节体，而在语言叙述上又明显带有传统“讲史”的特点。但内容却十分严肃，没有传统“历史演义”的虚构成分，只是在白话语言运用方面还较为粗糙，带有草创时期的特点。三年后彪蒙书室出版的《绘图中国白话史》则在语言表述方面显得相当成熟。

“彪蒙书室”乃清末最著之白话教科书编辑者，创办人系杭州人施崇恩，字锡轩，是一位举人。总发行所设在上海四马路望平街。其历年出版的各种白话教科书总数不少于 75 种，在晚清教育界颇有影响。其编写的读物如《初等小学中国历史教科书》（3 册）、《初等小学中国历史教授法》（3 册）、《绘图蒙学中国历史实在易》（4 册）、《绘图蒙学外国历史实在易》（4 册）、《绘图外国白话史》（4 册）、《绘图中外豪杰史读本》（1 册）、《绘图中外神童史》（1 册）、《中外历史分类问答》（6 册）、《杭州乡土历史教科书》等，均在教科书市场独树一帜。其中尤以《绘图中国白话史》（4 册）影响为大，该书初版于 1905 年，由戴克敦、钱宗翰合编，全书共 4 册。分绪论、目录、正文、历代帝王总记、大事年表。正文 127 课，自上古黄帝迄于 1905 年日俄议和，清代部分占全文六分之一篇幅，充分体现了略古详今的原则。受新史学思潮的影响，其取材侧重弘扬民族志气之事，内容除历代政治史外，对各个时代学术文化也颇关注，共有 12 课与此内容相关。书中观点，时有独到处，如当时各类史书提到太平天国，多指为“贼”、“匪”，此书却未使用这些贬义词。作为一种小学历史课本，为便于学童理解，书中对一些专门用语多有注释，如释“学术”为“一些学问的事同有学问的人”等；并大量运用图表（计全书共用 7 个表格，67 幅插图）等辅助方式，以增强学生对历史的直观感受。发行后，一些报刊称其能“将五千年大事纯用白话演说，略通文义者即可读，此洵小学之佳本也”[①]。1906 年又修订合为 1 册出版，文字较初刻更为浅显。很显然，这些白话历史课本不仅对当时的大众历史知识传播发挥了相当作用，且开启了五四时期白话历史教科

① 参见《时报》1905 年 4 月 20 日《绘图中国白话史》出版广告。

书之先声。

乡土历史教科书的出现，是清季教育改良思潮的产物。1903 年清廷发布的《奏定初等小学堂章程》就规定，历史课程“尤当先讲乡土历史，采本境内乡贤名宦流寓诸名人之事迹，令人敬仰叹慕，增长志气者为之解说，以动其希贤慕善之心”①，由爱乡爱国乃至养成忠君爱国之心。1905 年又制定《学务大臣奏据编书局监督编成乡土志例目拟通饬编辑片》（以下简称《乡土志例目》），以为全国性编纂乡土教材的指导方案。指出小学堂应实行乡土教育，乡土志基本内容为历史、政迹录、兵事录、耆旧录、人类、户口、氏族、宗教、实业、地理、山、水、道路、物产、商务，共 3 类 15 门，并对每门内容都作了具体规定。②这一方针的实施，得到了不少学者和地方绅士及教育机构的呼应，并随之出现了一大批相关教材，作为初等小学低年级历史教科之用。坊间甚至还印有一些“范本”以供各地急用，如 1906 年上海震东学社出版的《初等小学乡土历史模范教科书》，每课立一乡土模范表，各省各府县小学堂只需搜罗其乡土历史之大要，按表注入即可成书。

乡土历史教科书既为当时学堂教学急需，又得到清廷的大力支持，种数应该不少，有的出版后还曾一再重印，如侯鸿鉴的《锡金乡土历史》，1904 年编成，至 1908 年连续 4 年再版。《福建乡土历史教科书》“久为学界欢迎”，到 1909 年也再版 4 次。③又如国学保存会出版的乡土教科书，“颇受海内教育家之称许，以为书之图画文字引证，皆具有精神特色，最足以助长儿童爱乡爱国之心，为效至巨，故公私学校采用甚夥”④。但总的来说，因其皆针对地方的具体需求而编印，很少面向全国的公开发行，故目前能见到的并不多，现将我们统计到的 24 种列表如下：

① 舒新城编：《中国近代教育史资料》中册，第 420 页。

② 《学务大臣奏据编书局监督编成乡土志例目拟通饬编辑片》，《东方杂志》1905 年第 9 期。

③ 参见《闽报》1909 年 10 月 5 日《初等本省乡土历史教科书》广告。

④ 《国学保存会报告第七号》，《国粹学报》1907 年第 27 期。

表 3.3：20 世纪初期 24 种乡土历史教科书

书　名	编纂者	出版者	年　代
福建白话史		福建白话报社	1904
锡金乡土历史	侯鸿鉴	无锡艺文排印	1904
四川历史		广益丛报社	1906
广州乡土史教科书	黄映奎	时中学校	1906
余姚乡土地理历史合编	谢葆濂	诚意学堂	1906
初等小学乡土历史模范教科书		震东学社	1906
湖北乡土历史教科书	陈去病	国学保存会	1907
广东乡土历史教科书	黄晦闻	国学保存会	1907
江西乡土历史教科书	陈庆林	国学保存会	1907
直隶乡土历史教科书	陈庆林	国学保存会	1907
江苏乡土历史教科书	刘师培	国学保存会	1907
安徽乡土历史教科书	刘师培	国学保存会	1907
江宁乡土历史教科书	刘师培	国学保存会	1907
通州历史教科书	陈罗孙	上洋书局	1907
泰州乡土历史教科书	马锡纯	泰州教育会劝学所	1907
松江历史教科书	王毅存	时中书局	1907
杭州历史教科书	叶兆鲲	彪蒙书室	1908
嘉应乡土历史教科书	陈秉钧	启新书局	1909
潮州乡土历史教科书	翁辉东、黄人雄	肇敏学堂	1909
福建乡土历史教科书	缺	商立学堂	1909（第 4 版）
奉贤乡土历史	裴晃	缺	1910
石门乡土历史	杨圭章	缺	缺
宣咸州乡土历史教科书	缪梁章	缺	缺
青宁州乡土历史	方树梅	缺	缺

当然，这只是 20 世纪初年乡土史课本中的一部分，大量乡土教材不是以“教科书”命名，而是称“乡土志”，事实上多数也作为初等小学历史教科书使用，不过这些乡土志往往将历史和地理合编，故不易区分。

应当指出，清末乡土历史课程的设置及其教科书的出现，显然受到过西方近代教育理念的相当影响。1902 年从日本翻译而来的《教授法之沿革史》就论及过德国“泛爱主义”教育家萨尔兹曼（Christian Gotthilf Salzmann，1744—1811）的教育观念，谓：“自乡土出发而渐次考察地球全体，若尔兹曼氏曰：吾之生徒欲知东西印度之产物，不可不先知吾国及乡土之产物，欲知他国之山脉都市，不可不先知吾人所住近旁之山脉都市云云。反又以忽略基础的乡土史，甚为有害。”[①] 尔后国学保存会在《征各省府县志书启》中也提道：“德儒萨尔曼氏谓：教授历史之初，必先授以乡土史谈，俾其抚前代遗迹，以得直观之方便。不惟历史而已，即地理亦然。希尔列尔之乡土志，其分目至细，且与府县志不相混合。如是乃能唤起爱乡心，即由此而生爱国心，斯小学校教师之不可不知者也。”[②] 故这一时期的乡土历史教科书编写，在内容框架上虽于传统方志有所借鉴，精神上却透达出新的时代气息。这种新气象，至少表现在三方面。一是贯注着强烈的爱国忧国意识。某乡土志有一首“题词”：“笔声飒飒墨光寒，爱国忧家感百端，寄语故乡诸父老，是编莫作等闲看。一寸山河一寸金，主权休让外人侵，搜罗乡土编斯记，也是婆娑爱国心。”[③] 便十分典型地反映了这点。二是语言通俗易懂，内容简明扼要，具有浓厚的乡土气息，宜于学童和文化层次较低人群习读。三是富于新理，注重揭示社会进化和风俗变迁大势，寓有开启民智和改造社会的旨趣。

其次，在一定程度上发挥了新思想载体的作用。

尽管清廷强调教科书应贯彻“忠君”等纲常观念，但由于当时历史教科书编辑出版的社会渠道比较宽广，远非势已衰弱的官方所能控制，因而在很多情况下，它反而成为新思想的载体。其中最为突出的是宣传爱国思想，试图以讲史唤起人们的民族自尊心和自豪感。如 1902 年文明书局出版的《蒙学中国历史教科书》编辑大意“以卫种族长国威为主”，

---

① 大濑甚太郎、中川延治：《教授法之沿革史》，《教育丛书》第 2 集，教育世界出版所 1902 年版，第 46、54 页。

② 《征各省府县志书启》，《国粹学报》1906 年第 20 期。

③ 胡怀深：《泾县乡土记 · 叙二》，上海民声书局 1908 年印本。

要求达到“识古并合之由，以起近今丧亡之痛，长学识，雪国耻”[1]的目的。1903年，商务印书馆出版的《中国历史教科书》序谓：“盖处今日物竞炽烈之世，欲求自存，不鉴于古则无以进于文明，不观于人则无由自知其不足，虽在髫龄不可不以此植其基也。其于本国独详，则使其自知有我以养其爱国保种之精神，而非欲谨明于盛衰存亡故矣。”又如曾鲲化在《中国历史出世辞》中满怀信心地希望：“《中国历史》出世，谨祝我伟大中国灿烂庄严之文明国旗出世于今日，谨祝我中国四万万爱国同胞出世于今日，谨祝我四万万爱国国民所希望理想之自由，所馨香祷祝之独立出世于今日。”可见其对历史的爱国主义教育功用寄予何等的厚望！此外，鼓吹移风易俗，甚至民权民主等进步观念，在这一时期的历史教科书中也时而可见。在这方面，值得一提的还有当时出现的女子历史教科书。

传统社会针对女子的教育读物最主要的是“女四书”，即《女诫》、《内训》、《女论语》、《女范捷录》四本书汇录的总称，宣扬的是“三从四德”的旧礼教。近代以后，女子教育问题引起了世人的重视，如尤其是经宋恕、康有为、梁启超、经元善等维新派人士奔走呐喊之后，到20世纪初年，中国人自办的女学堂数量从1903年的6所增加到1908年的512所，女学生人数也从1903年40名左右增加到1908年20557名。[2]据清政府《女子小学堂章程》、《女子师范学堂章程》规定，女子高等小学堂要求开设“中国历史”，“其要旨在使知中国历代重要事实，兼养成国民之志操。其教课程度，则授历代帝王之盛业，忠良贤哲之事迹，及国民文化之由来，并本国与外国之关系”。女子师范学堂开设“历史”，“其要旨在使知历史上重要之事迹，省悟群治之变迁，文化之由来，及强弱兴亡之故，正邪忠佞之分。其教科程度，授中国古代至本朝之大事及外国历史之大要；并授以教授历史之次序法则”。1911年前至少有2万余名女学生接受历史教育，而所使用的教材估计大部分与男子学堂差不多。但值得注意的现象是，当时出版了少量以女性为素材的历史教科

---

① 丁宝书：《蒙学中国历史教科书》编辑大意，文明书局1902年版。

② 陈东原：《中国妇女生活史》，商务印书馆1937年版，第361页。

书，只供女学堂专用，这充分反映了晚清女权意识的觉醒。

清末女子历史教育深受西学的熏染，以女性人物传记形式为主。1901年《京话报》连载《泰西妇女近世史》、1903年赵必振翻译《东洋女权萌芽小史》、1904年启发社出版《世界妇女势力范围史略》、文明书局出版《世界女权发达史》等，不仅通过彰显西方和日本杰出女性的事迹，反衬出“中国之女子既无高尚之旨趣，又无奇特之思想，既无独立之主义”的落后状态。[①] 这些无不旨在标明：“晚近公理渐明，女权渐起，风潮所播，始自泰西。近三十年以来，自西徂东，东亚之黑暗世界，所现一线光明。然而数千年民贼之毒说，蒂固根深，如夫为妻纲，夫唱妇随之盲论，非一日所能划除者甚矣。”[②] 当时国人编写女子历史教科书一般都从经典和史籍中摘录出各种类型的女性典范，以表彰她们在文学、教育、武功诸方面的杰出成就，在失去原来文本的脉络而被重新安置于新文本（教科书）之后，这些女性典范体现的不再是传统的价值观念，而是当下现实社会所需要的女性自强、自立、尚武、爱国等特性，呈现出与新说某种程度的契合。

清末女子历史教科书中较具影响的主要有：1905年文宝书局出版《五千年女界史》，“不独节录正史，且多采之秘籍，从女娲氏起，五千年支那女界之特色，上自后妃，下及奇女，贤恶分晰，既开特色之眼界，更作女学之教本”[③]。1907年乐群书局出版《初等小学女子历史教科书》（3册），“是书用史谭体例，自上古以迄本朝，凡女子有德行、道义、智慧、文学、艺术者，无不选录，诚女学必需之书也。全书三册，共百二十课，足供小学三年之用”[④]。文明书局发行《（女子适用）国史教科书》，出版广告谓：“历史学科，无男女之可分，而吾国四千年之历史中，凡涉及女子事略，可垂为法戒者，不知凡几。是编用历史科寻常之系统，而内容多配置以历史中女子之事实，注重在道德教育，而历史上女子美术之进步，尤所注意。程度合高等小学及中学一二年。用以为女

① 《神州女子新史·序论》，神州图书局1912年印本。

② 赵必振：《东洋女权萌芽小史·序》，新民译印书局1903年印本。

③ 参见《时报》1905年5月25日《五千年女界史》广告。

④ 参见《中外日报》1907年2月19日《初等小学女子历史教科书》。

子历史可，用以女子修身书亦可。”[①]

按照清政府颁布的学制规定，女子历史教科书虽仍十分强调对女子的修身教育，但在欧风美雨的浸润下，时人对“道德”的看法已渐具近代意识，即使是取材于传统资源，也或多或少表现出一种“旧瓶装新酒”的倾向。如杨千里编《女子新读本》（文明书局1904年版），是一部两册的模范妇女故事集，上编十八章讨论中国历史上的妇女，多孟母、班昭、木兰、秦良玉等以自强立身者，以为此皆“我中国新女国民已去之导师”；下编十章讨论近代的西方妇女，如罗兰夫人（Jeanne Marie Roland）、斯托夫人（Harriet Beecher Stowe）、南丁格尔（Florence Nightingale）等，称之为“我中国新女国民未来之摄影”。咀雪庐主人（许定一）编《祖国女界伟人传》（广智书局1906年版）[②]，采集战国以迄清朝女子30余人，或长于文学，或工于武功，或知爱民爱种，以列传体叙述，各附评语。其取材标准是“其精神活现，而关于国或种者”，对那些旧典籍津津乐道的“贞女节妇”，因与国家进步发达无甚关系，多摒而不入。徐天啸编《神州女子新史》（神州图书局1912年版），分正（前代）、续（清代）编，仍以人物列传为主，每载一人跋以短评，每终一代跋以结论。徐氏本人曾参与反清革命，其书贯穿着民族主义和女权主义主旨，在清末民初史学界有一定的影响，被认为是中国第一部妇女通史。

当然，女子历史教科书作为一种新事物，存在时间很短暂，民国成立以后，已经绝少出现，可见以男性作为历史叙述中心的观念是根深蒂固的。然而专门以女性为题材的历史教科书的出现，在中国妇女史、史学史上却占有特殊的地位，至今仍有积极的借鉴意义。

第三，传播或实践了新史学的某些理念。

20世纪初，虽然新史学在理论上已获得了学术界的广泛同情，但由于时局极度动荡和政治革命席卷一切的声势，使进步学者还无暇在历史研究领域作出更多的实践探索，以至新史学的一些理念往往只能在历

---

① 参见章嵚：《中国大历史》书后广告，文明书局1910年版。

② 该书封面题有“女子高等小学及中学教科”的字样。

史教科书的编写中得到部分贯彻。在这方面，表现最为突出的当推曾鲲化的《中国历史》、夏曾佑的《最新中学中国历史教科书》和刘师培的《中国历史教科书》。

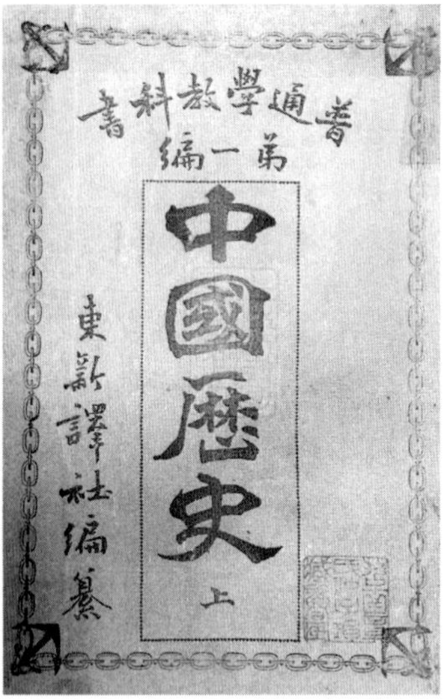

曾鲲化《中国历史》

曾鲲化（1882—1925），字博九，湖南新化人。早年与蔡锷在日本留学，加入同盟会。辛亥革命后，先任孙中山的秘书，后为北洋政府交通部路工司和路政司长。《中国历史》是其留日期间，参考东西洋名著及中国史籍编成的一部历史教科书。上卷[①]于1903年由东新译社编辑出版，署名横阳翼天氏。首编4章，总论历史之要质、地势说、人种和历代兴亡盛衰。甲编太古记7章，乙编上古记10章，叙三皇五帝至春秋战国时期政治沿革、文化、经济及社会诸情状。作者声称："今欲振发国民精神，则必先破坏有史以来之万种腐败范围，别树光华雄美之新历史旗帜，以为我国民族主义之先锋。"[②]该书体裁，受到当时东西方文明史的影响，所谓"以国民精神为经，以社会状态为纬，以关系最紧切之事实为系统"，内容广涉各时代教育、艺术、政治、外交、武备、地理、宗教、风俗、实业、财政、交通、美术等人类社会生活的各方面，尤致力于探讨人群进化之大势和盛衰隆替之原因。是书出版后，受到新学界欢迎。《湖北学生界》、《浙江潮》、《中外日报》纷纷介绍推荐，称之为"诚空前之伟著，而为历史界放绝大光彩"[③]，"体裁新辟，材料丰多，而又以民族主义为其宗旨，诚我国历史界开创之大作，而普通学教科书中稀有之善本"[④]。据《中外日报》介绍，《中国历史》首版万册出售殆罄，销行迅速，"实空前名书著籍所未曾有"。

① 全书原拟分上中下三卷，现只见上卷。
② 横阳翼天氏（曾鲲化）编译：《中国历史》，日本东新译社1903年版，第1页。
③ 《湖北学生界》第4期（1903年5月）《中国历史》上卷出版广告。
④ 《介绍新著》，《浙江潮》第7期，1903年9月11日。

夏曾佑

夏曾佑（1863—1924），字穗生，浙江杭州人，清末进士。曾任清廷礼部主事，与梁启超、谭嗣同、严复交往甚密。戊戌变法前与严复等在天津创办《国闻报》，宣传新学和鼓吹改良主义，并从严复处受到了西方进化论的影响。在政治上他拥护维新，但又认为康梁的变法过于急躁，提倡“民智决定论”和“教育救国论”。《最新中学中国历史教科书》为其一生中最重要也是唯一的史学著作，凡三册[①]，1904年至1906年由商务印书馆出版，1909年已再版至8次。其内容从传疑时代叙述至隋代，以十三经、二十四史为主，而纬以群籍，其体裁则兼编年、纪事二体，其宗旨则在发明社会之本原，故于宗教、政治、学术、风俗、古今嬗变之所以然，志之独详。篇中博采异说，皆标出注，尤便于学堂讲习之用。鉴于“神州建国既古，往事转繁。自秦以前，其记载也多歧；自秦以后，其记载也多仍”，难以实现察往以知来的要求。夏氏编写此书，力求“文简于古人而理富于往籍”，“以供社会之需”。全书“总以发明今日社会之原为主。文字虽繁，其纲只三端”：一为关乎皇室者，如宫廷之变、群雄之战，凡为一代兴亡之所及者，无不详之，其一人一家之事则无不从略；二为中国境内周边各族，如匈奴、西域、西羌，事无大小，皆举其略；三为关乎社会者，如宗教风俗之类。[②]贯以今文经学和西方资产阶级社会进化论相结合的历史进化观点，将中国古代历史分为上古（自草昧至周末）、中古（自秦至唐）、近古（自宋至清）三大时期和传疑、化成、极盛、中衰、复盛、退化、更化等七个小时期。书虽仅成隋以前部分，只能算半部通史，但因颇多创新，显示了与旧史完全不同的面貌，故在当时享有一定声誉。严复至称其为“旷世之作”。梁启超也称赞作者“对于中国历史有崭新的见解，

① 是书原计划出六册，后仅出三册而止。

② 夏曾佑：《中国古代史》叙、凡例，河北教育出版社2000年版，第3、6页。

尤其是古代史”[①]。1933 年，商务印书馆复将其改题《中国古代史》重排出版，列入大学丛书。

刘师培的《中国历史教科书》，1905—1906 年由国学保存会出版，凡 3 册，内容自上古以迄西周末。其编此书，乃因在治史中痛感：“读中国史书有二难：上古之史多荒渺，而记事互相歧；后世之史感浩繁，而记事多相袭。中国廿四史既不合于教科，《通鉴》、《通典》、《通考》亦卷帙繁多，而近日所出各教科书，复简略而不适于用。欲治中史，非编一繁简适当之中国历史莫由。”[②] 全书的编写，不少地方受到进化论等西方史学观念的影响，较注意社会生活的各个方面，如对古代田制、农器、商业、财政、工艺、宫室、衣服、饮食等经济发展过程，都列有专课论述。尤注重从古代礼俗及历代政体之异同、种族竞争之始末、制度改革之大纲、社会进化之阶级、学术进退之大事中考察社会变化状态。是书对古代文献史料解释虽多守古文经学之说，然亦颇受进化论和日本文明史观影响，“咸以时代区先后，即偶涉制度文物于分类之中，亦隐寓分时之意”。“于征引中国典籍外，复参考西籍兼及宗教社会之书，庶人群进化之理可以稍明。”[③] 该书出版后，颇受时人关注，广告至称“刘君家传汉学，海内宗仰，所编第一册久已风行”[④]，“诚中国史书中空前之著述”[⑤]。

这些进步的历史教科书，不仅努力运用进化论考察历史，还依据近代西方的社会学和文明史观，不约而同地把历史关注的重心从英雄个人和帝王将相转向民族和国民，从朝廷转向群治和民史，从政治军事转向社会文化。如曾鲲化认为，历史应“记录过去现在人群所表现于社会之生活运动与其起原、发达、变迁之大势”[⑥]，其《中国历史》即旨在“调查历代国民全部运动进化之大势，撮录其原因结果之密切关系，以实国

① 梁启超：《亡友夏穗卿先生》，《饮冰室合集・文集之四十四》，第 19 页。
② 刘师培：《中国历史教科书・凡例》。
③ 刘师培：《中国历史教科书・凡例》。
④ 参见《中外日报》1907 年 2 月 18 日《中国历史教科书》第二册出版广告。
⑤ 参见《中外日报》1906 年 2 月 2 日《中国历史教科书》第一册出版广告。
⑥ 横阳翼天氏（曾鲲化）编译：《中国历史・中国历史出世辞》第 2 页。

民发达史价值，而激发现在社会之国魂”[①]。夏曾佑的《最新中学中国历史教科书》用资产阶级历史进化论叙“世界之初”、“地之各洲人之各种”、“中国种族之原”、“古今世界之大概”等前所未见的新内容，“其宗旨则在发明今日社会之原，故于宗教、学术、风俗、古今嬗变之所以然，志之独详”。[②]1906年汪嵚的《中国历史讲义》引用了社会学概念，认为历史学正如社会学，是一门“藏往察来”的学问，“夫史固孕育社会者也，则群治皆窳，史亦尸其咎欤”，群治的好坏，与历史学密切相关，以往史书“多托恢诞而饰诡辞”，“尤逐浮尘野马，荡为飞烟”[③]，不足以昭事理，“以成今日现象”。故编史当“重社会而轻个人，其不涉于社会者，皆从略”[④]，这样的历史“使读者展卷而生爱国心，掩卷而滴忧国泪，庶不悖于国史之名义欤”[⑤]。刘乃晟的《中国历史课本》也谓“人类之历史，万物之历史也。历史又非徒记世代之沿革，实人群思想之维系”。著者希望读此历史，“振起合群之思想”。[⑥]1908年赵懿年的《中等中国历史教科书》则强调：“历史者，非一二英雄之传记也。彼英雄者，特社会中之个人，其事业影响，纵或及于全体，而未产此英雄之先，必有天数之原因结成，既产此英雄之后，必有无数之机缘凑合。”观察历史的出发点不能以个别英雄人物为中心，应该从智力、产业、宗教、政治诸多面向综合考察历史，而后“真际始见”。[⑦]

第四，开创了中国史书编写的新体例。

从编纂形式来看，这一时期的历史教科书大多采用章节体，或以接近章节体的以课为题的编写形式。章节体是来自西方的一种新史书体裁。近代以来，由于资本主义时代的大机器生产改变了人们过去的狭隘观念，资产阶级历史学家把眼光扩大到社会历史的各个方面，开始认识到历史学是一门综合性的学科；同时，社会生产力和科学技术迅猛

---

① 横阳翼天氏（曾鲲化）编译：《中国历史》，见上卷目录前“中国历史内容重点”说明“甲、组织之要点”。

② 《新书介绍》，《东方杂志》第3卷第7期。

③ 汪嵚：《中国历史讲义·叙》，普益书局1906年版。

④ 汪嵚：《中国历史讲义·例》。

⑤ 参见汪嵚《中国历史讲义》封面提要文字。

⑥ 刘乃晟：《中国历史课本·绪论》，奉天学务处1906年印本。

⑦ 赵懿年：《中等中国历史教科书·总论》，科学会编译部1908年再版印本。

发展，促使社会分工专业化和系统化，表现在文化领域，学术愈发达进步，分科愈精细严密。这种变化引起了历史编纂方法的进步。西方资产阶级史学家在形式逻辑归纳法的启发下，首先改造了传统的叙述体，使之成为具有严整的篇、卷、章、节的章节体裁，它既综合通贯，又分门别类，更适于表述历史发展过程中纵横交错的因果关系，比旧体裁的史书容量大，系统性强。章节体实际上是归纳逻辑在史书编撰上的体现。章节体作为西方近代史学表现形式之一，最初传入中国是以外国教会组织和出版机构为媒介的，以后大多“借径于日本”而输入。值得注意的是，一些资产阶级史学家和进步学者在吸取西学的过程中，主动选择和引进章节体史书，并向社会介绍推广。1896年，梁启超在《西学书目表》首列“史志”，把《万国史记》和《万国通鉴》列为第一、二条。他还在《东籍月旦》一文中重点介绍了《中等东洋史》、《支那通史》等日本章节体历史教科书。1897年，康有为编纂的《日本书目志》列举了许多日人译著的章节体世界史和国别史教科书。这些西方和日本的新体史著，无疑给中国学者以相当影响和启发，他们顺应改革的潮流，学习资产阶级的历史编纂方法，或译著，或改编，或自撰，章节体史书自是纷纷问世，突破了传统史书体裁独占史苑的局面，推动中国历史编纂学向前跃进了一大步，对中国史学的发展起着一定的影响。

章节体作为史书体裁在近代中国的兴起，也是历史编纂学发展的结果。我国传统史书体裁，主要有编年体、纪传体、纪事本末体三大类。其中编年、纪传二体出现和发展较早，特别是纪传史体，除记事范围较广外，以帝王传记“本纪”为纪年贯穿始末，很适合表现“帝王中心”论，因而被奉为历代官修史书正体，在王权时代的历史编纂学中独占鳌头近二千年。纪事本末体最晚出现，它创始于南宋袁枢的《通鉴纪事本末》，其法“因事命篇”，使“文省于纪传，事豁于编年”，别辟了史书编撰的一种新途径。这种体裁，与因事命篇、分篇综论的章节体颇为相似，故梁启超称其“于吾侪之理想的新史最为接近，抑亦旧史界进化之极轨也”[①]。这正是近代学习西方而从事体裁创新的基础。近代章节体日

---

① 梁启超：《中国历史研究法》，《饮冰室合集·专集之七十三》，第20页。

益受到人们的高度重视，正反映了以帝王为中心的旧史观的没落和资产阶级史学兴起后治史风气转换的趋势。在资产阶级看来，随着现代人类社会生活的日趋复杂和人们历史眼界的开阔，不仅旧史学表现的内容已无法适应时代需要，其体例亦“多属千余年前学者之所创，彼时所需之史，与今不同”。[①]因而亟需一种新体裁来反映这些变化。章节体的输入恰好顺应了这一社会文化生活的需要。它不仅作为教科书，因能按照讲授课时的要求、讲授对象的深浅程度灵活编排内容，做到篇幅适宜，脉络清晰，简明扼要，便于初学。而且经过近代学者的移植、培养和改进，逐渐扎根于我国史苑，成为比传统的史书体裁更受欢迎的主要史书体裁。

总之，清末历史教学的演变和发展，也是新史学思潮的一个折射，它在中国传统史学的近代化进程中起过重要的作用。应当看到，在清末各地的兴学热中，历史课程的设置颇系统完备，基础学科和分支学科相辅相成，反映了资产阶级学术精细分类的特点，显示出当时历史教学的体制和质量已达到相当程度。反过来，历史教学的发展使历史研究的人才和资料相对集中，趋向专业化，这势必带动史学研究水平的进一步提高。教学和研究相互促进，推动了近代历史学科的建设和发展。如同西方史学从中世纪迈向近代是得益于历史研究的学院化，我国学校历史教学的发展，无疑也是传统史学近代化的契机。

当然，必须指出，清末各地历史教学由于受到清政府“中体西用”教育宗旨的不同程度束缚，其中仍掺杂着不少陈旧的观念，从而不能不在相当程度上影响了其正常发展。这正是所有半殖民地半封建旧文化的特点和局限性。

---

① 梁启超：《中国历史研究法》，《饮冰室合集·专集之七十三》，第4页。

第四章

辛亥革命时期的国粹主义史学思潮

第一节　国粹史学的形成

一、国粹派和国粹史学

国粹主义，是中国近代古今中西文化交汇、融合和斗争中涌起的一种复杂的文化学术思潮。提倡它的，既有清廷高层官员及地主阶级人士，也有资产阶级知识分子。其中影响最大，并在史学上形成流派的，则为辛亥革命时期资产阶级阵营内的国粹派。

“国粹二字，于古无征”[①]，它是近代特殊历史条件下的产物。鸦片战争后，随着西学东渐的新高潮，人们开始把传统文化称为“中学”、“古学”，以别于外来的“西学”、“新学”，然其初并无“国粹”之名。以“国粹”称呼我国固有文化，系受日本启发而来。1888 年，日本三宅雄次郎等组织政教社，在其机关杂志《日本人》上大倡保存国粹，反对欧化[②]，引起了一些中国学者的共鸣。1898 年底，梁启超在日本横滨创办《清议报》，曾将“发明东亚学术，以保存亚粹”列为该刊四宗旨之一[③]，其“亚粹”二字，显然脱胎于“国粹”。丧权辱国的《辛丑条约》签订后，一些爱国知识分子深惧国亡无日，思以倡导国学，激起人们的保国之心，以挽神州陆沉。国粹主义由是日兴。

1902 年，黄纯熙在《政艺通报》发表《保存国粹主义》一文说：

---

① 参见沈宗畸编：《国学粹编》第 1 期“本社简章”，1905 年出版。

② 三宅雄次郎（雪岭）等人所倡国粹主义，虽有强调民族独立的一面，但又鼓吹“扩张军备”以张国权，迎合了日本国内当时已日渐抬头的军国主义。可参见永田广志：《日本哲学思想史》，陈应年等译，商务印书馆 1978 年版。

③ 梁启超：《横滨清议报叙例》，《清议报》创刊号，1898 年。

“夫国粹者，国家特别之精神也。昔者日本维新，欧化主义浩浩滔天，乃于万流澎湃之中，忽焉而生一大反动力焉，则国粹保存主义也……其说以为宜取彼之长补我之短，不宜醉心外国文物，并其所短而亦取之，并我所长而亦弃之。其说颇允。”对日本国粹派的某些观点表示赞同。同时，邓实等人也在文章中不时提及国粹主义。1903 年苏报案后，“排满革命”之声大昌，以振兴国学、申论“种族大义”为宗旨的国粹思想随之影响日大。章太炎在因苏报案被捕入狱期间，便声称“上天以国粹付余”，慨然以发扬中国“闳硕壮美之学”自任[①]，并函致刘师培商讨保存国粹问题，认为中国“他日保存国粹，较诸东方神道（按：神道被认为是日本国学），必当差胜也”[②]。是年冬，邓实等人拟于上海设“国粹学社”，旋以事中辍。次年，邓实主编的《政艺通报》发出《乙巳年之政艺通报广告》，公开揭橥“国粹主义”的旗号，要求“注意于保存国粹之一面，务欲发挥而光大之，以为吾祖国生色”[③]。1905 年初，国学保存会在上海成立，出版《国粹学报》，由邓实任总纂，设编辑发行所于上海四马路老巡捕房东惠福里，另立藏书楼，搜罗珍贵古籍，广征会友，刊印《国粹丛编》、《国粹丛书》，并拟建国粹学堂，在学术界广泛开展活动，形成了一股较有影响的学术思潮。1906 年 6 月，章太炎出狱，一到日本，就在东京留学生界的欢迎大会上提倡“用国粹激动种性，增进爱国的热肠”[④]。以后，又在他主编的《民报》上连续发表宣扬国粹的文字，并在《民报》社内设国学振起社，自任社长，主讲国学，发行讲义，与国内的《国粹学报》等遥相呼应。国粹主义思潮一时骎骎大盛，直至辛亥革命，在学术思想界保持着相当声势。

国粹主义作为一种学术思潮，固然吸引过怀抱各种动机的人，但 20 世纪初年倡导“国粹”最力并影响最大的，厥为以邓实、黄节、刘师培

① 章太炎：《癸卯口中漫笔》，《国粹学报》1905 年第 8 期。
② 《章太炎与刘申叔书》，《国粹学报》1905 年第 1 期。
③ 《政艺通报》1904 年第 1 号。
④ 章太炎；《演说录》，《民报》1906 年第 6 期。

国学保存会藏书楼开楼合影，《国粹学报》1906 年第 2 期

为代表的上海国学保存会和以章太炎为首的日本东京国学讲习会，故其成员的状况，一般也最具代表性。兹先以国学保存会的会员为例，作些具体分析。

国学保存会最后发展到多少人，现无确切统计。其会章规定："入会毋须捐金，惟须以著述，或自撰，或搜求古人遗籍，或钞寄近人新著，见赠于本会者，即为会员。"[①] 似乎该会无正式入会手续，成员也漫无所定。其实，国学保存会将入会手续订得若有若无，不过是为了标榜其"不存门户之见，不涉党派之私"[②] 罢了。据《国粹学报》第 25 期所载"会员姓氏录"，可知 1906 年初其正式会员仅 19 人（见表 4.1）。至 1907 年 8 月，该会仍称其会员不过 21 人[③]，并未依"会章"将向《国粹学报》投寄论著或赠书者均算作会员。为了坚持其办刊方针，他们还坚决抵制了来自清廷官方的各种威胁利诱，足见国学保存会还是既涉党派观念，又有入会手续和正式成员的。

① 《国学保存会简章》，《国粹学报》1905 年第 1 期。
② 《国粹学报略例》，《国粹学报》1905 年第 1 期。
③ 《国学保存会报告（第 12 号）》，《国粹学报》1907 年第 32 期。

表 4.1：1906 年初国学保存会会员姓氏录

姓　名	字　号	籍　贯	通讯处	姓　名	字　号	籍　贯	通讯处
黄节	晦闻	广东顺德		刘光汉	光汉	江苏仪征	
陈去病	去病	江苏吴江		邓实	秋枚	广东顺德	《国粹学报》社
诸宗元	真长	浙江山阴	上海城内道署	郓棨森	菽民	江苏阳湖	安徽提学署
马叙伦	夷初	浙江仁和	两广师范学堂	陆绍明	良丞	浙江仁和	杭州教育会
高剑公	天梅	江苏金山	上海健行公学	朱葆康	少屏	江苏上海	上海健行公学
马和	君武	广西桂林	上海中国公学	文永誉	公达	江西萍乡	广东学务公所
王锺麒	毓仁	江苏江都	上海《申报》馆	沈詠韶	厔庐	江苏吴江	
柳人权		江苏吴江	上海健行公学	吴钦廉	一青	江苏金山	
张桂辛	躔五	江西义宁	吴淞复旦公学	卢爵勋	艺亭	广东顺德	顺德城外罗氏家族学堂
胡素	薛宝	江苏江都	肄群小学校				

从国学保存会会员的身份分析，国粹派的基本成员有如下特点：1. 这些人的社会地位大多不高，一般是在学校或报界任职的中下层知识分子，他们较易感受社会动荡的冲击和产生改变社会现实的要求；2. 这些人几乎都生活在两广、江浙等近代遭受外国资本主义侵略最早和最严重的东南沿海一带，对面临的民族危机尤为敏感，大多有较迫切的反帝和民族独立要求，有的因受时事刺激和明末黄宗羲、顾炎武、王夫之等人思想的影响，还产生了强烈的民族革命意识，参加了南社或同盟会等反清组织；3. 他们一般都出身于书香门第，从小饱受传统教育，国学根底很深，又读了不少西学书籍，受到近代思想不同程度的影响。如邓实，据其自述，"束发读书，即有志乎经世之学……二十三泛览周秦诸子百家之学，下逮宋元明儒学案。中间又好为词章，时时爱讽诵古大家之诗文集。少长沪渎，随余父侨居制造局，得尽读局中所译西文书。甲

午一变，士大夫争言政法，东文书盛行，短书小册日尽十余种。于是胸臆填委，耳目迷惑，茫然如泛巨海入空冥，孤舟独行于飓风大漩之中……退而归，返而读旧读之书，年二十六。晚乃得通四先生（指明末清初黄宗羲、顾炎武、王夫之、颜元）之学说，于是尽求其遗书而读之，慨然想见其遗风”[1]。其由中学而向往西学，复以国学为归依的治学经历，堪称国粹派中的典型。其余如刘师培、陈去病等也是如此。这种学术渊源，使他们一方面表现出一定程度的资产阶级倾向，另一方面又情不自禁地流露出对传统旧学的深深依恋和或浓或淡的旧意识，由此形成了国粹派学术思想的复杂性和矛盾性。他们中不少人曾接受过资产阶级改良主义，从封建知识分子逐步转变为资产阶级和小资产阶级知识分子，有的后来成为资产阶级革命派，如章太炎、马君武、陈去病、柳亚子等；有的则始终与资产阶级立宪派保持着密切关系；当然，也有的人只不过是受到一些近代思想的影响罢了，就其主流看，始终未能摆脱封建知识分子的立场。而章太炎主持的东京国学讲习会，成员多为留日学生，其思想状况与此亦大体相近。正是这些具有不同程度近代意识的知识分子，成了国粹派的主体基干。当然，这一时期附和于“保存国粹”口号的，也不乏一些满脑袋陈腐观念的旧官僚士大夫，但他们的用意、影响均与前者不可同日而语，更不能主导这股文化思潮的基本倾向。

《国粹学报》刊影

国粹派倡导国学，是以学术研究的形式为主的。黄节曾表示：“日本之言国粹也，与争政论；吾国之言国粹也，与争科学。”[2]鲁迅也称《国粹学报》是“谈学术而兼涉革命”的刊物。他们的治学兴趣看去十分广泛，凡经、史、文、美术、博物、政治学、社会

① 《明末四先生画像记》，《政艺通报》1904年第22号。

② 黄节：《国粹学社发起辞》，《政艺通报》1904年第1号。

学、伦理学、哲学等，无不涉猎，然推其根基，实不出经史范围，或者说，是以史学为中心的。国粹派大多赞成章学诚、龚自珍等人的“六经皆史”说，且认为诸子百家和各种古代学问也莫不源出于史。《国粹学报》第一期便刊出了刘师培题为《论古学出于史官》的文章，提出：“史也者，掌一代之学者也。一代之学，即一国政教之本，而一代王者之所开也。吾观古代之初，学术铨明，实史之绩”，“史为一代盛衰之所系，即为一代学术之总归”。邓实《国学微论》也说：“周秦诸子为古今学术一大总归，而史又为周秦诸子学术一大总归……无史则无学矣，无学则何以有国也。”① 马叙伦进而认为：“有宇宙即有史，是史者，与宇宙并生者也……推史之体，大以经纬宇宙，小以纲纪一人一物一事一艺，达史之用，可以促开化，可以进文明。”甚至说：“夫史者，群籍之总称，凡天下之籍，不问其为政治为宗教为教育，莫不可隶于史。是故史者，群籍之君也。”② 把史学提到了学术中独尊无二的地位。

在章太炎那里，所谓“国粹”，更可以一个字——“史”来概括。他曾说：“为甚要提倡国粹？不是要人尊信孔教，只是要人爱惜我们汉种的历史。这个历史，就是广义说的，其中可以分为三项：一是语言文字，二是典章制度，三是人物事迹。”③ 直到晚年，章氏还发表《历史之重要》、《略论读史之法》、《论读史之益》等文，一再强调史学的重要，说：“不读史书，则无从爱其国家……有史不读，是国家之根本先拔矣。”④

国粹派治学以史为主的特点，在他们的学术活动中随处可见。以《国粹学报》而论，内容就多涉及史。如政篇中之《古政原始论》（刘师培），《古政通志》、《古政述微》（马叙伦），《古政秘论》（陆绍明）等，多为古代政治制度或思想史研究，学篇和文篇亦以学术史和文学史为重头，丛谈、撰录多系史料掌故逸闻。至于他们规划的国粹学堂课程设置，其经学、伦理学、心性学、政法学、社会学、实业学、典制、考古、历

① 《国粹学报》1905年第2期。
② 《史界大同说》，《政艺通报》1903年第15号。
③ 章太炎：《演说录》，《民报》1906年第6号。
④ 章太炎：《历史之重要》，《制言》第55期。

数、舆地、博物、音乐等，亦多以历史为主，如伦理学史、历代政治学史、历代实业史、古今社会状态及其研究法等。

国粹派如此推崇史学，一方面固然由于这些人大多深受旧经史的熏染，并从中滋养起其对祖国、民族和传统文化的热爱和自豪感，进而对史学怀有特殊偏好之故，但更主要的则是传统学术内部层次结构随着近代社会的变迁而发生更动的结果。明清以降，随着资本主义萌芽的产生发展和封建制度走向衰落，经学也渐式微。此期，统治阶级经学或儒学内部不断发生分裂和斗争，如王阳明心学与程朱道学的冲突，泰州学派对阳明学的改造，等等。清代乾嘉朴学的兴起，表面上似乎是经学“复盛”，实则大批知识分子不问时事，终日沉浸于古籍的校勘、整理、考证、注释，并不能使经学在传统政治理论方面得到发展。因为这种研究，多是为了求得古书的原意（即所谓“通经”），即把经作为研究的对象，而不是依据现实政治的需要去作新的发挥，这就恰恰在一定程度上违背了经学向来是为王朝统治者制造应时理论的本色（即“致用”）。清代没有产生足与汉学、宋学、心学相匹的新的政治理论体系，这不能不说是个重要原因。故考据学的盛行，客观上反倒从另一个角度削弱了经学的政治性和加速了它的衰落，尽管这并不出于自觉。“六经皆史”说正是在这种背景下日益流行的，它透露了传统学术内部层次升降和经史逐渐并列的消息。当然，章学诚等人主张“六经皆史”的本意，并不在于抬高或贬低经学的地位，而是企图在经学衰颓（即经世色彩减弱）之时，以经史互为补充，使封建政治理论得到新的加强，以更好地“致用”。不过，这个口号所以能为越来越多的人接受，正反映了旧经学的独尊地位已发生动摇。如果说，在科举时代，经学还能以其在功名仕途中的特殊作用而在士子中保留一些阵地的话，那么，随着戊戌变法前后“废除科举”呼声的日高和1905年科举的正式废除，它便失去了现实社会中的最后依托，而降落到与史学同等的地位，甚至日益成为史学的附庸。国粹派由继承“六经皆史”——经史并列的口号，到进而提出史为“群籍之君”和古今学术之“总归”，置其于诸学之首的主张，正体现了旧时代的传统国学在社会大变动的冲击下，向近代转化演变的趋势。

二、国粹史学的灵魂——民族主义

民族主义可以说是国粹派学术思想的主旋律，也是其史学思想的灵魂。在他们看来，“民族主义如布帛菽麦，不能一日绝于天壤”。史学的最大功用，便是阐扬民族主义，提高民族自尊心和促进民族的兴旺发达。故他们的史著，如黄节的《黄史》、邓实的《民史总叙》、马叙伦的《古政通志》等，都把种族或氏族问题列为首位论述。章太炎还把民族主义和史学喻为庄稼与水分养料的关系，说：“民族主义如稼穑然，要以史籍所载人物、制度、地理、风俗之类为之灌溉，则蔚然以兴矣。不然，徒知主义之可贵，而不知民族之可爱，吾恐其渐就萎黄也。”[1]

国粹思潮的产生，首先是帝国主义的侵略激起的。国粹派大多喜以宋明遗民思想的传人自居，但无论是宋末还是明末遗民，都没有在学术上提出过类似国粹主义的口号。同时，尽管国粹派大多具有反清色彩，但对清代的学术并不一概排斥，相反有时还颇津津乐道。其中原因，邓实说得很清楚。他认为，历代少数民族入主中原后，虽在武力上征服了汉族，但因文化上落后于汉族，并不能改变中原地区的汉族经济文化，“且不独不变而已，及其久焉，其力反足以征服异族，而使异种与之同化……茫茫禹域，其性情习惯犹是吾黄帝子孙所尸，而异族之元首，不过中原之一客帝，其有显违国教、干犯我成宪者，则不旋踵而偾败离扑矣”。故虽“国亡”而学不亡。但是，近代以来，那些入侵的西方殖民者却是经济文化比中国先进的拉丁、条顿、斯拉夫等族，他们不仅从政治、经济、军事上侵略中国，还企图从文化上磨灭中国，“其亡人国也，必也灭其语言，灭其文学，以次灭其种性，务使其种如堕九渊，永永沉沦”。因此，他们忧心忡忡地表示，如果过去少数民族入主中原仅仅是“变易朝庙，更改玉步而止”的话，那么，“今之受侮于外族也，其祸必至于种族灭绝，神灵消丧，越千万年而未能苏”。[2] 故“今日国学之无人

---

① 章太炎：《答铁铮》，《民报》1907年第14号。

② 邓实：《鸡鸣风雨楼独立书·人种独立第一》，《政艺通报》1903年第23号。

兴起，即将影响于国家之存灭，是不亦视前世为尤岌岌乎？”[①]

从这种认识出发，他们以史学为武器，不断揭露帝国主义的侵略阴谋，以图唤起人们的民族救亡意识。“呜呼！今日二十世纪初期之世界何世界乎？一帝国主义横风逆潮所波荡之世界也……夫其膨胀之近由欧美而近东而远东。吁嗟，我老大之中国为其舞台之中心点，俄人侵占满洲矣，英人势力范围扬子江流域矣，德人经营山东矣，法人窥视两广矣，皆挟其帝国主义之政策以集注于一隅。”[②]他们还看到，列强在中国传教、筑路、开矿，无一不是为了灭亡中国，因此，要保国保种，唯有亟起奋争，反抗侵略，虽“牺牲其个人以殉之可也，即掷万头颅流万青血，牺牲其全社会以殉之亦无不可也”[③]。

自然，国粹史学宣传民族主义也是为了反抗清廷的民族压迫统治，特别是1903年后显得更为激烈。这主要表现在以下几方面。1. 极力阐发经史中的所谓“夷夏之防”和种族革命思想。如刘师培通过《左传》研究认为《春秋》三传，其旨皆在“辨别内外，区析华戎”，“首严华夷之界”。[④]黄节（1873—1935）的《春秋攘夷大义发微》更为激烈，直斥康熙御敕编订的《春秋传说汇纂》刊落“经传之诛绝夷狄者”是“变乱经传以行其奸”，完全是为清统治者实行民族压迫统治服务的，以为“国耻所丛，人事所敝，靡不由于经谊弗明”，故特将该书刊落的“《春秋》攘夷大义”[⑤]一一驳正。2. 表彰宋、明抗元、抗清志士气节，申论“种族大义”。如黄节的《黄史》是一部汉民族史，原拟编为十书、三表、八记、十考纪、一百八十列传、二载记，《国粹学报》仅载种族、礼俗、

黄　节

① 《国学讲习会序》，《民报》1906年第7号。
② 邓实：《政治通论外篇·通论四帝国主义》，《政艺通报》1902年第5号。
③ 邓实：《论国家主义》，《政艺通报》1903年第1号。
④ 刘师培：《读左札记》，《国粹学报》1905年第1期。
⑤ 《国粹学报》1906年第20期。

伦理、物土、地平五书及黄史频复记和列传二十余人。作者自谓“痛乎夷夏羼杂，而惧史亡则有国亡种亡之惨”，于是“有志乎《黄史》之作，条别宗法，统以黄帝，以迄今日，以述吾种人兴替之迹”。① 其中于种族、种别、攘夷等反复论辩不已，不遗余力地攻击历代少数民族统治，列传也大半记宋末抗元、明末清初反清人士事迹，并指出，“泰西民族主义汹汹东侵，彼□□吾土者，乃日举吾血食，拱手授人，作投赠交游之物……哀哀吾群，几何而不胥为美洲之红种、澳洲之黑种矣”②，公然在国内公开发行的刊物上抨击清廷勾结帝国主义出卖民族利益。此外，国粹派编写的大量人物传记以及庞树柏《龙禅室摭谈》、陈去病《五石脂》、马叙伦《啸天庐搜幽访奇录》等笔记杂谈，也都表达了反清志向。如陈去病《明遗民录》说：“吾侪所以崇拜遗民者，谓其感戴旧君，耻臣新主也。”③ 还有的说，宋亡时“仗节死义之士远轶前古”，非仅出于“君臣之义”，实亦激于民族大义，有“国耻之痛存焉”之故。④ 3. 搜集编刊宋、明爱国志士著作，借以鼓吹民族思想。如《国粹学报》登载的《正气集》，收录了岳飞、文天祥、郑思肖、陆秀夫、谢枋得、邓牧等人诗文，声称：“《正气集》何为而作也？所以表彰神州之国粹，而存正气天壤也……自古以来，夷狄乱华，中原涂炭，国破家亡，何代蔑有，而忠臣义士，节妇烈夫，杀身成仁，至死不悔，为风雨之鸣声，为岁寒之松柏，卒以留正朔于空山，起神州于陆沉者，何莫非一息之正气有以维系之哉？”⑤ 显然，目的是要以此培育起人们心中的民族意识，为推翻清廷统治的斗争服务。

辛亥革命时期国粹史学宣传的民族主义并不是历史上“反满复明”思想的重演，而是时代的产物。20 世纪初，整个东方正处于资产阶级民主革命时代，列宁曾分析道，由于亚洲当时“大部分不是处于‘列强’殖民地的地位，就是保持着民族关系上极不独立和备受压迫的国

① 黄节：《黄史总叙》，《国粹学报》1905 年第 1 期。
② 黄节：《黄史·种族书第一》，《国粹学报》1905 年第 1 期。
③ 陈去病：《明遗民录·凡例》，《国粹学报》1907 年第 28 期。
④ 黄节：《宋遗儒略论》，《国粹学报》1909 年第 50 期。
⑤ 《国粹学报》1906 年第 13 期。

家状态”，因此，“在那里到处都激起了民族运动，这些运动的趋向就是要在亚洲建立民族国家，也只有这样的国家才能保证资本主义的发展最好的条件”。① 如果说，西欧资产阶级革命的对象一般是比较单一的封建势力的话，那么，当时亚洲各国的民主革命差不多都面临着推翻国内专制统治和挣脱列强侵略枷锁的双重历史任务。在中国，情形更为复杂，其争取民族独立自主的斗争格外艰巨，这就使资产阶级民主革命染上了特别浓厚的“民族运动”色彩。事实上，这种时代特点，国粹派也有所察觉，他们一再强调，19 世纪为民族主义之时代，20 世纪为民族帝国主义之时代，“放眼大陆，虎虎数强国磨牙吮爪，各行其殖民政策、工商业政策，张翼四出，机牙相应，以肆其侵略手段，乃以斩刈弱小、驱逐蛮民自矜为白种之天职，非、澳两洲数十万土蛮如风卷败箨，如雨摧萎花，凄凉零落，其侵略主义复膨胀于吾亚矣”②。故“非以我国民族主义之雄风盛潮，必不能抗其民族帝国主义之横风逆潮也”③。可见，国粹史学的强烈民族主义思想，正是这种时代风云在学术思想领域刻下的印记。

当然，国粹派在论述民族问题时，往往混淆中国历史上少数民族和近代西方殖民主义侵略者的界限，流露出明显的大汉族主义情绪，表现了资产阶级民族观念的狭隘性，甚至还夹杂了不少传统旧意识在内，这是应当批判的。

---

① 列宁：《论民族自决权》，《列宁全集》第二十卷，第 396—442 页。

② 邓实：《论国家主义》，《政艺通报》1903 年第 1 号。

③ 邓实：《政治通论外篇·通论四帝国主义》，《政艺通报》1902 年第 5 号。

第二节　国粹派的治史方法与学术成就

一、国粹史学与西学

国粹派的史学理论和方法渊源，首先当然来自传统。在治学态度上，他们特别受到清初顾炎武、黄宗羲等人经世思想的影响。邓实指出，顾炎武之学，“以实用为归，故其说经，追汉采宋，不名一家，务通其大义而施之今日所可行者，不为丛脞烦碎之学，而于制度名物有关世故者，则考核引据，不厌其详。盖先生经世之学一本原于经史，言汉学者徒以考据称先生固非，而世之徒以经济推先生者亦非也”①。主张经世与学术、义理与考据并重，而以经世实用为归旨。在方法上，他们十分推崇乾嘉学派的严谨朴实，章太炎在《说林·定经师》中指出的审名实、重佐证、戒妄牵、守凡例、断情感、汰华辞等六条治学门径，便反映了这一点。

与此同时，他们也比较注意吸取西方近代的史学理论和方法。国粹派论学评史，言必称“古人云”、“《春秋》曰”、“尝考《周礼》”，并激烈地反对“用他人之学以为己学”。②翻开《国粹学报》，更是“古”气扑鼻，满眼是《古学原始论》、《古学复兴论》、《古政原始论》、《古政通义》等阐发古学古史的文字。于是在一些人看来，国粹派纯然是些“一概排斥西方文化输入”的人物。但实际上，辛亥革命时期国粹派的一些代表人物不仅不反对西学，恰恰还主张取其长处。还在戊戌变法前，章

① 邓实：《明末四先生学说》，《国粹学报》1906 年第 17 期。

② 邓实：《鸡鸣风雨楼独立书·学术独立》，《政艺通报》1903 年第 24 号。

太炎就主张广译西书，取其“新理”，不然，“吾则瞀矣”[①]。邓实认为，保存国粹不应“拒西洋文明输入”，当取其所长，以为“国粹”生光。[②]黄节还批评日本国粹主义者井上馨把“国粹”仅理解为本国固有文化的观点说：“井上之言，是知我国之所有者为国粹，而不知外国之宜于我国而吾足以行焉者亦为国粹也。”他解释“国粹”的含义应是：“发现于国体，输入于国界，蕴藏于国民之原质，具一种独立之思想者，国粹也……是故本我国之所有而适宜焉者，亦国粹也。”[③]故国粹派在其宣传阵地《政艺通报》和《国粹学报》上皆主“于泰西学术，其有新理精识足以证明中学者，皆从阐发”[④]，并对历史上一些勇于向西方学习先进文化的人物，如明末徐光启、王徵等推赞不已。在史学上，这种主张也有明显反映。如黄节就指出：“吾以为西方诸国，由历史时代进而为哲学时代，故其人多活泼而尚进取。若其心理学、政治学、社会学、宗教学诸篇，有足裨吾史科者尤多。”[⑤]

19 世纪末至 20 世纪初，西方近代史学理论逐渐传入中国，其中影响最大的是进化论。国粹派大多在不同程度上接受了进化论，并将其运用到史学研究中。如邓实认为：“人类之生，其进化之阶级莫不始于渔猎，次以游牧，次以耕稼，次以工贾。而渔猎、游牧为未有民主君主专制之时代，耕稼为君主专制之时代，工贾为民主之时代。”[⑥]据此，他写作了《论中国群治进退之大势》，对中国历史作了考察。他认为，中国历史发展可分三大期，即由古代“进一退十，大退小进”的统一时代，变为当时“似进非进，似退非退”的小通时代，复至将来“有进无退，一进不退”的大通时代。并指出，先秦时代是中国历史上进化较快的时期，秦以后则进步甚慢，不少地方还表现出退化。这种看法，当然并不全合实际，也暴露出邓实接受进化论的不彻底性，但他毕竟指出了秦汉

① 章太炎：《译书公会叙》，《译书公会报》1897 年第 2 号。
② 邓实：《东西洋二大文明》，《政艺通报》1902 年第 23 号。
③ 黄纯熙：《国粹保存主义》，《政艺通报》1902 年第 22 号。
④ 《国粹学报略例》，《国粹学报》1905 年第 1 期。
⑤ 黄节：《黄史总叙》，《国粹学报》1905 年第 1 期。
⑥ 邓实：《鸡鸣风雨楼政治书》，《政艺通报》1905 年第 2 号。

以后中国长期徘徊于农耕王权社会的特点。他批判旧史中所谓“熙朝”、“盛世”的记载，不过是“一朝之治，而不可谓之一群之治”，因为其社会政治、风俗、宗教并无改观，专制制度依然未去。[①] 他还探讨了中国社会进化缓慢的原因，认为是牢固的宗法制度和儒家“礼治”束缚了社会发展，而根本原因则在于农业社会延续过长，因而提出，不“尽去其宗法祭天尊祖崇儒重礼尚文之旧俗，将何以救中夏之亡乎？”而“耕稼之旧俗不改，则宗法之老洫不化，宗法之老洫不化，则神州君主专制之祸终无已时”。[②] 当然，这里的着眼点并不在于社会经济，而是在“风俗”上，故仍是一种唯心主义的文化史观。又如刘师培以进化的观点对中国语言文字发展史作了研究，指出中国文字由简趋繁，语言由文趋白，正体现了“天演之例”，“至于六朝，文与笔分。宋代以下，文词益浅，而儒家语言以兴。元代以来，复兴词曲。此皆语言文字合一之渐也。故小说之体，即由是而兴，而《水浒传》、《三国演义》诸书，已开俗语入文之渐……故就文字之进化之公理言之，则中国自近代以来必经俗语入文之一级”。[③] 这对主张作文纯用旧体的国粹派来说，已是很不容易的了。

国粹派对西方的社会学也颇表赞许。章太炎是我国最早重视社会学并把它介绍到国内的人之一。刘师培、邓实等人也很注重用社会学观点研究历史。如刘师培指出：“西人言社会学者，考社会进化之次序，分为三级，一曰石器时代，二曰铜器时代，三曰铁器时代。推之殊方异俗，莫不皆然。或谓中国古籍，鲜详石器，实则不然。”并引《尚书》、《礼记》、《越绝书》、《述异记》、《说文解字》等记载，以证中国古代确有石器、铜器时代。[④] 邓实则依据美国人韦尔生《政群源流论》的观点，指出中国经历过父权家君之世、族群之世、部落酋长之世和封建君主之世，“此黄人进化之阶级，其与西儒之说抑何其吻合而无间也”。因受社会学中地理学派观点的启发，他还试图用地理环境来说明中国社会及其历史特点，如说：“神州泱泱守其数千年一成不变之礼教而凝滞不

① 《政艺通报》1903 年第 8—11 号。

② 邓实：《鸡鸣风雨楼政治书》，《政艺通报》1905 年第 2—3 号。

③ 刘师培：《论文杂记》，《国粹学报》1905 年第 1 期。

④ 刘师培：《中国古用石器考》，《国粹学报》1907 年第 27 期。

进，以成为今日之社会者，其于气候、地形、地质三者之中，盖有由来矣。”“其国土饶沃，国土沃，故百谷草木易华易实，而民人之嬉游于国民者众；沿海线介长短，故有创生文明之力，而无发扬文明之力，而终古之群治在乎不进不退之间；平野多，故自秦以来即成一统之形，而闭关自大，常守此中央集权一成不变之局。”[①] 这种研究虽是初步的，其中还包含着不少错误观点，但毕竟为研究中国历史开辟了蹊径。

因受西方近代史学理论的影响，一些国粹派还对旧史学作了批判。如谓：“史者，叙述一群一族进化之现象者也，非为陈人塑偶象也，非为一姓作家谱也”，然中国旧史，“统而言之，则一历朝之专制政治史耳，若所谓学术史、种族史、教育史、风俗史、技艺史、财业史、外交史，则遍寻一库数十万卷充栋之著作而无一焉也”。[②] 有的则对旧史学编纂方法特别是王朝断代分期法提出了尖锐批评：“断代一例尤为史家之大惑。断代者，徒为君主易姓之符号，是朝史而非国史也，谓之二十四朝之家谱，又岂过欤。故今后之作史，必不当断代，而不嫌断世（如上古、中古、近古之类），藉以考民族变迁之迹焉。”[③] 这些批判，都注意到了旧史学与君主专制政治的关系，具有一定的深度。邓实还从社会发展角度，考察了史学的变迁，指出，上古重神权，故“神史”独行；中古尊君权，于是“君史”大盛；近世群治日进，因而“民史”渐兴。[④] 据此，他力倡编辑民史，特作《民史总叙》，系统论述了这一主张：“吾见西哲之治史也，种别为书，其纪民事也至纤至悉，农者农史，工者工史，商者商史，学者学史，而有一人即有一史，有一事即有一史。盖白人之政体也，以民为主体，故民之生子也、寿夭也、结婚也、罹病也、废疾也、执业也、犯罪也、自杀也，每岁皆有精密之调查统计，著之竹素，编为册籍，以报告于国家，故国家得以知人民社会之进退、政治之良否，而修史者有所征据以为书，以成一代之巨作。”[⑤] 要求仿效西方资

---

① 邓实：《鸡鸣风雨楼政治书》（三、四），《政艺通报》1905 年第 3、4 号。
② 邓实：《史学通论》，《政艺通报》1902 年第 12、13 号。
③ 许之衡：《读国粹学报感言》，《国粹学报》1905 年第 6 期。
④ 邓实：《史学通论》，《政艺通报》1902 年第 12、13 号。
⑤ 《政艺通报》1904 年第 1 号。

本主义国家的史学，“一面以发明既往社会政治进化之原理，一面以启导未来人类光华美满之文明，使后之人食群之幸福，享群之公利，爱其群，尤爱其群之文明，爱其群之文明，尤思继长增高其文明，孳殖铸酿其文明”[①]。上述进步的史学观点，使一些国粹派的历史研究突破了旧史学的狭隘眼界，表现出比较开阔的近代史学气象。如刘师培的《古政原论》考察了古代阶级制度、封建制度、风俗、官制、田制、兵制、刑制、学校、商业和工艺，其《周末学术史总序》还主张按照心理学、伦理学、论理学、社会学、宗教学、政法学这样的近代学术分类法，“采集诸家之言，依类排列”，编一部新颖的先秦学术史。[②]

综上可见，国粹派不独不一概排斥西学，实际上他们的“国粹”还夹杂着不少西学成分。但是，由于缺乏有力的思想武器，国粹派不能正确认识传统文化和西学各自的长短，而深厚的传统学术渊源又易使他们衡量中西学的天平倒向旧学一边，以致不恰当地抬高了旧学的地位。他们中有人认为，西学不过是“形质之学”，国粹才是“精神之学”，“世有被绨绣于刍灵者，似人而不得谓之人也，无精神故也。弃国粹而用欧化者，奚以异是……剂其所毗，仍在国粹而已。国粹者，道德之源泉，功业之归墟，文章之灵奥也”。[③]因此，他们主张以国学为“主观”，以东西之学为“客观”，“藉西学证明中学”[④]，“期光复乎吾巴克之族、黄帝尧舜禹汤文武周公孔子之学而已”[⑤]。不少地方因强调“保存国粹”，还表现出抱残守缺和怀疑新学的情绪。如说：“西法之入中国，将三十年，而卒莫收其效，且更敝焉……语有之：‘桔逾淮则为枳。’今日之欧化，枳之类也。彼之良法善制，一施诸吾国而弊愈滋。无他，虽有佳种，田野弗治弗长也；虽有佳实，场圃弗修弗植也；虽有良法，民德弗进弗行也。”[⑥]

---

① 邓实：《史学通论》，《政艺通报》1902年第12、13号。
② 《国粹学报》1905年第1期。
③ 许守微：《论国粹无阻于欧化》，《国粹学报》1905年第7期。
④ 《国粹学报发刊词》，《国粹学报》1905年第1期。
⑤ 黄节：《国粹学报叙》，《国粹学报》1905年第1期。
⑥ 许守微：《论国粹无阻于欧化》，《国粹学报》1905年第7期。

国粹派一面主张吸取西学，一面又对西学表示怀疑，看似十分矛盾，但这正是近代中西文化交流的特殊历史背景造成的。首先，从社会形态和文化看，当时西方资本主义国家固然先进于中国，向西方学习是历史的必然，为许多先进的中国人孜孜所求，国粹派一般也不反对这种主张。但应注意，当时西方列强与中国的关系，是侵略和被侵略的关系，西方近代资本主义文化是随着鸦片战争后资本主义的入侵而较多传入中国的，因而，一开始便引起了不少人的疑忌和戒备（尽管这些人的出发点各不相同）。事实上，西方列强确也没有放弃对中国实行文化侵略，他们利用在中国传教或出版书报等，散布奴化思想，当他们“慷慨解囊”举办学校和“慈善”事业的时候，也没有忘怀眼前或长远的侵略利益。同时，中国人学习西方几十年，结果总是未能改变“先生老是侵略学生”的现实，这就使一部分人由对西方资本主义侵略的反感，转而对其文化也疑虑重重。如邓实曾忧心忡忡地指出：“运会勃兴，员舆大通，泰西之学术一旦东来，以入吾国，吾国人士怵于吾国之无学，而又慕夫泰西之学之美也，乃相与联袂以欢迎之，思欲移植其学于中国而奉之以为国学。呜呼！无学不可以国也，用他人之学以为己学亦不可以国也。”[①] 其次，当19世纪末中国大量输入西学时，西方各主要资本主义国家已先后进入帝国主义阶段，随着其政治上走向反动，社会制度日益弊端百出，文化上也渐失去了资本主义前期的生气，出现了不少赤裸裸代表帝国主义侵略利益的东西，从而使越来越多的人开始怀疑资本主义的西学是否真能救中国。国粹派对西学的矛盾态度，便深刻地反映了西学传入中国后，某些人对它既感欣慕又交织着疑虑不安和害怕“亡学亡国”的复杂民族心理。

二、国粹史学的学术成就

由于国粹派在治学方面吸收了一些近代西方进步观点，主张打破独

① 邓实：《鸡鸣风雨楼独立书·学术独立》，《政艺通报》1903年第24号。

尊儒术的封建文化专制局面，提倡“不存门户之见”和求同存异的资产阶级学术自由风气，并继承了乾嘉以来重视音韵训诂、校勘考证的严谨治学方法，因而在史学上取得了不少成就。这些成就，可简略概括为以下几项。

（一）搜罗遗籍，保存文献

国粹派在这方面作了大量工作，主要表现在：1. 广泛征集和编印有学术或史料价值的遗文逸篇。1905—1911 年，他们创刊和发行我国近代最早的学术专刊之一——《国粹学报》，先后刊录明末遗民和清儒佚文、手稿、信札等四五百篇，并出版《国粹丛书》3 集、《国粹丛编》12 期。1911 年《国粹学报》停刊后，又陆续刊印《古学汇刊》12 编，统计收录宋、明至清学者著作不下百余种，其中不少是深为清朝统治者忌讳、长期不得流行的宋末和明末清初民族爱国志士之作，具有很高的文献价值。如包世臣的《说储》，系据作者手写本刊印，可补《安吴四种》之阙。其余如宋徐大焯《烬余录》，清李清《南渡录》、《三垣笔记》，冯甦《劫灰录》，钱蒙叟《投笔集》，吴炎《吴赤溟文集》等，皆据罕见抄本刊出。1908—1911 年间，他们还刊印《神州国光集》19 集，收入金石遗文 400 余种，唐、宋、元、明、清名家书画真迹 400 余帙，其中不少为海内孤本，为美术史的研究提供了丰富资料。由于国粹派治学较严谨，强调“刊刻古人之书，以校雠精审为第一义”[①]，其所印古籍，一般还具有较高的版本价值。如《国粹丛书》所收南宋末谢翱《晞发全集》，系搜罗《晞发全集》、《遗集》等九种散佚不全本子或抄本编成，为明刊本后最完善之本。《国粹丛编》中《张苍水〈煌言〉全集》，则以杭州丁氏藏本为底本（此本内除《冰槎集》外，余皆全祖望手编），与《乾坤正气集》本及余杭章氏刊《张苍水集》互勘，并据张氏行事重新编次《冰槎集》，成为当时校勘最精之本。2. 采集遗闻，编写历史人物传记。国粹派本着“发扬幽微”之旨，还十分注意从各种资料中稽古钩沉，编写那些因反抗统治当局而文献不传、事迹不彰的人物传记。如陈去病

① 《国粹丛编凡例》，《国粹丛编》1907 年第 1 期。

《明遗民录》中，收录河北、山东、山西等地明末遗民60多人的传记。黄节的《宋遗儒略论》，从《双湖先生集》、《姑苏志》、《万姓谱》、《江西通志》、《闽书》、《浙江通志》等书中辑出资料，简要记载了宋末王幼孙、吕大圭、高斯德、何梦桂、方公权等50余人事迹，表彰了他们的民族气节。《黄史》中的列传，也有为正史不载者。如明末自然科学家王徵，《明史》、《小腆纪年》等都仅一提其名，几无事迹，阮元《畴人传》及各续编亦无记载。黄节据《陕西志》及王徵著作为他作了长达数千字的传记，详细介绍了他勇于学习西方自然科学的事迹和取得的成就，并感叹道："於戏，使后之人有如徵者，由重学而发明万汇物体物质之变，于此三百年间，吾国实业当不至窳败若是。"[①] 其余如马叙伦、刘师培、邓实、王无生等人也写了不少传记，为后人的研究提供了资料和线索。

（二）研精覃思，会通学术

国粹派主张治学当力求"会通"，以"明体达用"。章太炎还提出："学名国粹，当研精覃思，钩发沈伏，字字征实，不蹈空言，语语心得，不因成说，斯乃形名相称。若徒摭旧语，或张大其说以自文，盈辞满幅，又何贵哉？"[②] 强调学贵扎实而有创新。他们对古代经史、语言文字、音韵训诂、政治法律制度等领域进行了广泛深入的考证研究。其中对中国学术思想史的研究尤为突出，如章太炎《诸子学略说》，邓实《国学原论》、《国学微论》、《国学通论》、《国学今论》、《永嘉学派述》、《明末四先生学说》，刘师培《古学起源论》、《周末学术史总序》、《国学发微》、《两汉经学发微论》、《近儒学术系统论》等论著，对中国学术起源、先秦诸子、两汉经学、宋明理学，直至清代学术，都作了系统论述评价，对清代学术思想史的研究，还具有开拓的意义。如刘师培以累世经学传家的渊源作《近儒学术系统论》，对清代学术的发展及各派渊源和演变，作了脉络清晰的叙述。邓实的《国学今论》则对清三百年学术思想史作了概括性论述，讨论了各家各派异同，认为清代学术经

① 黄节：《黄史·王徵传》，《国粹学报》1905年第6期。

② 章太炎：《与人论国粹书》，《国粹学报》1907年第37期。

历了“三变”，即顺康之世的经世学风、乾嘉之世的考据风气和道咸以后兴起的常州派微言大义之学，文中对各时期代表人物的学术思想及特点作了探讨，并分析了“三变”的社会原因，指出：“学术之盛衰与世运为升降也。顺康之世，天下草创，方以收拾人心为务，文网未密，而明季二三有学君子得以抱其不事二姓之节，讲学授徒，风厉天下，流风所扇，人人知趋向实学”；“雍乾之世，天下既定，网罗日密，文字之狱屡起，严立会结社之禁，而晚明讲学之风顿息，于是学者怀抱才慧，稍欲舒衒，举足荆棘，无所于施，则遁于声音训诂无用之一途以自隐，而汉学之名以起”；“道咸之世，外侮踵至，朝廷方殷外务，无暇致密其文网，诸儒复得侈言经世，以西汉今文之学颇切世用，易于附会，而公羊家言三世改制之说，尤与变法相吻合，故外托今文以自尊……”[①]

（三）创定义例，编纂乡志

地方志的编写，在中国已有很长的历史，清代更发展到了高峰。但这种方志，从内容到形式都体现了封建政治的需要，即使是方志学上很有建树的章学诚，也不过主张以方志为朝廷修史提供资料和“传述忠孝节义……使百世而下者怯者勇生，贪者廉立”，“有裨风教”罢了。[②]国粹派则提出，“吾国今日当重小学教育，夫人皆知，而惟乡土志教科书坊间尚无善本，盖抉择甚难，非通才不办也。敝会以保土爱国为愿，特集合国学深邃数人，编辑十八行省乡土历史地理格致教科书”，以便“举吾国可宝可贵可师可法之事务，编为课本，绘为图画，务求合初等小学之程度，以印入全国青年脑中，则教育之成取收效必远”。[③]并谓，编纂乡土志，“宜搜集人世之现象，推记古今之迁变，以验人群进化之迹。盖人类举止，悉在因果律之范围，惟即果以溯其因，使民之囿于习俗者各明其所以致此之由，并证明迁化之无穷。若囿于习染，斯为不知变通，则中国之弊俗庶可因之渐革”[④]。主张把乡土志变为探索人世

① 《国粹学报》1905 年第 4、5 期。

② 章学诚：《文史通义》外篇三《答甄秀才论修志第一书》，上海古籍出版社 2008 年版。

③ 参见《中外日报》1907 年 3 月 2 日各省乡土历史地理教科书出版广告。

④ 刘师培：《乡土志凡例》，《国粹学报》1906 年第 21—24 期。

进化轨迹和因果关系、实行移风易俗，改造社会的工具，这显然是一种进步的近代史学观点。为了实践这一主张，他们还成立了晚清唯一的“乡土教科书社”，专门负责编纂乡土教材，并计划出版《神州乡土教育杂志》，作为乡土教育的参考之用。在他们看来，乡土志应取通俗形式，甚至使“总角之童、垂髫之彦均从事根柢之学，以激发其爱土之心”。在体裁上，他们虽采取了旧方志的某些分类方法，但却在其中注入一些新的内容。如舆地志附有多种分合图表；政典志除记政治、经济、军事、刑法外，还详于教育、制造诸事；大事志参用编年、纪事本末二体，编年以举其大纲，缺载之事，复仿纪事本末体别为著录，其余小事则列表以见；风俗志“则明于群治之进退，而社会之学可以得所依归”。[①] 以他们编写的《广东乡土历史教科书》为例。该书着重反映了该地区的吏治升降、民生荣瘁、学术变迁、对中原治乱之影响及与东西交通之关系等。他们不仅为乡土志的编纂创定义例，还先后编纂出版了江宁、江苏、安徽、广东、直隶、湖北、江西等七种地方乡土历史教科书和一些乡土地理教科书。而据国学保存会出版广告，其时山东、浙江、湖南、河南、四川、广西各省乡土历史、地理教科书也“已在编辑中，不日出版”[②]。已出版的乡土史教科书，不仅得到教育界欢迎，且被学部誉以“取材雅饬，秩序井然，在新出乡土历史中足推善本”[③]。江宁乡土历史和地理教科书两种更得到江宁提学使批准，通饬各学堂购用。这些实际上是资产阶级企图对旧时代方志进行改造的一种可贵尝试。

---

① 刘师培：《编辑乡土志序例》，《国粹学报》1906 年第 21—24 期。

② 《中外日报》1907 年 3 月 2 日各省乡土历史地理教科书出版广告。

③ 《中外日报》1907 年 8 月 5 日国学保存会出版广告。

第三节　国粹派的“民族文化论”及其局限

一、文存则国存，学亡则国亡

辛亥革命时期的国粹史学，还表现出一种试图在传统学术基础上建立独立的近代民族文化的意向。国粹派认为：“一国有一国之语言文字，其语文亡者则其国亡，其语言文字存者则其国存。语言文字者，国界种界之鸿沟，而保国保种之金城汤池也。”[①]他们列举近代史上欧洲列强侵略瓜分弱小国家的沉痛史实，十分感叹地说：“昔者英之墟印度也，俄之裂波兰也，皆先变乱其言语文学，而后其种族乃凌迟衰微焉……学亡则亡国，国亡则亡族。”因此，他们对那种醉心欧化的倾向深表担忧，说：“不自主其国而奴隶于人之国，谓之国奴；不自主其学而奴隶于人之学，谓之学奴。奴于外族之专制固奴，奴于东西之学说，亦何得而非奴也。”[②]并指出，如一味“尊西人若帝天，视西籍如神圣”，恐不及十年，国学将“尽归烟灭矣”。[③]故强烈主张保持民族文化的独立性，以抗列强的“灭国新法”。

如何保持民族文化的独立呢？国粹派看来，自然只能以传统学术为基础。他们认为，国家贫弱，并非国学无用造成，乃是“实学不明”之故。尧舜文武以来的国学，原是“金声玉振，条理继绳，霞蔚云蒸”，可惜被“二千年间专制坏之，小人儒乱之。不病于廓，则病于肤；不病

---

① 邓实：《鸡鸣风雨楼独立书》，《政艺通报》1903 年第 24 号。

② 黄节：《国粹学报叙》，《国粹学报》1905 年第 1 期。

③ 邓实：《国学保存论》，《政艺通报》1904 年第 3 号。

于室，则病于迂。故训哓哓，多霾大义，明心辨性，理窟迷蒙”[①]，因而亟待恢复本身精义。他们不仅要求继承黄帝尧舜禹汤文武周公孔子之学，还力倡汲取九流百家之长，“学术至大，岂出一途。古学虽微，实吾国粹。孔子之学，其为吾旧社会所信仰者，固当发挥而光大之。诸子之学，湮殁既千余年，其有新理实用者，亦当勤求而搜讨之”[②]。至于汉学、宋学，虽历来势同水火，亦“皆有其真，得其真而用之，皆可救今日之中国”[③]。

与此同时，他们对国学中所蕴积的传统文化精神，也作了多方面的探讨和揭示，特别对中国文化的强烈入世致用精神和注重伦理道德传统表示了由衷的尊重。

他们强调，中国之国学，自古有“政学合一”的传统，“学即所用，而用即所学”，但后世的一些文人学士却背离了这一传统，玩物丧志，或醉心利禄，“无经世牖民之志，为雕虫篆刻之风”。[④]特别是“近世以来，学鲜实用。自考据之风炽，学者祖述许、郑，以汉学相高，就其善者，确能推阐遗经，抉发阃奥。及陋者为之，则攈摭细微，勦袭成说，丛脞无用；而一二为宋儒学者，又复空言心性，禅寂清谭，孤陋寡闻，闭聪塞明，学术湮没”[⑤]。故欲振兴国学，必须继承和发扬这种经世致用的治学精神。

对于当时思想界盛倡权利竞争之说而导致一些人“放弃道德，掊击仁义”的风气，他们深表担忧，认为不过是“见快一时”之举。因中国文化素重道德之教，导人以正心立身治世之方，“礼法伦纪者，乃吾一种人之所谓道德而立之以为国魂者也。使社会内而无礼法、无伦纪，则国失其魂，人道荡然，而天地亦几乎息矣”[⑥]。如专求功利而弃德教，“其极遂终为天下裂而不可救。此策时之君子，所宜三致意者也。剂其所

① 伍文琛：《群学》，《政艺通报》1906 年第 19 号。
② 邓实：《古学复兴论》，《国粹学报》1905 年第 9 期。
③ 邓实：《国学今论》，《国粹学报》1905 年第 5 期。
④ 邓实：《国粹学报第一周年纪念辞》，《国粹学报》1906 年第 13 期。
⑤ 《国粹学报发刊词》，《国粹学报》1905 年第 1 期。
⑥ 邓实：《鸡鸣风雨楼独立书》，《政艺通报》1903 年第 25 号。

毗，仍在国粹而已”[1]。其时已颇有文化保守主义倾向的严复也指出，今日西方科技的发达，“虽古之圣人，殆未梦见。独至于道，至于德育，凡所以为教化风俗者，其进于古者几何，虽彼中夸诞之夫，不敢以是自许也”。而中国“往自尧舜禹汤文武立之民极，至孔子而集其大成，而天理人伦，以其所垂训者为无以易。汉之诸儒，守阙抱残，辛苦仅立，绵绵延延，至于有宋，而道学兴。虽其中不敢谓于宇宙真理不无离合，然其所传，大抵皆本数千年之阅历而立之公例。为国家者，与之同道，则治而昌；与之背驰，则乱而灭。故此等法物，非狂易失心之夫，必不敢昌言破坏。乃自西学乍兴，今之少年，觉古人之智尚有所未知，又以号为守先者往往有末流之弊，乃群然怀鄙薄先祖之思，变本加厉，遂并其必不可畔者，亦取而废之”。结果是旧者虽遭破坏，新者却未能建立，以致弊端丛生。故在道德上，“不如一切守其旧者，以为行己与人之大法”。甚至说，“五伦之中，孔孟所言，无一可背”，主张处今“社会最为危岌”和人心风俗极可虑之时，德育尤应重于智育。[2]

应当指出，国粹派的这些观点及其“藉西学以证明中学”的主张，与洋务派的“中体西用”说不同。洋务派的“中体西用”，目的是要用西学的技艺之巧为巩固旧制度及其意识形态服务，如张之洞曾说：“西方之才智技能日新不已，而中国之文字经史万古不磨。新故相资，方为万全不弊。若中国之经史废，则中国之道德废。中国之文理词章废，则中国之经史废。”[3]并在其主持制定的各级学堂章程中，强调尊孔读经，企图通过保存经史，来维护旧制度及其名教纲常。可见他们注重的仅是西学的“才智技能”。而辛亥革命时期革命派内部的国粹派在强调继承传统文化的同时，则企图以近代观点对其进行一些选择和新的解释。如章太炎就曾对孔学作过一些批判，认为其道德理想皆不足取，“今日想要实行革命提倡民权，若夹杂一点富贵利禄之心，就像微虫霉菌，可以

---

① 许守微：《论国粹无阻于欧化》，《国粹学报》1905 年第 7 期。又邓实《国粹学报第一周年纪念辞》亦表示了同样意见。

② 严复：《论教育与国家之关系》，原载《中外日报》1906 年 1 月 10 日；又见《东方杂志》1906 年第 3 期。

③ 曹元弼：《南皮节相保存国粹疏》，1907 年木活字印本。

残害全身，所以孔教是断不可用的”[①]。邓实还提出了旧学中“国学”与“君学”、“在野之学”与“在朝之学”的界说，以为取舍标准，说：“夫国学者，别乎君学而言之”，过去人们不加区别地把国学与君学混为一谈，实在大谬不然。所谓“国学”，“其所学者，上下千载，洞流索源，考郡国之利病，哀民生之憔悴，发愤著书以救万世，其言不为一时，其学不为一人，是谓真儒之学”。而“君学”则“所读不过功令之书，所业不过利禄之术，苟以颂德歌功，缘饰经术，以取媚时君、固宠图富贵而已”。总之，国学以国家和民族利益为归旨，君学以人君之是非为是非，两者势不两立，“此盛则彼衰，此兴则彼扑”。并指出，“吾神州之学术，自秦汉以来，一君学之天下而已，无所谓国，无所谓一国之学，何也？知有君不知有国也”[②]。他指出学有“在朝之学”和“在野之学”之分，“在朝之学”唯君主之马首是瞻，是封建统治者的御用工具；“在野之学”则以天下兴亡为责，可以“拨乱世而反之治”，并明确表示站在“在野之学”一边，“所以百为皆绝，胥勉勉于是者，诚以掇拾丛残，实在野之责，庶几他日礼失求野，文献足征，将使神州之天下，不至终亡，斯亦下士为学之光矣”。[③]这显然是一种站在专制统治对立面上的进步观点。

国粹派还极力在经史中挖掘所谓淹没已久的“民德”、“民权”等意识。如黄节在《黄史》中提出，西方近代民主制度，中国古礼中便已发明：“夫礼，立君必询诸民。斯礼也，由唐虞以达春秋战国犹有行焉者，盖非一时之美俗矣。悲夫，自秦以后，私国土者皆为子孙帝王万世之计而斯礼不明，今西方民主国，绚其美治，以为创于孟德斯鸠、卢骚（梭）诸人，而用愧吾国。於戏，其由失古之礼与！”[④]也有的以《泰誓》中“天视自我民视”或《左传》等记载证民权之说中国古已有之。对秦汉时乡里推举亭长、三老、啬夫、游徼等地方下级官吏的做法，他

---

① 章太炎：《演说录》，《民报》1906 年第 6 号。

② 邓实：《国学真论》，《国粹学报》1907 年第 27 期。按：“上下千载”，《国粹学报》原作“上上千载”，当系排印之误。据《广益丛报》1907 年第 141 期所刊邓氏此文，应作“上下千载”。

③ 邓实：《国粹学报第三周年祝典叙》，《国粹学报》1908 年第 38 期。

④ 黄节：《黄史·礼俗书第二》，《国粹学报》1905 年第 3 期。

们认为与西方国家近代地方自治之制“最近”。[①]还有的极力推崇明末黄宗羲倡民权，顾炎武主张地方自治，王夫之申论民族主义，颜元重视工艺学，“皆与今日晳种之学理同”[②]，使“亭林乡治之说行，而神州早成地方自治之制；梨洲《原君》、《原臣》之说昌，则专制之局早破；船山爱类辨种之说著，则民族独立之国久已建于东方矣”[③]。总之，在他们看来，凡西方资本主义的富民之术、强国之政，中国传统学术中莫不毕备，只要发扬光大，足以致民族于富强独立，“何必颂西方而武模其仪”[④]。

显然，他们在这里阐发的“国学”，并非古已有之的“国学”，而是多少按照资产阶级的观点，被改造得有些理想化了的“国学”，其实质是要以资产阶级国学来取代封建学术的地位。这种借用旧经史资料阐发反对专制制度，宣传近代民主思想的方式，很有些像康有为运用汉代今文经学《公羊》“三世”说发挥资产阶级进化论和变法主张的“托古改制”，但却不是洋务派“中体西用”说所能比的。因为它已超出了“藉西学以证明中学”的范围，而进一步“藉中学以肯定西学”特别是西方资产阶级民主政治的合理性了。

二、国粹派之归趋

但是，必须看到，国粹派学术思想的资产阶级化存在着很大的局限和摇摆性。他们用来改造旧学的武器只是一些未经很好消化的西学知识，思想原料又过分陈旧，其中对西学的附会自不必说，由于分不清传统学术中的精华与糟粕，还往往禹汤文武周公孔子一把抓，甚而把糟粕也加以肯定了。如以为“吾国之国教，则孔子之教也。孔教者，以礼法为质干，以伦纪为其元气，故礼法伦纪者，乃吾一种人之所谓道德而立

① 马叙伦：《啸天庐政学通义》，《国粹学报》1905 年第 12 期。
② 邓实：《明末四先生画像记》，《政艺通报》1904 年第 23 号。
③ 邓实：《国学无用辨》，《国粹学报》1907 年第 30 期。
④ 马叙伦：《啸天庐政学通义》，《国粹学报》1905 年第 9 期。

之以为国魂者也”[①]。或者竟主张以《周礼》施诸今日，说“三代之政，以天下公诸天下者也。春秋之政，以天下私诸一国者也。暴秦之政，以天下私诸一家者也”，秦以后之民，身遭专制统治，深为不幸，“知其不幸，莫如尽扫去秦人之政而一复古政”。[②]这种说法，目的当然在否定和反对当时的专制主义，但把希望寄托于古代制度的恢复，不能不说是一种反历史主义的复古思想。国粹派大多主张保留旧形式以保持民族文化特色，强调“撰述纯用古人著作体裁，以不失国文风格为主。其文辞则求古，而理想则求新”[③]。有的虽赞成文体革新，采用通俗形式，但不愿放弃旧内容，一心希望“六经可读而国学永不废”[④]。这两种主张，前者虽仅要求保留旧形式，但旧形式死守不放，势必会影响新内容；后者的实质更为保守。总之，国粹派对传统文化的因袭太深了，以致总舍不得割断旧的联系（内容或形式）。

国粹史学中存在的这种复古主义倾向，使一些有浓厚封建意识的立宪派甚至地主阶级旧学者深感兴趣。1908 年《国粹学报》创刊三周年纪念时，郑孝胥、张謇等立宪派头面人物纷纷题词致贺。张謇的题词有“秦火光中有伏生，遗经收拾汉承明……世变九州三古异，国魂千劫一丝轻。维持自系吾曹事，辛苦丛残已得名”之句。还有一位先生竟说：“必人人心历代师儒保存圣学之心，方无负历代师儒，并无负我先圣孔子。此邓君秋枚（即邓实）诸同志创设《国粹学报》之微意也。”显然，“国粹”二字牵动的是这些人头脑中根深蒂固的封建神经，因此才迫不及待地跑出来表示“汝昌予能和，长歌不厌悲”，要求介入这股思潮，并将其完全拉向旧文化的轨道。可叹国粹派诸君子竟对此安然受之不辞，还把这些充满“哭麟歌凤”[⑤]封建情调的题词赫然登于《国粹学报》之首，这就难怪清统治集团中也有人要对“国粹”打主意了。1907

---

① 邓实：《鸡鸣风雨楼独立书》，《政艺通报》1903 年第 25 号。

② 邓实：《原政》，《壬寅政艺丛书·政学文编》卷一，1902 年。

③ 《乙巳年之政艺通报广告》，《壬寅政艺丛书》第一册，1904 年。《国粹学报略例》也提出了类似主张。

④ 许守微：《读〈国粹学报〉感言》，《国粹学报》1905 年第 1 期。

⑤ 以上均见《国粹学报》1908 年第 38 期。

年，张之洞就曾向清廷上《保存国粹疏》，声称："若中国之经史废，则中国之道德废。中国之文理词章废，则中国之经史废。国文既绝，而欲望国势之强，人才之盛，不其难乎？"公然欲以"保存国粹"鼓起日益衰敝的封建道德文化，这就完全是另一种政治用心了。可见国粹主义的消极作用也是很大的，特别是由于它与封建传统文化有着十分密切的关系，很容易滑向旧文化营垒一边。

这种现象的产生，从根本上说，是半殖民地半封建中国资产阶级的两重性所决定的。一方面，资产阶级因受帝国主义压迫和封建主义束缚，具有一定的反帝反封建要求；另一方面，因其经济上和政治上的软弱性，以及同帝国主义和封建主义并未完全断绝经济联系，他们的反帝反封建往往很不彻底。就中国早期资产阶级说，除一部分是由买办转化来的外，大部分是从地主阶级中分化出来的，他们身上还残留着很多封建的东西，辛亥革命时期革命派内部的国粹主义，及其以传统学术为基础建立近代民族独立文化的主张，便代表了这种刚刚从地主阶级中分化出来，具有反帝反封建要求，但又与封建文化保持较深关系的资产阶级学术思想。这种阶级和阶层特点，虽然使其在民族矛盾上升时，往往能站到反对侵略和反民族压迫的立场上。如辛亥革命时期的反侵略和反清，以及九一八事变后，章太炎等人反对日本军国主义侵华和蒋介石的不抵抗主义，其中有些人还能以民族爱国主义为起点，一直随着时代民主进步潮流而进，如马叙伦。但在民族矛盾相对缓和时，则往往趋向消沉保守，甚至为了强调保存传统文化而不惜与封建势力同流合污。如辛亥革命后，邓实、陈去病等人认为"满清退位，汉德中兴"的大功告成，便一头扎进"发明绝学，广罗旧闻"的象牙塔中，以至同缪荃孙等清室遗老同气相求，合编起《古学汇刊》来了。五四时期，国粹派的大部分人更是都站到了新文化运动的对立面，鼓吹尊孔读经，反对新文化和马克思主义。此后，尽管国粹主义一再泛起，但已完全堕落为一种复古主义文化了。

辛亥革命时期国粹主义学术思潮的产生及其归趋，给我们留下了深刻的历史启示。中国近代的社会大变动，不仅改变着旧的自然经济及其政治制度，也极大地冲击了传统文化结构，迫使其作出新的调整或抉择，即建立近代民族文化体系，以适应世界发展潮流。按照世界近代史的惯例，这个任务本来应当而且可以由资产阶级完成。但是，在半殖民地半封建的中国，由于资本主义没有得到健全的发展，资产阶级不仅未能建立起堪与欧美资本主义发达国家相比的资产阶级思想体系，文化上也表现出种种摇摆性。反映在建立近代民族文化的问题上，他们一般逃不脱两种偏向：或者是全盘西化或倾向西化，或者以坚持传统文化为主。国粹主义便属后一种类型。全盘西化的主张，固然无视本国的实际，表现出民族虚无主义的倾向。国粹主义和抱有类似观点的人，因害怕西学大量输入造成“亡学亡国”而宁愿抱残守缺，从根本上说，这也是一种缺乏民族自信心的表现。事实上，随着近代交通和信息传递日趋发达，世界各国的文化发展越来越体现为一个相互冲击，相互影响和相互联系的整体了，任何一个国家或民族在科技文化上的突破性进展，都会引起世界性的连锁反应，在这种情况下，还一味守在传统文化的圈子里挖掘“新理”，或者企图有限地吸收一些外来先进文化而一劳永逸地建立近代民族文化体系，那不仅是不现实的，而且终将成为历史的落伍者。总之，中国资产阶级的这两种文化观，弊端都在于不能科学地认识中西学的长短，特别是不能认清中国近代社会的性质，因而都不能指出建立近代民族文化体系和结构的正确途径。

第四节　国粹史学的巨擘章太炎和刘师培

一、章太炎的史学观念与实践

（一）章太炎的史学观与方法论

晚清国粹派诸子中，在治史上成就最为卓著的，厥推章太炎和刘师培。

章太炎（1869—1936）名炳麟，字枚叔。因仰慕明末清初爱国学者顾炎武（原名绛）之为人，更名绛，号太炎。浙江余杭人。早年入杭州诂经精舍从著名朴学大师俞樾问学。甲午战后，受国事刺激，走出书斋，投身政治活动，加入强学会，任《时务报》撰述，宣传改良思想，提倡“驰骋百家，掎摭子史，旁及西史，近在百年，引古鉴今，推见至隐”[①]，以史学为现实政治服务。庚子事变后，公开倡言“排满”革命。1903 年，因《苏报》案发，与《革命军》作者邹容一起被捕入狱。1906 年出狱至日本，任同盟会机关报《民报》主编，鼓吹革命，并从事“国学”研究和讲学。辛亥革命后，曾任中华民国联合会会长、东三省筹边使，参加过反袁世凯帝制活动和 1917 年反北洋军阀的护法军之役。五四运动后渐入颓唐，主张尊孔读经，反对新文化运动。晚年迁居苏州，以讲学著述终老。著作

章太炎

① 章太炎：《致汪康年书》，汤志钧编：《章太炎政论选集》（上），中华书局 1977 年版，第 3 页。

多收入《章氏丛书》及其续、三编。

章太炎是国粹主义的倡导人，其史学始终贯注着强烈的民族主义。在《光复军志序》中，他曾回忆自幼因读史而萌发民族思想的情形说："余年十三四，始读蒋氏《东华录》，见吕留良、曾静事，怅然不怡。辄言'以清代明，宁与张、李（指张献忠、李自成）也'。弱冠，睹全祖望文，所述南田、台湾诸事甚详，益奋然欲为浙父老雪耻。次又得王夫之《黄书》，志行益定。"[①] 在他看来，中国史学起源于孔子修《春秋》，《春秋》大义，首在"攘夷"，后儒不明此义，徒守经文，遂使其本旨渐泯不彰。因此，他十分重视史学推阐民族主义的功用，认为辛亥武昌起义爆发后，所以举国响应，倾覆清廷，实因民族主义历史观念深入人心之故，"炳麟不佞，始以历史民族之义提倡光复……逮乎辛亥，大义举于武昌，十有四省应如反掌。夫惟历史民族主义，足以为全国斗杓，故举兵不为犯顺，推亡不为篡盗"[②]。甚至以为，"中国今后应永远保存之国粹，即是史书，以民族主义所托在是"[③]。

他还认为，史学的兴废，直接关系到国家民族的盛衰存亡，一再提出"研究一国文化，当以历史学为最重要"[④]。晚年，他目睹日本军国主义的侵略步步深入，更是极力提倡习读经史，以为只要中国经史不废，民族精神就能长存不衰，反之，不习经史，"忘民族之大闲，则必沦胥以尽，终为奴虏而已矣"。他指出，研读历史所以有这样的意义，首先是因为历史具有家谱和账簿的作用，记录着一个国家的民风疆域、文化传统和经历的道路，读史可使人了解自己的国家民族和身负的责任，树立应有的理想，从而"发扬祖德，巩固国本"[⑤]；其次，历史又有棋谱的作用，其中积累了前人无数成败得失的经验，弈者若善于学习和运用这一"棋谱"，便能多操胜算，从事社会活动，则"亦无往而不利也"[⑥]。

---

① 参见《检论》卷九，《章太炎全集》（三），第 623 页。

② 章太炎：《致袁世凯书》，朱维铮、姜义华编注：《章太炎选集》，第 557 页。

③ 章太炎：《答张季鸾问政书》，《制言》第 24 期。

④ 《章太炎函复朝冈继》，《章太炎年谱长编》（下），第 757 页。

⑤ 章太炎：《论读经有利而无弊》，《章太炎年谱长编》（下），第 950—951 页。

⑥ 《章太炎论今日切要之学》，《中法大学月刊》第 5 卷第 5 期。

章太炎的史学观点，除受到传统经史中民族思想的浇灌外，还吸取了当时西方传入的进化论和社会学理论，并在此基础上形成了其民族文化进化史观。他把民族斗争视为历史发展的主线，认为历史的进化表现为文化先进的民族不断同化落后的民族，而一个民族或国家的存亡、优劣和发展则取决于其语言文字、典章制度和杰出人物的作用等要素。这一观点，成了他评价史事人物功过、制度文化优劣的基本依据。

章太炎自小受到清代考据学的严格训练，特别是七年的诂经精舍求学生活，给他日后治学以深刻的影响。他一贯强调，治学应“合致用与求是二者冶为一炉”[①]。从“求是”出发，他十分注重史实的考证，指出，旧史中有不少记载相互矛盾，考其缘由，实因史书作者掺入了自己的好恶与利害关系，因此，他主张拓宽史料搜集面，说：“今日治史，不专赖域中典籍，凡皇古异闻，种界实迹，见于洪积石层，足以补旧史所不逮者，外人言支那事，时一二称道之。虽谓之古史，无过也。亦有草昧初启，东西同状。文化既进，黄白殊形。必将比较同异，然后优劣自明，原委始见。是虽希腊、罗马、印度、西膜诸史，不得谓无与域中矣。”[②]同时对各种史料“核其同异，审其是非，了然于心，此正学者所有事也”[③]。他还提出，治史应力戒五病，即尚文辞而忽事实，因疏陋而疑伪造，详远古而略近代，审边塞而遗内治，重文学而轻政事。并说，“读史所最忌者，妄论古人之是非是已”，“借古事以论今事，所谓借题发挥者，亦读史所忌”。[④]这都显示了他朴实严谨的学风。

章太炎治史，虽然深受考据学的影响，但并不拘守于此。他曾说自己最初专攻汉学，力求精奥，“后来觉得精奥也无甚用，就讲大体，对于前人所未发明的，虽然也曾加以发明，但琐碎的是总不讲了”[⑤]。强调治史应求其大体，注重考察制度、形势、生计、礼俗、学术、文辞的变

① 《章太炎论今日切要之学》，《中法大学月刊》第5卷第5期。

② 章太炎：《訄书·哀清史》，《章太炎全集》（三），第331页。

③ 章太炎：《史学略说》（下），《章氏国学讲习会讲演记录》第6期。

④ 章太炎：《略论读史之法》，《制言》第53期。

⑤ 《太炎学说·说新文化与旧文化》，成都观鉴庐1921年印本。

迁，“把这几件为纬，历年事迹为经；就不怕纷无头绪”[1]。并主张编写通史，“发明社会政治进化衰微之原理”，“以鼓舞民气，启导方来”。[2]这些，显然突破了乾嘉学的格局，表现出资产阶级的进步史学眼光。

值得注意的是，作为一位近代著名的历史教育家，他还十分重视历史教学及其方法的探讨。他认为，学习历史，应“先明史之本体，次论史之优劣，三示读史之宜忌”[3]。但历代史书浩如烟海，从何下手呢？他指出：“我们读史，应知大体。全史三千多卷，现在要人全读，是不可能的事，《资治通鉴》和《通典》、《通考》却合起来不过六七百卷，可以读完的。不过这个里面，也有许多不可以读的——如五行、天文等类，用处很少——至于兵制、官制、食货、地理等重要门类，应该熟览详考。”[4]他对当时学校不重视历史教育和不懂得如何教学的现状很不满意，曾说：“鄙人提倡读史之志，本为忧患而作。顷世学校授课，于史最疏。学者讳其伧陋，转作妄谈，以史为不足读，其祸遂中于国家。”“若诚欲昌明史学，非学校改制不可。”[5]他以为学习历史，应以自学为主：“历史之学宜自修，不适于讲授……盖研究学问有二法：（一）有必须讲解者，如史学之条例是也。（二）有必须自修者，则史志之全文是也。”[6]因史书全由教师讲解，单《资治通鉴》一书五年尚不能毕事，何况全史？而自修则四年可读毕二十四史。因而提出：“今学校注重讲授，而无法讲史，故史学浸衰。惟道尔顿制实于历史之课最宜。”[7]他所提倡的道尔顿制，即1920年代美国人柏克赫斯特在马萨诸塞州道尔顿学校创行的一种取消课堂讲授，学生完全自学、教师只负责指导的学习方法。他本人在历史教学中多贯彻了这种主张，讲演史学一般不多论述具体历史事实，而是着重引导学生掌握自学门径，培养他们在大量阅读史书的基础上，熟悉史书体例优劣和研究要点，以便融会贯通地认识历

---

① 章太炎：《常识与教育》，《章太炎年谱长编》（上），第326页。
② 《章太炎来简》，《新民丛报》1902年第13号。
③ 章太炎：《略论读史之法》，《制言》第33期。
④ 《太炎学说·说新文化与旧文化》。
⑤ 章太炎：《与邓之诚论史书》，《制言》第51期。
⑥ 《章太炎论今日切要之学》。
⑦ 章太炎：《历史之重要》，《制言》第55期。

史。这些方法，确有相当的可取之处。

（二）文化史的研究与历史民族大义之阐发

章太炎的历史研究，涉及面很广，重点则在文化史方面，这特别表现在它对中国古代学术思想、典章制度及语言文字演变的孜孜探讨上。

在《原学》、《儒墨》、《儒道》、《儒法》、《学变》、《五朝学》、《王学》、《颜学》、《清儒》及《国故论衡》、《汉微言》、《国学概论》等论著中，他对中国文化的源起和先秦至清的学术思想流变提出了不少独到见解。

他认为，中国古代学术，为官方垄断，春秋以降，此局渐破，私家学说纷出。儒学创始人孔子删定六经，笔削《春秋》，对司马迁以下的后世史家影响极大，实为中国史学宗师，“并不是甚么教主。史学讲人话，教主讲鬼话。鬼话是要人愚，人话是要人智，心思是迥然不同的”[①]。孔子之功，在“变禨祥神怪之说而务人事，变畴人世官之学而及平民，此其功亦敻绝千古”。而“儒家之病，在以富贵利禄为心”，其教育“惟欲成就吏材，可使从政”。后世此风日炽，遂使儒门“艰苦卓厉绝无，而冒没奔竞者皆是”。[②]道家老子为中国哲学鼻祖，“不相信天帝鬼神和占验的话”，论理论事，专讲质验。[③]至于法家，可分二类，一重术，一任法，“为术者，则与道家相近；为法者，则与道家相反”。“亦有兼任术法者，则管子、韩非是也。”[④]其《国故论衡》中的《原儒》、《原道》诸篇，对先秦儒、道、名家的起源、各家思想要旨及儒道、道法间关系作了探讨。在他晚年所作的国学讲演中，还对整个中国古代的经学、哲学、文学派别演变和各家各派学术与文体优劣进行了综合评述。[⑤]

对于南朝的学术风习，前人评价多持贬义。章太炎不以为然，在《五朝学》中，他说东晋至陈五朝之奢风，东汉时已出现。五朝玄学清

---

① 章太炎：《中国文化的根源和近代学术的发达》，《教育今语杂志》1910 年第 1 册。
② 章太炎：《诸子学略说》，《国粹学报》1906 年第 9 期。
③ 章太炎：《中国文化的根源和近代学术的发达》，《教育今语杂志》1910 年第 1 册。
④ 章太炎：《诸子学略说》，《国粹学报》1906 年第 9 期。
⑤ 参见 1922 年上海泰东书局印本《国学概论》。

谈虽盛，然其时名士于礼、乐、算、律、医皆有相当造诣，“故玄学常与礼、律相扶。自唐以降，玄学绝，六艺方技亦衰”。“世人见五朝在帝位日浅，国又削弱，因遗其学术行义弗道。五朝所以不竞，由任世贵，又以言貌举人，不在玄学。”①

他的《清儒》，是近代较早讨论清代学术史的名篇。他认为，清代学术主流考据学发端于顾炎武，阎若璩、张尔岐、胡渭等继之，“然草创未精博，时糅杂宋明谰言”。至乾隆时，始成系统，并出现旗鼓相当的吴、皖两派，“吴始惠栋，其学好博而尊闻。皖南始戴震，综形名，任裁断。此其所异也”。与顾炎武同时，黄宗羲倡史学，“称说礼经，杂陈汉宋”，形成浙东之学，继之者为万斯大、万斯同、邵晋涵、全祖望、章学诚，其后定海黄式三、黄以周父子既传浙东学，复于皖派学术有所取，研治礼学，成就甚高。章太炎对清代桐城派文学和常州今文经学评价较低，表现出明显的古文经学派门户之见。如说“桐城诸家，本未得程朱要领，徒援引肤末，大言自壮”。今文学家则“务为瑰意眇辞，以便文士”，龚自珍、魏源、邵懿辰“三子皆好为姚易卓荦之辞，欲以前汉经术助其文采，不素习绳墨，故所论支离自陷，乃往往如讆语”。②

章太炎十分重视对古代典章制度的研究，一再强调治史应着重考察制度的沿革变迁，并先后作有《封禅》、《官统》、《刑官》、《定律》、《定版籍》、《封建考》、《五朝法律索引》、《官制索引》等，对此加以考论。其《封建考》对周代封建制度如封土疆域、军役、关内侯、“社稷之守”等作了考证。在《五朝法律索引》中，他列举史实，说明五朝法律长处有四：“一曰重生命，二曰恤无告，三曰平吏民，四曰抑富人。”反对当时一些人制定法律不知道从传统旧法中去吸取有益的东西，“惟效法泰西”，照搬照抄西方法律的做法。③其所提出的法律制度应从中国国情实际出发制定，而不可盲目从人的看法，固有其可取之处，但对南朝的法律过分美化，也表现了一定的复古倾向。章太炎的《官制索引》由《神权时代天子居山说》、《专制时代宰相用奴说》、《古官制发原于

① 《章太炎全集》（四），第76—77页。
② 《章太炎全集》（三），第156—158页。
③ 《章太炎全集》（四），第78—79页。

法吏说》、《古今官名略例》四篇考史论文组成。文中征引儒家经典《诗经》、《尚书》、《周礼》、《礼记》等，对古代官制作了考证，并揭露了后世帝王的专制主义手腕。指出，上古天子居于山林，“其意在尊严神秘，而设险守固之义，特其后起者也”。盖“古之王者，以神道设教，草昧之世，神人未分，而天子为代天之官，因高就丘，为其近于穹苍”。又说“唐、虞之世，与天子议大事者，为四岳贵族世侯，去共主不过咫尺，议有怫忤，亦无以面折廷争为也，直持之使不得遂其行耳……于是专制之君厌之，则为己心腹者，惟奴仆与近侍”，以至中央重要官吏皆以心腹奴仆充任，甚至在宰相势力过大时，又别设机构，委以奴仆，以夺宰相之权，如明之设内阁，清之设军机处皆是。故王权时代那些“知侍帷幄、参密议者，名为帝师，或曰王佐，其实乃佞幸之尤”，皆帝王奴才而已。[①]

章太炎对原先属于经学的小学，更有精深的研究，写下了许多专著。对语言的起源、文字演变的历史，发表过不少有价值的看法。他认为，语言起源于对客观事物的象声象形描绘，如雀之得名，由其鸣声即即足足；鹊之得名，因其音之切切错错。马因武得名，牛因事得名，则皆由其特征而来。至于文字之起，源于图画，最初的文字为象形字，以后“社会上的事体，是一天多一天，形象意义是有不够用的时候”，于是逐步出现了形声、转注、假借等新的造字法。[②]与此同时，他还对中国古音的演变过程和音韵学史作了深入探索，并在此基础上提出了自己的音韵学说。章太炎讨论这些问题，有着很深的用意，他认为，每个国家或民族，都有自己的特性，语言文字即是这种特性的最重要表现之一，“语言文字亡，而性情节族灭”[③]。故他坚决反对当时某些人提出的废弃汉语，改用“万国新语”的主张，认为语言文字的改革，应当在认识和尊重本国语言文字特点及其发展规律的基础上进行，才能收效。

章太炎所以如此重视文化史的研究，乃是因为在他看来，任何一种

---

① 《章太炎全集》（四），第 87、91—94 页。

② 章太炎：《中国文字略说 —— 中国文字的源流》，吴齐仁编：《章太炎的白话文》，第 122—124 页。

③ 章太炎：《规〈新世纪〉》，《民报》第 24 号。

文化现象的产生皆由其客观条件造成，或因地理环境，或因政俗，或因传统，如“荷兰人善行水，日本人善候地震，因也。山东多平原大坛，故邹鲁善颂礼；关中四塞便骑射，故秦陇多兵家”。只有根植于自己的国情和民族特性的文化，才能自立于世界民族之林。不同的民族心理对文化的要求也不同，正如“饴豉酒酪，其味不同而皆可于口，今中国之不可委心远西，犹远西之不可委心中国也”。一味摹效他国，“其方尽复往转贩，一事一义无匈中之造”[①]，这对于我国这样一个有着悠久历史文化传统的国家，尤为不适。因此，他要求在了解和继承传统文化的前提下，建设符合近代社会发展需要的新型民族文化。

他认为，在外族入侵、民族危机十分严重之际，提倡保持民族文化的独立性和复兴民族文化，尤有现实意义，说“今夫血气心知之类，惟人能群；群之大者，在建国家，辨种族，其条例所系，曰言语、风俗、历史，三者丧一，其萌不植，露西亚（即俄国）灭波兰而易其言语，突厥灭东罗马而变其风俗”[②]，皆为显例。而学习和研究历史，则是倡导民族爱国精神的主要途径。为了阐扬“历史民族之义”，章太炎还十分留意有关民族斗争史料的搜集和研究。

他曾有意编纂一部明史，说：“余昔搜集季明事状，欲作《后明史》以继万氏（指万斯同）。盖三帝当著纪，而鲁监国、郑成功宜作世家。将相如何腾蛟、瞿式耜、堵胤锡、刘文秀、李定国辈，功施赫然……其以故官为孑遗之民，三老而外，耆旧尚众。台湾陪属，其方略亦有足多者。据是为典，首尾尽四十年，人材略具。温氏固言：‘后之君子，续而传之。’此亦后死者之责也。”[③]并撰有《李自成遗诗存录》、《记永历帝后裔》、《记李赤心后裔》、《记袁督师家系》、《再书李自成事》等史考，以表彰明季抗清人士。又以清开国以前事多荒略，清代官修史书对明清之际事迹意存隐讳，特据《明实录》及明人著述有关记载，撰为《清建国别记》八篇，包括《叙》、《清为金裔考》、《建州方域考》、《范蔡董山李满柱事状》、《范蔡董山李满柱事状后考》、《卜哈秃兀者秃木事状》、《伏

① 章太炎：《国故论衡·原学》，《章氏丛书》。
② 章太炎：《检论·哀焚书》，《章太炎全集》（三），第468页。
③ 《太炎文录·〈南疆逸史〉序》，《章太炎全集》（四），第201—202页。

当加事状》、《孟特穆福满考》、《觉昌安塔克世奴儿哈赤事状》，附《述奴儿哈赤收鸭绿江事》、《述奴儿哈赤与南关事》、《佟氏考》，考论其事，以纠清官修史记载之谬。

从民族革命的思想出发，章太炎对近代史上的太平天国起义和义和团运动也作了充分肯定。

在《中国通史目录》中，他将洪秀全列入“考纪”，认为其足可与秦皇、汉武等历代著名帝王相比，说“洪王起于三七之际，建旗金田，入定南都，握图籍十二年，旌旄所至，执讯获丑，十有六省，功虽不就，亦雁行于明祖”。太平天国将领如石达开、林启荣、李秀成，与明代开国功臣徐达、常遇春相比，“当有过之”，其“人物方略，多可观者”，足以启发鼓舞后世革命。并特为刘成禺的《太平天国战史》题签，为黄世仲的《洪秀全演义》作序，谓：“夫国家种族之事，闻者愈多，则兴起者愈广……洪王朽矣，亦思复有洪王作也。”[①]

关于义和团运动，当时许多人包括一些进步知识分子都不能正确认识，章太炎却分析说义和团“扶清灭洋”的旗号中“扶清”两字不可取，但后来的景廷宾起义已提出“扫清灭洋”口号[②]，这是一种进步。因而当德国侵略山东时，章太炎公开号召人民当“为义和团，无为衍圣公”[③]。辛亥革命后，他还将义和团运动归入反清革命一类事件，说“此种事只宜问其目的，不必论其行事也”，“其宗教之妖妄，可置不论”。[④]这些看法确实不同凡响。

对于自己亲身参加的反清革命，章太炎更是极力加以宣扬，先后写了不少革命党人的传记、碑铭和哀辞，如《邹容传》、《徐锡麟陈伯平马宗汉传》、《喻培伦传》、《秦力山传》、《胡景翼传》、《熊成基哀辞》、《宋教仁哀辞》、《谭君墓志铭》、《黄季刚墓志铭》、《黄晦闻墓志铭》等，进行表彰。晚年，尤汲汲于征集武昌起义事迹，欲以传示后世。在逝世前半年，还登出《征求焦达峰遗事启》说：“自清末以至民国，称为革

① 《章太炎年谱长编》（上），第 223 页。

② 章太炎：《驳康有为论革命书》，《章太炎政论选集》（上），第 203—204 页。

③ 章太炎：《中国之川喜多大尉袁树勋》，《民报》第 24 号。

④ 章太炎：《稽勋意见书二》，《章太炎政论选集》（下），第 642 页。

命之雄，于世绝无訾议者，盖三人而已，浙之徐锡麟，苏之赵声，湘之焦达峰是也。徐事最烈，赵才最大，焦功最高。徐、赵事已有记录，而焦不幸为奸人倒戈以死，世几以刍狗视之……若不及今记载，将使元功盛业，泯没不传，唯愿与焦君同志同事者，各将当时事迹开列前来，辞不厌详，事须从实，当据此作传一通，以发潜德之幽光，而彰不朽之盛事。”[①] 并于死前三个月刊出《焦达峰传》一篇，充分肯定了其革命业绩。

作为一个国粹派史学大师，章太炎的治学也有传统文化包袱过重的一面。在学术上，他常因“谨守家法之结习甚深”[②]，表现出一定的保守性。如他根本不信西方考古学家和社会学家所说的金属出现之前有所谓“石器时代”，认为没有金属器，便无法将石头加工成日常生产工具，“故以石器先铜器者，非愚则诬也”[③]。又说，使用铁器，“自古已然”，因而也不存在什么周初“兵器用铜”的问题。[④] 由于一味崇信“壁中古文”和许慎的《说文解字》，他连甲骨金文也不相信，声称“若三代彝器，作伪者众，更有乍得奇物，不知年月名号者，其器既非可信，而欲持是以为考史之端，盖见其愚诬也”。[⑤] 竟把地下出土的商周钟鼎彝器一概斥之“作伪”，这种保守的学术见解，不能不影响其对某些历史问题的深入研究。

二、刘师培的国粹观及其国学研究

（一）刘师培的国粹观和民族观

刘师培（1884—1919），字申叔，号左庵，改名光汉。江苏仪征人。自曾祖父起，家世以治《左氏春秋》鸣于时。他早年热衷科举，后受时事刺激，开始关注现实。1903 年会试落第后，回家乡倡办教育。同年在

---

① 《章太炎年谱长编》（下），第 969 页。

② 梁启超：《清代学术概论》，《饮冰室合集·专集之三十四》，第 70 页。

③ 章太炎：《信史》，《章太炎全集》（四），第 67 页。

④ 章太炎：《铜器铁器变迁考》，《华国月刊》1925 年第 2 期。

⑤ 章太炎：《与邓之诚论史书》，《制言》第 51 期。

刘师培

上海结识章太炎、蔡元培等爱国学社成员，思想骤变，大谈种族革命，著《中国民约精义》，被誉为“东亚一卢骚”[①]。次年加入反清组织光复会，并主《国民日报》和《警钟日报》笔政。1907年赴日入同盟会。旋办《天义报》，极力鼓吹无政府主义。不久背离同盟会，于1909年投靠清两江总督端方。1915年参与“筹安会”，拥袁世凯称帝，此后益声名狼藉。1917年被蔡元培聘为北大教授，直至去世。著作多收入《刘申叔遗书》及《刘申叔遗书补遗》。

刘氏一生思想多变，唯学术上所持国粹主义前后堪称一贯。他是国学保存会发起组织者之一，与章太炎俱宗古文经学，时人有“二叔”之称。[②]为学博闻强识，于旧学根基尤深。应当说，他之加入国学保存会并成为其中的骨干，完全是因该会宗旨与其深厚的旧学背景和思想契合无间之故。20世纪初年，西潮东涌，极大地动摇了传统学术思想与文化的基础，不少人对此怀抱疑虑，刘师培也是如此。在他看来，“凡一族之人民必有一族之特性”[③]，失去了民族文化，结果必然是失去自己。而“今者，太西学术输入中邦，户肄大秦之书，家习劫卢之字。倚席而讲，匪博士之才；抱经以行，丧宿儒之业。自今以往更三数十年，其销蚀散亡，视今为何如哉！”[④]面对晚清日趋深重的亡国危机，他主张“与晳种之学术争骖比靳，保存国学”[⑤]，也即通过宣传保存国粹，激发人们的民族自尊和爱国精神，进而达到保国保种的目的。

对于“古学”或国学，刘师培最为推崇的是先秦诸子之学。这是因为，秦汉以后中国的学术受到君主专制的制约，“凡专制之时代，不独

① 棣臣：《题国粹学报上刘光汉同志诸子》，《国粹学报》1906年第16期。

② 参见尹炎武《刘师培外传》，《刘申叔遗书》，江苏古籍出版社1997年影印本，第17页。另有“太少二公”之说，见苏曼殊：《与刘三书》（1908年4月），柳亚子编：《苏曼殊全集》（一），中国书店1985年版，第208页。“太”指章太炎，“少”指刘师培曾化名“金少甫”。

③ 刘师培：《中国民族志》第十七章“各省民族述略”，《刘申叔遗书》第17册。

④ 《劝各省州县编辑书籍志启及凡例》，《刘申叔遗书》，第1605页。

⑤ 《劝各省州县编辑书籍志启及凡例》，《刘申叔遗书》，第1606页。

政界无自由之权也，即学界亦无自由之权”，“学术专制与政体之专制相表里”[①]，很难得到真正的发展。只有先秦诸子之学才是没有受过专制污染的纯正“古学”。而“昔欧西各邦，学校操于教会。及十五世纪以降，教会寖衰，学术之权始移于民庶。及证之中邦典籍，则有周一代，学权操于史官。迨周室东迁，王纲不振，民间才智之士，各本其性之所近以自成一家言，虽纯驳不同，要皆各是其所是，则学兴于下之效也”[②]。因此，大可将其与西学相比较，从中揭示被湮没已久的“新理”，以为今日复兴中国所用。这正是其反复鼓吹“古学复兴”的用意所在。

通过对先秦学术的考察，他认为，就伦理学而言，先秦诸子的伦理学各有长短，后世应该扬长避短，但“汉魏以降，学者侈言伦理，奉孔、孟为依归，斥诸家为曲说，致诸子学术湮没不彰，亦可慨矣”[③]；就社会学而言，先秦《易》、《春秋》、道家、阴阳家均有诠明社会学之思想，惜“后世此学失传，惟史学家言侈陈往迹，历溯古初，稍近斯学”，但是对于治化进退之由来、民体合离之端委，“征之史册，缺焉未闻”[④]。无独有偶，在宗教学、政法学、计学、兵学等方面都存在类似的现象。故欲彰显先秦诸子学的精华，可参照西学的相关概念和内容，作为评判其优劣得失的依据。如近代西方逻辑学有归纳与演绎之分，刘氏认为荀子所谓的“大共”，即是归纳，而演绎即是荀子所谓的“大别”[⑤]；法家管子以利民为先，以正德为本，在于利用厚生，他认为这“与晢种所行之政，大约相符”[⑥]。不仅如此，在《中国民约精义》中，他还极力在传统典籍中搜求民主思想的言论，与法国启蒙思想家卢梭的《民约论》相比附，试图证实中国古圣先贤已“有倡斯义者”[⑦]。因此，在他看来，既然“欧民振兴之基，肇于古学复兴之世，倭人革新之端，启于尊王攘夷之论”[⑧]，那么像中国这样历史

① 《补古学出于史官论》，《刘申叔遗书》，第1480页。
② 《周末学术史序·总序》，《刘申叔遗书》，第504页。
③ 《周末学术史序·伦理学史序》，《刘申叔遗书》，第505页。
④ 《周末学术史序·社会学史序》，《刘申叔遗书》，第507页。
⑤ 《周末学术史序·伦理学史序》，《刘申叔遗书》，第506页。
⑥ 《周末学术史序·计学史序》，《刘申叔遗书》，第512页。
⑦ 《中国民约精义·序》，《刘申叔遗书》，第563页。
⑧ 《论中国宜建藏书楼》，《刘申叔遗书》，第1612页。

文化悠久的国家一定也可以藉西学以发明古学，振兴自己的民族和文化。

这种方法，虽不免生出许多牵强误会，但透过现象，却正可见其旨在参照西方近代某些价值观念和学科发展趋势，发掘传统文化精华的苦心。

刘师培学术思想中另一值得关注的聚焦点是其前期的民族主义观念。与国学保存会的其他同仁一样，刘师培虽然发表了许多宣扬古学和古政的文字，但对西学并不排斥，而是进行了相当广泛的阅读，对于西方进化论、社会学和现代民族主义学说，更是作了认真研习，并将之糅入自己的学术研究和政论中。其参与反清革命期间发表的论著，给人印象最深的是强烈的民族主义色彩。这种民族主义，从思想渊源看，便是杂糅了传统儒家"夷夏"观和西方现代民族主义学说而来的。他自称"幼治《春秋》，即严夷夏之辨。垂髫以右，日读薑斋、亭林书，于中外大防，尤三致意。窃念天下兴亡，匹夫有责；《春秋》大义，九世复仇。值此诸夏无君之时，仿言论自由之例，故近年以来，撰《黄帝纪年说》，撰《中国民族志》，撰《攘书》，垂攘狄之经，寓保种之义。排满之志，夫固非伊朝矣"。1903 年至 1907 年间，他先后发表了许多论著，以阐扬儒家经典中的"辨别夷夏"之说，一再强调"孔子有言，夷不乱华。而华夷之防，百世垂为定则"①。并在《清儒得失论》、《六儒颂》、《广陵三奇士传》等文中极力表彰宋、明遗民不甘屈服"异族"统治的精神。而其《中国民族志》（1903）、《攘书》（1904）等著作中，则吸取了不少西方学说来阐发自己的民族观，如谓："意人马志尼之言曰：'凡同一人种、风俗、语言者，即可组织一国。'斯语也，殆民族主义之定论乎！民族者，由同血统之家族化合不同血统之异族而成一团体者也。人群之初，无不因天性之发达而谋团结之方。始也，谋一族之安宁；继也，谋一群之幸福。至于谋一群之幸福，则群力之扩张益广，不得不有害于他群，此民族竞争所由起也……吾观欧洲当十九世纪之时，为民族主义时代。希腊离土而建邦，意人排奥而立国。即爱尔兰之属英者，今且起而

① 刘师培：《致端方书》（1904.2.29），万仕国编：《刘师培年谱》，广陵书社 2003 年版，第 45—46 页。

争自治之权矣。吾汉族之民，其亦知之否耶？”[①]据此，他极力倡导“光复汉族”，认为只有在此基础上才能更好地抵御外来侵略。而这一思想与其倡导国粹及民族文化的精神正是相通的。

自然，与当时许多反清革命党人一样，刘师培的上述民族主义思想显然也存在着浓厚的大汉族主义情绪，直到1907年接受无政府主义后才有所转变，认为：“吾人所言民族主义，在于排异族之特权，不在禁异族之混合……民族之革命，即弱种对于强种之抗力耳，奚必执中外华夷之旧说哉！”[②]

（二）从治经到学术史的拓荒研究

刘师培的国学研究，范围涉及经学、史学、文学、历史地理等多方面，就史学而言，其中最为引人注目的是经学史和学术史。

经学为刘氏家学渊源，故终其一生，对经学的研治始终不辍，只是前后风格迥异，大体来说，前期偏重以经论政，后期则为较单纯之学术探究。[③]其前期的经学论著主要有《驳泰誓答问》（1904）、《读左札记》（1905—1906）、《经学教科书》（1905）、《群经大义相通论》（1905）、《论孔子无改制之说》（1906）、《王制篇集证》（1907）等。持论大抵站在古文经学的立场，驳斥康有为等今文家言，反对孔子“托古改制”之说，肯定《左传》、《周礼》非伪作。同时极力挖掘儒家经学中的民族大义和民主思想因素，以为“公（羊）、谷（梁）二传之旨，皆辨别内外，区析华戎……《左传》一书，亦首严华夷之界”。并称《左传》“所载粹言，亦多合民权之说”。如“襄公十四年”传载师旷之言：“天之爱民甚矣，岂其使一人肆于民上，以纵其淫，而弃天地之性？必不然矣。”[④]即

① 刘师培：《中国民族志·序》，《刘申叔遗书》第17册。

② 震、申叔：《论种族革命与无政府革命之得失》，《天义报》第6—7期，1907年9月。

③ 钱玄同《刘申叔先生遗书序》认为刘师培学术“因前后见解之不同，可别为二期：癸卯至戊申（1903—1908）凡六年为前期，己酉至己未（1909—1919）凡十一年为后期。姑较言之，前期以实事求是为鹄，近于戴学；后期以笃信古义为鹄，近于惠学。”（《刘申叔遗书》卷首）其分期时段颇可参考。

④ 刘师培：《读左札记》，邬国义、吴修艺编校：《刘师培史学论著选集》，上海古籍出版社2006年版，第23、25页。

其例。

这里还应指出，刘师培治经虽重古文经学，却并不拘泥于一家之说，而是表现出一种比较通达的汉宋兼采姿态。他指出："近世以来，治汉学者咸斥宋儒为空疏，而治宋学者，复推崇宋儒，以为接正传于孔孟。即有调停汉、宋者，亦不过牵合汉、宋，比附补苴，以证郑、朱学派之同。"[①]但实际上，"夫汉儒经说虽有师承，然胶于言词，立说或流于执一；宋儒著书，虽多臆说，然恒体验于身心，或出入老释之书，故心得之说，亦间高出于汉儒，是在学者之深思自得耳。故荟萃汉宋之说，以类区别，稽析异同，讨论得失，以为研究国学者之一助焉"[②]。但清代学者却因门户之见而互为水火，"东原诸儒于汉学之符于宋学者，绝不引援，惟据其异于宋学者，以标汉儒之帜。于宋学之本于汉学者，亦屏斥不言，惟据其异于汉儒者，以攻宋儒之瑕，是则近儒门户之见也。然宋儒之讥汉儒者，至谓汉儒不崇义理，则又宋儒之忘本之失也"[③]。对于宋明陆王心学，刘师培也作了很高评价，称其"以自得为主，以变法为宗"，与卢梭指斥君主顽守旧法相近[④]，至谓"良知之说出于孟子之性善……今欲振中国之学风，其惟发明良知之说乎！"[⑤]与此同时，他对清代汉学则多有微词，把二百多年汉学发展的历史划为四期，认为仅在怀疑派、征实派时期，汉学家尚有进取之心，而其他多数则是丛掇派、虚诬派，"舍大纲而营末节，其经营创设，不过繁文褥礼之微"[⑥]。他还提出，儒家后学"曾子、子思、孟子皆自成一家言者也，是为宋学之祖；子夏、荀卿皆传六艺之学者也，是为汉学之祖也"[⑦]。两者均出自孔子，故实仍一家之学。并谓先秦诸子，学皆源于周代官学，其间亦有相通处。

刘师培如此解释古代学派的关系，固不免失于简单，但从中国古代

---

① 《汉宋学术异同论·总序》，《刘申叔遗书》，第 541 页。
② 《汉宋学术异同论·总序》，《刘申叔遗书》，第 541 页。
③ 《汉宋学术异同论·汉宋义理学异同论》，《刘申叔遗书》，第 542 页。
④ 《陆子》，《中国民约精义》，《刘申叔遗书》，第 586 页。
⑤ 《王守仁》，《中国民约精义》，《刘申叔遗书》，第 588 页。
⑥ 《近代汉学变迁论》，《刘申叔遗书》，第 1542 页。
⑦ 《国学发微》，《刘申叔遗书》，第 478 页。

文化发展的源头去考察各派的渊源关系，也确触及到了部分史实。而更重要的，则是为自己会通各家学说的治学主张找到了理论依据。如其研治《左传》，便不囿于一经，而是对《春秋》三传展开了比较研究，有些地方，还力求打通经学与子学，乃至中学和西学的界限，统而观之，互相印证阐发。鉴于后世经学日趋僵化，"拘执一经之言，昧于旁推交通之义"，"于古人治经之初法去之远矣"[①]，他还特著《群经大义相通论》，对《公羊》、《孟子》、《荀子》、《毛诗》、《周易》、《周官》、《左传》之间的学术思想存在相通之处，一一作了深入细致的梳理工作。

这种不拘门户的治学方法，使刘师培前期的经学研究往往充满生气和新意，当然，其中也存在着立论不够慎重的缺陷。对此，刘氏自己也有所悟，并力图在后期的经学研究中有所弥补。他曾对学生说："余平生述造，无虑数百卷。清末旅沪，为《国粹学报》撰稿，率意为文，说多未莹。民元以还，西入成都，北届北平，所至，任教国学、纂辑讲稿外，精力所萃，实在三礼。既广征两汉经师之说，成《礼经旧说考略》四卷，又援据《五经异谊》所引古《周礼》说、古《左氏春秋》说及先郑、杜子春诸家之注，为《周礼古注集疏》四十卷，堪称信心之作。尝迻写净本，交季刚（黄侃）制序待梓。世有论定予书者，斯其嚆矢矣。"[②]这可以说是对自己经学研究成就的一个小结。

其实，刘师培所处的时代，经学已经无可奈何地趋向了衰弱，而他的研究主要也不在义理的阐发，除了前期借经学以发挥对现实政治的理想外，大多属于文献搜辑注释、版本校勘，特别是经学历史的探讨，故更确切地说，实是一种历史文献学和学术史的研究。

刘师培在史学上的另一贡献，是对中国学术史的开创性研究。其成就主要集中在三方面。

一是先秦诸子研究。1905年至1906年，他在《国粹学报》接连发表《古学出于史官论》、《周末学术史序》、《古学起原论》、《古学出于官守论》、《孔学真论》等文，对中国古代文化起源及先秦诸子学术作了

① 《群经大义相通论·序》，《刘申叔遗书》，第348页。

② 陈钟凡：《周礼古注集疏跋》，《刘申叔遗书》第6册。

讨论，认为：古学出于宗教，“民之初生，不明万物运行之理”，对自然力遂生崇拜之心，宗教观念于是乎生。“而一二雄鸷之君，利用人民之迷信，遂日以神鬼愚其民，使君权几与神权并重，由是以人君为教主，以人臣为司教之官，凡一切学术政治，悉无不与宗教相关矣。”同时又指出：一切学术知识，初“咸因经验而发明。学也者，即民生日用之事物也。故上古之时，有征实之学，无推理之学”。唐虞以降，学术由实趋虚，穷理之学遂与实验之学并崇，渐“文物炽昌，一洗鸿荒之习，然皆以实验为归。自实验之学亡，而后学士大夫始以空言讲学，而用与学分，乌知夫古人为学之旨哉！”[①]及至三代，一切学术俱掌于史官，各种文书典籍皆由史官世守之，周代尤盛，从制度上保证了古文化得以代代相传，不堕其绪，“不有史官，吾恐文献无征，不待秦灰之烬矣”。但同时，这种官方垄断文化的体制，也暴露出明显的弊病，“当此之时，史握学权，欲学旧典，必师史氏，犹之秦民学法，以吏为师也，故卿士有学，庶民无学；又官守师儒，并合未歧，官学既兴，私学禁立，致所学定于一尊，虽私议不昌，道一风同，然愚民政术，已开秦政之先”[②]。“有此二弊，此西周学术所以无进步也。”逮至周末，礼崩乐坏，“周室权衰，不足以干涉民间之学术，于是士之有才智者，无不自成一家之言”，遂成百家争鸣之局，“官学之时代一变而为私学之时代。官学贵合，私学贵分……思想之自由至战国而极，此不独九流各成其学也，即学术相同者亦多源远流分”。[③]这些言论，既是讨论古学源起问题，又无不在时时针砭现实。

依据上述史实，刘师培认为，先秦诸子从学术渊源上说，实都出自周代史官文化。盖周代文化，本合政治、学术、宗教于一，后“各典掌以专官，及官失其传，私家著作乃各执一术以自鸣”。如“儒家之学即教民之遗法也，墨家之学即宗祀之旧典也，名家之学即举贤之遗制也，法家之学亦行政之大纲也。推之纵横家之学出于朝觐，阴阳家之学出于

① 刘师培：《古学起原论》，邬国义、吴修艺编校：《刘师培史学论著选集》，第215、221、223—224页。
② 刘师培：《古学出于史官论》，邬国义、吴修艺编校：《刘师培史学论著选集》，第11、14页。
③ 刘师培：《补古学出于史官论》，邬国义、吴修艺编校：《刘师培史学论著选集》，第17、21页。

治历望氛，农家之学出于耕籍，杂家之学出于议政，兵家之学出于习射献俘，即道家之学亦从此起源”[①]。由于周代大经大法莫不记于六经之中，孔子得之于史官，并加删订，实“得周史学术之正传”，且于九流术数诸学亦兼通之[②]，故在古代文化的传承上，“集大成者，厥惟孔子”，有着“兼具师儒之长”的特点。孔学的不足则在于信人事又信天事、重文科而不重实科、有持论而无驳诘、执己见而排异说。[③]

在《周末学术史序》等文中，他还试图以近代学理，将其分为心理学、伦理学、论理学、社会学、宗教学、政法学、计学、兵学、教育学、理科学、哲理学、术数学、文字学、工艺学、法律学、文章学等十六科，来梳理先秦诸子的学术思想及其价值，其中大量引证《学术沿革史》、《民约论》、《社会学原理》、《社会通诠》、《历史哲学》等西籍之说，加以比较疏通，提出了自己的评价。在他看来，“近世巨儒，稍稍治诸子书，大抵甄明诂训，掇拾丛残，乃诸子之考证学，而非诸子之义理学也”。而他的做法则旨在从理论上阐明古代学术思想的特点。如在伦理学方面，他比较各家学说，认为孔门儒道，“大抵以仁为归，以忠恕为极则”，其特点是：“由亲及疏，由近及远。重私恩而轻公谊，盖仍宗法制度之遗则也。墨子倡兼爱之说，以集矢于儒书，揆其意旨，欲人人兼爱交利，爱人犹己，竞争不生。儒家斥之，以为失亲疏之别，未为当也。老聃之徒，贱视道德。庄、列继之，由无为而明自然，由自然而趋放达，杨朱为我之言所由起也。商、韩贱视道德与道家同，史公谓刑名原于黄老，殆为此与！惟管子重视四维，稍近儒术，此则立言不同，未可以一端论也。汉魏以降，学者侈言伦理，奉孔孟为依归，斥诸家为曲说，致诸子学术湮没不彰，亦可慨矣。”在政法上，“儒家以德为本，以政刑为末，视法律为至轻”，盖其本寄希望于“君民一体”，上下相和，但“人君既操统治之权，无法律以为之限，而徒欲责其爱民，是犹授刃与盗而欲其不杀人也，有是理哉？故儒家所言政法，不圆满之政法学也”。相比之下，“墨家不重阶级，以众生平等为归，以生民有

① 刘师培：《古学出于官守论》，邬国义、吴修艺编校：《刘师培史学论著选集》，第228页。
② 刘师培：《古学出于史官论》，邬国义、吴修艺编校：《刘师培史学论著选集》，第11页夹注。
③ 刘师培：《孔子真论》，《左庵外集》卷九，《刘申叔遗书》第49册。

欲，无主则乱”，以为天子好恶当从公意，对君权颇主限制，“较之儒家，其说进矣”。而道家主废上下等差，老、庄均斥君主之尊，“平等是其所长，而无为亦其所短”。法家之中，“管子以法家而兼儒家”，其治国德法兼重，商、韩诸子，重国家而轻民庶，专以法律为政治之本。秦以后，帝王“采法家之说，而饰以儒书，愚锢人民，束缚言论，相沿至今，莫之或革，此则中土之隐忧也”。他还指出，工艺之学，自来与生民日用相关，儒家者流，虽不耻言此事，“然道艺相衡，艺轻道重，轩轾之词，夫固彰彰可考矣”。诸子之中，惟管子、墨子能重工艺。“秦汉以降，士有学而工无学，卿士大夫高谈性命，视工艺为无足轻重，此工学之精所由逊于皙种也，能勿叹哉！”通过中西比较，刘师培认为，先秦诸子的哲理与西方实有不少相通之处，如《中庸》论“天之生物，必因其材而笃”，《墨子·非命》论人定胜天，皆近于“天演”之说；杨朱趋利避害的“为我”之说，近于西方的乐利主义；儒家的大同思想、墨家的尚同和兼爱、杂家的贵公去私之论则近于世界主义。“足证周末鸿儒，竞言新理，耻袭前言。特前哲立言，发端引绪，发挥光大，责在后儒。”①

这些论述，在沟通中西学术的方法上固不免有些生硬，对有些西方学理概念的“格义”亦有牵强处，但思想新锐，且往往能切中传统学术文化的弊病，对开启现代诸子学乃至古代学术的研究，无疑具有崭新的时代意义。

二是经学史的研究。在这方面，他先后写作了《国学发微》、《南北学派不同论》、《汉宋学术异同论》、《谶纬论》、《两汉学术发微论》（以上均1905）、《汉代古文学辨诬》（1907）、《左传学行于西汉考》（1909）等②，提出了不少新见解。其中《国学发微》一文阐发的观点尤为系统。如关于儒家六艺的起源，前人以为起于周公制礼作乐，刘师培则认为它是唐虞以来古代文化学术长期积累的产物，孔子删订六经，将其编为教科书，传授后世。与孔子同时，当有其他的六经传本，只是后来未能流

---

① 刘师培：《周末学术史序》，邬国义、吴修艺编校：《刘师培史学论著选集》，第59、62—63、71—75、94、111—112、94页。

② 这些文字讨论的范围虽不以经学为限，但显然都是以各时期的经学史为主要线索的。

传下来而已。儒家典籍之被尊为经，与后世专制君主自身的利益有关，“昔周末之时，诸侯恶周制之害己，至并其籍而去之。西汉之时，天子喜经文之利己，遂并其籍而崇之，而六艺遗文，遂为君王藏身之窟矣”。对于汉代的经今古文之争，他也有自己的理解，说：“近代学者，知汉代经学有今文家、古文家之分。吾谓西汉学派，只有两端：一曰齐学，一曰鲁学。”时诸经皆有齐、鲁学传人，且确为不同的经学流派。大抵“齐学尚新奇，鲁学多迂曲。近世齐学大昌，治经之儒，遂欲尊今文而废古文。然鲁学之中，亦多前圣微言大义，而发明古训，亦胜于齐学，岂可废哉！”

论及魏晋时期经、玄学之兴替，他指出：汉儒以经学佐治，然往往“立言迂阔，不切于施行”。魏晋时期，玄风大畅，学者宅心高远，治学较少受事功牵制，“王（弼）、何（晏）说经，始舍数言理，不以阴阳断人事，即郭象、司马彪之书，亦时有善言，侈言名理，以自得为归，析理精微，或间出汉儒之上。李翱、程颐隐窃其说，即能以学术自鸣。此魏晋学术之得也”。同时，魏晋清谈之风还直接导致了语言讲学的发达，故不宜一概否定魏晋玄学在学术发展史上的地位。延及梁代，玄学吸取了某些佛教学理，更趋精微。隋唐政治一统，经学复归于一，“又为注疏统一之始。汉崇经学，而诸子百家之学亡；唐撰《正义》，而两汉魏晋南北朝之经说，凡与所用之注相背者，其说亦亡。故《正义》之学，乃专守一家，举一废百之学也”。并谓：“自是以还，学术之途日狭，而好学深思之士，不可复睹矣。”① 这些论述，其实都是站在反对清代文化专制主义的立场上发出的，所以才显得如此沉痛。

其所作的《南北学派不同论》则可视为前文的补充。文中详细探讨了中国古代南北诸子、经学、理学、考证学、文学因地理和学缘因素形成的不同发展路径和特点，视野开阔，材料翔实，对后人的研究颇具启示。

刘师培还对经学史上一直争论不休的汉代今古文之争提出了看法。

---

① 刘师培：《国学发微》，邬国义、吴修艺编校：《刘师培史学论著选集》，第122—123、136、128、129、144、160页。

认为今古文经本出一源，战国时，周代保存下来的古籍已多残缺，至秦之焚书，民间所藏古经固不能幸免，即宫廷有所藏，亦必毁于项羽之火。史记项羽撤离关中时，烧秦宫室，火三月不灭，“是民间所存之经亡于秦火，而博士所藏又亡于项羽之火也。经安得不残？”在他看来，汉代今古文经其实只是书写文体不同，原非宗旨有所差别，“汉代之所谓古文经，乃秦代之时未易古文为秦文者也。故其本至汉犹存”。西汉之初，今文家并不废古文，“及今文既立博士，则日与古文为仇，彼其心岂真知学术之公哉？”推其目的，无非是怕古文家威胁其地位，而“保一己之利禄耳”。从而点出了两家争论的真实起因。晚清以来，随着今文经学的兴起，宋翔凤、魏源、龚自珍等纷纷“扬今抑古”，对此，他颇感不满，特引证史料，一一作了辩驳。并指出：“就汉代之经术观之，觉经学之中，古文为优，而今文逊于古文。”主要表现在今文较古文“晚出”，内容“多杂谶纬”而“妄诞”，多凭口授而派内多歧义等，均不及古文经严谨。[①]其说虽多出自古文经学的立场，但由于在经学和史学上功力深厚，不少地方确击中了对方的要害，具有相当的说服力。

三是清代学术史的研究。这主要集中在《全祖望传》（1905）、《颜李两先生传》、《戴震传》、《戴望传》（以上均1906）、《近儒学术系统论》、《清儒得失论》、《近代汉学变迁论》、《崔述传》（以上均1907）等文中。刘氏对清代学术史有着系统的理解。他认为，清代学术之变迁，大致可分四个阶段：一为顺、康之交的怀疑派时期，二是康、雍之间的征实派时期，三为丛掇派时期，四是虚诬派时期。顾炎武之于音韵，张尔岐之于礼经，对汉学“均有创始之功”。而“汉学初兴，其证实之功，悉由怀疑而入”，阎若璩《古文尚书疏证》、胡渭《易图明辨》、陈启源《毛诗稽古编》、毛奇龄《四书改错》、万斯大《学礼质疑》等群起辨伪指谬，都对宋学有所动摇。自此由怀疑而入求真，“始也疑其不可信，因疑而参互考验，因参互考验，而所得之实证日益多”，于是求真征实蔚为风气，风靡学界。及江、戴之学兴于徽、歙，博征其材，约守其

---

① 刘师培：《汉代古文学辨诬》，邬国义、吴修艺编校：《刘师培史学论著选集》，第334、349、361—362页。

例，可谓“无征不信”。汉学既昌，精华已竭，后学只好转相仿效，摭拾旧闻，于是不得不走向丛掇之一途，其范围不出据守、校雠、摭拾、涉猎此四派，“然所得至微，未能深造而有得，或学为人役以供贵显有力者之求”。嘉、道之际，文士一般多杂治西汉今文学，旁采谶纬，以为高名，所以刘师培称之为“虚诬派”。①

若就清人为学的宗旨而言，则表现出“创始之人，学以为己；而继起之士，学以殉人”的趋势。“明清之交，顾、黄、王、颜各抱治平之略，修身践行，词无迂远，民生利病，了若指掌。求道德之统纪，识治乱之条贯，虽各尊所闻，要皆有以自植”。其余如唐甄、魏禧、刘献廷、孙奇逢、傅山、吕留良等，亦多与此精神相近。其后部分学者受到清统治的笼络，依附朝廷，不惜曲学阿世，一部分则仍然在野抗争不屈。乾隆以后，考据学日盛，究其缘由，乃因不少人见恢复无望，既不愿出仕，又不敢得罪清廷，“由是或穷历数，或研训诂形声，吏然守雌，以全孤竹之节”。嘉道以后，学士中有“以经济之学相旌”者，如李兆洛、周济、包世臣、魏源、冯桂芬、祁韵士、徐松、张穆等，另有常州今文学之崛起，倡言经世。站在晚清反清革命的立场上，刘师培对倡导经世而甘为清廷所用的龚、魏、包等均表示了鄙视，说：“夫考证词章之学，夹以依人，仅身伺倡优之列；一言经济，则位列宾师。世之饰巧智以逐浮利者，孰不乐从魏、包之后乎？”正因如此，他对清代学术的总体评价是：“清儒之学与明儒之学殊。明儒之学以致用为宗，而武断之风盛；清儒之学以求是为宗，而卑者或沦于稗贩。其言词章、经世、理学者，则往往多汙行，惟笃守汉学者，好学慕古，甘以不才自全。而其下或治校勘金石，以事公卿。然慧者辅以书翰词章，黠者则侈言经世，其进而益上，则躬居理学之名。”②

刘师培以为，对于清代学术的派别源流，江藩《汉学师承记》和《宋学渊源记》虽有所叙述，然并不系统。故特从地域和学缘结合的角度对此作了更为全面的探讨。在《南北学派不同论》中，他指出：“五

---

① 刘师培：《近代汉学变迁论》，《左庵外集》卷九，《刘申叔遗书》。

② 刘师培：《清儒得失论》，邬国义、吴修艺编校：《刘师培史学论著选集》，第418、421、424、426页。

方地气，有寒暑燥滋之不齐，故民群之习尚，悉随其风土为转移。”并把清代学术分为南北两支，南学以黄宗羲、万斯大、毛奇龄、胡渭、杭世骏、全祖望、臧琳、东吴惠氏、余萧客、钱大昕、王鸣盛、孙星衍、洪亮吉、邵晋涵、赵翼、梅文鼎、戴震等为代表；江淮以北，则以阎若璩、张尔岐、马骕等为代表。并指出，“今观于近儒之学派，则吴越之儒，功在考古，精于校雠，以博闻为主，乃深芜而穷其支叶者也；徽扬之儒，功在知新，精于考核，以穷理为归，乃简约而得其菁英者也。南北学派与昔迥殊，此固彰彰可考者矣”。[①] 稍后，又在《近儒学术系统论》中对浙、赣、闽、湘、徽歙、江北、淮南、燕京等地各学派及其代表人物、师承关系、治学范围和特点均作了分析。特别是其家乡扬州地区的学者群，更是作了较多的探索。他不仅对扬州地区的一些著名学者如高邮二王，兴化任大椿，仪征阮元，甘泉焦循、凌廷堪、汪中、刘文淇诸人作有评论，还挖掘了一批较少为人知的扬州籍学人，先后写作了《刘永澄传》、《梁于涘传》、《孙兰传》、《徐石麒传》、《蔡廷治传》、《王玉藻传》、《广陵三奇士传》、《朱泽沄传》、《田宝臣传》、《扬州前哲画像记》等，对他们的生平事迹，学术成就等方面作了介绍。刘师培对立传人物的选择，也反映了他个人的学术取向、价值判断。这些传记大多写于 1908 年以前。他表彰“明于君子小人之辨”的刘永澄；大加歌颂“从容就义，不欲与亡臣降子共偷一日之生”的梁于涘；赞扬“不欲以所学媚异姓”的徐石麒；更钦佩有“夷齐耻食周粟之心”的王玉藻。刘师培不是仅仅从民族气节方面肯定扬州学人的，他还从学术角度，总结这些人的学术成就，刘永澄精于理学，其孙刘抬拱及朱泽沄、王懋竑传其学；孙兰精于数学；徐石麒专于词律之学；蔡廷治精治《易》学；田宝臣明于声音训诂之学。为了“彰吾郡学术之盛”，他曾经“三游海陵，咨询田氏学”；为了解王玉藻的生平事迹及寻找佚失的诗文，遍阅浙西诸志，最后“特网罗故乡文献，别为传文一通，以补谢山之缺”；又“征考乡邦文献得廷治事，兼读其遗著数篇，知廷治之学出于云庄”。这些工作对保存学术资料和为后人研究扬州学派提供了不可多得的学术资

① 刘师培：《南北学派不同论》，邬国义、吴修艺编校：《刘师培史学论著选集》，第 177、197 页。

源。由于刘师培的努力，扬州学派作为一个学术群，逐渐引起学者的注意，“扬州学派盛于乾隆中叶，任、顾、贾、汪、王、刘开之，焦、阮、钟、李、汪、黄继之，凌曙、刘文淇后起，而刘出于凌，师培晚出，席三世传经之业，门风之胜，与吴中三惠九钱相望，而渊综广博，实有吴、皖两派之长，著述之盛，并世所罕有也”①。张舜徽在1950年代末撰写的《清代扬州学记》，实为第一部系统研究扬州学派的专著，但开拓者却不能不说是刘师培。

刘师培还写过不少关于清代学者的传记，对于清初大儒颜元，他评价说：“盖先生以用为体，即以用为学，身体力行，一矫讲学空虚之习。至先生论学，惟存性一编，辟宋儒气质之说，实开东原学派之先。”并斥诋毁颜元之学的桐城方氏、武进汤氏是蜉蝣撼大树，“亦何损于先生之万一哉”②。他对戴望的评价也很值得注意：“自西汉经师以经术饰吏治，致政学合一，西京以降，旧学久湮。晚近诸儒，振兹遗绪，其能特立成一家之言者，一为实用学，颜习斋、李刚主启之；一为微言大义学，庄方耕、刘申受启之。然仅得汉学之一体。惟先生独窥其全。故自先生之学行，而治之儒得以窥六艺家法，不复以章句名物为学。凡经义晦蚀者，皆一一发其指趣，不可谓非先生学派启之也。况复明华夏之防，茹□□之悲，蛰居雒诵，不欲以曲学进身，亮节高风，上跻颜李，岂若近儒诂麟经者，饰大同之说，以逞其曲学阿时之技哉。”③

刘师培的上述清代学术史研究论著大多作于辛亥革命前，无论在框架、内容还是观点方面，都可以说达到了时代的高度，对后人的清学史乃至整个中国学术思想史的研究都极具启示意义。

① 尹炎武：《刘师培外传》，《刘申叔先生遗书》卷首。

② 参见《习斋学案序》，《左庵外集》卷一七，《刘申叔遗书》。

③ 刘师培：《戴望传》，《左庵外集》卷一八。

中国近现代史学思潮与流派（1840—1949）

中　册

本册著者　　胡逢祥　王东　李远涛

商務印書館
创于1897　The Commercial Press

2019年·北京

目录

第五章

现代科学实证思潮

第一节　从“科学”到“历史科学”

一、“科学”与“科学主义”

从中国现代史学建设的整个进程看，“科学化”无疑是最早并最具感召力的一种趋势。

在中国传统学术中，本无“科学”之概念。晚明时，徐光启借用儒家经典特别是宋明理学的“格物致知”理念，称传教士利玛窦等带来的西学中有“格物穷理之学”，自此，“格致”二字始有了与今日“科学”相近的含义。进入近代以后，在相当长的一段时间里，人们仍多以此指称来自西方的科技知识，如格致书院、《格致汇编》、格致科等。至 1897 年康有为编《日本书目志》，在“理学总论”[①]中收录《科学入门》、《科学之原理》等书目，由是“科学”这一新名词遂从日本引入国内。20 世纪初年，此概念日益流行，逐渐取代了“格致”一词的原先地位。[②]

“科学”一词在日本的出现，初义为“分科之学”，亦即“学科”之意。稍后则用以统称西方的学术技艺。其在中国，最初的内涵大致亦不出此范围。如 1900 年，杜亚泉在《〈亚泉杂志〉序》中称其旨乃在“揭载格致算化农商工艺诸科学”[③]。王国维《欧罗巴通史序》则谓：“凡学问

---

① 此理学包括物理、化学、天文、气象、地质、博物、生物、人类、动物、植物、哲学、论理、心理、伦理诸学。见《日本书目志》卷二“理学门”，《康有为全集》第 3 集，上海古籍出版社 1992 年版。

② 关于“科学”概念在国内的传播及其含义的变化过程，详请参见樊洪业《从格致到科学》（《自然辩证法通讯》1988 年第 3 期）和《“科学”概念与〈科学〉杂志》等文。

③ 杜亚泉：《〈亚泉杂志〉序》，《杜亚泉文选》，华东师范大学出版社 1993 年版，第 2 页。

之事，其可称科学以上者，必不可无系统。系统者何？立一系以分类是已。分类之法，以系统而异。”[①] 严复的说法，界限似乎要森严些，主张：“凡学必有因果公例，可以教往知来者，乃称科学。”[②] 正是据此界说，陈黻宸认为：“史学者，凡事之所从出也。一物之始，而必有其理焉。一人之交，而必有其事焉。即物穷理，因人考事，积理为因，积事为果，因果相成，而史乃出。”故“史学者，合一切科学而自为一科者。无史学则一切科学不能成，无一切科学则史学亦不能立”。[③] 而就当时学术界的一般认识而言，其对“科学”实多持一种广义的见解，即认为“凡智识之分别部居，以类相从，井然独绎一事物者，皆得谓之科学”[④]。在不少人看来，“科学”不仅是指自然科学，也涵盖了社会学、经济学等社会科学，甚至与史学、文学也有密切的关系。1911 年，王国维还对“科学”与史学及文学的关系作了这样的解释：“凡记述事物而求其原因、定其理法者，谓之科学；求事物变迁之迹而明其因果者，谓之史学；至出入二者间而兼有玩物适情之效者，谓之文学。然各科学有各科学之沿革，而史学又有史学之科学（如刘知幾《史通》之类）。若夫文学则有文学之学（如《文心雕龙》之类）焉，有文学之史焉。而科学、史学之杰作亦即文学之杰作。故三者非斠然有疆界。”[⑤] 认为即使是文学，也存在着研究其学科自身特点和理法的“科学”层面。这些层次不等的解释表明，晚清时期中国知识界对现代科学思想的理解，总体上仍处于初步的输入消化阶段。直到新文化运动时期，始在时事遽变的刺激下，酝酿衍化为一股强大的社会文化与学术思潮。

辛亥革命后，专制帝制虽亡，革命的果实却一度落入窃国大盗袁世凯之手，各地政权多被地主豪强和大小军阀所把持；流窜四处的清室遗老亦不甘寂寞，日夜图谋复辟。这些社会陈腐势力还沆瀣一气，刮起了

① 王国维：《欧罗巴通史序》，《王国维遗书·静庵文集续编》第三册，上海古籍书店 1983 年影印本，第 697—698 页。按：此文作于光绪二十六年十二月，当 1901 年初。

② 王栻主编：《严复集》，中华书局 1986 年版，第 125 页。

③ 陈黻宸：《京师大学堂中国史讲义·读史总论》，陈德溥编：《陈黻宸集》下册，中华书局 1995 年版，第 676 页。

④ 任鸿隽：《说中国无科学之原因》，《科学》1915 年第 1 期。

⑤ 王国维：《国学丛刊序》，《观堂别集》卷四，《王国维遗书》第三册，第 202—203 页。

阵阵尊孔复古之风，甚至接连闹出了“洪宪帝制”和“丁巳复辟”两场丑剧，企图招回旧帝制的亡灵。

但另一方面，也应看到，其时国内的社会进步因素也在日益积聚。民国的建立，对民族资本主义多少是一种激励。特别是第一次世界大战期间，帝国主义列强由于相互厮杀，暂时放松了对中国的经济压制，使民族资本获得了较快发展的机遇。据统计，1913至1915年，平均每年注册的工厂为41.3家；1916至1919年间，平均每年的注册数增至124.6家。[①] 工业投资额也由1913年的不足5000万激增至1920年的1.5亿多。[②] 民族资本的进一步成长，促进了资产阶级、小资产阶级知识分子队伍的扩大和工业无产阶级政治力量的形成，而新的社会力量的增长又必然要萌发出新的社会变革思潮。

显然，形势的发展已使社会新旧力量的公开冲突变得不可避免。面对民国以来的种种腐败情况，一些先进的知识分子痛切感到，中国不仅需要政治革命，还须进行思想文化的根本改造，不然，便无法建设真正的民主政治。1915年，正当复古逆流频频泛起之际，陈独秀等人高举起“民主”与“科学”的旗帜，以飙风疾雨之势，展开了一场具有现代思想启蒙性质的新文化运动。他们痛斥两千年来的君主专制统治及其吃人礼教的流毒，对以孔子儒学为核心的封建旧文化进行了一次彻底清算。这场新旧思潮的大激战，极大地解放了人们的思想，尤其是1919年五四爱国运动的爆发，更将其推进到一个新的发展境界，影响所及，使整个中国现代的政治和文化建设进路，无不深深打上了它的印记。在史学领域，新文化运动的洗礼，不仅使数千年来的旧史学观念受到了比20世纪初新史学思潮兴起时更为深入的批判，还为现代史学的发展直接注入了勃勃生机。

这一时期对史学发展影响最大的，莫过于风靡一时的“科学主义”思潮。这种“科学主义”，不单是指具体的科学研究态度和方法，还旨在提倡一种新的人生观或价值体系。它渊源于19世纪的西方。丹皮尔

① 参见陈真等编：《中国近代工业史资料》第一辑，生活·读书·新知三联书店1957年版，第14页。

② 龚骏：《中国新工业发展史大纲》第18表，商务印书馆1933年版，第118页。

（Sin William C. Daupien）曾指出，19 世纪是“科学的世纪”，由于科技的迅速发展，“人们对于自然的宇宙的整个观念改变了，因为我们认识到人类与其周围的世界，一样服从相同的物理定律与过程，不能与世界分开来考虑，而观察、归纳、演绎与实验的科学方法，不但可应用于纯科学原来的题材，而且在人类思想与行动的各种不同领域里差不多都可应用”[①]，即主张将从自然科学研究中发展出来的方法推广用以认识宇宙万物及与人类生活有关的一切。这种观念，19 世纪末即在国内渐渐传播，至新文化运动时期，更是蔚为风气。一时间，以“科学”命名的杂志如《科学》（中国科学社）、《科学与教育》（济南）、《科学周报》（上海）、《科学周刊》（北京）、《科学月刊》（北京、上海均有）等在各地纷纷出现，讨论科学的文字充斥于各类出版物。“科学”二字赢得了“几乎全国一致的崇信”。[②]

“科学主义”的深入人心，使越来越多的人确认，随着科学的进步，“举凡一事之兴，一物之细，罔不诉之科学法则，以定其得失从违”[③]。而“一切学术，十九都受它的洗礼。即如言奥远的哲学、言感情的美学，甚至瞬息万变的心理，琐碎纠纷的社会，都一一立在科学的舞台上，手携手的向前走着”[④]。陈独秀还强调：“今后我们对于学术思想的责任，只应该把人事物质一样一样地分析出不可动摇的事实来，我以为这就是科学，也可以说是哲学。”[⑤] 在此类信念的主导下，推进人文学术科学化的呼声显得更趋强烈，历史学当然也不能例外。

如胡适就认为，科学方法并非实验科学独享之物，它对于历史学、考据学、语言学等研究也都是最有效的工具。李大钊则从更高的理论层次指出：“史学之当为一种科学，在今日已无疑义”，它不仅要求“取历史的事实而整理之，记述之；嗣又更进一步，而为一般关于史的事实之理论的研究……严正一点说，就是建立历史科学。此种思想，久已广布

---

① 丹皮尔：《科学史》，商务印书馆 1975 年版，第 283 页。

② 胡适语见《科学与人生观序》，《科学与人生观》，上海亚东图书馆 1923 年版。

③ 陈独秀：《敬告青年》，《新青年》第 1 卷第 1 号，1915 年 9 月。

④ 吴稚晖：《科学周报发刊语》，《吴稚晖先生文存》（上），医学书局 1925 年版，第 74—75 页。

⑤ 陈独秀：《答皆平》，《新青年》第 9 卷第 4 号，1921 年。

于世间，这实是史学界的新曙光”。[①] 即使是强调历史学“与自然科学迥殊”的何炳松、陈训慈等人，也不得不承认：“历史还是不失其为一种科学。因为科学是有条理的知识，而历史原来也是有条理的知识；科学的目的，无非是寻求真理；而历史的目的，也是要寻求真理。历史求真的态度，完全是科学的态度。所以历史的形式和精神，虽然远不如自然科学那样的完备和饱满，我们仍旧可以把他列在和自然科学同等的地位里面去。”[②]“史学当有条件的采用科学方法，已为必然之趋势。”[③]

依据这种认识，进步史家就推进历史学科学化的问题提出了种种看法。这些看法，主要集中在以下几方面。

一是强调学科建设及研究当有系统性。在他们看来：“有系统的真智识，叫做科学。可以教人求得有系统之真智识的方法，叫做科学精神。”研究事物时应注意把握其横向联系的“普遍性”和纵向演变的“因果律”，“知道事物和事物互相关系，而因此推彼，得从所已知求出所未知，叫做有系统的智识”。[④] 因此，史学要走向科学化，首先必须加强学科本身的系统建设。胡适就提出：“凡成一种科学的学问，必有一个系统，决不是一些零碎堆砌的知识。”[⑤] 并力图通过倡导所谓“科学方法论”来推进这一建设。李大钊还在《史学要论》中专立“历史学的系统”一节，对历史学的学科体系、内涵构成及各部分的关系作了详尽讨论，为我国现代史学的建设指出了一条切实可行的途径。与此同时，他们还要求在具体的历史研究过程中，改变旧史家的那种随意性和琐碎不当的习气，以科学方法重新梳理史料、总结前人治史方法和研究历史，使之条理系统化。如胡适认为，“中国的国故书籍，实在太没有系统了。历史书一本有系统的也找不到”，因而主张用新的方法去进行整理，“使

---

① 李大钊：《史学要论》，商务印书馆 1924 年版。此见北京师范大学史学所 1980 年印本，第 14、12 页。

② 何炳松：《历史研究法》，《民铎》第 10 卷第 1 号，1929 年 1 月 1 日。

③ 陈训慈：《史学观念之变迁及其趋势》，《史地学报》第 1 卷第 1 号，1921 年 11 月。

④ 梁启超：《科学精神与东西文化》，1922 年 8 月 20 日讲演，《科学》第 7 卷第 9 期；又见《科学通论》，中国科学社 1934 年版，第 45—46、47 页。

⑤ 胡适：《清代学者的治学方法》（1921 年 11 月 3 日），《胡适哲学思想资料选》，华东师范大学出版社 1981 年版，第 20 页。

它成为有系统的”。[①] 并对清儒的治学方法也作了较为系统的总结。李大钊则以其卓越的史识，进一步指出，史学要进至科学的境界，决不能单以史料、史实考证或“完成记述的历史为务”，而当由此“渐进而注意到事实的相互关系，就个个情形理解之，说明之；再进而于理解说明个个事实之外，又从而概括之，推论之，构成一般关于其研究的系统的理论”。

二是提倡客观冷静的治学态度。李大钊指出：“所谓科学的态度，有二要点：一为尊疑，一为重据，史学家即以此二者为可宝贵的信条。凡遇一种材料，必要怀疑他，批评他，选择他，找他的确实的证据；有了确实的证据，然后对于此等事实方能置信；根据这确有证据的事实所编成的记录，所说明的理法，才算比较的近于真理，比较的可信。凡学都所以求真，而历史为尤然。”[②] 这就要求，对前人的记载或研究成果抱一种理性的批判态度，不轻信盲从，“以批评之眼光，严密考查史料全部或一部，推翻许多向所认为可信之著作”[③]。而对研究者自己，则尤应恪守实事求是之方针，以使研究结果尽可能接近或符合实际。

三是方法的科学化。这一点，在当时尤居于核心的地位，按照梁启超的说法：“我国治史者，惟未尝以科学方法驭史料，故不知而作、非愚则诬之弊往往而有。”[④] “因为研究学术的最正当的方法就是科学的方法，所以科学——广义的科学——就是合法的学术”，中国古代的学术思想，虽含有某些科学因素，但由于未经科学方法的处理，仍多为一种“杂乱无章的零碎智识”，故“只可以算得未成形的科学”。[⑤] 这正是五四一代新学者，如梁启超、陈独秀、李大钊、胡适、傅斯年等亟亟于宣传并从事科学方法建设的用意所在。

为了增强科学研究的客观性，有人还提出非功利主义的学术主张。

---

① 胡适：《整理国故的方法》，《东方杂志》第18卷第16号，1921年8月。
② 李大钊：《史学要论》，第14、52—53页。
③ 衡如：《新历史的精神》，《东方杂志》第19卷第11号，1922年6月。
④ 梁启超：《中国历史研究法》，《饮冰室合集·专集之七十三》，中华书局1932年版，第99页。
⑤ 毛子水：《“驳〈新潮·国故和科学的精神〉篇”订误》，《新潮》第2卷第1号，1919年10月。

学术经世、以文载道，是中国传统学术的核心理念之一，20世纪初年，王国维较早对此提出了异议，认为学术研究应超越利害关系之外，而不应视为道德政治之手段，其所求乃“天下万世之真理，故不能尽与一时一国之利益合，且有时不能相容，此即其神圣之所存也”。如专重一时之功利，“求合当世之用”，有时反会自失其价值。[①]后又在《国学丛刊序》中批评了那种以能否直接适用的功利观念确定学问价值的看法，说：“事物无大小远近，苟思之得其真，纪之得其实，极其会归，皆有裨于人类之生存福祉。己不竟其绪，他人当能竟之；今不获其用，后世当能用之，此非苟且玩愒之徒所与知也……世之君子，可谓知有用之用而不知无用之用者矣。”[②]但当时并无多少反响。

新文化运动期间，任鸿隽等人在《科学》杂志上复撰文提倡此道，谓时下许多人谈科学，目光均不脱物质功利一面，其实不然。“科学不以实用始，故亦不以实用终。夫科学之最初何尝以其有实用而致力焉，在‘求真’而已。真理既明，实用自随，此自然之势，无庸勉强者也。”[③]“明乎科学之非物质的、功利的，则当于理性上学术上求科学矣。”[④]开始逐渐得到不少学者的呼应。如顾颉刚就认为：“学的范围原比人生的范围大得多，如果我们要求真知，我们便不能不离开了人生的约束而前进。所以在应用上虽是该作有用无用的区别，但在学问上则只当问真不真，不当问用不用。学问固然可以应用，但应用只是学问的自然的结果，而不是着手做学问时的目的。从此以后，我敢于大胆作无用的研究，不为一班人的势利观念所笼罩了。这一个觉悟，真是我的生命中最可纪念的，我将来如能在学问上有所建树，这一个觉悟决是成功的根源，追寻最有力的启发就在太炎先生攻击今文家的‘通经致用’上。”并声称自己治学信守的是“薄政用而重求是”[⑤]之旨，“吾辈研究历史者注重证据，重证据必重然否，其目的止于求真”[⑥]。孔繁霱在1922年致梁启超的信中也称：“史

---

① 王国维：《论哲学家与美学家之天职》，《王国维遗书·静庵文集》。

② 参见《王国维遗书·观堂别集》卷四。

③ 胡明复：《科学方法论》，原载《科学》1915年第2卷第7期，《科学通论》，第122—123页。

④ 任鸿隽：《科学精神论》，原载《科学》1915年第2卷第1期，《科学通论》，第2页。

⑤ 顾颉刚：《古史辨自序》，《古史辨》（一），上海古籍出版社1982年版，第25—26页。

⑥ 顾颉刚：《厦大之孔诞祝典》，《古史辨》（二），上海古籍出版社1982年版，第127页。

无目的，治史专为治史，不必有为而为。有为必失真，失真则非史。”[①]陈寅恪尤强调：“士之读书治学，盖将以脱心志于俗谛之桎梏，真理因得以发扬。”[②]在他们看来，过分强调学术研究的功利性，易掺入主观偏见，导致干扰其求真与纪实目的的实现。如中国古代史家，虽素重纪实，但因“尤重褒贬是非，而其取材常有所偏，此则有殊于科学的纪实也”[③]。就连一向十分强调以学术经世的梁启超这时也表示：“科学是为学问而求学问，为真理而求真理。”[④]“我国人无论治何种学问，皆含有主观的作用……惟史亦然，从不肯为历史而治历史，而必侈悬一更高更美之目的——如‘明道’、‘经世’等，一切史迹，则以供吾目的之刍狗而已，其结果必至强史就我，而史家之信用乃坠地。此恶习起自孔子，而二千年之史，无不播其毒。”[⑤]

应当指出，这种非功利主义的学术观，正是“科学主义”的典型特征之一。如前所述，五四时期的科学思潮系由西学东渐冲击而成，而西方的科学概念本导源于古希腊。在古希腊的流行观念中，科学乃是对于永恒不变的知识对象的追求，它崇尚为求知而求知的精神，即主张在研究中收敛有关实用的观念，以超越一切现实利害或道德价值的姿态，观察客观对象，使研究结果不偏不倚；而历史学，初因崇拜赞美英雄神灵或对人们的行为进行教诲的实用需要而起，它所提供的只是始终处于无组织变化状态的经验事实，无法从中抽象出可确切证明的普遍判断或不变法则，故“根本上并不是一门科学，而只是知觉的集合”[⑥]。近代以来，历史学既在西方渐被认作一门科学，受到科学精神的涵摄，则“为历史而历史”的观念自然会应运而生并得到强调。

诚然，“为历史而历史”，认为学术研究可以完全排除主观因素而趋于纯客观的看法并不现实。因为任何人的思想行为都不可能超脱一定时

① 孔繁霱：《讨论中国历史研究法》，《改造》第4卷第8号，1922年4月。
② 陈寅恪：《清华大学王观堂先生纪念碑铭》（1929），《金明馆丛稿二编》，第246页。
③ 陈训慈：《史学观念之变迁及其趋势》，《史地学报》第1卷第1号，1921年11月。
④ 梁启超：《科学精神与东西文化》，《科学通论》，第45页。
⑤ 梁启超：《中国历史研究法》，《饮冰室合集·专集之七十三》，第31页。
⑥ 柯林武德：《历史的观念》，何兆武、张文杰译，中国社会科学出版社1986年版，第28页。

代或认识能力上的局限，尤其是像历史研究这类社会性很强的精神思维活动，更免不了会或多或少、有意无意地掺入主观色彩。但必须看到，这种观念在当时却有着积极的意义。

首先，它否定了旧史学专以维护帝王统治及其礼教纲常为务的功能观。如时人梁绳筠认为，旧史家治史，特重垂训主义与资治主义，“所以那‘无裨治道，不关理乱’的材料一概置而不录”[①]，致使其研究范围日趋狭窄。还有人指出，旧史所记“率为帝王之更迁，国势之兴衰，战争之胜负；甚至记载妖祥，歌功颂德，而于人生有关之发见发明，则屏而不录。以为历史之唯一基础，即为政治事实”，这种“历史之政治色彩极其浓厚，于是其所叙之事，且不遑求真确矣”。[②]特别是中国古代，史学一直受到专制统治的严格控制，从研究的主导意识、内容乃至义例，无不以其政治需要为转移，这就不能不在相当程度上限制了自身的独立发展，故尤须提倡现代科学独立不羁的治学精神。可见，上述反传统观念的提出，对于克服旧史学过分依附于君主政治之弊实为一种必要的针砭和“矫枉”，对于健全我国史学的学科独立发展机制更是一种有力的推动。顺便指出，这种学术研究和学科建设的独立化趋势，也正是世界各国的学术发展进入近代化和科学化的重要前提与标志。

其次，它所倡导的纯客观研究，还在相当程度上激发了其时知识界破除迷信、追求真理的科学精神。自然，求真意识并不倡自新文化运动时期，中国古代的史学就向以兼重“纪实”与“经世”号称于世，但对于如何从理论和实践的结合上处理好两者的关系，却始终未得到真正的厘清。史学史上，混淆历史与现实的界限，胡乱比附，为了“经世”的实用目的而随意曲解史实的情况屡见不鲜。新文化运动时期的这种非功利主义学术观，则毫不含糊地提出应将两者的关系统一到“求真”的基点上，强调只要出于求真的需要，可以先抛开应用的念头，也就是说，在研究中应尽量“裁抑其主观而忠实于客观”。[③]如陶孟和认为：“我们不能用主观的、神学的、玄学的或国家主义的考察去研究历史。我们要

① 梁绳筠：《历史谈》，《史地丛刊》第1卷第2期，1921年2月。

② 衡如：《新历史之精神》，《东方杂志》第19卷第11号，1922年6月。

③ 梁启超：《中国历史研究法》，《饮冰室合集·专集之七十三》，第31页。

采用客观的、科学的方法考究历史的真象。”[①]梁启超说得更实际一些：“欲为纯客观的史，是否事实上所能办到，吾犹未敢言。虽然，吾侪有志史学者，终不可不以此自勉，务持鉴空衡平之态度，极忠实以搜集史料，极忠实以叙论之，使恰如其本来。”[②]这些看法，显然有其合理的一面。如进一步结合前引诸家有关论述及其史学实践，作综合的观察，则更可清楚感受到，他们的本意并不在笼统地否认史学的社会功用，而在于强调：史学的功用只有在求真的基础上才能真正实现，而绝不能因求应用而损及求真。如梁启超在晚年仍认为：“历史的目的在将过去的真事实予以新意义或新价值，以供现代人活动之资鉴。”不过前提是“必定要先有真事实”，然后才能“致用”。[③]顾颉刚等学者虽极力倡导过“为学问而学问”的主张，但在日本对华侵略日趋加剧之时，也都纷纷投身于民族救亡运动，自觉地把历史研究与时代使命结合到了一起。

二、史学“科学化”的两种路向

应当看到，流行于五四时期的“科学主义”是一个颇为宽泛的概念，在一派响遏行云的宣传、赞同声中，其实包罗着各种不同的政治和学术见解。在史学领域，同样如此。特别是从史学实践的层面看，尽管学术界在确定上述现代史学的建设目标上并无太大的分歧，但因各家对“科学化”含义的不同理解，其具体实施路径又往往表现为两种不同的取向。

一是直接比附于自然科学的现代史学建设路向。

这可以胡适和傅斯年为代表。胡适一生倡导运用科学方法治学，自谓其所崇信的实验主义方法“就是科学家在实验室里用的方法”和“科学实验室的态度”。[④]在他看来，就方法论而言，哲学、史学等学科与

① 陶孟和：《新历史》，《新青年》第8卷第1号，1920年9月。
② 梁启超：《中国历史研究法》，《饮冰室合集·专集之七十三》，第31页。
③ 梁启超：《中国历史研究法补编》，《饮冰室合集·专集之九十九》，第5页。
④ 胡适：《〈实验主义〉引论》，《新青年》第6卷第4号，1919年4月15日。

自然科学间并无本质的区别，清代朴学在方法上的科学性与西方近代科学是同等的，只是由于两者研究的材料和范围不同，前者仅施之于典籍文字资料，后者则以蕴有无穷实物材料的自然界为考察对象，才造成了结果的不同。① 傅斯年的态度更为鲜明，他一再强调："语言历史学也正和其他自然科学同目的、同手段，所差只是一个分工。" ② 而史语所的工作目标，就是要把"历史学、语言学建设得和生物学、地质学等同样"。为了实现这一理想，他不仅极力主张在研究中加大田野考古和实地调查等"实验"性环节的比重，自称："我们不是读书人，我们只是上穷碧落下黄泉，动手动脚找东西！"还把史学"科学化"的全部工作，从一般意义上的史学收缩到了史料学的范围内，认为编史、论史和阐述历史哲学，都带有很大的主观成分，完全受看不见摸不着的观念支配，缺乏一般实验科学所应具备的客观是非评判依据。唯有史料学，其所研究的是现实存在的文字资料或历史遗存实物，有着与自然科学相仿而比较确定的对象和验证依据。因此，他认定，在旧史学的范围中，能够进入近代科学殿堂占据一席之地的，只有史料学。并谓，历史本无"定例"，"科学史学"的任务只在就史料以见史实。其治史名言："一分材料出一分货，十分材料出十分货，没有材料便不出货……我们存而不补，这是我们对于材料的态度；我们证而不疏，这是我们处置材料的手段。材料之内，使他发现无遗，材料之外，我们一点也不越过去说。" ③ 也正是本此原则而发的。

二是以社会科学为比照模式的建设路向。

社会科学是关于社会的系统知识体系，起先出现在一些以较直观社会现象为研究对象的学术领域，如社会学、经济学、政治学、法学等，后渐扩展至人文学术领域。在我国，史学等人文学科的社会科学化则是在社会学的直接影响下起步的。

---

① 胡适：《治学的方法与材料》，《胡适文存》第三集卷二，黄山书社 1996 年版，第 97 页。

② 傅斯年：《〈语言历史学研究所周刊〉发刊词》，《语言历史学研究所周刊》第 1 集第 1 期，1927 年 11 月 1 日。

③ 傅斯年：《历史语言研究所工作之旨趣》，《国立中央研究院历史语言研究所集刊》第一本第一分册，1928 年 10 月。

社会学是19世纪中叶兴起于西方的一门社会科学，实证主义的创始人孔德认为，社会现象尽管看上去变化无常，较自然现象更为复杂，但同样受到某种自然规律的支配，因而完全可以通过观察、实验、比较等实证科学的方法去发现这些规律。这一主张经英国社会学家斯宾塞和史学家巴克尔的继承发展，形成了以探究历史规律为目标的早期实证史学模式。19世纪末至20世纪初，斯宾塞和巴克尔的著作相继传入中国，对于引导国内史学的社会科学化起了一定的催化作用。新文化运动以后，史学的社会科学化出现了两种倾向：

一种是继续20世纪初以来的努力，更为广泛地吸取各种社会科学的理论与方法，以推进史学的学科独立与知识结构重新整合，侧重于从宏观角度讨论社会历史的演变趋势。其情形正如有人所说的，“社会科学和历史科学彼此交互影响的关系，在近今几乎是分不开来的：社会科学每有所见，必定立刻要影响到历史科学；而历史科学每有所得，也必定要影响到社会科学”。“社会科学之进步，以其论断来研究历史，历史的眼光便宽展了许多，而历史的事件，为从前所不注意的，也都显出它的真价值来了。”[①]1920年朱希祖出任北京大学史学系主任后，还按照“研究历史，应当以社会科学为基本科学”[②]的理念，对史学系课程作了改革，确定“以社会学、政治学、经济学等社会科学为史学基本知识，列于必修课……使学生一改其研究史学之心理，不致专以多识史事为史学”，以便将旧日“文学的史学，改为科学的史学”。[③]这些人虽已不再如20世纪初年那样热衷于谈论历史的“公理公例”，但仍有人对此持肯定的态度，认为“虽然人类活动非常复杂不定，但从‘大势’上观察出共同趋向和变迁线索，是很可能的”。[④]

另一种是在唯物史观基础上建立起来的历史学科。在这方面，最

---

① 李璜：《历史学与社会科学的关系》，《东方杂志》第23卷第20号，1926年10月。

② 朱希祖：《〈新史学〉序》，刘寅生、房鑫亮编：《何炳松文集》第3卷，商务印书馆1996年版，第3页。

③ 朱希祖：《北京大学史学系过去之略史与将来之希望》（1929年12月17日），《国立北京大学纪念刊》第三册，台北传记文学出版社1972年影印本。

④ 徐琚清：《谈谈历史》，《燕大月刊》第4卷第2期，1929年4月。

早迈出实质性步伐的是李大钊，后经郭沫若、吕振羽、翦伯赞、范文澜等一批马克思主义史家的努力，逐步形成了一个较为完整的理论与实践体系。这一体系，不仅进一步确认了历史学是一门探索人类社会发展规律的科学，还运用唯物史观的原理，以各时代经济基础的变化为主要依据，结合其政治、文化等因素，从宏观的视角对社会历史的发展进程和特点展开了综合考察和解释，从而把历史学的科学化推进到一个新的境界。

以上两种“科学化”的努力，尽管取径不一，程度也有深浅，但都从不同的角度有力地促进了我国现代学术的建设。

当然，对于人文学术“科学化”的走向，现代学术界也存在着另一种声音。针对那种处处比附“自然科学”的“科学化”做法，批评者指出其完全忽视了人文学术的自身特点，只会将之引入歧途。

还有不少人则对历史是否存在规律的问题提出了质疑或反对。如柳诒徵认为：“史非文学，非科学，自有其封域……近人欲属之科学，而人文与自然径庭，政治、经济、社会诸学皆产于史，子母不可偶，故吾尝妄谓今之大学宜独立史学院，使学者了然于史之封域非文学、非科学。”[①] 陈训慈还指出：不能将社会现象与自然界现象等同而观，因自然现象可任意分析、综合，“人类自个别事实以外，实有强烈不可离析之全体性”；“自然界无精神的原动力，人事演进则全以心理为其主原”[②]；“自然界已全然存在，虽繁复而可试验；而史则上推无始，前进无穷，错综繁博，其性质全异于他学。故吾人推求因果，亦但就可能之内，有以殊于自然界必定之因果。故史是否科学，在今日尚为问题”。并称：详考史学之性质，“最近学者皆确信其与自然科学迥异。故纵多以科学相称者，亦必申明其非自然科学之意。然则史学之所包含者广，吾人但求其实际之裨益，初无须以为必成科学，而后足见史学之伟大也”。[③] 何炳松也强调：“至现代自然科学及社会科学发达以来，史学一门，颇受影响。世之习史者，不谙史学之性质及其困难，妄欲以自然科学之方法

---

① 柳诒徵：《中国文化史·弁言》，中国大百科全书出版社 1988 年版。

② 陈训慈：《史学蠡测》，《史地学报》第 3 卷第 1、2 合期。

③ 陈训慈：《史学观念之变迁及其趋势》，《史地学报》第 1 卷第 1 号，1921 年 11 月。

施诸史学，以求人群活动之因果；或欲以社会科学之方法施诸史学，以求人群活动之常规。其言似是，其理实非。”因史家所求乃在具体事实之因果关系而非定律。“盖定律以通概为本，通概以重复为基。已往人事，既无复现之情；古今状况，又无一辙之理，通概难施，何来定律乎？”史学之被称为“科学”，实际上仅是从“其为有条理之智识”和倡导“志切求真”的科学精神看，尚不失某些“科学”的特征之故。[①]这种看法，实际上是只承认历史学的方法有可能实现部分的“科学化”，但却不可能使历史学本身成为一门现代科学。正是这种不满情绪，促使一些学者在时代学术主潮急趋“科学化”之际，试图另辟现代学术建设的蹊径以纠其“偏”。如当时朱谦之就指出，鉴于以胡适和傅斯年为代表的“考古及考证派”只重史料搜集整理，“唯物史观派”则又“理论多而事实少”且存在“公式主义”倾向，应发起一场“现代史学运动”，综合“历史上记述主义与推理主义”的理念，以推进史学的发展。[②]

这些批评，虽然不尽正确，有的甚至还包含着谬误，但也不乏中肯之处。事实上，作为中国现代史学发展主流的“科学化”实践，本身绝非十全十美，特别是存在着明显的“泛科学主义”倾向，最常见的是，在分析某些历史现象时，为了说明“规律”的存在，往往比较强调其“共性”和“刚性”的一面，而忽略其个性与多样化的趋势。如胡适为了证明中西文化的差异实为一种古今时代之差，摆出的依据就是：“文化是民族生活的样法，而民族生活的样法是根本大同小异的。为什么呢？因为生活只是生物对环境的适应，而人类的生理的构造根本上大致相同，故在大同小异的问题之下，解决的方法也不出那大同小异的几种。”如果我们承认这一点，那么，各民族的发展道路也必然大同小异，“我们拿历史的眼光去观察文化，只看见各种民族都在那‘生活本来的路’上走。不过因环境有难易，问题有缓急，所以走的路有迟速的不同，到的时候有先后的不同”。[③]从而完全否认了各民族文化发展的特殊性。郭沫

① 何炳松：《历史研究法·绪论》，《何炳松文集》第4卷，第12、15页。

② 朱谦之：《中国史学之阶段的发展》，《现代史学》第2卷第1、2期，1934年5月25日。

③ 胡适：《读梁漱溟先生的〈东西文化及其哲学〉》，陈崧编：《五四前后东西文化问题论战文选》（增订本），中国社会科学出版社1989年版，第547—548、550页。

若在《中国古代社会研究》中为了论证五种社会形态对各国历史的普遍适用性，也从人类生理发展的共性引出了这样的道理："只要是一个人体，他的发展，无论是红、黄、黑、白，大抵相同。由人所组织成的社会也正是一样……中国人不是神，也不是猴子，中国人所组成的社会不应该有什么不同。"[①] 实践证明，这种带有"自然主义"机械论倾向的思维模式，在考察判断复杂的社会人事和精神现象时，往往易陷于公式化、绝对化，甚至教条主义之中。

三、"科学史学"的实践探索

在科学观念的主导下，新史家们展开了一系列深入的实践探索，其中影响和成果最显著的当推整理国故和古史辨运动对传统文献的系统清理、以史语所为代表的田野考古和调查，以及马克思主义史家对社会发展规律的探究。兹就整理国故运动和20世纪二三十年代的田野考古情况略作考察。至于古史辨和马克思主义史学的活动，后文将另作专题讨论。

（一）整理国故运动的兴起及其对传统学术的改造

整理国故的明确提出，较早见于北大的《新潮》杂志。1919年5月至10月，该刊先后发表毛子水的《国故和科学的精神》和《"驳〈新潮·国故和科学的精神〉篇"订误》，其中谈到，所谓"国故"，乃中国民族过去的学术思想和历史，就学术形态而论，"国故是过去的已死的东西，欧化是正在生长的东西，国故是杂乱无章的零碎智识，欧化是有系统的学术。这两个东西，万万没有对等的道理"。由于中国古代学者"多没有科学的精神，所以国故里面虽然含有各种科学的零碎材料，实在没有一种学术有现代科学的形式的"。只有"用科学的精神去研究国故"，才能揭示其"从前的学术思想和中国民族所以不很发达的缘故，

---

① 郭沫若：《中国古代社会研究·自序》，人民出版社1954年版。

我们亦就可以知道用什么法子去救济他”。[①] 傅斯年对此深表赞成，亦主张“研究国故必须用科学的主义和方法”，即以整理国故而不是“追摹国故”的态度，“把我中国已往的学术、政治、社会等做材料研究出些系统的事物来，不特有益于中国的学问界，或者有补于‘世界’的科学”。[②] 而胡适则在给毛子水的信中，一面对之表示声援，一面对其观点的偏激处作了纠正，指出毛氏有些过于轻视整理国故的意义，以为“现在整理国故的必要，实在很多，我们应该尽力指导‘国故家’用科学的研究法去做国故的研究，不当先存一个‘有用无用’的成见，致生出许多无谓的意见”[③]。在此基础上，又于年底发表《新思潮的意义》一文，将“研究问题，输入学理，整理国故，再造文明”[④] 定为新文化运动的基本目标。声称：“若要知道什么是国粹，什么是国渣，先须要用评判的态度，科学的精神，去做一番整理国故的功夫。”并谓：“整理就是从乱七八糟里面寻出一个条理脉络来；从无头无脑里面寻出一个前因后果来；从胡说谬解里面寻出一个真意义来；从武断迷信里面寻出一个真价值来。”[⑤]

胡适的倡议，很快得到了北大学者，尤其是新文化阵营人士的赞同，经过一番酝酿，遂于1922年1月率先成立了北京大学研究所的第一个专业分支研究机构国学门，以推动此项工作的开展。随后，又由胡适代表国学门同人起草《〈国学季刊〉发刊宣言》，详细阐述了整理国故应取的目标、方法、步骤和工作范围。并在总结清代朴学研究得失的基础上，提出了整理国故的三条方针：“第一，用历史的眼光来扩大国学研究的范围。第二，用系统的整理来部勒国学研究的资料。第三，用

---

① 毛子水：《国故和科学的精神》，原载《新潮》第1卷第5号，1919年5月，陈崧编：《五四前后东西文化问题论战文选》（增订本），第128、129、134、131页。

② 傅斯年：《毛子水〈国故和科学的精神〉附识》，陈崧编：《五四前后东西文化问题论战文选》（增订本），第140、141页。

③ 见毛子水《“驳〈新潮·国故和科学的精神〉篇”订误》文末，原载《新潮》第2卷第1号，1919年10月。

④ 胡适：《新思潮的意义》，《胡适文集》第3册，人民文学出版社1998年版，第343页。

⑤ 胡适：《新思潮的意义》（1919.11.1），原载《新青年》第7卷第1号，1919年12月，见《胡适文存》第一集卷四，黄山书社1996年版，第533、523—533页。

比较的研究来帮助国学材料的整理与解释。”主张打破一切门户成见，拿历史的眼光来统整一切，无论是高文典册的经史和文学，还是民间小儿女的歌谣和通俗戏曲小说等，都应纳入研究范围，“还他一个本来面目，然后评判各代各家各人的义理的是非”。文中还参照西方“汉学”的定义，对“国学”两字提出了新的解释，认为“中国的一切过去的历史文化都是我们的‘国故’；研究这一切过去的历史文化的学问，就是‘国故学’，省称为‘国学’”，亦即有关传统文化研究之学，而非如国粹派那样将其直视为“民族文化”本身。在整理方法上，他建议采用索引式（编写书籍或资料索引）、结账式（汇总重要典籍的校勘、注释和考证成果）、专史式等方法，系统整理资料，使之条理化。同时打破闭关孤立的态度，关注并努力吸取欧美日本现代学术的长处，“虚心采用他们的科学的方法，补救我们没有条理系统的习惯……材料上，欧美、日本学术界有无数的成绩可以供我们的参考比较，可以给我们开无数新法门，可以给我们添无数借鉴的镜子”。[①] 希望通过运用西方学理批判、清理和改造中国旧有的学术体系，将之导入现代国际学术潮流。

依据上述方针，北大研究所国学门在传统典籍和档案史料的整理研究，民歌、风俗和方言资料的搜罗，以及文物征集和古迹遗址的实地勘察等方面，积极开展工作，并在学术界产生了广泛影响。在它的带动下，整理国故一时蔚为风气，东南大学、厦门大学、中山大学、清华大学等学校，乃至国内不少教会大学都竞起仿效，成立了国学研究院或类似的研究机构；数年之间，一大批相关论著和数十种打着“国学”招牌的杂志纷纷问世；一些媒体还特邀胡适、梁启超等名流学者为青年开出了包括一二百种典籍的所谓国学“最低限度书目”和“入门书要目”，加以讨论，为之推波助澜；更具深远意义的是，在高校系统，通过学科设置、课堂讲授、专业训练等一系列环节，将“用科学方法整理国故”的理念、方法和研究模式等深深植入整个教育和科研体制中，有的一直沿用至今。

---

① 胡适：《〈国学季刊〉发刊宣言》（1923.12.1），《胡适文存》第二集卷一，黄山书社 1996 年版，第 13、6、12 页。

整理国故运动所以能在学术界很快得到广泛的响应，最值得关注的因素约有两端：第一，这场学术革新运动的整个操作与本土学术资源之间实现了较好的对接，这不仅表现在其研究对象本是国人熟悉的传统文化，更主要的是其所倡导的“科学方法”还在中国学术传承系统中找到了相应的接榫点。众所周知，整理国故运动的方法论核心是来自西方的科学实证论，尽管当时国内学术界直接受到这方面训练的人员并不多，但据胡适的考察和研究，认定中国古代的考证学，尤其是清代朴学所用的正是“归纳和演绎并用的科学方法”[①]。这一结论的发表，极大地鼓舞了国内许多原先深受清代考据学熏陶的学人，并动员他们很快聚集到“科学实证”的旗帜下，驾轻就熟地加入到似曾相识的整理国故的实践中。第二，它也在一定程度上为学术界郁结已久的民族自强意识提供了某种宣泄的契机。尽管胡适本人并不主张以学术活动伸张民族主义，但晚清以来列强交侵和传统文化在西学强势冲击下日显疲态的现实，已使不少有识之士在痛感中国学术不竞之余，开始不断地寻思重振之道。蔡元培留欧期间，见其“汉学”研究之发达，就曾发出过这样的感慨：“中国之地质，吾人未之绘测也，而德人李希和（李希霍芬）为之。中国之宗教，吾人未之博考，而荷兰人格罗为之。中国之古物，吾人未能为有系统之研究也，即法人沙望（沙畹）、英人劳斐（劳费尔）为之。中国之美术史，吾人未之试为也，而英人布绥尔爱铿、法人白罗克、德人孟德堡为之。中国古代之饰文，吾人未之疏证也，而德人贺斯曼及瑞士人谟脱为之。中国之地理，吾人未能准科学之律贯以纪录之也，而法人若可侣（邵可侣）为之。西藏之地理、风俗及古物，吾人未之详考也，而瑞典人海丁（斯文·赫定）竭二十余年之力考察而纪录之。辛亥之革命，吾人尚未有原原本本之记述也，法人法什乃为之……庖人不治庖，尸祝越俎而代之，使吾人而尚自命为世界之分子者，宁得不自愧乎？吾人徒自愧，无补也。无已，则亟谋所以自尽其责任之道而已。”[②]陈垣和傅斯年等人“应

① 胡适：《清代学者的治学方法》，《胡适文存》第一集卷二，黄山书社 1996 年版，第 288 页。

② 蔡元培：《〈学风〉杂志发刊词》，原载 1916 年世界社编印《旅欧教育运动》，收入《蔡孑民先生言行录》（新潮社 1920 年原编），广西师范大学出版社 2005 年版，第 188—189 页。

当把汉学中心夺回中国”[1]和“我们要科学的东方学之正统在中国”[2]的呼喊，以及陈寅恪感慨于“群趋东邻受国史，神州士夫羞欲死”[3]，痛陈当日学术界种种落后之状，要求将“本国学术之独立”，确定为大学基本职责，并谓此“实系吾民族精神上生死一大事者”[4]，表达的都是这种心情。因此，当整理国故运动兴起时，这些人差不多都以不同的方式积极投入其中，将之视为改造和振兴民族学术的重要途径，从而在短时间内迅速壮大了该运动在全国学术思想界的声势。

当然，必须指出，整理国故运动与20世纪初年的国粹主义思潮，虽同以传统学术文化为其研治对象，在概念、范畴和某些方法上也不乏相通之处，但两者的根本精神却是不同的。这主要表现在：

首先，从价值体系看，国粹派倡导的“国学”，总体上仍秉持“合致用与求是二者冶为一炉”[5]的方针，即兼顾传统文化原有的“道”（德性及价值观念等）、“学”（治学方法及知识积累）两方面内容，且其重点，似更强调“道”的一面，尽管他们对儒家热衷功名利禄和为君主服务的观念有所批判，但侧重点则颇欲发掘传统文化中有关民本、民族大义和躬行道德等精义，以为现实所用。[6]而胡适等人的认识则反是，他们对于传统学术中的“道”基本持完全否定态度。在他们看来，“国故”只是一种业已过去的陈迹，即令其历史上有过积极作用，在现代也无任何生命价值，而只能供作科学研究的对象，“‘国故学’的性质不外乎要懂得国故，这是人类求知的天性所要求的。若说是‘应时势之需’，便

---

① 1962年郑天挺回忆和1978年翁独健回忆，转引自刘乃和：《书屋而今号励耘》，《励耘书屋问学记》，生活·读书·新知三联书店1982年版，第152—153页。

② 傅斯年：《历史语言研究所工作之旨趣》，蒋大椿主编：《史学探渊——中国近代史学理论文编》，吉林教育出版社1991年版，第503页。

③ 陈寅恪：《北大学院己巳级史学系毕业生赠言》（1929），浦江清：《清华园日记·西行日记》，生活·读书·新知三联书店1987年版，第42页。

④ 陈寅恪：《吾国学术之现状及清华之职责》（1931），《金明馆丛稿二编》，生活·读书·新知三联书店2001年版，第361、363页。

⑤ 章太炎：《章太炎论今日切要之学》，《中法大学月刊》第5卷第5期。

⑥ 在这方面，胡逢祥《社会变革与文化传统》（上海人民出版社2000年版）已有相当说明，兹不展开。

是古人‘通经而致治平’的梦想了”[①]。并声称他们的整理国故原是为了“打鬼”和“捉妖”，以便搜出证据，显出其原形，向它施上“最后一刀”。[②]这层用意，其学生毛子水点得更透，说：国故如同死人，“我们研究国故，好像解剖尸体，科学的精神就是解剖尸体最适用的器具”[③]。钱玄同也说：“研究中国的学术等于解剖尸体。就解剖而言，目的在求知该尸体的生理和病理……万万没有把它放在活人堆里，与他酬酢的道理。所以研究中国的学术和‘发扬民族魂’是相反的；我赞同‘整理国故’而反对‘宣扬国光’。”[④]因此，他们所提倡的整理国故，从理论上看，实际上只肯定了其从语言文字到整个文化历史方面的知识价值。至于“道”的部分，除了严词抨击，判定其应为中国近代的种种疲态负责而唯恐弃之不速外，并未去作认真深入的“整理”。

其次，从研究方法看，国粹派虽也提出过“凡国学微言奥意，均可藉晳种（指西方）之学，参互考验以观其会通”[⑤]的主张，并能在实践中注意吸收进化论等观念，但就其方法论的主体而言，始终保持着浓厚的本土色彩。整理国故运动则完全转向了以西方实证科学及其逻辑方法为准则的路径。对于这一路向，作为该思潮灵魂人物的胡适在留美期间就开始有所尝试，其博士论文《中国古代哲学方法之进化史》（即《先秦名学史》）的写作就是如此，用他自己的话来说：“我们若想贯通整理中国哲学史的材料，不可不借用别系的哲学，作一种解释演述的工具。”[⑥]回国后，更是在各种场合宣传这一主张。整理国故运动中，这一学术理念日益成为新派学人的共识。其学生毛子水即认为：国故原非“用科学的方法所得的结果，所以都不能算得合法的学术”，必须用现代西方培

---

① 胡适致毛子水函，见毛子水《“驳〈新潮·国故和科学的精神〉篇”订误》文末，《新潮》第2卷第1号，1919年10月。

② 胡适：《整理国故与“打鬼”》，《胡适文存》第三集卷二，第104页。

③ 毛子水：《“驳〈新潮·国故和科学的精神〉篇”订误》，《新潮》第2卷第1号，1919年10月。

④ 钱玄同：《敬答穆木天先生》（1925.6.28），原载《语丝》第34期，收入《钱玄同文集》卷二，中国人民大学出版社1999年版，第188页。

⑤ 《拟设国粹学堂启》，《国粹学报》1907年第26期。

⑥ 胡适：《中国哲学史大纲（上）·导言》（1919），东方出版社2004年版，第21页。

根以来形成的科学精神从事整理，方能予以科学的形态，故“不是曾经抄拾过欧化的人，不是用科学的方法，一定不能整理国故——就是整理起来，对于世界的学术界，也是没有什么益处的”。[①] 这一事业的有力支持者蔡元培也强调：“西洋发明的科学，固然用西洋方法来试验，中国的材料——就是中国固有的学问，也要用科学的方法来整理他。”[②] 尽管他们对清代以来的传统考据学也表示了相当肯定，但这种肯定及其对“国粹”、“国渣”的判别，同样是以西方学术规范及其价值尺度衡量为前提的，也即是说，清代考据学所以至今人不失其价值，乃是因为它在方法上正好与西方现代科学有所合辙的缘故。

第三，从学科整体架构看，国粹派虽在传统学术的讨论中借助过西方现代学术的分类概念（如刘师培的《周末学术史总序》等），却并未真正脱出旧学的框架，这在《国粹学报》的栏目设置上便有明显反映：该刊初分政、史、学、文等篇，继增博物、美术篇，最后改为通论、经、史（包括政治、地理、目录三学）、子（附理学）、文（附小学）、博物、美术（附金石学）诸篇，可见仍维持着传统学术的基本分类体系。而在整理国故运动的发起者看来，“中国古代的学术思想向来没有条理，没有头绪，没有系统”[③]，“率有混沌紊乱之景象”[④]，全不符现代学术的规范，因而主张全按西方学术的模式改造并取代旧学的架构。胡适在《〈国学季刊〉发刊宣言》中提出“用系统的整理来部勒国学研究的资料”，并列出“国学研究的系统”至少应包括民族、语言文字、经济、政治、国际交通、思想学术、宗教、文艺、风俗和制度诸文化专史，目的正在于通过对传统学术资源的整理和参照西学分类的重新编列，将其融入现代学术体系之中，使之既得以新面目延展于世，亦便于同国际学术的沟通接轨。

---

① 毛子水：《“驳〈新潮·国故和科学的精神〉篇”订误》，《新潮》第2卷第1号，1919年10月。

② 蔡元培：《北大成立二十五周年纪念会开会词》（1922.12.17），《蔡元培全集》卷四，中华书局1984年版，第296页。

③ 胡适：《新思潮的意义》，《胡适文存》第一集卷四，第533页。

④ 马叙伦：《国立北京大学研究所整理国故计划书》，《北京大学日刊》1920年10月19日。

整理国故运动的兴起，当时就在学术界激起了不同的反响，赞成者固然不少，反对者亦大有人在，批评的意见主要来自两方面。

一种是新文化阵营内更为激进的声音。如成仿吾就认为，国学运动“不过是要在死灰中寻出火烬来满足他们那‘美好的昔日’的情绪……所以假使国粹派称新文化运动为清谈，我们当称这种国学运动为清谈中之清谈，遗害更加百倍的清谈”，其结果，“充其量不过能造出一些考据死文字的文字，充其量不过能增加一些更烦碎的考据学者”。[①] 沈雁冰则称，在新文化建设根基未牢之际，便急着去倡导整理国故，不但“国故并未能因多数人趋时的‘整理’而得了头绪，社会上却引起了‘乱翻古书’的流行病，攘夺了专家的事，放弃了自己眼前能做而且必须做的事情”。[②] 陈独秀、鲁迅、吴稚晖等也都对此发出了严厉的批评。

而站在“同情”传统文化立场的文化保守主义人士，则对胡适等人的上述主张提出了另一种质疑。在他们眼里，国学依然是一种具有现实生命力而可延续的文化传统，故不应将整理国故视同“解剖尸体”，且“国故之生死，将视治之者之如何。使国人皆弃置之勿复顾，或即治之而但为陈死人之陈列，不求进步，不肯推故演新，则信乎其且死矣！使国人之治之者尚众，肯推已知而求未知，为之补苴罅漏，张皇幽眇，使之日新月异，以应时势之需，则国故亦方生未艾也”[③]。老派学者孙德谦还强调，考据实证虽被人誉为“科学方法”，但仅此并不足当“国学”之名，而当注重探索其义理，万不可以“寻章摘句，繁称博引”为极则，“夫国学而仅以考据当之，陋孰甚焉。今夫学亦求其有用耳，宣圣赞述六经，为万世治术之本。即周秦道墨诸家，亦何尝空言无用，不足见之行事哉？”[④] 现代新儒家梁漱溟也对那种专务典章制度文物和文献考索的“国故家”十分不满，认为这样做，只不过是“堆积一些陈旧骨

---

① 成仿吾：《国学运动的我见》，原载《创造周报》第 28 号，1923 年 11 月；又见《成仿吾文集》，山东大学出版社 1985 年版，第 143、145 页。

② 沈雁冰：《进一步退两步》，原载《文学旬刊》第 122 期，1924 年 5 月 19 日；又见北京大学中国现代文学教研室等编：《中国现代文学史参考资料 · 文学运动史料选》（一），上海教育出版社 1979 年版，第 335 页。

③ 张煊：《驳〈新潮 · 国故和科学的精神〉篇》，《国故》1919 年第 3 期。

④ 孙德谦：《评今之治国学者》，《学衡》1923 年第 23 期。

董”和“死板板的烂货”[①]，绝不能昭示出中国文化的真实生命所在。熊十力更是指责：“国内各大学文学院及文科研究所本当为高深思想之发生地，而今则大都以无聊之考据为事。士之狃于俗尚而无独立创辟之智与勇，非三百年来汉学积习锢之者深欤！”[②]

不过，这些批评并未能改变整理国故运动的基本发展态势。从整个中国学术的现代转型看，这场运动的最成功之处，乃在将其理念确确实实地植入了新的教育和科研体制中，从而在我国现代人文学术的学科设置、内容布局以及研究模式的确立上，都刻下了不可磨灭的印记。

这种现象的产生，并非偶然，而是有其深刻历史背景的。众所周知，作为国学核心成分的传统学术，历经数千年的文化积淀与锤炼，已形成了具有独特知识架构、价值指向和治学方法的体系。在古代，它不仅居于“天下一统”的地位，更是一种与政治体制高度融合的意识形态，担负着指导国家政治和型塑社会伦理道德的作用。但进入现代以后，旧制度的崩溃既使其失去了政权庇护的凭藉，西学东渐的浪潮复破其“天下一统”之局，则传统学术虽被冠以“国学”之名，其生存格局却不能不因之而起绝大之变化。这种变动，尤突出地反映在以下两个层面。

第一，学术与政治。在传统社会，学术向被视为与社会政治和民生日用密切相关的事业，“经世致用”被悬为治学的基本准则，通经致用、史以求鉴、“文以载道”等口号受到知识界的普遍认同，无不反映了此种学术理念。但现代国学的研究，特别是1920年代以后作为国学研究主流的整理国故运动，却在相当程度上抽去了这一特性，并表现出与政治的有意疏离。这种疏离，实事出有因。学术致用的观念，本无可厚非，但在古代，学术往往过于依附官方政治，反而在相当程度上丧失了自己的独立性，并从中滋长出曲学阿世和趋附功名利禄等种种陋习，严重阻碍了学术自身的健康发展，由此在崇尚学术独立的现代知识界遭到了许多人的厌弃。现代国学研究之强调学术性而弱化乃至排拒政治，正反映了这样一种新的学术氛围及其发展态势。

---

① 梁漱溟：《东西文化及其哲学》，《梁漱溟全集》第一卷，山东人民出版社1993年版，第532页。

② 熊十力：《读经示要》卷二，上海正中书局1948年版。

第二，科学与人文。传统学术之修习，向来极重其中的人文熏陶功能，其所倡导的理想境界是实现“修齐治平”，即以养成人格为基点，由此推衍开去，正己正人，进而匡正天下。尽管由于种种原因，当时许多读书人的实践与此差距甚大，利欲熏心、满口仁义而心怀奸猾之徒仍多混迹其中，但在公开的场合，“德艺双修”始终被各类书院和士人立为应奉的信条，并体现在其整个修习课程的设置上，这从童蒙教材《三字经》、《千字文》到四书五经的具体内容中都可清楚地感受到。现代国学的研习，则表现出一种淡化“义理”发掘、特重科学实证的总体倾向，强调的主要是知识性探究。因为在大多数人看来，随着近代社会的变迁，传统学术中原来包含的道德价值要素已不能契合时代的需要，新文化运动后，更是受到了新知识界的全盘质疑。这样一种对国学的整体估价，必然导致其在研究中采取重“术”（知识技能）弃“道”（义理）的方针。当时的一些国学教育和研究机构，大多具此特征。如号为现代最早国学研究机构的北大国学门，目的即全在用科学方法整理和研究传统学术的知识方面。清华国学研究院的教学虽然保留的传统人文气息要较前者为重，但其主旨仍在传授专家之学，即注重培养学生运用现代科学观念和方法研治国学的技能。即使是传统色彩更为浓厚的无锡国学专修馆，也难免于此。该馆创办人唐文治本人所受纯为旧式教育，科举出身，在晚清官至署理农工商部尚书，崇尚宋学。在他的长期主持下，国专不仅在课程中保留了较多的经学和理学内容，还公开打出了“正人心，救民命”、“修道立教”、“任天下之重，究天下之务”的宗旨[①]，试图承继传统书院那种塑造人格、影响社会的道德型教育。但从实际操作的结果看，不但其学生很少有人成为理学家的传人，也无多少人真正从应世之“道”的角度去接受经学和理学。此外，梁漱溟、张君劢、马一浮、程兆熊等也都仿旧时书院模式创办过重庆勉仁书院、大理民族文化书院、乐山复性书院和铅山鹅湖书院等教育机构，试图重振宋明理学“为天地立心，为生民立命，为往圣继绝学，为万世开太平”的治学精

① 参见《唐文治年谱》（苏州大学校史编写办公室1984年印本，第62页）和《无锡国学专修馆学规》（王桐荪、胡邦彦、冯俊森编注：《唐文治文选》，上海交通大学出版社2005年版，第181—184页）。

神。但这类机构一般都难以持久。因为从教育生态看，传统教育的目标主要在养成知书达礼之士，特别是符合朝廷需要的各类官员，为此，按照当时社会的标准塑造士人的人伦涵养始终是其教学内容的重心。现代教育对应的则是社会职场需求，故其教学关注点全在专业知识与技能，对德育、体育、美育即使有一定要求，课程比重也相当小。而职场的人才取舍，也正是以专业技能高低作为基本判别依据的。这些，事实上都不能不加剧现代国学教育的技术性偏向，造成现代人对国学更多的只是从研究对象，即“学问”的角度去认识其传习意义的惯性。

但与此同时，应当看到，这一发展路向，不仅在当时有所争议，今日看来，也仍有进一步探讨的意义。传统学术的内容架构，本要求体现道与术、考据与义理、治学与做人的统一，但当其向现代学术转型时，却变为一种比较单纯的知识体系。这样的取径，是否符合国学自身的特点，是否配称“国学”？这里，实际涉及一个根本问题：传统学术中的“道”是否已完全过时而应遭抛弃？如果是，那么现代国学是否应重新充入另一种符合现代社会需要的民族文化精神，俾不至孤零零地成为失去魂魄的单薄知识体系？如果不是，那么，它与现实的连接点又在何处？我们又如何使之转化为符合现代国学乃至现代社会需要的“道”？不仅如此，在学科架构上，传统学术的分类虽较粗疏，但也正因其内部各类知识的界限不甚严密，使其整个知识体系始终保持着某种原生态的内在联结，而用“科学方法整理国故”强调的却是文史哲各科知识的各归其类，自兹以后，传统“国学”的形态遂不复存在，代之而起的是现代学术中参用现代自然科学的经验所建设起来的各人文学科。在此意义上也可以说，整理国故实际上又对“国学”起了消解的作用。同时，按照现代学术的细密分科重组“国学”的知识体系，虽然使相关研究变得更有条理和易于现代人了解，但也带来了某些负面因子——在各类知识间造成人为的疏隔，从而在一定程度上影响到对其内在真实结构和整体面貌的探究。这些，也许正是今后倡导国学和研究国学者所应进一步思考并脚踏实地去解决的问题。

（二）田野科考与现代史学新路径的开拓

中国史学走向现代的另一趋势是注重多学科的相互结合，与现代田野考古学的结合则是其中最为典型和成功的范例。田野考古学是近代以来首先在西方出现的一门新兴学科，在中国境内最早从事现代考古的也是西方和日本学者。中国古代虽有重视古器物研究的金石学，但其研究对象多为采集品和收藏品，缺乏明确的出土地点和地层依据，致使其材料的科学性不免大打折扣。新文化运动后，随着学术界科学视野的扩大，要求借鉴自然科学的成功经验，突破传统学术的藩篱，借助现代田野考古学的成就以重建信史，已日渐成为人们的共识。

以北大国学门为例，其 1922 年创立之初，仅设歌谣研究和明清史料整理两会，次年 5 月后，复增设古迹古物、风俗和方言三个调查会。五会之中，除明清史料整理外，其余各会的工作都与田野调查有着极大的关系。按国学门主任沈兼士后来的说法，其宗旨："于古代研究，则提倡考古学，注意古器物之采集；于近代研究，则侧重公家档案及民间习俗。持此纵横两界之大宗新资料，以佐证书籍之研究，为学者辟一新途径。"[①] 顾颉刚在倡导民俗学时也指出："从前的学问的领土何等窄狭，它的物件只限于书本，书本又只以经书为主体，经书又只要三年通一经便为专门之学。现在可不然了，学问物件变为全世界的事物了。"[②] 方言调查会制定的七项工作计划中，就包括了中国境内方言的种类、分界与互相关系，民族迁移的历史，以及云贵粤等地少数民族语言等三项大规模的田野考察活动。[③] 而古迹古物调查会提出"用考古学的方法调查中国过去人类之物质的遗迹及遗物——一切人类之意识的制作物，与无意识的遗迹、遗物，以及人类间接所遗留之家畜或食用之动物之骸骨、排泄物"[④] 等，亦明显表露出了以现代考古学为目标的建设意向。

国学门开启的这一学术新路，首先在厦门大学国学院和中山大学语言历史学研究所得到了延续和发扬。这两家机构都是以原国学门成

---

① 沈兼士：《方编清内阁库贮旧档辑刊序》，《沈兼士学术论文集》，中华书局 1986 年版，第 343 页。

② 顾颉刚：《妙峰山进香专号引言》（1925.5），叶春生编：《典藏民俗学丛书·妙峰山》，黑龙江人民出版社 2004 年版。

③ 林语堂：《方言调查会宣言书》，《歌谣》第 47 号。

④ 《古迹古物调查会草章》，《国学季刊》第 1 卷第 3 号《国学门重要纪事》，1923 年。

员为中坚建立起来的。厦大国学院建院伊始，就确定以“调查各处民情、生活、习惯与考古学同时并进”[①]为工作方针，该院维持的时间虽不长，却在开办以后的短短三个月内，就三次组织研究人员张星烺、陈万里、艾锷风（Gustav Ecke，德国人，后加入美国籍）、顾颉刚、王肇鼎等赴泉州开展古迹与民俗调查，对当地府学（文庙）及佛、伊斯兰、基督诸教寺庙和古代海上中外交通的遗迹，以及地方风俗、歌谣和民间神祀等情形作了考察采访，可见对此项工作的重视。中大语史所的整个运作，则差不多与国学门如出一辙，不仅仿其组织体制设立了考古、语言、历史、民俗四学会，先后派容肇祖、商承祚、史禄国（Sergei M. Shirokogoroff，1887/1889—1939，俄国人）夫妇、杨成志等到韶关、云南、四川、海南岛等地从事民俗学和人类学调查。风气所及，连该校生物学教授辛树帜等在广西中部瑶山采集动植物标本的同时，也参与到了搜访当地民歌和民俗的工作中。

至 1928 年 10 月中央研究院历史语言所建立，此种精神更被确立为国家最高史学研究机构的基本宗旨，提出了“上穷碧落下黄泉，动手动脚找东西”的核心工作理念，并制定了赴安阳、易州、洛阳、西安、敦煌、吐鲁番等地逐步开展考古发掘或调查，同时在广东和南方一些省份，乃至南洋一带从事语言学和人类学资料田野采集等计划。应当说，史语所成立后不到十年，便得以在国际学术界崭露头角，无疑与这一学术取向的成功有着极大关系；而其所取得的各项成就中，无疑以殷墟考古发掘和研究，及其所开展的两广、江西、两湖、云南、四川、安徽南部、陕西中部等地方言调查，和东北、西南等地少数民族文化调查等最为耀人耳目。

放眼史坛，大抵从 1920 年代后期起，这一路径已成新史界之共识。其时，凡在物力人力上稍具条件的现代学术机构或团体，无不思在这方面有所作为。如北平研究院史学研究会于 1929 年 11 月成立后，实际工作主要围绕着《北平志》编纂和考古发掘两方面展开。其中，考古的田

① 沈兼士语，见《厦门大学国学研究院成立大会纪盛》，《厦大周刊》第 159 期，1926 年 10 月 16 日。

野工作方向自不待说。即使是《北平志》的编纂，在搜集传世文献和档案报刊资料的同时，也十分注重走向社会，通过实地考察、调查、摄影、测绘和拓印等方式，广泛征集新史料。其余如1931年北平女子师范研究所与美国弗利尔艺术博物馆及山西省图书馆合作发掘陕西万泉县石器时代遗址，1932年燕大国学研究所派罗香林与北平协和医院教授史蒂芬森对闽粤地区畲民、疍民、黎人、瑶族、客家等作人类学与民族学之考察，以及吴越史地学会发起的对杭州古荡、良渚和上海金山卫等地古文化遗址的发掘等，要皆反映了这一学术发展态势。有的高校，如燕大历史系在1936年还专门成立了古迹古物调查实习班，组织学生考察各类古迹遗存，如明清故宫、圆明园、清史馆、内阁大库、皇史宬、古墓葬等，以加强其在这方面的专业实践训练。

这一趋势，即使是在抗战中物质条件极为艰难的环境下，也未止步。史语所在被迫内迁至大西南期间，其语言组的李方桂、马学良等人依然深入云贵少数民族地区，坚持开展汉语方言、傣语、壮语、藏语、倮倮（彝）语及泰国泰语的调查研究；民族学组的凌纯声、芮逸夫等则对四川理番县（今理县）羌族、丹巴和金川嘉戎族、叙永雅雀苗，以及兴文和珙县悬棺葬作了田野调查；考古组吴金鼎、王介忱、曾昭燏、高去寻、夏鼐等人的足迹更是遍及云南、四川和西北甘肃等地。战乱播迁之中，中山大学自语史所时期建立起来的传统亦始终未绝，文科研究所的江应樑等先后考察了云南腾龙沿边地区、澂江、昆明、武定、四川大凉山等地少数民族的生活和制度，取得了显著成就。[①] 学校在1940年从云南澂江迁回广东坪石时，还不忘组织暑假学术考察团，沿途调查滇、黔、桂、湘、粤五省边区各地文史、教育、农业情况。[②] 即使是一些暂不具备条件的学术机构，也一直在寻找切入此项工作的契机。如抗战中齐鲁大学国学研究所迁至成都后，于1939年聘顾颉刚为主任，试图利用自身相对稳定的经费，拓展研究事业。当顾建议其与北平研究院合作调查滇西罗罗、僰人、麽些等少数民族时，立即得到了校长刘书铭的支

---

① 参见《江应樑自述》，高增德等编：《世纪学人自述》卷三，北京十月文艺出版社2000年版，第313—315页。

② 梁山等编著：《中山大学校史（1924—1949）》，上海教育出版社1983年版，第103页。

持，并计划酌拨经费，请顾颉刚“与李书华（北平研究院）院长磋商进行为荷”[①]。而福建省研究院社会学部历史组在1942年建立之初，也将“举办福建少数民族调查”列入了发展规划。[②]

诚然，由于田野考察需要较大的投入，在当时学术经费普遍拮据的情况下，其拓展规模不能不受到很大的限制。但尽管如此，上述实践对于推动传统史学向现代的转型，意义仍然十分重大。这主要表现在：

第一，极大地拓展了人们的历史视野。传统史学的研究，大多不出从文献到文献的路径，且其眼界尤集中在朝政、军事、达官名流等社会上层，以致在相当程度上制约了人们的历史认识水准。现代史学在更新史料观念、大力扩展新史料方面的运作，则从根本上为改变这一状况提供了必要的前提条件。至其实践，大致不出二途：一是在文字材料方面，摆脱正统史料观的束缚，特别是注意运用过去长期不被旧史家重视的史部以外群籍，如文学、艺术、宗教，乃至古代神话传说等各种记载，从中爬梳出某些历史真相；二是通过田野调查或考古，广泛采访各类流散社会的非文字口述资料、传说、历史遗迹与实物、民间歌谣和风俗，以及弃置不用的档册、账本、契约、日记、书信、票据等。史家置身其中，宛如自然科学家面对广漠的自然界一样，寥廓无垠的社会同样为其提供了取之不竭的资料源泉。由于这项工作的着眼点是更具原生态，并处于不断自生自灭中的史料，因而更具“原创性”的史料发现、拓展、抢救保存，乃至增量作用。而其中有关下层社会史料的征集，尤具新的时代意义。正如顾颉刚在倡导民俗学调查时所说的：中国传统典籍反映的是“圣贤文化”，一般民众的生活文化材料，向来极为缺乏。现代史学研究“要打破以贵族为中心的历史，打破以圣贤文化为固定的生活方式的历史”，便只有到民间社会去采风问俗和调查征集资料，才能“揭发全民众的历史”。[③]由此可见，它在拓展人们历史认识空间方面的意义，绝不可低估。

第二，直接推动了历史学科和其他相关学科之间的交叉整合。在中

① 参见顾颉刚与刘书铭来往函，山东省档案馆藏档J109-03-2。

② 《中华民国教育年鉴》第9册，宗青图书出版公司1991年影印本，第806—808页。

③ 顾颉刚：《圣贤文化与民众文化》，《民俗周刊》1928年第5期。

国，现代学术的多学科交叉发展趋势自20世纪初便受到一些进步学者的关注。如梁启超在《新史学》中即指出，地理、人类、语言、社会、政治、宗教、经济、法律诸学，“皆与史学有直接之关系”，天文、化学、生理等学，“其理论亦常与史学有间接之关系，何一而非主观所当凭借者。取诸学之公理公例，而参伍钩距之，虽未尽适用，而所得又必多矣”。[①] 入民国后，这方面的理论讨论就更多，但因受制于当时国内各种现代科学尚不发达，以及大部分历史学者知识结构尚难以应对这一需求的现状，在实践上一直显得步履蹒跚。唯有田野考察事业的发展，才为历史学和考古学、人类学、社会学、民俗学、民族学、天文学、地质学、化学等现代学科的交叉融合提供了广阔而且必须面对的战场。实际上，它是现代中国学术史上在多学科交叉融合方面最为成功的一个领域。正是史语所等学术机构或团体在这方面的出色运作，让人们真正领略到多学科交叉融合的现实性、急迫性，及其巨大的学术创新潜力。

第三，促进了诸多学术新领域、新学科的产生与发展。田野考察即使史料的范围大为扩充，则史学研究的领域亦必因之大为拓展，从而引起学科结构及其研究方法的一系列深刻变化，并促使一些新的学科萌生。在中国现代史学史上，甲骨学、敦煌学、简牍学、民俗学、历史地理学等新兴学科的产生和发展，无不表明了这一事实。

① 梁启超：《新史学》，《饮冰室合集·文集之九》，第11页。

第二节　科学方法热与西方现代史学的输入

一、自觉融入世界学术的新起点

应当说，“科学化”这一目标的提出与实践，是我国史学走向现代的真正起点，表明其发展已开始形成一种自觉要求超越传统学术的旧囿，通过广泛的中西文化交流，而融汇于整个世界学术潮流的态势。因此，要认识这一时期科学思潮对史学的影响，便不能不注意其与西方现代史学的关系。

西方史学之传入中国，虽始于19世纪后期，并在20世纪初年涌现过一个高潮。但五四时期的输入，无论就规模还是系统程度，都迥非前者可比。此种中西史学交流新格局的形成，原因当然是多方面的，但从学术上看，显然不可忽视以下两个基本情况的变化。

首先是从事西方史学输入的人员群体素质所发生的根本变化。在近代，西方史学观念最初主要是通过来华传教士和一些经世学者编写的外国史地介绍著作逐步传入的。传教士虽然都来自西方，并具有一定的资本主义文化修养，但由于特殊的宗教背景和使命，其所带来的西方文化往往并非精髓部分；至于我国近代早期的经世学者，当时所能获得的西学知识更为有限，这就决定了他们对于西方史学观念的输入只能处于一种零星粗浅和低水准的阶段。20世纪初年，随着一批具有近代意识的留日学生的加入，西方史学的输入始成一定的规模。只是这些留日学生大多缺乏近代史学的专业训练，其有关知识又仅赖日本史籍间接获得，以致所译介的西方史学理论或方法仍不免呈一种肤泛笼统之状。

西方史学输入在整个近代西学东渐过程中的这种相对滞后性，并非偶然。近代以来，为了学习西方先进科技和寻求救国真理，一批批青年学子负笈远渡重洋，留学欧美。不过早期留学生所习专业，大抵以与洋务运动关系较密的军、工、商、医、科技等为多，偶有习文科者，范围亦不出法政、经济等实用性较强的科目。直至清末依然如此。以清宣统间游美学务处派遣的留学生为例，第一批47人中，仅3人习文科。第二批70人中，仅7人习文科或兼涉文科。第三批63人，习文科为12人。三批总计，习文科仅占12%强。且这些人中，选择专业皆为文学、哲学、政法、财经、商业、教育等，初无一主攻史学者。[①]有的留学生即使在外研习过史学或其论文获得过历史学方面的学位，归国后一般也不以此作为主要专业。如广东南海人陈锦涛于光绪二十八年（1902）以北洋官费生赴美留学，先入加州大学习史学，获硕士学位，继入耶鲁大学攻经济与商业行政学，于1906年获博士学位[②]，同年归国参加清廷第一届留学毕业生考试，名列第一，赐法政科进士出身[③]，后成为国内有名的理财专家。而宣统二年（1910）由清华学堂派赴美国留学的江苏人徐仁锖，虽说在威斯康星大学攻读过历史学，1914年毕业回国后，在北京大学从事的却是英语教学工作。造成上述状况的原因，不外三端：一是理工及财经、法政等实用性较强的学科，社会实际工作部门需求较多，学成后谋职亦易，向为政府及留学生重视；二是中国传统史学素号发达，在治学理论和方法上都有其独到之处，以致在不少人看来，赴西方专修历史学，似非当务之急；三是19世纪末至20世纪初，历史学作为一门

---

① 据林子勋《中国留学教育史（1847—1975）》（台北华岗出版公司1976年版）载，清游美学务处宣统元年（1909）录取47人，习文科者为王士杰（文学、哲学）、徐承宗（文科）、邝煦堃（文学、新闻学）；宣统二年为70人，习文科者为赵元任（物理、哲学）、胡继贤（政、经）、程闿运（文学）、李松涛（教育行政）、刘寰伟（政、经、土木）、徐志诚（教育、社会）、胡适（政治、哲学）；同年第三批为63人，其中张传薪、张福运、黄宗发习法律，朱起蛰、黄国栋、史泽宣习商业，赵文锐、梁基泰习政治学，陈长蘅习经济学，卫挺生习财政，王赓习兵学，梅光迪习文学。不过，从其他资料看，这些学生在美所习专业的情况可能更复杂些，有些还时有变化。

② 此据华美协进社编：《中国留美学生硕士、博士论文目录（1905—1960）》，参见台湾“国立”编译馆出版的《近代中国教育史料丛刊·留学教育》，台湾书店1980年版。

③ 参见《颜惠卿自传》第三章“教学生活”。

独立的学科，在西方不少国家尚处于形成之中，其时大学历史专业学生原本就少[①]，自然也难以吸引中国留学生。

新文化运动时期，随着学术界对于科学与科学方法的期盼日益升温，这种情况开始有所改变。其时在国内从事西方史学引介的，不仅多为直接受过欧美现代史学或科学方法正规训练的专业史学家（参见表5.1），如何炳松、陈衡哲、徐则陵、李济、李思纯、陈翰笙、胡适等，赴西方主修史学专业的留学生也有所增多。有的高校史学系，还把选派学生到欧美进修历史学列为经常性的计划。如1920年代初北京大学研究所的《整理国学计划》便提出，整理传统学术，“宜先培植能任整理之人才。盖今日粹于国学之流，往往未涉科学之途径，使徒守成法，以谋整理，其成绩或且不及乾嘉诸老”，因而要求派遣有国学根基之人，赴海外留学，接受现代科学训练，以造就新型的学术研究人才。[②]时任北大史学系主任的朱希祖也“力主派选本系毕业生至德国留学，专习历史与地理，归国之后，任本系教授，庶史学系有改良之望”[③]。姚从吾即因此被选送到德国柏林大学师从傅朗克、海尼士进修史学。而通过其他渠道留欧的傅斯年、陈寅恪，尽管主修专业并非史学，同样受到西方现代史学很深的熏陶。又如1920年代从清华学校毕业的梁思永、张荫麟，也到美国接受过现代考古学、人类学、社会学、哲学、史学等专门训练。1930年代以后，燕京大学研究中心通过哈佛燕京学社派遣齐思和、翁独健、黄延毓、王伊同、蒙思明、邓嗣禹、郑德坤、周一良、陈观胜等赴美攻读博士学位，以及韩儒林、邵循正等赴法、德等国进修蒙古史和东方语言学，都是这种风气的延续。

---

① 杰弗里·巴勒克拉夫（Geoffrey Barraclough）在《当代史学主要趋势》中指出，在欧洲，历史学作为一门独立学科，“大致从十九世纪最后十年才真正开始形成，而且法国和德国处于领先地位”。英国伦敦大学在20世纪初年“每隔一年才有一名历史系的毕业生”。（上海译文出版社1987年版，第286页。）

② 马叙伦：《北京大学研究所整理国学计划》，《新教育》第3卷，1921年第4期。

③ 朱希祖：《北京大学史学系过去之略史与将来之希望》，《国立北京大学纪念刊》第三册。

表 5.1：五四之前赴欧美主修历史专业学生一览表

姓　名	留学时间	留学地点	专业或所获学位	概况备注
陈锦涛	1902—1906	美国加州大学、耶鲁大学	历史学硕士、经济与商业行政博士	广东南海人，生于 1871 年。1906 年归国参加清廷游学毕业生考试，列第一，赐法科进士出身
徐仁錞	1911—1914	美国威斯康星大学	历史学（文学士）	江苏人，由清华派出。1915 年至北京大学任文科教员，1917 年底为文本科教授，在文科英文门研究所任教
史泽宣	1911—1916	美国密西根大学	历史学商科（硕士）	北京人，1919 年归国
王赓	1911—1918	美国密西根大学、哥伦比亚大学、普林斯顿大学、西点军校	历史学、政治学（文学士）	江苏无锡人，清华派出。回国后投身军政界
何炳松	1913—1916	美国威斯康星大学、普林斯顿大学	史学、政治学（学士）、现代史、国际政治（硕士）	浙江省公费生，回国后任教北师大、北大，后为暨南大学校长
陈衡哲	1914—1920	美国瓦撒女子大学、芝加哥大学	历史学（学士、硕士）	原籍湖南衡山，生于江苏武进。清华派出。回国后任教于北大、北京女子师范和东南大学
邓少萍	1917 年毕业	美国普林斯顿大学	历史、政治	湖北人，清华派出
王国钧	1915—1918	美国普林斯顿大学	经济、历史	
张澄	1916—1919	美国俄亥俄大学	历史学（学士）	浙江杭县人，省官费生，1919 年归国
陈翰笙	1916—1922	美国波莫纳大学、芝加哥大学研究院、哈佛大学研究院	植物学、地质学、历史学硕士（1920）西欧史（1921）	江苏无锡人，1924 年归国，任北京大学教授
	1922—1924	德国柏林大学	东欧史（博士）	
徐则陵	1917—1920	美国伊利诺大学	历史学（硕士）	江苏金坛人，字养秋。归国后 1920 年代初为南京高师史地学系主任、教授。一度入国民政府外交部任职

注：本表主要参考台湾“国立”编译馆出版的《近代中国教育史料从刊·留学教育》，并参考其他相关资料制成。

与此同时，国内一些大学和学术团体还常邀请外国学者来华讲学。如美国学者杜威（John Dewey，1859—1952）和法国哲学家杜里舒（Hans Driesch，1867—1941）之来华分别讲授实验主义方法和“新生机主义”，俄国梵文专家钢和泰（Alexander von Steal-Holstein，1877—1937）和西夏学家伊凤阁（Aleksei Lvanovich Lvanov，1878—1937）分别在北大主讲古代印度史及担任研究所国学门导师等。这些，都为中西史学的正常交流提供了前所未有的有利条件。

从事西方史学输入的人员主体成分发生的上述变动，显然为中西史学交流的进一步扩展和提高其专业化层次，创造了更为便利的条件。

其次，其输入的途径，也由20世纪初年多从日本间接转贩变为从西方直接输入。通过对西方现代史学理论与方法的正规学习和中西史学比较，不少新史家认识到：“吾国旧史繁赜，史学之发达较他学为美备，关于谘访蒐辑校雠考证之事，与夫体例编次文辞名物之理，莫不审晰入微，措施合法”，“惟以吾国史籍浩瀚，史料芜杂，旧日法术，或有未备。新有创作，尤贵新资。则撷取远西治史之方以供商兑，或亦今日之亟务”。[①] 有的提出研读西方史著，不仅在于了解西方的历史文化，“还当进而师其探讨编著之法”[②]。梁启超欧游归来，感慨之余，也特别提到学习西学，应“学那思想的根本精神，不是学他派生的条件……他们研究的方法，实在精密”[③]。学术界的普遍重视与提倡，使这一时期对西方史学的输入呈现出一派前所未有的繁荣景象：各出版社纷纷编译出版西方史学论著；《新青年》、《史地丛刊》、《史地学报》、《学衡》、《东方杂志》等刊物，也时常登载介绍阐发西方史学理论的译文或论著；一些大学历史系还专为学生开设了西洋史学思想史、西方史学原理等课程。鉴于20世纪初年从日本间接输入的西方近代史学理论往往“无组织，无选择，本末不具，派别不明”[④]，较为庞杂无序，新文化运动时期的输入，

---

① 朗格诺瓦、瑟诺博斯：《史学原论》，李思纯译，商务印书馆1926年版，第2、8页。

② 王庸：《欧史举要》，《史地学报》第1卷第1号，1922年。

③ 梁启超：《欧游中之一般观察及一般感想》，《梁任公近著》第一辑（上卷），商务印书馆1927年第5版，第71页。

④ 梁启超：《清代学术概论》，《梁启超论清学史二种》，复旦大学出版社1985年版，第80页。

已开始注意到西方各派史学本身的系统性，其所译介的西方史学理论著作，不仅多为欧美原著，且数量颇多（参见表5.2），范围也及于英、法、德、俄、意诸国，这就大大开拓了西方史学输入的宽度和深度。

表5.2：20世纪二三十年代中译西方史学理论著作要目

书　名	著译者	出版社	出版时间	备　注
The New History 《新史学》	〔美〕鲁滨逊（J.H.Robinson）著 何炳松译	商务印书馆	1912年原版 1924年中译本	
Introduction aux etudes Historiques 《史学原论》	〔法〕朗格诺瓦（ch. V. Langlois）、瑟诺博斯（ch.Seignobls）著 李思纯译	商务印书馆	1898年原版 1926年中译本	
The Teaching of History 《历史教学法》	〔美〕约翰生·亨利（Johnson Henry）著 何炳松译	商务印书馆	1926年中译本	
The Economic Interpretation of History 《经济史观》	〔美〕塞利格曼（Edwin R.A.Seiligman）著 陈石孚译	商务印书馆	1928年中译本	
History of the Philosophy of History 《历史哲学概论》	〔英〕罗伯特·弗林特（Robert Flint）著 郭斌佳译	新月书店	1894年原版 1928年中译本	
Science et Philosophie de Historie 《历史之科学与哲学》	〔法〕施亨利（Henry See）著 黎东方译	商务印书馆	1928年原版 1930年中译本	
La Method Historique Appliques aux Science Sociales 《社会科学与历史方法》	〔法〕瑟诺博斯（ch.Seignobos）著 张宗文译	大东书局	1905年原版 1930年中译本	何炳松亦据此编译为《通史新义》，1930年由商务印书馆出版
History 《史学》	〔美〕班兹（H.E.Barnes）著 向达译	商务印书馆	1930年中译本	
Geography and World Power 《史地关系新论》	〔英〕非耳格林（James Fairgriene）著 滕柱译	商务印书馆	1931年中译本	

（续表）

书　名	著译者	出版社	出版时间	备　注
La Philsophie de l'histoire comme Science de l'evolution 《历史哲学》	〔法〕拉波播尔（Charles Rappoport）著 青锐译	上海辛垦书店	1932 年中译本	
The New History and Social Studies 《新史学与社会科学》	〔美〕班兹（H.E.Barnes）著 董之学译	商务印书馆	1933 年中译本	
The Writing of History 《历史方法概论》 《历史研究法》	〔美〕弗领（一译作傅舲，M.Fling）著 薛澄清译 李树竣译	 商务印书馆 北平立达书局	1923 年原版 1933 年中译本 1933 年中译本	
History and Historical Problems 《史学概论》 《史学与史学问题》	〔英〕司各脱（E.Scott）著 余楠秋、谢德风译 翁之达、谢元范译	民智书局 开明书店	1933 年中译本 1934 年中译本	
The Philosophy of History 《历史哲学》	〔德〕黑格尔（G.W.F.Hegel）著 王造时、谢诒徵译	商务印书馆	1936 年中译本	
Lehruch der Historischen Methode 《史学方法论》	〔德〕伯伦汉（E.Bernheim）著 陈韬译	商务印书馆	1889 年原版 1937 年中译本	《万有文库》本，凡上、中、下三册

二、西方现代各派史学的输入与回应

新文化运动时期西方史学的输入，是在 19、20 世纪之交整个西方史学思潮发生重大转折的背景下展开的，因而明显地带有这种转型期的特征。其时输入的西方各派现代史学，就内容而言，大体可归入以下两大潮流。

其一，是 19 世纪下半叶以来在西方史坛占主流地位的实证主义史学。

实证史学是 19 世纪西方自然科学迅速发展的产物，创导人为法国的孔德（August Comte，1798—1853），经法国史家泰恩（Hippolyte A. Taine，1829—1893）和英国史家巴克尔（Henry Thomas Buckle，1821—1862）的运用阐扬，影响益大。其基本主张：提倡以自然科学依据经验事实和观察求得事物变化规律的“实证”方法考察人类社会活动，从中揭示各种复杂社会现象和历史的演变规律，并提出应把历史学建设成为与物理学和生物学一样精确的科学。后来，不少人又把德国的兰克学派也归入了实证史学范畴。兰克（Leopold von Ranke，1795—1886）是西方近代“科学”历史学的奠基人，其治史重原始资料，认为史学家之基本职责在于搜讨、考证和编次史料，使之自己说话，以达“如实直书”之目的。并为此建立了一套严格的史料辨伪考订办法，主张通过“外部考证”（即将原始文献资料与同时其他记载或不同版本的比勘，使史料真伪毕现）和“内部考证”（分析考查史书作者或史实记录者的意图及依据，以定其可信程度），为重建信史提供坚实的依据。尽管兰克的史学本不以“实证”鸣于世，但其强调严格按照史料，不偏不倚反映历史真相的“客观主义”治史态度和方法，与实证主义提倡的科学精神正相一致，并对该思潮的传播起着推波助澜的作用，故一般也被视为实证史学的流派。当然实际上，其治史宗旨与前者相比，仍存在着明显的差异。在他看来，历史研究的对象只是变动而不可重复的人物事实，史家之能事，仅在考信史料，据以再现历史，如果说其间有什么因果关系，应由哲学家去探讨，史学本身并不能发现有关社会发展的规律。并认为历史不过是一幕幕帝王将相和伟人的活动，因而其研究往往只注重政治史和政治人物。巴克尔等人则始终认定“历史科学”的任务在于探索并发现人类社会活动及其文明进化的规律，为此，历史研究不能仅仅注目于个别人物的事迹，而应以全社会民众或民族的活动及其文化为考察重点，将视野从宗教、政治、军事、外交的狭小范围扩大到物质经济、制度文物、科技、风习、文艺等各社会生活领域。巴克尔本人还针对兰克学派的上述观点提出过批评。[①] 不过，从整个西方实证史学的演变情况看，至 19 世纪末，兰克学派的影响显然在其中占了上风，以致当时的实证史家大多放弃了寻求历史规律的尝试而专志于史料、史实的考据工作。这种风气的变化，在新文化运动之后实证史学的输入过程中有着明显的反映。

应当说，实证主义史学自 20 世纪初便已通过巴克尔的《英国文明

---

① 参见杨豫：《西方史学史》，江西人民出版社 1993 年版，第 295 页。

史》节译本及一些日本史学理伦的译介著作传入中国，其有关建立“历史科学”、寻求历史因果律以及注重人类社会文明史研究等观点，曾引起了学术界颇为广泛的关注。而其时零星输入的兰克学派史学方法，却未产生多大反响。新文化运动时期传入的各派实证史学，不仅理论上更专业化，且对前期实证史学的某些观点，特别是对其原先强调探求历史发展因果律的主张普遍表现出一种修正的态度，以下两派的观点尤具代表性。

一是法、德的实证史学。

朗格诺瓦等《史学原论》译本书影

19 世纪末 20 世纪初法、德的实证史学，大体上都继承了兰克学派的衣钵。其时法国实证史学的理论代表作为朗格诺瓦（Charles victor Langlois，1863—1929）和瑟诺博斯（Charles Seigniobos，1854—1942）合著的《历史研究法入门》。该书原刊于 1898 年，1919 年胡适在《中国哲学史大纲·导言》中就将其列为讨论史料整理和审定方法的重要参考书。1923 年，在法国巴黎大学师从瑟诺博斯修习近代史和史学方法的李思纯归国，将此书译为中文，题名《史学原论》[①]，交商务印书馆于 1926 年出版。全书凡三篇：上篇讨论史料搜集保存及历史辅助学科等基础知识；中篇论述分析工作，重点在说明史源考察及史文校勘、辨伪、释义等内、外考证方法；下篇专谈史料组织、史实排比推论及史书体例文字等“综合工作”。作者认为，“历史由史料构成，史料乃往时人类思想与行为所遗留之陈迹”，“无史料斯无历史矣”。故书中大部分论述都围绕着史料文献学的问题展开，强调其所着眼本非“空泛无际之历史哲学”，而在为治史者提供一套合理的方法，以便“用之以得科学式之真实”。并对孔德等人认为历史受理性“定律”支配的观点表示了异议：“以世界事物均受理性之支配，遂发生人类乃连续而必定‘进步’之学说，此虽被实证哲学家（Positivitists）所采，然亦纯然为

① 据译者序，本书于 1922 年已译成，1923 年复加润饰定稿。

形上学之假定耳……历史事实之研究，终不能指出一种‘简单的’普遍继续之人类进步。其呈现于吾人之目前者，仍是若干局部偶然之事实外，更无所谓任何之理性，足以显示属于人类全体恒久不易之因果。”[①]

德国兰克学派的史学对五四以后中国史坛的影响实际还更大些。1920年代起，姚从吾、傅斯年等相继赴德留学，开始在这方面受到直接熏陶。如姚从吾于1922年赴德，在接触了“客观主义”史学方法后，“始而惊异，继而佩服，三年之后渐有创获，觉Ranke及Bernheim的治史，实高出乾嘉一等。他们有比较客观的标准，不为传统所囿，有各种社会自然科学的启示、指导，可以推陈出新”[②]。1934年回国后，他在北京大学和西南联大开设史学方法课，对德国史学尤其是兰克一派的治史方法作了系统讲授。而傅斯年，1926年从德国柏林大学哲学院留学归国，对兰克的史学方法也推崇不已，极力宣传“史学的工作是整理史料，不是作艺术的建设，不是做疏通的事业”[③]，“近代的历史学只是史料学，利用自然科学供给我们的一切工具，整理一切可逢着的史料”[④]。并以此作为创办和主持中山大学语言历史学研究所和中央研究院历史语言研究所的工作指导方针，甚至还以“中国的朗（兰）克学派”自居。1930年代，德国史家伯伦汉（Ernst Bernheim，1850—1942）的《历史学导论》[⑤]以及美国学者弗领（Ferd Morrow Fling）据其《史学方法论》删改而成的《历史研究法》也被引入国内。特别是伯氏的《史学方法论》，对兰克的批判史学基本原则作了系统归纳，其中译本与《史学原论》同被誉为“集历代史家学说之大成”和“能采撷那时所谓最新学说

① 李思纯译：《史学原论》，商务印书馆1926年版，第1、原序、253页。

② 姚从吾：《致萧启庆函》（1952.11.6），王德毅：《姚从吾先生年谱》，《台湾大学历史系学报》第1期，第47页。

③ 傅斯年：《史料论略》，《史料论略及其他》，辽宁教育出版社1997年版，第2页。

④ 傅斯年：《历史语言研究所工作之旨趣》，《国立中央研究院历史语言研究所集刊》第一本第一分册。

⑤ 据王汎森、杜正胜编《傅斯年文物资料选辑》（傅斯年先生百龄纪念筹备会1995年印本，第51页）说明，傅斯年置于手边常翻阅伯伦汉的《史学方法论》（*Lehrbuch der Historischen Methode*），然据李孝迁教授提供的资料，该书实为伯氏的另一著作《历史学导论》（*Einleitung in die Geschichtswissenschaft*）。

的精华”[①]之作。在国内广为流传引用，对形成其时史学界重视史料和史实考订的风气，起了相当的推进作用。

二是美国的实用主义史学方法。

杜　威

实用主义（Pragmatism）作为一种哲学方法论产生于19世纪的美国，代表人为皮尔士（C. S. Peirce，1839—1914）、詹姆士（W. Jame，1842—1910）和杜威（John Dewey，1859—1952）。其说强调哲学当以“解决人的问题”为中心，是一种应付生活环境的方法或工具，应与人生的实际价值相联系。它之传入中国虽始于20世纪初，如张东荪和蓝公武等人1906年便在东京创刊的《教育》杂志上介绍过实用主义哲学观点，选译过詹姆士的《心理学原理》。但在中国学术界成为影响最大的西方思潮之一，则是新文化运动兴起以后的事。至于其在中国史学界的传播，则可分为实验主义（Experimentalism）方法论和倡导“综合史观”的“新史学”两大支，前者以胡适发其端，后者以何炳松引其绪。

作为杜威的学生，胡适自1917年归国后，即通过撰文、讲演、授课等多种形式，极力向国内宣传实用主义。1919年至1921年间，杜威本人还应中国学术界之邀来华讲演，足迹遍历中国十一省，其《讲演录》出版后，短时间竟被连印十版，足见一时传播之广。

从学理上说，实用主义原本就是实证论的一个分支，其特征是排拒“形而上学”的传统思辨哲学和先验的“理”，强调经验事实的实在性与验证在认识事物过程中的突出意义。按照胡适的介绍，“实用主义”又可称为“实验主义”，因其所倡导的“方法就是科学家在试验室里用的方法”。[②]其要旨包括三方面：（1）历史的方法。即以发展变化的眼光观察事物。（2）实验的方法。注重事实证据和验证，认为“一切学说与理想都须用实行来试验过，实验是真理的唯一试金石”[③]。（3）

① 杨鸿烈：《史学通论》，商务印书馆1939年版，第23页。

② 胡适：《实验主义·引论》，《新青年》第6卷第3号，1919年4月15日。

③ 胡适：《杜威先生与中国》，《胡适文存》第一集卷二，第278页。

思维的方法。即从怀疑、假设到求证的整个研究过程中，交替运用归纳和演绎法的具体步骤，也就是后来被简化为“大胆的假设，小心的求证”的“十字真言”。

实用主义方法在中国的影响虽广及于哲学、教育、文化各研究领域，但从胡适的运用实践看，主要着眼点乃在思想学问和历史研究，尤以考证史学为多。他本人也一再表白，自己“治中国思想与中国历史的各种著作，都是围绕着‘方法’这一观念打转的”[①]，目的在于宣传“科学方法”尤其是“考证方法”，并认为历史演变完全是多种偶然因素凑合的结果，谈不上有何规律可寻。[②]这种观念及其在学术研究中表现出来的实际倾向，在五四时期的新一代史学家中引起过很大反响，对顾颉刚提出“层累地造成的古史观”以及古史辨的兴起、新红学考证的风靡一时，都产生过直接的影响。

实用主义哲学本具一种多元论的倾向，由于胡适一派对之介绍多偏重方法问题，其史学实践又多以考辨史料演变源流，进而分析某些观念、事件的演化过程为主，致使其历史观的这种特点显得黯然不彰。而何炳松对鲁滨逊“新史学”的引介，正好从这方面对实用主义史学作了发挥。

其二，是20世纪初西方兴起的各种反传统史学思潮。

所谓“西方传统史学”，一般是指由兰克创立而在西方长期占主导地位的治史范式，其基本特征是：方法上强调通过文献档案等原始史料的批判考证，“客观”地反映历史；研究内容则特重于政治史一端。20世纪初，随着科学技术的迅速进步和现实世界的变化日亟，人们的历史视野日趋开阔，这使兰克史学狭隘的治史视野越来越难以适应现代社会的需要，由此引起了西方史学界诸多的不满与批评，并触发了一股以改造传统史学、建设现代史学为目标的新史学浪潮。德国兰普勒希特（Karl Lamprecht，1856—1915）倡导的“新型文化史学”、法国年鉴学派的先驱亨利·贝尔（Henri Berr）提出的“综合历史学”和美国鲁滨逊的“新史学”，都反映了这一趋势。其共同特征是，反对传统史学局限

① 《胡适的自传》，《胡适哲学思想资料选》（下），第106页。

② 参见胡适：《介绍我自己的思想》，《胡适文存》第四集卷五。

于政治史研究的偏向，主张把研究范围扩大到人类社全生活的各领域；在方法上则要求突破专重文献史料考证的格局，广泛吸取各种社会科学与自然科学的相关方法及成果，以推进自身的科学化。与此同时，传统史学的认识论也受到了种种怀疑和责难，认为历史研究可以“客观”反映全部过去的观念遭到了来自历史相对主义的严峻挑战。而随着历史研究对象的特殊性重新被强调，注重实证的科学主义和理性主义不再是金科玉律，相反，排斥理智的直觉主义思维方式则在史学界有所抬头。凡此种种，在新文化运动时期的中国史坛都有相应的反映，其中影响较大的，则为以下几派。

一是美国鲁滨逊的“新史学”。

鲁滨逊（James Harvey Robinson，1863—1936）是美国现代史学代表人物之一。1887 年毕业于哈佛大学，旋赴德国弗赖堡大学学习。时欧洲史学界正兴起文化史研究之风，要求打破传统史学的狭小范围，把研究领域扩大到人类活动的各方面，并对欧洲史坛独占鳌头，以研究政治史为主的兰克学派展开批评。鲁滨逊把德国兰普勒希特等倡导的某些文化史研究主张带回美国，并吸取了詹姆士、杜威等人的实用主义哲学观点，在此基础上提出“新史学”理论。20 世纪初年，他所提倡的“新史学”成了美国很有势力的学派。1913 年至 1916 年，何炳松（1890—1946）在美攻读史学及政治学时，便深受其影响。1917 年后，他在北京大学和北京高师讲授西洋史，后又以鲁滨逊的代表作《新史学》原本为教本，讲授西洋史学原理，1921 年复将此书译为中文，于 1924 年正式出版。不久又先后翻译或编译了《中古欧洲史》（1924）、《近代欧洲史》（1925）、亨利·约翰生的《历史教学法》、绍特韦尔（J. T. Shotwell）的《西洋史学史》（*An Introduction to History of History*）等其他一些“新史学”派的著作。

鲁滨逊

通过这些译著，何炳松向国内史学界较系统地介绍了“新史学”派的以下观点。

（1）反对传统史学只注重政治史研究的偏向。认为人类的活动决不仅限于政治一端，凡

何炳松

自古及今各种经济、文化、教育、宗教、艺术、科技发明、风习、制度及思想等都应包括在内。故必须扩大历史研究范围，尤其要注意那些与人类进步直接相关的社会状况和日常生活。

（2）批评19世纪中叶以来那种试图把历史学等同于自然科学的主张。指出近代科学的发展固然使历史研究方法日趋严谨，但其所据材料仍远不如自然科学完备，何况人类的思想欲望异常复杂，无法找到其活动的“定律”，故史学“断不能同物理学、化学、生理学或者人类学一样，成为一种真正的科学”。

（3）主张改进历史研究方法，利用生物学、地质学、人类学、心理学等多种现代科学知识，因为“历史能否进步同能否有用，完全看历史能否同他种科学联合”，把史学封闭在狭小的圈子里，只会阻碍其进步。并要求把地理环境、人口、种族、伟人、经济、科技、精神心理等因素对历史发展的制约作用全“综合”在一起加以考察，只有这样，才算全面认识了历史。

（4）认为史学的功用在于说明人类逐步演进的事实，让人明白现存各种制度的历史渊源。为此，史家应改变那种专事猎奇搜佚的陋习，“删除例外的和偶然的变故，评述那种可以说明历史真理的事情”，“帮助读者领会人类进化的某个时代的意义或某种制度的性质”，从而达到解决各种现实问题和改良社会的目的。①

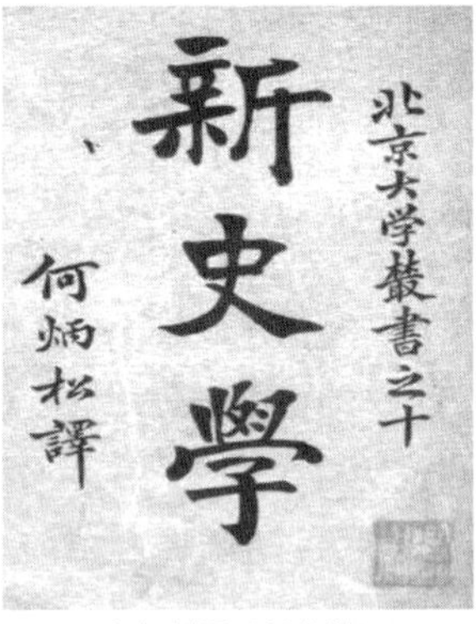

何炳松译《新史学》

继何炳松的上述译著后，鲁滨逊的《思想在形成中》（*The Mind in the Making*，1930年中文版名《心理的改造》）、桑戴克（Lynn Thorndike，1882—1965）的《世界文化史》（*A Short History of Civilization*，1930年中文

① 以上观点皆见于何炳松译：《新史学》，商务印书馆1924年版，第10、59、77—78、14页。

版）、班兹（H. E. Barnes，1889—1968）的《新史学与社会科学》，海士（Carlton J. H. Hayes，1882—1964）的《欧洲近代政治社会史》（*The Social Studies*，1933 年中文版）等宣扬“新史学”的书也纷纷被译介到国内，在五四以后的史学界和历史教育界产生了相当的影响。如 1922 年《东方杂志》刊登的衡如《新历史的精神》一文，在论述史学的目的、范围与史观时，不仅完全吸取了美国“新史学”的主张，还认为，在西方现代各派史学中，“最晚出而又最重要，且足以代表新历史的精神者，则综合史观也。综合史观亦名集合心理的史观。依此见解，无唯一之原因能释一切历史事业，舍一时代之集合心理外，不足决定一时代之事实。发现所以形成一时代之人生观，决定一时代生存竞争之分子而评量之叙述之，则史家之责也。英之玛纹、美之布锐斯特、铁尔聂、鲁滨逊，其最著者也。使历史而果为有益于人之学科也，则固舍此莫属矣”[①]。也有的撰文进一步探讨了整个欧美现代“新史学”运动的形成、早期发展过程及其思想渊源、治史主张等，声称“治史学者皆向新史学这条道努力”[②]，方能取得更大的发展。直至20 世纪三四十年代，国内出版的不少史学概论类书，仍大多引用或不同程度地接受过“新史学”的观点。

二是柏格森和杜里舒的“生命史观”。

柏格森

新文化运动时期西方历史哲学对中国史坛的影响，除了 19 世纪末便已输入的进化论外，作为非理性主义思想流派的柏格森“生命哲学”和杜里舒的“新生机主义”（Nco-Viotalism）也颇流行一时。

柏格森（Henri Begson，1859—1941）是 20 世纪上半期法国最著名的哲学家，代表作有《时间与自由意志》（1889）、《物质与记忆》（1896）、《创造进化论》（1907）等。其生命哲学的基本观

① 参见《东方杂志》第 19 卷第 11 号，1922 年 6 月。
② 黄公觉：《新史学概要说》，《师大史学丛刊》第 1 卷第 1 期，1931 年 6 月 6 日。

点认为，真正的实在是神秘的生命之流，整个世界的发展是一种“生命冲动”的精神过程，理性和科学都无法把握，只有通过直觉才能体验。柏格森学说传入中国，至少可上溯到1913年，该年10卷1号和次年11卷4号《东方杂志》上先后二次发表了钱智修讨论柏格森哲学的文章。新文化运动时期，经杜威等人的介绍，柏格森在中国声誉日隆，其著作也在国内渐有刊出。梁启超欧游时，还特地拜访过他本人。

杜里舒（Hans Driesch，1867—1941）系德国生物学家兼哲学家，毕业于耶拿大学，先后在海德尔堡大学、莱比锡大学执教。1922年10月，应梁启超之邀来华八月，讲授了“生机体之哲学”、“生机主义史”、“实生论大旨”等课程，后由瞿世英等人辑成《杜里舒讲演录》一书，凡十册，于1923年出版。其说以为生物现象非物理、化学所能解释，实系一种特殊的“生机”即“隐德来希”（entelechy）所决定，它不依存于有机体本身及其生活条件，自始就按一定的目的进行活动，是人的认识所不能了解的。

杜里舒

这两家历史哲学都倡导一种“生命史观”，强调超物质的精神性“生命冲动”或“生机”是推动生物进化乃至社会进步的最根本基因。因此，“未来历史之目的在求历史中进化之符号”[①]，也就是寻求人类在知识线上的进化现象。

梁启超在1923年发表的《研究文化史的几个重要问题》中把原先十分欣赏的进化论在历史研究中的运用范围作了“修正”，强调只有“人类平等及人类一体的观念”和世界各部分人类心能所开拓出来的文化共业这两种现象可确认在进化之中。这种观点显然受到过上述历史哲学的启发。

朱谦之在1926年写成的《历史哲学》中，以赫克尔一元论为出发点，以新生机主义和创化论为原理，提出了一种生物史观，认为历史哲

① 杜里舒：《生机主义之理论》，瞿世英等辑：《杜里舒讲演录》十，1923年。

学的任务是要在历史事实里寻出一种根本的发展和进化原理，这种进化非达尔文的机械进化论所能解释，只有从新生机主义的角度去认识，才不至割裂历史发展的绵延活动性。因为“生物之自体，就有一种动力，由这动力向上自由发展”，这种“动力”或“生机力”，实出自本能，故人类历史上的种种变动，“莫不是本能变动的结果”。以此为由，他反对“多元史观”和“经济史观”，以为“把宗教的、艺术的、道德的、政治的、法律的、经济的和科学的历史观，来解释一切，乃是谬见。他不过只是该时代的本能，依于生机主义的条件而变化的反映”，“只要生物的基础一变动”，宗教、艺术、法律、道德、政治，乃至经济等“上层建筑”便不得不全部随之变动。所以，不能把“物理化学的历程”应用到历史学方面，而应以“生物学的方法”，从“发生的”、心理的、社会的角度去研治历史。[①] 这些观点，显然是柏格森、杜里舒“生命史观”的翻版与再铸。

此外，德国新康德主义弗赖堡学派的影响也值得注意。该派代表人物为温德尔班（W. Wdindelband，1845—1915）和李凯尔特（Heinrich Rickert，1863—1936），他们不满实证史学夸大自然科学方法对历史研究的指导作用，强调人文科学与自然科学的不同特点，由此把自然和文化、自然科学方法和历史学方法对立起来，认为自然科学寻求的是一般规律，历史学探讨的则是个别事实，并否认历史发展有其客观规律。这些基本思想都曾通过梁启超等人的转述或引用在史学界有所流传。

李凯尔特

1920 年代传入国内的西方史学流派，除以上几派外，还有所谓“生理学的史观、心理学的史观、人种地理学的史观、经济学的史观、天文学的生物学和地质学的史观”[②] 等，一时颇令人有流派纷呈、目不暇接之感。这些史观或史

① 朱谦之：《历史哲学》，泰东图书局 1926 年版，第 9、74—75、216—217、117 页。
② 杨鸿烈：《史地新论》，《晨报》社出版部 1924 年版，第 55 页。

学理论，在西方虽然流行有先后，观点亦时有歧异甚至对立，但在新文化运动时期西学东渐的一派涛声之中，却一齐涌至中国史坛，其情形正如何炳松所描述的那样："吾国近年来史学界颇受欧化潮流的激荡……其对于西洋史学原理之接受，正与一般政治学家、经济学家、新文学家同……一时学说纷纭，莫衷一是，大有处士横议、百家争鸣之概，诚不可谓非吾国史界复兴之朕（征）兆也。"[①] 它一方面固然为活跃中国史坛，推进其现代化建设注入了新的因素，但另一方面，也向中国史学提出了一个如何正确鉴别吸纳西方现代史学以进一步发展自身的时代新课题。

新文化运动时期国内史学界对西方现代史学理论与方法的引介、吸纳，反映出以下一些值得注意的特点或倾向。

首先，是西方史学的输入呈现一种前所未有的多元化格局。这种多元化，不但表现为输入内容的五光十色、流派纷呈，更主要的还在于其时新史学界对外来文化普遍持有一种民主开放的意识，即使是一些深受西方某派史学影响的学者，也并不拘泥于一家一派之说，而多能以理性务实的心态对待其他各派的史学且加以综合的取舍。如何炳松，虽最注重美国鲁滨逊一派的"新史学"，但对朗格诺瓦、瑟诺博斯、伯伦汉诸家的史学方法论也作了不少译介并有所取法，其所编译的《通史新义》，内容基本出自瑟诺博斯的《应用于社会科学上之历史研究法》（一译作《社会科学与历史方法》），另一著作《历史研究法》的编写亦对伯伦汉、朗格诺瓦之说多有所取。至于欣赏兰克学派的傅斯年，其所强调的"现代的历史学研究，已经成了一个各种科学的方法之汇集。地质、地理、考古、气象、天文学等，无一不供给研究历史问题者之工具"[②]，显然也非兰克的史学方法所能局限，倒是透露出了几分"新史学"派的胸襟。这种情况，可以说在相当程度上规定了中国现代各史学流派思想渊源的复杂多面性。

其次，与20世纪初年对西方史学的接受偏重于思辨的历史哲学（主要是进化论历史观）以及有关寻求历史"公理公例"的观念不同，

---

① 何炳松：《通史新义·序》，商务印书馆1933年版，第11页。

② 傅斯年：《历史语言研究所工作之旨趣》。

新文化运动时期非马克思主义史家对西方现代史学的吸收往往更注重于方法论。虽然此期也有如鲁滨逊的“综合史观”、柏格森的生命哲学、杜里舒的“新生机主义”等传入，但大多数专业史家在实践上都不甚重视，1920年代末即成为国家最高史学研究机构主持人的傅斯年便声称：中央研究院史语所“同人之治史学，不以空谈为学问，亦不以‘史观’为急图”①。“历史哲学可以当作很有趣的作品看待，因为没有事实做根据，所以和史学是不同的。”②而二三十年代出版的一些史学概论类书，也大多以讨论方法论为主，而很少涉及历史观和历史本体论问题。对于历史因果律，这些人更表示难以理解，傅斯年即说：“现在的科学家没有一个相信因果律的，只有宗教家才会相信因果律。”③连原先主张历史有“公理公例”可寻的梁启超，这时在接触了柏格森、詹姆士、李凯尔特等人的学说后，也认为“历史现象最多只能说是互缘，不能说是因果”，因为它并不受“必然法则的支配”。④这种史学思想的转向并非偶然。英国史学家杰弗里·巴勒克拉夫的《当代史学主要趋势》曾对此种现象作过分析，指出：19世纪末20世纪初“历史学界的重大争论是在以孔德和巴克尔为代表的实证主义和以德罗耶森、里克特（一译李凯尔特）以及温德尔班为代表的唯心主义之间展开”，结果是双方达成了事实上的妥协，“在理论上，大多数历史学家接受唯心主义的立场，将历史学与科学严格地加以区别，强调直觉是历史学家处理历史的最终手段；但实际上，大多数历史学家的方法论却以实证主义为依据，也就是说，历史学家的主要目标有两个，一是发现‘新事实’，一是‘通过历史的批判’来消除谬误”，“即将历史学家的工作分为前后两个阶段，第一个是搜集和准备资料阶段，第二个是解释资料和表述成果阶段。前一个阶段以实证主义为主；在后一个阶段中，历史学家的直觉本能和个性起主要作用”。⑤西方史学观念的这种变化，有着深刻的历史背景。19世

---

① 傅斯年：《史料与史料学发刊词》，《傅孟真先生集》中庚，台湾大学，1952年，第277页。

② 傅斯年：《考古学的新方法》，《史学》1930年第1期。

③ 转引自马乘风：《中国经济史》第一册初印本《诸家批判》。

④ 梁启超：《研究文化史的几个重要问题》，《饮冰室合集·文集之四十》，第4、3页。

⑤ 杰弗里·巴勒克拉夫：《当代史学主要趋势》，杨豫译，上海译文出版社1987年版，第7页。

纪西方自然科学取得的一系列成就，曾使人们普遍对认识世界和社会充满了信心。在“从自然科学奔向社会科学潮流”冲击下，一些西方学者把生物学、地理学、数学等自然科学方法和成果引入史学领域，认为史学也完全可以成为物理学一样精确的科学。但到19世纪末至20世纪初，由于物理学的一系列革命性的发展，特别是爱因斯坦相对论和普朗克辐射的量子力学的产生，从根本上动摇了伽利略和牛顿建立的古典物理学基础。与此同时，数学、化学、生物学也经历了相应的“危机”。于是，在旧自然哲学观上建立起来的机械决定论渐渐出现了动摇的裂痕。加之第一次世界大战的发生，也使某些人对现实产生了悲观的幻灭感。思想界的震波在历史学、社会学、心理学等人文学科领域引起了连锁反应，不少西方学者由此抛弃了“决定论”而转向相对主义和不可知论，开始强调自然科学和人文科学的不同特点，进而否认历史学可以成为一门科学。在他们的眼里，历史学应放弃寻求历史发展规律这一大而无当的奢侈目标，老老实实地以搜集史料和考证一事一物作为自己的职志。中国史学界出现的上述现象，与当时西方史学界的风气转变恰好是一致的。

第三，综观新文化运动时期中国史坛对西方现代史学的吸纳消化过程，我们还可以发现，尽管其时输入国内的西方史学五花八门，但影响深入持久的并不多，真正在理论与实践的结合上形成规模宏大的史学流派的，非马克思主义史学中差不多仅实证主义一家。这种情况的出现，除了因前述西方史学主流走向的影响外，更主要的乃是受本民族文化演变特点制约的结果。中外文化交流的历史经验表明，任何外来文化输入，必须在本国文化的土壤中找到其适合的生长点，才可能产生持久的生命力。对此，当时不少学者已有相当理智的认识。如王国维即指出，西洋思想“即令一时输入，非与我中国固有之思想相化，决不能保其势力”[①]。西方史学输入后的命运自然也是如此。实证主义史学所以能成为新文化运动以后数十年间我国史学界的一种时尚，并取得了一系列骄人的治史成就，很重要的原因，乃在经过国人的吸收和改造，它已找到了与中国传统史学的结合点，特别是其所强调的依据经验事实或史料恢

① 王国维：《论近年之学术界》，《王国维遗书·静安文集》。

复历史真相的主张，和传统史学注重记载历史与考实的求真精神不谋而合，而其形式逻辑的归纳演绎与清乾嘉朴学的考据方法尤有相通之处，正是在这两者相互沟通的基础上，才形成了我国现代史学史上影响深远的科学方法派、古史辨派和新考证派等史学流派。相比之下，美国“新史学”等虽然传入之后一度在史学理论界风头甚健，其治史眼界和方法也不乏较西方传统实证史学更具远见的地方，但由于这种新史学观念与中国传统史学的范式差距较大，一时难以找到较切实的结合点；同时，也由于五四时期中国的现代科技和社会科学尚处于相对落后的状态，而无法如美、法等国那样为“新史学”的实践提供较为坚实的社会科学和自然科学方法论成果，甚至缺乏为一般社会理解和接受的基础（因科学水准低），这就使得其影响力只能多停留在思想面，而很难在中国现代史学的实践中扎下深根并结出可观的成果。

可见，新文化运动时期中国史坛对西方现代史学的引进消化，并非一种单纯的被动反映，而是一个中西文化在交互碰撞中不断趋于理性融合的过程，其间的功过得失，至今仍然值得我们深思。

三、现代史学理论与方法的探讨

上述西方现代史学的大规模输入，极大地刺激了国内史学界研讨和构筑本专业理论体系的热情。中国学术界对现代学术方法论的自觉，始于19世纪末20世纪初，特别是严复、王国维等先驱人物的译著《穆勒名学》（英国穆勒著，严复译，1905年金粟斋刻本）、《名学浅说》（英国耶方斯著，严复译，1909年商务印书馆本）、《哲学概论》（日本桑木严翼著，王国维译，1902年教育世界版）、《辨学》（英国耶方斯著，王国维译，1908年益森印刷局本）等，使学术界对西方近代的哲学方法和逻辑思想有了一定了解。五四时期，经胡适等人对“科学方法”的大力鼓吹，思想界更是掀起了一股理论与方法的研讨热。在哲学领域，先后出现了实验主义、唯物主义、现代新儒家等各种流派。在史学领域，对学科方法论的探讨风气尤盛。

中国古代史学，虽素称发达，然其时史家普遍之观念，唯以记载史事为重，对于史学理论与方法，即使有所讨论，亦多属书法褒贬、编纂结构体例一类的经验性评论，很少构成体系，像章学诚这样在理论方面进行专门研究并有系统发明的，实在只是凤毛麟角。五四时期，在“科学”思潮的启示下，不少进步史家深感“我国现在的史学界实在是陈腐极了，没有一番破坏，断然不能建设”[①]。在他们看来，传统史学无论就观念还是内容看，有许多地方都不合现代科学的要求和社会之需。而欲改变此种落后现状，必先变革旧史观念及其治学方法。为此，对史学理论与方法的探讨，受到了史学界前所未有的重视。各杂志及出版社纷纷刊出有关史学理论的论著，一些有条件的大学史学系和史地系，还把历史学原理、史学研究法、中国史学概论、史学通论、历史哲学等列为基本必修课或选修课，将其作为提高学生专业理论素质和培养现代史学人才的重要手段。

这一时期发表的有关史学理论和方法之作，大致可分三种类型。一是对国外主要是西方现代史学理论著作的译介。二是运用现代科学眼光对传统史学方法的重新审视与系统总结。胡适即称其对清代朴学方法的总结，目的在于将其所用的“不自觉”方法变为“自觉的”。[②] 如梁启超《清代学术概论》（1920）、《中国近三百年学术史》（1924）、《古书真伪及其年代》（1927）对清儒治学方法及古代辨伪学的总结；胡适《清代学者的治学方法》（1921）对乾嘉考据法的分析；何炳松《〈史通〉评论》（1925）、《章学诚史学管窥》（1925）对中国古代史学理论的研究；陈垣《校勘学释例》（亦名《元典章校补释例》，1931）对传统校勘学的归纳提高等，皆其中的代表作。三是有关史学基本理论的探讨及概论性的专业治学入门指导，如李泰棻的《史学研究法大纲》（1920），梁启超的《中国历史研究法》及其补编（1921—1927）和《历史统计学》（1922），李大钊的《史学要论》（1924），杨鸿烈的《史地新论》（1924），何炳松的《历史研究法》（1927）等。从内容上看，这些论著

---

① 朱希祖：《新史学》中译本序。

② 胡适：《致毛子水》，《新潮》第2卷第1期，1919年。

的着眼点主要集中在以下几方面。

一是对历史学本身及其社会功能的认识。这本是旧史家十分重视而又谈得最多的问题，但五四时期的探讨，则另有一种特殊的时代特点，它反映了历史学的文化功能正随着社会变迁而发生转换。鉴于旧史学一味强调为封建政治服务造成的种种弊端，不少人反对继续将史学充作“伦理教训”或“政治资鉴”的工具，认为“历史是过去的事实的客观的叙述，其中不能夹杂任何目的，史学家作历史，应该和化学家作试验报告具同样的精神”①。其基本作用应是实事求是地弄清过去的真相及现实社会各种事物或制度的由来，以帮助人们认识并解决现实问题和推测未来。对于封建史学仅注重记载政治史的做法，他们尤表不满，批评说“旧日之历史，直可名之为政治史”，其“唯一基础，即为政治事实，而编纂史籍之论理上唯一根据，亦惟有政治事实。甚有以为政治事实即为一切事变之原因，以决定历史之性质与发展者；凡非与国家生活有直接关系或其间关系为不易发见者，均为无研究之价值”②。这种观念，不仅无法反映历史的真实全貌，还常常会因统治者的政治需要而歪曲史实。事实上，“影响人类前途的除政治组织之外，尚有经济、思想、自然环境……等等要素，都不可轻轻撇过。并且除非把这些要素研究清楚，我们对于政治变迁的根本原因，也决不能了解”③。陈训慈的《历史之社会的价值》一文，还针对那种只看重社会学、经济学、心理学的实用价值而轻视历史学的倾向，阐发了自己的看法，认为历史学的功用至少有四端：一、助成完全之智识；二、影响人类之心理；三、进化之指导；四、促进人类之相互了解。故“史断非繁重孤僻之学，而为最普遍之学识，与社会息息相关……生而为人，既不能不有历史之常识。国人言新文化者，当亦知所深省矣”④。这些论述的中心，都在要求历史学从旧日专为统治集团“资鉴”的狭隘格局中解脱出来，成为一般社会大众所需之学问。

---

① 齐思和：《论史学之价值》，《燕大月刊》第 7 卷第 1—2 期合刊，1930 年 12 月。

② 衡如：《新历史之精神》，《东方杂志》第 19 卷第 11 号，1922 年 6 月。

③ 齐思和：《论史学之价值》。

④ 陈训慈：《历史之社会的价值》，《史地学报》第 1 卷第 2 号，1922 年 5 月。

二是如何看待历史哲学在历史研究中的作用问题。五四前后，随着各种西方史学理论及哲学的传入，历史哲学问题引起了越来越多人的注意。如缪凤林认为，史之目的在揭示社会演进活动之真，欲达此目的，“非哲学固无由进窥其之真际也”[①]。李大钊更指出：“人生哲学或历史哲学，特有关于历史事实”，那种以为史家只能以怡然虚静之智慧观察史实而“不宜豫存一先入为主的历史观”之见，其实并不现实。因为“史实纷纭，浩如烟海，倘治史实者不有一个合理的历史观供其依据，那真是一部十七史，将从何处说起？必且治丝益棼，茫无头绪。而况历史观的构成，半由于学问智识的陶养，半由于其人的环境与气质的趋倾，无论何人，总于不知不觉之中，有他的历史观在那里存在。夫历史观乃解析史实的公分母，其于认事实的价值，寻绎其相互连锁的关系，施行大量的综合，实为必要的主观的要因。然则史学家而有一种历史观，其事非概可指斥，不过要提防着过于偏执的或误谬的历史观就是了”。[②] 为了寻求一种“比较完满之历史观”，一些史家进而对古今中外各种历史哲学作了认真介绍、比较、分析和批评。如陈训慈在《史学观念之变迁及其趋势》中，结合中西史学的发展状况，对美术史观、宗教史观、道德史观、政治史观、哲学史观、个人史观、科学史观、社会史观、经济史观、地理史观、综合史观等十一类历史观作了考察评价，以“求其变迁之普通趋势”[③]。不仅如此，朱谦之的《历史哲学》（1926）等还对创建新的历史哲学体系作了尝试。

三是关于现代史学方法论体系的构筑和完善。这是当时史学界讨论最多的问题。在众多的论著中，有的按照人们研究和认识历史的系统运动过程，详细论述了从史料采集、鉴别、整理到史事分析和史著编写的方法，如梁启超的《中国历史研究法》和何炳松的《历史研究法》等；有的致力于探讨历史学与哲学、文学、社会学、经济学、法律学、宗教学、语言学、心理学、政治学、地理学、生物学、人类学等各种相关学科的关系，以及在治学方法上相互借鉴的可能，如陈训慈的《史学蠡

---

① 缪凤林：《历史与哲学》，《史地学报》第 1 卷第 1 期，1921 年 11 月。

② 李大钊：《史学要论》，第 42 页。

③ 《史地学报》第 1 卷第 1 期，1921 年 11 月。

测》（1924—1925）、李璜的《历史学与社会科学的关系》（1926）等；有的则结合历史实践，专论某种现代方法的价值和运用，如梁启超的《历史统计法》、卫聚贤的《应用统计的方法整理国学》（1929）等。这些讨论，对于现代史学方法在我国的进一步系统传播和运用，起了十分积极的作用。

五四时期重视史学理论探讨的风气，一方面大大促进了其时各种史学流派的形成，同时也是中国现代史学建设取得重要进展的显著标志。而其总的倾向，则是要求在兼取中西史学之长的基础上，构建起符合现代社会需要的史学新体系。

第三节　科学化进程中的史学制度建设

20世纪上半期，在科学观念的主导下，围绕着现代学术的建设，学术界、思想界和教育界展开了多方面工作。其中，影响最为深远的基础性机制建设，其成就主要反映在以下几方面。

一、现代史学专业人才培养机制的确立

中国传统学术的分类系统，经历过一个漫长的演化过程，按照梁启超的说法："中国古代，史外无学，举凡人类知识之记录，无不丛纳之于史，厥后经二千年分化之结果，各科次第析出。"[①]魏晋以后，四部分类法逐步确立，于是历代相沿成习。但依据现代学术的观念加以衡量，四部分类法不但门类偏少，且不少学科边缘界限不清，分类无统一标准，缺乏内在的系统性。如经学中包含着政治学、哲学、史学、文学各类学问，史学也混合着天文、地理、社会、民俗诸学，都在相当程度上保留了中国早期学术的综合混沌特征。至于四部分类中的子、集两类，更是纯以著作外在类型为据的粗略归类，内容十分庞杂。这种状况的存在，相当程度上是因传统分类主要着眼于"辨章学术，考镜源流"，亦即注重各类知识的源流背景而轻其现实结构的变动所致。因此，即使南朝刘宋时一度出现过全按知识内容而分的儒、

① 梁启超：《中国历史研究法》，《饮冰室合集·专集之七十三》，中华书局1932年版，第30页。

玄、文、史四学，也未能得到后世学者的普遍认可，宋司马光甚至还站在儒家正统观的立场上批评说："史者儒之一端，文者儒之余事；至于老、庄虚无，固非所以为教也。夫学者所以求道；天下无二道，安有四学哉！"①

晚清以降，随着西学的输入，此种封闭的知识架构和粗糙的分类体系始渐打破。在"中体西用"说盛行的时代，因传统学术的分类方法难以容纳日益增多的西学内涵，于是在涉略"新学"的讨论时，乃不得不引入其知识分类概念以为补充。如1896年梁启超发表的《西学书目表》将各类书分作四大类，其中"学类"下著录西学著作一百三十种，区为算、重、电、化、声、光、汽、天、地、人体、动植物、医、图等学凡十三目，几全取西学分类法；其余政、教、杂三类下之分目，则不免中西杂陈。故自谓"未有善法"，仅"取便学者，强为区别"而已。②次年康有为所作《日本书目志》的分类更趋西化，全书凡分生理、理学、宗教、图史、政治、法律、农业、工业、商业、教育、文学、文字语言、美术、小说、兵书十五门。各门下细目亦多取西法，如"理学门"分总论、物理、化学、天文、气象、地质、博物、生物、人类、动物、植物、哲学、论理、心理、伦理诸学。当然，这还只是以西法施于外来书籍的分类。至20世纪初年，对西方学术分类法的运用，已不再局限于"新学"的范围，而是直接渗入了传统学术的研究之中。如刘师培在《周末学术史总序》中即主张按心理学、伦理学、论理学、社会学、宗教学、政法学、计学、兵学、教育学、理科学、哲理学、术数学、文字学、法律学、文章学这样的分类法，"采集诸家之言，依类排列"，编一部新颖的先秦学术史。③而国学保存会计划设立的国粹学堂，也开出了类似的学习科目。

与此同时，我们还可以从当时清廷制定的学校专业科目变化中看到这一趋势。如戊戌变法期间总理衙门筹议的《京师大学堂章程》，参合中西学制，规定其"溥通学"科目为经学、理学、中外掌故、诸子

① 司马光：《资治通鉴》卷一百二十三，中华书局1956年版，第3868—3869页。

② 梁启超：《西学书目表序例》，《饮冰室合集·文集之一》，第124、123页。

③ 《国粹学报》1905年第1期。

学、逐级算学、初级格致学、初级地理学、文学、体操等十科，另加外语（英、法、俄、德、日任选其一）；“专门学”科目包括高等算学、格致学、政治学（法律归此）和地理学，以及农、矿、工程、商、兵、卫生（医学归此）等十科。[①] 在作为基础部分的“溥通学”科目设置上，尤显出较为陈旧的知识结构布局意识。而1902年公布的《钦定高等学堂章程》则规定，大学预科分政、艺两科，本科分政治、文学、格致、农业、工艺、商务、医术七门，已大致接近于西方的分科设置，以致引起了张之洞等人的不安，特将原附于文学门的“经学”抽出立为首科。[②] 这一改变，反映了清廷依然试图维持经学作为各科主导的意识，也因此遭到了具有现代学术观念的王国维之质疑。在他看来，儒学“固非宗教，而学说也，与一切他学均以研究而益明。而必欲独立一科，以与极有关系之文学相隔绝，此则余所不解也。若为尊经之故，则置文学科于大学之首可耳，何必效西洋之神学科，以自外于学问者哉！”并指出，大学所定科目，尤不应将哲学排斥在外，观东西各大学之教学，无不设有哲学一科，盖人生对“知识之最高之满足，必求诸哲学”，而“无论古今东西，其国民之文化苟达一定之程度者，无不有一种之哲学，而所谓哲学家者，亦无不受国民之尊敬，而国民亦以是为轻重”，故我国大学，不特当立哲学一科，且经学、理学、文学、史学各科中，均应重视哲学知识之传授。[③] 虽然这一意见当时未被采纳，但到民国初年，却差不多成了学术界和教育界的共识。1912年10月教育部公布的《大学令》，即规定大学分文、理、法、商、医、农、工七科，取消经学科，其原有内容分别纳入文科相关系科。

至于整个现代人文学科的建设，此后也日有长进。1913年1月教育部公布的《大学规程》确定文科分哲学、文学、历史学和地理学四门。

---

① 《总理衙门筹议京师大学堂章程》，汤志钧、陈祖恩编：《中国近代教育史资料汇编——戊戌时期教育》，上海教育出版社1993年版，第128页。

② 参见《钦定高等学堂章程》和《奏定高等学堂章程》，《中国近代学制史料》第2辑上册，华东师范大学出版社1987年版，第560、570—571页。

③ 王国维：《奏定经学科大学文学科大学章程书后》，《静庵文集续编》，《王国维遗书》第三册，第651、644、648页。

其中，哲学门分中国哲学和西洋哲学二类；文学门分国文、梵文、英、法、德、俄、意、言语学八类；历史学门分中国史及东洋史、西洋史二类。各专业方向下所设课程一般都在十门之上，最多的达十五六门（中国史及东洋史、中国哲学），已具有一定的系统性。①以史学为例，在清末京师大学堂文学科中，本分中国史学和万国史学二门。中国史学主干课程定为史学研究法、御批历代通鉴辑览、各种纪事本末、中国历代地理沿革、国朝事实、中国古今外交史、中国古今历代法制考、四库史部提要、世界史、中外今地理、西国科学史等十一门。万国史学除减少中国史内容而代以泰西各国史、亚洲各国史和西国外交史、年代学外，近一半课程同于中国史学门。其学科知识结构尚带有中西杂糅的分类特征。②民国初颁布的《大学规程》，则规定中外史学同归历史学门，所设课程中增加了考古学、经济史、美术史、人类及人种学等具有现代气息的课程，只是北京大学未及时实行。③至 1917 年蔡元培出长北大，其文科才得在原有中国哲学、中国文学与英国文学三门的基础上，增设了中国史学门，虽然初时开出的专业课程比较单薄，但经过几年的改造充实，到 1920 年代初，已初步形成了包括史学专业理论、中外通史、历史辅助学科和部分社会科学在内的课程体系，为现代史学专业课程体制的确立奠定了基石。④

这种现代学术分科概念不仅规定了民国时期各大学的科系设置，还直接影响到对“国学”内涵的重新认识。作为传统学术总称的“国学”原本是一种内部知识结构分类较粗疏的综合性学术，但 1920 年代后成立的北京大学研究所国学门、燕京大学国学研究所、齐鲁大学国学研究所等，几乎都将“国学”划分为语言文字学、文学、哲学、史学、考古学、宗教学、美术等门类加以研究，这显然是西学的分类体

① 均见《中国近代学制史料》第 3 辑下册，华东师范大学出版社 1992 年版，第 1、3—5 页。

② 《奏定大学堂章程》，《中国近代学制史料》第 2 辑上册，第 779—780、785 页。

③ 《1913 年 1 月 12 日教育部公布大学规程》，《中国近代学制史料》第 3 辑下册，第 5 页。

④ 关于晚清至民国初年学科体制的变迁情况，台湾东吴大学的刘龙心博士有较深入的研讨，详可参见罗志田主编：《20 世纪的中国：学术与社会·史学卷》（下）第四编“学科体制与近代中国史学的建立”，山东人民出版社 2001 年版。

系渗入的结果。

比较现代史学与传统史学，还可发现其内涵与外延间的变化似呈一种相互背反之现象：一方面，传统史学融天文（如天候气象时令）、地理、风俗、宗教及诸人事现象为一科，内容极为庞杂；而其关注点却全在政治一隅，显得十分狭隘。另一方面，现代史学则因各种新学科的建立和学科分工的细化，其专业内涵虽较前大为缩小；然在研究视野上，却主张突破旧政治史的框架，把范围扩展到社会生活的各个层面。同时，从社会功能看，传统史学本兼有现代政治学、社会学、经济学、民俗学、地理学、宗教学、考古学等各种学术的职能，地位虽然显赫，担子却过于沉重。现代史学的功能则因其学科分工和自身研究特点的限制，"致用"范围已较前大为缩小。面对这一现象，梁启超曾指出："今后史家，一面宜将其旧领土一一划归各科学之专门，使为自治的发展，勿侵其权限；一面则以总神经系——总政府自居，凡各活动之相，悉摄取而论列之。乃至前此亘古未入版图之事项——例如吾前章所举隋唐佛教、元明小说等，悉吞纳焉以扩吾疆宇，无所让也。"① 郑鹤声也认为："自有新史学之提倡，而旧史学之范围已日形缩减，比如昔日数世同堂之大家庭，声势煊赫，今则各自析爨，转成小家庭。如前志所列之地理、刑法、目录等等，皆离母体而另成一种科学，与之并驾而齐驱焉。时势所趋，梁氏（指梁启超）因创'以收缩为扩充'之说。"② 所谓"以收缩为扩充"，其实正是现代史学发展的一种趋势。

应当看到，五四以后，在科学观念的引导下，除了努力对史学、文学等一部分传统学术进行脱胎换骨的改造外，还顺应世界学术潮流，引进和创立了一批现代新兴学科，如社会学、政治学、考古学、民俗学、经济学、教育学及各门自然科学，从根本上改变了传统学术的旧格局，逐步构筑起了具有现代文化视野，门类比较齐全的学科体系，使中国学术开始真正走上了现代化的发展道路。

从世界范围看，历史学之真正成为一门独立的学科，是在 19 世

---

① 梁启超：《中国历史研究法》，东方出版社 1996 年版，第 37 页。

② 郑鹤声：《汉隋间之史学》，《学衡》第 33 期，1924 年 9 月。

纪。[①] 而这一过程，又是和专业人才培养的制度化以及职业历史学家的出现密切相关的。现代专业人才培养制度的规范化，是使各种学术成为独立知识领域并获得持续发展后劲的一个必要条件，而实现这一点的步骤，通常是“首先在主要大学里设立一些首席讲座职位，然后再建立一些系来开设有关的课程，学生在完成课业之后可以取得该学科的学位”[②]。中国现代人文学术人才的培养，便是通过大学或研究院的专业系统训练来实现的。而这一制度的真正定型，严格说来应在五四前后。

如前所说，作为培养专业人才的大学，我国在民国初年教育部发布的文件中已基本确立了按现代学术门类分科的布局。至 1919 年，属于文科的哲学、中国文学和史学都成立了单独系科，无论在学制、课程设置和教育模式等方面都日趋规范化。兹分三方面略述其史学人才培养之机制，以窥现代专业教育运作之模式。

（一）历史教学革新及其课程设置

自古以来，在我们这个具有重史传统的国家里，一直存在着少数以修史为职责的史官，但必须看到，他们的产生途径、职能、知识结构和治史技能等，都与现代职业史家有着性质上的差别。直到新文化运动时期，才在这方面出现了合乎世界潮流的发展趋势。

我国现代历史专业人才的培养，是以新文化运动时期的学校，特别是大学教育的改革开始的。虽然中国文化的重史传统，使清末新式学堂兴起时，就颇注重历史课程的设置，但从指导思想看，并未摆脱经史混杂或以经为宗、以史为辅的旧格局。如光绪二十八年（1902）的《钦定学堂章程》规定，大学分专科七，文学为其一，隶以经、史、

① 杰弗里·巴勒克拉夫《当代史学主要趋势》甚至认为，欧洲历史学的独立“大致从十九世纪最后十年才真正开始形成，而且法国和德国处于领先地位……在英国，一直到 1923 年，陶特才感到他可以公开宣布‘为争取承认这门学科而进行的战斗已经取得了决定性的胜利’。不过，即使到那时，历史研究的价值仍然受到学术界的怀疑，虽然这些反对者显然已经失败了”（第 286 页）。

② 华勒斯坦等：《开放社会科学》，生活·读书·新知三联书店 1997 年版，第 31 页。

理学、词章四门，而以经学为之首。次年，又特将经学从文学中分出，单立一科，以示尊重。民国初年的北京大学，文科初亦仅设中国哲学、中国文学、英国文学三门。至1917年蔡元培出长北京大学，改订各科课程，始增设中国史学门，五四后又改称史学系，使之成为全校十四专业之一，确立起其独立的系科地位。北京高等师范学校1913年后设置的史地部和南京高等师范学校1919年秋改国文科为文史地部，都反映了这种趋势。到1920年代中后期，南开大学、厦门大学、国立中山大学、辅仁大学、燕京大学、清华大学等高校已普遍设立了史学系。

现代大学史学系的设立，"旨在研究历史之重要智识，期以阐明历史对于人类社会之关系，并策专精研究之效"[①]。从培养从事"专精研究"的人才需要出发，其课程设置也日趋系统化。如北京大学1917年初设中国史学门时，专业课仅中国通史、历史学原理、金石及考古学、民族史及宗教史、法制史、经济史、学术史、人种学等十门不到。[②]至该年1月改订课程复提出增加东洋通史、西洋通史、中外地理沿革、年代学、社会学、经济学、法理学及西洋法制史、欧美文明史、欧美政治史、欧美殖民史、中亚细亚地理及历史，以及欧美亚洲各国史等十余门，内容体系大为改观。[③]1920年朱希祖出任史学系主任后，对课程作了进一步改革，一面积极输入欧美现代史学理论和方法，一面强调"以社会学、政治学、经济学等社会科学，为史学基本知识，列于必修科……使学生一改其研究史学之心理，不致专以多识史事为史学"，特别加强了现代史学专业理论的训练和各种社会科学方法的引入，以便将旧日"文学的史学，改为科学的史学"。[④]其有现代科学意识的课程设置（参见表5.3），较之清末京师大学堂中国史学门和万国史学门那种

① 《国立中央大学文学院史学系课程规划说明书》，《史学》1930年第1期。

② 参见《国立北京大学廿周年纪年册》所载文科大学中国史学门课程表，实施于1917年下半年。

③ 详情可参见《北京大学日刊》1917年12月2日刊《改订文科课程会议纪事》及《教育公报》1917年第14期载《北京大学文、理、法科本、预科改定课程一览表》。

④ 朱希祖：《北京大学史学系过去之略史与将来之希望》（1929年12月17日），《国立北京大学纪念刊》第三册。

主课科目[①]，自不可同日而语。其时师范性质的大学如北京高师史地部的课程，虽偏重通论、通史一类而不及北京大学之专，也同样具有这种特点（参见表5.4）。

至1920年代末，大学历史专业的课程设置，已发展到了相当细密的程度，其中清华大学史学系的课程大致分为三个层面。一为大学一年级通设必修课，计36学分。二为本系专业课，计60学分，分必修与专修二类，必修为中国通史或西洋通史、欧洲19世纪史和史学方法，共20学分；选修包括本系和外系所开的文学史、哲学史、法制史、经济思想史、美术史等相关课程，共40学分。三为外语（16学分）和自由选习（20学分）。[②]燕京大学的课程也有主修和副修之分，只有同时修足主修科和副修科的学分才能毕业。[③]中央大学历史系除共同必修课外，其余课程分主系必修、主系选修、辅系必修和系外选修四类，所开各类课程达四十八门，选修课尤为丰富，内容广涉中外各种专史、国别史、民族史和有关辅助学科（参见表5.5），并可选修外系的人类学、人生地理、政治地理、经济地理、经济原理、经济史、政治原理、政治思想史、社会史、文学史、哲学史、科学史、宗教史、美术史、教育史等。[④]而一些地方性的大学，如河南大学，还开设了具有浓郁地方色彩的学术研究课程："甲骨"和"中州文化史"或称"河南文化史"，作为历史系的必修课。[⑤]这种情况，在相当程度上显示了现代史学专业人才培养在知识结构方面所达到的新水准。

---

① 清末京师大学堂文学科大学中国史学门设主课科目十三门、万国史学门主课科目十门，两者相加，去其重复相近者，仅十七门，即史学研究法、御批历代通鉴辑览、各种纪事本末、中国历代地理沿革、国朝事实、中国古今外交史、中国古今历代法制考、补助课、四库史部提要、世界史、中外古今地理、西国科学史、外国语文、泰西各国史、亚洲各国史、西国外交史、年代学。

② 参见《清华大学史料选编》第二卷（上），清华大学出版社1991年版，第339—340页。

③ 钱家珏：《四十年后话燕京》，《燕大文史资料》第三辑，北京大学出版社1990年版，第407页。

④ 参见《国立中央大学文学院史学系课程规划说明书》。

⑤ 《记河大的学术研究》，《学府纪闻·国立河南大学》，南京出版有限公司1981年版，第41页。

表 5.3：北京大学史学系课程（1923 年）[①]

类别 \ 课程 \ 年级	第一学年	每周学时	第二学年	每周学时	第三学年	每周学时	第四学年	每周学时
必修	中国上古史	4	中国中古史	4	中国近古史	1	中国近世史	4
	西洋上古史	3	西洋中古史	3	西洋近世史	3	欧洲文化史	3
	印度古代史	1	中国现代史	1	日本近世史	2	史学研究法	2
	中国史名著研究	1	西洋现代史	1			中国史学概论	2
选修	社会学	3	法律哲学	2	政治史及外交史	6	欧洲社会变迁史	2
	政治学原理	3	社会心理学	2	中国法制史	3	史学思想史	3
	经济学原理	4	统计学	2	中国美术史	3	中国文学史	3
	生物学	2	外国经济史	3	金石学	3	中国哲学史	2
	人类学与人种学	3	中国经济史	3				
备注								

说明：据《史地学报》1923 年第 2 卷第 7 期所载《国内五大学历史系学程一览》编制。

表 5.4：北京高等师范学校史地部课程（1917 年）

课程 \ 年级	预　科	本科一年级	本科二年级	本科三级年
中国史	序论及上古史（每周 2 学时）	中古及近古史（每周 2 学时）	近古及近世史（每周 3 学时）	近世史（每周 3 学时）
东亚史		序论及上古、中古史（每周 3 学时）	近古及近世史（每周 3 学时）	近世史（每周 3 学时）

① 据朱希祖《北京大学史学系过去之略史与将来之希望》一文，北京大学初设中国史学门时，教员由原中国文学门及国史编纂处部分教职员组成，观点大多较保守，所开之课亦多为中国史方面。五四以后，由康心孚任主任，“始添设西洋史各课，而改为史学系。于是始由一国的史学而改为世界的史学。此为史学系第一次之改革。然当时所定课程，专偏重于史学之研究，而无社会科学等科目以为史学基本科学也”。然核之 1917 年《教育公报》所公布之《北京大学文、理、法科本、预科改定课程一览》，五四之前已决定设置不少西洋史及某些社会科学课程。揆之当日情形，或其时课程虽定，而因教员不足等原因，仍未能实行，至 1920 年朱希祖出任史学系主任时方真正实施，故朱氏有此说。录以备考。

（续表）

年级 课程	预　科	本科一年级	本科二年级	本科三级年
西洋史	序论及上古史（每周 2 学时）	中古及近古史（每周 3 学时）	近古及近世史（每周 3 学时）	近世史（每周 3 学时）
史学研究法				（每周 1 学时）
地理学通论人文地理学通论		总论及陆志学、人文地理学（每周 3 学时）	人文地理学及海志学、气志学、生物态学（每周 3 学时）	
中国地志		中国地理通论及中国地方分志［京兆、黄河流域六省］（每周 2 学时）	中国地方分志［扬子江流域七省、珠江流域五省］（每周 2 学时）	中国地方分志［奉吉黑三省、新疆沿边特别区域、西藏青海、内外蒙古］（每周 2 学时）
外国地志		亚洲志及欧洲志（每周 2 学时）	欧洲志及非洲志（每周 2 学时）	北美洲志、南美洲志、澳洲志（每周 2 学时）
图画地理实习	临画、用器画、写生画（每周 2 学时）		绘图（每周 2 学时）	测量大意（每周 2 学时）
法制经济			经济通论（每周 3 学时）	法学通论（每周 3 学时）
人类学				（每周 2 学时）
备注	课程表中原列有伦理、论理、心理、教育、国文、英语、日文、数学、兵式体操等师范常设课，今略去，以求简明。又据说明，原拟设考古学一门，因缺教员暂停。			

说明：据《教育公报》1917 年第 9 期所载《北京高等师范学校呈报改订课程标准及说明书》中“历史地理部课程标准”表改制。

表 5.5：国立中央大学史学系课程（1930 年）

年级 课程 类别	一年级	二年级		三年级	四年级
必修	中国通史（6 学分）	中国上古史（3 学分）	西洋上古史（3 学分）	中国现代史（3 学分）	史学通论（3 学分）
		中国中古史（3 学分）	西洋中古史（3 学分）	西洋现代史（3 学分）	
	西洋通史（6 学分）	中国近古史（3 学分）	西洋近古史（3 学分）	中国文化史（4 学分）	历史研究班（3 学分）
		中国近世史（3 学分）	西洋近世史（3 学分）	西洋文化史（4 学分）	

（续表）

类别 \ 课程 \ 年级	一年级	二年级		三年级	四年级
选修		中国民族史	西洋国别史	中华民国史	法国革命史
		中国风俗史	日本史	中国法制史	回教民族史
		中国历史地理	日本近世史	中国经济史	中国史学史
		中国外交史	朝鲜史	中国革命史	西洋史学史
		蒙古史	印度史	中国古史研究	中国史部目录学
		西藏史	南洋诸国史	东罗马帝国史	西洋史部目录学
		欧洲民族殖民史	北亚史	文艺复兴与宗教改革史	历史哲学
		英国实业革命史	欧亚交通史	欧洲君主专制时代史	考古学
备注	以上必修十六门，其中中国上古、中古、近古、近世史四门及西洋上古、中古、近古、近世史四门得各选二门为必修。选修三十二门（供二、三年级和三、四年级选修各十六门），每门 3 学分。据课程规则，该系学生四年中应修毕 128 学分。				

说明：据《史学》1930 年第 1 期所载《国立中央大学文学院史学系课程规划说明书》编制。

此期大学历史专业课程的设置，对外国史普遍较为重视，有的还提出了“中外历史课程兼重”的教学方针。如清华大学史学系的课程便大致为“中外史各占一半”①。燕京大学历史系也按照“用新的科学方法研究历史，重点发展汉学研究，中西历史兼顾”②的方针，开设了不少外国史课程。从现有的资料来看，三四十年代国内一些主要大学的历史系，在外国史方面的主要课程为西洋通史和断代史，希腊、罗马史，英、美、法、德、俄、日、朝、印等国别史，西洋史学史、西洋史学名著选读及一些专门史等。其中近现代史、大国强国史、西洋史学史与史

① 蒋廷黻：《历史学系的概况》，《清华周刊》第 11—12 期合刊“向导专号”，1931 年。

② 萧文颖：《燕京大学历史系的经验——学术上的成就与贡献》，转引自查时杰：《私立基督教燕京大学历史系所初探（1919—1952）》，《台大历史学报》1996 年第 20 期。

学方法等均为施教的重点，而上古中古史、亚非拉国家的历史则相对较次要。这些课程的设置，从专业角度讲，目的不仅在于使学生熟习外国史的相关知识，形成中外历史的通识感，还可使之熟悉西方现代史学的一般方法，以促进本国史料的整理及其历史的研究。

与此同时，学术界的一些有识之士也注意到一般大学本科的历史教学课程繁多，难以专精，因而主张建立研究院制度，以培养高层次的人才。1921 年，北京大学成立了研究所国学门，并招研究生作专题研究，率先对此作了尝试。在这方面成就最为显著的，当推清华国学研究院。该院成立于 1925 年，专招“大学毕业及学问已有根底者”进行培养。学业一般为一年，特殊情况可延长至二到三年。其研究院章程规定：“本院以研究高深学术，造就专门人才为宗旨。”在科目方面，“先开国学一科，其内容为中国语言、历史、文学、哲学等。其目的专在造就下列两项人才：1. 以著述为毕生事业者。2. 各种学校之国学教师”。①1929 年，研究院因王、梁两位导师相继逝世及其他一些原因宣布停办，但其培养专业人才的制度和方法却影响深远。1920 年代末至 30 年代，不少大学都起而仿效，建立了类似的研究生培养机构。

（二）新体历史教材的创编

依据现代历史教学的需要，不少人对教科书的编写也作了新的探索。1921 年，陆惟昭在《史地学报》发表《中等中国历史教科书编辑商例》一文，提出十七条叙例，对教科书的观点、内容、结构、体例，以及附注、史表、插图、练习等技术性问题一一详加说明。次年梁启超也针对当时流行的中学历史教科书偏重政治史，以致范围狭窄、内容单调之弊，提出了一个改造方案，主张“以文化史代政治史”，将中国通史纵断为年代、地理、民族、政治、社会及经济、文化六个专题共 192 课进行讲授，还详细开列了这六部分的编写章节细目。其中年代部分略述上古至清各代沿革，具有从时间上贯串全书的用意。其余五部分颇取法于旧史典志体，一般一课讲一事始末。从目录上看，社会及经济与文化两部分分量

---

① 参见《清华周刊》第 360 期，1925 年 10 月 20 日。

吕思勉《白话本国史》早期版本

最重，共101课，占全书一半以上。牵涉内容也最广，包括社会习俗、经济制度和学术、科技、教育、天算、文学、艺术等各方面。[①]

在这一时期编写历史教科书的诸多实践中，值得一提的还有吕思勉的《白话本国史》。该书完成于1920年底，初版时作为新学制高级中学教科书，同时也是颇受社会欢迎的青年自修历史读物，后来被用作大学教本，风行于二三十年代。其特点在于：1. 观点新颖。不仅在运用旧史料方面十分娴熟，叙事紧扣要点而系统条理，显示出作者深厚的史学根底，且因受到新文化运动的洗礼，在著述中注入了新的学理，注重于说明社会“变迁进化之因果关系”。尤其是上古史部分，大胆突破旧史的陈说，认为古书中所记燧人氏代表渔猎时代，实行群婚制，人“但知其母不知其父”，也无财产“所有权”；伏羲氏则为游牧时代，至神农氏已进入农耕时代。又指出，春秋战国时代，由于旧的财产关系和阶级制度遭到破坏，社会经历了一场大变局，“是三代以前和秦汉以后社会的一大界限”。书中还一改旧史中忽略少数民族的做法，对历代少数民族的活动、迁徙及其与中原王朝的关系作了相当叙述，对于少数民族建立的王朝也给予了比较公正的历史地位。这些观点，正体现了新文化运动时期“用新方法整理旧国故的精神”。[②] 2. 结构合理。全书的编排结合了当时学校有关中国通史课程设置的具体情况，将整个中国历史划为

① 梁启超：《中学国史教本改造案并目录》，《史地学报》第2卷第1期，1922年。
② 吕思勉：《白话本国史》，商务印书馆1923年版，第24、176页、序例。

秦以前、秦汉至唐、安史之乱至南宋、元至清中叶、西学东渐至清亡、辛亥革命以后六个时期，这样分期，不仅从历史上看有其合理性，也颇切合于当时历史教学的需要。3. 语言通俗，开创了以白话文著史之风。中国近代的历史教学改革始于清末，并出现了夏曾佑等人较有影响的新编章节体中国历史教科书，但这类著作，仍为文言文。五四以后，在新文化运动的推动下，北京教育部于1920年为提倡国语，通令全国，要求将学校（先在小学一二年级）原来的文言老教材改为语体文。本书顺应这一时代新潮，全用白话语体文写就，从而进一步推动了史书编纂学的现代化，故被顾颉刚称为“以丰富的史识与流畅的笔调来写通史，方为通史写作开一个新的纪元”[①]。在这之后，李泰棻的《新著中国近百年史》，金兆梓的《新中华初级本国历史》，顾颉刚和王钟麟的《初中本国史》、《新中学教科书世界历史》等一大批白话文历史教本纷纷出版，使历史知识的普及教育出现了新的面貌。

有的历史教材编写理论或实践还力求在满足中等层次者普及历史教育的基础上，对学生进行适当的专业研究入门引导。如陆惟昭在讨论中学历史教科书编纂体例时，就建议在书末增添“史学概略”一目，“揭各种方法之大纲，并古今史书之良窳，史迹之推论与批评，与史学与人生之关系，以为自学之辅助”，使学生“进可以自由研究，退亦可以得一中史沿略之概念”。[②] 吕思勉的《白话本国史》虽为普及性读物，体例却十分严谨，凡引据之书及参考资料皆注明篇目卷次，有些问题，还作了必要的考证或引证前人的考据议论，目的也正是要以此指示读者治史门径和提供进一步阅读原始文献及有关著作的知识，从而使这类历史教科书成为一部分人升入大学史学系，接受专门训练的桥梁。

（三）历史教学方法的更新

为了促进专业人才的培养，史学界还就如何改进历史教学方法展开了较为广泛的探讨。事实上，民国初年以后，随着史学近代化潮流的

---

① 顾颉刚：《当代中国史学》，胜利出版公司1947年版，第85页。

② 陆惟昭：《中等中国历史教科书编辑商例》，《史地学报》第1卷第3期，1921年。

推进，历史教学问题就已逐渐引起了教育界某些人士的注意。如 1913 年《湖南教育杂志》便刊登过译自日文的《历史教育及教授法》、《论历史地理之教授法》等文，1914 年《中华教育界》刊出的希甫《历史教授法之研究》，还被《云南教育杂志》和杭州《教育周报》两家刊物转载。新文化运动兴起后，“主持教育的人，都觉悟以前的教学法有许多缺点，要想亟亟改良教学法”[①]。对历史教学法的讨论遂日益趋热，有关论著纷纷出现，如李学隽的《教授历史之研究》（1918 年杭州《教育周报》第 228 期）、蒋梦麟的《历史教授革新之研究》（1918 年《教育杂志》第 10 卷第 1 期）、吴相如的《历史教授革新之意见》（1920 年《史地丛刊》第 1 卷第 1 期）、何炳松的《历史教授法》（1925 年《教育杂志》第 17 卷第 2—3 期）、初拓的《历史教育的改进问题》（1927 年《历史教育》第 1 期），以及徐则陵的《历史教学法》（1921 年《教育汇刊》第二集）等。同时，西方现代历史教学的某些理论方法，也被译介到国内。1921 年，张裕卿在《中华教育界》发表《历史科的教学法》一文，译述了美国加特斯（Charters）有关历史教学的主张，《史地丛刊》也刊出了李荫清译布拉诺姆（Mendel E. Branom）的《历史的计案问题教授法》。稍后，朱经农翻译的《高初级中学历史教学法》、何炳松译《历史教学法》，以及李思纯译《史学原论》所附“法兰西中等历史教育”和“法兰西高等历史教育”，对西方历史教学情况作了更为系统的介绍。此外，全国性的教育组织中华教育改进社[②]每年举行的年会，也都要对历史教学进行多方面的探讨。1922 年 7 月，该会在济南召开第一届年会，历史教育名家梁启超、朱希祖、徐则陵、何炳松、陈衡哲、柳诒徵等出席了历史教学组的会议，讨论了《编辑或讲授历史之标准》（何炳松）、《历史教育对中小学之作用》（徐则陵）、《中学以上学校之历史教授法应废讲义而重自修》（陈衡哲）、《中学国史教本改造案并目录》（梁启超）、《中外历史及地理、历史课程分配安排》（朱希祖）等五项议案，并商定

---

① 张裕卿：《历史科的教学法》，《中华教育界》第 10 卷第 9 期，1921 年。

② 中华教育改进社系由实际教育调查会、新教育共进社、新教育编辑社等于 1921 年 12 月合并组成；40 多个单位加入。次年发展到 115 个单位，社员 217 人。该社通过年会等方式，召集社员聚会并分析教育实况，讨论教育问题及各科的教学实施方法等。

函请国内学者九人以上组织一中小学历史教学研究委员会，研究有关教学要求、教材、教法等。次年8月在北京举行的第二届年会，又着重商讨了历史教科书的编写与课程问题。并决定在《新教育》杂志发行“历史专号”，讨论中外历史研究法及历史教学法、历史读本教学法（中小学）等问题。[①] 这类有组织的定期讨论和规划活动，对提高全国的历史教学水平无疑有着积极的作用。

这一时期有关历史教学理论和实践的探索，牵涉面相当广。内容上，包括制定基本教学目标、课程设置、教材编写和教学法等；教学层次上，从中小学的历史知识启蒙到高深学府的历史专业，应有尽有。其着眼基点，按蒋梦麟的说法，则在“扩张历史范围，改变历史方针，革新教授方法”，而尤重“利用西洋近年来教授历史之经验，体察吾国社会生活之需要，活用吾国历史之资料。著作家本此以编新历史，教员本此以为教授方法”。[②]

中小学的历史教育虽然并不直接以培养专业人才为目标，但却是开阔学生知识面，锻炼记忆力和思维推理能力，以及涵养其爱国心和道德情操的重要途径。同时，也可以为一部分人日后进入大学史学系深造打下坚实的基础。有鉴于此，教育界和学术界人士对中小学的历史教学普遍十分重视。针对中小学生的年龄和心理特点，他们主张讲授历史应采用易懂易记、生动有趣的启发式教学法。如希甫在《历史教授法之研究》中就结合自己的教学实践，向人们详细介绍了年代法（以事情发展的时间为顺序，可收循序渐进之效）、传记法（以著名人物事迹为中心、连带讲述一时代之历史，长处是生动易记）、纪事本末法（以一事件为中心展开叙述）、圆周法（德人弥拉首创，其法每一学年或间一学年讲通史一遍，每一遍可据学生程度而增加内容及深度。多用于中学）、逆进法（为迦普首创，即以某事之现状为基点，逆溯其由来，直至古代之情形）、问答法等各种方法。[③] 何炳松的《历史教授法》则对

---

① 关于中华教育改进社历届年会历史教学组的讨论内容及情况，1922年以后的《新教育》杂志均有详细报道，可参看。

② 蒋梦麟：《历史教授革新之研究》，《教育杂志》第10卷第1期，1918年1月。

③ 参见《中华教育界》1914年6月号。

学校历史教学的各个环节如教材及参考书的选定、讲课方法、引导途径、考试形式等均作了探讨，认为“教授历史应具科学的精神。所谓科学的精神就是注重普通人同普通的事”。要求让学生了解社会整体的演变，而不仅仅以了解英雄名士的事迹为满足；同时在方法上切忌死板，应努力“使得过去能够‘活现’出来”，如组织学生游历古迹，参观实物，注意启发学生的学习兴趣和独立思考能力等，进而逐步引导他们掌握治史的基本方法。[①] 柳诒徵在中华教育改进社第一届年会上还提出了一项附论《中小学历史教学的意见》，主张将书本教育与实物古迹、乡土地理、公民教育结合起来，并设计了一个具体实施方案：一二年级完全据实物讲授历史，以增实感性；三四年级以实物与教材对照学习；五六年级和中学前三年以书本教学为主，并渐引导学生阅读历史文献资料。这样，日后“到高等专门学校、大学校里面，就可以谈到历史的学术了”[②]。

作为直接培养专业人才的大学，这一时期在历史教学方面所作的探索，对现代史学发展影响尤大。如为了引导学生的自主研究精神，北京高师史地部的教学采用了“自学辅导为主”，并注重考察调查与测绘等实习科目的方法。北京大学史学系则在一般课程之外，经常开设“特别讲演”，就关系中外史学、各时代风气与特点，以及人种、社会、中外文化交流与比较等各类问题进行专题论述[③]，以拓宽学生的思路和提高其专业研究素养。尤其是朱希祖主持系务期间，鉴于史学系课程太繁，讲授亦多为灌注式，不利于启发学生的独立思考和研究能力，“乃分四年课程为二部，前二年授史学的基本科学及通史，后二年使各就性之所近，专选一课为专门之研究，其余选择其所必需之课听讲……于是由普通史的灌注进而为专门史的研究”。朱氏还提出了一个因材施教的方案，即按照学生的各自条件与志向，将其分为两类：一类以培养历史著作家为目标，除加强各种专业基础知识的教学外，另增设历史文艺课，以利

① 参见《教育杂志》第17卷第2—3期，1925年。
② 参见中华教育改进社第一届年会分组会议记录，《新教育》第4卷第3期，1922年。
③ 参见《北京大学文、理、法科本、预科改定课程一览》，《教育公报》第14期，1917年10月30日。

其提高历史写作能力，日后“著述国史，翻译外史，文理察密，足以行远”；另一类以钻研历史哲学或理论为职志，可不习各种专史，然“于普通史之外，须从事社会科学及哲学，博学深思，经纬万有，著书立说，指导人类，蔚为史学正宗”[①]。

至于大学研究院的教学，就更体现出以专精为主的特色。以清华国学研究院为例，其制“略仿旧日书院及英国大学制，研究之法，注重个人自修，教授专任指导”。中国的书院起于唐，盛于宋以后，本为士子研习科举制艺及理学家讲学授徒之所。清乾嘉以降，考据盛行，流风所被，始有以考证经史为主者，如广州学海堂、开封大梁书院、江苏南菁书院、吴中正谊书院之学古堂等。其课士，尤重自学及治学门径指导。学生于听讲外，须将每日读书（包括泛读和专题阅读）心得及疑问记下，定期交院长等批答，裁定优劣，以策其精。清末康有为在长兴学舍和梁启超在时务学堂的教学，都曾取法于此。清华国学研究院则进一步将其与西方的某些教育制度结合起来。其教学方式，分普通演讲和专题研究两项。所谓普通演讲，与一般大学注重基本知识面的做法不同，完全是专题式的。如王国维的《古史新证》、《说文练习》、《尚书》、《仪礼》及《最近二三十年中中国新发见之学问》，梁启超的《中国文化史》、《儒家哲学》、《历史研究法》，陈寅恪的《西人之东方学之目录学》、《梵文文法》等，皆几位导师长期研究之结晶，学生每人至少须选择四种，定期听讲。专题研究则由学生在导师指定的学科范围内，根据本人志向和学力情况确定题目，作为一学年内的研究目标。对导师，则要求对“专从本人请业之学员，应订时间，常与接谈，考询成绩，指示方法及应读书籍”。[②] 实践证明，这些方法，对于充分发挥学生的学习主动性，拓展其思维和科研能力，是十分有效的。

正是在教育界和学术界的上述努力之下，我国历史专业人才的正规培养自 1920 年代起逐步形成了从中小学、大学到研究院的不同层次而又相互衔接的教学体系，出现了可喜的发展势头。兹仅举三例为证，据有关

---

① 朱希祖：《北京大学史学系过去之略史与将来之希望》。

② 《清华一览·研究院章程》，《清华周刊》第 360 期，1925 年 10 月 20 日。

南京高等师范学校国文史地部毕业班合影（1923 年）

资料统计，北京大学史学系1920年至1930年间毕业学生就达121人[①]，而1920—1923年间毕业的哲学系学生为81人，国文学系学生为78人[②]。国立中山大学史学系1926年至1937年间的毕业生为53人，加上高等师范部文史专业28人，共计81人。[③]清华国学研究院自1925年至1929年前后共招收4届研究生，毕业74人[④]，其中不少人，如吴其昌、刘盼遂、徐中舒、高亨、姚名达、谢国桢、刘节、杨鸿烈等，后来都成为我国现代文史学界的栋梁之材。如果加上同时全国各高等学校或文史专科学校培养的专业人才，数量就更为可观了。

二、现代史学专业机构的创建

（一）从北大国学门到中研院史语所

具有深厚重史传统的中国，很早就形成了一套官方修史机构，唐宋以后，其制度更趋成熟，每一新朝建立伊始，都会设立修纂前朝史和当

---

① 参见《国立北京大学本科毕业统计表》，《国立北京大学纪念刊》第三册。

② 此据朱有瓛：《中国近代学制史料》第3辑下，第90—95页所载《历届本科毕业生统计表》。

③ 参见《国立中山大学历届毕业生名录》，黄福庄：《近代中国高等教育研究——国立中山大学（1924—1937）》，台北“中央研究院”近代史研究所专刊（56），1988年。

④ 参见《清华大学校史稿》，中华书局1981年版。

代史的专门机构。至清代，中央朝廷除常设的国史馆、起居注馆和方略馆外，还有各种因时因需而开的实录馆、圣训馆、玉牒馆、会典馆、一统志馆、明史馆和“三通”馆等，地方官府也设有定期编修方志的各级机构。然民国以后，时移势迁，此旧机制明显走向衰微。北洋政府援旧例设置的清史馆和国史馆，因政局动荡，经费匮乏，皆疲态十足。清史馆所修《清史稿》，以充斥着遗老的陈旧观念，成稿后饱受诟病。而国史馆亦时办时辍，1917 年 4 月，一度停办。6 月，在北京大学附设国史编纂处，1919 年复归属国务院管理，1928 年解散。至 1931 年，国民政府始于南京重设国史馆筹备处。如此状态，其效率可想而知。以致当时就有人指出：“在现代潮流上，旧式国史馆之意义，已甚微薄。盖在学术发达言论公开之今日，含有保守性之国史馆，工作必难期完善。民国以来，曾有清史馆与国史馆之成立，除清史馆完全利用清室遗老撰成一稿，至今未发布外，国史馆则毫未有工作之表现。”①

与此形成鲜明对比的是，一些现代意义的新式史学专业建制却在这一时期日趋兴盛。中国学术界之有建立现代学术研究机构的自觉意识，可追溯到清末新政时期。光绪二十八年（1902）颁布的《钦定学堂章程》即将大学堂之功课分大学院、大学专门分科和大学预备科三个层次，规定“大学院为学问极则，主研究不主讲授，不立课程”。翌年制定的《奏定大学堂章程》（1904 年 1 月正式发布）复改大学院为通儒院，召大学堂毕业生入内深造，作为“研究各科学精深义蕴，以备著书制器之所”。凡欲入院从事相关研究者，须提出申请，经分科大学教员会议讨论通过，该院同时也接受非分科大学毕业而经考核合格的生员加入深造；通儒院生平时不上课，“但在斋舍研究，随时请业请益，无讲堂功课”，以五年为限；每至年终，由本学科教员会议对其研究情况作出考评，凡成绩不合格或品行不端者，可饬令退学；研究二年后，如欲兼他职或因事移居京外之地，经分科大学监督审察，以为于学业无妨者，仍可允其继续以此身份从事研究；学业满，其论著或研究成果经评审

① 《邵元冲、居正、方觉慧等提请重设国史馆案》（1934），转引自逸雪：《三十年来国史馆筹备始末记》，《说文月刊》第 3 卷第 8 期，1942 年。

合格，方准毕业并给予奖励。[①] 其规制已颇类后来的研究生院，唯因当时条件所限，未能真正付诸实施。

民国肇始，百废待举，此事再度引起了人们重视。不但 1913 年 1 月教育部公布的《大学规程》重新确认："大学院为大学教授与学生极深研究之所"，院内"不设讲座，由导师分任各类，于每学期之始提出条目，令学生分条研究，定期讲演讨论"。院生学习"不立年限"，如"自认研究完毕，欲受学位者，得就其研究事项提出论文，请求院长及导师审定，由教授会议决，遵照学位令授以学位"。[②] 一些社会有识之士也纷纷发出了效法西方制度筹建现代学术研究机构的呼吁。至其设想的建制，大多不出两种模式。

一为英国皇家学会（Royal Society）式。该会最初由一些民间学会组合而成，获英国皇家特许后，尽管得到政府的某些支持，但仍属独立的自治性社团，其制定章程、任命会员，均无待政府批准。在体制上，它并未建立自己的科研实体，而是通过指定研究项目、资助研究、制订计划，以及会员与外界联系和开展研讨会等方式，来实现其基本工作目标的。1921 年陈训慈在《组织中国史学会问题》中设想建立的史学会，其基本职能包括了组织整理旧史、编订新书、探险考察、保存古物、建设图书馆及博物馆、参与编写近史（指清史和当代年鉴等）等，并建议动员各方力量，"筹集经费，建筑会所，然后逐渐扩充"。[③] 从体制上看，便接近于此。

一为法兰西学院（L'Academie Francaise）式。该院创始于 1634 年，其初本非官方机构，主要从事辞典编纂和语言文法研究。法国大革命中一度停止活动，重新恢复后，成为官方主办的国家最高实体性研究机构，发展至五个学院，从事人文学科、自然科学、社会科学和艺术等研究。马相伯等人倡议设置的函夏考文苑，即属此类。1913 年初，马氏曾联络梁启超、章太炎等公开提出创建函夏考文苑之议，主张仿法国"阿

① 璩鑫圭、唐良炎编：《学制演变》，上海教育出版社 1991 年版，第 236、339—340、389—390 页。

② 舒新城：《中国近代教育史资料》（中册），人民教育出版社 1961 年版，第 658—659 页。

③ 陈训慈：《组织中国史学会问题》，《史地学报》第 1 卷第 2 期，1921 年。

伽代米”（Academie）之制，成立国家最高学术机构，从事语言文字、哲学、考古、数学、动植物、艺术等研究。“该苑不干政治，上不属政府，下不属地方”，以表彰学术、振兴道德和导引社会为任。成员“定额四十名，由苑公举。所举须有精当佳作已行于世者乃可。无其人，不如虚其位”①。为实施这一计划，他不仅初步拟定了一份包括十五位“苑士”的名单（加上他本人及章太炎、梁启超、严复四位发起人，共十九人），还为选择苑址和筹措开办经费到处奔波，要求当局将遵化州东陵和天津军粮城南排地两处荒地，以及山海关南秦皇岛附近之海滩浴场拨归经营，以所得充其运作基金。②然终因当时北洋政府一再敷衍和不予实际支持，无功而返。③

在中国现代，真正把这种理想变为现实并成功运作的，当首推北京大学研究所国学门。1917 年，蔡元培出长北大之初，为实践民国初年所颁《大学规程》有关建立大学院，以供高年级学生入内研究的设想，曾在校内设立文、理、法三科研究所。然行之三年，结果大不如人意，乃复思改组，于 1922 年 1 月正式成立了北大研究所国学门。

北京大学研究所国学门

国学门的体制，从组织结构看，包括三室五会：“三室”谓登录室、研究室和编辑室；“五会”即歌谣研究会、明清史料整理会、考古学会、风俗调查会和方言研究会。就其工作性质与目标而论，实为一“兼具多种功能的学术机构”。④全面地看，其功能至

① 马相伯：《为函夏考文苑事致袁总统条呈》，朱维铮等：《马相伯传略》所附“函夏考文苑文件十种”，复旦大学出版社 2005 年版，第 162 页。

② 马相伯：《致总统府秘书厅》、《致赵（秉钧）总理》、《致国务院》、《致张仲仁》、《致某某先生》等件，朱维铮等：《马相伯传略》，第 163—167 页。

③ 关于马氏提议筹建函夏考文苑的过程，详可参见方豪《马相伯先生筹设函夏考文苑始末》、陆永玲《站在两个世界之间 —— 马相伯的教育思想和实践》、张荣华《“函夏考文苑”考略》等，见朱维铮等：《马相伯传略》。

④ 陈以爱：《中国现代学术研究机构的兴起 —— 以北大研究所国学门为中心的探讨》，江西教育出版社 2002 年版，第 84 页。

少包括三大方面：

首先是为文科高级研究人才的培养进修提供条件，具有类似今日研究生院的功能。其《研究规则》称："凡本校毕业生有专门研究之志愿及能力者，又未毕业及校外学者，曾作特别研究已有成绩者，皆可随时到本学门登录室报名"，经审查合格后入所研究。而"研究生遇必要时，可要求本学门主任与有关系之各学系教授会，代请本校教员及国内外专门学者指导研究"。

其次是专业研究机构的功能。事实上，申请入所的，不仅有研究生，也可以是本校教师和校外学者，或为教师与研究生共同组成的课题组[①]，而由国学门提供一定经费，其《组织大纲》规定："本所各门设奖学金额若干名，每名每年给与国币三百元。"[②] 研究人员的科研成果，则由编辑室负责编辑出版。

第三是组织学术社团开展日常活动的功能。国学门的五会，不仅是研究室，同时又多兼具社会学术团体常设机构的作用。其中歌谣研究会原先就是一个学术社团，并入国学门后，会员一度遍布全国十多省。1923 年和 1924 年相继成立的风俗调查会和方言调查会（后改名方言研究会）也都向校内外公开征求会员，并允许不在北京的人可作为"通讯会员"加入。考古学会的情况与此相类，只是专业性更强，成员不及前两者面广罢了。

国学门之所以采取此种多功能的体制，自有其实际的考虑。在蔡元培看来："清季的教育制度，于大学堂以上设通儒院，可以算是一种研究学术的机关。但这是法国法兰西学院、英国皇家学院的成例，专备少数宿学极深研究，不是多数学者所能加入的。外国大学，每一科学，必有一研究所；研究所里面，有实验的仪器、参考的图书、陈列的标本、指导的范围、练习的课程、发行的杂志。"[③] 他的观点，显然比较倾向于

① 《国立北京大学研究所国学门研究规则》，《蔡元培全集》第四卷，浙江教育出版社 1997 年版，第 574 页。

② 《国立北京大学研究所组织大纲》，《蔡元培全集》第十八卷，浙江教育出版社 1998 年版，第 346 页。

③ 《北京大学国学研究所一览序》，《蔡元培全集》第五卷，浙江教育出版社 1997 年版，第 341 页。

中山大学语言历史学研究所职员合影

中山大学民俗学会成员

仿效后者。而从国学门的实际运作看，似乎又在尝试建立一种能够同时包容法兰西学院和英国皇家学会长处的新体制。此外，从当时北大财力有限，而学生及社会学术资源却相对较丰富的实际出发，采取这种研究所与学会相结合，以少数专家引导组合分散于社会的相关学术力量加入新国学运动的做法，对于最大限度地发挥其工作能量和迅速扩大社会影响，实在也不失为一种明智之举。

当国学门高举"以科学方法整理国故"的大旗，席五四新文化运动之声威，迅速在学术界崛起之时，国内一些高校受此鼓舞，纷纷起而效之。1923 年 4 月，东南大学国文系议决设立国学院，并制定了系统整理国学的计划书（后未正式实施）。1925 年底，厦门大学也开始筹建国学研究院，并于次年，在北大教师沈兼士、林语堂、周树人、顾颉刚等人的加盟下，按照国学门的模式，制定了厦大国学院《研究院章程》和《办事细则》，设立了考古学会和风俗调查会等机构。而1928年1月正式成立的中山大学语言历史学研究所[①]，不但主事者中顾颉刚、董作宾、商承祚、容肇祖等多出自国学门，在组织体制上，其所设之考古、语言、历史、民俗四学会，亦多仿自国学门。

但与此同时，也必须看到，国学门三室五会的建制，虽然显示出现代学术制度开创者们大刀阔斧，试图通过某种综合机制全方位拓展其学术影响力的雄心，然终因工作兼顾面太广，以当时大学有限的财力和人力资源论，在实际操作中不免时常捉襟见肘。如其设立的考古学会，本拟购地从事古迹发掘，但限于财力，以致在很长一段时间内，不得不以搜求古器物和调查古迹为主，以待"经费稍有余裕，再行组织发掘团"[②]。直到1930年，才有机会对河北易县燕下都古城作发掘。而歌谣研究会发动全体会员采集的歌谣谚语两万余首、故事和风俗调查数千篇，也"以经费不充足的缘故，没有印出来"[③]。更主要的，由于其主干多系兼职人员，研究工作之外，还承担着大量的教学任务，遇事剧之时，未免难于专一。对此，傅斯年后来检讨说，大学设研究院，虽有学生人力资源比较丰富的优越条件，但其"不及专作研究院机关之便当处甚多。凡一事之需要较大量的设备、大规模的组织者，在大学各科并立的状态之下，颇难得一部分过分发展；而在专作研究之机关中，可以较少此样的限制。又如需要长期在外工作者，不是担任教科之教授所便于长久负荷的。此等事若依绝对的需要，也很应该在大学中作，因为大学的教师也正需要此等历练，不过在教书的任务之下，这事总不是可以为常的；若在专事研究的机关中，毫不受此等限制"[④]。这番话，实际上透露了他对现代学术机构专业分工日趋细化的一种感

① 此研究所主任开始虽为傅斯年，但实际事务却多由顾颉刚操办，以致顾在致胡适的信中称自己"又有实无名地当了研究所主任"（参见耿云志主编：《胡适遗稿及秘藏书信》第42册，黄山书社1994年版，第351页）。参见陈以爱：《中国现代学术研究机构的兴起》，第282—283页。

② 《研究所国学门古迹古物调查会启事》，《北大日刊》1923年6月14日。

③ 顾颉刚：《闽歌甲集·序》，台北东方文化供应社1969年影印本，第2页。

④ 傅斯年：《大学研究院设置之讨论》，《傅孟真先生集》下甲·时论，第307页。

中研院史语所全体同人合影

受，而中央研究院历史语言研究所采取的运作机制，也是在综合考虑了上述因素后作出的抉择。

中研院史语所的创办，按照傅斯年的说法，本是一桩“无中生有”的事业。[①]盖中研院筹建之初，原拟先设理化实业研究所、社会科学研究所、地质研究所和观象台等四机构，而以历史学和考古学分属社会科学所和地质所开展工作，其中并无史语所的位置。旋经傅斯年等力争，才同意增设。1928 年 10 月，史语所在广州正式成立，下设史料、汉语、文籍考订、人类及民物学、民间文艺、考古、汉字、敦煌材料研究等八组。次年春迁北平后，复调整归并为历史（包括史学及文籍考订研究）、语言（包括语言学及民间文艺研究）、考古（包括考古、人类学及民物学等研究）三组，由陈寅恪、赵元任、李济分任主任。1934 年 5 月，复决定将原属社会科学所之民族学组划归史语所，并加入原第三组中从事体质人类学研究的人员，成立人类学组，由李济兼主任；12 月，改聘吴定良主持。

史语所的工作方针，与北大国学门及中大语言历史学研究所有着明

① 傅斯年 1928 年 11 月 14 日致陈寅恪信谈及筹办史语所之事，曾有“此研究所本是无中生有，凡办一事，先骑上虎背，自然成功”之语。见《史语所档案》元字 9 号之 1，转引自杜正胜：《无中生有的志业——傅斯年的史学革命与史语所的创立》，《新学术之路——“中央研究院”历史语言研究所七十周年纪念文集》（上），“中央研究院”历史语言研究所，1998 年，第 1 页。

中研院史语所南京旧址

显的承继关系。国学门之工作，按其最初计划，主要是整理学术和整理学术材料。前者要求“将古人学说，以科学方法为之分析，使有明白之疆界，纯一之系统，而后各见古人之面目，无混沌紊乱之弊”，其入手之途径，首先在“培植能任整理之人才”。后者至少包括了征书、编书、辑书、校书、刊书、搜求古器物等六大项。[①]然其后来的操作重心，则落在搜集和拓展国学新材料，特别是通过各地会员或实地调查，广泛征集民歌、方言、风俗资料和古器物，以及新发现史料（如明清档案）的整理等方面。这一工作方向，在厦大国学院和中大语史所得到了进一步凸显，由顾颉刚起草的《〈厦门大学国学研究院周刊〉缘起》即强调：“我们知道学问应以实物为对象，书本不过是实物的记录……所以我们要掘地看古人的生活，要旅行看现代一般人的生活。”[②]《〈语言历史学研究所周刊〉发刊词》也声称：“我们要实地搜罗材料，到民众中寻方言，到古文化的遗址去发掘，到各种的人间社会去采风问俗，建设许多的新学问！”[③]史语所之以“我们不是读书的人，我们只是上穷碧落下黄泉，动手动脚找东西”[④]作为自己的核心工作理念，及其在现代田野考古和语言实验、人类学调查等方面的大规模实践，无疑是史语所事业的深度拓展。

然而，从运作方式看，两者却有着明显差异。国学门的组织系统虽有操作灵便和易于向外扩张的特点，但总体上却显得较为松散，这不仅

① 马叙伦拟：《北京大学研究所整理国学计划》，《新教育》1920年第4期。此计划书原载《北大日刊》1920年10月19—20日。

② 参见该刊第1卷第1期，1927年1月。

③ 参见该刊第1卷第1期，1927年11月。

④ 傅斯年：《历史语言研究所工作之旨趣》（1928年10月），蒋大椿主编：《史学探渊——中国近代史学理论文编》，第502页。

表现在各会员（尤其是通讯会员）及校外通讯研究生与之所处的若即若离关系上，对入所教师和研究生的管理，按《研究规则》，也仅在入所资格审查、研究成果评定和发布等环节有较集中的反映。而作为机构主干的专业人员，又因兼任着大量教学事务难以全力投入。这就意味着，其整体运作和各项学术计划的组织实施，全赖参与者对学术事业的自觉和献身精神，而不是制度性的管理或约束。特别是由于此种体制当时尚未与学术职业化的现代制度完全接轨，或者更直接地说，其成员中不少只是业余加入或兼任者，他们在热心参与国学门学术活动的同时，自不得不另谋生计，这就势必导致其成员流动性的增大和聚散不定。因此，国学门虽能凭借其在学术界的号召力，一时间动员不少外围力量投入比较有规模的材料搜集和整理工作，却很难将这种“集众”式的学术活动引向持久深入。这其中，除了经费拮据等客观条件的制约外，组织体系的松散显然也是一个不可忽略的因素。

相比之下，史语所的建制和管理则要规范得多。其聘任的成员，虽分专任、兼任（为史语所与他单位合聘，并分担相应的费用）和特约（即通信研究员）三类，但一般情况下，对在编人员均实行严格的专任制而不许在外兼职。即使是作为史语所常务筹备委员的顾颉刚，在史语所正式开办后，因未能辞去中大教职，也被改聘为特约研究员。据李方桂回忆，傅斯年办所有一原则，即“凡是在史语所工作的人都不准在外面兼课，但是陈寅恪先生和赵元任先生一定要在清华兼课，他不得已，为了请到这两位杰出的人才，只好退让一步，说：‘好！只有你们两位可以在外兼课，别人都不许！’”[①] 1929年史语所迁往北平，傅斯年因担心所内人员到各高校兼课而影响各自研究，特事先作出“所外工作，一致取消”[②] 的规定。后因北大情况特殊和自己到该校史学系兼课，才不得不网开一面，但仍对此作了限定：只许在北大兼课，时间限为二小时（一种科目），“所任之课必是自己目下研究之范围内者”，且不编讲义，

---

① 李方桂：《让你做你想要做的事》，王为松编：《傅斯年印象》，学林出版社1997年版，第113页。

② 《历史语言研究所第十七年度报告》，国立中央研究院文书处编：《国立中央研究院十七年度总报告》，1928年发行。

只作论文，以供《史语所集刊》用稿。并解释之所以允许到北大兼课，是因为可借此为史语所选拔后劲和促进相关人员撰写论文。① 不仅如此，他还十分强调："研究所工作之异于个人工作者，即在前者能合众力以为大举，后者但凭个人之才力与际会而已。今日治物理化学，固不能凭一人之力独立治之，今日治历史语言之学，亦何不然？材料寻求、工具施用，均待团体而成，故合众工作乃真研究所之工作，此非谓研究所中不办个人之工作，特谓研究所诚不能忽集众工作耳。"② 并从建立"集众"工作的机制出发，对所内一般人员的专业主攻作了严格的分工。钱穆在回忆中即提到，傅主持史语所工作，"凡北大历史系毕业之成绩较优者，彼必网罗以去，然监督甚严。有某生专治明史，极有成绩，彼曾告余，孟真不许其上窥元代，下涉清世"③。因为在傅看来，唯有如此专门，才有可能把学术研究推进到一种精深的地步。

此外，在运作目标上，两者的取径亦有所不同。大致说来，国学门从中国现代学术方处起步阶段的认识出发，比较偏重于新型人才培养和材料积累等基础性工作，史语所则主张采取精英战略。这一分歧，在中大语史所已见端倪。时顾颉刚承国学门之绪，在中大积极开展民俗学资料的搜集和编刊，但《民俗丛书》刚出一二册，傅斯年便出来指责其"无聊"和"浅薄"，认为层次太低，与之期望中"大学出书应当是积年研究的结果"不符。④ 至史语所筹备期间，更因此而与顾颉刚发生冲突。据顾氏晚年追忆："傅在欧久，甚欲步法国汉学之后尘，且与之角胜，故其旨在提高。我意不同，以为欲与人争胜，非一二人独特之钻研所可为功，必先培育一批班子，积叠无数资料而加以整理，然后此一二人者方有所凭藉，以一日抵十日之用，故首须注意普及。普及者，非将学术浅化也，乃以作提高者之基础也。此意本极显明，而孟真乃以家长

① 傅斯年：《致杨杏佛》，傅斯年档案，台北"中研院"史语所藏档号元6—8。转引自尚小明：《"中研院"史语所与北大史学系的学术关系》，《史学月刊》2006年第7期。

② 《国立中央研究院历史语言报告书第一期》，史语所档案，转引自潘光哲：《蔡元培与史语所》，《新学术之路——"中央研究院"历史语言研究所七十周年纪念文集》（上），第194页。

③ 钱穆：《师友杂忆》，生活·读书·新知三联书店1998年版，第168页。

④ 顾颉刚：《致胡适函》（1928年8月20日），《顾颉刚书信集》卷一，中华书局2011年版，第455页。

作风凌我，复疑我欲培养一班青年以夺其所长之权。予性本倔强，不能受其压服，于是遂与彼破口，十五年之交谊臻于破灭。”① 针对顾的观点，傅曾公开表示：“我们不做或者反对所谓普及那一行中的工作”，史语所的工作“只要有十几个书院的学究，肯把他们的一生消耗到这些不生利的事物上，也就足以点缀国家之崇尚学术了”。② 至其目标，不仅应“发达我国所能欧洲人所不能者”，“同时亦须竭力设法将欧洲人所能我国人今尚未能者而亦能之”。③ 在给胡适的函中，他还曾信心十足地立下誓言：“斯年等实现理想之奋斗，为中国而豪外国，必黾勉匍匐而赴之。现在不吹，我等自信两年之后，必有可观。”④ 按照这一思路，他很快就组成了一支人数不多的学术精英团队，并瞄准国际学术前沿，制定了一系列重大研究计划，试图在最短的时间里实现其“要科学的东方学之正统在中国”的理想。

应当指出，在不少人看来，上述精英战略的确定，似乎只是傅斯年个人办事风格和学术取向的反映，但细加推敲，实不尽然。李济在谈及此事时就说过，民国初年，学术界对当时国内不能以现代科学方法研究自己历史、语言，而坐看本国文化资源大量被“欧洲人搬了去乃至偷了去”的现状，普遍存在着强烈的“不满”与“不服气”，史语所的创建，则把这种不平之气导入了正轨。并认为“以历史语言研究所为大本营在中国建筑‘科学的东方学正统’，这一号召是具有高度鼓舞性的”，由此“唤醒了中国学者最高的民族意识，在很短的时间内聚集了不少的运用现代学术工具的中年及少年学者”。⑤ 可见它当时确表达了不少爱国知识精英的心声。其次，就当时史语所的特殊地位而论，也不得不在这方面

① 参见顾颉刚 1973 年 7 月日记，《顾颉刚日记》卷二 1927 年日记末，台北联经出版公司 2007 年版，第 160 页。

② 傅斯年：《历史语言研究所工作之旨趣》，蒋大椿主编：《史学探渊——中国近代史学理论文编》，第 501、503 页。

③ 傅斯年、顾颉刚、杨振声：《致蔡元培、杨杏佛》，《傅斯年全集》卷七，湖南教育出版社 2009 年版，第 61 页。

④ 傅斯年：《致胡适》（1928 年 4 月 6 日），《胡适来往书信选》（上），中华书局 1979 年版，第 476 页。

⑤ 李济：《傅孟真先生领导的历史语言研究所》，《李济文集》卷五，上海人民出版社 2006 年版，第 164、165 页。

较国学门有所更张。盖国学门只是一所大学的研究机构，在可支配资源等方面都不免受到这一特定范围的制约。而史语所作为国家最高学术机构中研院的一员，一方面其所拥有的学术和人才资源要较国学门优越，另一方面也理应向外界提供代表国家最高学术水准的研究成果，这就决定了它必须在运作上始终坚持高端的精英战略。

后来的事实表明，史语所的上述举措确收到了预期成效，仅数年之间，它就组织实施了内阁大库档案整理，安阳殷墟考古发掘，两广、江西、两湖、云南、四川、安徽南部、陕西中部等地方言调查，以及东北、西南等地少数民族文化调查，取得了多项突破性的成就，由此很快在国际学术界争得了自己的发言权。这一成功的范例，标志着中国现代史学专业研究机构的建制和运作已开始与国际接轨。

（二）史学专业机构的两大基本类型与职能

1920 年代中期后，随着国内史学专业研究机构渐趋增多，逐步形成了两大基本类型。

一为地方性研究机构。此类机构的数量不多，其中影响最大者为北平研究院史学研究会。该院属国家行政系统主办的科研机构。当中央研究院筹建之时，原拟在各地设立一些相应的下属机构，并提议由蔡元培、李煜瀛分头先筹建浙江和北平分院。后因蔡元培不主张采用分院制，1929 年正式成立的国立北平研究院遂成为隶属于教育部的地方独立

北平研究院史学研究会同人合影

科研机构，而拟议中的浙江研究院则始终未能付诸实施。

北平研究院初建时，其组织架构分事务和学术两大系统，前者包括总务、出版、海外三部（1935 年将总务、出版两部合为总办事处）；后者设天算、理化、生物、人地、群治、文艺、国学七部，每部下设若干研究所或研究会（1935 年取消“部”，而由研究院直管各所或会）。研究所和研究会的区别在于：“研究所有机关性质，有研究人员及办事人，每日办公。研究会则仅集多数专门人才，与私人研究之余，在一定时间共同集合，以交换心得及讨论进行方法。”即一为实体性机构，一为学会团体。院长李煜瀛称：“此二者本系二种组织，在本院合二为一，实为各国所无，亦为新环境使有新结果之定例。”不难看出，这种体制实明显地脱胎于北大国学门。

史学研究会原属人地部，成立于 1929 年 11 月，最初成员包括白眉初、李宗侗、吴敬恒、汪申、沈兼士、沈尹默、马衡、马廉、徐炳昶、陈垣、翁文灏、陆鼎恒、张继、齐宗康、刘慎颚、乐均士、萧瑜、朱希祖，及院长李煜瀛和副院长李书华等二十五人，由李宗侗任常务会员兼干事。[①] 其中除少数为政要人物外，多系北平各大学及文化机构在职人员，“大都散处各地，在会中实在工作的人却很少”[②]。工作计划原定为编纂《北平志》、《北方革命史》和《清代通鉴长编》三项。后因实际工作主要集中于《北平志》和考古发掘（1930 年春即与北大考古学会和古物保管委员会合作从事燕下都遗址发掘）两方面，故自 1931 年起，复将人员分为调查编纂和考古两组。[③] 前者主要围绕《北平志》的编纂，通过查阅档案报刊，实地考察和摄影、绘图、拓印等，广泛搜集资料，辑成北平地区最近世史料五十六册，并着手编纂庙宇、金石、风俗、戏剧

① 以上均见《史学研究会第一次全体会议记录》，国立北平研究院编：《院务汇报》第 1 卷第 1 期，1930 年 5 月。

② 《〈史学集刊〉发刊词》，北平研究院：《史学集刊》第 1 期，1936 年 4 月。

③ 或以为史学研究会成立时即设有考古组。然据《〈史学集刊〉发刊词》，“（民国）二十年本会聘徐旭生（炳昶）先生为考古组主任，同时成立考古和调查编纂两组”。吴丰培在《记 1935—37 年的北平研究院史学研究会》（《北京社会科学》1986 年第 2 期）中也重复了这一说法。故应当说，在此之前，史学研究会虽有考古活动，但并未明确建立常设的考古组。

北平研究院与陕西省政府合组陕西考古会

等志稿。至1935年7月改为历史组，聘顾颉刚为主任[①]，经过重新调整布局，加大了《北平志》的编纂力量（由张江裁、许道龄、刘厚滋、吴世昌等承担），至抗战前夕，共调查北平内外城及西郊庙宇九百一十处，照相两千余张，测绘平面图七百余幅，拓碑一千三百余品，访问笔录八百余份。[②]与此同时，还开展了国史整理工作，由顾颉刚负责标点出版《史记》（白文本），白寿彝负责宋元学术史研究，冯家昇、吴丰培承担边疆史料整理。编刊了《北平金石目》、《北平史表长编》、《北平庙宇碑刻目录》、《北平岁时志》、《北平史迹丛书》、《北平庙宇通检》、《近代秘密社会史料》、《太平天国诏谕》、《南北响堂寺及其附近石刻目录》、《清代西藏史料丛刊》第一集、《清季筹藏奏牍》，以及《史学集刊》三辑。审定出版了梁廷枏《夷氛闻记》、王芷章《清昇平署志略》、张任政《金陵大报恩寺塔志》、郭伯恭《永乐大典考》和《四库全书修纂考》等。后者以徐炳昶为主任[③]，自1933年起，由其率领何士骥、常惠、张

① 关于史学研究会历史组成立时间，一说为1934年（王世民说），一说为1935年初。顾潮《历劫终教志不灰——我的父亲顾颉刚》（华东师范大学出版社1997年版）称顾于1935年3月得李书华电，知被聘为历史组主任，正式到组办公为7月1日。而《国立北平研究院院务汇报》第6卷第6期（1935年）所刊《史学研究会工作报告》则径称“本组于（民国）二十四年七月改组成立”，顾颉刚主编的《史学集刊》第一期“发刊词”亦谓“二十四年七月本会聘顾颉刚先生为历史组主任，正式成立历史和考古两组”。可见此前当属筹备阶段。

② 《北平研究院十年来工作概况》，中国第二历史档案馆藏档卷宗号5-6797。

③ 据《〈史学集刊〉发刊词》，徐炳昶被正式聘为史学研究会考古组主任在民国二十年，即1931年。

家懿等赴陕西渭水流域展开大规模考古调查。1934 年 2 月，又与当地政府合组陕西考古会，着手发掘宝鸡斗鸡台遗址，先后持续三年，在史前和周秦汉考古方面均有重要发现。

其中戴家沟东侧部分的发掘成果，后由参与者苏秉琦整理成《斗鸡台沟东区墓葬》于 1948 年发表，在考古学界产生了很大影响。

类似的机构尚有福建省研究院所设之文史组。1939 年 3 月，福建省政府为发展本省科研事业，筹建省研究所于长汀厦门大学内，聘厦大校长萨本栋兼任所长，其下先后设自然科学、医药卫生、农林、工业和社会学五部（1942 年改为所）。次年 9 月沈铭川接任所长后，陆续搬迁至福建永安，并改所为院。1945 年 12 月再迁至福州。该院历史组隶属于社会科学研究所，始设于 1942 年 6 月，初期工作目标为“中国近代史之整理与编辑，计分南明史之研究与太平天国史之研究；关于西洋史学之译述与介绍，计分西洋史学名著之编译及东西交通史料之迻译”。1944 年王亚南出任社科所所长，将所内机构调整为政治、经济、文史三组，而以历史组归并于后者，由王自兼组长，并聘协和大学傅衣凌和云南大学朱杰勤等为特约研究员，将工作重心转向中国社会经济史和福建文献研究。1946 年 1 月傅衣凌正式加入社科所为专任研究员，并任文史组组长。这一阶段，除傅衣凌等人在福建农村经济史，以及明清经济史如徽州、洞庭、陕西等地商人、福建海商和手工业生产形态研究方面取得显著成果外，还计划开展福建少数民族调查等工作。[①]

这类专业研究机构的建制基本上都采取了中研院史语所的模式，如在人员编制上，福建省研究院就规定以“专任为原则，必要时得聘请兼任研究人员及特约研究人员，协助研究工作之进行”[②]。北平研究院虽然前期采取研究所和研究会并用的体制，但事实上，其中有的研究会只是某研究所在筹备期间的称呼，一俟条件成熟，即行改建为所。抗战前夕

---

① 《中华民国教育年鉴》第 9 册，宗青图书出版公司 1991 年影印本，第 806—808 页。另可参见章振乾、张来仪《王亚南与福建省研究院社会科学研究所》（邱文生主编：《永安抗战进步文化活动》，海峡文艺出版社 1994 年版）和《傅衣凌自述》（高增德等编：《世纪学人自述》卷四）。

② 《中华民国教育年鉴》第 9 册，第 808 页。

史学研究会之改会为所①，以及抗战胜利后北平研究院下属二级机构一律设为研究所，便都体现了这一科研建制规范化的趋势。与此同时，还应看到，该院设立的研究会，不但圈子小，成员固定，且学术层次普遍很高，故较之国学门属下的学会，内涵已有相当变化。尤可注意者，1945年春起，该院还积极筹划将院内各学会或研究会改造为一个国内高层次的学术会议组织，并在实践中形成了北平研究院会员制，规定由院务会议推荐和院长聘任，"在国内外有重要发明或著作之学术专家，及国内主持学术机关满十年以上者"中召集会员，共同研讨学术及有关北平研究院发展之重大问题。1946年3月和1948年9月，该组织先后二次举办会议，其参会会员按学科分十组，凡九十人，其中史学组为徐炳昶、陈垣、陈寅恪、顾颉刚、姚从吾、张星烺、董作宾、汤用彤和李俨九人②，皆国内一时之选。这项制度，对于建立一种面向全国的院内外对话以推进学术的新机制，无疑具有积极的意义。

二为高校系统研究机构。这一时期的高校史学研究机构，按其不同的设立背景，大致可分三种情况。一为高校自设，从北大国学门、清华国学研究院、厦大国学院、中大语史所、北平师大历史科学门到1930年代以后各高校建立的众多文科研究所史学部，皆属此类。一为国外基金会资助的教会大学研究机构，比较典型的有依托美国"霍尔（Charles Martin Hall，1863—1914）基金"资助的燕京大学国学研究所、金陵大学中国文化研究所和齐鲁大学国学研究所等。③一为地方政府或社会筹资建立，然为数甚少，如云南大学之西南文化研究室。该机构系1942年由云南省政府和地方银行资助在云大设立，聘该校文史系方国瑜及姜亮夫、徐梦麟、陶云逵、楚方鹏、费孝通、方臞仙等七人为研究员，另聘名誉研究员顾颉刚、徐旭生、胡小石、张印堂、罗莘田、游国恩、向达、闻在宥、凌纯声、徐益棠、汪典存、王文萱、邓永龄、

① 关于史学研究会改为研究所的时间，有人以为在1936年，然《史学集刊》第4期（1944年8月）登载的"本所纪事"则称"至（民国）二十六年七月改为研究所，聘徐炳昶先生为所长。经费、工作人员及分组，一切仍旧"。今从之。

② 《国立北平研究院第一届会员题名录》，《科学大众》1948年第6期。

③ 有关这方面情况，可参见陶飞亚、吴梓明：《基督教大学与国学研究》，福建教育出版社1985年版。

陈碧笙、白寿彝等。次年费孝通、方臞仙二人去职，又聘白寿彝、陈定民为正式研究员。其工作以“研究西南文物为宗旨”，范围以云南、西康、贵州为主，次及四川、湖南、两广，以及安南、缅甸、暹罗、印度、马来半岛。下设二组，其中历史组“研究西南文化发展史及相关诸问题”；民族组“研究西南民族生活及相关诸问题”。研究项目主要为西南开发、西南移民、西南地理沿革，以及西南宗教、民族史、边疆地理、边区人民、西南边裔等，在资料搜集，调查氏族，出版文献丛刊、集刊、研究报告等方面做了大量工作。① 计自1943年至1949年，先后出版《西南研究丛书》十余种，包括张印堂《滇西经济地理》、方国瑜《滇西边疆考察记》、徐嘉瑞《云南农村戏曲史》、方树梅《明清滇人著述书目》、陈修和《越南古史及其民族文化研究》（以上五种均出版于1943年），李田意译《缅甸史纲》（英人Harvey原著）、张镜秋译《僰民唱词集》（两种均出版于1944年），李拂一编译的《泐史》和《车里宣慰使司世系考订》（两者均出版于1947年），徐嘉瑞《大理古代文化史》（出版于1949年）等，内容广涉西南边疆少数民族历史、地理、经济、文化和邻国史等各方面，其中影响最大者为李拂一的两部编译著作及徐著《大理古代文化史》，而方国瑜、张印堂等人所著，亦包含了大量实地调查的可贵资料，为建立我国现代意义上的“西南学”研究作出了开创性贡献。②

高校系统研究机构的运行体制，初时多奉北大国学门为圭臬，前述厦大国学院和中大语史所都表现出这样的特征。及至清华国学研究院“出世”，始在高校机构中树立起一种新的模式。该院创建于1925年，至1929年6月停办，先后延续四年。体制上，它并不像国学门那样致力追求学术功能的多样化，而是“略仿旧日书院和英国大学制度”，建立起一个比较单纯的高层次人才教育机构。其《章程》明确规定：“本院以研究高深学术，造成专门人才为宗旨……其目的专在养成下列两项人才：（一）以著述为毕生事业者；（二）各种学校之国学教师。”导师梁

① 参见云南省档案馆藏，全宗号16-2-115。

② 关于《西南研究丛书》具体介绍，可参见万亚：《珍贵的文献——〈西南研究丛书〉评介》，《东陆学林》第八辑，云南大学出版社1998年版。

启超也一再对学生说："设研究院之本意，非欲诸君在此一年中即研究出莫大之成果也，目的乃专欲诸君在此得若干治学方法耳！"并称"研究院的目的，是在养成大学者，但是大学者不是很快很短的时间所能养成的"，研究生在学习期间，首应培养做学问的能力和良好习惯，"如果用科学的方法来研究，并且要得精深结论，必须有相当的时间，并受种种磨炼，使其治学方法与治学兴趣都经种种的训练陶冶，才可以使学问有所成就"。围绕着这一目标，在学生的招收、学习和毕业等环节上，它都制定了一套相当规范的操作制度。

首先，学生入学须经严格的考试。"投考手续约分二步：第一步报名，听凭审查资格，合格者由本院发给准考证一纸。第二步持此证应考。考题分三部：第一部，经史小学，注重普通学识，用问答题；第二部，作论文一篇；第三部专门学科，分经学、中国史、小学、中国文学、中国哲学、外国语（英文，或德文，或法文）、自然科学（物理学，或化学，或生物学）、普通语言学入门。考生于其中任择三门，作出答案，即为完卷。"考生在报考时，应根据自己选定的专业方向，按照《清华学校研究院选考科目表》正确填报应考门类，每个专业方向均须考六门（六份卷子），内容涉及三至六个学科。

其次，对学生的管理也相当严格。在学期间，学员"须按期到院，常川住宿，屏绝外务，潜心研究"。其研究采用个人自修和专任教授指导相结合的方法，学员一旦根据兴趣与志向择定导师（如研究课题需要，也可确定同时兼受几位教授指导）后，"不得更换，以免纷乱"。同时规定，教授除承担指导学生从事专题研究外，还须定期进行普通讲演，"所讲或为国学根柢之经史小学，或治学方法，或本人专门研究之心得。此种普通讲演，凡本院学员，均须到场听受"。为了促使学生潜心研究，在国学院第二次教务会议上，还特作出了暂不刊发杂志的决定，理由是："1. 杂志按期出版，内容材料难得精粹，若以照片祝词等充塞敷衍，于本院名声有损无益；2. 学生研究期限暂定一年，研究时间已苦无多，若再分心于杂志之著作及编辑，必荒学业；3. 佳作可刊入丛书，短篇可于周刊及学报中分别刊登。而编印丛书，由教授指导学生为之。"这一点，与北大国学门一开始就汲汲于学术期刊发布的做法也是不同的。

第三，学生毕业，发给正规的学历证书。凡“学员研究期满，其成绩经教授考核，认为合格者，由本院给予证书，其上载明该学员研究期限及题目，并由清华学校校长及教授签字”[①]。

这些都表明，清华国学研究院实施的是一种相当正规的研究生学历教育。

反观北大国学门，虽也兼具研究生教育的某些功能，但基本着眼点则在学术研究本身，而非通过高层次的学历教育来培养专业人才。其《组织大纲》第一条即强调，研究所之设，目的在为大学毕业生提供“继续研究专门学术之所”[②]，也即造成一种学术研究的新机制。而从操作实际看，其整个运转实以研究项目的实施为中心展开，研究生主要被作为一种科研力量，通过项目备案、联系指导教师、发放奖学金和成果认定等环节，或者在校外以“通讯研究”的方式，纳入其工作程序之中。故 1925 年 6 月蔡元培在谈到国学门三年多的工作时，强调的也是在搜集、整理、发表研究成果方面的成就，称“若能广筹经费，多延同志，来此共同研究，将来学术上的贡献，一定可以增进”[③]。而并不及研究生培养之情况，可见其关注重心之所在。

以上比较中，可以清晰地看到北大国学门作为科研本位式的学术机构和清华国学研究院作为研究生教育机构之间的差异。这两种体制，一度并行于我国高校系统，应当说是各有所长。但值得注意的是，自 1920 年代后期起，我国高校研究院所的建构与实际运作开始越来越多地趋向选择清华国学院的模式，如燕京大学国学研究所、辅仁大学研究院等。以辅大为例，其 1933 年发布的《研究院章程》和《入学简章》不仅把培养“专门人才”的学历教育确定为主旨，还对招生入学考试（至少四门，包括国文、外语、专业、研究方向及口试等）、在校学习期限（至少两年）和学分（包括论文，至少应达三十二分以上）等都作了严格规定。

① 上引均见孙敦恒：《清华国学研究院纪事》，《清华汉学研究》（第一辑），清华大学出版社 1994 年版，第 272、285、286、273、289、274 页。

② 《国立北京大学研究所组织大纲》，《蔡元培全集》第十八卷，第 345 页。

③ 《北京大学国学研究所一览序》，《蔡元培全集》第五卷，第 342 页。

清华国学研究院第一届毕业照

这一趋势之形成，并非偶然。事实上，北大国学门成立之时，我国现代大学教育制度尚处于初建阶段，不但大学数量极少，高校毕业生也十分有限，其粗放型的研究生训练方式当与此背景有关。但到 1920 年代后期，国内大学教育已有了相当发展，据有关统计，1916 年全国公私立大学仅北京大学、北洋大学、中国大学、山西大学、朝阳大学、大同学院、复旦公学等七所。至 1927 年，国立大学增至十七所，省立大学增至九所，经政府承认的私立大学亦达十所，总计十年之内，其数增至五倍以上。随着大学毕业生的增多，要求在毕业后继续进行专业深造的人数也逐年上升，这就为研究生教育的发展提供了一定基础。由于国学门对研究生的训练，主要采取了以研究项目管理为目标的方式，对于那些校外“通讯研究生”，更缺乏严格的督责，这就不能不影响到训练的效果。据统计，1922 年至 1927 年间，经国学门审查合格的研究生至少有四十六人，但最后能提交论文的仅十人，成绩为十四种①，只占了不到 22% 的比例。相比之下，清华国学研究院由于形成了一套与西方现代教育制度接轨的规范化研究生教育制度，成效十分显著，其先后招收的四届学生共计七十余名，成才比例甚高（参见表 5.6），其中不少很快成为蜚声我国文史哲和考古学领域的著名专家和领军人物，因而备受社会关注，自然也易成为其他高校研究生教育摹效的对象。

① 陈以爱：《中国现代学术研究机构的兴起》，江西教育出版社 2002 年版，第 89 页。

表 5.6：清华国学研究院 1925—1926 年度学员研究课题一览表

1925 年度		1926 年度		
姓　名	研究成绩	姓　名	专修科	研究专题
杨筠如	《尚书》覈古、春秋时代之男女风纪	刘盼遂	小学	古文字学
余永梁	《说文》古文疏证、殷墟文字考、金文地名考	周传儒	中国文化史	中国教育史
程憬	二程的哲学、先秦哲学史的唯物观、记魏晋间的哲学	姚名达	历史研究法	章实斋之史实
		吴其昌	宋元明学术史	宋代学术史
吴其昌	宋代学术史（天文地理金石算学）、谢显道年谱、朱子著述考、三统历简谱、李延年年谱、程明道年谱、文原兵器篇	何士骥	小学	古文字学
		赵邦彦	诸子	《吕氏春秋》集解
		黄淬伯	小学	中国音韵
刘盼遂	《说文》汉语疏、百鹤楼丛稿	谢国桢	中国文学史	清代学术史征
周传儒	中日历代交涉史	刘节	中国哲学史	中国古代哲学之起原
王庸	陆象山学述、四海通考	陆侃如	中国文学史	古代诗史、古代诗选
徐中舒	殷周民族考、徐奄淮夷群舒考	毕相辉	中国史	唐代的社会现象
方壮猷	儒家的人性论、章实斋先生传、中国文学史论	郑宗棨	东西交通史	中日历代关系（明代）
高亨	《韩非子集解》补正	陈守实	史学研究法	《明史稿》考证
王镜弟	书院通征	高镜芹	中国哲学史	孔子研究
刘纪泽	书目考、书目举要补正	谢念灰	宋元明学术史	陈白沙学说
何士骥	部曲考	王耘庄	宋元明学术史	宋元明人性论之研究
姚名达	邵念鲁年谱、章实斋之史学	陈邦炜	经学	《尚书》研究
蒋传官	曾涤生胡泳芝之学术思想、春秋时代男女之风纪	宋玉嘉	中国哲学史	汉魏间的哲学
孔德	外族音乐流传中国史、会意斠解、汉代鲜卑年表	戴家祥	经学、金石学	卜辞金文之研究
赵邦彦	《说苑》疏证	吴金鼎	中国人种考	中国人种考
黄淬伯	《说文》会意篇	司秋沄	儒家哲学	孔家人生哲学

（续表）

1925 年度		1926 年度		
姓　名	研究成绩	姓　名	专修科	研究专题
王啸苏	《说文》会意字、两汉经学史	王力	中国文学史	先秦文法
闻惕	辜庵丛稿、《尔雅释例匡谬》	全哲	中国文学史	楚辞
汪吟龙	文中子考信录、《左传》田邑移转表	朱广福	儒家哲学	性之讨研
史椿龄	孟荀教育学说	颜虚心	清代学术史	浙东学派
杜钢百	周秦经学考	龚澹明	中国上古史	战国史
李绳熙	唐《西域传》之研究	冯国瑞	小学	《说文》部首研究
谢星朗	春秋时代婚姻之种类、春秋时代的恋爱问题、春秋时代亲属间的婚姻关系	杨鸿烈	中国文化史	中国法律发达史
余戴海	孟荀学说之比较	卫聚贤	中国上古史	《左传》之研究
李鸿樾	金文地名之研究	徐继荣	中国史	中国历史学稿
陈拔	颜李四书字义	管效先	诸子	《孟子》七篇中之仁义解
冯德清	匈奴通史	黄绶	中国史	中国历代地方制度考
		姜寅清	小学	诗骚联绵字
		陶国贤	诸子	《老子》字义疏
		侯堮	经学	郑氏经注例
		朱方圃	小学	声义溯源
备注	1927 年 8 月，研究院复招收新生王省、吴宝凌（云阁）、叶去非、罗根泽（漱冰）、蒋天枢（秉南）、葛天民、储皖峰（逸盦）、张昌圻、门启明、蓝文徵（孟博）、马庆霱等十一人，并准许 1925 年和 1926 年分别录取而未到校的裴学海（会川）和马鸿勋同时入学			

说明：此表据《国学论丛》第 1 卷第 1 号所刊《毕业生成绩一览表》和《新学年研究院学生研究题目一览表》提供的材料编制。

此外，随着各类研究机构的增多，国民政府教育行政当局为规范其运作而出台的一系列政策制度，也对此起了相当的引导作用。1928 年 5 月，第一次全国教育会议在南京召开，会议通过的《整理学校系统案》，将在高校建立研究院，“为大学毕业生及其有同等程度者而设，年限无定”的条款明确列入其中。[①] 次年公布的改进高等教育计划又规定，国立大学具备下列条件者，始得设此类研究院所：“（甲）每年除大学各学院经常费外，还有确定的研究经费的；（乙）图书、仪器、标本等设备比较充实的；（丙）校内教授对于某种学术有特殊贡献的。”[②] 凡不符要求者，均不予批准，甚至取缔。如1929年，教育部获知扬州有萧汉与几位地方学校校长联合建一国学研究所，设文字学、孔学、经学、考古学、诸子学等课程，自上年起收费招生，规定学习期限为一年，其入学者既无资格限制，机构自身亦无资金等完善办学条件，即明令其停办。[③] 而1934年5月发布的《大学研究院暂行组织规程》，更对该类机构的建制、功能、研究生招生和学习年限等作了详细规定。其所显示的政策取向，与清华国学研究院先前实行的制度正相吻合。于是，一些有实力的大学乃纷纷据以建立研究院所，以为高级专业人才学历和学位教育之机构，连北大国学门几经变故，也于1932年改为研究院文史部，1934年后又按《大学研究院暂行组织规程》改组成了文科研究所。至此，我国现代大学研究生教育机构乃由原先各校的自主设置逐渐转入须经教育部统一核准始得办理的规范运作轨道。

与此配套，国民政府还于1935年4月公布了学位授予法，并于当年及1937年分别开始实施学士和硕士学位授予制度，从此结束了国内仅有教会大学授学位的历史。至于《博士学位评定会组织法》及《考试细则》两项修正草案，虽经1940年至1942年教育部学术审议委员会几次讨论而获通过，规定博士学位分为文学、理学、法学、教育学、农学、工学、医学等七科，须硕士毕业后继续在研究院从事研究二年以上、成绩合格者，或在国内外获高级学位后在大学讲师以上职务满三年以上，经教育部审查合格者方能授予。但上报行政院和考试院后，却迟迟未能付诸实施。[④]

抗战时期，虽国势维艰，但大学史学专业研究机构的建设步伐却未

① 李友芝等编：《中国近现代师范教育史料》第二册，1983年内部印本，第654页。
② 教育部教育方案编制委员会编印：《改进全国教育方案》，1929年，第93页。
③ 《私立扬州国学研究所呈请立案的文件》，中国第二历史档案馆藏档，卷宗号5-2313。
④ 《三年来学术审议委员会工作概况》，1943年3月铅印件，中国第二历史档案馆藏档，卷宗号5-1347。

见停顿。1941 年 7 月，教育部史地教育委员会第二次会议通过“确定各研究院所史地部门分工合作办法”一案，对当时高校研究院所史地专业研究生培养存在的问题作了分析，认为目前各大学研究院所下设的“史地学部数量过少”，建议“酌量增设”，同时通过“发行联合刊物，交换研究生员，扩充研究生员名额，举行联合论文宣读”等方法，加强各院所相互间的合作，进一步提高人才培养效率。在这一提案的推动下，中央大学、东北大学和武汉大学等相继增设了史地研究机构。[①] 至1942 年，经教育部核准在案的这类机构至少已达九个，兹列表以见：

表 5.7：1942 年大学文科研究所史学部分布情况

机构名称	在研学生数	沿　革
西南联大历史学部	4	北大和清华均于 1935 年经教育部核准设文科研究所历史学部，抗战中与南开内迁昆明，合为西南联大，于 1939 年复建此部。
燕京大学历史学部	9	1928—1931 年，燕大曾设国学研究所招研究生，1932 年取消所建制。1936 年经教育部核准设立研究院历史学部。
中山大学历史学部	9	1932 年前称语言历史学研究所，1935 年经教育部核准，改组为文科研究所，1939 年西迁云南澂江后分中国语言文学和历史学二部。
辅仁大学历史学部	18	原为研究院史学研究所，成立于 1933 年，1936 年经教育部核准，改称文科研究所历史学部。
金陵大学历史学部	1	1936 年经教育部核准建立，1940 年开始招生。
中央大学历史学部	2	1941 年设立。
浙江大学史地学部	14	1939 年设立，并经教育部核准，后改称史地研究所。
东北大学史地学部	8	1940 年成立史地经济研究室，分历史语言、地理地质、社会经济三组。1942 年经教育部核准改为文科研究所史地学部。
武汉大学文史学部	7	1942 年经教育部核准成立，分文学和史学二门。

说明：此表主要依据中国第二历史档案馆藏《教育部史地教育委员会工作总报告及参考资料》提供的各校研究院所申报数据、广东省档案馆所藏中山大学文科研究所研究生学籍档案，并参证等其他相关文献制成，其机构名称及数据皆以 1942 年为准。

① 《史地教育委员会三年来工作总报告·三十一年度工作检讨》，中国第二历史档案馆藏档，卷宗号 5-467。

为了保证研究生的培养质量，防止滥施学位，教育部还规定文科研究所每年所授硕士学位，须上报教育部学术审议委员会统一审核批准方为有效；凡不符条件之高校不予核准建立文科研究所并授学位，如抗战中齐鲁大学国学研究所迁至四川成都后，聘顾颉刚为主任，先后邀胡厚宣、张维华、汤禾吉、钱穆、孙次舟、王育伊、韩儒林等名家入所①，并招收了 11 名研究生。但当其于 1940 年向教育部申请成立文科研究所时，仍被教育部以“该校自迁川以来，校舍及图书各方多借助于私立华西协合大学。现时应集中人力物力，致力于本科各学系之充实及发展”为由搁置不批。② 这些监控措施或制度，对于保证和提高研究生的培养质量应当说起到了相当的作用。

1947 年 12 月，教育部又发布《大学研究所暂行组织规程》，要求将高校研究院及其研究学部一律改为研究所，分别归口于相关学系，由系主任兼所主任，系内教师同时兼为研究所工作人员，但不减少教学课时，也不另支薪津。于是，各校历史学部纷纷改为史学研究所（史地学部则改为史地研究所）。③ 此种系所一体的运作模式，固然有利于加强这类研究机构的教育功能，但在缺乏经费和科研力量增量投入的情况下，往往也易弱化其组织专业研究的规模与功能。

综上可见，1930 年代中期以后，我国现代史学研究机构的建制已基本形成了以中研院史语所和各大学研究院所史学部为代表的两种主流模式及其相应的配套制度，前者可称研究型机构，后者则主要为研究生教育机构。

当然，从根本上说，两者的运作并非各守一隅、自为疆界，而是更多地表现为一种既有分工侧重而又相互依托的关系。这是因为，高校文科研究院所史学部在发挥研究生教学功能外，通常都承担着大量科研任务，其中有些在这方面还相当突出，如中山大学文科研究所 1941 年 6 月向教育部上报的材料显示，其史学研究室的工作计划为：1. 国民革命史料；2. 西南各省府县地方志；3. 西南各省官所档案；4. 华侨史料；

---

① 《齐鲁大学国学研究所在蓉》（1939—1945），山东省档案馆藏挡，卷宗号 J109-03-3。

② 《教育部指令》（1940.9），山东省档案馆藏档，卷宗号 J109-03-2。

③ 《第二次中国教育年鉴》，1948 年 12 月初版，第 575 页。

5．西南各省文集、年记、家谱及其他重要文献。人类学组的研究方向为：1．继续在粤北、湘西、桂北及西南各地苗、瑶、夷区域作普通之考察及搜罗各部族之民物；2．搜集西南各省古迹碑碣从事绘制为模型或拓本；3．继续采集关于西南各省风俗、宗教、医药、神话、童话、故事传说、歌谣、谜语及各种民俗品等民族资料；4．选择各国人类学、民族学、考古学、民俗学诸名著译成中文出版。东北大学文科研究所史地学部相关报告也表明，其下属三组研究工作的分量也不轻：历史语言组主攻鲜卑、契丹、女真、蒙古等古代东北民族史，及东北历史文献搜集；地理地质组主攻东北沿革地理和现代地理研究，并从事东北现势地图集之编纂；社会经济组主要从事东北社会经济和日本侵略东北之研究。① 而另一方面，也应看到，非高校系统的研究机构实际上也对专业研究生的培养倾注了相当关怀。特别是 1940 年 5 月教育部学术审议委员会第一次会议通过“大学以外研究院所得招研究生授学位”的议案以后②，改变了原先非高校系统无学位教育资格的旧规，使中研院等一些高层次的研究机构亦得正式加入这项工作③，从而拓宽了高级专业人才的培养渠道。不仅如此，会议还提出了一系列旨在加强两者间合作的举措，如允许双方互商借用师资和设备；不仅各大学研究院所之间可“发行联合刊物，交换研究生员，扩充研究生员名额，举行联合论文宣读”④，大学研究所和中研院、北平研究院等所招研究生，也可依需要先在大学攻读一年，再到专业研究机构从事研究一年等，以充分发挥各自在教学或实践条件方面的优势。

与此同时，还应看到，其时高校和非高校研究机构之间的人员，实际上一直处于频繁的相互流动之中，前述北平研究院史学研究会的成员，大多即为各高校在职教授；各研究所之间互聘兼职人员更是常事。当然，其间也会因争聘高层次人才而发生某种冲突，抗战时期齐鲁大学

---

① 参见《史地教育委员会三年来工作总报告》。

② 参见《教育部学术审议委员会组织条例草案、工作概况等文件》，中国第二历史档案馆藏档，卷宗号 5-1347。

③ 中研院自 1934 年以后即有少数研究所（如物理所）开始招研究生，然在 1940 年前并不能授学位。

④ 参见《史地教育委员会三年来工作总报告》。

国学研究所的经历便是一个明显例子。

该所西迁成都后，看到战时内迁各国立大学经费普遍难以为继，亟望以其相对稳定之经费来源（因有霍尔基金资助）吸引尖端人才，提升自身的国学研究层次。时任国学所主任的顾颉刚即向校长刘书铭力荐钱穆和汤用彤，盛称钱氏著述"慎密谨严，蜚声学圃，实为今日国史界之第一人"，汤则"以新方法整理佛经甚有成绩"，只是担心"此二人均为北大台柱，如果一时俱去，则文学院失其重心，学生亦无所仰望，故此事只得迟迟为之。而宾四先生之来，亦不可泄漏消息，否则北大方面决不允可，尊处之聘将徒成虚语。刚意宾四先生老母在堂，拟请其以侍养为由，到苏之后而向北大辞职，而不即来成都。在此期间，校课由人分代，渠则一意编制地图，俟北大方面不再坚留，并已觅得替人之后再邀其前来，似较不着痕迹[①]……汤先生则迟一二年再说，只要钱先生来，汤先生必无不来之理也"。[②]研究所教师张维华也同时致书谓："钱先生处，顾先生已与之谈过数次，其困难点在怎样摆脱北京大学而不致开罪同人及傅梦（孟）真先生，以免增加齐鲁将来之困难。顾先生所想之办法实属周全之至，如校长以为可行，可将聘书早日寄下，以便钱先生向北大辞职。"[③]可见颇费苦心。而其聘用胡厚宣一事，更与史语所起过一番争执。胡本任史语所考古组助理员，参与殷墟发掘及其出土甲骨整理工作多年。1940年秋应邀至齐鲁国学所任副教授。因事出突然，史语所对此深感不满，曾于当年8月26日、11月1日二次致书齐鲁大学，责其"利用美金收入，外汇高涨"之优势，以不正当手段挖人，"此类举动，似与学术机关之身份不合，且易在青年学者之心术上生不良之影响"。并称胡事先既未提出辞职，在合同期未满时，以请假送眷赴渝为

---

① 关于钱穆离北大而受聘齐鲁事，钱氏晚年所作《师友杂忆》无此曲折说法，仅谓："余在昆明，临行前，颉刚来访，彼获流亡成都之山东齐鲁大学聘，任其新设国学研究所主任职。实则此事由颉刚向美国哈佛大学燕京学社协商得款，乃始成立。颉刚来邀余同往，适北大历史系同学同来联大者至是已全部毕业，余允颉刚之约。惟既拟归苏州，须秋后始去成都。颉刚亦允之。"（生活·读书·新知三联书店1989年版，第231页）然顾、刘两当事人均如是说，当不为无因。

② 顾颉刚：《致刘书铭》，山东省档案馆藏档，卷宗号J109-03-2。

③ 张维华：《致刘书铭》，山东省档案馆藏档，卷宗号J109-03-2。

名而离所不返，行前又抄录带走了大量史语所“所藏重要史料”，皆属背约，要求对方作出解释，并保证日后不得在齐鲁所办刊物登载“本所未经发表之任何材料”。[①] 齐鲁方面则回书明确拒绝了这些指责。顾颉刚也称：“中央研究院历史语言研究所寄齐鲁大学信，谓我们给厚宣一年薪水，其任务为：（1）在滇买书，（2）抄录中研院所藏甲骨文材料。如此诬赖，实是羞人。”[②] 考胡厚宣之就聘齐鲁，当与该校所藏明义士搜集的大量甲骨对他的吸引有关，齐鲁方面也确曾计划让其参与此项甲骨整理。只是这批藏品当时并未随校内迁，抗战胜利后，又因明义士未归而不便开箱利用[③]，致使其在齐鲁期间，始终无缘接触这批甲骨。唯透过这类事件，似颇可窥见当时学术机构间的竞争和人才流动的某些态势。

（三）现代性透视下的机构运作

所谓现代性，乃指符合现代社会发展趋势和要求的精神或价值理念，它可以表现在思想文化领域，也可以渗透到制度和器物的各个层面。就中国现代史学专业机构的运作实践而言，这种“现代性”至少可透过以下四个环节加以审视。

一是建立以现代“科学”为本位的独立运行机制。

“科学”是推进中国学术走向现代化的核心理念，当其清末自东西方传入中国起，便对传统学术和旧史观念形成了极大的冲击，王国维感慨“自近世历史为一科学，故事实之间不可无系统，抑无论何学，苟无系统之智识者，不可谓之科学。中国之所谓历史，殆无有系统者，不过集合社会中散见之事实，单可称史料而已，不得云历史”[④]。即因此而发。不过开始国内思想界对“科学”内涵的认识，大多尚集中在

① 《国立中央研究院历史语言研究所致齐鲁大学公函》，山东省档案馆藏档，卷宗号 J109-03-2。

② 《顾颉刚日记》卷四（1938—1942），1940 年 9 月 6 日，台北联经出版公司 2007 年版，第 425 页。

③ 抗战胜利后，回母校出任齐鲁国学所所长的吴金鼎在致校长吴克明函中即称：“明义士之收藏近三万片，为世界最大一批之甲骨收藏。弟深望胡（厚宣）、明二君将来能合作研究，以其成绩归研究所出版……若明君不归，而让厚宣兄开箱研究其材料，此则大有碍于学术界之 Courtesy（礼节），恐将因此而伤胡、明二君之感情，且使兄处于万分困难之地位，此点厚宣必能谅解也。”山东省档案馆藏档，卷宗号 J109-03-2。

④ 王国维：《东洋史要序》，樊炳清译：《东洋史要》，东文学社 1900 年印本。

现代科学的系统分类和注重因果关系考察等方法论角度。此后，随着西学输入程度的加深，人们对这一概念有了更为宽泛的理解，认为现代学术之发展，不但需要科学方法之指导，还应树立起一种客观公正、唯真理是求的科学献身精神，于是学术独立之思想遂亦因此萌生，王国维于1905年初即公开表达了这一愿望："学术之所争，只有是非真伪之别耳，于是非真伪之别外，而以国家人种宗教之见杂之，则以学术为一手段而非以为一目的也。未有不视学术为一目的而能发达者，学术之发达，存于其独立而已。然则吾国今日之学术界一面当破中外之见，而一面毋以为政论之手段，则庶可有发达之日欤！"① 民国初年，特别是新文化运动前后，章太炎、顾颉刚和梁启超等都对此作出了类似的呼应。这一理念，同样也反映在现代学术机构的建设目标上。马相伯等筹设的国家最高学术机构函夏考文苑，就主张其"不干政治，上不属政府，下不属地方"②，并希望建立一种不受政府干预的基金制度，为其独立运作提供稳定的物资支撑。而1928年成立的中央研究院，按照院长蔡元培的说法，行政上虽直属政府主管，然"就性质而言，则为一纯粹学术研究机关"③。其工作目标明定为"实行科学研究，及指导联络奖励学术之研究"④。理论上并不要求其为某种政治服务。朱家骅也说："'中央研究院'是参考各国的国家学院的性质与形态，并斟酌我国的政制和需要而组成的。各国对国家学院都超然组合，不涉行政范围，用意是在尊重'学术自由'的原则，使其可以自由发展。"⑤ 傅斯年强调史学工作"不是去扶持或推倒这个运动或那个主义"⑥，同样包含着这层意思。据此，中研院还参照国外经验，于1935年选聘国内

---

① 王国维：《论近年之学术界》，《王国维遗书·静庵文集》。

② 马相伯：《为函夏考文苑事致袁总统条呈》，朱维铮等：《马相伯传略》，第162页。

③ 蔡元培：《国立中央研究院工作报告》（1929年3月15日），《蔡元培全集》第六卷，第369页。另据胡适分析，蔡元培和杨杏佛等负责创建中央研究院，目的也是"想造一个不受政府支配的学术文化机关，此是甚不易做到的事"。见胡适1930年2月1日日记。

④ 周宁辑：《国立中研究院概况（1928—1948）》（据中国第二历史档案馆藏原始资料摘编），《民国档案》1990年第4期。

⑤ 朱家骅：《"国立"中央研究院简况》，杜元载主编：《革命文献》第59辑，台北"中央"文物供应社1972年版，第219页。

⑥ 傅斯年：《史料论略》，《史料论略及其他》，第2页。

各学科一流学者正式组成了评议会，由其决定“研究学术之方针，促进国内外学术研究之合作与互助”[①]。此种精神，即使在国共大战期间的1947年中研院首届院士候选人资格审查涉及郭沫若应否入围的讨论和表决中，也有曲折的体现。据当日列席会议的夏鼐记载：“关于郭沫若之提名事，胡适之氏询问主席（指朱家骅）以离开主席立场，对此有何意见。朱家骅氏谓其参加内乱，与汉奸罪等，似不宜列入；萨总干事（本栋）谓恐刺激政府，对于将来经费有影响；吴正之（有训）先生谓恐其将来以院士地位，在外面乱发言论。巫宝三起立反对：不应以政党关系，影响及其学术之贡献；陶孟和先生谓若以政府意见为标准，不如请政府指派；胡适之先生亦谓应以学术立场为主。两方各表示意见，最后无记名投票，余以列席者不能参加投票，无表决权，乃起立谓：会中有人以异党与汉奸等齐而论，但中央研究院为Academia Sinica[中国的科学院]，除学术贡献外，惟一条件为中国人，若汉奸则根本不能算中国人，若反对政府，则与汉奸有异，不能相提并论。在未有国民政府以前即有中国（国民政府倾覆以后，亦仍有中国。此句想到而不须说出口，中途截止）。故对汉奸不妨从严，对政党不同者不妨从宽。表决结果，以14票对7票通过，仍列入名单中。”[②]直到1958年胡适出任台湾“中研院”院长，仍勉力于这一原则。当蒋介石在院长就职典礼致辞中要求“中研院”学术应配合“反共抗俄使命”开展时[③]，胡当场就表示不赞成，直言：“‘总统’你错了！”[④]“我个人以为，我们学术界和‘中央研究院’做的工作，还是在学术上，我们要提倡学术。”[⑤]在这一体制下，史语所的运作，从人员聘任到研究规划的制定与实施，也保持着相当的独立性，连院长也不随意干涉。如蔡元培曾向史语所推荐过王瑞书（名学素）、锺凤年、吴廷燮等人，傅斯年经考虑不妥后，照例予以了回绝，而蔡也并未因此感到意外或不

① 参见前引周宁辑：《国立中央研究院概况（1928—1948）》。

② 《夏鼐日记》卷四，1947年10月17日条，华东师范大学出版社2011年版，第150—151页。

③ 参见台湾《联合报》1958年4月11日。

④ 参见《石璋如先生访问记录》，台北“中央研究院”近代史研究所2002年版，第375页。

⑤ 《胡适讲演集》（下册），台北胡适纪念馆1970年印本，第507页。

快。[①] 此种行为上的默契，显然是以学术界对该制度的理解和共识为基础的。而周一良到该所不久，得到的印象也是：“史语所的研究工作是纯粹为学术而学术，不带任何一点功利主义，是完全自由研究。”[②]

诚然，学术研究或人文学术机构的运作能否真正做到独立不倚，迄今仍是一个备受争议的问题。但较诸传统学术的运作方式，这一建设方向的“现代性”却是无可争辩的。传统社会虽也出现过某种类型的史学专业机构，如南朝宋所置之总明观，内分玄、儒、文、史四科，每科各设学士十人，从事研习，显系一种研究机构；历代史馆、方略馆和方志修撰机构等，也皆带有此种性质。只是这些官办机构多由朝廷贵官和地方行政官员领衔，治史行事处处仰承统治者鼻息，因而无不表现出对政治的强烈依附关系。现代史学专业机构倡导以“科学”为本位的独立运行体制，不仅是对旧学术体制的一种颠覆，也为史学真正走向学科独立并健全其发展机制提供了有利条件。

二是构筑以现代技术为基础的专业研究平台。

在传统社会，人文学术的研究始终处于以文献研读为能事的个人作坊式状态。现代科技的发展，不仅在方法论上给人文学术以极大的启示，还从技术上为突破这一旧格局创造了条件。诚如傅斯年所说：“现代的历史学研究，已经成了一个各种科学的方法之汇集，地质、地理、考古、生物、气象、天文等学，无一不供给研究历史问题者之工具。”[③] 史语所在边疆少数民族的人类学调查、各地方言风俗的采集、语音实验，以及殷墟发掘和古史研究方面取得的突破性成就，正是综合运用人类学、考古学、语言学、天文学、地质学等各种现代科技方法的结果。其余如中山大学语言历史学研究所和文科研究所长期坚持对华南地区方言和少数民族的调查研究，1931 年北平女子师范研究所与美国佛利尔

① 参见潘光哲：《蔡元培与史语所》，《新学术之路——“中央研究院”历史语言研究所七十周年纪念文集》（上），第 196—199 页。

② 周一良：《史语所一年》，《新学术之路——“中央研究院”历史语言研究所七十周年纪念文集》（下），第 555 页。

③ 傅斯年：《历史语言研究所工作之旨趣》，蒋大椿主编：《史学探渊——中国近代史学理论文编》，第 498 页。

艺术博物馆及山西省图书馆合作发掘陕西万泉县石器时代遗址，1932年燕大国学研究所派罗香林与北平协和医院教授史蒂芬森对闽粤地区畲民、疍民、黎人、瑶族、客家等作人类学与民族学之考察，以及顾颉刚建议齐鲁国学所与北平研究院合作调查滇西罗罗、僰人、麽些等族[①]，要皆反映了这一学术发展趋势。这类研究，由于涉及的知识面和技术面较广，往往需要多学科专家的通力合作，并运用多种现代技术手段才能完成。而现代学术机构的出现及其"集众"研究模式的确立，则为这一目标的实现提供了坚实的平台。

顺便指出，在现代学术的运作环境下，个人书斋式的研究凭借其深厚的传统人文素养，在思维逻辑方法、抒展史家灵性等方面虽仍有用武之地，但必须看到，这种方式无论在技术手段、活动空间、历史视野，还是在人力物力资源的配置上，都很难达到现代学术机构的那种规模效应。对于现代学术机构来说，吸收和融入现代技术的程度，事实上还是判断其现代化水准的一个重要标志。比较中国现代各家人文学术机构的实际操作，在这方面推进力度最大的无疑当数史语所，这也正是其能够取得超乎寻常业绩的重要原因之一。不过从总体上看，中国现代学术机构在这方面"现代性"表现并不理想。究其原因，或为财力所困，或因专业人员知识结构的限制，或受累于观念滞后，而当时整个中国社会科技的落后，也不能不是一个客观上的重要因素。

三是涵养现代民主意识观照下的学术宽容度。

学术民主是科学发展的强力助推器，自然也是现代学术机构运作中应加贯注的基本精神。蔡元培在北大倡导"兼容并包，思想自由"和接纳新旧各派代表人物在校讲学的实践，便在这方面树立了良好的风范。然从中国现代史学机构的总体运作情况看，理论上虽都表示接受这一理念，具体实践则仍不免存在一些距离。如傅斯年在筹建史语所时曾表示："此既系中央研究院之一部，自当一体收罗此两科之学者，使

---

① 详可参见梁山《中山大学校史》，黎锦熙《北平大学女子师范学院研究所略史》(《师大月刊》第1期，1932年11月)、《燕京大学国学研究所派员调查畲疍黎瑶之内幕》(《读书月刊》第1卷第6期，1932年3月10日)，顾颉刚致刘书铭函（山东省档案馆藏档J109-03-2)。

国内名贤在此范围者无有遗漏，亦无滥举，不能以我等之接触及情好为断。”[①]并据此拟定了一个最初组合名单，包括蔡元培、胡适、陈垣、陈寅恪、赵元任、俞大维、刘复、林语堂、马衡、李济、容庚、朱希祖、沈兼士、徐炳昶、袁复礼、罗家伦、顾颉刚、杨振声、傅斯年、史禄国、罗常培、丁山、辛树帜等[②]，几乎将当时国内该领域的各派代表学者一网打尽，气度不可谓不大。但从日后的实际操作看，其中不少人并未能参与相关工作，有的还被坚拒于门外（如马衡）。对此，有人认为，这是因傅与马衡等人“道不同不相为谋”之故，唯其如此，方能使史语所成员得“秉持相近的学术态度”，共赴新学术之路。[③]这样的解释，不能说没有依据。但其做法，显与前面表达的人事观念有相悖之处，其间孰是孰非，仍值得作进一步讨论。

这里，不妨先以朱希祖和马衡为例，作些分析。朱、马虽为傅氏师辈和国学门元老，但因被视为民国初年至1920年代浙系章门弟子把持北大校政时期的核心人物，一直受到某些派别或人士的忌恨，其中包括傅斯年。[④]1930年，朱希祖因受北大部分学生驱赶，愤而辞职，改就中央研究院研究员，不久又被挤走，遂于1932年秋南下广州中山大学任教。朱之被迫离开北平，显然与当时学术界复杂的派别倾轧有关。而据其1938年8月7日日记，傅斯年正为个中关键人物。日记云：“大儿新作《后九迁记》一篇，余读之颇感慨。盖前在北平草厂大坑购屋三十余间，以为可以一劳永逸，永不再迁，故当时撰《九迁记》一篇……不料民国十九、二十两年遭傅斯年逢蒙之祸，北京大学及中央研究院两被夺位。二十一年夏，不得已出居广州，播迁失所。迄今又遇国难，奔走蜀道，几又将九迁矣。余老而益奋，不稍介意，然读此记，亦不能无动于中（衷）也。书籍既分散于南北，饥驱又偏走于东西，著作不能着手，皆

① 傅斯年、顾颉刚、杨振声：《致蔡元培、杨杏佛》（1928年5月5日），《傅斯年全集》卷七，第60页。

② 傅斯年：《致蔡元培、杨杏佛》（1928年8月29日），《傅斯年全集》卷七，第68—69页。关于史语所初拟研究人员名单，傅斯年在同年5月5日致蔡等信中已提到，与此稍有出入。

③ 杜正胜：《无中生有的志业——傅斯年的史学革命与史语所的创立》。

④ 可参见桑兵《近代中国学术的地缘与流派》一文相关论述。参见氏著：《晚清民国的国学研究》，上海古籍出版社2001年版。

蒙此影响也。摧毁学术，谁之过欤？既欲窃据学者高位，又欲奔走势利之门而为政客，妒才嫉能，将终为小人而已矣。”[①] 至于马衡，曾以史语所特约研究员的身份一再提出欲参与该所组织的殷墟考古发掘，亦遭无情拒绝。其实，朱、马两位都属当时学术上的趋新人物，朱在北大史学系力倡吸取现代社会科学方法治史；马则不但精于金石古器物学，作为国学门考古学会主任，对现代田野考古也表现相当积极并有所实践（尽管尚不能和李济等直接受过西方现代人类学和考古学训练的人士相比），实为现代中国由传统金石学转向田野考古学的先驱人物之一，然两人皆不为傅所容。矛盾显得如此尖锐，这其中除了所谓“对知识的态度和追求知识之方法的歧异”外，实在很难说不杂有成见或门户派别之争。

当然，也有不少确属学术取向不同而被斥者，如傅对钱穆之前扬后抑，对张荫麟之淡漠，对郭绍虞、梁实秋等排拒[②]，以及对南高出身的柳诒徵、张其昀、缪凤林诸家之隔阂，大抵皆与这些人士的学术理念不合其所崇奉的专重史料考证有关。至于对年轻人员的录用，一般认为傅素有偏爱北大出身之习惯，“凡北大历史系毕业成绩较优者，彼必网罗以去”[③]，他校学生则无此幸运。据王世襄先生回忆，1943 年冬他从北平到重庆，一心想入史语所工作，但当他经梁思成介绍得见傅斯年时，傅只说了两句话：“第一句问：‘你是哪个学校毕业的？’我回答：‘燕京大学国文系本科及研究院。’傅先生说：‘燕京大学毕业的不配到史语所来。’我只得赧然而退。”[④] 而某次有中山大学学生持校长介绍信到史语所

---

① 《朱希祖日记》中册，中华书局 2012 年版，第 911 页。周文玖《朱希祖与中国现代史学体系的建立》（华东师范大学历史系与海外中国学研究中心主办“国际视野下的中国史学”国际研讨会参会论文打印稿）且谓：曾就此事之可信度征询过与傅斯年有密切接触的何兹全先生，何答：“我当时很年轻，具体情况也不清楚，但有一次傅先生与我聊天时曾说起这事，说他鼓动学生赶走了朱希祖……傅先生谈起这件事时很得意。”并认为：“朱希祖日记中这样说，应该是可信的。”

② 可分别参见钱穆《师友杂忆》（第 168、228 页）、陈寅恪《致傅斯年》（《陈寅恪集·书信集》，生活·读书·新知三联书店 2001 年版，第 46—47 页）、杜正胜《无中生有的志业——傅斯年的史学革命与史语所的创立》（《新学术之路——“中央研究院”历史语言研究所七十周年纪念文集》[上]，第 37 页）、《傅斯年致蒋梦麟》（《胡适来往书信选》[下]附录一，中华书局 1980 年版，第 531 页）。

③ 钱穆：《师友杂忆》，第 168 页。

④ 王世襄：《傅斯年先生的四句话》，《文汇报》2006 年 7 月 5 日第 15 版。

查书，傅竟对他们说：“‘回去吧，你们中山大学不念书。’一句话便将其打发了。”而在台大校长任上，有非北大出身的某先生向他求职，他也答道：“你是燕京毕业，在台大只能任副教授。”[①]不过，如果全面地看，傅之爱才，其实并不限于北大，如北师大的陈述在三年级时，便被傅看中预约到史语所工作[②]；燕京出身的周一良和川大出身的王利器[③]，也都颇受傅赏识。当然有一点可以肯定，即他所垂青的学生，无一例外都在史料考证方面显示出相当的功力和才华。故更确切些说，其所钟情和肯定的乃是科学实证一派的治学路向，顺之者纳，异之者拒。

史学研究中出现不同流派的纷争，原本很自然，问题在于现代学术机构的组建和运作究应如何面对，是排斥其他，专就自认正确的某一路向发展，还是在学术上敞开胸襟、兼容并包？这确是值得我们反复深思的。应当说，如果是地方性或规模更小一些的机构，依据自身的特定条件（包括人才和物质资源）选择某种类型或风格作为发展方向，不仅可以理解，有时还是明智的。但作为代表国家最高史学水准的中研院史语所只成一种风格或学派的代言，则终不能不感觉有所缺憾。因为在当时的条件下，史语所无疑占据了同类机构中政府所能给予的最优资源，理应为史学的多方面发展提供平台；何况现代史学的发展，本非仅靠一种学术路径便能推至极致，而是各种现代科学理论、方法和学派共同作用的结果。因此，作为代表国家最高史学专业机构的史语所，应当体现这一现代学术发展的宽宏特征，使之成为本学科领域各派前沿学术的共同表演舞台。然而我们在其中看到的差不多只是科学实证派一家的活动身影。这样做，固然易于加强其机构内部的合力，从而在一段时期内对该学派及其研究事业的发展形成有力的推动，但从长远看，也易滋长学术界资源配置不公，以及门户之争和党同伐异之风气，是则终非吾学术事业之幸。

---

① 胡振宇：《考据与史料——胡厚宣先生治学与史语所的传统》，《新学术之路——“中央研究院”历史语言研究所七十周年纪念文集》（下），第674—675页。

② 傅斯年之知陈述，系据陈寅恪介绍，《陈述先生忆往事》（《中国史研究动态》1992年第3期）自谓“当时进史语所的，一般都是北大毕业生，我算例外”。

③ 参见周一良《史语所一年》（《新学术之路——“中央研究院”历史语言研究所七十周年纪念文集》[下]）和《王利器自述》（高增德等编：《世纪学人自述》卷四）。

当然，从另一方面看，也有一些机构在组合上虽为多派共存，但由于其中往往掺入了复杂的人事关系甚至政派争斗，造成内部摩擦不断，以致大大牵制了自身的运行效率，如厦门大学国学院在其成立的两年间便是如此。①

对于这些现象，有人喜欢从当事人的个性或人事关系着眼加以探讨，但据我看来，似乎不能把问题的症结过多地归咎于个人因素。因为从当时学术机构的运作情况看，这类问题的存在绝非个别现象，从中颇可见史学界对现代学术理念及其制度运作的总体把握水准与人们期望中的“现代性”尚存在着一定距离，有的甚至还掺杂着某些陈旧观念或非现代性因素。1926年张星烺在致陈垣信中批评：“北大党派意见太深，秉事诸人气量狭小，其文科中绝对不允许有异己者……北大现已几成为政治运动专门机关，不宜再使与纯萃学术牵混”，并主张日人酝酿在京成立的人文科学研究所和图书馆的中方负责人选“皆宜立于党派之外，且人须气量宽洪也”②，便反映了一些学者对此种现状的忧虑。

四是营造符合现代社会发展趋势的物质支撑体系。

史学研究作为一种社会精神文化活动，本身并不直接产生经济效益，这一学科特性决定了其专业机构的建设发展离不开社会为之提供的物质基础。而要维持这类机构持久稳定的发展，比较理想的是建立由政府、企业和民间的多渠道筹资体系。中国现代史学专业机构的运作虽然也表现出这一趋势，却因受当时社会现代化程度低下的制约，其发展一直处于不甚理想的状态。

其时各类史学专业机构的运作，经费一般不出以下几个来源。首先是政府行政系统。如中研院史语所和北平研究院史学研究会，按照最初的设想，每月分别为十万元和五万元。③落实到史语所，最初为五千元，但在筹备过程中，傅斯年等就提出，此数远不敷用，“如以五千元一月以进行此研究所，事实上做不出许多事来，因此并非整理国故之机关，其耗费以‘动手动脚’而滋大，以下所拟以每年十二万元为标”。即使

① 详可参见桑兵《晚清民国的国学研究》第九章“厦门大学国学院风波”。

② 参见《陈垣来往书信集》，上海古籍出版社1990年版，第209页。

③ 参见北平研究院《院务报告》第1卷第1期所载《本院筹备经过及组织》，1930年5月。

这样，仍有维系困难之忧。[①]北平研究院开始实仅每月三万元[②]，作为其下属机构的史学研究会，经费自然更少。不过由于这两家机构都属政府直接拨款，其来源总算还保持着相对的稳定性（特别是抗战前）。而国立大学研究机构经费虽也出自政府财政，但因当时各大学经费始终处于“僧多粥少”的拮据状态，其景况就差多了。如1925年底，北大国学门的一批教授纷纷南下，工作一度停顿，经费不继便是一个重要原因。又如1931年7月北平师大和北平女子师范合并后成立研究院，下设历史科学门和教育科学门，初定每月经费为五千元（实为四千四百元），其中历史科学门为二千元，“但实际上，政府经费既不按期，又不如数”，积欠甚多，难以维持[③]，只得于1932年7月停止此项运作。

其次是社会其他渠道。这部分经费来源既少且不稳定，一般都不能持久。如厦门大学国学院初成立时雄心勃勃，后因资助人陈嘉庚经营橡胶失利，经费大减，原定工作计划遂多搁浅。[④]前述云南大学西南文化研究室的经费出自云南劝业和兴文两家银行，第一年为国币十万元，第二年为十五万元，然并非长期资助，从档案提供的材料看，前后仅维持了两年（1942年7月—1944年6月）。[⑤]

复次为各类基金会。在20世纪上半叶，与国内人文学术研究机构有较大关系的基金会差不多都有国外背景。其中资助数额集中而又比较稳定的当推美国霍尔基金向哈佛燕京学社（六百四十万）及国内六所教会大学（燕京一百万、岭南七十万、金陵三十万、华西二十万、齐鲁十五万和福建协和五万）提供的专项资助，按照规定，该项经费必须用于推动中国文化教学与研究工作，包括提高其在这方面的本科教学水平，

---

① 傅斯年、顾颉刚、杨振声：《致蔡元培、杨杏佛》，《傅斯年全集》卷七，第62—63页。

② 参见前引北平研究院《院务报告·本院筹备经过及组织》。

③ 钱玄同、黎锦熙：《师大研究院历史科学门一年之经过及今后“教材纂辑工作”之计划》，《师大月刊》第1期，1932年11月。

④ 当时专程南下到厦大国学院供职的张星烺致陈垣信中曾谈及此事：“此间情况不见甚佳，国学研究院牌子已挂出，而内中并无的款办理一切。目下仅筹一种国学季刊而已。据云因校主陈嘉庚下半年来橡皮生意不佳之故也……（沈）兼士先生现已决意回京，不欲再理此间事，大约四五日后彼即动身北上矣。”《陈垣来往书信集》，第210页。

⑤ 云南省档案馆藏档，全宗号16-2-115。

当时这些大学举办的国学类研究机构，无不仰给于此。[①]另一重要渠道是因列强退还庚款成立的管理机构，如1924年9月成立中华教育文化基金董事会（为美国退还庚款管理机构）和1931年4月正式成立的中英庚款董事会等。特别是史语所，得到中华教育文化基金会的资助颇多，抗战前，史语所经常费虽达每月一万，但仍捉襟见肘，故其最初几年的田野考古经费，“差不多全由中华教育文化基金董事会（下简称‘中基会’）捐助”，每季为三五千元。[②]1931年，该会不仅拨给史语所第三期补助费六千五百二十元[③]，又确定自该年起“协助史语所田野考古工作经费每年一万，故第五、六、七次安阳发掘均由此项协款拨付”[④]。不过，其时能获得这类资助的人文学术机构毕竟太少，如1939年1月，辅仁大学因经费困难，向中基会提出申请，要求补助文理科经费七万余元，其中包括文科研究所史学部五千元和文学院中国文学系研究室一万元，但结果仅得二万二千元，且指定为理科专用经费，文科根本无份。[⑤]

可见经费一直是困扰各类史学专业机构建设和发展的瓶颈。为此，学术界一直期望建立起一些独立运作的学术基金以改善其现状，如张星烺在1924年12月致陈垣信中曾问及“京中学界运动基金独立有希望乎”[⑥]，大约当时已有人作此设想。连政府主办的中研院也在开办后一年的报告里声称：“尚有一最重要最急切、影响进行至巨之问题，即本院基金及建设费之筹集是也。学术研究机关若无基金，则进行必难稳定。本院组织法规定基金最小限度为五百万元，今所有者仅及十一。”[⑦]

这些现象均表明，尽管在20世纪上半叶中国学术现代化的潮流中，作为其制度建设重要方面的专业机构设置已取得了相当的成就与进展，但要真正确立起这一制度的良性运作，对于学术界来说，仍显得任重而道远。

---

① 陈胜观：《哈佛燕京学社与燕京大学之关系》，熊大绛译，《私立燕京大学》，台北南京出版公司1982年版，第54—55页。

② 李济：《历史语言研究所成立四十周年纪念学术讲演会主席报告和谢词》、《对于丁文江所提倡的科学研究几段回忆》，《李济文集》卷五，第149、179页。

③ 参见《国立中央研究院十九年度总报告》。

④ 李济：《〈安阳发掘报告〉编后语》，《李济文集》卷五，第123页。

⑤ 辅仁大学旧档，卷宗号707。

⑥ 《陈垣来往书信集》，第196页。

⑦ 蔡元培：《国立中央研究院工作报告》（1929年3月15日），《蔡元培全集》第六卷，第380页。

三、现代史学专业学会的兴起与运作

（一）高校史学会：从自发兴起到制度化建设

学会的发达和活跃，不仅是学术繁荣的一种标志，同时也是促进学术走向现代化的要素之一。

在中国，真正具有现代意义的学会兴起于戊戌维新时期。在维新派看来，广兴学会正是西方国家臻于富强的重要原因，梁启超即称："其入会之人，上自后妃王公，下及一命布衣，会众有集至数百万人者，会资有集至数百万金者。会中有书，以便翻阅，有器以便试验，有报以便布知新艺，有师友以便讲求疑义。故学无不成，术无不精，新法日出，以为民用，人才日众，以为国干。用能富强甲于五洲，文治轶于三古。"故认定"今欲振中国，在广人才。欲广人才，在兴学会"。[①] 据有关研究，其时全国涌现的学会有案可稽者不下七十余家。[②] 这些学会中，除大量讲求时事和启蒙宣传的政治性社团外，还包括了一些农艺、工商、舆算、理化、医学、法学等实用性较强的专业学会。不过，单独的史学专业学会迄今尚未发现，其内涵只是在某些综合性学会中有所反映。如《上海强学会章程》为会员研讨学问开列的科目中，便包括了中国史学、历代制度、万国史学等内容。[③] 武昌质学会设定的研究计划，也主张就会员资性所近，分经学、史学、法律学、方言学、算学、图学、天文学、地学、农学、矿学、工学、商学、兵学、格致学等十四科加以"详究"。[④]

进入 20 世纪后，随着现代学术独立分科意识的加强和"新史学"

---

① 梁启超：《论学会》，《中国近代史资料丛刊·戊戌变法》（四），上海人民出版社 2000 年版，第 375 页。

② 关于戊戌时期的学会数，王尔敏《清季学会汇表》（《大陆杂志》第 24 卷第 2、3 期）、张玉法《清季的立宪团体》（台北，1985 年）、汤志钧《戊戌时期的学会与报刊》（台湾商务印书馆 1993 年版）诸先生都作过系统研讨，唯因各人所持标准有异，统计结果难以一致。此处采用的是闵杰先生在《戊戌学会考》中综合各家之说提出的谨慎看法，详请参见《近代史研究》1995 年第 3 期。

③ 《上海强学会章程》，《中国近代史资料丛刊·戊戌变法》（四），第 392 页。

④ 《武昌质学会章程》，《中国近代史资料丛刊·戊戌变法》（四），第 442—443 页。

思潮的涌动，史学类专业学会才开始零星出现。1905年初由邓实等人在上海发起成立的“国学保存会”，其性质便与此颇为接近。尽管“国学”或“国粹”，按照现代学术的分类标准，内涵十分庞杂，但国学保存会的宗旨，无疑集中在中国历史与传统文化的总结发扬方面，这一点，无论是从他们发表的论著还是为国粹学堂设计的课程中，都可得到印证。[①]与国学保存会始终互通声气的章太炎更是明白表示，提倡国粹，只是要人爱惜本民族的历史，“这个历史，就是广义说的，其中可以分为三项，一是语言文字，二是典章制度，三是人物事迹”[②]。其计划为“振起国学”编印的讲义，也把内容框定在诸子学、文史学、制度学、内典学、宋明理学、中国历史等六个方面。[③]显然，他们的活动——从古籍文献及古器文物的搜集编印到传统文史与学术思想的研究，无不贯穿着历史学的基本精神。

至于更为专门的历史学会，据俞旦初先生《中国近代最早的史学会》一文考证，目前所知以1908年成立的贵州陆军小学历史研究会和湖北史学会为最早。其中前者属辛亥革命时期的革命团体，主要活动为联络学生界，通过讲史，宣传爱国革命思想，然仅开两次讲演即遭清方取缔。后者为湖北地方教育界人士发起组织的专业学会，成员中有进士、举人、副贡生、各级学堂教习和省谘议局议员等。有的还曾留学日本，或参加过同盟会等革命团体活动。其《会启》称：“历史者，精神上各科实验之具也。西人言学，首重统系，若政法，若教育，若伦理，莫不为历史学派，自成一家。故泰西学者，前如卢梭、孟德斯鸠，后如赫格、斯宾塞，皆以哲学巨子，蔚学术之大观，阐社会之真理。推其旨归，实由致力史学之功深，故明烛万殊，造论独至。教育家言，历史可

① 有关国学保存会的学术活动实以史学为主的问题，可参见本书上册第四章相关论述。至于此后至民国间出现的众多国学研究会，因情形比较复杂，故不再列入本节讨论范围。

② 章太炎：《演说录》，《民报》1906年第6号。五四以后，更有不少学者明确将“国学”界定为“研究中国一切过去的历史文化的学问”，胡适《〈国学季刊〉发刊宣言》、顾实《国立东南大学国学院整理国学计划书》和顾颉刚《北京大学研究所国学门周刊1926年始刊词》等都表达了类似的意见。刘龙心《学术与制度：学科体制与现代中国史学的建立》（台北远流2002年版）和罗志田《国家与学术：清季民初关于“国学”的思想论争》（生活·读书·新知三联书店2003年版）第八章对此有较集中的讨论，可参看。

③ 《国学振起社广告》，《民报》1907年第8号。

为中心学科，而集他学科于其下，以统合之，是足明史学价值矣……故史学不修，则一国之典章制度无以厘订，而风俗之改良，道德之增进皆虚语。若夫纪述故事，义取观感，使读者激其爱国之识，发其尚古之心，斯又史家之别裁，为通俗所习用者也。欧洲自十五世纪以来，学术修明，史学渐昌，迄十九世纪，列入科学，学风之盛，德国为最，英法次之。日本承其流风，亦大变古学，立专科，设学会，校用之书，日新月异，分门之编，无类不该，呜呼盛矣！吾国数千年来，断断聚讼，不离书法、体例二事；其所纂述，如《四库总目》所列十五种，无一越政治史之范围。洎乎今日，新知未茁，旧学废绝，尤可浩叹。”因而主张通过建立史学会，聚集同道，“本各国修史之旨，循汉儒治经之法，殚力研究，搜集散失，加以掜鉱，各令斐然成章，而退以通学术之流，进以资政治之用，是则倡斯会者之意尔”。[①] 在学会的《简章》中，他们还依据东西方近代史学的理念，就推进史学建设的各项基础工作和专题研究提出了较为全面的设想，由此反映出该会对现代史学的发展趋势已有相当的领会。当然，总的来看，由于辛亥革命前夕整个社会的目光都交集于政局的变化，而无暇更多地顾及文化学术层面的建设，从而导致此期的史学专业学会不但数量稀少，且往往旋起旋辍，难以形成风气。即使是湖北史学会这样一个已得到官方立案许可，并拥有众多地方著名人士参与的学会，后来也未见有持续的活动。

新文化运动时期，在科学与民主思潮的鼓荡下，伴随着现代学术建设步伐的加快，史学会的组织首先在高校系统出现了新的发展势头。

据目前掌握的资料，其时全国高校中最早成立此类学会的当推北京高师和武昌高师。1915 年，两校历史地理部学生分别成立了史地学会。北高史地学会的运作一直保持着相当活跃的状态，计自 1915 年 4 月至 1919 年，仅举办讲演会一项，就达四十余次，会员发表的讲演稿每年平均在二十篇以上，内容除历史、地理以外，还涉及哲学、天文、经济、国势民情诸领域，如《北京二十年来社会风尚之变迁》、《历代避讳之研

① 《湖北发起史学会启》，《中华新报》1908 年 11 月 19 日“学界纪闻”，转引自俞旦初：《中国近代最早的史学会 —— 湖北史学会初考》附录。

南京高师史地研究会全体会员摄影，1922 年 1 月（图书馆）

究》、《黄河流域古今地质之变迁及其将来之危机》、《天体志》等。[①]武昌高师史地学会成立于 1915 年 5 月，所倡宗旨为“联合同志，考求史地图书，增进学业”。会员分特别和普通两种，参加人数自成立至 1918 年，逐年上升：1915 年特别会员 6 人、普通会员 42 人，1916 年分别为 6 人和 74 人，1917—1918 年分别为 10 人和 101 人。学会规定，每学期召集大会一次，每月召开常会一次。统计四年之内，实际开会 13 次，活动内容包括名人讲演、特别会员命题、会长会员发表心得、质疑问难和旅行报告等。据其公布的“历年讲题一览”，会员历年发表的专题讲演达 62 个，内容广涉古代历史、地理、天文、律算、音乐、文学，乃至现代风土、教育等各方面，如《孔颜曾思孟之心学》、《古代东西洋之互市谈》、《中国五行学之研究》、《〈史记〉与〈尚书〉异文之研究》、《中国古史与西洋古史之比较》、《中国之天文谈》、《地动说考》、《音韵学与文学之关系及余论》、《对于现在中国风俗之感言》、《我国教育观》等。[②]1918 年以后，由于史地部已改为国文历史地理部（1917 年改此），遂又成立国文历史地理学会（后简称“文史地学会”），并于 1920 年 5 月以学会名义出版了《国学卮言》。至 1923 年，该会以张春霆为名誉会长，胡小石为会长，聘朱希祖、李大钊为名誉指导员，李汉俊等为指导

① 详请参见北京高师史地学会会刊《史地丛刊》第一期“本会沿革”，1920 年 6 月。
② 《国立武昌高等师范学校史地学会组织表》，中国第二历史档案馆藏档，卷宗号 1057-491。

员，会员已遍及国文史地部、国文系、历史社会学系等部、系师生，还出版了会刊《文史地杂志》。

继两校之后，南京高等师范学校文史地部学生也于 1919 年秋创立了地学研究会，次年 5 月改名史地研究会，有会员 73 人，以后每年略有增减，1921 年为 64 人，1922 年 2 月为 85 人，王庸、陈训慈、胡焕庸、张其昀、缪凤林、郑鹤声、张廷休、刘掞藜、束世澂、向达、王玉章①、范希曾等皆其中骨干。研究会先后聘请柳诒徵、竺可桢、徐则陵、白眉初、萧叔䌹、陈衡哲等教授为指导员，定期开展专题讲座、学术讲座等活动，制定研究计划，编辑出版《史地学报》。由于该会存在期间，组织建制比较完备（参见表 5.8），活动也相当规整，故在学术界一度产生了较大影响。

表 5.8：南高史地研究会第一至八届职员表

职别 \ 届别		第一届 1920.5	第二届 1920.9	第三届 1921.2	第四届 1921.9	第五届 1922.2	第六届 1922.9	第七届 1923.3	第八届 1923.9
总干事	正	诸葛麒	陈训慈	胡焕庸	诸葛麒	胡焕庸	向达		
	副			钱堃新	王学素	张其昀	诸葛麒		
总务部	正							向达	向达
	副							刘掞藜	刘掞藜
干事				王学素 陈旦	钱堃新 赵祥瑗	周光倬 缪凤林	全文晟 王庸		
书记				陈训慈 等 6 人	张廷休 盛奎修	王玉璋 汪章才	马继援 杨楷	陈人文 龙文彬	陈人文 龙文彬
会计				何惟科	仇良虎	王学素		王觉	王觉
编辑部	总编			张其昀	缪凤林	陈训慈	张其昀	陆维钊	陆维钊
	副主任							郑鹤声	郑鹤声
编辑				诸葛麒 等 4 人	张其昀 等 8 人	诸葛麒 等 9 人	陈训慈 等 10 人	张其昀 等 9 人	张其昀 等 8 人

① 王玉章，江苏江阴人，1923 年从南高师文史地部毕业，留校文理科国文系任教，著有《南北曲研究》。其名也有作王玉璋者，然与北大毕业、曾任教东北法商学院和重庆大学，编有《中国史学史概论》和《商业史》的王玉璋并非一人。

（续表）

职别 \ 届别		第一届 1920.5	第二届 1920.9	第三届 1921.2	第四届 1921.9	第五届 1922.2	第六届 1922.9	第七届 1923.3	第八届 1923.9
研究部	主任							全文晟	全文晟
	副主任							刘掞藜	刘掞藜
讲演部	主任							赵祥瑗	赵祥瑗
	副主任							陈旦	陈旦
调查部	主任						袁鹏程	宋兆珩	宋兆珩
	副主任						王学素	诸葛麒	诸葛麒
出版部（发行部）[1]						诸葛麒	周悫 仇良虎	周悫	周悫
图书部	主任						王玉章	赵祥瑗	赵祥瑗
	副主任						陆鸿图	陈泳洙	陈泳洙

注：此表主要根据《史地学报》刊登的学会会议记录和职员录等信息编制。第八届以后，因找不到相关记录，只能暂付阙如。①

1. 该会第五届前期始有发行部，设主任一人；第五届后期改为出版部，设正副干事各一人。

不难发现，上述较早出现的高校史学社团，差不多都属史地混合型专业学会。从表面看，这固然与当时高等师范系科的设置模式有关，但实际上，却在相当程度上透视出由传统向现代转型之际学术界和教育界的某种学科分类理念。众所周知，在中国传统学术的架构中，史学原本就是一门内涵宽泛的学问，举凡天文（如天候气象时令）、地理、经济、法政、宗教、民俗各科，无不纳诸其内。清末民初以来，随着西学的输入和现代学术与教育事业的推进，以及社会学、政治学、经济学、法学、民俗学等新兴学科纷纷出现，传统史学的领地开始不断遭到"蚕食"而日形"收缩"。不过，在相当一个时期内，学术界一些人士仍十分强调史、地学之间的"昆弟孪生"关系，认为："宇宙者，时与空之

① 此表采于吴忠良博士论文《南高史地学派研究》，2006年由华龄出版社出版，名《传统与现代之间——南高史地学派研究》，可供了解该会详细活动情况参考。

和也。时无终始，空无畔岸，相赓相错，而成历史，而形地理，故欲明宇宙之真相，舍治史地，其道无由。国家者，亦时与空之和也。画时而为世，截空而为域，纵则有史，衡则有地，故欲知国家之真谛，舍治史地，其道无由。人生者，亦时与空之和也。演以年寿，孕以风土，心量所函，惟历史与地理所宰制耳，故欲识人生之真义，舍治史地，其道无由。”① 由此颇倾向于史地骈列而治。这种意见，自然不能说没有道理，且直到三四十年代，在高校或学术界，仍然可以看到这类学术团体的活动，如上海大夏大学史地学会（1933）、湖南师大史地学会（1942）、浙江大学史地学会（1942）等。只是从现代学术的发展路向看，两者间的分科却是大势所趋。

1917 年北京大学史学门的建立（1919 年改称史学系），便是一个明显的标志。其后数年之间，厦门大学、南开大学、中山大学、辅仁大学、燕京大学、清华大学、成都大学等高校纷纷设立史学系。至 1930 年代，史、地分开设系已成一种较为普遍的现象。与此相应，独立的史学专业学会也不断在高校出现，并日趋活跃。现将笔者所见 20 世纪二三十年代有明文记载的高校历史学会（不包括史地或文史地混合型专业学会）列简表如下：

表 5.9：20 世纪二三十年代高校历史学会一览表

学会名称	创建、活动年代	主要成员	会刊名称
北京大学史学会	1922 年 11 月 15 日成立 [1]	本校史学系学生	《治史杂志》（1937 年 3 月—1939 年 6 月）[2]
金陵大学历史学会	1923 年创立	本校历史系学生	
燕京大学历史学会	1927 年创立	本校历史系师生	《史学年报》（1929 年 7 月—1940 年 12 月）
成都大学史学研究会	1929 年	本校史学系学生	《史学杂志》（1929 年 7 月—1930 年 5 月）
中山大学史学研究会	1930 年创立 [3]	本校历史系师生	《现代史学》（1933 年 1 月—1944 年 6 月）

① 柳诒徵：《〈史学与地学〉弁言》，《史学与地学》第 1 期，1926 年 12 月 1 日。

（续表）

学会名称	创建、活动年代	主要成员	会刊名称
北平师范大学史学会	1931 年	本校师生	《史学丛刊》（1931 年 6 月）
厦门大学历史学会	1932 年 3 月成立	本校历史系学生[4]	《厦大周刊·史学专刊》
清华大学史学研究会	1934 年 5 月—1937 年 7 月	本校历史系学生[5]	《益世报》和《中央日报》《史学》双周副刊
武汉大学历史学会	1936 年	本校历史系师生	《历史学报》（1936 年 10 月）
辅仁大学历史学会	1936 年春	本校史学系师生[6]	
北平师范大学史学会[7]	1937 年	本校师生	《历史教育》（1937 年 2 月—1937 年 5 月）
西北大学史学会	1938 年	本校师生	
中央大学历史学会	1939 年 5 月 11 日成立	本校文学院师生[8]	《史学述林》（1941 年 1 月）

注：1. 据《北京大学日刊》报道，该会成立之前，4 月间先有史学读书会之发起，至 11 月 15 日，乃正式成立研究会。成立会上，蔡元培、朱希祖、杨栋林、叶瀚等先后发表讲演。朱希祖称：北大在两年前已发起组织过史学会，但“因为学校常有罢课的事情，欲成立而停止的已数次。今天居然成立，使我非常欢喜”（见《北京大学日刊》1922 年 11 月 24 日）。可见此确为北大首次正式成立之史学会。

2. 1922 年北大史学会初建时，朱希祖曾倡议办一《史学杂志》作为会刊，但似乎一直未能正式出版。本刊之出，距学会初创已四年多（1937 年 3 月创刊于北平，第 2 期 1939 年 6 月出版于昆明，仅出两期而止），回视前者，不免有人事俱非之感，但考虑到高校历史系史学会的成员一般均因学生新陈代谢而流动不居，即使中断后重建亦仍不妨视为一脉相承者，故仍列于此。

3. 关于该学会的情况，可参见桑兵《晚清民国的学人与学术》，中华书局 2008 年版，第 154—155 页。

4. 主要成员为陈啸江、傅衣凌、庄为玑等，据傅衣凌说，自 1932 年秋陈啸江转学中山大学后，学会实际上基本停止了活动。见《傅衣凌自传》，《中国当代社会科学家》第四辑，书目文献出版社 1983 年版，第 280 页。

5. 主要成员有吴晗、梁方仲、汤象龙、罗尔纲等。

6. 据《辅仁大学毕业生（1936）纪念刊》，该会为史学系 1936 年班学生创办，并有本校教授任顾问及指导。详见北京师范大学档案馆所藏辅仁大学档，卷宗号第 761。

7. 此北师大史学会理论上应视为前列 1931 年 6 月北师大史学会之延续，但因该年 7 月起北师大与北平女子师范学院合为一校，此后人员等情况变化较大，年代又相隔 6 年，刊名亦复不同，故仍列入。

8. 该会由朱希祖任会长，金毓黻、缪凤林任副会长。

自然，这一时期的高校史学会远不止此数，只是由于具体情况比较复杂，有的时断时续，似几家而实一脉相承；有的虽出一系而前后各不

燕京大学历史学会

相关，故很难作出精确的统计。至其会员构成，也略有差异：有的以学生为主，如厦大和清华的史学会；有的以教师领衔，如中央大学历史学会；更多的则为师生共同组织的学术社团，其中，最为活跃且成效最著的，当推燕京大学历史学会。该会成立于1927年，初因人数少，组织涣散，一度陷于停顿。1928年秋经重新组织，会员增至二十余人。以后逐年发展，会员中不仅有在系的本科生、研究生和教师如洪业、顾颉刚、邓之诚、容庚、张尔田、陆懋德等，还包括了已毕业的校友、校内他系史学爱好者和曾任教本系的外校教师。先后承担会务的骨干有齐思和、朱士嘉、翁独健、邓嗣禹、刘选民、王锺翰等。据该会的调查统计，至1936年初，会员已发展到校内71人、校外99人（其中4人已故）的规模。[①]在长达十多年的时间里，该会人才辈出，其运作一直处于相当规范与活跃的状态，会刊《史学年报》也在国内外学术界始终保持着良好的声誉。

抗战期间，尽管国内高等教育处于十分艰难的境地，但史地教育却因其在激发民族爱国热情中的特殊作用，并未遭到削弱，其时高校史地学会的建设甚至还出现了制度化的趋向。

1940年，国民政府教育部成立了史地教育委员会，在5月14日召集的第一次全体会议上，其所确定的“改进大中小学史地教育事项”，

① 会员名单见《史学消息》第1卷第1期，1936年10月25日。

辅仁大学史学会（1936 年）

便把“辅导各专科以上学校组织史地学会”列为首项，提出：“本会为谋全国各专科以上学校史地教育之开展，经拟就第三五五七一号部令，令各专科以上学校从速组织史地学会。其已设有历史学会、地理学会或史地学会者，着将该会章程及讲演记录、会员、职员名单、过去出版刊物及未来工作计划等件克日呈部核定。前已收到国立师范学院等十余校史地学会章程及工作报告等，经分析国立师范学院、私立金陵大学、国立四川大学、国立浙江大学、广东省立文理学院、私立无锡国学专修学校、湖北私立武昌中华大学等校史地学术研究团体工作报告，并分别补助及指示改进之意见，其余各校现仍陆续寄到。”根据已收到的上述材料，该会及时写出分析报告，对其名称、人员结构、组织活动方式，乃至经费的落实，均提出了具体改进措施，主张各校史地学会应统一以“研究史地学术，发扬民族文化，启迪民族意识”为其基本宗旨。[1] 以后几年，又陆续收到国立东北大学、国立女子师范学院等校史地学术团体的报告，经审查讨论后，均“分别函示应予改进之点，并酌予壁报津贴及出版津贴”。针对各校史地学会的组织或活动存在参差不齐的现象，该委员会还就加强学会操作的规范性，提出了一些具体建议：“各学术团体之名称组织多不一致，已由本会分别令加调整。

① 江应澄：《专科以上学校史地学术研究团体工作报告分析》，《教育部史地教育委员会概况（第 2 号）》，1941 年铅印本，第 149 页。

各学术团体之主持人物多为学生本身，今后拟饬教员共同负责，并使多请系外员生参加；各学术团体多数均有学术讲演及校外考察之活动，甚有成绩，拟饬抄缴记录报告，酌予汇印分发以资观摩；各校会员志趣既同，理宜互通生气，拟汇编一总名册印发各员，以资彼此联络，兼为本部今后培养史地人材之一行政资料。”① 至此，高校的史学专业学会建设可以说已进入一个规范化的阶段。

（二）地方学会与全国总会

五四以后，随着高校史学会的蓬勃兴起，一些地方也开始酝酿成立此类学会。

首先关注此事的，便是一批从高校史学系（或史地系）毕业走上社会各界的专业人员。其中，较早形成这类自觉意识的当推柳诒徵、陈训慈、张其昀、向达等人。陈训慈在1921年就撰文指出，“组织史学会殊不容缓”，它对推动史学发展、开展中国文化的系统研究、有计划地保存和扩充史料，都有着十分积极的作用。并建议，史学会的组织，“可由各大学史学教授及专门史家联合发起，再征集博学同志，筹集经费，建筑会所，然后逐渐扩充。而同时国人亦可自由别组，务使吾国学术研究之精神并驾西国，携手共进，作远大之企图。事无难易，全在人为，国内史家曷速起直追，毅然以图之乎？”②1925年3月，东南大学（其前身即南京高师）发生学潮，柳诒徵因对事态不满辞职，于6月离南京，赴沈阳东北大学任教（其学生缪凤林与景昌极于1923年已先到该校任教）。而此时该校史地学会的骨干也多已毕业离校，遂使其一时失去主心骨而趋于涣散。为继续发扬南高史地学会的精神，张其昀、向达等乃于1926年初组织中国史地学会，共推柳诒徵为总干事，并在同年底出版了会刊《史学与地学》。中国史地学会的会员虽散居各地，如向达、张其昀在上海商务印书馆编译所，陈训慈在浙江，柳诒徵在北京女子大学任教，缪凤林等远在东北，但仍得以通过学会长久保持了学术上的相互

① 《史地教育委员会三年来工作总报告》，中国第二历史档案馆藏档，卷宗号5-467。

② 陈训慈：《组织中国史学会问题》，《史地学报》第1卷第2期，1921年。

联系。他们的活动圈子和特重发扬传统史学优长的治学倾向，实际上正可以看作是南高史地学会的继续。1927 年夏，柳诒徵重回南京，先后担任江苏省立第一图书馆、中央大学国学图书馆、江苏省立国学图书馆馆长。随后，其弟子范希曾、向达、缪凤林、陈训慈、郑鹤声、张其昀等也相继调至南京。旧雨重逢，更激起他们为中国现代史学发展共创事业的宏愿，遂于 1929 年初倡议建立了南京中国史学会，同时发行会刊《史学杂志》。在杂志发刊辞中，柳诒徵称："往偕诸生倡《史地学报》，嗣又倡《史学与地学》，皆骈列史地，犹昆弟孪生者然。去年张子其昀倡《地学杂志》于大学，今年缪（凤林）、范（希曾）、陈（训慈）、郑（鹤声）诸子又与张子倡《史学杂志》，盖孪生之子自毁齿而象勺，虽同几席而专其简策之通轨也。"① 对原中国史地学会随着学科自身发展而分为中国地学会和南京中国史学会的原委作了说明。这个史学会，从其成员构成和活动区域看，显属地方性史学会。

与此同时，北平（今北京）也出现了一些地方史学会的筹建活动。影响较大的有 1932 年 10 月成立的北平史学会。据《北平晨报》报道：该会系由本地各大学史学系教授及学生发起（实际上是以青年教师和学生为主。——引者），成立当天，到会者达百余人，颇极一时之盛。会议由谭其骧任主席，朱士嘉为记录，议决以谢兴尧、谭其骧、丁迪豪为文书股干事，柴德赓、陈均、张德昌、戴邦伟为事务股干事，吴晗、朱士嘉、邓嗣禹、李树新为出版股干事。并拟聘陈寅恪、陈受颐、陈垣、顾颉刚、邓之诚、陶希圣、洪业、胡适等十八人组成编辑委员会，定于次年元旦出版会刊。②

不过，这本会刊并未如期出版，倒是原为北平史学会文书股干事之一的丁迪豪以国立师范大学研究院历史科学研究会的名义，于 1933 年 1 月主编出版了一份《历史科学》杂志。在同年 3 月底出版的第 1 卷第 2 期中，该会又改名北平历史科学研究会，公开打出了另一个地方性史学会的旗号。从杂志看，研究会的主要成员除丁迪豪外，尚有郭昭文、萧桑等人。其主导思想，则明显地倾向唯物史观。他们认为，当时史学界

① 柳诒徵：《〈史学杂志〉发刊辞》，《史学杂志》第 1 卷第 1 期，1929 年 3 月。
② 《北平晨报》1932 年 10 月 27 日报道。

存在三种不良倾向：一是将古书记载当历史，只知寻章摘句埋头考证，其实距历史真相甚远；二是从玄想和自由意志出发空谈历史；三是生搬硬套马克思主义文献中有关历史发展阶段的名词，把活历史填入死公式。并表示："我们虽也站在历史的唯物主义方面，但我们要由历史发展之本身作深入的探究，从而以为历史之判断。我们虽也留心史料的时代价值，但我们要以新的科学来阐明历史，充实历史。"① 本着这一立场，他们对郭沫若的《中国古代社会研究》虽有批评，亦不乏同情，称"郭著尚在草创时，固多荒谬，亦有推动风气之力。胡适命运，始动摇于此矣"②。但谈及陈垣、胡适及王国维等人的史学观念和方法，则情绪对立，至有出口谩骂者。③ 从打造"科学的历史理论"和"唤起民族精神"的宗旨出发，研究会最初雄心勃勃，计划分期出版"科学的历史理论"、"历史与各种科学的关系"、"世界史学界鸟瞰"、"现代中国各派历史方法论批判"、"满蒙史研究"、"西北史地研究"等专号，同时组织开展各大学历史系和各地历史名胜等调查。后来，又接受日本青年学生武田泰淳关于加强近代史研究的建议，设想从第二卷起重点开展亚细亚生产方法、专制主义、明郑和下南洋与商业资本及殖民，以及鸦片战争、太平天国革命、义和团运动和中国资本主义发展史等专题的探究，并拟刊行《中国农业发达史》、《近代中国工业发达史》、《中国商业资本主义之史的研究》、《中国历代发明史要》、《历史教育研究》、《中国古代社会史论丛》等六种丛书。这种强调以唯物史观为主导的治学倾向，与上文列举的北平史学会其他大部分成员比较起来，显然存在着很大差异。也许，这正是丁迪豪等人很快从北平史学会中分离出来另建历史科学研究会的主因。

---

① 《〈历史科学〉创刊之辞》，《历史科学》第 1 卷第 1 期，1933 年 1 月。

② 周木斋：《致丁迪豪》，《历史科学》第 1 卷第 3—4 期合刊"读者通信"，1933 年 6 月。周木斋（1910 年 8 月 5 日—1941 年 7 月 23 日），又名周朴，号树榆，武进人。1918 年至南京求学，1927 年入无锡国专。1931 年入上海大东书局任编辑，后任上海《大晚报》编辑，又兼任文艺副刊《火炬》编辑。1935 年加人中国文艺家协会。抗日战争爆发后加入上海文化界救亡协会。1938 年任上海《大美晨报》编辑兼副刊主编。著有杂文集《边鼓集》（与人合著）、《横眉集》（与人合著）、《消长集》及《新中国政治史》等。

③ 某君：《致丁迪豪》，《历史科学》第 1 卷第 5 期"读者通信"，1933 年 9 月。

此外，值得注意的地方性史学会还有浙江中华史地会和吴越史地研究会。前者1936年1月12日正式成立于杭州，同年12月27日改名浙江史地学会。发起人为陈训慈，主要成员有王孟恕、李絜非、顾穀宜、董世桢、胡健中、苏毓棻、陈贻荪、孙正容（以上九人为学会理事）、刘文翩、蒋君章、陈豪楚、何敬煌、范晓江（以上五人为候补理事）等。会员多系浙江各地史地教员，初仅四十余人，后发展至七八十人。学会高揭“研究史地，阐扬民族精神”之宗旨，提倡：“1. 努力于民族本位的史的研究，2. 增进中小学史地教学之改进，3. 普及史地智识以贯注于一般民众，4. 希望以此推进本省学术研究之风气，以与建设事业同其迈进。”① 其活动一直持续到抗战爆发。后者由吴稚晖和卫聚贤1936年3月发起组织于上海，初名吴越史地会。后改名吴越史地研究会，于同年8月30日召开成立大会，江浙各地会员六十余人到会，共推蔡元培为会长，吴稚晖、钮永建为副会长，卫聚贤任总干事，以及评议和理事百余人，皆政、学两界名流。学会设总部于上海，并在江苏、浙江两省设立分会，及其下各县设立分会。其会章规定：“本会以研究吴越（暂以江苏、浙江两省为限）史地为宗旨”，主张借考古发掘之手段与成果，研究江浙两省古代民俗及文化②，其所编印的专刊《古代文化》和《吴越史地研究会丛书》，便体现了这一基本方针。

当然，由于种种原因，上述地方史学会大多持续时间不长；有的则规模欠小，如南京中国史学会和北平历史科学研究会，严格而论，都还不能当地方史学会之名。而1937年2月至6月，孙次舟等打出“济南历史学会”的旗号，发行了一份《历史与考古》的杂志，前后共出四期，其性质也雷同于此。相比之下，当时更具规模且组织较稳定的倒是一些专业性更强的史学分支学会，1930年代中期出现的禹贡学会、食货学会和考古学社三大学会，便是其中的代表。因禹贡、食货两学会本书另有专节讨论，此处不再赘述，但就考古学社为例，略见其运作情况。

考古学社成立于1934年。该年6月，容庚、徐中舒、董作宾、顾

① 《浙江中华史地学会举行成立大会》，《图书展望》第4期“文化简讯”，1936年1月。

② 《吴越史地研究会昨成立》，《申报》1936年8月31日。

廷龙、邵子风、商承祚、王辰、周一良、容肇祖、张荫麟、郑师许、孙海波等人倡议建立金石学会，至9月1日召开成立大会，正式定名为考古学社，推举容庚、徐中舒、刘节、唐兰、魏建功五人为首届执行委员，负责编辑学社社刊《考古》(下称《考古社刊》，以与今《考古》相区别)。[①]1936年4月，又增设社长，由叶恭绰任之。该社“以我国古器物学之研究、纂辑，及其重要材料之流通为主旨”[②]，自成立至抗战前的三年间，共出版社刊六期，每期篇幅由最初的56页扩充至400多页，发行量也由500册增至1000册。与此同时，学社还筹资刊行了学术含量很高的《考古专集》十七种和《考古丛书》甲编二种、乙编八种，有力地推进了国内金石考古学和古文字、古史研究，在学术界产生了相当影响。其社员开始虽仅35人，但一年之内即增至八九十人，到抗战前夕，已发展到141人。从各期社刊公布的“社员名录”和“续录”看，成员中虽然也包括梁思永、董作宾、徐炳昶、何士骥这样一些真正从事或参加过现代田野考古的人员，但大多仍属一般古文字、古器物及古史研究者。可见这里所谓的“考古”，历史学的气息显然要比现代考古学的意蕴来得更为浓烈，或者可以说主要就是以历史学辅助学科的面目出现的。这样一种“考古”学会的构成，实际上正反映了当时中国考古学界由传统金石学逐步向现代考古学过渡时期的特征。对此，学社的一些社员也有所意识，刘节便认为：传统金石学“既无严格的范围，又无一定的方法。从前学者们所得到的古器物，大半出于盗掘，连最重要的出土地点一项也弄不清楚，遑论其他”。而现代考古学则“都是依照科学律令，作有系统的发掘，成绩已斐然可观”。因而要求社员认清现代学术的这一发展趋势，自觉加强两者的分工合作，以共同推动研究的深入。[③]

应当看到，这类学会的人员构成开始虽多以一地为主，但其后的发展，却都显示出向全国扩张的势头，只不过因受专业的限制而尚难照应到史学的其他层面罢了。有鉴于此，从1920年代起，史学界的一些有识之士便不断发出各种倡议乃至实际的组织活动，试图建立起全国性的史

① 《社务纪要》，《考古社刊》第1期，1934年12月15日印行。

② 《学社简章》，《考古社刊》第1期，1934年12月15日印行。

③ 刘节：《考古学社之使命》，《考古社刊》第2期，1935年6月。

学会，以应现代史学发展之需要。

1929 年 1 月 13 日，朱希祖等便曾联合北平地区的北大、清华、师范大学、燕京大学、辅仁大学、女子师范大学等六校史学系师生，以及故宫博物院、古物分委会等专家共九十四人，发起成立过中国史学会。会议选举朱希祖、陈垣、罗家伦、钱玄同、王桐龄、张星烺、沈兼士、陈衡哲、马衡九人为委员，陶孟和、袁同礼、萧一山、刘崇鋐、翁文灏五人为候补委员。[①] 由朱希祖任学会主席，下设编译、征审、出版、图书四部，计划组织各种专题研究，出版《史学季刊》及史学丛书，开设定期讲演等，并逐步将学会"扩充至全国，其第一步，先将各大学史学系及史地系毕业生散在各省者加入为会员，再由委员会敦请国内外对于史学有贡献之学者为名誉会员及通讯会员"[②]。可见其建立全国性史学会的目标是十分明确的。遗憾的是，该会成立后，不仅原定的各项计划均未付诸实施，连其自身也很快趋于消解。以致燕大历史学会在当年 7 月发表的《历史学会之过去与将来》中，仍把"联合他校史会创办中国史学会于北平"作为"有待未来之努力"的事业之一[③]，竟如年初北平未组织过中国史学会一般。究其原因，或与当时北平高教界的动荡局势有关。1928 年 6 月，南京国民党政府下令将北平九所国立学校合并为中华大学。8 月，又改为北平大学，隶属北平大学区。此举遭到北大师生的强烈反对，一时学潮风起，校内原先隐伏的各种人事派系矛盾也借机窃发，年余不息。1929 年 9 月，连作为北平中国史学会主席的朱希祖也因遭到学生会的公开指责而一度要求辞去北大教职。[④] 这种情况，自然不能

① 朱偰：《朱希祖年谱》，《文史大家朱希祖》，学林出版社 2002 年版，第 161 页。

② 《中国史学会成立》，《大公报》1929 年 1 月 15 日第五版报道。

③ 《史学年报》第 1 期，1927 年 7 月 10 日。

④ 时学生会指斥朱希祖、马裕藻的主要罪状当系把持系政、排斥异己，认为 1929 年 8 月北京大学恢复校名后，流散各地的不少原北大名教授未能返校任职，与他们的所作所为有关。故北大代校长陈大齐（百年）在劝慰马、朱两人继续留校任职之函称："察蜚语之起，由于旧教授未能全返，于是有误会先生在内阻挠者，不知散居南北各处之同人，齐（陈大齐）曾再三电催返校授课，以各有职守，未便中道违弃，致未能全体返校。覆电俱在，不难取证。此乃齐数月来焦虑苦思、无方延致之事，又岂他人所能左右。总之，悠悠之口，本不足凭。"（《陈代校长致马朱两教授函》，《北大日刊》第 2237 号，1929 年 9 月 23 日）关于此事的分析，可参见桑兵《晚清民国的国学研究》第二章"近代中国学术的地缘与流派"。

不严重影响到该会的正常运转。

继北平中国史学会之后，宁、沪地区的学术界也在南方发出了类似的倡议。1933 年 11 月 11 日，吴敬恒、蔡元培、李煜瀛、柳诒徵、雷海宗、何炳松、张其昀、郑鹤声、梁园东、缪凤林、金兆梓等二十一位学者，联名在《申报》登载了一则《发起中国历史学会启事》，称我国历史悠久，载籍丰富，晚近以来，中外史料复各有新的拓展，"缘是所谓史学者，其积也日深，其涵也亦日以广。欲抽其绪而理其棼，诚非一手一足之力所能为功矣。今世治史之士，望古遥集，术有专攻，或以通今著，或以竺古闻，或潜心于考订，或致力于采掘，或则长记注，或则擅撰述，分道扬镳，各程其效。同人等窃以为百川分流，同归于海，分以极其深，尤必合以成其大。用是不揣梼昧，爰有中国历史学会之发起。颇冀以琢雕磋切之功，收镕铸钧陶之效。是所望于海内同志有以玉其成也"[①]。这则启事的发表，再度引起了学术界对此事的关注，《浙江图书馆月刊》等还为此作了专题报道。虽然它仍未能导致学会的建立，但至少表明：尽快建立起全国性的历史学会，已经成为当时学术界的共同夙愿。

除了国内学术界的各种努力之外，1930 年代中国史学会的酝酿筹建工作，还直接得到了来自国际历史学会的鼓励和促进。1936 年底，国际历史学会会长哈罗·田波烈（Harold W. V. Temperley）由上海沪江大学教授会常务委员康选宜陪同，应邀从日本赴北平作学术讲演，并就中国加入国际史学会之事与国内学者进行了接触。12 月 1 日，顾颉刚（燕大历史学系主任）和陶希圣（北大政治学系主任）等代表中国方面与之在北京饭店作了商议，由连士昇任临时文书。会谈主要议题为中国入会问题、入会后中国政府之援助与中国的财政负担、中国历史学者即时开展工作之条项等。当时确定，关于中国申请加入国际史学会，其"进行方式有三种：1. 由中国政府请求；2. 由一代表中国的研究院请求；3. 由一代表全国的历史学者委员会请求。入会问题在一九三八年八月苏黎支（Zurich）举行四十二国大会决定。田波烈教授返欧后，该学会行政部将于一九三七年五月在巴黎开会。在开会期前，极愿得知中国之意向。田

---

① 《申报》1933 年 11 月 11 日第四版。

教授负责写成正式函件致顾教授，促请中国历史学者对此事之注意。彼亦表示将往南京谒见外交部长、教育部长及中英庚款委员会主席”。会谈还对中国方面入会的经费支出及各项准备等提出了具体要求。次日，田氏又正式致函顾颉刚，指出：“中国本国历史和教育的发展，若不发生更多国际的关系，不会完善。并且在中国以外的学术界中，也总不会被人认识——除非立即采取目前的步骤。贵国的加入，对贵国本身和敝会都具有最崇高的历史意义。”为便于中国加入国际史学会，他建议“先要组成一个中国历史学协会”，并希望顾颉刚能积极承担起这项联络组织工作。为响应国际史学会的建议，经各方商定，决定由顾颉刚及北大历史系主任姚从吾、清华历史系主任刘崇鋐在北平，中央大学校长罗家伦在南京，康选宜在上海，分头联络发起组织中国史学会，“务期从速成立，并希望出席一九三八年在瑞士举行之国际历史学会大会”。[①] 顾颉刚在函告傅斯年相关情况的同时，还提出：“希望在南京设立一个总会，由中央研究院负责”，并请教育部、英庚款董事会，中央研究院和各大学共同负担相关经费，制定具体实施计划。[②]

这一消息发布后，史学界颇感振奋，直到1937年4月，《图书展望》犹有报道称：“我国史学专家顾颉刚、郑振铎，暨罗家伦等，循世界著名史学专家田波烈氏之请，筹组中华史学会，作为中国研究历史之最高研究团体，迭经各方之交换意见，认为此事确属重要，即积极着手进行，闻将于最近期内成立，总会设北平，上海及南京、广州等处设分会。”[③] 可惜，抗战的爆发，使这项工作不得不中道而辍。[④] 1938年8月的苏黎世国际历史学大会，中国虽被正式接纳为会员，但全国性史学会仍未成立，加之处于战争状态，以致出席会议的中国代表仅胡适一人。

---

① 《史学界消息·中国历史学会积极组织》，《史学消息》第1卷第3期，1936年12月25日。另请参见《图书展望》第2卷第2期报道《康选宜发起组织中国历史学会》（1936年12月10日）及顾潮编著：《顾颉刚年谱》，中国社会科学出版社1993年版，第264页。

② 顾颉刚：《致傅斯年》（1936.12.22），《顾颉刚书信集》卷一，第217页。

③ 《中华史学会将成立》，《图书展望》第2卷第6期，1937年4月10日。

④ 据顾潮《历劫终教志不灰——我的父亲顾颉刚》，1940年顾颉刚曾“与蒙文通、萧一山、吕思勉、黄文弼、金毓黻（静庵）等74名史学界同人发起创办《史学季刊》，倡议成立中国史学会”（第199页），此举似有重续前缘的用意。

中国史学会在渝发起人谈话会摄影（1943 年）

当时正以北大文学院长名义在美国开展国民外交活动的胡适，是以普鲁士科学院通讯研究员的身份被邀参加的，他在会上宣读了题为“Newly Discovered Materials for Chinese History”（《新发现的关于中国历史的材料》）的论文。由于这是中国学者首次出席国际历史学大会，故颇受欧美汉学界人士的关注。[①]

在民间社团和学术界不断发出呼吁的同时，国民党官方对全国史学会的筹建也给予了一定关注。还在 1932 年 10 月，南京政府教育部鉴于当时各种专业学会越来越多，“以为分散各地，不足谋相互之联络、树文化之重心，拟设法集中专门学会于首都”，就计划在南京建造一座专供各类学会使用的会所[②]，以加强对民间学术社团的统一管理。1941 年 7 月，设在重庆的教育部史地教育委员会召集第二次全体会议，议决以到会全体委员名义发起组织中国史学会，同时“广征各学校及各研究机关之史学界人士共同发起”，计划一年以后正式召开成立大会。在该委员会《三十一年度（1942 年）工作检讨》中，又对此事的进展作了通报：“本会第二次全体委员会议关于‘由会补助设立中国史学会’一案议决

① 关于胡适出席苏黎世国际历史学大会的情况，详可见曹伯言整理的《胡适日记全编》（7）1938 年 8 月 24 日至 9 月的日记，安徽教育出版社 2001 年版。

② 《浙江省立图书馆月刊》第 1 卷第 9 期报道，1932 年 11 月 30 日。

由出席委员共同发起，须本会作为通讯处并由会酌助经费，一年以来已征得专家一百一十六人之同意，地点遍及后方各省，拟另案呈请准予定期开成立会开始工作。此会之成立会拟与本会第三次全体委员会议同时举行。此会应有充分基金以办一永久性国际性之刊物（外国学术团体之杂志多已寿在一百年和一百五十年以上，我国杂志每以缺乏基金之故夭折，几无例外，实为民族之耻）。”[①] 1943 年 3 月 24 日下午三时，学术界企盼已久的中国史学会成立大会终于在重庆中央图书馆召开，到会者凡百余人，推徐炳昶、傅斯年、顾颉刚、陈衡哲等九人为主席团，由顾颉刚任总主席。通过会章，选举顾颉刚、傅斯年、黎东方、雷海宗、徐炳昶、陈寅恪、金毓黻、钱穆、朱希祖、吴其昌、胡适、柳诒徵、缪凤林、姚从吾、沈刚伯、黎锦熙、卫聚贤、萧一山、张其昀、陈安仁、陈训慈等二十一人为理事，吴稚晖、张继、方觉慧、邹鲁等七人为监事，并于 28 日起举办学术讲演周，由傅斯年、雷海宗、郑天挺、陈安仁等主讲。[②] 只是从当时的情况看，整个会议进行显得相当仓促，据有关报道：“大会所定程序，于‘讨论会章’项后，即为‘摄影’，但在负责主持者之心目中，则视‘摄影’一事为无上重要之节目，唯恐‘讨论会章’用时过多，则为时过晚，拍照时必感光线不足，于是‘讨论会章’一项之进行乃力求迅速，以期尽速渡至‘摄影’一项，于是‘讨论会章’只成为‘宣读会章’，而此一项目遂在极短促之时间中顺利完成矣。中国过去已成立之若干学会，如哲学会、工程学会、天文学会等，每次开会之际几均以‘讨论会章’、‘宣读论文’为主要项目，此次莅临史学会之人员，亦多随身携有精心结撰之作，预备宣读，由开会前之交头接耳互换意见，更可见个人均带有提案欲提出讨论，然既急于进行‘摄影’一项，外此一切均成不急之务，仅浙大谭其骧氏提出某项意见，亦仅略申其旨，未能畅所欲言。及既摄影之后，犹有人以为次日必赓续举行讨论等，不料‘一了百了’，主席团竟宣告大会完成，从此闭幕矣。”此会“筹备几近两

① 《史地教育委员会三年来工作总报告》，中国第二历史档案馆藏档，卷宗号 5-467。

② 此据中央图书馆所办《图书月刊》第 3 卷第 1 期报道，1943 年。有关中国史学会成立的经过，王煦华《抗日战争期间的中国史学会》一文（《历史文献》第四辑，上海科技文献出版社 2001 年版）有更详细的叙述，可参看。

载，各方学人又多系由公家资助往返路费而特别邀请来者，筹备如彼其久也，公私所费如彼其浩大也，而成立大会乃竟于二小时内完成，其迅速敏捷真出乎一般之想象矣”。[1]

按照会章，学会原计划在各省市及大学建立分会，其基本任务为沟通国内外史学研究、整理史料、出版史学书刊及协助会员从事专门研究等。在26日举行的理监事会上，还通过了由史学会审查标点二十四史的提案。

不过，这个“千呼万唤始出来”的中国史学会，后来学术上却无明显作为。究其原因，当与国民党官方推动此事的初衷有关。亲历此会的顾颉刚后来在日记中便发出这样的感慨：“此次中国史学会之召集出于教育部，电滇、黔、粤各校教授前来，花费殆十余万。说教部提倡学术，殆无此事。有谓延安正在鼓吹史学，故办此以作抵制，不知可信否。予与今教长（指陈立夫）恶感已深，本不想参加，又恐其作强烈之打击而勉强出席。然开会结果，予得票最多，频作主席，揭橥报纸，外人不详其实，遂以为我所倡办矣。使教部肯出钱、许作事，则我担负其责固无不可，若只为挂牌子计，并不想作事，更不许我作事，则我代人受过亦何必。”[2] 从官方的立场看，出钱推动这样一个全国性学会的成立，点缀学术或实现对学术界的某种控制也许要较发展学术本身重要得多。这一点，明眼人都看得很清楚。事实上，对官方操纵此事表示不满的，在当时远不止顾颉刚一人。差不多两年后，这一后遗症依然存在。1945年初顾颉刚从成都致陈训慈的信中即提及这样一件事：“此间史学界同人于元旦举行团拜，并商组织史学分会事，已议决推选蒙文通、束天民（即束世澂。——引者注）、李思纯、郑德坤等几君为筹备委员。在筹备期间，不免花钱，以是甚望总会方面能筹拨若干（迳寄四川大学束天民、李思纯两先生），俾得推进其事。前年总会成立时，未邀请成都人士，至今此间人犹耿耿于心。元旦开会时，竟有某君提出不承认总会之说，所幸在场诸人深明大义，未经附和。今若口惠而实不至，则裂痕益

① 穆吉：《中国史学会成立大会点滴》，《读书通讯》第66期，1943年5月16日。

② 参见《顾颉刚日记》卷五，1943年3月31日条，台北联经出版公司2007年版，第50页。

深，非史学前途之福也。”① 显然，这种全国史学总会和地方分会之间的裂痕是很难弥补的，因为它的背后实隐伏着国民党当局意图和民间学人意识间的深刻分歧。

（三）学会的运作及其学科建设意义

现代中国的各种史学会，就其组织形式而言，大体可分三类。一为杂志报社型，这类学会往往圈子很小，成员不多，且无正式会章，其主要工作几乎皆围绕着某杂志或会刊的编辑工作展开，如中国史地学会、南京中国史学会、北平历史科学研究会和济南历史学会等皆属之。二为松散型，此类学会的规模也许不小，但会员无正规入会手续，既不选举或组织专门的学会机构，也不定期召集会员会议，上文述及的食货学会便是一例。又如1926年顾实发起的中国国学研究会，先后入会者达数百人，其简章则规定：“本会永不设会长、干事等名目，但立会员簿，据入会先后而登录之。”会员采取通信联络方式，不收会费。并称这样做，是为了“藉免权利竞争、失却学者态度”。② 显然也属这一类。三为规范型，其组织程序与活动皆能按照现代学术社团的基本规范行事。应当说，当时出现的高校史学会和其他史学专业学会，大多属此类。本篇对其运作机制的考察，即以此等规范型学会为主。兹略分数条，评述如下。

1. 学会的人员组成和机构设置。鉴于社会上从事或关注史学研究的人不多，大部分史学会为保持一定的人员规模，对会员接纳标准都较宽松。如1929年初朱希祖等发起成立的中国史学会，就因“社会上专门研究史学者，视他种学术更鲜，故该会对于会员之资格，取宽大主义，

---

① 顾颉刚：《致陈叔亮（训慈）》。此函原件为陈训慈先生藏，信末未署年代，仅书“一月十日”，从内容分析，当作于1945年初，时顾氏方任课于成都齐鲁大学国学研究所（1944年秋季至1945年春季），陈氏则居重庆，并任史学会常务理事。忆1982年春，余与同门张文建兄至杭州华侨新村拜访陈先生，时先生年过八旬，看去身形瘦弱而神情冲和，谈及南高旧事及业师柳诒徵先生，当即从房内捧出一堆现代名家信函，供余等参考。征得先生同意，余随手抄录此函。老人于1991年化去，今撰文引及此信，思之不胜怅然。

② 《中国国学研究会简章》、《中国国学研究会纪事》，《国学辑林》第1期，1926年9月。

从事提倡，以为真正史学会之先导”①。在高校内，除史地专业的师生外，外系师生只要本人有兴趣，一般也接纳，即使是已毕业离校，并与学会中断联系的会员，有的学会也愿保留其会员资格，如上文述及的燕大历史学会。地方性学会的情况也大体相近，浙江中华史地学会的会章即规定：“凡赞成本会宗旨，对于史地研究具有兴趣，由本会会员二人之介绍者，皆得入会。”②当然，也有少数学会的会员接纳标准比较严格，如1943年在重庆成立的中国史学会，因作为有官方背景的全国史学总会，规格较高，其会章规定会员分甲乙两种，甲种会员须大学讲师和研究院所助理员以上，或有史学专著之人方有资格；乙种会员须具有专业背景之大学生、研究生、专科学校史学助教及中学任历史教员五年以上者方符要求。且两种会员在会内享有的权利亦略有区分。③也有的学会，入会资格虽不严，但对入会后未能履行会员相关义务者，却有随时除名的规定。如考古学社每年在会刊上公布的“社员名录”及“续录”，对不能按时交纳会费者，即“通知退出”，不再登录。④不过，大多数史学会似乎没有这样严厉。

史学会的组织机构，除分研究、出版（或编辑）、讲演、文书、总务等股各司其职外，有的还根据实际需要，设有一些特别委员会以展开工作，如吴越史地研究会为加强对江浙一带古物、古迹的查访，就专门建立了一个调查委员会负责此事。⑤学会的日常事务，由每年（或半年）一度的会员大会选出的理事会主持。有的学会因人员分散全国各地，年会期间许多人往往无法到会，为充分征集会员的公意，还采取了通讯投票的方式，如考古学社1936年度的执行委员会换届选举，即将印有新一届执委会候选人名单的选票事先分寄会员投票，至期集中统计公布，从十位候选人中选出五位正式成员和三位候补人员。⑥这种方法，不仅较

① 《中国史学会成立》，《大公报》1929年1月15日。

② 《浙江中华史地学会举行成立大会》，《图书展望》第4期，1936年1月。

③ 《中国史学会章程草案》，王煦华《抗日战争期间的中国史学会》一文附录，《历史文献》第四辑。

④ 《本社启事》，《考古社刊》第2期，1935年6月。

⑤ 《吴越史地研究会昨成立》，《申报》1936年8月31日。

⑥ 《考古社刊》第5期“社讯六”和“社讯七”，1936年12月。

好体现了现代学术社团组织程序的民主性，也增强了学会对各地会员的亲和力。

2. 学会的基本活动。史学会的基本工作，陈训慈曾将其归纳为："（1）整理旧史，如考证真伪，规定正本，分别门类，刊行秘本等。（2）编订新书，如编辑通史，订定教本，发布书报，印刷影片等。（3）探险考察，如考古旅行，采访古迹，掘地发藏，调查统计等。（4）保存古物，如搜罗古钟鼎彝器、古币古瓦古书古器等。（5）组织图书馆、博览室，供学者及社会之参观与研究。（6）参预近史。①促进清史之编定；②发行年鉴为研究资料；③搜集无人注意之物、可为最近史之史料者……而其组织内容，亦可根据此任务，参酌西制，以为规划。"[①] 但实际上，各类学会因其所处层次、条件及会员构成的差异，其活动方式和侧重面也往往有所不同。

一般来说，高校史学会的活动比较侧重于研究型学习的引导，故对举办专家讲演、古迹参观与实地考察，往往最为看重。在这方面，燕大历史学会的做法颇具代表性，他们举办的学术讲演和史学座谈会，包括了蒋廷黻、罗家伦、裴文中、张东荪、张尔田、邓之诚、洪业、钱穆、姚从吾、孟森、容庚等的一大批校内外名家；其会员的参观活动，不仅遍及北京地区的古迹，还包括北大国学研究所收藏的明清档案、地质调查所陈列的新石器时代石器和陶器，中央研究院史语所的殷墟考古发掘物，以及河北怀安汉墓的出土物等。与此同时，教师顾颉刚等还时常亲临现场担任讲解，使会员"目睹先民之遗泽，益发思古之幽情，所得印象之深，远出书本之上"[②]，收到了很好的专业学习效果。

而一些以中学教师为主或中学组织的史学会，则更注意从历史教材、教法的改进以及引导历史知识的学习等方面展开活动。如浙江中华史地学会成立时，即将其会务定为讨论史地研究方法之教材与教法、举行史地演讲、编订史地参考资料等数项。[③] 一年以后，又确定下一步以草拟中学史地科设备标准、赞助本省史地展览会、举行时事讲座、续印

① 陈训慈：《组织中国史学会问题》，《史地学报》第1卷第2期，1921年。

② 《燕大历史学会一年来工作概况》，《史学年报》第2期，1930年11月。

③ 《浙江中华史地学会举行成立大会》，《图书展望》第4期。

史地参考资料等为主要工作。[①] 1923 年成立的直隶第三中学史地研究会，为提高学生的学习兴趣和时事关心度，则将会员分为材料选辑、问题讨论和时事研究三组，在专业教师的辅导下进行训练。[②] 同样也反映了这一特点。

至于那些专业层次较高的学会，其活动往往直接围绕着学术前沿的研究展开。如吴越史地研究会一成立，便确定以新近在杭州古荡、湖州钱山漾、绍兴、常州奄城、金山戢家墩等地发现的古石器陶器为契机，推进江浙一带古文化遗址的调查发掘工作，“藉以明了历史演化及先民生活之情况”。为此，该会的调查委员会特函聘各县教育局长为当然委员、各县中小学文史教员担任调查委员，发动他们在当地广泛查访，一有发现，立即函告，“如认为有发掘的必要，则由本会呈请中央古物保管委员会办理”。[③] 同时通过举办古物陈列展览和出版专刊与丛书，向学术界展示工作成果。其所发布的考古报告，如施昕更的《杭县第二区远古文化遗址试掘简录》（吴越史地研究会专刊《古代文化》第 4 期）和《良渚——杭县第二区黑陶文化遗址初步报告》（1938 年浙江省教育厅刊印）、西湖博物馆与吴越史地研究会合编的《杭州古荡新石器时代遗址之试探报告》、何天行的《杭县良渚镇之石器与黑陶》，以及《吴越文化论丛》（后三种分别列为《吴越史地研究会丛书》之三、四、五，刊行于 1937 年）等对古荡、良渚两古文化遗址的开创性研究，很快引起了国内外学术界的注意。1936 年 12 月，日本东京人类学会出版的《人类学杂志》在介绍《杭州古荡新石器时代遗址之试探报告》和《金山卫访古记纲要》（《吴越史地研究会丛书》之二）两书时即称：“这次中国人自己又介绍浙江省石器遗址给世界的学术界，想不到这枯寂的领域里，竟投进了一颗光明，这实在是件可喜的事”，并认为这些成果的发布，“在考古资料中是极有价值的”。再看禹贡学会在成立时计划借众手之力完成的几项任务：（1）从散漫而杂乱的故纸堆中整理出一部中国地理沿

① 《文化简讯》，《图书展望》第 2 卷第 3 期，1937 年 1 月。

② 直隶省立第三中学史地研究会：《国耻纪念告》、《史地学会简章》，《史地研究》第 1 期，1924 年 6 月。

③ 《吴越史地研究会昨成立》，《申报》1936 年 8 月 31 日。

革史；（2）把研究成果用最新绘法，制成若干详备精确而又合用的地理沿革图；（3）编一部精确而又详备的历史地名辞典；（4）对历代正史地理志作一番详密的整理；（5）辑录地理书籍中的各种文化史料，作专题研究；（6）提出若干自然地理的问题，征求科学家的解答。[①] 从当时看，也无一不属学科前沿的重大课题。其余如食货学会倡导的各项中国经济史专题研究，考古学社结合传统金石资料和现代考古发现对中国古文字及古史的研究，亦都透发出十分强烈的学术前沿意识。

3. 会刊的编辑与出版。在学会的整个运作过程中，编刊杂志或其他出版物可以说是一项最为常规的工作，它既是展示学会活动成效并提升其专业层次的标志物，又是向社会传递某种学术主张和影响力的主要途径。现代中国的各种史学会，几乎都有自己的会刊或编刊计划，其间虽因经费或稿源等条件的限制，有的未能正式出版，有的时断时续，但质量高且影响深远者仍不在少数。如南高史地学会的《史地学报》、燕大历史学会的《史学年报》、禹贡学会的《禹贡》、食货学会的《食货》、考古学社的《考古社刊》，都是其中的佼佼者。从运作的机制看，这些会刊所以能取得较好的效果，主要是注意了这样几个环节。

首先是重视出版的连续稳定性。有的会刊尽管品味不低，且登载过一些名篇，但因仅出一二期即止，作为一份刊物，影响毕竟难以持久。故深知此中三昧的顾颉刚在办《禹贡》杂志的过程中，始终十分注意这点，不仅在自己任主编时身体力行，做到按期出版，还对谭其骧任主编期间出现的脱期现象十分不满，屡加督责。为了使《禹贡》能在社会上继续生存下去，他甚至要求谭其骧在保持杂志基本质量的同时，适当降低稿子录用的学术门槛，刊用一些讨论风俗之类的“软性作品”，以吸引更多的社会读者。并表示，无论如何，一定要设法把刊物维持下去。[②]《禹贡》半月刊之能坚持到抗战爆发，连续刊行 82 期，与顾颉刚的这种办刊毅力和实干精神显然是分不开的。而其他一些著名的学会会

① 《〈禹贡〉半月刊发刊词》，《禹贡》第 1 卷第 1 期，1934 年 3 月。

② 此处所引为顾颉刚 1935 年 3 月间致谭其骧信大意，文繁不具录，详请参见顾潮《历劫终教志不灰 —— 我的父亲顾颉刚》（第 163—165 页）和葛剑雄《悠悠长水 —— 谭其骧前传》（华东师范大学出版社 1997 年版，第 76—81 页）。

刊，也是如此，如《史地学报》前后持续五年（1921年11月—1926年10月），共出21期；《史学年报》前后持续十一年，共出12期；《食货》半月刊持续三年，共出61期；《考古社刊》（半年刊）持续三年，共出6期。这一现象表明，保持会刊出版的相对稳定，对其影响的持久与扩大，无疑有着直接的关联。

其次是努力提升学术含量。为了做到这点，不少学会专门聘请专家组成了编辑委员会负责此事。在这方面，《史学年报》的方法尤足借鉴。在编辑过程中，他们提出："学术刊物，首重取材。《年报》取材，除揭载燕京大学史学系各教授之著作外，凡毕业生穷年累月钻研之心得与外来各稿，概由主持者将著者姓名慎加弥封，送交编辑委员会各人负责审查。在审查者既不知作者谁何，自可怯爱憎之私，而一本公正之眼光以择别之。合格留之，不合去之。虽有名德硕学，其来稿无足取者，亦在摒弃之列；而精心撰构之作，即令其人姓字无闻，亦必收载。"他们还在1936年11月专门成立了一个《年报》稿件审查委员会，由王锺翰、赵宗复、龚维航（皆当时学生），洪业、邓之诚、顾颉刚、邓嗣禹（以上为教师）等组成。这种匿名审稿制度的建立，应当说为其始终坚持学术本位的高标准提供了有力的程序保障。正因如此，该刊出版后，一直受到中外学术界的关注和欢迎，"四期以后，均告绝版。国内无论矣，即欧美各大图书馆，并皆竞相订购，瑞典、苏俄近亦来函订寄。全美史学会集议挑举中国优良学术杂志十种，哈佛大学出版之《哈佛东方学年报》刊后附中国学术杂志五种，《史学年报》皆厕其列。法国《通报》且于各期发行后，特为著论及之。要非其声光远及，不足以致之也"①。

第三是注意锻铸专业特色。综观这些在学术界形成较大影响的学会会刊，还可以发现一个共有的现象，即其中大多具有十分鲜明的专业特色或个性。如《禹贡》之于中国沿革地理和边疆史地的研究，《食货》之于中国经济史的研究，《考古社刊》之于中国古文字、古器物、考古学和古史的研究，其成就在当时都可说是独步于国内学术界，起着其他杂志难以取代的作用。又如《史地学报》，虽然涉略的范围比较广，不

① 佳吉：《〈史学年报〉回顾录》，《史学消息》第1卷第1期，1936年10月25日。

像上几种那样专注于某一分支学科的研究，但在治学上也自具其强烈的个性色彩。该刊经柳诒徵的指导，在五四以后学术界主流群趋新潮而鄙弃旧学的风气下，独树别帜，公开倡导弘扬传统，熔铸新旧，史、论兼重而贯之以“通识”的治史路向，虽一度不为新潮学人所理解，然终经自身及与之一脉相承的《史学与地学》（中国史地学会，1926年12月—1928年10月）、《史学杂志》（南京中国史学会，1929年3月—1931年4月）等前赴后继的努力，构筑起深厚的新人文主义学统，在现代学术史上赢得了应有的地位。

4. 经费筹措与运用。学会的运作，须有一定财力为后援。作为民间学术社团，其经费来源大体不出以下数途：（1）会费；（2）学校和政府文教部门津贴；（3）各类社会基金资助；（4）私人募捐。

其中，会费一般不多，低者年仅每人5角（如禹贡学会的学生会员），高者达10元（如重庆中国史学会的甲种会员），多数则在1至2元间，且往往收缴不齐，难敷学会各项开支之用，更无法组织较有规模的学术活动。

以大学为例，据1941年教育部史地教育委员会的调查，“各校学会经费来源，不外下列数项：（1）会费；（2）学校补助；（3）教授同学捐助；（4）呈请政府补助；（5）其他临时征集。惟事实上，多为少数会费收入，且有一校，经费来源不甚具体，谓为临时征集。凡此均可影响事业进展”。因而提出：“今后各校当局，当列史地教育研究之补助费为一正当而必需之支出、预算，以符政府推进史地教育之意。”① 但学校或政府部门的补贴毕竟有限，如1942年底暨南大学学生成立史地学会，报请学校“拨予补助费及登记证”，结果“准予每学期由校津贴壹百元”。此百元之款，较战前币值已贬，至多只能资助该会开展一些类似出壁报、剪报、制作读书报告和参观游览等小型活动。② 而民间学术社团要想得到这类资助就更难些，1935年，顾颉刚曾因禹贡学会经费之事求助于国民党教育部，所得仅一次性津贴300元。不得已，次年初又转求于朱家

---

① 江应澄：《专科以上学校史地学术研究团体工作报告分析》，《教育部史地教育委员会概况（第2号）》，1941年铅印本，第150页。

② 参见上海档案馆藏暨南大学“史地学会”档，卷宗号Q 240-546-24。

骅，得到的答复是："你们学术团体的刊物，照例只有到教育部请求补助，但这种团体太多了，教育部平均分配，所得一定不多。"① 以顾的社会声望与活动能力，结果尚且如此，其余可想而知。

至于社会基金的资助，则因当时中国社会经济的衰敝无力及这方面机制的落后，对史学这类与实际应用隔着一定距离的基础性研究，尤少顾及。就笔者所知，在现代中国的各类民间史学会中，似乎只有禹贡学会一家从中英庚款董事会获得过比较像样的资助（1.5 万元），那还是靠着紧贴时局的"边疆教育"名义和顾颉刚个人与庚款董事长朱家骅等的特殊关系而来的。这笔资助，对于抗战前夕禹贡学会组织人员从事《边疆丛书》和《游记丛书》的系列编刊，以及各种地图的系统绘制和开展实地调查等②，应当说都起了重要的支撑作用。

然而，对于大部分学会来说，要维持正常运作，特别是举办一些较有规模的学术活动，就只能更多地依靠私人募捐这一渠道。禹贡学会在获得中英庚款资助前，最初主要即靠顾颉刚、谭其骧个人月捐 20 或 40 元维持（至 1936 年 8 月，顾前后共捐 880 元，谭为 473 元），后来又得朱家骅捐 500 元，辛树帜捐 50 元，徐中舒捐 20 元，以及张国淦所捐的办公用房等，才使学会的工作条件有所改善。③ 而从燕大历史学会《年报》所称"幸赖我史系及各师友予以经济及稿件之帮助，得庆如期出世"④ 的话看，也可见该刊的按时出版，与会员个人的捐款支持是分不开的。

在这方面，更具代表性的是考古学社。该社的活动全靠会费和私人捐款维持，因此，从一开始，就在《学社简章》中对此作了严格规定："社员年纳社费二元，于每次大会时缴纳。凡不交社费者，作为退出；特别捐款，于必要时募集之。"⑤ 以后每期社刊，几乎都要发布催促社员交纳社费的通知或有关人员捐款的消息。1936 年 4 月推举叶恭绰任社长

---

① 引自顾潮：《历劫终教志不灰 —— 我的父亲顾颉刚》，第 170—171 页。
② 顾潮：《历劫终教志不灰 —— 我的父亲顾颉刚》，第 171—172 页。
③ 顾潮：《历劫终教志不灰 —— 我的父亲顾颉刚》，第 167、170 页；葛剑雄：《悠悠长水 —— 谭其骧前传》，第 67、82 页。
④ 《历史学会之过去与将来》，《史学年报》第 1 期，1929 年 7 月 10 日。
⑤ 《考古社刊》第 1 期，1934 年 12 月。

后，第4、6期社刊均由叶氏资助出版，但即使如此，该社仍称“经费至少，除社长捐募一部分外，仍有不敷”，希望社员在社费之外，量力而行，再出5至10元“维持费”，以助社务正常开展。[①] 为了更好地了解该社经费的运转情况，现将其历年收支列成简表，略作分析如下：

表5.10：考古学社历年收支表

账目公布时间	经费收入	经费支出	结　余
1934年12月	145元	109元	40元
1935年6月	116元	97.70元	25.30元
1935年12月	229.10元	222.60元	6.50元
1936年6月	322.25元	358.85元	-36.60元
1936年12月	448.20元	494元	-20.80元
1937年6月	340.90元	352.80元	-11.90元

以上数据出自各期《考古社刊》公布的“收支报告”。其中收入项主要为会费和个人捐款，有时也包括一些出售社刊的款子。支出项主要有聚餐、邮寄、书刊印刷及广告费等，其中最大的开支为社刊印制费，如第3期社刊印700份，花费171元，占该半年度整个开支的76.8%；第5、6两期各印1000册，共费600元，若非叶恭绰和其他一些社员的捐助，是根本无法承受的。此中，既可见其捉襟见肘的拮据之状，也表明该社的经费运作，始终是围绕着出版社刊这一轴心展开的。学社的《启事》即称：“社员所负之义务有二：一曰交费，二曰交稿。本社所恃以联络情感、互通消息者，厥惟社刊；所恃以印行社刊者，厥惟社费。社费不交，则社刊不能出。社刊不能出，则本社瓦解。”[②] 促进学术研究和交流，固然是其成立学社的初衷，然若无一定经费的支撑，学社终将不复存在——这就是他们对现实的认识。

从现代中国各类史学会的兴衰中，我们还可发现这样一个事实，即

① 《社务纪要·社讯六》，《考古社刊》第5期，1936年12月。

② 《本社启事》，《考古社刊》第2期，1935年6月。

凡运作较好、影响较大的学会，大都具备了三个方面的基本要素。

一是大部分成员的学术志趣总体上比较志同道合。学会作为一个会员间加强学术交流和合作的知识团体，如果参与者的学术理念乃至处事为人彼此分歧太大且难以磨合，必然会影响到该团体的稳定发展。有些学会成立时似乎意气风发，人强马壮，但其行不远，甚至很快销声匿迹，个中原因，便与此有关。顾颉刚就曾为此大发感慨，说自己参加过的新潮社、朴社、景山书社、技术观摩社等都不能善终，使之深感“伤心”，甚至激愤地说出：“中国人为什么竟不能合作？我为什么永远找不到一个合作的伴侣？”[①] 其所点出的，也正是当时知识界的这类顽症。在现代中国的各类民间史学会中，一些专业性特强、会员学术志趣又比较一致的学会，如禹贡学会、食货学会、考古学社等，往往比诸如北平史学会、中国史学会等（这类学会的成员构成一般要较前者庞杂一些）显得更有生命力些，原因也许就在这里。

二是有一个出版稳定并办得较好的会刊。会刊犹如学会的喉舌和旗帜，一个学会办得好不好，很大程度上与其会刊塑造的形象有关。运作较好的学会，加上特色鲜明而质量较高的会刊，必然相得益彰，从而大大拓展其在学术界的影响度，如南高史地学会、燕大历史学会、禹贡学会和食货学会等都是如此。反之，学会人员的组合再强，如没有一本持续出版的会刊，其社会影响也会大打折扣，有的甚至如泥牛入海，难觅踪影。大多数高校史学会以及北平史学会、北平中国史学会的经历便说明了这点。

三是经费筹措比较成功。燕大历史学会、禹贡学会、考古学社等得以保持较长时期的正常运作，与其在这方面的惨淡经营是分不开的。而不少学会之难以持久，包括会刊的难产、停刊和某些研究计划的中断实施，实际上也都与经费不继的困扰有着直接的关联。

这些经验，对于后来的学会建设多少具有示范或借鉴的意义。

最后还应指出，现代中国史学专业学会的发展，虽因战乱与时局动荡的影响，颇见坎坷，但在推进中国史学现代化方面所起的作用却不容

---

① 葛剑雄：《悠悠长水——谭其骧前传》，第 79 页。

忽视。这种作用，从学科建设的角度看，至少表现在三方面。

第一，它开启了现代意义上的民间学术合作之风。中国传统史学之运作，本不出私家撰史和官方设局控制两种基本模式，前者较具个性但规模较小，后者虽有规模而多无个性，观念上亦唯帝王或朝廷意志是瞻。受到现代民主和科学洗礼的新史家，既不屑于旧日官方史局的运作模式，又深感随着历史视野和史料观念的不断拓展，个人闭户自研，其眼界和能力皆不免有所局限，因而亟盼建立一种联络民间同道，合力推进学术的新机制，使学者既得保持个人研究之自由，又能在自愿协作的条件下，集众人之长，组织实施一些较大规模的学术活动。如陈训慈便曾指出，史、地两学，包罗甚广，“整理阐发之业，尤非个人所能为力。必也共谋联络，倡导风气，分工合力，协志以赴。而掘地调查之业，尤必须联合统筹，非闭户独行者所可济事。盖联络共进在吾国之史学地学，其需要为尤急也”①。1926年，向达在一篇译文中引用美国现代史家安德鲁斯（Charles M. Andrews）的话也表达了同样的意思，以为现代史学之成功，得益于“团体组织及协作精神者，盖匪浅鲜。古昔史家独学寡助，以成一家之业，若在今日，则匪独此事无足希冀，且日见其为不可能矣。近代史家深识众志可以成城，跬步克至千里，自蒐藏史料以迄著成为书，合群互助，莫可或缺”②。史学会的出现，便提供了这样的平台。如吴越史地研究会在江浙一带的古文化遗迹调查和考古活动、禹贡学会组织的边疆地理研究和后套水利调查等，都是凭借着学会集体力量，才得以实现的。

第二，有力地促进了现代史学流派和某些新兴史学分支学科的形成。由于现代历史学会采取的是一种群体性的学术活动方式，特别是当某一专业方向或学术理论被学术团体所认同，并转化为一种集体的实践之后，其所发出的声音便易被大幅度地放大，从而对社会或学术界形成一种冲击力和群体效应。在中国现代史学史上，因有禹贡学会和食货学会而形成所谓“禹贡派”和“食货派”，进而推动了历史地理学和中国

① 叔谅（陈训慈）：《中国之史学运动与地学运动》，《史地学报》第2卷第3期，1923年。
② 向达译：《近四十年来美国之史学》，《史学与地学》第1期，1926年12月。

经济史等新兴分支学科的崛起，便是最为明显的例子。

第三，通过学会这一自主性很强的学术组织活动，为锻炼培养年轻史学专才开辟了一条新的途径。从现代中国史学会的实际运作看，无论是高校还是民间史学会，都吸纳了大量的在校历史系学生，其中不少还担任了学会的负责人。这些学生，在刚开始加入学会时，虽不免有些稚嫩，但却生气勃勃，富有上进心。参与学会工作，使他们较早有机会通过各种自主的学术组织工作和研究活动，在实践中迅速得到提高。许多当年参与学会活动的青年学生对此都深有感受，如燕大学生侯仁之在回忆中称：《禹贡》半月刊创刊时，他正读大学二年级，顾颉刚让他写一篇习作，题为《汉书地理志中所释之职方山川泽寖》，成稿以后，能否发表，当时并无信心，但“出乎意料的是这样一篇习作，很快就在《禹贡》半月刊上登载出来。尤其使我惊异的是这篇文章的绪论和结语，都经过了颉刚老师的修改、补充和润饰，竟使我难于辨认是我自己写作的了。这件事大大激励了我，我决心去钻研古籍，就是从这时开始的”。[①] 王树民、杨向奎、史念海等人也都有类似的回忆。[②] 又如南高史地学会的陈训慈、缪凤林、郑鹤声等，燕大历史学会的齐思和、朱士嘉、王锺翰等，也都通过学生时期参与学会工作的锻炼，很快在学术上崭露头角。其中不少人，后来还成为我国史学界各专业领域的领军人物。也可以说，现代中国的学术团体实际上是大学和科研机构之外另一条培养史学专才的重要途径。

---

① 侯仁之：《回忆与希望》，《历史地理》创刊号，上海人民出版社 1981 年版。

② 参见王树民《纪念禹贡学会》、杨向奎《回忆〈禹贡〉》（均载《历史地理》创刊号）和《史念海自述》（高增德等编：《世纪学人自述》卷四）。

第四节　科学实证史学流派之一：科学方法派

科学方法派是新文化运动时期崛起并在中国现代史坛上影响最大的流派之一，代表人物为胡适（1891—1962）、傅斯年（1896—1950）和李济（1896—1979）。胡适一生强调的科学方法，在史学上，主要表现为史料或史事考据法。作为胡适诸弟子中与其关系最为密切的傅斯年，更将此奉为“近代史学”的核心乃至唯一内涵。而李济则是傅斯年出掌史语所之后的长期合作者，“从现在保存的档案分析，史语所创所四巨头中，学术观点和发展策略与傅斯年最契合者，恐怕要推李济”[①]。从各方面看，此三人的史学观点及实践理念都有着相当的共性，这是我们在此将其列入一派考察的基本理由。

一、科学方法派的学术特征

科学方法派的宗旨，是在史学理论的建设和治史实践中力倡采用西方近代自然科学的研究方法及态度，主张以此作为改造旧史学与振兴现代学术的根本途径。在他们看来，史学在中国虽有悠久的传统并取得过相当成就，“但为历史上种种势力束缚，经历了三千余年还不曾打好一个坚实的基础，我们生当现在……正可承受了现代研究学问最适当的方法，来开辟这些方面的新世界。语言历史学也正和其他自然科学同手段，所差只是一个分

---

① 杜正胜：《无中生有的志业——傅斯年的史学革命与史语所的创立》，《新学术之路——“中央研究院”历史语言研究所七十周年纪念文集》（上），第30页。

工”[①]。而“西洋近百年史学大进步，大半由于审定史料的方法更严密”[②]。故要建设中国的现代史学，必须首先推进方法的科学化。据此，自新文化运动起，他们便通过各种方式极力强调学习科学方法的重要性。特别是胡适，先后撰写了大量讨论方法的文章，并一再向人表明自己的这份苦心：“我这几年做的讲学的文章，范围好像很杂乱——从《墨子·小取》篇到《红楼梦》——目的却很简单。我的唯一的目的，是注重学问思想的方法。故这些文章，无论是讲实验主义，是考证小说，是研究一个字的文法，都可说是方法论的文章。”[③]“在这些文字里，我要读者学得一点科学精神，一点科学态度，一点科学方法。”[④]甚至到了晚年，他还颇为自得地声称：“我治中国思想与中国历史的各种著作，都是围绕着‘方法’这一观念打转的。‘方法’实在主宰了我四十多年来所有的著述。”[⑤]傅斯年对方法论的重视也不亚于胡适。还在北大求学期间，他就颇为留意讲求读书治学的门径，主张只有“先研究了西洋的有系统的学问，等到会使唤求学的方法了”，才谈得上研治“故书”。[⑥]1920年代中期以后，又在国内全力倡导：“现代的历史学研究，已经成了一个各种科学的方法之汇集。地质、地理、考古、生物、气象、天文等学，无一不供给研究历史问题者之工具……若干历史学的问题，非有自然科学之资助，无从下手，无从解决。”[⑦]甚至学着胡适的实用主义口吻说：“所谓方法，无所谓新旧……用来可以得到新的知识，就是好的方法。若是用来得不到新的知识，即不可靠，就不算是好的方法，也就不是新的方法。”[⑧]而站在人类学和考古学立场上的李济，在这方面的倾向自然更为明显，他始终认为田野考古学作为历史学的分支，其“责任是用自然科学的手段，搜集

---

① 傅斯年：《〈语言历史学研究所周刊〉发刊词》（1927年11月1日），董作宾：《历史语言研究所在学术上的贡献》，《大陆杂志》第2卷第1期，1951年1月15日。

② 胡适：《中国哲学史大纲·导言》（1918），商务印书馆1919年版。

③ 《胡适文存·序例》，亚东图书馆1928年版。

④ 胡适：《介绍我自己的思想》，《胡适哲学思想资料选》（上），华东师范大学出版社1981年版，第349页。

⑤ 《胡适的自传》，《胡适哲学思想资料选》（下），第106页。

⑥ 《傅孟真先生集》上乙·一。

⑦ 傅斯年：《历史语言研究所工作之旨趣》（1928）。

⑧ 傅斯年：《考古学的新方法》，《史学》第一期，1930年。

人类历史材料，整理出来，供史学家采用”[1]。并一再强调：“地质学的重要推论，差不多全靠田野工作得到的观察。古器物学依靠这一门训练的程度，至少与地质学相等；所需要的精密地质学的程度，有时也许还要超过地质学的要求。”[2]

胡、傅、李等人的“科学方法”，从理论构成看，乃是以西方近代自然科学研究中发展抽象出来的逻辑方法为纲，并结合中国传统史学的某些方法而成。尽管因各自的经历、学历不同，他们的西学渊源并不完全相同，但作为科学方法派，则有着一些共同的特征。

首先，他们所倡导的“科学方法”，以学理而论，都可归入于实证主义的范畴，如胡适信奉的实用主义与实证主义虽非一事，但两者确有相通之处，至少在胡适的心目中是如此[3]，其特征是排拒“形而上学”的传统思辨哲学和先验的“理”，强调经验事实的实在性与验证在认识事物过程中的突出意义。胡适曾直截了当地说，实验主义“只是一个研究问题的方法”，其要旨在于“注重事实，服从证验”[4]，即以具体事实作起点，不问“孔子怎么说，柏拉图怎么说，康德怎么说”，一切学说都须经验证来证实。[5]它不承认“永久不变”的“绝对真理”，而只肯定那些适应具体时地环境的真理，因为只有后者才“是有凭据的，是可以证实的”。[6]又说：“科学态度在于撇开成见，搁起感情，只认得事实，只跟着证据走。”“没有证据，只可悬而不断；证据不够，只可假设，不可武断；必须等到证实之后，方才奉为定论。”[7]傅斯年早年受胡适的影响，对实用主义方法也颇为推重，曾说只有杜威和失勒（F. C. S. Schiller）的

---

① 李济：《〈田野考古报告〉编辑大旨》（1936），《史学》第一期，第332页。

② 李济：《中国古器物学的新基础》（1950），《李济文集》卷一，第336、337页。

③ 有学者便认为：“胡适的思想里有的，不只是19世纪末西方实证主义的‘沉淀’，而是其精神；换句话说，胡适是实验主义其表，实证主义其实；实验主义是他的语言，实证主义是他的内涵。”江勇振：《胡适史学方法论的形成》，李金强主编：《世变中的史学》，广西师范大学出版社2010年版，第24页。

④ 胡适：《我的歧路》（1922年6月），《胡适哲学思想资料选》（上），第217页。

⑤ 胡适：《少年中国之精神》，《少年中国》第1卷第1期，1917年7月15日。《胡适选集·演说集》，台北文星书店1966年版，第16—17页。

⑥ 胡适：《实验主义》（1919），《胡适哲学思想资料选》（上），第49页。

⑦ 胡适：《介绍我自己的思想》（1930年11月），《胡适哲学思想资料选》（上），第349页。

“实验态度的逻辑”才是“真逻辑”，是“从亚里士多德以来最切实的逻辑，这是近代思潮进化的结果”。[①]以后虽然悉力追仿德国“客观”史学的治学规模，以中国的兰克学派自居，称：“此在中国，固为司马光以至钱大昕之治史方法；在西洋，亦为软克（今译兰克）、莫母森（今译蒙森）之著史立点。”[②]并向人标榜“史语所的研究工作系根据汉学与德国语文考证派的优良传统”[③]展开的，但强调的依然是其注重实证的方法，主张“史的观念之进步，在于由主观的哲学及伦理价值论变做客观的史料学”[④]，治史“乃纯就史料以探史实也，史料有之，则可因钩稽有此知识；史料所无，则不敢臆测”[⑤]。不仅如此，他们对于具有实证倾向的清代考据学也都十分推重并受过这方面相当的训练，认为“中国旧有的学术，只有清代的‘朴学’确有‘科学’的精神”[⑥]。“用的都是科学的方法”，它是客观的、归纳的、考证的、经验的、怀疑的，在整理旧学等方面，尤“非借朴学家的方法和精神做不来”。[⑦]可见他们的方法论都明显地具有西方近代实证论与中国传统考据学（主要是清代朴学）结合的特点。

其次，在倡导“科学方法”方面，胡适和傅斯年强调的重点有时虽似各持一端，一般认为，前者较偏重于思想学问程序方法的本身，而后者则特重以现代科学的技术手段和观念扩展、发掘并处理各类史料，以致被径称为“史料学派”。但实际上，无论从理论还是治史实践看，他们都未将史料和方法割裂开来。而且，越到后来，他们对于方法论的探讨就愈趋于方法与材料的并重。如胡适，在被人认为独重方法论宣传的

① 《傅孟真先生集》上乙，第38—40页。
② 傅斯年：《〈史料与史学〉发刊词》，《傅斯年全集》卷三，第335页。
③ 张致远（贵永）《兰克的生平与著作》一文回忆（见该文题头语）。《自由中国》第7卷第12期，1952年12月16日。
④ 傅斯年：《史学方法导论》，《史料论略及其他》，第2页。
⑤ 傅斯年：《〈史料与史学〉发刊词》，《傅斯年全集》卷三，第335页。
⑥ 胡适：《清代学者的治学方法》（1921年11月），《胡适哲学思想资料选》（上），第191页。
⑦ 傅斯年：《清代学问的门径书几种》，原载《新潮》第1卷第4期（1919年4月）；又见《傅斯年全集》卷一，第233页。

同时，就注意到“史料若不可靠，所作的历史便无信史的价值”[①]，要求治史应“博采参考比较的材料”。[②]并说，“科学的”历史学“重在史料的搜集与整理”[③]。1928年，傅斯年发表了阐述其史学主张的代表作《历史语言研究所工作之旨趣》，其中指出，史语所的治学宗旨：“第一条，是保持（顾）亭林、（阎）百诗的遗训”，因为他们在清代便已“使用最近代的手段，他们的历史学和语言学，都是照着材料的分量出货的。他们搜寻金石刻文以考证史事，亲看地势以察古地名……本这精神，因行动扩充材料，因时代扩充工具，便是唯一的正当路径”。“第二条，是扩张研究的材料”，“材料愈扩充，学问愈进步”，只有“上穷碧落下黄泉，动手动脚找东西”，才能不断有所新发现。“第三条是扩张研究的工具”，即自觉运用现代自然科学和其他科学的知识、研究成果和方法。[④]这实际上也代表了李济的观点。观其精神，不外重视新史料的发掘梳理和方法手段的更新二方面。而同年胡适发表的《治学的方法与材料》强调的也是这些。[⑤]该文认为，在治学中，方法与材料也不能偏废，“同样的材料，方法不同，成绩也就不同。同样的方法，用在不同的材料上，成绩也就有绝大的不同”。并提醒人们“单学得一个方法是不够的，最要紧的关头是你用什么材料。现在一般少年人跟着我们向故纸堆去乱钻，这是最可叹的现状”。因为“不但材料规定了学术的范围，材料并且可以大大地影响方法的本身”，“纸上的材料只能产生考据的方法；考据的方法只是被动的运用材料。自然科学的材料却可以产生实验的方法”，且能不受现成材料束缚，而开拓出新的研究领域或成果。即使是从事文献方面的考证学，也须跳过纸上的老材料，注意寻找新材料，才

---

① 胡适：《中国哲学史大纲·导言》（1918），商务印书馆1919年版。

② 胡适：《〈国学季刊〉发刊宣言》（1923），《胡适文存》第二集卷一，第11页。

③ 胡适：《介绍几部新出的史学书》（1926），《古史辨》（二），第339页。

④ 《国立中央研究院历史语言研究所集刊》第一本第一分册，1928年10月。

⑤ 据胡适事后回忆，他和傅斯年在发表这两篇文章前相互并未通气，“事后大家看见了，都很感兴趣，因为都是同样的注重在方法与材料的关系……都是特别提倡扩大研究的材料的范围，寻求书本以外的新材料的。”《治学方法》，《胡适哲学思想资料选》（上），第461页。

能创造出有价值的成绩。[①] 可见，胡适的力倡“科学方法”和傅斯年的独钟情于“史料学”，其精神实质并无二致，即都要求输入新观念，扩充新材料，通过运用新方法去发现新问题。

第三，众所周知，胡适和傅斯年都曾十分赞赏顾颉刚的古史辨学说，但傅于1926年留学归国后，却并未沿此路径展开其史学活动，而是把目标转向了通过科学考古重建古史系统的事业。[②] 胡适也在1929年对顾颉刚说：“现在我的思想变了，我不疑古了，要信古了。”[③] 可见此时胡、傅、李的古史观念已经相当一致。

而科学方法派在中国现代学术史上的最大贡献，则是通过对科学方法的大力宣传和实践探索，示人以新的治学门径和规模气象，从而对五四以后整个学术界自觉重视近代方法论建设的风气形成起了某种先导的作用。

二、胡适的科学方法论

胡适对科学方法的留意，自1910年起已渐趋自觉。留美期间，更对近代方法论的训练表现出浓厚的兴趣，除学习杜威的“实证思维术”外，还选修了布尔（G. Lincoln Burr，1857—1938）教授的“历史辅助科学”（包括语言学、校勘学、考古学、高级批判学即《圣经》及古籍校勘学等在内）和乌德瑞（Frederick J. Woodbridge）教授的哲学史课，并尝试以《大英百科全书》第十一版所

胡　适

---

① 参见《胡适文存》第三集卷二。

② 详可参见杜正胜：《从疑古到重建——傅斯年的史学革命及其与胡适、顾颉刚的关系》，《中国文化》1996年第12期。

③ 顾颉刚：《我是怎样编写〈古史辨〉的？》，《古史辨》（一），第13页。

载约翰·浦斯格（Jonh P. Postgate）撰“版本学”一条提供的方法，观照清代学者王念孙、王引之、段玉裁、孙诒让的文献考证，总结出其三条例证之法。他自承：“杜威对有系统思想的分析帮助了我对一般科学研究的基本步骤的了解。他也帮助了我对我国近千年来——尤其是近三百年来——古典学术和史学家治学的方法，诸如‘考据学’、‘考证学’等等［的了解］。”[①] “在那个时候，很少人（甚至根本没有人）曾想到现代的科学法则和我国古代的考据学、考证学在方法上有其相近之处。我是第一个说这句话的人。”[②] 其博士论文《先秦名学史·导论》（1917）还主张从中国古代非儒学派的学说中去“找到移植西方哲学和科学最佳成果的合适土壤。关于方法论问题，尤其是如此”[③]。这些，都明显表露出他试图以西方现代的“科学法则”疏解传统方法中的科学因素，以沟通融会两者的意愿。

因此，自美归国后，他一面极力鼓吹实用主义方法，一面致力于运用现代科学观念总结传统学术特别是清代朴学的方法。在《清代学者治学的方法》（1919—1921）一文中，他认为，中国传统学术中比较有价值的批判研究，由宋代程朱一派采用较被动的归纳法，经陆王心学一派强调主动精神的补充，“重新又采取程朱的归纳精神，重新经过一番‘朴学’的训练，于是有清代学者的科学方法出现”。所谓“朴学”，其内容主要包括文字学、训诂学、校勘学、考订学四方面，其方法的根本观念，一是重“例证”，“每立一种新见解，必须有物观的证据”；二是采用归纳与类推法；三是能用“假设”，“他们所以能举例作证，正因为他们观察了一些个体的例之后，脑中先已有了一种假设的通则，然后用这通则所包涵的例来证同类的例”，这就是演绎。“故他们的方法是归纳和演绎同时并用的科学方法。”比如钱大昕在古音学研究中考定“古无舌头舌上之分”，首先从古文献上搜集例证，归纳出古读“直”如“特”、读“竹”如“笃”、读“猪”如“都”等通则，然后将这些通则贯串综合，归纳出“古读舌上音皆为舌头音”的大通则，再用演绎法，将此通则套

① “的了解”三字，原文无。今据文意补。

② 参见《胡适哲学思想资料选》（下），第 109 页。

③ 参见学林出版社 1983 年版中译本。

用于其他个例，视其有无例外。整个过程，包涵了几层归纳和演绎的功夫。王念孙、王引之、俞樾、孙诒让等人的训诂学，以文字假借、声类通转、文法条例为中心，用的也是这些方法。他还指出，清代校勘学的科学性，在于它的"真有条理系统"，特别是王念孙《读〈淮南子〉杂志》的"后序"和俞樾《古书疑义举例》卷五至七，提出过许多校勘学的通则，堪称校勘学的方法论之作。其校勘方法，一般可分为两步。首先是根据校勘的底本，如最古的本子、古书中引用本书的文句、本书行文的通例、古注和古校本、古韵原理等定其是非。然后还须依据各种有关知识加以"评判"，以断其立说的是非，才能避免盲目性。[①]

在肯定清代朴学方法具有科学性的同时，胡适也指出了其存在的一些严重缺陷。首先，他认为清儒的方法固然严密，但治学的范围不免过狭，其研究的对象大抵不出文字资料，而尤集中在几部儒家经典的考据疏证上，虽然纠正了许多前人的错误，却总离不开书本的圈子，结果，只有两部《皇清经解》做了我们三百年来治学的成绩。相比之下，这一时期西方的科学家却以蕴有无穷无尽实物材料的自然等为研究对象，从实验科学中发现了力学定律、化学定律，产生了近代天文、物理、化学、生理等一系列新兴的自然科学。正是两者的研究材料和对象的不同，造成了清代朴学方法与西方近代科学方法虽具同一精神而成就却大不相同的结果。[②] 其次，清儒的朴学，本欲矫宋明理学空读心性哲理之弊，乃专力从事训诂、校勘等实证研究而避免作哲学性的诠解。结果却矫枉过正，"太注重功力而忽略了理解"，往往在细枝末节上用功甚勤，对整个传统学术的趋势则缺乏理解，以致造成近三百年来中国学术界几乎只有经师而无思想家，只有校史者而无史家，只有校注者而无著作家的局面。据此，他提出应扩大研究范围，并加强综合分析和语言、文学、经济、政治、科技、艺术、宗教、风俗等各项专史的系统整理，同时，运用比较方法，博采中外有关参考资料，进行比较和印证，以推进学术研究的现代化。[③]

---

① 均见胡适：《清代学者的治学方法》，《胡适哲学思想资料选》（上）。

② 胡适：《治学的方法与材料》，《胡适文存》第三集卷二。

③ 胡适：《〈国学季刊〉发刊宣言》，《胡适文存》第二集卷一。

胡适对清代朴学的上述批判总结，不仅开启了五四以后学术界运用现代科学观念总结传统方法的先例，也为其在比较和沟通中西学术的基础上构建自己的史学方法论提供了依据。

胡适的史学方法论，在其1919年出版的《中国哲学史大纲·导言》中有比较完整的概述。他认为历史研究的基本目的，在于明变、求因和评判即厘清历史沿革变迁的线索，究明其原因，然后施以“客观”的评判，以见史事人物在历史上的功过得失、实际影响和效果。而要达到这些目的，前提是广泛搜集各类相关史料，审定其真伪，通过“正确的手段，科学的方法，精密的心思”从中钩稽出历史真相。并以哲学史研究为例对上述各道研究程序作了解说。指出，审定史料的方法，主要是视其所记史事及其文字、文体、思想是否与作书人生活的年代及经历相符，并将之与他书中的有关记载相互印证、互为旁证，以定其真伪。经过审定的史料，还须用校勘、训诂、贯通等方法进行整理，“没有校勘，我们定读误书；没有训诂，我们便不能懂得书的真意义”。特别是“贯通”一法，最为清代汉学家忽略，故其学易流于支离破碎。有鉴于此，他主张研治哲学史，应注意用西方哲学作比较参证的材料，作一种解释演述的工具，“把各家的哲学融会贯通”，使之成为有头绪条理的学说，依时代的先后察其传授渊源、交互影响、演变过程、因果关系和实际价值。这些方法在国内的提出和运用，当时确使人耳目一新。蔡元培便称其书所用“证明的方法”，“为后来的学者开无数法门”。[①]

不过，胡适后来的方法论探讨和史学实践却并未对这种较完整意义上（即包涵整个历史研究程序）的史学方法论继续有所拓深，而是多集中于史料的审定和整理方面。这一点，当与他对历史学科性质的认识有关。在他看来，“史学有两方面，一方面是科学的，重在史料的搜集与整理；一方面是艺术的，重在史实的叙述与解释”[②]。也就是说，科学的法则只能施诸历史研究的基础阶段——史料的搜集与整理；而史事的叙述和重建最终还须凭借“大胆的想象力”，因为“史料总不会齐全的，

① 蔡元培：《中国哲学史大纲·序》，商务印书馆1919年版。

② 胡适：《介绍几部新出的史学书》（1926），《古史辨》（二），第340页。

往往有一段，无一段，又有一段。那没有史料的一段空缺，就不得不靠史家的想象力来填补了"①。在这方面，自然也是其所倡导的"科学方法"感到难以施为的。

1920年代后，胡适在阐述史学方法论方面最具代表性的论文，主要有《红楼梦考证》(1921)、《研究国故的方法》(1921)、《〈国学季刊〉发刊宣言》(1923)、《古史讨论读后感》(1924)、《介绍几部新出的史学书》(1926)、《治学的方法与材料》(1928)等几篇。据他自己说，其中，《〈国学季刊〉发刊宣言》"是一篇整理国故的方法总论"，而"《古史讨论读后感》一篇，在我的《文存》里要算是最精采的方法论"，至于《红楼梦考证》诸篇则是"考证方法的一个实例"。② 在这些文字中，他反复强调的，归纳起来不外二点。

第一，科学的治史态度，主要是倡导怀疑与理性批判的精神。胡适认为，"学原于思，思起于疑"，疑难是思想的第一步，"一切科学的发明，都起于实际上或思想界里的疑惑困难。"他特别赞赏赫胥黎提出的"凡没有充分证据的，只可存疑，不当信仰"的存疑主义，主张一个人应有"独立思想、独立观察、独立判断的能力"，"对于一切制度习俗都能存一个疑问的态度"。③ 在古史研究中，尤须具备一种"疑古的态度"，比如中国古书中有关盘古以来的上古史记载，看似可信，其实却很成问题，故"宁可疑而错，不可信而错"，"我们疑古的目的，是在得其'真'，就是疑错了，亦没有什么要紧"。④ 这些说法，虽有些偏激，但他反对盲从，把勇于怀疑作为从事科学研究的基本出发点，确有合理之处，其实质是要求以理性批判的精神衡量审视一切古史记载的真伪，并以新的观念重新评估传统学术思想和一切旧说成见。在新文化运动时期，这对于大胆破除当时尚严重禁锢着人们头脑以及学术思想界的各种守旧僵化教条和迷信意识，建立新的文化价值理念，尤具积极的意义。

---

① 《胡适的日记》1921年8月13日，中华书局1985年版，第185页。

② 胡适：《介绍我自己的思想》，《胡适哲学思想资料选》(上)，第346—347页。

③ 胡适：《实验主义》，《胡适哲学思想资料选》(上)，第74—89页。

④ 胡适：《研究国故的方法》，《东方杂志》第18卷第16号，1921年8月。

第二，研究历史的方法。具体来说，又可分为二方面：

一是科学方法的程序规定。依据杜威的思维五步术，胡适把科学研究概括为提出疑问、设定假说和求证三个步骤。后来又干脆说："科学的方法说来其实很简单。只不过'尊重事实，尊重证据'；在应用上，科学的方法只不过'大胆的假说，小心的求证'。"[①]还认为，在产生疑难后，"稍有经验的人，自然会从所有的经验、知识、学问里面，提出种种的解决方法"，这就是"假说"。从思维方式上看，"假说"一般多由直觉产生，这"在临时思想的时候是不可强求的，是自然涌上来，如潮水一样，压抑不住的；他若不来时，随便怎样搔头抓耳，挖尽心思，都不中用"[②]。当然，这种"直觉"并非凭空而生，而往往是"根据于经验的暗示，从活经验里涌出来的"[③]，"当困难出来的时候，本于个人的知识、学问，就不知不觉地提出假设"[④]。至于假设是否正确，则须看求证的结果如何。在这方面，胡适主要谈了小心寻求证据的方法，指出："我们对于'证据'的态度是：一切史料都是证据。但史家要问：（1）这种证据是在什么地方寻出的？（2）什么时候寻出的？（3）什么人寻出的？（4）依地方和时候上看起来，这个人有做证人的资格吗？（5）这个人虽有证人资格，而他说这句话时有作伪（无心的或有意的）的可能吗？"[⑤]凡不相关、不可靠和间接传闻的事实，以及个人的意见均不得作为证据。[⑥]并强调：凡做考证的人，必须建立两个驳问自己的标准，一要审查证据的真实性，二要扣紧本题相干性，"不但要时时刻刻批评人家的方法，还有批评自己的方法；不但要调查人家的证据，还要调查自己的证据"，要不断地"自己批评自己，自己检讨自己，自己修正自己"。[⑦]在求证的过程中，他主张把归纳和演绎结合起来运用，以推进假设的合理化，说："科学方法不单是归纳法，是演绎和归纳相互为用的，

---

① 胡适：《治学的方法与材料》，《胡适文存》第三集卷二，亚东图书馆1928年版，第188页。
② 胡适：《实验主义》，《胡适哲学思想资料选》（上），第75、78页。
③ 胡适：《五十年来之世界哲学》，《胡适哲学思想资料选》（上），第258页。
④ 胡适：《治学方法》，《胡适哲学思想资料选》（上），第440页。
⑤ 胡适：《古史讨论的读后感》，《古史辨》（一），第197—198页。
⑥ 胡适：《历史与证据》（1947年4月24日北大讲演），《华北时报》1947年4月25日。
⑦ 胡适：《方法的自觉》，《胡适文集》第一卷，燕山出版社2009年版，第368页。

忽而归纳，忽而演绎，忽而又归纳；时而由个体事物到全称的通则，时而由全称的假设到个体的事实，都是不可少的。”[①] 这些都反映了其求证方法的细心严谨的一面。

二是注重“历史演进”的考察法。这一方法，主要是在考据方法的基础上贯穿了西方近代进化论的观念。按照胡适的说法，“进化观念在哲学上应用的结果，便发生了一种‘历史的态度’（The Genetic Method）。怎么叫做‘历史的态度’呢？这就是要研究事物如何发生，怎样来的，怎样变到现在的样子”[②]。运用到文学史上，可以看到“一时代有一时代之文学：周秦有周秦之文学，汉魏有汉魏之文学，唐宋元明有唐宋元明之文学……凡此诸时代，各因时势风会而变，各有其特长”[③]。同样，语言文字、道德观念、古史传统、制度文物等，也无不处于不断的变迁之中。故在研究中，应当“用历史的线索做我们的天然系统”[④]，以求得一事一物的演变顺序（明变）和因果（求因）。

应当承认，胡适所设定的由疑难、假设到求证的程序方法，确反映了科学研究中的某些思维过程和特点，因而具有一定的科学性，这也是其史学研究所以能时有创新并取得相当成就的重要原因。如胡适的禅宗史研究，便是从对一些传统说法特别是禅宗六世祖慧能传奇性事迹的怀疑开始，通过分析唐代遗留下来的几篇有关文献，认为很可能中唐时期的神会和尚（慧能的弟子）才是禅宗史上使南宗取代北宗居于支配地位的关键人物。然后极力发掘《大藏经》、《续藏经》和敦煌文献中的资料加以证明，并整理编辑了《神会和尚遗集》和《荷泽大师神会传》，为整个禅宗史的研究提供了崭新的思路。其余如《红楼梦考证》、《醒世姻缘传考证》等，用的也是这一方法。

在运用“历史演进的方法”治史方面，其成就尤为显著。如主张在研究中国古史记载时，把每一件事的种种传说，依先后出现的次序排列起来，通过前后比较，究明其在各个时代的衍变过程，进而“解释每一次演

---

① 胡适：《清代学者的治学方法》，《胡适哲学思想资料选》（上），第 184 页。

② 胡适：《实验主义》，《胡适哲学思想资料选》（上），第 51 页。

③ 胡适：《文学改良刍议》，《胡适文存》第一集卷一，亚东图书馆 1928 年版，第 9 页。

④ 胡适：《一个最低限度的国学书目》，《胡适文存》第二集卷一，第 166 页。

变的原因”[①]。在读到中国古代的“避讳”制度时，也强调必须严格的了解这一制度在各个时代的不同特点和变化，“避讳学才可以成为史学的一种有用的‘辅助科学’”[②]。依据这一方法，他对中国古典小说进行了一系列富有新意的考证。如《水浒传考证》，从抄辑《宋史》中关于宋江等三十六人的记载开始，依次考察了《宣和遗事》、元代杂剧直到《水浒传》中梁山泊好汉故事的情节演变过程，并指出了南宋至明各时代条件与这种演变的关系。循此门径，其对《西游记》、《三国演义》和《三侠五义》的考证，也都有不同程度的创获。

上述方法的提出和自觉运用，在当时的学术界实有一种积极的示范作用，使不少人从中受到启迪，对顾颉刚提出“层累地造成的古史观”以及古史辨的兴起，新红学考证的风靡一时，尤产生过直接的影响。

当然，打着“科学”旗号的胡适的治学方法，事实上仍存不少缺陷。

首先，他所归纳的科学方法“十字真言”——“大胆的假设，小心的求证”，由于过分简化了从研究材料到证明发现的复杂过程，在操作上已为主观任情留下了可钻的空子，虽然他在有的场合也提到过“假设”的来源、条件等，但更多的是强调“假设”的“大胆”和灵感，而且“愈大胆愈好”，甚至鼓吹用“大胆的想象力”来解释历史；在求证时，则往往只致力寻求符合自己假设的例证，对于反证则注意不够，有时还有滥用默证法的嫌疑。如其《井田辨》的考证，仅抓住古书中几条有关井田记载的演变就简单否认了古代井田制的存在。特别是其前期，在对先秦古文献缺乏全面深入研究的情况下，就断言其中只有《诗经》可作史料，连《尚书》也“没有史料的价值”。这种武断的做法不能不说与其方法论本身的缺陷有关。

其次，其对历史研究存在“艺术性”一面的解释也过于简单。历史研究过程中存在“科学”和“艺术”两部分，是中外不少学者的“共见”。一般来讲，这里所谓的“艺术性”应当包括了对史实叙述的文字表达、体例结构，以及某些理解方面的匠心独运，但并不意味着

---

① 胡适：《古史讨论的读后感》，《古史辨》（一），第192—193页。

② 胡适：《两汉人临文不讳考》（1943），《胡适选集·考据集》，台北文星书店1966年版，第20—21页。

在史实解释的层面就可以放弃追求真实，更不是主张毫无约束地去任情发挥“大胆的想象力”来填补“那没有史料的一段空缺”。也就是说，历史学的工作过程中即使存在着某种“艺术性”，那也和文学、艺术领域的“艺术”有所区别，因为无论它如何发挥，都不能不受到基本史实的制约，离开了这个基本点，也就离开了历史学本身，甚至会陷入历史虚无主义之中。因此，对治史者而言，即使是在分析和解释历史这一存有一定主观性的工作层面，也不应当放弃求真的努力，尽管人们不能完全求得历史真相，但通过史料发掘和理论方法的改进，不断推进人们对历史真相的了解和认识程度仍不是一种不可企及的奢望。如果仅仅把“科学”的眼光停留在史料审定领域，而把史实解释层面的工作完全委之于依靠想象的“艺术”，那就无异于将历史学割裂成了两段，使之无法应付整个历史研究特别是综合解释历史过程的需要。胡适本人的治史实践，也清楚地说明这点。虽然他曾把“明变”和“求因”作为历史研究的基本目的，并批评过清代朴学家“不肯做贯通的工夫”[①]，缺乏对大势的综合理解。但试观其一生的史学活动，除讲论方法以外，大部分皆为史料或个别史实的考据，其最为见长的则是以校勘和版本技术比较为主的史源考辨术，所作《中国哲学史大纲》（上）和《红楼梦》、《水浒传》、《水经注》等考证中，有关版本的讨论均占了大量的篇幅。因此，对他的方法论和史学实践，连有些与他很亲近的人也不敢过于恭维，认为事实上不过“是我国最传统的训诂学、校勘学和考据学的方法，简言之便是版本真伪的比较，文法的分析，再加上他独具只眼的‘历史的处理’”，虽然可以把古籍中的一些文句辨得头头是道，而一旦遇到那些“与制度史、社会史有关的字，他那套‘方法’便不够用了”。甚至说，他的方法“只是集中西传统方法之大成，他始终没有跳出中国乾嘉学派和西洋中古僧侣所搞的‘《圣经》学’的窠臼”，故用现代社会科学的方法来衡量，只能算作一种“辅助学科”[②]，其局限性是非常明显的。如其《说儒》一文对在中国文

---

① 胡适：《中国哲学史大纲·导言》。

② 唐德刚语，唐德刚编校译注：《胡适的自传》注，《胡适哲学思想资料选》（下），第141—142页。

化史上居主导地位两千余年的儒学起源、形成及其思想特点所作的解释中，便暴露出不少方法上的简单和牵强附会之处。对此，郭沫若曾在《驳〈说儒〉》中据甲骨金文等资料，从观点和古籍文句的理解上作了批驳。[①]

此外，导致胡适的历史研究在“明变”、“求因”特别是重建信史方面难以有较大作为的原因，还在于其对历史现象的认识方法或者说历史观的局限性。胡适声称自己信奉的是“秃头的”即多元历史观，因为“历史事实的原因往往是多方面的”，经济组织、知识、思想等都“可以变动社会，解释历史，支配人生观”[②]，所以治历史的人，应该“去寻那多元的、个别的因素，而不应走偷懒的路，妄想用一个最后之因来解释一切历史事实”，唯物史观试图以“生产方式”作为历史变化的“最后之因”，其实并“不能解释任何历史”。[③] 并说：“我觉得许多历史事实是偶然的。譬如我们提倡白话文就是很偶然的事……在 1915 年（当为 1916 年。——引者）的夏天……来了个女学生是偶然，租船游湖又是一个偶然，遇着风雨弄湿衣服，也都是偶然。那个同学作诗及我批评他，都是偶然又偶然的事。”“天下之事，大都是这样偶然的。”[④] 在历史演变的进程中，固然存在着某些偶然因素，但片面突出偶然性的作用，甚至将其夸大为主要因素，认为任何因素都可以决定历史事变，在具体过程中也无主次之分，那就很容易把历史的发展完全看成是一堆偶然因素的凑合，从而在因果关系的探求上陷入一种随意性。

在胡适看来，由于人们的需要、兴趣、心情、知识结构、生活经验、认识能力不同，其对“实在”的感受也有不同，故“实在是我们自己改造过的实在，这个实在里面含有无数人造的分子”，就像“一个很服从的女孩子，他百依百顺的由我们替他涂抹起来，装扮起来”。[⑤] 人们

---

① 参见《青铜时代》，上海群益出版社 1947 年版。

② 胡适：《科学与人生观序》，《胡适哲学思想资料选》，第 299—300 页。

③ 胡适：《中国新文学大系・建设理论集导言》，《胡适全集》第十二卷，安徽教育出版社 2003 年版，第 276 页。

④ 胡适：《白话文的意义》，《胡适讲演集》中册，台北《大陆杂志》社 1979 年版，第 417—420、440 页。

⑤ 胡适：《实验主义》，《胡适哲学思想资料选》（上），第 65 页。

的历史叙说不可避免的夹杂着各种主观的成分，这当然是事实，但即便如此，其主观成分还有强弱、刻意和无意，及与历史真相接近程度不同之分。事实上，如果“实在”仅仅只具这样一种性质，那就必然会将其津津乐道的“实证考据”也置于难以自拔的逻辑冲突之中。如他在《中国哲学史大纲·导言》中曾提出过研究哲学“不但要指出哲学思想沿革变迁的线索，还须要寻出这些沿革变迁的原因”的原则，但在1933年发表的《评论近人考据老子年代的方法》一文中却说：“思想线索是最不容易捉摸的……寻一个人的思想线索尚且不容易，何况用思想线索来考证时代的先后呢？”所以，研究哲学史“不能依一定的线索去寻求”[①]。两种看法，前后何其矛盾耶！

三、傅斯年“科学的史学”及其实践

在新文化运动时期，傅斯年就产生了以清代朴学方法结合西方近代科学方法改造传统旧学术的想法。[②]留欧期间，既得亲瞻近代以来西方自然科学取得的各项巨大成就，又在德国研习物理学、地质学和比较语言学等多种现代科学，遂萌生了以自然科学为榜样建设中国现代史学的念头。回国后，他陆续发表了《〈语言历史学研究所周刊〉发刊词》(1927)、《中国古代文学史讲义·史料论略》(1928)、《历史语言研究所工作之旨趣》(1928)、《考古学的新方法》(1929)、《安阳发掘报告第一期序》(1929)、《明清史料档案甲集序》(1930)、《史学方法导论·史料论略》(1927—1930)、《史料与史学发刊词》(1943)等文，从理论和方法上

傅斯年

① 《胡适论学近著》第一卷，商务印书馆1935年版。

② 参见《清代学问的门径书几种》。

对此作了讨论。

傅斯年认为，现代史学的建设，必须严格按照自然科学的规格和精神进行，由此提出了著名的“科学的史学”主张。1928 年，他在史语所的年度报告书中指出：“中央研究院设置之意义，本为发达近代科学，非为提倡所谓固有学术，故如以历史语言之学承固有之遗训，不欲新其工具，益其观念，以成与各自然科学同列之事业，即不应于中央研究院中设置历史语言研究所，使之与天文、地质、物理、化学等同伦。今者决意设置，正以自然科学看待历史语言之学。”[①] 与此同时，他还在《历史语言研究所工作之旨趣》中强调：“（一）把那些传统的或自造的仁义礼智和其他主观同历史学和语言学混在一气的人，绝对不是我们的同志！（二）要把历史学、语言学建设得和生物学、地质学等同样，乃是我们的同志！（三）我们要科学的东方学之正统在中国！”

要求把历史学建设成一门科学，虽然 20 世纪初国内已有人提出，但在观念上，一般比之于社会学一类的学科，并认定其所以能取得“科学资格”乃在于可从中求得历史的“因果公例”。[②] 像傅斯年这样毫不含糊地将之列为“与自然科学同伦”，则是很少见的。且细审傅氏“科学的史学”之定义，实与前者颇不相类。首先，傅斯年并不主张历史研究可求得社会历史发展的“因果公例”。他说，数学、物理可以“大原则”来概括同类事物，但此法用在地质、生物等学科已见困难，何况于历史学？盖“历史上件件事都是单体的，本无所谓则与例”，既无重复相同的史事，“所以归纳是说不来，因果是谈不定的”[③]，又何来通则或规律可寻？因此，和胡适一样，他也认为历史事变只有特殊性和偶然性，“历史无定例，天演非一途，故论史实宜乎不可必、不可固也”[④]。其次，傅斯年给“科学的史学”所框定的范围，并不包括一般所说“史学”的全部活动，而只是指其史料学的部分。他认为：“历史学不是著史，著史每多多少少带点中世中古的意味，且每取伦理家的手段，作文

① 傅斯年：《中央研究院历史语言研究所十七年度报告书》，史语所刊本。

② 参见梁启超《研究文化史的几个重要问题》中第二节“历史里头是否有因果律”。

③ 傅斯年：《闲谈历史教科书》，《傅斯年全集》卷五，第 53 页。

④ 傅斯年：《性命古训辨证》中卷，《傅斯年全集》卷二，第 605 页。

章家的本事。近代的历史学只是史料学，利用自然科学供给我们的一切工具，整理一切可逢著的史料。”[①]又说：“史学的对象是史料，不是文词，不是伦理，不是神学，并且不是社会学。史学的工作是整理史料，不是作艺术的建设，不是做疏通的事业，不是去扶持或推倒这个运动，或那个主义。”[②]不仅如此，他还把史论和历史哲学等都排除在“科学的史学”之外，说“以简单公式概括古今史实，那么是史论而不是史学”[③]，“历史哲学可以当作很有趣的作品看待，因为没有事实做根据，所以与史学是不同的。历史的对象是史料，离开史料，也许成为很好的哲学和文学，究其实与历史无关”[④]。唯有史料学，有着与自然科学相仿的、比较确定的操作对象和验证依据——文字资料或历史遗存实物，才有可能进入近代科学殿堂占据一席之地，其“近代的历史学（此处的‘学’，可理解为‘科学’之义。——引者）只是史料学”一语正是本此而发的。

那么，如何来建设“科学的史学”呢？傅斯年提出：“此项旨趣，约而言之，即扩充材料，扩充工具，以工具之施用，成材料之整理，乃得问题之解决；并因问题之解决，引出新问题，更要求材料与工具之扩充。如是伸张，乃向科学成就之路。”[⑤]更具体地说：“实欲以手足之力，取得日新月异之新材料，借自然科学付与之工具而从事之，以期新知识之获得。”[⑥]也即通过运用诸如田野考古学、人类学调查、方言录音采访等具有鲜明现代科技含量的手段，开掘新材料，借助新理念，以发现和解决新问题，进而推动传统史学脱离旧轨，登入现代科学的殿堂。

从“史学本是史料学”的观念出发，傅斯年主张史学的全部工作应

---

① 傅斯年：《历史语言研究工作之旨趣》。

② 傅斯年：《史料论略》，《史料论略及其他》，第 2 页。

③ 傅斯年：《闲谈历史教科书》，《傅斯年全集》卷五，第 53 页。

④ 傅斯年：《考古学的新方法》，《史学》1930 年第 1 期。

⑤ 傅斯年：《中央研究院历史语言研究所十七年度报告书》。

⑥ 傅斯年：《史语所研究员聘书稿》，台湾史语所档案元字 130 号之 1，转引自杜正胜：《无中生有的志业——傅斯年的史学革命与史语所的创立》，《新学术之路——“中央研究院”历史语言研究所七十周年纪念文集》（上），第 23 页。

集中在史料的搜集与整理考订上，认为："只是要把材料整理好，则事实自然显明了。一分材料出一分货，十分材料出十分货，没有材料便不出货。两件事实之间，隔着一大段，把他们联络起来的一切涉想，自然有些也是多多少少可以容许的，但推论是危险的事；以假设可能为当然，是不诚信的事。"[①] 据此，其对史学方法的论述主要从以下两个方面作了展开。

1. 关于史料的搜集。在历史研究中，傅斯年最为注重原手史料及各种新材料的发掘运用，以为："凡能直接研究材料，便进步。凡间接的研究前人所研究或前人所创造之系统，而不繁丰细富的参照所包含的事实，便退步。""凡一种学问能扩充他研究的材料便进步，不能的便退步。"而要在这方面有所进步，必须改变旧史学中"书院学究的研究"方法，尤须提倡实验科学"动手动脚"注重实践调查精神。他十分赞赏清代学者顾炎武等人"搜寻金石刻文以考证史事，亲看地势以察古地名"的做法，要求现代史学研究走出书院，去"地方上求材料，刻文上抄材料，档案中出材料，传说中辨材料"，通过实地调查神祇崇拜、歌谣、民俗和考古发掘，尽量扩充材料范围，进而"利用各地各时的直接材料，大如地方志书，小如私人的日记，远如石器时代的发掘，近如某个洋行的贸易册，去把史事无论巨者或细者，单者或综合者，条理出来，是科学的本事"。并一再强调："西洋人作学问，不是去读书，是动手动脚到处寻找新材料，随时扩大旧范围，所以这学问才有四方的发展，向上的增高。"在他为历史语言研究所制定的工作计划中，便鲜明地体现了这一治学特点。他提出，新材料的采集，第一步可沿京汉路，经安阳至易州，一路考察发掘安阳殷墟、燕赵故都、卫邶故城等地古物；第二步在洛阳一带展开工作，"将来一步一步的西去，到中央亚细亚各地，就脱了纯中国材料之范围了"。而广东及其周围邻省，因"最富于语言学和人类学的材料"，应尽快组织力量对当地的许多方言、人类学和民俗学资料进行采集，作比较的调查，并连带注意南洋一带丰富的地质生物和人类学材料。他认为，只有这样，才

① 傅斯年：《历史语言研究所工作之旨趣》。

配叫作“科学的研究”。

2. 关于史料的整理。从傅斯年的有关论著看，其讨论大致集中于两点。

一是充分运用现代“一切自然科学的工具”，指出：“凡一种学问能扩充他作研究时应用的工具的，则进步；不能的，则退步。”这里的所谓“工具”，指地质、地理、考古、生物、气象、天文等各种科学的知识及研究方法。“譬如《春秋经》是不是终于获麟，《左氏经》后一段是不是刘歆所选补，我们正可以算算哀公十四年之日食是不是对的？如不对，自然是伪作；对了，自然是和获麟前《春秋》文同出史所记。”① 而其所主持的史语所在安阳殷墟发掘中对人类学、地质学和天文历法等的综合运用，在语言学研究中采用实验科学方法，更在这方面提供了成功的实例。

二是比较的方法。他说：“假如有人问我们整理史料的方法，我们要回答说：第一是比较不同的史料，第二是比较不同的史料，第三还是比较不同的史料。”“史料学便是比较方法之应用。”② 因为史料反映的史实有正有负，有缺有全，有不同的侧重面或特点，只有通过不同来源和不同类型史料的对勘互补，才能逐步接近史实的真相。为此，其《史学方法导论》中对此作了较详讨论，并归纳出八种史料对勘的方式：（1）直接史料对间接史料；（2）官书对民间私记；（3）本国记载对外国记载；（4）近人记载对远人记载；（5）不经意记载对有意记载；（6）本事对旁涉；（7）直说与隐喻；（8）口说对著文。指出各类史料互有长短，如官书所记，多本自档案，于年月、职官、地理“每较私记为确”，然时有为统治者隐讳之处；私记则忌读稍少，往往能言官书所不能言者，缺点在“时而失之诬”。他对明成祖朱棣身世的考证，便兼采官、私史籍及敌国文书加以比较，否定了成祖为明太祖皇后马氏所生或元顺帝“遗嗣”的流言，得出了当出自“碽妃”的比较可信结论。进而提出：“凡官书失之讳，私记失之诬。明国史略成祖之生母，讳也。明野史谓

① 以上均见傅斯年：《历史语言研究所工作之旨趣》。

② 傅斯年：《史料论略》，《史学论略及其他》，第 2 页。

成祖为元孽，诬也。”“后之学者，驰骋于官私记载之史，即求断于讳诬二者之间。史料不可一概而论，然而此义是一大端矣。”① 又如外国人记中国事，虽不如本国所记详尽亲切，甚至以讹传讹，然因无所顾忌，有时反较客观，研究古代边裔民族及中外关系，尤须借重于它。至于新发现的直接史料特别是考古资料与自古相传的间接史料，更应在比较的基础上，取长补短，不可偏废。

傅斯年的治史方法，比较值得注意的还有其力作《性命古训辨证》所开拓的历史语言考据门径。该论著成于抗战初期，凡三卷。上卷从语言学的角度，探究“性”、“命”两字来源，先运用“二重证据法”，对西汉之前有关“性”、“命”两字的文献和金文、卜辞材料作了广泛搜集与归纳对比，确定“性”自“生”字而来，“命”从“令”字而来。并以“历史的观点”察其含义用法的演变，指出“性”与“生”、“命”与“令”虽在战国时使用仍无明显区别，但思想系统上已被赋予新义，至汉代遂正式分别使用。中、下二卷由此推论殷周以来的宗教及哲理，对“上帝”观念的产生，周初“人道主义”的发现，先秦孔、墨、荀、孟及名、法各家的异同关系，以及汉、宋儒的“性命”理论等，都发表了一些独到见解。这种历史语言治史门径，既是对传统训诂学主要是清代朴学方法的继承，又是对德国语言考据学派方法的运用，对于中国古代思想史或哲学史的研究，尤具有新的启发意义。

关于著史，傅斯年虽视其与严格遵循科学研究程序的史料学有异，但也别有一番见地，在谈到“通史的一枝”——文学史的写作时，他曾提出，写史“应该有一个客观的设施和根基，所用的材料可靠，所谈的人和物有个客观的真实，然后可得真知识”。在此基础上，寄托一些感情也是允许的，但不可“于事实未彰之先，即动感情”，也不必“若十足的汉学家，把事实排比一下就算了事”。正确的程序应是“发乎考证，止乎欣感”。② 即在基本事实可靠的基础上，也不排斥在写作中运用一些艺术的手法。后来，在《闲读历史教科书》中又说：“编历史教科书，

① 傅斯年：《明成祖生母问题记疑》，《傅斯年全集》卷三，第 175 页。
② 傅斯年：《中国古代文学史讲义》，《傅斯年全集》卷二，第 15 页。

大体上等于修史，才、学、识三难皆在此需要。”只是历史教科书更为突出的是知识和道德教育功能，它以培养健全的人格为目标。在内容的安排上，应提供做一个健全人的知识，注重文化演进之阶段和民族形态之一般大势的述状，在中国史更应注重政治、社会、文物三事之相互影响。在表述手法上，不必面面俱详，但对重要事件人物的叙述，当“不惜其详”，可把“故事”、“传记”的艺术作用，酌量引到教科书中，使之成为“有形体、有神采、能激发人、能锻炼人的书”。不过，总的来讲，他在这方面的论述，较史料学要单薄得多，范围也仅涉及文学艺术史及历史教科书。他虽有心于撰写一部《古代中国与民族》，但终因主客观条件的限制而仅成《周颂说》、《大东小东说》、《姜原》、《周东封与殷移民》和《夷夏东西说》等几篇专题论文。他的另一部史著《东北史纲》第一卷严格说来亦非完善之作。因此可以说，他在史书编纂方面始终未能形成完整的理论体系。

作为一个全国最高史学研究机构的创办人和长期主持者，傅斯年的史学主张和实践，曾在我国现代史坛上产生过特殊的影响。这种影响，就积极方面说，在于提倡了一种严谨的治史学风。特别是在他的倡导、组织和奔走筹措下，自 1920 年代末起，史语所先后展开了诸如清内阁大库档案的整理刊布、《明实录》的校刊、安阳殷墟的考古发掘、遍及国内十四个省区的方言和边疆少数民族语言调查采集等大型项目，并运用各种辅助学科和现代科学手段，对各类文献典籍、考古资料、甲骨文、敦煌卷子、西北汉简、民间文学、史事和历史地理等作了大量的考证，出版了专刊、集刊、史料丛书等十种共数百册有分量的学术刊物。从而在史料的规模发掘与整理上，为中国现代史学的建设树立了可观的不拔基业。从消极方面讲，傅斯年的“史学本是史料学”，治史当“证而不疏”的主张，其实并未能体现历史学应有的全部含义和规模，也不符合中国现代史学走向更加开阔和健全的发展要求。因为在历史研究的过程中，事实上很难将史料考证与史实理解分析作截然的割裂。即便是他本人引为自得的《性命古训辩证》和《夷夏东西说》等论著，其中实际也包含着解释疏通的成分，这或许是他晚年在强调追求客观的同时，不得不承认社会科学研究中主观因素难以避免，只能转而希求“主观性可以渐渐减少，客观性因而增加”[①]的缘故。

四、李济与中国现代考古学的创建

李　济

李济是中国现代考古学当之无愧的开山人物。1918年8月，他由清华学堂赴美留学，先后入克拉克大学和哈佛大学攻读心理学、人口学和人类学，以《中国民族的形成》（*The Formation of the Chinese People*）一文获博士学位。

该文作为第一部运用人类学方法探讨中国民族问题的专著，实际上是田野调查和传统文献研究相结合的产物。为了写作论文，他曾用半年时间，对美国东部各大学和波士顿一带的中国留学生与侨民共111人做了人体测量学调查，并尽力搜检世界各地杂志发表的有关中国人体测量材料（当时这类材料为数并不多），在此基础上写成《现代中国人的体质特征》一文。接着，又通过研读中国古文献（主要是方志和《古今图书集成》）和一些来华传教士的著作，考察了中国历代城池建置、人口迁徙和少数民族的分布状况，试图从两者的相互印证上勾勒出中国民族形成和演变的基本线索。全文以人体测量、古代城墙构筑年代、姓氏源流为架构，通过详细论证，得出了以下结论：“中国人不论就民族还是就体质而言，都不属于纯一的种族。”[②]构成现代中国人的成分主要有五大来源，即黄帝后裔（短头狭鼻）、通古斯群（长头狭鼻）、孟—高棉语群（短头阔鼻）、藏缅语群（长头阔鼻）和掸语群。“黄帝后代在地理上的中心是中国东部，通古斯人是北部，藏—缅语民族在西部，孟—高棉语民族在南部，掸语民族

① 傅斯年：《“国立”台湾大学法学院〈社会科学论丛〉发刊词》，《傅斯年集》，花城出版社2010年版，第504页。

② 李济：《中国的若干人类学问题》，《李济文集》卷一，第3页。

则在西南部。穿插在这5个主要族群之间的，是北方的匈奴人、南方的小矮人和遍布中国本部各地的蒙古人。”[①] 书中还指出：“汉族在历史时代两次南迁，构成了中国汉以后的民族与文化演变两件最可注意的事实：第一次是永嘉时代的大移动，第二次是靖康时代的大移动。由此我想到中国民族之形成及移动，不但是中国历史上最现实的两件事，而且是一直到现在还在活跃表现中的事实。”[②] 在此基础上，他还提出，运用人类学等新兴学科的方法，正“展现出进行巨大科学探索的广阔天地。在中国这个研究领域，需要有考古学的调查、民族志的调查和人体测量学的调查。这些方面的问题都是规模及其宏大的，需要有极大的匠心独运的心智来作出答案”。其中，中国文字对中国文化发展的影响尤值得研究。在西方人看来，拼音文字似乎“是迄今最好的文字，它代表人类全部智力活动的最高成果”。但对中国人来说，则很难无保留地接受这种看法。“西方文明的历史表明，拼音文字的长处是它能容纳种种变化，但与此相应的短处是它不能持续地支撑一种思想。拼音文字的过度流动性，至少要为西方历史上的许多动荡起伏承担部分责任。中国人的历史表明，象形文字的主要长处是它作为某种最终的、简单明了的真理的化身，经受得住各种冲击和压力，而它相应的短处就是抵制变化。”[③] 这些看法，虽未必都正确，但已鲜明地表露出其日后欲以跨学科方法研究中国历史和文化的雄心。

1923年夏，李济学成归国，应聘为南开大学人类学、社会学教授。次年任南开大学文科主任。1925年4月，受聘为清华国学研究院特约讲

---

① 李济：《中国民族的形成》，《李济文集》卷一，第221页。按：李氏提出的上述结论，与目前学术界主流观点存在明显的差异，如鲜卑、匈奴、契丹、蒙古等族均为东胡族系，而满族则属通古斯，书中提到的通古斯大多应是指鲜卑族；苗、瑶两族的语言现归在汉藏语系苗—瑶语族，而非南亚语系孟—高棉语族，书中提到孟—高棉族人在华中和华南的迁徙指的实际是苗族和瑶族先民的活动（参见《李济文集》卷一《中国民族的形成·译者的话》）。同时，李济及其老师狄克森主要依据人之头、面、鼻的长宽向度以判断种族的方法也存在着很大缺陷，当时即已受到著名人类学家鲍亚士（Franz Boas，1858—1942）的批评（参见王道还：《史语所的体质人类学家》，《新学术之路——“中央研究院”历史语言研究所七十周年纪念文集》［上］，第165—170页）。

② 李济：《我在美国的大学生活》，《李济文集》卷五，第201页。

③ 李济：《中国的若干人类学问题》，《李济文集》卷一，第5页。

师，讲授普通人类学、人体测量学、古器物学和考古学等。回国之初，李济的科研重点仍集中在人类学尤其是体质人类学方面。1924 年 10 月，他在丁文江的资助下，赴河南新郑一处青铜器出土遗址作实地考察，并对那里获得的一些人骨作了体质人类学的研究，写成《新郑的骨》一文。[①] 嗣后又在中国科学社和南开大学的资助下，专程赴湖北各地进行居民体质调查，对包括学生、工人、警察、犯人等人群在内的一千人作了人体测量，发现鄂西北较鄂东南居民的身长普遍要高些，试图从中找到湖北居民历史上的迁徙源流和构成痕迹。[②] 但不久，其工作重心就开始转向田野考古。

1925 年，美国弗利尔艺术馆的专员毕士博（C. W. Bishop）邀其参与在中国境内的考古活动。在商得对方同意须与中国学术团体（后确定为清华学校）合作并将出土物留在中国的条件后，李济于 1926 年 2、3 月间和地质调查所的袁复礼到晋南汾河流域开展旅行调查，发现交头河、西阴村等史前遗址和多处历史遗迹，并顺道在山西介休对当地居民 86 人作了人体测量。同年 10 月，由美方出资，李济作为主持人，和袁复礼等人正式对夏县西阴村史前遗址进行了田野发掘，前后历时两个多月，采集遗物 60 余箱，大多为新石器时代陶片，以及一些石制工具、箭头、骨器和半个经人工切割的蚕茧，由此把中国人养蚕的历史上推到了新石器时代。

西阴村史前遗址的发掘虽然规模不大，却是中国学者首次主持的现代考古实践，就此而言，其意义非同一般。事实上，从 19 世纪末起，西方和日本的一些探险家、学者和地质工作者就已开始在中国东北，西北的新疆、甘肃、内蒙古，乃至河南等地从事考古活动。对此，不少中国学者内心都颇感纠结——他们既对这些最新的发现深感兴趣，又因中国人不能科学发掘和掌握自己的考古资源而感到郁闷。李济同样如此，这也正是他参与合作前坚持要求对方承诺将出土文物留在中国的原因。好在美方当时就对此表示理解，回函称：“你的条件，我们知道了。

---

① 该文原以英文写就，载 *Transactions of the Science Society of China*, Vol. 3, 1926。

② 李济：《湖北人种测量之结果》，《李济文集》卷五，第 420—423 页。按：此项工作，李济原计划在湖北测量千人之后，到全国各省逐一进行，后因故未能实现。

我们可以答应你一件事，那就是我们绝不会让一个爱国的人做他所不愿做的事。”①

李济之所以将其第一次主持考古发掘的地点选在山西，是因为这一带相传是上古尧、舜、夏禹活动的中心地区，散落着尧陵、舜陵、夏诸王陵，以及尧都与夏都等遗迹，有可能从中找到中国文化来源的线索。晚清以来，在西方学者的鼓噪下，“中国文化西来说”一度颇为流行，国内学者章太炎、刘师培、蒋智由等亦都曾受此影响。1921 年瑞典地质学家安特生（J. G. Andersson，1874—1960）在河南渑池发现仰韶文化后，认为其出土的彩陶与中亚及西欧出土的相类，当系源自后者，于是更为这种说法平添了考古依据。李济则始终对此抱质疑态度。他认为，古代世界彩陶并不出于一源，何况中国甘肃出土的彩陶，较河南仰韶所出者显得更粗糙，“以经验而论，如带彩色的来自西方，则彩色细致的陶器应当在来源先及的地方。但事实上恰反，愈西愈粗：仰韶的精细，甘肃的粗。所以，带彩陶器来源不能不怀疑了”。他还批评安特生的发掘方法不精密，特别是在甘肃的考古，“因为急于有成就，收买陶罐，以致回人在地下率意捣掘，像现在河南打窑子一样，结果不知毁坏了许多材料”。② 西阴村的考古虽然还未能解决此问题，但李济却因此积累了经验和材料，沿着这一方向，锲而不舍，终于在史语所时期的考古中寻得了答案。

李济等安阳考古（1931 年）

1928 年，李济加盟中央研究院历史语言研究所，出任该所考古组主

① 李济：《我与中国考古工作》，《李济文集·代序一》卷一。

② 李济：《中国最近发现之新史料》，《李济文集》卷一，第 323 页。

任。次年起，在其领导下，先后进行了十四次安阳殷墟发掘，发现了大量甲骨（包括极为少见的整坑 300 余块的甲骨）、青铜器、石器、陶器，以及墓葬和宫室建筑遗迹。这些发现，不仅为重建殷商时代的信史提供了极为丰富的实物证据，还部分厘清了中国上古文化的发展线索。

中国传统典籍的上古史记载，原本包含着不少传说成分，是以近代以来，其真实性不断遭到中外学者的质疑，日本学者白鸟库吉的"尧舜禹抹杀论"和顾颉刚等发动的古史辨运动便是其中的代表。殷墟甲骨文发现后，经罗振玉、王国维等人的研究，《史记》等书有关殷商史的记载虽得证实，但对夏以前的历史，以及中国人种和文化的来源，依然疑窦滋多。

1930 年，史语所在山东龙山城子崖遗址的考古中发现了与仰韶不同类型的"黑陶文化"，不仅出土细陶的质料、形制与后者不同，其卜骨的习惯也是仰韶文化所没有的，故李济认为"大约一方代表沿海岸育成的东方文化，一方代表与那更古的西方文化接触过的西北文化。但是两文化似乎都直接一个更古老的同样的中国背景"。从而依据新的考古发现对安特生的观点作了直接回应和纠偏。在 1931 年的殷墟后岗发掘中，他们又发现了小屯、龙山和仰韶三种文化重叠堆积的现象，即其上层包含白陶文化（即小屯文化）遗物、中层包含黑陶文化（即龙山文化）遗物，下层包含彩陶文化（即仰韶文化）的遗物。这表明"后岗在白陶文化的居住之前，黑陶文化的人曾在那里住过；在黑陶文化的人以前，又有彩陶文化的人曾在那里住过"。由此揭示出三种上古文化存在的前后时序及其承继演变关系。不仅如此，李济还富有远见地提出，如果把上述发掘与 1927 年以后地质调查所等在周口店旧石器遗址的考古发现结合起来，那就可以给中国上古史增添新的解释，"一部完全的新中国史之应该由此出发也是毫无疑义的"。[①]

殷墟发掘取得的成就，极大地震撼了国际学术界，后美国有学者将

---

① 李济：《中国考古学之过去与将来》(1934)，《李济文集》卷一，第 327、329、330 页。按：关于龙山文化，当时以为属石器时代，现在一般确认为铜石并用时代晚期。参见白寿彝总主编：《中国通史》卷二（苏秉琦主编）《远古时代》第三章。

其誉为“堪与 H. Schliemann（亨・谢里曼）[①] 对特洛伊遗址的发掘相媲美，二者都把传说变成了现实”。[②] 李济也由此声名远播，于 1937 年应邀赴英国各大学和瑞典讲学，1940 年当选为英国及爱尔兰皇家人类学研究院荣誉院士，成为中国考古学界的一面旗帜。

在积极组织重要历史文化遗址发掘的同时，李济还十分重视国内考古学的基础建设。这主要表现在以下几方面。

首先是着手建立考古工作的规范运作秩序。他认为：“中国地下的材料，真是遍地黄金，一扒总可扒出些来，可是不去工作，或工作也不精密，损毁了许多固有的材料。”[③] 何况它还在不断遭到盗墓者、土匪和古董商人的破坏，“世界上凡是有点现代知识的文明的国家，没有不禁止这种摧残故文化遗迹的行为的”。为此，他一再呼吁应在法律上规定“一切地下的古物完全是国家的，任何私人不能私有”。[④] 积极促成国家《古物保存法》的颁布与实施。并首先在史语所同人中倡导严格的自律：坚持一切地下古物归公，私人决不收藏古物。[⑤] 使之逐渐成为中国考古和民族学界的一个传统。

其次是提倡建立各级博物馆，加强古迹和文物的保护力度。他认为：“中国考古学现在最要紧的是保存方法。各地方地上古迹的毁坏，地下古物的损毁，不知多少；地面上古迹的保存，需各地设普通博物馆，愈多愈好。”[⑥] 主张把博物院办成考古人员的训练基地。并将这些主张付诸实践，积极参与中研院历史博物馆和中央博物院的筹备事宜，努力推动中央博物院与史语所及四川省博物馆等部门在考古和文物保护方面的合作。

---

① 谢里曼（1822—1890），德国传奇式的考古学家。早年当学徒，后经商致富，通过勤奋自学，掌握了 18 种语言。1870 年出资开始从事考古发掘，使得荷马史诗中长期被认为是文艺虚构的国度特洛伊、迈锡尼和梯林斯重现天日。

② 李济《中国文明的开始》英文版罗杰斯（M. Rogers）序，美国西雅图华盛顿大学 1957 年版，转引自李光谟：《李济先生学行纪略》，《李济文集》卷五，第 467 页。

③ 李济：《中国最近发现之新史料》（1928），《李济文集》卷一，第 324 页。

④ 李济：《中国考古学之过去与将来》，《李济文集》卷一，第 331 页。

⑤ 参见李济：《南阳董作宾先生与近代考古学》，《李济文集》卷五，第 210—211 页。

⑥ 李济：《中国最近发现之新史料》，《李济文集》卷一，第 324 页。

第三是有计划地开展全国各地的古迹和考古调查。史语所成立之初，傅斯年就主张通过考古发掘寻求新材料。顺着这一思路，李济先后组织人员到江苏、山东、河南、河北、西康、山西、内蒙古等地进行了大量考古调查。抗战中，史语所播迁于长沙、昆明和四川南溪李庄等地，工作和生活条件极为艰苦。但即使如此，他们仍利用各种条件，派人在湖南、四川、云南、甘肃、陕西开展了一系列考古发掘项目。这些，都为日后的考古选址和制定工作规划提供了重要参照依据。

第四是注重考古人才的培养。李济认为：要发展中国的考古事业，必须重视培养一支高素质的考古队伍，为此，他主张在各大学设立考古学系，并由国家“设立一个很大的博物院训练些考古人才，奖励科学发掘，并系统地整理地下史料”[①]。鉴于当时加入考古组的人员中有些并未受过考古专业的训练，为使他们早日脱颖而出，他还在实际工作中手把手地对他们进行了指导。据胡厚宣回忆，“每天晚饭过后，从清洗陶片开始，李济就手把手地教新来的技工清理、编号、出土器物坏了怎么修理，怎么凑起来，怎么把它回复原状，如何把散碎的器物拼出相应的器形，如何从上面的纹样辨别时代的早晚，陶器、铜器和甲骨的粘合各有哪些特殊的方法，这样几年下来，考古队成员在整理古器物方面都有了自己的绝活”[②]。与此同时，史语所考古组还在田野考古中建立了“多址制”，为人才的成长提供实践条件。当时，考古组已有一些年轻的人才，在能力、技术、经验等方面都堪承担某些考古项目，只是由于职等的关系，按规定尚不能允许单独主持。针对这种情况，考古组便有意多找一些有希望的遗址，或在某些项目下设立子项目让他们去分挑担子。如在安阳西北岗发掘时，“即让刘燿（尹达）去领导发掘大司空村遗址，使祁延霈去主持发掘范家庄遗址。两城镇发掘，固然是由梁思永先生所主持所领导，实际上让刘燿主持发掘瓦屋村遗址，祁延霈主持发掘大孤堆遗址，并让他们各自编著发掘报告，以便实行下一步骤的轮流制”[③]。

---

① 李济：《中国考古学之过去与将来》，《李济文集》卷一，第 331 页。

② 胡厚宣：《追怀史语所前辈师友及考古学与历史学整合的先进经验》，臧振华主编：《中国考古学与历史学之整合研究》，“中央研究院”历史语言研究所，1997 年，第 1125 页。

③ 石璋如：《考古方法改革者梁思永先生》，《新学术之路——“中央研究院”历史语言研究所七十周年纪念文集》（上），第 364 页。

1949 年李济到台湾后，除了继续承担史语所的工作外，还在台湾大学创办了第一个考古人类学系，于 1950 年正式招生，亲自为学生开设了考古人类学导论、史前史、人体测量等课程。[①] 这些，对于造就年轻一代的考古专家，增强中国考古事业的后劲，都起到了极大的作用。

李济考古学的基本理论自然是来自西方。但是，由于其学业专攻原为人类学，在考古学方面受到的训练则并不深入和系统，加之考古学，特别是田野考古学是一门兴起不久而尚在完善中的学科[②]，这就使其理论的西学渊源颇具一种开放和多学科兼采的特点。

如前所述，李济在美留学期间学习的主要课程为心理学、社会学、体质人类学、史前考古学、希腊考古学和民族学。而其早期发表的一些有关考古学的讲演，对西方现代考古学的介绍一般都比较笼统。如在 1926 年发表的《考古学》讲演中，谈到现代考古学的基本内涵，只是将其简单概括为：确立了旧石器、新石器、铜器、铁器等考古时代的划分，以及地质地层学、古生物学和类型学（Typology）等基本考察方法。在另一些场合，他似乎更强调其作为自然科学向人文学科领域渗透拓展的一些重要特征。在他看来，田野考古的工作标准应当提高到与自然科学实验室同等的水准。同时又必须看到其自身的特殊性。因为在自然科学的田野工作中，“冰川的遗迹、火山的构造、断层的暴露，均可供给无数的地质学家继续的踏查、复查及再复查。但人类的历史却永不重演。一个重要的遗址、一座古墓、一尊纪念石刻，若是被摧毁了，没有第二个同样的遗址、古墓或石刻可以代替的。同样，若经手发掘古代遗址、古墓的工作者有了错误的观察，或不小心的记录滲入他的报告内，这种错误是很难用直接的方法在短时期校勘出来。一个严重的后果就是谬种流传，无形中构成这学业前进的一大障碍。像这样的情形，除了古生物学外，没有其他的科学可以比拟的。因此，我们更感觉到从事田野考古工作的人们所负的科学使命之重大，这种责任感应该使实际工作者

① 张光直：《考古人类学随笔》，生活 · 读书 · 新知三联书店 1999 年版，第 122—123 页。

② 一般认为，现代考古学是 19 世纪下半叶在西方形成的一门新兴学科，而田野考古学成为一门学科则要更晚一些，约在 20 世纪初。参见张之恒主编：《中国考古学通论》，南京大学出版社 1995 年版，第 12、27 页。

加倍小心”[①]。

另一方面，对于中国学术中固有的考古学传统，李济同样有所批判继承。在他看来，“严格的考古学在我国虽是很近的一种发展，旧学中却有它很厚的根基。要没有宋人收集古器物的那种殷勤，清代小学的研究就不会有那种朴实的贡献。甲骨文的发现，适在清代古文字学兴隆之后，两相衔接，中国一切旧学因此就辟出来一个新的途径，由此而注意发掘文字以外的考古资料，只是向前进一步的事，可谓一种应有的趋势。再加以自然科学的影响，现代化的考古学就应运而生了”[②]。后来又说，所谓中国现代学术，“就纯学术的观点说，绝大部分完全是输入品，在中国的传统中找不出深厚的根基。唯有近代考古学可以说是少数的例外，融合了中西两个传统的科学事业，这也许就是近代考古学的业绩之所以为一般学术界欣赏的原因吧”[③]。这里所谓中国考古学的传统，主要是指宋代以来已相当发达的金石学。李济高度评价宋代吕大临的《考古图》“不但在中国历史上，并且在世界文化史上，是一件了不得的事件”。他在 11 世纪时，就用“最准确的方法，最简单的文字，以最客观的态度，处理一批最容易动人感情的材料”。吕氏提出了古器物研究的三大目标，即探制作之原始、补经传之阙亡和正诸儒之谬误。其书中不仅图绘出古器的形状，还对每一器物的大小尺寸、容量、出土之地、藏器之家，乃至流传经过都作了扼要记载。显然，这其中包含着可以为今天所继承的科学因素。可惜南宋至清的学者对此发展不多，某些方面甚至还有退步。究其原因，李济认为主要在于传统社会自然科学的相对落后和一般学者半艺术的治学态度。他指出：“自然科学是纯理智的产物。古器物学八百年来，在中国所以未能前进，就是因为没有走上纯理智的这条路。随着半艺术的治学态度，‘古器物’就化为‘古玩’，‘题跋’代替了‘考订’，‘欣赏’掩蔽了‘了解’。”[④]传统金石学，由于研究对象大多为采集品，有许多连出土的地点也不清楚；有的虽记载了出

---

① 李济：《中国古器物学的新基础》，《李济文集》卷一，第 336、337 页。

② 李济：《卫聚贤〈中国考古小史〉序》（1931），《李济文集》卷五，第 119 页。

③ 李济：《南阳董作宾先生与近代考古学》（1964），《李济文集》卷五，第 207 页。

④ 李济：《中国古器物学的新基础》，《李济文集》卷一，第 334、335 页。

土地，但因非科学挖掘，也无由知其出土详情及当时的地层状貌，价值遂不能不大打折扣。这是因为，“过去的所谓考古，尤其是自北宋以来，都是在文字上头跟书本上做功夫；做考古学工作的人亲自跑到野外去收集材料，则完全是受了近代科学的影响，尤其是地质学、古生物学的影响。”① 正因如此，它需要用充满自然科学精神的现代考古学来改造和重塑。这种改造，首先要改变把古器物仅视为“古玩”或“古董”的观念，其次要打破“唯有有文字才有历史价值”的偏见。而最主要的则是要走出去，通过田野考察和发掘，来建立现代考古学的科学基础。“现代考古学的工作，大致可分两大段：挖掘与考证，两者都分不开的。挖掘不考证，出来的古物就无价值可言。考证的依据，大部都靠着挖掘的记载。记载就是出土物件的灵魂。没有出土的记载，考证的结果，决没有头等的科学价值。这是金石学与考古学很重要的分别。”②

依据中华文明极为悠久的历史及其国土上丰富的遗存资源，李济始终坚持，中国的考古学应当走一条与历史学紧密结合的学科建设道路，在他看来，“田野考古工作，本只是史学之一科，在中国，可以说是已经超越了尝试的阶段了。这是一种真正的学术，有它必需的哲学的基础，历史的根据，科学的训练，实际的设备。田野考古者的责任是用自然科学的手段，搜集人类历史材料，整理出来，供史学家采用，这本是一件分不开的事情。但是有些所谓据现代组织的国家，却把这门学问强分为两科，考古与历史互不相关；史学仍是政客的工具，考古只能局部地发展。如此与史学绝缘的考古学是不能有多大进步的。这种不自然的分离，我们希望在中国可以避免”③。并一再强调，中国的古史研究和编写，当“把地下发掘的资料与传下来的记录资料连缀起来，这是一个普遍的考古问题，也是中国区域考古家所面临的问题”④。

李济考古学的理论与方法，正是在兼容上述中西学术的基础上，通过不断的实践摸索而逐渐形成的。它比较集中地表现在以下三方面。

---

① 李济：《〈安阳发掘〉日文版序言》，《李济文集》卷五，第154页。

② 李济：《现代考古学与殷墟发掘》，《李济文集》卷五，第3页。

③ 李济：《〈田野考古报告〉编辑大旨》（1936），《李济文集》卷五，第332页。

④ 李济：《再谈中国上古史的重建问题》，《李济文集》卷五，第413页。

一是对考古地层学和类型学理论的匠心独运和推进。

地层学和类型学是现代考古学的基本方法，如谢里曼在特洛伊遗址的发掘中便使用了地层叠压方法，强调地层观察的重要性以及逐渐记录器物发现相对位置的必要性。在类型学方面，则有阿道夫·福特温格勒、皮特·里弗斯等人对史前陶器等器型的研究，强调了彩陶和素面陶的作用。但直到20世纪初，对它的运用总体上还是比较原则性的，按照张光直的说法，"这种原则在世界考古学上也一直到了（20世纪）五十年代以后才有了比较基本的增进"[①]。李济从开始从事田野考古起，就十分重视这些操作原则，并首先在国内提出并实践了以地层学与类型学相结合来判断考古遗址及出土古物年代的方法。

如在1926年的西阴村史前遗址考古中，他怕"损坏了固有材料，择的地点很小，一层一层地剥下，差不多每一撮土都是经过五个指头的。这样工作两个月掘深六尺多，看见黄土，就没动它"[②]。在挖掘的时候，十分注意土色的变迁，"在各'方'交界的位置，都留着土尖为最后研究土层变迁的材料"。并"用层叠法记载一切屡见的物件。由起点下行第一公尺叫作A层；第二公尺B层；依次递降，用英文字母大写作记。每一层内又分作好些分层。分层的厚薄，由土色及每次所动的土的容积定"。[③] 当然，这种地层法仍是比较粗疏的水平分层法，并没有形成后来的文化层概念。

在整个殷墟的发掘过程中，李济及其考古团队对该地各文化层的关注和科学处理，使地层学的原理得到了更为细致和进一步的发挥。如在安阳小屯的发掘过程中，他们就十分重视从地层的角度去辨别其地下物件的"空间性是否混乱，时间性是否复杂"。其理论上的出发点是假定："要是地层没有翻动过的话，我们可以认定凡与甲骨文同层出土的物件，都可定为与之同时。要是地层经过翻动，我们应该区别那种物件是原在的，那种是后加的。"[④] 通过文化层的考察，才知其"现代的堆积，

① 张光直：《对李济之先生考古研究的一些看法》，《李济文集·代序二》卷一。

② 李济：《中国最近发现之新史料》，《李济文集》卷一，第322页。

③ 李济：《西阴村史前的遗址》，《李济文集》卷二，第172、171页。

④ 李济：《现代考古学与殷墟发掘》，《李济文集》卷五，第4页。

与殷商的文化层在很多地方都是紧接的。这可以证明自从殷商废弃这地直到小屯的成立，中间没有经过很繁盛的文化遗留。这中间一个例外就是隋唐的墓葬”。由此可将其遗存分为殷商、隋唐和现代三期。在1929年所作的考古报告中，李济强调，这样做是因为“我们必须明瞭这文化层所以成立的情形”。“要是我们挖掘的时候观察疏忽一点，那掘出的实物的意义就完全失了。除非我们能证明所掘的地层没翻动过，实物的同层也许是偶然的；‘并著’并不能算‘同时’的证据。不过地层并不是证实实物的唯一线索；实物的形象，差不多是一样的重要。在翻动的地层中，同著的实物自然也有同原的可能；要是从形象上可以定出她们的相似来，那就没有什么疑问了。”①而1931年的殷墟后岗发掘，更从小屯、龙山和仰韶三种文化层重叠堆积的现象中，确认了中国上古文化演进的次序，并得以推断出殷墟文化的多元特性及其自身经历的长久变化趋势，而“华北东部新石器时代的黑陶文化，在中国文化史上真正的地位，为在黄河流域的东部，承仰韶文化之后，启殷商文化之先。但殷商并不是单纯的由黑陶文化或仰韶文化演变出来的。它除了承袭这两笔产业外，还有别的重要部分，如文字、艺术、礼器、乐器等，均有另外一个根基”②。在上述地层学方法的灵活运用和创新中，李济个人的贡献是十分突出的。正因如此，张光直认为：“从早期到后期，殷墟发掘在技术上经历了非常显著、非常重要的量的改进，可是在质上，还一直是在维持着李济先生所建立起来的田野考古的原则的。”③

类型学是通过对考古遗址或古文物，如墓葬、建筑、装饰品，以及各类器具形制等的排比分类考察，借以区分不同时期、不同区域和不同人种或民族文化的方法。它的某些观念，传统金石学中虽也有所触及，但往往比较粗疏，如“过去的古器物学家，最不容易避免的一种错误，是把器物的形制、文饰与功能，不加分辨地混在一起谈。于是文饰的差异，可以认作是形制的差异；形制不同的器物，常被它们的类似功能在观念上同化了。完全免除这一类的错误自然是绝对的需要；没有这种混

① 李济：《安阳殷墟发掘·小屯地面下情形分析初步》，《李济文集》卷五，第219、216、218页。
② 李济：《安阳最近发掘报告及六次工作之总估计》，《李济文集》卷二，第289—230页。
③ 张光直：《对李济之先生考古研究的一些看法》，《李济文集·代序二》卷一。

淆，形制的真相方能认明”。李济指出：按照现代科学的观念，“一种器物的形态表现，也同一种生物一样，有它的‘生命史’；形态的演变是随着各器物存在的年岁依次显露出来的；把时代展进的秩序与形态演变的阶段——两者相依的关系，由系统地说明出来，实在是现代古器物学家的中心问题”。而要达到这样的目的，必须找到年代比较可靠的器物以资参照，而田野考古正好为此提供了可能。“有了大量的、可靠的资料，方能谈到类别工作。类别绝不是单单的一种秩序的排列。按器物形态的差别排出一种行列，固是分类工作的必要节目，但在开始这一节目之前，一个分类学家对于器物形态发展的秩序应有充足的认识：有些几微的差异，可能象征重要演变的开始；若干显著的离奇的、庞大的形变，或至代表一种暂时的病态。若把分类工作完全限在外形测量上，那就真是皮相之谈了。郑重从事这一工作的人们，对于器物的形态——无论是集团的、个别的或部分的——发生的起点，可能的演进方向，消灭的原因，都是他们所要细心追求的。有了这种经验，才能选出一种合理的健全的类别标准；经了这种标准的类别，器物演变的原委，也就可以看出一个头绪了。”[①]

这一精神，可以说贯穿了李济整个考古和古器物研究的生涯。如城子崖考古中，黑陶文化类型的确立，其与殷商文化的比较，以及有关上古时代卜骨习俗由齐鲁一带向东北和西北广大区域散布的推测都显示了这点。[②]在小屯与仰韶文化类型的考察过程中，也通过陶鬲、镞、石斧的形制比较，发现“仰韶与小屯共有的物件甚多，却都有若干形制上的变化。变化最大的是小屯所出箭头一项。小屯所出双棱带刺铜镞，实代表双棱镞之最高演化。然西阴已有倒须石镞，所以它的形制并不完全是殷商所有。但是殷商的三棱镞却是仰韶期所无的。此期的三棱镞只有骨制与石制两种，并没有铜制。到了周秦时代，铜质镞却差不多全是三棱的了。由此可以推定仰韶与小屯两种文化，不但有地域上的分别，大约还有时期先后的不同；我们可以看得出殷商物质文化有若干成分是完全

① 李济：《中国古器物学的新基础》，《李济文集》卷一，第343—344页。
② 李济：《〈城子崖发掘报告〉序》，《李济文集》卷二，第209—210页。

承袭仰韶期没有变化的，如陶弹、石粟鉴之类；有若干成分是就仰韶原样略加改变者，如箭镞、陶鬲之类；有的是完全新有的，如冶铜文字之类。要是仰韶文化只代表殷商时代同时的一种异族文化，那么小屯既可以有仰韶式的带彩陶器，仰韶至少也应该有小屯所出刻纹陶器之类。但在这些仰韶式遗址内尚没发现这类实物。这种片面的关系只有仰韶文化先于殷商文化的一个可能解释"[①]。而李济后期所作"《由笄形演变所看见的小屯遗址与侯家庄墓葬之时代关系》(1958)、《豫北出土青铜句兵分类图解》(1950)等更表现了层位学与器物类型学的灵活的高级运用"[②]。

二是结合中国考古学的实践，提出并实施了多种有创意的发掘法。

关于李济在这方面的贡献，石璋如《李济先生与中国考古学》一文有较详的论述，并称："如果我们把李先生所用的方法随着时代排列起来，差不多等于一部田野发掘方法史。"现将其归纳的六种方法扼要转述如下。

1. 西阴村的"披葱式"发掘与"三点测量"及"叠层记载"法。西阴村史前遗址所在地灰土岭南面壁立，凸出于邻地约三四米。此法只开一坑，地点靠着一条斜坡路，便于将遗址的土层如剥洋葱似的层层发掘，并使挖出的土易于向下移动运送。所谓"三点测量"，即由 O 点作坐标，西东行为 X 线，南北行为 Y 线，向下深度为 Z 线，每出一物件，即可据此三维点迅速定位。所谓"层叠记载"，即由地面向下每隔 1 米为一层，分别称 A、B、C 等层，每层内又因土色不同而分为若干小层，编上记号，以记录出土物的位置。这些方法的使用，显得非常细密，故现在还有人使用。当然，其过于复杂的地方也遭到了时人的批评，如梁思永即认为："(1) 以 1 米的深度，虽然便于记录出土的位置，但其实是没有必要的。(2) 注意土质的变化是必要的，但是太烦碎。"[③]

2. 小屯的不连贯、纵横连斜支点的发掘法。这是根据小屯的特殊地形制定的方法。所谓"不连贯发掘法"，就是在一条线上，开许多不

---

① 李济：《小屯与仰韶》，《李济文集》卷二，第 251 页。

② 张光直：《对李济之先生考古研究的一些看法》，《李济文集·代序二》卷一。

③ 梁思永：《山西西阴村史前遗址的新石器时代的陶器》，中国科学院考古研究所编：《梁思永考古学论文集》，科学出版社 1959 年版，第 1—2 页。

完全相连的小坑，坑一般长3米，宽1.5米，有时三坑相连，有时五坑相连。小屯村南的发掘即取此法。而纵（南北坑）、横（东西坑）、斜（不正之坑）、连（连接两坑间之坑）、支（各坑所开附坑）这可供不同的地形和需要采用。

3. 两者兼施的发掘法。即不连贯和纵横连斜支点两种方法的配合运用，可用于面积较广的地带，小屯村北即用此法。

4. 纵横连支线的发掘法。殷墟第三次发掘，虽然仍用第二次时的纵横连支等名称，但方法上又有改进，即把坑连接为一线的发掘，南北向称纵沟，东西向称横沟，这种方法便于集中观察。

5. 简化纵横线的发掘法。第三次殷墟发掘后，仍然采取纵横线的发掘，必要时加个支坑，但各坑不再有纵横斜连等名目，而改称A、B、C、D等区，以更便于操作。

6. 制度化的发掘。由于第四次以后的殷墟发掘，该地已不必再作试掘，即行测量规划发掘网，每10米见方为一个单位进行发掘，逐渐走上由密集的线而到整个面的挖掘。

在李济的倡导下，当时田野考古人员还在实际工作中逐步形成了一种操作制度：每遇一个新的遗址，必先作点的探寻，次作线的观察，再作面的揭开，最后作整体的发掘。① 这些操作规程的确立，正是中国现代考古学走向科学化的标志。

三是为中国考古学和历史学树立起了跨学科研究的模式。

跨学科研究可以说是现代学术发展的一种趋势，然综观20世纪上半叶的中国人文科学，在这方面做得比较成功的也许只有考古学。这一点，既与考古学本身的特点以及它在中国得天独厚的资源条件有关，也和李济等人对此的清醒认识及努力同样有很大的关系。李济曾反复指出："现代的学术是一种集团工作，或者说，用傅先生的一个旧名词，是一种'合众'工作。这在十九世纪以来发展的实验科学、自然科学，固然是很显然的；在文史学也不例外。以考古学论，若要推进这一门学问，

① 以上均见石璋如：《李济先生与中国考古学》，《新学术之路——"中央研究院"历史语言研究所七十周年纪念文集》（上），第147—150页。

绝不是一两个私人所能担负的。试看斯文·赫定、斯坦因等在中亚工作的组织，他们差不多有全国家的力量在他们的背后作后盾。再就研究方面说，各部门都极端专门化了，一次发掘的收获，往往需要数十个专家整理；不然，你就得不到适当的结论。不过要把这些专门的工作集结起来，固然需要各自对于现代学术性质的认识；尤需要的是一个机关的存在，总汇一切……现代学术机关的功能，就是把无数的有限生命的精力，凝成一股无涯的智慧力量；在这一长流里，使老年的得以融会，壮年的有所发扬，青年的可以学习；这就是现代科学。”① 并指出，抗战以前中国田野考古的成就，就是通过地质学、古生物学和历史学等各学科的合作取得的。其时这项工作主要有两类科学机构主持，一是地质调查所及其合作机关，通过地质调查及古生物搜寻而涉及人类的遗迹与遗物；二是以史语所为首的人类历史考古。虽然两者的工作范围存在差异，前者“是想把人类历史与自然历史打成一片”，后者则“急于把纯历史性的若干主要迹象由田野考古的途径，向远古追溯它们的根源。这两种出发点是可以同时进行不悖的，在若干方面是可以互相辅佐，充分合作的”。②

为此，他一再要求注重自然科学知识的储备，“考古工作的人必须要有这种训练，然后对于他们所治的题目才有正确的认识”③。并说：研究中国史，不仅需要掌握语言学的相关知识，“还需要学习并逐步熟悉目前人类学所讲授的详尽内容。他可以从有关人的科学的各个分支，特别是从这些科学家关于现代人及其祖先的共性、关于人类文化的古老性质等方面的见解中学到一些有用的东西”。应当看到，体质人类学、史前考古学和民族学，“这些功课对所有的历史学家都是有用的。它们可能是治疗狭隘局部观念的良方和最有效的矫正剂”。即使是从事思想和制度层面的研究，对相关文献的解释和运用，“至少也要用更多的实验观察，透过对中国人现实活动中的心理过程的研究结果加以检验。这项工作做起来当然是相当精细的，也是十分艰难的，涉及到许多跨部门的学科。如果允许我在此提点建议，我将把这项独特的意见称为心理学＋

① 李济：《石璋如〈考古年表〉序》，《李济文集》卷五，第132页。

② 李济：《中国古器物学的新基础》，《李济文集》卷一，第338页。

③ 李济：《中国考古学之过去与将来》（1934），《李济文集》卷一，第331页。

使用两种语言＋人类学的方法”。[①] 史语所对殷墟考古材料的诸多研究成果，也正是通过集合语言学、人类学、民族学、社会学、古器物学、地质学、地理学、天文学、气象学等各科专家的力量，综合运用这些现代科学的方法及其相关成果，经长期努力才取得的。这些实践和成功，无疑为确立中国现代考古学的优良传统奠定了重要基础。

五、科学方法派面临的挑战

在20世纪上半叶中国现代各派史学互争雄长的格局中，实证史学尤其是以胡适和傅斯年等为代表的“科学方法”派无疑占据了主流的地位，特别是二三十年代，国内一些最具影响力的高校历史系（如北大、清华、燕京、辅仁等）、史学研究机构（如中研院史语所、北平研究院史学研究会等）和文化教育基金会（如中华教育文化基金会等）可以说无不在其势力的掌控或笼罩之中。当然，这并不意味着其治学理念与方法在该时期已得到了学术界的一致认可。事实上，从二十年代末起，其“主流”地位便开始不断遭到多方面的挑战。

首先是唯物史观派。如郭沫若在《中国古代社会研究》中就批评胡适的《中国哲学史大纲》“对于中国古代的实际情形，几曾摸着了一些儿边际？社会的来源既未认清，思想的发生自无从说起。所以我们对于他所‘整理’过的一些过程，全部都有从新‘批判’的必要”。并说，胡适等人整理国故打出的旗号是“实事求是”，而“我们的‘批判’精神是要在‘实事之中求其所以是’”。因此，要谈国故，“除了饱读戴东原、王念孙、章学诚之外，也应该知道还有马克思、恩格斯的著作，没有辩证唯物论的观点，连‘国故’都不好让你们轻谈”。[②] 翦伯赞更从方法论的角度对胡适为代表的实证史学作了分析批判，指出“实验主义是以极粗浅的形式逻辑为基础的玄学”，尽管他们也谈“因果律”，但关

① 李济：《再论中国的若干人类学问题》，《李济文集》卷一，第307、308—309页。

② 郭沫若：《中国古代社会研究·自序》，人民出版社1954年版。

注的不过是个别事物外在的关系，“他们就用着这样的方法片面地、零碎地、孤立地解释历史上的现象，从而历史在他们眼前便变为‘断烂朝报’”。与此同时，他还对胡适等人全盘否定传统的非历史主义倾向提出了异议，指责他们“毫无批判地打击中国古典圣经贤传，以为这些如果不是伪造，便是封建的残渣。实际上，在儒教的学说中，也不是完全没有积极的成分值得中国的市民去继承和发展的。固然市民的文化，是以否定封建主义的文化而产生出来，但所谓否定，不是完全的消灭，用武断的方法把孔子抛到海里去。而是把被否定的诸要素中的积极的东西保存着并发展它，当作新的东西之发展的契机，而是从被否定的东西中找出肯定的东西来，即使否定的东西与肯定的东西获得辩证的统一。然而实验主义者却想以毁灭中国两三千年来封建文化中的一切积极的成就，而赤手空拳地凭空建立中国的文化，这是非常可怜的愚笨”[①]。

其次是现代新儒家的学术阵营。如熊十力不仅指责清代考据家“反对高深学问（指其不重视哲理的探讨），而徒考据之琐碎知识是尚，将何以维系其身心？何以充实其生活？”且严厉批评当时的“上庠文科，教者、学者乃多以琐碎而无关大义之考据是务，岂不惜哉！历史之学，《春秋经》之枝流余裔也。治史必究大义，本天化以征人事，鉴既往以策方来，其义宏远。若专考琐碎事件，何成史学？如因一胡人传之文理欠顺，但疑此胡人为李唐之祖；又或以大禹为虫。若斯之类，已足慨叹……依他人花样，而剪裁吾之史料铺陈之，何可究吾之真”。[②]

此外，1930年代倡导现代史学运动的朱谦之也指责考据派存在三大缺陷：“他们不谈思想，不顾将来，其心理特性完全表见着对于眼前社会剧变之无关心，而只把眼光放在过去的圈套里面，此其一；还有他们主张历史为破罐子，不认有历史进化法则之存在，这样以历史事实为特殊的孤立东西，正是他们个人主义特性之充分的表现，此其二；还有考证及考古派对于史料依于贪得务多的心理，在行为上也是所以形成资产

① 翦伯赞：《评实验主义的中国历史观》，《历史哲学教程·附录》，河北教育出版社2000年版，第243、252、244页。

② 熊十力：《读经示要》卷二，上海正中书局1948年版。

社会之御用的史家的原因。”[①]抗战中，雷海宗则发出了这样的告诫：“不要终年累月的在训诂考据中去兜圈子……中国的乱纸堆二千年来堆得太高，若必要把许多毫无价值的问题都考证清楚，然后再从事于综合了解的工作，恐怕是到人类消灭时也不能完成的一种企图！”[②]钱穆的批评显得尤为严厉，在他看来，因“科学方法整理国故”之潮流而起的现代考订派，“震于‘科学方法’之美名，往往割裂史实，为局部窄狭之追究。以活的人事，换为死的材料。治史譬如治岩矿、治电力，既无以见前人整段之活动，亦于先民之文化精神漠然无所用其情。彼惟尚实证，夸创获，号客观，既无意于成体之全史，亦不论自己民族国家之文化成绩也”。[③]

这些批评，不能不在相当程度上削弱了其在史学界的“霸主”地位，以致有人认为，1920年代末至30年代初，“那套‘实事求是’、‘为知识而知识’的自由派科学谈，到此时乃一贬而被斥为一种布尔乔亚免避现实麻醉人生的丑技”[④]。甚至说，彼时学术思想界和史学界几乎已是“马克思主义、唯物史观独步天下的时代。上海的新书店，如雨后春笋，出现很多，都是出版马克思主义、唯物史观的书。旧的老牌书店，如商务、中华，都一时黯然无色。老的学术界、思想界、史学界有影响的学者，如胡适等，一时都只能退避三舍”[⑤]。当时唯物史观是否已成“独步天下”的局面，这里暂且不论。但这种现象的出现，至少可以说明，科学方法派的主流地位已在动摇。

科学方法派的声望渐坠，原因虽是多方面的。但细细思量，其自身理论与实践的缺陷实在也是一个不容忽略的因素。

如前所说，科学方法派所欲从事之“科学的历史学”，实具一种比附自然科学的倾向。问题在于，历史学与自然科学的研究对象毕竟存在

---

① 朱谦之：《中国史学之阶段的发展》，《现代史学》第2卷第1—2期，1934年5月。

② 雷海宗：《历史警觉性的时限》，《战国策》半月刊第11期，1940年9月1日。

③ 钱穆：《国史大纲·引论》，商务印书馆1996年版。

④ 林同济：《第三期的中国学术思潮》，《战国策》半月刊第14期，1940年11月1日。

⑤ 何兹全：《我所认识到的唯物史观和中国社会史研究的联系》，北京师范大学史学理论与史学史研究中心举办“唯物史观与21世纪中国史学研讨会”参会论文，打印稿，2001年11月23日。

着很大差异，特别是由于其所讨论的是业已消失的过去，与后者面对的自然现象或物体比较起来，无论在研究对象的稳定性、理论解释的空间，还是成果评价的尺度方面，都更难把握其“精确性”。为了使历史学摆脱这种尴尬地位，傅斯年等不惜采取“壮士断腕”之法，把史学“科学化”的全部工作，从一般意义的“史学”收缩到史料学一隅，似乎这样一来，历史学便足以与其他自然科学比肩同登现代科学的殿堂了。但实际上，这种观念由于过分强调“科学”的共性，人为地弱化了人文学术与自然科学之间存在的差异，其片面性是十分显然的。人文学术面临的是充满生命与思想活力的社会现象，其讨论对象的流动不居和多样性，决定了这类认识活动较之于自然科学别具一种特殊的复杂性，因此，如果历史学是一门科学，很大程度上恐怕也只能站在广义科学而不是狭义科学（仅指自然科学）的立场上加以理解和操作。如果完全比照自然科学的模式来推进其“科学化”，在实践上往往易陷于两种偏向：不是把复杂多样的社会现象简单化或庸俗化，便是大大缩小其认识事物的范围和功能。且不说史料的“科学整理”能否达到重建或部分重建历史，即使研究者能抱纯客观的态度（实际上这也是很难达到的）把材料梳理清楚，结果也不能保证一定达到客观的认识境地。而从历史研究的整个程序看，自史料的搜集、整理、研究，到史实的解释、重建和史书的编写，本是一个系统的过程。实现史料学的科学化，固然有助于推进整个史学的现代化建设，但却并不等于就是“历史科学”的全部。史事的解释、因果关系分析及史实重建，同样需要一种追求真理的精神，使研究结果尽可能趋于合理或接近历史真相。如果完全避开对历史的解释层面去理解历史学，那就无异于割裂了历史学科自身的整体结构，同时也无以应对综合解释历史过程的实际需要。而这，也正是他们的研究被一些学者讥为“割裂史实”和“断烂朝报”的原因所在。

这里，似乎还应连带探讨一下胡适关于朴学与近代科学方法关系的命题。胡适认定，清代朴学与西方近代科学的精神与方法“是相同的”，只因其研究对象或使用材料完全不同，才造成了结果的巨大差异。这一结论，对于扩大科学观念在当时的传播，特别是引导和鼓舞大批具有朴学修养的学者从传统学术转而聚集于现代科学的大旗之下，固然起过积极的作用。但其准确性如何，现在看来仍大有讨论的余地。

首先，从逻辑上看，胡适在表述这一看法时，常有混用“科学精神”和“科学方法”两词的习惯。但实际上，两者有联系也有区别。一般来说，“精神”是指人的意识和思维活动所处的状态，更多地表现为一种原则或态度；“方法”则是指处理问题的逻辑思维方式、技术手段和具体程序。据此，说朴学倡导实事求是、注重证据等具有科学的精神，似乎不会有大的问题（尽管古今程度不等）。但精神并不等于方法，视朴学方法与现代科学方法“一样”，尤不免使人有似是而非的感觉。美籍华裔学者郭颖颐就对此表示怀疑，在他看来，肯定朴学“并不是把这些清代学者等同于从培根到现代的西方科学。这些学者对自然之谜并不在意，他们的研究始终是在以社会和伦理世界为基础的儒学教义之内的。J. R. 列文森评论说：‘这些清代早期思想家的经验主义态度，是与唯心主义的科学标准相合谐的，既不是科学本身，又不必然会产生科学。’”[①] 徐复观也指出：“说清人考据的方法是科学方法，这在口头上随便说说，也未尝不可。但若为了撑持门户的原故，而强调到考据的方法，就等于成就近代自然科学的科学方法，因而可由提倡考据之学来促进中国的科学化，那正是误尽苍生的说法。所谓科学方法，本是指自然科学所用的方法而言，它有其具体内容，与考据所用的方法有其本质上的分别。只有自然科学的方法才能成就自然科学。”[②]

不仅如此，胡适的上述说法还存在本末倒置的嫌疑，似乎中西学术的方法原本一致，造成其日后发展方向和结果不同的原因在于材料不同而非方法差异。其实，方法绝非凭空而生，它首先是人类一定实践活动的产物，胡适自己也说过：“科学方法不是专讲方法论的哲学家所发明的，是实验室里的科学家所发明的，不是亚里士多德（Aristotle）、培根（Bacon）、弥尔（Mill）一般人提倡出来的，是格利赖（Galileo）、牛顿

① 郭颖颐：《中国现代思想中的唯科学主义（1900—1950）》，江苏人民出版社 1998 年版，第 75 页。

② 徐复观：《考据与义理之争的插曲》，《学术与政治之间》，台湾学生书局 1985 年再版本，第 556—557 页。

（Newton）、勃里斯来（Priestley）一般人实地试行出来的。”[①]不同的研究对象或材料，必然会造成方法上的差异。清代朴学既与近代实验科学在研究内容和技术背景上存在很大差异，何以方法则“相同”？对此，胡适并未作出令人满意的解释。诚然，从哲学方法论的角度总结，可以从不同的工作和方法中抽象出某些科学研究共有的思维“规则”，如归纳与演绎等。但如仅凭此即可认定清代朴学的方法已达到了与现代科学“一样的”水准，那么，传统学术中归纳和演绎方式的运用作为一种“自在”状态（胡适承认清代朴学对“科学方法”的运用同样处于“不自觉”，亦即自在的状态），恐怕在更早的年代就已存在，又何待乎清代朴学方称“科学”？

其次，从实践层面看，朴学与现代科学在方法上存在的差异也不容忽视。用胡适自己的话来说，考据方法的形成，虽然也有一定的社会实践作依据，如从古代办理刑讼中得到启示和思维方式的训练等，“试看考证学者常用的名词，如‘证据’、‘佐证’、‘勘验’、‘推勘’、‘比勘’、‘质证’、‘断案’、‘案验’都是法官听讼常用的名词，都可以指示考证学与刑名讼狱的历史关系。所以我相信文人审判狱讼的经验大概是考证学的一个比较重要的来源”[②]。但主要是在文献也即故纸研究的过程中发展起来的。中国古代文献的惊人丰富和流播之广，为学者足不出户便可坐拥书城而从事研究提供了条件。在这种学术生态下，其方法论走向，往往表现为一种指向比较单一的层叠式增高趋势。其文献处理所包含的逻辑方法（朴学所长也在此），虽然积淀深厚，形态稳定，但也易趋于自足，难以拓展新领域与新方法，有不少且长期处于经验和直观的粗放状态。现代科学面对的则是范围无限广阔、材料无限丰富的自然界，人类对这一领域的探索，是通过不断接触新事物，不断更新技术手段来实现的，这就在很大程度上逼迫其在学术视野不断扩充的同时，必须注重方法的创新，才能应对自身发展的基本需要，在这个意义上，其方法的多样性和不断创新的速率是传统文献研究完全不可比拟的。显

① 胡适：《清代学者的治学方法》，《胡适文集》第2册，第282页。
② 胡适：《考据学的责任与方法》，《胡适学术文化随笔》，第120—121页。

然，朴学与现代科学虽同具科学的精神，但在方法的产生、运作对象和过程，以及发展的方向上，无疑都有着相当的差异。对此，尽管胡适在《治学的方法与材料》中也有所触及，结论却仍是：“他们的方法是相同的。”这就不能不在实际上起了模糊两者界限的作用。以致其思想的忠实追随者殷海光也认为：胡适“了解科学方法之来路系历史考证，而不是自然科学。他因受这一来路底限制，所以对于科学方法的了解难免陷于过分简单的认识”①。

自胡适此论一出，数十年间，朴学方法即现代科学方法的说法一直腾喧于学术界，许多人不加细辨，沿袭以为常，甚至仍奉乾嘉朴学方法为治学的极则，乐于从故纸堆里讨生活。对此，连胡适本人也感到不安，曾表示：“现在一班少年人跟着我们向故纸堆去乱钻，这是最可悲叹的现状。我们希望他们及早回头，多学一点自然科学的知识与技术，那条路是活路。这条故纸的路是死路，三百年的第一流的聪明才智消磨在故纸堆里，还没有什么好成绩。我们应该换条路走走了。”② 这里所说的“一班少年人”，应当就是当年拜胡适发起的“用科学方法整理国故”运动之赐，才“向故纸堆去乱钻”的，所以胡适会有“跟着我们”云云的说法。

综上可见，胡适等人倡导的“科学方法”，既为现代史学的发展开启了“走向田野”的外延性拓展道路，同时又因过分简化传统考据学与西方现代科学方法的关系，对学术界原本存在的简单比附西学之风起了推波助澜的作用，并在一定程度上削弱了对传统方法自身的改造更新动力。以致在中国现代史学界，那种外号“科学方法”而内则乾嘉朴学的状态依然比比皆是，甚至连胡适本人的治学也不免给人以“始终没有跳出中国‘乾嘉学派’和西洋中古僧侣所搞的‘《圣经》学’的窠臼”之印象。③ 这些，都不能不引起学术界的普遍反思。

---

① 殷海光：《胡适与国运》，《自由中国》第 20 卷第 9 期，1959 年 5 月 1 日。

② 胡适：《治学的方法与材料》，《胡适学术文化随笔》，第 108、114 页。

③ 参见唐德刚编校译注：《胡适的自传》注，《胡适哲学思想资料选》（下），第 141—142 页。

第五节　科学实证史学流派之二：古史辨派

在中国现代史学史上，古史辨派可视为科学方法派的支脉，但又有自己的特点。从其史学实践看，最具代表性的史家当推顾颉刚。故对该派的讨论，将以顾颉刚为主，兼及钱玄同、杨宽、罗根泽、童书业等古史辨史学实践的积极参与者。

一、疑古思潮与古史辨的兴起

古史辨是五四以后在反传统和科学观念主导下，兴起的一场对古文献和古史记载进行清理的学术活动。

古史辨的主将顾颉刚（1893—1980），原名诵坤，以字行，江苏苏州人。1920年毕业于北大文科中国哲学门，留校任图书馆编目员，旋为北大研究所国学门助教。后历任厦门大学、中山大学、燕京大学、齐鲁大学、中央大学教授。1954年起，调为中国科学院历史研究所研究员。

顾颉刚

1923年5月6日，他在胡适编辑的《努力》增刊《读书杂志》第九期发表《与钱玄同先生论古史书》，提出了“层累地造成的中国古史”观，它包括三层含义：第一，“时代愈后，传说的古史期愈长”；第二，“时代愈后，传说中的中心人物愈放愈大”；第三，由此，我们“即不能知道某一件事的真的状况，但可以知道某一件事在传说中的最早的状况”。并谓据其考察，“周代人心目中最古的人是禹，到孔子时有尧、舜，到战国时有黄帝、神农，到秦有三皇，到汉以后有盘古等”，这表明，上古的尧、舜、禹及所谓黄帝、神农、伏羲等圣王都是神而非真有其人，系后人层累编造出来的“伪史”。[①]

此论一出，立即得到了钱玄同的呼应，他极口称赞顾说“真是精当绝伦。举尧、舜、禹、稷及三皇五帝、三代相承的传说为证，我看了之后，惟有欢喜赞叹，希望先生用这种方法，常常考查，多多发明，廓清云雾，斩尽葛藤，使后来的学子不致再被一切伪史所蒙”。并在此基础上，举证探讨了“六经”的来源，认定其“固非姬旦底政典，亦非孔丘底‘托古’的著作”。[②] 胡适也称：“顾先生的‘层累地造成的古史’的见解真是今日史学界的一大贡献，我们应该虚心地仔细研究他，虚心地试验他，不应该叫我们的成见阻碍这个重要观念的承受。”[③]

但与此同时，南京高师出身的刘掞藜、胡适的族叔胡堇人（近仁）等却接连撰文，对顾颉刚和钱玄同的看法提出了质疑。为回应这些质疑，顾颉刚进一步提出了推翻上古伪史系统的四条标准，主张：（一）打破民族出于一元的观念。认为春秋以后，随着种族观念渐强，许多民族始祖的传说渐渐归到一条线上，形成了先后君臣的关系，其实这并不合历史真相，“对于古史，应当依了民族的分合为分合，寻出他们的系统地异同状况”。（二）打破地域向来一统的观念。中国的统一始于秦，“若说黄帝以来就是如此，这步骤就乱了。所以我们对于古史，应当以各时代的地域为地域，不能以战国的七国和秦的四十郡算作古代早就定局的地域”。（三）打破古史人化的观念。古人对于神和人原没有界限，所谓历史差不多完全是神话。自春秋末期以后，诸子奋兴，人性发达，于是把神话中的古神都“人化”了。“所以我们对于古史，应当依了那时人的想象和祭祀的史为史，考出一部那时的宗教史，而

---

① 顾颉刚：《与钱玄同先生论古史书》，《古史辨》（一），第60、62—66页。

② 钱玄同：《答顾颉刚先生书》，《古史辨》（一），第67、69页。

③ 胡适：《古史讨论的读后感》，《古史辨》（一），第191页。

不要希望考出那时以前的政治史。”（四）打破古代为黄金世界的观念。“要懂得五帝三王的黄金世界原是战国后的学者造出来给君王看样的，庶可不受他们的欺骗。”[①]

此后，随着越来越多的学者卷入其中，逐渐形成了以胡适、钱玄同、顾颉刚、魏建功、童书业、杨宽、杨向奎等为一方，和以柳诒徵、刘掞藜、胡堇人、张荫麟、陆懋德等为另一方的两大论辩阵营。所谓“古史辨派”，正是以前者为主体构成的学群。从古史辨的整个展开过程看，大抵该派前期的理论和方法引导以胡、钱、顾为主，而运用这些理念展开具体深入的辨伪实践，则始终以顾颉刚为核心，且越到后来越是如此。至于吕思勉、钱穆等人，虽对古史辨的某些理念有所赞同，但在不少观点和研究结论上仍与顾颉刚等存在明显分歧，故尽管他们也参与了古史辨的某些工作，却不宜将之简单归入该派的基本队伍。

古史辨之兴起，最直接的触发因素，自然是当时方兴未艾的整理国故运动。正如顾颉刚所说：“整理国故的呼声倡自章太炎先生，而上轨道的进行则发轫于适之先生的具体地计划。我生当其顷，亲炙他们的言论，又从学校的科学教育中略略认识科学的面目，又因性喜博览而对于古今学术有些知晓，所以能够自觉地承受。古史古书之伪，自唐以后书籍流通，学者闻见广博，早已致疑，如唐之刘知幾、柳宗元，宋之司马光、欧阳修、郑樵、朱熹、叶适，明之宋濂、梅鷟、胡应麟，清之顾炎武、胡渭、毛奇龄、姚际恒、阎若璩、万斯大、万斯同、袁枚、崔述等都是。不过那些时代的学术社会处于积威的迷信之下，不能容受怀疑的批评，以致许多精心的创见不甚能提起社会的注意，就是注意了也只有反射着厌恶之情。到了现在，理性不受宗教的约束，批评之风大盛，昔时信守的藩篱都很不费力地撤除了，许多学问思想上的偶像都不攻而自倒了。加以古物出土愈多，时常透露一点古代文化的真相，反映出书籍中所写的幻相，更使人对于古书增高不信任的意念。”[②] 然就顾颉刚本人而言，则又是其多年学术探索和积累的一次集中喷发。他从小读书范围

① 顾颉刚：《答刘胡两先生书》，《古史辨》（一），第 99—102 页。

② 顾颉刚：《古史辨·自序》，《古史辨》（一），第 78 页。

甚广，好“打破砂锅纹（问）到底”。在北大读预科期间，接触到康有为的疑古论著，对康“敏锐的观察力，不禁表示十分的敬意”。认为其“孔子作六经”说固不可信，但“六经中参杂了许多儒家托古改制的意思是不容否认的”；而“上古茫昧无稽”和“先秦诸子托古改制创教”等说的提出，尤使他感到“惬心餍理”。进入大学本科后，更因胡适的启迪，先后搜寻和研读姚际恒、崔述和郑樵等人的著作，对前人有关上古史观念的疑窦大增，逐渐产生了“推翻古史的明了的意识和清楚的计划”。[①] 这一过程，从其此前几年和胡适、钱玄同的来往通信中可看得很清楚。

或以为顾颉刚的古史辨思想可能来自日本学者白鸟库吉1909年提出的“尧、舜、禹抹杀论”乃至1920年代内藤湖南的古史传说“加上原则”。[②] 但从目前提供的材料看，仍系推测，并无直接证据。[③] 平心而论，顾颉刚“层累地造成的中国古史”观提出虽晚于日本学术界十来年，却并不足以证明其说来源于白鸟、内藤等人，更何况两者都直接受到过清代学者崔述《考信录》的影响，特别是崔氏一再提到的：“《论语》屡称尧、舜，无一语及于黄、炎者；孟子溯道统，亦始于尧、舜，然则尧、舜以前之无书也明矣……自《易》、《春秋》传始颇言羲、农、黄帝时事，盖皆得之传闻，或后人所追记，然但因事及之，未尝盛有所铺张也。及《国语》、《大戴记》，遂以铺张上古为事，因缘附会，舛驳不可胜纪。加以杨、墨之徒欲绌唐虞三代之治，藉其荒远无征，乃妄造名号，伪撰事迹，以申其邪说；而阴阳神仙之徒亦因以托之。由是司马

---

① 顾颉刚：《古史辨・自序》，《古史辨》（一），第26、43页。

② 关于这方面情况，可参见钱婉约：《“层累地造成说”与“加上原则”——中日近代史学上之古史辨伪理论》，《人文论丛》1999年卷，武汉大学出版社1999年版。

③ 持此说者，除徐旭生（《中国古史的传说时代》，1960）、胡秋原（《一百三十年来中国思想史纲》，1973）外，近年又有李庆《〈崔东壁遗书〉和20世纪初中日两国的“疑古”思潮》（《学术集林》第10辑，上海远东出版社1997年版）、廖名春《试论古史辨运动兴起的思想来源》（《原道》第四辑，学林出版社1998年版）等。而钱婉约《“层累地造成说”与“加上原则”——中日近代史学上之古史辨伪理论》、黄永年《评〈走出疑古时代〉》（《顾颉刚先生诞辰110周年论文集》，中华书局2004年版）、李孝迁《域外汉学与中国现代史学》（上海古籍出版社2014年版）第二章第二节“尧舜禹抹杀论”等所论，均以为无证据表明顾颉刚等系受白鸟库吉等直接影响才发起古史辨，可参看。

迁作《史记》，遂托始于黄帝，然犹颇删其不雅驯者，亦未敢上溯于羲、农也。逮谯周《古史考》、皇甫谧《帝王世纪》，所采益杂，又推而上之，及于燧人、包羲。至于《河图》、《三五历》、《外纪》、《皇王大纪》以降，且有始于天皇氏、盘古氏者矣。”故“世益晚则其采择益杂也”。[①]看来，此说应是启迪两者疑古史观形成的共同思想渊源。

而从大背景看，这两种相近的史观，本都是近代思想启蒙运动的产物。中国古代史学发达，唐宋以还，随着书籍的广泛流播和考据学的渐次成熟，疑古辨伪代有其人，只是受到传统社会尊古习俗的制约，此类学术活动始终处于边缘的地位。直到19世纪末维新启蒙运动期间，才因康有为《新学伪经考》和《孔子改制考》的发布，酿成一股疑古思潮，以致引起正统派的普遍侧目，几次遭到清廷的禁毁。辛亥革命后，罗振玉在建议王国维转治传统经史之学时即说：“尼山之学在信古，今人则信今而疑古。国朝学者疑《古文尚书》，疑《尚书》孔注，疑《家语》，所疑固未尝不当。及大名崔氏著《考信录》，则多疑所不必疑矣。至于晚近，变本加厉，至谓诸经皆出伪造。”[②]可见此思潮在晚清影响不小。五四时期，在科学和民主观念的鼓荡下，思想更趋解放，疑古思潮遂得真正冲决几千年传统观念的束缚，从边缘走向前台，成为学术界倾动一时的新潮。柳诒徵在这场论战公开爆发前所撰的一篇文章中所说：“今人读古史，动辄怀疑，以为此为某某作伪，此为某某增窜，嚣然以求真号于众。不知古人以信为鹄，初未尝造作语言以欺后世。若谓今人始善考史，昔之人皆逞臆妄作，则由未读古书，不详考其来历耳。”[③]便表达了对这一学风的感受。也只有结合这一背景，才能理解何以顾颉刚在回顾古史辨缘起时，会特别强调康有为和胡适这两个关键的影响因素，称：“长素先生受了西洋历史家考定的上古史的影响，知道中国古史不可信，就揭出了战国诸子和新代经师的作伪的原因，使人读了不但不信

① 《崔东壁遗书·考信录提要》下卷《补上古考信录》、上卷《释例》，上海古籍出版社1983年版，第17、13页。

② 罗振玉：《海宁王忠悫公传》，《王国维全集》卷二十，浙江教育出版社、广东教育出版社2010年版，第228—229页。

③ 柳诒徵：《正史之史料》，《史地学报》第2卷第3期，1923年3月。

任古史，而且要看出伪史的背景，就从伪史上去研究，实在比较以前的辨伪者深进了一层。适之先生带了西洋的史学方法回来，把传说中的古代制度和小说中的故事举了几个演变的例，使人读了不但要去辨伪，要去研究伪史的背景，而且要去寻出它的渐渐演变的线索，就从演变的线索上去研究，这比了长素先生的方法又深进了一层了……在这新方法支配之下的材料，陡然呈露了一种新样子，使得我又欣快，又惊诧，终至放大了胆子而叫喊出来，成就了两年前的古史讨论。”①

学术界习惯将顾颉刚等一批积极倡导“疑古辨伪”的学者称为“疑古派”或“古史辨派”。但循名责实，自当以“古史辨派”更为贴切。盖“疑古派”之称呼，直视该派与康有为一样，专以“疑古”和破坏为事，毫无建设。其实，古史辨初起时，其工作虽以“疑古”为主，对康之观点有所承，但理论目标决不以“疑古”为限。顾颉刚便称，从事古史辨伪“有两种用处，一是推翻伪史，二是帮助明了真史”。为此，他曾计划：“在研究上，要先弄明白了古代的史实，然后再考各种书籍的时代和地域，考明之后便在里面抽出那时那地的传说中的古史，加以系统的整理，更研究了考古学去审定实物，研究了民俗学去认识传说中的古史的意义。这确是一条最切实的道路，必须把这条道路按部就班地走完了之后，始可把我的研究古史的责任脱卸。”只是由于条件所限，不能不先把自己的工作先集中在某一方面。②又说：“我们所以有破坏，正因求建设。破坏与建设，只是一事得两面，不是根本的歧异。”③直到晚年，他仍表示：“以前有人说：‘现在人对于古史可分为三派：一派是信古，一派是疑古，一派是释古，正合于辩证法的正、反、合三个阶段。’我的意思，疑古并不能自成一派，因为他们所以有疑，为的是有信；不先有所信，建立了信的标准，凡是不合于这标准的则疑之。信古派信的是伪古，释古派信的是真古，各有各的标准。释古派所信的真古从何而来呢？这只是得之于疑古者之整理抉发。”④而从古史辨的整个实践过程

---

① 顾颉刚：《古史辨·自序》，《古史辨》（一），第78—79页。

② 顾颉刚：《古史辨·自序》，《古史辨》（一），第66、60页。

③ 顾颉刚：《古史辨》（四）序，上海古籍出版社1982年版，第19页。

④ 顾颉刚：《我是怎样编写〈古史辨〉的？》，《古史辨》（一），第28页。

看，其学术活动也并未一直停留在“疑”的破坏阶段，而是有疑有辨，辨而有疑有信，在古书和古史的考实方面也作了不少有益的探索。这一点，从七大册的《古史辨》中就可以看到不少。故“古史辨派”的名称，应当说更能概括该派工作的特性。

二、古史辨的辨伪方法及其实绩
——以七大册《古史辨》为中心的考察

古史辨激起的公开论战虽始于1923年，但顾颉刚和胡适、钱玄同等有意在学术界开展古史辨伪的筹划至少可上推到1920年。1921年7月，胡适在《研究国故的方法》讲演中，更把“疑古的态度”明确列为整理国故的主要方法之一，主张对先秦文献的记载“宁可疑而错，不可信而错”，并谓：“东周以前的历史，是没有一字可以信的。以后呢？大部分也是不可靠的……四部书里边的经、史、子三种，大多是不可靠的。我们总要有疑古的态度才好！”[①]应当说，这场学术运动在史学界引发的普遍关注，至少持续了十余年，直到抗战爆发才暂告一段落。[②]它的展开，不仅是对传统古史观的颠覆，同时也是一种深入清理古文献和重新认识古史的实践。故论其实绩，自应由此两方面入手。

谈到古史辨派的方法，一般多冠之为“西方近代科学方法”。顾颉刚就称，伪古史是在胡适从西洋带回的新方法支配下“呈露”出来的，罗根泽亦谓，其“研究诸子学说的根本方法，是采取西洋的科学方法”[③]。但究竟运用了哪些“西洋科学方法”，似仍需作进一步分析。

---

① 胡适：《研究国故的方法》，《胡适全集》第十三卷，安徽教育出版社2003年版，第44、45页。

② 抗战以后，古史辨的工作虽仍有所延续，但作为学术界一个比较持续的热点却盛况不再。顾颉刚即说：“卢沟桥炮声一响，北京城就落入敌人的手里，我是久为他们特务所注目的人，不能不设法逃开，于是以后几十年的工作计划一直得不到安定的环境来实现，我的一生工作能力最强的一段时间就此浪掷了。”（《我是怎样编写〈古史辨〉的？》，《古史辨》（一），第27页）而1937年春受顾委托编辑《古史辨》第七册的童书业，也因战争爆发逃难，不得不放下手中的工作，直到1940年8月才勉力编就。

③ 罗根泽：《古史辨》（四）自序。

在古史辨论战中，胡适曾对此有过明确的归纳，称顾颉刚“这一次讨论古史的根本见解，也就是他的根本方法。他初次应用这方法，在百忙中批评古史的全部，也许不免有些微细的错误。但他这个根本观念是颠扑不破的，他这个根本方法是愈用愈见功效的”。其主要步骤为：“（一）把每一件史事的种种传说，依先后出现的次序排列起来。（二）研究这件事在每一个时代有什么样子的传说。（三）研究这件史事的渐渐演进，由简单变为复杂，由陋野变为雅训，由地方（局部的）变为全国的，由神变为人，由神话变为史事，由寓言变为事实。（四）遇可能时解释每一次演变的原因。”并谓自己考证中国古代的井田制度等，用的也是此法。[①]

这一“根本方法”，实际上就是他常挂在口上的“历史演进的方法”。顾颉刚也自承：“我深知我所用的方法（历史演进的方法）必不足以解决全部的古史问题；但我亦深信我所用的方法自有其适当的领域，可以解决一部分的古史问题，这一部分的问题是不能用它种方法来解决的。”[②] 其实，这种方法，本是历史学的常用之法，不同的只是将其关注重点由历史本身转到了某一历史观念，或历史传说和文献叙事，也即观念和古书记载衍化过程的考察上，顾颉刚所谓“我们要辨明古史，看史迹的整理还轻，而看传说的经历却重。凡是一件史事，应当看它最先是怎样的，以后逐步逐步的变迁是怎样的。我们既没有实物上的证明，但从书籍上入手，只有这样做才可得一确当的整理，才可尽我们整理的责任”[③]。用意也正在此。当然，顾颉刚在运用这一方法时，还加入了一些民俗学的知识，注意从民间传说故事演化和古史传说的类比中去获得启示，从而在一定程度上丰富了其内涵。

但这一方法的本身，从技术层面讲仍多出自传统考据学的文献溯源法，其中并无多少西方近代科学的含量。这一点，有时胡适也不否认，他评价“层累地造成的古史观”说：“顾先生的这个见解，我想叫他做

---

① 胡适：《讨论古史的读后感》，《古史辨》（一），第192—193页。
② 顾颉刚：《古史辨》（三）自序，朴社1931年版，第9页。
③ 顾颉刚：《与钱玄同先生论古史书》，《古史辨》（一），第59—60页。

‘剥皮主义’，比如剥笋，剥进去方才有笋可吃。”它渊源于崔述的“世益古则取舍益慎，世益晚则其采择益杂”之说，不过崔的考证只追溯到儒经为止，“还不算彻底。顾先生还要进一步，不但剥的更深，并且还要研究那一层一层的皮是怎样堆砌起来的”。[①] 顾颉刚则称：自己对“科学方法”的理解，主要不外来自中小学博物理化和大学逻辑学等教材，以及胡适提倡的“历史演进法”。“老实说，我的脑筋中印象最深厚的科学方法不过如此而已。我先把世界上的事物看成许多散乱的材料，再用了这些零碎的科学方法实施于各种散乱的材料上，就是喜欢分析、分类、比较、试验，寻求因果，更敢于作归纳，立假设，搜集证成假设的证据而发表新主张。如果傲慢地说，这些新主张也可以算得受过科学的洗礼了。但是我常常自己疑惑：科学方法是这般简单的吗？只消有几个零碎的印象就不妨到处应用的吗？在这种种疑问之下，我总没有作肯定的回答的自信力。”[②] 甚至表示：“我们的功力不但远逊于清代学者，亦且远逊于宋代学者。不过我们所处的时代太好，它给予我们以自由批评的勇气，许我们比宋代学者作进一步的探索——解除了道统的束缚；也许我们比清代学者作进一步的探索——解除了学派的束缚。它又给予我们许多崭新的材料，使我们不仅看到书本，还有很多书本以外的东西，可以作种种比较的研究，可以开出想不到的新天地。”[③] 这话，既是自谦，也是事实。其实，若就考证学中的分类、归纳、比较和寻求因果等方法而言，传统学术尤其是清代学者中并不少见，只是理论上多未系统化而已。如此看来，古史辨派理论上较前人的高明之处，主要还是吸收和运用了西方现代的科学观念而不是辨伪技能。当然，这些观念会有效提高方法的运用水准，广义上也不妨视为方法论的重要组成部分。

至于西方现代的社会学、人类学、宗教学等科学方法，胡适虽也提到，如说：“故治古史的人若不先研究人类学、社会学，决不能了解先民创造一技一艺时的艰难。”[④] 但由于当时各种条件的限制，连他们自己

---

① 胡适：《古史讨论的读后感》，《古史辨》（一），第 192 页。

② 顾颉刚：《古史辨・自序》，《古史辨》（一），第 95 页。

③ 顾颉刚：《古史辨》（三）自序，第 1 页。

④ 胡适：《古史讨论的读后感》，《古史辨》（一），第 196 页。

也无多少深入的实践。顾颉刚就说："我何尝不想研究人类学、社会学、唯物史观等等，走在建设的路上。可学问之大像一个海，个人之小像一粒粟……要是痴想'一步跨上天'，把许多的需要责望到几个人的身上，要他们在一个短时期内得到大成就，那么只有逼得他们作八股文章：大家会说那一套，但大家对于那一套都不能有真实的了解。试问到了这步田地，还有什么益处？那不是自欺欺人吗？"①他们的古史研究，虽曾计划或尝试从考古学、辩证伪古史、民俗学和神话学等多角度入手加以推进，但主要工作，仍不免集中在传世文献的比较考辨上，以致后来连胡适也不甚满意，认为就此而言，"从梅鷟的《古文尚书考异》到顾颉刚的《古史辨》"，都不过是"文字的学术"和"故纸堆的火焰而已"。②

古史辨的学术成果，主要汇集在顾颉刚主持编辑的《古史辨》中。该书自1926年至1941年先后出版七册（除四、六、七册外，余皆顾颉刚编），共收文350篇，计325万字。③抗战中，顾又委托饶宗颐在原拟《古地辨》篇目的基础上编辑第八册，专收古代地理考证之作，旋因太平洋战争爆发而中辍。④

已出版的七册内容如下：第一册三编，上编为1920年11月至1923年2月顾颉刚与胡适、钱玄同讨论古书辨伪的来往书信，中编收录1923年2月至次年2月《读书杂志》开展古史讨论的文章，下编主要收录《读书杂志》停刊后至1926年1月间围绕古史辨的相关通信和文章，可借以了解古史辨的思想渊源及其基本观点。第二册三编，上、中编分别为古史和孔子及儒家专题讨论，下编为对《读书杂志》和《古史辨》第一册有关文章展开的评论。第三册两编，分论《周易》和《诗经》。第四、六两册由罗根泽编辑，为先秦诸子丛考，其中第四册两编，分通考及儒、墨、道、法五类编次；第六册两编，上编为诸子通考和分考，下编专考老子。第五册两编，分论今、古文经学和阴阳五行说起源及古

① 顾颉刚：《古史辨》（三）自序，第6—7页。

② 胡适：《治学的方法与材料》，《胡适全集》第三卷，安徽教育出版社2003年版，第133页。

③ 参见顾颉刚：《我是怎样编写〈古史辨〉的？》，《古史辨》（一）。

④ 参见饶宗颐《古史重建与地域扩张问题》（《九州》第二辑，商务印书馆1999年版）、《怀念顾颉刚先生》（《顾颉刚先生诞辰110周年论文集》，中华书局2004年版），以及刘起釪《古史续辨·序言》（中国社会科学出版社1991年版）。

帝王系统等。第七册由吕思勉和童书业编辑，凡三编，上编统论古史传说，中、下编分考三皇五帝和唐虞夏史。

由上可见，古史辨派的工作主要集中在三方面。

一是对先秦古史特别是古帝王和政权世系及其记载的辨伪。代表作有顾颉刚的《秦汉统一的由来和战国人对于世界的想象》、《战国秦汉间人的造伪与辨伪》、《禅让传说起于墨家考》。顾与童书业合撰的《鲧禹的传说》、《夏史三论》，与杨向奎合撰的《三皇考》，以及童书业《“帝尧陶唐氏”名号溯源》、杨宽《中国上古史导论》等。

依据“层累地造成的古史观”，顾颉刚列举了很多材料，指出由于古史所遗资料的严重缺乏，而相关传说又包含着许多神话成分，故其“性质是宗教的，其主要的论题是奇迹说”。战国以后，“为了阶级的破坏，种族的混合，地域的扩张，大一统制度的规划，阴阳五行原理的信仰，以及对于这大时代的扰乱的厌倦，立了许多应时的学说，就生出了许多证实这些学说而杜造的史事”。至秦汉时代，“除了王莽一朝之外，伪托的古也不多；但因那时是消化古文化的时候，而历史观念不发达，一般学者没有学得整理的技能，偏任了头一批整理的工作，遂把古代文籍事弄得一塌糊涂……所以我们可以说：战国大都是有意的作伪，而汉代则多半是无意的成伪”。[①] 如尧舜禅让之说，就是战国时墨家为了“倡导彻底的尚贤说”而托古编造出来的，并不能作为唐虞社会存在部落酋长选举制的依据。[②]

杨宽更发挥“层累地造成的古史观”成“神话演变分化”说，认为“古史传说中之圣帝贤王，一经吾人分析，知其原形无非为上天下土之神物”，且古史上的神圣人物及其故事，往往会在长期的流播过程中由一化二化三乃至更多，“五帝之传说既由上帝神话演变分化而成，而三皇之传说亦由上帝之神话哲理化演成者”。[③] 当然，这是一种自然衍化而非有意作伪的过程。

---

① 顾颉刚：《战国秦汉间人的造伪与辨伪》，《古史辨》（七）（上），第 10、39、62 页。

② 顾氏的详细论述请参考《禅让传说起于墨家考》，《古史辨》（七）（下）。

③ 杨宽：《中国上古史导论》，《古史辨》（七）（上），第 393、396 页。

二是儒家经学及阴阳五行说起源的考辨。主要有顾颉刚的《〈周易〉卦、爻辞中的故事》、《〈诗经〉在春秋战国间的地位》、《论〈诗经〉所录全为乐歌》和《五德终始说下的政治和历史》，钱玄同《重论经今古文学问题》等。

顾颉刚指出，旧说所谓《易》由伏羲画卦，孔子作《传》，其实并不可靠。据他考察，其"著作时代当在西周初叶。著作人无考，当出于那时掌卜筮的官。著作点当在西周的都邑中，一来是卜筮之官所在，二来因其言'岐山'，言'缶'，都是西方的色彩。这一部书原来只供卜筮之用，所以在《国语》（包括《左传》）所记占卜的事中引用了好多次；但那时的筮法和筮辞不止《周易》一种，故《国语》所记亦多不同。此书初不为儒家及他家所注意，故战国时人的书中不见称引。到战国末年，才见于荀子书，比了《春秋》的初见于孟子书还要后。《春秋》与《易》的所以加入'《诗》、《书》、《礼》、《乐》'的组合而成为六经的缘故，当由于儒者的要求经典范围的扩大"。所以，整个《易》学系统是用战国秦汉间的材料构造起来的。[①] 即使是本身出处可靠的《诗经》，顾颉刚也对不少习闻的先儒有关诗作本事的揣测或旧注作了驳正。对于曾在秦汉政治生活中影响很大的"五德终始"说，他经考辨后认为，五行思想出现得很早，但形成比较系统的学说可能始于战国后期的驺衍，"驺衍的时代，正是帝制运动的时代。驺衍的居地，正是东帝（齐）和拟议中的北帝（燕）的国家。驺衍的思想，则是讲仁义礼乐的鲁文化和夸诞不经的齐文化的混合物。有了这三种环境，于是五德终始说就产生了"[②]。五德终始说以五行（土、木、金、火、水）配五色（黄、青、白、赤、黑），附会古帝王政权转移之运势，为秦汉的"君权神授论"服务。至西汉末，由于古史系统的层累加长和王莽篡汉的需要，五德的排列次序和解释又有所变化（即由"相胜"变为"相生"），从中颇可窥见古史系统增饰变化的痕迹。

钱玄同则顺着康有为《新学伪经考》的思路，对汉以来纷争不已

① 顾颉刚：《〈周易〉卦、爻辞中的故事》，《古史辨》（三），第43、3页。
② 顾颉刚：《五德终始说下的政治和历史》，《古史辨》（五），朴社1935年版，第414—415页。

的经今古文学问题发表了看法。谓自清阎若璩《尚书古文疏证》出，传世《古文尚书》之伪已证据确凿，康有为更系统地揭露了古文经全出刘歆伪造或窜改的真相。此后，则应“站在超今文的‘历史家’立场上”，对今文经学的真伪作进一步辨析。因为在他看来，“今文经中有一部分是儒家‘托古改制’的文章，这一部分只能作为儒家思想史的材料，而不能作为古代历史的材料。所以今文经即使全是真书，但绝不能说全是史实”。因其本周秦间儒生逐渐编成，至西汉尚有新的篇幅加入，“其中有真为古代的史实，有儒家讬古的伪史；有真为孔子的思想，有后儒讬于孔子的思想；有全真之书，有全伪之书；有真书之中掺入伪篇的，有书虽真而不免有阙文、误字、错简的。凡此种种，皆应一一分析，疏证明白，方能作古代种种史料之用”。[①]

三是诸子考辨。主要有顾颉刚的《从〈吕氏春秋〉推测〈老子〉之成书年代》，罗根泽的《战国前无私家著作说》、《老子及〈老子〉书的问题》、《荀卿游历考》和《慎懋赏本〈慎子〉辨伪》等。

这方面，以罗根泽用力最勤。他自谓梁启超和顾颉刚的影响是促使其“从研究诸子学说而进入考订诸子真伪年代的原动力”。主张诸子研究应从作者、书、学说、辑佚和历代诸子学研究的总结等五方面作综合展开。鉴于“中国古书里边有许多挂名某人而不是某人的著作，诸书皆然，子书尤甚”，此等伪书，足以淆乱视听，将相关研究导入歧途，可见“就学术史而论，则作者之人的问题，时的问题，极为重要”，辨明其形成的真实年代，实为研究学术史的先决条件。在他看来，“周秦诸子靡不托古改制，苟其言之成理，持之有故，皆宜保存；惟疏通明辨，使还作主，而不赝伪古人，以乱学术之系统耳……故余以为与其辩真伪，无宁考年代，始有功于古人，有裨于今后之学术界也”。为此，他决心将所有先秦两汉子书的年代作一全面系统的考订。[②]

从《庄子》、《尸子》、《荀子》、《韩非子》、《吕氏春秋》诸家对典籍的著录情况看，罗根泽深信战国之前私家无著述，说：“五子皆战

---

① 钱玄同：《重论经今古文学问题》，《古史辨》（五），第29—30、92—93页。

② 罗根泽：《古史辨》（四）自序，第7—8页。

国显学，于其已往学术，不为不悉，战国以前若有私家著作，乌能不列？”据此，他断言后出之战国前著述若《六韬》、《阴符经》等皆后人托古之作。战国私家著作所以多托古，乃因当“乱离之时，颠沛失所，更易引起慕古返古之思，故各家著书立说，每每托古。即彰彰较著者言之：儒、墨两家俱祖尧、舜，道家为黄帝之说，许行托神农之言，其非神农、黄帝、尧、舜之真，而为诸家之托，不惟今人言之，战国诸家已言之”。至于《论语》、《孝经》等，虽非托古之作，但实际成书亦都已入战国时代。[①] 其对《孔丛子》、《邓析子》、《商君书》、《尹文子》、明慎懋赏本《慎子》等的辨伪，便都反映了这一思路。

在当时的诸子辨伪过程中，各家意见最为纷纭的是老子及其书年代的争议。1922 年 3 月，梁启超在《晨报》发表《论〈老子〉书作于战国之末》（评胡适之《中国哲学史大纲》第五节），列举六条证据，对以老子为孔子师辈的习惯说法提出了异议，由此引发了有关老子的讨论，仅收入《古史辨》的相关文字就达 30 万言以上。参与的学者大致分为两派：胡适、唐兰、马叙伦、郭沫若、高亨等主老在孔前，梁启超、顾颉刚、钱穆、冯友兰、张西堂、罗根泽等则主老在孔后（具体又可分为主战国初期、中期和末期等不同意见）。虽然讨论并未取得一致意见，但对历史上有关老子记载的疑点，《老子》书的文字表达、内容和思想特点等多已发露无遗。[②]

以上所述，主要还是古史辨派一方的成绩。而实际上，我们知道，《古史辨》收录的文字，并非一家之言，其中也包含了当时与古史辨派不同观点乃至对立的各家论辩之作。对此，顾颉刚在《古史辨》第一册出版时就解释道：“这书的性质是讨论的而不是论定的，里面尽多错误的议论，现在为保存讨论的真相，不加改正。希望出版之后，大家切切实实地给以批判，不要轻易见信。”[③] 以后又一再表示：“我自己的工作偏于破坏伪史方面，但我知道古史范围之大，决不能以我所治的赅括

① 罗根泽：《战国前无私家著作说》，《古史辨》（四），第 13、67、14—15 页。

② 关于讨论中的各方观点，罗根泽《古史辨》（六）（上海古籍出版社 1982 年版）自序有较细的介绍分析，可参看。

③ 顾颉刚：《古史辨・自序》，《古史辨》（一），第 103 页。

全部，我必当和他人分工合作。数年以来，我常想把《古史辨》的编辑公开，由各方面的专家辑录天文、历法、地理、民族、社会史、考古学……诸论文为专集。”[①] 并谓：“我的编辑《古史辨》的动机，并不是想把它当作自己的著作，乃是要它做成中国民国学术史上的一部分的‘史料汇编’；要使人读了这部汇编，可以有几个清楚的问题梗在心头。问题自我发，固然编辑起来凑手一点；即不自我发，只要和古史有关系而已经讨论了些时候，我也乐于搜集。书由我编固可，即不由我编亦可。上次出的第四册，就是罗雨亭先生（根泽）编的。他本来编的是《诸子丛考》，我看他的体例和《古史辨》绝相类，就请他加入。出版之后，许多人觉得诧异，说：《古史辨》为什么不由顾颉刚编了？我觉得这种态度未免胸怀不广：学问非财产，何必私有呢？ 古史的园地宽得很，应当做的工作多得很，竭顾颉刚一人之力也不过耕得百亩，何必把那些不耕之地也占拦了！”[②] 从《古史辨》的编辑看，这一宗旨，越到后来，表现越是明显。

正是这种现代学术的宽广胸襟，吸引了一大批不同意见的学者热心加入，其中，既有对古史辨派的理论与方法持批评态度的刘掞藜、柳诒徵、张荫麟、陆懋德，也有同意其某些理念，但在不少方面与之有明显分歧的吕思勉、钱穆等。而实际上，也正因《古史辨》收录了张荫麟等人的批评文章，以及吕思勉《古史纪年考》、《三皇五帝考》、《唐虞夏史考》，和钱穆《刘向歆父子年谱》、《荀卿考》、《墨子生卒年考》等有分量的考辨之作，才使之更显得多姿多彩，并得以大大增加了内容的丰厚度。

中国为拥有古史文献最多之国，但其早期历史记载仍不免多杂神话，且渗入经典之中，诚如吕思勉所说：“吾国古籍，著之竹帛者，大率自东周以来。其所称述夏、殷、西周之事，盖荀子所谓官人百吏，父子相传，以持王公，以取禄秩者。阅世长远，都邑屡迁，方策散佚，岂必其创制显庸之旧？后世文物，无数十百年不变迁者，而故书述三代制

① 顾颉刚：《古史辨》（四）序，第 14 页。

② 顾颉刚：《古史辨》（五）自序，第 1—2 页。

度，大率斠若画一，有是理与？”[①] 后人不察，习而守之既久，遂至雾霭重重，积重难返。古史辨展开的上述工作，有力地促进了人们的理性思维，对于打破旧时代的迷信盲从和开启古史研究的新局面，无疑起了十分积极的作用。

关于古史辨的成绩，童书业曾作了这样的评价："时到现在，谁都知道古代史有问题，谁都知道古代史的一部分乃是神话，并非事实。甚至有人著中国通史，不敢提到古史只字。这样看来，'疑古'的成绩确已相当可观了。"并宣称这场论辩已得出了一些相对可取的结论，这就是："'三皇''五帝'的名称系统和史迹，大部分是后人有意或无意假造或讹传的。'皇''帝'的名号本属于天神，'三''五'的数字乃是一种幼稚的数学的范畴，'三皇''五帝'和古代哲学神话是有密切的联系的。大约：盘古、天皇、地皇、泰皇（或人皇）决无其人；燧人、有巢、伏羲、神农，也至多是些社会进化的符号。至于黄帝、颛顼、帝喾、尧、舜、鲧、禹等，确实有无其人虽不可知，但他们的身上附有很多的神话，却是事实。把这些神话传说剥去，他们的真相也就所剩无几了。至启以下的夏史，神话传说的成分也是很重，但比较接近于历史了。到商以后，才有真实的历史可考。"[②] 应当说，此归纳大体还是符合事实的。郭沫若也认为："顾颉刚的'层累地造成的古史'的确是个卓识……在现在新的史料尚未充足之前，他的论辩自然并未能成为定论，不过在旧史料中凡作伪之点大体是被他道破了。"[③]

三、从"疑古"到考古释古

当然，古史辨在取得巨大学术声誉的同时，也遭到了各种不同意见的质疑。这些质疑，归纳起来主要有以下几点。

---

① 吕思勉：《古史辨》（七）自序一，第 1 页。

② 童书业：《古史辨》（七）自序二，第 1、2 页。

③ 郭沫若：《夏禹的问题》（1930），《中国古代社会研究》，人民出版社 1964 年版，第 274—275 页。

一是理论与方法上的缺陷。古史记载出现"伪史"的现象，原因本是多方面的，吕思勉就认为："古史之传于今者，探其原，盖有神话焉，有十口相传之辞焉，有方策之遗文焉，有学者所拟议焉，且有寓言无实者焉。其物本樊然淆乱，而由今观之，抑若略有条贯者，皆经损益润饰而成。其人不必相谋，而其事一若相续，此顾君颉刚所由谓'古史层累造成'。抑又未尝无逐渐剥蚀，前人所能详，而后人不能举其事者，此其所以益不易董理也。"[①] 但"层累地造成的古史观"却只强调了后人的不断增饰伪史，而忽略了同时发生的原始历史真相逐渐剥蚀的过程，这就导致其对古史真相的判断有时不免陷入绝对和片面。在顾颉刚看来，传说中的三皇五帝和夏禹，由于都带有神性，都为"神"而非现实之"人"，他们之成为古史上的人物，"乃是由于他的神话性的故事经过了一番历史的安排以后的种种记载而来"，故其辨伪中心自当落在"古圣王"由"神"变"人"的作伪过程。[②] 杨宽也称："古史传说之纷纭缴绕，据吾人之考辨，知其无不出于神话。古史传说中之圣帝贤王，一经吾人分析，知其原形无非为天上下土之神物。"如"夏代传说之确立，至早在殷周之际。夏史大部为周人依据东西神话辗转演述而成者，故周人盛称之，而殷人则不知，亦无怪乎卜辞之不见其踪迹矣……夏史既出神话演变而成，则'夏'之一名又安见其非神话演变而成乎？"[③] 并谓："我们所揭发的，大部分已由神话演变而为人话，已由鸟兽演化而为人物。"[④] 其实，"古圣王"既有原本出自神话（即完全虚构），也有原始部落的英雄或首领后来在传说中被逐渐神化者。对后者，显然不能徒以神话视之，而当看到其中确包含着某些个人或社会历史的真相。如王国维在考证殷先公先王时，就曾从充满神话传说的《山海经》和《楚辞·天问》中过滤出有价值的史料加以参证，增强了考证的说服力。上古史研究能得到考古资料的确切印证固然非常重要，但总的看，这类资料只能是片断的和静态的，古代文献仍然是后人了解古史的重要依据，如对夹

---

① 吕思勉：《古史辨》（七）自序一，第 1 页。
② 顾颉刚：《古史辨·自序》，《古史辨》（一），第 64 页。
③ 杨宽：《中国上古史导论》，《古史辨》（七），第 393、281 页。
④ 杨宽：《古史辨》（七）序，第 9 页。

有神话传说的古史记载一概否定，至少是不够理性的。对此，后来钱穆也批评道："从一方面看，古史若经后人层累地造成；惟据另一方面看，则古史实经后人层累地遗失而淘汰。层累造成之伪古史固应破坏，层累遗失的真古史尤待探索。此其一。各民族最先历史无不从追记而来，故其中断难脱离'传说'与带有'神话'之部分。若严格排斥传说，则古史即无从说起。此其二。且神话有起于传说之后者，不能因神话而抹杀传说。此其三。假造亦与传说不同，如后起史书整段的记载与描写，或可出于假造，其散见各书之零文短语，则多系往古传说，非出后世一人或一派所伪造，此其四。欲排斥某项传说，应提出与此相反之确据。否则此传说即不能断其必伪或必无有。亦有骤视若两传说确切相反，不能并立，而经一番新的编排与新的解释，而得其新鲜之意义与地位者。此其五。"①

此外，在辨伪的具体方法上，张荫麟认为其存在着过度使用"默证法"的倾向，指出："凡欲证明某时代无某某历史观念，贵能指出其时代中有与此历史观念相反之证据。若因某书或今存某时代之书无某史事之称述，遂断定某时代无此观念，此种方法谓之'默证'（Argument from silence）。"但其有效运用的前提，"必须所有事实均经见闻，均经纪录，而所有记录均保完未失而后可"。在史料留存甚少和史实多遭湮没的上古史领域从事辨伪，此法尤当慎用，因为目前未见，并不能说明一定不存在或以后不会发现正面证据。顾颉刚据《诗经》和《尚书》中未见提到尧、舜，就断言尧、舜、禹之传说必是禹先起而尧舜后起，"此种推论，完全违反默证适用之限度。试问《诗》、《书》（除《尧典》、《皋陶谟》）是否当时历史观念之总记录，是否当是记载唐虞事迹之有统系的历史？又试问其中有无涉及唐虞事迹之需要？此稍有常识之人不难决也。呜呼，假设不幸而唐以前之载籍荡然无存，吾侪依顾氏之方法，从《唐诗三百首》、《大唐创业起居注》、《唐文汇选》等书中推求唐以前之史实，则文、景、光武之事迹其非后人'层累造成'者

① 钱穆：《国史大纲（修订本）》上册，商务印书馆 1996 年修订第三版，第 8—9 页。

几希矣！”[①]而以民间传说故事的演变来“比拟传说中的古史”，固然有助于观察到某些共性现象，但如对两者的差异关注不够，同样也易带来误判。

二是对古书成书过程缺乏足够的认识。古书辨伪是古史辨的一个重心，其主要手段，便是从某书中搜出与署名作者所处时代背景不合的史迹、思想和文辞表达形式等，以证其伪。这种辨伪术，在通常情况下是完全符合逻辑和有说服力的。问题是，先秦古书的形成过程相当复杂，往往并非成于一时一手，而是经历了好多代人的传述、记录、整理，才逐渐成为今本的，以致同一本书内，有时会杂现多个时代的印记，给后人带来一定的困惑。顾颉刚在考证《诗经》在春秋战国间的地位时，就说：“我做这件工作时最感困难的，便是取材的胆怯。因为除了《诗经》本身以外，凡要取来证成《诗经》的差不多没有一部书籍完全可靠。《尚书》固是一部古书，但即在完整的《今文尚书》中，文体的不同也是很显著的事实……《左传》和《国语》固是记载春秋时事最详细的，但做书的态度既不忠实，并且他确是生在战国时的，这部书又经过了汉儒的几番窜乱，可靠的程度也是很低。《仪礼》是记载周代礼节最详细的，但礼节这等的繁缛，物品这等的奢华，决不是‘先进野人’之风，恐是春秋末年或战国初期的出品。《论语》是记载孔子的言行最详细的，但说及曾子的死，至少出于孔子的再传弟子所记，也是战国初期的出品。《礼记》更后了，大部分是西汉人所作，这是可以把汉人的记载证明的。我们要研究春秋时人对于《诗经》的态度，却不得不取材于战国时乃至汉代的记载，这确实的程度已经打了折扣。”[②]这里，对儒家经典的来源及其价值的总体评估未免过低。别的且不说，即使是顾认为最不靠谱的《礼记》，也不见得“大部分是西汉人所作”。1997年湖北荆门郭店出土的战国楚墓竹简中，就有一篇与今本《礼记·缁衣》基本相同的文字，这一发现至少透出了这样的信息：《礼记》的相当部分内容确在先秦已成文并流传。古史辨派的诸子辨伪，也不免时有此病。对

① 张荫麟：《评近人对于中国古史之讨论》，《古史辨》（二），第271—272、273页。

② 顾颉刚：《〈诗经〉在春秋战国间的地位》，《古史辨》（三），第311页。

此，吕思勉当时就指出："古本有一家之学，而无一人之言，凡书皆荟萃众说而成，而取一著名之人以为标题耳；而辗转流传，又不免有异家之书羼入。此古书之所以多错乱。然编次错乱是一事，书之真伪又是一事，二者固不容相混也。"又说："近二十年来，所谓'疑古'之风大盛，学者每訾古书之不可信，其实古书自有其读法，今之疑古者，每援后世书籍之体例，訾议古书，适见其卤莽灭裂耳。"[①] 余嘉锡亦认为："古之诸子，即后世之文集……既是因事为文，则其书不作于一时，其先后亦都无次第。随时所作，即以行世。论政之文，则藏之于故府；论学之文，则为学者所传录。迨及暮年或其身后，乃聚而编次之。其编次也，或出于手定，或出于门弟子及其子孙，甚或迟至数十百年，乃由后人收拾丛残为之定著。"[②] 这些批评，都是相当中肯的。

三是因矫枉过正而带来的偏颇。古史辨是新文化思潮直接引动下出现的一种史学革新，因而一开始就带有鲜明的反传统及对儒家经典的批判意识，其倡导者胡适和钱玄同原本就是新文化运动中激进主义的代表人物，他们希望以这样的方式，打破旧道统思想对学术界的控制，为新文化的发展扫除障碍。顾颉刚同样怀有这一志向。在开展古史辨的过程中，他指出："古代的帝王莫不传此道统，古代的礼制莫非古帝王道的表现，而孔子的经更是这个道的记载。有了这样坚实的一元论，于是我们的历史一切被其扰乱，我们的思想一切受其统治。无论哪个有本领的人，总被这一朵黑云遮住了头顶，想不出有什么方法可以跳出这个自古相传的道。你若打破它的一点，就牵及于全体，而卫道的大反动也就跟着起来。既打不破，惟有顺从了它。古代不必说，就是革命潮流高涨的今日，试看所谓革命的中心人物还想上绍尧舜孔子的道统而建立其哲学基础，就知道这势力是怎样的顽强呢。然而，我们的民族所以堕在沈沈的暮气之中，丧失了创造力和自信力，不能反应刺戟，抵抗强权，我敢说，这种思想的毒害是其重要的原因之一……所以我们无论为求真的学术计，或为求生的民族计，既已发见了这些主题，就当拆去其伪

① 吕思勉：《先秦史》（1941），上海古籍出版社1982年版，第20、6页。

② 余嘉锡：《古书通例·论编次第三》（1940），《余嘉锡说文献学》，上海古籍出版社2001年版，第238页。

造的体系和装点的形态而回复其多元的真面目，使人晓然于古代真像不过如此，民族的光荣不在过去而在将来。”并称：“这固是一个大破坏，但非有此破坏，我们的民族不能得到一条生路。”[①] 可见其追踪时代进步潮流的用心是十分明显的。

但与此同时，也应看到，这种把当时中国的落后多归咎于传统文化制约的思维定式，对之的批判也易走向矫枉过正乃至“全盘否定”的一端，这在开始阶段尤其如此。如胡适在《新思潮的意义》中曾说，中国“古代的学术思想向来没有条理，没有头绪，没有系统”[②]。在古史讨论中，顾颉刚也顺此思路，认定“中国的古史全是一篇糊涂账，二千余年来随口编造，其中不知有多少罅漏，可以看得出它是假造的”[③]。钱玄同则全袭康有为、崔适之说，认定《仪礼》是“战国时代胡乱抄成的伪书”，《周礼》“是刘歆伪造的”，《左传》和《国语》也被刘歆动了手脚，价值“和《三国演义》差不多”。[④] 并说殷周时期除了甲骨金文系统外，根本无“古文”的存在，故“古文经”全是“刘歆所伪造，实为颠扑不破之论也”[⑤]。其实，中国古代的学术思想何尝无自己的学理和系统，如此轻易否定，何能服人？要真是这样，又如何理解其在古代取得的辉煌成就呢？只是胡适当时站在西方学术分类系统的立场上加以衡量，自然会觉得其不符“现代学术”规范而毫无条理系统可寻了。同样，断言“中国的古史全是一篇糊涂账，二千余年来随口编造”，显然也不符事实。事实上，现存人类或人群上古历史记载的史迹与神话混杂，乃是世界上所有民族的“通病”，这是人类幼年成长过程中自然形成和难以避免的现象。将其斥为“随口编造”，虽足以震动学术界乃至全社会的视听[⑥]，但毕竟是一种矫枉过正。至于钱玄同的上述过火说法，更站不住

---

① 顾颉刚：《古史辨》（四）序，第 12—13 页。

② 胡适：《新思潮的意义》，《胡适文存》第一集卷四，第 533 页。

③ 顾颉刚：《启事三则》，《古史辨》（一），第 187 页。

④ 钱玄同：《答顾颉刚先生书》，《古史辨》（一），第 77、78 页。

⑤ 钱玄同：《左氏春秋考证书后》，《古史辨》（五），第 5 页。

⑥ 这也是胡适等人在新文化运动中的惯用手法，关于这方面情况，不拟在此展开，可参见胡逢祥：《社会变革与文化传统 —— 中国近代文化保守主义思潮研究》，上海人民出版社 2000 年版，第 17—18 页。

脚，如关于“古文”问题，王国维在1916年依据所见战国时兵器、陶器、玺印、货币所刻文字，提出的战国时山东“六国用古文”说，就被近几十年大量出土的战国简所证实。而“古文经”的面貌也因近年清华所藏战国简的研究有所揭开。钱玄同的结论显然是轻率的。针对古史辨派的这一偏激倾向，刘掞藜当时就指出：对于古代经书或子书，固不可妄信，但也不能一笔抹杀，“总须度之以情，验之以理，决之以证。经过严密的考量映证，不可信的便不信了。但不能因一事不可信，便随便说他事俱不可信；因一书一篇不可信，便随便说他书他篇皆不可信”①。

古史辨中不同观点的争论，不仅深化了对古史本身的认识，事实上也促进了古史辨派人士对其理论方法的进一步思考或修正。据顾颉刚回忆，胡适在1929年就改变了原先的看法，“那时胡适是上海中国公学的校长，我去看他，他对我说：‘现在我的思想变了，我不疑古了，要信古了’”。关于顾、胡此次谈话的情况，两人的日记均无具体记载。但据顾的日记，可知其访胡在该年3月20日，而胡在3月18日，也即此前两天日记的末尾恰附有一份剪报，内容系有关中研院史语所发掘安阳殷墟的报道（并有傅斯年、董作宾、李济等人照片），谓其发现物中有雕刻、瓷器、铜模、白铜器和龟甲牛骨等。②胡“不再疑古”的表态，极有可能是在谈及此事时发出的感叹。1946年，他还与史语所的夏鼐“谈及中国考古学前途希望很大，谓夏朝一代自为实在史实，而非虚构，然考古学方面竟未发现其遗迹，似应从古地理入手，择定几处有夏代城邑之可能者，加以发掘，或可对此问题加以解决”③，与当年“疑古”的心态已完全不同。晚年，又公开谈道：“当我年轻的时候，曾经说过商朝没有铜器的，是新石器时代的后期，后来顾颉刚先生将这些话收集在他的《古史辨》中。现在我们知道，中央研究院在河南安阳发掘出来的古物中，证明了商朝不仅有铜器，而且还有高度的文化。这一件事情，我始

① 刘掞藜：《讨论古史再质顾先生》，《古史辨》（一），第164页。

② 参见曹伯言整理《胡适日记全编》（5），安徽教育出版社2001年版，第371页。

③ 《夏鼐日记》卷四，1946年12月20日条，第88页。

终引为遗憾。”[①] 这表明促使他改变“疑古”立场的根本原因是殷墟考古的新发现，但似乎也不能完全排除古史辨讨论中不同意见对其思想的触动。

另一位古史辨的早期支持者傅斯年，一度对顾说：“史学的中央题目，就是你这‘层累地造成的中国古史’……而你这一个题目，乃是一切经传子家的总锁钥，一部中国古代方术思想史的真线索，一个周汉思想的摄镜，一个古史学的新大成。”[②] 真可谓推崇备至。但后来傅斯年不仅开了以考古重建古史的新路，还在1930年代初作了一篇《戏论》的寓言式短文，对顾颉刚的“疑古”方法多所嘲讽：文中戏说一位生活在民国三十三世纪的人理必有，“好为系统之疑古，曾做《古史续辨》十大册，谓民国初建之时谈学人物颇多，当时人假设之名，有数人而一名者，有一人而数名者，有全无其人者，皆仿汉儒造作，故意为迷阵以迷后人，其谓孙文仅《西游记》孙行者传说之人间化、当时化，黄兴亦本‘黄龙见’之一种迷信而起。此均是先由民间传信，后来到读书人手中，一面求雅训，一面借俗题写其自己理想的。”按照理必有的考证，《胡适文存》中的不少文字是后人掺入的，《古史解》（指《古史辨》）亦多被增改过，钱玄同非真有其人，故“今之人信民国初之人之疑古而忘疑民国初之人之古，不知民国初之人之德性上亦如汉初之人耳”。末了更谓：“请颉刚转以质之我们的玄同先生，这断（段）小小疑古是难保无啊，或者是莫须有呢？我想诸公‘作法自毙’、‘不暇自哀而使后人哀之也’。”[③] 可见已完全与之分道扬镳了。

至于顾颉刚，虽在公开的场合观点未变。但据后来赴台的蓝文徵回忆，抗战中与顾同在复旦大学任教，两人闲聊中谈到顾的不少“疑古”新说，“顾都承认自己是错了。但问他：‘既已知道是错了，为什么不自己写文章加以澄清，以致影响许多青年摸错了路。’顾总是笑而不答，不仅不在文章中承认错误，连在公开谈到历史问题时，也不承认

① 胡颂平编著：《胡适之先生年谱长编初稿》（7），台北联经出版公司1990年版，第2711页。

② 傅斯年：《谈两件〈努力周报〉上的物事》，《古史辨》（二），第297页。

③ 傅斯年：《戏论》。按此文傅氏生前未发表，由杜正胜从史语所档案中录出，发表于《中国文化》1995年第12期，第250—251页，收入《傅斯年全集》卷三。

错误。”[①] 这一描述，与其晚年所说“许多问题的论证，现在看来是不够坚强的，但主要的见解我还是坚持下去”正相吻合。[②] 大致反映了顾颉刚对古史辨既有所反思，又保持着自信的心态。具体来说，对于古史考证的某些具体结论，顾后来确有所反思和修正。如关于“禹为动物，出于九鼎”的假说，经钱玄同等指正后，即表示愿意放弃。他早年讨论古史和儒家经学，多采信康有为的《新学伪经考》，但“抗战期间他写的《浪口村随笔》，一九六三年从中修订成的《史林杂识》，就看不见有《新学伪经考》的踪迹了”[③]。另一方面，对自己在古史辨中提出的“层累造成”和“四个打破”等基本观点，以及这场学术运动的积极意义，则始终坚持己见。

当时外界对古史辨的批评，主要是责其疑古太甚，主破坏而无建设。顾颉刚却认为他之疑古和“破坏”，目的正是为了正确释古和建立信史，但当伪史盛行之时，不能不先根据自己的精力和条件，从“破坏”入手，并从中逐渐明了古史的真相，进而释古考古，“建设”也便在其中了。这一点，后来实际成了古史辨的基本归趋。诚如 1940 年柳存仁《纪念钱玄同先生》一文所说的：自古史辨开展以来，“十余年间，古史的研究，因着参加者的进行方法和实际工作的不同，已经转变过好几次了，转变的途径是很自然的，就是，我们最初都是疑古的，由疑古进而释古，又由释古进而考古”[④]。不但胡适和傅斯年的弃“疑古”而就考古应了这一方向，就是顾颉刚后来的史学实践，事实上也越来越偏向于释古方面的工作，以致有学者将其治学道路归纳为：“大致 1928 年前重疑，三十年代尚辨，四十年代由辨伪向考信过渡，六十年代后则以考信为主。”[⑤]

顾颉刚在 1930 年完成的《五德终始说下的政治和历史》，就是一项

---

① 徐复观：《悼蓝孟博（文徵）先生》，原载《中华杂志》第 14 卷第 3 期，1976 年 3 月，收入夏晓虹、吴令华编：《清华同学与学术薪传》，生活·读书·新知三联书店 2009 年版，第 365 页。

② 顾颉刚：《我是怎样编写〈古史辨〉的？》，《古史辨》（一），第 21 页。

③ 杨宽：《顾颉刚先生和〈古史辨〉》，《光明日报》1982 年 7 月 19 日。

④ 柳存仁：《纪念钱玄同先生》，《古史辨》（七）（上），第 3 页。

⑤ 许冠三：《新史学九十年》（上），香港中文大学出版社 1986 年版，第 182 页。

试图在破旧说的基础上，究明古代“五德终始”说起源、演变真相，进而对古史系统之由来加以解释的工作。尽管对此文的结论，钱穆、范文澜、杨向奎等都提出过不同意见[①]，但仍不能否定其中的建设性贡献。他晚年在刘起釪的协助下，对《今文尚书》展开全面研究，先后发表《禹贡》、《大诰》、《甘誓》、《汤誓》、《盘庚》等篇的校释译论。这些译证，考订翔实，引证浩繁，以致去世时尚未完成，后由刘起釪继续耕耘方成全帙。按照刘起釪的总结，顾氏对《尚书》的系统整理研究，具有下列特点：“1. 把校勘、考证、训解、章句和译述有机地综合起来，组成一个研究体系；2. 据广泛搜集的材料从事校释，吸收各方精华，丰富《尚书》学内容；3. 打破经学史上的门户之见，择善而从，并以自己研究心得加以发展，不囿于一隅一格；4. 把各种问题的专门探索同《尚书》的一般研究结合起来，能使专门知识和特殊材料为校释服务；5. 能从历史角度进行考索，以求全面地具体地弄清楚《尚书》各篇的历史背景和历史脉络。”[②] 足见这是一项集辨伪、考释为一体，并对历代《尚书》学进行总结，具有重要建设意义的古文献和古史研究工程。

晚年顾颉刚的《尚书》研究，观点不再一味偏向今文家之说，对自己先前的某些偏激之说，也作了一定的修正。如《禹贡》，他原说是战国间伪作，晚年则认为：“其写成所据资料不晚于春秋时期（例如不知道春秋时期黄河改道这件大事，仍写自大伾北行的古河道，就是它不能晚到春秋中期的铁证），亦有更早于此者，当然也有不免晚于此者。”[③] 这一看法，自然更见稳妥。而关于夏启，他在过去与童书业合作的《夏史三考》（收入《古史辨》第七册下）中，认为古文献记载不一，多传说之词，因而视为战国秦汉间“勇于作伪”的产物，对其真实性抱有很大的怀疑。但在这一时期发表的《〈尚书·甘誓〉校释译论》中，却基本确认了“《甘誓》是夏王启与有扈氏在甘地作战的誓师词”，它“大概在夏王朝是作为重要祖训历世口耳相传，终于形成一种史料流传到殷代，

---

① 具体可参见钱穆《评顾颉刚〈五德终始说下的政治和历史〉》、范文澜《与颉刚论五行说的起源》（均见《古史辨》第五册）、杨向奎《西汉经学与政治》等。

② 刘起釪：《顾颉刚先生卓越的〈尚书〉研究》，《文史哲》1993 年第 2 期。

③ 顾颉刚、刘起釪：《尚书校释译论》（二），中华书局 2005 年版，第 521—522 页。

其较稳定地写成文字，大概就在殷代”。[1]从而修正了先前判定其“决是东周间的作品”的看法。[2]特别是在这一时期作的《大诰译证》，字数竟达60万左右，不仅理清了这篇周代重要文告的历史背景，还对周初民族迁移的史实作了探讨，并在此基础上写成了《周公东征史事考证》的专稿。

这些史学实践，确体现了顾颉刚当年规划的“我们所以有破坏，正因求建设”的精神，也是整个古史辨的基本学术路向。

① 顾颉刚、刘起釪：《尚书校释译论》（二），第854、873页。

② 顾颉刚：《致胡适》（1923年6月11日），《顾颉刚书信集》卷一，中华书局2011年版，第394页。

第六节　科学实证史学流派之三：新考证派

五四时期形成的史学流派中，融合中西方法从事历史研究并取得重大建设性成果的，应首推“新考证派”。该派代表人物为王国维、陈垣和陈寅恪。

王国维和陈垣为民国初年史学界的两座标杆，连心气甚高的傅斯年在史语所创办之际，也致书陈垣称：“静庵先生驰誉海东于前，先生鹰扬河朔于后，二十年来承先启后，负荷世业，俾异国学者莫我敢轻，后生之世得其承受，为幸何极！”[①] 法国汉学家伯希和至谓：“中国近代之世界学者，惟王国维及陈先生（指陈垣）两人。”[②] 两人不仅同以精考证闻于世，其治学领域也颇有交集（如敦煌学、蒙元史和中外文化交流史方面）。陈寅恪与王国维同为清华国学研究院导师，两人虽共事时间不长，却有“风义平生师友间”[③] 之交。其与陈垣学术上亦相知甚深，认为他治学，正近乎其所心仪的“宋贤著述之规模”[④]。综观这三位大师的史学，尽管他们在专业领域的建树各擅胜场，但基本的理念与方法，无疑是共通的，这正是我们将之归为一派考察的依据。

---

① 傅斯年：《致陈垣》，台湾史语所档案元字 109 号之 1，转引自杜正胜：《无中生有的志业——傅斯年的史学革命与史语所的创立》，《新学术之路——“中央研究院”历史语言研究所七十周年纪念文集》（上），第 34 页。

② 尹炎武：《致陈垣（二七）》（1933 年 4 月 27 日），《陈垣来往书信》，上海古籍出版社 1990 年版，第 96 页。

③ 陈寅恪：《王观堂先生挽词》，《陈寅恪集·诗集》，第 17 页。

④ 陈寅恪：《陈垣〈元西域人华化考〉序》，《金明馆丛稿二编》，第 270 页。

一、新考证派释义

王氏及二陈所以被誉为新考证派，首先当然是因治学风格和论著形式都偏重于史实考证一路，但其规模成就又绝非传统考据学所能范围，而是自具一种现代学术的意蕴之故。简言之，这种考证学，不仅深植于传统文化的土壤，且能以世界之眼光，致力探索西方学术真谛，在融通中西的基础上，为现代史学的发展辟一新境界。这一点，从他们三人的学术路向中可以看得很清楚。

在对传统学术的继承上，王氏及二陈虽各具个性，但无疑都与乾嘉朴学有相当的渊源关系。大体说来，王国维对古史的研究，在传统方法上似更多地借鉴清代学者运用文字音韵训诂知识考证经史之法。他早年虽不甚措意经学，然好泛览史籍而留意考据之学[①]，后复从乾嘉学者戴震、程易畴、钱大昕、汪中、段玉裁、高邮二王（念孙、引之）诸家著作求治学门径[②]。民国初年避居日本期间，尤在经学训诂方面下过一番苦功，其1913年《致缪荃孙》函称："移居以后，日读注疏一卷，拟自'三礼'始，以及他经，期以不间断。"次年又谓"比年以来拟专治三代之学，因先治古文字，遂览宋人及国朝诸家之说"。[③]并一再对清学深表推许，以为："自汉以后，学术之盛莫过于近三百年。此三百年中，经学、史学皆足以陵驾前代。然其尤卓绝者则曰小学，小学之中，如高邮

---

① 王国维三十岁所作《自序》回顾其早年所受教育，称"家有书五六箧，除《十三经注疏》为儿时所不喜外，其余晚自塾归每泛览焉。十六岁，见友人读《汉书》而悦之，乃以幼时所储蓄之岁朝钱万购前四史于杭州，是为平生读书之始"。(《王国维遗书·静庵文集续编》)又其友陈守谦《祭王忠悫公文》称王氏年轻时"专力于考据之学，不沾沾于章句，尤不屑就时文绳墨"(《王忠悫公哀挽录》，天津罗氏贻安堂1927年刻本)，其父王乃誉且因此感到担心，以为"髫年须文字光昌，不应走入考据一路"(《王乃誉日记》光绪十九年条，上海图书馆藏手稿)。

② 罗振玉《海宁王忠悫公传》云：王氏初治古文辞，"自以所学根柢未深，读江子屏《国朝汉学师承记》，欲以此求修学途经。予谓江氏说多偏驳，国朝学术实导源于顾亭林处士，厥后作者辈出，而造诣最精者为戴氏震、程氏易畴、钱氏大昕、汪氏中、段氏玉裁及高邮二王。因以诸家书赠之。公虽加流览，然方治东西洋学术，未遑专力于此"。

③ 吴泽主编：《王国维全集·书信》，中华书局1984年版，第36、40页。

王氏、栖霞郝氏（懿行）之于训诂，歙县程氏之于名物，金坛段氏之于《说文》，皆足以上掩前哲。然其尤卓绝者则为韵学，古韵之学自昆山顾氏（炎武）而婺源江氏（永），而休宁戴氏，而金坛段氏，而曲阜孔氏（广森），而高邮王氏，而歙县江氏（有诰），作者不过七人，然古音廿二部之目，遂令后世无可增损。”[①] 由于王国维对清人学术有此贯通的认识，故得在治学中融会前人所长，形成自己的方法特色。以甲骨金文的研治为例，其弟子戴家祥便指出他在音韵训诂学上，囊括了清以来七大家的所有知识，不仅能在研究中融贯古文字形、声、义等综合知识，且尤善运用“同声通假”之法[②]，是以能取得超迈前人的成就。而陈垣对于清代学术，方法上最为心仪的是钱大昕、赵翼等乾嘉考史家。尝谓“从前专重考证，服膺嘉定钱氏”[③]，称清人考据，“第一应推钱大昕的《十驾斋养新录》”[④]。对于赵翼，也有“百年史学推瓯北”的赞许。[⑤] 其研读乾嘉诸家之作，于内容得失之外，还十分注重探其史源、治学方法及著述类例，从中取法，故所作历史考证，能深得乾嘉考史法的三昧，给人以“取材既博，论证又精，纯是竹汀（钱大昕）一派学风”[⑥] 之感。至于陈寅恪，固然更倾心于宋代史学，曾一再说“中国史学莫盛于宋”[⑦]，“有清一代经学号称极盛，而史学则远不逮宋人”[⑧]。且颇有继“宋贤著述规模”之志。[⑨] 较之王国维推尊宋代文化“前之汉唐，后之元明皆所不逮”的

---

① 王国维：《周代金石文韵读序》，《王国维遗书》本《观堂集林》卷八。其《〈殷墟书契考释〉后序》、《沈乙庵先生七十寿序》等文，也表达了类似的意见。

② 戴家祥：《王静庵先生与甲骨文字学的发展》，袁英光选编：《王国维学术研究论集》第一辑，华东师范大学出版社 1983 年版，第 2、3 页。

③ 陈垣：《致方豪》，1943 年 11 月 24 日，《陈垣史学论著选》，上海人民出版社 1981 年版，第 624 页。

④ 赵光贤：《回忆我的老师援庵先生》，《励耘书屋问学记》，第 159 页。

⑤ 牟润孙：《励耘书屋问学回忆》，《励耘书屋问学记》，第 90 页。

⑥ 赵光贤：《回忆我的老师援庵先生》，《励耘书屋问学记》，第 159 页。

⑦ 陈寅恪：《陈垣〈明季滇黔佛教考〉序》，《金明馆丛稿二编》，上海古籍出版社 1980 年版，第 272 页。

⑧ 陈寅恪：《陈垣〈元西域人华化考〉序》，《金明馆丛稿二编》，第 269 页。

⑨ 其《唐代政治史述论稿·自序》、《陈垣〈元西域人华化考〉序》等文皆表达了此意。

同时[①]，仍认定清代学术“陵驾前代”的看法，似略显异趣。然却并不能因此谓其学术上与乾嘉考据学无渊源关系。事实上，他自幼即承乾嘉学术遗风，接受过文字训诂学方面的严格训练，并熟习《皇清经解》及其续编，推重钱大昕等人的学术成就[②]，对清人考据方法的得失深为洞悉。故其治史，于倡导发扬宋人史学的同时，实亦兼综了清学方法之长。

对于西方现代学术，他们的接触面虽不尽相同，但都受到过实证论的深刻熏陶。王国维自甲午战后即渐向慕新学。戊戌维新期间，入东文学社习外语及数、理、化等学。1901年，赴日本东京物理学校修习数理。旋因病归国，进入“独学时代”，五六年间，日浸淫于西方哲学，研读翻尔彭（Fairbanks）《社会学》，及文（Jevons）《名学》、海甫定（Höffding）《心理学》、巴尔善（Panlsen）《哲学概论》、文特尔彭（Windelband）《哲学史》及洛克、休蒙、尼采诸家书。对康德的《纯理批评》和叔本华的《意志及表象之世界》等著作，更是反复阅读思考，用力至勤。[③]并先后翻译出版日本桑木严翼《哲学概论》（1902）、西额惟克《西洋伦理学史要》（1903）、英国随文（即Jevons）《辨学》（1908）、美国禄尔克《教育心理学》（1910）等介绍西学之作十余种。思想上，他虽一度摇摆于“可爱而不能信”的非理性主义和“可信而不能爱”的实证论之间，但后来的史学实践，显然走向了实证论一边。陈垣在这方面则受过多年自然科学的正规训练。1907—1911年，他先后就学于广州博

---

① 王国维：《宋代之金石学》，《王国维遗书·静庵文集续编》。顺便指出：有人认为王、陈两人对宋代文化的评价“一致”，“都是同一的‘集大成’、‘顶峰’的含义。”（《文化的馈赠·史学卷——汉学研究国际回忆论文集》，北京大学出版社2000年版，第140页。）此种观点颇可商榷，因上述引文清楚表明，两人的观点并不完全一致，至少王氏并无陈氏那种扬宋抑清之意，故此处比较仅及元明而止，并不包括清。即使提到清人有不及宋人之处，也只是特指某一方面（如金石学研究之多方面兴趣），而不能视为一朝文化学术高低的总体评判。

② 俞大维《怀念陈寅恪先生》称：陈寅恪“幼年对于《说文》与高邮王氏父子训诂之学曾用过一番苦功”，“他对十三经不但大部分能背诵，而且每字必求正解，因此《皇清经解》及《续皇清经解》成了他经常看读的书”。（张杰、杨燕丽选编：《追忆陈寅恪》，社会科学文献出版社1999年版。）又其《陈垣〈元西域人华化考〉序》盛赞陈垣学识为“钱晓徵以来未之有也”，并常向人称道“钱大昕的《廿二史考异》很好”（黄萱：《怀念陈寅恪教授》，张杰、杨燕丽选编：《追忆陈寅恪》，第33页），也可见其对清人考证学成就的肯定态度。

③ 均见《静庵文集续编·自序》。

济医学院和光华医学校，毕业后又一度留校任教，讲授生理学和解剖学。这一研习西医过程中所受的实验方法与解剖学等实证科学洗礼，对形成其治史的绵密风格无疑有很大的帮助。[①] 陈寅恪对西学的上下求索，更经历了漫长的时间。自 1902 至 1925 年间，他先后留学日、德、瑞士、法、美等国十四年，学习和了解东西各国语言文化，并刻苦研修哲学、梵文及其他东方古文字，在治学方法上尤受到德国语言历史考证学派的启示。

面对近代以来中西文化的剧烈冲突与交汇，他们清醒地认识到，“异日发明光大我国之学术者，必在兼通世界学术之人，而不在一孔之陋儒”[②]，故于西学，自当主积极输入，且使之“与我中国固有之思想相化”[③]，盖“其真能于思想史上自成系统，有所创获者，必须一方面吸收输入外来之学说，一方面不忘本来民族之地位”[④]。新考证派的史学，从总体上说，正是对上述中西学术作了有机结合的产物。

其次，新考证派治学，固以重考证为其基本特征，但却并不以考证自限，而是十分强调“通识”的重要性。这种通识，可以从两个方面理解。一是在方法论上注重系统性，以为“凡学问之事，其可称科学以上者，必不可无系统，系统者何？立一系以分类是已”[⑤]。在具体操作上，即表现为自觉运用个别与一般、归纳与演绎相结合的方法，对材料的整理与考证都能做到通其类例，推衍出内在的逻辑关系，给人以系统的提示或认识。如王国维为研究蒙元史而编制《元朝秘史地名索引》和金人、蒙古姓氏与世系表[⑥]，为系统金文研究而作《宋代金文著录表》和《国朝金文著录表》，以及陈垣《校勘学释例》和《史讳举例》对校勘方法和避讳学的系统研究和梳理等，都是典型的例子。二是要求在史实考证的基础上，进一步“总汇贯通，了解其先后因果之关系”。[⑦] 王国维

---

① 参见陈乐素：《陈垣》，《中国史学家评传》（下），中州古籍出版社 1985 年版，第 1247 页。
② 王国维：《奏定经学科大学文学科大学章程书后》，《王国维遗书・静庵文集续编》。
③ 王国维：《论近年之学术界》，《王国维遗书・静庵文集》。
④ 陈寅恪：《冯友兰〈中国哲学史〉下册审查报告》，《金明馆丛稿二编》，第 252 页。
⑤ 王国维：《欧罗巴通史序》，《王国维遗书・静庵文集续编》。
⑥ 均为北京国家图书馆所藏手稿本或草稿。
⑦ 陈寅恪：《论隋末唐初所谓山东豪杰》，《金明馆丛稿初编》，上海古籍出版社 1980 年版，第 231 页。

所谓治史当“求事物变迁之迹而明其因果”[1]，陈寅恪在《冯友兰〈中国哲学史〉上册审查报告》、《陈垣〈敦煌劫余录〉序》中一再强调的“通识”，都是这个意思。正因如此，他们的论著形式上虽考据色彩甚浓，却与一般乾嘉学者易流为支离破碎的考证不同，其法多能“从小处入手，从大处着眼”，对事物的整体演变作出脉络清晰的贯通疏解。王国维的《宋元戏曲史》、《简牍检署考》、《胡服考》、《记现存历代尺度》，陈垣的《元也里可温教考》、《元西域人华化考》，陈寅恪的《隋唐制度渊源略论稿》、《唐代政治史述论稿》等，无不具有这样的特点。

第三，从史学建设的目标上看，新考证派追求的绝非摹效西方现代史学的形似。他们心中理想的新史学模式，乃是一种以中国文化精神为依托、同时又能融会世界最新学理和方法的现代学术形态。在这个意义上也可以说，新考证派应属中国现代新史学中继承了更多传统文化精神的学派。这一点，可从多方面得到证实。1940年代陈寅恪在谈到中国学术的“将来所止之境”时，极力提倡的是“宋代学术之复兴”和“新宋学之建立”[2]，而非时髦的西化之路，就是这一观念的典型表露。他们对历史“通识”观念的强调，其中也包含着本土色彩很浓的“史义”发掘意识。因为这种“史义”，就其解释系统而言，与西方史家常用的历史思辨哲学或社会科学理论存在着很大的差异，实是一种更近乎中国传统人文意识的“义理”观。从王国维写作《殷周制度论》时自诩“此文于考据之中，寓经世之意，可几亭林先生”[3]，到陈寅恪治史对种族与文化观念的发挥，以及陈垣在《通鉴胡注表微》等著作中极力寻绎民族思想，为“有意义之史学”，都反映了此种倾向。而自文化观念和学术的价值取向看，新考证派诸家也存在着一些共性。特别是王国维与陈寅恪的思想，都具有一种文化保守主义的情怀。王氏后期的历史研究，尤明显表露出文化回归的情绪，一再宣扬“与民休息之术莫尚于黄老，而长治久安之道莫备于周孔”[4]，陈寅恪至称其为传统文化“所化之人”[5]。陈寅

① 王国维：《国学丛刊序》，《王国维遗书·观堂别集》卷四。

② 陈寅恪：《邓广铭〈宋史职官志考证〉序》，《金明馆丛稿二编》，第277、278页。

③ 《王国维全集·书信》，第214页。

④ 罗振玉：《王忠悫公别传》，《海宁王忠悫公遗书》初集。

⑤ 陈寅恪：《王观堂先生挽词序》，《寒柳堂集·寅恪先生诗存》。

恪则自承“生平为不古不今之学，思想囿于咸丰同治之世，议论近乎曾湘乡张南皮之间”①，直到晚年犹恪守“中国文化本位论”②不变。这种观念，使他们对民族文化传统始终怀有一份深挚的“同情”或认同感。如1930年代初，陈寅恪就曾痛切指出：“国可亡而史不可灭。今日国虽幸存，而国史已失正统（指当时国外对中国史的某些研究水准已超过了国内），若起先民于地下，其感慨如何……国文则全国大学所研究者，皆不求通解及剖析吾民族所承受文化之内容，为一种人文主义之教育”，此“实系吾民族精神上生死一大事者”，因而呼吁大学知识界奋起努力，以“求本国学术之独立”及其史学、文学、思想艺术史之发达。③陈垣史学的民族主义倾向在抗战时期同样表现得相当强烈，除了《通鉴胡注表微》，其《明季滇黔佛教考》、《南宋初河北新道教考》等都是为了表彰宋明“遗民之爱国精神、民族气节”。④

此外，在推进现代学术的规范运作方面，他们也形成了一些共识。其中最为突出的有两点。一是提倡科学独立精神，反对肤浅的功利主义。王国维在20世纪初年就公开指出：“今日之时代，已入研究自由之时代，而非教权专制之时代”⑤，“学术之发达，存于其独立而已。然则吾国今日之学术界，一面当破中外之见，而一面毋以为政论之手段，则庶可有发达之日欤”⑥。陈寅恪则一生高标“独立之精神，自由之思想”，强调“士之读书治学，盖将以脱心志于俗谛之桎梏，真理因得以发扬”。⑦这些议论，目的都在针砭旧史学过于依附政治而缺乏独立性的弊端，以求营造一种现代学术发展的宽松环境。二是坚持方法更新与材料拓展并进的治学路向，积极推进史学的创新。陈寅恪即指出：“一时代之学术，必有其新材料与新问题。取用此材料以研求问题，则为此时代学术之新潮流。治学之士得预此潮流者，谓之预流（借用佛教初果

① 陈寅恪：《冯友兰〈中国哲学史〉下册审查报告》。
② 参见吴学昭：《吴宓与陈寅恪》第五章“最后的会面”。
③ 陈寅恪：《吾国学术之现状及清华之职责》，《金明馆丛稿二编》，第361—363页。
④ 《明季滇黔佛教考·重印后记》，中华书局1962年版。
⑤ 王国维：《奏定经学科大学文学科大学章程书后》。
⑥ 王国维：《论近年之学术界》。
⑦ 陈寅恪：《清华大学王观堂先生纪念碑铭》，《金明馆丛稿二编》，第218页。

之名）。其未得预者，谓之未入流。此古今学术史之通义，非彼闭门造车之徒所能同喻者也。”[①] 在史料的拓展和运用方面，王氏和二陈更是作出了各具特色的示范，为促进现代史料学的科学化和开创诸多新兴领域的研究作出了贡献。

最后，还应指出，虽然新考证派与胡适等人为代表的科学方法派从总体上说都具有倾向实证的特征，他们的学术渊源和治学方法也确有相近之处，但作为不同的学术流派，其间又存在着明显的差异。首先，从文化观念看，与王国维、陈寅恪等人的文化保守主义倾向形成鲜明对照的是胡适等人始终对传统文化持激烈的批判态度，反对将学术研究与发扬民族精神相联系。所以，当1920年代末，有人邀胡适参加以“研究中国学术、发扬民族精神为宗旨”的中国学会时，他断然表示拒绝，声称：“我不认‘中国学术与民族主义有密切的关系’；若以民族主义或任何主义来研究学术，则必有夸大或忌讳的弊病。我们整理国故，只是研究历史而已，只是为学术而作工夫，所谓‘实事求是’是也，绝无‘发扬民族之精神’的作用。”[②] 其次，在方法论上，科学方法派似更强调遵守自然科学研究的实证原则，即主张完全用所谓“一分材料出一分货，十分材料出十分货”的硬性方法来处理史料和判断史实，至少在理论层面上是如此，从而与新考证派注重“通识”，特别是陈寅恪所追求的“同情之态度”，承认历史研究中理解或解释层面工作的意义，表现出相当的异趣。这些，都直接导致了两者在历史研究中关注的重点、解释问题的视角和价值观念，乃至治学风格的不同。

二、新史学的开山王国维

（一）王国维的学术之路

王国维（1877—1927），字静安（或庵），号观堂，浙江海宁盐官

---

① 陈寅恪：《陈垣〈敦煌劫余录〉序》，《金明馆丛稿二编》，第236页。

② 梁颖整理：《胡朴安友朋手札·胡适函》，《历史文献》第二辑，上海科学技术文献出版社1999年版，第188页。

人。早年受旧式教育，性喜史书及诗古文辞。年十六，举秀才。其后二赴乡试，均名落孙山而归。甲午战后，受时事刺激，渐向慕新学。1898年2月，在国内维新思潮日趋激荡之时，毅然放弃举业，至上海《时务报》馆充书籍校对之职，并利用业余时间入罗振玉所办东文学社补习外语等课。不久，《时务报》停刊，罗振玉赏识其才，乃留其在东文学社半工半读，遂得专心于学业。1900年秋冬间，又招往武昌农务学堂任译授。旋受罗资助赴日本东京物理学校留学。然仅四月余即抱病回国，从此开始了其“独学时代”。

王国维初登学术之路，因感“体素羸弱，性复忧郁，人生之问题日往复于吾前，自是始决从事于哲学”[①]。遂在藤田丰八的指导下，认真研读德国近代哲学家康德、叔本华和尼采等人的著作，并运用其方法与观点，撰写了《红楼梦评论》、《叔本华与尼采》、《论哲学家与美学家之天职》等不少有关哲学、教育、文学批评的论著。这一过程，不但使其经受了严格的逻辑思维训练，还由此形成了较为开放的学术自由理念。

王国维

当然，西方哲学并未帮助他真正解决“人生问题”，故在经过几年的摸索后，就因“哲学上之说大多可爱者不可信，可信者不可爱”而转向研治文学和诗词创作，企图从中寻求新的精神慰藉。但不久，他又自认性格上“感情寡而理性多”[②]，转而选择了带有实证性的文学艺术史研究。自1907年到北京学部任职直至辛亥革命，王国维先后完成了《曲录》、《戏曲考原》、《唐宋大曲考》、《古剧脚色考》等，以现代学术的眼光，对中国古代戏曲的起源、演变、表现手法技艺及各种脚色名目等，作了开创性的研讨，受到了中外学术界的普遍关注。

辛亥革命的爆发，使王国维在该方向上的研究事业戛然中断。此

① 王国维：《自序》，《王国维遗书·静庵文集续编》。
② 王国维：《自序》，《王国维遗书·静庵文集续编》。

后，其学术路向再度发生了重大转折，即由原先的文学艺术史研究逐渐转向了视域更为宽广的中国古代史方面。关于王氏这一学术取向的转变，一般多以为与罗振玉的劝导有关。罗氏曾回忆其事的经过说：王氏于清亡后携家随之流亡日本京都，“至是，予乃劝公专研国学，而先于小学训诂植其基，并与论学术得失，谓尼山之学在信古，今人则信今而疑古……至于晚近，变本加厉，至谓诸经皆出伪造。至欧西哲学，其立论多似周秦诸子，若尼采诸学说贱仁义、薄谦逊、非节制，欲创新文化以代旧文化，则流弊滋多。方今世论益歧，三千年之教泽不绝如线，非矫枉不能反经。士生今日，万事无可为，欲拯此横流，舍反经信古末由也。公年方壮，予亦未至衰暮，守先待后，期与子共勉之。公闻而悚然，自怼以前所学未醇，乃取行箧《静安文集》百余册悉摧烧之”，于是“尽弃所学，而寝馈于往岁予所赠诸家之书”，开始走上了专治经史小学和古器物学的道路。[①] 从王国维后来的思想变化和学术路向看，罗说自有其相当的依据。但若综观王氏的个性和一生行事，便可发现情况并不如此简单。

事实上，王国维自幼个性倔强，在学业选择上一向极有主见，从不人云亦云。早年，为追求新学，他曾不顾父亲要其继续举业的劝阻而坚执己见。[②] 即使在辛亥以前生活上长期依随罗振玉之时，学术上亦仍坚持独立的价值判断，并不受罗氏左右。对此，罗振玉亦有所察觉，尝谓：“公平生与人交，简默不露圭角，自待顾甚高……及与予交，为谋甘旨俾成学，遂无忧生之嗟，在他人必感知矣。公顾落落，意若曰此惠我耳，非知我也。”[③] 显然，民国初年王氏学术发生上述转变的原因，除了罗氏的劝导外，还应从更深的层次加以把握，特别是应从其本人思想

① 罗振玉：《海宁王忠悫公传》，汪兆镛纂辑《碑传集三编》卷三十一，香港大东图书公司1978年版。亦见罗继祖主编：《王国维之死》，广东教育出版社1999年版，第6页。

② 《王乃誉日记》1900年5月25日（庚子四月二十七日）载：“杭考事或有所中止，则出洋不足恃。余令静（指王国维）或仍入乡闱，此冀此失彼得。但伊不为然，未免胶执。此时虽未甚有为，然入场乃系正办，能有获则进途广，即仍理出洋事亦似较易。若执迷蹉跎，是自误终身，少年此日一刻不容错过。但一老大，欲求功名之望若登仙，晚矣。”可见直至1900年仍在劝其参加乡试，但却并未说服他。

③ 罗振玉：《海宁王忠悫公传》。

深处对学术事业的理解和执着追求去探讨。

王国维在《三十自序》中，曾对自己的个性和治学经历作过一番颇为坦率的检视，认为："余之性质，欲为哲学家，则感情苦多而知力苦寡；欲为诗人，则又苦感情寡而理性多。诗歌乎？哲学乎？他日以何者终吾身，所不敢知，抑在两者之间乎？"这话似乎表明，王氏是因自感秉性不适于哲学或文学创作事业，才开始寻求新的研究方向的。但实际上，这只是问题的一个方面。应当指出的是，王氏从不否认其在哲学和文学方面所具的天赋，恰恰相反，他对自己在这些领域的才能都是相当自负的。如于填词，自谓："余之于词，虽所作尚不及百阕，然自南宋以后，除一二人外，尚未有能及予者，则平日之所自信也。虽比之五代、北宋之大词人，余愧有所不如，然此等词人亦未始无不及余之处。"[①]并借同学樊炳清之口，称其词"名句间出，殆往往度越前人。至其言近而指远，意决而辞婉，自永叔（欧阳修）以后，殆未有工如君者也"，而观物之微，托兴之深，"求之古代作者罕有其伦比"。[②]辛亥以后，他曾仿长庆体，赋《颐和园词》以悼清室之亡，亦"自谓视梅村（吴伟业）《圆圆曲》过之"[③]，可见自视甚高。至于哲学，他既为近二十年来该领域无第一流人才的出现而感慨不已，同时又自忖："以余之力，加之以学问，以研究哲学史，或可操成功之券。然为哲学家则不能，为哲学史则又不喜，此亦疲于哲学之原因也。"[④]以为既不能达到"自立一新系统、自创一新哲学"的"哲学家"境地，则不如另辟学术蹊径。1914年11月，他在《盛京时报》发表的一则杂记中论及中国古今著作，同样流露出这种学术上的高远志向，说："余尝数古今最大著述，不过五六

① 王国维：《自序二》，《王国维遗书·静庵文集续编》。

② 樊志厚（炳清）：《王国维〈人间词甲稿〉序》，彭林整理《观堂集林（外二种）·观堂外集下》，河北教育出版社2001年版，第938页。按：此序实王氏自撰，而托樊氏之名发表。罗振常《〈人间词甲稿序〉跋》记此事谓：王氏将刊《人间词甲稿》，曾嘱同学樊炳清作序，樊迁延未成，王乃将稿寄樊，"余（罗振常）与樊君开缄共读，而前已有序。来书云：序未署名，试猜度为何人作？宜署何人名则署之。樊读竟大笑，遂援笔书己名"（陈平原等编：《追忆王国维》，中国广播电视出版社1997年版，第17页）。

③ 周光午：《我所知之王国维先生——敬答郭沫若先生》，原载《重庆清华》第四期（1947年4月）；又见《追忆王国维》，第165页。

④ 王国维：《自序二》。

种。汉则司马迁之《史记》、许慎之《说文解字》，六朝则郦道元之《水经注》，唐则杜佑之《通典》，宋则沈括之《梦溪笔谈》，皆一空依傍，自创新体。后人著述，不过赓续之，模拟之，注释之，改正之而已。然《史记》诸书，皆蒐辑旧闻为之，犹不过组织考核之功。惟《笔谈》皆自道其所得，其中虽杂以琐闻谐谑，与寻常杂家相等，然其精到之处，乃万劫不可磨灭，后人每无能继之者，可谓豪杰之士矣。”①在评价标准中，王国维鲜明地把学术著作的“一空依傍，自创新体”和“自道其所得”，也即原创性提到了第一位的高度。同时，他还主张，治学应开阔视野，需要时，可适当更换研究领域，这样做便于充分释放学者的创新潜力。他说：“研究一样东西，等到感觉沉闷的时候，就应该暂时搁开，等到过一些时，再拿起来去作，那时就可以得到一种新见解、新发明。否则单调的往一条路上走去，就会钻进牛角尖里去，永远钻不出来。”②这里，突出的依然是学术创新意识。可见，其治学路向的几次转变，关键并不在于个人缺乏某些方面的禀赋，而实在是因为学术上存有更高的目标或自我期许之故。

不过，王国维强调的学术原创性，绝非那种专重主观思想发挥的标新立异，而是要求结合时代提供的新观念或新材料，提出新理论、创建新学科和解决新问题。如其前期的哲学研究，不仅开启了运用西方近代学理研讨和清理传统哲学遗产的风气，还通过引入西方美学理论，结合对中国传统文学艺术作品的分析，为我国现代美学的建立作出了开创性的贡献。他之研究古代戏曲，也因有感于前人轻视此道，从未有“能观其会通、窥其奥窔者”，遂发心拓此区宇，故在写成《宋元戏曲考》时，即自信地表示：“此书凡诸材料，皆余所蒐集；其所说明，亦大抵余之所创获也。世之为此学者，自余始；其所贡献于此学者，亦以此书为多。非吾辈才力过于古人，实以古人未尝为此学故也。”③可以说，王氏一生学术路向的几次变动，无不体现了这种对古今一流学者境界的自觉

---

① 王国维：《二牖轩随录》，《王国维全集》卷三，第469—470页。

② 殷南（马叔平）：《我所知道的王静安先生》，原载《国学月报》第2卷8—10合刊，1927年10月；又见《追忆王国维》，第139页。

③ 王国维：《宋元戏曲考自序》，《王国维遗书·观堂别集》卷四。

追求；而其所耕耘过的每一个领域，也无不留下了这位现代学术拓荒者筚路蓝缕、开辟榛莽的足迹。

同样，在王国维由文学转向史学研究的过程中，我们也可以看到这种坚执不移的学术追求意向。事实上，王氏对史学的关注和研究，并不始于辛亥以后。自 1908 年起，他不仅对戏曲史展开了系统探索，还通过《南唐二主词跋》(1909 年 4 月)、《水云集湖山类稿跋》(1910 年 2 月)、《清真先生遗事》(1910 年 12 月) 等文，对文学史上相关的人物事迹作了考辨。而《庚辛之间读书记》(1910—1911 年) 中部分史实考证的文字，涉及的范围就更广些，如《片玉词》条之于宋代朝廷服饰制度、《元郑光祖王粲登楼杂剧》条之于宋辽时迎送客习俗、《元人隔江斗智杂剧》条之于古代平话小说的变化渊源等均有讨论。1911 年发表于《国学丛刊》的《隋唐兵符图录附说》[①]，则更是一篇由古器物而及古代兵制的考史论文。可见，这一时期，其学术研究实已进入文史交叉的阶段，且这种状态，一直延续到 1913 年左右。这一点，可从其 1913—1915 年间连载于《盛京时报》的《东山杂记》和《二牖轩随录》中得到印证。

《东山杂记》和《二牖轩随录》均为笔记类著述，写作年代当在辛亥前后，即 1909 至 1915 年之间。[②] 其内容广涉先秦制度、古器物、敦煌文书、西北出土简牍、古代风俗及文学各领域，表现出较为浓厚的考证色彩，即便是有关古代文学的讨论，注重的也非《红楼梦研究》和《人间词话》之类的文艺理论，而是人物事迹的考辩，从而清晰地表明其研究重心已转向史学。但仍有两点值得注意：一是研究范围广及上下古今而主攻方向尚不突出，对文学艺术史的兴趣依然不减，若就文字篇幅而言，笔记中有关这方面的讨论即占了 43%；二是引证的材料中，宋以后笔记小说和诗文达近百种（宋代为五十余种），占了

---

① 此文后经修改写成《隋铜虎符跋》和《伪周二龟符跋》二文，收入《观堂集林》。

② 经核对，其中较早的为辛亥以前所作的《南唐二主词跋》(1909)、《片玉词》、《隋唐兵符图录附说》等，较晚者为《书宣和博古图后》(1914 年 10 月)、《胡服考》(1914 年 11 月)、《写定元本杂剧四种》、《殷墟书契考释后序》(此二种均作于甲寅十二月，亦即 1915 年初。这些文字，收入笔记时均无标题）等。

相当比重。[①] 由此不难看出辛亥前后几年王氏在学术和文献方面的关注所在。

直至 1913 年后，其在史学领域的研究重点才逐渐显现出来。这一年，为更好地研治古史，他不仅实施了周密的经学与文字小学自习计划[②]，还写下了《明堂庙寝通考》、《释币》、《齐鲁封泥集存序》及跋、《秦阳陵虎符跋》、《秦郡考》、《汉郡考》和《两汉魏晋乡亭考》[③] 等一系列有关古代史地的考论。次年，又撰成《屯戍丛残考释》、《流沙坠简补遗考释》及附录考释、《宋代金文著录表》、《国朝金文著录表》和《邸阁考》等。这些论著，创见迭出，显示出王国维在史学方面厚积薄发的巨大学术发展潜力。

王国维进入历史研究领域后，之所以能很快在某些方面崭露头角，除了其本人的天赋、勤奋和注重融会新旧方法而取精用宏外，很重要的一点是善于跟踪国内外有关本学科的发展态势，并根据自身的条件正确选择学术研究的楔入点或突破口。中国古史研究本是一块领域宽广而经无数前人耕耘过的土地，因而在一般情况下很难有大的突破。然而，清末以来西方近代科学理论和方法的输入，以及大量考古新资料和其他文献的发现，却为人们认识历史提供了新的手段、依据和驰骋战场，也为这一研究领域的重趋活跃展示了前景。对于这一学术发展的态势，王国维自始就有着十分清醒的把握。1918 年，他在《雪堂校刊群书叙录序》中指出：罗振玉搜罗编集文献，“其有功学术最大者曰《殷墟书契前后编》，曰《鸣沙石室古佚书》及《鸣沙石室古籍丛残》”[④]。以后，又一再认定：“古来新学问起，大都由于新发现……自汉以来，中国学问

---

① 此两种笔记现均已收入《王国维全集》卷三。

② 赵万里《王静安先生年谱》（《国学论丛》第 1 卷第 3 号）载：王于是年二月初九日至三月十八日读《周礼注疏》毕；四月二十一日至六月九日读《仪礼注疏》，“日尽一卷，中二日尽二卷，幸无间断”；八月十一日至十月十二日读毕《礼记注疏》。其 1914 年 7 月 17 日致缪荃孙函亦称：“比年以来拟专治三代之学，因先治古文字，遂览宋人及国朝诸家之说。”（《王国维全集·书信》，第 40 页。）

③ 此作未完稿，其手稿经整理校点，已收入浙江教育出版社、广东教育出版社出版的《王国维全集》。

④ 参见《王国维遗书·观堂集林》卷二十三。

上之最大发现有三：一为孔子壁中书，二为汲冢书，三则今之殷墟甲骨文字、敦煌塞上及西域各处之汉晋木简、敦煌千佛洞之六朝及唐人写本书卷、内阁大库之元明以来书籍档册。此四者之一已足当孔壁、汲冢所出，而各地零星发现之金石书籍于学术大有关系者尚不与焉。故今日之时代可谓之发见时代，自来未有能比者也。"[①] 这就表明，其后期转向历史研究并以先秦古史、敦煌学和简牍学作为主攻方向，并非由罗振玉诱导或受清亡刺激的结果，而是一种自觉的学术行为。甚至可以说，即使没有经历辛亥鼎革之变，从王国维的个性、机遇及其对学术发展前沿的敏感性看，也完全会走向这样一条治史之路。

当然，也不可否认，辛亥鼎革之后，由于王国维长期生活于遗老的圈子，其学术思想确较前期发生了很大变化。这种变化，主要表现在三个方面。

首先，是有关中西学的看法。王国维前期曾确信唯西学可救中国。1898 年，当他听到"西人已与日本立约，二年后日本不准再译西书"的传闻时，不觉大惊，以为"若禁中国译西书，则生命已绝，将万世为奴矣。此等无理之事，西人颇有之，如前年某西报言欲禁止机器入中国是也。如此行为可惧之至"。[②] 在学术上，尤力主输入西学以改造中学。如以为开办"医学会"，"不请西人教习，学之必无益"。[③] 甚至文科大学的传统经学和国文教学，若无"合格之教授，则宁虚其讲座，以俟生徒自己之研究，而专授以外国哲学、文学之大旨，既通外国之哲学、文学，则其研究本国之学术，必有愈于当日之耆宿者矣"[④]。又谓中国人思维长于实际而短于抽象思辨，故"有辩论而无名学，有文学而无文法。足以见抽象与分类二者皆我国人之所不长，而我国学术尚未达自觉之地位也"。改进之法，唯在大力引介西学乃至新学语，称

① 王国维：《最近二三十年中中国新发见之学问》，《王国维遗书·静安文集续编》。在 1922 年所作的《库书楼记》中同样表达了这一意见。

② 王国维：《致许家惺》（1898 年 3 月 1 日），吴泽主编：《王国维全集·书信》，中华书局 1984 年版，第 3 页。

③ 王国维：《致许家惺》（1898 年 6 月 4 日），吴泽主编：《王国维全集·书信》，第 8 页。

④ 王国维：《教育小言十则》（1906），《王国维遗书·静庵文集续编》。

“我国学术而欲进步乎，则虽在闭关独立之时代，犹不得不造新名，况西洋之学术骎骎而入中国，则言语之不足用，固自然之势也”。[①]并公开撰文批评清廷学部大臣张之洞，指出其出于“扶翼世道”之心，因“惧邪说之横流、国粹之丧失”而对西方哲学力加排斥的做法绝不足取，盖“今日之时代，已入研究自由之时代，而非教权专制之时代，苟儒家之学说而有价值也，则因研究诸子之学而益明；其无价值也，虽罢斥百家，适足滋世人之疑惑耳，吾窃叹《尚书》之知之与杞人等也……若夫西洋哲学之于中国哲学，其关系亦与诸子哲学之于儒教哲学等。今即不论西洋自己之价值，而欲完全知此土之哲学，势不可不研究彼土之哲学。异日发明光大我国之学术者，必在兼通世界学术之人，而不在一孔之陋儒，固可决也”。[②]

然而辛亥以后，尤其是经过第一次世界大战，其思想却日益倾向文化保守主义，认为“时局如此，乃西人数百年讲求富强之结果……若世界人民将来尚有孑遗，则非采用东方之道德及政治不可”[③]。并在《论政学疏》中对此作了反复论证，称“西人以权力为天赋，以富强为国是，以竞争为当然，以进取为能事。是故挟其奇技淫巧以肆其豪强兼并，更无知止知足之心，浸成不夺不厌之势。于是国与国相争，上与下相争，贫与富相争，凡昔之所以致富强者，今适为其自毙之具”。反观中国传统立国之道，则无此弊，“盖与民休息之术，莫尚于黄老；而长治久安之道，莫备于周孔。在我国为经验之良方，在彼土尤为对症之新药，是西人固已憬然于彼政学之流弊而思所变计矣”。不仅政治上如此，学术上也是如此。如“西人处事皆欲以科学之法驭之。夫科学之所能驭者空间也、时间也、物质也、人类与动植物之躯体也。然其结构愈复杂，则科学之律令愈不确实……是以欧战以后，彼土有识之士乃转而崇拜东方

---

① 王国维：《论新学语之输入》（1905），《王国维遗书·静庵文集》。

② 王国维：《〈奏定经学科大学文学科大学章程〉书后》（1906），《王国维遗书·静庵文集续编》。

③ 王国维：《致罗振玉》（1919年3月14日）。在《致狩野直喜》（1920）信中也重复了这一看法，吴泽主编：《王国维全集·书信》，第285、311页。

之学术，非徒研究之，又信奉之”[①]。把未来社会的希望转寄到了传统文化一边。

其次，是对学术与政治关系的认识。中国古代学术，素有注重经世致用的深厚传统，这种情况，虽有其积极的一面，同时也在一定程度上限制了学术的独立发展。因而在20世纪初年，即受到了王国维的质疑。1905年，他撰文指出：“我国无纯粹之哲学，其最完备者，唯道德哲学与政治哲学耳”；文学则“历代诗人多托于忠君爱国、劝善惩恶之意以自解免，而纯粹美术上之著述往往受世之迫害，而无人为之昭雪者也。此亦我国哲学、美术不发达之一原因也”。在他看来，哲学与美学所追求的，当是“天下万世之真理，故不能尽与一时一国之利益合，且有时不能相容”，此即其神圣之位置与独立之价值所在。如“忘哲学、美术之神圣而以为道德、政治之手段者，正使其著作无价值者也”。[②]并一再强调：“学术之发达，存于其独立而已。然则吾国今日之学术界，一面当破中外之见，而一面毋以为政论之手段，则庶可有发达之日欤。”[③]尽管王国维这一时期的学术实践并不能真正超脱于时代政治，但至少从理论上表达了要求摆脱学术依附于政治说教的旧格局而获得独立发展的愿望。

但辛亥以后，他却一改前说，开始强调起学术和政治道德的关系来。1917年后，作为民国政府所办的北京大学屡欲聘其为教授，他均因碍于亡清遗臣的身份而迟疑不就，直到1922年方勉强担任了北大研究所国学门通讯导师。1924年，当他看到北大考古学会发表的《保存大宫山古迹宣言》指责“亡清遗孽擅将历代相传之古器物据为己有”，并直呼

① 引自罗振玉：《海宁王忠悫公传》。王氏对西方文化过于强调人欲弊端的批评也见之于同蔡元培和胡适等人的谈话中。《蔡元培日记》1923年4月29日载其与王国维谈话，称王“对于西洋文明很怀疑，以为不能自救（因我告以彼等已颇觉悟）。又深以中国不能防止输入为虑。我询以对于佛学之意见。彼言素未研究。询以是否取孔子，彼说大体如此。彼以为西人之病根在贪不知止。彼以为科学只可作美术观，万不可应用于实际”。（《蔡元培全集》第十六卷，浙江教育出版社1998年版，第203页。）《胡适的日记》1923年12月16日记道：王氏谓：“西洋人太提倡欲望，过了一定限期，必至破坏毁灭。我对此事却不悲观，即使悲观，我们在今日势不能不跟西洋人向这条路上走去。他也以为然。”

② 参见王国维：《论哲学家与美学家之天职》，《王国维遗书·静庵文集》。

③ 参见王国维：《论近年之学术界》，《王国维遗书·静庵文集》。

清逊帝溥仪之名时，极为不满，立即致书北大教授沈兼士和马衡：“学术固为人类最高事业之一，然非与道德法律互为维持则万无独存之理。而保存古物不过学术中之一条目，若为是故而侵犯道德法律所公认为社会国家根本之所有权，则社会国家行且解体，学术将何所附丽？”并激愤地要求辞去通讯导师之名和取回原先拟在北大《国学季刊》发表的作品[①]，以示决裂。不仅如此，在民国初年发表的一些学术论著中，他还常常流露出这类情绪。如《东山杂记》和《二牖轩随录》中涉及历史人物的评价，一再褒扬宋亡后随宋恭帝被元军北掳的汪元量和明末柳如是等人的忠节，说“汪水云（元量）以宋室小臣，相随北徙，侍三宫于燕邸，从幼主于龙荒，其时大臣如留梦炎辈当为愧死”。而明亡后柳如是之劝钱谦益以死尽节，亦“凛凛有丈夫风”。[②]相反，对于褚渊、王俭、赵孟頫、钱谦益等历代失节人士则嘲讽有加。其1917年所作的《殷周制度论》，用意也在表彰周朝之德治和抒发自己政治上的某种主张。这些地方，实际上又是在肯定先前所反对的东西。

第三，是在方法论取向上的变化和波动。众所周知，王国维前期治学，曾在非理性主义、唯意志论和实证论之间徘徊过，《三十自序》以后，始明显趋于实证论一路，这在其戏曲艺术史的研究中可以看得很清楚。其后的古史研究，大体也是沿着这一路径展开的。但即便如此，我们仍不能忽视辛亥以后王氏在方法论取向上的某些变化。纵观王国维后期的学术，其在这方面最堪关注的变化约有两点。一是怀着对现实政治的抵触情绪，苦闷之余，对自己早年推尊的学术思想表示了某种追悔之意。如果说，王氏前期生活上虽受惠于罗振玉甚多，学术上却仍能坚持独立人格，并敢于不顾罗氏的意愿而阐扬叔本华、尼采等西哲学说的话，那么，辛亥以后，当罗氏指责清末以来思想界宣扬尼采等人的学说，是“贱仁义、薄谦逊、非节制，欲创新文化以代旧文化，则流弊滋多”[③]时，

① 王国维：《致沈兼士、马衡》，吴泽主编：《王国维全集·书信》，第406—407页。

② 参见《王国维全集》卷三，第365、372页。

③ 罗振玉：《海宁王忠悫公传》。又据刘蕙孙回忆，罗振玉曾对他说过，辛亥以前王国维研治尼采、叔本华等人的哲学，“当时在想搞‘思想革命’”。所谓“思想革命”，当即“欲创新文化以代旧文化”，可见其这里的批评也包括王氏在内。（《我所了解的王静安先生》，《王国维学术研究论集》第三辑，华东师范大学出版社1990年版，第461页。）

他不仅不抗争，内心还起了很大的共鸣。此后，他几乎绝口不愿再谈西方哲学，学风也为之一变。其时日本学者狩野直喜与之聊天，只要偶尔提到西洋哲学，他便“苦笑说他不懂，总是逃避这个话题”[①]。而在颇有遗老气息的张尔田看来，王氏早年喜治西方哲学，“时时引用新名词作论文，强余辈谈美术，固俨然一今之新人物也……其后十年不见，而静庵之学乃一变。鼎革以还，相聚海上，无三日不晤，思想言论粹然一轨于正，从前种种绝口不复道矣。其治学也，缜密谨严，奄有三百年声韵训诂、目录校勘、金石舆地之长而变化之”，差不多已返归于清代考据学的“正宗”路数。[②] 二是其治史固以“吾侪当以事实决事实，而不当以后世之理论决事实”[③] 之实证精神著称于世，但并不排斥人文阐释在历史研究中的作用，后期尤其如此。在《论政学疏》中，他就提出，科学实证论对于研究物理、考证史实固然有效，却并不能完全认识人类社会自身的活动，特别是“人心之灵及人类所构成之社会国家，则有民族之特性，数千年之历史与其周围之一切境遇，万不能以科学之法治之”[④]。从这些话中，人们不难感受到王氏早年极力阐扬过、辛亥以后却一直避而不谈的康德思想的影子。[⑤] 也许正是出于这样的考虑，其历史研究在注重实证的同时，亦常尝试用一种人文精神去体会和补充解释某些历史事件之因果，这在《殷周制度论》、《鞑靼考》、《耶律文正公年谱余记》等论著中皆有明显的反映。鉴于王氏后期史学的这一特点，往往为许多人所忽略，因而很值得我们在下文作进一步的讨论。

（二）王国维史学方法论的特征

在现代中国史坛，王国维虽不以理论名家，但在构筑现代史学方法

---

① 狩野直喜：《回忆王静安君》，原载1927年8月《艺文》第十八年第8号；亦见陈平原等编：《追忆王国维》，第344页。

② 张尔田等：《雁塔寒音（书札六通）》，陈平原等编：《追忆王国维》，第90页。

③ 王国维：《再与林博士论〈洛诰〉书》，《王国维遗书·观堂集林》卷一。

④ 罗振玉：《王忠悫公别传》，罗继祖编：《王国维之死》，第10页。

⑤ 康德在《纯粹理性批判》中认为，意志自由、灵魂和上帝属于“自在之物”的世界，是认识所达不到的。王国维在《释理》一文中也介绍康德的学说，谓其以“宇宙不能赋吾心以法则，而吾心实与宇宙以法则，则其视此律为主观的而非客观的”（《王国维遗书·静庵文集》）。

体系上的建树却不容泯没。

如前所述，王氏的学术生涯，是从研治西方哲学开始的，这一经历使其很早就对学术研究中的方法论有所自觉。1902 年以后，他不仅在译著《哲学概论》（日本桑木严翼原著）中简述哲学研究的演绎、归纳、直觉和辩证等一般方法，称“归纳法固研究所不可缺，然其根本，不可不诉之于直觉或思辨，而由此演绎之。而当其组织其所归纳之结果时，又不可不用兼分析与综合之演绎法，如此而其原理始有必然的根据”①。还专门翻译了英国随文（Jevons，今译耶方斯）的《辨学》（*Elementary Lessons in Logic：Deductive and Inductive*），对西方逻辑学作了较为系统的介绍。并一再向教育界和学术界发出呼吁，以为“今日所最亟者，在授世界最进步之学问之大略，使知研究之方法”②。强调即使是培养传统学术的研治人才，也应“专授以外国哲学、文学之大旨，既通外国之哲学、文学，则其研究本国之学术必有愈于当日之耆宿者矣。故真正之经学、国史、国文学之专门家不能不望诸此辈之生徒，而非近日之所能得也”③。他本人这一时期所发表的《论性》、《释理》、《国朝汉学派戴阮二家之哲学说》、《周秦诸子之名学》等论文，也多表现出讲求逻辑方法的特点。而王氏治学先后涉略哲学、教育、文学、史学、考古乃至自然科学（主要是对国外算学、农艺、动植物等著作的翻译）等领域的经历，更使其对方法论的把握形成了一种开阔的学术视野。这一点，突出地表现在 1911 年初发表的《国学丛刊序》中。

文中，王国维针对晚清以来学术界剧烈的新旧和中西学之争，明确提出了不同意见，声称：“学之义不明于天下久矣。今之言学者，有新旧之争，有中西之争，有有用之学与无用之学之争。余正告天下曰：学无新旧也，无中西也，无有用无用也。凡立此名者，均不学之徒，即学焉而未尝知学者也。”认为古今东西学术，大致都不出科学、史学和文学三者范围，“凡记述事物而求其原因、定其理法者，谓之科学；求事物变迁之迹而明其因果者，谓之史学；至出入二者之间而兼有玩物适情

① 王国维译：《哲学概论》，1902 年《教育世界》社印本《哲学丛书》初集，第 33—37 页。
② 王国维：《奏定经学科大学文学科大学章程书后》。
③ 王国维：《教育小言十则（十）》，《静庵文集续编》，《王国维遗书》第三册，第 676 页。

之效者，谓之文学”。对此，治学者虽不免各有偏重，但就学术的发展而论，各科之间又有着十分密切的关系。盖“治科学者，必有待于史学上之材料；而治史学者，亦不可无科学上之知识。今之君子，非一切蔑古，即一切尚古。蔑古者，出于科学上之见地而不知有史学；尚古者，出于史学上之见地而不知有科学。即为调停之说者，亦未能知取舍之所以然，此所以有古今新旧之说也”。至于中、西学，来源固自不同，但随着风气渐开，交流既密，其发展也日呈相互推动之势，故“居今日之世，讲今日之学，未有西学不兴而中学能兴者；亦未有中学不兴而西学能兴者”。如“治《毛诗》、《尔雅》者，不能不通天文、博物诸学，而治博物学者，苟质以《诗》、《骚》草木之名状而不知焉，则于此学固未为善。必如西人之推算日食，证梁虞劆、唐一行之说，以明《竹书纪年》之非伪；由《大唐西域记》以发见释迦之支墓，斯为得矣。故一学既兴，他学自从之。此由学问之事本无中西，彼鰓鰓焉虑二者之不能并立者，真不知世间有学问事矣”。[①] 依据这样的认识，其所设想的大学史学科科目，还较早提出了把哲学概论、历史哲学、年代学、比较语言学、比较神话学、社会学、人类学、教育学等纳入整个课程体系的主张。[②]

可见，王氏理想中的现代史学，乃是一种体现了中西学术之间、传统与现代之间、史学和其他相关学科之间会通精神的开放性体系。这一点，从其方法论中也可得到相当的印证。

透过王国维的史学实践，可以看到其方法论的构建具有以下几个显著的特征。

一是坚持新旧兼蓄和融通中西的学术理念。“二重证据法”的提出便是一个典型的例子。其说以为：“吾辈生于今日，幸于纸上之材料外更得地下之新材料。由此种材料，我辈固得据以补正纸上之材料，亦得证明古书之某部分全为实录，即百家不雅驯之言亦无不表示一面之事实。此二重证据法惟在今日始得为之，虽古书之未得证明者不能加以否定，而其已得证明者不能不加以肯定，可断言也。”[③] 王氏的古史研究，

① 参见《王国维遗书·观堂别集》卷四。

② 王国维：《奏定经学科大学文学科大学章程书后》。

③ 王国维：《古史新证》第一章“总论”，《古史新证——王国维最后的讲义》（清华文丛之五），清华大学出版社 1994 年版，第 2—3 页。

正是凭借着对这一方法的熟练运用，以传世文献和地下出土古器物及古文字材料的考释互证，重建信史，取得了超迈前人的成就。其《殷卜辞中所见先公先王考》、《鬼方昆夷玁狁考》、《齐鲁封泥集存序》、《屯戍丛残考释》等都是这方面的杰作。

虽然运用实物史料特别是金石铭刻文字证史，并不始于王氏。王国维自己也说："中国纸上之学问赖于地下之学问者，固不自今日始也。"[①]至少自宋代起，一些学者已自觉地注意到这一点，如欧阳修不仅将搜集到的大量三代至宋初钟鼎碑碣铭文编为《集古录》，还十分重视利用其中的材料，对正史所载相关人物事迹及制度进行比勘考证和充实。[②]王国维在论及宋人的金石考证时，便对其"既据史传以考遗刻，复以遗刻还正史传"之方法极表赞赏，以为"其成绩实不容蔑视也"。[③]清顾炎武和钱大昕等同样如此，据称钱氏为"收采金石文字，以考证经史，凡知交历官居乡之地，莫不遍托搜罗，至身所经历，山崖水畔，黉宫梵宇，有断碑残刻，必剔藓拂尘，摩挲审读，或手自椎拓"[④]。但这些金石材料多为采集品，其运用于考史的范围也比较有限。而王国维所处的清末民初正值我国近代考古大发现时期，加之甲骨金文、西北简牍和敦煌文献之出土都有明确的地点或田野考古学依据，其规模和价值均非前代可比，这就为"二重证据法"的施展提供了坚实的基础和广阔的战场。不仅如此，王氏还运用现代史学的眼光，对先秦古文献中传说和史实相混的情况作了通达的分析，正确地指出："上古之事，传说与史实混而不分，史实之中，固不免有所缘饰，与传说无疑；而传说之中，亦往往有史实为之素地，二者不易区别，此世界各国之所同也。"故《山海经》、《楚辞·天问》、《晏子春秋》、《墨子》、《吕氏春秋》、《竹书纪年》等"经典所记上古之事，今日虽有未得二重证明者，固未可以完全抹杀

---

① 王国维：《最近二三十年中中国新发见之学问》，《王国维遗书·静庵文集续编》。

② 详可参见赵吕甫：《欧阳修史学初探》，袁英光编选：《中国史学史论集》（二），上海人民出版社 1980 年版，第 218—222 页。

③ 王国维：《宋代之金石学》，《王国维遗书·静庵文集续编》。

④ 《钱辛楣先生年谱》，《北京图书馆所藏珍本年谱丛刊》第 10 分册，北京图书馆出版社 1998 年版，第 524 页。关于钱大昕运用金石文字考史之情况，可参见方诗铭《钱大昕》（上海人民出版社 1986 年版）一书。

也”[①]。这些，也正是王氏“二重证据法”的成功及其在历史研究领域作为一种经典方法而被广泛接受的原因所在。

需要指出的是，现代学者论及“二重证据法”，往往十分强调其以实物考史的一面，这对于旧史学专重文献的治学方法固然有一种纠偏的作用。但这样的理解，并不完全符合王氏的本意。事实上，王氏的这一方法，乃是针对当时学术界两种偏狭的史料观念而发的。这两种观念，一是轻于“疑古”，如胡适曾认为，对于三代文献，“宁疑古而失之，不可信古而失之”，主张“先把古史缩短二三千年，从《诗》三百篇做起，将来等到金石学、考古学发达上了轨道以后，然后用地底下掘出的史料，慢慢地拉长东周以前的古史”。他本人讲古史，便只“用《诗经》作时代的说明，丢开唐、虞、夏、商，迳从周宣王以后讲起”[②]，实际上是认为东周以前除了考古资料外，其他传世文献都不可靠。这也是当时古史辨派的基本看法。二是过于信古，如章太炎、黄侃等人因出于对《说文》和其他传世文献的崇信，连出土甲骨金文的史料价值也不愿承认和利用。对此，王国维都作了批评，他指出：“汲冢所出《竹书纪年》，自夏以来皆有年数，亦谍记之流亚；皇甫谧作《帝王世纪》，亦为五帝三王尽加年数。后人乃复取以补《太史公书》，此信古之过也。至于近世，乃知孔安国本《尚书》之伪、《纪年》之不可信，而疑古之过，乃并尧、舜、禹之人物亦疑之。其于怀疑之态度及批评之精神不无可取，然惜于古史之材料未尝为充分之处理也。”[③]并谓甲骨金文等“新出之史料，在在与旧史料相需，故古文字、古器物之学与经史之学实相表里，惟能达观二者之际，不屈旧以就新，亦不绌新以从旧，然后能得古人之真，而其言乃可信于后世”[④]。从这种理性的精神中，我们正可以体会到其倡导“学无新旧”的含义所在。

而王氏运用的其他史学方法，也同样具有一种不拘新旧、兼蓄各家之长的风格。如其论及金文研究，指出：自周初迄今，垂三千年，其间文

① 王国维：《古史新证》，《王国维全集》卷十一，第241、278页。
② 参见《古史辨》（一），第22、23页，自序，第63页。
③ 王国维：《古史新证》第一章“总论”，《王国维全集》卷十一，第241页。
④ 王国维：《殷虚文字类编序》，《王国维遗书·观堂别集》卷四。

字音形屡变，脉络不尽可寻，以致今人难以识读，此皆“由今人之知古代不如知现代之深故也。苟考之史事与制度文物，以知其时代之情状；本之《诗》、《书》，以求其文之义例；考之古音，以通其义之假借；参之彝器，以验其字之变化。由此而之彼，即甲以推乙，则于字之不可释、义之不可通者，必间有获焉。然后阙其不可知者，以俟后之君子，则庶乎其近之矣”[①]。这里，“本之《诗》、《书》以求其文之义例，考之古音以通其义之假借”，虽系清代朴学文字音韵训诂的方法，但经王国维将其与一定时代制度文物及古器铭文形态变化的考察等现代史学观念相结合，其眼光和结论的科学性便远非前者可比了。

二是注重传统方法的继承和发展。王国维研治古史的方法，有不少都承自于传统，但这种继承，绝非墨守成规，而是始终坚持在继承的过程中加以提高和发展，特别是在很多场合下能注意到与其他方法穿插并用或贯之以现代学术眼光，因而得以收到很好的效果。今试举其最著者观之。

第一，文字音韵学方法。在认真总结和继承清代学者相关成果的基础上，王国维不仅通过对六朝和唐人韵书的比较研究，进一步清理了古韵变迁的历史，强化了其在这方面的功底，还把古文字音韵学的方法创造性地运用于甲骨金文、殷周古史、蒙元史和西北史地的研究，取得了令人瞩目的成就。如其《殷卜辞中所见先公先王考》确认卜辞之“王亥”，即《史记索隐》之“核”、《汉书·古今人表》之“垓”和《世本·作篇》之“胲”；《铸公簠跋》之谓“铸公”即祝公、州公；《萌古考》之证明旧史中梅悉古、毛割石、盲骨子、萌古子等均为“蒙古”之异名，以及其他古器铭文的考释，均在运用同声通假或形声通假辅助考史方面，达到了娴熟自如的程度。

第二，文献溯源法。这是传统史学考证或辨伪史料与史实的基本方法之一。明胡应麟《四部正讹》提出的辨伪书八法，首二条即为“核之《七略》以观其源”和“核之群志以观其绪”，也就是要求通过查阅最早的目录书和历代史志以究明其来历和流传演变的真相。清代学者钱大昕、赵翼等考证史事也多用此探本穷源和文献比较之法。王国维治

---

① 王国维：《毛公鼎考释序》，《王国维遗书·观堂集林》卷六。

史，善于通过各类文献的校勘和比较去发现问题，“无往不为穷源旁搜之工作，故有发明，皆至准确”。[①] 如在《尔雅草木虫鱼鸟兽释例》中指出，前人考释古音，往往据唐宋间三十六字母为准，此实不足为训。今当“由陆氏《释文》上溯诸徐邈、李轨、吕忱、孙炎，以求魏晋间之字母；更溯诸汉人‘读为’、‘读若’之字与经典异文，以求两汉之字母；更溯诸经传之转注假借与篆文、古文之形声，以为如此则三代之字母虽不可确知，庶可得而拟议也。然后类古字之同声同义者以为一书，古音之学至是乃始完具”[②]。其《秦郡考》之作，亦因不满前人据班固《汉书·地理志》或南朝宋裴骃之说，定秦郡为三十六或四十，乃上溯《史记》所记秦郡名称，复参以贾谊之说及《汉书》纪传之文，比较正确地考定秦郡总数当为四十八，谓“秦以水德王，故数以六为纪。二十六年始分天下为三十六郡，三十六者，六之乘数也。次当增置燕、齐六郡，为四十二郡，四十二者，六之七倍也。至三十三年，南置南海、桂林、象郡，北置九原，其于六数不足者二，则又于内地分置陈、东海二郡，共为四十八郡，四十八者，六之八倍也，秦制然也”[③]。而当有学生向其请教如何研究《史记》时，他也一再告以“可用寻源功夫”，并建议将《史记》本纪、列传及世家与《战国策》有关记载对勘，借以探明《六国年表》之史源和《秦记》原貌。[④] 足见其对此方法的重视。

第三，实验法。清代，随着金石学的发展，其研究方法也日益细密。特别是乾嘉间程瑶田《考工创物小记》以出土实物比照《考工记》及有关记载，对古代车制和钟磬、戈戟等制度的研究，以及同光间吴大澂《权衡度量实验考》依据古代玉器、钱币、度量衡器和计量铜器的实测，对古代尺度和衡制的考证等，都给王国维以很大的启发。他称程氏《磬折古义》“诚妙悟绝人，‘磬氏’、‘车人’之制，至是始得确解”[⑤]。而吴氏之《权衡度量实验考》和《古玉图考》，亦“皆于学术上自

① 姚名达：《哀余断忆》，见陈平原等编：《追忆王国维》，第 212 页。
② 王国维：《尔雅草木虫鱼鸟兽释例自序》，《王国维遗书·观堂别集》卷四。
③ 参见《王国维遗书·观堂集林》卷十二。
④ 姚名达：《哀余断忆》，陈平原等编：《追忆王国维》，第 212—213 页。
⑤ 王国维：《汉南吕编磬跋》，《王国维遗书·观堂别集》卷二。

开蹊径”。在古器物的研究中，王国维不仅坚持“以实物为本”的基本方法[①]，为使自己的研究更为精确，还常常按照古器物的拓本，参考古文献的有关记载，制成模型进行实验观察，或向学生作公开的演示。[②]如在研究汉南吕编磬时，他不仅据实物拓本指出其形制与古书记载不全相合，还通过木制模型的实验，从其不能直悬而为侧悬的现象中，领悟到“盖钟磬受击之处须略向外，此理势之自然”[③]，从而对程瑶田的有关说法作了纠正。

第四，系统分类法。运用分类归纳之法以考史，宋以后已渐趋发达，这在宋人的金石学研究，以及宋王应麟、明胡应麟、清顾炎武和乾嘉诸家的史考中都有相当反映。王国维对此早有自觉，特别是当其通过译读西方哲学著作而接受了逻辑学的训练后，对此法的运用更趋系统缜密。其治学的一个显著特点，即是在从事各类专题研究前，先对该方面材料进行系统的收集分类，编成工具书以备检索。如治宋元戏曲史先为《曲录》，治金文先为宋及清金文著录表，治蒙元史则先为《鞑靼年表》、《〈元朝秘史〉地名索引》和《蒙古部族姓氏人名表》等[④]，正因为有了这种充分的对基础材料进行分类清理的准备，才使他在这些问题的具体研究和论述中显得左右逢源，游刃有余。罗振玉也说：“乾嘉以来，多分类考究，故较密于前人。予在海东，与忠悫（王国维）论今日修学宜用分类法，故忠悫撰《释币》、《胡服考》、《简牍检署考》，皆用此法。”[⑤]其他如《汉魏博士考》、《邸阁考》等论著，也多堪称运用分类归纳法的成功范例。

---

① 王国维：《二牖轩随录》、《东山杂记》，《王国维全集》卷三，第459、396页。

② 徐铸成《王国维与梁启超》一文称其在清华就学时，曾于“星六”学术讲演会上，“听过他讲的‘新莽量衡’，不仅详细考证出王莽篡位后改革的度量衡制度，而且带来了他根据考证复制出来的量衡模具。这样沉闷的题目，我这样历史知识贫乏的青年，听了也觉得津津有味，久久不忘”。（陈平原等编：《追忆王国维》，第272页。）

③ 王国维：《汉南吕编磬跋》。其1918年10月12日《致罗振玉》（《王国维全集·书信》，第276—277页）函亦谈及此事，谓：“昨日将尊藏汉南吕编磬拓本照‘磬氏’制度续其下鼓，令木工作一木模型县（通‘悬’）之，则非直县而为侧县……此二磬以其县时形状观之，甚有相似之处，且再细求其理，或有所得，亦未可知。”

④ 此两种草稿今均藏北京国家图书馆，其中前者经整理已收入浙江教育出版社、广东教育出版社出版的《王国维全集》。

⑤ 罗振玉：《集蓼编》，《中国学人自述丛书·雪堂自述》，江苏人民出版社1999年版，第43页。

三是治史求通识。王国维史学虽以考证见长，但不少论著却能避免旧考据家的琐碎之习，体现出一种较为宽博的通识。这一方面固然得益于早年所受西方哲学理论的熏陶，同时也与其所持的学术观念有关。盖其治史，常以清初顾炎武一流人物自许，故在完成《殷周制度论》时，即迫不及待地致书罗振玉，自谓"此文于考据之中，寓经世之意，可几亭林（顾炎武）先生"[①]。在1918年所作的《沈乙庵先生七十寿序》中，他还分析了有清一代学风的变迁，认为清初之学"以经世为体，以经史为用"；乾嘉之学则"以经史为体，而其所得往往裨于经世"；道咸以降，龚自珍、魏源等人讲求经世和变革，开一代风气，但却不能严循实事求是的学风。而沈曾植治学，则能兼取以上诸家之长，既究心时事，又能"视经史为独立之学，而益探其奥窔、拓其区宇"，故最足效法。[②]文中对沈氏的肯定，显然也反映了他本人的治史理念。正是出于这样的理念，其所作考证，大多能对一事一物的流变有一种整体的把握，尝谓："天下之事物，非由全不足以知曲，非致曲不足以知全。虽一物之解释，一事之决断，非深知宇宙人生之真相者，不能为也。"[③]

如在研究宋元戏曲时，即注意将其置于整个文学发展的长河中加以观察，指出："一代有一代之文学，楚之骚、汉之赋、六代之骈语、唐之诗、宋之词、元之曲，皆所谓一代之文学，而后世莫能继焉者也。"[④]从而对元曲的历史地位作了准确的认定。不仅如此，他还以现代学者的视野对历代文体的演变特点作了探索，认为："文绣的文学之不足为真文学也与餔餟的文学同。古代文学之所以有不朽之价值者，岂不以无名之见者存乎？至文学之名起，于是有因之以为名者，而真正文学乃复托于不重于世之文体以自见。逮此体流行之后，则又为虚车矣。故模仿之文学，是文绣的文学与餔餟的文学之记号也。"这一看法，实开后来胡适等人所谓"死文学"和"活文学"之说的先河。[⑤]又如《桐乡徐氏印

---

① 王国维：《致罗振玉》(1917年9月13日)，吴泽主编：《王国维全集·书信》，第214页。

② 参见《王国维遗书·观堂集林》卷二十三。

③ 王国维：《国学丛刊序》，《王国维遗书·观堂别集》卷四。

④ 王国维：《宋元戏曲考自序》，《王国维遗书·观堂别集》卷四。

⑤ 王国维：《文学小言》，《王国维遗书·静庵文集续编》。

谱序》和《战国时秦用籀文六国用古文说》对先秦古文字演变的考证，《记现存历代尺度》对古代度量衡制度变化的分析，《书旧宫人诗词水云集湖山类稿后》有关宋亡后恭宗北掳情形的考实，《元刊杂剧三十种序录》对众多元剧及作者事迹的网罗等，也都能于一事之始末的探讨中，搜检出某种社会文化、制度的兴废得失。故梁启超谓其治学，能“从弘大处立脚，而从精微处著力……虽好从事于个别问题，为窄而深之研究，而常能从一问题与他问题之关系上，见出最适当之理解，绝无支离破碎、专己守残之蔽”[①]。

四是知人论世的人文意识。在《译本〈琵琶记〉序》中，王国维指出：“欲知古人，必先论其世；欲知后代，必先求诸古；欲知一国之文学，非知其国古今之情况学术不可也。近二百年来，瀛海大通，欧洲之人讲求我国故者亦夥矣。而真知我国文学者盖鲜，则岂不以道德风俗之悬殊而所知所感亦因之而异欤？抑无形之情感固较有形之事物为难知欤？”[②]这段话不仅表达了王国维史学观念中的历史主义意识，实际上还对阻碍人们正确认识历史的原因作了探讨。在他看来，由于历史研究的对象（尤其是那些涉及“无形之情感”的部分）比较特殊，因而即使掌握了某事物的基本材料，如不对其所处的时代和环境有深切的了解，同样无法得出正确的结论。这就需要人们在史实考证的同时，以一种人文关怀的精神，去用心体会内中的意义，才能更好地认识某些事物的真相。

如其《耶律文正公年谱余记》对金遗民元好问曾有这样一段评论：“元遗山以金源遗臣，金亡后上书耶律中书，荐士至数十人，昔人恒以为诟病。然观其书则云：‘以阁下之力使脱指使之辱，息奔走之役，聚养之，分处之，学馆之奉不必尽具，饘粥足以糊口，布絮足以蔽体，无甚大费’云云。盖此数十人中皆蒙古之驱口也，不但求免为民，而必求聚养之、分处之者，则金亡之后，河朔为墟，即使免役为良，而无所得食，终必馁死故也。遗山此书，诚仁人之用心，是知论人者不可不论

① 梁启超：《〈王静安先生纪念号〉序》，陈平原等编：《追忆王国维》，第98—99页。

② 参见《王国维遗书·静安文集续编》。

其世也。”① 元好问主动向蒙古政权推荐士人之事，曾被不少人视为“有损名节”的行为，但王国维却从当时的实情出发，对此作了另一种评价。又如《鞑靼考》对旧史中“鞑靼”、“阻卜”名称演化的考证，除了通过字形变化和有关文献记载的比勘寻求证据外，还从修纂宋、辽、金三史的元统治集团处境和用意的角度作了分析推断，指出：“蒙人本非鞑靼，而汉人与南人辄以此名呼之，固为蒙古人所不喜。且元末修史之汉臣，已不复知鞑靼与蒙古之别，而辽、金史料中所记鞑靼事，非朝贡即寇叛，彼盖误以蒙古之先朝贡于辽、金也，虑其有损国体，故讳之尤深。”② 以致对史文中“鞑靼”二字作了有意篡改或删除。

显然，这类以人文阐释补充实证的史学方法论倾向，与后来陈寅恪所谓“对于古人之学说，应具了解之同情”③ 的治史态度，正可视为同调。

顺便指出，近几十年来，论及王国维的史学方法，许多人都十分强调其以西学或近代方法为主的一面，似乎只有这样才能领略其成功的要诀。这种意见，固然不能算错，但却过于笼统。实际上，王氏的史学方法，总体上说虽具有融会中西和新旧兼蓄的特征，但前期大抵偏重于强调西方近代方法的价值及其对于改造传统学术的意义，后期则颇致力于发掘传统方法自身的价值，观念上也不再强调西学一面，而转向中西调和与融通，力求持平于二者之间。对于不同的研究领域或专题，其方法的运用可说是各具特色：有的以外来观念或方法为主，如哲学、教育研究及文学评论等；有的以传统方法为主，特别是甲骨金文的研究，主要即借助了传统音韵训诂学的方法，尤擅长在融贯古文字形、声、义等综合知识的基础上，运用“同声通假”之法④，其弟子吴其昌至称：“先生之学，其目的则在古史，其根据则在小学。其于小学也，其关键则在

---

① 参见《王国维遗书》第七册。

② 参见《王国维遗书·观堂集林》卷十四。

③ 陈寅恪：《冯友兰〈中国哲学史〉上册审查报告》，《陈寅恪集·金明馆丛稿二编》，生活·读书·新知三联书店 2001 年版，第 279 页。

④ 戴家祥：《王静庵先生与甲骨文字学的发展》，袁英光选编：《王国维学术研究论集》第一辑，华东师范大学出版社 1983 年版，第 2、3 页。

《说文》，其根据则在古文字学。”[①] 而王氏以罗振玉名义发表的《〈观堂集林〉序》中，亦称其研治殷周古史，“实由文字声韵以考古代之制度文物并其立制之所以然”[②]，这与乾嘉学者的治学方法恰是相通的。而更多的时候，则是新旧、中西方法的融合兼用。因而不可一概而论。

这些情况表明，王国维的历史研究所以能取得如许成就，不仅得益于西学方法的启发，也同其善于继承并在运用中推进传统方法的发展是分不开的。如果只有前者而缺乏后者的支撑，那就不可能在中国现代学术史上占据今天这样的地位。这一点，应当引起我们的特别关注。因为在相当一部分人的心目中，已形成了一种思维定式，即认为中国史学乃至整个学术文化近代化进程，是一个不断采纳西学和破除传统束缚的过程。在这种思维模式的观照下，近代化被理解为实质上的西化，传统和现代更被视为截然对立的两个畛域。以致在评论相关学术人物时，凡欲肯定其进步性者，总是极力强调其接受西学影响的一面；相反，则无不突出其受到传统束缚的一面。过去几十年来对王国维的评价，也不出这两种倾向。但如果以理性的态度来看待传统，就会发现，传统文化、传统学术和传统方法，虽然都是过去时代的产物，并不同程度地带有历史的印记，但并不表明其只能适应于某一时代。事实上，它是一种人类文明的积累，尽管其间有的会随着时代变迁而日渐褪色，但其中具有长久生命力的许多因素，必然会继续融入现代乃至未来的人类生活中。对于传统学术方法，尤应作如是观。中西史学方法，产生于不同的地域环境和文化背景，各具其不同的特点；西方近代学术及其方法，形成于大工业兴起和科学、民主昌明的时代，更有很多传统学术不及的长处。但这绝不是说，传统史学方法较西学方法就毫无长处。学术的发展，既要摆脱旧传统的某些束缚，也要注意继承和发扬其中的优秀成分。正确的态度，应是破除成见，不拘一格，融汇古今，兼蓄中外，唯善是取，这既是王国维当年所追求的方法论境界，也是推进现代史学建设的基本路径之一。

---

① 吴其昌：《王观堂先生学述》，《国学论丛》一卷 3 期。

② 罗振玉：《观堂集林》序，《王国维遗书》第一册。按此序虽署罗振玉名，实王氏自撰，其 1923 年 6 月 10 日致蒋汝藻函即称：“敝集雪堂一序已代撰就，后由其改订数语。”吴泽主编：《王国维全集·书信》，第 351 页。

（三）筚路蓝缕，开启山林：王国维的史学实践

王国维的治史实践，正是循着上述方法论的途径，在古文字、古器物、先秦古史、敦煌文献、流沙简牍、版本目录、西北史地等方面取得了超越前人的成就，并在不少现代史学的新兴领域，留下了深深的开拓者足迹。兹就其最具原创性者，略加评述如下。

王氏的史学成就，对学术界最具震撼力的首先自然是甲骨金文和殷周古史的研究。

甲骨文自1898年现世后，虽相继受到过王懿荣、刘鹗、孙诒让等学者的关注，但真正具有突破意义的研究实始于罗振玉和王国维。1910年，罗振玉发表《殷商贞卜文字考》，明确指出甲骨出土地安阳小屯当为商代后期武乙至帝乙时的都城，并从先秦古文、篆文、金文的比较参证及其字形衍变特点的分析入手，初步考释出二三百个甲骨文单字。在此基础上，又对商代世系、祀典和卜法等作了考证。1914年，复撰成《殷墟书契考释》，分都邑、帝王、人名、地名、文字、卜辞、礼制、卜法八章，对甲骨文进行了更为系统的研究，释字增至近五百，由此奠定了“甲骨学”的基础。其时王国维方随罗振玉寓居日本京都，也开始大量接触甲骨与古器实物或拓片，并据以写下了一系列考古和金文研究论著。1916年回国后，又在上海为哈同编辑《戬寿堂所藏殷虚文字》。其对“甲骨学”的贡献，不仅在文字审释方面较罗氏续有推进，除撰有《戬寿堂所藏殷虚文字考释》和《释史》、《释由》、《释旬》、《释西》、《释物》等文外，罗氏的《殷墟书契考释》和《殷墟书契待问编》对其考释成果也有不少吸取，特别是后者，由王国维提供的考释新见达七十四字之多（其中五十四字为王氏亲笔签注，另二十字则罗氏标明出自“王说”）。[①] 更为重要的是以甲骨金文材料与传世文献相参证，深入研讨殷周古史，取得了前无古人的突破性进展。1915年以后，他陆续发表《三代地理小记》[②]、《殷礼征文》等论著，对商朝都邑的迁徙地及祭祀

---

① 参见胡厚宣：《关于〈殷墟书契考释〉的写作问题》，《社会科学战线》1984年第4期。

② 此文初刊于《雪堂丛刻》，相关内容后修改为《说自契至于成汤八迁》、《说商》、《说亳》、《说耿》、《说殷》、《殷墟卜辞中所见地名考》、《周天子行幸征伐考》、《古诸侯称王说》等文，分别收入《观堂集林》和《观堂别集》。

礼制作了探讨。特别是1917年所撰的《殷卜辞所见先公先王考》和《续考》两文，运用甲骨文资料，对照《山海经》、《竹书纪年》、《楚辞·天问》、《世本》、《吕览》和《史记·殷本纪》等记载，在罗振玉考出卜辞中商王名号二十二个和先公名号示壬、示癸的基础上，进一步考出季、王亥[①]、王恒、上甲等先公名号，同时确证了报乙、报丙、报丁、示壬、示癸等先公名号，从而大体上重建起商先公的世系统绪。在先王方面，他指出卜辞中的“唐”即商开国之君“汤”，并据卜辞中以祖乙为中宗之事实，纠正了多数旧文献以太戊为中宗之误。这些，都有力地证明了《史记·殷本纪》所记商代统治者世系及其历史的信而有征。

在研究中，王氏还首创甲骨“缀合”法，将已破碎为两片[②]且分印于《殷墟书契后编》和《戬寿堂所藏殷虚文字》的甲骨拼合在一起，得到一段较为完整的文字，由此对照出《史记·殷本纪》记载商王世系排列上存在的错误。而其据卜辞中有父甲、父庚等称谓而定之为“武丁时所卜”，有兄己、兄庚等称谓而定为“祖甲时所卜”的方法，则给后来的甲骨分期断代研究以重要启迪。

在铜器和金文研究方面，王国维的《宋代金文著录表》、《国朝金文著录表》、《观堂古金文考释五种》，以及《商三句兵跋》、《散氏盘跋》、《王子婴次卢跋》、《说觥》、《说彝》等文，对宋以来金石家所著录的古代钟鼎彝器加以系统的汇集、整理和考订，纠正了不少前人的错误，特别是厘清了因器物分辨不清而造成的一名数器或一器多名等混乱现象。

---

① 按：王氏之考“王亥”，无论从方法还是结果看，对殷先公世系研究均属一种原创性的突破。但近来有人提出日本内藤湖南“早在1902年就亲睹甲骨实物，1916年7月发表著名论文《王亥》，在方法上利用考释甲骨文字，辅以纸上材料相互参证研究殷代帝王，受此影响王国维写出那篇《殷卜辞中所见先公先王考》”（赵利栋：《王国维学术随笔·前言》，社会科学文献出版社2000年版）。这就把事情完全搞颠倒了。实际上，内藤此文恰恰是因受到王国维的启发才撰写的。兹引王氏《殷卜辞中所见先公先王考》为证：“甲寅（1914）岁莫，上虞罗叔言参事撰《殷虚书契考释》，始于卜辞中发见‘王亥’之名。嗣余读《山海经》、《竹书纪年》，乃知王亥为殷之先公，并与《世本·作篇》之‘胲’、《帝系篇》之‘核’、《楚辞·天问》之‘该’、《吕氏春秋》之‘王冰’、《史记·殷本纪》及《三代世表》之‘振’、《汉书·古今人表》之‘垓’实系一人。尝以此语参事及日本内藤博士（虎次郎），参事复博蒐甲骨中之纪王亥事者，得七八条，载之《殷虚书契后编》。博士亦采余说，旁加考证，作《王亥》一篇，载诸《艺文杂志》。”

② 实应为三片，下片后由董作宾发现并再作缀合。郭沫若：《殷契粹编》考释，第382页。

并通过古器形制及其铭文研究，对当时的历法、地理、名物、史事、封赏制度等作了卓有成效的考证。此外，在《史籀篇疏证》、《桐乡徐氏印谱序》、《战国时秦用籀文六国用古文说》等文中，他还通过先秦古文、籀文与战国时兵器、陶器、玺印、货币所刻文字的比较，对古文字的演变系统提出了独到的见解。认为汉儒许慎等以“古文”早于“籀文”的说法实系一种误解，事实上，籀文乃战国秦时通用文字，古文则为山东六国通行文字，“其源皆出于殷周古文。而秦居宗周故地，其文字犹有丰镐之遗，故籀文与自籀文出之篆文，其去殷周古文反较东方文字（即汉世所谓古文）为近。自秦灭六国，席百战之威，行严峻之法，以同一文字……以至楚汉之际，十余年间，六国文字遂遏而不行”①。虽然其“战国时秦用籀文”之说难以令人信服，但对“古文”的看法则显示出敏锐的判断力，已为近几十年来出土的大量六国文字材料所证实。

值得注意的是，王国维的古器物和甲骨金文研究并未停留在一般的文字和史实考证叙述上，而是试图由此深入，对殷周制度及其社会情况进行综贯的考察。在这方面，最具代表性的是《殷周制度论》。该文提出“中国政治与文化之变革，莫剧于殷周之际”，认为夏、殷错处于东方河、济之间数百年，文化略同。周则崛起西土，故文物制度均与殷有异，其主要表现“一曰立子立嫡之制，由是而生宗法及丧服之制，并由是而有封建子弟之制、君天子臣诸侯之制。二曰庙数之制。三曰同姓不婚之制。此数者，皆周之所以纲纪天下，其旨则在纳上下于道德，而合天子、诸侯、卿大夫、士、庶民以成一道德之团体。周公制作之本意实在于此”。并详举史实，加以论证，指出周之代殷，“自其表言之，不过一姓一家之兴亡与都邑之转移；自其里言之，则旧制度废而新制度兴，旧文化废而新文化兴”。② 这些观点，在古史研究领域产生了深远的影响。其余如《明堂寝庙通考》对古代宫殿建筑与礼制的讨论，《生霸死霸考》对周代历法“月相”制度的探究等，也都体现了这一治学特征。

当然，王国维在上述论著中提出的结论，今天看来并不都正确，有

---

① 王国维：《战国时秦用籀文六国用古文说》，《王国维遗书・观堂集林》卷七。

② 王国维：《殷周制度论》，《王国维遗书・观堂集林》卷十。

些方面后人争议很大。如因袭罗氏之说，以卜辞中之“羊甲”为《史记·殷本纪》中的“阳甲”，后经郭沫若辨正，“羊甲”实当为《史记》中之“沃甲”[①]；其以卜辞中的“夒”为传世文献中的“帝喾”之说，迄今亦不为多数学者认同；至于称商王继承“以弟及为主，而以子继辅之，无弟然后传子”之制的说法，更缺乏足够证据的支持。但尽管如此，他为开创这一学术领域建立的殊勋和作为现代中国“新史学开山”的地位，仍是举世公认的。

其次，是对敦煌文献和西北出土简牍的开拓性研究。

敦煌藏经洞文书自1900年被意外发现后，其初除少数地方官视之为古玩文物加以收藏外[②]，并未在学术界引起关注。直至1907—1908年英籍匈牙利人斯坦因和法人伯希和将大批精美文书劫掠而去时，清政府方如梦初醒，急忙下令将藏经洞的劫后余物运归北京，而学术界受此刺激，也开始着手研究敦煌文书。1909年11月，罗振玉在《东方杂志》发表《敦煌石室书目及发见之原始》，向人们介绍敦煌遗书的发现及其流散情况。接着，又在该杂志连载《莫高窟石室秘录》一文，分文书、石刻、经录、壁画、古器物等五类，对敦煌文物作了进一步评述和考释。并先后编录了《鸣沙山石室秘录》（1909）、《敦煌石室遗书》（1909）、《鸣沙石室佚书》（1913）、《鸣沙石室古籍丛残》（1917）等多种敦煌文书集。与此同时，王仁俊也编刊了《敦煌石室真迹录》（1909）。王国维对敦煌文献的研究，即始于这一阶段。1910年后，他陆续写下了三十余篇有关敦煌学的考论跋文，除利用敦煌古写本考证古籍版本源流（如《书〈论语〉郑氏注残卷后》、《书松江本〈急就篇〉序》、《唐写本〈食疗本草〉残卷跋》、《唐写本〈老子化胡经〉残卷跋》等）和考证古代音韵学（如《书吴县蒋氏藏唐写本唐韵后》、《李舟切韵考》、《唐时韵书部次先后表》等）外，还极力以此证史，从中发掘出不少鲜为人知的史实。如在《于阗公主供养地藏王菩萨画像跋》和《曹夫

① 郭沫若：《殷契粹编》考释，第41页。又于省吾认为“沃”字当释为“羌”（《甲骨文字释林》，第44页）。

② 如时任甘肃学政的叶昌炽1902年即通过敦煌县令汪宗瀚获得过藏经洞文书，其《缘督庐日记》称“已闻石室发现事，亦得画像两轴、写经五卷”。

人绘观音菩萨象跋》中，据敦煌壁画提供的线索考证了五代宋初于阗李氏政权的大致年代，以及占据瓜、沙二州的归义军节度使曹元忠父子史迹，指出“元忠之卒当在乾德四年（966）五月之后、六年五月之前”①，其子延恭、延禄相继嗣统，从而纠正了《续资治通鉴长编》、《宋史》及《文献通考》以其死于太平兴国五年（980）之误。又如《唐写本残职官书跋》对唐初职官制度的考证，《唐写本敦煌县户籍跋》对唐时敦煌地区实行均田制的分析，以及《唐写本韦庄〈秦妇吟〉跋》、《唐写本〈云谣集杂曲子〉跋》、《唐写本〈春秋后语〉背记跋》等文对韦庄诗和《菩萨蛮》、《望江南》等词牌起源的考证，虽然还只是对敦煌文献的局部研究，但多能发前人所未发，给后来的敦煌学研究以丰富的启示。

在西北出土简牍的研究方面，王国维取得的成就更为显著。19 世纪末以后，斯文·赫定（Sven Anders Hedin，1865—1952）、斯坦因（Marc Aurel Stein，1862—1943）、橘瑞超等外国探险家相继至我国西北进行探险考古，发现了古楼兰、尼雅（古精绝国地）和敦煌以北汉长城烽燧等遗址，在当地发掘出大批古文物和简牍。其中斯坦因所获近千枚简牍后交巴黎法兰西学院沙畹（Edouard Chavannes，1865—1918）博士进行整理考释。1913 年，经联系，罗振玉获得了沙畹所寄即将出版的《斯坦因在东土耳其斯坦所获汉文文献》手校本，乃与王国维尽月余之功，重加编订考释，于 1914 年在日本出版了《流沙坠简》。该书共三卷，其中《小学术数方技书》和《简牍遗文》各一卷，由罗振玉考释；《屯戍丛残》一卷，分簿书、烽燧、戍役、廪给、器物、杂事六类，由王国维负责考释。② 随后，王氏又据所获其他资料和简牍，写成《流沙坠简补遗考释》③、《流沙坠简附录考释》④（1914）和《流沙坠简考释补正》（1915）等文，继续对《流沙坠简》的研究结果加以修正充实。

---

① 王国维：《曹夫人绘观音菩萨象跋》，《观堂集林》卷二十，《王国维遗书》第二册，第 423 页。

② 其中部分内容后经修改，以《敦煌所出汉简跋十四首》和《罗布淖尔东北古城所出晋简跋》为题（《观堂集林》卷十七）。

③ 其中部分内容后修改为《尼雅城北古城所出晋简跋》二首（《观堂集林》卷十七）。

④ 其中部分内容后改订为《罗布淖尔北所出前凉西域长史李柏书稿跋》（《观堂集林》卷十七）。

这些论著，以简牍与传世文献互证，不仅对有关简文和其所涉史事作了全面疏通，还着重探讨了三个方面的问题。

一是关于汉晋古地名的考证。如据晋法显《佛国记》和唐《沙州图经》等文献指出敦煌汉简出土地当即沙州城北六十余里之汉长城遗址，据简牍考定汉效谷县地当在敦煌县之东等。特别是对楼兰和海头故址的考证，引起了学术界的极大关注。楼兰古城是瑞典人斯文·赫定等在1900年的中亚探险中首先发现的。1906年，斯坦因复至此从事考古发掘。1909年，日本探险家橘瑞超前往楼兰古城考察途中，在距楼兰西南近50公里处发现一古城遗址，掘得前凉西域长史李柏信稿和其他一些文书，乃误以此即斯文·赫定所见之楼兰古城，当其将此情形向斯坦因等人讲述时，也未引起他们的任何怀疑。[①]但当王国维看到“李柏文书”和其他一些资料时，却对此表示了异议。他根据信稿中“今奉台使来西月二日到此”一句中“此”字被圈去而旁注“海头”二字的情况，以及其他三枚木简的文字，断定“李柏文书”出土地“决非古楼兰，其地当前凉之世实名海头，而《汉书·西域传》及《魏略·西戎传》之居庐仓、《水经·河水注》之龙城皆是地也”。[②]尽管王国维因不知橘瑞超所见之古城（LK）与斯文·赫定所发现之楼兰遗址（LA）本非一地，以致将两处混为一谈，并在海头具体方位的辨别上出现了误差，但他首先提出“李柏文书”的出土地应在海头而非楼兰城的正确判断，则不能不说是一种卓见。

二是对汉时边郡组织的考察。关于汉代边郡的军事组织系统，前、后《汉书》虽有记载，但材料分散而阙略甚多，王国维的敦煌汉简考释，则对此作了细致爬梳，指出其组织主要当由都尉、候官和隧候（斥候、候长、隧长）三级构成。都尉为郡太守下专佐武事之官员，职级与校尉

---

① 1910年，斯坦因在伦敦获见大谷光瑞和橘瑞超携带之“李柏文书”，因其字体与楼兰发现之文书相似，亦误以其地为楼兰。直至1950年，经日本森鹿三将橘瑞超保存之文书出土地照片与斯坦因报告书仔细比较后，才知其地并非斯文·赫定所见之楼兰古城LA，而乃斯坦因所称LK之另一古城，遂在《龙谷史坛》第45期发表《李柏文书的出土地点》，对此事作了澄清。

② 王国维：《流沙坠简·序》，《观堂集林》卷十七，《王国维遗书》第二册，第243—244页。

相当，秩二千石；其下“各置候官以分统其众，亦谓之军候，亦单谓之候”[①]，秩六百石；候长秩百石，其下“候史之秩当在百石以下，汉律所谓‘斗食’也”[②]。并对千人、司马、将卒长史、士吏（士史），乃至五士、庶士等下级军吏的职掌、俸禄和所属系统都尽力作了考辨。

三是对汉代边防烽燧制度的辨析。有关汉烽燧之制，自晋以后已说法不一。王国维细考敦煌汉简，见所记举烽燧之地或曰烽或称燧，唯称“燧”之处远多于“烽”，他分析其中原因，认为烽、燧虽同为古时边境传递信息之处，但烽指燃火，用于夜间；燧谓举烟，施于白昼。烽台之高，可得八丈有余，夜中火光醒目，“自可及数十里，若昼中之烟，较不易辨，故置燧之数宜密于置烽，此自然之理”[③]。从简文看，各燧间隔约在十里左右；而各烽间隔当在五十里上下（内地所置则稍密，约间隔三十里左右）。对于简文中“举表”之说，他指出烽、表实为一事，烽台遇事，“夜则举烽，昼则举表”[④]，表当指布帛旗帜类的“布烽”，白天在烽台上高高张起，同样可传递信号。与此同时，王国维还据简文对与亭燧制度相关的邮传情况作了讨论，指出汉时书信及公文乃由亭燧逐站传递，其制实“寓于亭燧中，而书到日时与吏卒姓名均有记录，可见当时邮书制度之精密矣”[⑤]。这些研究成果，受到了学术界的高度评价，国外学者至称《流沙坠简》为清代考据方法在简牍研究上结出的奇葩。[⑥]

此外，王国维还是最早对古代简牍制度进行系统研究的学者。1912年，他在日本《艺文》杂志发表《简牍检署考》[⑦]，综合传世文献和出土简牍、封泥等实物提供的信息，对古代简牍的制作、使用方法、形制规格、书写特点等各项制度一一作了讨论。特别是对简牍“检署”制度的

---

① 王国维：《流沙坠简·屯戍丛残考释》烽燧类第六简考释，日本京都东山学社 1914 年印本。
② 王国维：《敦煌汉简跋八》，《观堂集林》卷十七，《王国维遗书》第二册，第 267 页。
③ 王国维：《敦煌汉简跋十二》，《观堂集林》卷十七，《王国维遗书》第二册，第 274—275 页。
④ 王国维：《敦煌汉简跋十三》，《观堂集林》卷十七，《王国维遗书》第二册，第 277 页。
⑤ 王国维：《敦煌汉简跋十一》，《观堂集林》卷十七，《王国维遗书》第二册，第 273 页。
⑥ 参见郑有国：《中国简牍学综论》，华东师范大学出版社 1989 年版，第 113 页。
⑦ 此书后经修改，收入《海宁王静安先生遗书》，《王国维遗书》第六册。

考证，澄清了学术界不少误解。他指出，“检”乃竹木作为主要书写材料流行时期，置于信函上之封简，其作用类似近日之信封。一般发信之际，以“检”覆信，外扎以绳，其上施以封泥，盖上玺印，并在“检”上署明寄往何处、文书种类和数量等。而传递文书之单位，亦须在上写明收发时间及何处转来和发往何地等。并说“检之为制，有穹窿其背作正方形如覆斗，而深刻其中以通绳，且容封泥者，汉时谓之‘斗检封’”。从而纠正了清阮元等人将汉代不知名之铜器认作“斗检封”之误。至于古代“检署”制度常用的封泥，“虽散见于载籍，然至后世其制久废，几不知有此事”，以致清人初见古代封泥时，竟以为是“印范”，至吴式芬《封泥考略》出，始明其物为“封泥”，但仍未对其用法作出详考。王国维根据文献记载与出土封泥材料，认为“玺印之创，在简牍之世，其用必与土相须，故其字从‘土’”，因“古人玺印皆施于泥，未有施于布帛者”。盖印于封泥，本简牍流行时期作封诏书、公文、书函之用，其后随着纸素流行，玺印渐施于纸，封泥之用遂废。①

上述研究，虽有不少具体结论尚待商榷，但无疑为中国现代简牍学的建立奠定了重要基石，其后贺昌群、陈邦福、陈直、劳榦、日本大庭脩等人的简牍研究，无论从内容还是方法上，都明显地得益于王氏的启发，并系在此基础上得以拓展推进的。

第三，是关于西北史地和蒙元史的研究。

晚清以来，因受边疆危机的刺激，西北史地和元史研究作为一种专门之学日益受到学术界的关注。② 至20世纪初，其研究态势复因国际“东方学”或“汉学”研究方法与成就的冲击，以及中西学术交流的频繁展开，进入了一个以西北考古发现为支援和西域史地、蒙古学及中西交通史为研究重心的新境界。王国维对此领域的涉足，便直接受到这一风气的影响。

发表于 1914 年的《流沙坠简序》，是王氏在该学术领域的初展才

---

① 王国维：《简牍检署考》，《王国维遗书》第六册，第 110、112、118、119 页。

② 关于这方面的详情，可参看本书上册第一章第二节“西北史地学的兴起”和第二章第五节“光绪朝的元史学”。

华之作，光绪间即以精西北舆地和元史学著称的前辈学者沈曾植读后极为激赏[①]，特致函罗振玉，向王国维提出了“汇欧学之精英，罗诸几席”，进一步拓展研究的建议，以为“若条支后裔之西迁，若帖木尔后王之世系，若月支西域之分布，若案达罗、俱兰、中印、南印之兴衰，但得欧籍参证吾国史书，故尚有未经发挥之佳义，可以贡诸世界也”[②]。王国维随即复函称：“大抵吾国史籍可得与外国史书参证者，惟元代以后确有大补益处，隋唐以前裨补实少……如匈奴与大月氏分布西域情形，西人议论虽多，恐不过据吾国史书上数语与近来所得地理上、古物上之材料，以声音相比附而已。此外根本材料亦复不多。”并表示“国维于西域史事，隋唐以后实未研习，其于西人之说亦未尝寓目。兹事体大，未敢引为己任。惟写官之役，所不敢辞”。[③]这些话，虽态度谦抑，但已表露出其对这一领域的关注之意。1916 年回沪居住后，与沈曾植复时相往返论学，更受到不少启发。这些，显然都对其晚年转向蒙元史地的研究有着相当影响。

王氏对西北史地的研究视野开阔，凡上自先秦，下迄宋元，无不在其论述的范围之内。

其对先秦北方游牧部族史的研究，以《鬼方昆夷玁狁考》、《西胡考》及续考、《月氏未西徙大夏时故地考》等最为有名。发表于 1915 年的《鬼方昆夷玁狁考》[④]，以古文献与金文材料相互参证，论述了鬼方、昆夷、薰育、玁狁等部族的强弱、活动区域和情况，并从地理分布和文字音韵学的角度考察了其名号变迁过程，认为鬼方、昆夷、混夷、獯

① 1914 年 3 月 27 日罗振玉致王国维书称：“乙老（指沈曾植，因其号乙庵）深赞大序之考证，斯世竟得知己，然恐无第二人也。”（王庆祥、萧立文校注，罗继祖审订：《罗振玉王国维往来书信》，东方出版社 2000 年版，第 12 页）张荣华《沈曾植年谱稿》（复旦大学硕士学位论文打印稿）谓此“大序”当指王国维所撰《流沙坠简序》。又罗振玉《五十日梦痕录》亦称其在沪与沈曾植会面，沈对王国维所撰《简牍检署考》、《释币》及考地理诸作皆甚推重，以为“并可信今传后，毫无遗憾，推挹甚至”。

② 沈曾植：《海日楼遗札 · 致罗振玉书札》，《同声月刊》卷四第 2 号，1944 年 11 月刊，第 96 页。

③ 王国维：《致沈曾植书》，原件藏嘉兴市博物馆，转引自张荣华：《沈曾植年谱稿》，第 86—87 页。

④ 该文初刊于罗振玉所编《雪堂丛刻》，改订时增入《三代地理小记》（1915）中《鬼方昆夷獯鬻字音之变》一篇内容，收入《观堂集林》卷十三。

鬻、薰育、荤粥、玁狁与匈奴、胡，自先秦至于汉，“中间或分或合”，“随世异名，因地殊号”，实皆同种。[①]由于该文考证精详，此后梁启超、方壮猷、冯家昇，乃至美国的 W. M. 麦高文和蒙古的策·道尔吉苏荣等学者多从其说。而蒙文通、黄文弼、岑仲勉等人的反对意见，则因论据不足，迄今仍未能推翻其基本结论。[②]其《西胡考》及续考、《月氏未西徙大夏时故地考》等文则对古文献中所指的“西胡”居地、形貌，以及古代西北地区的民族迁徙活动作了考辨。认为“西胡”本汉时指匈奴与东胡而言，其人深目高鼻而多须髯，“后汉以降，匈奴浸微，西域诸国，遂专是号”[③]。隋唐时，始对胡、梵（印度）有所分别，然于葱岭东西诸国仍皆混称为“胡”。并进一步发挥沈曾植《穆天子传书后》的观点[④]，博征《逸周书》、《吕氏春秋》、《穆天子传》、《管子》、《史记·大宛列传》和《汉书·西域传》等记载，指出大夏、月氏（《逸周书》作“禺氏”）战国以前本居中国正北，后大夏先西徙至且末、于阗间，秦汉时复徙于葱岭之西。月氏之徙稍后于大夏，秦汉间已居敦煌、祁连间，汉文帝时，为匈奴所败，乃西击大夏而臣之。考之历史上乌孙、匈奴、突厥、回鹘等迁徙，其踪迹无不类此。故“自来西域之地，凡征伐者自东往，贸易者自西来，此事实也”。而“凡西徙之种族，于其所征服之国，不过得其政权及兵权，而自成统治者之一级，其时人民之生活仍如故也”。[⑤]其余如《高昌宁朔将军曲斌造寺碑跋》对突厥官制及突厥与曲氏

---

① 王国维：《鬼方昆夷玁狁考》，《观堂集林》卷十三，《王国维遗书》第二册，第 1 页。

② 详见林幹：《王国维对匈奴史的研究》一文，《王国维学术研究论集》第一辑，华东师范大学出版社 1983 年版，第 107—108 页。

③ 王国维：《西胡考上》，《观堂集林》卷十三，《王国维遗书》第二册，第 25 页。

④ 按：沈氏《穆天子传书后》成于 1919 年，文中一反前人以“穆传”为荒诞不经之成见，对周穆王西征的用意、路程和其时西北部族的分布作了考证，称其在地理上足与《禹贡》相发明，并征引《逸周书》“伊尹献令”之说，谓：“大夏、月氏皆在正北方，其后积渐西涉，得非为月氏所逼欤？匈奴、月氏、大夏皆北方种族，蹑足西徙，大夏开其先，月氏继之。独此书纪大夏未入西域以前故地，此为地理学者最可宝贵之典证矣。”同年 10 月，王国维从沈氏处抄录此文，以为其说使“千年沉晦之书一旦得见天日”（1919 年 10 月 9 日致沈曾植书，原件藏北京国家图书馆），时方草成《西胡考》初稿，遂取以充实其中（这在《西胡考下》中有具体反映）。1925 年，复撰《月氏未西徙大夏时故地考》，对此作了进一步发挥。

⑤ 王国维：《西胡考下》，《观堂集林》卷十三，《王国维遗书》第二册，第 29、32 页。

高昌国关系的考证,《九姓回鹘可汗碑跋》对唐时回鹘史迹的梳理，也每多发明之处。

对于蒙元史地的研究，王氏晚年几倾全力而为之，故成绩尤著。计自1925年4月入清华园至1927年6月去世的短短两年多时间里，他先后完成了一系列极具分量的学术专论，编纂了《耶律文正公年谱及余记》，整理校注了一批蒙古史料。这些论著的关注重点，大多集中在蒙古早期史地方面。这是因为从汉文典籍看，有关蒙古早期史的记载向甚阙略，有的还夹以传闻，自相矛盾，难以征信，以致留下了诸多历史悬案，从而使这一领域的研究更具挑战性。同时，清末以来，随着拉施特《史集》、志费尼《世界征服者史》、多桑《蒙古史》等国外蒙古史著的传入，也为拓展该领域的研究提供了新的契机。正是出于这种对学科发展态势的清晰把握，王国维的蒙元史研究自始即十分重视国外学者在该领域的进展以及与他们之间展开对话。这一点，从其有关论著时常引用洪钧《元史译文证补》提供的外文史料，并注重与国际汉学界沙畹、伯希和、那珂通世、内藤湖南、箭内亘、津田左右吉、藤田丰八、羽田亨等人保持密切学术对话的姿态中，可以看得很清楚，实际上，它也是其研究得以突破清人“元史学”的旧囿而展现一种新面貌的重要原因所在。

由于王国维的蒙元史研究始终坚持从大量基础性的资料工作着手，又能贯之以敏锐的识见和判断，故其结论往往新见迭出且具有长久的学术生命力。如其《蒙古考》综合《蒙古秘史》与各类散见于汉文典籍的记载，对成吉思汗以前蒙古诸部落的活动作了系统考察，其中有关蒙古部发源于今额尔古纳河下游一带，唐末至辽已有部分南徙于阴山地区，以及宋代史籍中涉及蒙古部族的同名异译问题等考证，迄今仍为多数学者所赞同。其《黑车子室韦考》对唐时蒙古语族南室韦部落迁徙过程的论证,《鞑靼考》提出的“鞑靼即阻卜”说,《〈元朝秘史〉之主因亦儿坚考》对金代糺（纠）军性质的分析,《蒙古札记》对蒙古风俗和习语的考释，也都能发前人所未发，为后来的研究指点津途。其所校注的《蒙鞑备录》、《黑鞑事略》、《圣武亲征录》和《长春真人西游记》，不仅校勘精审，还对其中涉及的人名、地名、部族、职官、年代和史迹作了大量富有学术价值的注释和考证，故至今仍是最具参考意义的本子。[①]

第四，是对古代俗文化的研究。

王国维的文化史研究，范围广涉古代制度、文物、学术、艺术、宗教各方面，其中尤值得注意的，则为对俗文化的研究。所谓俗文化，主要是指滋生流行于民间的通俗文化或习俗现象。在传统社会，由于正统观念的影响，高居于学术殿堂的只是那些经史文章、庙堂典制等“精英”文化，俗文化的研究历来遭人轻视。王国维对文化史的研究，则力求破此陋习，给俗文化以应有的历史地位。这种进步的学术观念，在宋元戏曲史的研究中表现最为典型。在他看来，元人杂剧“能通人情，状物态，词采俊拔而出乎自然，盖古所未有，而后人所不能仿佛也”，只因“托体稍卑”，“后世儒硕皆鄙弃不复道”[②]，这是极不合理的，因而他决心通过自己的努力，改变这种落后的现状。其对古代俗文化的研究，除系统梳理宋元戏曲史外，值得一提的至少还有三个方面。一是对通俗小说史的探究。在《宋椠〈大唐三藏取经诗话〉跋》（1915）[③]、《庚辛之间读书记》（1910—1911）和《东山杂记》的有关笔记中，他通过宋代“诗话”、元杂剧和古代演义小说内容间关系的考察，指出传统章回小说的雏形当起于宋人“说话”（类似评话或说书），元时杂剧常取此类话本或小说故事铺衍之，使之情节更为曲折多变，复经明人修饰整理，方成今日之面貌。如《大唐三藏取经诗话》为后世《西游记》所本；《水浒传》出于《宣和遗事》，“又《录鬼簿》所载元人杂剧，其咏《水浒》事者多至十三本，其事与今书多不同，盖其祖本亦非一本”。其余如《封神演义》、《杨家将》、《说岳传》、《龙图公案》等莫不如此，“至戏曲小说之同演一事者，孰先孰后，颇难臆断。至其文字结构，则以现存之《五代平话》、《宣和遗事》、《大唐三藏取经诗话》观之，尚不及戏曲远甚，更无论后代小说”。[④]故“知元明以后章回小说大行，皆有所因袭，

① 关于王国维在蒙元史研究方面的具体成就，余大钧《论王国维对蒙古史的研究》（《王国维学术研究论集》第一辑）一文有较详的介绍，可参看。

② 王国维：《〈宋元戏曲考〉自序》，《观堂别集》卷四，《王国维遗书》第三册，第224页。

③ 该文内容亦见于《东山杂记》，从其刊登于《盛京时报》的时间看，成稿实应在1913年8月以前。

④ 王国维：《东山杂记》，《王国维全集》卷三，第352页。

决非出于一时之创作也”。[①] 这些考证，尽管尚欠系统，但与五四时期胡适等人研究古代通俗小说的精神却是相通的。正因如此，当其 1922 年读到胡适有关《水浒传》和《红楼梦》的考证时，才会有一种“犁然有当于心”[②] 的感觉。二是对古代服饰制度的考证。特别是《胡服考》[③] 一文，搜集大量文献资料，对战国至隋唐间北方游牧部族服装传入中原的过程、形制，及其影响等作了前无古人的系统论述。在《东山杂记》和《二牖轩随录》中，他还以相当的篇幅对瓜皮小帽和浏海发式的由来、明清官员的补服、古代妇女出门以为屏蔽的帷帽与盖头、隋唐以后贵贱通服的幞头或纱帽形制，以及出于契丹的毡笠等作了考证。[④] 这些，无论是对古代服饰制度的演变还是对汉族和北方少数民族文化关系史的研究，都有相当的参考价值。三是对古代风俗的讨论。如《东山杂记》对古代民间祭祀司命与灶神及家人间称谓关系的考辨，《二牖轩随录》对古代酒令游戏的介绍，《庚辛之间读书记・元郑光祖〈王粲登楼杂剧〉》对唐宋时以“设茶点汤”为迎送客人礼节的考证等。上述研究，尽管程度各有深浅，有的且较零散，但以如此自觉的意识关注并投入俗文化的研究，不仅在当时独树一帜，对于五四以后新文化界的通俗文学和社会风俗史等研究无疑也具有开创风气的作用。

三、陈垣史学的现代性贡献

（一）从政治救亡到专意学术

陈垣（1880—1971），字援庵，广东新会人。早年受传统教育，研习儒经和科举时艺之余，按张之洞《书目答问》和清《四库总目提要》

① 王国维：《元人隔江斗智杂剧》，《庚辛之间读书记》，《王国维遗书》第三册，第 282 页。
② 王国维：《致顾颉刚》（约 1922 年 5 月 8 日）称：“顷阅胡君适之《水浒》、《红楼》二卷，犁然有当于心。其提倡白话诗文，则所未敢赞同也。”（《王国维致顾颉刚的三封信》，《文献》1983 年第 18 期，第 205—206 页）
③ 该文基本内容初见于 1914 年 11 月《盛京时报》的《二牖轩随录》连载栏目，后复加充实修订，于次年 8 月完稿，收入《观堂集林》。
④ 详见《王国维全集》卷三，第 316—325、475—481 页。

陈　垣

所示门径，泛览群籍，打下了学问的根基。1905年，受反清革命风潮感召，与潘达微、高剑父等创办广州《时事画报》，积极宣传爱国民主思想。1910年于光华医学院毕业，留校任教，讲授人体解剖学、细菌学、生理学和生物学等课程。辛亥革命时期，参与创办并主编《震旦日报》，鼓吹反清救亡。并加入了孙中山领导的同盟会，任广东支部评议员。[①]1913年以革命报人身份当选众议员，迁居北京。次年1月，因国会遭袁世凯解散，转入全国税务处和内国公债局任职。1916年袁世凯死后，复为众议院议员。然此时的陈垣，“眼见国事日非，军阀混战连年，自己思想没有出路，感到生于乱世，无所适从，自觉得参加这样的政治是污浊的事情，于是就想专心致力于教学与著述”[②]，遂于1922年5月正式辞去北洋政府教育部次长之职，专事文教工作。

事实上，自1915年文津阁《四库全书》从承德移藏京师图书馆后，他就以极大的精力投入了该书的系统查阅和钻研。以前后十年的时间，为《四库全书》作了书名和作者索引，并将赵怀玉刻本《四库简明目录》与《四库全书》实际存书相核，辨其异同得失，摸清了《四库全书》编集、禁毁和抽换过程，写成《四库全书纂修始末》、《文津阁四库全书册数页数表》和《四库书目考异》五卷等。[③]这一过程，为其日后治学奠定了浩博而坚实的文献学功底。

与此同时，他还与辅仁社英敛之及马相伯、张星烺等学者倾心交往，砥砺学问，并开始搜罗相关文献，“发愿著中国基督教史”[④]。1917

---

① 刘乃和等编著：《陈垣年谱配图长编》（上），辽海出版社2000年版，第87页。

② 陈垣：《党使我获得新的生命》，《人民日报》1959年3月12日。

③ 参阅陈垣《谈谈我的一些读书经验》（陈乐素、陈智超编校：《陈垣史学论著选》，上海人民出版社1981年版，第641页）和刘乃和《“书屋而今号励耘”——学习陈援庵老师的刻苦自学精神》（《励耘书屋问学记》，生活·读书·新知三联书店1982年版，第136页）。

④ 陈垣：《万松野人言善录跋》，《万松野人言善录》，1932年铅印本。

年，首先写成《元也里可温考》（后改题《元也里可温教考》），凡十五章，广征汉文史料，“先认定《元史》之也里可温为基督教，然后搜集关于也里可温之史料，分类说明之”，以为“也里可温者为蒙古人之音译阿拉比语，实即景教碑之阿罗诃也”。并对其在中土的流播、内部教派区分、教徒人数、人物事迹、生活状况、社会地位、兴灭及其文化遗迹一一作了考论，指出：“元起朔漠，先据有中央亚细亚诸地，皆昔日景教（聂斯托尔派）流行之地也。既而西侵欧洲，北抵俄罗斯，罗马教徒、希腊教徒之被掳及随节至和林者，不可以数计，而罗马教宗之使命，如柏朗嘉宾、隆如满、罗伯鲁诸教士，又先后至和林；斯时长城以北，及嘉峪关以西，万里纵横，已为基督教徒所遍布矣。燕京既下，北兵长驱直进，蒙古、色目，随便住居，于是塞外之基督教徒及传教士，遂随军旗弥漫内地。以故太宗初元（宋绍定间）诏旨，即以也里可温与僧道及诸色人等并提。及至孟哥未诺主教至北京，而罗马派之传播又盛。”①

该书的考证，使淹没六七百年的这一元代宗教史实得以大白于世，由此大获学术界好评，并坚定了其弃政从史的决心。此后数年，他接连发表了《开封一赐乐业教考》（1919）、《火祆教入中国考》（1922）、《摩尼教入中国考》（1922，以上三种与《元也里可温教考》合称“古教四考”）、《基督教入华史略》（1924）、《回回教入中国史略》（1927）等一系列相关论著，以及专论元代中外文化交流的《元西域人华化考》（1923—1927），声名鹊起。

陈垣治史何以如此专注于宗教史？其子陈乐素认为“是和他曾经具有宗教信仰密切有关的”，这在其所撰《重刊〈铎书〉序》和《〈罪言〉序》中均有反映。②但若深一层看，又不仅如此。其实陈垣在世时，就曾对有人怀疑他究心此道是否与某种宗教感情有关作过回应，谓：“承询予是否为耶稣教教友，亦应有一问。余数月前曾演讲回回教入中国历史，人多疑余为回回教徒。近为辅仁大学校长，人又疑我为天主教徒。不知我

① 陈垣：《元也里可温教考》，陈乐素、陈智超编校：《陈垣史学论著选》，第3、6、50页。
② 陈乐素：《陈垣》，《中国史学家评传》（下），第1247—1248页。

实一宗教史研究者而已，不配称为某某教徒也。”[①] 可见并不认可研治宗教史和宗教信仰间存在必然的关联。而在笔者看来，这其中应包含着更多的学术考虑。盖陈垣一生行止始终十分理智，凡举事，皆谋定而动，于治学方向的选择尤为慎重。晚年，他曾谈及自己过去信守的治学理念："凡是有人研究的，我就不研究；我本来研究的，既有人研究，我也不研究。因此从没有在书报上，与人有过论战等事，很像与世无争的。"[②] 足证重独创和不乐赶时髦随大流，是其生平为学的一大原则。鉴于外来宗教（佛教除外）在古代中国的流传情况，学术界向少研究，有的根本无人触及，这对全面理解中国文化史显然不利。正因如此，才激起了他在这片荒凉的学术冻土上独立开拓的雄心。其弟子柴德赓在分析这一现象时即指出："宗教史研究，在当时来说，还是一门新东西。从前人一般是不研究专史的，清代学者一般都是抱住'二十四史'，或重修一下，或校订一下，或补充一下……陈先生跳出了这框框，专门深入研究宗教史。"[③]

不仅如此，陈垣心中的学术还抱有一种更高的企求。他曾向蔡尚思建议："为足下自身计，欲成一专门学者，似尚须缩短战线，专精一二类或一二朝代，方足动国际而垂久远。不然，虽日书万言，可以得名，可以啖饭，终成为讲义的教科书，三五年间即归消灭，无当于名山之业也。"[④] 这话，正可视为他的夫子自道。"动国际而垂久远"的目标，实蕴蓄着陈氏欲以学术强国及在国际汉学界争雄的抱负。应当看到，随着晚清以来敦煌文献的发现和国际东方学的兴起，有关中亚、西亚一带古代民族及其宗教文化和中外交通史的研究，日益引起国际学术界的关注。如法国汉学家伯希和就据敦煌发现的《摩尼教经卷》等资料作有《中国

① 陈垣：《致方豪》（1927 年 6 月 13 日），陈智超编注：《陈垣来往书信集》，上海古籍出版社 1990 年版，第 288 页。

② 见陈垣 1950 年 6 月 5 日在高教会议上的发言，原载《光明日报》1950 年 6 月 5 日，转引自刘乃和等编著：《陈垣年谱配图长编》（下），第 550 页。按：此发言虽以自我批评的方式出现，以为今后应改为结合社会实际需要去治学，但显然是符合他当年治学一心追求独创和独到特征的。

③ 柴德赓：《陈垣先生的学识》，《励耘书屋问学记》，第 35 页。

④ 陈垣：《致蔡尚思》，《陈垣来往书信集》，第 355 页。

摩尼教考》(1913),在听闻福州乌石山尚存宋代摩尼教二宗经、三际经两碑文的信息后,还于1924年专函请陈垣帮助寻访并拓印[①];日本学者羽田亨1912年也在杂志上讨论过波斯教残经的问题。国外汉学家对我国资料和历史遗迹尚且如此上心并达到这样的研究水准,使他作为一个中国学者倍受压力,以致屡屡在一些场合表示:"现在中外学者谈汉学,不是说巴黎如何,就是说西京(指日本京都)如何,没有提中国的。我们应当把汉学中心夺回中国,夺回北京。"[②]在他看来,"一个国家是从多方面发展起来的,一个国家的地位,是从各方面的成就累积的……我们必须从各个方面就着个人所干的,努力和人家比。我们的军人要比人家的军人好,我们的商人要比人家的商人好,我们的学生要比人家的学生好。我们是干史学的,就当处心积虑,在史学上压倒人家。"[③]这种观念和社会使命感,使陈垣的宗教史研究一开始就定格于现代学术的高层次上,表现出如下的鲜明特征。

首先,考证史实极重系统性。陈垣的宗教史研究,形式上虽偏重考据而较少思想或教义阐发,然其视野和内容选题都明显突破了乾嘉考据的旧格局,观其论著,无论是讨论教派还是人物和事件,都能极考据之能事,力争做到原始察终,其中不少实已初具专史的规模。以基督教史研究为例,他先通过《元也里可温教考》对有元一代基督教徒在中国的活动,及相关宗教政策如军籍、徭役、租税等系统考证,为人们了解当时的社会众相提供了新视角。复于1924年发表《基督教入华史略》,指出其传播过程,第一期为唐代景教,自贞观九年(635)流传至中国长安(今西安),因武宗五年(845)"灭佛"遭禁,由此灭迹,遗存材料主要为明天启间发现的景教碑及近代发现之敦煌文献;第二期为元时也里可温,元亡,其教亦绝迹于中国;第三期以明时入华天主教耶稣会士

---

① 关于此事过程,详请参见樊守执:《致陈垣函》六通,《陈垣来往书信集》,第163—167页。然从信中看,当时并未寻访到。

② 郑天挺:《回忆陈援庵先生四事》,《陈垣校长诞生百年纪念文集》,北京师范大学出版社1980年版,第12—13页。

③ 陈垣1935年11月北大讲课时言论,引自朱海涛:《北大与北大人》,原载《东方杂志》1944年第40卷第7号。收入陈平原、谢泳等:《民国大学:遥想大学当年》,东方出版社2013年版,第393页。

利玛窦等为代表，至清康雍间，教案迭起，疆吏纷纷要求禁之，加之耶稣会于1773年被罗马教廷解散，其在华势力遂趋于消散；第四期为近代新教马礼逊等来华后之发展。从而厘清了其演变的基本历史线索。此外，还以《休宁金声传》（1918）、《浙西李之藻传》（1919）、《华亭许缵曾传》（1927）和《泾阳王征传》（1934）等“基督人物四传”，以及《雍乾间奉天主教之宗室》（1932）、《从教外典籍见明末清初的天主教》（1934）等作，不断充实这方面内容，使该教在中国古代的史实日渐清晰。而一赐乐业教（犹太教）、火祆教（拜火教）、摩尼教（明教）、伊斯兰教等在古代中国的流播情况，原本文献记载阙略，或语焉不详，致多数人对这些古代外教认识模糊，不能辨各教间的差别。但即使如此，经其钩稽各种旁证，因点窥面，使史迹由隐而显，展现出较为完整的面貌。如《开封一赐乐业教考》，虽然寻获的直接记载并不多，但仍在考证明弘治二年（1489）《重建清真寺记》、正德七年（1512）《尊崇道经寺记》，以及清康熙二年《重建清真寺记》三碑文的基础上，对犹太人及其宗教流入中国的海陆交通路线和唐宋以后在开封等地的居住、宗教习俗、人物、教寺沿革与现状作了多角度的讨论。在《回回教入中国史略》中，他还提出了一个编纂《中国回教志》的计划，包括八志、八列传（自述九卷，然仅列八类传）、大事记二卷，附四表。“但以关于户口、寺院、金石诸门，非实际调查不可，而中国回教团体组织不完备，调查殊感困难，故此书至今尚未完全成功。近又思缩小范围，改变体例，名为《中国回教史》。”① 凡此，无不反映了这一治史取向。

其次，文献搜罗力求“竭泽而渔”。这是陈垣治史的一个突出特点。因其文献功底深厚，读书极为细心，在材料搜采和运用上每求网罗无遗，且能随时吸收实地调查资料，故常有石破天惊的新发现，考证结论亦多给人以坚实难破之感。如其《元也里可温教考》征引史料，除一般史书外，大量运用了《至顺镇江志》、《杭州府志》、《凤阳府志》、笔记、语言“鄙俚”的白话碑文，被《四库提要》讥为“兼杂方言俗语，体例

① 陈垣：《回回教入中国史略》，《陈垣史学论著选》，上海人民出版社1981年版，第217—218页。

瞀乱”的《元典章》等六十余种文献。初刊后，仍继续搜集“资料几及倍，其中复有有力之证据数条”[①]，又到日本搜集资料，还向镇江学者陈庆年询问与也里可温极有关系之北固山下元“十字寺残碑”现状，托人在杭州谢三太傅祠实地查访元也里可温十字寺旧基等[②]，据以对原作一再增补校正。其《开封一赐乐业教考》除尽力搜罗文献记载外，则采信了晚清以来传教士丁韪良及地理学家张相文等的实地考察报告。为了研究“回教”史，他还利用1922年秋回广东省亲期间，实地查访了许多“回教”遗迹，如斡歌思墓及怀圣塔、濠畔、南胜诸寺，“尽录其有关考证之碑记以返”，回北京后，仍请广州一些朋友代查舍希德墓及碑等。[③]在这方面，更为典型的《元西域人华化考》。该书凡八卷，从儒学、宗教、文学、美术、礼俗等五方面，详细考察了元代来自西域的畏兀儿、突厥、波斯、大食、叙利亚等色目人（包括一部分妇女）“华化”即学习接受中华文化或被汉化的情况。据书末所附征引书目，其参考采录的文献达二百十一种，范围及于正史、方志、游记、笔记、书画史、宗教典籍、金石碑刻和大量文集，述及人物达一百三十二人，其中许多事迹都经反复爬梳钩沉而得。末卷中《元西域人华文著述表》开列的元代西域人士三十余家有关经史、词章、老庄、申韩、舆地、艺术、阴阳、医药等八十余种汉文著作，某些方面还可补清金门诏、倪灿、钱大昕诸家《元史艺文志》之阙。如此坚实的史料基础，自然大大增强了考证内容的丰厚度。

第三，坚守理性，持论平允。陈垣前期的宗教史论著，承乾嘉朴学之风，多以辨明史实过程为主而较少价值评判议论，然在涉及民族和中外文化关系时，势必要触及对传统文化的评价，而这正是当时思想界火花四溅的热门话题。陈垣平时虽不参与这类争论，但一旦在研究中触及这类问题，却从不回避，并表现出相当理性的姿态。鉴于古代社会儒家文化长期处于强势的主流地位，非主流的少数民族文化，以及基督教、

---

① 陈垣：《〈元也里可温考〉再版识语》，《元也里可温考》，1917年9月再版增订本。

② 参见陈庆年致陈垣函（1921年9月30日）和兆琳致陈垣函（1920年7月22日），《陈垣来往书信集》，第31、20页。

③ 陈垣为1922年底苏心愉来函油印本所作按语，见《陈垣来往书信集》第139页注②。

伊斯兰教、摩尼教等外来文化往往易遭轻忽。而新文化运动以后，随着儒学和传统文化受到新思想界的整体批判和西强中弱国际格局的冲击，地位却一落千丈，甚至沦为弱国病民的“元凶”。本着现代学术的理性精神，陈垣对此两种偏于一端的文化价值观都不认可。如对蒙古族所建王朝元的文化，明以来一直评价甚低，“论世者轻之，则以元享国不及百年，明人蔽于战胜余威，辄视如无物，加以种族之见，横亘胸中，有时杂以嘲戏”。他却指出：“以论元朝，为时不过百年，今之所谓元时文化者，亦指此西纪一二六〇年至一三六〇年间之中国文化耳。若由汉高、唐太论起，而截至汉、唐得国之百年，以及由清世祖论起，而截至乾隆二十年以前，而不计乾隆二十年以后，则汉、唐、清学术之盛，岂过元时！”在他看来，元廷并不轻视儒学和文学，且有过不少隆文之举，曾发展到相当繁盛的程度，由此充分肯定了元代在中国文化发展史上的地位。与此同时，他对儒学为主体的华夏文化于古代周边民族和世界的巨大吸附力，更是一再发出由衷的赞叹：“盖自辽、金、宋偏安后，南北隔绝者三百年，至元而门户洞开，西北拓地数万里，色目人杂居汉地无禁，所有中国之声明文物，一旦尽发无遗，西域人羡慕之余，不觉事事为之仿效。”且“畏兀儿、突厥、波斯、大食、叙利亚等国，本有文字，本有宗教，畏兀儿外，西亚诸国去中国尤远，非东南诸国比，然一旦入居华地，亦改从华俗，且于文章学术有声焉。是真前所未闻，而为元所独也。”[①] 认为这恰恰证明了中华文明自身的伟大和旺盛生命力，至其近代以来的疲弱，实因国势衰微所致，“古语说前事不忘，后事之师。乾嘉以前，中国声明文物，为西人所羡，故耶稣会士，通汉学者极多。道咸以来，中国国力暴露无遗，陵夷以至今日，欲求西人从事华学难矣”[②]。现在看来，这一判断，较五四以后不少新派思想家将中国贫弱皆归罪于儒学的结论显然要更为理智。

以上特点和长处，使其宗教史研究获得了中外学界普遍好评。诚如张相文所云：“陈援庵精于考据，然与清代汉学家支离破碎者不同，所著

① 陈垣：《元西域人华化考》，世界书局 1935 年版，第 124、125、123—124、2 页。
② 陈垣：《基督教入华史略》（1924），《陈垣史学论著选》，第 192 页。

如《摩尼教入中国考》、《元也里可温考》、《元西域人华化考》，搜罗宏富，抉择精详，于朝章国故，关系极巨。”[①] 日本学者桑原骘藏至谓：“支那学者多不解科学的方法，犹清代学者之考证学，实事求是，其表面以精核的旗帜为标榜，然其内容非学术的之点不少，资料之评判，亦不充分，理论亦不彻底，不知比较研究之价值。今日观之，乃知从来支那学者之研究方法缺陷甚多，具有新思想之支那少壮学者亦承认此缺陷。然陈氏之研究方法，则超脱支那学者之弊窦而为科学的者也。”[②] 可见一时声望之高。

（二）文献学与方法论：开启传统融入现代的通途

陈垣对中国现代史学建设的另一重大贡献，是在文献学及其方法论科学化上所做的一系列奠基性工作。这一点，突出反映在三方面。

一是努力拓展史料运用范围和推进文献整理的系统化。

中国现代史学的开创大师，大多在拓展和运用新史料治史上各有专长，形成了自己的鲜明特色。所谓“新史料”，既指新发现的史料如地下出土物等，也包括那些长期存世却向不被认作史料或遭到忽视的各类资料。如王国维考史中之自觉运用甲骨金文、上古神话传说和敦煌文献，陈寅恪之重汉梵文佛典互勘和诗史互证，顾颉刚之向民间搜采民俗学资料，以傅斯年为代表的史语所之致力考古和明清档案整理等。陈垣也是如此，其生平治学，在文献运用上往往独辟蹊径，最具特色者当属大量运用非史部的文集、佛藏、道藏、类书，以及明清未刊书札手稿等。如《元西域人华化考》征引的 200 多种文献综述，文集就达 110 多种（其中文集 88 种，诗集等 20 余种），占了一半以上。[③] 其余如据类

---

① 张相文：《沌谷笔谈（卷一）·陈援庵》，张相文《南园丛稿》卷九，收入《民国丛书》第五编 98 综合类，上海书店出版社 1996 年版，第 763 页。

② 桑原骘藏：《读陈垣氏之〈元西域人华化考〉》（1924），原载日本史学研究会编《史林》杂志第 9 卷第 4 号，陈彬和译，收入陈智超导读：《元西域人华化考》，上海古籍出版社 2000 年版，第 145—146 页。

③ 柴德赓在《陈垣先生的学识》中就指出：“陈先生研究历史特别注意文集。在著作中引用文集的材料也比别人多，这已成为陈先生研究中的特点。为什么他特别注意文集呢？由于他在广东时，曾收藏了很多书，有一次，一位老前辈前来参观他的书房。过后，陈先生问他有什么意见，那人回答说：‘别的都很好，就是文集少了点。’就这么一句话，对陈先生启发很大，从此以后，他特别注意文集。”《励耘书屋问学记》，第 34 页。

书《册府元龟》所引以补《魏书·乐志》阙页[①]；引用《嘉兴藏》有关僧人语录和其他文集，在《汤若望与木陈忞》、《语录与顺治宫廷》等文中考证清世祖的宫廷生活及其与宗教人士的关系；《书于文襄论〈四库全书〉手札后》、《钱竹汀手简十五考证》、《两封无名字无年月的信》等利用清人书札考史等，都反映了这一特点。在谈到敦煌文献时，他还提醒人们：不但应注意其中写本经书的价值，“即卷头纸背所书之日常账目、交易契约、鄙俚歌词之属，在昔视为无足重轻，在今矜为有关掌故者亦不少”[②]。可见其史料观念之不拘一格。

不仅如此，为推动整个社会学术事业的传承和可持续发展，他还结合自己的治学实践，就加强文献学的基础性建设，向学术界系统提出了组织力量改良书籍翻印及装订、改进类书与工具书编写、开展笔记和文集整理、汇纂群书篇目和重要书籍索引、分类编集专题史料等八条意见，以及开展档案整理的五项具体方法和措施。“我们若是肯从此努力，把我们的史料整理起来，多做机械的工夫，笨的工夫，那就可以一人劳而万人逸，一时劳而多时逸了。”[③]对近代文献的搜集整理，他也建议：“史料愈近愈繁。凡道光以来一切档案、碑传、文集、笔记、报章、杂志，皆为史料，如此搜集，颇不容易。窃意宜分类研究，收缩范围，按外交、政治、教育、学术、美术、宗教思想、社会经济、商工业等，逐类研究，较有把握。且既认定门类，搜集材料亦较易。”[④]据此，他不但身体力行地参与文津阁《四库全书》查核、北大研究所国学门的明清档案整理、故宫博物院文物及其所藏图书文献点查选印等，还先后编集了《道家金石录》、《敦煌劫余录》、《中国佛教史籍概论》等，为学界树立了榜样。

其中《道家金石录》成稿于1924年，“将道藏中碑记，及各家金石志、文集，并艺风堂所藏拓片，凡有关道教者，悉行录出。自汉至明，

---

① 参见王明泽：《陈垣事迹著作编年》，广西师范大学出版社2000年版，第155页。

② 陈垣：《敦煌劫余录·序》，《陈垣史学论著选》，第289页。

③ 陈垣：《中国史料的整理》（1929），《陈垣史学论著选》，第252页。

④ 陈垣：《致台静农》，《陈垣来往书信集》，第380页。

得碑千三百余通，编为百卷。顾以校雠不易，久未刊行”①。原稿八十余万字，系统汇集了道教碑刻资料，尤以金元间资料为多，其中不少为拓片，后经其孙陈智超等整理增补到二百多万字，1988年由文物出版社出版。

同年完稿的《敦煌劫余录》，将当时京师图书馆（后称北平图书馆）所藏8679号敦煌写经系统查核，“按部排比，略仿赵明诚《金石录》前十卷体式，每轴著其原号、起止、纸数、行数及内容。原号者，由甘肃解部时所编之号。起止者，每轴首二行之首二字及末二行之末二字也”②。后经修补写定为十四卷，于1931年由历史语言研究所印行。陈寅恪对此书作了很高评价，以为乃治敦煌学者不可或缺之工具，“国人获此凭藉，宜益能取用材料以研求问题，勉作敦煌学之预流。庶几内可以不负此历劫仅存之国宝，外有以襄进世界之学术于将来”③。

《中国佛教史籍概论》写成于1942年9月，本为辅仁大学研究生课程讲稿。其内容陆续发表于1946年至1948年报刊，1962年由中华书局出版单行本，凡六卷。书“将六朝以来史学必需参考之佛教史籍，分类述其大意，以为史学研究之助”，共计三十五种，每书条举其名目、略名、异名、卷数异同、版本源流、作者简历、内容体制得失和史料价值等，详加剖析。并对《四库提要》佛教史籍部分和其他有关记载存在的疏漏，作了相当的考辨补正。④

“前人种树，后人乘凉”，上述大量的基础性文献整理编集，无不倾注了陈垣个人的无量心血，为后学的相关研究带来了极大便利，委实功德无量。

二是对文献学方法论的探究及工具书编纂。

陈垣在民国初年史学界得以迅速崛起并取得如此丰硕的成果，与其对方法论的高度重视和善于探索是分不开的。他早年为学好八股文，就曾别出心裁，尽购1897年之前十多科乡、会试卷读之，“取其学有根柢，

① 陈垣：《南宋初河北新道教考》，1941年辅仁大学丛书本，第11页。
② 陈垣：《敦煌劫余录・序》，《陈垣史学论著选》，第289页。
③ 陈寅恪：《陈垣〈敦煌劫余录〉序》，《陈寅恪集・金明馆丛稿二编》，第267—268页。
④ 陈垣：《中国佛教史籍概论缘起》，《中国佛教史籍概论》，中华书局1962年版，第1、2页。

与己性相近者，以一圈为识，得文数百篇。复选之，以两圈为识，去其半。又选之，以三圈为识，得文百篇，以为模范，揣摩其法度格调，间日试作，佐以平日之书卷议论，年余而技粗成，以之小试，无不利矣”[①]。后治史，对乾嘉学术方法同样作过一番苦心揣摩。如将赵翼《廿二史劄记》的内容按史法、史事等分类重加编订，反复研读领会；通过对王念孙《广雅疏证》手稿的仔细分析，深入把握其搜集处理史料的方法等。[②]并十分注重结合具体的史学实践，改进方法以提升研究效率。他晚年在接受新、旧《五代史》的整理点校工作后，首先做的便是组织参与人员编集新、旧《五代史》列传人名索引、《册府元龟》和《通鉴》五代部分人名索引，及《有关五代史论著书名录》和《五代十国年表》等工具书，以备在工作过程中通过人名线索，尽快查得有关地名、年代、职官、事迹，进而汇集各书相关记载，经比照考证，解决疑难问题。显见，这样做，虽然增加了准备阶段的工作量，“但进入点校工作时，则甚得其便利，反而省了不少时间，而且比较准确”[③]。

不仅如此，他还依据自己的学术积累，围绕文献学工具书和方法论的建设展开了系统的资料梳理和总结，完成了多种重要著述。

如年代学方面，作有《二十史朔闰表》和《中西回史日历》（均编成于1925年），其自叙谓：“因中历闰月及月大小尽无定，不著中历朔闰，以中西回历互求，恒不能得其岁首以外之月日，于研究元史及中西交通史仍不便。乃发愤将二千年朔闰先行考定，以为根据……自汉迄清，成《二十史朔闰表》。又按西历四年一闰之月日，创为表格，然后以考定之中历朔闰及回历月首，按表填入，始自耶稣元年，至于今二十世纪，凡二十卷，名曰《中西回史日历》。于是中西回史之年月日，皆可互通矣。又制日曜表，按表而日曜即得。又制甲子表，据甲子以求日，或据日以求甲子，无不得。稿凡五易，时阅四年。”[④]两书规制恢宏，

---

① 陈垣：《致陈乐素》（1941年10月23日），《陈垣来往书信集》，第676页。

② 参见陈智超编《陈垣史源学杂文·前言》（人民出版社1980年版）和柴德赓《陈垣先生的学识》（《励耘书屋问学记》，第37页）。

③ 刘乃和：《学习陈援庵老师的刻苦自学精神》，《励耘承学录》，第85页。

④ 陈垣：《中西回史日历·自序》，中华书局1962年版，第2页。

用功细密。前者将汉高祖元年（前206）至清宣统三年（1911）的中历逐月标出，著其月朔及闰年所在月份，汉元始元年（公元元年）和唐武德五年（622）起又分别加入西历和回历对应之年月日。后者凡二十卷，为公元2000年间中、西、回历逐日对照，末附日曜（星期）表、甲子表和中国历代年号检索表等，甚便查阅。此工具书的编制，看似单纯的日历对照，实际却牵涉中外历史上天文历法的差异及其前后变更、朝代鼎革、年号转换、闰月闰日设置等多种知识，编制过程极为繁复。故问世后，史学名家陈庆年至称："把卷细读，惟见条理分明，朱墨朗然，二千年之历日，一检即得，中西回之比照，方便法门，莫过于是。非我公之精勤卓绝，造诣深邃，曷克臻此。从此嘉惠史林，为功当无伦比，不朽事业，此其选矣。"[①] 当然，今天看来，《二十史朔闰表》也存在不足处，如汉武帝改历前究系用颛顼历还是殷历，学界本有两种说法，陈垣采用后者作为推算依据，但1972年山东临沂银雀山二号墓出土《汉元光元年历谱》，表明汉太初前用的是颛顼历，这是他当初不曾想到的。[②]

避讳学方面，则有《史讳举例》(1928)。陈垣认为："避讳为中国特有之风俗，其俗起于周，成于秦，盛于唐宋，其历史垂二千年。其流弊足以淆乱古文书，然反而利用之，则可以解释古文书之疑滞，辨别古文书之真伪及时代，识者便焉。盖讳字各朝不同，不啻为时代之标志，前乎此或后乎此，均不能有是，是与欧洲古代之纹章相类，偶有同者，亦可以法识之。研究避讳而能应用之于校勘学及考古学者，谓之避讳学。避讳学亦史学中一辅助科学也。"[③] 鉴此，他在全面总结中国避讳制度史的基础上，撰成此书。凡八卷，将历代避讳情况归为82类例，分卷讨论其所用方法、种类，因避讳而改史实、生讹异，及避讳学应注意之事项、不讲避讳学之贻误和避讳学之利用等，末卷叙历朝讳例及其特点，并列有诸帝名讳表，以供稽核参考。书中不仅对避讳学知识作了系统阐述，还通过不少前人以此解决文献辨析中疑难问题的实例，从方法论角度为后学提供了示范，因而长期以来一直被视

① 陈庆年：《致陈垣》（1927年2月26日），《陈垣来往书信集》，第32—33页。

② 参见刘乃和：《考史必备的工具书〈二十史朔闰表〉》，《文史知识》1982年第2期。

③ 陈垣：《史讳举例·序》，上海书店出版社1997年版，第1页。

为避讳学的入门要籍。

校勘学方面，更有《校勘学释例》（1931）之作。是书初名《〈元典章〉校补释例》。《元典章》乃元英宗时官吏抄辑中统至延祐间（1260—1320）各种诏令条格、公牍而成之政书，为现存考究元代政教风俗和语言文字的重要史料。明清以来，其书传本甚稀，至1908年沈刻本（董康刻、沈家本作跋）出，虽稍见流传，然校勘粗糙，错漏百出，读去仍多扞格难通。1930年夏起，陈垣带领几位学生，以故宫所发现的该书元刻本及巴陵方氏（功惠）、南昌彭氏、吴氏秀谷亭（仅有前集）、阙里孔氏（仅有新集）等四种抄本校补沈刻《元典章》，历时九月，凡得谬误一万两千余条，写成《沈刻〈元典章〉校补》十卷。后复从中选出千余条，分为50类例（其中42种为误例，8种为校例），写成《元典章校补释例》6卷，在逐例讨论其致误原因的基础上，总结了校勘的基本方法及其原则。指出："今校《元典章》所用者四端：一为对校法，即以同书之祖本或别本对读，遇不同之处，则注于其旁"，其主旨在校异同，不校是非。二为本校法，"以本书前后互证，而抉摘其异同，则知其中之缪误"。此法于未得祖本或别本以前，最宜用之。三为他校法，"凡其书有采自前人者，可以前人之书校之。有为后人所引用者，可以后人之书校之，其史料有为同时之书所并载者，可以同时之书校之"。此等校法，范围较广，用力较劳，而有时非此不能证明其讹误。四为理校法，"遇无古本可据，或数本互异，而无所适从之时，则须用此法。此法须通识为之，否则卤莽灭裂，以不误为误，而纠纷愈甚矣"。[①] 该书的讨论，虽都围绕着《元典章》校勘的具体例证展开，但得出的却是整个校勘学的通则，是以被胡适称为"中国校勘学的一部最重要的方法论"[②]。

上述方法论著作的突出特点是具有很强的实践性，盖其内容主体多由大量的例证分类组成，其中不仅网罗了前人许多运用这些方法的实例，也融入了本人多年的治史经验。而他的不少论文，也在这方面给人

---

① 陈垣：《校勘学释例》，中华书局1959年版，第144—149页。

② 胡适：《校勘学方法论——序陈垣先生的〈元典章校补释例〉》，黄保定、季维龙选编：《胡适书评序跋集》，岳麓书社1987年版，第221页。

以明晰的示范。其弟子来新夏所谓："读陈垣老师的书和听讲以及读范文，都有'不吝金针度与人'的感受，使人能以把握，这在选读'史源学实习'一课程时，尤感深切。"[①] 正反映了这一点。

如在中西回历的换算方面，他一再提醒人们注意各自的岁首，以及古代帝王年号更改的具体月日，以防出现换算的误差。以东汉光武帝刘秀的年寿而论，清赵翼《廿二史劄记》据其即位时年 31 岁，经建武三十二，至中元二年，在位共 34 年，认为当在 64 岁。但陈垣却指出，赵翼忽略了建武三十二年四月改为中元元年的事实，故所谓中元二年，只能算作一年，是以刘秀卒年应为63 岁。[②] 在《书内学院新校〈慈恩传〉后》中，他娴熟运用年代学知识，参互考订各书记载，对学术界有争议的玄奘年寿作了辨析，指出，在 56、65、63、69 岁诸流行之说中，唯 63 岁（即 602—664）说最为合理，《旧唐书·玄奘传》及梁启超之说皆不足取。

至其编著的《释氏疑年录》十二卷（完稿于 1938 年，修订刊刻于 1939 年冬），更是这方面的功力所萃之作。该书征引佛教典籍、僧传、语录、文集、方志、碑刻等文献七百余种，编录晋至清初有年龄可考之僧人两千八百名，著其生卒，明其史料依据，间加考证，为佛教史的研究提供了重要线索，以致多年后，仍被人称为"工具书之典范，做学问的指南"[③]。又如《旧五代史辑本发覆（附薛史辑本避讳例）》运用避讳学方法揭示清四库馆臣所辑《旧五代史》对原文篡改；《〈元秘史〉译音用字考》从校勘入手，追寻其原本面貌，并对元人汉译《元秘史》（今作《蒙古秘史》）的译文用字特点作深入系统的比较分析，也都极具文献学方法论的启示意义。特别是后者，著名学者和翻译家冯承钧读后至称："他这篇研究虽不过三十页，可是用力必勤，费时必久。所据以勘

---

① 来新夏：《重读〈陈垣史源学杂文〉》，龚书铎主编：《励耘学术承习录》，北京师范大学出版社 2000 年版，第 181 页。

② 陈垣：《〈廿二史劄记〉四光武及汉文帝年岁考证》，《陈垣史源学杂文》，人民出版社 1980 年版，第 23—24 页。

③ 卞孝萱：《工具书之典范，做学问的指南——读陈垣先生〈释氏疑年录〉》，《纪念陈垣校长诞生 110 周年学术论文集》，北京师范大学出版社 1990 年版，第 183 页。

对的，有叶刻本，有叶本所据的文廷式抄本，有顾广圻校本，有俄国所藏的鲍廷博抄补本，同新发现内阁大库藏的残洪武椠本。他用这些本子考究《元秘史》中的译音用字，这也是前人所未做过的工作。”经陈垣的考证，方使人得知其译本用字的种种含义，“如此细密的译法，到了五百年后，才得有一个赏鉴家，可见就是书也要走时运”。[①] 是皆足为学界治文献学之范式。

三是首创以“史源学实习”培训专业人才的教学模式。

建立科学的专业人才培养机制，是史学现代化的基本要素之一。作为现代历史教育的大家，陈垣先后在多所知名大学任教，并担任过辅仁大学校长、燕京大学国学研究所所长和北平师范大学史学系主任等职，为使学生更快和更实际地掌握历史研究尤其是文献学的基本方法，他结合自己的丰富实践，创设了一门“史源学实习”的专业选修课。该课程1932年首开于北平师范大学，初名“史源学研究”，后改此名（有时或作“清代史学考证法”），在该校和辅仁、北大三校间轮开，直至1940年代末。

“史源学实习”的讲授对象主要为历史系三、四年级及研究生，其法为“择近代史学名著一二种，逐一追寻其史源，检照其合否，以练习读一切史书之识力及方法。又可警惕自己论撰时之不敢轻心相掉也”[②]。一般每周二小时，选讲一篇文章。“每期选出文四页，长者一篇，短者二篇，预先告学者端楷抄之，虽自有书亦须抄，亦一种练习。”讲前各学生手抄原文，自行标点断句，找出该文的所有史料来源，“将文中人名、故事出处考出；晦者释之，误者正之”。[③] 要点是：“一、看其根据是否正确：版本异同，记载先后，征引繁简。二、看其引证是否充分。三、看其叙述有无错误：人名、地名、年代、数目、官名。四、看其判断是否的确：计算、比例、推理。”然后提出自己的见解，带到课堂上进行师生间交流。

---

① 冯承钧：《评〈元秘史译音用字考〉》，《大公报·图书副刊》第36期，1934年7月21日。

② 《北平师范大学历史系课程标准（1934年）》，王应宪编校：《现代大学史学系概览（1912—1949）》（上），上海古籍出版社2016年版，第152页。

③ 陈垣：《致陈乐素》（1946年6月1日），《陈垣来往书信集》，第695页。

至于“史源学实习”的教材选择，陈垣主张：“1．分量不大不小。2．时代不远不近。3．范围不广不狭。4．品格不精不粗。”[①]当年选作“史源学实习”教材的主要是赵翼《廿二史劄记》、顾炎武《日知录》和全祖望《鲒埼亭集》。之所以选择这三部史著，一方面是陈氏对赵的史法和读史眼光、顾的学问、全的文字，以及后两人的民族思想均甚欣赏，同时也因为这些书的材料引证都存在着一些问题，以此作为教材，正可从中发现一些比较典型的问题，以便引起学生的警惕。

关于“史源学实习”的操作过程，陈门弟子赵光贤回忆说，当时所上课程名“清代史学考证法”，主要是读《日知录》，并将第八卷以后（前八卷为经学，未作教材）书中每条引文都找出原书核对一遍，写出笔记。查原书出处，有的很容易，如在正史里；有的则很难，如只有一个人名，年代、籍贯、行事、著述全不知道，简直像大海捞针。我们每读一卷，即翻检群书一遍，然后写出笔记。[②]

李瑚也回忆说，读《日知录》时，陈垣所出的写作练习题有《〈日知录〉考证法》、《〈日知录〉引唐割属东川六州制考》、《读〈日知录〉卷十漕程条》、《〈日知录〉九部刺史条唐置采访使原委》等，这些题目，有大有小，可深可浅。其中不少题目，都很有趣味。如陈氏自作范文《〈日知录〉停年格条注引辛琡考》指出，顾炎武在该条注中提到“辛琡为吏部尚书上言”。但遍检诸史，皆无辛琡之名，《通典》、《通志》（卷59《选举略》）和《通考》的记载是“薛淑为吏部郎中上言”，《通鉴》则作“薛琡”，查《北齐书》和《北史》均有薛琡传，其职官《北史》作“吏部郎中”，《北齐书》作“吏部尚书”（《通志》卷153列传引《北史》，亦不误），详核各种记载，始知辛琡为薛琡之误，吏部尚书为吏部郎中之误。[③]以顾炎武这样的大家尚不免在资料引用上有误，何况其他？这就使学生看到了学问无穷尽和对之钻研追求的勇气。

---

① 《教案》，引自陈智超：《〈陈垣史源学杂文〉前言》，《陈垣史源学杂文》，人民出版社1980年版。

② 赵光贤：《回忆我的老师援庵先生》，《励耘书屋问学记》，第156—157页。

③ 《励耘书屋问学记》，第129页。关于辛琡的考证，详可见陈垣《〈日知录〉停年格条注引辛琡考》（《陈垣史源学杂文》，生活·读书·新知三联书店2007年增订本）。

该课程的训练，不仅使学生得以较快领略历史考据学的基本方法、程序，乃至甘苦，还由此扩大了他们的知识面，因《日知录》、《鲒埼亭集》、《廿二史劄记》和《十七史商榷》等书引用的古籍面都很广，对这些资料的溯源，可使学生在更深入接触各类文献的实践中，加厚学问的根基，进而引导其加入专业研究的殿堂。

构筑科学的史学方法论，是推进中国史学向现代转型的重要环节。陈垣在该领域的孜孜探索，显然是对此做出的呼应。

需要指出的是，自20世纪初梁启超喊出“新史学”的口号，到新文化运动时期胡适等人的力倡“科学方法”，中国史学的现代化逐渐走上了一条以西学为主导的路径，不但传统学术架构为西学分类体系所肢解和取代，在方法论的建设上，移植、模仿和处处步趋西学也成为一种基本时尚。传统史学方法中如果有一些值得保留的因素，那也一定是因为其中有某些与现代西学相符的理念，胡适对传统史学方法的吸收之独重考据学，原因就在于，他认为中国古代的考据学与西方实证科学存在着某种“相近处”。此种建设路径，长处是容易找到明晰具体的坐标，较快拉近与西方学术的距离。但对于那些在西学中找不到对应面或“相近处”的传统学术要素，特别是一些较具人文意蕴的方法，则往往易遭忽视乃至丢弃。

相比而言，陈垣虽也受到西方学术理念的启发，但在现代史学方法论的建设上，却并不“唯西是从”和处处比照西学方法以衡其得失，而是力求在承继传统史学自身优长的过程中，循其自身发展的理路，通过大量传统史学实践例证的归纳整理，将之提升到符合现代科学要求的方法论层面。也就是说，其目的在更好地展示中国史学自身的特点和发展趋势，而并不在乎其是否符合西学的标准，从而显示出与胡适等异趣的现代学术建构思路。观其对史源学、目录学、年代学、校勘学和避讳学的研究，莫不如此。如其《二十史朔闰表》和《中西回史日历》，主要即“就《通鉴目录》中宋刘羲叟《长历》（止于五代）及《辽史》中耶律俨《辽宋闰朔考》，并近代钱侗《四史朔闰考》（南宋以下）、汪曰桢《历代长术辑要》（明以下。清有万年历）等，各以本历，参校各史纪志，正其讹谬”，复参考当时南京黄教士《中西年月通考》和日本内务省地理局所编之《三正综览》而编成。[①] 其《史讳举例》自述撰写缘由，指出："宋时避讳之风最盛，故宋人言避讳者亦特多。洪迈《容斋随笔》、王楙《野客丛书》、王观国《学林》、周密《齐东野语》，皆有关于历朝避讳之记载。清朝史学家如顾氏《日知录》、钱氏《养新录》、赵氏《陔馀丛考》、王氏《十七史商榷》、王氏《金石萃编》等，对于避讳，亦皆有特别著录之条。钱氏《廿二史考异》中，以避讳解释疑难者尤多，徒因散在诸书，未能为有系统之董理。嘉庆间，海宁周广业曾费三十年之岁月，为避讳史料之搜集，著《经史避名汇考》四十六卷，可谓集避讳史料之大成矣。然其书迄未刊行，仅《蓬庐文钞》存其叙例，至为可惜。今肆上所通行专言避讳者，有陆费墀《帝王庙谥年讳谱》一卷，刊《历代帝王年表》末，黄本骥《避讳录》五卷、周榘《廿二史讳略》一卷，分刊《三长物斋》及《啸园丛书》中。此三书同出一源，谬误颇多，不足为典要。如开篇即谓'汉文帝名恒，改恒农曰弘农；汉和帝名肇，兼避兆、照'之类。人云亦云，并未深考。其所引证，又皆不注出典，与俗陋类书无异。其所记录，又只敷陈历代帝王名讳，未能应用之于校勘学及考古学上发人深思，所以有改作之必要也。"[②] 更是对这一工作思路的清晰表达。

就此而言，陈垣的文献学与方法论研究，实开启了依据传统学术自身特点，运用本土资源和经验，顺应现代科学讲求规整系统和逻辑严明的趋势，推进其理论化建设，以较平稳自然而非推倒重来的方式将之导入现代的路径。

（三）提倡有意义之史学

陈垣自谓其学九一八前"专重考证，服膺嘉定钱氏"，此后受国事刺激，乃趋重于学术经世，"颇提倡有意义之史学"。[③] 这方面，最具代表性的便是其抗战中完成的《明季滇黔佛教考》（1940）、《清初僧诤记》（1941）、《南宋初河北新道教考》（1941）等宗教史著及《通鉴胡注表

① 陈垣：《中西回史日历・自序》，中华书局1962年版，第2—3页。

② 陈垣：《史讳举例・序》，第1—2页。

③ 见陈垣：《致方豪函》（1943年11月24日），《陈垣来往书信集》，第302页。

微》（1945）。

抗战中，陈垣身处日伪统治的沦陷区北平，从教辅仁之余，宗教史依然是其治学重点，不过已呈现出与前期不同的特点：不但关注点已由原先的古代外来宗教在中国的传播及遗迹变为本土道教和业已本土化的佛教禅宗，讨论重点也由中外文化交流转向了探究宗教史背后隐伏的民族纷争史实及本土民族意识的发掘。

其《明季滇黔佛教考》凡六卷十八篇（另附一篇），对明末清初滇黔一带佛教兴起情状作了详细探究。有关该地区宗教文化的发展情况，历来记载阙略，文献四散，史实模糊。陈垣据多年积累，征引各类文集、方志和僧徒语录等一百七十种文献，详考期间相关人物事迹、佛教门派之争、寺院和藏经分布，以及僧徒生活、思想和才学等。并推论其时当地佛教致盛之原因有三："一、佛教复兴之波动也。有明中叶，佛教式微已极，万历而后，宗风复盛，东南为盛，西南亦被其波动，今于前三卷论之。二、僧徒开辟之能力也。滇黔建省较后，其开辟有赖于僧徒，此节近始发觉，益显宗教与文化之关系，今于第四卷论之。三、中原丧乱之影响也。明季中原沦陷，滇黔犹保冠带之俗，避地者乐于去邠居岐，故佛教益形热闹，今于末二卷论之。"[①]

《清初僧诤记》则可视为前者的补充，其自述谓："去岁撰《明季滇黔佛教考》，本有法门纷争一篇，以限于滇黔，未能论及东南各省，兹特扩为此篇，以竟其说。"内容系记"天童、三峰纷拏之余波，青原、南岳斗诤之往史也。凡十章，三卷，卷首冠派系年表，卷末以遗民僧之被诤者附焉"。[②] 就两者的重点而论，都在揭示明末清初的宗教文化与社会政治生态。

《南宋初河北新道教考》凡四卷二十三章，首列全真、大道、太一三教传授源流及全真教历任掌教四表。正文多以碑版铭文和金元人文集为主，考述金元间活跃于河北地区的三教源流、宗旨、言行、社会影响、得失及时人评价等。其卷首语谓："三教祖皆生于北宋，而创教

① 陈垣：《明季滇黔佛教考·卷首语》，中华书局1962年版，第2页。

② 陈垣：《清初僧诤记·小引》，中华书局1962年版，第1—2页。

于宋南渡后，义不仕金，系之以宋，从其志也。靖康之乱，河北黉舍为墟，士流星散，残留者或竟为新朝利用。三教祖乃别树新义，聚徒训众，非力不食，其始与明季孙夏峰、李二曲、颜习斋之伦讲学相类，不属以前道教也。迨儒门收拾不住，遂为道家扳去，然固汴宋遗民也，而录宋遗民者多忽之，岂入元以后有遗民，入金以后非遗民耶，可谓大忘也矣。”[①] 明白点出了著述的用意。

这些研究给人的印象，首先是材料翔实，考证精审。特别是对一些记载有矛盾或过于简略的事迹，经其细辨和裁断，常使人有拨云见日之感。如关于禅宗传入滇地之重要人物玄鉴事迹，有《中峰广录》等文献记录，亦见“太华山佛严寺无照玄鉴禅师行业碑”。前者以玄鉴卒于吴，后者谓其卒于滇。人或以碑为信。陈垣考释后指出：“然吾宁信《广录》而不信此碑，因此碑可疑之点甚多。”并从年代学、职官制度、所涉人物事迹等方面列举七证，以为“有此七疑，加以玄鉴卒地并不在滇，有《中峰广录》为证，则此碑为元以后不学释子杜撰显然矣”。又如水月和尚，原不明为何人，经其以范成勋《鸡足山志》与近人《鸡足山志补》及徐霞客《滇游日记》所记互证，乃知俗姓杜，名儒全，字用周，系定堂本帖之嫡孙，住水月庵，号水月。[②] 在《明季滇黔佛教考》卷一中，他还在善一纯《黔南会灯录》的基础上，补入山晖、莲月、不厌、丈雪、圣可、半月、干御、端鼻诸家，编成“明季黔南灯系表”，详列其传授系统与门派，包括：破山派一百十人、浮石派一人、木陈派二人、汉月派一人、未详五人、洞宗二人，凡一百二十一人。使该地区的佛教传授系统得到了更完整的体现。其《南宋初河北新道教考》对大道、太一教史迹的考述，也甚见史料搜寻之功。如关于大道教，文献记载原颇阙略，乾隆间檄各省拓呈碑刻时已难有新发现，陈垣却努力访得隆阳、延祥两道观碑“摩娑而迻录之”，并指出：“隆阳碑撰者田璞，与大道教夙有因缘，碑述五祖郦希成事颇详，足注《元史》。”又太一教四祖萧辅道虽负天下重望，却无始末完具的传状碑铭，经陈垣将汲县万寿宫与赵

① 陈垣：《南宋初河北新道教考·卷首语》，科学出版社 1958 年版，第 4 页。
② 陈垣：《明季滇黔佛教考》，中华书局 1962 年版，第 6—7、9、16 页。

州太清观两“唆鲁古唐妃懿旨碑”比勘，复参以《秋涧集》中《清跸殿记》和《堆金冢记》，始得稍窥其事迹。[1] 凡此，皆为其著述奠定了坚实不拔的基础。

其次是视野开阔。特别是《明季滇黔佛教考》，不但对僧人寺院生活作了多面的立体考察，还试图从文化史的角度揭示其与儒学等中原主流学术向边疆地区流播的互动关系。并列举史实，指出明季滇黔僧人本多在东南一带受教或因“国变”逃禅之士人，故学术思想上，除谈禅外，“不独文艺，即诸子百家杂学，亦当日禅门所尚。其始由一二儒生参究教乘，以禅学讲心学，其继禅门宗匠，亦间以释典附会书传，冀衍宗风，于是《中庸直解》、《老子解》、《周易禅解》、《漆园指通》等书，纷然杂出。国变既亟，遗臣又多遁空寂，老庄儒释，遂并为一谈……东南风气如此，西南不能独异。”又说：“元明以来，滇黔初辟，多未设学，合全省书院学者之数，曾不敌一府寺院十之一”，当地士人多读书于寺院，“似僧寺之设，应为州人读书地者，固一时风习使然，亦佛教与社会接近之一征也”。[2] 足见其时僧人及寺院在社会文化传播和教育方面所发挥之影响。

而致力抉发民族意识，彰显民族大义，则是此三书的共同特征。滇黔原属中国西南蛮荒之地，清入关后，曾是南明政权借以抵抗的最后根据地，由此成为许多不愿降清的汉族知识分子集聚之地。鉴此，陈垣在《明季滇黔佛教考》中特以一卷的篇幅表彰其人其事，谓：“明季遗民多逃禅，示不仕决心也。永历之时，滇黔实为畿辅，各省人文荟萃，滇黔不得而私。兹篇所举，特遗民之关系滇黔者耳，非尽滇黔人也，若推而求之滇黔以外，所得更不止此。范蔚宗谓‘汉世百余年间，乱而不亡，皆仁人君子心力之为’，然则明之亡而终不亡，岂非诸君子心力之为乎！”与此同时，又在《清初僧诤记》中斥责了木陈忞等甘心失节投靠清廷的僧人，说：“当木陈之应召也，士大夫多非之，何非尔？以其未应召前，深于故国之思，与忠义士大夫等，《荐严》有疏，《春葵》有风，不胜原庙之悲，极写煤山之痛，然曾未几时，走马应新朝之聘矣。”

---

① 陈垣：《南宋初河北新道教考》，第 69、92 页。

② 陈垣：《明季滇黔佛教考》，第 108、119、120 页。

甚至以此“夸耀恩遇”，“以新贵骄之”[①]，可谓恬不知耻。

其《南宋初河北新道教考》亦反复致意于此，称：“全真与大道为宋南渡后新教，观其所谓不肯婴世故，蹈乱离，佯狂独往于山泽之间，力耕作，治庐舍，联络表树，自相保守，非遗民生活而何，然自来录宋遗民者多忽之，抑又何也。”又列举马珏、尹志平、王志明、张志信、褚志通等事迹，指出全真家“大抵以刻苦自励、淡泊寡营为主，故能保西山之节，不然，鲜不靦面向人，败名堕行，以殉世俗之欲矣”。至于太一教六祖李全祐与刘因（静修）并世而同情于刘，刘因亦极推许该教四祖萧辅道，“岂不以太一诸人，抱环玮殊异之资，相率而逃于方外，其志与静修同耶。世以不仕元高静修，则方外之士不仕金元者高矣”。并对这些历史现象大为感慨：“呜呼！自永嘉以来，河北沦于左衽者屡矣，然卒能用夏变夷，远而必复，中国疆土乃愈拓而愈广，人民愈生而愈众，何哉？此固先民千百年之心力艰苦培植而成，非倖致也。三教祖之所为，亦先民心力表见之一端耳，故乐得而述之。”[②]

上述宗教史论著，既借助历史曲折表达出对日本侵华及汉奸无耻行径的极度郁愤，也发抒了对恢复民族独立和国家未来必将走向强盛的自信，故发表后，引起了不少爱国人士的共鸣，朱师辙读后即称：“先生既博采金元以来诸名家集，复广搜金石碑版，以考三教之始末，虽详略各殊，然捋录既富，纠谬复精，使三教传授渊源，秩然昭晰，学者得悉其大本，以视程敏政《宋遗民录》，旨益深远矣。当此《小雅》尽废，沧海横流，人心陷溺之日，苟非先觉，恶导迷津，其有关世教，不益重乎。”[③]

陈垣在抗战后期完成的《通鉴胡注表微》，则更为集中地反映了其民族爱国思想。该书精选宋末元初胡三省（字身之）《通鉴》注文七百余条，分二十篇，前十篇讲史法，后十篇论史事，对胡注展开评论，并征引 255 种文献，对胡注所及的人、事和思想背景作了补证。他认为，胡三省本宋之遗民，其事迹《宋史》无传，著作亦多佚，世或因其有《通鉴》注而以“长于地理”视之，是岂知胡氏哉！故特为之“表微”，

① 陈垣：《明季滇黔佛教考》，第 238、71、45 页。

② 陈垣：《南宋初河北新道教考》，第 65、14、102、3—4 页。

③ 朱师辙：《〈南宋初河北新道教考〉跋》(1941)，《南宋初河北新道教考》，第 111 页。

“庶几身之生平抱负，及治学精神，均可察见，不徒考据而已”。全书结合抗战时作者身陷敌占区的忧愤感受，对胡三省怀念亡宋、斥责民族压迫的遗民思想作了深入发抉，自谓：“频年变乱，藏书渐以易粟。唯胡氏覆刻元本《通鉴》，尚是少时读本，不忍弃去……一日读《后晋记》开运三年《胡注》有曰：‘臣妾之辱，唯晋宋为然，呜呼痛哉！’又曰：‘亡国之耻，言之者痛心，矧见之者乎！此程正叔所谓真知者也，天乎人乎！’读竟不禁凄然者久之。”[①] 可见该书乃作者读史与时事交感的产物。

书中最显著的，是对胡三省反复致意的“夷夏大防”深抱同情，说：“夷夏者，谓夷与夏之观念，在今语为民族意识。《公羊·成十五年传》：‘春秋内其国而外诸夏，内诸夏而外夷狄。’非尊己而卑人也，内外亲疏之情，出于自然，不独夏对夷有之，夷对夏亦宜然，是谓之民族意识。当国家承平及统一时，此种意识不显也；当国土被侵陵或分割时，则此种意识特著。身之生民族意识显著之世，故能了解而发挥之，非其世，读其书，不知其意味之深长也。”并一再发出感叹：“人非甚无良，何至不爱其国，特未经亡国之惨，不知国之可爱耳！身之身亲见之，故其言感伤如此。”对那些历史上丧失民族气节和厚颜事敌者，作者更是充满了鄙夷，指出：“借外力以戕宗国，终必亡于外人，自萧督父子以至于赵德钧、石敬瑭父子皆然。其例甚显，然不惜接踵为之，何耶！”认为“胡注之论臣节，以能致其身为第一义，抗节不仕者次之，保禄位而背宗国者，在所必摈也，况助敌国以噬宗国者乎！”[②] 这些言论，显然是在借历史以指斥当时的汪伪汉奸集团。

当然，陈垣在这里强调的民族观念，乃是一种站在民族自尊和平等立场上的现代民族主义。在他看来：“昔之言氏族者利言其别，所以严夷夏之防；今之言氏族者利言其合，然后见中华之广。固不必穿凿傅会，各求其所自出也。”在论及古代中国境内的民族矛盾时，他还理智地指出，中国境内不同民族接触初期，尽管国与种之别至为明显，然“经若干年，语言文字，姓氏衣服，乃至血统，与中国混而无别，则同

① 陈垣：《通鉴胡注表微·小引》，科学出版社 1958 年版，第 1 页。
② 陈垣：《通鉴胡注表微》，第 307、178、175、222 页。

为中国人久矣，中国民族老而不枯者此也”。[①] 这样的思想，自然不是胡三省的古代“夷夏”观所能有的。

与此同时，在对胡注的复检和补充方面，《通鉴胡注表微》也做了大量工作。如《校勘篇》对胡氏校勘得失的评议，《避讳篇》对胡注某些疏误的纠正，特别是多方征引文献对胡注内容加以充实。如《通鉴》义熙九年敦煌索邈为梁州刺史条，胡注引鞠羡之事为典。陈垣即纠正到，此“鞠羡当作鞠彭，注偶误。彭，羡之子也。鞠彭之安东莱，事见一百卷”。又《通鉴》东晋恭帝元熙元年（419）条，胡注谓十六国前凉主张骏仍“事晋不改臣节”，陈氏据新发现材料补充说：“吴士鉴《晋书斠注》于张轨孙张骏传，曾引近出之《流沙坠简》书‘建兴十八年’（330），知张氏迄骏之世，未尝建元，以证《玉海》谓‘骏改元太元’之误。然《开元释教录》四曾据前凉所出《须赖经》等后记，书‘咸安三年癸酉（373），于凉州正厅堂后，湛露轩翻译’。知东晋简文帝世，张氏犹奉中朝正朔，又在建兴十八年之后四十余年，足补晋史之阙。”[②] 并大量征引宋元之际的史籍和文集，求证胡三省所处的时局及具体史事背景，为人们更好理解胡氏的史学和思想提供了帮助。

值得注意的是，《通鉴胡注表微》还反映出陈垣后期治史风格的某种转换。陈垣前期的史学论著，给人印象最深的是考据厚实，史论相对较少，亦即其所谓的“从前专重考证，服膺嘉定钱氏”。但在《通鉴胡注表微》中，他却一再陈说：“考证为史学方法之一，欲实事求是，非考证不可，彼毕生从事考证，以为尽史学之能事者固非；薄视考证以为不足道者，亦未必是也。”强调两者不可偏废。并指出：“自清代文字狱迭兴，学者避之，始群趋于考据，以空言为大戒。不知言为心声，觇古人者宜莫善于此，胡明仲之‘管见’、王船山之‘鉴论’，皆足代表一时言议，岂得概以空言视之，《通鉴》注中之评论，亦犹是也。”而“以意言之，不专恃考据，所以能成一家之言，此身之自道也。”故“今之‘表微’，固将于考据之外求之也”。[③]《通鉴胡注表微》中史论占了相当

① 陈垣：《通鉴胡注表微》，第 119、18 页。
② 陈垣：《通鉴胡注表微》，第 186、230 页。
③ 陈垣：《通鉴胡注表微》，第 98、136、65、31 页。

比重，原因正在于此。

这些史论，既是作者当时史学思想的写照，也是其“提倡有意义之史学”的主要实践。在他看来：“古人通经以致用，读史亦何莫非以致用。温公论唐事，而身之以为‘为熙（宁）、（元）丰发’，陈古证今也……此史学方法也。”又说：“劝诫为史家之大作用，古所贵乎史，即取其能劝诫也。劝诫起于经历，经历不必尽由读书，然读书则可以古人之经历为经历，一展卷而于千百年之得失灿然矣。故胡注于史事之可以垂戒者，每不惮重言以揭之曰：‘可不戒哉！可不戒哉！’”[①] 对传统史学的功能观表现出相当的同情，并身体力行，对历代治乱得失作了多方面的评论。

如在《民心篇》中指出：“人民心理之向背，大抵以政治之善恶为依归，夷夏之防，有时并不足恃，是可惕然者也，故胡注恒注意及之。孟子曰：‘三代之得天下也，得其民也，得其民者，得其心也。’恩泽不下于民，而责人民之不爱国，不可得也。夫国家必有可爱之道，而后能令人爱之，天下有轻去其国，而甘心托庇于他政权之下者矣。《硕鼠》之诗人曰：‘逝将去汝，适彼乐国。’何为出此言乎？其故可深长思也。”《释老篇》在论及宗教信仰自由时，则提醒当局：“吾国民族不一，信仰各殊，教争虽微，牵涉民族，则足以动摇国本，谋国者岂可不顾虑及此。”[②] 这些话，虽近乎老生常谈，但在当时，其现实指向显然是十分明确的。

对于历史上民族纷争中处于劣势的南朝刘宋和赵宋政权等国势强弱之源，书中更是反复论辩，试图从中引出深刻的教训，以为当世之鉴。如《通鉴》记萧道成乘刘宋皇室内部相残，入朝控局。胡注以为：“史言骨肉相残，则奸雄生心，因之而起，为萧氏取宋张本。”陈垣进而指出：“自取司马家以至篡于萧氏，不过五十九年，子孙屠戮之惨，为前史所罕有，盖犹是八王、十六国之余风也。内乱频仍，不能恢复中原，亦由于此。”强调内部的争权夺利，乃致弱的重要原因。至于北

---

① 陈垣：《通鉴胡注表微》，第 32、181 页。

② 陈垣：《通鉴胡注表微》，第 332、348 页。

宋与辽、西夏对峙，武力常处下风，鉴此，司马光在处理宋与辽、夏关系上，唯求“国力不足，不可轻挑衅端”，但陈垣却认为仅此是不够的：“然何由而后得国力足乎？十年二十年，应有计划，乃终宋之世，积弱如故，当时君相不能辞其责也。”又说：“南宋国势孱弱，百年大计，争持于和战之间，结果和与战皆失，驯至亡国，可慨也已！身之所论，大抵重在自强自治，不与人以可乘之机。纵不得已而求助于人，亦必慎所与而毋贻拒虎进狼之悔，斯可谓善于邻交者矣。”[①]这些议论，实际上都饱含着作者对近代中国长期遭受列强欺压侵略这段痛史的深切感受，故不可作寻常史论去看。

陈门弟子牟润孙回忆，陈垣对其前期著作最为满意的当推《元西域人华化考》，及至《通鉴胡注表微》脱稿，“明显地援老自己最满意的著作，‘华化考’之外又加上了‘表微’了。诚然，《通鉴胡注表微》所发明，岂仅限于《通鉴》胡注范围之内，援老史学晚年所达到的最高境界也借着它表现出来”[②]。之所以这样说，笔者以为正在于《通鉴胡注表微》的完成，标志着其史学已从前期的偏重考据，渐趋于考据与史论兼重，学术与经世一体的境界。从这一点出发，也许才能真正体会其所说的“提倡有意义之史学”的意境所在。

四、陈寅恪的现代史学建设路向

（一）陈寅恪的淑世情怀与文史研究

陈寅恪（1890—1969），原籍江西义宁（今修水县），生于湖南长沙。早年受家塾教育。年十三，随兄衡恪赴日留学，前后四年。1907年考入上海复旦公学，1909年毕业，在亲友资助下留欧，先后入德国柏林大学、瑞士苏黎世大学、法国巴黎高等政治学校学习。1914年回国，一度在江西省教育司、北洋政府经界局和湖南省政府等部门任文员。1918

① 陈垣：《通鉴胡注表微》，第252、36、286页。

② 牟润孙：《从〈通鉴胡注表微〉论援庵先师的史学》，《励耘书屋问学记》，第66页。

陈寅恪

年底赴美国哈佛大学留学。1921 年再赴德国，入柏林大学研究院钻研东方古文字学。1925 年受聘为清华国学研究院导师，次年正式到任，时年 37。1928 年起，在清华任教的同时，兼为中央研究院历史语言研究所专任研究员及第一组（历史学）主任。在长达半个世纪的岁月里，陈氏以其全副精力，为文史研究开辟了一条独具个性的传统与现代结合之路。

近年来，论及陈寅恪的治学，人们最津津乐道的往往是其一生倡导的“独立之精神，自由之思想”，及其“为学术而学术”的典范意义。这样的理解固然不错，可惜并不完整。因为事实上，陈氏的学术还明显有着继承传统“经世”精神和留心时政的一面[①]，这同样需要我们加以关注。

陈氏出身晚清官宦家庭。祖陈宝箴，官至湖南巡抚，父陈三立，曾为吏部主事，戊戌维新时因举荐新政人才和在湘积极推行改革，失败后父子俱遭“革职永不叙用”。受祖父辈忧心时局和忠勤国事的家风熏陶，他自小便十分关怀时政。尝谓：“寅恪少时家居江宁头条巷，是时海内尚称乂安，而识者知其将变。寅恪虽在童幼，然亦有所感触，因欲纵观所未见之书，以释幽忧之思。”[②]即使长期留学海外期间，这份家国牵挂之情依然时时萦绕于心头。1910 年，当他在德国得知原为清“藩属国”的朝鲜完全被日本并吞，不禁发出了“兴亡古今郁孤怀，一放悲歌仰天吼”[③]感叹，为祖国的衰弱不振深感忧虑。另据《吴宓日记》，一战后陈寅恪在美国哈佛留学期间，与之日常交谈的主题，除学问外，亦多涉现实社会风气和国家发展前景者，以为：“救国经世，尤必以精神之学问（谓形而上之学）为根基。乃吾国留学生不知研究，且鄙弃之，不自

① 对此，蒋天枢《陈寅恪先生传》和季羡林《回忆陈寅恪先生》等都指出过，见张杰、杨燕丽选编《追忆陈寅恪》。

② 陈寅恪：《柳如是别传》，生活·读书·新知三联书店 2001 年版，第 2—3 页。

③ 陈寅恪：《庚戌柏林重九作——时闻日本合并朝鲜》，《陈寅恪集·诗集》，第 3 页。

伤其愚陋，皆由偏重实用积习未改之故……今人误谓中国过重虚理，专谋以功利机械之事输入，而不图精神之救药，势必至人欲横流，道义沦丧，即求其输诚爱国，且不能得。西国前史，陈迹昭著，可为比鉴也。”又说：“今之留学生，动以‘耶教救国’为言。实属谬误。……皆反客为主，背理逆情之见也。”[①]而1920年代在欧时，与朋友聚会，酒酣耳热之际，亦每好谈论政治、民生和教育等问题，“对于袁世凯之媚外篡国，尤其深恶痛绝，并以其余逆北洋军阀之胡闹乱政，大为可忧”[②]。

回国后，他虽专事文史教研而从不参与实际政治，却依然十分关心政局变化，认为学术研究固有其独立性，但并不能完全脱离社会政治。曾有学生问他治学与政治之关系，他说：“古今中外，哪里有作学问能完全脱离政治之事？但两者之间，自然有区别，不能混为一谈。如果作学问是为了去迎合政治，那不是真正在作学问。因为作学问与政治不同，毕竟有它自己的独立性的。”[③]在评价陈垣的宗教史著述时，也特别指出：“世人或谓宗教与政治不同物，是以二者不可参互合论。然自来史实所昭示，宗教与政治终不能无所关涉。即就先生是书所述者言之，明末永历之世，滇黔实当日之畿辅，而神州正朔之所在也。故值艰危扰攘之际，以边徼一隅之地，犹略能萃集禹域文化之精英者，盖由于此。及明社既屋，其地之学人端士，相率遁逃于禅，以全其志节。今日追述当时政治之变迁，以考其人之出处本末，虽曰宗教史，未尝不可作政治史读也。”[④]而他本人的文史研究，尤透发出一种鲜明的淑世精神——希望为改良社会风气和推动社会进步起到正面作用。1931年，他在清华大学建校二十周年纪念特刊发文呼吁：近年中国古代及近代史料发现虽多，但无论是对本国历史、语言还是思想史的研究，现状都不容乐观，与日本的中国史研究相比，更见差距。中国向有一种观念，“即国可亡，而史不可灭。今日国虽倖存，而国史已失其正统，若起先民于地下，其感慨如何……夫吾国学术之现状如此，全国大学皆有责焉，而清华为全

---

① 《吴宓日记》1919年12月14日条，生活·读书·新知三联书店1998年版，第101—102、104页。

② 李璜：《忆陈寅恪登恪昆仲》，张杰、杨燕丽选编：《追忆陈寅恪》，第14页。

③ 王锺翰：《陈寅恪先生杂忆》，张杰、杨燕丽选编：《追忆陈寅恪》，第253页。

④ 陈寅恪：《陈垣〈明季滇黔佛教考〉序》，《陈寅恪集·金明馆丛稿二编》，第272页。

国所最属望，以谓大可有为之大学，故其职责尤独重，因于其二十周年纪念时，直质不讳，拈出此重公案，实系吾民族精神上生死一大事者，与清华及全国学术有关诸君试一参究之”[①]。

从学术实践看，他的这种社会抱负主要体现在两个维度。

一是出于对近代以来国势衰微而致学术不振的忧思，欲奋身与东西方汉学一较高低，为争取现代民族国家的学术独立和发展培植元气。从其发出“群趋东邻受国史，神州士夫羞欲死。田巴鲁仲两无成，要待诸君洗斯耻”[②]的呼喊，感叹敦煌文献出自中国境内，且以汉文为多，但“自发见以来，二十余年间，东起日本，西迄法英，诸国学人，各就其治学范围，先后咸有所贡献。吾国学者，其撰述得列于世界敦煌学著作之林者，仅三数人而已……敦煌者，吾国学术之伤心史也”[③]。到指导史语所资料室大力搜寻西方现存的波斯人所著和突厥文蒙古史料，以为如此则“庶几日本人能见之书，我辈亦能见之，然后方可与之竞争”[④]。并一再要求史语所筹巨金购藏私人手中的清内阁大库明清档案，担心“现燕京与哈佛之中国学院经费充裕，若此项档案归于一外国教会之手，国史之责托于洋人，以旧式感情言之，国之耻也”。[⑤]无不可见其拳拳之心。

二是其文史研究的选题，多贯穿着深切的社会关怀意识，诚如俞大维所说：“他研究的重点是历史，目的是在历史中寻求历史的教训。他常说：‘在史中求史识。’因是中国历代兴亡的原因，中国与边疆民族的关系，历代典章制度的嬗变，社会风俗，国计民生，与一般经济变动的互为因果，及中国的文化能存在这么久远，原因何在？这些都是他研究的题目。”[⑥]至于具体论著中以古通今，致力揭示可供现实资鉴的历史教训，更是时而可见。

---

① 陈寅恪：《吾国学术之现状与清华之职责》，《金明馆丛稿二编》，第361、362—363页。

② 陈寅恪：《北大学院己巳级史学系毕业生赠言》（1929），《陈寅恪集·诗集》，第19页。诗中“东邻”谓日本，田巴和鲁仲当分别指旧派学者和以胡适为代表的新派及其整理国故运动。

③ 陈寅恪：《陈垣〈敦煌劫余录〉序》（1930），《金明馆丛稿二编》，第266—267页。

④ 陈寅恪：《致傅斯年》（1930年10月26日），刘经富：《陈寅恪未刊信劄整理笺释》，《文史》2012年第2辑，第236页。

⑤ 陈寅恪：《致傅斯年（六）》（1929），《陈寅恪集·书信集》，第24页。

⑥ 俞大维：《怀念陈寅恪先生》，张杰、杨燕丽选编：《追忆陈寅恪》，第4页。

如在《天师道与滨海地域之关系》一文中就认为：“海滨为不同文化接触最先之地，中外古今史中其例颇多。斯篇之作，不过欲于此议复加一新证。并以见吾国政治革命，其兴起之时往往杂有宗教神秘性质，虽至今日，尚未能尽脱此历史之惯例。好学深思之士当能心知其意也。”① 提醒人们注意历史现象对现实之启示。

又引宋欧阳修撰《新五代史》之例，称其“作《义儿》《冯道》诸传，贬斥势利，尊崇气节，遂一匡五代之浇漓，返之淳正。故天水一朝之文化，竟为我民族遗留之瑰宝。孰谓空文于治道学术无裨益耶？”还自许肩荷民族文化传承的使命，一心企望追踪隋王通，“守先哲之遗范，托末契于后生”②，“续命河汾”③，实际上都表达出欲以学术匡正社会的济世怀抱。

在论及中国古代儒、释、道三家关系时，他还指出思想史上儒、佛融合的经验，足为今日应对中西文化交汇之资鉴。盖印度佛学输入后，所以能在中国思想史上产生如此深远的影响，完全是因为国人根据本土实际对之作了改造的结果。如只是简单照搬，即使能震动一时人心，最后终不免归于沉寂。鉴此，他指出：“窃疑中国自今日以后，即使能忠实输入北美或东欧之思想，其结局当亦等于玄奘唯识之学，在吾国思想史上既不能居最高之地位，且亦终归于歇绝者。其真能于思想上自成系统，有所创获者，必须一方面吸收输入外来之学说，一方面不忘本来民族之地位。此二种相反而适相成之态度，乃道教之真精神，新儒家之旧途径，而二千年吾民族与他民族思想接触史之所昭示者也。”④

当然，理解陈氏上述“淑世”精神的同时，还须看到其不遗余力倡导学术独立的一面。在1929年所作的《清华大学王观堂先生纪念碑铭》中，他就提出：“士之读书治学，盖将以脱心志于俗谛之桎梏，真

① 陈寅恪：《天师道与滨海地域之关系》（1933），《金明馆丛稿初编》，第45页。

② 陈寅恪：《赠蒋秉南序》，《陈寅恪集·寒柳堂集》，第182页。

③ 其1950年初所作《叶遐庵自香港寄诗询近状赋此答之》有“招魂楚泽心虽在，续命河汾梦亦休”之句，见《陈寅恪集·诗集》，第70页。

④ 陈寅恪：《冯友兰〈中国哲学史〉下册审查报告》（1934），《金明馆丛稿二编》，第284—285页。

理因得以发扬。思想而不自由，毋宁死耳。”[①]强调学术研究不可随意依附他人，亦不应以迎合某种政治需要为目的，不然便会失去自己存在的价值。直到晚年，犹不改初衷，说：“我认为研究学术，最主要的是要具有自由的意志和独立的精神。所以我说‘士之读书治学，盖将以脱心志于俗谛之桎梏’。‘俗谛’在当时即指三民主义而言。必须脱掉‘俗谛之桎梏’，真理才能发挥，受‘俗谛之桎梏’，没有自由思想，没有独立精神，即不能发扬真理，即不能研究学术。”[②]问题在于，坚守这样的立场，与前述学术“淑世”意识是否存在冲突？这正是我们要在此稍作讨论的。

按照中国传统文化的理念，史学的“经世致用”与“直笔求真”是支撑其持久发展的双翼，两者相辅相成，缺一不可。但在实践中，却往往会出现偏颇：过于执意“经世”者，有时或不免因此丧失学术本位立场，甚至成为某种政治的附庸；专以学术自娱者，则易遁入象牙塔中，不食人间烟火。20世纪以降，特别是新文化运动以后，随着西方近代科学思想的输入和传播日广，旧“经世”学术因过于依附王朝政治而弊端丛生，大遭质疑。梁启超就指出：旧史家从不肯为历史而治史，而必以“明道”、“经世”为目的，“其结果必至强史就我，而史家之信用乃坠地”[③]。王国维、章太炎和顾颉刚等，也都表达过类似意见，倡导“薄致用而重求是”遂渐成一时风气。然自1920年代末起，因受北伐和抗战等一系列政治事变的刺激，“经世”重新成为学术思想界的关注重点。这种认识上的轮回摇摆和纠结之状，虽各有具体的历史背景促成，实际上也多少反映出传统学术理念与西方近代科学规范下史学的某些不谐。

陈寅恪的学术实践表明，他对此始终保持了一份理性。即一方面要求坚守现代民主的理念，摆脱对政治权力的依附或私欲与各种外在压力的制约，以“独立自由”之人格，行实事求是之研究，以为非如此就谈不上真正的学术研究。另一方面，又继承了古来志士仁人以天下为己任的“淑世”精神，“笃信白氏‘文章合为时而著，诗歌合为事而作’之

① 《陈寅恪集·金明馆丛稿二编》，第246页。
② 陈寅恪：《对科学院的答复》，《陈寅恪集·讲义及杂稿》，第463页。
③ 梁启超：《中国历史研究法》，《饮冰室合集·专集之七十三》，第31页。

旨”[①]，自觉将忧心国事、关切社会的人文精神注入学术事业中，致力从史中寻求史识与教训，以贡献于时代。值得注意的是，当时不少人出于对学术“经世”和“求真”间冲突殊难调和的担忧，提出科学研究自身应完全排除“应用”的观念，认为“学问固然可以应用，但应用只是学问的自然的结果，而不是着手做学问时的目的”[②]。不然的话，难免在研究中掺入主观因素而影响其结果的客观性，甚至导向歧路。然陈氏治史，似并不纠结于此，观其选题特别是长期耕耘的课题，大多自始即具有兼重学术前景和社会关切主题的特征。只是在研究过程中，无例外地都要求从原始史料出发，“经过认真细致、实事求是地研究，得出自己的结论。一定要养成独立精神，自由思想，批评态度”[③]。可见其主旨明显倾向于保持两者的兼顾和协调运作。

陈寅恪的上述观念和实践是否得当，自然可作进一步讨论，但至少是一种可供选择的思路。史学研究的基础，当然是实事求是，背离了这点，必然走向虚幻和误导社会，哪里还谈得上发挥应有的功能。但另一方面，也应看到，史家的经世意识若非夹入觅取功名利禄等私心，在不少场合亦可增强治史的社会责任感，从而内化为史学发展的一种动力。如司马迁、司马光和顾炎武等，都是典型的经世学者，而与此同时，他们的史学也一直被公认为是古代最具求真精神和最为严谨的。故并无足够的理由表明讲求“致用”就一定会违背“求真”的戒律。只要把握得当，传统史学的“经世”功能应当可以和现代史学的“科学性”接榫相容，并在两者之间形成良性的互动。当然，肯定这一点，并非意味着每位史学工作者的研究或史著撰写都须注重“经世”功能。作为个人，只要遵守学术规范，其研究无论是追求“纯学术”，还是志在“经世”，都应受到尊重，因为这对史学的整体发展都是一种推动。只是作为一门现代人文学术，从整体上要求发挥其健全的学术和社会综合功能，依然是

① 蒋天枢：《陈寅恪先生传》，《陈寅恪先生编年事辑（增订本）》，上海古籍出版社 1997 年版，第 234 页。

② 顾颉刚：《古史辨·自序》，《古史辨》（一），第 25 页。

③ 卞僧慧整理：《晋南北朝隋唐文化史听课笔记（1932）》，卞僧慧纂：《陈寅恪先生年谱长编（初稿）》，中华书局 2010 年版，第 146 页。

人们所期望的。

（二）从追摹欧洲东方学到倡导新宋学

关于陈寅恪的治学路向与特征，目前学术界颇有争议，其中最具代表性的为汪荣祖和许冠三两家之说。对陈氏的治学风格，前者比较强调其继承乾嘉朴学的一面，指出“他虽一贯承袭乾嘉朴学的家法，但已较乾嘉诸老，更上一层”[①]。后者却不以为然，以为此“‘一贯承袭乾嘉朴学的家法’之说，尤为无根”，其所继承发展的当系“宋人的长编考异法”[②]，陈门弟子王永兴也对此表示了呼应。[③]

笔者以为，要认清这一问题，不妨先对陈寅恪的学术渊源略作梳理。陈氏生于新旧交替的社会大变动时期，加之受教育的过程比较复杂，致其学术渊源亦颇呈多元态势，这主要体现在两方面。

首先是家学渊源，其中影响深远的至少有三端。一是乾嘉朴学。这应是清中叶以后一般官宦子弟接受正统经史教育的常态，其表弟和同学俞大维所谓“他幼年对于《说文》与高邮王氏父子训诂之学，曾用过一番苦功”，“对十三经不但大部分能背诵，而且对每字必求正解”[④]；赵元任亦称其“喜欢搞音韵训诂之类的问题”[⑤]，都反映了这点。二是宋学，亦即理学。陈氏 13 岁之前一直就读于家塾，此家塾为其祖陈宝箴创办。据周善培回忆：戊戌新政期间陈宝箴招其谈话，讲的“都是宋儒讲学的精语（以后同徐学督［仁铸］谈，才知道右帅是讲宋学的）”[⑥]。而其所作《河北精舍学规》、《书扇示隆恪》等[⑦]，同样显示出此种思想倾向。这种观念必然会注入自己所办的家塾教育中，成为形塑陈寅恪学术人格的重

---

① 汪荣祖：《史家陈寅恪传》，北京大学出版社 2005 年版，第 46 页。

② 许冠三：《新史学九十年》（上册），香港中文大学出版社 1986 年版，第 238 页。

③ 参见王永兴：《陈寅恪先生史学述略稿》“前言”和第一章第四节“陈寅恪先生的治史方法”，北京大学出版社 1998 年版。

④ 俞大维：《怀念陈寅恪先生》，张杰、杨燕丽选编：《追忆陈寅恪》，第 3、5—6 页。

⑤ 杨步伟、赵元任：《忆寅恪》，张杰、杨燕丽选编：《追忆陈寅恪》，第 22 页。

⑥ 周善培：《旧雨鸿爪》，全国政协文史资料研究委员会编：《文史资料选辑》1985 年第 3 辑（总第 103 辑），第 95 页。

⑦ 参见卞僧慧纂：《陈寅恪先生年谱长编（初稿）》，第 41、10 页。

要因素。三是诗学。其父陈三立为晚清著名“同光体”诗人，诗宗宋代江西派黄庭坚等，遣词造句，主“避俗避熟”，颇喜用典。陈寅恪一生爱好作诗，凡生平所见所思所感，无不咏之以诗，于此实不无关系，且于风格上也有所承继。

其次是留学训练。陈寅恪自13岁起，赴东西各国留学长达16年之久，这对其一生学术的影响自然非比寻常。从现有资料看，其整个留学经历可分前后两期。1914年之前大致以学习日、德、法、英诸国通行语言为主，并在巴黎高等政治学校社会经济部修习政治经济方面课程一年。1918年底起重继留学前缘，是为后期，因当时年届而立，思想趋于成熟，大约已明确以历史学及东方古文字为主攻方向，故所学始终甚专。如在哈佛大学研究院两年半，从美国东方学会主席兰曼教授（Charles R. Lanman，1850—1941）等专修历史学（世界史和德国现代史）和梵文、巴利文、希腊文、闪米特文等，接受较严格的古文献释读和比勘训练①，并对白璧德的新人文主义有相当接触。1921年9月转柏林大学研究院，复从路德施（Henrich Luders）教授等继续这方面深造。显然，后期留学生涯对其治学的影响要更大。

此外，在考察其学术渊源时，某些重要的学缘关系也不可忽视。如与之“风义平生师友间”②的王国维，俞大维就指出：“王氏对寅恪先生的影响，是相得益彰的，对于殷墟文字，他受王氏的影响，对梵文及西域文字，则王氏也受他的影响。”③不过就具体领域而言，似未说到点子上。盖陈寅恪自谓“不敢观三代两汉之书”④和“不敢治经”⑤，治史范围基本不触及上古三代和甲骨金文，故很难说殷墟文字对之有实质性影响。实际上，王氏对陈寅恪治学的启发，除陈氏本人总结的三条方法论启示外，影响更直接的当在敦煌学、蒙元史、古典文学及诗词等相互交集的

① 详请参见陈怀宇：《陈寅恪留学哈佛史实钩沉及其相关问题》，《清华大学学报》2012年第5期。另可参见林伟：《陈寅恪的哈佛经历与研习印度语文学的缘起》，《世界哲学》2012年第1期。

② 陈寅恪：《王观堂先生挽词并序》，《陈寅恪集·诗集》，第7页。

③ 俞大维：《怀念陈寅恪先生》，张杰、杨燕丽选编：《追忆陈寅恪》，第4页。

④ 陈寅恪：《陈垣〈元西域人华化考〉序》，《金明馆丛稿二编》，第270页。

⑤ 陈寅恪：《杨树达〈论语疏证〉序》，《金明馆丛稿二编》，第262页。

领域。

由上可见，乾嘉朴学或宋人长编考异法固然是陈寅恪学术的重要渊源，但都难以概括其总体治学特征。在笔者看来，从动态的角度加以观察，将其学术路向概括为从追摹欧洲东方学到力倡新宋学，或许更能接近事实的真相。

目前所见陈寅恪最早向人公开其学术志向的文献，当推1923年发表于《学衡》的《与妹书》，其中称："我所注意者有二：一历史（唐史、西夏），西藏即吐蕃，藏文之关系自不待言。一佛教，大乘经典，印度极少，新疆出土者亦零碎。及小乘律之类，与佛教史有关者多。"并计划从前人较少留意的藏、蒙古、满、回等文献比勘入手，取得研究上的突破。[①]这无疑是他1918年之后在美、德留学七年，始终坚持专攻东方古文字学的原因所在。

这一治学方向的确定，当在一战回国居住期间。1914年至1918年，陈寅恪先后在江西、北京和湖南等处政府部门担任过文员，亲眼目睹军阀政治的腐败和反复无常，厌恶之余，更坚定了终生献身学术的决心。至于他何以选择以古代东方语言比勘入手治史这一学术方向，当与以下背景有关。

是时，其父陈三立来往宁沪之间，常与沈曾植等一群遗老诗文唱和。沈氏不但与陈三立同被视为"同光体"重要诗人，且为光绪间治西北史地、蒙元史和佛学的代表人物，在清末民初学术界享有很高的声望，与东西方汉学大家内藤湖南、藤田丰八、伯希和等也均有交往。[②]对此，陈寅恪通过父辈应有所闻，并对沈氏的学术素怀敬重。加之当时以伯希和为代表的欧洲汉学雄踞国际汉学和东方学的中心，其势如日中天。这一切，都吸引着陈氏积极准备预此学术潮流，在自己多年积累的国学根底和对东西方语言已有相当了解的基础上继续深造，以冀他日能与国际东方学家同台一竞高低。出于对伯希和的仰慕，他还要求王国维出面介绍其与之结识。1925年9月，王氏按其所请致书伯希和，称：

---

① 陈寅恪：《与妹书（节录）》，《陈寅恪集·书信集》，第1—2页。

② 关于沈曾值的学术，可参见胡逢祥：《沈曾植与晚清西北史地学》，《史学史研究》2014年第1期。

"兹有恳者，友人陈君寅恪向在美国，后在英、德两国，研究东方各国古文字学，而未得一见先生，至以为憾。故远道遗书，嘱为之先容，敬乞先生赐见。陈君欲请益之处甚多，又欲览巴黎图书馆中先生所得敦煌各处古籍，乞先生为之介绍，并予以便利，至为感荷。"[①] 此函当系该年4月陈氏同意出任清华国学研究院导师后托王国维所作。时王氏已于4月间移居清华，与陈成为同事。而根据陈于同年12月18日始从法国马赛启程回国的日程安排看，其离柏林转道巴黎拜访伯氏的时间，当在9月至12月间。

此外，他之所以发愿加入与中国西北史地学关系较密的东方学研究（当时古突厥、回纥、粟特、西夏，与藏、蒙古诸族及其文字，以及中西交通史等都属中国西北史地学研究的范围，也是英、法、德、俄等国东方学研究和中亚考古的热点），尚有更深一层的考虑，这在后来发表的《朱延丰〈突厥通考〉序》中有清晰的表露："曩以家世因缘，获观光绪京朝胜流之绪论。其时学术风气，治经颇尚《公羊春秋》，乙部之学，则喜谈西北史地。后来今文公羊之学，递演为改制疑古，流风所被，与近四十年间变幻之政治，浪漫之文学，殊有连系。此稍习国闻之士所能知者也。西北史地以较为朴学之故，似不及今文经学流被之深广。惟默察当今大势，吾国将来必循汉唐之轨辙，倾其全力经营西北，则可以无疑。考自古世局之转移，往往起于前人一时学术趋向之细微。迨至后来，遂若惊雷破柱，怒涛振海之不可御遏。"[②] 可见，此举实含有鲜明的经世意识。

东方学是19世纪兴起于欧洲的一门研治亚非地区历史、地理、文化和经济的综合性学问，涉及范围十分宽广，广义的西域（包括敦煌以西的中国青藏和蒙古、新疆地区，直至域外的中亚、西亚一带）尤为其关注的热点，与中国有关的汉学、西夏学、敦煌学、藏学、蒙古学等都被囊括在内。其研究不但注重各类原始文献的广泛搜集整理，且与考古学、人类学和语言学有着极为密切的关联。从追摹欧洲东方学的治学范

---

① 王国维：《致伯希和》，房鑫亮编校：《王国维书信日记》，浙江教育出版社2015年版，第497页。

② 陈寅恪：《朱延丰〈突厥通考〉序》（1942），《寒柳堂集》，第162—163页。

式出发，陈寅恪在清华任教伊始，就作了“西人之东方学之目录学”的讲演，负责指导进行年历学（中国古代闰朔日月食之类）、古代碑志与外族有关系者比较、摩尼教经典与回纥文译本、佛教经典各种文字译本比较（梵文、巴利文、藏文、回纥文及中亚诸文字译本比较）、蒙古满洲之书籍及碑志与历史有关系者等研究。[①] 并在最初几年通过汉藏佛典文献的比勘考证，接连发表了二十余篇涉及佛教史、敦煌学和蒙古史的研究论文，其中创见迭出。

如《大乘稻芊经随听疏跋》对向为人忽视的唐时吐蕃僧人法成译经事迹作了钩沉，考证出所谓“震旦律师温崩个撰，答哩麻悉谛译”的《深微宗旨确译广大疏》，实即玄奘弟子圆测所撰《解深密经疏》的法成藏文译本。建议有些汉文佛典既已残缺，“若自藏文译补，俾千年古籍，复成完书，亦快事也”[②]。《大乘义章书后》指出了中国佛典翻译史上存在的若干问题，如“悉檀”和“檀施”本为两个不同梵语的对音，有人却误将其中的“檀”字单独抽出作同义解。而“菩提”之初义译为“道”，后觉不切，改用对音，则多因早期翻译过程中“此方名少”造成。至于天台宗“五时判教”之说，虽系变易不实之旧说而来，“然自中国哲学史方面论，凡南北朝五时四宗之说，皆中国人思想整理之一表现，亦此土自创佛教成绩之一，殆未可厚非也。尝谓世间往往有一类学说，以历史语言学论，固为谬妄，而以哲学思想论，未始非进步者”。[③] 其余如《敦煌本维摩诘经文殊师利问疾品演义跋》等述佛教文献的译传沿革，《须达起精舍因缘曲跋》等对佛教掌故的疏解，《敦煌本十诵比丘波罗提木叉跋》等有关其史料价值的讨论，均足示人以治学途辙。

其对蒙古史的研究，主要集中在四篇有关《蒙古源流》的系列作品中。《蒙古源流》为明万历间鄂尔多斯蒙古贵族萨囊彻辰所作，其书记事纷杂，述蒙古部起源加入了不少宗教神话，汉译本经蒙古语、满

① 《研究院纪事·研究院各教授担任学科一览表》，《国学论丛》1927 年第 1 卷第 1 期，第 293 页。

② 陈寅恪：《大乘稻芊经随听疏跋》（1927），《金明馆丛稿二编》，第 288 页。

③ 陈寅恪：《大乘义章书后》，《金明馆丛稿二编》，第 185 页。

语转译，问题更多。陈寅恪通过汉、藏、蒙古文献的比勘，从史料来源、年代学、地理学、作者家族世系等方面作了考辨，认为该书从观念到体裁，多取自元代吐蕃喇嘛八思巴所著《彰所知论》。《元秘史》关于蒙古部起源的记叙，已羼杂了古代突厥等族神话，此书更在其上叠加了印度和西藏神话，实"糅合数民族之神话，以为一民族之历史。故时代以愈推而愈久，事迹亦因愈演而愈繁。吾人今日治史者之职责，在逐层削除此种后加之虚伪材料，庶几可略得一近似之真"①。显示了文献梳理的深厚功力。

这一时期陈氏的治学，明显透出德国历史语言学派的风格，往往以较小的题目，比勘多种语言资料，作精深绵密之考证。从方法论看，大体不出他总结的王国维三条治学路径，即：取地下之实物与纸上之遗文互相释证，取异族之故书与吾国之旧籍互相补正，取外来之观念与固有之材料互相参证。在他看来，此"皆足以转移一时之风气，而示来者以轨则。吾国他日文史考据之学，范围纵广，途径纵多，恐亦无以远出三类之外"②。具体路径，则颇近于1923年提出的"以西洋语言科学之法，为中藏文比较之学"③。

然自1930年代初起，陈寅恪的治学风格渐起变化。首先，研究主题逐渐由原先集中于佛教文献比勘考史，转向范围更大的魏晋南北朝隋唐史。从蒋天枢的《陈寅恪先生论著编年目录》看，这种趋势，在1933年之后益发清晰。其次，论文的写作，也不再满足于史料发掘和由此直接带来的"发覆"，而是从"求史识"的目标出发，明显增大了诠释和阐发新见解的比重。这一点，在其与学生的谈话中已颇可感受到。1928年初陈守实日记有这样的记载："师于史之见解，谓整理史料，随人观玩，史之能事已毕；文章之或今或古，或马或班，皆不必计也。"④口吻与当年傅斯年如出一辙。然仅数年之后，在30年代初与罗香林的对话中

① 陈寅恪：《彰所知论与蒙古源流》，《金明馆丛稿二编》，第135页。

② 陈寅恪：《〈王静安先生遗书〉序》，《金明馆丛稿二编》，第247、248页。

③ 陈寅恪：《与妹书（节录）》，《陈寅恪集·书信集》，第1页。

④ 陈守实：《学术日录》（选载）1928年1月27日（正月初五）条，《中国文化研究集刊》第一辑，复旦大学出版社1984年版，第422页。

已出现微妙的变化，据罗氏回忆："陈师对历史研究，常说最重要的就是要根据史籍或其他资料以证明史实，认识史实，对该史实而有新的理解，或新的看法，这就是史学与史识的表现。"[①] 显然不再满足于"证明史实"，而是要求在此基础上提出"新的理解"也即深化对"史实"的认识水平，这显然是治学理念上的一种进步。与此同时，其论文也形成了更具个性的风格——在"喜聚异同"大段铺叙史料同时，十分注重历史因果关系的追问和分析，有的还提出了富有启发意义的推测，可见与那种一味强调"证而不疏"的治史路线已有所参差。

这种转向，从表面看，似为纯学术因素作用的结果。据 1924 年姚从吾自柏林大学致朱希祖函，陈寅恪鉴于佛典在印度散佚不少，重要部分多存于藏文书中，曾"欲依据西人最近编著之西藏文书目录，从事翻译，此实学术界之伟业"[②]。可见此项工作最初规划颇大，但从回国数年发表的相关成果看，与原来的设想未免差距过大。且当时许多东方古文字资料，特别是中亚考古的最新发现，绝大多数藏于西方国家，致使国内的研究受到很大制约。不少人认为，这正是陈氏在感叹"平生治学，不甘逐队随人，而为牛后。年来自审所知，实限于禹域以内，故仅守老氏损之又损之义，捐弃故技。凡塞表殊族之史事，不复敢上下议论于其间"[③] 之余，将主要精力转向其他研究领域的原因。但更全面地看，则不难发现，这一转变的背后，其实还跳动着陈氏学术观念渐起变化的脉搏。这一点，尤体现在其所提倡的"新宋学"主张中。

1943 年初，他在《邓广铭〈宋史职官志考证〉序》中明确提出："吾国近年之学术，如考古、历史、文艺及思想史等，以世局激荡及外缘薰习之故，咸有显著之变迁。将来所止之境，今固未敢断论。惟可一言蔽之曰，宋代学术之复兴，或新宋学之建立是已。"[④] 此处的"宋学"，非指一般所谓"汉宋之争"的宋学（理学），乃"广义之宋学

---

① 罗香林：《回忆陈寅恪师》，张杰、杨燕丽选编：《追忆陈寅恪》，第 105 页。

② 姚士鳌（从吾）：《上朱逿先先生书》，转引自卞僧慧纂：《陈寅恪先生年谱长编初稿》，第 85 页。

③ 陈寅恪：《朱延丰〈突厥通考〉序》，《寒柳堂集》，第 163 页。

④ 陈寅恪：《邓广铭〈宋史职官志考证〉序》，《金明馆丛稿二编》，第 277 页。

（包括文学、史学、理学、经学、思想等）与今日之关系”。[①]而新宋学亦非旧宋学的简单恢复，应是包含了新时代内容和境界的文化学术，正如融合了印度佛教文化的宋代新儒学已非复两汉儒学旧貌一样。

陈寅恪何以要倡导建立新宋学？

从史学自身发展的角度思考，这至少表达了他对当时主流学术视考据为极则感到不惬。陈寅恪素主“中国史学莫盛于宋”，尽管其“知见”有所局限，但“元明及清，治史者之学识更不逮宋”。[②]并认为：“有清一代，经学号称极盛，而史学则远不逮宋人。”清之学术主流为考据，由于治经材料既少，又贴近功名，“声誉既易致，而利禄亦随之，于是一世才智之士，能为考据之学者，群舍史学而趋于经学之一途。其谨愿者，既止于解释文句，而不能讨论问题。其夸诞者，又流于奇诡悠谬，而不可究诘。虽有研治史学之人，大抵于宦成以后休退之时，始以余力肄及，殆视为文儒老病销愁送日之具。当时史学地位之卑下若此，由今思之，诚可哀矣。此清代经学发展过甚，所以转致史学之不振也”。相比以考据偏胜的清代史学，陈氏显然更倾向于讲求学识兼具、考证与综合分析兼胜的宋代史学，因而在看到陈垣的《元西域人华化考》时，才会发出“材料丰实，条理明辨，分析与综合二者俱极其工力，庶几宋贤著述之规模”的会心赞叹。[③]特别要指出的是他对司马光《资治通鉴》的高度推崇，其《唐代政治史述论稿》至称：“夫吾国旧史多属于政治史类，而《资治通鉴》一书，尤为空前杰作。今草兹稿，可谓不自量力之至！然区区之意，仅欲令初学之读《通鉴》者得此参考，或可有所启发。”[④]这种推崇，不独是对《通鉴》兼具史料考异和通识之长的赞赏，应当也包含着对司马光所倡“叙国家之兴衰，著生民之休戚”[⑤]的史学观之认可，显示出其心中企求的一种通史境界。

---

① 卞僧慧整理：《陈寅恪先生欧阳修课笔记》（1936），《陈寅恪先生年谱长编（初稿）·附录》，第366页。

② 陈寅恪：《陈垣〈明季滇黔佛教考〉序》，《金明馆丛稿二编》，第272页。

③ 陈寅恪：《陈垣〈元西域人华化考〉序》，《金明馆丛稿二编》，第269、270页。

④ 陈寅恪：《唐代政治史述论稿·自序》，第179页。

⑤ 司马光：《资治通鉴·魏纪一》“臣光曰”，中华书局1956年版，第2187页。

而从社会大文化的角度看，倡导新宋学同时也寄托着其对中华文化再次复兴的热切期盼。他指出："华夏民族之文化，历数千载之演进，造极于赵宋之世。后渐衰微，终必复振。譬诸冬季之树木，虽已凋落，而本根未死，阳春气暖，萌芽日长，及至盛夏，枝叶扶疏，亭亭如车盖，又可庇荫百十人矣。"① 在他心目中，宋代所以会成为中国历史上的文化发展高峰，与其前中土经历的民族融合和华夷文化交汇成功有极大的关联，新儒学的形成尤为其中的典范，其历史性贡献在于将外来印度佛教文化完全消融于本土文化体系。在他看来："宋儒若程若朱，皆深通佛教者。既喜其义理之高明详尽，足以救中国之缺失，而又忧其用夷变夏也。乃求得两全之法，避其名而居其实，取其珠而还其椟。采佛理之精粹，以之注解四书五经，名为阐明古学，实则吸收异教。声言尊孔辟佛，实则佛之义理已浸渍濡染，与儒教之宗传，合而为一。此先儒爱国济世之苦心，至可尊敬而曲谅之者也……自得佛教之裨助，而中国之学问，立时增长元气，别开生面。故宋、元之学问文艺均大盛，而以朱子集其大成。朱子之在中国，犹西洋中世之 Thomas Aquinas，其功至不可没。而今人以宋、元为衰世，学术文章卑劣不足道者，则实大误也。"② 在此意义上，甚至可以说："中国自秦以后，迄于今日，其思想之演变历程，至繁至久。要之，只为一大事因缘，即新儒学之产生，及其传衍而已。"③ 当今日中国再次站在中外文化大碰撞的路口之际，若能以唐人兼容并包的宽大胸襟和宋儒文化综合的智慧处之，建成融会中外的新宋学，则中华文化重新崛起于世界之日定将不远。正是从这种理念出发，他对邓广铭《宋史》研究的意义作了高度评价，称其"始终殚力竭智，以建立新宋学为务，不屑同于假手功名之士，而能自致于不朽之域"。"他日新宋学之建立，先生当为最有功之一人，可以无疑也。"④

在建立新宋学的理念下，陈寅恪的治史理论与方法在融会中西的基础上达到了新的高度，其中最引人注目的，厥为以下几端。

① 陈寅恪：《邓广铭〈宋史职官志考证〉序》，《金明馆丛稿二编》，第 277 页。
② 《吴宓日记》1919 年 12 月 14 日条，第 102、103 页。
③ 陈寅恪：《冯友兰〈中国哲学史〉下册审查报告》，《金明馆丛稿二编》，第 282 页。
④ 陈寅恪：《邓广铭〈宋史职官志考证〉序》，《金明馆丛稿二编》，第 278 页。

一是宽博的史料观与“诗史互证”。

陈寅恪治史，素以掌握史料繁博为时所称，其所征引的史料，除各类传统典籍外，还涵盖了各种“异族”和国内少数民族文字、考古新资料如碑铭和敦煌文献，并往往突破常见，将视野拓展到一些向为人忽视的方面。如对古代的史论之作，通常“治史者皆认为无关史学，而且有害者也。然史论之作者，或有意，或无意，其发为言论之时，即已印入作者及其时代之环境背景，实无异于今日新闻纸之社论时评。若善用之，皆有助于考史。故苏子瞻之史论，北宋之政论也。胡致堂之史论，南宋之政论也。王船山之史论，明末之政论也。今日取诸人论史之文，与旧史互证，当日政治社会情势，益可借此增加了解，此所谓废物利用，盖不仅能供习文者之摹拟练习而已也。”至于带有艺术性的诗文、小说等，亦无不有其一定的史料价值。连一些被确认为作伪的文献，只要运用得法，同样可借以观史，因“真伪者，不过相对问题，而最要在能审定伪材料之时代及作者而利用之。盖伪材料亦有时与真材料同一可贵。如某种伪材料，若迳认为其所依托之时代及作者之真产物，固不可也。但能考出其作伪时代及作者，即据以说明此时代及作者之思想，则变为一真材料矣。中国古代史之材料，如儒家及诸子等经典，皆非一时代一作者之产物。昔人笼统认为一人一时之作，其误固不俟论。今人能知其非一人一时之所作，而不知以纵贯之眼光，视为一种学术之丛书，或一宗传灯之语录，而断断致辩于其横切方面。此亦缺乏史学之通识所致”①。据此，他在论及唐代社会重进士轻明经的风气时，就引用了康骈《剧谈录》所述李贺与元稹互相轻视和结怨之事，认为：“《剧谈录》所纪多所疏误，自不待论。但据此故事之造成，可推见当时社会重进士轻明经之情状，故以通性之真实言之，仍不失为珍贵之社会史料也。”②

应当看到，陈氏能熟练运用各类史料，除下苦功博览群书外，与其不拘一格的史料观念和谨慎的处置方法也是分不开的。其基本原则是：“通论吾国史料，大抵私家纂述易流于诬妄，而官修之书，其病又在多所讳饰，考史事之本末者，苟能于官书及私著等量齐观，详辨而慎取

① 陈寅恪：《冯友兰〈中国哲学史〉上册审查报告》，《金明馆丛稿二编》，第 280—281 页。
② 陈寅恪：《唐代政治史述论稿》，第 272—273 页。

之，则庶几得其真相，而无诬讳之失矣。”[①] 如在研究唐代官员奉料钱的过程中，就向人们展示了“考史者不可但依官书纸面之记载，遽尔断定官吏俸料之实数。只可随时随地随人随事，偶有特别之记载，因而得以依据证实之”[②] 的实例。对于时人趋之若鹜的新材料，他别具一种通解，认为不光指新发现的资料，还应包括“原藏于他处，或本为旧材料而加以新注意、新解释”者，不过对旧材料的新解释，应十分谨慎，切忌牵强附会。新材料的运用，则当注意与旧材料相结合，“因为新材料是零星发现的，是片断的。旧材料熟，才能把新材料安置于适宜的地位。正像一幅古画已残破，必须知道画的大概轮廓，才能将其一山一树置于适当地位，以复旧观”。[③] 至于“诗史互证”，更是其在史料学方面成功的实践。

“诗史互证”在历史研究中的运用，并非始于陈寅恪，但陈氏无疑是现代史家中大量运用并将其方法推向系统化的第一人。他不但在《元白诗笺证稿》和后来的《柳如是别传》中通过此法，取得了丰硕成果，还从方法上提出了一些可循的路径。在解读南北朝庾信的《哀江南赋》时，他指出，庾信作赋，“用古典以述今事。古事今情，虽不同物，若于异中求同，同中见异，融会异同，混合古今，别造一同异俱冥，今古合流之幻觉，斯实文章之绝诣，而作者之能事也”。惜历来读者多只重其所用典故之来源，而不能实指其中的“今典”为何。因而对该作品写作年月和具体史实背景作了翔实考证，同时提出：“解释词句，征引故实，必有时代限断。然时代划分，于古典甚易，于‘今典’则难。盖所谓‘今典’者，即作者当日之时事也。故须考知此事发生必在作此文之前，始可引之，以为解释。否则，虽似相合，而实不可能。此一难也。此事发生虽在作文以前，又须推得作者有闻见之可能。否则其时即已有此事，而作者无从取之以入其文。此二难也。”[④] 盖古诗的表意本就不

① 陈寅恪：《顺宗实录与续玄怪录》，《金明馆丛稿二编》，第 81 页。
② 陈寅恪：《元白诗中俸料钱问题》（1935），《金明馆丛稿二编》，第 77 页。
③ 卞僧慧整理：《“晋至唐史”开课笔记》（1935），《陈寅恪先生年谱长编（初稿）· 附录》，第 363 页。
④ 陈寅恪：《读哀江南赋》，《陈寅恪集 · 金明馆丛稿初编》，第 234—235 页。

像散文那样直白，至于那种喜用典以指“今事”，特别是因各种现实压力而采取隐晦表述手法的诗句，要从中品出真实的史迹更属不易，稍有不慎，便可能流向牵强附会，甚至无中生有。而陈寅恪所以能在“诗史互证”方面取得如许成就，实与其个人特殊的文化修养与经历有极大关系，他不但具备广博的历史知识，还因家学渊源，深通古诗学的要旨，其一生对格律诗的创作（包括用典）实践，在现代史家中除王国维以外，更是罕有其匹。饶是如此，在运用此法时他仍十分小心。如 1935 年，他曾先后发表《元微之〈遣悲怀〉诗之原题及其次序》及《元白诗中俸料钱问题》，据元稹诗句讨论了唐代官俸制度和地方官的实际收入，但十余年后却表示：“寅恪昔年读其第一首‘今日俸钱过十万’之句，而不得其解，因妄有考辨。由今观之，所言实多谬误。然今日亦未能别具胜解。故守‘不知为不知’之训，姑阙疑以俟再考。”[①] 可见持论之慎。

二是历史主义的诠释意境——“了解之同情”。

强调通识和治学有系统，是陈寅恪史学的又一显著特点。他曾指出以往的文化史研究有两失：旧派失之滞，缺点是“只有死材料，没有解释，拘文牵义，不能了解人民精神生活与社会制度的关系”。新派失之诬，“他们以外国的社会科学理论解释中国的材料。此种理论，不过是假设的理论。而其所以成立的原因，是由研究西洋历史、政治、社会的材料，归纳而得的结论”，对中国文化的解释不一定都适用，如一味套用，有时“看上去似很有条理，然甚危险”。[②] 既批评了前者的缺乏通识，也指出了后者的讲“条理”和系统应防止出现非历史主义倾向。

在《冯友兰〈中国哲学史〉上册审查报告》中，他更是比较完整地提出了研究历史应具“了解之同情”的诠释主张，说：“对于古人之学说，应具了解之同情，方可下笔。盖古人著书立说，皆有所为而发。故其所处之环境，所受之背景，非完全明了，则其学说不易评论，而古代哲学家去今数千年，其时代之真相，极难推知。吾人今日可依据之

① 陈寅恪：《元白诗笺证稿》，第 108 页。此段议论原见 1948 年所刊《元微之悼亡诗及艳诗笺证（元白诗笺证稿之一）》，载《史语所集刊》第 20 卷上。

② 卞僧慧整理：《“晋至唐文化史”开课笔记》（1932），《陈寅恪先生年谱长编（初稿）· 附录》，第 361 页。

材料，仅为当时所遗存最小之一部，欲借此残余断片，以窥测其全部结构，必须备艺术家欣赏古代绘画雕刻之眼光及精神，然后古人立说之用意与对象，始可以真了解。所谓真了解者，必神游冥想，与立说之古人，处于同一境界，而对于其持论所以不得不如是之苦心孤诣，表一种之同情，始能批评其学说之是非得失，而无隔阂肤廓之论。”这就要求史家对历史事件或人物的分析评价，须从具体的历史背景或个人特殊境遇出发，设身处地细心体会，而不是满足于套用某种程式，方有可能接近历史真相。当然，此方法的运用必须规范谨慎，否则“最易流于穿凿傅会”。以哲学史研究为例，本须将许多分散不全的资料排比解释，使之系统化。但他发现，在这一过程中，“著者有意无意之间，往往依其自身所遭际之时代，所居处之环境，所薰染之学说，以推测解释古人之意志。由此之故，今日之谈中国古代哲学者，大抵即谈其今日自身之哲学者也。所著之中国哲学史者，即其今日自身之哲学史者也。其言论愈有条理统系，则去古人学说之真相愈远。此弊至今日之谈墨学而极矣”。[①] 显然，“了解之同情”倡导的是一种历史主义的诠释境界，其中包含着相当的人文自觉。其所表达的史学建设路向，与当时有人试图把历史学自然科学化或全盘西化的主张存在着明显的差异。

三是社会科学理论和唯物史观的兼取。

读陈寅恪的史著，常有这样一种感觉，即在比较传统的表现形式（文言）和文化意识（讲求义理和关注社会治乱兴衰）外衣下，流出的却是一些相当时新的社会科学概念，如民族、社会阶级（按：陈氏所用此概念非今日严格意义上之“阶级”，应作“阶层”解）、集团、党派、政治革命等，有不少还成为其诠释史实的核心术语，这在胡适那样的新派人士史著中是较少见的，至少表明陈氏对当时西方社会科学理论已有相当的了解。在西方留学期间，他就曾入巴黎高等政治学校社会经济部正式修习过这方面的课程，并在美国哈佛大学接受过世界史的专业训练。这些知识，在其后来的历史研究中都留下了清晰的印记。如对古代宗教与社会关系的论述，社会政治、地域和文化诸利益集团斗争及其影

① 陈寅恪：《冯友兰〈中国哲学史〉上册审查报告》，《金明馆丛稿二编》，第279—280页。

响的考察，社会风俗变迁以及不同民族和文化间冲突融合的分析，都颇具社会史研究的开阔视野。

至于唯物史观，不少人因其晚年曾要求当局“允许中古史研究所不宗奉马列主义，并不学习政治”，从而断言其对之持根本反对态度。然从整个历史研究实践看，情况并非如此。事实上，陈氏早年在瑞士时，就读过《资本论》，并将唯物史观作为一种社会科学的理论，在后来的研究中有所运用，如在《王观堂先生挽词并序》中称：“夫纲纪本理想抽象之物，然不能不有所依托，以为具体表现之用；其所依托以表现者，实为有形之社会制度，而经济制度尤其最要者。故所依托者不变易，则依托者亦得因以保存。吾国古来亦尝有悖三纲违六纪无父无君之说如释迦牟尼外来之教者矣，然佛教流传播衍盛昌于中土，而中土历世遗留纲纪之说，曾不因之以动摇者，其说所依托之社会经济制度未尝根本变迁，故犹能藉之以为寄命之地也。近数十年来，自道光之季，迄乎今日，社会经济之制度，以外族之侵迫，致剧疾之变迁；纲纪之说，无所凭依，不待外来学说之掊击，而已消沉沦丧于不知不觉之间；虽有人焉，强聒而力持，亦终归于不可救疗之局。”[①] 在解释隋唐时期国家财政制度的变迁原因时，也指出：“唐代之国家财政制度本为北朝之系统，而北朝之社会经济较南朝为落后，至唐代社会经济之发展渐超越北朝旧日之限度，而达到南朝当时之历程时，则其国家财政制度亦不能不随之以演进。”[②] 可见，他是认可社会经济基础对思想观念和制度层面的制约的。但并不专以此作为认识历史的理论依据，而常会根据具体研究对象采用文化史观或其他理论加以阐释。也就是说，他本人并不反对采用唯物史观解释历史现象，只是不认同历史研究只能以此为唯一指导，尤其反对在研究之前先以此定调，以先入之见代替科学研究，因而才提出“不能先存马列主义的见解，再研究学术”的主张，以为只有这样，才能保持研究者的“自由意志，独立精神”[③]，发展真正的科学事业。

---

① 《陈寅恪集·诗集》，第12—13页。

② 陈寅恪：《隋唐制度渊源略论稿》，第160页。

③ 陈寅恪：《对科学院的答复》，《陈寅恪集·讲义及杂稿》，第464页。

综上可见，陈寅恪倡导的新宋学及其史学，是一种中西合璧、传统和现代意识交融的学术形态。此种学术形态，与其反对简单套用印欧语文法，主张从本国语文特性出发建立自身的文法学一样，目的都在顺应时代潮流，推进以民族文化为本位的中国现代文化建设。

（三）中古史研究之实绩

陈寅恪的历史研究主要集中在中古亦即魏晋南北朝隋唐史。[①]之所以如此，据其自己解释，是因“上古去今太远，无文字记载，有之亦仅三言两语，语焉不详，无从印证。加之地下考古发掘不多，遽难据以定案。画人画鬼，见仁见智，曰朱曰墨，言人人殊，证据不足，孰能定之？中古以降则反是，文献足征，地面地下实物见证时有发见，足资考订，易于著笔，不难有所发明前进。至于近现代史，文献档册，汗牛充栋，虽皓首穷经，迄无终了之一日，加以地下地面历史遗物，日有新发现，史料过于繁多，几无所措手足”[②]。有学者据此判断，陈寅恪所谓“平生为不古不今之学”，正是“指国史中古一段，也就是他研究的专业”。[③]但细品其史著，除上述学术考虑外，其实还包含着一种深沉的历史意识：在他看来，西晋灭亡后，中国社会经历了长达几世纪的分裂和战乱，其间夷夏民族迁徙融合和文化碰撞汇聚交相迭至，实孕育着自身大发展的新契机，唐之盛世和宋文化的繁兴，都可说是这段历史结出的硕果。研究这一过程，对于解读和应对晚清以后中国社会面临的复杂民族问题和文化剧变，当不无启迪。甚至提出，应将唐史“看作与近百年史同等重要的课题来研究。盖中国之内政与社会受外力影响之巨，近百年来尤为显著，是尽人皆知的，但对于唐史，则一般皆以为与外族无关，固大谬不然。因唐代与外国、外族之交接最为频繁，不仅限于武力之征伐与宗教之传播，唐代内政亦受外民族之决定性的影响。故须以现代国际观念来看唐史，此为空间的观念”。同时在时间观念上，也当注

① 限于本书论述范围，这里主要考察民国时期的陈寅恪史学，凡 1950 年代以后的述作，除少数与此期研究主题有直接关联者外，一般均不涉及，包括《柳如是别传》。

② 转引自王锺翰：《陈寅恪先生杂忆》，张杰、杨燕丽选编：《追忆陈寅恪》，第 253 页。

③ 汪荣祖：《史家陈寅恪传》，第 223 页。

意“近百年来中国的变迁极速，有划时代的变动。对唐史亦应持此态度！如天宝以前与天宝以后即大不相同，唐代的变动极剧，此点务须牢记”。[①] 可见，他的中国史研究，并不能理解为单纯的述“古”，其中同样包含着对“今”的深切关怀和思索。而其所谓“为不古不今之学”的真实意蕴，或即在此？

至其内容，则主要集中在三个方向。

一是政治史。

注重政治史研究，本是传统史学的一大特征。但陈寅恪的研究与之有一明显不同，即不再纠缠于个人在治乱兴衰中的作用，而是引入现代社会学的若干观念，更注重探讨人物和事件与其背后的社会集团或群体力量，乃至政治制度的关系，以解释历史的因果关系及其动向。这在其有关魏晋南北朝的一些专论如《述东晋王导之功业》、《魏书司马睿传江东民族条释证及推论》、《桃花源记旁证》、《书世说新语文学类“钟会撰四本论始毕”条后》中，可以看得很清楚。由于社会各类集团的形成往往是政治、经济、文化、军事、地域等多重因素交互作用的结果，其动向也较个人包含了更为丰富的历史信息，故这类分析无论就视野还是触及问题的深度而言，常给人以一种新的启示。

如论及东晋政局时，他指出：东晋初，以晋元帝集团和其他南下世家大族为代表的上层统治者虽在政治文化上居优势，但江东本三国时孙吴统治中心，当地文化士族（如吴郡顾氏等）和武力强宗（如义兴周氏等）都保持着相当的势力。而大量流离南方的北方社会中下阶层人士也形成了不同的地域集团，如聚居于京口（今属江苏镇江）一带以刘牢之、刘裕为代表的武力集团，居于荆襄一带的秦雍流民和南阳、新野一带的南下避难之众，都颇具实力。如处置不当，这些南北文武集团间很可能发生利害冲突，动摇其统治基础。鉴此，统治者审时度势，委曲求全，对当地世家及豪强乃极力笼络，为避免与之发生冲突，北来大族的置产也往往有意移至钱塘江以南的会稽郡（如王羲之、谢灵运等）。这

① 转引自石泉、李涵：《听寅恪师唐史课笔记一则》，张杰、杨燕丽选编：《追忆陈寅恪》，第270页。

当中，作为辅政大臣的“王导之笼络江东士族，统一内部，结合南人、北人两种实力，以抵抗外侮，民族因得以独立，文化因得以续延，不谓之民族之功臣，似非平情之论也”。并认为，这些地域集团的兴衰，实际上关系着“江左三百年政治社会上之大变动”。[①]

以往史家论及西晋亡后北方出现的所谓“五胡乱华”，多不脱大汉族主义色彩，陈寅恪对此期南北诸族的大冲突和大融合，却能从历史主义的“了解之同情”出发，给以相当理性的评价。他认为，当时少数民族不仅在北方建立起多个具有深远影响的政权，西南地区少数民族在南朝境内的政治动向也不可忽视，特在《魏书司马睿传江东民族条释证及推论》的长文中，详细罗列史料，考证了貉子、巴、蜀、蛮、獠、溪、俚、楚、越诸族的由来及分布活动情况。并推论：南朝梁以前之政治，“概括言之，乃北人中善战之武装寒族为君主领袖，而北人中不善战之文化高门为公卿辅佐，互相利用，以成此江左数百年北人统治之世局也”。至侯景之乱起，旧局始被打破，此“不仅于南朝政治上为巨变，并在江东社会上，亦为一划分时期之大事。其故即在所谓岩穴村屯之豪长乃乘此役兴起，造成南朝民族及社会阶级之变动。盖此等豪酋皆非汉末魏晋宋齐梁以来之三吴士族，而是江左土人，即魏伯起所谓巴蜀溪俚诸族。是等族类在此以前除少数例外，大抵为被压迫之下层民族，不得预闻南朝之大政及居社会高等地位者也”。[②] 在这一事变中，一些南方少数民族的豪酋，如侯瑱、徐世谱、熊昙朗等，或率兵入援建邺，或聚众助州郡勤王，逐渐拥有兵权，始得加入朝廷政治。这样的观察，确是独具慧眼的。

陈寅恪对隋唐政治史的研究，更具系统性，其成果集中反映在《隋唐制度渊源略论稿》和《唐代政治史述论稿》两部专著中。

《隋唐制度渊源略论稿》写成于 1940 年，1944 年由商务印书馆出版。全书凡八节十余万言，从仪礼、职官、刑律、音乐、兵制、财政六方面详考了隋唐制度的渊源及其形成特点。认为：“隋唐之制度虽极广

① 陈寅恪：《述东晋王导之功业》（1965），《金明馆丛稿初编》，第 65、77 页。

② 陈寅恪：《魏书司马睿传江东民族条释证及推论》，《金明馆丛稿初编》，第 107、113 页。

博纷复，然究析其因素，不出三源：一曰（北）魏、（北）齐，二曰梁、陈，三曰（西）魏、周。”第一源指南朝承袭汉魏以来并有所发展之制度文物，至南齐时多为北魏孝文帝所仿效，而永嘉之乱后流落河西的中原文化血脉亦因北魏取凉而为其收用。第二源之南朝梁、陈制度则为一统南北的隋所吸收。至于第三源的西魏和北周制度，“乃关陇区内保存之旧时汉族文化，所适应鲜卑六镇势力之环境，而产生之混合品。所有旧史中关陇之新创设及依托周官诸制度皆属此类，其影响及于隋唐制度者，实较微末。故在三源之中，此（西）魏、周之源远不如其他二源之重要”。[①] 由此得出了与旧史家以隋唐制度主要承北魏与北周而来不同的结论。

《唐代政治史述论稿》写成于 1942 年，次年由商务印书馆出版。全书凡三篇，分论统治阶级之氏族及其升降、政治革命及党派分野、外族盛衰之连环性及外患与内政之关系。认为“有唐一代三百年同其统治阶级之变迁升降，即是宇文泰‘关中本位政策’所鸠合集团之兴衰及其分化”[②]。大致唐高祖和太宗为继续实行“关中本位政策”时期；武则天当政后，为关陇集团势力日见摧破和科举进身集团之新兴政治力量崛起时期；安史之乱后，唐朝廷内陷党争，外困藩镇割据，终迄于亡。书中对这些盛衰转折及因果关系均作了详细探究。

陈寅恪对隋唐政治史特点的总体把握，相当程度上是建立在对整个北朝以来胡、汉民族及其文化互融的通解之上的。与一般多偏重于胡人汉化的考察不同，陈氏笔下有关这一问题的论述，内容要丰富得多，其特点在于：1. 真切揭示了胡汉民族互融的曲折反复性。如谓魏孝文帝迁都洛阳，实施全面汉化政策后，鲜卑内部的反对力量甚大，“故自宣武以后，洛阳之汉化愈深，而腐化乃愈甚，其同时之代北六镇保守胡化亦愈固，即反抗洛阳之汉化腐化力因随之而益强，故魏末六镇之乱，虽有诸原因，如饥馑虐政及府户待遇不平之类，然间接促成武泰元年四月十三日尔朱荣河阴大屠杀，实胡族对汉化政策有意无意中之一大表示，

① 陈寅恪：《隋唐制度渊源略论稿》，第 3、4 页。

② 陈寅恪：《唐代政治史述论稿》，第 234 页。

非仅尔朱荣、费穆等一时之权略所致也。其后高欢得六镇流民之大部，贺拔岳、宇文泰得其少数，东西两国俱以六镇流民创业，初自表面观察，可谓魏孝文迁都洛阳以后汉化政策遭一大打击，而逆转为胡化，诚北朝政治社会之一大变也”。2. 指明了其时胡汉民族的关系并非单纯的“汉化”，而是胡汉“互融”，既反映出少数民族汉化的总体趋势，也有汉人被“胡化”的情况。而所谓“汉化”和“胡化”，乃就其接受的文化习俗而论，“总而言之，全部北朝史中凡关于胡汉之问题，实一胡化汉化之同题，而非胡种汉种之同题，当时之所谓胡人汉人，大抵以胡化汉化而不以胡种汉种为分别，即文化之关系较重而种族之关系较轻，所谓有教无类者是也”。[①] 据其考证，李唐皇室的祖先即为胡化之汉人，且非出“世家贵族”，唐初的几位君主，也都属胡汉混血。史书上李唐皇室世系的几经改易，或正显露出其欲盖弥彰的痕迹，“此世系改易之历程，实不限于李唐皇室一族，凡多数北朝、隋唐统治阶级之家，亦莫不如是，斯实中国中古史上一大问题，亦史学中千载待发而未发之覆也”。3. 以为此民族及其文化交融消化的复杂过程，不仅综贯于南北朝，且延至唐代后期。“唐代中国疆土之内，自安史乱后，除拥护李氏皇室之区域，即以东南财富及汉化文化维持长安为中心之集团外，尚别有一河北藩镇独立之团体，其政治、军事、财政等与长安中央政府实际上固无隶属之关系，其民间社会亦未深受汉族文化之影响，即不以长安、洛阳之周孔名教及科举仕进为其安身立命之归宿。故论唐代河北藩镇问题必于民族及文化二端注意，方能得其真相所在也。”[②]

其对隋唐制度渊源的分析，不少地方便是以此为背景展开的。如谓宇文泰仿效《周官》创立北周制度，本系出于“少数鲜卑化之六镇民族窜割关陇一隅之地，而欲与雄居山东之高欢及旧承江左之萧氏争霸，非别树一帜，以关中地域为本位，融冶胡汉为一体，以自别于洛阳、建邺或江陵文化势力之外，则无以坚其群众自信之心理。此（苏）绰所以依托关中之地域，以继述成周为号召，窃取六国阴谋之旧文，缘饰塞表鲜

---

① 陈寅恪:《隋唐制度渊源略论稿》，第48、79页。

② 陈寅恪:《唐代政治史述论稿》，第197、209—210页。

卑之胡制，非驴非马，取给一时，虽能辅成宇文氏之霸业，而其创制终为后王所捐弃，或仅名存而实亡，岂无故哉！”但《周官》毕竟去古已远，难以适合当时需求，遂至隋初“复废周官，还依汉魏”。[①]其论唐代政治史，亦反复强调种族与文化“实李唐一代史事关键之所在，治唐史者不可忽视者也”[②]。并说：“李唐一族之所以崛兴，盖取塞外野蛮精悍之血，注入中原文化颓废之躯，旧染既除，新机重启，扩大恢张，遂能别创空前之世局。”[③]凡此，皆可见此观念贯穿之始终。

陈氏隋唐政治史研究的另一显著特点，是善于运用集团或阶层等社会群体概念对历史现象展开“中观”层次的解析。纵观整个隋唐政局的演变，他认为北周至唐初施行“关中本位政策”，诸皇室及其佐命功臣将相俱出自关陇地区鲜卑六镇民族及其他胡汉土著之人组成的政治军事集团，不容他人染指。唐太宗时又联合了隋末以来崛起的徐世勣等“山东豪杰”武力集团。武后当权后，随着大批科举新进人士的登用，关陇集团垄断政权的局面渐遭破坏，“西魏、北周、杨隋及唐初将相旧家之政权尊位遂不得不为此新兴阶级所攘夺替代。故武周之代李唐，不仅为政治之变迁，实亦社会之革命。若依此义言，则武周之代李唐较李唐之代杨隋其关系人群之演变，尤为重大也”。其对政局的影响还在于，“关陇集团本融合胡汉文武为一体，故文武不殊途，而将相可兼任；今既别产生一以科举文词进用之士大夫阶级，则宰相不能不由翰林学士中选出，边镇大帅之职舍蕃将莫能胜任，而将相文武蕃汉进用之途，遂分歧不可复合。举凡进士科举之崇重，府兵之废除，以及宦官之专擅朝政，蕃将即胡化武人之割据方隅，其事俱成于玄宗之世。斯实宇文泰所创建之关陇集团完全崩溃，及唐代统治阶级转移升降即在此时之征象”。而中唐以后长达四十年的牛李党争，也正是这一复杂历史背景酿成的。在他看来，以牛僧孺和李宗闵为首的“牛党”本质上代表着当时进士词科出身的“新兴阶级”力量，其特征为重词章，重科举，以门生故吏等结为朋党；以李德裕和郑覃为首的“李党”则代表了数百年来“山东旧族

① 陈寅恪：《隋唐制度渊源略论稿》，第20、93页。

② 陈寅恪：《唐代政治史述论稿》，第183页。

③ 陈寅恪：《李唐氏族之推测后记》，《金明馆丛稿二编》，第344页。

以经术礼法为其家学门风者”，其特征为重经术，重门第。[①] 唐代后期的政局，便是在这种中央与地方割据、内廷宦官与朝官的交错矛盾，及诸政治势力的相互勾结和争斗中走向了末路。

陈寅恪的隋唐政治史研究，还发掘出不少为前人忽视的史实。如指出，华夏主流文化的传承路径，汉代以朝廷所设博士及当时的学校体制为主，然“自汉代学校制度废弛，博士传授之风气止息以后，学术中心移于家族，而家族复限于地域，故魏晋南北朝之学术、宗教皆与家族、地域两点不可分离”，以致北方“京邑与学术之关系不似前此之重要”。北周助宇文泰创制立法的苏绰即出身关中文化世家，而魏晋以后西北偏隅之地河西“保存汉代中原之文化学术，历经东汉末、西晋之大乱及北朝扰攘之长期，能不失坠，卒得转辗灌输，加入隋唐统一混合之文化，蔚然为独立之一源”。[②] 从而提示了传统宗法社会中家族世传文化在整个文化积累、保存和发展中的意义。

又如关于府兵制，宋欧阳修以其为兵农合一制，叶适认为乃兵农分离，司马光则袭《邺侯家传》之说，以唐制释西魏府兵。陈寅恪认为其误都在“认府兵之制二百年间前后一贯，无根本变迁之故耳”。经他考证，结论应是：“府兵制之前期为鲜卑兵制，为大体兵农分离制，为部酋分属制，为特殊贵族制；其后期为华夏兵制，为大体兵农合一制，为君主直辖制，为比较平民制。其前后两期分画之界限，则在隋代。周文帝、苏绰则府兵制创建之人，周武帝、隋文帝其变革之人，唐玄宗、张说其废止之人，而唐之高祖、太宗在此制度创建、变革、废止之三阶段中，恐俱无特殊地位者也。”[③] 从而对这一史实作了厘清。

二是思想文化史。

魏晋南北朝隋唐，是汉以后儒学为核心的中国主流文化首次在外来文化（印度佛教文化）冲击下重新整合时期。陈寅恪的思想文化史研究，基本上便是围绕着这一主题展开的。

他认为，东汉以后，天下分崩，作为统治思想的儒学地位也大受冲

---

① 陈寅恪：《唐代政治史述论稿》，第202、235、264页。

② 陈寅恪：《隋唐制度渊源略论稿》，第20、23、22页。

③ 陈寅恪：《隋唐制度渊源略论稿》，第148、155页。

击，期间儒学虽仍维持着表面的主流地位，但士大夫的思想结构已颇趋多元状态，大抵“东晋南北朝时之士大夫，其行事遵周孔之名教（如严避家讳等），言论演老庄之自然。玄儒文史之学著于外表，传于后世者，亦未尝不使人想慕其高风盛况。然一详考其内容，则多数之世家其安身立命之秘，遗家训子之传，实为惑世诬民之鬼道，良可慨矣”①。而以老庄为思想依据的玄学、道教和外来印度佛教却大为活跃，至唐代，佛教流布尤趋繁盛。

在陈寅恪看来，佛、道两教思想的兴起，既与儒学存在某种冲突，又有着互补作用。如“佛教于性理之学 Metaphysics 独有深造，足救中国之缺失，而为常人所欢迎”②。然“释迦之教义，无父无君，与吾国传统之学说、存在之制度无一不相冲突。输入之后，若久不变易，则决难保持。是以佛教学说能于吾国思想史上，发生重大久远之影响者，皆经国人吸收改造之过程”③。而儒、道两家之差异，则在于“中国儒家虽称格物致知，然其所殆精致意者，实仅人与人之关系。而道家则研究人与物之关系。吾国之医药学术之发达出于道教之贡献为多，其中固有怪诞不经之说，而尚能注意人与物之关系，较之佛教，实为近于常识人情之宗教。然则道教之所以为中国自造之宗教，而与自印度所输入之佛教终有区别者，或即在此等处也”④。直到经历了长期的相摩相荡后，三者才渐融为一体，产生了宋代的理学，亦即新儒学。这一过程，应是魏晋南北朝思想文化史上最可注意之现象。

据他观察，儒、释、道的三家合一，主要是通过各家顺应或迫于现实需要，不断作出适时的自我调整，并在互相影响的过程中逐步实现的。

以道教为例，北朝寇谦之“所清整之新道教中，种民礼度之义深合于儒家大族之传统学说”⑤，学理上已有靠拢儒学的迹象，是以受到一代儒宗崔浩的重视，将之荐为魏太武帝“国师”，相互利用，共辅北魏之

① 陈寅恪：《天师道与滨海地域之关系》，《金明馆丛稿初编》，第 44 页。
② 陈寅恪语，见《吴宓日记》1919 年 12 月 14 日条，第 102 页。
③ 陈寅恪：《冯友兰〈中国哲学史〉下册审查报告》，《金明馆丛稿二编》，第 283 页。
④ 陈寅恪：《天师道与滨海地域之关系》，《金明馆丛稿初编》，第 36 页。
⑤ 陈寅恪：《崔浩与寇谦之》，《金明馆丛稿初编》，第 157 页。

政。而东晋末刘宋初之陶渊明，其“思想为承袭魏晋清谈演变之结果及依据其家世信仰道教之自然说而创改之新自然说”，故“实外儒而内道，舍释迦而宗天师者也。推其造诣所极，殆与千年后之道教采取禅宗学说以改进其教义者，颇有近似之处。然则就其旧义革新，‘孤明先发’而论，实为吾国中古时代之大思想家”。[①]

反观佛教，在传入过程中也注意到将某些不符中国人伦习俗的内容隐去，以适应现实。如关于《莲花色尼出家因缘》，经其与印度原文资料比勘，发现此敦煌写本中所谓“七种咒誓恶报”独缺第七种，实因内容涉及乱伦而与中国传统伦理观念太过冲突，在译经时被有意删去的。[②] 另外，还可看到，“南北朝后期及隋唐之僧徒亦渐染儒生之习，诠释内典，袭用儒家正义义疏之体裁，与天竺诂解佛经之方法殊异。如禅学及禅宗最有关之三论宗大师吉藏、天台宗大师智顗等之著述与贾公彦、孔颖达诸儒之书其体制适相冥会，新禅宗特提出直指人心见性成佛之旨，一扫僧徒繁琐章句之学，摧陷廓清，发聋振聩，固吾国佛教史上一大事也”。

与此同时，儒学也在与佛、道的结交中，逐渐吸收其相关的观念。在这方面，陈氏尤为推崇唐代的韩愈，认为他一面“排佛”和鼓吹儒家道统，一面又暗中沟通儒、佛之间的学理，“首先发见《小戴记》中大学一篇，阐明其说，抽象之心性与具体之政治社会组织可以融会无碍，即尽量谈心说性，兼能济世安民，虽相反而实相成，天竺为体，华夏为用，退之于此以奠定后来宋代新儒学之基础，退之固是不世出之人杰，若不受新禅宗之影响，恐亦不克臻此”[③]。

儒、佛、道三者融合为宋代新儒学的过程，本质上是以儒、道为代表的古代本土文化对外来文化的一次成功消化。其成功的关键，则在当时中国文化对外来文化既具一种包容开放和实用心态，又能始终坚持不弃本土文化特色的原则，如“道教对输入之思想，如佛教、摩尼教等，无不尽量吸收。然仍不忘其本来民族之地位。既融成一家之说以后，则

---

① 陈寅恪：《陶渊明之思想与清谈之关系》，《金明馆丛稿初编》，第 228、229 页。

② 陈寅恪：《莲花色尼出家因缘跋》，《寒柳堂集》，第 174 页。

③ 陈寅恪：《论韩愈》，《金明馆丛稿初编》，第 321、322 页。

坚持夷夏之论，以排斥外来之教义。此种思想上之态度，自六朝时亦已如此。虽似相反，而实足以相成。从来新儒家即继承此种遗业而能大成者”[①]。陈寅恪在此项研究中向人再三致意者，即此。

三是文学史。

魏晋南北朝隋唐是中国古代文学的重要发展时期，六朝骈赋和古诗，近体格律诗的创制和发展，以及唐代古文运动等，都是当时文坛的精彩篇章。陈寅恪在古典文学，尤其是古诗方面，既承家学，复勤创作，造诣甚深，对此类文学现象自然十分关注。其《读哀江南赋》和《庾信哀江南赋与杜甫咏怀古迹诗》对作品写作时间和“用古典以述今事”的考证，《韦庄秦妇吟校笺》对诗句的校勘及所涉史实和地理的辨析等，都显示出这方面的深厚功力。而《元白诗笺证稿》一书，内容繁富，尤可从中见其治文学史的总体风格。

《元白诗笺证稿》由岭南大学出版于1950年。分长恨歌、琵琶引、连昌宫词、艳诗及悼亡诗、新乐府、古题乐府六章，系统笺释唐元稹和白居易两家诗。末为“附论”，收入原刊于《岭南学报》的《白乐天之先祖及后嗣》等五文，论白氏家世、思想和诗歌特点等。全书内容，主要包括以下几方面。

第一，校释诗句，探幽发微。

尽管元白诗的通行本文字错讹不多，但陈寅恪仍以其深厚的文史修养，对其中的一些问题作了令人信服的校正。如据段玉裁说，用理校方法，指出通行本《琵琶行》中“间关莺语花底滑，幽咽泉流水下滩”一联，“水下滩”应为“冰下难”之误，如此文义方通且符合对仗原则，并引元稹《琵琶歌》等多处材料证成其说，谓：“然则读乐天《琵琶引》，不可不并读微之《琵琶歌》，其故不仅在两诗意旨之因革，可藉以窥见。且其字句之校勘，亦可取决一是也。”又如元稹《连昌宫词》中“玄武楼成花萼废”一句，他本或作“玄武楼前花萼废”，经其查核《唐六典》和宋敏求《长安志》等记载，知唐代花萼楼方位非在玄武楼前，

---

① 陈寅恪：《冯友兰〈中国哲学史〉下册审查报告》，《金明馆丛稿二编》，第284页。

元稹为当时人，“岂能颠倒错乱至此，若斯之类，自属后人传写之误”。[①]从而对两者的是非作了精审的判断。

陈氏对元白诗的笺释，十分注重对各诗写作背景的探究，认为这是正确理解本意的基本前提。如关于元稹《连昌宫词》，前人有作于元和十年（815）和十四年等多种说法，经他详为考证，均不可靠，综合各方情况，应以元和十三年暮春更接近事实。而从诗的内容看，亦“非作者经过其地之作，而为依题悬拟之作”，所咏之事多“附会华清旧说，构成藻饰之词”，故难以据为史实。在对白居易《七德舞》的笺释中，他还提出：“凡诠释诗句，要在确能举出作者所依据以构思之古书，并须说明其所以依据此书，而不依据他书之故。若仅泛泛标举，则纵能指出最初之出处，或同时之史事，其实无当于第一义谛也。故兹于论述乐天此篇之主旨后，即进而推求其构思时所依据之原书，并先说明其所以取用此书之故焉。”[②]据他考查，该篇所咏唐太宗创业诸事依据，实多出《贞观政要》等书，故阅读时，当与《贞观政要》参读，方能得其真解。

其余如《长恨歌》研究中对武惠妃卒年、杨妃入宫时间、霓裳羽衣舞、华清宫、温泉、长生殿等考证，以及其他诗篇涉及的各种掌故、制度、音乐，及唐代跳丸、走索、舞剑器浑脱、掉长竿等百戏，陈氏也都广征博引，详加注释，精义纷披，为后人理解这些诗歌提供了很大便利。

第二，诗史互证，以诗观风。

这是《元白诗笺证稿》的最大特色。元白之诗，继承了中国诗学“以诗观风”的重要传统，素主“为君为臣为民为物为事而作，而不为文而作”，其“新乐府之作，乃以古昔采诗观风之传统理论为抽象之鹄的，而以唐代杜甫即事命题之乐府，如《兵车行》者，为其具体之模楷，固可推见也”。据此，陈寅恪通过诗史互证，揭示出不少唐代社会的风习。如将白氏《卖炭翁》与韩愈《顺宗实录》合观，以为可窥见当日宫市病民之实况，“于此可知白氏之诗，诚足当诗史。比之少陵之作，殊无愧色”。又据元稹《法曲篇》“胡音胡骑与胡妆，五十年来竞纷泊”句和白居易《时世妆》所

① 陈寅恪：《元白诗笺证稿》，第55、80页。
② 陈寅恪：《元白诗笺证稿》，第74、82、135页。

云："时世流行无远近，腮不施朱面无粉。乌膏注唇唇似泥，双眉画作八字低。妍媸黑白失本态，妆成尽似含悲啼。圆鬟无鬓椎髻样，斜红不晕赭面状。"以及"元和妆梳君记取，髻椎面赭非华风"等诗句，推论当时女子流行梳妆，颇受胡文化影响，其风可能兴起于贞元末年之长安，而繁盛都会如河中等处时髦女子竞仿之，其后遂风行于四方较远之地域。足见此类诗"亦可作社会风俗史料读也"，欧阳修《新唐书·五行志》中相关记载或即取于此。[①]

对于元白诗中反映的当日士风，陈氏更为关注。如在"艳诗及悼亡诗"一章中指出："纵览史乘，凡士大夫阶级之转移升降，往往与道德标准及社会风习之变迁有关。当其新旧蜕嬗之间际，常呈一纷纭综错之情态，即新道德标准与旧道德标准，新社会风习与旧社会风习并存杂用，各是其是，而互非其非也。斯诚亦事实之无可如何者。"元、白所处之中唐时期正是如此。以为结合元稹的身世与所作悼亡诗和艳诗，颇可考见："一、当日社会风习道德观念。二、微之本身及其家族在当日社会中所处之地位。三、当日风习道德二事影响及于微之之行为者。"指出南北朝以来，士大夫婚宦情况关系其社会地位极大，至唐中叶，依然如此。但同时，武后当政以后兴起的科举进士集团观念上不愿受山东门阀旧族固守礼法的束缚，渐染放荡之习。元稹即属此类士人，其对莺莺一类地位低下的女子，可以"始乱终弃"，自流于"放荡"；娶韦氏夫人，乃出于攀缘大族；夫人死后，作悼亡诗虽动人，并言愿终生守鳏，然不久即纳妾娶妻，可见并非真发自内心。"及其沦谪既久，忽而变节，乃竟丁谀近倖，致身通显。则其仕宦，亦与婚姻同一无节操之守。惟窥时趋势，以取利自肥耳"。实属当时进士阶层中较能适应社会风习变化而善钻营的一流人物，虽有诗才，然"综其一生行迹，巧宦固不待言，而巧婚尤为可恶也。岂其多情哉？实多诈而已矣。"[②]此外，书中对当时士大夫阶层中流行信佛、习道家求长生药等社会风气也作了相当考察。

① 陈寅恪：《元白诗笺证稿》，第 122、123、257、269、267、97、268 页。

② 陈寅恪：《元白诗笺证稿》，第 85、92、99 页。

第三，以比较观会通，发掘文学史实。

陈寅恪治史，善于以小见大。而实现这点的关键之一，便是在研究中注意一事物与他事物之联系与比较，进而形成一种通识。其对元白诗的研究，同样如此。在他看来："今世之治文学史者，必就同一性质题目之作品，考定其作成之年代，于同中求异，异中见同，为一比较分析之研究，而后文学演化之迹象，与夫文人才学之高下，始得明了。否则模糊影响，任意批评，恐总不能有真知灼见也。"[①] 据此，在元白诗的研究中，他不仅注重元、白诗的比较，还将之与同时李绅、刘禹锡、陈鸿等所作相比较，通过考察其间的相互影响，梳理出一些文学体裁的演变趋势，并得出白氏在诗歌艺术上要高于元的结论，认为元的不足，主要为：（1）每诗往往多主题，主线分散；（2）句式多拘泥于七字古风，不若白氏以三、七字句相间，读去如散文般自然而又不失诗歌之美。

通过这样的方法，他还把一些原本分散的事实连成更具整体感的事态，从中揭示出文学变迁的某种因果关系。如据他观察，白居易《长恨歌》本是"具备众体体裁之唐代小说中诗歌部分"，与陈鸿的叙事体《长恨歌传》实为不可分离之合体。至元稹《连昌宫词》则已发展"而成一新体，俾史才诗笔议论诸体皆汇集融贯于一诗之中，使之自成一独立完整之机构矣"。并从这些细微的变化中，得出一种文学史的看法："中国文学史中别有一可注意之点焉，即今日所谓唐代小说者，亦起于贞元、元和之世，与古文运动实同一时，而其时最佳小说之作者，实亦即古文运动中之中坚人物是也。此二者相互之关系，自来未有论及之者。"[②] 韩愈等古文家所以试作小说比较成功，正因该文体是当时最易自由表达人情物态世法之故。

在论及白居易的新乐府时，他还对其在文学史上的地位作了论定："乐天之作新乐府，实扩充当时之古文运动，而推及之于诗歌，斯本为自然之发展。惟以唐代古诗，前有陈子昂、李太白之复古诗体。故白氏

① 陈寅恪：《元白诗笺证稿》，第 46 页。

② 陈寅恪：《元白诗笺证稿》，第 45、11、2 页。

新乐府之创造性质，乃不为世人所注意。实则乐天之作，乃以改良当日民间口头流行之俗曲为职志，与陈、李辈之改革齐梁以来士大夫纸上摹写之诗句为标榜者，大相悬殊。其价值及影响，或更为高远也。此为吾国中古文学史上一大问题。”并指出，中国古代文体的发展路径，往往呈一古体今用的新旧调和改良特点，如“沈休文取当时善声沙门之说创为四声，而其论文则袭用自晋相传宫商五音之说。韩退之酷喜常时俗讲，以古文改写小说，而自言非三代两汉之书不敢观。此乃吾国文学史上二大事，而其运动之成功，实皆为以古为体，以今为用者也。乐天之作新乐府，以《诗经》古诗为体裁，而其骨干则实为当时民间之歌曲，亦为其例。韩、白二公同属古文运动之中心人物，其诗文议论外表内在冲突之点，复相类似”。[①] 这些看法，对于中国文学史的研究，都有一定的启发性。

上述研究，不但史料详备，考证严谨，且剖析深入，议论精彩而特具个性，故多已成为该领域的经典。当然，这并非说陈寅恪的研究结论必是精粹不拔之说，其中也不免存在一些可议之处。

如其对曹魏和司马晋两集团性质的认定，就颇可商榷。在他看来，“魏为东汉内廷阉宦阶级之代表，晋则外廷士大夫阶级之代表。故魏晋之兴亡递嬗乃东汉晚年两统治阶级竞争胜败问题。自来史家惟以曹魏、司马晋两姓之关系目之，殊未尽史事之真相也”。当官渡一战，曹操击败汉末世家大族代表袁绍，士大夫阶级遂不得不隐忍屈辱，暂与曹氏合作。及操死后三十余年，司马氏复乘其子孙孱弱昏庸之际，“颠覆魏鼎，取而代之，尽复东汉时代士大夫阶级统治全盛之局”。[②] 从文化上看，曹操出身微贱，不重名教，惟好词章；而司马氏本出东汉世家，“极崇名教，故佐司马氏而有天下者如王祥等，皆以孝称。晋律，亦纯为儒家思想，非若汉律之自有汉家家法也。至是，凡与司马氏合作，必崇名教；其前朝遗民不与合作者，则竞谈自然，或阴谋颠覆。此二者虽因政治社会立场各异，有崇名教与尚自然之分，而清谈实含有政治作用，决非仅

---

① 陈寅恪：《元白诗笺证稿》，第 126、167 页。

② 陈寅恪：《书世说新语文学类“钟会撰四本论始毕”条后》，《金明馆丛稿初编》，第 48、49 页。

属口头及纸上之清谈，从可知矣”[①]。

说曹操思想与东汉儒家主流有异，固是事实，但因其父嵩为宦官曹腾养子，便定之为“阉宦阶级之代表”，无论从曹操的思想还是政治作为来看，都缺乏坚实的依据，其集团内的人物，情况更为复杂，岂是一句“阉宦阶级”所能概括的。至于司马氏集团虽代表着世家大族的统治利益，但把他们举“名教”为幌子打击政治异己的行为视作“纯为儒家思想”和“极崇名教”，甚至作为东汉末以来“外廷士大夫阶级（包括清流党人在内）之代表”，亦未免皮相。因为从司马懿父子自身的行为到西晋统治集团内部接连不断的自相残杀看，即使在外表虚像上，也已找不到多少符合儒学和“名教”的气息，又怎能以“儒”和“非儒”的文化特征去衡定曹魏与司马两政治集团的性质呢？何况自汉末至魏晋间，历经六十余年的社会变故，在旧政治集团早已分化重组的新政治生态下，司马氏集团究竟有多少地方仍保持着汉末以来“外廷士大夫阶级之代表”的特征，本身就是一个问题。由此可见，尽管在历史研究中，集团分析法因其考察面较广，更有利于反映群体性的社会动向，但由于每一集团或阶层牵涉的人员众多，且往往随时局之变而兴灭无常，概括和综合把握其主体特征并非易事，稍有不慎或过于简约化，便可能出现以偏概全的判断，这是应当引起研究者注意的。

又如“诗史互证”的自觉运用，自然具有创意。但又必须看到诗作为一种文学体裁，毕竟与以写实为主的史文存在差异，里面包含着相当的想象成分和虚实相间的表现手法，即使是杜甫和白居易的“史诗”也不能例外。这一点，陈寅恪其实非常清楚，一再说：“文人赋咏，本非史家纪述，故有意无意间虽逐渐附会修饰，历时既久，益复蔓衍滋繁，遂成极富兴趣之物语小说。”[②]其于小说，亦以“神灵怪诞之说，地理历史之误，本为吾国小说通病，《再生缘》一书，亦不能免。

① 陈寅恪：《清谈与清谈误国》，《陈寅恪集·讲义及杂稿》，第450页。

② 陈寅恪：《元白诗笺证稿》，第13页。

然自通识者观之，此等瑕疵，或为文人狡狯之寓言，固不可泥执”[①]。然在实际操作中，有时兴之所至，仍不免“泥执”于以史实真伪细节而责诸文学者。今试举一例：《长恨歌》中“七月七日长生殿，夜半无人私语时。在天愿为比翼鸟，在地愿为连理枝”几句，原系诗人设想的一个文学场景，用以描述和渲染唐玄宗和杨贵妃的山盟海誓之情。但陈氏的考证则强调，根据史书记载，玄宗赴骊山，一般都在秋冬至春，而不可能在夏季的“七月七日”，且该长生殿为斋宫，如唐玄宗与杨妃“于祀神沐浴之斋宫，夜半曲叙儿女私情，揆之事理，岂不可笑？”由此责备“乐天未入翰林，犹不谙国家典故，习于世俗，未及详察，遂至失言”。[②]这种要求，对于《长恨歌》此类文学作品是否过于苛刻了。这应当是钱锺书批评《元白诗笺证稿》“昧于词章之不同史传，刻舟求剑”[③]的原因所在。

上述例证提示我们，史家通过史料以论究史实，既受史料存在的限制，复因某些理解上的主观因素，其结论与历史真实难免存在一定距离。掌握正确的治学方法，可以帮助研究者缩短这种距离，但若在运用时不注意把握其度，同样容易出现偏差。

（四）附论：政治意识与学术

陈寅恪虽说过“我从来不谈政治，与政治决无连涉”的话[④]，但这并不意味着他不关心时政或学术研究中毫无政治寄托，事实上，目前陈寅恪研究中出现的争议，有些正是因此而起的。兹就其中与之关系最直接的所谓“遗少”情结与1949年去留大陆问题，略抒管见，并对其政治倾向和心曲，及与学术之关系试作研判。

关于前者，民国时学术界已有不少议论，直至1990年代，周一良犹谓：“胡适先生曾说过，陈先生有‘遗少’味道。我于此语一直有同

---

① 陈寅恪：《论〈再生缘〉》，《寒柳堂集》，第67页。

② 陈寅恪：《元白诗笺证稿》，第42、43页。

③ 钱锺书：《致富寿荪函》（1984年4月22日），转引自游宇明：《钱锺书看不起陈寅恪？》，《北京日报》2016年12月2日“理论周刊”。

④ 陈寅恪：《对科学院的答复》，见《陈寅恪集·讲义及杂稿》，第464页。

感。”[①] 当然，也有人对此不以为然。[②]

平心而论，陈寅恪的某些言行，确不免给人留下前清“遗少”的印象。如其早年生活的光绪、宣统时代，本清王朝内外交困、走向全面崩溃的衰世，然在他的笔下，却是“犹是开元全盛年。海宇承平娱旦暮，京师冠盖萃英贤”的升平景象，甚至感叹“回思寒夜话明昌，相对南冠泣数行。犹有宣南温梦寐，不堪灞上共兴亡”，以及“故国华胥今梦破”[③] 等，明显流露出对晚清社会的某种温情乃至眷恋。而观其行止，对民国以后的政权亦始终采一种若即若离的姿态。虽然他于一战中断留学回国期间，在地方和北京的政府机构担任过一些文员工作，但这些职务，都属临时性质，皆非夙志所在。在他看来：“我侪虽事学问，而决不可倚学问以谋生，道德尤不济饥寒。要当于学问道德以外，另求谋生之地。经商最妙，Honest means of living（谋生正道）。若作官以及作教员等，决不能用我所学，只能随人敷衍，自侪于高等流氓，误己误人，问心不安。”[④] 后虽纯为一书生，然基本立足地，始终不是北大和中央大学等官办色彩较浓的大学，而是长期驻教清华。这种选择，看似一种机缘，其实亦未尝没有特殊的考量。盖清华当时主要靠美国退还的部分庚款运作，即便成为国立大学后，依然如此。一般来说，其办学经费既系从国内百姓负担的赔款中直接截留，存在着一定的独立操作空间，则受官方的控制也会少些，这一点，或正契合了陈氏希望尽量摆脱官方束缚，追求现代学术独立的理想。更值得注意的是其与史语所的关系。尽管在发展和建设中国现代学术方面，他与傅斯年等志同道合，并担任了作为国家行政当局设立的最高学术机构中研院史语所专任研究员和第一

---

① 周一良：《从〈陈寅恪诗集〉看陈寅恪先生》（1993年），张杰、杨燕丽选编：《追忆陈寅恪》，社会科学文献出版社1999年版，第168页。

② 此可以近年赵刚的《抵抗道德机会主义：二十世纪中国革命激进背景下的陈寅恪“光宣全盛论”》（许纪霖、刘擎主编：《多维视野中的个人、国家与天下认同》，华东师范大学出版社2013年版）一文为代表，其中较全面陈述了视陈寅恪为传统政治和文化“遗少”不能成立的理由。

③ 陈寅恪：《王观堂先生挽词并序》（1927）、《癸丑冬伦敦绘画展览会中偶见我国新嫁娘凤冠》，《陈寅恪集·诗集》，第13、17、8页。

④ 《吴宓日记》1919年9月8日条，第67页。

组（历史组）主任，却始终不愿正式到位，而只是承担了兼职研究员的工作。抗战中，他一度不得已离开了清华，傅斯年有意请他到内迁至四川南溪县李庄的史语所全职坐镇，但当他收到该项聘书后，立即“于两小时内冒暑下山，将其寄回”[①]，表示从本人身体和整个家庭的现状考虑，宜先在桂林广西大学任教一个时期再徐图内迁。而与此婉拒姿态形成对照的则是，当其半年前困居香港时，却向人吐露过欲回北平执教辅仁的意愿。[②] 后来入川，选择的也是成都燕京大学任教而非赴史语所。这些耐人寻味的现象，似都隐隐透出其欲与“新朝”官方刻意保持一种距离的“心曲”。

但另一方面，又须看到其观念与通常所谓的“遗民”明显不同。首先，从他 1922 年冬与游历德国柏林的李璜等每周聚谈中，“于畅饮淡红酒而高谈天下国家之余，常常提出国家将来致治中之政治、教育、民生等问题大纲细节，如民主如何使其适合中国国情现状，教育须从普遍征兵制来

---

① 陈寅恪：《致傅斯年》（1942 年 8 月 30 日），《陈寅恪集 · 书信集》，第 92 页。实则同月 11 日，亦即傅斯年 8 月 14 日致函责其拖延不赴史语所驻地四川李庄之前已致函傅，称：“弟病体一时不能乘公路车到所，已详前书，谅蒙垂察。是以中央研究院总办事处寄来之专任聘书，已寄还王毅侯先生。而广西大学送来于中英庚款会约定之聘书则已接受。”（《陈寅恪集 · 书信集》，第 91 页。）然则，指其“支专任研究员全薪却在桂开设讲座尤其违反史语所组织通则”之说，当属误会。关于此事过程，王晴佳《陈寅恪、傅斯年之关系及其他》一文有较详考察，可参看。不过，陈寅恪此次退还史语所聘书，似不能理解为陈氏决意退出史语所或傅斯年已将他解聘。实际上，自史语所创办之日起，他虽一直以“专任研究员”聘用，实际承担的工作量和享受待遇则为兼职研究员，主薪仍取自清华。1930 年 10 月，还一度因故提出过“下午照旧担任第一组主任之虚名”而不领史语所兼职薪水，“全薪由清华出”的建议（《致傅斯年》，《陈寅恪集 · 书信集》，第 39 页）。而郭长城《陈寅恪抗日时期文物编年事辑》提供的一帧 1940 年中研院史语所聘书照表明，作为该所专任研究员兼第一组主任的陈寅恪薪水仅为“每月壹佰元”的兼职费（周言编：《陈寅恪研究：新史料与新问题》，九州出版社 2014 年版，第 10 页）。估计 1942 年在桂林退还的当系全职全薪的史语所聘书，而未必是原先“专任”为名，“兼职”为实的聘用方式。因为从各方面情况看，此后陈之史语所第一组主任及承担的相关兼职科研工作并未变动，直至 1947 年发布的《史语所工作报告（1946.10—1947.9）》，其中分列所内人员工作现状，仍作“南北朝唐五代史研究（研究员陈寅恪），陈君在北平，继续研究此一时期之史学”（《中华民国史档案资料汇编 第五辑第三编教育》，江苏古籍出版社 2000 年版，第 377 页）。

② 据 1942 年 3 月 31 日陈垣致其子乐素函，陈寅恪困居香港时，曾通过陈乐素向陈垣转达了“愿在辅仁授课”的想法。陈垣得知后大喜，立即表示薪酬可按校内教授最高额支付，并考虑了其回北平后的住房等具体生活问题，称：“如能北来，真如天之福。请一言为定，因邮筒往返甚需时日也。”《陈垣来往书信集》，上海古籍出版社 1990 年版，第 678 页。

训练乡愚大众，民生须尽量开发边地与建设新工业等”[①]情况看，足证其政治上乐见现代民主国家之成功，而非如一般遗老之惓惓于前清王朝及其帝制。其次，在文化上，不少人因其始终十分强调尊重和继承传统，而将之定义为文化“遗老”。但实际上，现代史上与陈氏同持此文化保守主义立场的学者尚有章太炎、柳诒徵、蒙文通、钱穆，以及现代新儒家等，何以这些人均未被冠以“文化遗老”，而独独陈寅恪就非得与“遗老遗少”扯上关系？这显然也是说不通的。

可见，用简单的政治标签很难解释陈寅恪的复杂个性。应当看到，陈氏所处为古今中西冲突交汇的社会大变局时代，他本人既深受官宦家族深厚的传统义理教育，又经国外长期留学而受到西方现代学术思想的训练，身上杂射出传统与现代观念的斑驳色彩并非不可理解。在五四以后新派人士群起争说现代社会及其制度与传统已截然不可并存之际，他却认定传统依然值得尊重，谓其本根未死，他日阳春气暖，终必复振。[②]这一性格决定了他在接受现代民主，极力倡导“独立之精神，自由之思想”的同时，仍对传统伦理保持着相当敬意，甚至发出过“吾中国文化之定义，具于《白虎通》三纲六纪之说，其意义为抽象理想最高之境……盖今日之赤县神州值数千年未有之巨劫奇变；劫尽变穷，则此文化精神所凝聚之人，安得不与之共命而同尽，此观堂先生所以不得不死，遂为天下后世所极哀而深惜者也”[③]的感慨。理解了这点，便不难看出其诗文中流露的某些恋旧感情，实非眷恋于前清政权（因他本未仕清，即使按照传统伦理，亦毋须为亡清“守节”），更多的当出自对祖、父辈清季遭际和功业未遂的同情与孝思，当然根本上，则是对民族文化传统的依恋。至其不愿与民国新政权接近，其中既包含着这份内心挥之不去的情结，也与对民国政治的失望有

---

① 李璜：《忆陈寅恪登恪昆仲》，张杰、杨燕丽选编：《追忆陈寅恪》，第15页。

② 参见陈寅恪：《邓广铭〈宋史职官志考证〉序》，《金明馆丛稿二编》，第277页。

③ 陈寅恪：《王观堂先生挽词并序》，《陈寅恪集·诗集》，第12—13页。当然这并非说陈氏对三纲之说完全拥护而无所批判，观其后来在《论再生缘》（1964）中称陈端生“心中于吾国当日奉为金科玉律之君父夫三纲，皆欲藉此等描写以摧破之也。端生此等自由及自尊即独立之思想，在当日及其后百余年间，俱足惊世骇俗，自为一般人所非议……抱如是之理想，生若彼之时代，其遭逢困阨，声名湮没，又何足异哉！又何足异哉！”（《金明馆丛稿二编》，第66—67页。）对其欲摧破三纲的思想又显见充满了同情。

很大关系，其《读吴其昌撰梁启超传书后》所谓："自戊戌政变后十余年，而中国始开国会，其纷乱妄谬，为天下指笑，新会所尝目睹，亦助当政者发令而解散之矣。自新会殁，又十余年，中日战起，九县三精，飚回雾塞，而所谓民主政治之论，复甚嚣尘上。余少喜临川新法之新，而老同涑水迂叟之迂。盖验以人心之厚薄，民生之荣悴，则知五十年来，如车轮之逆转，似有合于所谓退化论之说者。是以论学论治，迥异时流，而迫于事势，噤不得发。因读此书，略书数语，付稚女美延藏之。美延当知乃翁此时悲往事，思来者，其忧伤苦痛，不仅如陆务观所云，以元祐党家话贞元朝士之感已也。"[①] 便是这种复杂纠结思想的写照。

此种执着于传统伦理的倾向，有时还反映在他对某些历史事件和人物的评价标准中。如1917年梁启超积极参与段祺瑞马厂誓师，支持平息辫帅张勋和康有为等遗老在北京发动的"丁巳复辟"，此事就梁氏维护共和政体和反对帝制死灰复燃的政治立场论，无疑具有正面的意义。但陈氏却从传统伦理的角度作了批评，讽之为"旧时龙髯六品臣，后跻马厂元勋列"，直到晚年，犹称梁氏在通电中斥张勋为唐末朱温属比喻不当，而"诋及南海，实可不必。余心不谓然，故此诗及之"。[②] 以梁曾为清朝臣子而反对清室，并公然诋斥乃师康有为，未免过分了些。当然，从总体上看，陈氏对这份情感的把控，还是有分寸的，如对近代史，即自承虽然熟悉，"不过我自己不能做这方面的研究。认真做，就要动感情。那样，看问题就不客观了，所以我不能做"[③]。这里所谓的"动感情"，同样是指对祖、父辈而非清王朝，读其《寒柳堂记梦未定稿》，即可明显感受到这一点。

至于1949年陈寅恪"去留大陆"的真实心迹，经学术界多年讨论和材料的逐步充实基本史实已较清晰：1948年12月与胡适同机南下，判断国共可能划江而治，自己在国民党治下，文教界人脉较广，生活会比较习惯，而对未来的中共政权却不免陌生，担心不能适应，故

---

① 陈寅恪：《读吴其昌撰梁启超传书后》(1945)，《陈寅恪集·寒柳堂集》，第168页。

② 陈寅恪：《王观堂先生挽词并序》，《陈寅恪集·诗集》，第16—17页。

③ 石泉、李涵：《追忆先师寅恪先生》(1988年)，张杰、杨燕丽选编：《追忆陈寅恪》，第258页。

对邓广铭说："胡先生因政治上的关系，是非走不可的；我则原可不走。但是，听说这共产党统治区大家一律吃小米，要我吃小米可受不了，而且我体弱多病，离开美国药也不行。所以我也得走。"[①]不意国民党政权很快分崩离析，从目前披露的1949年5月10日陈寅恪致香港马鑑和陈君葆函，以及同月28日傅斯年复朱家骅函和31日史语所向台湾省警务处申办陈寅恪一家入境的电文稿[②]看，此时身处广州的陈寅恪确有过移居港台的准备。不过据其信中所说，此乃"万不得已"之计，非至绝望则"决不轻动也"[③]。所谓"万不得已"，当指陷于无法维系正常生活和工作的困境而言。后因各方信息表明，形势并非如此悲观（其时自然不可能预知后来会有对他精神压力很大的各种运动和"文化大革命"发生），而台湾方面的境况反甚显窘迫。1949年7月，赴台的史语所考古组成员高去寻在给夏鼐的信中即称：赴台后"终日苦痛（已非苦闷），焦急如待决之囚，两鬓顿成斑白，皆台湾之行所铸造成者也。考古组已垮台，中国考古之学，不绝如缕，今日继续起衰者，则舍兄其谁。弟过去即作如是观，今日尤然，故切盼兄能早日赴宁（南京），或更转平（北平），目下思永先生及照林兄，颇有重振此学之力也，兄乃考古学之巨擘，亦应体会孟子'天将降大任于斯人也'之句"[④]。陈寅恪虽未见高函，但对此情况亦当有所闻。这些，应是他决意留在大陆的现实原因。

需要指出的是，在上述问题的探究中，不少人试图把陈寅恪的"去留"直接作为判别其在国共政权间进行政治选边的依据。对此，笔者不敢苟同。因为事实上，陈寅恪对国共政权都有所不满，即便离开大陆到台湾，也不见得表明他愿意追随国民党政权。应当看到，在决定人生行

---

① 邓广铭：《在纪念陈寅恪教授国际学术讨论会闭幕式上的发言》，张杰、杨燕丽选编：《追忆陈寅恪》，第237页。

② 分别见王晴佳《陈寅恪、傅斯年之关系及其他——以台湾"中研院"所见档案为中心》（《学术研究》2005年第11期）和张求会《陈寅恪1949年有意赴台的直接证据》（《陈寅恪丛考》，浙江大学出版社2012年版，第19页）。

③ 陈寅恪：《致马季明、陈君葆函》，谢荣滚主编：《陈君葆书信集》，广东人民出版社2008年版，第41页。

④ 参见《夏鼐日记》卷四，1949年7月10日条，第249页。

止的大关节上，陈氏心中实另有一种更深的系念，那就是对自己民族国家的认同和挚爱。这种系念，不但承袭了深厚的传统文化理念，也标示出鲜明的现代政治意识。

“民族国家”是近代兴起的政治概念。在中国传统社会，族类观念虽早已存在，但并未与“国家”形成自觉的联系，“国家”一般被视为某个集团或家族建立的政权，故在旧时代，一朝之亡，即为一国之破亡，“忠君报国”亦被合为一种不可分割的德性看待。但近代“民族国家”则是民族共同体和国家合而为一的产物。理论上，它代表了境内所有民族或政治集团、阶层的最高共同利益，也因此而得到所有成员的认同。在这种语境下，国家已不再是某一政权的对等词，换言之，政权可以兴衰或改易，而民族国家却是国人始终不可背叛的安身立命之地。正是这种系念，将之与国家命运拴在了一起，成为其政治意识的根本立足点。这不但足以注释抗战中他在香港身陷极度困厄而仍能坚拒敌伪威胁利诱的行为，事实上也是其1949年宁留故土的重要原因之一。明乎此，方可解释何以他在20世纪50年代后对政府推行的不少文化政策和思想运动表示不解或不满的同时，又会在1951年发文重提《唐代政治史述论稿》中涉及的唐对突厥政策，“愿与当世好学深思读史之有心人共参究之”①，有意提醒当局从中吸取智慧，“独立自主，自保其民族之道德、精神、文化，而不应（向苏联）‘一边倒’”②。并对新中国取得抗美援朝和中印自卫反击战的胜利、1963年以后国民经济的逐步好转，以及1964年我国原子弹试验成功等深表关注和欣慰。③从这一角度看，其“文革交代”中所说的：“当广州尚未解放时，伪中央研究院历史语言研究所所长傅斯年多次来电催往台湾。我坚决不去。至于香港，是英帝国主义殖民地。殖民地的生活是我平生所鄙视的。所以我也不去香港。愿留在国内。”④自非仅一

① 陈寅恪：《论唐高祖称臣于突厥事》，原载《岭南学报》，又见《寒柳堂集》，第108页。

② 1961年8月30日与吴宓晤谈时语，见《吴宓日记续编（1961—1962）》，第160页。

③ 参见黄萱《怀念陈寅恪教授在十四年工作中的点滴回忆》（张杰、杨燕丽选编：《追忆陈寅恪》，第32页）、陆键东《陈寅恪的最后二十年》（第393页）、李锦全《陈寅恪先生治学的精神风貌》（《纪念陈寅恪教授国际学术讨论会文集》，中山大学出版社1989年版，第174页）。

④ 陈寅恪：《第七次交代底稿》（唐贺代笔，1967），蒋天枢：《陈寅恪先生编年事辑（增订本）》下卷，上海古籍出版社1997年版，第147页。

时应付之言，而是道出了某种真实的心声。

此种政治意识，正是陈寅恪在历史研究中特重民族文化的兴衰传承和中国古代民族冲突融合之迹的考察，并将之与争取现代民族国家独立自强的思索紧连在一起的根源所在。

第六章

新人文主义思潮与现代中国史学

第一节　新人文主义的输入及其影响

一、新人文主义与《学衡》

在中国现代思想史上，新人文主义算得上是一股对科学主义的反思性文化学术思潮。

作为一种文化观念，新人文主义原系美国哈佛大学文学教授白璧德（Irving Babbitt，1865—1933）所创。白氏为美国俄亥俄州人氏，毕业于哈佛大学，1894 年起长期在哈佛大学讲授语言学和文学，著有《文学与美国大学》（*Literature and the American College*）和《新拉奥孔》（*New Laokoon*）等。晚年成为法国研究院院士和美国人文学院院士。[①] 他对当时美国教育遵奉科学主义的主流倾向颇为不满，以为近代以来，西方物质之学大昌，功利主义盛行，而人生之道转晦，宗教道德势力衰弱，是非善恶观念将绝，乃至于世界各国各族常以互相残杀为事。究其原因，实缘工具理性过分膨胀，误导人们简单地“以自然之律施于人事，则理智不讲，道德全失，私欲横流，将成率兽食人之局”[②]。他指责以培根为代表的科学自然主义和以卢梭为代表的感情自然主义或专务物质而不免为物所驱，

白璧德

① 关于白氏的生平和实际影响，可参见王晴佳：《白璧德与“学衡派”——一个学术文化史的比较研究》，（台北）《近代史研究所集刊》第 37 期。

② 参见吴宓为胡先骕译《白璧德中西人文教育说》所作按语，《学衡》第 3 期，1922 年 3 月。

或率意任情而自陷于放纵私欲。至于尼采的唯意志论，以及柏格森主张任情纵欲的精力冲动之说，则又导人以无限的权力扩张欲。凡此，皆忘却了人生道理和自律，结果必然使整个社会“徇物而不知有人”，恃强凌弱，战祸蜂起，其害不可胜言。欧洲大战的爆发，便是一个明证。为此，他主张重新估价并倡导人类的道德文明，建立起“物质之律”与“人事之律”相互协和的社会文化秩序。

所谓“物质之律”是指人类对物质世界的征服和追求，它表现为科学主义；而“人事之律”则是指人类对自身充满欲望的天性之约束与净化，以“使人精神上循规蹈矩、中节合度”，它表现为道德的智慧。19世纪以来，由于“崇信科学至极，牺牲一切，而又不以真正人文或宗教之规矩补其缺陷，其结果遂至科学与道德分离”，人类几沦为“物质之律”的奴隶，以致出现了社会的种种弊端。而新人文主义的目的，就在于重新昌明“人事之律”，使人类复“返本为人”。

至其在理论上的独特之处，则主要在于：首先，它既不同于旧人道主义的专重博爱，也不同于一般人文主义的偏重选择，而是主张“两者兼之，具博爱之心而能选择并循规矩”，以求合于文明社会长治久安之道。其次，它的出现，固然是因科学主义过分膨胀而起的反动，但又和当时西方流行的非理性主义或相对主义思潮坚持与科学主义的对立不同，而是主张以人文主义弥补科学主义的不足，以道德理性与科学理性相互调剂，以纠正社会偏于一端的畸形发展。因此，新人文主义又称“批评及实证之人文主义”。[①] 第三，在把握“人事之律”的原理方面，新人文主义力求摆脱西方中心论的窠臼，试图站在充分理解并综贯东西古今文化精华的立场上去构建自己的文化理论体系。白璧德本人兼通东西语言文字及文艺哲学，其学“以综合西方自希腊以来贤哲及东方孔、佛之说而成，虽多取材往古，然实独具创见，自为一家之言，而于近世各种时尚之偏激主张多所否认”[②]。他强调必须依赖“一切时代共通的智慧”，即从世界文化汇通的高度来认识传统与现代的关系问题。在他看

① 上引皆见吴宓译：《白璧德之人文主义》，《学衡》第19期，1923年7月。

② 梅光迪：《现今西洋人文主义》，《学衡》第8期，1922年8月。

来，亚洲佛、耶两教主张高尚意志对平常劣下意志的控制，以及孔子倡导的‘克己复礼为仁’之说，与古希腊苏格拉底、柏拉图、亚里士多德以来的人文主义传统实不谋而合，故“若欲窥见历世积储之智慧，撷取普通人类经验之精华，则当求之于我佛与耶稣之宗教教理，及孔子与亚里士多德之人文学说，舍是无由得也。论其本身价值之高，及其后世影响之巨，此四圣者，实可谓为全人类精神文化史上最伟大之人物也”[①]。若能取而加以变化，施于今日之社会人生，“则物质之弊消，诡辩之事绝。宗教道德之名义虽亡，而功用常在；形式虽破，而精神犹存”。唯在文化建设的方法上，当“本经验，重事实，以察人事，而定为人之道。不必复古，而当求真正之新。不必谨守成说，恪遵前例，但当问吾说之是否合于经验及事实。不必强立宗教，以为统一归纳之术，但当使凡人皆知为人之正道。仍可行个人主义，但当纠正之，改良之，使其完美无疵”。[②] 白氏本人还对当时中国正进行的新文化运动表现出极大的关怀，认为“今日在中国已开始之新旧之争，乃正循吾人在西方所习见之故辙。相对抗者，一方为迂腐陈旧之故习，一方为努力于建设进步、有组织、有能力之中国之青年。但闻其中有主张完全抛弃中国古昔之经籍，而趋向欧西极端卢梭派之作者”。他表示完全同情中国的进步事业，同时又希望，“中国在力求进步时，万不宜效欧西之将盆中小儿随浴水而倾弃之。简言之，虽可力攻形式主义之非，同时必须审慎保存其伟大之旧文明之精魂也”。[③]

从崇尚人文的立场出发，他还反对当时美国教育中专重技能尤其是人文学科偏于文献训诂训练的偏向，认为训诂方法虽然可取，但如过分强调文献考订，则易走到忽视作品本身价值的另一端，而那种专事考证、不关世事的态度，也有悖于教育学生懂得“恒久的人类社会价值”之宗旨。[④]

白氏的新人文主义观点在当时美国教育界和学术界可算独树一帜，

① 吴宓译：《白璧德论欧亚两洲文化》，《学衡》第 38 期，1925 年 2 月。
② 参见吴宓为胡先骕译《白璧德中西人文教育说》所作按语。
③ 胡先骕译：《白璧德中西人文教育说》，《学衡》第 19 期，1923 年 7 月。
④ 转引自王晴佳：《白璧德与“学衡派”——一个学术文化史的比较研究》。

虽然支持者不多，却颇引人注目，1910年代中期以后更是声名渐隆，远播国外。由于其学说处处渗透着中国式的中庸文化精神，因而也引起了一些中国留学生的共鸣与好感。1915年和1917年间先后赴美的梅光迪和吴宓，在师从白璧德学习西洋文学的同时，便接受了这一思想的熏陶，认定其说乃“综合古今东西的文化传统，是超国界的”[①]。其时正当国内新文化运动逐浪兴起之际，而吴宓等人则夙主“以国粹为心，尊奉孔教”[②]，并主张通过“中庸”稳健方式改良社会道德文化的吴宓，故对胡适、陈独秀的激进文化主张十分反感，一再指责他们“流毒祸世”，认为“中国经此一番热闹，一线生机已绝。举凡政权之统一，人心之团结，社会之安宁，礼教之纲维，富强之企致，国粹之发扬，愈益无望”。于是在留美学生中联络了一批志同道合者，决心他日学成回国，“与若辈鏖战一番”。[③]

1920年代初，他们回到国内，立即在《学衡》接连发表介绍新人文主义的文章，并公开以“论究学术，阐求真理，昌明国粹，融化新知”的宗旨相号召，在周围团聚了一批欧美留学归国或旧学根基颇深的学者，如刘伯明、梅光迪、柳诒徵、胡先骕、汤用彤、吴芳吉、李思纯，以及南高史地学会的缪凤林、陈训慈、张其昀、郑鹤声、刘掞藜、景昌极等，虽然这些人的观点和专业并不完全一致，但由于他们在该刊登载的大部分文字都表现出不同程度的文化保守主义色彩，因而被人们习惯地统称为“学衡派”，而他们宣传的新人文主义也很快形成了一股颇有影响的学术文化思潮。

从《学衡》杂志简章和各期文章的主题看，学衡派的文化观与新文化运动的不少主张似乎都处于截然对立的状态。按照他们的看法，新文化运动持论“务为诡激，专图破坏。然粗浅谬误，与古今东西圣贤之所教导、通人哲士之所述作、历史之实迹，典章制度之精神，以及凡人之良知与常识，悉悖逆抵触而不相合”。在文化建设的方针上，其根本错

① 参见吴学昭：《吴宓与陈寅恪》，清华大学出版社1992年版，第21—22页。

② 吴宓自况语，见《吴宓日记》1920年4月18日。

③ 吴宓：《吴宓日记》1920年4月19日、3月28日。按：“与若辈鏖战一番”，语出吴宓留美同学张鑫海，但显然也道出了吴宓的心声。

《学衡》第 1 期封面 1922 年 1 月 1 日

误在于：一是对传统轻言否定，举凡传统学术、道德，乃至文字，一切皆欲攻而去之；二是吸收西洋文化偏于一端，“惟选西洋晚近一家之思想、一派之文章，在西洋已视为糟粕、为毒鸩者，举以代表西洋文化之全体”，误导社会，这样势必与其“融合东西文明之本旨”背道而驰。事实上，文化乃“古今思想言论之最精美者”，故“欲造成中国之新文化，自当兼取中西文明之精华而熔铸之，贯通之”。凡中西古今之学术德教、文艺典章，皆当研究、保存、译述和深入了解，尤应对儒、佛诸说和希腊罗马之文章哲学及耶教之真义，作洞源索流的比较讨论，加以融贯发扬，“以为吾国新社会群治之基。如是则国粹不失，欧化亦成，所谓造成新文化，融合东西两大文明之奇功，或可企致”。[①] 为此，他们公开发出了这样的治学宏愿：“于国学则主以切实之工夫，为精确之研究，然后整理而条析之，明其源流，著其旨要，以见吾国文化，有可与日月争光之价值。而后来学者，得有研究之津梁，探索之正轨，不至望洋兴叹，劳而无功，或盲肆攻击，专图毁弃，而自以为得也。”“于西学则主博极群书，深窥底奥，然后明白辨析，审慎取择。庶使吾国学子，潜心研究，兼收并览，不至道听途说，呼号标榜，陷于一偏而昧于大体也。”[②]

这些观点，与白璧德所倡导的文化调和折中论显然是一致的。吴宓就说：“夫新旧乃对待之称，昨以为新，今日则旧。旧有之物，增之损之，修之琢之，改之补之，乃成新器。举凡典章文物，理论学术，均就已有者层层改变递嬗而为新，未有无因而至者。故若不知旧物，则决不能言新。”且新旧两者并不一定是新优旧劣，就文化学术而言，自然科学的发展固多见新胜于旧，“然人事之学，如历史、政治、文章、美

① 吴宓：《论新文化运动》，《学衡》第 4 期，1922 年 4 月。

② 《学衡杂志简章》，孙尚扬等编：《国故新知论》，中国广播电视出版社 1995 年版，第 494 页。

术等，则或系于社会之实境，或由于个人之天才，其发达也，无一定之轨辙，故后来者不必居上，晚出者不必胜前”[①]。据此，他们认为，对于固有的一切，“当以致精审之眼光，为最持平之取舍，此乃万无可易之理”[②]。而文化的更新或改造，尤须注意途径与方法的得当，方能“美善无弊”，换言之，“当对于旧物为补益之药，使成为新生；而不当对于旧物为毒杀之药，使见杀于番达主义（Vandalism，即故意毁坏文物的行为或主张。——引者）也。故国人之正确态度，当对旧化不为极端保守，亦不为极端鄙弃；对于欧化不为极端迷信，亦不为极端排斥。所贵准于去取适中之义以衡量一切，则庶几其估定文化改正旧物之态度，成为新生主义之实现，而不成为番达主义之实施”[③]。而时下的文化研究，往往菲薄国学，对古人轻谩薄骂；“其输入欧化，亦卑之无甚高论”，一味膜拜杜威、尼采之流，乃至“主张保守旧化者，亦常仰承外人鼻息”，只要一听有西方人“称美亚洲文化，且或集团体研究，不问其持论是否深得东方精神，研究者之旨意何在，遂欣然相告，谓欧美文化迅即败坏，亚洲文化将起而代之……盖凡此论者，咸以成见为先，不悉其终始，维新者以西人为祖师，守旧者藉外族为护符。不知文化之研究，乃真理之讨论，新旧毅然，意气相逼，对于欧美，则同作木偶之崇拜，视政客之媚外，恐有过之而无不及也”。[④]

二、注重民族传统承继的文化观

在《学衡》同人看来，中国文化本为世界上历史最为悠久的文化之一，近代以来，因受西力东渐的巨大冲击，却陷入了从物质层面到政治法律和学说伦纪道德礼教“循序动摇，尽失恒态”的困境。“中国文化既已根本动摇，则决定前途之命运，惟在吾人身上，视吾人所以处置之

① 吴宓：《论新文化运动》，《学衡》第4期，1922年4月。
② 梅光迪：《评今人提倡学术之方法》，《学衡》第2期，1922年2月。
③ 李思纯：《论文化》，《学衡》第22期，1923年10月。
④ 汤用彤：《评近人之文化研究》，《学衡》第12期，1922年12月。

者如何，而卜其休咎。苟吾人态度正确，处置得宜，则吸收新化而益臻发达。否则态度有误，处置未妥，斯文化之末路遂至。此后纵中国尚有文化，而其文化已全部为外来文化，旧有素质不可再见”，其情形正如印度古代文明之遭破坏衰落一般。当兹民族文化生死存亡之际，正确把握采取欧化和保持传统两者间的“程准”，将“决定吾国文化在世界文化中之地位，其时代上之责任，岂不重乎！”[①] 但同时又认为，我国的新文化建设，既以“与世界文化齐驱”为目标，自当积极输入西方文化，只是这种输入，应先审其价值而取其“真文化”之代表，尤“当以适用于吾国为断。‘适用’云者，或以其与吾国固有文化之精神不相背驰，取之足收培养扩大之功，如雨露肥料之于植物然。或以其为吾国向所缺乏，可截长以补短也。或以其能救吾国之弊，而为革新改进之助也”，也即求其“能超越东西界限，而含有普遍永久之性质者”。[②]

《学衡》诸公发表过不少有关孔子的文章，如梅光迪的《孔子的风度》、柳诒徵的《孔学管见》、缪凤林的《谈谈礼教》和《如何认识孔子》、郭斌龢的《孔子与亚里士多德》、范存忠的《孔子与西洋文化》、景昌极的《孔子的真面目》等。这些文章，都异口同声地对孔子推崇备至。在他们的眼中，“孔子集古代思想之大成，足为我民族意识之代表”[③]。两千多年来，中国的道德社会诸生活相率涵泳于孔子精神的感化之下，形成了以中庸为特色，以人伦礼教为核心的中华文化。而其精神，不但仍为今日中国所需，且可贡之于现代世界。因中国夙以人伦立国，“今虽礼教陵迟，然而流风未沫，父子夫妻之互助，无东西南朔皆然，此正西方个人主义之药石也。其于道德，最重义利之辨。粗浅言之，则吾国圣哲之主旨，在不使人类为经济之奴隶。厚生利用，养欲给求，固亦视为要图，然必揭所谓义者，亦节制人类私利之心，然后可以翕群而匡国。至其精微之处，则不独昌言私利不耻攘夺者，群斥为小人，即躬行正义举措无尤，而其隐微幽独之中，有一念涉于私图，亦不得冒纯儒之目。故吾国之学，不讲超人之境，而所悬以为人之标准者，最平易亦最艰难”，

① 李思纯：《论文化》，《学衡》第 22 期，1923 年 10 月。
② 梅光迪：《现今西洋人文主义》，《学衡》第 8 期，1922 年 8 月。
③ 胡先骕：《中国今日救亡所需之新文化运动》，《国风》半月刊第 9 号。

只要循着克己内省的功夫做去，自然人格日上，胸怀坦荡，无怨无尤，无人而不自得。反观西方人士，不是溺于物质经济而不能自拔，便是皈依于宗教神学之境，漠然不知人生之定义及真乐，“苟得吾国之学说以药之，则真火宅之清凉散矣”。①

据此，学衡派极力主张在现代文化的建设中，保持并发扬传统文化尤其是儒家关于伦理道德的学说精义，以为社会所用。他们指出，新文化运动以来，有人以传统伦理道德不合现代社会需要，欲举而尽弃之，这实际上是一种错觉。人类社会的宗教和道德，皆有其“内律”和“外形”。宗教以扶善屏恶、博济广施和使信教者笃信天命、心境乐和为本志；道德教人以理制欲、正言端行，并使社会得以维持一种正常稳定的秩序为目的，此即两者之“内律”。至于风俗、制度、仪节，则皆为宗教道德之枝叶外形。前者体现了人类所追求的一些具有共性的价值观念，不可随意更改；后者则往往因时因地而设，尽可顺时势而酌量改革。“然决不可以风俗、制度、仪节有当改良者，而遂于宗教、道德之本体攻击之，屏弃之，盖如是，则世界灭而人道熄矣。”也就是说，中国传统伦理道德所暴露的种种流弊，绝非其“内律”有误，而是作为“外形”的风俗、制度和仪节出了问题。今“以一事而攻击宗教道德之全体，以一时形式之末而铲绝万古精神之源，实属诬罔不察之极”②。比如传统伦理最为看重的“五伦”，其所体现的本为“天下之达道”，也即君臣、父子、夫妇、昆弟、朋友之间相互尊重和互助的精神。即使实行民主共和以后，君主业已废除，但社会各种团体和组织的首领与从属关系依然存在，过去所谓君“仁”臣“敬”的准则还是可以作为处理上下级关系的借鉴。至于传统伦理中父子、夫妇间的“互助”关系准则，更有其现实的意义，不可轻易否定。③故“以道德论，吾中国数千年孔孟诸哲所示孝弟、仁义、慎独、省身诸义，实足赡用无穷”④。吴宓还提出，纵观历史，人类立身行事之准则，约可分为三级：

---

① 柳诒徵：《中国文化西被之商榷》，《学衡》第 27 期，1924 年 3 月。

② 吴宓：《论新文化运动》，《学衡》第 4 期，1922 年 4 月。

③ 此为柳诒徵《明伦》（《学衡》1924 年 2 月第 26 期）一文大意概括，详可参见原文。

④ 邵祖平：《论新旧道德与文艺》，《学衡》第 7 期，1922 年 7 月。

上者为天界，以宗教为本，安命守分，惟神意是从；中者为人界，以道德为本，认定人之天性皆有相同之处，以此自别于禽兽，凡仁义礼乐刑政，莫不本此而设，其用意在使人以理制欲而日趋于高明，社会亦因此受益；下者为物界，专重物质而"不信天理人情之说"，自近世西洋科学发达后，此种观念尤为盛行，以致弊端百出，"忧世之士皆思所以救之，吾国受此潮流，亦将染其流毒，然当速筹调和补救之术也"。由于宗教迷信在科学昌明的今日显然已难当此任，故补救之正道，唯有坚持第二级之道德为本的人文主义。以孔孟儒家思想为核心的中国传统文化，本旨与此最为切近，自当"取以与柏拉图、亚力士多德以下之学说相比较，融会贯通，撷精取粹，再加以西洋历代名儒巨子之所论述，熔铸一炉，以为吾国新社会群治之基。如是，则国粹不失，欧化亦成，所谓造成新文化，融合东西两大文明之奇功，或可企至"。①

沿着这样的思路，学衡派在各学术文化领域提出了一系列保守主义的主张。

在教育方面，他们批评新文化运动以来一味仿效西方模式、背弃本国优良传统的做法，犹如买椟还珠，非但未获西方之真，连固有的长处也一并失去，以为"讲教育而不本之中国古义，徒执欧美近事以为法，洵所谓弃家鸡而宝野鹜矣"②。中国传统教育之长，在"素主人文，以潜修学术、砥砺德行为唯一宗旨"③，即除了学习各种知识和提高治事能力外，尤重个人德操的修养，强调依据儒家经典启示的人生观，先求个人自身学业德行的完善，复推己及人，而以人文主义为归宿，其法实兼有西方"人道、个人两派之长而无其短，且适能补其短而救其弊"④，故亟须加以继承。为此，他们十分重视对中国教育史尤其是孔子教育思想的探讨，力图从中搜求"古圣人教育大义"。特别是柳诒徵，通过辑补清末黄绍箕的《中国教育史》⑤，总结并阐发了一系列教育思想。认为孔子的不愤、

① 吴宓：《论新文化运动》，《学衡》第4期，1922年4月。
② 柳诒徵：《教育之最高权》，《学衡》第28期，1924年4月。
③ 缪凤林：《文情篇》，《学衡》第7期，1922年7月。
④ 缪凤林：《四书所启示之人生观》，《学衡》第2期，1922年2月。
⑤ 此书"义例"初由黄绍箕所定，然黄氏未及起草即去世，全书实由柳诒徵一手撰成，至1925年方正式出版。

不启、不悱、不发和举一隅不以三隅反等教学方法，与德国近代教育家赫尔巴特的五段教学法暗合。甚至说，自苏格拉底以来欧洲教育家所累代相承之教育真理，“固于孔子之时实久已发明无遗也”。他还有意采取智育、德育、体育等外来近代教育学的名词，对古代的某些教育原理作了发挥。并在另一介绍西方自由教学法的论文中，就当时国内教育的课程、师资、仪器、考试制度等提出了改革的设想。这都反映了学衡派对传统教育思想资源的充分珍视，以及试图以之为主体，有选择地吸纳西方教育观念和方法，来建设中国现代教育的基本文化进路。

在文学方面，学衡派最遭人疵议的罪名便是“反对文学革命和白话文”。其实，从理论上说，他们真正反对的乃是“独尊白话文”。在这方面，梅光迪的态度最为激烈，他说：“吾国文学，汉魏六朝则骈体盛行，至唐宋则古文大昌。宋元以来，又有白话体之小说、戏曲。彼等乃谓文学随时代而变迁，以为今人当兴文学革命，废文言而用白话。夫革命者，以新代旧、以此易彼之谓。若古文、白话之递兴，乃文学体裁之增加，实非完全变迁，尤非革命也。诚如彼等所云，则古文之后，当无骈文；白话之后，当无古文。而何以唐宋以来，文学正宗与专门名家皆为作古文或骈体之人？此吾国文学史上事实，岂可否认，以圆其私说者乎？盖文学体裁不同而各有所长，不可更代混淆，而有独立并存之价值，岂可尽弃他种体裁，而独尊白话乎？”[①] 易峻也说：“今吾人之抨击白话文学运动，亦并非欲打倒其自身所可存在之地位，惟反对其于文学采取革命行动，反对其欲根本推翻旧文学，以篡夺其正宗地位，而霸占文学界之一切领域，专制文学界之一切权威而已。”他们坚持认为，文学的演化和推陈出新，是在历代文化前后传承的累积状态中实现的，而非一种旧死新生或破旧立新的过程。因此，他们更倾向以“文学建设”和“文学自由”的口号来代替“文学革命”，以形成古今各种文体“各行其是，各擅所长”的局面。不过，学衡派虽然企望文学能有一个宽松自由的创作环境，却并不掩饰自己在文学观念上对传统文学及旧文体的偏爱。在袒护文言文与贬抑白话文方面，其最振振有词的理由是，文言

① 梅光迪：《评提倡新文化者》，《学衡》第1期，1922年1月。

文为中国文体之渊源，历经千锤百炼，根基深厚，既便利用，亦富艺术表现力；而白话文在适应时代需求和应用上固有见长之处，但仍属一种“艺术破产而功用不全之文学，只能为文学一部分应用工具，只能于文学某种意义上有其革新之价值，只能视为文学的时代发展中之一种产物，绝不能认为文学上革命进行的一代‘鼎革’，而遂欲根本推翻文言，举此以统一中国文学界”。如一味追摹欧化，专任白话文，则无异于“毁灭国性”。[①] 其余如曹慕管的《论文学无新旧之异》、吴芳吉的《再论吾人眼中之新旧文学观》、吴宓的《论今日文学创造之正法》、胡先骕的《论批评家之责任》和《评〈尝试集〉》等，也从各个不同的侧面表述了类似的意见。梅光迪还从精英意识出发，对胡适等人提出的“平民文学”主张提出了异议，宣称“人类天才不齐，益以教育修养之差，故学术上无所谓平等”，文化之进，目标在提高多数之程度，使其同享高尚文化，而非降低少数学者之程度，以求合于多数，“若一听诸庸惰之众人，安有所谓进乎？”[②] 试图从提倡高雅学术的角度，去确定文言文等旧文体的正宗地位。这样的议论，其偏颇性当然也是十分明显的。

① 易峻：《评文学革命与文学专制》，《学衡》第 79 期，1933 年 7 月。
② 梅光迪：《论今日吾国学术界之需要》，《学衡》第 4 期，1922 年 4 月。

第二节　学衡派的新人文主义史学建构路向

一、综往诏来，所谓史学也

在现代史学的建构方向上，他们同样十分注重传统的继承。这首先表现在对史学功能的界定上。传统史学的核心理念是强调史学的经世和鉴往知来作用，这一点，在新文化运动时期曾遭到部分新史家的批评。但学衡派并不以为然，柳诒徵就强调："历史之学，最重因果。人事不能有因而无果，亦不能有果而无因。治历史者，职在综合人类过去时代复杂之事实，推求其因果而为之解析，以诏示来兹，舍此无所谓史学也。"[①] 刘掞藜也认为："实则吾人当今急务应研求现今史象而谋济时救国之方。若复如此埋头故纸堆中，钩稽荒渺史迹，无论所获至微而至不可恃，纵得真相，与时寡益。既不能扶危定倾，又不能裨补民生。"[②] 当然，按照现代社会的价值观念，这种功能不应像旧史学那样专重帝王将相之迹并成为政治的附庸，而应更贴近一般的人生日用，使之真正起到陶冶国民智慧、道德和爱国情操的作用。陈训慈就指出："历史学者，人类因保生乐生之心理的需要，循时间之进行，托空间之迹象，所发生之各方面绵续的活动之系统的纪载与阐释，冀以实揭过去，供后人之资鉴，而促成人道之幸福与进展之学也。"[③] 缪凤林也认为，研究历史的意义在于"温故而知今，彰往而察来，畜德而日新，崇善而去恶，生活之超脱，胸怀之扩

① 柳诒徵：《中国文化史·绪论》，中国大百科全书出版社 1983 年版。

② 刘掞藜：《中国古史答问》，《史学杂志》第 2 期。

③ 陈训慈：《史学蠡测》，《史地学报》第 3 卷第 1—2 合期。

大，爱国之心发，精进之心生”[①]。柳诒徵至称：“穷人理，该万方，治史而能着眼于此，始不致徒以史求史，而经世之用无穷矣。”[②]

为实现这一目标，他们认为历史研究必须开阔视野，改变“往昔史学范围至为狭小”的格局，以整个社会作为自己的考察和研究对象，从三方面拓展新史学的治学规模：一曰“质性之繁富”，“昔时主于政治，今则政治、社会、经济、学术各方面之活动，咸将网罗靡遗”；二曰“时间之拓展”，“昔述史迹，远不过数千年，今则由地质学、人类学之研究，知人类初生至今已七十五万年”，而考古发现和古文字研究，都有助于远古社会研究；三曰“空间之统一”，“往昔史家，规规于民族之分；今则统观世界，明人类进化之共轨”。[③]也就是说，现代史学的构建不是要用非功利主义的科学简单地去否定经世致用的人文传统，而在于改造其“经世”的内涵，密切其与人生的关系，从而确立起切合现代社会需要的史学功能观。这样的史学，就“断非繁重孤僻之学，而为最普遍之学识，与社会息息相关……生而为人，既不能不有历史之常识。国人言新文化者，当亦知所深省矣”。因“万事万物皆有其源流，历史之价值，即在供给此源流之说明，以实吾人之知识，而促文化之进步也”。[④]这些论述的中心，显然是要求史学从旧日专为统治集团“资鉴”的狭隘格局中解脱出来，成为一般社会大众所需，可助成人类完全之知识，影响人类之心理，指导人类之进化和促进人类共同了解的一门学科。

这里，新人文主义最为看重的是史学在开展人文教育中所起的特殊作用。在他们看来，“历史之效用在辅助人类实际生活，造就个人判断能力”，助其应付人生的需要，其所给予人们的不是一种死呆板的知识，而是有助于人们未来社会实践的“长经验远眼界之学”，使人们通过历史的学习，得到“观察世务的方法”，“加增认知事实和判断事实的力量”。[⑤]人生短暂，年轻人少不更事，老年人老成练达，就是因为经验

---

① 缪凤林：《历史之意义与研究》，《史地学报》第 2 卷第 7 期。
② 柳诒徵：《国史要义》，华东师范大学出版社 2000 年版，第 124 页。
③ 陈训慈：《史学蠡测》，《史地学报》第 3 卷第 1—2 合期。
④ 陈训慈：《历史之社会的价值》，《史地学报》第 1 卷第 2 期。
⑤ 顾泰来：《蓝盖氏论历史的政治价值》，《史地学报》第 2 卷第 2 期。

有多寡，而讲史学可以使人获得“几千年的经验”，“从历史上看出人类常走的路”，悟出“人生的规律”。[①] 其次，史学可以“辅助人生伦理的观摹”，“此点从前道德史家笃主之，言之太过。但前事观摹，足以助吾人之节操，其功效未可全没”。[②] 人类社会的实际生活中，善恶是普遍存在的。史学可以帮助人们提高区别是非善恶的能力，取其精华，弃其糟粕，从历史人物的高风亮节中受到感染，增长去恶从善之念。第三，可以激发人们思想感情和爱国爱民族之心，当然，其中也要防止狭隘的民族主义，树立起健康平和的世界主义观念，“历史既于国家主义证明其有效，当不难于大同前途显其同等之成绩，是则大同之实现，唯历史堪任其先驱也”[③]。

为了让史学更好地发挥其社会功能，他们还十分强调史家的史德和心术问题，柳诒徵说：“史籍之用，亦视学者之用心何如。用之当则可为人类谋幸福，为国家臻治平；用之不当，则可以启乱饰奸，如王莽、王安石用《周官》之不得其效。而骛博溺心哗众取宠者，更无论矣。”[④] 这样，史学的致用功能又与史德联系起来。道德观念，由史而来。

这些看法，应当说既继承了传统史学倡导经世借鉴和注重道德伦理教化的某些功能，又在相当程度上表现出历史的超越，更多地从现代人生和社会的需要角度去健全其功能，显示了他们试图在继承传统文化的基础上，吸收新观念，依据社会进化的形势改造传统史学和发展现代学术的立场。

二、史观与史法兼顾，考证与会通并重

历史哲学，历来是传统史学中比较薄弱的环节。晚清以降，进化

---

① 柳诒徵：《讲国学宜先讲史学》，柳曾符、柳定生编：《柳诒徵史学论文集》，上海古籍出版社 1991 年版，第 495 页。

② 陈训慈：《史学蠡测》，《史地学报》第 3 卷第 1—2 合期

③ 陈训慈：《历史之社会的价值》，《史地学报》第 1 卷第 2 期。

④ 柳诒徵：《国史要义》，华东师范大学出版社 2000 年版，第 318 页。

论的输入曾使中国人的历史认识论为之一变。五四前后，面对各种西方史学理论及历史哲学的传入，史学界对史学和史观关系的认识形成了几种意见：有的认为史观与“科学的史学”并无关系（如傅斯年）；有的抱残守缺，对各种新史观毫无兴趣；更多的则表示出关注之情。学衡派对传统史学虽情结较深，对此也表现出相当开放的姿态。

柳诒徵撰写《中国商业史》和《中国文化史》等著作，都大量吸取了进化论的观念。缪凤林在1921年11月发表《历史与哲学》一文，还专对两者的关系进行了讨论，认为哲学与历史关系甚巨，尤有助于史学目标的实现和“历史公例”之发现。历史研究自当寻求历史之公例，但“困难实甚”。其故有三：人心至难捉摸，不能谓人人遵一轨道进行；古今史料，破碎不全，又皆不可尽信，将欲证明，其难可知；历史事实，乃“螺旋式之运动”，有无限之进步，而其进也不可预测。因此，史家的这一工作目标，往往须借助历史哲学智慧来完成。“证之今昔，史之公例之发见，似皆由哲家启其途径。”当然，哲学的发展也离不开史学。盖历史为过去史事之总汇，无所不包，唯于万有不齐之事和万有相禅之迹作研究归纳，方能形成深奥之哲理，以解释国家社会发达变化之原及宇宙万有生成起灭之故。而哲学之产生，常与其复杂之社会背景有关，不明其背景，断难明了哲学之真义，“顾吾人何由知此时代背景乎？曰此则惟治历史为能”。如能以历史研究法治哲学，则不但可使研究之资料条理化，且有助于说明各种学说的形成、演变与时代之关系。故“不明哲学，恐未足治历史；不明历史，亦未足治哲学”。[①]景昌极也撰文对历史哲学问题作了阐发，指出：“所谓历史哲学者，谓对于人事变化中根本问题之研究。”围绕着此问题的研究，古今学者形成了三大历史哲学流派：一为神学历史哲学，其特色在以神旨或天心解释人事变化之要因、趋势及归宿问题，如奥古斯丁的《上帝城》。二为玄学或玄想的历史哲学，其特色在以臆想为事实，或以合于部分事实之理论为足以概括全部事实，如黑格尔。三为科学或实证的历史哲学，其特色在不以事实迁就臆想，不以臆想遽为定论，应属三派中最合理者。文中还探讨了

---

① 缪凤林：《历史与哲学》，《史地学报》第1卷第1期，1921年11月。

“时间与变化、所谓辩证法、变化之阶段，退化进化与轮化、造化与幼化、必然与当然、自然与文化、斗争与进步、和平渐进与革命、组织与自由和社会有机体说”等问题，认为各种史观的出现，大抵皆“学者观察人事之变化，各于纷纭繁复之因果网中析取一类‘因’，而说明其重要因”。[①]

为了寻求一种“比较完满的历史观”，他们还对古今中外各种历史哲学或史观作了比较评析，认为：“最初之史学解释，以为文学之一部分（美术史观），或视为天心之表现（宗教史观）。其后有以为改善人格（道德史观），或以为所以考求真理（哲学史观）。尚政治者则以为过去政治之纪载（政治史观），重社会者则以社会发达之说明（社会史观），受科学影响则倡导科学方法（科学史观），信伟人势力者则归个人心理（个人史观），经济学者以生产方法为解释（经济史观），地理学者则以地理环境为要因。凡兹各说，虽无一定之程序，然大致循此而下，有无形渐近之趋势，以向更允当之结果。”

其中，美术史观“重文失实”，宗教史观以神意解人事，哲学史观强史以为“绝对理性”之展现，皆难以征信。[②] 道德史观特重伦理评判，旨在惩恶扬善，使后人知所取法，然“与今新史学之定义大相径庭”[③]。政治史观“谓社会之事业，每与政治有关。吾人固不能反对其说。然政治状态，已属外象”[④]。经济、科学对人类影响与日俱增，尤不宜忽视，“即言政治史，亦当穷其起源与发达之大势，而不能以宫廷征伐、治迹兴亡等为足尽政治之义”。个人史观重伟人而轻群众，亦有其偏，因群众“往往能于无意识中呈其势力，即伟人亦无可如何也”。社会史观“扩大史学研究之范围，其功甚不可没。然充其极，则往往有重社会而忽个人之弊”，个人固为社会之一分子，但同时又有其个性，“其所受有非得之社会者，其所为亦有不加诸社会者。若处处以社会为准，而过重社会效率，则个人精神上之价值，且为之隐蔽。其后偏重经济者继起，

---

① 景昌极：《历史哲学》，《史学杂志》第 2 卷第 3 期，1930 年 5 月。

② 皆见陈训慈：《史学观念之变迁及其趋势》，《史地学报》第 1 卷第 1 期。

③ 郑鹤声：《汉隋间之史学》，《学衡》第 33 期。

④ 缪凤林：《历史之意义与研究》，《史地学报》第 2 卷第 7 期。

忽视历史上之精神部分，穷其源始，不可谓非社会史观阶之也”。地理史观强调自然环境对历史之影响，但若以之为“惟一基础，则其谬误实甚”，盖地理虽“足以限制生产方法，而非能造成生产方法”，而“自科学发达，人类克制自然之力日增”，故其影响，间接为多，“断非能直接控驭人类也”[①]。至于经济史观（包括唯物史观），他们虽多承认其对人类历史影响深巨，但认为不当因此而忽略精神因素；经济诚为社会下层基础，但“若以基础之简单样式，谓足决定上层之一切，不其慎乎？”[②]且经济范围至广，尤不当独重生产方法。“是故经济史观若 Engels 等之修正的解释，固足为方来历史解释之一要点，若囿于马克思早年著作，或误信后起激进者之铺张，则转足使经济史观失其当有之位置焉。”

鉴于历史发展为多方面因素影响之结果，而各种史观的解释却往往偏于一端，故他们中有的主张采纳鲁滨逊“新史学”倡导的“综合史观”，“综合各方之长，而纳之于群体之心理，以解释历史”。[③]有的受到杜里舒生机史观的影响，主张从人类保生的欲望行为中去考察历史发展的根本原因，以为人类各种活动，皆“起于保生乐生之避苦求乐之需要者也”[④]，由家族、部落到国家的产生，由游牧、农业到商业社会经济的递兴，乃至各种宗教、学术等活动，无不如此。有的则认为“历史之创造由于思想，时代潮流乃生命之主流，宇宙之枢机也”[⑤]。

这些历史观，总体上虽未能越出文化史观的范围，但也绝非传统史学的“义理”观所能牢笼，更多的应当说是体现了对当时国际史学潮流的了解、回应和借鉴。

学衡派并不主张把历史学界定为一门科学尤其是将之比附于自然科学，但对于以科学观念改造旧史学及提倡纪实、史实考订、探索因果关系和历史进化公例等则均极表赞同。缪凤林就认为，“求历史之公例，实治史之一要图，而史之能成科学与否，亦即以此为断”。史学研究虽

① 陈训慈：《史学观念之变迁及其趋势》，《史地学报》第 1 卷第 1 期。
② 景昌极：《历史哲学》，《史学杂志》第 2 卷第 3 期。
③ 陈训慈：《史学观念之变迁及其趋势》，《史地学报》第 1 卷第 1 期。
④ 缪凤林：《历史之意义与研究》，《史地学报》第 2 卷第 7 期。
⑤ 张其昀：《时代观念之认识》，《思想与时代》第 1 期。

无法直接观察，反复实验，探讨公例的难度也比自然科学困难，但“史家究不能以是而灰心，必将静观默察，深体明证，以求发见公例，以愈显史之用焉”。[①] 陈训慈也说：“人有个性，亦有共性，至有特变，亦多共通”，借助科学方法，史学“纵不能得万能之定律，要非无寻得公例之可能”，“观乎此，则史学亦自有其科学性”。在他看来，史学虽不能定为一门科学，但无疑包含着科学的成分，这主要表现在三方面：（一）史家证史，必根据史料，寻求事实，崇尚证据，谨于判断，即“真正科学家之治学精神也”。（二）“史家既以科学方法治史，固已与科学家交相携手，而沉浸于科学性之中矣。”（三）“史家求公例之企图，虽万难当前，犹当奋进不挠，于可能范围中求其成效，此则公例之寻求，又史学之近于科学者。”[②] 由此可见，他们对于用科学方法治史，推进史学的科学化实抱有相当积极的态度。

由于学衡派论及史学，往往比较偏重于强调经世致用的一面，因而给人以不重考证和求真的印象，但揆之实情，并不如此。以柳诒徵而论，不仅理论上重视考证，实践上也是如此。他早年师从文献学名家缪荃孙，遍读经史，用功极深。指导学生，也一再要求从《春秋》三传、二十四史、九通、《资治通鉴》等基本史籍的研读入手[③]，并称“考据的方法，是一种极好的治学方法。不过学者所应留心的，就是须慎防畸形的发达，不要专在一方面或一局部用功，而忽略了全部。所以一方面能留意历史的全体，一方面更能用考据方法来治史，那便是最好的了”。在名著《中国文化史》中，更是爬梳大量史料，显示了深厚的文献学底蕴。只是他始终认为，“研究历史的人，并不在乎成为考据家或历史家，而在乎自己应用”[④]。缪凤林也认为，史学研究的唯一目的是求真，但要注重史学研究对国家民族的影响。[⑤] 足见柳诒徵等人并非不重视考证和求真，而是主张在求真的基础上，做到有益于国计民生。故一再强调：

① 缪凤林：《历史与哲学》，《史地学报》第1卷第1期。

② 陈训慈：《史学蠡测》，《史地学报》第3卷第1、2合期。

③ 详请参见《劬堂学记》（上海书店出版社2002年版）中陈训慈、郑鹤声等人的回忆。

④ 柳诒徵：《历史之知识》，《史地学报》第3卷第7期，1925年5月。

⑤ 缪凤林：《大学丛书本国史两种》，《图书评论》第2卷第8期。

“讲史学知道立国和做人的经验，那就叫做历史哲学”，“我们要复兴民族，我们要唤起民族精神，将古时有名的人物传记来做国民读本，或是将一种文化史的史料来教学生，那是复兴民族很要紧的一件事”。[①] 由此出发，他们大多慨然以经世致用为治学之根本鹄的，同时又能予考证以相当的重视。如郑鹤声以继承浙东史学之经世精神为职志，寓民族主义于史学研究之中，但在《郑和》一书的撰写过程中，却不厌其烦地对众多史料进行爬梳剔抉，以求得郑和身世及其七下西洋的具体年月之真。学衡派其他成员，也多能恪守注重史料、不好夸饰和讲求言必有据的严谨学风。这一点，就是站在与《学衡》对立学术阵营中的胡适也不否认，曾说“将来中国的新史学须有北方的疑古精神和南方的勤学工夫”[②]。其所说的“南方的勤学功夫”，主要正是指南高的学子。

学衡派治学的另一特点是注重会通，其治史，大多十分强调“通识”、“通解”和对“史义”的发掘，亦即对历史的理解层面工作。柳诒徵始终反对学者将“专在一方面或一局部用功”而忽略历史全貌的做法，指出：“夫就史书而论史学，固仅为商榷历代撰著之类例；若就史学而言通，则必就史学与心身家国天下之关系而言。不独孔、老之史学如是，即马、班之书所谓俟后世圣人君子、穷人理该万方者，亦必由吾说而后知其言之非夸诞也。夫后世撰著之类例，亦自古先圣哲类族辨物之全体中演变而为一部分之术，必以远大眼光求之，始可观其会通。姑就读史而言，如顾氏《日知录》、赵氏《廿二史劄记》所为治史之方法，何一非类族辨物及推十合一之术？然顾氏之治史，求通之于心身家国天下；赵氏之治史，只求通于史籍耳。”认为这种会通，不仅应贯注于对史文、史事乃至著作类例的思考理解中，还当“求通之于心身家国天下”，也即善于将历史与现实有机地结合起来进行考察，从中取得有益于人生和社会的经验教训，以俾于经世实用。并称：“史学所重者在义也。徒骛事迹，或精究文辞，皆未得治史之究竟。”[③] 唯此种“史义”之

① 柳诒徵：《讲国学宜先讲史学》，柳曾符、柳定生编：《柳诒徵史学论文集》，第495、500页。
② 胡适：《胡适的日记》，中华书局1985年版，第438页。
③ 柳诒徵：《国史要义》，华东师范大学出版社2000年版，第320、199页。

发掘，就其解释系统而言，与西方史家常用的历史思辨哲学或社会科学理论存在着很大的差异，乃是一种本土色彩很浓、更近乎中国传统人文意识的“义理”观。这就与傅斯年等理论上所持的“存而不论，证而不疏”（傅氏的史学实践事实上也并非完全如此）方针形成了鲜明的对照，也表现出学衡派从肯定“一切时代共通智慧”的价值观出发，在现代文化的建设上更注重于民族传统承继的意向。

在古史辨的论战中，学衡阵营的刘掞藜曾提出一个治学理念，认为对于古书记载，既不可妄信，亦不可一笔抹杀，万不能因其中一事不足信，遂认定其全不可信。至于解释古书上的字，尤应“依古代的解说，若穿凿傅会，迁就己意，是朴学者最忌的”。并指出，研究古史的基本方法，“总须度之以情，验之以理，决之以证”。[①]“度之以情”和“验之以理”，本是古人察别真伪的一种常用方法，《吕氏春秋·慎行·察传》就有“必验之以理”和“缘物之情及人之情以为所闻”之说，王夫之《读通鉴论》亦谓：“使能揆之以理，察之以情，取仅见之传闻，而设身易地以求其实，则尧、舜以前，夏、商之季，其民之淳浇、贞淫、刚柔、愚明之固然，亦无不有如躬阅者矣。”[②]就方法论而言，此三者交叉互证，本无不严谨处。但胡适却表示，他只认可“决之以证”一条（因其符合实证原则），其余两条均不足取，因“历史家只该从材料里、从证据里去寻出客观的条理”，如以今人之“情”与“理”去揣度古史，就必然会掺入自己的成见，最后使“断之以证”也不免为主观意见所左右。[③]胡适的批评，纯然是站在实证主义的立场上发出的。但问题是学衡派或新人文主义从来就不以实证主义作为治学方法的极则；相反，在治史中，他们一直反对以机械的科学主义看待和分析人类社会历史，而主张以更能体现“人事之律”的人文主义来补充实证主义的不足。这就是他们在肯定“断之以证”的同时，又主张“度之以情”和“验之以理”的含义所在。这与后来陈寅恪提出治史当具一种“同情之态度”和钱穆所谓看待本国历

① 参见《古史辨》（一），第166、164页。

② 参见《诸子集成（六）》（中华书局1954年版，第294、295页）和《读通鉴论》卷二十“唐太宗八”（中华书局1975年版，第1577页）。

③ 胡适：《古史讨论的读后感》，《古史辨》（一），第194、196页。

史应有一种“温情和敬意”，其精神显然是相通的。显然，新人文主义提供的这一学术方法论境界，目的是希望通过史料考证与人文阐释、史实表层考察与深层含义体悟的结合，在本已裂痕重重的科学与人文之间架设起沟通的桥梁。

可见，学衡派的上述主张，尽管与现代学术史上居于主流地位的“科学派”表现出某种异趣，但其理论和实践，对于丰富现代学术建设的内涵并使之更趋合理化，却有着不可忽略的建设性意义。

第三节　新人文主义的史学实践

在学衡派的基本成员中，具有史学背景的主要有柳诒徵、汤用彤、李思纯等，学生辈中后来成名的则有缪凤林、张其昀、陈训慈、景昌极等。其中最具代表性且成就最高者，当推柳、汤二人，兹略探其史学如下。

一、柳诒徵的中国文化史研究

柳诒徵（1880—1956），字翼谋，晚号劬堂。江苏镇江人。早年受传统教育，1901 年入南京江楚编译局任分纂，并从总纂缪荃孙问学，次年据日本那珂通世《支那通史》增补编成教科书《历代史略》。1903 年初赴日本考察学务月余。归国后，与友人创办南京思益小学、江南中等商业学堂等，编有《中国商业史》、《中国教育史》等。1911 年任家乡镇江县临时县议会副议长，率先剪辫发响应辛亥革命。1915 年起执教于南京高等师范学校，后任东南大学历史教授。时正值国内学术界东西文化问题论战方殷之际，为抒发其对中国文化之见解，乃于 1919 年至 1921 年间撰成《中国文化史》一部。其书初以讲义形式随编随印发给学生。1925 年至 1928 年由《学衡》杂志分期连载，并出合订本。1928 年复由中央大

柳诒徵

学排印出版。

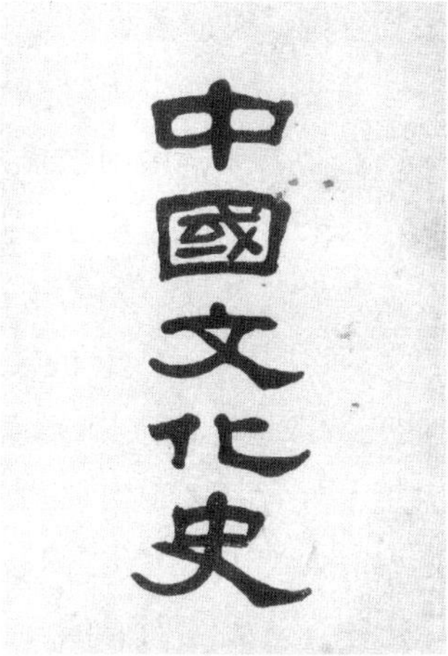

《中国文化史》(钟山书局版)

在该书《绪论》中，柳诒徵指出：“人类之动作，有共同之轨辙，亦有特殊之蜕变。欲知其共同之轨辙，当合世界各国家、各种族之历史，以观其通；欲知其特殊之蜕变，当专求一国家、一民族或多数民族组成一国之历史，以觇其异。今之所述，限于中国。凡所标举，函有二义：一以求人类演进之通则，一以明吾民独造之真际。盖晚清以来，积腐襮著，综他人所诟病，与吾国人自省其阙失，几若无文化可言。欧战既辍，人心惶扰，远西学者，时或想象东方之文化，国人亦颇思反而自求。然证以最近之纷乱，吾国必有持久不敝者存，又若无以共信。实则仅凭短期之观察，遽以概全部之历史，客感所淆，矜馁皆失。欲知中国历史之真相及其文化之得失，首宜虚心探索，勿遽为之判断，此吾所渴望于同志者也。”也就是说，他希望通过中国历史与文化特性的研究，说明“中国文化为何？中国文化何在？中国文化异于印、欧者何在”等问题，以揭示其得失和所以“持久”之理。

中国历史与文化之特性何在？柳氏认为，综其大者，至少有三。

一是“幅员之广袤，世罕其匹……数千年来，治权时合时分，而国土之增辟初或无间，今之拥有广土，皆席前人之成劳。试问前人所以开拓此天下，抟结此天下者，果何术乎？”

二是“种族之复杂至可惊异也。今之中国，号称五族共和，其实尚有苗、傜、僮、蛮诸种，不止五族。其族之最大者，世称汉族，稽之史策，其血统之混杂，决非一单纯种族，数千年来，其所吸收同化之异族，无虑百数……而异族之强悍者，久之多同化于汉族，汉族亦遂泯然与之相忘。试问吾国所以容纳此诸族，沟通此诸族者，果何道乎？”

三是“年祀之久远，相承勿替也”，虽然其间政权时有更迭，然国家和民族文化却始终一脉相承延续至今。“试问吾国所以开化甚早、历久犹存者，果何故乎？”[①]

这三个问题，确值得治中国史者思考。

在他看来，中国古代人种之起源，绝非晚清以来一度盛传于学术界的“西来”者，更大的可能是出于多元，“彼以为中国土著只有一族，后之战胜者，亦只外来之一族者，皆不知古书之传说，固明示以多元之义也”。而中国古代文化的发展，主要取径于注重积累、继承基础上的自我“蜕化”改造之途。“大抵人类之思想不外吸集、蜕化两途。列国交通，则吸集于外者富；一国独立，则蜕化于前者多。三代制度虽有变迁，而后之承前大都出于蜕化。即降至秦汉，学者分别质文，要亦不过集合过去之思想为之整理而引申，必不能谓从前绝无此等影响，而后之人突然建立一说，乃亦条理秩然，幻成一乌托邦之制度。”在这一过程中，周代的贡献最为突出，“周之文化，以礼为渊海，集前古之大成，开后来之政教。其著于典籍者，虽经秦火，所存犹夥”。“故吾国文明，在周实已达最高之度，嗣又渐降而渐进。”秦汉以降，社会各项事物虽时有创造发明，“然自全体观之，则政教大纲不能出古代之范围”。为此，他特在书的“上古文化史”一编中，以将近五分之一的篇幅，分十二个专题对从疆域封国、行政、田制、兵制、市肆门关、教育、宫室、道路、饮食、服饰、礼俗和艺术等方面对“周之礼制”作了详细说明，以示其重要性。

对于孔子在中国文化史上的地位，他更是推崇备至，称：“孔子者，中国文化之中心也。无孔子则无中国文化。自孔子以前数千年之文化，赖孔子而传；自孔子以后数千年之文化，赖孔子而开。即使自今以后，吾国国民同化于世界各国之新文化，然过去时代之与孔子之关系，要为历史上不可磨灭之事实。”并对孔子倡导的一套人生哲学和道德理念，如“中庸”之道、“忠恕”之道、克己修身等再三致意，认为儒家所建立的一套道德伦理学说，实为中国文化精义之所在，新文化运动以来的反孔和排斥传统道德之说实不足取，说：“近人习于非儒之言，诋毁儒家，无所不至，甚至有以曾子之战战兢兢为萎缩气象者，不知人之

① 上引均见柳诒徵：《中国文化史·绪论》，中国大百科全书出版社 1988 年版。

强毅，正由自反而缩得来，无内省慎独之功。而矫为强毅，是则客气用事，未足以入道也……蚍蜉撼树，是则至可笑者耳。”[①] 而对当时思想界出现的儒学复兴思潮和有人主张“以儒家根本之精神为解决今世人生问题之要义”则深表欣慰。[②]

柳氏的这一文化姿态，固然反映了其致力弘扬和继承传统精神的主基调，但却并不意味着他在文化上一意自闭和主张复古。事实上，他早年倾向洋务思潮，辛亥革命时，复挺身拥护民主共和，于近代思想和观念亦多所接受，这一点，在《中国文化史》中同样有相当的反映。

如对于外来文化的输入和融合，柳氏一直抱有开放的心态，将其视为中国文化“蜕化”变革的大契机和考察中国文化变化的基本依据。说：“吾书凡分三编：第一编，自邃古以迄两汉，是为吾国民族本其创造之力，由部落而建设国家，构成独立之文化时期；第二编，自东汉以迄明季，是为印度文化输入吾国，与吾国固有文化由抵牾而融合之时期；第三编，自明季迄今日，是为中印两种文化均已就衰，而远西之学术、思想、宗教、政法以次输入，相激相荡而卒相合之时期。此三期者，初无截然划分之界限，特就其蝉联蜕化之际，略分畛畔，以便寻绎。实则吾民族创造之文化，富于弹性，自古迄今，纚纚相属，虽间有盛衰之判，固未尝有中绝之时。苟从多方诊察，自知其于此见为堕落者，于彼仍见其进行。第二三期吸收印欧之文化，初非尽弃所有，且有相得益彰者焉。”在谈到佛教输入中国的意义时，他还谈到，这一过程不仅“使吾国社会思想以及文艺、美术、建筑等皆生种种之变化，且吾民吸收之力，能使印度文化变为中国文化，传播发扬，且盛于其发源之地，是亦不可谓非吾民族之精神也”。这种从不同文化类型交融变化着眼的历史分期标准，不仅在当时具有进步意义，且表明柳氏已察觉到了多元文化的相互撞击在其自身发展过程中的重大作用。

至于柳氏运用现代学理和价值观对古代诸文化现象的剖析，书中

---

① 柳诒徵：《中国文化史》，第 7—8、110—111、121、128、345、231、254 页。

② 柳诒徵：《中国文化史》，第 870 页。

更是随处可见。柳诒徵对传统伦理中忠孝等观念向极尊重，认其为中国文化精神和做人之根本。但在如何理解这些观念的真实内涵上，却提出了不同于流俗的解释。在他看来，“忠”之本义，“非专指臣民尽心事上，更非专指见危授命。第谓居职任事者当尽心竭力求利于人而已。人人求利于人而不自恤其私，则牺牲主义、劳动主义、互助主义悉赅括于其中，而国家社会之幸福自由此而蒸蒸日进矣……后儒不知忠之古谊，以臣民效命于元首为忠，于是盗贼豺虎但居高位，即可贼民病国，而无所忌惮；而其为下者，亦相率为欺诈叛乱之行，侈陈忠义而忠义之效泯焉不可一睹。岂非学者不明古史、不通古谊之过哉！”至于“孝”，亦非仅限施于家族之内和顺从亲意，“举凡增进人格，改良世风，研求政治，保卫国土之义，无不赅于孝道……后世务为狭义之孝者，不可以咎古人”。①

对于传统文化中包含的某些民本、民权或带有民主倾向的思想因素，柳氏也作了极力发掘和揄扬。如说：“周时虽无民主，而有民权。人民之钤制帝王，隐然具有一种伟大的势力。盖周代相传之训，以为天降下民，而后为之作君作师。”“吾国先哲立国要义，以民为主，其立等威、辨上下，亦以为民、而非为帝王一人或少数武人、贵族纵欲肆虐而设。故虽未有民主立宪之制度，而实有民治之精神。惟其制礼既密，施教亦久，故遇暴虐之君如厉王者，人民虽知群起逐之，而仍必委政权于国之大臣、素负民望者，初无削除贵族，悉以平民执政之意。”在谈到宋代的教育制度时，他还指出：当时“太学诸生能直攻宰相、台谏而使之去，其权至与人主抗衡，则正宋室养士之效。以贾似道之奸，而不敢得罪学生，仅思以术笼络，其贤过于今之政府多矣”。矛头直指北洋政府镇压学生运动的专制暴行。又说，宋元之世，教育机构除官办的国学和府县之学外，另有书院，“盖学校多近于科举，不足以餍学者之望，师弟子不能自由讲学，故必于学校之外，别辟一种讲学机关。其官立者，虽有按年积分之制，而私家所设或地方官吏自以其意延师讲授者，初无此等拘束，故淡于荣利，志在讲求修身治人之法者，多乐趋于

① 柳诒徵：《中国文化史》，绪论、第345、79—80、82页。

书院。此实当时学校与书院之大区别也。宋时州县学校，皆有田产以赡学者，然以属于官吏，亦可为强权所夺。若书院之创自私人者，其田产当然属于书院，不至为政府没收。第须规制完善，经理得人，其事反视官立学校为可恃。故当时定令，各地虽皆有学校，而士大夫仍于学校之外增设书院，不以并行为病，是亦书院与学校异趣者也。呜呼，讲学自由，经济独立，非今日学者所渴望者乎？稽之史策，固有前规，凡今人之所虞，何莫非昔人所见及者乎！”

这些论述，虽不免带有某些美化古人古学的色彩，但内中透出的显然是现代民主气息及其对现实民主和社会合理秩序的向往。

此外，该书对不少历史文化问题的评判，也都表现出相当的进步性。如谓科举考试，虽“可以泯贵族平民之阶级，然以利禄诱人，奖竞召伪，大损人格，实与古代教育之义相反。夫人民止知尚利禄，而不尚道义，非独科举为害也，即行学校之制，亦足为害。班固论汉代学校，已斥其禄利劝人，是学校、科举，名二而实一也。论者徒谓汉以后学校科举，一本儒术，故以国家社会之不进步，归咎儒家。实则教育之根本既崎，无论何种学术，皆不能免于腐败也”。论及古代妇女缠足制度，则谓：“自唐以降，汉族不振，固有各种原因，而妇女缠足，亦其一也……女子缠足，则身体孱弱，所生子女必不强壮。此正汉族不及他族之弱点。而后世反以此为中国特别之风俗，取其与他族妇女有别，或且严禁而不能实行，斯则事之至可怪者也。”①

又如清乾嘉考据学，经新文化运动期间胡适等人的称扬，一度比肩于西方现代科学，声誉日隆。柳诒徵则在书中表示了不同意见，认为：“近人尤盛称其治学方法，谓合于西洋之科学方法。实则搜集证据，定为条例，明代学者已开其端，非清人所得专美。虽科条精密，后胜于前，然其能成为科学者，自文字、音韵外，初不多觏也……盖汉学家所考证者，局部之考证，于唐以下之书率不屑读，尤鄙夷宋人，好事诋斥，此皆其所短也。”② 这一看法，应当说是比较切中肯綮的。

① 柳诒徵：《中国文化史》，第201、203、568、574—575、347、493页。
② 柳诒徵：《中国文化史》，第745—746、绪论、3、105页。

柳诒徵的《中国文化史》，不仅观念上有长处，其治学方法和编纂学也有一些值得注意的特点。

首先是视野开阔，实际上是一部以文化为主线的中国简明通史。自晚清西方和日本的“文明史学”输入中国后，国内史学界曾出现了一股以探索社会发展“公理公例”的文化史撰述来取代以政治为主体的旧通史风气，20世纪初期梁启超的文化史研究实践及其稍后拟定的《中学国史教本改造案并目录》和《中国文化史》编写目录，便较典型地反映了这一努力。柳诒徵编写《中国文化史》的理念和框架取径显然受到过梁氏的启发，其《绪论》称：“世恒病吾史书为皇帝家谱，不能表示民族社会变迁进步之状况。实则民族社会之史料触处皆是，徒以浩穰无纪，读者不能博观而约取，遂疑吾国所谓史者，不过如坊肆《纲鉴》之类，止有帝王嬗代及武人相斫之事，举凡教学、文艺、社会、风俗以至经济、生活、物产、建筑、图画、雕刻之类，举无可稽。吾书欲祛此惑，故于帝王朝代、国家战伐多从删略，惟就民族全体之精神所表现者，广搜而列举之。”故书中有关文化史的考察，范围十分广博，举凡人种起源、疆域变迁、朝代兴替、民族融合、中外交通、政治法律、经济生活、礼俗宗教、教育学术、文学艺术、工商科技、漕运水利、起居饮食等，莫不按时代顺序，撮其要而一一胪述。这一框架范式，对后来的文化史编写影响至为深远。

其次是文献翔实，条理明晰。诚如柳诒徵所说，中国社会文化史的文献堪称汗牛充栋，惜多处于分散而缺乏整理的状态，以致许多情况不为一般人所知。为此，在创编这部中国文化通史的过程中，他广征博引，从六经、正史、诸子、官修典志、文集笔记到近代中外论著、报章杂志、统计资料等数百种文献中爬梳出相关资料，分条罗列，使中国历史上各种社会文化和生活现象及其制度的源流得到了初步系统的厘清。顺便指出，尽管柳氏的文化观念比较保守，但他对古文献包括儒经在内的古史记载也并非一味盲从，如谓“周秦之人之去太古，不知若干万年。视吾人之去周秦之年岁，不止十百倍蓰。故虽周秦人相传之说，不能尽信为正确之史料。后世穿凿附会之说，更不足言”。又说“夏殷之礼，文献无征。而古书所言古代制度，多有莫知何属者”，故有关此时期制度的记载，尚属“传疑”状态，难以据信。[①] 这一态度显然是较为理性和严谨的。当然，从总体上看，《中国文化史》所引资料大多仍不脱传统文献范围，有些地方还存有疏误，仅在极少数地方引用过一些近代考古和甲骨金文资料，这不能不说是本书的一大局限和弱点。但即使如此，其书在中国文化史初创时期的筚路蓝缕之功，诚不可没。正如胡适所说：“柳先生的书列举了无数的参考书籍，使好学的读者可以依着他的指引，进一步去寻求他引用的原书，更进一步去寻求他不曾引用的材料。”[②]

最后还应说明一点，柳诒徵的文化观虽十分强调道德和文化巨人在历史运动中的主导作用，表露出明显的精神至上和“英雄史观”倾向，但在历史研究的具体实践中，往往又能不拘一格地注意吸收其他一些新的理论来充实自己，从而表现出某种兼收并蓄的特征。如其《中国文化史》开卷就强调：历史之学，最重因果。“治历史者，职在综合人类过去时代复杂之事实，推求其因果而为之解析”，并主张通过研究世界各国和各民族之史而观其通，“以求人类演进之通则”。针对旧文献中将上古文物制度创建多归诸伏羲、神农、黄帝等圣人之功的说法，他还提出：古代发明创制不必都出自一人，“黄帝时之制作，或恃前人之经验，或赖多士之分工，万物并兴，实非一手一足之烈。故知社会之开明，必基于民族之自力，非可徒责望于少数智能之士。而研究历史，尤当涤除旧念，著眼于人民之进化。勿认开物成务，为一人一家之绩也”。[③] 在论及鸦片战争以后中国社会经济之变迁时，他甚至提道：“国民之思想道德，根于经济之变迁而变迁者，尤为治史者所当深究矣。”

这些肯定历史发展有“通则”可寻、认定“圣人”之作用实基于社会群体力量，以及主张思想道德随社会经济变化的近乎唯物史观的理论表达，虽然和其崇尚的“英雄史观”有所背离，但无疑都影响了他对某些历史现象的认识。

不仅如此，即使对于他所接受并作为认识历史基本手段的进化论，

---

① 柳诒徵：《中国文化史》，绪论、第 3、105 页。

② 胡适：《评柳诒徵编著〈中国文化史〉》，《清华学报》第 8 卷第 2 期。

③ 柳诒徵：《中国文化史》，绪论、第 14、845、391—392 页。

其看法也表现出相当的变通性，说："历史现象变化繁赜，有退化者，有进化者，有蝉嫣不绝者，有中断或突兴者，固不可以一概而论也。"这样的认识，表明柳诒徵已意识到，真实的历史现象远比进化论所描绘的要复杂得多，虽然历史从总体上呈现为进化状态，但其过程却始终充满着曲折反复。而从某种程度上讲，这应当是一种历史认识趋于深化的表现。

柳诒徵在治学方法和观念上呈现的兼收并蓄特征，一定程度上正反映了新人文主义主张中庸调和的处事风格与文化色彩。

二、汤用彤的中国古代思想史研究

（一）汤用彤的现代文化建设观

汤用彤（1893—1964），字锡予，祖籍湖北黄梅，生于甘肃渭源。自幼随父习读四书五经，1911 年起就读于北京顺天学堂，次年考入清华学堂。1916 年自清华毕业并考取留美官费生，因患眼疾暂留校教国文，至 1917 年始赴美国汉姆林大学主修哲学。1919 年转入哈佛大学研究院深造，除与陈寅恪同随兰曼（Lanman）教授习梵文、巴利文及印度哲学外，还经吴宓引介结识了该校文学教授白璧德（Irving Babbitt，1865—1933）。这一经历，对其学术思想的形成和专业主攻方向的确定，关系至深。

汤用彤

汤氏早年就有以道德济世的志向。1914 年 9 月起，他针对第一次世界大战爆发后人类大规模自相残杀的惨剧和民国初年国内种种民不聊生的现实，在《清华周刊》发表了题为《理学谵言》的长文，初次吐露了试图以道德救世的心愿。文中，他对当时"上无礼下无学，朝无鲠直之臣，野无守正之士，加以西风东渐，数千年之藩篱几破坏于一旦，而自由平等之说哄动天下之人心，旧学既衰，新学不明，青黄不接，岌岌可危"的局势表示了极大的担忧，认为欲救其弊，端在发扬“民德”，“夫国之强盛系于民德，而不系于民智。人心不良，理化者适助其日日制杀人之具，算数适增其机械计谋之毒”。民德不能追，风俗不能厚，而人类之魔障毒药终不能除。正因如此，大战以来，即使是西方那些物质文明发达的国家，也有人深自反省，“群相警戒，极力欲发达心理文明”，以纠工具理性过分膨胀的偏颇。在他看来，中国传统文化中注重德性和人格修养的“理学”对此恰是一剂“良药”，故特在文中阐发朱熹和王阳明的修身进德之说，指出：“理学者，中国之良药也，中国之针砭也，中国四千年之真文化真精神也……夫以古之理学与今之科学比，则人咸恶理学而求科学矣。不知理学为天人之理，万事万物之理，为形而上之学，为关于心的；科学则仅为天然界之律例，生物之所由，驭身而不能驭心，驭驱形骸而不能驱精神。恶理学而乞灵科学，是弃精神而任形骸也。”该文的主基调，固不免有阐扬国粹的意味，但其用心则在通过“明道德之要”，劝人“树德务滋，除恶务尽，自强自胜”[①]，进而澄清天下风俗。依据这一宗旨，1915 年冬，他还与同学吴宓等组织了天人学会，倡导“融合新旧，撷精立极，造成一种学说，以影响社会，改良群治”。会名“天人”即由汤氏创议，因为在他看来，“天者天理，人者人情。此四字实为古今学术政教之本，亦吾人方针所向”。[②] 当其在美接触了白璧德后，更为这种理想找到了知音和新的理论支撑。

1922 年，汤用彤获哈佛大学硕士学位，归国受聘为南京东南大学哲学系教授。其时，正值梅光迪和吴宓为首的学衡派与胡适等人展开激烈的文化论战之际。为此，汤用彤特在《学衡》发表《评近人之文化研究》一文，申述己见。指出，新文化运动中出现的文化纷争，往往不出二种倾向，即“新学家以国学事事可攻，须扫除一切，抹杀一切；旧学家则以为欧美文运将终，科学破产，实为‘可怜’。皆本诸成见，非能精考事实，平情立言也”。这些认识上的误区，皆因“时学浅隘，其故

① 汤用彤：《往日杂稿·理学谵言》，《汤用彤全集》第五卷，河北人民出版社 1999 年版，第 27—28、6、3、32 页。

② 参见吴学昭：《吴宓与汤用彤》，汤一介编：《国故新知：中国传统文化的再诠释》，北京大学出版社 1993 年版，第 23 页。

在对于学问犹未深造，即中外文化之材料实未广搜精求。旧学毁弃，固无论矣。即现在时髦之西方文化，均仅取一偏，失其大体”。要改变这种现状，就必须对中外文化各自的特点进行深入具体的研究，并认真总结中外文化交流的历史经验和教训，才能切实认清其中的利弊得失，作出相应的判断。他坚持认为，中国现代文化建设路向的正确选择，应当建立在冷静扎实的学理研究基础上。这一点，也许正可解释他后来始终不甚热衷于宏观文化理论的讨论，而甘愿长期沉潜于具体细微的学术思想史研究之故。

针对当时社会上不少人专重实验应用科技而轻视文理基础研究的看法，汤用彤还指出，从历史上看，科学之发达，其初本非因实用而起，“物理一科，不因造汽舟汽车而成；化学一科，不为制毒弹毒气而设。欧西科学远出希腊，其动机实在理论之兴趣。亚里士多德集一时科学之大成，顾其立言之旨，悉惟哲理之讨论。即今日科学曷尝不主理性，如相对论虽出于理想，而可使全科学界震动；数学者，各科学之基础也，而其组织全出空理”。至于“华人立身讲学，原专主人生，趋重实际，于政法、商业至为擅长，于数理、名学极为欠缺。希腊哲学发达而科学亦兴，我国几无哲学（指知识论、本质论言。人生哲学本诸实用兴趣，故中国有之），故亦无科学。因果昭然，无俟多说”。[①] 故尤须加强哲学和理科方面的研究，以救一般人思想太重实用和目光短浅之偏，而从根本上助科学思想之发达。可以说，正是这一认识，使他立定了以哲学和思想史研究作为终身事业的志向。而其选择中国佛教史为自己的学术主攻方向，则另有更深一层的含义。

近代以来，中国一方面因西方列强的入侵而经历了深重的民族危机，但另一方面，西学东渐又给中国文化发展以新的巨大刺激。汤用彤认为，近代以来中西文化交汇冲撞的结果和中国文化未来的前景如何，现在虽然尚不能确切预言，但过去中外思想文化接触的历史经验却足供我们借鉴参考。按照文化人类学中批评派和功能学派的理论，外来文化与本土文化的接触，一般来说，其结果总是引起双方的共变，“因为

① 汤用彤：《往日杂稿·评近人之文化研究》，《汤用彤全集》第五卷，第275—276、274页。

一个地方的文化思想往往有一种保守或顽固性质，虽受外力压迫而不退让，所以文化移植的时候不免发生冲突。又因为外来文化必须适应新的环境，所以一方面本地文化思想受外来影响而发生变化；另一方面因外来文化思想须适应本地的环境，所以本地文化虽然发生变化，还不至于全部放弃其固有特性，完全消灭本来的精神……所以文化思想的移植，必须经过冲突和调和两个过程。经过以后，外来思想乃在本地生了根，而可以发挥很大的作用”①。这些论述清楚地表明，在现代文化的建设方向上，汤用彤既反对“全盘西化”，也不主张恪守“国粹”，而是希望形成一种能够自觉融合各种外来新鲜血液，而又不失其民族文化特性的理性格局。而他的中国佛教史研究，便始终贯注着致力探讨中外文化融合的途径，以为现代文化建设借鉴的深意。

（二）汉唐佛学与玄学史研究

汉唐佛教史是汤用彤一生用力最勤和成就最为突出的研究领域。自1920年进入哈佛研究院习巴利文、梵文和印度哲学起，他就开始为佛学史的研究作了系统准备。1922年夏归国后，在南京任教之余，复与熊十力、蒙文通等入支那内学院同研佛学，并任内学院研究部导师和巴利文导师，负责指导“文典长阿含游行经演习”和讲授“金七十论解说”等课程，先后发表《佛教上座部九心轮略释》（1924）、《印度哲学之起源》（1924）、《释迦时代之外道》（1924）、《南传〈念安般经〉译解》（1927）、《印度哲学史——序论》（1929）等有关印度佛教或哲学论文。与此同时，他还着手大量研读和梳理有关中国佛教史的资料，陆续发表《读慧皎高僧传札记》（1930）、《摄山三论宗史略考》（1931）、《唐太宗与佛教》（1931）、《竺道生与涅槃学》（1932）、《中国佛史零篇》（1937）等文。在此基础上，逐步形成了对中国佛教史的系统见解，并于1920年代末写成《汉魏两晋南北朝佛教史》和《隋唐佛教史稿》两部专著的初稿。其中《汉魏两晋南北朝佛教史》经作者多次修改，1938年由商务印书馆出版；《隋唐佛教史稿》则因种种原因，至1981

① 汤用彤：《往日杂稿·文化思想之冲突与调和》，《汤用彤全集》第五卷，第279页。

年始正式发表。[①]

汤用彤的汉唐佛教史研究素以材料丰富、考证精当、内容系统和胜义纷披，受到中外专业人士的一致推崇，被誉为“60年来之中国佛教史研究领域内，无与比肩者”[②]。其中最值得注意的贡献有两方面。

一是运用现代学术理念，树立起中国佛学史研究的新范式。

汤用彤的汉唐佛教史研究，是运用现代学术方法研究佛教史的奠基之作，也是迄今为止最为成功的范例。虽然在《汉魏两晋南北朝佛教史》发表前后，国内曾出现过蒋维乔和黄忏华的两部通论性《中国佛教史》（1929、1940），但蒋著主要取日本境野哲《支那佛教史纲》（原书仅述至宋以前）之说增补而成，黄著亦大体仿照日本宇井伯寿《支那佛教史》而来，唯汤用彤则独辟一径，从资料的采集考证，到史实的梳理排比和名理阐发，都形成了自己的体系。在此意义上，也可以说，现代中国之真正拥有自己学者撰写的新体佛教史，实始自汤氏。

在他看来，中国佛教发展的主要精髓俱见于五代之前，此后则精神已失，仅存躯壳而已。[③]而汉至南北朝为佛教由外来文化逐步走向中国化的关键时期，头绪纷繁，众说异歧，尤号难治。鉴于佛教史的研究，“最须注意者有二事：一为各派学说之不同，一为诸部间变迁之线索”，否则“既不能于各部显示其特点，又不能就佛法全体上明诸异说之根源”。[④]据此，他把该期佛教史分为两个阶段加以考察论述，前五章“汉代之佛教”，主要通过梳理有关印度佛教入华时间及初期传播的各类传说和史籍记载，廓清种种误传，以见其变迁之真相。后十五章“魏晋南北朝佛教”，为全书重心所在，从三个角度展开讨论：一为佛教自身的演化流传之迹；二为各时期佛教代表人物、学派及其学说；三为佛教著述之文献状况，在书中第十五章“南北朝释教撰述”中，他将南北朝时

---

① 此稿原为讲义，作者生前未正式出版，仅有前中央大学1929年油印本和北京大学1931年铅印本。1981年起，经汤一介先生整理，连载于《中国哲学》第四至七辑，现收入《汤用彤全集》。

② 蓝吉富：《〈汉魏两晋南北朝佛教史〉前言》，《现代佛学大系》第27册，台北弥勒出版社1982年版。

③ 汤用彤：《五代宋元明佛教事略》，《中国哲学》第五辑，1981年1月，第456页。

④ 汤用彤：《评〈小乘佛教概论〉》，《汤用彤全集》第二卷，第362—363页。

期的佛教著作分注疏、论著、译著撰集、史地编著、目录、伪书六类，有的还下分若干子目，详列其书名，或略作评述。并谓："研究我国佛教之依据，首重译本。搜讨我国佛教之思想，则当研前贤撰述。印度有印度之佛教，中国有中国之佛教，其异点不专在经典之不同，而多在我国人士对于传来学说有不同之反应也。"[①]

其《隋唐佛教史稿》的写作同样显示了这一编纂特点。全书五章，其中第一、二、五章论该期佛教盛衰、传播史迹；第四章论各宗派源流；第三章分五目述诸家论著。通过以上三者的交错立体考察，从而比较全方位多层次地显示了佛教作为一种特殊文化现象的精神面貌和演变特征。

在史实的厘清方面，汤用彤作了大量深入细致的考辨。如关于汉代佛教，尽管梁启超等人也曾提出过当时"实认佛教为黄老之支与流裔"[②]的看法，但终因材料单薄而语焉不详。汤则在更广泛搜集相关材料并严密考证的基础上，从史实与内容两方面，揭示了汉代佛教之佛道特征。从而使整个论证得以确立在更为坚实的基石之上，其主要结论至今未被动摇。

又如关于禅宗初祖菩提达摩出处，史籍所载颇有不同，或云为南天竺人（道宣《续高僧传》），或云出自波斯（杨衒之《洛阳伽蓝记》）。汤用彤考其行迹，指出其以《楞枷经》传弟子，达摩一派因此遂称楞枷师，而《楞枷经》出于南印度，则其"或本南天竺人，故受地方学风之影响"。又谓《楞枷经》和《金刚般若》虽同以无相为宗，但"《楞枷经》经典蕴义深广，号称难读。北学深芜究其枝叶，必渐至为文字所拘束，而不能发明其精神。《金刚》能断简短直入，依之讲解，陈义可以自由，于语文上可少牵涉"。故后来禅宗"复兴达磨（摩）之精髓，而遂舍深博之《楞枷经》，取简略之《金刚》也"。[③]类似这样的考证，在其佛教史研究中可说触处皆是。

汤用彤的历史考证，不仅以严谨细密著称，更为难能的，还在于

---

① 汤用彤：《汉魏两晋南北朝佛教史》，《汤用彤全集》第一卷，第 414 页。
② 梁启超：《佛学研究十八篇》，上海古籍出版社 2001 年版，第 34 页。
③ 汤用彤：《往日杂稿》，《汤用彤全集》第五卷，第 221、226 页。

破除了旧考证家常有的就事论事陋习，而时时贯有一种宏通的见解。在评论冢本善隆所著的《唐中期净土教》时，他曾指出其书："叙述详赡而少能在大处综论，后之学者如能继冢本君之芳踪，而特察世运推移之因果，则幸甚矣。"[①] 其实，这也是他对自己治史的基本要求。

如魏晋时，佛教《般若》学大盛，中国僧人对般若的解释可谓异说繁兴，形成所谓六家七宗。僧睿《道行记序》、昙济《六家七宗论》、梁宝唱《序法论》、唐元康《肇论疏》、慧达之《肇论》旧疏、日人安澄《中论疏记》等，对此均有提及，然说法不一，记载不详。汤用彤的研究，则对各宗名称、宗义、所创之人一一厘定，特别是对"释道安之性空义"的解释，首先比勘各家学说，指出："安公之意，大义有二。一空者空无。二空无之旨，在灭异想。"唯具体意义，颇难索解。乃从道安《阴持入经序》、《道地经序》、《安般经序》、《人本欲生经》等有关禅数的著作中加以寻绎，判断出"安公可谓自禅观以趣于性空者也"，其性空之义得自对般若法性的理解。又据《合放光光赞随略解序》，得知"自安公视之，常静之极，即谓之空。空则无名无著，两忘玄莫，隤然无主。由是而据真如，游法性，冥然无名。……故空无之旨在灭异想"。从中得出了"凡此常静之谈，似有会于当时之玄学。虽安公曾斥格义……然融会佛书与《老》、《庄》、《周易》，实当时之风气，安公之学说似仍未脱此习也"。[②] 由此透过个别佛学宗义的讨论，触摸到了整个时代学术思想的氛围。

在讨论汉唐帝王及士人与佛教发展关系时，汤用彤的这种"通识"表现得更为鲜明。在他看来，中国士人对佛教的态度及与僧人的关系构成了佛教的外部生存环境，决定和反映着佛教在中国的发展阶段及其性质。作为一个新人文主义者，汤更注重精英人物主要是帝王与士人对佛教的影响。他认为："佛教史之分期，盖据势力之盛衰而言。势力之消长除士大夫之态度外，亦因帝王之好恶。"隋炀帝、唐太宗、武则天、玄宗等帝尊视佛教，"佛教最有名之宗派均因之而兴起。而有开元之禁

① 汤用彤：《评〈唐中期净土教〉》，《汤用彤全集》第二卷，第366页。
② 汤用彤：《汉魏两晋南北朝佛教史》，《汤用彤全集》第一卷，第188、187、189页。

令，三阶教由之而亡；有会昌之法难，我国佛教其后遂衰。宗教与社会政治之关系，固甚重要”。[①] 可以说，帝王对佛教的态度，很大程度上决定了佛教作为一种宗教势力的兴衰消长。当然，汤氏更重视的是士人与佛教的关系。他曾从理论的高度对两晋以来二者的关系作了这样一个概括：“溯自两晋之后，士大夫与佛教之关系约有三事：一为玄理之契合，一为文字之因缘，一为死生之恐惧。”[②] 佛教与中华文化在玄理上的契合，无疑是佛教在中华生根、壮大的根本原因；而对死生的恐惧，是广大士人信仰佛教的一个重要因素；士人与僧徒文字上的因缘，则使佛教在衰落之后（宋以后），亦能保证在中华文化中占有一席之地。故此两者之关系，实从根本上决定了佛教的面貌及地位。

他指出，从整个中国佛教史发展的脉络看，汉代佛教混同于道术，其真实面目不显，故可名之曰“佛道”。因“佛教在汉世，本视为道术之一种。其流行之教理行为，与当时中国黄老方技相通。其教因西域使臣商贾以及热诚传教之人，渐布中夏，流行于民间”[③]。整个东汉，与佛教发生关系者，仅有数人，且多以黄老与浮屠并称。“楚王英诵黄老之微言，尚浮屠之仁祠”，楚王英称佛教为“仁祠”，说明他视佛教为祠祀方术之一种，与黄老道术相通。汉桓帝并祭老子浮屠，其时襄楷上疏亦言：“闻宫中立黄老浮屠之祠”。可见，其时“上流社会，偶因好黄老之术，兼及浮屠，如楚王英、明帝及桓帝皆是也。至若文人学士，仅襄楷、张衡略为述及，而二人亦擅长阴阳术数之言也。此外则无重视佛教者”。[④]

三国时代为佛教在中国的转折期，名士对佛教的认识有所深化，牟子即其代表。牟子信佛，但其理解的佛教，已不是东汉的神仙方术，而是与老庄之学可通的玄理。两晋时期，佛教依附玄学，日益发展兴盛，名士与僧人的关系也发生了根本的转变，即由以前之分离走向结合。《高僧传》所谓：“‘孙权使支谦与韦昭共辅东宫’，言或非实。然名僧名

① 汤用彤：《隋唐佛教史稿·绪言》，《汤用彤全集》第二卷，第5页。
② 汤用彤：《隋唐佛教史稿》，《汤用彤全集》第二卷，第202页。
③ 汤用彤：《汉魏两晋南北朝佛教史》，《汤用彤全集》第一卷，第89页。
④ 汤用彤：《汉魏两晋南北朝佛教史》，《汤用彤全集》第一卷，第40、42、43、89页。

士之相结合，当滥觞于斯日。其后《般若》大行于世，而僧人立身行事又在与清谈者契合。夫《般若》理趣，同符《老》《庄》。而名僧风格，酷肖清流，宜佛教玄风，大振于华夏也。……名人释子共入一流。世风之变，可知矣。”①从竺法护、于法兰、于道邃、竺叔兰、支孝龙、帛法祖、竺道潜、支遁等名僧行迹中可以看出，他们具清谈风格，行事或厉操幽栖，高情避世；或佯狂放达，宅心事外，因而受到名士推重。而佛徒则附和名士，约言析理，发明奇趣，既促进了佛教的兴盛，同时也造成了佛教的玄学化。

南北朝时期，南北政治对立，风气益日形殊异。南朝上接魏晋之风，佛玄合流，士大夫与僧徒之结合，多袭支许之遗风，“当时名士之所以乐与僧人交游，社会之所以弘奖佛法，盖均在玄理清言”②。但与魏晋时期僧人对名士的片面依附不同，佛子往往执清谈界之牛耳，大有凌驾于名士之上之势。这并不意味着僧人地位高于士人，而是说明佛教更深层次地融入到本土文化的血脉中了。北朝玄学衰落，经学复兴，佛教与经学俱起俱弘，仍带有汉世“佛道”色彩。此时僧徒常与儒师发生学问上之因缘，但二者关系，远不如南朝僧人与名士之密切。从总体看，南北朝廷上下信佛热烈，反映出此时佛教在社会已占有极大势力，故虽有魏太武帝、周武帝两度毁法，佛教仍大有发展，至隋唐而臻于极盛。

隋唐佛教大盛，一方面自然在于帝王之奖励，另一方面也在高僧之辈出。诚如汤氏所说：“隋唐二代，国家安定，华化渐张，而高僧之坚苦努力，不减于六朝，且教理昌明，组织渐完，玄奘、智者、吉藏、弘忍诸师人物伟巨，故佛法之盛过于六朝，此则因本身之真价值，而不待外援也。”③其时八大宗派相继创立，佛教获得独立地位，但僧人与士人的结合则不如六朝之紧密。士人与僧徒交游，多因对死生的恐惧和文字上的因缘，至于玄理上的契合，则不多见，佛教的精义囿于寺庙之内，行之不远。这也是唐后佛教不振的一个重要因素。

这种善于从大处着眼和小处入手的治学路向，不仅从整体上加强了

---

① 汤用彤：《汉魏两晋南北朝佛教史》，《汤用彤全集》第一卷，第 115 页。

② 汤用彤：《汉魏两晋南北朝佛教史》，《汤用彤全集》第一卷，第 333 页。

③ 汤用彤：《隋唐佛教史稿》，《汤用彤全集》第二卷，第 294 页。

其研究工作的厚实度，还使他往往得以在纷繁错综的材料中发现和钩稽出某些具有本质特征的史迹，并将其纳入中国佛教发展的系统线索加以分析，进而作出比较恰当的价值衡定。

二是以古鉴今，致力探讨中外文化融合之迹。

佛教史的研究通常有两条线索可循，一是中国佛教自身之演变，二是外来佛教与中华文化的关系。在汤用彤之前，蒋维乔和梁启超的研究都比较偏重于中国佛教自身之演变，故他们对唐以前佛教史的讨论，均以隋唐宗派的形成为其线索，如蒋维乔的罗什、觉贤“二系说”等。而汤用彤则更偏重于佛教与中华文化的关系，也即中外文化融合过程的考察。其汉唐佛教史的论述，正是围绕着中印（佛教）文化由冲突至调和的线索展开的，或者说是一部以中国佛教思想演变为中心的中印文化融合史，其目的在于探求中国人士融合外来佛教的方法，总结中外文化冲突与调和的特点。这一点，在汤氏的佛教史著述中，贯穿于各个阶段。

其论汉代佛教，谓当时流行之佛教思想、行为有以下四点可注意：一曰精灵起灭，二曰省欲去奢，三曰仁慈好施，四曰禅法。此四者，与当时中国盛行之黄老道术颇有相通之处。禅法之流行，得益于当时已有道士的吐纳之术；佛家讲省欲去奢、仁慈好施，当世黄老之徒亦以节淫欲见称，且有戒杀乐施者。这些思想、行为其实未必尽合佛教原义，有些乃明显受道教思想影响而来，如汉代佛教最重要之信条“神灵不灭、轮转报应”之说即其显例。佛家之轮回，并不需一不灭之神灵作承载之主体，“没有鬼而轮回，正是佛学的特点，正是释伽牟尼的一大发明”[①]，在中国却衍为“神灵不灭、轮转报应”。这是因为在东汉之世，鬼神之说炽盛，人们深信人死为鬼，就连王充的“元气永存”说亦可引申为精神不灭；而好道者更据老子“谷神不死”，衍出“蝉蜕渡世”，谓形体虽聚散代兴，而精神则入玄牝而不死。可见，“道家主元气永存，释氏谈生死轮转，因而精灵不灭，因报相寻，遂为流行信仰”。[②]

魏晋时，佛经翻译出现“玄学化”的特征，他指出：“支谦、康僧

① 汤用彤：《往日杂稿·文化思想之冲突与调和》，《汤用彤全集》第五卷，第280页。

② 汤用彤：《汉魏两晋南北朝佛教史》，《汤用彤全集》第一卷，第68页。

会系出西域，而生于中土，深受华化。译经尚文雅，遂常掇拾中华名辞与理论，羼入译本。故其学均非纯粹西域之佛教也。又牟子采《老》、《庄》之言，以明佛理。僧会《安般》、《法镜》二序，亦颇袭《老》、《庄》名词典故（《法句经序》引‘美言不信’之语，是支谦曾读《老子》）。而同时有《阴持入经注》，读之尤见西方、中夏思想之渐相牵合。嵇康、阮籍之理论，亦颇见于是书中。安世高、康僧会之学主养生成神。支谶、支谦之学说主神与道合。前者与道教相近，上承汉代之佛教。而后者与玄学同流，两晋以还所流行之佛学，则上接二支。明乎此，则佛教在中国之玄学化始于此时，实无疑也。”[①]据此，他以为两晋佛教在中华始盛，其性质为“佛玄”，即佛教与当时流行之玄学相合流。所谓“合流”，即相互影响，相得益彰。这一判断，不但基于名士、释子共入一流，高谈玄理的史实，更来自于对佛教思想的深刻分析。具体来说，又可从其演变的两个层次得到证实。

一为“六家七宗”。汤用彤指出：“道安时代，《般若》本无，异计繁兴，学士辈出，是佛学在中夏之始盛。西方教理登东土学术之林，其中关键，亦在乎兹。”[②]盖前此发挥佛教思想者，如安世高、支谶、康僧会、支谦，皆为外国人，其功主要在于翻译。而“六家七宗”则是中国人士对佛教经义所作首次阐发，标志佛教思想中国化的发端。

所谓“六家七宗”，记载混乱，并无确指。汤经过详细考定，将其厘为“本无宗”、“释道安之性空宗义”、“本无异宗”、“支道林之即色义”、“于法开之识含宗”、“幻化宗”、“支愍度之心无义”、“缘会宗”，并一一作了分析。在此基础上，通过与魏晋玄学的比较，又指出两者在根本观念上的一致。他说：“‘本无’‘末有’，实为所谓玄学者之中心问题。学者既渐趋有无之论，而中国思想遂显然以本体论为骨干。至若佛教义学则自汉末以来，已渐与道家（此指老庄玄理，而非谓道教方术）合流。《般若》诸经，盛言‘本无’，乃‘真如’之古译。而本无者，实即‘真’、‘俗’二谛之异辞。真如之真，为本。万物为俗，为末。则

① 汤用彤：《汉魏两晋南北朝佛教史》，《汤用彤全集》第一卷，第104—105页。

② 汤用彤：《汉魏两晋南北朝佛教史》，《汤用彤全集》第一卷，第207页。

在根本思想上，佛家哲学已被引而与中国玄学相关合。……于是六家七宗，爰延十二，其所立论枢纽，均不出本末有无之辨，而且亦均即真俗二谛之论也。六家者，均在谈无说空。”① 六家七宗，并非全符般若原义，而是与玄学相互牵合，印度教理初登东土学术之林，便受到中华文化的深刻影响。

二为僧肇之学。道安时代，名僧未解“般若”真义，谈无说空，各有所偏。及至鸠摩罗什来华，盛弘龙树空宗之学，般若性空之义乃大明于世。汤用彤详论罗什及其弟子，尤其是僧肇的学说思想，指出：僧肇号称“解空第一”，他批判六家七宗的“偏而不即”思想，发挥体用一如之说，所论最合般若原义。但这并不意味着他不受中华思想之影响，实际上，其学仍带有很深的中华学问印痕。盖“肇公之学，融合《般若》、《维摩》诸经，《中》、《百》诸论，而用中国论学文体扼要写出。凡印度名相之分析，事数之排列，均皆解除毕尽”。这种文字上的更革，对印度学说之华化，有绝大之建树。而僧肇之“齐是非，一动静”之说，“或多由读《庄子》而有所了悟”。②

至于南朝刘宋时竺道生的学说，特别是其所立二义，从中印文化融合的角度看，意义更为显著。其一为佛性义。道生佛性义主实相无相、涅槃生死不二、佛性本有、佛性非神明，立论基础在以佛性为理、自然、本有，而开后来以理为佛性之先河。其二为顿悟义。道生顿悟义实为中华文化史上一大事因缘，对此意义，汤氏在《魏晋玄学论稿·谢灵运〈辨宗论〉书后》一文中有更深层次的发挥。他说，由于佛教的传入，对于成圣作佛问题，产生了两种意见：“中国传统谓圣人不可学不可至，印度传统谓圣人可学亦可至。”二说适相反对，常使学人徘徊歧路，堕入迷惘。而道生折中二说，取中国传统圣不能学而弃其圣不能至，取印度传统圣可至而弃其圣可学，而立顿悟之说，谓圣人可至，但非由积学所成要在顿得自悟，对此问题作了根本之解决。“自生公以后，超凡入圣，当下即是，不需远求，因而玄远之学乃转一新方向，由

① 汤用彤：《汉魏两晋南北朝佛教史》，《汤用彤全集》第一卷，第204页。

② 汤用彤：《汉魏两晋南北朝佛教史》，《汤用彤全集》第一卷，第253—254页。

禅宗而下接宋明之学，此中虽经过久长，然生公立此新义实此变迁之大关键也。”①

隋唐为中国佛教之极盛期，它承汉魏以来数百年发展之结果，演为诸大宗派，又能融会印度之学说，创立天台、华严、禅宗等纯粹之中国佛教。隋唐佛教可谓已加入本有文化血脉中了。汤在对隋唐诸宗“溯其源流，审其史料，撮教事之大要”之后，又综论隋唐佛教之四种特性：统一性、国际性、自主性或独立性、系统性。唐以后之佛教，价值甚小、势力亦衰。汤在《五代宋元明佛教事略》中谓：“隋唐以后，外援既失，内部就衰，虽有宋初之奖励，元代之尊崇，然精神非旧，佛教仅存躯壳而已。”②

不仅如此，在考察这一“华化”的同时，他还十分注意揭示各时期佛教与中华文化融合的具体途径与方法，以求从中获取有益于现代中西文化融合的启示。依据他的研究，古代中印文化融合的方法依其不同的阶段大致出现过以下几种途径。

初期可称为“老子化胡”时期。佛教于两汉之际初入中国，与道术相混杂，这是汉世佛教的特点。但作为一种外来宗教，如何为文化优胜之中国人士所接受、信奉？对此问题的思考，使汤对长期流传之“老子化胡说”，作了全新的解释。“老子化胡”大意谓老子出关至天竺，教化胡人，浮屠即为其弟子，故佛教本出于老子。汤指出，此说并非道教中人刻意贬低佛教之举，其本意在会通二教，“以为中外学术，本出一源，殊途同归，实无根本之差异”③。可以说，“老子化胡说”正帮助了佛教在中国的流行。因佛教始入、道教亦方在萌芽，以“老子化胡说”会通二教，正是相得益彰。当佛教势盛之后，以此为耻，才对之进行批判。

其次为“格义”时期。“格义”是西晋竺法雅创立的解经之法，它将中国思想与佛教概念比拟配合，以助于人们对外来佛教的理解。陈寅恪在《支愍度学说考》最早考证了“格义”的具体含义和作用。在此基础上，汤用彤又进一步从文化融合规律的高度揭示出“格义”方法产生

① 汤用彤：《魏晋玄学论稿·谢灵运〈辨宗论〉书后》，《汤用彤全集》第四卷，第101—102页。

② 汤用彤：《隋唐佛教史稿》，《汤用彤全集》第二卷，第304页。

③ 汤用彤：《汉魏两晋南北朝佛教史》，《汤用彤全集》第一卷，第44页。

的必然性。他说："大凡世界各民族思想，各自辟途径。名辞多独有含义，往往为他族人民所不易了解，而此族文化输入彼邦，最初均抵牾不相入。及交通稍久，了解渐深。于是恍然于二族思想固有相通处。因乃以本国之义理，拟配外来思想。此晋初所以有格义方法之兴起也。迨文化灌输既甚久，了悟更深，于是审知外族思想自有其源流曲折，遂暸然其毕竟有异，此自道安、罗什以后'格义'之所由废弃也。"[①]可见"格义"这种以本国思想比配外来佛教的方法，反映了文化融合的普遍规律，即两种文化初次相遇时，人们总是习惯从已熟悉的原有观念出发，寻求外来思想的相通之处，以便获得理解。中国人用"格义"方法解释佛教义理的典型例子即六家七宗。"格义"既是一种理解外来文化的方法，同时也是一种融合的方法。在他看来，对外来文化的任何理解，不管是"格义"式的比拟配合，还是对原义的真正把握，都无法脱离固有之观念。所以对外来文化的理解，即是在本有思想上对外来文化的吸收、融合。这反映了汤先生民族文化本位的文化建设理念。

复次有"言意之辨"。"格义"只停留在名词和概念的对比上，无法认识外来文化的真正内含。随着人们对佛教认识之深入，"格义"受到批判而遭废弃。此后中印融合之方法为"言意之辨"。"言意之辨"是汉末兴起的对言与意关系的讨论，魏晋人士以它为方法建立了本体论玄学，言意之辨有如此作用，是因为这种辨论有助于导致人们对抽象之本体的认识，诚如汤用彤所说："夫具体之迹象，可道者也，有言有名者也。抽象之本体，无名绝言而以意会者也。迹象本体之分，由于言意之辨。"[②]从认识的角度看，言意之辨"强调对第一原理的深入研究，而且轻视有关概念的比配"，因道安以后，应用它从事融合印度佛教和中国思想的工作，于是"格义"就不再为人们所提到了。[③]由"格义"之比附到"言意之辨"的会通，反映了文化融合的普遍规律，汤先生说道："大凡外国学术初来时理论尚晦，本土人士仅能作支节之比附。及其流

① 汤用彤：《汉魏两晋南北朝佛教史》，《汤用彤全集》第一卷，第178页。

② 汤用彤：《魏晋玄学论稿·言意之辨》，《汤用彤全集》第四卷，第22页。

③ 汤用彤：《往日杂稿·论格义》，《汤用彤全集》第五卷，第241、240页。

行甚久，宗义稍明，则渐可观其会通。此两种文化接触之常例。”[①] 汤用彤以“言意之辨”作为华人融合印度佛教之方法，不仅在于它促成了对佛教本义的理解与会通，还在于它影响了印度佛教的面貌。僧肇、竺道生之学即是以“言意之辨”融合佛理的典范。

复次为“判教”和“明心见性”。隋唐以后诸大宗派，其形成原因虽相当复杂，但“判教”无疑是创立宗派所凭借之方法。所谓“判教”，“盖求于印度佛典之纷歧，作一整理统一之区画。又欲于依判者之宗义，以平章中国流行之异说，而定于一尊”[②]。印度佛典出世先后不同，各有其立义之宗旨，传至中国后，研读者多，又各抒所见，导致异说并兴。高僧大德乃以本宗义为中心，将佛教诸义整理为一系统，创建宗派。与“格义”、“言意之辨”反映了文化融合的必然阶段不同，“判教”是中国佛教特有之方法，并不带有文化融合的普遍意义。至于“明心见性”，则是中国人以固有的心性之学，融合佛教大乘义理，创立天台、华严，尤其是禅宗三种纯粹中国化佛教理论的方法。这种中印融合之方法，汤称之为“明心见性”。明心见性是中印融合的最高阶段，至此时期，中印文化才达到了真实的融合，它标志着佛教已完全被吸收加入到了中华文化的血脉之中。

通过以上由浅入深诸环节的考察，汤用彤归纳出文化融合通常所经的“三阶段”论，即：“1. 因为看见表面的相同而调和。2. 因为看见不同而冲突。3. 因再发现真实的相合而调和。”外来文化的输入，尽管不可避免地会对本土文化形成冲击乃至迫其发生某些变化，但外来文化欲在本土生根，则尤须变其“性质和内容”，以适应当地风土，才能与本土文化作有机的结合，否则绝难长久生存。如印度佛教之轮回，本指无我轮回，而在中国，在灵魂观念影响下，变成为有鬼轮回，方为百姓所接受。

汤用彤的这些论述，既是严谨的史论，也饱含着对现实文化问题的关切。他曾这样谈到思想文化史研究的意义：“将来的事虽然现在我

---

① 汤用彤：《魏晋玄学论稿・言意之辨》，《汤用彤全集》第四卷，第 36 页。

② 汤用彤：《汉魏两晋南北朝佛教史》，《汤用彤全集》第一卷，第 622 页。

们不能预知，过去的事，往往可以作将来的榜样。‘前事不忘，后事之师。’现在虽不能预测将来，但是过去我们中国也和外来文化思想接触过，其结果是怎么样呢？这也可以供我们参考。”[①]汤用彤的上述研究，正体现了他这一积极的用世之心。

在完成《汉魏两晋南北朝佛教史》之后，汤用彤未及续完隋唐佛史，即转入了玄学研究。这一方面是因为抗战的爆发和学校内迁，使其多年积聚的佛教资料毁于一旦，以致一时难以继续修改和补充《中国佛教史》的隋唐部分。另一方面也缘治玄学本其夙愿。

汤用彤转治魏晋玄学，从学术本身来讲，有以下几个因素。首先，研究玄学是汉佛史的需要。魏晋以讫南朝，佛教、玄学相互影响、相得益彰，关系极为密切。汤用彤治学，素求“广搜精求、统计全局”，为了确切说明佛教的兴衰及其性质，自需对玄学展开研究。在《汉魏两晋南北朝佛教史》中，汤用彤对玄学的兴起、性质已作了初步探索，对玄学的流别、发展也有所触及。特别是他提出“魏晋玄学者，乃本体之学也”[②]，说明已对玄学之本质有了明确的认识，奠定了其魏晋玄学研究的基础。其次，对魏晋玄学的欣赏也使其有一种深入下去，穷究其底蕴，揭发其奥秘的愿望。魏晋玄学“体用一如”的思想、“得意忘言”的精神，使“寄心于玄远之学”的汤用彤产生了深深的共鸣。这种对玄学的体悟和激赏，从其对玄学精义的阐发中处处可见。如他论述汉代思想与魏晋玄学的区别，汉学“其所游心，未超于象数。其所研求，常在乎吉凶。……魏晋之玄学则不然。已不复拘拘于宇宙运行之外用，进而论天地万物之本体，以寡御众，而归于玄极（王弼《易略例·明象章》）；忘象得意，而游于物外（《易略例·明象章》）。于是脱离汉代宇宙之论（Cosmology or Cosmogony）而留连于存存本本之真（ontology or theory of being）”[③]。这种对玄学精神诗一般的描绘，反映出汤用彤对本体论玄学不仅止于同情之了解，实是心有所会，两相契合。可以说，汤用彤对玄学的许多重大发现，与他对玄学的“独有会心”是分不开的。

---

① 汤用彤：《往日杂稿·文化思想之冲突与调和》，《汤用彤全集》第五卷，第281、277页。

② 汤用彤：《汉魏两晋南北朝佛教史》，《汤用彤全集》第一卷，第204页。

③ 汤用彤：《魏晋玄学论稿·魏晋玄学流别略论》，《汤用彤全集》第四卷，第41页。

更为重要的是，与治佛史一样，汤用彤研究玄学，有其“以古鉴今”的经世用心。汤研究玄学的发展、演变，其意义并非仅在于说明玄学本身，他力图阐明的仍是文化的发展与融合问题。如果说佛史以外来文化（佛教）为主体，揭示了佛教被中华文化同化、吸收的过程，那么，玄学则是以本有文化为主体，正面论述了中华文化自身传承与变易发展并以我为本融合外来文化的过程。这就解释了为什么他将研究重心倾注在玄学的兴起上。

汤用彤对玄学的研究成果多集中于《魏晋玄学论稿》中，该书正文八篇，有六篇关于玄学的兴起。其中，《王弼大衍义略释》、《王弼圣人有情义释》、《魏晋玄学流别略论》，注目于汉学向魏晋玄学思想演变之内在理路；《读〈人物志〉》、《言意之辨》、《王弼之〈周易〉〈论语新义〉》，则论玄学兴起之具体历程。通过对汉代思想向魏晋玄学演变的细致梳理，汤用彤揭示了中外文化接触时谁为本位的问题。他论到：“玄学之发达乃中国学术自然演化之结果，佛学不但只为其助因，而且其入中国本依附于中华之文化思想以扩张其势力。”[①] 汤用彤对玄学的流别与发展阶段也有精彩论述，在其论述中，有一鲜明特点，即是将佛学纳入玄学体系中一并述之。比较前人的哲学史著，虽也注意到魏晋时期佛学与玄学相互交涉的事实，但在论述时，仍是佛学归佛学、玄学归玄学，未将二者纳入统一的框架中。汤用彤将佛学视为玄学之一支来论述，并不只是哲学史写法的改变，他实际上以此显示了一个文化接触的事实：即外来文化进入本土后，必须适应本土文化，改变其固有的性质，附随于本土文化的发展脉络中。总之，《魏晋玄学论稿》与《汉魏两晋南北朝佛教史》不但内容上互有关涉，且共同服务于民族本位的文化建设理念，故可称为汤用彤学术研究的“双璧”。

研究魏晋玄学的兴起，就是研究汉学和玄学这两大学术类型的转换。汤用彤认为：“夫历史变迁，常具连续性。文化学术虽异代不同，然其因革推移，悉由渐进”，“故玄学固有其特质，而其变化之始，则未尝不取

① 汤用彤：《魏晋玄学论稿·言意之辨》，《汤用彤全集》第四卷，第36页。

汲于前代前人之学说，渐靡而然，固非骤溃而至”。[1]从哲理上看，汉学向玄学演进的内在理路表现为由宇宙论到本体论的过程。汉之宇宙论，以元气说为基础，研究宇宙起源及其构成，其思维仍停留于形下之域，故显得具体、复杂且夹杂迷信；玄学为本体论，玄学家不关心宇宙之起源及具体构造，而直探宇宙之本真，亦即寻求最高之原理，这是一种高度抽象化的思想。就人类思维发展阶段而言，宇宙论汉学与希腊之泰利士哲学性质接近，而本体论玄学则与柏拉图相通[2]，参诸中西，汉学宇宙论向玄学本体论的演进便是符合人类思想发展规律的自然、合理的运动。玄学之兴起，实际就是两汉经学向玄学之演变，而其中间的过渡环节则为汉魏间流行的名学学说。

名学是东汉清议的发展。东汉以名取士，到了汉末，士人之名实不符已成为政治上的突出问题，引起学者对名形或名实关系的讨论，形成为名学学说。从方法上说，名学与清议之研究方法不同。清议所论不过具体之人事，而名学乃于论实事时，且绎寻其原理，其研究方法趋向简单、抽象、合理。刘劭研究识鉴人才之理，涉及情性，而钟会等思想已与玄家十分接近之人则论才性，更加注重抽象原理，不关具体实事。至玄学家，更将事理之抽象化发展到顶峰，以致不顾政事实际，而高谈清静无为之玄致。

（三）从方法论窥其治学特点

汤用彤的佛教史和玄学研究之所以能够取得超越前人的成就，与其治史所持的科学态度和严谨宽博方法是分不开的。在学术研究中，他始终反对那种浅尝辄止的虚浮之习，尝谓：“时学之弊，曰浅曰隘。浅隘则是非颠倒，真理埋没；浅则论不探源；隘则敷陈多误。”主张于中外文化材料“广搜精求”而“平情立言”。[3]这里，“广搜精求”指的是研究应具的深广度，“平情立言”则是提倡科学冷静的态度。其史学研究，便贯注了这样一种精神。

---

① 汤用彤：《魏晋玄学论稿·言意之辨》，《汤用彤全集》第四卷，第 22 页。
② 汤用彤：《魏晋玄学讲演提纲·魏晋玄学纲领》，《汤用彤全集》第四卷，第 119 页。
③ 汤用彤：《往日杂稿·评近人之文化研究》，《汤用彤全集》第五卷，第 274、276 页。

作为一位具有深厚哲学素养的学者，汤用彤对传统与现代方法的学习和运用始终有着高度的自觉性。就其史学研究的方法而言，其中最值得注意的至少三方面。

首先是治史重“通识”。

所谓“通识”，指的是对史料或史实的分析，应具一种宏通的见解，要善于通过某些现象看到事物的本质。汤氏研究历史，便深得此旨。

在《隋唐佛学之特点》一文中，他曾指出佛教史有两种讲法，即“纵的叙述”和“横的叙述”，“就隋唐佛学全体作分析的研究，指明它和其他时代不同的所在。理论上这两种方法都应该采取”。又说：“治佛教史，尤当致意于其兴衰变迁之迹。”[①] 也即注重观察和揭示其发展演变链条各个环节间的联系。读他的佛教史和玄学研究论著，可以清楚地感受到，这些论著提供的史料十分详赡，但却绝非对佛学、玄学体系和佛教事迹的简单铺排、罗列，而确实是把握住了其内在的演变脉络和“特质”，逻辑地展现了中古华梵文化融合的动态历史画卷，给人以深刻的启示。

汤用彤对古代学术思想的研究，不独在于其变化的外部描述，更注重其内在原因的探索，说：“研究时代学术之不同，虽当注意其变迁之迹，而尤应识其所以变迁之理由。”在探索佛教史演化的轨迹中，可以看出，汤氏是将高僧大德的坚苦努力、创造发挥，所谓“佛教之真精神”作为佛教发展的根本动力，而将士人与佛教的关系、帝王对佛教的态度作为影响佛教发展的外部环境，从内外两方面来揭示佛教消长兴衰的。他认为，历史上思想变化“理由又可分为二：一则受之于时风。二则谓其治学之眼光之方法”[②]。所谓“时风”，有时又称世风、风尚，以今天的话来说，也即社会思潮，它是文化演变的思想基础，决定了思想的转变及其性质。佛教入华以后的传播和发展，由“佛道”至“佛玄”，再到南北二统，每次变化与性质，无不以当时的中华本土学术时风为转移。而南朝佛教流行学说的转向，也与此有关，“晋末至陈，南朝佛学，

① 汤用彤：《隋唐佛学之特点》，《汤用彤全集》第二卷，第 325 页。

② 汤用彤：《魏晋玄学论稿·言意之辨》，《汤用彤全集》第四卷，第 22 页。

前后不同。刘宋、南齐，《涅槃》、《成实》，相继流行，学风颇异于东晋之特重虚无。及至梁、陈二代，玄谈又盛，三论复兴。与宋齐复有差异”[①]。至于“新学术之兴起，虽因于时风环境，然无新眼光新方法，则亦只能有支离片断之言论，而不能有组织完备之新学。故学术，新时代之托始，恒依赖新方法之发现”[②]。时风之转变，其作用在于摧陷旧学，而新的方法，则关乎新学系统之建立。这显然是一种内外因结合的学术变迁论。

其次是科学实证与“同情默应”之结合。

汤用彤治史长于考证，这是学术界所公认的。贺麟在《五十年来的中国哲学》中盛称《汉魏两晋南北朝佛教史》一书：“材料的丰富，方法的谨严，考证方面的新发现，义理方面的新解释，均胜过别人。”[③]胡适也赞其“训练极精，工具也好，方法又细密”，并记其与汤交谈时，汤用彤“自认胆小，只能作小心的求证，不能作大胆的假设。这是谦词。锡予的书极小心，处处注重证据，无证之说虽有理亦不敢用，这是最可效法的态度”。[④]这里，强调是自然是其注重运用科学实证方法的一面。

但与此同时，汤用彤又主张佛教史研究须具一种“同情默应”的体悟功夫，说：“中国佛教史未易言也。佛法，亦宗教亦哲学。宗教情绪深存人心，往往以莫须有之史实为象征，发挥神妙之作用。故如仅凭陈迹之搜讨，而无同情之默应，必不能得其真。哲学精微，悟入实相。古哲慧发天真，慎思明辩，往往言约旨远，取譬虽近，而见道深弘。故如徒于文字考证上寻求，而乏心性之体会，则所获者其糟粕而已。”[⑤]对此，贺麟曾解释说，汤用彤“似乎多少采取了一些钱穆先生所谓治史者须‘附随一种对其本国已往历史之温情与敬意’的态度。他只是着眼于虚心客观地发‘潜德之幽光’，设身处地，同情了解了古哲，决不枉屈古

---

① 汤用彤：《汉魏两晋南北朝佛教史》，《汤用彤全集》第一卷，第 535 页。

② 汤用彤：《魏晋玄学论稿 · 言意之辨》，《汤用彤全集》第四卷，第 22 页。

③ 贺麟：《当代中国哲学》，《民国丛书》第二篇，上海书店出版社 1989 年版，第 24 页。

④ 《胡适日记》下册，中华书局 1985 年版，第 526、527 页。

⑤ 汤用彤：《汉魏两晋南北朝佛教史 · 跋》，《汤用彤全集》第 1 卷，第 655 页。

人。既不抨击异己之古人，亦不曲解古人以伸己说”[1]。据此，我们可以理解为这是一种比较具有辩证意义的考证与“同情”相结合的方法。一般来讲，考证主要是依据史料所表见的迹象，经过排比、对勘、归纳去除可疑成分，进而发现本相，是一种比较硬性的史实确认法。“同情默应”则要求透过史料所表现的现象甚至是破碎不全、有所隐讳的表象，去体会其背后的曲折，这种方法，看去似比较“软”，但在实践中却有前者难以取代的作用。当然，这种方法的运用，必须相当谨慎，所以陈寅恪又在《冯友兰〈中国哲学史〉上册审查报告》中作了严格的限定。

如汤用彤关于“永平求法”传说的考证，便具有这一方法论的特征。相传汉明帝永平年中，遣使往西域求法，佛教界以此为佛教入华之始。但关于此事之记载，其错乱、讹误、荒谬甚为明显。学术界对此的看法也颇有分歧。汤用彤详考各种记载，并分析当时的形势，指出：“汉明求法，吾人现不能明当时事实之真相。但其传说，应有相当之根据，非向壁虚造。至若佛教之流传，自不始于东汉初叶。”汤又进一步探讨佛徒一定要将求法传始之功归之汉明帝的原因：“释迦在世，波斯匿王信奉三宝，经卷传为美谈。其后孔雀朝之阿输迦，贵霜朝之迦腻色迦，光大教化，释子推为盛事。”而“汉明为一代名君，当时远人伏化，国内清宁（《四十二章经序》中语）。若谓大法滥觞于兹，大可为僧伽增色也”。[2]这样，汤用彤循情度理，对此事之真伪及传说之来源，都作出了合理的结论，令人信服。

在汤用彤看来，前贤身处当时之思想氛围中，对学术之变迁必是感同身受。故其所发论争，往往触及关键。只是由于史料缺乏和古代思想与现代哲学的隔阂，其争论之实际意义往往不为现代人了解。如王弼之新《易》学与汉代《易》学固有不同，然其根本差异之所在，则不为一般人所知。汤用彤细读何邵所作《王弼传》（此为专记王弼事迹之唯一著作），发现在时人心目中，新、旧《易》之根本不同，似在对“大衍”的解释上。受此启发，汤用彤精研王弼之大衍义，乃知

---

① 贺麟：《当代中国哲学》，第25页。

② 汤用彤：《汉魏两晋南北朝佛教史》，《汤用彤全集》第一卷，第21—22页。

“王弼注易，摈落象数而专敷玄旨。其推陈出新，最可于其大衍义见之”[①]。遂通过与汉儒大衍义的比较，揭示了汉学与玄学的根本差别这一哲学史之重大问题。

魏晋南北朝佛教昌明，佛教思想蔚为大观。惜乎资料大多不存。贺麟曰：“写中国哲学史最感棘手的一段，就是魏晋以来几百年佛学在中国的发展，许多写中国哲学史的人，写到这一期间，都碰到礁石了。”很大原因在于材料之缺乏。而汤氏打通这一难关，关键就在于对此期佛教思想学说做出了清晰之辨析、整理。其方法除文字之考证外，更主要靠心性之体会，具体而言有两点。1. 内外互证。现存之汉唐佛教资料不成系统，而其重点、精义，时人感受最深，于是乃借助他人之记载与本人之学说，互相证明，综合把握，以求得系统。2. 分全互释。对此贺麟曾论到：“他得力于两点：第一为以分见全，以全释分的方法。他贵在汇通全时代或一个哲学家整全的思想。他每因片言只字，以表证出那位大师的根本见解，并综合一人或一时代的全部思想，以参证某一字句某一章节之确切的内容。”[②]盖思想家所存多片言只字，只有对时代思潮之深切证知，才能将这些碎散的材料连接起来，彰显意义。两种方法密不可分，交错使用。如对竺道生学说的分析便反映了这一特点。

竺道生之思想，为中国人发挥佛理之典范，为中国佛教思想之高峰。其“顿悟义”、“佛性义”、“佛无净土善不受报义”、“一阐提有性义”、“应有缘义”在当时之佛教界引起了巨大影响，所谓“义海顿起波澜”。可惜他的这些论著大都不存在了。其最著名之顿悟义，学者也只能就谢灵运祖述道生之说的《辨宗论》得一简单了解。汤氏从三方面证知道生之思想体系，一为其所存少量之著作《维摩注》及他人引用之片言只字。二为道生之事迹。竺道生师从罗什，精《般若》，通《毗昙》，于《涅槃》尤称得意。故其学实集三者之大成。三为他人记载所涉及者。从中得出了这样的结论：“竺道生全部学说，根本有二。一般若扫相义，一涅槃心性义。”并作了详细论证，将原来仅为片言只语的思想

① 汤用彤：《魏晋玄学论稿 · 王弼大衍义略释》，《汤用彤全集》第四卷，第 54 页。

② 贺麟：《当代中国哲学》，第 25 页。

串成系统之论述，大致复原了这些学说的面貌。

三是比较方法之运用。

在汤用彤史学研究中，还大量使用了比较的方法，其最常见的有以下几种。

一为中西哲学的比较会通。汤对佛教思想、玄学的分析，往往采用西哲范畴，说明其根本特点，使其义理的解释清晰准确，而不是囿于佛学、玄学内部，以佛说佛、以玄说玄。他用本体论解析玄学及整个魏晋南朝佛学的特点就是明显的例子。需要指出的是，汤的中西比较会通，并不流于格义比附。原因在于他在用西哲范畴总体把握之下，在具体的论述中，又使用佛学、玄学本身的语言、概念。他对僧肇"物不迁"义的解释就是如此。肇公所作《物不迁论》，其论点为"旋岚偃岳而常静；江河竞注而不流；野马飘鼓而不动；日月历天而不周"[①]，义为万物虽动而实静，所谓"物不迁"。汤用彤认为僧肇之思想"一言以蔽之，即体即用"。这显然是借用了西哲本体论的范畴。但在具体解释其物不迁义时，又完全是从佛学本身立言。他以为，所谓"不迁者"，并非普通之物，而为"动静一如之本体。绝对之本体，可谓超言象动静之上"。故"物不迁"本义在"证明动静一如，住即不住。非谓由一不动之本体，百行各色变动之现象。盖本体与万象不可截分。截分宰割，以求通于动静之真际，则违真迷性而莫返"。[②]

二为古今对比。中西哲学的对比研究可谓横向的比较。汤用彤使用最多的还是纵向的比较，即古今的对比。因为汤氏求索变化的线索，必须立足于变化前后的差异。他探寻玄学的兴起，首先就要揭示汉学与玄学的根本差异，即一为宇宙论，一为本体论，在此基础上，才能展开变化过程的论述。对三国佛教的论述也是如此，把握了汉代"佛道"与魏晋"佛玄"不同特征，三国佛教的过渡特点才能表述清楚。为了说明佛教宗派的形成，他对隋唐之宗与魏晋南北朝之宗作了对比研究。魏晋南北朝所谓之"六家七宗"、"成实宗"、"俱舍宗"、"地论宗"，虽

---

① 转引自冯友兰：《中国哲学史》下册，华东师范大学出版社 2000 年版，第 123 页。

② 汤用彤：《汉魏两晋南北朝佛教史》，《汤用彤全集》第一卷，第 250—251 页。

称为宗，但其实际所指却与唐代诸宗派不同。魏晋南北朝之宗："谓宗旨、宗义，因此，一人所主张的学说，一部经论的理论体系，均可称曰'宗'。从晋代之所谓'六家七宗'至齐梁周颙之'三宗'都是讲的宗教学说上的派别。"而隋唐诸宗："就是教派，它是有创始，有传授，有信徒，有教义，有教规的一个宗教集团。"① 在此基础上，汤用彤详细剖析了由南北朝经论讲习之"宗"向隋唐教派之"宗"的转变，解决了一大历史疑难。

三为动态比较。前二者可称为静态的比较，而汤用彤那里，还常使用动态比较法。这主要表现在对中国佛教思想的分析上。因为许多佛学思想，实际上是印度佛教与中华固有思想（道教、玄学）牵合、转换而成。汤氏致力于文化思想融合的探索，对这种中外思想的"变迁附益"常作出详细说明，为他人所不及。他对六家七宗与玄学在根本观念上牵合的论述，对"精灵起灭、轮转报应"由佛教、道教思想混合的剖析，都是典型、精彩的例子。这里再以一个较微小的例子"安般守意"，显示汤的这一学术方法。《安般守意经》为汉晋间最流行之经典，安般守意作为禅法之一，也大行于世。但中国所流行安般守意之法，并不合佛教原义。根据对梵文、巴利文原典的了解，他认为："汉魏佛经中，意字原当梵文二字，一指心意，一谓忆念。所谓安般守意者，本即禅法之一。非谓守护心意也。言其为守护心意，乃中国人因译文而生误解。"据《春秋繁露》所载"心之所之谓意"，"万物动而不成者，意也"。② 可见当时中国人以"心动而未形"为意，这就难怪华人以守意为"守护心意"了。

当然，汤用彤的史学分析方法也存在着某些缺陷，特别是对思想史上各种"变迁理由"的探讨，基本不出思想文化自身的范围，至其与一定社会经济状况之间相互影响关系，则绝少涉及。这一点，自然与他写作时所持的文化史观有关，并不能不在相当程度上限制了其对事物认识的深度。

---

① 均见汤用彤：《论中国佛教无"十宗"》，《汤用彤全集》第二卷，第 372 页。

② 汤用彤：《汉魏两晋南北朝佛教史》，《汤用彤全集》第一卷，第 107 页。

第七章

唯物史观思潮的初盛与社会史论战

第一节　唯物史观在中国的早期传播及其史学意义

一、唯物史观在中国的早期传播

19 世纪 40 年代马克思和恩格斯创立的唯物史观，为历史研究提供了崭新的科学宇宙观和思想方法论，从而为人类社会历史的认识指出了一条新的道路。作为一种科学理论体系的唯物史观之传入中国，固然是在 1917 年俄国十月革命之后。但事实上，关于马克思及其学说，自 19 世纪末起，国内便不断有一些刊物做过零星报道和介绍。

还在 19 世纪 70 年代，王韬就在《普法战争》（刊于 1873 年）中涉及巴黎公社和“康密尼党”。1889 年，广学会出版的胡贻谷《泰西民法志》也提到过马克思及其学说。此后，1898 年连载于上海《万国公报》，由英国传教士李提摩太节译、蔡尔康笔述的《大同学》[①]，以及 20 世纪初年《译书汇编》、《新民丛报》、《政艺通报》、《浙江潮》、《民报》等报刊也都有译文或文章论及马克思和社会主义学说。不少日本有关社会主义的著作，还被留日学生译成中文出版，如幸德秋水的《二十世纪之怪物帝国主义》、《长广舌》、《社会主义神髓》，福井准造的《近世社会主义》，村井知至的《社会主义》，岛田三郎的《社会主义概评》，久松义典的《近世社会主义评论》等。不过，这些论著着眼的中心，大多在于社会改造或革命的方式、途径，对于唯物史观学理的探讨，则很少注意，即便谈到，也十分简略。较早提到唯物史观在历史学方面意义的是

---

① 原书为本杰明·颉德（Benjaman Kicld）所著的《社会演化》（*Social Evolution*）前四章，该文刊于《万国公报》第 121 至 124 期，1899 年 2 月至 5 月。

马君武。1903年2月，他在《译书汇编》第11期发表《社会主义与进化论比较》，说："马克司（思）者，以唯物论解历史学之人也。马氏尝谓阶级竞争为历史之钥。"稍后，朱执信在1906年《民报》第2号发表《德意志社会革命家小传》介绍马克思，片断译述了《共产党宣言》的文字，其中说道："自草昧混沌而降，至于吾今有生，所谓史者，何一非阶级争斗之陈迹乎！"1908年，《天义》报第16至19号合刊发表了《共产党宣言》第一章全文和第二章，以及《家庭、私有制和国家的起源》片断译文，刘师培在译文序中称，其说"以古今社会变更均由阶级之相竞，则对于史学之发明之功甚巨，讨论史编，亦不得不奉为圭臬"。同期所刊英国海因秃曼（Hyndman）著《社会主义经济论》译文前的识语，还以极简要的语言概括了唯物史观的基本观点："马尔克斯（马克思）以为古今各社会均援产业制度而迁，凡一切历史之事实，均因经营组织而殊，惟阶级斗争，则古今一轨……今中国言史学者鲜注意经济变迁，不知经济变迁实一切历史之枢纽。"但这些论述都过于简略且缺乏系统，故对史学界影响甚微。

五四前后，由于俄国十月革命胜利的影响，以及无产阶级登上政治舞台后中国社会阶级关系出现的重大变化，使马克思主义在国内得到了前所未有的传播，并迅速发展为一股广泛涉及政治、文化各领域的强大社会进步思潮，对唯物史观原理的宣传和讨论也日益引起思想学术界的重视。1919年5月，北京《晨报》副刊"马克思研究"专栏连载了陈博贤翻译的日本学者河上肇《马克思的唯物史观》，这是国内发表的第一篇较系统介绍唯物史观的文章。接着，《新青年》、上海《民国日报》"觉悟"副刊、《每周评论》、《星期评论》、北师大《史地丛刊》等报纸杂志也发表了不少介绍、研究和应用唯物史观分析历史与社会现状的文章。与此同时，《共产党宣言》、《雇佣劳动与资本》、《哥达纲领批判》等马克思主义原著，以及一些国外学者论述唯物史观的著作如芬兰郭泰的《唯物史观解说》、日本河上肇的《唯物史观研究》等也被全译或节译出版。风气所及，北京、上海、广州、武汉、长沙等地一些高校还纷纷开设了讲授唯物史观的课程。

其时从事唯物史观学习和研究的，不仅有早期马克思主义者和激进的革命民主主义者，还包括了一些资产阶级民主主义者和其他方面人士。如廖仲恺、朱执信等人在关于井田制的辩论中，便运用了唯物史观的某些原理。特别是1919年12月，胡汉民在国民党办的《建设》杂志上发表的《唯物史观批评之批评》一文，对《神圣家族》等八本马克思主义原著和恩格斯致布洛赫（1889）与瓦·博尔吉斯（1894）的通信中有关历史唯物主义的论述作了相当完整的搜集节译，并阐述了唯物史观创立和发展的过程，反驳了欧美一些学者对唯物史观的种种非难，反映了作者对唯物史观的学理认识已有一定的深度。与此同时，他还尝试运用唯物史观研究中国哲学史，撰写了长达四万字的《中国哲学史之唯物的研究》，提出要从“物质生产方法的变化”、“社会的生活状态”以及“社会的关系和社会物质的生产”之间的矛盾辩证关系上去考察哲学的形成发展，认识哲学的目的作用，进而探得“中国哲学盛衰变迁的原因”。[①] 该文的发表，标志着唯物史观在中国的传播，已由此前的理论探索进入到经验研究的层次。同时，戴季陶亦在《星期评论》撰文提倡“中国史之唯物的研究能够得一般学问家的注意与协作”。[②] 而1920年6月北师大《史地丛刊》创刊号上登载的《唯物的历史观与科学的历史》一文更指出：自有唯物史观，“对于这历史上纷如乱丝的现象，就若网在纲，有领可挈了。历史上从前不能说明的，至此也可以说明；以前没有普遍的原则的，至此也有了普遍的原则。于是科学的历史遂于此成立”。这些论述，尽管深浅程度不同，但都反映了唯物史观对学术界具有的巨大吸引力，其情形正如当时人所说：“以我国思想界之迟钝，输入西洋之学说，殆莫不经过多少阶级而始得一知半解之理想，而社会犹反对之。今不数年而马克思之名喧传全国，上自所谓名士，下至初级学生，殆无不汲汲于马克思学说之宣播。”[③] “唯物史观”遂因此而成为新史

① 刊于《建设》第1卷第3期（1919年10月1日）和第4期（1919年11月1日）。

② 戴季陶：《随便谈》，原载《星期评论》第11号，1919年8月17日；又见唐文权、桑兵编：《戴季陶集》（1909—1920），华中师范大学出版社1990年版，第961—962页。

③ 杨端六：《马克思学说评》，《太平洋》第2卷第7期，1920年11月。

学论坛上的一个流行词汇。[①]

二、李大钊的马克思主义史学研究

这一时期，在传播唯物史观并将其运用于历史学方面贡献最大的，首推中国共产党的创始人之一李大钊。

李大钊（1889—1927），字守常，河北乐亭人。早年留学日本，入早稻田大学政治本科，开始接触各种社会主义学说。1916年回国，先后任《新青年》、《少年中国》、《晨钟报》等编辑或主编。五四以后，在《新青年》等刊物发表《我的马克思主义观》、《唯物史观在现代史学上的价值》等文，并在北京大学及朝阳大学、中国大学、女子高师等校讲授“唯物史观研究”、“史学思想史”、“史学要论”、“社会学”等课程，热情宣传历史唯物主义。李大钊指出，旧史家考察社会变革的原因总归之于“历史精神”或宗教、政治缘故，“这些唯心解释的企图都一一失败了”。[②] 唯物史观则“以经济的构造对于其他社会学上的现象，是最重要的，更认经济现象的进路，是有不可抗性的”。人类社会生产关系的总和构成社会的“经济构造”，一切政治、法制、伦理、哲学等“精神构造”皆随“经济构造”的变化而变化，而“经济构造”的变动，又有“其内部促使他自己进化的最高动因，即生产力”，“生产力一有变动，社会组织必须随他变动”，社会组织适

李大钊

① 胡适在1919年8月31日的《每周评论》第37号上发表的《四论问题与主义》一文中指出：“唯物的历史观，指出物质文明与经济组织在人类进化社会史上的重要，在史学上开一个新纪元，替社会学开无数门径，替政治学开许多出路。”李大钊1920年12月在《新青年》第8卷第4号上发表的《唯物史观在现代史学上的价值》一文便提道：“唯物史观一语，年来在论坛上流用较熟。”详请参见李大钊：《李大钊文集》，人民出版社1959年版，第334页。

② 李大钊：《唯物史观在现代史学上的价值》，《新青年》第8卷第4号，1920年12月1日。

应生产力时，便助长生产力的发展；反之，则起阻碍束缚作用。完全不适应生产力的“旧社会组织非至崩坏不可，这就是社会革命”。

对于马克思主义有关阶级和阶级斗争的理论，李大钊也作了较前人更完整的介绍。他指出，阶级是个“经济的、历史的”范畴，其存在与消亡是和人类社会生产发展的一定历史阶段相联系的，到了社会生产力高度发展的一定阶段，阶级社会便会经“最后的阶级竞争”而“自灭”。[①]针对以往的各种“英雄史观”，李大钊还指出，“一切过去的历史，都是靠我们本身具有的人力创造出来的，不是那个伟人圣人给我们造的，亦不是上帝赐予我们，将来的历史亦还是如此”[②]。“民众的势力，是现代社会上一切构造的唯一的基础。”[③]充分地肯定了人民群众是历史的创造者。

在运用唯物史观，对过去形形色色的史学思想作了比较以后，李大钊认为，凡是神权的、精神的、个人的历史观，多带退化或循环的倾向；而人生的、物质的、社会的历史观，则多具进步的色彩。旧日的中国史，旧史观占居着统治地位，“以潜入于人心，深固而不可拔除”，“吾侪治史学于今日的中国，新史观的树立，对于旧史观的抗辩，其兴味正自深切，其责任正自重大”。并明确指出：“自有马氏的唯物史观，才把历史学提到与自然科学同等的地位。此等功绩，实为史学界开一新纪元。”[④]只有以唯物史观为指导，才能把历史学真正导向科学化。

不仅如此，李大钊还是我国最早把唯物史观运用于史学研究的勇敢探索者。1920年后，他通过《唯物史观讲义》、《史学思想史讲义》、《研究历史的任务》、《史学与哲学》等论著，特别是1924年出版的《史学要论》，就历史学中的许多重要问题，发表了独到的见解。

第一，在对史学性质的认识上，提出了与旧史家截然不同的见解。旧史家往往把历史本身和历史记载混为一谈。李大钊指出，历史研究的

---

① 李大钊：《我的马克思主义观》，《新青年》第6卷第5号，1919年9月。

② 李大钊：《孔道西的历史观》（1923年12月），《守常文集》，上海北新书局1949年版，第75页。

③ 李大钊：《要自由集合的国民大会》，《晨报》1920年8月17日。

④ 《李大钊选集》，人民出版社1959版，第289—291、294页。

对象应是“人类的生活并为其产物的文化”，即活生生的人类社会历程，而不是那些“故纸陈编”。二十四史这类史料记述了历史的现象，但只是“活的历史一部分的缩影”，故不能将其等同于历史本身。这就划清了史学与史料学的区别。他还批评了旧史学中“政治即历史”的观点，认为，既然历史是整个人类生活及社会的变革，“那么凡是社会生活所表现的各体相，均为历史的内容所涵括”，不仅是政治、法律和经济，“道德、学术、宗教、伦理等，所谓文化的理想，亦莫不应包含在历史以内”。

第二，李大钊认为，历史研究的目的，绝不应以史料考证为满足，而在于通过史料的搜集、考订、整理，去弄清史实，进而求得历史发展的规律。在他看来，史学之要义有三：一是考察社会发达进化的状态；二是依据事实，究明“人事发展进化的真相”；三是在考定史实的基础上，“于全般的历史事实的中间，寻求一个普遍的理法，以明事实与事实间的相互的影响与感应”。而从社会功能上说，历史学还应起到陶冶人的科学精神和脚踏实地的生活态度，使人从中“获得一种哲学的明慧”，认清世界进步的方向和民众创造历史的伟大力量，以树立起“乐天勇进的人生观”的作用。

第三，他还对历史理论与历史研究法的内涵作用作了探讨和区分。他认为历史理论“是说明社会历史现象的一般性质、形式、理法的”学问；而研究法则“是说明怎样去研究那种学问对象的性质、形式、理法的方法的”，包括史料搜集的范围、整理编制的方法、研究问题的角度，以及历史编纂法等。总之，“历史研究法是教人应依如何的次第方法去作史学研究的阶梯学问，是史学的辅助。历史理论则非别的学问的辅助与预备，实为构成广义的史学的最要部分”，它与“记述的历史”共同构成最广义的历史学，二者“有相辅相助的密切关系”，理论分析愈科学，“记述历史愈能成为科学的论述；反之，记述历史的研究果能愈益精确，必能供给历史理论以确实的基础……二者共进，同臻于健全发达的地步，史学系统才能说是完成”。①

① 李大钊：《史学要论》，第1、3—4、15、52—55、21页。

针对当时学术界普遍轻视历史理论的状况，李大钊在《史学要论》中还辟出专节，运用马克思主义的观点，讨论了历史理论的构建框架，提出历史理论至少可包括六个方面，即人类经历论、民族经历论、国民经历论、社团经历论、氏族经历论和个人经历论，并对这六个方面的研究对象和各自的作用都作了大体的规定。在研究的次序上，则主张以最为单纯的"个人经历论"为着手处，然后渐及于关系复杂、范围广大的种种共同生活经历。同时，还对历史学与文学、哲学、社会学等相关学科的研究对象、方法作了比较，分析了其间的区别和联系，要求依据历史研究本身的特点吸收相关学科的知识，以推进本学科的理论建设。

在此基础上，李大钊进而提出了以唯物史观为指导，将全部中国历史"重作"的主张。他认为："一时代有一时代比较进步的历史观，一时代有一时代比较进步的知识；史观和知识不断的进步，人们对于历史事实的解喻自然要不断地变动"[①]，故"根据新史观、新史料，把旧历史一一改作，是现代史学者的责任"[②]。并身体力行地运用唯物史观的原理去分析中国历史的某些问题，提出了不少具有开拓性的新颖见解，显示出敏锐的史识。兹略举其大端如下。

第一，探讨中国社会的发展史。在1920年发表的《原人社会于文字书契上之唯物的反映》一文中，他就结合古代的文献记载、传说和地下出土物，得出了我国原始社会经过畜牧业经济到农业经济阶段，且有过"女权"即母系社会历史阶段的结论。以后，又根据马克思主义的社会形态学说，结合史籍和考古资料的分析，认为我国大体经历过原始社会、奴隶社会、封建社会三个阶段，经1840年的鸦片战争，中国"沦降于弱败的地位"，不仅未发展为资本主义，反沦为半殖民地。而要改变中国社会的现状，不能依赖资本主义，因为"资本主义趋于自灭，也是自然之势"，故只有社会主义才是必然趋势。

第二，对中国近代社会变动原因的探索。在《由经济上解释中国近代思想变动的原因》等文中，李大钊认为，中国近代社会的变动，首

① 李大钊：《史学要论》，第6—7页。

② 李大钊：《史观》，《李大钊选集》，第290页。

先是经济的变动，这种变动是“外力压迫”即外国资本主义对中国实行经济压迫的结果。而随着中国传统农业经济发生动摇和大家族制度趋于“崩颓粉碎”，原来在思想界占统治地位的孔学也不能不走向衰败，于是才有当今的种种思想解放运动，“因为新思想是应经济的新状态、社会的新要求发生的”，所以是扼杀钳制不了的。①

第三，初步考察归纳了中国近代民族革命运动发展的性质和某些特点。他指出，自1840年鸦片战争至1925年五卅惨案，这是“一部彻头彻尾的帝国主义压迫中国民族史”，同时也是“一部彻头彻尾的中国民众反抗帝国主义的民族革命史”，这一“趋势是非流注于胜利的归宿而不止的”。在《土地与农民》一文中，他还总结太平天国革命失败的教训，指出太平军“不是亡于满清，乃是亡于英法帝国主义者”。又说，“中国落后的农民经济反映而成一种农民的狭隘的村落主义、乡土主义”，正是这种弱点分裂了农民运动，使之被军阀利用乃至内部自相残杀，造成农民革命的失败。②

与李大钊同时，还有不少早期马克思主义者和共产党人也在唯物史观的传播和运用方面作出了各自的贡献。如杨匏安的《马克思主义——一称科学社会主义》（1919），李达翻译的《唯物史观解说》（1921）和《马克思学说与中国》（1922）、《现代社会学》（1926）等论著，陈独秀的《马克思学说》（1922）、瞿秋白的《社会科学概论》（1924）、蔡和森的《社会进化史》（1924）等，都在这方面有着一定的影响。值得注意的是，此期还出现了一批运用唯物史观总结革命斗争历史的著作，如邓中夏的《省港大罢工略史》、彭湃的《海丰农民运动》、恽代英的《中国民族解放运动简史》等。这些探索性的史学活动表明：马克思主义史学已开始在中国大地上萌发出茁壮的新芽，其勃发的生机、鲜明的时代现实感，不仅预示着中国史学发展的进步方向，也直接为日后马克思主义史学的确立和成长提供了必要的理论准备和可贵经验。

当然，应当看到，唯物史观在国内的传播，并非一帆风顺，而是

---

① 参见《李大钊选集》，第302页。

② 参见《李大钊选集》，第537、535页。

一个充满矛盾与斗争的过程。自其传入之初，便不断遭到种种思想对立者的抵制或曲解。胡适在宣传实用主义方法论时就毫不掩饰地说："我这里千言万言，也只是要教人一个不受人惑的方法"，目的是要人们不"被马克思、列宁、斯大宁牵着鼻子走"。[①]何炳松也批评："唯物史观之太不完备则殆可断言。""世之学者，鉴于人类社会之经济生活太有影响于社会阶级之产生并因之而大有影响于政治制度也，遂以为经济史观足为研究全部人类社会生活上之线索，吾人可借以了解人类在政治上、宗教上、理智上之一切活动。殊不知人类社会之组织，并不纯受经济生活之驾驭者也。"[②]这种把唯物史观视为只承认经济因素和物质利益的庸俗机械物质论，从学理上说，显然是一种极大的误解。因为唯物史观所说的社会历史的决定性基础即经济关系，原意也包括了生产和运输的全部技术装备，及其赖以发展的地理基础和事实上由过去沿袭下来的先前各经济发展阶段的残余和围绕着一定社会形式的外部环境。[③]并认为一定的上层建筑和意识形态虽依经济基础而生，但一经形成，也会对经济基础产生相应的反作用并影响历史的进程。

对于当时社会上有关唯物史观的种种非难，马克思主义者奋起作了坚决反驳。如李大钊在《我的马克思主义观》一文中，就针对那种认为唯物史观是"经济宿命论"以及抹煞伦理道德作用的错误说法，指出，唯物史观并不否认法律或伦理道德对社会的影响，而是认定这些影响并不起决定作用，"就是有时可以抑制各个的经济现象，也不能反抗经济全进路的大势"[④]。同时，在改造经济组织以从根本上改造社会的同时，也从不忽略对人类道德精神的改造。瞿秋白在《自由世界与必然世界》中则区分了唯物论与唯物史观的不同，认为，人的意识固然是历史发展的一个因素，但从根本上说，其意识和行为并非不受任何制约，而是某种经济发展的结果。只有知道了历史的必然，人的行

---

① 胡适：《介绍我自己的思想》，《胡适哲学思想资料选》（上），第 350 页。
② 何炳松：《通史新义》，商务印书馆 1933 年版，第 194 页、序。
③ 恩格斯：《致瓦·博尔吉乌斯》，《马克思恩格斯选集》第 4 卷，第 505 页。
④ 《新青年》第 6 卷第 5 至 6 号，1919 年 9 至 11 月。

动才能更“自由”，历史的必然和人的有意识的行动是统一的，“科学的因果律不但足以解释人生观，而且足以变更人生观”[①]。

尽管此期共产党人和进步史家对唯物史观的宣传仍处于启蒙阶段，大多仅是一般的介绍或国外著作的译介，尚缺乏自己精深研究的著作，对唯物史观的理解也存在着某些简单化或片面性，有的还把带有机械倾向的“经济史观”、“地理史观”和唯物史观混为一谈，甚至视欧美实用主义哲学为马克思主义的“朋友”，这都反映了中国马克思主义萌发阶段理论上的不够成熟和局限性。但是，它对中国现代史学的发展却有着不可估量的深远影响。在此之前，新史家虽然也提出过把历史学建设成一门科学的主张，并从西方引入了进化论等进步历史观，希望以此来发现历史的“公理公例”，但实际上，这些学说都未能真正揭示社会发展的规律。而唯物史观的输入，则为人们探求历史规律提供了一条更为合理的道路。它把人类社会的历史视为一个不断从低级向高级自然演进的过程，主张从考察社会的生产力和生产关系、经济基础和上层建筑的辩证矛盾运动入手，分析各种纷繁复杂的社会现象与事变本质、动因，揭示制约社会发展的各种因素的主辅关系相互影响作用及其规律特点，从而大大推进了历史学走向科学的进程。

① 参见蒋大椿主编：《史学探渊——中国近代史学理论文编》，第81—82页。

第二节　社会史论战及其影响

一、社会史论战的理论渊源

英国著名史学家、《当代史学主要趋势》一书的作者杰弗里·巴勒克拉夫认为："在史学史的语境下，马克思主义的重要性首先在于，当历史主义（就其唯心主义和相对主义的词义上说）困于本身的内部问题而丧失早期的生命力时，马克思主义为取代历史主义而提供了有说服力的体系。"按照他的理解，勃兴于20世纪二三十年代的马克思主义史学，主要是作为历史主义的对立面而形成和发展起来的。正因为如此，他在《当代史学主要趋势》一书中，把"历史主义的危机"与马克思主义史学的发展，视作两个具有内在逻辑联系的环节。[①]需要特别指出的是，巴勒克拉夫对马克思主义史学发展进程的这一分析，主要是建立在20世纪欧洲史学思潮演进的经验事实之上。如果验诸中国的事实，则并非如此。因为，在20世纪上半叶中国史学思潮发展与演进的过程中，历史主义与马克思主义的双重影响，几乎是同时发生的，而且在很长的一段时间里，也是并行不悖的。[②]这一事实表明，中国现代史学思潮的兴潜与演进，有着与巴勒克拉夫所揭示的世界范围内史学发展的一般趋势不尽相同的特点；同样，中国马克思主义史学的形成和发展，也有着其独特的路径与轨辙。

前已指出，以唯物史观为核心的马克思主义学说，早在五四时期就

---

① 杰弗里·巴勒克拉夫：《当代史学主要趋势》，杨豫译，北京大学出版社2006年版，第21、5—34页。

② 详请参阅王东：《历史主义与二十世纪上半期的中国史学》，《史学理论研究》2001年第3期。

已在中国的新史学论坛上激起了层层波澜。但总体来看，在 1920 年代的早中期，无论是就胡汉民等人“中国史之唯物的研究”所发挥的范式作用而言，还是就唯物史观在历史研究领域所产生的实际影响而言，都还只是粗浅的。就学术思潮演进的趋势而言，唯物史观对中国史学发生越来越深刻的影响，并初步地形成自己的研究范式，是从 1927 年之后才开始的。正像有学者所分析的那样，正是在 1927 年大革命经受严重挫折的刺激下，“中国马克思主义者抛弃了早前舶来的口号，开始对中国社会结构进行认真的分析。这种影响，在由于对中国革命的不同看法所引发的政治冲突扩散以至于公开化时，波及整个中国思想界。随之而来的所谓‘社会史论战’，是未来 10 年中国最激动人心的思想现象。……社会史论战所受到的热烈欢迎很大程度上要归功于中国知识分子对马克思主义的普遍兴趣；反过来，它又强化了这种兴趣及其提出的问题，促进了马克思主义思想在中国的成熟”[①]。伴随着社会史论战的展开，唯物史观的基本原理和原则，开始被广泛地运用于中国社会历史的分析之中；唯物史观的方法与态度，也越来越普遍地为更多的研究者所接受。到了 1930 年代初，就连顾颉刚这样从事古史辨伪的学者，也开始正视唯物史观的巨大影响。在 1933 年 2 月写就的《古史辨》第四册“序”中，顾氏一方面感慨于“近年唯物史观风靡一时”的事实，另一方面又再三表示：“我自己决不反对唯物史观”，“研究古代思想及制度时，则我们不该不取唯物史观为其基本观念”。[②] 顾颉刚对唯物史观的这种态度，应该说具有风向标的意义。它表明：伴随着社会史论战的展开，运用唯物史观来研究中国的历史，已成为越来越多的人的共识；唯物史观在历史研究领域的范式性作用及其影响，也为越来越多的研究者所接受。

正因为如此，要探讨唯物史观史学思潮的兴起，进而揭示中国马克思主义史学形成的内在逻辑与发展轨辙，就必须在史学史的语境下，对

---

① 阿里夫·德里克：《革命与历史：中国马克思主义历史学的起源》，翁贺凯译，江苏人民出版社 2005 年版，第 33 页。

② 顾颉刚：《古史辨》（四）序，第 22 页。

当年的那场社会史论战[①]，进行全面和深入的研究。[②]

1928年10月，陶希圣在《新生命》杂志第1卷第10期上发表了《中国社会到底是什么社会？》一文。[③]文章标题中的那个极具有象征意义的“？”，不仅凸显了当时中国社会各界对该问题的强烈关注，而且也牵动了当时学术思想界高度敏感的神经。正因为如此，以该文的发表为标志，一场由政治纷争而引起，并由政治纷争演化为学术思想论争的所谓“社会史论战”就此拉开序幕。[④]

“思想上的争论，并非天外飞来的高调，乃当时当地处在不同经济

---

① 关于“社会史论战”，学术界一般认为有广义与狭义之分。狭义的社会史论战，专指1931至1933年间以《读书杂志》为阵地而展开的关于中国社会史的论战；而广义的社会史论战，则包括此前进行的中国社会性质问题论战和稍后进行的中国农村社会性质问题的论战。本文所说的“社会史论战”，除专指外，一般取其广义。

② 学术思想界对于社会史论战的研究，几乎是与论战同时开始的。早在1932年，王宜昌就在《读书杂志》第2卷第2—3期合刊上发表《中国社会史论史》一文，首次对论战中各家各派的观点进行评论。1932—1933年，《读书杂志》分3期连载了论战的另一位参与者李季的《对于中国社会史论战的贡献与批评》一长文。1936年，作者又对该文略加整理，以《中国社会史论战批判》为名，交由上海神州国光社出版。1935年，中国农村经济研究会编辑出版的《中国农村社会性质论战》一书（新知书店出版），首次对当时正在进行的中国农村社会性质问题的论战进行总结。1937年，何干之先后出版了《中国社会性质问题论战》和《中国社会史问题论战》二书（均由上海生活书店出版），开始对社会史论战进行比较系统的理论总结。不过，上述这些著作都注重从政治史或政治思想史方面立论，而鲜及史学史的内容。1949年以前，在史学史语境下总结这场论战的著作，主要有翦伯赞的《历史哲学教程》（新知书店1938年版）、吕振羽的《中国社会史诸问题》（耕耘出版社1942年版）以及侯外庐的《苏联历史学界诸论争解答》（中苏文化协会研究会1946年版）等。1949年以后，中国大陆学术界对于这场论战的研究，不断有所深化。除大量分散的论文外，周子东等人编著的《三十年代中国社会性质论战》一书（知识出版社1987年版），是新中国成立后第一本系统地研究当年那场论战的专题性学术著作。近年来，温乐群、黄冬娅在总结既有研究成果的基础上，又编著了《二三十年代中国社会性质和社会史论战》一书（百花洲文艺出版社2004年版）。港台和海外关于这场论战的研究，则主要有郑学稼《社会史论战简史》（台北黎明文化事业公司1978年版）、鲁凡之《中国文化发展形态与亚细亚生产方式》（香港精英出版公司1983年版）、赵庆河《〈读书杂志〉和中国社会史论战（1931—1933）》（稻禾出版社1984年版）和阿里夫·德里克《革命与历史：中国马克思主义历史学的起源》（加利福尼亚大学出版社1978年版）等。迄今为止，在史学史的语境下对那场论战进行深入而又系统研究的，当以阿里夫·德里克的《革命与历史：中国马克思主义历史学的起源》一书成就最高。

③ 《新生命》第1卷第10期，出版于1928年10月1日，但陶希圣在该文的文末注明的定稿时间是1928年的8月19日。

④ 早在1928年12月，陶希圣在为《中国社会之史的分析》一书的出版而写作的《绪论》中，就用“中国社会史论争”来概括当时正在展开的论战。详请参见陶希圣：《中国社会之史的分析》，新生命书局1935年版，第10页。

环境和政治地位的人们的呐喊。”[①] 这是何干之于1930年代中期在总结那场论战的著作——《中国社会性质问题论战》中开门见山的一句话，也是他根据自己的亲身体会（他是论战的参与者），对那场论战发生的历史背景所作的一种分析和概括。根据他的观察，这场论战的爆发，“是在中国民族解放暂时停顿后才出现的。革命的实践，引起了革命的论争，论争的结果，又纠正了民族集团中的偏向，帮助了实践的开展”[②]。把论战的发生与1927年以后中国各政治派别对国家“未来方向”的不同抉择紧密联系在一起，突显论战发生的社会政治背景及其实践价值，这几乎是当时论辩各方的共同倾向。前文提到的陶希圣，在解释自己发起社会史论战的动机时就曾直言不讳地指出：“中国的革命，到今日反成了不可解的谜了。革命的基础是全民还是农工和小市民？革命的对象是帝国主义和封建势力，还是几个列强和几个军阀？这些重要的问题都引起了疑难和论争……要扫除论争上的疑难，必须把中国社会加以解剖；而解剖中国社会，又必须把中国社会史作一决算。”在他看来，要揭开中国革命的谜底，制定正确的革命策略，就必须在“决算”中国社会史的基础上以获得对“中国社会的实况”的了解，如果“对（中国的）社会实况没有或回避正确的认识，则革命理论不过空谈”。[③]《读书杂志》的主编王礼锡更是一针见血地指出：“现在是盲目的革命已经碰壁，而革命的潜力又不可以消泯于暴力的镇压之下，正需要正确的革命理论指导正确的革命途径的时候。”[④] 而“正确的革命理论”的确立，必须建立在对“中国经济性质”的科学认识之上，因此，“关于中国经济性质问题，现在已经逼着任何阶级的学者要求答复。任何阶级的学者为着要确定或辩护他自己的阶级前途，也非解答这个问题不可”。[⑤]

从何干之、陶希圣和王礼锡诸人的上述言论中不难推断，这场论战

① 何干之：《中国社会性质问题论战》，生活书店1937年版，第1页。

② 何干之：《中国社会性质问题论战·序》，第1页。

③ 陶希圣：《中国社会之史的分析》，第1—3页。

④ 王礼锡：《中国社会史的论战》，《读书杂志》社编：《中国社会史的论战》第3辑，《卷头言》，神州国光社1932年版。

⑤ 王礼锡：《中国社会史论战序幕》，《读书杂志》社编：《中国社会史的论战》第1辑，神州国光社1931年版。

的发生，主要是由1927年以后中国社会各政治派别的政治分歧而引发的。然而，如果从更加广阔的时空背景来看，这场论战则又和1920年代苏联党内、共产国际对中国社会与中国革命的不同意见及其争论渊源互接。从某种意义上甚至可以说，苏联党内和共产国际关于中国社会与中国革命的诸多争论，不仅开启了中国社会史论战的先河，而且还为后来的论战（特别是第一阶段的中国社会性质问题论战）规定了主要的论题。在后来的中国社会史论战过程中，论辩各方的诸多概念、术语、范畴等分析工具的理论渊源，都可以直接或间接地追溯到发生在联共（布）和共产国际内部的那场持续多年的争论之中。

苏联党内对于中国问题的理论探索，最早是从列宁开始的。早在俄国十月革命之前，列宁就十分关注包括中国在内的殖民地和半殖民地国家的民族解放问题。1912年7月，他在《中国的民主主义和民粹主义》一文中，首次就中国的社会性质问题进行理论分析。他认为，当时的中国是一个“落后的、半封建的农业国家”，这一客观条件“只提出了这种压迫和这种剥削的一定的历史独特形式——封建制度。农业生活方式和自然经济占统治地位是封建制度的基础；中国农民这样或那样地受土地束缚是他们受封建剥削的根源；这种剥削的政治代表就是以皇帝为政府首脑的全体封建主和各个封建主”。[①] 这里，列宁不仅首次提出了“半封建”这一重要的概念，而且还对这一概念的内涵与外延——生产方式、剥削制度、剥削形式、政治体制和阶级关系，作了较为全面的分析和论证。

1916年，在《帝国主义是资本主义的最高阶段》这一名著中，列宁在“殖民地”这个概念之外，又提出了“半殖民地”这一新的概念。他指出，像印度和印度支那，都属于殖民地，而中国、波斯和土耳其等则是“半殖民地国家”。[②] 之所以叫“半殖民地”，是因为相对于其他殖民地来说，这些国家的主权还没有完全丧失。正因为如此，他有时又称之为“半独立国”[③]，意即它们介于殖民地和独立国之间，是一种“典型的

① 列宁：《列宁选集》第2卷，人民出版社1972年版，第426页。
② 列宁：《列宁选集》第2卷，第837、802页。
③ 列宁：《列宁选集》第4卷，第274页。

‘中间’形式”。他还分析说：“在金融资本时代，在世界上其他地方已经瓜分完毕的时候，争夺这些半独立国的斗争一定会特别尖锐起来。”[①]正因为如此，这些“半殖民地”的国家时刻都面临着彻底地沦为殖民地的危险。

1920年，在为共产国际第二次代表大会所起草的《民族和殖民地问题提纲初稿》以及《土地问题提纲初稿》等文件中，列宁再次提到了中国的社会性质问题。他认为，中国和其他东方殖民地或半殖民地国家，都是“封建关系或宗法关系和宗法农民关系占优势的比较落后的国家”。他还进一步指出：“像波斯、土耳其、中国这一类的半殖民地国家”，在第一次世界大战之后，正在丧失其半独立的地位，逐步由半殖民地而沦为殖民地。[②]

列宁有关中国社会的“半殖民地”和“半封建”的界定，显然是从经典作家社会经济形态学说出发而对中国社会性质所作的理论分析。尽管他还没有把“半殖民地”和“半封建”这两个概念有机地结合起来，以作为分析和把握中国社会性质的一个确定的范畴；但是，这两个经过高度抽象而形成的概念，却成为此后联共（布）和共产国际论证或分析中国社会性质问题的主要理论依据。

共产国际成立后，列宁有关中国社会性质的分析，遂成为共产国际指导中国革命的理论基础。1922年1月，共产国际召开了远东各国共产党及民族革命团体第一次代表大会。在这次大会所通过的《宣言》中，有关中国现状及其社会性质的理论分析，占据了相当大的比重。[③]共产国际东方部主任萨法洛夫在会上所作的题为《第三国际与远东民族问题》的演讲，更是对中国的社会性质问题作了系统的分析。他认为，从经济结构来看，中国和其他远东国家，“大多数是工业后进国，在资本主义发展的路上不过才走最初步，还顶着外国的压力，在外族战胜国鞭策之下走这资本主义路途上的初步。这些国家中间的大半是农业现状，

① 列宁：《列宁选集》第2卷，第802页。
② 列宁：《列宁选集》第4卷，第274、333页。
③ 详请参见《远东各国共产党及民族革命团体第一次代表大会宣言》，孙武等编：《共产国际与中国革命资料选辑》（1919—1924），人民出版社1985年版。

是小作农私有制度……工业先进的资本主义（列强）便利用中国的文明和其他远东各国的中世纪式封建制度去剥削他们的天然富源、多量劳动力和原料，以为肥润他们自己的用处”。从政治形态来看，“中国现在的情形就是这样，几个政系维持一个封建的无政府的局面，这情形是从 1911 年起一直继续到今日的。中国封建制度取一种军阀官僚组织的形式，这种组织，统治一种家长式的小农经济制度。他们常常内讧，外国的资本主义就故意挑拨，鼓动这些国内战争，好把中国弄得四分五裂而在战争中及战后取得利益”。[①] 萨法洛夫的这个演讲，虽然通篇都没有“半殖民地”、“半封建”这类概念，但他对中国经济与政治形态的分析，与列宁有关“半殖民地”和“半封建”的界定，显然是完全吻合的。更为重要的是，他在演讲中还把决定中国社会性质的各种因素——列强的殖民经济与中国的民族经济、中国传统的小农经济与近代资本主义经济、列强在华的政治势力与中国的军阀政治等有机地联系起来，从而为“半殖民地”和“半封建”这两个分立的概念最终融合成一个具有内在联系的范畴，作了重要的理论探索。

不过，应该指出的是，早在 1920 年代初期，联共（布）党内和共产国际在对中国社会性质的认识上，就已经存在分歧。1923 年 4 月，由布哈林执笔起草的《共产国际执委会俄国代表的汇报》一文就曾提道：“关于中国，特别是关于中国社会经济结构的性质，我们有过不少的争论。”[②] 联系到苏联党内和共产国际当时刊出的有关中国革命的文件，我们不难发现，当时的争论主要是围绕着中国是不是资本主义社会这个论题而展开的。例如，马伊斯基于 1923 年 7 月 27 至 28 日就在《真理报》上撰文指出：“现在有一种广泛流传的看法，认为近二三十年来中国已进入资本主义大发展时期……这种看法又对又不对。说它对，是因为二十多年来，特别是自辛亥革命以来，非常清楚地可以看到中国资本主义的发展。说它不对，因为在关于中国资本主义发展的议论中有许多谬

① 萨法洛夫：《第三国际与远东民族问题》，孙武等编：《共产国际与中国革命资料选辑》（1919—1924），第 148、150 页。

② 布哈林：《共产国际执委会俄国代表的汇报》，安徽大学苏联问题研究所编：《苏联〈真理报〉有关中国革命的文献资料选编》第 1 辑，四川省社会科学院出版社 1985 年版，第 29 页。

误之处，发展的程度通常被夸大到远远超过实际的情况。”该文的作者认为：“从资本主义发达的意义来说，现代中国是很落后的。根据粗略的计算，可以肯定‘中华帝国’资本主义化的程度只有战前俄国的八分之一至十分之一。”[①] 由此看来，如何估计中国资本主义发展的程度，换句话说，如何估计资本主义成分在中国整个经济结构中的比重，是这一时期联共（布）党内和共产国际争论的最基本议题。

然而，无论如何，列宁在世之时，无论是在苏联党内还是在共产国际，关于中国社会性质问题的争论都还没有充分展开。一方面，慑于列宁的崇高威望，那些反对列宁有关中国社会“半殖民地”和“半封建”提法的人，还不敢公开发表自己的反对意见；另一方面，中国革命的高潮尚未到来，由论证革命性质而引发的中国社会性质问题，尚未引起苏联党内和共产国际的充分重视。正因为如此，直到列宁逝世前夕，苏联党内和共产国际在有关中国的文件中，基本上都一直沿用列宁的“半殖民地”和“半封建”的概念，并以此来界定当时的中国社会。

列宁逝世以后，联共（布）党内的斗争骤然尖锐起来。1924 年秋，托洛茨基发表了《论列宁》和《十月的教训》等文章，把联共（布）党内早已存在的矛盾公开化。很快，以托洛茨基为核心形成了一个党内反对派（又称“少数派”）。为了解决党内存在的矛盾，联共（布）开展了一场全党范围内的大辩论。在这场辩论中，以托洛茨基为代表的反对派与以斯大林为代表的多数派之间，在一系列重大的问题上都针锋相对，形同水火。次年 5 月，联共（布）解除了托洛茨基的一切领导职务，并在全国范围内进行了大规模的“清党”，对托洛茨基的拥护者进行彻底的“清洗”。但是，联共（布）党内进行的这场反对托洛茨基派的斗争，并没有从根本上解决党内存在的问题。事实上，这场斗争不过是联共（布）党内大规模斗争的序曲罢了。

1926 年，以托洛茨基和季诺维也夫为代表的反对派，组成“托洛茨基—季诺维也夫联盟”，与以斯大林和布哈林为代表的多数派之间，就

---

① 马伊斯基：《中国和中国的斗争》，安徽大学苏联问题研究所编：《苏联〈真理报〉有关中国革命的文献资料选编》第 1 辑，第 2—3 页。

联共（布）党内的若干重大问题进行了尖锐的争论和斗争。其中，关于联共（布）现行的国际共产主义运动的路线和政策问题，正是争论的焦点之一。双方关于中国革命问题的重大原则分歧，也随着争论和斗争而日益呈现出来。

把反对派有关中国革命问题的主张予以理论化和系统化的，是时任莫斯科中山大学校长的拉狄克。1926 年，拉狄克在该校开设“中国革命运动史”课程。在谈到中国的社会性质时，他认为，商业资本主义在中国已有悠久的历史，它不断地吞食着封建势力，并从根本上瓦解了封建制度，所以，随着近代以来西方列强的入侵，中国已变成一个资本主义的国家，封建势力即使在农村也已经不存在了。为此，他断言：“中国农村中的农民斗争，与其是说反封建残余，不如说是反对资产阶级。”[①]

同年 4 月 4 日，拉狄克在《真理报》上发表《英国干涉中国的纲领》一文。该文虽然没有直接谈到中国的社会性质问题，但是中国不存在封建势力的观点却不时见诸字里行间。据作者观察，早在孔子生活的那个时代，就已经是“中国封建主义衰落的时代”。二千多年前的中国就已开始了封建主义的“衰落”，现阶段的中国当然不可能还是封建社会。他还特别指出：“外国商品的输入和中国工业的发展，摧毁了手工业而导致农村经济的破产。中国工业的发展速度，足以破坏农村经济。”[②] 言下之意，中国的农村已彻底卷入资本主义的经济旋涡，封建生产关系已不存在或即将不存在了。这年 6 月 22 日，他在《论中国共产主义政策基础的提纲》中再次重申：“中国革命的源泉在于中国日益发展的生产力（农村的商品经济及其社会分化、资本主义在城市的发展）同中国在政治上的分裂和它对外国帝国主义的依赖的不相适应，在于群众的政治觉醒同由帝国主义支持的省督们的专制制度的不相适应。在这个矛盾基础上产生出来的革命力量，这就是工人阶级、数百万手工业者以及城市贫民和农民。”[③] 显然，拉

① 转引自斯大林：《斯大林全集》第 9 卷，人民出版社 1954 年版，第 217 页。

② 拉狄克：《英国干涉中国的纲领》，安徽大学苏联问题研究所编：《苏联〈真理报〉有关中国革命的文献资料选编》第 1 辑，第 199、202 页。

③ 拉狄克：《论中国共产主义政策基础的提纲》，中共中央党史研究室编译：《联共（布）、共产国际与中国国民革命运动》上册，北京图书馆出版社 1998 年版，第 311 页。

狄克的这番言论，诠释的是托洛茨基有关中国社会与中国革命的基本主张：中国是一个资本主义的国家，中国革命是对外反对帝国主义、对内反对资产阶级的革命；中国共产党应该退出国共统一战线，独立地领导中国的革命。

联共（布）党内围绕着中国问题的争论，对共产国际也产生了很大的影响。1926年11月22日至12月16日，共产国际执行委员会召开第七次扩大会议，重点就中国的问题展开讨论。大会成立了以彼得罗夫为主席的中国委员会，专门就中国的社会性质和革命性质问题进行检讨。

在这次会议上，布哈林就中国问题作了长篇报告。他指出，近代以来，在中国传统的封建经济结构中确实存在着资本主义的因素，特别是最近一二十年来，中国的“资本主义关系”还有着“明显的发展”；但是，在中国的资本主义发展过程中，“相当一部分的大工业生产，属于外国资本”，外国资本与中国的民族资本完全是两回事，绝不混为一谈。布哈林还特别详细地分析了中国农村的生产关系状况，认为中国农村的土地关系“构成了整个中国经济结构的基础”。他通过对相关资料的分析，认为“中国是个小农经济的国家，但也有一定数量的土地由较大的私有者掌握着。这就是所谓名副其实的地主土地所有制。以前的封建地主残余、官僚、现代的军阀都有大量田产，他们同样地也占有相当多的土地。”因此，中国农村中的生产关系，绝不是拉狄克所谓的资本主义的生产关系，而是封建性的生产关系。此外，他还对中国农村的地租和赋税形态进行了初步的分析，借以确认中国农村的生产关系主要是封建性的生产关系。①

布哈林关于中国经济性质的半封建半资本主义因素的理论分析，引起了与会代表的高度重视。在稍后开展的有关中国问题的讨论中，大部分代表都赞同布哈林对中国社会性质所作的分析。共产国际中国委员会主席彼得罗夫在发言中就指出：“中国的半殖民地状况，是中国革命的一个非常重要的特征。近几十年来，帝国主义者的整个政策，不外乎在经

---

① 中国社会科学院近代史研究所翻译室编：《共产国际有关中国革命的文献资料》第1辑，中国社会科学出版社1981年版，第145—153页。

济上不断奴役中国，在政治上不断肢解中国”；“中国革命另一个非常重要的特点，就是中国辛亥革命被出卖而遭到失败，国家政权中的中央机构瓦解了，中国军阀制度加强了。……中国军阀制度的特点是，它既是一种军事组织，同时又是原始资本主义积累的渠道之一，并且依赖着一整套半封建的国家机构”。[①] 如果说布哈林主要是从经济形态的角度得出了中国是半封建半资本主义社会的结论，那么，彼得罗夫同样的结论，则显然是从政治形态的角度得出来的。

在这次大会上，莫斯科中山大学副校长米夫还针对拉狄克等反对派的观点，提出了系统的反驳意见。米夫是苏联党内一位年轻的中国问题专家。1925 年的五卅惨案发生后，联共（布）党内多数派与少数派有关中国问题的争论再掀高潮。托洛茨基等人主张共产党应该退出统一战线，独立地领导中国的革命。针对托洛茨基等人的观点，米夫出版了《上海事件的教训》一书。[②] 在这部著作中，他通过对五卅惨案的观察，详细地分析了中国各阶级阶层的状况，并对中国的社会特征和经济形态，进行了初步的分析，基本上得出了中国社会是半殖民地半封建社会这一结论。该书不仅是联共（布）党内全面地研究中国社会性质问题的一部代表性著作，而且也是多数派反击托洛茨基等反对派有关中国社会与中国革命基本理论的力作。

在共产国际执行委员会第七次扩大会议上，米夫就中国问题作了题为《中国的农民问题》的演讲（后发表在共产国际机关刊物《共产国际》上）。在这个演讲中，他重点驳斥了托洛茨基、拉狄克等人所主张的中国农村已进入资本主义阶段的观点，并以大量的材料论证中国农村存在着严重的封建生产关系。他指出：“四分之三的中国农民实际上是乞丐，贫病交加，不可终日”，“中国农村主要的地租形式是实物地租……就性质而言，中国的地租主要是‘消费性’即交纳粮食的地

① 中国社会科学院近代史研究所翻译室编：《共产国际有关中国革命的文献资料》第 1 辑，第 226 页。

② 该书由莫斯科国家出版社 1926 年出版，1932 年米夫又对该书作了修改，收入其文集《中国革命》之中。

租”。他还进一步指出：“在中国，由于一系列极大规模的农民起义，周期性产生的大土地占有制又周期性地分散、消除以至让位于小土地所有制。同时中国至今仍保持着享有特权的大土地占有制，在某些情况下是过去地主土地所有制的残余，而在大多数情况下则是官地和现代军阀的占地。”[①] 此外，他还从中国农村的剥削关系、高利贷资本在农村中的作用等方面，对中国农村的生产关系进行详细的分析。在他看来，中国农村的生产关系，依然是一种封建性的生产关系，而绝不是拉狄克所认定的资本主义生产关系。

在这次大会上，米夫还就中国问题拟了一份详细的提纲。后来大会通过的《中国问题决议案》（下简称《决议案》），就是在米夫这份提纲的基础上，再参照斯大林等人的意见修改而成的。《决议案》在总结这次会议有关中国社会性质讨论的理论成果基础上，对中国的社会性质作了这样的分析：在经济形态上，中国“工业资本主义低度之发展，农业经济尚用原始技术，大多数中国人生活程度奇特的低微，以及许多半封建制度的残余等”，“现时中国经济情形的主要特点，就是中国经济的成分，可比杂色的荷包，从财政资本以至宗法祠族制度的经济关系之余迹，都时时存在，其中占优势的，乃是各种形式的商本资本及城乡小手工业和小工业”。在政治形态上，“从 1911 年革命以来，中央政府机关崩坏，在近几年日益加甚；国内大部分土地都成为中国军阀之军事组织的统治。中国军阀，代表一种社会政治的力量……中国军阀之特质，就是它虽系武装组织，而同时它利用半封建性的整个国家制度，而成为中国之资本最初积累的分子之一。中国军阀的国家组织之存在，建筑在半殖民地的地位、中国地域的闭塞、中国经济的落后……等原因之上”。显然，无论是从经济形态还是就政治形态来看，《决议案》所揭示的都是一幅半殖民地半封建社会的图景。在此基础上，《决议案》还对中国革命的性质作了明确的解答，指出“中国革命发展之现在阶段”是反帝反封建的“资产阶级民权革命的性质”，而不是托洛茨基等反对派所主

① 米夫：《中国的农民问题》，《米夫关于中国革命言论》，人民出版社 1986 年版，第 1—21 页。

张的社会主义革命。[①]

共产国际执行委员会第七次扩大会议所通过的《中国问题决议案》，是以斯大林为代表的多数派回击反对派有关中国社会性质和革命性质理论的第一个正面回合。通过这次会议，联共（布）党内和共产国际进一步深化了对中国半殖民地半封建社会的认识，基本上达成了中国革命是反帝反封建的资产阶级民族民主主义革命的共识。会议还撤销了反对派代表人物季诺维也夫的共产国际执行委员会主席的职务。至此，斯大林等多数派与托洛茨基等反对派关于中国社会性质和革命性质问题的争论，才暂告一个段落。

1927 年 4 月，因为国民党的"清党"，国共统一战线正式破裂，轰轰烈烈的大革命遭遇严重挫折。围绕着对中国大革命失败原因的检讨，苏联党内和共产国际再度掀起了关于中国社会性质和革命性质问题的激烈争论。

以托洛茨基为首的反对派，把中国大革命的失败视作"整个斯大林路线已公开破产"的确证。[②]他们认为，中国大革命的失败，是以斯大林为首的多数派在"（苏联）国内政策上的错误路线的继续和发展"的结果。在检讨中国革命失败的原因时，他们坚持原先的理论基调，认为大革命以前的中国早已是一个资本主义的国家，中国革命的性质是反资产阶级的社会主义革命，由于斯大林等多数派错误地估计了中国的社会性质，并在错误地估计中国社会性质的基础上制订了错误的革命路线，导致了中国共产党和代表资产阶级的国民党结成所谓统一战线，从而最终招致了革命的失败。

1927 年 5—8 月间，托洛茨基先后出版了《中国革命与斯大林大纲》和《中国革命的新阶段》等小册子。这些小册子的主要矛头就是针对斯大林等多数派有关中国社会性质和革命性质的理论分析，反对共产国际执行委员会第七次扩大会议有关中国问题的共识。这样，一度平息了的

---

① 《共产国际第七次执行委员会会议中国问题决议案》，中共中央书记处编：《六大以前》，人民出版社 1980 年版，第 623—633 页。

② 托洛茨基：《关于中国苏维埃的口号》，转引自杨云若、邱路：《大革命失败前后共产国际内部围绕中国问题的争论》，《近代史研究》1987 年第 1 期。

关于中国社会性质问题的争论，又一次被提了出来。

托洛茨基也认为中国是一个半殖民地的国家，但是，他所说的“半殖民地”并不是从对中国的经济形态和政治形态的分析之中得出来的结论，相反，他只是从中国关税控制权的丧失这一半殖民地化的外在现象中归纳出来的。他说：“（列强在）军事势力隐蔽之下，帝国主义深入了中国。在造成商品形式之下，建设铁道与输出资本；在银行形式之下，增加了内部的高利贷，国家借贷，榨取国家收入之大部分有了保证。中国半殖民地的情形，就是它的经济落后，外资侵入中国，在某种程度之下，推动了国家向前的发展。”但他又认为，“一般的说，帝国主义现在是阻碍了、解体了中国生产力的发展。为达到这个目的，它用经济的、政治的、军事的方法。这在它手中最重要的工具就是关税权”。据此，他得出结论：“中国半殖民地性质之表现，不是别的，而是中国民众或是有产阶级失了发展工业的保障（即关税控制权。——引者），因为失了它，落后的国家便始终不能前进。”故而，在他看来，中国“在与帝国主义斗争的路线上，关税是根本问题”。[①] 显而易见，在托洛茨基看来，中国民族革命的首要任务，就是争取关税自主权，只要能够实现关税自主，中国民族革命的任务也就最终完成了。

在分析中国的经济结构时，托洛茨基则用十月革命以前在俄国普遍存在的农奴制来指代中国传统的经济因素。他说：“农奴及半农奴关系之在中国乡村中占很重要地位，并且在城市也这样，这是完全无可争辩的。”但是，他所理解的这种农奴制，却并非是多数派所主张的封建性生产关系。在他看来：“农奴制度的关系，在大部分的国家中，它的来源并不是封建残余，而是在经济上，资本主义经济的发展，受了绝大的阻碍（而产生的）。”显然，在托洛茨基那里，农奴制并不是一种封建性的生产关系，而是一种落后的资本主义关系。为了证明中国的经济结构中没有封建性的因素，他还从中国经济结构中商业资本占有相当的比重这一角度来予以分析。他说：“商业资本主义经济关系无可争论的（在

---

① 托洛茨基：《中国革命的新阶段》，高军编：《中国社会性质问题论战》（资料选辑），人民出版社1984年版，第878页。

中国经济中）是有统治作用的。”中国既然是一个商业资本主义占统治地位的国家，因此其社会性质就不可能是多数派所主张的半封建社会。为此，他认定多数派的“半封建”社会论完全昧于中国的现实，认为“布哈林须要造成封建（势力）占优势，是为着减少无产阶级政治作用的可能”，并断言“认中国的‘封建残余’作用在经济中占优势，岂知这是根本无用的企图”。在此基础上，他还极力反对多数派关于中国必须开展土地革命的主张，认为解决中国的农村问题，不能采取土地革命的战略，而必须“使农村群众密切地与城市工人及贫民联合起来向资产阶级进攻才能解决”。①

面对反对派的再度挑战，多数派展开全面的反击。早在托洛茨基的上述小册子出版之前，以斯大林为首的多数派就曾对中国大革命失败的教训加以总结，并就联共（布）和国产国际关于中国革命方针和政策的调整进行了理论上的探讨。“四·一二”政变之后不久，斯大林就在《真理报》上发表了《中国革命问题》一文（也就是托洛茨基所说的“斯大林大纲”）。在这篇文章中，斯大林对大革命失败后的中国社会性质和革命性质进行了较为系统的理论阐述。他认为：“决定中国革命性质的主要事实：（一）中国半殖民地的地位及帝国主义在财政上、经济上的统治；（二）封建残余的压迫，因军阀制度和官僚制度而加深；（三）无数百万工农群众反封建官僚的压迫、反军阀制度、反帝国主义的斗争日益高涨……”在斯大林看来，中国革命的性质是由其社会性质及其阶级阶层状况所决定的。既然中国是一个半殖民地半封建的社会，因而中国革命的性质就只能是反帝反封建的资产阶级民族民主主义革命。他还进一步指出，在“四·一二”政变之后，中国革命已由第一阶段——“全民联合战线的革命”，转变到了第二阶段——“广大工农群众土地革命”时期。他认为，在以土地革命为核心的第二个阶段，中国革命的主要任务“是要加紧反帝国主义，反土豪劣绅，反封建地主，反军阀及蒋介石反革命集团的斗争”。在这篇文章中，斯大林还专门写了

① 托洛茨基：《中国革命与斯大林大纲》，高军编：《中国社会性质问题论战》（资料选辑），第870页。

《反对派的错误》一节。他指出："反对派（拉狄克同志及其伙伴们）主要的错误，是在于他们不懂得中国革命底性质，不懂得中国革命现在处在甚么样的阶段，不懂得中国革命目前的国际环境。"[①]

继斯大林之后，布哈林又于1927年的4月19日，在《真理报》上发表《中国革命问题》一文。文章在分析中国的社会性质时指出：中国农村的土地关系"既不是'典型'的封建主义的国家中土地关系的简单重复，也不是'典型'的封建主义转化为'典型'的资本主义或近乎'典型'的资本主义的国家中土地关系的简单再现"，而是一种典型的半封建性的土地关系。他还从中国的地租形式方面，对这种土地关系的性质进行了分析。他说："既然实物地租、对分地租和劳动地租等在中国是占统治地位的形式，那么，这就是半封建主义制度的残余。这种半封建主义的残余，毫无疑问，是同渗透到农村的资本主义形式，首先是同借贷和商业资本的形式交织在一起。"由此，他得出结论：在中国的社会经济结构中，"十分陈腐的封建关系残余及某种形式的当地商业资本和信贷资本同最现代的外国帝国主义的（经济）相互结合。所有这一切构成了一个沉重地压在中国基本群众，首先是农民头上的剥削制度。外国资本同封建制度和军阀机构相结合，各省'头目'又靠军阀的刺刀掌权，通过这些我们真正看到了一部压在最广大居民身上的残酷的剥削机器。现今中国革命的全部进程首先要反对的，就是这部机器"。[②] 布哈林是当时联共（布）党内著名的经济理论专家，故而，他从经济形态上对中国半殖民地半封建社会性质所作的系统分析，无疑也更具有理论上的说服力和战斗力。

在斯大林和布哈林的带动下，联共（布）党内和共产国际掀起了批判反对派理论的高潮。其中，比较有代表性的尚有米夫、A. 斯捷茨

---

① 斯大林：《中国革命问题》，中共中央书记处编：《六大以前》，人民出版社1980年版，第846—849页。

② 布哈林：《中国革命问题》，安徽大学苏联问题研究所编：《苏联〈真理报〉有关中国革命的文献资料选编》第1辑，第342—385页。

基[①]和N. 佩佩尔[②]等人。其中，米夫发表在共产国际机关刊物《共产国际》杂志上的《中国革命的性质和动力》一文，也是联共（布）党内研究中国性质问题的较有影响的论著之一。在这篇文章中，米夫也像布哈林一样，主要是从经济形态的角度来揭示中国的半殖民地半封建社会特征。他指出："不能认为帝国主义仅是根植于中国外部，而在中国内部没有其经济阵地的某种上层建筑……外国资本的统治和外国资本对（中国）一切经济命脉的控制，不仅表现在大部工业投资都属于外国人，而且主要表现在整个中国工业的从属性质"，"中国农业也是这种情况"。正因为如此，中国不仅在政治上是半殖民地，而且在经济上也属于"殖民地经济体系"的范畴。就中国自身的经济形态来看，他认为主要还是半封建性的，"帝国主义在中国的主要经济基础，就是地主、豪绅和高利贷者在农村的统治"，而这些地主、豪绅和高利贷者，显然是具有封建属性的经济关系的代表。因此，他认为，中国革命的任务，就是要实现两个目标，"即推翻帝国主义统治和使国家已经转化为'殖民地经济体系'的异常严重的半封建历史残余"，"中国革命的民族特点是国家摆脱帝国主义奴役的任务同摆脱半封建旧制度残余的任务交织在一起"。[③]

1927年5月18—30日，共产国际又召开了第八次扩大会议，集中讨论中国问题。在这次会议上，托洛茨基又先后提交了《觉悟和矫正的时候到了》（5月27日）和《不是领悟了的时候吗？》（5月28日）等文章，继续坚持自己的观点。为了反击托洛茨基等人的理论，斯大林在会上作了题为《中国革命和共产国际的任务》的讲话[④]，进一步阐述了联共（布）和共产国际对于中国革命的指导思想，并针对托洛茨基等人的批评作了回答。会议通过的《关于中国问题的决议》，重申了多数派有关中国社会性质、中国革命性质、任务、对象和前途等问题的基本观

① 详请参见A. 斯捷茨基：《斗争的辩证法》，安徽大学苏联问题研究所编：《苏联〈真理报〉有关中国革命的文献资料选编》第1辑，第386—393页。

② 详请参见N. 佩佩尔：《欧美帝国主义和中国的反革命》，安徽大学苏联问题研究所编：《苏联〈真理报〉有关中国革命的文献资料选编》第1辑，第394—401页。

③ 米夫：《中国革命的性质和动力》，《米夫关于中国革命言论》，第22—42页。

④ 详见中共中央书记处编：《六大以前》，第862—873页。

点。同年12月，联共（布）召开第十五次代表大会。在这次被称为“集体化的代表大会”上，有关中国问题的讨论，占了会议议程中相当多的内容。会上，布哈林作了《国际形势和共产国际的任务》的报告①，全面地、系统地批判了反对派关于中国社会性质和革命性质的理论。在会期间举行的有关中国问题的讨论中，米夫等人再次就中国社会性质问题作了总结性的发言。② 由于托洛茨基等人拒不承认自己的错误，会议决定把托洛茨基和季诺维也夫开除出党。至此，联共（布）党内和共产国际关于中国社会性质问题的持续多年的争论才最终平息。

联共（布）党内和共产国际关于中国社会性质问题的争论，不仅开启了中国社会史论战的先机③，而且也是此后社会史论战过程中各家各派的理论渊薮。何干之曾就联共（布）党内和共产国际的这场争论对中国思想界所产生的影响作过这样的分析：“那两种不同的政治主张，是两种不同的经济分析的结论。……这两派的政见在苏联闹了好几年。尤其在国民革命时代，争论得特别起劲，特别严重。接着，这些不同的见解又传播到中国来。自1928年至1932年，那时正是中国政治运动的暂时潜伏和民族危机的开始，所以这问题支配着当时的文化界，成为每个前进的民族战士的精神粮食，激荡着每个中国民众的心坎。”④ 陶希圣也认

---

① 详见安徽大学苏联问题研究所编：《苏联〈真理报〉有关中国革命的文献资料选编》第2辑，第105—121页。

② 详见米夫：《在联共（布）第十五次代表大会上的发言》，《米夫关于中国革命言论》，第43—53页。

③ 据陶希圣回忆，早在1926年，他就认为：“中共所指中国社会是半封建半资本主义，乃是附会其所持‘农民运动与土地革命’之政策与战术，并非出自中国社会结构与社会问题之客观的分析与科学的研究。”如果陶氏所言属实，则说明他早在1926年就接受了托洛茨基派思想的影响。他还回忆说，早在1925年，他就在《独立评论》上发表一篇短文，认为“中国社会组织是以士大夫阶级与农民为主要阶层”，以后在《新生命》月刊上的文章，“对此论大为发挥”，因此，社会史论战正是由“这篇短文引起”的。详请参见陶希圣：《八十自序》，《食货》月刊社（未注明出版时间），第14页；《潮流与点滴》，台北传记文学出版社1979年版，第109页。就现有资料来看，陶希圣受托洛茨基派观点的影响，最迟当不晚于1928年底。因为在1929年初出版的《中国社会之史的分析》一书的附录二《中国社会史的一个考察》一文中，陶希圣就说道：“布哈林说，中国是封建制度的社会，所以中国革命必须打破封建制度。而托洛茨基则说：中国是资本主义发达中的社会，急等解决的是关税自主问题。”可见，最迟在1928年底，陶希圣对托洛茨基派的中国社会论就已比较熟悉。详请参见陶希圣：《中国社会之史的分析》，第146页。

④ 何干之：《中国社会性质问题论战》，生活书店1937年版，第39—40页。

为："在1927年以前，托洛斯（茨）基派即国际反对派，对于斯塔林派即国际干部派对中国党的指导，早已提出异议。自此以后，反对派关于中国问题不断与干部派斗争。就于每一政策，两派均有相反的主见。斗争的影响当然波及于中国。"[①] 在稍后中国思想理论界展开的社会史论战过程中，多数派的"半封建"社会论，基本上为新思潮派所继承；至于托洛茨基等反对派所提出的"资本主义社会"论、"商业资本主义"论和"封建社会崩坏"论等观点，则成为"动力派"和"新生命派"的重要理论源头之一。

二、论战的发生及其最初焦点

（一）论战的缘起及主要派别

众所周知，1924年的国民党改组以及国共统一战线的形成，都是在联共（布）和共产国际的指导与帮助下进行的。正因为如此，联共（布）和共产国际对于中国社会与中国革命的理论分析，不仅是共产党制定民主革命纲领的理论基础，而且也是国民党联合共产党、共同推动国民革命的思想源泉。随着联共（布）和共产国际内部有关中国社会与中国革命之重大分歧的产生及其扩大，国共统一战线内部的理论分歧也日趋明显。1927年，随着国民党的"清党"，国共统一战线正式破裂。国共两党的内部也因种种分歧而面临分裂。伴随着党际与党内的严重分裂，有关中国革命的性质及其前途等一系列重大的原则问题，遂成为首先需要的检讨或解决的重大理论问题。于是，围绕着这一论题，社会史论战的第一个回合——中国社会性质问题的论战，便因此而展开。

国共统一战线破裂后，中国共产党党内也很快便面临着严重的分裂。作为党的主要负责人的陈独秀，在检讨大革命失败的原因时，也像托洛茨基等反对派一样，把导致大革命失败的责任完全推给斯大林等多数派，认为由斯大林等多数派所控制的共产国际，在指导中国革命时

---

① 方峻峰（陶希圣）：《托洛斯基派之中国社会论》，《新生命》第3卷，1930年第5期。

执行了一条“孟什维克主义的错误路线”，导致了中国共产党与代表资产阶级的国民党结成统一战线，从而最终招致了革命的失败。1927 年 8 月，中共中央在汉口召开紧急会议，解除了陈独秀的领导职务，并选举了新的领导机构。陈独秀、彭述之和尹宽等人，对新的领导机构持对抗态度，从而演变成为中共内部的“反对派”（又称“取消派”或“陈独秀派”）。

“取消派”对中国社会与中国革命的认识，受托洛茨基等反对派的影响很大。早在 1927 年 5 月，“取消派”代表人物之一的彭述之，就曾发表《中国革命的根本问题》一文。该文首次把“取消派”有关中国社会性质和革命性质的观点在党内公开化。该文在分析中国当时的经济结构时曾指出：“中国的社会经济在世界上是一幅奇妙的经济图画。因为中国的经济几乎包含着人类历史发展中各种经济制度的原素，从原始宗法族长制度的遗留一直到现在的财政资本主义制度的经济，都同时存在。”然而，在这个多种成分混杂的经济结构中，到底哪一种占据主导地位呢？该文作者认为：“中国的社会的经济，虽然是如此复杂，但我们始终可以找出一条线索来，这线索便是帝国主义。帝国主义用它的经济系统，好像一幅铁丝网将全中国都笼罩着，帝国主义又好像一种化学药水侵入并透过了中国各种社会经济的成分，特别是对封建制度的农业和手工业经济，起了非常大的化学作用，已经逐渐地将整个的中国经济制度化合而成为帝国主义经济的附庸。”他还进一步分析说：“当帝国主义未入侵中国以前，中国的经济虽然已经复杂，但大致说来是一个封建的经济制度……但是自从帝国主义入侵以后，这种封建制度的经济受了一个严重的打击，逐渐崩坏，并且在这崩坏的经济基础上，建立了新的帝国主义的经济系统”，“帝国主义在中国既造成这样伟大的经济势力，自然不是一时的，有它八十年来长期侵略的历史。古老的封建制度经帝国主义这种残酷的侵略，自然本身在起绝大的变化，中国封建制度的经济到了现在可以说已从根本上动摇而趋于崩坏了”。[①] 显然，根据彭述之

① 以上引文均见彭述之：《中国革命的根本问题》，中共中央书记处编：《六大以前》，人民出版社 1980 年版，第 757—805 页。

的分析，由于帝国主义的入侵从根本上动摇了中国的封建制度，因此，中国的经济只能属于资本主义的范畴。

1928年6—7月，中国共产党第六次代表大会在苏联的莫斯科召开。大会在总结中国共产党人以及联共（布）和共产国际多数派对于中国社会性质认识的理论成果基础上，对中国的社会状况进行了全新的论证与分析。会议通过的决议指出：中国“现代农村的社会经济制度，完全受过去的封建制度之余毒束缚着。……现在的中国经济政治制度，的确应当规定为半封建制度”。决议认为，中国“农村的封建关系之残余，还有帝国主义压迫半殖民地的制度维持它。帝国主义维持中国军阀封建式的割据，利用官僚的收刮以及政府的苛捐杂税的掠夺，外国商品便更可以排斥‘国货’，帝国主义并且更可以取得中国经济的最高权，所以帝国主义实际上握有独霸的权力——集中中国经济生活底管理权”。在分析帝国主义对中国封建经济所产生的解体性作用时，决议批判了反对派和“取消派”的有关理论，认为“外国资本主义最初侵入中国底时候，中国社会发展程度是很低的，有许许多多政治上经济上的封建制度之余孽，帝国主义便利用这些余孽来做他们的工具，用来实行资本主义的剥削”，“帝国主义阻滞中国工业资本的发展，征服中国的封建残余，利用中国的一切积极的寄生虫阶级，以达到这个目的”。正因为如此，决议在分析中国的现状时强调指出：“1. 国家真正的统一并未完成，中国并没有从帝国主义铁蹄下解放出来；2. 地主阶级私有土地制度并没有推翻，一切半封建残余并没有肃清；3. 现在的政权是地主、军阀、买办、民族资产阶级底国家政权，这一反动联盟依靠着帝国主义之政治的经济的威力。”一句话，中国是一个半殖民地半封建的社会，因此，“中国革命现在阶段底性质，是资产阶级民主革命。如认为中国革命目前阶段已转变到社会主义性质的革命，这是错误的。同样，认为中国现时革命为‘不断革命’，也是不对的”[①]。

以陈独秀为代表的“取消派”，对中共“六大”关于中国社会性质和革命性质的解说，持激烈的反对态度。1929年8月5日，陈独秀就中

① 以上引文均见《中国共产党第六次全国代表大会底决议案》，中共中央书记处编：《六大以来》，人民出版社1981年版，第1—56页。

国革命问题给中共中央写了一封长达一万余字的信。信中宣称："中国封建的残余，经过了商业资本长期的侵蚀，自国际资本主义侵入中国以后，资本主义的矛盾形态伸入了农村，整个的农民社会之经济构造，都为商品经济所支配，已显然不能够以农村经济支配城市经济，封建阶级和资产阶级利益之根本矛盾，如领主农奴制，实质上已久不存在。"他特别强调，经过 1925—1927 年的国民革命，中国已发展成为资本主义的国家，"1925—1927 年之革命，无论如何失败，无论如何未曾完成其任务，终不失其历史的意义，因为它已开始了中国历史上一大转变时期。这一转变时期的特征，便是社会阶级关系之转变，主要的是资产阶级得了胜利，在政治上对各阶级取得了优越的地位，取得了帝国主义的让步与帮助，增加了它的阶级历史之比重。封建残余在这一大转变中，受了最后的打击，失了统治全中国的中央政权的形式，失了和资产阶级对立的地位，至少在失去对立地位之过程中，变成残余势力之残余"。正因为如此，中国革命在现阶段的任务，不是土地革命与武装斗争，而是"要准备集中力量"，"低下头来设种种方法接近群众"，采取"合法手段"，进行议会斗争，等条件成熟，再进行社会主义革命。[①]

1929 年 11 月，中共中央鉴于大革命失败后陈独秀等人的表现，认为"陈独秀、彭述之等已决心离开革命，离开无产阶级，客观上就是已经开始转变他们的历史行程，走向反革命方面去了"[②]，从而决定开除他们的党籍。在这以后，"取消派"在中共党内的公开活动停止了。不过，他们的政治活动与理论宣传却并未因此而中止。同年 12 月 10 日，陈独秀就中共中央政治局开除他一事发表《告全党同志书》，认为"这一切都是表面的官样文章"，并明确地针对中共关于中国社会性质和革命性质的论述发表反对意见。信中声称："世界上任何资产阶级国家，都存在封建残余，并实行剥削的方法，有些国家甚至还存在封建势力，中国就是其中的一例。我们在革命的途径上固然不能忽视它，但是，共产国

① 陈独秀：《关于中国革命致中共中央的信》，中国人民解放军政治学院党史教研室编：《中共党史参考资料》第 5 册，第 376—385 页。

② 《中共中央政治局关于开除陈独秀党籍议案》，中国人民解放军政治学院党史教研室编：《中共党史参考资料》第 5 册，第 391—392 页。

际和党中央却一致认为：中国在政治上、经济上，封建残余仍占优势，并保持统治地位。因此，他们竟把封建残余当作革命的目标，并认为是压迫革命的当前仇敌”，“至于革命的性质又限于资产阶级民主革命的阶段”。因此，他“毫不隐讳地站在托洛茨基同志所领导的国际反对派即真正马克思列宁主义的旗帜之下，坚决的、不可调和的、不中途妥协的和国际及中共中央的机会主义者奋斗到底”。[①]不久，陈独秀又和彭述之等81人共同签名发表了《我们的政治意见书》，并正式建立中国的托洛茨基派政治组织，自称“中国共产党左派反对派”，成立领导机构，出版机关刊物《无产者》。

为了进一步宣传陈独秀等“取消派”的政治主张，从1930年开始，被称为“取消派”理论家的严灵峰和任曙，以《动力》杂志为主要阵地，就中国社会性质问题展开系统的论述。严灵峰早在莫斯科中山大学留学时，就参加了托洛茨基反对派的小组织，回国后参加由王平一、徐乃达等人创办的中国最后一个托派组织——“战斗社”，并在这一派的机关刊物——《战斗》上发表文章，宣传托洛茨基反对派和陈独秀“取消派”的观点。1930年，他参与创办由另一个托派组织——“无产者社”发起的《动力》杂志。在《动力》杂志的创刊号上，他发表了《中国是资本主义的经济，还是封建制度的经济？》一文，力主“中国社会经济中是资本主义成分占‘支配’或‘领导’的地位”的观点。在《动力》杂志的第2期上，他又发表了《再论中国经济问题》一文，重弹以前的老调。稍后，他又写了《我们的反批评》一文。1932年，他把这三篇文章合起来，加上一个“序言”，以《中国经济问题研究》为书名，交由上海新生命书局出版。次年，他还写了《追击与反攻》一书，由上海神州国光社出版。在这些论著中，他把矛头直接指向中共关于中国社会是半封建半资本主义社会的理论，认为这种论述“无马克思主义常识”，“把马克思主义压缩在‘机械唯物论’的圜栏内”，是“马克思主义的新修正派”[②]，从而把中国共产党党内关于中国社会性质问题的争论

---

① 陈独秀：《告全党同志书》，中国人民解放军政治学院党史教研室编：《中共党史参考资料》第5册，第393—402页。

② 严灵峰：《中国是资本主义的经济，还是封建制度的经济？》，《动力》第1卷，1930年第1期。

进一步公开化，并最终引发了关于中国社会性质问题的大论战。

与严灵峰齐名的另一位“取消派”理论家任曙，原名任旭，大革命时期曾加入中国共产党，担任过中共中央农民部秘书、全国农民协会临时党团书记等职。大革命失败后，他加入由陈独秀、彭述之等成立的中国托派组织中人数最多、影响最大的组织——“无产者社”，并在这个组织的机关刊物《无产者》杂志上，发表文章，阐述“取消派”的理论主张。1931年初，他出版《中国经济研究绪论》一书。稍后，他还在《读书杂志》上发表《关于中国经济的研究和批判》等文章。在这些论著中，他与严灵峰一样，力主“资本主义社会”论，反对中共的半封建半资本主义社会说，从而成为继严灵峰之后挑起中国社会性质问题论战的又一位急先锋。

除严灵峰和任曙之外，极力宣扬“取消派”观点的，尚有刘仁静（又名刘境园、刘亦宇、列尔士）、李季、王宜昌、杜畏之和李麦麦等人。其中，刘仁静向以“老托”自居，李季是在“取消派”的纲领文件——《我们的政治意见书》上签名的81人之一。其他人虽然未必都参加过托派的政治组织，但是在政治倾向和思想理论方面，却都与“托陈取消派”渊源互接。由于这些人在中国社会性质问题的论战过程中，主要以托派组织“无产者社”创办的《动力》杂志为主要舆论阵地，因此，当时又被称为“动力派”。

在“取消派”和“动力派”就中共的半殖民地半封建社会论展开严词批评的同时，国民党方面也针对中共的有关理论进行“围剿”。早在1927年4月，为配合蒋介石的“清党”，早年曾宣传马克思主义并鼓吹要用唯物史观来研究中国社会与历史的戴季陶，就曾发表《国民党的独立是中国独立的基础》一文。他在文中宣称：“马克思主义只能够说明历史变化的过程，而不是造成人类真正文化的基础。中国人要确信三民主义才可以救中国，世界一切人类要确信三民主义才可以得和平。”[①]他主张，国民党不仅要在组织上“分共”，而且还要在思想理论上清除

① 戴季陶：《国民党的独立是中国独立的基础》，中国人民解放军政治学院党史教研室编：《中共党史参考资料》第4册，第335页。

共产党的影响。汪精卫讲得更明确："我们所谓分共，不但要将共产党分子从国民党里分出去，尤其要将共产党理论从国民党里分出去。……所以国民党当前最急的工作，是将数年以来国民革命的理论重新整理一遍，将共产党的理论夹杂在国民党的理论中的，一一剔了出来……不然，只将共产党分子分出去，而共产党理论仍然存在，分共之目的是不能达到的。"① 为了将这一计划付诸实施，蒋介石亲自指定由周佛海、戴季陶、邵力子、陈果夫和陈布雷五人在上海创办《新生命》月刊，并于1928年1月1日正式创刊。该刊标榜以"阐明三民主义的理论，发扬三民主义的精神"为宗旨，以"研究建设计划，介绍和批判各国的学派、制度"为内容。该刊的《发刊词》特别指出，"清党"以后的国民党，面对的是一个"一切失了活气，百事失其调整"的混乱局面，而这种局面恰好也意味着"旧时代的必需终结和新生命的快要降临"。该刊的使命就是要根据"进步的科学和中国的需要，以阐明三民主义的理论和实际"，催生"新生命"的降临。② 这里，"中国的需要"五字，可谓别有深意。1928年底，周佛海在《明年的新生命》一文中，对所谓"中国的需要"作了这样的引申和发挥：首先，关于中国"特殊情形"的研究将成为该刊的主要议题；其次，研究的基本方法是以一般原则为大前提，同时"须以各时各地特殊环境为小前提，才能引出正确的结论"。总之，"中国人要解决中国的问题，除理解社会科学外，还要明悉中国的特殊情形"。③

显而易见，《新生命》月刊是站在国民党右翼的立场，通过研究"中国的特殊情形"为催生"新生命"——以蒋介石为代表的南京国民政府——制造理论依据的一份刊物。经常在该刊发表文章的有陶希圣、梅思平、梁园东、朱伯康和戴行轺等人。时人称之为"新生命派"。

说到"新生命派"，自然要介绍一下作为该派核心人物的陶希圣。陶希圣原名陶汇曾，笔名方峻峰、方岳，湖北黄冈人。1922年毕业于北京大学法科。北伐战争期间，曾担任国民党中央军事政治学校的中校政

① 汪精卫：《分共以后》，恂如编：《汪精卫集》第3卷，光明书局1930年版，第239—241页。
② 陈布雷：《发刊词》，《新生命》第1卷创刊号，1928年。
③ 周佛海：《明年的新生命》，《新生命》第1卷第12号，1928年。

治教官、军事委员会政治部政工人员训练委员会常务委员等职。1928 年参加“改组派”，并担任国民党中央陆军军官学校政治总教官、国民党军事委员会总政治部宣传处第一科长等职。从 1928 年开始，他在《新生命》、《东方杂志》、《学生杂志》和《教育杂志》等刊物上，陆续发表了《中国社会到底是什么社会？》、《中国商人资本及地主与农民》、《士大夫身份与知识阶级》等文章，力主中国社会是一个“宗法制度已不存在，宗法势力还存在着”，“封建制度已不存在，封建势力还存在着”的特殊“社会构造”论。[①] 在此基础上，他又先后集结成《中国社会之史的分析》、《中国社会与中国革命》（以上两书均由上海新生命书局于 1929 年出版），《中国封建社会史》（上海南强书局 1929 年出版），《中国社会现象拾零》（上海新生命书局 1931 年出版），《中国政治思想史》（上海新生命书局 1932—1935 年出版）等书。在关于中国社会性质以及稍后的中国社会史论战中，以陶希圣为代表的“新生命派”，是人数最多、声势最大、影响也十分广泛的一个派别。

鉴于“动力派”的挑战和“新生命派”等对中国社会性质的不同解说，中共方面意识到，必须在总结稍早前批判“取消派”理论的基础上，更进一步，就中国社会性质和革命性质等原则性的问题，全面地、系统地阐述自己的观点。正是基于这样的考虑，中共方面决定正式加入论战。当时中共中央宣传部的两任部长李立三和张闻天（化名刘梦云）以及中共理论权威瞿秋白和蔡和森等人，都先后发表文章，参加论战。由此可见，中共对这场论战是十分重视的。当年参加论战的吴亮平后来回忆说，代表中共方面参加论战的主要是中宣部下属的中央文化工作委员会成员，“中宣部把开展论战的任务交给文委（中央文化工作委员会的简称）。论战的文章由文委组织，主要在文委办的《新思潮》、《拓荒者》等刊物上发表”[②]。文委的主要成员有潘汉年（文委书记）、吴亮平（代表中宣部领导文委的工作）、李一氓、朱镜我、王学文、杨贤江、林伯修（杜国庠）和潘东周等人。文委下属的《新思潮》月刊，自 1929

---

① 陶希圣：《中国社会到底是什么社会？》，《新生命》第 1 卷，1928 年第 10 期。

② 吴亮平：《吴亮平谈中国社会性质的论战》，周子东等：《三十年代中国社会性质问题论战》，知识出版社 1987 年版，第 117 页。

年 11 月创刊后，陆续发表了郭沫若、潘东周和丘旭等人的文章，在集中火力批判“取消派”理论的同时，还对陶希圣的中国“社会构造”特殊论加以批评。在次年 2 月出版的《新思潮》第 4 期上刊发了一条《征文题目并缘起》的告示，其中第一个题目就是“中国是资本主义的经济，还是封建制度的经济”。该题目的立意可谓别具深意，那就是要引导论战各方从经济结构的角度（即唯物史观的角度），来讨论中国的社会性质问题。同年 4 月 15 日，《新思潮》第 5 期作为“中国经济研究专号”，发表了潘东周、吴黎平（吴亮平）、向省吾、王昂（王学文）和李一氓等人的文章。在稍后的第 6 和第 7 期上，又刊登了多篇从经济的角度分析中国社会性质问题的论文。

在通过《新思潮》参加论战的同时，1930 年 6 月，中央文化工作委员会又在上海领导成立“中国社会科学家联盟”（简称“社联”）。6 月 22 日，“社联”召开第一次会议，并通过《中国社会科学家联盟纲领》。该《纲领》明确指出：“1. 以马克思主义的观点，分析中国及国际的政治经济，促进中国革命；2. 研究并介绍马克思主义理论，使它普及于一般；3. 严厉地驳斥一切非马克思主义的思想——如民族改革主义、自由主义及假马克思主义的理论——如社会民主主义、托洛茨基及机会主义；4. 有系统地领导中国新兴社会科学运动的发展，扩大正确的马克思主义宣传。”[①]“社联”成立后，《新思潮》正式成为“社联”的机关刊物，该刊的编委王学文、彭康、杜国庠、潘梓年等人，也都是“社联”的主要领导成员。在他们的领导和组织下，以《新思潮》杂志为中心，以“社联”成员为主力，开始就中国社会性质，尤其是中国经济性质问题展开系统的探索和研究工作。

除《新思潮》[②]杂志外，当时中共中央的机关刊物《布尔什维克》和《红旗》等，也都陆续发表了有关中国社会性质问题的文章。稍后，一大批进步刊物诸如《思想月刊》、《世界月刊》、《摩登青年》、《社会科学战线》和《三民半月刊》等，也先后投入论战。在这些刊物上时常发表

---

① 《中国社会科学家联盟纲领》，中国人民解放军政治学院党史教研室编：《中共党史参考资料》第 7 册，第 133—134 页。

② 《新思潮》在 1930 年 7 月第 7 期时改为《新思想》，旋遭国民党查封而无法出版。

文章的，有钱亦石、何干之（笔名杜鲁人）、吕振羽和邓初民等人。由于这些人的基本观点与《新思潮》成员大同小异，因此，时人把他们统称为“新思潮派”。

（二）“中国是资本主义的经济，还是封建制度的经济？”

《新思潮》杂志的创刊和“新思潮派”的出现，标志着中国社会性质问题论战的全面展开。正因为如此，时人把“新思潮派”的出现比喻为“中国社会性质问题论战的第一声”。[①] 尽管在整个论战期间“新思潮派”参与的人数并不是很多、发表的论著也非常有限，但是，由于其主要成员的理论方法和分析工具大致相同、基本立场和观点大体一致，加之他们参与论战的目的非常明确、针对性也很强，故而，他们的团体效应很快便发挥出来。纵观论战的全过程，无论是在建构论争主题，还是在引领论战主轴的展开等方面，“新思潮派”所发挥的作用，都是其他任何派别所无法比拟的。

就论战主题的设定而言，自“新思潮派”把主题锁定在“中国是资本主义的经济，还是封建制度的经济”这一论阈之后，各家各派在展开自己的论述时，几乎都无法跳出这一范围。即便是“动力派”的严灵峰，他一方面把“新思潮派”所设定的这一论题称之为不懂得“辩证法”、不具备“马克思主义的常识”；但是，另一方面，他又不得不承认，所谓中国社会性质问题，归根到底正是由中国的经济结构所决定的，而分析中国的经济结构，无非就是对中国经济中的资本主义因素和封建因素加以“辩证的”研究，以厘清在中国经济结构中到底是哪种成分占“支配”或“领导”的地位。[②] 可见，兜过来再兜过去，他还是没有跳出“新思潮派”所设定的论阈。严氏批评《新思潮》第 5 期“中国经济研究专号”的另一篇重要文章题为《再论中国经济问题》。[③] 仅从文章标题的设计便知，它依然无法自外于“新思潮派”所设定的从中国社

---

① 何干之：《中国社会性质问题论战》，生活书店 1937 年版，第 60 页。

② 严灵峰：《中国是资本主义的经济，还是封建制度的经济？》，《动力》第 1 卷，1930 年第 1 期。

③ 该文刊于《动力》第 1 卷，1930 年第 2 期。

会经济结构的角度来讨论中国社会性质的这一论战主轴。

于是，围绕着“新思潮派”所设定的“中国是资本主义的经济，还是封建制度的经济”这一中心论题，各家各派（主要的论争发生在“新思潮派”与“动力派”之间）展开了激烈的争论。陶希圣在分析当时论辩各方的争论焦点时就曾指出：“中国社会史的决算，至少要提出下面两点做中心：第一，中国是封建社会，还是资本主义社会？第二，帝国主义势力的侵入是否使中国社会变质，变质又达到什么程度？”[①]陶希圣所说的“两点”，事实上涉及三个论题，前一点涉及中国的民族资本主义和传统的封建势力，后一点则聚焦于帝国主义。无独有偶，何干之稍后在总结那场论战时也曾分析说：“中国社会性质问题论战的症结，在对于帝国主义、民族资本和封建残余那三种势力的相互关系的了解，所以这根本的认识，是几年来中国思想界关于这问题论争的焦点。”[②]正因为如此，下文将主要围绕各家各派如何分析帝国主义、民族资本和封建经济三者之间的关系，来梳理他们的基本观点。

先来看看“动力派”的观点。作为“动力派”主要成员的严灵峰和任曙二人，尽管在某些观点上彼此并不一致，甚至还出现过相互攻击的情况；但是，在对帝国主义、民族资本和封建经济三者之间关系的这一“症结”问题的认识方面，却有着惊人的一致性。大体说来，他们都认为，帝国主义不仅从根本上摧毁了中国传统的封建制度，而且还直接促进了中国资本主义的发展，因此，近代以来的中国社会已是一个典型的资本主义社会。

在批评“新思潮派”所设定的“中国是资本主义的经济，还是封建制度的经济？”这一论题时，严灵峰耸人听闻地提出这样一种理论：“帝国主义时代的人类，假使对于一切政治经济问题不从国际的眼光去考察，只是（能）证明他的生活是孤立（的），是野蛮的种族。”[③]在他看来，要研究中国的经济性质问题，首先应该具备的就是这种“国际的眼

① 陶希圣：《中国社会之史的分析》，第1页。

② 何干之：《中国社会性质问题论战》，生活书店1937年版，第73页。

③ 严灵峰：《中国是资本主义的经济，还是封建制度的经济？》，《动力》第1卷，1930年第1期。

光”。他所谓的“国际眼光”，也就是帝国主义对中国经济结构的决定性作用。用他的话来说，“研究二十世纪的中国经济问题，假使不将它和整个世界经济相联系起来，那便证明他没有辩证法的观点。因为，我们必需把关联于帝国主义的世界经济之主要的许多事实，当作一个总体，当作最高发展阶段的资本主义之一定阶段来探讨”①。在他看来，“帝国主义侵入中国，使中国经济加入于国际经济的有机组成部分；中国的经济统治权必定操之在财政资本的帝国主义列强之手；帝国主义在中国不但输入商品，并且还在输入资本”②。由于帝国主义“本身是代表高度的资本主义势力”，“它对于封建的经济制度完全处于不可调和的矛盾地位”③，因此，“帝国主义在中国是绝对地要破坏封建制度的经济基础”④。在他看来，帝国主义的使命就是要建立世界范围内的资本主义经济体系，因此，帝国主义在中国也就不可能勾结封建势力。他针对“新思潮派”的帝国主义与封建势力相互勾结的理论说：“真是岂有此理！帝国主义已是与封建势力站在同一水平线上，在历史的地位上丝毫不比封建制度进步，在中国‘拥护’‘封建关系’？何以‘帝国主义资本的输出’又有‘虽然在中国建筑铁路，开办工厂、银行，灌输资本主义的种子到中国’的可能呢？既然‘帝国主义的确也是猛烈的破坏农村经济’，则‘农村中的封建关系’，立足在什么经济基础之上而‘并不被破坏’呢？”⑤在他看来，帝国主义与封建势力是势不两立的，因此，“认帝国主义在殖民地扶植封建势力乃是无稽之谈和对马克思主义的荒谬修正！”他认为，随着帝国主义势力在中国的不断深入，尤其是由于铁路和生产技术的引进以及资本的大量输入，帝国主义在瓦解中国封建制度的同时，还有力地促进了中国资本主义的发展。因此，“中国资本主义的发展，显然地受着帝国主义侵入中国的影响”，“尤其是二十世纪初帝

① 严灵峰：《再论中国经济问题》，《动力》第1卷，1930年第2期。
② 严灵峰：《中国是资本主义的经济，还是封建制度的经济？》，《动力》第1卷，1930年第1期。
③ 严灵峰：《中国经济问题研究·序言》，新生命书局1931年版，第9页。
④ 严灵峰：《再论中国经济问题》，《动力》第1卷，1930年第2期。
⑤ 严灵峰：《中国经济问题研究·序言》，第16页。

国主义的资本输入直到现在，都是促进中国社会资本主义经济的发展”。所以，他的结论是：“自帝国主义侵入中国以后，或更确切些指出，自1911年辛亥革命以后，虽然中国受帝国主义的束缚日益坚固；虽然在有封建残余的条件之下……然而，中国社会经济资本主义化的过程，还是有蒸蒸日上之势。资产阶级在社会上政治作用之扩大等等，都是反映中国社会内部资本主义成分的增高。”[①]

和严灵峰一样，任曙也认为帝国主义不仅在根本上瓦解了中国的封建制度，而且还推动了中国资本主义的发展。所不同的是，严灵峰认为，在中国的社会经济发展过程中，早就酝酿了资本主义的种子和条件。用严灵峰的话来说，“中国社会长时期是沉淀在半封建制度和商业资本长期侵蚀的进化过程之中。这因为中国历史上不曾起过技术革命，因此，商业资本虽然发达，然始终不能转变为工业资本，只是在农村中不断地削弱封建制度的基础”[②]。换句话说，由于商业资本的不断侵蚀，中国在帝国主义入侵以前，就已是一个“半封建”的社会。任曙则认为，中国社会经济的转型，是从列强势力进入中国以后才开始的，中国资本主义的发展完全是“外铄”的。在他看来，“我们对于中国经济结构（的分析），应该把握着中心的帝国主义问题”，“撇开帝国主义，中国的经济性质实无从谈起；不能把握帝国主义问题是一切问题的中心，亦限定了许多人不能前进而必复落于布尔乔亚的窠臼”。这其中的原因便在于：“第一，不管你对于中国历史上商业资本主义如何的估计，总不能不承认近八十年中国才有急剧的变动，而这一变动的原动力便是帝国主义经济的侵入”；“第二，自从近代资本主义经济繁荣之日，农村经济（手工业可以包含在内）便已逐渐失去其对于整个经济问题的决定意义……但近代资本主义在中国农村经济中取得支配地位，以及在全部中国经济生活中取得了决定意义，不是由于中国整个资本主义内在的发展，而是因为帝国主义向中国输入商品的关系”；“第三，中国资本主

① 严灵峰：《中国是资本主义的经济，还是封建制度的经济？》，《动力》第1卷，1930年第1期。

② 严灵峰：《中国是资本主义的经济，还是封建制度的经济？》，《动力》第1卷，1930年第1期。

义的发展不是内在的而是外铄的”。由于中国资本主义的发展完全是一种“外铄”的结果，因此，“我们研究中国经济时，应该把它放在第一位，不能有丝毫的忽视”。从这一逻辑出发，他特别指出：“中国资本主义问题是要从帝国主义问题（中）去求解决的”，“我们研究中国资本主义时，绝对不应当把整个资本主义中给它划出一个界限，认为这是国货的资本主义，那是洋货的资本主义。否则足以混乱自己的观点，使自己不自觉地陷在资本主义的泥坑中而不能自拔”。正是基于这种中外资本“一视同仁”的立场，任曙对中国的经济性质问题作出这样的估定：“中国资本主义（已）发展到了代替封建经济而支配中国经济生活的地步”，“资本主义在中国现在发展到了摧毁封建经济，支配全国生活”，即便是在农村，“近二三十年在中国境内的中外资本主义的建立，以及农业生产性质的变动，我们可以明白看出中国农村经济的生活，已不是自给自足的封建性质，而是受着资本主义的支配”。①

同样属于“取消派”的刘镜园（刘仁静），在对帝国主义与民族资本主义两者关系的认识上，与严灵峰和任曙又有着较大的差别。一方面，他同意任曙所主张的中国资本主义的产生不是基于“内在的”而是由于“外铄”的观点；但是，另一方面，他又强调：“欧洲资本主义之侵入中国，其影响是辩证的，即一方面促进中国工业之发展，一方面又妨碍它”。正因为如此，他对“动力派”始终强调帝国主义推动中国资本主义发展这一观点，持反对态度。他认为：“帝国主义是阻碍中国经济发展之一大原素。”在他看来，帝国主义“从中国输出原料，输入制成品，压抑着中国工业使其不能与之竞争……这就造成了帝国主义与殖民地间的不可调和的斗争之经济基础。这一斗争在中国表现得最无情与露骨”。正是在这个意义上，他认为“中国产业发达之迟滞，主要的是因为它是一半殖民地国家”。然而，他又认为，帝国主义对中国民族资本主义的阻碍，主要不是体现在对中国主权的践踏和经济命脉的控制方面，而是反映在对关税的垄断方面。他说：“关税的不自主，是中国产

① 任曙：《中国经济研究绪论》，引自高军编：《中国社会性质问题论战》（资料选辑），人民出版社1984年版，第422、437、438、470、455、470、488页。

业发展之致命伤。在关税不自主的情况之下，不唯新的产业无从振兴，即旧的产业亦无法维持”，因此，“关税的不自主，是中国工业不发达的最大原因”。[①] 在这一点上，他与托洛茨基的观点可谓如出一辙。

在对帝国主义与中国封建制度的关系问题的认识上，刘镜园的观点与严灵峰和任曙两人既有相同的一面，也有不尽相同之处。他一方面否认帝国主义“勾结”、“保护”或“扶植”中国的封建制度，但另一方面又承认帝国主义在中国“保存着落后关系”。需要指出的是，他所说的这种“落后关系”，不是指封建势力，因为“普通了解的封建势力是指与资产阶级对立（的）特权阶级，诸侯、贵族、教主等。可是中国因为土地买卖自由，这一阶级早已不存在了。政治上封建势力在推翻满清后即不存在”。既然封建势力“已不存在”，那么，帝国主义在中国所“保存”的这种“落后关系”又是指什么呢？他分析说：“我们承认主要的是国际帝国主义阻碍中国生产力和资产阶级社会之发展。但是问题在此还没有完结，中国现在的社会结构：军阀制度、官僚阶级、土豪劣绅、商业资本、高利贷者，这些阶层的结合，亦是阻碍社会进步的势力。但是他们却与帝国主义沆瀣一气。他们对帝国主义极力表示无抵抗，至多是‘以夷制夷’的抵抗，帝国主义亦维持他们整个阶层，不是破坏他们。”显然，刘镜园所说的“落后关系”，就是指由“军阀制度、官僚阶级、土豪劣绅、商业资本、高利贷者”所组成的“阻碍社会进步的势力”。可是，按照他前面的解释，这些“阻碍社会进步的势力”又不是“封建势力”。在经过这番自相矛盾的分析之后，他得出结论：“中国现在不是一封建社会，而是一资本主义社会——落后的资本主义社会”，因此，“客观的形势已指出：无产阶级值日换班的时候已经到了”。[②]

总体来看，在对中国社会性质问题的认识上，“动力派”内部并未形成一整套彼此一致的、基本统一的理论来。正因为如此，在论战过程中，他们之间不仅步调不一，各自为阵，而且还时常发生相互对骂的现

① 刘镜园：《评两本中国经济的著作》，《读书杂志》社编：《中国社会史的论战》第 1 辑，神州国光社 1931 年版。

② 刘镜园：《中国经济的分析及其前途之预测》，《读书杂志》社编：《中国社会史的论战》第 2 辑，神州国光社 1932 年版。

象。何干之就曾总结说："严（灵峰）骂任（曙）做'侦探先生'，任又骂他是'某个人'；任曙骂严灵峰为'叛徒'，为'机会主义'者，严又骂任为'叛徒理论家'，'下流的经济研究家'，'过左专家'，'小家伙'；任讥笑严'东抄西袭'，严又讥笑任为'创造大家'，'经济通'，所说的是'先天理论'。"[①] 然而，作为论战过程中的一派，他们在对一些关键问题的认识上，又有着高度的一致性。无论是严灵峰、任曙，还是刘镜园，都毫无例外地认定，中国的封建制度早已瓦解，中国已经是一个资本主义社会。基于"（对）中国社会经济的分析，为估量革命前途和政策最基本的出发点"的认识[②]，严灵峰认为，既然"中国毫无疑议的是资本主义关系占领导的地位"，中国革命的前途只能是托洛茨基和陈独秀等人所主张的无产阶级领导下的社会主义革命[③]。任曙也认为，"总体来说，整个的中国资本主义，目前还是在发展中"，因此，"中国的前途，应当是非资本主义的"。他参加论战的目的，就是要"建设这一非资本主义的理论"。[④] 刘镜园则说得更明白："无产阶级值日换班的时候已经到了。"就这一点而论，严灵峰、任曙和刘镜园亦可谓殊途而同归了。

与"动力派"针锋相对的是"新思潮派"。如前所述，"新思潮派"是代表中共参加这场论战的主力。中共"六大"以后，由于反"托陈取消派"的需要，中共理论界在集中火力批判"托陈取消派"有关理论的同时，还就中国社会性质，尤其是中国的经济性质问题，展开进一步的研究工作。1929 年 1 月，与中共保持密切联系的李达，率先出版《中国产业革命》一书。[⑤] 在该书的《编辑例言》中，李达开宗明义便指出："要晓得现代的中国社会究竟是怎样的社会，只有从经济里去探求。"换句话说，对中国社会性质的认识，只能取决于对中国经济性质的分析。在他看来："中国革命的过程和产业革命的过程，确有因果关联。我们

---

① 何干之：《中国社会性质问题论战》，生活书店 1937 年版，第 76 页。

② 严灵峰：《再论中国经济问题》，《动力》第 1 卷，1930 年第 2 期。

③ 严灵峰：《中国是资本主义的经济，还是封建制度的经济？》，《动力》第 1 卷，1930 年第 1 期。

④ 任曙：《中国经济研究绪论》，引自高军编：《中国社会性质问题论战》（资料选辑），第 469、470 页。

⑤ 《中国产业革命》一书最早由上海昆仑书店于 1929 年 1 月出版，本文引用该书出自《李达文集》。

要获得中国社会改造的理论，惟有在中国产业革命的过程中去探求。”所以，他在阐述该书的著述目的时便指出：“现代的中国社会，已踏入产业革命的过程，渐渐脱去封建的衣裳，穿上近代社会的外套了，一切政治和社会的变动，都是随着产业革命进行的。在中国革命的过程中，凡是留心于国家改造的人们，必先依照着产业革命的经过，就中国经济发展的倾向作正确的分析，才能了解革命的理论，树立建设的计划。这是我所以要编这本小册的动机。”[①] 正是基于这一立场，他在书中紧扣产业革命这一主题，将注意力聚焦于中国近现代经济史，试图从中国近现代经济发展与变化的历史进程中，来寻求解决现实问题的答案，并由此而开始了对中国近现代经济史的拓荒性研究。

在《中国产业革命》一书中，李达根据大量的文献资料和统计数据，分析了鸦片战争以后中国传统的农业和手工业衰败乃至崩溃的历史过程，考察了1860年以来中国民族工业的发展情况，动态地揭示了在近代不同历史阶段内帝国主义、封建主义和民族资本主义三者之间的内在联系。在此基础上，作者对近代以来中国经济的总体运行特征，予以高屋建瓴式的概括和分析：“第一，新式工业的确有了相当的发展，但还只是刚到粗工业的阶段；第二，农业呈现破产的倾向，原料和粮食大受限制；第三，手工业逐渐破产；第四，国际帝国主义和国内封建势力压迫加重，生产力已受束缚，殊难顺利发展；第五，贫困程度增加，劳动问题和农业问题，日形严重。”根据李达的分析，中国近代的经济结构，既不是纯粹的封建经济，更不是典型的资本主义经济，而是一个由帝国主义殖民经济、封建性的传统经济和民族资本主义经济三重因素混合而成的过渡性经济形态。正是在这样的分析基础上，作者在该书的结论部分，便顺理成章地得出中国是一个“半殖民地的半封建的”社会这一结论来。中国既然是一个“半殖民地的半封建的”社会，因此，“打倒帝国主义的侵略，廓清封建势力和封建制度”，便是“中国革命的唯一对象，同时又是发展产业的唯一前提”。[②]

---

① 李达：《中国产业革命概观》，《李达文集》第1卷，人民出版社1980年版，第388、390、388页。

② 李达：《中国产业革命概观》，《李达文集》第1卷，第394、492、488页。

李达从经济的角度对中国近代社会“半殖民地性”和“半封建性”双重特征的系统分析和论证，对稍后正式加入论战的“新思潮派”具有重大的理论参照价值和方法论启发意义。1930年4月，《新思潮》杂志第5期，集中刊登了王昂（王学文）的《中国资本主义在中国经济中的地位其发展及其前途》、潘东周的《中国经济的性质》、向省吾的《帝国主义与中国经济》、吴黎平（吴亮平）的《中国土地问题》和李一氓的《中国劳动问题》等一组文章。这些文章尽管讨论的重点各有侧重，但都紧扣中国经济这一中心议题。它们的集中发表，一方面把李达在《中国产业革命》一书中所提出的有关问题（诸如帝国主义和封建势力对中国产业发展的阻碍问题、土地问题、劳动问题等）进一步深化，另一方面又把中国共产党人关于中国社会性质问题的认识推向一个更高的层次。

“新思潮派”对帝国主义的分析，大体上是从殖民经济的两重性这个角度来展开的。他们认为，“中国是半殖民地的国家，帝国主义在中国经济中握有最高的统治权，因此，帝国主义的侵略，必然对于整个中国经济组织产生严重的影响”。就殖民经济对于中国传统封建经济的瓦解作用而言，他们承认，“帝国主义在中国经济中确有一种积极的作用，在相对的意义上说，它确是破坏了中国经济的停滞状态”，“帝国主义是带着了新式资本主义的生产技术，在中国种植了、发展了，这自然要给中国封建关系、行会制度，尤其是自然经济，以一个重要的打击，推动中国经济组织走到进一步的道路上”①；“当帝国主义侵入中国的时候，的确用它们的廉价的商品破坏了中国的家庭手工业而使半自然农业经济愈加进入于商品经济，使农业生产物的生产愈加化为商品生产的生产”②。然而，这只是问题的一方面。另一方面，也是更重要的方面，“新思潮派”认为，“帝国主义的目的，是在把中国变成帝国主义经济的附庸，变成它的原料出产地，它的商品的市场与它的投资的场所，所以它不但不能帮助中国资本主义的独立发展，而且阻止中国资本主义的独立发展；它不但不消灭城乡中间的封建剥削，而且加紧了这种剥削”③。在

① 潘东周：《中国经济的性质》，《新思潮》1930年第5期。

② 向省吾：《帝国主义与中国经济》，《新思潮》1930年第5期。

③ 思云（王学文）：《中国经济之性质问题的研究》，《读者月刊》1931年第1期。

“新思潮派”看来，帝国主义对中国民族资本主义发展的阻碍，不只是一种主观机动，更是一种客观的事实。他们指出：“帝国主义廉价商品的大量输入，利用低额关税和投卖政策独占中国的商品贩卖市场，同时更利用其多额的资本、优良的技术和中国廉价的劳动力和原料，生产商品在中国贩卖。帝国主义利用其巨额资本的力量，独占中国的富源，垄断中国的市场，操纵中国的金融，对于中国资本主义经济与以重大的压迫。”[①] 在中国这样一个国家主权由列强分割、关税权被列强操纵、市场被列强垄断，甚至连原材料和劳动力也被列强独占的总体背景下，中国民族资本主义要凭借其薄弱的资本积累和简单的技术力量，与列强展开“自由竞争”，根本就是不可能的。因此，把帝国主义殖民经济视为“中国资本主义关系发展的障碍”这个观点，“并不是矛盾，而是马克思主义的辩证法原则”。[②]

通过对帝国主义殖民经济在中国投资方式和剥削方式的分析，“新思潮派”还发现，帝国主义在向中国扩展经济势力的时候，一方面在一定程度上破坏了中国的封建经济，但是，另一方面，又时常利用中国传统的剥削关系和剥削方式，有时甚至还有意识地保护这种封建关系，从而形成帝国主义与封建势力相互“勾结”的现象。潘东周在分析列强殖民经济对中国农村的影响时就曾发现：“帝国主义在中国农村经济中的影响，很少建设了新式生产技术的农业，就是半资本主义的垦牧公司也是非常之少。……直到现在帝国主义很少能改变农村的生产技术与生产组织，仍然是在中国原来生产技术与组织之下，加紧一种商业资本主义及高利贷的剥削。……帝国主义始终是利用着封建地主与商业资本，使农民在旧的生产方式与生产关系之下，受着厉害的剥削”，“因此，帝国主义在中国长期剥夺的结果，并没有在中国农村中扩大了新式的生产技术……而只是增高了中国的地租，增高了苛捐杂税，增高了地主阶级对整个农民的束缚”。[③] 向省吾在分析中国农村的经济关系时也发现：“当它们（殖民列强）初到中国的时候，正是中国的农村中的货币经济正

---

① 王昂：《中国资本主义在中国经济中的地位其发展及其前途》，《新思潮》1930 年第 5 期。

② 潘东周：《中国国民经济的改造问题》，《社会科学讲座》第 1 卷，1930 年。

③ 潘东周：《中国经济的性质》，《新思潮》1930 年第 5 期。

在相当盛行的时候。处在这种条件之下，老侩的帝国主义者，便利用了它那‘沿着最小抵抗线进行’而又最有效的方法，把中国的封建的榨取者维持起来而使它成为其榨取中国农村的工具”，“帝国主义者适应着环境而利用中国固有的土地所有者、高利贷及商业资本等为其榨取中国整个农村的仲介者”。正是在对这些现象加以整理、概括和分析的基础上，他们得出结论：“帝国主义侵入中国以后……它们正极力的维持了中国的封建遗物，而在这中间获得了它们榨取中国的工具。——这乃是现今帝国主义者对于殖民地以及半殖民地的榨取的最好的方式。”① 他们还论证说，帝国主义不仅在经济上利用中国的封建剥削方式和剥削关系，而且还在政治上与代表封建势力的军阀相勾结，这其中的原因便在于：“帝国主义因为其内在的矛盾和其相互间的冲突，必然要对于半殖民地中国实行其政治的、经济的侵略。其侵略的手段是常利用中国的封建势力为其走狗、为其利益的代理者，因此帝国主义内在的矛盾和其相互间的冲突加紧的时候，必然地要反映到中国方面，形成军阀的混战。并且军阀混战发生，使军阀更不得不依靠其帝国主义的主人，实行其更忠实地投降与服从，来贩卖中国经济的权利，尽力保护帝国主义的在华资本。”②

在分析了帝国主义对中国近代经济结构所产生的双重性历史影响之后，“新思潮派”还就传统的封建制度在近代的存在方式及其演变情况，作了较为系统的讨论。与“动力派”完全否认中国存在封建制度或封建势力这一观点截然不同的是，“新思潮派”虽然也认定封建制度自从鸦片战争以后就处于缓慢的解体过程，但是，他们又强调，由于中国的封建制度有着漫长的发展历史，加之中国地域辽阔，不同地域间经济、社会发展的不平衡，因此，无论是帝国主义的殖民经济，还是中国的民族资本主义经济，都不可能在短短的几十年间便渗透到中国各地、渗透到经济生活的各个领域或各个部门，进而取封建性生产关系而代之。更何况帝国主义为了推行其殖民政策，总是竭力维护和利用中国的封建生产

① 向省吾：《帝国主义与中国经济》，《新思潮》1930 年第 5 期。

② 王昂：《中国资本主义在中国经济中的地位其发展及其前途》，《新思潮》1930 年第 5 期。

关系，故而，在中国近代的历史进程中，封建制度作为一个整体虽然日趋解体，并趋于没落，但是却并没有就此退出历史的舞台，变成为像陈独秀等人所说的那种“残余之残余”。为了论证封建制度在中国的存在及其影响，“新思潮派”分别从以下两个方面来进行讨论：其一，就中国城市中的经济关系来看，全国“各省都市（和大的集镇）之间，多在师傅制度之下经营生产，在帮行制度之下经营各种产业，劳动剥削的无限制，多于无代偿，形成着封建制式半封建式的榨取形式。这种封建的半封建的制度的存在和其他经济上习惯的通行，都是封建的半封建的经济关系存在于中国的具体的表现”；其二，从农村的经济关系来看，“在中国农村之内，可以显然看见地主对于农民的劳动榨取取着赋役的形态，就是农民要为地主无偿的服务，或为其运搬米粮，或为其作某种工作……这种劳动榨取，更形成中国封建的半封建的剥削特征”。[①] 因此，无论是在城市里，还是在农村中，封建性的剥削关系都是大量存在的。

当然，与城市相比，农村中的封建生产关系不仅存在得更为严重，而且其形式也保存得更为完整。加之中国是一个农业国，农村生产关系的性质如何，对决定整个经济结构实具有举足轻重的地位。故而，在分析封建制度的存在及其表现形式时，“新思潮派”几乎都把重点放到了对农村生产关系的考察上。

在农村的生产关系中，土地所有制无疑是最基本、也是最重要的一个方面。为此，“新思潮派”首先从分析中国农村中的土地所有制入手。他们列举的统计资料表明，“（全国）集中于大小各等地主手里的土地，至少在百分之六十以上”，而“占土地所有者人口三分之二的农民（贫农、中农），所有土地还不到五分之一”，“此外还有极大部分的农民完全没有土地”。这种土地占有关系到底是封建性的生产关系，还是资本主义的生产关系呢？为了分析这个问题，他们又考察了农村中的剥削关系。他们发现：中国农村的“三种纳租形式中，最普遍的是产物纳租形式。中国大部分土地，都是采取这种形式”。而“产物纳租”（实物地租），正是典型的封建剥削关系。他们还指出，在中国广大农村，除了地主对农

① 王昂：《中国资本主义在中国经济中的地位其发展及其前途》，《新思潮》1930 年第 5 期。

民的高额地租剥削外，还广泛盛行着高利贷资本和商业资本的剥削，而后两者又是与前者密不可分的，因为，“在中国农村中，很多的地主，同时就是商人和高利贷者。正因为如此，所以中国地主对于农民的剥削，真是无孔不入”。总之，在“新思潮派”看来，“现在中国农村租佃制下的剥削关系，是封建式的剥削关系”，“这种剥削关系，是建筑在土地关系之上的。土地问题一日不得解决，中国农村经济的发展，中国农民的解放，一日没有希望。所以土地革命，是数万万农民群众的切身的急迫的希望，是中国革命目前阶段上的中心问题，是中国资产阶级民主革命的关键”。①

在对影响中国经济结构的列强殖民经济因素和封建经济因素进行了较为系统的梳理后，“新思潮派”还就中国资本主义的发展程度及其可能的前景加以分析和说明。他们指出，“我们也并未否认，中国资本主义经济的发展。中国资本主义的经济，虽然还在其发展的初级阶级（段），但是，也有一定的发展与相当的变化”，“世界大战（一战。——引者）开始，缓和了欧洲帝国主义对于中国侵略的力量，断绝了欧洲输出中国商品的来源，中国资本主义当这个时期……得了其发展的条件……有了不少的发展”②；“我们只是说封建关系在中国经济中占着优势，绝不是说中国没有资本主义。中国不独在城市中已经受了财政资本主义帝国主义的统治，即使在农村中也已经开始了资本主义的分化”③。他们一致认为，近代以来，在中国的经济结构中，资本主义经济已占有一定的地位，因此，那种认为中国近代以来是一种纯粹封建经济的看法，是没有任何根据的。

问题在于，资本主义经济在中国整个的经济结构中到底占据怎样的地位呢？是不是已经取代了封建经济而在整个经济结构中占有支配性和主导性的地位呢？在这一点上，“新思潮派”的看法和“动力派”是截然不同的。在“新思潮派”看来，中国的资本主义经济不仅未能从根本上取代封建经济而在整个经济结构中占据优势，而且在其自身的发展过

① 吴黎平：《中国的土地问题》，《新思潮》1930 年第 5 期。
② 王昂：《中国资本主义在中国经济中的地位其发展及其前途》，《新思潮》1930 年第 5 期。
③ 潘东周：《中国经济的性质》，《新思潮》1930 年第 5 期。

程中，也经受了种种干扰、阻碍和破坏，从而导致其畸形的发展状态，并一直停留在初级的、幼稚的阶段。他们指出："资本主义经济，资本家的生产方式，除去沿海大都市或少数地方之外，我们在广大的中国土地上，很难看见"，"沿海大都市和少数地方，的确有中国资本主义的存在，并且有相当程度的发展……（但）就其发展的程度来说，所谓中国的资本主义经济，所谓中国的民族工业，还只限于资本主义工业初期时代的轻工业"[①]；"在城市中，资本主义有没有呢？有的。不但是帝国主义入侵以来，介绍到中国不少近代机器的生产，而中国人也自己采用了许多机器生产，自己也发生了资本主义……这已经是工业资本主义的第一步。但是中国民族工业的生产，是不是已经在非农业生产中，或甚至于在某一部门生产中，占了优势呢？不。一方面，手工业还维持着很大的地位。……另一方面，顶重要的，就是中国本国的工业，不仅是由帝国主义所引起，而且是受帝国主义所支配"[②]；"资本主义的成分和封建的成分比较起来，前者从来是次第成长发展的成分，后者是不断走向沦落的成分；但是，资本主义成分的成长，在现在是依然受旧封建的成分的束缚，其成长之量的增加并未能达到引起质的变化，压倒封建的成分获得优势的程度"[③]。因此，他们的结论是："中国资本主义经济并没有占得大的区域，在中国经济中并没有压倒的优势，并不是代表中国经济的主要特征。"[④]

在揭示民族资本主义在中国经济结构中只具有的从属性的次要地位，而不具有质的支配性作用的同时，"新思潮派"还对中国民族资本主义的发展现状及其可能前景，进行了分析和推测。他们指出，在帝国主义和国内封建势力的双重排挤、打击和压迫下，中国的民族资本主义在发展的过程中一直面临着两难的抉择。一方面，为了避免使中国沦为完全殖民地和促进国家的独立、民主与富强，除了发展资本主义，别无选择；但是，另一方面，中国近代所面临的恶劣的国际国内

---

① 王昂：《中国资本主义在中国经济中的地位其发展及其前途》，《新思潮》1930年第5期。
② 伯虎（方亦如）：《中国经济的性质》，《布尔什维克》第4卷，1931年第2期。
③ 思云：《中国经济的性质是什么？》，《读者月刊》1931年第1期。
④ 王昂：《中国资本主义在中国经济中的地位其发展及其前途》，《新思潮》1930年第5期。

环境，又决定了资本主义道路在中国根本行不通，发展民族资本主义绝无光明的前途。他们认为，中国的资本主义，“并不是简单的发展过程，而是经过了许多的迂回曲折，并且其发展有一定的限度，到达一定的限度即停止，难以向前进行”[①]。在他们看来，“资本主义经济虽然是存在于中国，并且有了相当程度的发展，但是其存在和发展是在一定经济支配力下的存在和发展，其发展在现在有其阻碍、束缚的外壳，在其未能脱破其发展束缚的外壳以前，是不能在中国经济各要素中占得优越的地位”[②]。这其中的主要原因便在于：“中国社会经济底发展，受着了帝国主义经济的压迫，与封建生产关系的束缚，民族资本主义经济尚没有力量来冲破这种束缚，几乎没有可能完成其从前资本主义到资本主义的过渡阶段。”[③]

总之，在“新思潮派”看来，“中国之有资本主义经济的存在，这是任何人都承认的，同样的，中国（资本主义）经济有相当的发展，也是不可否认的事实”[④]；但是，“中国资本主义经济虽然有数十年间的长期发展的历史，而终停顿于一定的状态之下，在中国整个经济（中）依然不得不居于次要的地位，不能形成主要的支配的经济形态”。在此基础上，他们对中国经济的性质作了如下界定：“中国主要的经济是封建的半封建的经济，中国主要的经济生活是封建半封建的经济生活，即是在封建的半封建的关系下的经济生活”[⑤]；“因为中国是个落后的农业国家，所以这些半封建的关系在农业经济中的优势，实际就占了整个中国经济的优势”[⑥]；“中国是帝国主义压迫下的殖民地的经济，同时也是封建残余关系占优势而开始走向资本主义发展的经济”[⑦]；“中国封建的生产方式和生产关系在中国各种要素中占着优势”[⑧]……所有这些界定，尽管表述不

① 王昂：《中国资本主义在中国经济中的地位其发展及其前途》，《新思潮》1930年第5期。
② 思云：《中国经济的性质是什么？》，《读者月刊》1931年第1期。
③ 苏华（刘苏华）：《中国资本主义经济的发展》，《中国经济》第1卷，1933年第6期。
④ 苏华：《中国资本主义经济的发展》，《中国经济》第1卷，1933年第6期。
⑤ 王昂：《中国资本主义在中国经济中的地位其发展及其前途》，《新思潮》1930年第5期。
⑥ 潘东周：《中国经济的性质》，《新思潮》1930年第5期。
⑦ 潘东周：《中国国民经济的改造问题》，《社会科学讲座》1930年第1卷。
⑧ 思云：《中国经济的性质是什么？》，《读者月刊》1931年第1期。

一，但中国的经济形态是一个半殖民地半封建的形态，这则是他们的共识。何干之稍后曾评论说："在中国思想界最先规定中国社会为半殖民地性与半封建性的，是'新思潮派'……"[①] 这一评价应该说是实事求是的。

在"新思潮派"和"动力派"就"中国是资本主义的经济，还是封建制度的经济"这一中心论题展开激烈论争的同时，"新生命派"以及其他一些自称为无党无派的自由人士，也纷纷就此发表意见，著书立说。如前所述，作为"新生命派"主要舆论阵地的《新生命》杂志，早在其创刊之初，就把研究"中国的特殊情形"作为其办刊宗旨。从1928年初正式创刊，到1930年底停刊，《新生命》在其总共3卷36期的巨大篇幅中，包含着大量"专攻""中国特殊情形"的论文。周佛海在《新生命》停刊之前曾有这样的总结："中国社会的探究，是本刊第三个特色。国内各大杂志，在三十六期中包含中国社会专攻的论文，没有比本刊更多的。这种研究在第一年中可以说是中国社会论争的急先锋。自第二年以后，国内各公开秘密刊物，对于本刊这类论文的主旨，不加反对，便须接受。"[②] 称《新生命》杂志为"中国社会论争的急先锋"，周佛海的这一总结也并非无中生有。《新生命》的创刊先于中国社会性质问题的论战，在其创刊之初，就已关注于中国社会和中国社会史的研究。陶希圣那篇被视为引发社会史大论战的第一张多米诺骨牌的论文——《中国社会到底是什么社会？》，就是在该刊第1卷第10期上发表的。在这以后，该刊发表的不少论文，也大多有意识地引起争论。为了制造论战的话题，烘托论战的气氛，作为"新生命派"核心人物的陶希圣甚至以化名的方式，自己与自己争论。[③] 这种现象，在当时参与论战的各派中，可谓是绝无仅有的。

就整体的观点或见解而言，以陶希圣为代表的"新生命派"，在对

---

① 何干之：《中国社会性质问题论战》，生活书店1937年版，第59—60页。

② 周佛海：《三年来之本刊》，《新生命》第3卷，1930年第12期。

③ 陶希圣经常用"方岳"、"方峻峰"的笔名，在《新生命》上发表文章，表示自己对"陶希圣先生"观点的支持。如陶发表在《新生命》第2卷第3—5期上的《封建制度之消灭》一文，就化名"方岳"。又如陶发表在该刊第3卷第5期上的《托洛斯基派之中国社会论》一文，就化名"方峻峰"。

中国社会性质问题的认识上，既不同于“动力派”，也不同于“新思潮派”。在陶希圣看来，“新思潮派”所主张的“半殖民地半封建社会”论，“乃是附会其所持‘农民运动与土地革命’之政策与战术，并非出自中国社会结构与社会问题之客观的分析与科学的研究”。[①] 至于“动力派”所主张的中国资本主义社会论，他也表示反对。尽管陶希圣也和“动力派”一样，从托洛茨基和拉狄克那里借来了“商业资本”、“封建残余”等概念、术语、范畴或分析工具，但是，就对中国社会性质的总体认识而言，他与“动力派”还是完全不同的。

在《中国社会到底是什么社会？》一文中，陶希圣开门见山的第一句话便是：“虽然我们能够把社会形式分作宗法社会、封建社会、资本主义社会，但是世界上从来没有纯粹属于某种社会型的社会，而毫没有驳杂的成分存在于其中。”在他看来：“社会现象固然有合法则性，像自然现象一般，但是社会现象的合法则性并不能使我们作成一个公式，适用于地域不同、时间不同的多数社会，而毫无不合。”他特别强调：“观察中国社会，要不放过中国特有的社会现象，要不因其不合于假定而故意否认它。更要知道世界上从来就有纯粹的社会型出现于历史。”换句话说，对中国社会性质的认定，最重要的就是要抓住“中国特有的社会现象”，而不能为了配合“公式”中“纯粹的社会（类）型”之“履”而削中国社会之“足”。

那么，“中国特有的社会现象”又是什么呢？他的答案便是：“宗法制度已不存在，宗法势力还存在着”、“封建制度已不存在，封建势力还存在着”。

在陶希圣看来，所谓“宗法制度”，就是《礼记》上所说的“别子为祖，继别为宗”的制度。这种制度的具体表现就是“尊祖”、“敬宗”和“收族”，其特质则是“父系、父权、父治”。在纵的方面，宗法制度体现为嫡长子继承制，横的方面则体现为“以弟事兄，以兄率弟”。最为重要的是，宗法制度是以世禄为基础。封建制度兴起之后，世禄制被废止，因此，就逻辑而言，中国已不存在宗法制度。但是，从另一个角

---

① 陶希圣：《八十自序》，《食货》月刊社印本，第 14 页。

度看，中国社会中以“父系、父权、父治”为核心的家族制度又一直存在，“这种家族到今日还是社会组织的一种单位”。因此，合理的解释就应该是“宗法制度已不存在，宗法势力还存在着”。

至于“封建制度已不存在，封建势力还存在着”的这一观点，他是从定义“封建制度”开始而展开论述的。他引用《大英百科全书》中的话说：“吾人之用封建制度一语，为便利计耳。若谓其含有系统之意味，即为失当。封建制度在极端发达之时期，亦绝无系统可言。其为组织，实一种略具组织之混乱耳。”他认为，封建制度的最本质特征有二：一是“土地制度”，即中国古代文献中所说的“封邦建国”；二是“等级制度”，所谓“侯分封领地于伯，伯再分封于子男”，正是这种等级制度的体现。这种制度早在战国时期，由于“商业资本主义”的发展，就已经“崩坏”了。

问题在于：“战国时代，中国已进入商业资本主义，为什么直到现在中国资本主义始终不能取得进一步的发展呢？”为了解决这个难题，他又提出了“士大夫阶级”这一概念。在他看来，自战国时代封建制度解体后，中国就进入了由“士大夫阶级”所把持的社会。这个士大夫阶级，“表现于政治则为官僚政治”、“表现于社会上人与人的关系则为隶属关系”、“表现于思想则为等级思想”。因此，由士大夫阶级所把持的中国社会，“实具有封建社会的重要象征”。中国的资本主义之所以无法发展起来，原因便在于士大夫阶级对商业资本主义的“桎梏”。由于代表封建势力的士大夫阶级在中国社会一直存在，所以从逻辑上说：“封建制度已不存在”，但“封建势力还存在着”。

基于对上述两个“中国特有的社会现象”的理解，陶希圣对中国的社会性质作出这样的解释：“中国社会是什么社会呢？从最下层的农户起到最上层的军阀止，是一个宗法封建社会的构造，其庞大的身份阶级不是封建领主，而是以政治力量执行土地所有权并保障其身份的信仰的士大夫阶级。”①

显而易见，如果说“新思潮派”和“动力派”的中国社会论主要

① 以上引文均见陶希圣：《中国社会到底是什么社会？》，《新生命》第1卷，1928年第10期。

是从分析中国的经济结构中得出来的，那么，陶希圣的中国社会论则显然是基于对社会结构（陶称之为“社会构造”）的解剖而得出来的结论。不过，即便是从纯逻辑的角度来看，陶希圣的上述两对命题，也是很难自圆其说的。因为，无论是从社会过程理论，还是从社会结构理论来看，一个社会中的特定阶级总是和这个社会特定的政治经济制度联系在一起。没有特定的社会制度，也就无所谓特定的社会阶级。因此，按照陶希圣的解释，既然中国已不存在宗法制度，那么，又何来所谓的“宗法势力”；同样，既然中国已不存在封建制度，那么，又何来所谓的“封建势力”？更何况，把中国社会之所以长期停滞、存在了二千多年的商业资本主义之所以无法顺利地过渡到工业资本主义时代的所有症结，全面归之于所谓士大夫阶级，这一结论不仅在理论上十分单薄，而且在现实中也让人感觉到有无法承受之重。

正因为如此，陶希圣的这个观点一发表，立即遭到各方面的批评。为了修正和完善自己的观点，同时也是为了引发更大范围的争论，陶希圣一发而不可收拾，写了大量的文章，并由早先专注于对“社会构造”的探讨转而聚焦于经济结构的分析。[①] 当把焦点从“社会构造”转移到经济领域之后，陶希圣发现，造成“中国特殊的社会情形”的根源，原来就在商业资本这个“怪胎”之中。他认为，“商人资本与封建地租两者是中国社会的两大成因”。[②] 所谓“商人资本”，也就是“商业资本”。在陶希圣看来，商业资本与地租在历史上是相辅相承的，商业资本与高利贷资本都来源于地租。而商业资本的发达和高利贷资本的流通，又促进了私有经济的发展。商业资本的压迫对象主要是小农，因此，随着商业资本的发展，一方面是小农的破产，另一方面则是大土地所有制的建立。从中国商业资本的发展进程来看，它一方面破坏了封建的自然

① 陶希圣的这一转变，大约发生在1929年。在该年出版的《中国社会之史的分析》一书中，陶写了一篇题为《研究中国社会史的必要与方法》的“绪论”。其中的第二部分写道：“秦汉以后的中国社会是农业和手工业社会。……在北方，封建制度的复活，货币经济的衰灭，具载于历史。在南方，个人财富增殖，奴隶劳动的使用，也是历史所叙明。”朦朦胧胧之中，似乎已意识到经济分析的重要性。同年出版的《中国社会与中国革命》、《中国封建社会史》等书，也都明显地具有这种倾向。

② 陶希圣：《中国社会与中国革命》，新生命书局1929年版，第4页。

经济，但是，另一方面它又不足以建立一种新的生产方式。正是在这个意义上，他又认定："中国社会是商业资本之下的地主阶级支配的社会，而不是封建制度的社会。"①

总之，在陶希圣那里，中国从基本的"社会构造"到经济组织，都是"特殊"的。他之所以一再强调不要用"纯粹的属于某个社会型的社会"来界定中国的社会，其用意也正在此。不过，需要特别指出的是，陶希圣的中国社会"特殊"论，绝非像他所标榜的那样，是"出自中国社会结构与社会问题之客观的分析与科学的研究"。他晚年在回忆这场论战时就曾说过："那时中共干部派主张中国是半封建半资本主义社会，为其在长江流域制造农民暴动、实行土地革命之理论依据……希圣则指出中国封建制度已衰，封建势力犹存，而归本于三民主义革命。"②显然，陶希圣的中国社会"特殊"论，也自有其预设的政治目的。

陶希圣是"新生命派"的领军人物，正因为如此，在论战过程中，"新生命派"中支持他的观点的人，占绝大多数。不过，即使是在"新生命派"内部，反对陶希圣观点的也不乏其人。例如，就在陶希圣的《中国社会到底是什么社会？》发表后的一个月，同属"新生命派"的梅思平，就在《新生命》第1卷第11期上发表《中国社会变迁概略》一文，对陶希圣的观点展开批评。继梅思平之后，萨孟武、梁园东等人，也针对陶希圣的有关观点作过不同程度的批评。由于这些人或者没有就中国社会性质问题提出过独立的、有系统的理论见解，或者其有关观点与论战中的其他派别大同小异，因此，这里也就不再一一介绍了。

三、《读书杂志》的创刊与论题的转换

（一）从现实到历史：论战视野的转换

现实的中国是历史的中国的发展。要全面、准确地认识现代中国

① 陶希圣：《中国之商人资本及地主与农民》，《新生命》第3卷，1930年第2期。

② 陶希圣：《八十自序》，《食货》月刊社印本，第15页。

社会的基本特征，观察其未来发展的可能方向，就必须对中国历史的整体发展进程进行系统的、彻底的梳理、分析和论证，以揭示其发展与变化的规律和特点。正因为如此，早在中国社会性质问题的论战展开之初，论战各方就已经注意到要从历史的角度来探讨和分析有关问题，把论战过程中涉及的有关问题放到中国历史的整体进程之中，来进行分析和论证。例如陶希圣，他在发起中国社会性质问题的论战之初就明确主张："要扫除论争上的疑难，必须把中国社会加以解剖；而解剖中国社会，又必须把中国社会史作一决算。"在陶希圣看来，"革命理论是由社会实况抽出来的。要寻出正确的革命理论，必先对社会的实况有正确的认识"，而"社会实况"又是由中国社会史发展而来的，因此，"中国社会史的决算，在今日实在要痛下一番工夫了"。[①]他所提出的中国"宗法制度已不存在，宗法势力还存在着"、"封建制度已不存在，封建势力还存在着"等一系列结论，都是他通过"决算"中国社会史而得出来的。在陶希圣之后，代表"托陈取消派"参加论战的王宜昌也认为：要回答"为什么中国资本主义的起源，不是自发，而是外来传染"这一问题，就必须要"追溯过去中国历史的发展"，只有通过这种"追溯"，才能给出正确的答案。[②]论战的展开过程也正如陶希圣等人原先所主张的那样，对于历史问题的"决算"和"追溯"，一直是论争各方的着力点之一。"新生命派"和"动力派"对中国历史上"商业资本"的仔细"发掘"，对"封建制度崩坏"过程的系统梳理，对中国"社会构造""特殊情形"的详细举证，都是这种"决算"或"追溯"的结果。同样，"新思潮派"对"商业资本"两重性历史作用的论证，对"封建制度"起源、形成与发展过程的分析，也都是建立在对相关历史问题的"决算"或"追溯"基础之上的。正像何干之后来所总结的那样："社会史、社会性质、农村社会性质的论战，可说是关于一个问题的多方面的探讨。为着彻底认清目下的中国社会，决定我们对未来社会的追求，迫着我们不得不生出清算过往社会的要求。

---

① 陶希圣：《中国社会之史的分析》，第1、2页。

② 王宜昌：《中国社会史短论》，《读书杂志》社编：《中国社会史的论战》第1辑，神州国光社1931年版。

中国社会性质、社会史的论战，正是这种认识过去、现在与追求未来的准备工夫。这一场论争所关涉的问题是非常复杂的——由目前的中国起，说到帝国主义侵入前的中国，再说到中国封建制度的历史，又由封建制度说到奴隶制度，再说到亚细亚生产方法。所有这一切，都是为了决定未来方向而生出彻底清算过去和现在的要求。”[①] 中国社会性质问题的论战之所以演变成中国社会史问题的论战，其历史与逻辑的联系正在这里。

正因为如此，进入 1930 年以后，围绕着中国社会性质问题的论战，开始发生明显的“转向”。根据美国学者德里克的分析，这种转向的明显标志就是“在讨论的内容上更强调历史本身的问题”，相应的，“从历史自身出发来研究历史问题在论战中逐渐占据了一席之地”。[②] 而推动这一“转变”得以实现的，便是郭沫若《中国古代社会研究》一书的出版。早在 1928 至 1929 年的两年间，身在日本的郭沫若，就曾在《东方杂志》等刊物上，先后发表了《中国社会之历史发展阶段》、《卜辞中之古代社会》、《周金中的社会史观》、《〈诗〉〈书〉时代的社会变革与其思想上之反映》以及《周易时代的社会生活》等论文。1930 年 3 月，他将这些论文汇集起来，题名《中国古代社会研究》，交由上海联合书店出版。在这部被作者自许为《家庭、私有制和国家的起源》之“续篇”[③] 的著作中，郭沫若从“人类社会的发展是以经济基础的发展为前提”这一唯物史观的基本原理出发，通过对大量的古代文献、甲骨卜辞和青铜铭文资料的梳理，就鸦片战争以前的中国历史发展过程，特别是对中国早期历史的发展过程，进行了别开生面的探索与研究工作。根据作者的分析，西周以前的中国社会是“原始共产制社会”，西周开始进入奴隶制时代，春秋以后进入封建社会。显而易见，《中国古代社会研究》对中国历史

---

① 何干之：《中国社会性质问题论战》，生活书店 1937 年版，第 3—4 页。

② 阿里夫·德里克：《革命与历史：中国马克思主义历史学的起源》，江苏人民出版社 2005 年版，第 138 页。

③ 郭沫若：《中国古代社会研究·自序》，人民出版社 1954（1930）年版，第 4 页。《中国古代社会研究》一书的 1954 年版，与 1930 年上海联合书店版相比，除个别的文字改动外，编排顺序完全一致。本章引用该书，均出自 1954 年版。

发展阶段的这种划分，与马克思在《〈政治经济学批判〉序言》（郭沫若正是《政治经济学批判》这部经典文献的最早、最完整的翻译者）中对人类社会历史发展阶段的划分是完全一致的。在作者看来，“只要是一个人体，他的发展，无论是红黄黑白，大抵相同。由人所组织成的社会也正是一样。……中国人不是神，也不是猴子，中国人所组成的社会不应该有甚么不同”，“我们把中国实际的社会清算出来，把中国的文化，中国的思想，加以严密的批判，让你们看看中国的国情，中国的传统，究竟是否两样”。[①] 联系到中国社会性质问题论战过程中“新生命派”对中国“社会构造”之“特殊情形”的分析与强调，郭沫若的这些结论显然是有感而发的。

美国学者德里克认为，在整个社会史论战期间，“再没有哪本著作比郭沫若的《中国古代社会》更能激发论战者对于中国早期历史的兴趣了”[②]。正因为如此，该书面世仅几个月，便连印 3 次，到次年秋便印行 7000 余册。该书不仅把唯物史观的基本原理创造性地运用于对中国历史发展过程的理论解说之中，而且还破天荒地把《诗》、《书》、《易》等古代文献与甲骨、金文以及地下考古材料完整地给起来，因此，书中对于中国“实际情形”的梳理、勾勒与分析，不仅在理论上给人耳目一新之感，而且还在材料上给人以强烈的实证印象。长期从事“疑古与辨伪”工作的顾颉刚后来就认为：“中国古代社会的真相，自有此书后，我们才摸着一些边际。”[③] 作为甲骨学“四堂”之一的董作宾，后来在分析《中国古代社会研究》一书的价值时也指出：“唯物史观派是郭沫若的《中国古代社会研究》领导起来的……他把《诗》、《书》、《易》里面的纸上材料，把甲骨卜辞、周金文里的地下材料，熔于一炉，制造出来一个唯物史观的中国古代文化体系。”[④] 正因为如此，该书一经出版，立即引起了论

---

① 郭沫若：《中国古代社会研究》，第 3、6 页。

② 阿里夫·德里克：《革命与历史：中国马克思主义历史学的起源》，江苏人民出版社 2005 年版，第 138 页。

③ 顾颉刚：《中国当代史学》，上海古籍出版社 2002（1947）年版，第 96 页。

④ 董作宾：《中国古代文化的认识》，《大陆杂志》第 3 卷第 12 期，转引自谢保成、魏红珊：《中国古代社会研究》，仓修良主编：《中国史学名著评介》第 4 卷，山东教育出版社 2006 年版，第 126 页。

战各方的高度关注。

需要指出的是，《中国古代社会研究》一书的价值，并不是在它出版之初就被普遍承认的。相反，该书对中国历史发展阶段的划分以及作者的相关结论，很快便引发了激烈的争论。正像何干之稍后所作的评论那样，“在中国过去的八九年间（指1930年以来），附和他（郭沫若）的人极少，而反对他的人却极多。请看四辑《中国社会史的论战》中的陈邦国先生、周绍溱先生（第一辑）、王宜昌先生、李季先生、杜畏之先生（第二辑）、王礼锡先生、王伯平先生、梁园东先生（第三辑）、王平先生（第四辑），差不多一提起《古代社会研究》，必大骂一顿”[①]。李季在读过该书之后便认为：“他（指郭沫若）这部书是从二个大公式出发的：即摩尔根《古代社会》中前史时代进化阶段的公式和马克思《政治经济学批判序言》中经济发展的公式。他对于此等公式的了解极不充分，甚至于完全错误，以致没有一点好结果。”[②] 杜畏之也认为：“实际上他的著作只是古文字与新社会学之拼凑。”[③] 因此，从某种程度上甚至可以说，《中国古代社会研究》的出版，是引发社会史论战全面展开的契机。

就这样，以郭沫若的《中国古代社会研究》出版为契机，“决算”和“追溯”中国社会史的热潮不断升温，争论的范围也日益扩大。1931年4月，上海神州国光社开始创办《读书杂志》。该杂志的主编王礼锡邀请各派在该刊上发表文章，并在创刊号上特辟“中国社会史的论战”专栏，刊登了朱其华（朱新繁）与陶希圣两人讨论中国社会史的信件。至此，以《读书杂志》为阵地，社会史论战全面展开。

（二）《读书杂志》的创刊与论战的全面展开

这里，有必要对《读书杂志》的主编王礼锡略作介绍。王礼锡

---

① 何干之：《中国社会史问题论战》，生活书店1937年版，第49页。

② 李季：《对于中国社会史论战的贡献与批评》，《读书杂志》社编：《中国社会史的论战》第2辑，神州国光社1932年版。

③ 杜畏之：《古代研究批判引论》，《读书杂志》社编：《中国社会史的论战》第2辑，神州国光社1932年版。

（1901—1939），字庶三，笔名搏今，出生于江西省安福县的一个书香家庭。早年就读于江西第三和第六师范学校，接受新文化运动的影响，思想日趋进步。1922 年进入南昌心远大学读书，师事文史名家汪辟疆，并深受汪氏诗风的影响。1924 年国共合作之后，曾出任国民党江西省党部农民运动部长，一度与共产党人方志敏一起领导江西的农民运动。1926 年，经廖仲恺的推荐，在武汉与毛泽东、李汉俊等筹建中央农民运动讲习所，并担任教职。次年，任职于南京国民党军事委员会总政治部宣传处，结识了担任副主任的陈铭枢，并担任陈铭枢的秘书。1928 年，与田汉一起主编《中央日报》的《摩登》副刊，并开始发表研究中国古典文学的论著。1929 年，时任广东省政府主席的陈铭枢，出巨资接办上海的神州国光社，邀请王礼锡主持该社的编辑部工作。王礼锡性格开朗，为人热情，社会活动能力极强，加之思想开明，故而很快便与当时活跃在上海的左翼社会活动家以及文化界人士，建立了密切的联系。更为重要的是，他虽身为国民党员，但却对马克思主义的思想学说抱有浓厚的兴趣，尤其信奉唯物史观。这一点从他撰著的《李长吉评传》[①] 一书中便能窥其究竟。在该书的《序》中，王氏开宗明义便主张：要“用唯物史观的方法来整理中国的文学史”。他认为，当时出版的有关中国文学史著作，要么是“以很狭隘的观点，去作机械的形式的整理”，要么是“包举中国历史上的一切学问，作泛滥的论述”，都“没有根据社会经济的变迁，来研究文学的发展”。因此，他要用唯物史观来重写中国文学史，“一册一册的先后发行，内容包括一个时代的通论，和代表作家的评传，统名为《物观文学史丛稿》”。[②] 在《李长吉评传》一书中，他就是根据这一思路，从“社会经济政治的变迁”角度，来分析唐代诗人李长吉的思想及其作品。该书的整体构架和相关结论均表明，作者对唯物史观的理解还是比较准确和全面的，对如何把唯物史观的基本原理与中国文学史

① 该书 1930 年由上海神州国光社出版，现收入上海文艺出版社 1993 年出版的《王礼锡诗文集》一书。

② 王礼锡：《李长吉评传·序》，《王礼锡诗文集》，上海文艺出版社 1993 年版，第 617 页。

研究的具体实践结合起来，也有着相当深入的考虑。[①] 正是由于王礼锡具有如此鲜明的思想倾向性，故而，在他的主持下，神州国光社出版了大量的有关马克思主义和社会主义的译著以及新文艺书籍。郭沫若翻译的《政治经济学批判》（马克思著）和《德意志意识形态》（马克思、恩格斯合著）、傅东华翻译的《唯物论与经验批判论》（列宁著）、杜畏之翻译的《战斗的唯物主义》、杨东莼翻译的《斯宾诺沙与辩证唯物论》（德波林著）、汪馥泉翻译的《马克思的经济学说》以及梅龚彬、徐翔合译的《唯物史观》等重要理论著作，都是由该社出版的。原本名不见经传的神州国光社，也因此而成为一家以印行社会科学类书籍而闻名的重要出版机构。[②]

正是基于对唯物史观的这种浓厚兴趣，以及与当时进步文化界人士的广泛联系与交往，使得王礼锡在社会史论战刚刚展开之际便很快认识到这场论战的重大意义。1930 年底，王礼锡为筹办《读书杂志》一事专程来到日本。在日本，他广泛地听取了当时正在日本留学的胡秋原、朱云影、王亚南和梅龚彬等人的意见，并向他们通报了国内学术思想理论界正在展开的中国社会史论战情况。王礼锡向他们表示："我对马克思主义和实际的政治运动都很有兴趣。但马克思主义的政治运动应该怎样开展呢？这就非研究'中国社会史'的问题不可。从前人生观论战时代，大家谈的是唯心论的哲学。社会史的问题非根据马克思主义不可。"[③] 王礼锡的这番话，可视为他组织和推动社会史大论战的指导思想。

在 1931 年 4 月出版的《读书杂志》创刊号上，王礼锡写了《读书杂志发刊的一个告白》，就该刊的宗旨以及办刊态度作了这样的说明：

---

① 《李长吉评传》开篇第一句话便是："无论哪一种文学，决不是凭空发生，一方面它是应客观的需要，一方面是有历史的根源。假使认识了客观的需要，把捉了历史的根源，来考察一种文学的所以形成，它是无所遁形的。"该书第一部分题为"从物观的立场追寻长吉诗的来路"，分别从"唐代文学是南北文学的调和时期"、"唐代文学发展的阶段性"、"历史根源"、"阶级立场"和"客观需要"等多个方面，来讨论李长吉诗文的来路。这种理论架构和分析路径，与唯物史观的理论是完全一致的。

② 以上关于王礼锡生平事迹的介绍，参见王士权：《爱国诗人王礼锡》，《王礼锡诗文集》附录，第 679—692 页。

③ 王士权：《爱国诗人王礼锡》，《王礼锡诗文集》附录，第 693 页。

本刊“不主观地标榜一个固定的主张，不确定一个呆板的公式去套住一切学问。资本主义的经济学说与社会主义的经济学说一般地忠实介绍，革命的文学作家的作品和趣味文学作家的作品一样的登载”；“我们尽管有思想的斗争，文字的辩论，但编者不偏袒斗争的哪一方面。因为我们不是宣传主张的刊物，而是介绍主张的刊物”①。显然，在王礼锡的观念中，他之所以编辑《读书杂志》，只是为论战各方提供讨论问题的平台，至于论战各方的思想理论如何，观点主张怎样，《读书杂志》则本着兼收并蓄的态度，一视同仁。在社会史论战以《读书杂志》为中心阵地而展开的近三年时间里，王礼锡主持下的《读书杂志》，也的确做到了这一点。正像他后来在《中国社会史的论战》专辑第4辑的《编后》中所说的那样：在整个论战期间，“编者并没有任何的主观意见想左右战场使为己用，并没有用任何型去规范作家。总之，并没有以任何政治目的作发纵指使的工具去处分一切作家的自由，要说有政治目的，那只是普遍的争取言论的自由”②。

正是由于王礼锡对各家各派都能秉持这种中立的、不偏不倚的超然态度，故而，各家各派都把《读书杂志》视作自己参加论战的主要阵地。1931年6月，《读书杂志》第2期出版。在该期的“中国社会史的论战”专栏里，王礼锡写了一篇小序，其中提道：“这个战（指社会史论战），渐渐打得热闹了。本期如果尽量收录这类的稿件，几乎超过8万字。为着篇幅有限，只好先披露这最短的一篇（指该期发表的朱伯康《中国社会之分析》一文）。万一收得更多些，不妨为这个问题，出一个专号。其实，为这个问题，就出十个专号也值得的。”他还预告说：“第三期的内容，可以说是一个挑战的专号，对各方面批评的文字都有。挑战的内容有下列人物：1. 顾孟余，2. 陶希圣，3. 梅思平，4. 陈独秀，5. 郭沫若。提出的问题有下列的各方面：1. 中国封建社会是否在春秋时已崩溃？ 2. 士大夫阶级是不是应当重视？ 3. 殷周时到底是一个什么社会？ 4. 现在中国到底是一个什么社会？”最后，他还表示：

① 王礼锡：《读书杂志发刊的一个告白》，《读书杂志》创刊号，1931年。

② 王礼锡：《编后》，《中国社会史的论战》第4辑，1933年。

对于上述诸问题的结论，“我们暂不管，我们要的是打出来的客观的结论，我们不要主观的独断的结论。我们希望得着更广大更普遍的研究者参加这个论战”。[①] 王礼锡所开列的这份被“挑战”者的名单中，“取消派”的陈独秀、“改组派”的顾孟余、“新生命派”的陶希圣和梅思平以及与稍早中国社会性质问题论战中的各派均无纠葛的郭沫若，都赫然在目。至于在《读书杂志》上发表文章的，属于“新思潮派”的则有张闻天（化名刘梦云）、刘苏华、朱其华；属于“托陈取消派”的则有严灵峰、任曙、刘仁静（化名刘镜园）、李季、王宜昌、杜畏之和郑学稼等人；属于“新生命派”的则有陶希圣、梅思平、朱伯康、王伯平、陈邦国等人；以自由派立场参加论战的则有胡秋原和王礼锡等人（胡秋原和王礼锡有时又被称作“读书杂志派”）。

正像王礼锡所期待的那样，论战的帷幕正式拉开之后，各方面的文章纷至沓来，令人目不暇接。1931 年 10 月，《读书杂志》第 1 卷第 4—5 期编为合刊，以《中国社会史的论战》专辑的形式，正式出版。到 1933 年 4 月，共出版专辑四册，百余万言。

在上海以《读书杂志》为中心所展开的这场论战，很快就为北京等地的知识界所关注。1932 年，翦伯赞等人在天津创办《丰台》旬刊。稍后，北京的吴承仕和孙席珍等人又创办《文史》，纷纷加入论战。此外，当时的《三民半月刊》、《晨报》、《益世报》、《世界文化》、《中国经济》以及一些大学的学报等，也都陆续地刊登中国社会史方面的论文。于是，论战也很快由上海波及全国。

1933 年 3 月，《读书杂志》被国民党当局查禁，王礼锡则被迫流亡欧洲。以此为标志，社会史论战的高潮开始消退。次年，作为“新生命派”主将的陶希圣，以北京大学法学院的名义创办《食货》杂志，从而退出了论战。与此同时，“托陈取消派”的王宜昌和王景波（尹宽）等人，则又以《中国经济》为中心，就中国农村社会性质问题，与以陈翰笙、钱俊瑞、薛暮侨、孙冶方和冯和法等“中国农村派”（因《中国农村》杂志而得名）展开另一场论战。“中国经济派”和“中国农村派”

---

① 王礼锡：《读书杂志》第 1 卷，1931 年第 2 期“中国社会史的论战”专栏小序。

之间所展开的这场新的论战，事实上就是前一阶段关于中国社会性质问题论战的具体与深化，只不过把论争的主题由早先对于中国社会性质的宏观分析转移到对中国农村经济性质和社会性质的集中探讨而已。正因为如此，对于这场新的论战，这里就不再详加介绍了。[①]

以《读书杂志》为中心所展开的这场中国社会史大论战，前后延续近3年的时间。在这期间，围绕着中国社会史这一主题，各家各派展开了激烈的争论。有人曾这样介绍当时争论各方的实况："各位战士，你来一拳，我来一脚，你说秦汉，我说殷周；你谈经，我说史；你搜集材料，我研究方法。"不过，就争论的焦点问题而言，则不出以下三个论题："1．亚细亚生产方法（式）是什么？中国曾否出现过这样的时代？2．中国有没有奴隶社会？中国奴隶社会与希腊、罗马社会是否完全相同？3．中国封建社会有什么特性，封建社会的发生发展及其没落是怎样？"[②]以下将围绕时人所归纳的这三个论题，对论争各方的有关观点略作介绍。

（三）关于亚细亚生产方式问题的争论

"亚细亚生产方式"是马克思在《〈政治经济学批判〉序言》一文中首先提出来的。在这篇写于1859年的《序言》中，马克思对人类社会经济形态的演进过程作出这样的概括："大体说来，亚细亚的、古代的、封建的和现代资产阶级的生产方式可以看是社会经济形态演进的几个时代。"[③]显然，在马克思这里，"亚细亚的"是一种"生产方式"，而且是"社会经济形态演进的几个时代"之一。在这以后，在《资本论》和《反杜林论》等经典著作中，马克思主义创始人也多次使用过这个概念。不过，对于这种生产方式的基本内涵，马克思和恩格斯似乎都没有作过系统

---

① 关于农村社会性质问题的论战，可参阅中国农村经济研究会编：《中国农村社会性质论战》，1935年；周子东等：《三十年代中国社会性质论战》，知识出版社1987年版，第66—98页；温乐群等：《二三十年代中国社会性质和社会史论战》，百花洲文艺出版社2004年版，第187—236页。

② 何干之：《中国社会史问题论战·前记》，第1页。

③ 《马克思恩格斯全集》第13卷，人民出版社1974年版，第9页。

的、完整的论述。正因为如此，在他们逝世以后，理论界在对“亚细亚生产方式”的理解上产生了严重的分歧，并由此而引发了持续多年的争论。

最早关于亚细亚生产方式问题的争论，是在联共（布）和共产国际内部展开的。1926年，苏联经济学家E. C. 瓦尔加在《计划经济》杂志上发表《中国革命的经济问题》一文。在这篇文章中，他接受俄国早期马克思主义者普列汉诺夫的观点，把亚细亚生产方式看作是一种独特的生产方式，并据以分析中国的社会性质和阶级关系。在他看来，“外国资本主义入侵之前，中国社会是在亚细亚生产方式的支配下，以同一技术水准，而反复生产着”。由于中国是一个为亚细亚生产方式所支配的独特社会，所以，在中国“不存在地主的土地所有制，不存在封建的剥削关系”。[①]稍后，瓦尔加又接连发表了《中国革命的展望》和《中国革命的根本问题》等论著。在这些论著中，他根据独特的亚细亚生产方式理论，对联共（布）党内“多数派”认定中国社会保留大量“封建残余”的提法持反对态度。他说：“真正的封建制度，在中国曾否有过，仍是一个疑问。所以封建残余这一名词，是非常不妥当的。”在他看来，“中国社会构成（在帝国主义侵入之前已经成立，或大部分依然保留在今日）是前资本主义。虽然它也包含着许多封建要素，但是缺少了土地支配制和农奴制，决不能与欧洲的封建制度相提并论”。[②]既然中国社会是一个由亚细亚生产方式所支配的社会，缺乏封建的“土地支配制”，甚至连“封建残余”也没有，因此，中国革命当然就不会是反封建的民主革命。显然，就思想倾向而论，瓦尔加的有关观点，与托洛茨基等“反对派”是基本一致的。

受瓦尔加独特的亚细亚社会论的影响，当时共产国际驻中国的代表罗明纳兹也认为，中国社会是一个由亚细亚生产方式所支配的社会。他认为：“中国农村中产生的那种类型的社会关系可称为封建主义。但这样说只是相对的并且是有条件的：这种封建主义与欧洲中世纪的情况很少

---

① B. H. 尼基福罗夫：《苏联历史学界对中国社会经济制度的讨论》，郝镇华编：《外国学者论亚细亚生产方式》下册，中国社会科学出版社1981年版。

② 瓦尔加：《中国革命的根本问题》，转引自何干之：《中国社会史问题论战》，生活书店1937年版，第5页。

有相似之处。中国独特的封建主义的残余——最好按马克思的叫法，称它为亚细亚生产方式——是产生农村中最尖锐的阶级斗争的根源。”① 罗明纳兹的这一观点，对当时中国革命的实践产生了直接的影响。这突出地反映在 1927 年 11 月产生的《中国共产党土地问题党纲草案》中。这份文件就是在罗明纳兹的直接影响之下，由立夫（瞿秋白）执笔起草的。内中声称：“中国的农业经济与土地关系，不但和现代资本主义社会的欧美不同，并且和欧洲中世纪时代（前资本主义时期）的土地关系也不同。这种差异的最重要的前提，实在就是中国生产之自然的环境与中国历史发展之特殊条件。中国农村生产的方法上，有许多特点，使农村经济呈特殊的状态。……这些情况综合起来，便造成中国这样的社会经济制度——就是马克思、列宁所称为‘亚洲式的生产方法’制度。中国如此之多的小农经济，实际上不相关，可是中国很早便有貌似统一的国家政权。这种国家政权的物质基础之一，便是人工灌溉。……诸侯制度的采邑以及阀阅专有土地的制度（如贵族阀阅专有土地之制度）之在中国，已经很早就根本崩溃了（秦始皇之后）。此后经过很长期的无政府状态，经过非常残酷的阶级斗争，然后最终形成所谓亚洲式的生产方法。中国的国家便从细小的许多诸侯采邑变成亚洲式的专制政权，有极发达的官僚制度。农业与农民的家庭手工业（纺织等）相联结，又使亚洲式的生产方法有很大的内部稳定的状态。”② 需要特别提出的是，这份草案是作为行将召开的中共“六大”土地问题决议案的初稿而提交到中国共产党人面前的。它是罗明纳兹用独特的亚细亚社会论解析中国社会性质的一篇“杰作”。在这份一万余言的草案中，着重强调的是中国社会的特殊性（即罗明纳兹所理解的亚细亚生产方式），只字未提中国社会的封建性或半封建性。这与大革命失败后联共（布）和共产国际关于中国社会性质的认识显然是背道而驰的。正因为如此，在稍后召开的联共（布）第十五次全国代表大会上，罗明纳兹的这一观点遭到了“多数派”的严厉

---

① 罗明纳兹：《在联共十五次大会上的发言》，《共产国际与中国革命资料选辑》（1925—1927 年），人民出版社 1985 年版，第 587—593 页。

② 《中国共产党土地问题党纲草案》，中国人民解放军政治学院党史教研室编：《中共党史参考资料》第 5 册，第 274—275 页。

批判。

在1927年12月召开的联共（布）第十五次代表大会上，苏联中山大学副校长米夫，针对罗明纳兹的独特的亚细亚社会论作了严厉的批驳。米夫认为，罗明纳兹的这个观点，是“试图把亚细亚生产方式与封建制度对立起来”。在他看来，“马克思把亚细亚生产方式理解为封建制度的变种之一，同时还说明，这里同一般的封建制度在实质上没有任何区别”。他还进一步指出，所谓亚细亚生产方式，事实上就是东方类型的封建制度，“具有某种东方独特的渊源”。[①] 米夫是批判独特的亚细亚生产方式理论的第一人，同时也是“封建变种”论的首倡者。他的这一理论，对后来苏联和中国的学术理论界都产生了深远的影响。

米夫是当时联共（布）党内“多数派”的理论权威之一，他的理论一发表，旋及产生很大的影响。在次年召开的中共“六大”上，罗明纳兹的上述理论被彻底否定，大会根据米夫等“多数派”的主张，对中国社会的特征进行了全新的解说。大会通过的决议案提出：“如果认为现在的中国经济制度，完全是从亚细亚生产方式进于资本主义之过渡的制度，那是错误的。亚洲式的方法底最主要特点是：1．没有土地私有制度；2．国家指导巨大的社会工程之建设（尤其是水利河道），这是形成集权的中央政府统治一般小生产者的组织（家族公社或农村公社）之物质的基础；3．公社制度之巩固地存在（这种制度根据于工业与农业经过家庭而相结合的现象）。这些条件，尤其是第一个条件，是和中国的实际情况相反的。”[②] “六大”决议案虽然从根本上否定了独特的亚细亚社会论，但是，对马克思主义创始人所提出的亚细亚生产方式问题，并未从理论上予以科学的分析和解说。故而，随着稍后中国社会性质和社会史论战的展开，亚细亚生产方式问题再次被提了出来，并引发了新的规模空前的争论。

在中国社会史论战中，关于亚细亚生产方式的争论，首先是由苏联

---

① 米夫：《在联共（布）第十五次代表大会上的发言》，《米夫关于中国革命言论》，第43—53页。

② 《中国共产党第六次全国代表大会底决议案》，中共中央书记处编：《六大以来》，第1—56页。

学者马扎亚尔及其《中国农村经济研究》引起的。马扎亚尔是20世纪20—30年代苏联著名的东方学家和中国问题研究专家。1928年，他根据自己两次来中国考察时所收集的大量第一手资料，出版了《中国农村经济研究》（原名《中国农业经济》）一书。直到20世纪的70年代，该书依然被苏联的东方学界誉为“有关中国土地关系最重要的研究著作之一。这本书引用的事实和论据如此之丰富，价值如此之高，以至若干年来还没有一本书能超过它”①。其影响之大，由此可见一斑。

马扎亚尔写作《中国农村经济研究》一书时，联共（布）党内和共产国际正在开展关于中国社会性质问题的争论。针对“反对派”否认中国存在封建残余、认定中国社会是一个由资本主义生产方式占主导地位的社会等观点，作者在书中以大量的事实予以批驳。在作者看来，当时的中国农村还不存在单纯商品化的资产阶级土地所有制，在广大农村中占支配地位的还不是“反对派”所说的那种资本主义的生产关系，而是前资本主义的生产关系，即封建关系。就这一主要结论来看，马扎亚尔的观点与当时“多数派”的观点是一致的。然而，另一方面，作者又接受了瓦尔加和罗明纳兹等人独特的亚细亚社会论的观点，把马克思主义创始人的亚细亚生产方式理论理解为一种独特的生产方式，并据以分析中国近代的社会经济形态。这一点突出地反映在该书的《导言：亚洲生产方法与帝国主义》和最后一章《中国农村各阶级》等部分。在他看来，帝国主义入侵以前的中国社会，正是一个亚细亚生产方式占支配地位的社会，帝国主义的入侵才破坏了中国社会的“亚细亚生产方法（式）的基础”。② 避开独特的亚细亚社会论与马克思的原意是否符合这一点不谈，仅就作者在该书所重点阐述的两个基本观点看来，也是很难自圆其说的。他一方面认为中国自氏族社会解体后就进入了独特的亚细亚生产方式时代，另一方面又肯定近代以来的中国社会具有封建性的因素。中国历史上未曾出现过封建社会，近代的封建因素又从何而来，中国农村中普遍存在的封建性土地占有关系和剥削关系又从何谈起？显而易见，马扎亚

① M. C. 贾比才等：《中国革命与苏联顾问》，中国社会科学出版社1981年版，第102页。

② 详请参见马扎亚尔：《中国农村经济研究》，神州国光社1934年版，第23—49页及最后一章。

尔的立论大前提与其基本结论是自相矛盾的。

《中国农村经济研究》一书出版后，持独特的亚细亚社会论的学者，很快便聚集在马扎亚尔的周围，从而形成了“马扎亚尔学派”。但是，反对这种观点的学者，也大有人在。于是，围绕着亚细亚生产方式的性质、中国历史上到底有没有亚细亚生产方式等问题，在苏联思想理论界展开了一场激烈的论战。

几乎在马扎亚尔《中国农村经济研究》一书出版的同时，反对独特的亚细亚社会论的争论就已初步展开。1928 年，苏联中国问题研究所编辑局就马扎亚尔《中国农村经济研究》一书的出版，写了长篇的《编辑者序言》。《编辑者序言》的作者认为，中国历史上虽然有过以土地国有为基础的亚细亚生产方式，但是商业资本的发展早已瓦解了这种生产方式，因此，在帝国主义入侵以前，中国就已是一个封建社会，而不是马扎亚尔所说的亚细亚生产方式占统治地位的社会。[①]

1929 年，苏联的东方学家杜博洛夫斯基出版了《亚细亚生产方式、封建制度、农奴制度及商业资本之本质问题》一书。在该书中，作者断然否定了所谓独特的亚细亚社会论，认为“在亚洲的不同时代及不同区域中，曾经有过不同的社会形态，不同的社会构成要素”，因此，不能把马克思所说的亚细亚生产方式理解为亚洲国家历史上一种独特的、一以贯之的生产方式。在他看来，“对农民以封建的以及一部分农奴式的剥削，构成亚细亚社会的基础”，“就是这点，决定了亚细亚社会统治与被统治的关系”。[②] 杜博洛夫斯基是继米夫之后批判独特的亚细亚社会论的又一人，他从封建的剥削关系中来理解亚细亚生产方式问题，显然与米夫的影响有关。以他的著作的出版为标志，苏联思想理论界关于亚细亚生产方式问题的争论全面展开。一时间，各种文章纷至沓来，各种观点纷纷出现。从 1929 年至 1930 年，在列宁格勒，在巴库，在第比利斯，都先后召开过关于亚细亚生产方式问题的研讨会。其中，在 1930 年苏联共产主义学院农业研究所召开的那次研讨会上，马扎亚尔本人声明放弃

---

① 详请参阅马扎亚尔：《中国农村经济研究》，神州国光社 1934 年版，《编辑者序言》部分。

② 详请参阅杜博洛夫斯基：《亚细亚生产方式、封建制度、农奴制度及商业资本之本质问题》，神州国光社 1933 年版。

帝国主义在中国遇到的是亚细亚生产方式这一观点，不过他依然坚持认为亚细亚生产方式是人类社会发展的一个特定阶段。同年，在为柯金《中国古代社会》一书所写的《序言》中，马扎亚尔再次阐述了他对亚细亚生产方式的理解。他认为，亚细亚生产方式主要有四个特征："1. 土地私有财产之不存在；2. 人工灌溉之必要及与此相适应的极大范围的公共事业组织之必要；3. 农村公社；4. 专制政体为国家的形式。"他说，这些特征"是去启发（我们理解）亚细亚生产方式之最深刻的秘密的关键"。[①] 在为柯金和帕帕杨合著的《井田论》所写的《序言》中，马扎亚尔还重申了自己的观点。至此，在马扎亚尔的理解中，亚细亚生产方式也就是亚洲国家在封建制度产生以前的一种特殊的生产方式。

1931 年 2 月，苏联共产主义学院列宁格勒东方学会和东方研究所联合召开亚细亚生产方式问题讨论会。在这次会议上，形成了截然不同的两派：以哥德斯为代表的独特的亚细亚生产方式的反对派和以柯金为代表的马扎亚尔学派（马扎亚尔本人未出席）。会上，双方各执一词，互相驳难，最后以哥德斯的长篇总结而告终。哥德斯的总结报告在批判独特的亚细亚社会论的同时，还对马克思的亚细亚生产方式理论提出自己的理解。在他看来，亚细亚生产方式只是马克思在读到摩尔根《古代社会》之前的一个"假设"，因为在这以前，"他对历史发展过程还不清楚，这使他不得不去探索缺乏的环节。在东方，一方面原始社会的残余以公社的形式被保存下来；另一方面，又存在着表现为阶级统治的专制国家。他在这里看到了人们尚不知道的这个早期社会形态。在摩尔根的发现以前，这种研究上的假设是必要的。因为，如果没有这种假设，就不能很好地描绘出历史进程的规律性。此后，这种假设便失去了它的作用"。至于对亚细亚生产方式到底作何理解，他认为"亚细亚生产方式是封建主义而不是其他什么"。[②]

如前所述，苏联思想理论界关于亚细亚生产方式问题的争论，是与联共（布）和共产国际关于中国社会性质问题的争论交织在一起的。正

---

① 柯金：《中国古代社会》，马扎亚尔《序言》，黎明书局 1933 年版。

② 哥德斯：《亚细亚生产方式问题讨论总结》，郝镇华编：《外国学者论亚细亚生产方式》下册，中国社会科学出版社 1981 年版。

因为如此，这些论争很快便影响到中国。早在1928年，《新生命》月刊就发表了马扎亚尔和维特福格尔将亚细亚生产方式概念运用于中国历史研究的论文。[①]次年，亚细亚社会论的另一位主要倡导者瓦尔加的有关观点，也被介绍到中国。[②]不过，由于当时正值中国社会性质问题论战期间，参与论战的各方都把注意力集中在“中国社会到底是什么社会”这个中心论题之上，故而，亚细亚生产方式的理论，并未引起中国思想理论界的太多关注。

中国学者中最早注意到亚细亚生产方式问题的，要首推郭沫若。早在1929年，郭沫若在《〈诗〉〈书〉时代的社会变革与其思想上之反映》一文中[③]，就对亚细亚生产方式问题作出自己的解释。他在引用了马克思《〈政治经济学批判〉序言》中关于生产方式发展的那个著名公式之后，接着便写道：“他这儿所说的‘亚细亚的’，是指古代的原始公社社会，‘古典的’是指希腊罗马的奴隶制。”他还进一步指出：中国“大抵在西周以前就是所谓的‘亚细亚的’原始公社社会，西周是与希腊罗马的奴隶制时代相当”[④]。显然，郭沫若是把亚细亚生产方式理解为史前时代的原始共产制社会的。

社会史论战展开之后，论战各方开始对亚细亚生产方式的理论表现出越来越多的关注。1932年，属于“取消派”阵营的杜畏之，在《读书杂志》上发表《古代中国研究批判引论》一文。在这篇文章中，他根据俄国早期马克思主义者普列汉诺夫的观点，认为亚细亚生产方式只是马克思在没有看到摩尔根《古代社会》一书以前对东方国家早期历史发展的一种假设，根据这种假设，东方国家的亚细亚生产方式与西方的古代的生产方式（奴隶制生产方式）是两个前后相继的发展阶段。在马克思看到《古代社会》一书之后，便“修正”了这个说法。杜畏之认

---

① 《新生命》1928年8月第2卷第8期上刊有马迪亚（即马扎亚尔）的《中国的农业经济》和维特福格尔（今译为魏特夫）的《中国阶级之史的考察》两文。

② 1929年，新生命书局的总编辑樊仲云编译《东西学者之中国革命论》一书（新生命书局），该书的第一篇文章就是瓦尔加的《中国革命之诸根本问题》一文。

③ 该文发表于《东方杂志》第26卷，1929年第8—12期，后收入《中国古代社会研究》一书。

④ 郭沫若：《中国古代社会研究》，人民出版社1954年版，第133页。

为，“这个修正是有力的，必要的，而且正确的”。因为经过这样的“修正”，亚细亚生产方式与古代的生产方式就成了两种并存的生产方式。他还进一步指出，不管是马克思本人，还是普列汉诺夫，他们对于中国历史的了解都还是十分模糊的，因此，他们对于中国社会的亚细亚特征的分析，也都是错误的。为此，他把马扎亚尔所归纳的亚细亚生产方式的几个主要特征与中国历史加以比对，发现这些特征在中国历史上根本就没有存在过。据此，他断言，中国历史上根本就没有什么亚细亚生产方式问题。根据他的理解，在中国历史的具体发展过程中，“在氏族社会的内部怀育了封建的生产方法，因此在氏族组织的废墟上所建立的新制度既非东方的（即亚细亚的。——引者），又非古代的，而为道地的封建社会。同时在封建制度破坏后，失业失地的农民却日渐沦入奴隶的状态；而奴隶劳动的使用日扩月展，下迨两汉，终逮魏晋已有浸浸然泛滥全国的趋势。假如没有农民暴动飓风与蛮族侵入之冰河打断了这个过程，谁敢武断纪元后之中国不产生一个奴隶社会（即所谓古代社会）呢？”他还进一步指出：“氏族社会解体之后，不一定产生东方社会（即亚细亚生产方式的社会。——引者），也不一定产生古代社会（即希腊、罗马的古代奴隶制社会。——引者），在它的废墟上亦有建立封建社会的可能——这要看氏族社会内部发展与氏族间的关系如何而定。氏族社会可以生育出一个亚细亚社会，如在古代的近东；亦可以生育一个封建社会，如纪元前十二三世纪的中国；还可以生育一个特殊的社会组织，如南美洲印加帝国下的社会系统。”显而易见，杜畏之对亚细亚生产方式的理解，深受马扎亚尔学派理论的影响。按照他的理解，马克思所说的亚细亚生产方式是一种既不同于古代社会（希腊、罗马的奴隶制社会）又不同于封建社会的一种特殊的生产方式。在他看来，奴隶制生产方式、封建制生产方式和亚细亚生产方式，都是氏族社会解体以后的产物，它们在发展的起点上是一致的，在发展的序列上是并行的、同步的。他甚至还认为，不同的生产方式和社会经济形态，有时还可以逆转进行。他说：“当封建社会已经破坏而产生资本主义社会的条件尚未具备时，亦有倒行逆转、走到奴隶社会的可能——这也要看前者之自发展与自运动如何而言。纪元前的中国还发展了大规模的奴隶劳动，而

‘文明的’十九世纪中，‘民主的’北美联邦里居然施行着古典的奴隶制度。”[①] 总之，在杜畏之看来，中国的历史发展过程中并不存在马克思所说的亚细亚生产方式的阶段，整个中国历史的发展是由氏族社会发展到封建社会，再由封建社会进入到准奴隶制社会，如果没有农民暴动和蛮族入侵，中国历史将由准奴隶制阶段发展到类似于西方的古代社会。

同属于“取消派”阵营的李季，对于亚细亚生产方式的理解，则与杜畏之同中有异。在《对于中国社会史论战的贡献与批判》一文中，他也像杜畏之一样，认为亚细亚生产方式只是马克思在未读到摩尔根《古代社会》一书以前对东方国家古代历史发展阶段的一个假定，当他读了《古代社会》之后，便改变了从前对于亚细亚生产方式和古代生产方式的见解。在他看来，亚细亚生产方式就是东方国家在氏族社会瓦解后所产生出来的与古代奴隶社会并列的一种独特的社会经济形态。至于东西方为什么在氏族社会解体之后会走向不同的发展道路，他则认为主要是地理环境影响的结果。就这一点而论，他也像杜畏之一样，基本上接受了普列汉诺夫的观点。不过，在普列汉诺夫那里，亚细亚生产方式被理解为是东方国家在氏族社会瓦解以后的一种一以贯之的独特的生产方式，而李季则认为亚细亚生产方式只是东方国家在氏族社会瓦解后和封建制度开始以前的一种独特的生产方式。根据他的理解，人类社会的历史发展图式可区分为东西方两大类型：西方国家的历史发展图式遵循着氏族社会—古代奴隶制社会—封建社会—资本主义社会的发展逻辑，而东方国家的历史发展图式则沿着氏族社会—亚细亚社会—封建社会—资本主义社会这一逻辑而展开。如果把东方国家的这一历史发展图式引用到中国的历史发展过程之中，则可以对中国历史的发展过程进行这样的阶段性划分：商代以前为氏族社会，商代为亚细亚生产方式时代，西周开始进入封建时代，自秦至清代鸦片战争前为前资本主义时代，鸦片战争以后进入资本主义时代。[②] 显然，与杜畏之完全不同的是，

① 杜畏之：《古代中国研究批判导论》，《读书杂志》社编：《中国社会史的论战》第 2 辑，神州国光社 1932 年版。

② 李季：《对于中国社会史论战的贡献与批判》，《读书杂志》社编：《中国社会史的论战》第 2 辑，神州国光社 1932 年版。

李季不仅没有否定亚细亚生产方式在中国历史进程中的存在，而且认定商代就是中国历史上的亚细亚生产方式的时代。

与王礼锡一起编辑《读书杂志》的胡秋原，对亚细亚生产方式的理解既不同于杜畏之，也不同于李季。在《略复孙倬章君并略论中国社会之性质》一文中，胡秋原引用苏联学者约尔克关于亚细亚生产方式是奴隶制与封建制的混合体的意见，认为马克思在谈到东方专制政体的时候，一般总是当作“封建生产关系为基础的特殊政治形态来观察的”。在他看来，亚细亚生产方式并不是一个人类社会普遍存在的独立的社会发展阶段，而是以中国为代表的东方国家所特有的、从而也区别于西欧封建社会的一种变态，它的根本特征就是“专制主义”。因此，他主张亚细亚生产方式只是指东方封建社会的一种特殊形态。[①]稍后，他在为吴清友翻译的杜博洛夫斯基《亚细亚生产方式、封建制度、农奴制度及商业资本之本质问题》一书所写的《序言》[②]中又进一步指出：“马克思所谓亚细亚生产方法者，不过是亚洲之先资本制，即与农村公社结合的封建的一部分农奴底制度。”因此，“如果有亚细亚生产方式，那么，它就是专制主义的农奴制”。根据胡秋原的理解，封建制与农奴制都是同一种生产方式在不同历史条件下的具体表现形式，农奴制就是封建制因商品经济和商业资本的发达而形成的对农民更强烈的压迫与剥削的一种制度，它也是一种“封建底专制主义”的经济制度。这种“封建底专制主义”生产方式，就是马克思所说的亚细亚生产方式。如果联系到中国的历史发展过程，他认为西周时期的封建制度就与西欧的封建制度十分相似，但是，在这以后，随着商品经济的发展，这种封建制度不断发生质变，故而从秦代开始，就演变成专制主义，也就是亚细亚生产方式阶段，直到清代末年，中国都一直处在这种专制主义的亚细亚生产方式阶段中。

在把亚细亚生产方式理解为东方类型的“专制主义”之后，胡秋原

---

① 胡秋原：《略复孙倬章君并略论中国社会之性质》，《读书杂志》社编：《中国社会史的论战》第2辑，神州国光社1932年版。

② 这篇《序言》又题为《亚细亚生产方式与专制主义》，收入《读书杂志》社编：《中国社会史的论战》第3辑，神州国光社1932年版。

还对这种专制主义的特征及其发生机制进行了概括与分析。他认为："1. 专制主义之发生，由于封建主义与商业资本之结合；因商品经济之发展，破坏封建政权之孤立性与分散性，促进政权之集中化，形成专制主义君主制。2. 这种君主专制主义，维持封建及商人之利益，调和他们之间的斗争。但这并不排除国家之阶级性。……3. 这一专制主义新政权之最大任务，在镇压因剥削之加深而反抗的农民，这更明显了这政权之阶级性。4. 因货币的发展，增加了统治者蓄积的欲望与无度的奢华，因而更使剥削益加残酷，因而发生了货币租税。5. 为巩固并完密这一专制主义政体，官僚与雇佣军队就应运而生。"① 显而易见，胡秋原虽然也像杜博洛夫斯基等人一样把亚细亚生产方式理解为封建制度的一种变态发展，但是，他的着力点显然不在于厘清这种生产方式的内涵，而在于解析这种特定的生产方式所对应的政治体制。他的这一研究取径，在整个论战期间，可以说是绝无仅有的。

与胡秋原的观点大体类似的，还有王宜昌的东方封建社会论和陈伯达的"封建生产方式在中国所展开的特殊亚细亚形态"论。在《中国社会史短论》一文中，王宜昌认为，马克思所说的亚细亚生产方式，就是指印度或中国的封建社会。② 陈伯达在《中国社会停滞状态的基础》一文中也认为，亚细亚生产方式的实质就是封建的土地占有关系与商业资本和高利贷资本三位一体的综合体，他称之为"封建生产方式在中国所展开的特殊的亚细亚形态"。在他看来，早在两千多年前的春秋战国时代，随着商品经济的发展，中国古典式的封建社会，就已开始了"解体"的过程。不过，他又认为，在中国古典式封建社会逐渐解体的过程中，商业资本、高利贷资本与封建的土地占有关系紧紧地结合在一起，从而形成三位一体的经济形态，这种形态不但不能继续解体封建社会，而且成为阻碍封建社会进一步解体的最顽强的桎梏。中国封建社会的基本细胞，

① 胡秋原：《专制主义论——专制主义之理论与中国专制主义之实际》，《读书杂志》第 2 卷，1932 年第 11—12 期。

② 王宜昌：《中国社会史短论》，《读书杂志》社编：《中国社会史的论战》第 2 辑，神州国光社 1932 年版。

最终也在这种三位一体的经济形态之下，变形为“畸形的坚固”。[①]

综上所述，在整个社会史论战期间，中国学术理论界关于亚细亚生产方式问题的讨论，基本上都没有跳出苏联学术理论界所争论的范围。除郭沫若之外，无论是杜畏之、李季的独特亚细亚社会论，还是胡秋原的“专制主义”社会论、王宜昌和陈伯达的封建社会变种说，都只是对苏联学术界有关观点的引申和发展。因此，就提供具有原创性学术观点的角度而言，论战对于亚细亚生产方式这一理论问题的研究，并没有任何实质性的推进。然而，同时也应该看到的是，中国学术界在介绍或引进苏联学术界有关观点的时候，也并不是一味地照抄照搬，而是把苏联学术界的有关观点转化为相关的概念、范畴或分析工具，并进而把这些概念、范畴和分析工具运用于对中国历史的经验性研究之中。李季的殷商亚细亚社会论、胡秋原的“专制主义”社会论、王宜昌和陈伯达的封建社会变种说，都是把亚细亚生产方式理论运用于中国历史的经验性研究之后所得出的极具有原创性和启发性的崭新结论。就此而言，社会史论战过程中关于亚细亚生产方式问题的争论，在很大的程度上推动了中国学术界对于东西方社会历史发展的差异性和中国历史发展过程的独特性的认识。如果说在这以前关于东西方社会历史发展的差异性和中国历史发展的独特性的认识，还只是部分论战者的意见，那么，经过这场争论，东西方社会历史发展具有极大的差异性、中国历史发展具有其自身的个性和特殊性，则是论战各方的共识，只不过对于这种差异性、个性和特殊性的认识程度，论辩各方还稍有不同罢了。

从1933年开始，苏联学术理论界关于亚细亚生产方式问题的研究，有了新的进展。就是在这一年，苏联科学院院士、古代东方史专家司特鲁威出版了《古代东方奴隶社会的产生、发展和瓦解问题》一书。次年，苏联的另一位东方史专家科瓦列夫又发表了《关于奴隶社会的几个问题》这一重要论文。司特鲁威的研究表明：东方国家在氏族公社解体后，跟着而来的也是奴隶制社会。科瓦列夫在司特鲁威的基础上，进一步认为，东方国家的古代奴隶制是一种“变种”的、特殊形态的奴隶

① 陈伯达：《中国社会停滞状态的基础》，《文史》第1卷，1934年第4期。

制，马克思所说的亚细亚生产方式，就是指这种“变种”的、东方形态的奴隶制生产方式。不久，这种观点在苏联被定于一尊。受其影响，中国马克思主义史学界的吕振羽和侯外庐等人，对于亚细亚生产方式问题，也有了新的理解。不过，由于他们观点都发表在论战退潮以后，故而，这里也就不再详细介绍了。

（四）关于奴隶制社会的争论

在中国社会史论战中，关于奴隶制社会的争论，主要是围绕着郭沫若在《中国古代社会研究》一书中的有关结论而展开的。根据郭沫若在该书中的有关研究，中国历史上的西周时期是一个可与西方的希腊、罗马古代社会相提并论的奴隶制社会。在郭沫若看来，马克思在《〈政治经济学批判〉序言》中所阐述的人类社会发展图式，应该是一个具有普遍意义的图式，中国的历史发展也应该不会例外。正是从这一信念出发，他认为在中国的历史发展过程中，在原始共产制结束以后和封建社会开始之前，也应该有一个类似于西方古代社会的那种奴隶制时代。为了证实这一点，郭沫若分别从生产力的发展进程（尤其是生产技术的进步）、社会组织的变化和意识形态的变革这三个方面来加以证论。

首先，就生产力的发展进程、特别是生产技术的进步这一角度来看，郭沫若认为，“原始氏族社会向奴隶制的推移，当以畜牧的发现为开始，以农业的发达而完成”。根据对《尚书》和《诗经》等古代文献中有关资料的分析，郭沫若认为，中国农业的起源应该可以追溯到后稷时代，不过，直到商代中期，畜牧业依然在经济生活中占据主导的地位。根据《史记·殷本纪》的记载，殷的先人自契至汤凡五迁，这种动辄迁徙的生产生活方式应该对应着当时居于主导地位的游牧生活。由此，郭沫若认定，殷商应该在盘庚迁殷之后才逐渐进入定居状态，开始大规模的农业生产。他还对甲骨文中有关渔猎、牧畜、农业、工艺、商贸等有关记载进行文字考释和史料分析，并得出四个结论：“（一）商代是金石并用时代。（二）产业状况已超过了渔猎时期，而进展到牧畜的最盛时期。（三）农业已经出现，但尚未十分发达。（四）在产业界的一隅已经有商（业）行为的存在，然其事尚在实物交易与货币交易之推移中。”总之，“商代的产业是由牧畜进展到农业的时代”。根据一定的生产力对应着一定的生产关系这一认识，郭沫若认为，殷商时代的这种生产力总体状况，只能表明当时还是一个氏族社会。所以，他认定：“中国的历史是在商代才开幕，商代的产业是以牧畜为本位，商代和商代以前都是原始公社社会。”①

郭沫若接着分析说，与殷商时代相比，到了西周时期，中国的生产力发展水平已有了根本性的提高。根据《诗经》等有关文献的记载，他认为“在（周）文王的初年都还不甚发达的农业，但是不久之间便完全变换了一个世界”。《诗经》中大量农事诗的出现，表明西周时代已从早期的畜牧社会一变而为“农业的黄金时代”。随着周代农业的发展，“周室的乃至中国的所谓‘文明’、‘文物’，也骤然地焕发起来了”。在郭沫若看来，推动周代农业生产力急剧发展的主要原因，就是铁的发现。他说：“铁的发现，论理应该是在周初，不然那农业发达的原因便无从说明，中国历史上的一个重大社会变革的时期也无从说明了。”正是铁的发现，推动了周代农业生产力的发展，“周室有那样发达的农业，所以终竟把殷室吞灭了，而且完成了一个新的社会”。②这个“新的社会”，就是中国历史上的奴隶制时代。

其次，从社会组织的结构来看，郭沫若认为，早在殷商后期，氏族社会的组织已有“崩溃之征迹”。因为随着生产力的发展，到了殷商末期，整个社会已出现了“私有财产的发生”、“阶级制度的萌芽”和“奴隶的私有”等复杂现象。这些现象发展到西周之后，便演变成为奴隶制。尽管他并未就奴隶制的本质特征加以严格的定义，但是，在他看来，奴隶制在西周时代的存在，则是不争的事实。根据对古代文献的分析，郭沫若认为，西周的社会阶级构成除了“君子”之外，尚有“小人”、“民”和“庶民”、“黎民”、“群黎”等。根据对有关金文的释读，他发现：西周时期的“庶民”、“庶人”或“人民”等往往与器物一起，

① 郭沫若：《中国古代社会研究》，人民出版社 1954 年版，第 88、174—192、10 页。

② 郭沫若：《中国古代社会研究》，第 95—97、13、95、13 页。

都被用来赏赐，因此，他断定这些人“实际上就是奴隶”。再结合当时使用大量劳动力来大兴土木、开辟土地和供徭征战等史实，他又认为，“奴隶制的社会组织是在周初才完成”的。[①]

再次，从意识形态的角度来看，郭沫若认为，由《尚书》和《诗经》等古代文献来看，西周时期的宗教思想明显具有这样几个特征：“1. 人格神的存在；2. 神权政治的主张；3. 想以折衷主义来消灭辩证式的进化。”他认为，这些颇具意识形态意义的思想和观念，正是“西周奴隶时代的支配思想”。他还进一步指出：“这种思想在正《雅》和《颂》诗的全部，在《吕刑》以前的《周书》中的每篇，差不多完完全全是始终一贯表现着的。这是西周的奴隶制时代的支配思想。这思想是有地上的权力来做它后盾的，不消说地上的权力也靠着这个思想来做它的护符。”经过进一步的考察，他还发现，这些思想在《诗经》的“变风”和“变雅”部分开始了“绝大的变异”，这种现象表明，到了西周末年，奴隶制已开始了动摇，中国社会历史也开始了从奴隶制向封建制的推移。[②]

美国学者德里克认为，郭沫若有关西周奴隶制社会的论述，是对中国马克思主义史学的一大“创造性的贡献”。[③]西周奴隶制社会论的提出，不仅对“动力派”和“新生命派”一直认为是不证自明的西周封建论形成强烈的冲击，而且还为重新审视中国的历史发展过程，提供了一整套全新的理论范式和研究方法。正如何干之在稍后所做的评论那样：“他的西周奴隶说，打破了一二千年来官学对中国古代史的‘湮没’、‘改造’和‘曲解’，确是一桩破天荒的工作。目前的新史家，差不多都以他的研究为出发点。”[④]正因为如此，围绕着郭沫若的西周奴隶制社会论，一场关于奴隶制社会的争论很快便开展起来。

如前所述，郭沫若对西周奴隶制社会的论述，与他对《〈政治经济

① 郭沫若：《中国古代社会研究》，第 109 页。

② 郭沫若：《中国古代社会研究》，第 112、123、124 页。

③ 阿里夫·德里克：《革命与历史：中国马克思主义历史学的起源》，江苏人民出版社 2005 年版，第 138 页。

④ 何干之：《中国社会问题论战》，生活书店 1937 年版，第 53 页。

学批判〉序言》中那个著名的公式的理解是密切相关的。在郭沫若看来，这个著名的公式不只是对西方社会历史发展的理论总结，它实在具有普遍的价值与意义。根据恩格斯在《家庭、私有制和国家的起源》一书中的有关理论，西方社会在氏族时代结束后，接着而来的是希腊、罗马的奴隶制社会。因此，在中国历史上氏族社会结束后，也就顺理成章地开始了奴隶制时代。在后来的论战过程中，郭沫若的这一理论前提，首先遭到了反对者的质疑。李季在《对于社会史论战的贡献与批判》一文中就批评说，郭沫若对于马克思大有“孔趋亦趋，孔步亦步”之概，他在《中国古代社会研究》中对中国历史发展阶段的划分，是用“削足适履”的办法，把中国历史套到马克思的公式里，“他看见马氏于亚细亚生产方法之后有古代的生产方法，于是把‘亚细亚的’安在西周以前，把‘古代的’安在西周时代”。在李季看来，亚细亚生产方式的最重要特征就是一个强大的国家政权的存在，而郭沫若却用“亚细亚”这一名称来指代国家出现之前的氏族社会，可见郭沫若对于亚细亚生产方式的实质毫无了解。他还进一步指出：“氏族社会崩溃后，可以从亚细亚的生产方式达到封建制度，也可以从奴隶制度达到封建制度。其实各国经济的发展并不是一定都要取这种（奴隶制）途径的。”显然，在李季看来，西方在氏族社会解体后，接着而来的是奴隶制时代，而中国在氏族社会之后却进入亚细亚生产方式时代。至于郭沫若用了大量篇幅反复论证西周时期是奴隶制社会的问题，李季则认为：“《吕览·观世篇》称‘周之所封建四百余，服国百余’。《史记·十二诸侯年表》称‘（周）武王、成康所封建数百，而同姓五十五国’。《荀子·儒效篇》称周公‘立七十一国，姬姓独居五十三人’。这种说法与事实虽未必丝毫不差，然决非完全向壁虚构，我们即‘不要为文字所拘泥’，拿它打个对折，也可以窥见周初的封建制度是盛极一时。”[①] 总之，在李季那里，中国的历史在氏族社会结束之后，接着而来的是封建社会，奴隶制在中国历史上根本就不存在。

---

① 李季：《对于社会史论战的贡献与批评》，《读书杂志》社编：《中国社会史的论战》第2辑和第3辑，神州国光社1932年版。

陶希圣[1]和梅思平等人的观点，与李季大致相同。在他们看来，氏族社会解体后，跟着而来的是封建社会，而不是奴隶社会。陶希圣在《中国社会与中国革命》一书中就认为："在封建国家成立以前，人类的社会组织以血统为纽带，以血统为纽带的社会便是氏族社会"，"氏族间的战争……使一氏族征服他氏族，便成了初期封建国家"。[2]显然，在陶希圣看来，封建社会是氏族社会的逻辑发展，在这两者之间，并不存在奴隶制阶段。被视为陶氏观点之"祖述者"的梅思平，在《中国社会变迁的概略》一文中，把春秋以前的中国历史分成四个时期："第一时期可以叫做'氏族斗争时期'，凡关于黄帝、炎帝、蚩尤、共工等人传说，都是这时期的史迹"；"第二时期，可名'原始封建时期'，就是一般人所谓唐虞时代"；"第三时期，是'原始帝国时期'，即普通历史上所谓夏、商两朝。这时期的特征，就是中央政府的势力逐渐扩大，但是社会的组织，仍然以封建制度为基础"；"第四个时期，可以叫做'新封建时期'……新封建时期和原始封建时期及原始帝国时期的区别，大概在乎地主等级的增加与组织的严密，其情形也和欧洲中世纪封建制度相同"。[3]在梅思平这里，中国历史自氏族社会解体后，有"原始封建时期"、"原始帝国时期"和"新封建时期"等不同的发展阶段，但就是没有奴隶制时代。

胡秋原在《略复孙倬章君并略论中国社会之性质》一文中认为，郭沫若对于殷商是氏族社会的判断大体成立，但是，他对于郭氏关于西周奴隶制社会的论断则大加批评。在他看来："奴隶制只是封建社会末期，商业资本发达所形成的一种特殊的社会形态（在海岸国家则达其发展之

---

① 陶希圣在 1932 年以前的著作中，都否认中国历史上有奴隶制的存在。1932 年，陶希圣在《读书杂志》第 7—8 期上发表了《中国社会形式发达过程的新估定》一文，对此前自己关于中国社会发展的观点进行了自我批判，并提出了一种新的分期观。根据这种新的分期观，他认为中国直到春秋时期依然是氏族社会，从春秋时期开始，由于生产技术的进步，社会开始商业化，导致了私有财产和奴隶制的出现，后来由于北方游牧民族的南侵，中国进入了封建社会，从宋代开始，中国进入"先资本主义社会"。

② 陶希圣：《中国社会与中国革命》，新生命书局 1931 年版，第 196 页。

③ 梅思平：《中国社会变迁的概略》，陶希圣编：《中国问题之回顾与展望》，新生命书局 1930 年版。

极致），不是一个必经的过程。”[①] 所以，他批评郭沫若等人说：“误解马克思公式者，以奴隶社会是承继氏族社会的（于是氏族社会就成了亚细亚社会了！）他们不知道希腊罗马广大奴隶制，是商业与战争之物；希腊罗马奴隶社会之前，是经过一个短期封建社会的。……理解这事实，就可知道不是奴隶社会先于封建社会，而是封建社会先于奴隶社会。”在胡秋原看来，中国历史上确实存在过大量的奴隶，但是，有奴隶存在，并不代表就是奴隶制社会。他说：“奴隶之发生，起于氏族社会末期，因私有财产发生，俘虏遂作为说话的工具，后来奴隶之获得，也成为战争之原因。到了封建时代，奴隶乃大盛……至商品经济发生，更增加奴隶的产生。”显然，在胡秋原看来，奴隶与奴隶制之间并不能画等号，相反，奴隶的盛行，更有可能出现在封建时代。所以，他又说：“希腊罗马之奴隶制，只是封建农奴制之变形的发展。在中世纪，也有奴隶。……可见，并不是原始共产社会以后一定继之以奴隶社会了。”[②] 总之，在胡秋原看来，奴隶制社会只是希腊罗马历史发展过程中的特例，而并非人类社会发展的必经阶段；至于奴隶制出现的次第，则在封建社会的末期；中国在很长的历史时段里都有奴隶的存在，但是奴隶制却并没有构成中国历史发展过程中的一个特定的阶段。

与胡秋原的观点具有一定相似性的，有陈邦国、王礼锡和王伯平等人。陈邦国认为：“在一般的历史发展上，氏族社会是到封建社会的先决条件，犹之乎在封建社会的废墟上发生资本主义一样。”在他看来，奴隶制并不是一种特定的生产方式和经济形态，它只是“由氏族社会到封建社会的一个过渡”。因此，他批评郭沫若说：“郭沫若君没有懂得这种过渡，他误认封建社会是直接由奴隶制度推移来的，所以在《中国古代社会研究》中铸下了大错。实在不是大错，简直是个大笑话。”[③] 王礼

① 胡秋原：《略复孙倬章君并略论中国社会之性质》，《读书杂志》社编：《中国社会史的论战》第 2 辑，神州国光社 1932 年版。

② 胡秋胡：《中国社会化发展草书》，《读书杂志》社编：《中国社会史的论战》第 4 辑，神州国光社 1933 年版。

③ 陈邦国：《中国历史发展的道路》，《读书杂志》社编：《中国社会史的论战》第 1 辑，神州国光社 1931 年版。

锡认为，“在中国的各时代中，奴隶是从来都有的，但不曾在生产上处支配的地位”。因此，在中国的历史上，只有奴隶，但没有奴隶制。他甚至断言：“奴隶社会这个阶段不但在中国找不出，就在欧洲也不是各国都经过这个阶段”，“所以我们不必机械地在中国去寻找奴隶社会这个阶段”。[①] 王伯平也认为，奴隶的发生是氏族社会末期就有的现象，但是，有奴隶并不代表就有奴隶制，奴隶制的出现，是以奴隶生产成为主要的生产形式作为其标志的，而奴隶的使用在社会上成为一个严重的现象，则往往出现在封建社会。所以他认为，“奴隶制度是否存在于中国历史，亦当靠研究结果来判断。至于个别奴隶，那自然是存在的，且在殷墟甲骨中就有奴隶存在的证据。但是奴隶制，一定要根据奴隶生产在那时期成为主要的生产形式，奴隶所有者成为政治上的统治者才能成立。这样的社会形式，以我们的知识来说，在中国没有存在过。奴隶的使用，在汉时有广大的开展……然而，同时，农奴和自由农的生产仍然占主要的形式。我们实在不能称汉时为奴隶制度时期”。因此，他的结论是：“我们从奴隶制度不能成为一个独立的阶段说到中国奴隶制度不存在这一问题，郭沫若在《中国古代社会研究》中建立的系统已经被攻的不整齐了，可以说是郭沫若的系统已经瓦解了，不成立了。”[②] 显然，在陈邦国、王礼锡和王伯平等人看来，奴隶制只是由原始共产制社会到封建社会之间的一个过渡形态，它本身并不构成一个独立的发展阶段，不仅中国历史上没有奴隶制的发展阶段，即使是西方各国，也未必都经历过奴隶制阶段，按陈邦国的说法就是：“奴隶经济之为氏族社会到封建社会的过渡，正如原始图腾形式之为原始社会到氏族社会的过渡是一样的。”[③] 在他们看来，奴隶制之与人类社会的历史发展，仅仅是作为由氏族社会发展到封建社会的一种过渡形式而已。

在社会史论战期间，把胡秋原、陈邦国、王礼锡和王伯平等人的这一观点发挥到极致的是丁迪豪。在《中国奴隶社会批判》一文中，丁迪

① 王礼锡：《中国社会形态发展史中之谜的时代》，《读书杂志》社编：《中国社会史的论战》第 3 辑，神州国光社 1932 年版。
② 王伯平：《中国古代社会研究之发轫》，《读书杂志》社编：《中国社会史的论战》第 3 辑。
③ 陈邦国：《关于社会发展分期并评李季》，《读书杂志》社编：《中国社会史的论战》第 3 辑。

豪认为，马克思和恩格斯"从来未曾主张过任何社会的发展，非经过奴隶制度的阶段不可。在他们的文献中，也看不出有这样的章句。只是顺着历史发展的先后，去说明古代社会的时候，然后承认希腊、罗马奴隶制是欧洲封建制的前身。然而并不是说，封建制是奴隶制的产物"。在丁迪豪看来，"由希腊罗马的奴隶制，移到中世纪的封建社会，是一个历史的退化，不是人类社会前进的表现"。他还断言："日耳曼制度如果在历史发展中没有什么特殊条件，那么在奴隶制的废址中，恐怕再不会发生什么封建制度了。所以历史的反复，只是偶然。同时，不少野蛮民族的封建制，不一定要经过奴隶社会，然后发达起来。要是氏族社会一一发展而为封建社会，那就不一定要经过奴隶制了。在许多地方，封建国家是由氏族社会来的。"①

与以上诸人普遍否认奴隶制是人类社会发展过程中的一个不可或缺的阶段不同，李麦麦和王宜昌两人都认为奴隶制是人类社会发展过程中的必经阶段之一，不过，他们对于奴隶制出现的时间次第以及中国历史上的奴隶制问题，看法又各不相同。李麦麦在《评郭沫若的〈中国古代社会研究〉》一文中认为，郭沫若在把奴隶社会制理解为具有普遍性这一点上无疑是对的，他的错误乃在于颠倒了奴隶制和封建制之间的顺序。在他看来，奴隶制是一种比封建制更为发达的生产方式，因此，它在历史上的出现，应该后于封建社会。至于欧洲在古代社会之后向封建制的转变，这只是一种历史的倒退，它是欧洲历史的特例，并不适合于其他社会的发展。②王宜昌认为，由奴隶制发展到封建制，应该是人类历史发展的通则，在中国的历史发展过程中，也应该有奴隶制社会阶段。在《中国奴隶社会史——附论》一文中，王宜昌就认为，中国在西周时期开始了由氏族社会向奴隶社会的转变；稍后由于北方游牧民族的南下，中国在公元3至6世纪经历了大分裂的时期，也由此进入了封建时期；封建社会一直持续到1911年，中国才进入资本主

① 丁迪豪：《中国奴隶社会批判》，《历史科学》第1卷，1933年第5期。

② 李麦麦：《评郭沫若的〈中国古代社会研究〉》，《读书杂志》社编：《中国社会史的论战》第2辑，神州国光社1932年版。

义发展阶段。[①] 不过，王宜昌的奴隶社会论，与郭沫若的观点又完全不同。在王宜昌看来，奴隶制的兴起，有着地理环境方面的原因。只有靠近海洋的地区，才有机会发展商业和贸易，而奴隶制正是氏族社会受到商业发展的冲击才形成和发展起来的。所以，他认为，渤海对于中国，犹如地中海对于希腊和罗马，“渤海是中国奴隶社会的地理基础。如果中国人古代没有渤海，像北美古代没有内海一样，或许便没有奴隶社会的发展，而和印第安人一样停滞于原始共产社会，以至于今日”[②]。至于中国奴隶制的灭亡和封建制的兴起，王宜昌则认为，基本上应该与西方历史无异。他说：“中国的封建制度，由于异族的入侵，和中原人民的南迁，氏族制度在奴隶经济的废墟上，重新组织着经济，于是建立起来了。这好似罗马帝国的衰亡，日耳曼蛮族侵入南欧，以其氏族制度在奴隶经济的废墟上建立起欧洲底封建制度一样。异族侵入的外来的历史作用……是封建制度起源的事实和原因之一。”[③] 他认为，“奴隶制度是不能自发转变到封建经济，这比中国封建经济不能自发转变到资本主义，更为决定的、一般的铁则”。据此，他断言：“由奴隶社会到封建社会，没有郭沫若所说的‘封建制的革命’，因为‘古代并不知道用反叛以废止奴隶制度’”，“中国奴隶社会的历史，亦如西欧奴隶社会的历史，由于异族侵入的大扰乱，打破了奴隶主人的腐朽统治，而新生了旧民族的经济生命”。[④]

在社会史论战期间，继郭沫若西周奴隶制社会论之后，系统地、完整地论述殷代为奴隶制社会的，要首推吕振羽。从 1934 年开始，吕振羽陆续发表了《中国经济之史的发展阶段》[⑤]、《殷代奴隶制研究》[⑥] 和《西

---

① 王宜昌：《中国奴隶社会史——附论》，《读书杂志》社编：《中国社会史的论战》第 3 辑，神州国光社 1932 年版。

② 王宜昌：《渤海与中国奴隶社会》，《中国经济》第 3 卷，1935 年第 6 期。

③ 王宜昌：《中国封建社会史》，《读书杂志》社编：《中国社会史的论战》第 4 辑，神州国光社 1933 年版。

④ 王宜昌：《中国奴隶社会史——附论》，《读书杂志》社编：《中国社会史的论战》第 3 辑。

⑤ 《文史》第 1 卷，1934 年第 1 期。

⑥ 《劳动季报》第 1 卷，1934 年第 2 期。

周时期的中国社会》[①] 等重要论文，并出版了《史前期中国社会研究》和《殷周时代的中国社会》[②] 两部影响深远的著作。在这些论著中，他系统地提出了殷商奴隶制社会论和西周封建论，从而在经验研究的层面上把中国奴隶制社会史以及由奴隶制向封建制转化过程的研究推向了一个全新的高度。

吕振羽是社会史论战期间最为强调奴隶制社会对于人类文明进程重要性的学者之一。与那些否定奴隶制是人类历史发展进程中必经的历史阶段论者不同，在吕振羽看来，由氏族社会发展到奴隶制社会，再由奴隶制社会发展到封建社会，是人类历史发展的一般规律和总体模式，而并非是个别民族的特例。他在分析了马克思主义创始人有关奴隶社会的论述之后认为，马克思和恩格斯在“说到奴隶社会时，都是明白的在指一般的古代的阶级压迫之支配形态而说的，并不曾限定为希腊和罗马”。根据他的理解，在马克思和恩格斯那里，奴隶制是人类由氏族社会进入文明社会以后普遍经历的一个历史发展阶段，而并非只是希腊和罗马的特例。所以，他十分明确地指出：“奴隶制度是社会发展过程中一个必经的阶段；若没有这一特定的阶段的存在，则后来的文明时代便不能想象。”[③] 当然，他也承认，并非世界上所有的民族都经历过奴隶制社会这一特定的阶段。但是，他又特别指出，那些未经历过奴隶制历史阶段的民族，都有着这样或那样的特殊原因。他以日耳曼民族由氏族社会“直接”进入封建社会为例分析说：一方面，早在罗马帝国解体之前，日耳曼民族就与罗马帝国发生了频繁的接触，并因此而受到了罗马帝国各种制度性的影响；另一方面，罗马帝国在其由盛而衰的过程中，已经孕育出各种封建性的因素，从而为日耳曼人后来进入一个新的历史阶段创造了条件。因此，日耳曼人之所以空缺奴隶制社会，只是由于“日耳曼人以罗马的世界原理和日耳曼人的世界原理相合流而创造其历史”的结

---

① 《中山文化教育馆季刊》第 2 卷，1935 年第 1 期。

② 前书于 1934 年由北平人文书局出版，后书于 1936 年由上海不二书店出版。需要指出的是，后书虽然出版于中国社会史论战高潮之后，但作者的基本观点，在论战的高潮中已经形成，故一并在此论述。

③ 吕振羽：《中国经济之史的发展阶段》，《文史》第 1 卷，1934 年第 1 期。

果。[①]换句话说，如果日耳曼人先前没有接受罗马帝国的制度性影响，如果罗马帝国没有在奴隶制的基础上孕育出封建性的因素，那么，日耳曼人在占领罗马帝国之后也不可能"直接"进入封建社会。正因为如此，日耳曼人由氏族社会"直接"进入封建社会这一事实，并没有与人类社会发展的一般法则相悖，相反它只是这一法则在特殊历史条件下的一种变例。

至于对中国历史上奴隶制时代的认识，吕振羽接受了郭沫若在《中国古代社会研究》一书中有关方法论的影响。他后来曾回忆说，在1930年代的中国史坛上，"郭沫若是起了一定程度的旗手作用的。他是最先应用唯物史观来系统地研究殷周社会的。我们都是后起者，追随他上去的"[②]。不过，他"追随"的只是郭沫若在《中国古代社会研究》一书中的研究方法，而并非是该书的具体结论。在吕振羽看来，郭沫若的殷代氏族社会论存在着诸多的破绽，因为，有大量的史料可以证明，殷代已处在奴隶制社会阶段。他的解释体系和证论过程大致如下。

首先，根据对甲骨文和《易经》、《尚书》等有关资料的分析，吕振羽认为，殷代的社会已明显地分成若干不同的阶级，其中，主要有三个阶级系列：1. 天子、帝、王、侯、公、大人、君子、卿、史、巫、邦伯、师长和吏，等等；2. 武人、邑人、行人、旅人、商、幽人、万民、庶群、畜民，等等；3. 小人、刑人、臣、小臣、奴、奚、妾、役、牧、仆、御、童仆，等等。在他看来，第一系列就是奴隶主贵族，第二系列为下层自由民，第三系列则为被统治的奴隶。由这样一些不同阶级所构成的殷代社会，当然不可能是氏族社会，而只能是奴隶社会。

其次，他分析了殷代的经济生活，对奴隶制生产方式下的生产力基础作了系统的证论。前已指出，郭沫若在《中国古代社会研究》中之所以把殷代视作氏族社会，主要是基于他对殷代生产力发展水平的估计。在郭沫若看来，殷代尚处在金石并用的时代，畜牧业依然是当时主要的

---

① 吕振羽：《史前期中国社会研究》，人文书店1934年版，第22页。

② 吕振羽：《关于"怎样学习中国历史"等问题的解答》，吕振羽：《史学研究论文集》，华东人民出版社1954年版，第56页。

生产部门，农业虽已发明，但尚未十分发达。吕振羽根据当时的有关考古发掘和文献资料，认为郭沫若对殷代生产力发展水平的估计过低。他在引证董作宾《安阳发掘报告》中的有关考古资料之后，认为殷代的冶炼业已相当发达，应该已进入青铜时代。他还进一步指出，从殷墟甲骨文字的刻画以及骨器、石器雕刻之细腻、精致水平来看，也非有尖锐的金属利器不可。据此，他否定了郭沫若殷代是金石并用时代的主张，认为殷代应该已进入青铜时代。此外，他还结合有关材料，认为殷代的农业已相当发达，而畜牧业已退居次要的地位。在他看来，在这种以青铜器为主要生产工具，农业、畜牧业、手工业和商业分工明显，农业在整个经济生活中的比重已大大超过畜牧业的生产力基础上，殷代的社会当然不可能是氏族社会，而只能是奴隶制社会。

再次，吕振羽还从国家政权的角度，来分析殷代的奴隶制社会性质。他认为郭沫若把甲骨文、《易经》和《尚书》等文献中的“天子”、“帝”、“王”等理解为氏族首领是不妥当的。因《尚书·盘庚》篇中的“帝”、“天子”和“王”，非但没有氏族内部民主推举的迹象，而且还拥有对人民生命财产、自由的任意处置权。同时，他们也“把国家的用人权放在其自己的掌握中”。在他看来，《盘庚》篇中这种强制性的“迭克推多”式的政治特征，是殷代国家政权确立的标志，也是中国进入奴隶制社会的开端。

最后，吕振羽还对殷代主要生产者的身份进行了分析。根据对甲骨卜辞中有关文字的解读，他认为，奴隶在殷代的农业生产上已不是作为一辅助性的劳动形式在参加，而是农业生产劳动的主要承担者。奴隶之广泛地使用于生产，并成为农业劳动的主要承担者，正是殷代奴隶制社会的重要标志。[①]

吕振羽的殷商奴隶制社会论，是继郭沫若之后以唯物史观研究中国奴隶制社会史的又一杰出成果。这一成果把中国奴隶制社会的上限由郭沫若所主张的西周时期提前到殷代。他的这一重大创见，当时就为翦伯

① 以上均见吕振羽：《殷周时代的中国社会》相关章节，不二书店 1936 年版。

赞、邓拓和吴泽等人所赞同[①]，稍后更是成为我国马克思主义史学界的主流意见，对推动中国马克思主义史学界在中国奴隶制社会史领域的深入研究，起有十分重要的作用。

（五）关于封建社会的争论

由于中国社会史论战是从对中国革命的分析中直接引发出来的，所以封建社会问题成为论战的出发点，并一直成为辩论各方反复争论的中心议题。如前所述，早在中国社会社会性质问题论战期间，关于中国历史上的封建社会问题，就已成为论辩各方反复争论的问题。“动力派”因袭联共（布）党内“反对派”的有关观点，认为由于商业资本的不断侵蚀，中国在很早以前就走完了封建时代，到了近代，随着西方殖民列强的入侵，中国已发展成为一个只带有部分封建残余的资本主义社会。以陶希圣为代表的“新生命派”，也认为中国的封建制度早已瓦解，近代以来的中国只存在“封建势力”而不存在“封建制度”。“新思潮派”则认为，尽管历史上的商业资本不断地侵蚀着封建制度，但并没有从根本上导致封建制度的瓦解，中国的封建制度一直延续到西方列强进入之后才开始发生部分的质变，即由原先的封建社会演变成半封建半资本主义的社会。

不过，就总体情况来看，中国社会性质问题论战中论辩各方关于封建社会史的争论，主要还是为了迎合现实的革命策略的需要，而很少真正顾及历史问题。真正从历史本身来提出问题，就中国封建制度的起源、形成、发展及其及变化过程展开系统分析，应该以郭沫若《中国古代社会研究》一书的出版而开其端绪。在该书中，郭沫若不仅对殷商奴隶制社会说进行了详细而系统地解说，而且还对春秋战国之际的社会变革进行了别开生面的研究。根据对《诗经》中“变风”和“变雅”的仔细分析，郭沫若发现，大约从西周末年开始，《诗经》中的不少诗篇开始具有崭新的时代特色，经过归纳整理，他认为主要有如下几方面的内

① 详请参见翦伯赞《殷代奴隶制度研究之批判》（《劳动季报》第1卷，1935年第6期）、邓拓《论中国经济史上的奴隶制度问题》（《新世纪》第1卷，1936年第3期）、吴泽《殷代经济研究》（《劳动季报》第1卷，1935年第5期）。

容：1. 对天的怨恨；2. 对天的责骂；3. 彻底的怀疑；4. 愤懑的厌世；5. 厌世的享乐；6. 祖宗崇拜的怀疑；7. 人的发现。他认为，特别是“人的发现”，很值得重视，因为它“正是新时代的主要脉搏”。据此，郭沫若认为，中国的历史，“在东西周交替的时候”，“有一个很大的社会的动摇”。他还进一步指出，这种“社会的动摇”不仅反映在宗教思想领域，而且还体现在当时的现实社会关系之中。通过对有关文献的考察，他认为，从东周初年开始，社会关系出现了三种变动的迹象，即“阶级意识的觉醒”、“旧贵族的破产”和“新的有产者的勃兴”。在他看来，这一切正是由奴隶制向封建制过渡时的时代特征。据此，他得出结论：“周室东迁的前后，我们中国的社会是由奴隶制变为真正封建制度的时期。”为了进一步分析这一社会变革，他还详细地考察了当时的生产力发展状况。他分析说，由于春秋时代金属的发现，尤其是铁器的发明以及广泛地应用到生产部门，从而使农业和手工业日渐发达，在此基础上，社会分工日趋专门化，从而推动了商业阶层的产生。在他看来，周宣王时代的四征八伐，意味着当时中原一带的农业已发展到相当的程度。生产力的发展和人口的繁殖，推动了向外的扩张。正是在此过程中，奴隶获得了解放的机会。《吕刑》中有关以钱赎罪的规定，正说明奴隶已可以通过“赎金来获得自由”。再加上手工业逐渐独立，商人阶层的地位急剧上升，他们可以通过钱来买取官禄，在这种情况下，奴隶制便不能不随同周室的东迁而告溃败了。由此他得出结论说：“奴隶制在周穆王末年便渐渐地衰落下来了”，“周室东迁以后，中国的社会才逐渐转入了真正的封建制度”，“后来在秦统一了天下以后，在名目上虽然是废封建而为郡县，其实中国封建制度一直到最近百年都是很岿然的存在着的”。①

在社会史论战过程中，与郭沫若春秋战国封建说针锋相对的是陶希圣的春秋战国封建制度崩坏说。陶希圣对于中国封建社会史的理解，早在他发表于1928年的《中国社会到底是什么社会？》一文中，就已有系统的表述。在他看来，“周统一中国以后，始大封功臣和子弟……这

① 郭沫若：《中国古代社会研究》，人民出版社1954年版，第124—132、134—147、14、15页。

些分封的功臣和子弟灭了原有的氏族长以后，便把土地分给随员，这便是卿大夫。卿大夫各从其封地征收租税”，这样便形成了封建制度。因此，如果从“封建制度的基础是土地制度（即分封土地。——引者）”这个角度来看，中国古代的封建制度和欧洲的封建制度只是“小异大同”。他接着分析说：“周的末期，中国国内各民族各侯封，很不平均的各遂其发展。几个侯封里面，商业资本主义已发达起来”，到了战国时代，“已经是封建制度破坏时期”。秦统一中国以后，“根据法家学说建设集权的国家。各地行政由‘守’任之，绝不封建子弟以相错杂”，至此，中国的封建制度便正式结束。①

在这以后，陶希圣关于中国封建社会史的论述还时有发展与变化。除了发表于1932年的《中国社会形式发达过程的新估定》一文以外②，他对于中国封建社会史的其他一些整体论述也颇值得注意。在1929年出版的《中国社会之史的分析》一书中，他对封建制度的总体特征作过这样的概括：“封建制度有二个特征：1. 封建制度建筑在土地制度上面，它的基础在农村。2. 封建制度下面，土地的领主和掌握治权的是封建贵族。”正因为如此，“所以1. 封建制度的时候，资本主义的经济不发达，因为基础在农村，故没有都市集中的现象和发达的货币。2. 封建制度的时候，没有官僚，只有贵族，贵族掌握治权，同时他们又掌握政权”。如果拿封建制度的这些典型特征与中国历史加以比照，战国时代已是“封建制度崩坏”的时代。因为，在战国时期，“有商业的发展，同时有都市集中的现象”，“中国在战国时期就有官僚，苏秦、张仪、范雎、蔡泽等，都以平民而做官”，“所以可以说封建制度当时已经崩坏了”。③在1930年出版的《革命论之基础知识》一书中，他对封建制度的总体特征又进行新的描述：“封建制度以封限于地方共同体之内的农业手工业为基础。一个或多数村落构成一个地方共同体，自有其公共的

① 陶希圣：《中国社会到底是什么社会？》，《新生命》第1卷，1928年第10期。

② 该文发表于《中国社会史的论战》第3辑，在该文中，陶希圣对自己此前关于中国社会发展的观点进行了自我批判，并提出了一种新的历史分期观：“（一）西周时代，是氏族社会末期；（二）由战国到后汉，是奴隶社会；（三）由三国到唐末五代，是封建庄园时期；（四）宋代以后是前资本主义时期。”

③ 陶希圣：《中国社会之史的分析》，第147—149页。

森林、草场、水道及耕地……这种地方共同体常为一个自足的经济有机体，与外界差不多没有经济的接触。地方共同体的领主在这个共同体以内，养成‘夜郎自大’的尊严。国王不过是较大的领主，并没有权力臣服别的领主。因此，封建国家是一种极形松懈的组织。”[①] 在他看来，西周时期的中国社会就体现出封建制度的这些总体特征。因为，第一，这一时期社会的经济组织是井田制，它是类似于欧洲封建庄园的一种经济组织，井田中的私田分配给农奴，其余就是公田，农奴对领主有三项义务，即地租、徭役和贡物；第二，土地权力的等级性，亦即领主持有土地的多少完全取决于其政治上的等级地位；第三，存在一个自由农阶级和一些仅对领主负有军事义务而无须支付地租的土地所有者；第四，严格遵循等级制度并定期强化这种等级制度。[②] 他认为，如果拿以上这四个特征加以比照，秦以后的中国社会已不存在封建制度，因为，这些代表着封建制度的典型特征在经过春秋战国时代的社会变革以后，在中国已经不存在了。

对于春秋战国之际的这段历史，陶希圣从一开始就给予特别的关注。早在《中国社会之史的分析》一书中，他就认为：“我们查中国的历史，从古到今，实有二个大变革。1. 自春秋至汉为第一次变革。2. 帝国主义侵略中国以后尤其是 1900 年以后至现在，为第二次变革。”[③] 由于春秋战国时代是中国“第一次变革”的开始时期，所以他曾花费了相当多的笔墨对这一时期加以分析与研究。不过，他的结论却与郭沫若完全不同。在他看来，春秋以降，由于铁制农具的出现和灌溉技术的发展，极大地提高了社会的生产力。灌溉系统对大量劳动力的需求，对原本处于分散状态的封建庄园组织产生强烈的冲击；同时，大规模的水利灌溉系统的建设，更是使得中央政府的权力不断强化。所以，他认为：“灌溉系统的扩展是导致封建制度灭亡的决定性因素之一。”[④] 而诸侯国之间的兼并

① 陶希圣：《革命论之基础知识》，新生命书局 1930 年版，第 49 页。

② 陶希圣：《中国封建社会史》，南强书局 1929 年版，第 16—20 页。

③ 陶希圣：《中国社会之史的分析》，第 147 页。

④ 陶希圣（方岳）：《封建制度之消灭》，《新生命》第 2 卷，1929 年第 3—5 期。

战争，则一方面摧毁了贵族的封建等级身份，另一方面又导致了农奴的解放，加速了土地向新兴地主阶层的集中。据此，陶希圣总结说："依于上述，我们可以看得出庄园制度的分解。贵族分解为地主及无土地的人。农奴分解为自由农民、奴隶、佃户及雇工。士分解为地主及丧失土地者。封建地租分解为国税（田赋及徭役）与地租。土地权归于地主，政治支配权归于国家。"[①] 从此，中国社会遂进入一个漫长的"商业资本主义"或"前资本主义"的过渡时代。

陶希圣对于中国封建社会史的论述，明显地受到了德国学者奥本海（Franz Oppenheimer）的影响。奥本海在其《国家论》一书中认为，封建国家是历史上最早的一种形式，它是游牧民族征服定居社会的产物。早在1929年，陶希圣就将该书翻译成中文。在《译者序》中，陶希圣就曾说："本书的国家论在出发点与归宿点上皆与马克思主义国家观有别"，他本人"从此书受了多少的暗示，在最近所作的中国社会史论文中，颇有引用之点"。[②] 在晚年的回忆录中，他还回忆说："我用了力，翻译了奥本海的《国家论》。这本书无异于表现我自己的社会史方法论。"[③] 的确，陶希圣之所以把封建制度理解为氏族社会解体以后的产物，之所以把封建制度的兴起与游牧民族的入侵联系起来，之所以不断强调封建时代国家组织之"极形松散"等外部特征，与奥本海的影响显然是分不开的。当然，除陶希圣本人外，"新生命派"的其他成员，也都深受该书的影响。被视为陶希圣观点之"祖述者"的梅思平就认为："周的民族本由中亚一带而来。到了他们征服了东方的帝国（商）以后，于是举行大规模的分赃，这就是后世所谓的'封建亲戚，以藩屏周'"，在此基础上，便确立了封建制度。"春秋战国五百余年中，可总名之为封建制度衰落的时期。"在这一时期，社会上出现了四种变化：贵族的互相并吞、商业的勃兴、农奴的解放和官僚阶级的产生。"以上四种的新变化，到

---

① 陶希圣：《中国封建社会史》，第32—33页。

② 陶希圣：《国家论·译者序》，新生命书局1929年版。

③ 陶希圣：《潮流与点滴》，第111页。

了秦汉以后便凝固而成近世的中国社会。”[①]陈邦国也说：“封建社会之特点，便是没有强有力的中央政权，在周时亦是如此。”至于“集权的君主国，如秦始皇，这已经不是代表封建，而是商业资本的政权形式了”。在他看来，“西周时期末，封建社会已开始崩溃，东周时期已发展到城市手工业制度的时代了”，因此，秦的统一，“绝非是集封建之大成”，而是“商人资本的统一”。[②]尽管他们的立论并非完全一致，但是，在把封建国家当作历史上最早的国家形式、把封建制度视为游牧民族征服定居社会的产物等方面，则如出一辙。

陶希圣关于中国封建社会史论述的另一个核心观点，就是所谓的“商业资本主义”。这一理论的始作俑者是联共（布）党内的“反对派”拉狄克。早在1926年，拉狄克在苏联莫斯科中山大学讲授《中国革命运动史》时，就曾提出了所谓“商业资本主义”问题。在他看来，中国的历史上有着悠久的商业资本主义传统，正是在商业资本的长期侵蚀之下，中国的封建制度日趋解体，到了近代以后，封建势力已变成“残余之残余”。拉狄克的这一观点，经过“动力派”的进一步发挥，便成为中国社会性质问题论战期间“动力派”等否认中国存在封建制度的重要理由。陶希圣对拉狄克的这套理论无疑是十分熟悉的。他在《托洛斯基派之中国社会论》一文中，就曾系统地介绍过拉狄克的有关观点。[③]不过，对陶希圣的“商业资本主义”理论影响更大的还不是拉狄克，而是苏联经济学家波格丹诺夫。波格丹诺夫著有《经济学简明教程》一书。该书在经过多次修订之后，从经济活动过程中交换形式的变化这一角度，把人类社会历史发展的图式划分为三个前后相继的阶段：第一阶段为自给自足的社会（包括原始氏族时代、族长宗法社会和封建社会），第二阶段为商业社会（包括奴隶制或农奴制时代、商业资本主义时代、工业资本主义时代和金融资本主义时代），第三阶段为社会化的有组织

---

① 梅思平：《中国社会变迁的概略》，陶希圣编：《中国问题之回顾与展望》，新生命书局1930年版，第121—131页。

② 陈邦国：《中国历史发展的道路》，《读书杂志》社编：《中国社会史的论战》第1辑，神州国光社1931年版。

③ 陶希圣（化名方峻峰）：《托洛斯基派之中国社会论》，《新生命》第3卷，1930年第5期。

的社会（即未来社会）。该书在1920年代后期传入中国[①]，并对稍后的中国社会史论战产生很大的影响。陶希圣的“商业资本主义”论之所以在论战期间被人批评为“波格丹诺夫的毒药”[②]，其原因也正在此。

陶希圣的“商业资本主义”论是社会史论战期间影响很大的一个论题。特别是在经过梅思平、陈邦国、王伯平等“新生命派”成员的发挥之后，“商业资本主义”似乎已成为可以用来解释自春秋战国直到清代中叶以前中国历史发展的万能之钥。梅思平在接过陶希圣的“商业资本主义”概念之后，便发挥说：“中国的地主阶级，其膨大往往有限；而商业资本阶级，则可以无限量的膨大。”在他看来，秦汉以后的官僚政治，都离不开商业资本，“皇帝宰相以下，都只可认为是一种寄生于商业资本阶级的官僚阶级”。[③]陈邦国也说：“在经济学上，我们知道，商品经济是破坏封建经济（自然的生产形式）的。在中国历史上，自西周末年便已开始了商品生产的形式……由这些事实，我们的结论说：西周时期末，封建社会已开始崩溃。自东周时期已发展到城市手工业制度的时代了。”因此，“秦的统一，是商业资本的统一”，“集权的君主国，如秦始皇，这已经不是代表封建，而是商业资本的政权形式了”。[④]王伯平更是认为：“中国自封建地主崩溃以后，商人的经济支配，得以建立。同时，在那种社会经济条件之下，商人的财产与土地有密切的关系，或者商人本身是兼地主，或者地主本身兼高利贷者；商人、地主、高利贷者在经济上是不可分离的。秦代的政权就是代表这种人的利益的政权。”[⑤]梁园东则更是把商业资本在秦汉以后的历史作用漫加演绎：“秦汉以后的社会中，显然已不能再过封建时代经济自足的生活，这就可以看出

① 该书1927年被译成中文，译名为《经济学大纲》，译本是根据英国共产党翻译的英译本转译的。译者在推荐该书时说，它是“一部空前的世界名著”，“可以根据他来研究中国历史”。

② 王宜昌：《中国社会史论史》，《读书杂志》社编：《中国社会史的论战》第2辑，神州国光社1932年版。

③ 梅思平：《中国社会变迁的概略》，陶希圣编：《中国问题之回顾与展望》，第121—131页。

④ 陈邦国：《中国历史发展的道路》，《读书杂志》社编：《中国社会史的论战》第1辑，神州国光社1931年版。

⑤ 王伯平：《中国古代社会研究之发轫》，《读书杂志》社编：《中国社会史的论战》第3辑，神州国光社1932年版。

它已不是纯粹的封建社会……在交换形态发达之下，庄园的自给生活当然不能存在。单以这一点，已可以看出商业发达的社会，决对不是纯粹封建的。”[①] 总之，在“新生命派”看来，商品经济与封建社会的自然经济是绝对不相容的，商品经济的发展必然会从根本上破坏封建的生产关系；在秦汉以后的中国经济结构中，商品经济已占据绝对的支配地位；因此，秦汉以后的中国社会，已是商业资本主义时代或“过渡社会时代”。[②]

针对陶希圣一派关于中国封建社会史的论述，“新思潮派”的丘旭早在其发表于1930年的《中国的社会到底是什么社会？》一文中，就曾提出批评。丘旭认为，“划分社会阶段的利刃，是生产方式。因为某一种的生产方式表现出一定的生产关系。而生产关系才是社会的基础。也只有拿这种下层的经济基础的利刃，才能明显地划分社会发展的阶段”，而陶希圣的封建论“对这点是绝对的沉默”。因此，他批评陶希圣是披着“唯物的外衣”，他的有关观点都是“唯心论者的呓语”。丘旭还特别针对陶希圣的商业资本主义论提出批评。在他看来，“商业资本不特是比资本主义更早的存在着，就是在奴隶社会及小农生产中，已有商业的精神及商业资本发展”。因此，仅从商业资本在历史上的长期存在这一点而言，陶希圣把商业资本与封建制度对立起来，认为商业资本从根本上解体了封建制度，也是一种“唯心的矫造”。[③] 继丘旭之后，另一位“新思潮派”成员朱其华，在其写于1931年1月的致陶希圣的信中，也就陶的封建论提出质疑。他尖锐地指出，陶希圣关于“封建制度崩坏于春秋战国时代说的最大证据”，主要有三点，即“商业资本的发展，封建诸侯的衰落，君主集权国家的建立”，但他认为这些证据“都不足以作为封建制度崩溃的说明”。[④] 在同年2月写就的《关于中国社会之封建性的讨论》一文中，朱其华更是针对陶希圣的有关观点，提出系统的反驳意见。朱其华认为，陶希圣所说的商业资本在中国历史上确实长期存

① 梁园东：《中国社会各阶段的讨论》，《读书杂志》社编：《中国社会史的论战》第3辑。
② 戴行韶：《中国官僚政治的殁落》，《读书杂志》社编：《中国社会史的论战》第1辑。
③ 丘旭：《中国的社会到底是什么社会？》，《新思潮》1930年第4期。
④ 《朱其华致陶希圣》，《读书杂志》第1卷，1931年第1期。

在，但是，商业资本对封建经济基础的分解作用并没有大到陶希圣所说的那种程度。在他看来，历史上的商业资本甚至侵入到农村，从而使得农村的自然经济渐渐发生解体，但是，这种作用的进展是非常缓慢的，以至于经过两千多年的发展与变化，依然没有从根本上分解封建经济的基础。更为重要的是，在朱其华看来，商业资本本身并不构成一种特定的生产方式，因此，商业在封建社会的存在并不意味着这一社会的质的改变；相反，商业资本的存在只是为封建的生产方式服务，并不断地强化封建的剥削关系。[①] 在写于1932年的《中国社会的经济结构》一书中，朱其华还针对陶希圣的其他论据加以反驳。他认为，土地所有制方式的变化和政治上层建筑的变化，都不能作为封建社会发生质变的根据，因为这些变化都没有导致生产方式和剥削方式的改变。土地或许已经几易其人，但是其运作的方式和地主对农民的剥削方式却并没有因此而改变。同样，上层建筑领域由早期的封邦建国到后来君主集权制的转变，也只是封建国家政权形式的改变，并没有改变封建国家的本质。在朱其华看来，封建制度有两个本质的特征：一是自然经济，二是地主对农民的"非经济的"或"超经济的"剥削。在19世纪中叶以前的中国社会，这两个本质特征始终没有发生改变。因此，中国社会在19世纪中叶以前都一直停留在封建时代。[②]

在丘旭、朱其华之后，吕振羽和李达等人也针对陶希圣的"商业资本主义"论展开批评。吕振羽认为，作为自然经济的对立物，商品经济的发展，的确能在一定的程度上破坏封建的生产关系，但是，商品经济本身并不能创造出新的经济形态，它只能依存在一定的生产方式之下。因此，它对封建生产关系的破坏是相对的、有条件的。在吕振羽看来，秦汉以降直到鸦片战争前夕，中国的商业资本一直都活跃在流通领域，始终未曾支配过社会的生产过程。由于商业资本"并不能独自地代表何种生产力，也并不能独自创造出何种生产力"，"因而它并不能成为一种独自支配的构成的社会阶段"；"由封建主义的生产方法到资本主

① 朱其华：《关于中国社会之封建性的讨论》，《读书杂志》社编：《中国社会史的论战》第1辑。
② 朱其华：《中国社会的经济结构》，新生命书局1932年版，第277—315页。

义的生产方法之一过渡期间，并不曾有所谓第三种的生产方法的存在”。因此，“所谓商业资本主义社会，既没有其独自的生产力作基础，那么在人间的世界内，便没有它独自存在的依据。有的，就只有在那班诡辩论者的脑子里”。[①] 李达在考察了鸦片战争之前的商业发展史之后也认为，商业在中国历史上的活动具有如下四个特点：第一，其剥削机能的发挥，始终依存于封建的生产关系；第二，自秦汉以至清代，历朝历代的政府都厉行重农抑商的政策，商业资本始终未能独立发展，其发展的程度极其有限；第三，商业资本的活动，一直附属于封建的土地所有者；第四，商业资本始终未曾插足由政府垄断的对外贸易。据此，他得出结论：直到鸦片战争前夕，中国的商业资本“从来没有脱掉它的隶属性和限制性”，“它向来不曾有过独立的发展，当然说不到它的‘支配的’或非‘支配的’作用了”。[②] 邓拓也指出：“中国的商业资本虽然很早就已存在，但是商业资本始终只依存于封建的经济体系之内，这是商业资本与封建经济的辩证关系。”他认为，“商业资本在封建经济体系中的存续发展的过程，就是对于封建社会自给自足经济不断破坏的过程……可是这些商业资本的势力，都还没有能够切断那凝固的封建经济的纽带”，“商业资本没有根本破坏中国封建经济的结构……商业资本始终不曾统治过整个的社会生活，没有占领过生产的过程。它只隶属于封建的体系内部，吸吮一些利润”。他还分析说，由于中国封建社会小规模的农业和家庭手工业相结合的经济结构具有强固的稳定性，以及官办手工业在城市经济中的垄断地位，极大地阻碍了商业资本向直接支配工业生产过程的发展，从而使得它只能转而经营土地，而商业资本一旦转移到土地上来，则不啻为套上沉重的封建枷锁，限制了它自身的发展，加深了封建关系。从此，它就只好以地主、高利贷者的形式，寄生性地活动于封建经济的体系之中，而无法支配社会生产的整个过程。[③]

与陶希圣等“新生命派”一直强调封建制度的外缘性因素相比，李

---

① 吕振羽：《中国经济之史的发展阶段》，《文史》第 1 卷，1934 年第 1 期。

② 李达：《中国现代经济史之序幕》，《法学专刊》1935 年第 3—4 期合刊。

③ 邓拓：《中国社会经济“长期停滞”的考察》，《中山文化教育馆季刊》第 3 卷，1936 年第 2 期。

达和吕振羽等人则更加强调生产方式和生产关系的重要性。李达认为，“封建经济的性质，必须从封建的生产方法与生产关系中去探求，而不应从商业资本的现象形态、封建权力的组织形态，或土地所有权的法律形态中去探求”。根据他的理解，“封建的生产方法，是建立在一种自然经济之上的。在这种自然经济中，直接的生产者，使用着手工的劳动手段，利用地主的土地，经营自然的农业，一面自己经营家内的工业，在其小规模的生产上，去生产出必要的生产物和剩余的生产物”。至于封建的生产关系，他认为：“主要的是土地所有者与直接农业生产者之间的关系。这种关系与上述生产方法相适应，显现于封建的剥削形态之中。”[①] 吕振羽也认为，“要了解秦以后到鸦片战争前这一阶段的经济性质，只有从其阶级的剥削关系的内容上去考察，才是问题的核心，才能说明经济的性质。如果阶级的剥削关系的内容是封建的内容，那么，社会也便是封建主义的社会。封建主义的经济以及和其相次的资本主义的经济，都各有其不同的特质，是不容混淆的”[②]。正像何干之稍后所总结的那样，在李达和吕振羽等人看来：“封建主义不仅是一种政治制度，并且是一种经济构成，有一定的生产方法，而政治制度和意识形态，不过是这一构成的上层建筑。想了解封建的政治形态，必须要先了解封建的生产方法。”[③] 正是基于对封建制度的这种理解，吕振羽从一个与陶希圣完全不同的角度，提出西周是封建社会的全新论断。他认为：“西周的社会，虽然还有使用奴隶的事实存在；然在生产领域里，奴隶经济已退出支配的地位，而让渡给了农奴经济；原来的农奴主，也已如实地让位给了封建领主。”在吕振羽看来，春秋时代可以说是中国封建制度发育完成的时代，无论是在阶级关系、剥削关系，还是在上层建筑和意识形态诸方面，均是如此。进入战国时代以后，一方面是新兴地主经济的渐次确立和商业资本的抬头，另一方面是原来的封建贵族的大批没落，从而造成了中国封建社会内部的变化。这种变化的结果就是“旧封建领

① 李达：《中国现代经济史之序幕》，《法学专刊》1935 年第 3—4 期合刊。
② 吕振羽：《中国经济之史的发展阶段》，《文史》第 1 卷，1934 年第 1 期。
③ 何干之：《中国社会史问题论战》，生活书店 1937 年版，第 82 页。

主所支配的农奴经济，不能不让渡到新兴地主的农奴经济，因而建筑于其上层的封建领主政权，当然不能完全符合新兴地主的要求。秦始皇的地主支配之封建国家政权，便是在这个基础上建立起来的。”[①] 显然，在吕振羽看来，中国的封建制度分秦以前的领主封建制和秦以后的地主封建制两个阶段，由领主制到地主制的转变，只是改变了封建剥削的形式，而并没有从根本上改变封建的剥削关系，因此，秦以后的中国社会仍然是封建社会。稍后，吕振羽在其《殷周时代的中国社会》一书中，又从西周时期的土地分封制度、“受民受疆土”、农奴作为社会的直接生产者以及井田制的剥削形式等角度，对西周封建说进行了系统的、全面的证论，并对西周时期的农奴制封建社会向秦以后地主制封建社会的转变过程，进行了详细的分析。[②]

在关于封建社会史的论战中，介于上述两种观点之间的，有胡秋原、王礼锡和王亚南等人。

自称为“自由主义者”的胡秋原，在论战过程中一方面批评陶希圣的“商业资本主义”社会论，另一方面又把“商业资本”作为一个重要的分析工具，并据以分析中国的历史。在胡秋原看来，从秦至清代中期的中国社会根本不是陶希圣所说的商业资本主义社会，而是一个在亚细亚生产方式支配之下的专制主义社会。这种专制主义社会的经济基础依旧是封建制度，因为它是建立在农业与家庭手工业高度结合这一基础之上的。但是，他又不同意“中国的封建论者”（即“新思潮派”）的说法。因为，在他看来，“中国的封建论者”没有了解中国封建制度的特殊性，更没有理解西方列强入侵后中国封建社会的变化。[③] 在胡秋原看来，中国封建社会的特殊性在于，由于商品经济的发展，导致了封建政权与商业资本的高度结合，从而最终引发了由封建社会向专制主义社会的转变。他说：“商业经济发生发展而且侵入这自然经济之后，封建主义遂因商品经济之量的发展而慢慢变质了”，“中国东周的封建主义，

① 吕振羽：《中国经济之史的发展阶段》，《文史》第1卷，1934年第1期。

② 详请参阅朱政惠：《吕振羽和他的历史学研究》，湖南教育出版社1992年版，第66—75页。

③ 胡秋原：《略复孙倬章君并略论中国社会之性质》，《读书杂志》社编：《中国社会史的论战》第2辑，神州国光社1932年版。

因商品经济之分解，发生质变而为专制主义。自秦至清，就在这一阶段”。[①] 在《专制主义论》一文中，胡秋原还特别指出：“或有人主张，不必在社会阶段上设立一个专制主义时代，而所谓专制主义者，实封建社会之末期。但我们应该知道封建社会之第一特征是自然经济，然而随着手工业之独立发展以及连带而生的商业资本之发达，是构成了到近世有产者社会的桥梁。”[②] 显然，在胡秋原看来，尽管专制主义社会是建立在封建的经济基础之上，但它已不是纯粹意义上的封建社会，而是他理解中的所谓亚细亚生产方式的社会。

与胡秋原观点类似的有王礼锡。王礼锡认为，陶希圣过于强调了商业资本的重要性，以至于完全否认了从秦至清代中国历史中的封建性。在他看来，“商业资本根本不能创立自己的生产方式，所以历史上没有他的独立的时期”，因此，陶希圣把从秦到清的历史划入“商业资本主义”时代，是完全站不住脚的。但是，他也不同意郭沫若的观点。在他看来，“把由秦到清鸦片战争以前的一段历史认为是封建制度，大体上是没有什么错误，虽然不是纯粹的封建制度，但其最基础的生产方式是封建的。而中国的封建论者不是在正确的理解上去得出这一结论的”。他批评郭沫若把农民与地主的对立视为封建制度的特征，并反问说：“地主与农夫的对立就是封建制度吗？诚然，在封建社会有地主与农夫的对立，但是在其他制度的社会，也一样有地主与农夫的对立。地主与农夫的对立并不是封建制度的特征。”他认为，自然经济与家庭手工业的高度结合以及实物地租才是封建制度的本质特征。在拿这些特征比照由秦至清的中国社会之后，他认为中国封建制度开始发生质变，始于秦代，因为正是从秦代开始，1.“阡陌始成法定的制度，更便于地主的兼并”；2.“开始统一货币，适应资本家交换便利的要求”；3.“富人（大地主与富商）的政治地位提得很高”；4.“统一郡县，将封建主义完全铲除”。据此，他认为，自秦至鸦片战争前的中国已不是一个纯粹意义

① 胡秋原：《亚细亚生产方式与专制主义》，《读书杂志》社编：《中国社会史的论战》第 3 辑，神州国光社 1932 年版。

② 胡秋原：《专制主义论 —— 专制主义之理论与中国专制主义之实际》，《读书杂志》第 2 卷，1932 年第 11—12 期。

上的封建社会，而是一个专制主义的社会，这个专制主义社会的本质就是“地主资本与商业资本的结合”。[①]

王亚南也认为，从封建制度的一般特征来看，秦以后的中国社会已不是典型意义上的封建。在他看来，封建制度的典型特征主要表现在：“第一，封建制度主要是以封土为基础。第二，受封者对于其主人，保有一种从属关系，且负有一种必须履行的义务……第三，领受封土时，须经过一种称臣受职的仪式……第四，受封者得以封土为财产，永远传授于其子孙。第五，封建制度最注重等级，首长之下有附庸，附庸之下又有从者。从者对于附庸的从属关系一如附庸对于其首长的从属关系，其发展形式，如金字塔然。”在王亚南看来，如果拿封建制度的这些典型特征与中国历史加以比照，只有西周时期是典型的封建制度。他还特别强调井田制对中国封建制度的重要性，他说：“井田不独为封建诸侯所托命，且能在征兵取税上，给予封建诸侯以极大的便利。然自兼并攘夺之局面成，井田乃日趋破坏。下逮战国，魏李悝倡言尽地之力，秦商鞅更干脆的废井田，开阡陌，各国尤纷效之，于是井田之制荡然，而封建之步调乱，封建之根基动矣。”因此，“中国井田制开始破坏那天，即是中国封建制度开始崩溃的那天。井田制破坏完事了，封建制度也就随之告终”。[②]

总之，在关于中国封建社会史的论战中，论辩各方争论的焦点已不是中国历史上没有封建制度的问题，而是封建制度的本质及其在中国历史上存续的时间问题。由于论辩各方对封建制度的本质这一中心论题理解不同，故而，彼此的结论也就千差万别。不过，需要特别指出的是，论辩各方观点的差异，不仅仅是学术上的分歧，更是现实的政治理念上的分歧。正像有学者所分析的那样：以朱其华和吕振羽等人为代表的一派，之所以强调要从生产方式与剥削关系的角度来理解封建社会的本质，是因为他们“相信中国需要一场彻底的社会革命”；而以陶希圣为

---

① 王礼锡：《中国社会形态发展史中之谜的时代》，《读书杂志》社编：《中国社会史的论战》第 3 辑。

② 王亚南：《封建制度论》，《读书杂志》社编：《中国社会史的论战》第 1 辑，神州国光社 1931 年版。

代表的“新生命派”之所以强调生产方式以外的诸多因素对于中国历史发展的重要性，是因为他们“反对阶级斗争，认为中国亟需的是进行一场政治革命”，因此，“两派的历史论点都为他们各自的现实革命策略提供支持”。[①] 这一评价应该说是比较客观的。

① 阿里夫·德里克：《革命与历史：中国马克思主义历史学的起源》，翁贺凯译，江苏人民出版社 2005 年版，第 105—106 页。

第三节　唯物史观史学潮流的初盛

一、社会史论战各派与唯物史观

“社会史、社会性质、农村社会性质的论战，可说是一个问题的多方面的探讨。为着彻底认清目下的中国社会，决定我们对未来社会的追求，迫着我们不得不生出清算过往社会的要求。中国社会性质、社会史的论战，正是这种认识过去、现在，与追求未来的准备工夫。这一场论争所关涉的问题是非常复杂的——由目前的中国起，说到帝国主义侵入以前的中国，再说到中国封建制的历史，又由封建制说到奴隶制，再说到亚细亚生产方法。所有这一切，都是为了决定未来的方向而生出彻底清算过去和现在的要求。”① 从这个意义上来说，无论是中国社会性质（包括农村社会性质）问题的论战，还是中国社会史的论战，都与1927年国共统一战线内部因党际与党内的分裂而产生的革命策略冲突密切关联。正因为如此，组织与推动社会史论战的王礼锡当时就曾指出：“这一个战斗（即社会史论战。——引者）的后台总指挥，是存在于现在中国社会的各阶级，而为着各阶级的畸左畸右，形成许多不同的意见。”② 何干之在稍后也强调指出，这场论战“并非天外飞来的高调，乃是当时当地处在不同经济环境和政治地位的人们的呐喊”③。有学者在比较了这场论战与稍早前发生的科玄论战后更是不无感慨地指出：“如果说紧接着‘五四’的二十年代的科玄论战还是春天里的细雨，尽管雨狂风骤，

---

① 何干之：《中国社会性质问题论战》，生活书店1937年版，第4—5页。

② 王礼锡：《中国社会史的论战》第1辑第3版《卷头言》，神州国光社1930年版。

③ 何干之：《中国社会性质问题论战》，第1页。

却依然明媚宜人的话；那末，三十年代初的中国社会性质问题的论战，却已是炎炎夏日的暴风雨了。那严峻无情的批判音调，比起科玄论战时的学者朋友间温情脉脉的讨论，简直是换了人间。也的确是换了人间，人间正在进行着你死我活的阶级搏斗。”① 正因为这场论战与当时中国社会“正在进行着你死我活的阶级搏斗”这一总体背景密切关联，故而，不论是关于中国社会性质问题的论战，还是中国社会史的论战，“在总体上（都）被一种各执己见、意气用事的论辩氛围所笼罩”。论辩各方既没有消除彼此间关于中国历史解释的严重分歧，更没有达成关于现代中国社会发展方向的任何共识。从这个意义上来说，论辩各方无论是就现代中国社会所进行的种种分析，还是就历史问题所作的诸多解释，都是“为他们各自的现实革命策略提供支持”、“使他们政治革命的立场合理化”的意识形态工作的一部分。②

然而，这只是问题的一个方面。另一个方面，我们应该看到，在论辩各方充满强烈的爱憎情感和抨击、斥责的言辞背后，却又是对理论逻辑、学术理念、经验材料乃至统计数据等关涉于学术尊严和真理价值的尊重、维护与强调。正因为如此，无论是关于中国社会性质问题的论战，还是关于中国社会史的论战，又能在总体上超越党派间意识形态论争的基调，大体上依然可以算作是一场具有一定科学性和真理性的学术思想论战。这一点，不仅突出地表现在论战期间同一派别内部的相互批评，而且还反映在同一学者在批评与反批评的过程中对自己观点、理论乃至经验材料的修改、补充甚至自我否定方面。关于同一派别内部的互相批评，前面已举过严灵峰和任曙的例子。在政治上同属于托派的刘镜园，在学术观点上既批评严，又反对任。他认为，严灵峰“全然不了解中国经济之特质”，故而他的《中国经济问题研究》既“不注意指出中国现有的封建剥削形式”，又“不甚注重帝国主义妨碍中国生产力之发展”；而任曙的《中国经济研究绪论》“在中国经济研究中，虽然自己认为是用马克思主义的方法，即唯物的辩证法，但实际上他是很一偏

① 李泽厚：《中国现代思想史论》，东方出版社 1987 年版，第 65 页。

② 阿里夫·德里克：《革命与历史：中国马克思主义历史学的起源》，江苏人民出版社 2005 年版，第 172—173、105—106 页。

的，只看见现象之一部分而未窥其全”。[①]在“新生命派”内部，相互批评的现象也时常发生。周佛海就曾披露说，陶希圣和梅思平两人就时常为中国社会及社会史问题争论不休。陶希圣的《中国社会到底是什么社会？》一发表，梅思平便紧随其后，发表《中国社会变迁的概略》，与陶文展开争论。同样，在“新思潮”的内部，这样的相互批评也同样存在。属于“新思潮派”的朱其华，就批评在政治立场上倾向于“新思潮派”的郭沫若，认为郭沫若的《中国古代社会研究》一书“见解荒谬已极，矛盾百出”，因此，“诚有痛斥之必要”。[②]除同一派别内部的相互批评之外，学者个人对自己服膺的理论和学说，一般也能够秉持有批判性的选择和吸收的原则，体现出学术自律的精神和独立的态度。例如杜畏之，在政治立场上属于托派，但在学术上却能对拉狄克的有关理论进行一分为二的评价。他肯定拉狄克“是我们所知道的欧人中之最能正确地描画中国历史者”，“（他）运用冰雪一样的聪明，使用熟练的唯物史观，根据少许翻译的材料，大胆地，像猜谜一样地，闯进了渺茫的中国之古代，居然取得了颇不坏的结果”；但是，他又批评拉狄克有三个弱点：“他不懂中国文字”，“他不是个深思熟虑的学者而是个天资卓越仪表堂堂的新闻记者”，“他站在派别斗争的立场上来研究中国史”。正是这些弱点，使得他“有时不自觉地为某种主张或成见而牺牲历史的真理”。[③]同样的例子还有胡秋原。胡氏对于亚细亚生产方式的理解，深受杜博洛夫斯基的影响。但是，他对杜博洛夫斯基的理论也并非全盘照抄，而是有选择、有批评。在他看来，杜博洛夫斯基的《亚细亚生产方式、封建制度、农奴制度及商业资本主义》一书，“最有价值的地方，可以说是他批判特殊亚细亚生产方法论的部分”，然而，“作者在后面，论封建制度，农奴制度及商业资本主义的时候，却有着许多成问题的地方”，他“以剥削方式之实物地租与力役地租分别封建制度，是不正确的……仅

---

① 镜园（刘镜园）：《评两本论中国经济的著作》，《读书杂志》社编：《中国社会史的论战》第 1 辑，神州国光社 1931 年版；刘镜园：《中国经济的分析及其前途之预测》，《读书杂志》社编：《中国社会史的论战》第 2 辑，神州国光社 1932 年版。

② 《朱其华致王礼锡》，《读书杂志》第 2 卷，1932 年第 2—3 期。

③ 杜畏之：《中国古代社会批判引论》，《读书杂志》第 2 卷，1932 年第 2—3 期。

在小农与家庭手工业之结合，与实物地租中理解封建主义之特征，是不完全的”。[①]正是由于学者们能秉持学术自律的精神和独立的态度，故而，在论战过程中，他们能够通过批评与反批评而不断地修正、充实或完善自己的观点，从而体现出对学术性和真理性的追求。由于发起社会史论战而一夜成名的陶希圣就曾坦白说，他之所以不断改变自己的观点，原因便在于“作者现尚在进行研究之中，决不能把一时的观察所得作为定论”[②]。他后来也承认，论战过程中别人对他的批评，让他觉得自己“犯了冒失的毛病”，并表示“现已自悔”。[③]他后来之所要创办《食货》，原因也在于他觉得此前的相关论述，明显地存在着“用社会历史方法解释三民主义”的破绽。[④]正是社会史论战使他认识到：“如不经一番史料的搜求，特殊问题的提出与解决，局部历史的大翻修，大改造……断断是不能出现的。”[⑤]在社会史论战过程中，类似陶希圣这样能够超越政治立场而体现出较强的学术性和真理性追求倾向的学者，也还是大有人在的。

与此同时，我们还应该看到，在论战过程中论辩各方彼此迥异、甚至针锋相对的观点背后，又有着大体相似、甚至基本相同的概念、范畴、分析体系和理论方法。早在1931年，主持《读书杂志》的王礼锡就曾把当时正在展开的中国社会史大论战与此前的科玄论战加以比较。在他看来：在此前进行的那场科玄论战中，一方是唯物的，另一方则是极端唯心的；但是，“在中国社会史的论战里，都是唯物的内部的争斗”，论辩各方都拿“唯物的辩证法做武器”，所以“没有唯心论者插足的余地”。[⑥]无独有偶，就在社会史论战的高潮刚刚消退的1937年，何干之在其《近代中国启蒙运动史》[⑦]一书中，对那场论战也有这样的观感：

---

① 胡秋原：《亚细亚生产方式与专制主义》，《读书杂志》第2卷，1932年第7—8期。

② 陶希圣：《中国社会之史的分析》，第6页。

③ 陶希圣：《中国社会形式发达过程的新估定》，《读书杂志》社编：《中国社会史的论战》第3辑，神州国光社1932年版。

④ 陶希圣：《潮流与点滴》，第114页。

⑤ 陶希圣：《编辑的话》，《食货》第1卷，1934年第1期。

⑥ 王礼锡：《中国社会史论战序幕》，《读书杂志》社编：《中国社会史的论战》第1辑。

⑦ 该书1937年12月由上海生活书店出版。

"中国社会性质与社会史的论战，是1927年以后出现的。当时在战场上纵横驰骋的方法，只有一个，就是新哲学方法论。这清一色的现象，是有当时的缘因的。"[①] 何干之所说的"清一色"的"新哲学方法论"，也就是王礼锡所说的"唯物的辩证法"。当然，就严格意义上而言，把论战过程中各家各派所运用的所有概念、范畴、分析体系以及理论方法都视之为"唯物的辩证法"或"清一色"的"新哲学方法论"，或许还有进一步探讨的余地；但是，论战过程中论辩各方大体上都接受了唯物史观，都把唯物史观视为共同的理论平台，则是不争的事实。

从大革命失败后中国现代思想的内在发展脉络来看，五四以来马克思主义在中国的传播进程不仅没有因大革命的失败而中断，反而"以空前的规模和整体化的形式得到了更加广泛的传播"[②]。正像时人所描述的那样："1928年至1932年短短的时期中，除了普罗文学的口号而外，便是唯物辩证法和唯物史观之介绍。这是新书业的黄金时代。在这时，一个教员或一个学生书架上如果没有几本马克思的书，总要被人瞧不起的。"[③] 伴随着马克思主义的广泛传播，唯物史观的原理原则和方法态度，开始为越来越多的知识分子所接受或部分接受。张东荪在评论当时的出版物时就曾说："赞成唯物辩证法的书籍，现在大有填满坑谷之势。"[④] 所谓"填满坑谷之势"，正说明唯物史观已对当时中国思想界产生了广泛而又深刻的影响。

在这样一种总体的思想理论氛围下，不论是哪家那派，要想取得参与论战的资格，获得主导论战的话语权，就必须把唯物史观作为他们首选的分析工具。吴西岑在评论中国社会性质问题的论战时就曾说："辩证唯物论这个名词，近年来已成为中国思想界一个最流行的时髦名词了。治社会科学的人，无论懂与不懂，总喜欢生吞活剥的拿这个时髦商

---

① 何干之：《近代中国启蒙运动史》，《何干之文集》，中国人民大学出版社1989年版，第428页。

② 李其驹等：《马克思主义哲学在中国》，上海人民出版社1991年版，第243页。

③ 谭辅之：《最近的中国思想界》，《文化建设周刊》第3卷，1936年第6期，转引自李其驹等：《马克思主义哲学在中国》，第243页。

④ 张东荪：《〈唯物辩证法论战〉辩言》，转引自李其驹等：《马克思主义哲学在中国》，第243页。

标贴在自己的货色上，以求兜揽顾客。”[①] 王宜昌在评论社会史论战时也指出，当时论战各方“都利用历史唯物主义研究所得的结论作为根本的指导原理”[②]。于是，就像前文所介绍的那样，无论是关于中国社会性质问题论战，还是中国社会史的论战，论辩各方使用最多的概念、术语或范畴，不外乎“生产力”、“生产关系”、“生产方式”、“剥削形式”、“地租”、“资本主义”、“封建主义”、“商业资本”、“奴隶制”、“亚细亚生产方式”……毫无疑问，这些概念、术语和范畴，都是唯物史观的基本的分析工具。尽管在具体的论战过程中，有人把这些概念、术语和范畴当作“矛”，有人却把它们用作“盾”，甚至有人“矛”和“盾”兼用；但是，攻防双方，用的显然都是同一件武器。从这个意义上来说，王礼锡称论辩各方都用“唯物的辩证法做武器”，应该是比较贴切的。

以中国社会性质问题论战期间与中共领导的“新思潮派”展开激烈论争的“动力派”为例，无论是该派的严灵峰，还是任曙，说他们是“机械派”[③] 则不无可，但如果说他们反对唯物史观，恐怕就与事实不符。如前所述，“动力派”的中国社会论，主要来自联共（布）党内和共产国际内部的“反对派”。尽管“反对派”中的托洛茨基和拉狄克等人对中国社会的分析有这样或那样的偏颇，但是，他们的整个分析框架和理论体系，却依然是唯物主义的。同样，“动力派”（包括托派）的中国资本主义社会论尽管破绽百出，但是，无论是严灵峰，还是任曙，他们在研究中国的经济问题时，其基本的理论框架依然不脱历史唯物论的原理或原则，他们引用最多的也是马克思、恩格斯和列宁等唯物论大师的著作。在构成他们解释体系的一系列概念、术语和范畴中，“生产力”、“生产关系”、“生产方式”、“封建主义”、“资本主义”和“帝国主义”等，却是最基本、最重要的分析工具。属于“新思潮派”的何干之，在《中国社会性质问题论战》一书中把严灵峰、任曙和刘镜园等列入“机械派”，但却没有批评他们反对唯物史观或“新哲学方法论”，其原因也

① 吴西岑：《模式的唯物论与布哈林》，《动力》第1卷，1930年第1期。
② 王宜昌：《中国社会史论史》，《读书杂志》第2卷，1932年第2—3期。
③ 何干之：《中国社会性质问题论战》，生活书店1937年版，第76页。

在于此。

再如孙倬章，这位自称为“无党无派”的自由知识分子，在论战中所用的概念、术语和范畴等，也依然是唯物主义的。他宣称：“著者近年完全站在马克思列宁主义的立场，对于中国革命，常欲作一番切实的研究。”在他看来，“新思潮派”的半封建半资本主义论，“在政治上的理论多合于中国的事实，而在经济上的理论，就不免缺乏马克思列宁主义的根据，不合于马克思列宁主义的理论”；而“动力派”的资本主义社会论，“在经济上的理论，固然异常漂亮，富于马克思列宁主义的根据”，但是，如果“依据他们的经济理论，所发生出来的政治理论和革命策略，就不免不合于中国的事实，且亦不合于马克思列宁主义的理论了”。[①] 尽管他的有关结论未必符合中国社会的实际，但他强调要从一个时代生产方式的多样性、生产关系和上层建筑的相对独立性等角度，来分析一个社会的基本结构，这种理解与唯物史观的基本原理也是还基本相符的。

这里，有必要就陶希圣一派在论战过程中的学术理念及其治学路径多作些讨论。因为，无论是在中国社会性质问题论战，还是在中国社会史的论战中，以陶希圣为代表的“新生命派”，始终都是论战过程中人数最多、影响也十分广泛的一个派别；至于陶希圣本人，则更是论战过程中诸多论题和话语的首倡者。他的中国社会特殊构造论、封建社会论和商业资本主义社会论，一直是论战期间最具影响力的话题。诚如美国学者德里克所说，陶希圣“对于中国历史的有关研究在论战的最初几年占据主导地位，并在随后的几年间继续为论战提供重要的理论资源”[②]。从这个意义来讲，厘清陶希圣在论战期间的学术理念，分析其理论架构、解释体系和治学路径，对于了解论战的整体理论取向，将具有指标性的意义。

毫无疑问，就政治立场而言，陶希圣是一位政治色彩极其浓厚的国民党学者。他自己也曾直言不讳地宣称，他发起论战的目的，就是要反

---

① 孙倬章：《中国经济的分析》，《读书杂志》第1卷，1931年第4—5期。

② 阿里夫·德里克：《革命与历史：中国马克思主义历史学的起源》，翁贺凯译，第79—80页。

对中共的半封建半资本主义社会的理论，鼓吹中国应该“归本于三民主义革命”。[①] 在他的成名作《中国社会之史的分析》一书中，到处都充斥着“中国国民党有社会基础，其基础是农工商及革命的知识分子”、“中国国民党是一个有革命民权的民众的党”、“共产党自认为无产阶级党，除无产阶级外，对农人、对学生都不过认为某时代的联盟军。这才是共产党理论”等诸多几乎就是政治宣传的文字。[②] 显而易见，陶希圣在政治上反共，是毫无疑义的。

不过，需要特别指出的是，政治上反共的陶希圣，未必就一定会在思想上、学术上反马克思主义、反唯物史观。陶希圣是一位国民党的学者，但国民党曾是一个思想多元、意识形态严重分歧的政党。早在孙中山时代，国民党在思想上的多元与分歧，就已十分突出。张国焘就曾回忆说：“孙（中山）先生素来自视为中国革命的唯一领袖，在他的革命旗帜下，可以包容一切革命分子。他只要求人们拥护他的革命，并不十分注重其信仰的革命主义究竟是什么。他在我们没有组织中共以前，明知我们信仰马克思主义，却曾向我和其他以后成为中共要人的朋友说过，既要革命，就请加入国民党。”[③] 正因为如此，在国民党内部，信仰三民者有之，信仰无政府主义者有之，信仰国家主义者有之，信仰社会主义者也不乏其人。在五四前后推动马克思主义在中国早期传播的过程中，国民党人如胡汉民、戴季陶等，就曾起过十分重要的作用。1924 年国民党改组以后，在“联俄”、“联共”的政治氛围中，在国共双方共同推动国民革命的背景下，马克思主义在国民党内的传播与影响也与日俱增。许多国民党人都接受了马克思主义的影响，从而成为共产主义的同情者或同路人。正像罗隆基在 1930 年所分析的那样：“共产主义在目前的中国，俨然哄动一时，有许多人觉得他是万验灵丹”[④]，这一社会思潮的形成，与国民党人对马克思主义的传播与信仰是分不开的，因此，他

---

① 陶希圣：《八十自序》，《食货》月刊社，第 15 页。

② 陶希圣：《中国社会之史的分析》，第 45、60、47 页。

③ 张国焘：《我的回忆》，转引自李新主编：《国民革命的兴起》，上海人民出版社 1991 年版，第 13 页。

④ 罗隆基：《论共产主义：共产主义理论上的批评》，《新月》第 3 卷，1930 年第 1 期。

认为国民党人对“如今共产主义的发展”，实具有“帮助的功劳”。[①]1927年以后，蒋介石为了建设“一个政党、一个主义”的专制政权，不断强化对社会思想和意识形态领域的控制，鼓吹要“把共产党的一切理论方法和口号全数划除”。[②]汪精卫在“分共”以后也一再强调：“国民党当前最急的工作，是将数年以来国民革命的理论，重新整理一遍，将共产党的理论夹在国民党的理论中的，一一剔了出来。”[③]然而，思想意识形态领域的变化绝非一朝一夕之功。对于那些曾经接受马克思主义的影响，但在大革命以后政治立场急剧右倾的国民党人而言，要在一夜之间彻底改变其思想，也绝非易事。正因为如此，那些曾经接受过马克思主义的影响，但在政治立场上却不断右倾的国民党人，在大革命以后的一段时间里，依然具有早先的思维惯性，依然运用唯物史观的有关概念、术语和范畴来作为基本的分析工具，唯物史观的有关原理和原则，依然制约着他们分析问题时的基本立场和态度。以当时国民党改组派的代表人物陈公博为例，此人是中共“一大”的参与者，后退出中共，赴美留学。在美国留学期间，他曾用了相当多的时间，研究马克思主义。用他自己的话说：“我和共产党绝缘是一件事，而研究马克思主义又是一件事，我既研究经济，应该彻头彻尾看看马克思的著述……我在美国第一年除了研究经济史和经济学史之外，其余时间都用在马克思理论身上。”[④]1925年回国后，陈公博加入国民党，并成为汪精卫的重要心腹之一。1928年，他与顾孟余一起，在上海成立“中国国民党改组同志会”，并创办《革命评论》，在反对蒋介石专制独裁的同时，还把矛头对准中国共产党。在他亲自撰写的《党的改组原则》中，“对于中国共产党之态度”一项，就有“对其团体尽量反对，并严厉制止其活动”及“对其主义与政策尽量指摘与批评”等反共言论。[⑤]然而，也是这位陈公博，

---

① 罗隆基：《论中国的共产：为共产问题忠告国民党》，《新月》第3卷，1930年第10期。

② 蒋介石：《革命和不革命》，《新生命》第2卷第3号，1929年。

③ 汪精卫：《分共以后》，恂如编：《汪精卫集》第3卷，光明书局1930年版，第239页。

④ 陈公博：《我与共产党》，转引自闻少华：《陈公博传》，东方出版社1994年版，第47—48页。

⑤ 陈公博：《党的改组原则》，查建渝编：《国民党改组派资料选编》，湖南人民出版社1986年版，第78页。

在《今后的国民党》一文（发表于1928年5月）中就公开主张："国民党的工作，就它的纲领来说，是民族主义和帝国主义斗争，民权主义和封建势力斗争，民生主义和资本主义斗争。惟是到了现在，因着帝国主义的压迫，民族主义低降了；因封建势力的反攻，民权主义湮没了；因资本主义的胁持，民生主义埋没了。"因此，当务之急，便是发扬"十三年（1924）改组精神"，继续推动反帝反封建的国民革命。① 应该说，就反帝与反封建这两个中心议题而言，陈公博的上述主张与中国共产党方面还是基本一致的。就理论倾向而言，这一时期的陈公博由于政治立场上的右倾，显然离马克思主义已越来越远，但是，唯物史观的原理、原则以及若干概念、术语或范畴，却依然是他分析中国社会问题的主要工具。他自己就曾回忆说："改组派的成立，是成立于一本我所著的《国民党所代表是什么》那本小册子。……我承认社会是有阶级的，因为有阶级，就有阶级斗争……我的理论根据是承认社会有阶级，而提出种种方法去消弥阶级斗争。"② 正因为如此，他反对当时国民党内有些人主张国民党是"超阶级"的政党的说法。在他看来，即使要反共，也要反得"名正言顺"，所以他一再强调："我主张还（是）以社会学的名词，攻击共产党的理论，所以仍用'小资产阶级'和'阶级斗争'的术语。"③ 显然，在陈公博那里，一方面要对共产党的"主义与政策尽量指摘与批评"，另一方面又要用唯物史观的"阶级"、"阶级斗争"等概念、术语和范畴来分析中国的社会问题，这两者在他那里是并行不悖，甚至是相辅相成的。

社会史论战时期的陶希圣，与同一时期的陈公博具有很大程度的相似性。首先，陶希圣也是改组派的重要成员之一，在政治思想方面，也主张继承和发扬民国十三年的"国民党改组精神"，以完成反帝和反封建的"国民革命"。在《中国社会之史的分析》1935年版《序》中，陶希圣就曾说："民国十七年（1928），我们还常常说到中国国民党民十三

① 陈公博：《今后的国民党》，查建渝编：《国民党改组派资料选编》，第63页。
② 陈公博：《苦笑录》，查建渝编：《国民党改组派资料选编》，第125页。
③ 陈公博：《寒风集》，查建渝编：《国民党改组派资料选编》，第42页。

的改组，还常常鼓吹革命。……当民十三改组时，国民革命建立的是两个大口号：一个是‘打倒帝国主义’，一个是‘打倒军阀’。……七年之后的今天……革命已经失败了。……帝国主义已经把大炮打到我们头上来了。军阀又在梦想割据了。”[①] 因此，他认为，反帝反封建依然是“国民革命”的两大中心任务。在《中国社会之史的分析》一书中，陶希圣就他的反帝与反封建的论题，曾多有提及。诸如，“封建制度崩坏以后，中国的社会经济，到底不是资本主义的。基于这种社会经济的政治态样，仍旧是封建的。……帝国主义势力侵入以后，社会经济的发达，破毁了封建军国的规模。封建军国破毁以后，军事组织分解是十数年来的政治现象。……加以帝国主义的操持，使资本主义的建设不可能，殆无由收拾此破碎分割的局面”；又如，“如果我们要从根本上消灭君权及官僚政府，我们必须摧毁宗法和与宗法相维系的封建势力”；还如，“在外国资本阶级抑压之下，民族资本主义的发达本不可能。在外国资本阶级指导之下，走资本主义的路，其结果不过少数资本主义者得食馂余。……所以要中国大多数人民团结一致，才能革命；要走非资本主义的路，才能解放中国的农工小市民”，等等。[②] 可见在陶希圣那里，中国不存在封建制度的论题，与反帝反封建的时代课题之间并不矛盾，两者也是并行不悖的。

其次，与陈公博一样，这一时期的陶希圣，尽管政治立场右倾，但是，在理论思索，尤其是学术研究方面，又总是自觉不自觉地受到唯物史观的立场、原则和方法论上的影响。他的学生何兹全就曾回忆说：“他（指陶希圣）读过马克思、恩格斯、考茨基等人的著作，受有他们的影响。他标榜唯物史观、辩证法。使他成名的、在学术上高出别人的，确是辩证法和唯物史观。”[③] 像那个时代的很多知识分子一样，陶希圣不仅对马克思主义的有关理论比较熟悉，而且还对其抱有浓厚的兴趣。在1929年写就的《社会科学讲座》一文中，他就介绍说：“1859

① 陶希圣：《中国社会之史的分析·新版序》，第1页。
② 陶希圣：《中国社会之史的分析》，第82—83、111、144页。
③ 何兹全：《爱国一书生》，华东师范大学出版社1997年版，第54页。

年，马克思发表了他的《政治经济学批评》，而达尔文也同时发表了他的《物种由来》。1861 年，巴学芬发表了《母权论》，1886 年麦克列兰发表了《古代史研究》。1871 年，庐抱克发表了《文明的起源》，1871 年，莫尔干发表了《血族及姻族制度》，1877 年又发表了《古代社会》。这时候进化说始成了通说。以《古代社会》为基础，1884 年昂格斯的《家族、私有财产及国家之起源》出版。……直到今日，进化说在社会学及人类学上还有莫大的权威。"①陶希圣对恩格斯的《家庭、私有制和国家的起源》一书十分推崇。1929 年，新生命书局出版了该文的中译本（李膺扬译，周佛海校），而陶希圣则为该书写了序言。《新生命》杂志在介绍该书时，称它意义有二："第一在使读者认识历史的唯物论的具体论据。第二在使读者引起研究民族学的端绪和兴趣。在这两种意义上，没有比该书还适宜的。它是历史唯物论的宗匠所著作的。"②他还特别指出，对待历史唯物论，"先要明白二点：第一唯物史观包含两部分，一是辩证法的唯物论的方法，二是把辩证法的唯物论应用到社会所得到的论断。这两部分应当分别观察。如果辩证法的唯物论的方法是科学的，则所应用的社会不同，时代不同，所得的论断必然不同。……为方法而变更社会现象以求得各人所期望的论断，这是非科学的"③。在社会史论战过程中，陶希圣也一再强调："唯物史观固然与经验的一元论不同，但决不抹杀历史的事实。我希望论中国社会史的人不要为公式牺牲材料。"④应该说，陶希圣对唯物史观的这种理解，在当时是相当难能可贵的。这表明他对唯物史观精神实质的理解是比较准确的。正因为他深受唯物史观的影响，所以他总是习惯于用"阶级"、"社会基础"、"物质生活"等唯物史观的基本范畴，来分析中国的历史与现状。在《中国社会之史的分析》一书中，他就强调指出："社会阶级的存在与否，是要从事实上去观察，决不必因本党反对狭隘的阶级战争，遂否认中国有社

① 陶希圣：《社会科学讲座》，《新生命》第 2 卷，1929 年第 3 期。

② 《新生命》第 2 卷，1929 年第 7 期。

③ 陶希圣：《社会科学讲座》，《新生命》第 2 卷，1929 年第 3 期。

④ 陶希圣：《中国社会形式发达过程的新估定》，《读书杂志》社编：《中国社会史的论战》第 3 辑，神州国光社 1932 年版。

会阶级。”正因为如此，他批评当时国民党内有人提出国民党是“超阶级党”的主张，认为这种说法是不折不扣的“士大夫观点”。①

就陶希圣在论战时期对中国历史的总体解释及其相关理念来看，他对唯物史观基本原理和方法的运用，也是显而易见的。诸如他在阐释其核心理论——“士大夫身份”时，对历史上士大夫“生活情形，皆依当时当地的物质生活来决定”的强调②；又如他在分析春秋战国时代封建制度“崩坏”的原因时，对生产力，尤其是铁器的发明（在这一点上，很容易使人联想到郭沫若）和水利灌溉事业发展的强调；再如他在分析历史上的商业资本之所以迟迟无法发展到工业资本主义阶段的原因时，对商业资本、高利贷资本与地租之间盘根错节关系的强调；还如他所谓“经济发达不平均，使中国社会经济发达过程停滞迁延，使中国社会经济的发达没有鲜明的段落”等观点。③凡此均表明，论战时期的陶希圣，在对中国历史进行解释与分析时，在自觉与不自觉之间，总是拿唯物史观的有关理论、原则或方法作参照。正因为如此，“新思潮派”的何干之，稍后在总结这场论战时，尽管对陶希圣观点的“多变”不以为然，但是却又把“思想界的骄子”这一桂冠送给陶希圣。④在何氏所说的“清一色”的“新哲学方法论”者中，显然也包括陶希圣。郭湛波在其写于1935年的《近五十年中国思想史》一书中也认为，陶希圣是“近五十年中国思想之第三阶段”即“唯物史观阶段”的代表人物之一，是与郭沫若并驾齐驱的“中国社会经济史研究”的主要代表。在郭湛波看来，“陶氏在近五十年中国思想史之贡献”，主要就体现在“他用唯物史观的方法来研究‘中国社会史’”。他甚至认为：“中国近日用新的科学方法——唯物史观，来研究中国社会史，成绩最著，影响最大，就算陶希圣先生了。”⑤显然，陶希圣属于唯物史观派，在1930年代的中国学术思想界，可谓是相当一致的看法。

① 陶希圣：《中国社会之史的分析》，第26、46页。
② 陶希圣：《中国社会之史的分析》，第6页。
③ 陶希圣：《中国社会与中国革命》，新生命书局1929年版，第6页。
④ 何干之：《中国社会史问题论战》，生活书店1937年版，第97页。
⑤ 郭湛波：《近五十年中国思想史》，山东人民出版社1997（1935）年版，第149页。

总之，从论战过程中论辩各方对唯物史观基本概念、术语和范畴等分析工具的普遍运用，到各家各派都力求从唯物史观的基本原理出发来建构其历史解释的体系或分析框架，凡此均表明：唯物史观是这场论战的理论基调。因此，从中国现代学术谱系的衍化和学术思潮演进的角度来看，社会史论战最重要、最直接的学术成果，就是催生了唯物史观史学的形成。正像侯外庐——中国唯物史观史学的代表人物之一——晚年所总结的那样：通过论战，“马克思主义哲学（特别唯物史观），在这场论战中得到了广泛的传播，也收到了意义深远的效果”。[①]早年协助陶希圣创办《食货》杂志的史学名家何兹全也认为，这场论战“反映的是马克思主义在中国发展的一次高潮，是一次很大的高潮，是20世纪中国史学史上应该大书特书的”[②]。这样的评价，应该说是实事求是的。

美国学者德里克认为，“历史唯物主义，比其时任何一种历史理论程度更甚地将社会置于历史研究的中心，并断定那些与经济活动最直接相关的社会要素的逻辑优先性。这种历史观的结果是：产生了一种与此前历史观根本不同的对历史现象与历史变革的相互关系的看法。”[③]从这个意义上来说，唯物史观对历史学所产生的深刻影响，正像巴勒克拉夫所揭示的那样，首先就表现在“它既反映又促进了历史学研究方向的转变，从描述孤立的——主要是政治的——事件转向对社会和经济的复杂而长期过程的研究”[④]。纵观论战的全过程，无论哪家哪派，都毫无例外地强调社会经济因素对分析和理解历史发展的“逻辑优先性”。郭沫若在《中国古代社会研究》一书中的开篇第一句话便是：“人类社会的发展是以经济基础的发展为前提”，而“人类经济的发展却依他的工具的发展为前提”。[⑤]“动力派”的严灵峰也说：“生产方式的改变主要的就是技术的改变”，“我们要划分社会发展的各阶段，必须从事于研究历史

① 侯外庐：《韧的追求》，生活·读书·新知三联书店1985年版，第37页。

② 何兹全：《我所经历的20世纪中国社会史研究》，《史学理论研究》2003年第2期。

③ 阿里夫·德里克：《革命与历史：中国马克思主义历史学的起源》，翁贺凯译，第5页。

④ 杰里弗·巴勒克拉夫：《当代史学主要趋势》，杨豫译，北京大学出版社2006年版，第21页。

⑤ 郭沫若：《中国古代社会研究》，人民出版社1954年版，第3页。

的各时代所采用的劳动工具如何”，因为“生产技术的复杂必然反映社会内部有各种各式的生产关系和社会经济层次”。[①] 正是在论辩各方的反复强调之下，“生产力”、“经济基础”、“物质生活”、“生产技术”、“生产工具”等一系列原本属于政治经济学领域的概念、术语和范畴，频繁地出现在历史学的理论框架和解释体系之中，成为构成历史学学科体系的基本话语。郭沫若和陶希圣对铁器和铁制工具的重大历史意义的发掘，任曙以帆船和轮船分别代表封建生产方式和资本主义生产方式的机械式比照，更是使人真切地感受到什么是“生产力”，以及“生产力”在人类历史发展过程中的革命性作用。而以陶希圣为代表的“新生命派”，则主要通过对中国社会史的分析，把社会结构、阶级阶层和社会流动等原本属于社会学的概念、术语和范畴，嵌入历史学的解释体系之中，从而以客观的、可进行观察与经验研究的方式，呈现了社会的物质性存在。这种基于经济和社会要素的历史分析，既是运用唯物史观的生动体现，又在很大的程度上推动了历史研究重心的转移。在中国现代史学界长期处于“一马当先”地位的社会经济史研究[②]，就是伴随着社会史论战而发展起来的。

巴勒克拉夫认为，从全球范围来看，历史唯物主义在20世纪二三十年代以来的影响之所以日益增长，原因就在于人们相信它“提供了合理地排列人类历史复杂事件的真正使人满意的唯一基础”。[③] 在社会史论战过程中，论辩各方通过对中国历史发展进程的全景式讨论，首次把唯物史观所揭示的人类社会历史发展的基本图式与中国历史的具体经验事实系统地、完整地对接起来，并在人类历史发展的共同性和一般性这一总体背景之下，来理解中国历史发展的规律性和特殊性。继郭沫若“只要是一个人体，他的发展，无论是红黄黑白，大抵相同。由人所组织成的社会也正是一样。……中国人不是神，也不是猴子，中国人所组成的社

① 严灵峰：《中国是资本主义的经济，还是封建制度的经济？》，《动力》第1卷，1930年第1期。

② 唐德刚：《胡适杂忆》，华文出版社1992年版，第148页。

③ 杰弗里·巴勒克拉夫：《当代史学主要趋势》，杨豫译，北京大学出版社2006年版，第21页。

会不应该有甚么不同”[1]的观点提出之后，吕振羽又再次强调，“中国社会发展的法则或客观规律，和世界其他各民族、国家一样，并没有什么本质的特殊”[2]。李达在为吕振羽《史前期中国社会研究》一书所写的序言中曾指出：“著者对中国史发展阶段的划分，先把中国史和世界史作比较的研究，以探讨其一般性；又从中国史本身所具有的种种固有的独特之点，以指出其特殊性。”[3]这种“先把中国史和世界史作比较的研究，以探讨其一般性；又从中国史本身所具有的种种固有的独特之点，以指出其特殊性”的研究路径和学术理念，在社会史论战期间，在不同派别的学者那里，都有所体现。尽管在郭沫若、吕振羽、王宜昌等人那里，对于中国历史发展的“合法则性”强调得更多，而以陶希圣为代表的“新生命派”则侧重于发掘中国历史发展的“特殊性”；但是，双方的分歧并没有大到彼此之间没有任何交集的地步，只不过对这种“合法则性”和“特殊性”的程度有着不同的看法而已。就强调“合法则性”这一派来看，郭沫若强调的也只是“大抵相同”，而并没有完全否认不同民族和国家历史发展的差异性和特殊性。吕振羽强调“并没有什么本质的特殊”，自然也就意味着有本质以外的“特殊”。再就强调“特殊性”这一派来看，尽管陶希圣一再主张“世界上从来没有纯粹的属于某种社会型的社会”，但是，他还是认为，在研究中国社会史的时候，经典作家在建构社会形态理论时所使用的“抽象法”，依然是十分重要的研究方法和手段。他说：“研究中国社会史，抽象法是最重要的方法”，因为“如果不用抽象法，把复杂的事实分析开并且简单化，决不能把捉中国社会的特质”。[4]正因为如此，陶希圣在分析中国历史的发展过程时，使用的依然是“氏族社会”、“封建社会”等唯物史观中的社会形态概念。在1932年发表的《中国社会形式发达过程的新估定》一文中，陶希圣更是提出了氏族社会（春秋以前）、奴隶制社会（春秋战国至东汉时期）、封建社会（三国至唐末

---

① 郭沫若：《中国古代社会研究·自序》，人民出版社1954年版，第1、6页。

② 吕振羽：《史前期中国社会研究》，人文书店1934年版，第11页。

③ 李达：《〈史前期中国社会研究〉序》，人文书店1934年版。

④ 陶希圣：《中国社会之史的分析》，第5页。

五代）和先资本主义社会（宋至清代中叶）的中国历史发展图式。[①]“新生命派”的另一位学者萨孟武更是认为：“社会的发展，是有一定程序的，若根据各国经济史所示，则社会的发展过程，大约是由原始共产主义社会进为奴隶社会、农奴社会、资本主义社会，最后才达到社会主义社会。”[②]从这个意义上来讲，尽管论辩各方对中国历史发展的阶段性划分不尽相同，对于中国历史上是否存在“奴隶制社会”这一特定的阶段持有不同的意见，对于中国封建社会的起源、延续时间以及封建社会的本质特征等也有不同的见解；但是，随着论战的展开，中国历史的发展过程与唯物史观所揭示的人类历史发展的基本图式大体相符，则为越来越多的人所承认。论战过程中各家各派所体现出来的把中国历史的发展进程放置于世界历史的总体规律之下来加以考察的这一具有倾向性的学术理念，以及论辩各方都从人类社会发展的一般性和共同性之中来理解中国历史发展的个别性和特殊性这一大致相同的学术取径，不仅突显了唯物史观关于人类社会历史发展的基本图式所包含的巨大理论价值和普世意义，从而为稍后马克思史学界建构一个完整的中国历史体系准备了必要的理论基础；而且还有力地促进了中国整体历史观念与意识的结构性变革。因为，在这种把中国史与世界史的联系之中，在这种把中国历史的发展与人类整体历史发展的比照之中，中国过去的历史因为有了一个外在的参照体系而得到了一种崭新的诠释；同时，中国的现在与未来也在这种对过去的崭新诠释之中被赋予了崭新的意义与价值。正因为如此，中国的过去、现在与未来，都已经不再是一个自在自为的存在，而是一个与世界、与人类整体密切关联的有机体。从这个意义上来讲，唯物史观史学的兴起，绝不只是在概念、范畴等技术性的层面上推进了中国现代史学的发展，而且还在整体上引导了中国现代历史观念与意识的结构性变革。它既是中国现代史学发展进程的结果，同时又从历史观念与意识的层面呈现了中国现代史学之“现代性”的所在及其展开方式。

---

① 陶希圣：《中国社会形式发达过程的新估定》，《读书杂志》社编：《中国社会史的论战》第3辑，神州国光社1932年版。

② 萨孟武：《中国社会问题之社会学的研究》，华通书局1929年版。该书现收入上海书店《民国丛书》第20分册，1996年。

二、马克思主义史学阵营的形成

从中国现代史学发展的角度看，社会史论战一方面把历史唯物主义的基本原理与中国历史的具体实际首次自觉地结合起来，由此直接促进了中国马克思主义史学的形成。另一方面，论战的持续展开以及伴随着论题的不断转换而纷纷涌来的一系列新课题、新疑难，又强烈地吸引着一大批关注中国历史及其未来发展的青年知识分子，从而为中国马克思主义史学的发展准备了充分的主体（史家）条件。正如郭沫若在《中国古代社会研究·自序》中所说的那样："对于未来社会的待望逼迫着我们不能不生出清算过往社会的要求。古人说'前事不忘，后事之师'。认清楚过往社会的来程，也正好决定我们未来的去向。"这种心情与企求，应当说是当时参加那场社会史论战的大多数的人共同诉求。稍后，何干之在总结这场论战时也指出："为着彻底看清目下的中国社会，决定我们对未来社会的追求，迫着我们不得不生出清算过去的要求。"[①] 正因如此，伴随着论战的展开，许多接受马克思主义思想影响的青年知识分子，都不约而同地离开原先的专业领域，或者直接参加论战，或者因论战所遗留下来的大量问题急需解决，从而荷笔史林，并因此而走上历史研究之路。他们的加入，壮大了马克思主义的理论队伍，推动了马克思主义史学阵营的形成。

郭沫若

一个显而易见的事实是，在中国马克思主义史学阵营的早期代表人物中，很少人有来自历史学的专业学科背景。正像英国学者格雷（J. Gray）所观察的那样，在这一时期的中国马克思主义史学队伍中，"很少有人是训练有素的专业史学家，他们中的大多数人，先是研究法律、经济和哲学，后来才转向历史研究"[②]。他

① 何干之：《中国社会性质问题论战》，生活书店 1937 年版，第 4 页。

② J. Gray, "Historical Writing in Twentieth Century China", W. C. Beasley and E. G. Pulleyblank ed., *Historians of China and Japan*, Oxford Universiay Press ,1961, p.212.

们之所以放弃原先的专业领域，转而从事历史研究，都直接或间接地与那场社会史论战有关。

被誉为中国马克思主义史学开山人物的郭沫若（1892—1978），早年学医，五四以后因新诗《女神》而驰名文坛。1923年，他从日本九州帝国大学医科毕业，获医学学士学位。回国后，遂投身大革命的洪流。正像有的论者所指出的那样，从郭沫若早年的学思历程来看，“丝毫不曾发现其治史的痕迹”。1927年大革命失败后，他因写作《请看今日之蒋介石》而遭通缉，从而流亡日本。正是在流亡日本的那段“风雨如晦”的岁月里，他才开始走上古史研究之路。在此期间，他“用心地学习了几本马克思主义学说的原著，特别还手抄了《〈政治经济学批判〉序言》的‘唯物史观’原理。在此基础上，他决心从中国历史研究出发，找到自古到今的社会发展的法则，从而回答目前许多人普遍关心的问题，即大革命失败后，中国究竟向何处去？”[①] 从1928年7月至1929年11月，他一连完成了《周易的时代背景与精神生产》、《〈诗〉〈书〉时代的社会变革与其思想上之反映》和《卜辞中的古代社会》等多篇论文。1930年，他将这些论文集结为《中国古代社会研究》一书，交由上海联合书店出版。正如前文所分析的那样，该书的出版直接推动了此前有关中国社会性质问题争论的“转向”，强烈地激发了论争各方对中国古代历史的兴趣和论辩热情，轰轰烈烈的中国社会史大论战遂由此而进入高潮。郭沫若本人也因该书而被誉为“研究社会经济史最早的大师”。[②]

像郭沫若一样，因参加社会史论战而走上治史之途的吕振羽，也非历史学科班出身。吕氏早年毕业于湖南工业专科学校，北伐战争开始后，遂投笔从戎。大革命失败后，他东渡日本，在明治大学读经济学课程。回国后，他辗转来到北京，并于1933年担任中国大学教授。吕氏执教中国大学之日，正值社会史论战日趋激烈之际。在同样执教于中国大学的著名马克思主义理论家李达的引导与鼓励下，他积极参加社会史论战，并由此而走上了以史学作为终生志业的道路。正像有学者所指出

① 史学史研究室编：《新史学五大家》，社会科学文献出版社1996年版，第3页。

② 顾颉刚：《中国当代史学》，上海古籍出版社2002年版，第96页。

的那样："李达是吕振羽走上马克思主义史学研究道路的引路人。可以这样说，吕振羽的史学思想的重要渊源，在李达；吕振羽的马克思主义的理论修养、鲜明的斗争性格和做学问追求体现时代精神，都深深地受到李达的影响。"[①] 侯外庐在其晚年的回忆录中也说："吕振羽是李达同志的高足……（他）是学工科技术出身的，思想方法很讲究科学和严格，对理论问题有着坚实的研究功底，这是他与一般史学家明显不同之处。他进入史学是由参加社会史论战开始的。"[②] 在社会史论战期间，吕氏陆续出版了《史前期中国社会研究》和《殷周时代的中国社会》等重要论著，从而成为继郭沫若之后马克思主义史学界参加社会史论战的又一位重要代表。他在这些论著中对中国史前社会史的拓荒性研究、对殷代奴隶社会和周代封建制社会的断代分析，不仅是论战时期马克思主义史学在古史领域的重要获创，而且对此后很长一段时间内的中国古史研究也产生了深远的影响。

被公认为是唯物史观派"在理论上的代言"[③] 的翦伯赞，也是在社会史论战的直接影响之下而从事史学研究的。翦伯赞早年就读于北京法政专门学校，后转入武汉商业专门学校，1924 年赴美国加州大学留学，学的是经济学。回国后，即投身于大革命的洪流。大革命失败后，相继辗转于山西、湖南和上海等地，并于 1929 年来到北京。他来到北京后不久，社会史论战便在思想理论界如火如荼地展开。对思想理论界的动向具有惊人洞察力和敏锐性的翦伯赞，自然十分关注这场论战。正像他的传记作者所说的那样："这场论战至 1930 年夏，在中国的许多报纸、杂志上逐步展开。翦伯赞密切关注并积极参加了这场论战，试图用马克思主义的观点来研究中国的历史和社会现实问题。"[④] 如果说吕振羽之参加论战，是受到李达的直接影响；那么，翦伯赞之参加论战，则是由于吕振羽的直接影响。研究翦氏学术思想的王学典就曾指出，在整个社会史论战期间，"吕是作为一个开创者而伯赞是作为一个合作者身份出现的，

① 朱政惠：《吕振羽和他的历史学研究》，湖南教育出版社 1992 年版，第 30 页。
② 侯外庐：《韧的追求》，第 37 页。
③ 王学典：《翦伯赞学术思想评传》，北京图书馆出版社 2000 年版，第 22 页。
④ 张传玺：《翦伯赞传略》，《翦伯赞全集》第一卷，河北教育出版社 2008 年版，第 5—6 页。

尽管伯赞是一个旗鼓相当的独立的合作者”。他还进一步分析说：“无论是在社会性质还是社会史论战中，都是吕开辟前行，伯赞跟在后面亦步亦趋。”[①] 从1935年8月开始至1937年全面抗战前夕，翦伯赞一连发表了《殷代奴隶社会研究之批判》[②]、《关于“亚细亚的生产方法”问题》[③]、《介绍柯瓦列夫：古代社会论》[④]、《关于历史发展中之“奴隶所有者社会”问题》[⑤]、《“商业资本主义社会问题”之清算》[⑥]、《关于“封建主义破灭论”之批判》[⑦] 和《历史科学中的观念论及其批判》[⑧] 等多篇重要论文。在这一系列论文中，翦伯赞针对社会史论战中所提出来的许多重大理论问题，发表了自己的见解。仔细分析这些论文，我们不难发现，翦氏对社会史论战中所有重大问题的分析与解说，几乎都受到吕振羽的影响。正像有研究者所指出的那样，翦伯赞的这些论文，“依据吕振羽所提供的观念资源，呼应由吕首次提出的‘殷代奴隶制社会论’，排除中国历史为‘亚细亚社会论’，犀利而彻底地破除秦汉以来为‘商业资本主义社会论’或‘封建主义破灭论’”[⑨]。从这个意义上我们可以说，翦伯赞之参加社会史论战，在很大的程度壮大了唯物史观派在论战中的声势，增强了唯物史观派代表人物的观点，尤其是吕振羽的相关观点在学术界的影响力。特别是在论战进入高潮，而作为论战中马克思主义史学界领军人物的郭沫若又不在国内因而无法直接参加论战的情况下，翦伯赞之加入，更是具有非同寻常的意义。

同样受李达和吕振羽等人影响而参加社会史论战，并因此走上史学研究之路的还有吴泽。吴泽于1933年秋天考入北京中国大学经济系。当时，李达就是经济系的主任，吕振羽也在经济系执教，并开设《中国

---

① 王学典：《翦伯赞学术思想评传》，北京图书馆出版社2000年版，第53页。
② 《劳动季报》1935年第6期。
③ 《劳动季报》1936年第8期。
④ 《中山文化教育馆季刊》第3卷，1936年第2期。
⑤ 《中山文化教育馆季刊》第3卷，1936年第3期。
⑥ 《世界文化》创刊号，1936年。
⑦ 《中山文化教育馆季刊》第4卷，1937年第1期。
⑧ 《中山文化教育馆季刊》第4卷，1937年第3期。
⑨ 王学典：《翦伯赞学术思想评传》，第54页。

经济史》等课程。正是在他们的影响下，吴泽开始一步一步地走上史学研究之路。正像他晚年所回忆的那样："我在中国大学学习时，原本读的是经济系，可是读到'一二·九'运动前后，便一步一步转向历史学专业。"[①] 这一"转向"之所以发生，原因就在于社会史论战的直接影响。他回忆说："众所周知，20 年代末至 30 年代初，中国学术思想界先后展开了关于中国社会性质、中国社会史和中国农村社会性质的三次重要论战。这几次论战虽然只涉及中国的学术思想界，但是论战的核心问题，却与中国的前途与命运息息相关。正因为如此，论战的进展，一直扣动着那些关注国家前途与命运人士的心弦。长期以来，一直在思考中国农村问题的我，也被论战深深地吸引着、牵动着。穿透历史的迷雾，揭示中国社会变迁的渊源流变，遂成为我心向往之的事业。"[②] 从 1935 年开始至 1937 年夏天大学毕业前夕，他一连发表了《传说中夏代经济考》[③]、《殷代经济研究》[④]、《传说中夏代之家族制奴隶经济》[⑤]、《传说中之"尧舜禹禅让"说释疑》[⑥]、《史前期中国社会组织与社会诸动乱》[⑦]、《中国原始共产社会经济研究》[⑧]、《中国古代社会形式发展之鸟瞰》[⑨]、《"奴隶所有者社会"问题论战之总批判》[⑩] 等十多篇论文。细读这些论文，我们便不难发现，作者的问题意识和理论关怀，都毫无例外地紧贴着社会史论战的进展。就具体的观点来看，正像作者在晚年的回忆中所说的那样："在这些论文中，我阐述了尧舜禹时代是中国原始社会后期的部落联盟时代、夏代是家长奴隶制时代、商代是奴隶制社会的观点。"[⑪] 尽管这些观点并非作者的原创，而是对吕振羽相关观点的运用和发挥；但是，它们也像

---

① 侯外庐：《韧的追求》，生活·读书·新知三联书店 1985 年版，第 37 页。
② 吴泽：《我的治学历程》，《吴泽文集》第一卷，华东师范大学出版社 2002 年版，第 6 页。
③ 《经济学报》第 1 卷，1935 年第 1 期。
④ 《劳动季报》第 1 卷，1935 年第 5 期。
⑤ 《劳动季报》第 1 卷，1935 年第 6 期。
⑥ 《现代评坛》第 1 卷，1935 年第 8 期。
⑦ 《文化批判》第 3 卷，1936 年第 4 期。
⑧ 《劳动季报》第 2 卷，1936 年第 8 期。
⑨ 《现代评坛》第 1 卷，1936 年第 23—24 期。
⑩ 《中国经济》第 5 卷，1937 年第 5—6 期。
⑪ 吴泽：《我的治学历程》，《吴泽文集》第一卷，第 8 页。

翦伯赞在同一时期所发表的诸多论文一样，壮大了唯物史观派在社会史论战期间的声势，扩大了新生的马克思主义史学在学术思想界尤其是古史学界的影响。

再如，被誉为马克思主义史学界“五老”之一的侯外庐，也同样是在社会史论战的影响之下而走上史学研究之路的。与上述诸人不尽相同的是，侯外庐早年在求学于北平政法大学的同时，还在北平师范大学历史系就读，算是历史学的科班出身。不过，从他早年的思想发展过程来看，也丝毫看不出他对历史学有什么特殊的兴趣。1927 年大革命失败后，为躲避军阀的迫害，他赴法勤工俭学。在法国的两年多时间里，他把主要的时间和精力都用在《资本论》的翻译方面。1930 年春，他由法国返回北平，任教于北平大学法学院，担任经济系教授。在这期间，他除了继续从事《资本论》的翻译之外，主要讲授经济学和社会学。从他这段时间的经历来看，与史学显然没有太多的关联。1932 年秋，李达也到北平大学法学院任教。因缘际会之下，他结识了李达，并在李达的影响下，开始关注起社会史论战。正像他在晚年的回忆录中所说的那样：“我自得识李达同志，仅半年交往，便终身师事。我常去向他请教问题，他也很愿意和我交换看法。我们在一起讨论社会史论战中存在的许多理论缺陷。”稍后，在李达的介绍下，他又认识了吕振羽。据他晚年回忆，他认识吕振羽的时候，“正是他（即吕振羽）开始用唯物史观探讨中国古代社会的最初阶段。我们对于论战的注意点相当接近，所不同在于，他像勇士一样上阵投身进去了，而我，由于《资本论》的译本出版不容稍待，只有从盈尺译稿中抬起头来喘息一刻，才能作为观战者，分析交战各方的阵势和利弊。两三年后，当我操起社会史研究时，这一阶段的论战已近尾声”。需要指出的是，尽管侯外庐并未像吕振羽那样“上阵投身”于社会史论战，但是，他的这段“观战者”经历依然对他后来的史学研究产生极大的影响。他晚年在谈到自己从事古史研究的缘起时，就曾有这样的回忆：“早在 1932 年，我在北平任教时，读到郭沫若的著作《中国古代社会研究》，十分钦佩他为中国史学做出了划时代的贡献。同时，由于我手头正在进行的《资本论》的翻译，联系到中国古代，产生了一种愿望，想要研究和解释中国历史各经济发展阶段与政治思想、学术思想的关系。”所谓“研究和解释中国历史各经济发展阶段”，正是社会史论战的核心论题。因此，我们完全有理由说，侯外庐之从事古史研究，也是由于受到社会史论战的激发。他于1934年出版的第一本史学著作《中国古代社会与老子》，就是“因感奋于社会史论战中郭沫若历史唯物主义旗帜之鲜明”而“将社会史与思想史结合起来”进行研究的尝试。至于出版于1941年的他的成名作《中国古典社会史论》，其写作动机“是十年前就形成的。那就是中国史学界开始论战，苏联学者也把亚细亚生产方式作为‘空白’史提出来讨论的时候”。书中对于亚细亚生产方式问题的解说，对中国古代奴隶制社会阶段的分析和论证，都是在分析、总结社会史论战中各家各派的观点之基础上形成和发展起来的。正像他自己所说的那样：“由于我没有直接参加到30年代开始的社会史论战中去，一直取‘客观’立场分析各家之见的成与败，不急于发表自己的意见，所以，我赢得了比较充分的时间来摸索自己的路。”[①] 的确，侯外庐的古史研究之路，是经由他自己的努力而“摸索”出来的；但是，他在中断《资本论》的翻译后之所以转而从事古史的研究，却正是由于社会史论战的推动。从这个意义上讲，他之走上史学研究之路，与前述吕振羽和翦伯赞等人并没有明显的不同。

除上述诸人之外，我们还可以列出长长的一份名单。这份名单至少应该包括何干之、李平心、周谷城、邓拓、王亚南、嵇文甫和杜国庠等人，甚至还可以包括吴承仕和邓初民等人。他们也像上述诸人一样，都是在社会史论战的直接或间接影响下，才最终走上以唯物史观研治中国历史的学术道路。他们的加入，不仅为中国史坛注入新的活力，而且为马克思主义史学的发展与壮大准备了充分的主体条件。几年之后，随着抗日战争的全面爆发，他们中的一些人奔赴延安，一些人来到重庆，更多的则散居在大后方的大学或其他机构。由社会史论战所点起的马克思主义史学薪火，也因他们的聚散而逐渐燃成燎原之势。

---

① 侯外庐：《韧的追求》，第36—37、66、128、115、37页。

第四节 《食货》与中国社会经济史研究

一、《食货》杂志与食货派

陶希圣

作为现代中国史学流派之一的食货派，得名于陶希圣等人创办的《食货》杂志与食货学会。1931年，陶希圣（1899—1988）应母校北平大学之聘，前往担任法学院的教授，由此他离开了硝烟弥漫的中国社会史论战中心上海。此后两年，教务的繁忙使其著述明显减少，但就其发表的作品看，学术研究的重心已开始转向中国古代社会经济史领域。鉴于社会史论战的高潮过去之后，学术界对中国古代社会经济形态的研究日趋重视以及有关经济史论著的纷纷问世，陶希圣敏锐地感受到这一研究领域的发展潜力，于是开始积极筹划创办一份经济史的专业杂志，以应学术界之需。1934年顾颉刚创办了《禹贡》半月刊，并发起成立禹贡学会，组织力量从事中国历史地理的研究。受此启发，经与上海的新生命书局商议妥当后[①]，陶希圣遂于1934年11月14日在北京《晨报·社会研究周刊》上发表《〈食货半月刊〉宣言》，倡导起手开展经济社会史料的收集工作，并于12月1日正式创刊《食货》半月刊。

① 新生命书局，创办于1928年，由周佛海主持，与国民党关系密切。陶希圣是这个书局的重要成员，他自称主持过这个书局。陶希圣：《八十自序》，《食货》月刊社抽印本，第46页。

《食货》杂志之名据称最初是由顾颉刚提出的。[①] 这两个字源出《尚书·洪范》，至东汉班固撰《汉书》，专立《食货志》，谓“食谓农殖嘉谷可食之物，货谓布帛可衣，及金刀龟币，所以分财布利通有无者也。二者，生民之本”。自此“食货”二字遂成为国家经济财政的统称，其所涉指的内容属于社会经济史的研究对象。在顾颉刚看来，提倡用经济观点解释历史现象表明社会史正取代政治史而成为历史研究的发展趋势[②]，而“社会的基础和历史的动力是经济”[③]，陶希圣则声明“本刊是专门研究中国社会经济史的刊物。本刊的范围，只限于纯粹的中国社会经济史的论文，更注重于史料的搜集。所谓社会经济史者，就是历代的农业、工业、商业、财政、币制这一类的记载”[④]。至于《食货》杂志的封面自称“中国社会史专攻刊物”，据陶希圣解释，主要乃是指一种研究历史的方法[⑤]，即要求运用社会科学的理论方法去研究历史，特别是主张从社会经济的演变态势入手去研治和认识社会发展进程。因此，《食货》半月刊不是一份社会史杂志，乃是一份社会经济史杂志，但又不是一般意义上的经济史杂志，其内容涉及极为广泛，包括社会形态发展史、经济史、社会结构（如婚姻家庭、阶级阶层等）诸方面，特别是中观、微观层次的社会经济史研究，从而在一定程度上折射出中国社会性质和中国社会史论战后，史学界治史的某些新趋势。

《食货》创刊号

《食货》半月刊每月 1 日、16 日出版，由陶希圣在北京大学法学院主编。第 1 至第 4 卷

① 陶希圣：《搜读地方志的提议》，《食货》第 1 卷第 2 期。
② 瞿宣颖纂辑：《中国社会史料丛钞》，上海书店出版社 1985 年版，顾颉刚序。
③ 陶希圣：《搜读地方志的提议》，《食货》第 1 卷第 2 期。
④ 《食货》第 4 卷第 2 期“编辑的话”。
⑤ 黄进兴：《论“方法”及“方法论”——以近代中国史学意识为系络》，《学人》第 5 辑，江苏文艺出版社 1994 年版，第 395 页。

由上海新生命书局出版，上海蔚文印书局印刷。1936 年 8 月，因受政局和经济恐慌的影响，一度欲改办一个周刊和一个季刊。[①] 后因上海杂志公司的张静庐先生愿意接手出版《食货》，于是自第 5 卷第 1 期起改由上海杂志公司出版，上海太平洋印刷公司印刷，而以设在北平北沟沿大乘巷一号陶希圣住址的"食货社"负责刊物发行。同时，为使杂志出版的卷期数与年历相符，第 5 卷第 1 期在 1937 年 1 月 1 日出版。然不久即因抗日战争全面爆发，至第 6 卷第 1 期（1937 年 7 月 1 日）后不得不戛然而止。该刊在前后两年半的时间里刊登文章 304 篇（陶希圣"编辑的话"60 篇，不具名的补白 7 篇和学会通告 1 篇，不具名的论文索引 27 篇，第 4 卷第 5 期《唐户籍簿丛辑》资料部分未计入统计），作者近百人，在草创时期的中国社会经济史研究中居有突出的地位。

此外，陶希圣等人还自 1936 年 12 月 6 日起，在天津《益世报》上开辟了《食货周刊》，逢周日出版（从第 7 期起改在周二发刊），每次刊登中国社会经济史论文一万二三千字。[②] 至 1937 年 7 月 27 日，共出版 33 期。而在杨中一（效曾）负责编辑的北平《华北日报 · 史学周刊》上也常常可以看到《食货》杂志同人的学术身影。

与此同时，陶希圣又发起成立了中国社会经济史研究的专业团体食货学会。据《食货》杂志刊登的学会会约称，该会系为推动中国经济社会史的研究而设，"凡是志愿或正在研究中国经济社会史的师友们，皆得任意为本会会员"，会员可以任意脱会，并且学会不举行任何形式具体的会议。虽然 1936 年 9 月陶希圣有意将学会的各项活动规范化，提出过诸如确定会员会籍、征收会费以及召开会员大会、选举理事等学会整顿方案，但终未如愿。故总体上说，食货学会始终只是一个松散的学术团体。

继创办《食货》半月刊和组织食货学会之后，为更好地开展研究工作，经北京大学同意，1935 年 9 月，陶希圣又在北京大学法学院设立中国经济史研究室。在此前后，他还设立了中国行政制度研究室，

---

① 《食货》第 4 卷第 6 期、第 10 期"编辑的话"。

② 《食货》第 5 卷第 11 期"编辑的话"。

由此招集了一批大学（主要是北京大学）毕业生，指导他们从事中国古代社会、政治、经济史及行政制度史的研究。他们先从历代史籍中广搜材料，制成卡片，再编撰成专著。行政制度研究室曾编成《清代科举制度》等稿。相比较而言，中国经济史研究室的成绩颇丰，他们搜集了大批唐宋经济史材料，编撰了《中国经济史料丛编·唐代篇》（八册）、《南北朝经济史》、《唐代经济史》、《唐代财政史》、《刘晏评传》、《中古寺院经济史》等专书；在政治制度史方面搜集的材料更多，并编撰成《先秦政治制度》、《南北朝政治制度》二书。七七事变后，这批政治制度史材料由曾謇（资生）携带南下，辗转周折，最后在1940年代的重庆，陶希圣、曾謇根据这批材料编撰成《中国政治制度史》等多种专著。[①]

应当指出，食货学会作为一个民间学术社团，成员思想及政治态度不一，甚至对某些具体学术问题的见解也不尽相同。但只要对其骨干的学术活动范围、治学理论和方法稍加细致的比较观察，便不难发现其间的一些共性。正是这些共性，构成了食货派史学的基本特征。这里，仅以《食货》半月刊的内容为主，参考其他资料，对食货学会特别是其中心人物的学术思想和史学活动略做探讨。

陶希圣在《食货》创刊一周年发表的编辑说明中曾称，该刊每期“赠送食货学会会员两百”份[②]，但后来的“通告”又表明赠阅户并非都是会员[③]，陶希圣本人也承认经常为《食货》撰稿及与他通信的不过100人[④]，而作者则有150位[⑤]。但据我们统计，全部6卷61期的《食货》作者共103名，去掉与本名重复计算的笔名和别名5位，实得98人。据此可以推定真正参与该会学术活动的人数当在百人左右。

《食货》的撰稿人，从地域分布看：居北平者56位，占总数57.1%，

---

① 以上论述根据鞠清远：《刘晏评传》，陶希圣序，商务印书馆1937年版；曾謇（资生）：《两汉文官制度》，商务印书馆1942年版；曾謇著，陶希圣编校：《中国政治制度史》，启业书局1974年版，陶希圣序。

② 《食货》第3卷第1期“编辑的话”。

③ 《食货》第4卷第1期，第52页“《食货》半月刊通告”。

④ 《食货》第4卷第11期“编辑的话”。

⑤ 《〈食货〉月刊复刊词》，《食货》月刊复刊第1卷，1971年第1期。

居广州者9位，上海5位，湖北2位，留学海外者3位，其他省份7位，居地不明者13位。[①] 以职业论，这些人大多为大学教师和学生，其中大学生或刚毕业不久的青年学子尤占多数，约60人，不少人还是陶希圣的学生，在学术上自不免受到陶希圣的相当影响，这使他们对中国社会经济史的研究以及治学路子形成了一种大体相近的风格。如果对《食货》半月刊上最为活跃的撰稿人情况作些定量分析，这一点便会显得更为清楚。

以下先将在《食货》半月刊上发表文章超过5篇（含5篇）的作者姓名、简况及所发表文章的类别、篇数列表如下：

表7.1:《食货》半月刊发文情况表

类别[1] 作者	理论	一般论著	先秦	秦汉	魏晋南北朝	隋唐五代	辽宋夏金元	明清	参考译文	其他	总计	作者简况
陶希圣	1			2	1	8	14	5	1	11	43	北大政治系教授,《食货》主编
连士昇	5								12	2	19	燕京大学经济系1931年毕业生，参与中国经济史研究室的工作
鞠清远	1			1	3	3	4	1	1	2	16	北师大社会学系1935年毕业生，中国经济史研究室成员
李秉衡	3								8	1	12	居于北平
武仙卿					7		2				9	北大史学系1935年毕业生，中国经济史研究室成员
曾謇			6	1	2						9	北大中文系1936年毕业生，中国经济史研究室成员
全汉昇		1			1	5		1			8	北大史学系1935年毕业生，入中研院史语所工作
马非百				7							7	在河南省政府秘书处工作

① 在《食货》出版期间，有些作者在各地流动，这里统计时以北平为主，略其他地方。

（续表）

类别[1] 作者	理论	一般论著	先秦	秦汉	魏晋南北朝	隋唐五代	辽宋夏金元	明清	参考译文	其他	总计	作者简况
非斯	1		6								7	又名莫非斯，广州中山大学学生
傅安华	2			1		3					6	北大史学系 1937 年毕业生
刘兴唐	2		1		1		1			1	6	原北平《文化批判》编辑
杨中一		1		2	1	2					6	北大史学系 1935 年毕业生
丁道谦	4		1								5	天津南开大学经济系学生，1939 年毕业
高耘晖	1		4								5	北大学生
何兹全					5						5	北大史学系 1935 年毕业生
黄君默				1		2	2				5	上海暨南大学学生
王宜昌			2			2				1	5	笔名倪今（金）生，成都大学经济系肄业，自南京到北平[2]
总计	20	2	20	15	21	25	23	7	22	18	173	论文总数实为 172 篇，占半月刊 304 篇论文的 57%[3]

注：1. 表中理论部分指有关社会史分期、社会形态研究、经济理论及方法论的文章，兼收部分译文。一般论著指通论两代以上的论文、译文。至于论两代的，如《唐宋之家族同产及遗嘱法》，则收入隋唐五代栏，不入一般论著栏及辽宋夏金元栏。

2. 张静如：《五四以来历史人物笔名别名录》，陕西人民出版社 1986 年版，第 35 页；何兹全：《爱国一书生》，第 108 页；方秋苇：《陶希圣与"低调俱乐部"、"艺文研究会"》，《民国档案》1992 年第 3 期。

3. 关于《食货》半月刊的文章总数，陶希圣在《〈食货〉月刊复刊词》中说有 345 篇，不知何据。本表统计时，凡通信为一人而两封同期发表者作一文计；陶希圣"编辑的话"60 篇、不具名的补白 7 篇和学会通告 1 篇、不具名的论文索引 27 篇、第 4 卷第 5 期《唐户籍簿丛辑》资料部分不计入统计；合作撰写的文章作一文计；单篇文章分数期连载者作多篇计算。如此总计得 304 篇。主要作者的文章总数为 173 篇，其中陶希圣与连士升合撰一篇，故实为 172 篇。

据表可见，在《食货》半月刊上发表 5 篇文章以上者共 17 人，其中北平 12 人，外地 5 人。所发文章 172 篇，占该刊全部文章的 57%，因此，可以认为，这些人不仅是刊物的主要撰稿人，他们的理论、方法及学术观点也在相当程度上反映了食货派史学的主流意识。

当然，这 17 人并非全属食货派。从《食货》半月刊等有关资料看，其中李秉衡和黄君默只是一般投稿人，李作多系译文，观点亦与陶希圣等颇有歧异；黄则偏重于汉唐元具体经济专题的实证研究，在社会史方面观点不明。时在北平任教授的王宜昌[①]虽与陶希圣交往甚多，但学术上自树一帜，并不附和于陶。此三人的学术思想似与食货派无多少瓜葛。至于马非百、非斯、刘兴唐、丁道谦[②]、高耘晖数人对秦汉至清中国社会史性质的看法虽多少与陶希圣早期的观点有接近处，但不少地方仍与食货派有异。比较明显持食货派史学观点的则有陶希圣、连士昇[③]、鞠清远（子明）、武仙卿[④]、曾謇[⑤]、傅安华（靖五）[⑥]、杨中一（效曾）、何兹全[⑦]等人，而全汉昇的前期社会经济史研究亦近于食货派一路。此外，在《食货》杂志上虽很少甚至无述作，但仍可视为食货派基本成员的还有二位。一为北大经济系毕业的刘道元[⑧]，曾在陶希圣主编的“中国社会史丛书”中出版《中国中古时期的田赋制度》、《两宋田赋制度》两部专著；一为北大政治系毕业的沈巨尘[⑨]，曾加入中国经济史研究室的工作，与陶希圣合著有《秦汉政治制度》，为陶的“亲兵”之一。二人皆从陶

① 周子东等：《三十年代中国社会性质论战》，知识出版社 1987 年版，第 12 页，薛暮桥的回忆说王宜昌任北京大学教授。

② 丁道谦（1913—1999），贵州织金人。1939 年南开大学（西南联大）经济系毕业。

③ 连士昇（1907—1973），曾用名连子云，祖籍福建福安，1931 年毕业于燕京大学经济系，进入燕大研究院读研究生，后至北平图书馆从事研究工作，1947 年移居新加坡，受聘南洋商报，任主笔二十多年，为新加坡著名散文作家。

④ 武仙卿，字鹤飞，山东曹县人，1929 年入北京大学预科，后升入史学系，1935 年毕业。

⑤ 曾謇，字资生，又有人称曾金声，湖南安化人，北大中文系 1936 年毕业生。

⑥ 傅安华（1912—1979），字靖五，河北冀县人，1933 年入北大史学系，抗战爆发后赴西安，后从事纺织工作。

⑦ 何兹全（1911—2011），山东菏泽人，1935 年北京大学史学系毕业，留学日本，翌年回国。

⑧ 刘道元（1902—1996），本名刘清泗，山东曹县人，1935 年北京大学经济系毕业，回到山东省教育厅工作。1947 年赴美留学，1952 年赴台湾，曾任台中农学院教授，中兴大学校长。

⑨ 沈任远（1910—？），原名秉钺，字巨尘，山东曹县人，1935 年北京大学政治系毕业。1949 年赴台湾，任教于铭传学院，已去世。

希圣治中国古代社会经济史，在理论上接受陶希圣的五阶段中国社会发展观。正是这些人，构成了食货派史学的基本队伍，他们的学术活动，至少在以下几个方面形成了共同的倾向。

第一，在社会史理论方面，他们都主张魏晋封建论。由于中国社会历史分期问题是当时中国马克思主义史学讨论的核心问题之一，所以考察 1949 年前马克思主义史学的发展演进历程时，它就成为我们分析判断这一史学思潮中人物与派别的一个重要尺度。食货派史学承续着中国社会性质与社会史论战中的“新生命派”，虽然它与以郭沫若、翦伯赞、吕振羽、范文澜、侯外庐等人为代表的马克思主义史学并非一个阵营，但在当时也是号称应用唯物史观研究中国社会历史的一支重要力量，所以考察它的形成与构成也就必须运用历史分期这一尺度。这其中最具代表性的是陶希圣的观点。从 1932 年起，他就开始提出中国历史发展的五阶段论。[①] 1935 年，再次对五阶段理论加以阐述，并在此后的论著中加以运用和充实，形成其关于中国古代社会经济形态问题的主要观点。他主张夏、商、周为三个部落联盟，东周到战国是部族演变为国家的时期，至东汉形成大一统国家。其中战国至东汉为奴隶制的古代社会；东汉以后进入中古阶段，为封建领主制社会；中唐以后封建领主制度崩溃，庄园经济瓦解，自此进入商业资本独特发达的农业、手工业社会，又称先资本主义社会；鸦片战争后进入帝国主义压迫下的商业资本主义社会。对于战国到清末的中国社会，他认为可以区分为三个阶段，公元前 5 世纪至公元 3 世纪为古代社会，3 至 9 世纪为中古社会，9 至 11 世纪中叶为近世社会。[②] 五阶段理论实质就是“魏晋封建论”。在他的影响下，其学生如曾謇[③]、武

① 陶希圣：《中国社会形式发达过程的新估定》，《读书杂志》第 2 卷第 7、8 期。

② 陶希圣：《战国至清代社会史略说》，《食货》第 2 卷第 11 期，并参见同期“编辑的话”；《潮流与点滴》，第 145 页。

③ 曾謇早期论著提出“殷民族的家族组织，是在超越了母性中心的彭那鲁亚家庭的阶段向家长制的阶段推移的过程中”（《中国古代社会（上）》，新生命书局 1935 年版，第 59 页），周代进入父系家长制奴隶社会，田制为籍田制，周宣王时籍田制开始崩坏，至春秋鲁国初税亩彻底使之破坏，社会乃由奴隶社会转变为农奴社会（《殷周之际的农业的发达与宗法社会的产生》，《食货》第 2 卷第 2 期）。1935 年，在陶希圣系统阐述五阶段社会理论后，曾

仙卿[①]、鞠清远[②]、何兹全[③]、傅安华[④]、杨中一[⑤]、刘道元[⑥]等人的论著中，都持魏晋封建说。

第二，他们的史学研究方向大多集中于社会经济史方面，研究领域则集中于魏晋隋唐时期。他们主张运用“社会科学的理论与方法来研究中国经济社会史”[⑦]，故所办的《食货》杂志也“是专门研究中国社会经济史的刊物”[⑧]。这是因为，在他们看来，“决定人类文化程度的是经济，决定经济的是生产关系，决定生产关系的则是生产方法”[⑨]。故自需加强对中国社会经济史的研究。这一治学倾向，从他们在《食货》等杂志上发表的论文及出版的《西汉经济史》、《南北朝经济史》、《唐代经济史》、《唐代财政史》、《唐宋官私工业》、《中国中古时期的田赋制度》、《两宋田赋制度》、《中国经济史料丛编·唐代篇》等专著看，便不难发现。当然，在同一研究方向下，他们也不是平均用力，而是各有侧重。陶希圣在为食货学会规划1935年的工作项目时，就说要注重分时与分地的研究，即转向断代经济史与地方经济史的研究，期望由此“一扫从前往往以别为通的缺点”。陶希圣本人虽涉猎较广，所刊论著从汉至元代的各个时期皆有，其余的多各有专精，如曾謇精研先秦汉魏，偶涉隋唐宋

（接上页）謇的主张逐渐开始变化，认为周代从游牧到农业定居，处于氏族联盟长的地位，西周春秋上半期并无金字塔形的封建等级制度存在（《周代非封建社会论》，《食货》第3卷第10期）。西周以降乃父系家长制宗法社会（《古代宗法社会与儒家思想的发展》，《食货》第5卷第7期）。三国东晋时代，中国处于古代两汉的社会转入中古封建社会的阶段，经济由两汉渐趋发达的货币经济重新回到现物经济状态（《三国时代的社会》，《食货》第5卷第3期）。到1942年，他与陶希圣合著《中国政治制度史》时，就完全按照陶希圣的五阶段论排比史料、铨叙史事了。

① 武仙卿：《秦汉农民生活与农民暴动》，《中国经济》第2卷第10期；《魏晋时期社会经济的转变》，《食货》第1卷第2期；陶希圣、武仙卿：《南北朝经济史》，商务印书馆1937年版。

② 陶希圣、鞠清远：《唐代经济史》，商务印书馆1936年版，。

③ 何兹全：《魏晋时期庄园经济的雏形》，《食货》第1卷第1期。

④ 傅安华：《关于奴隶社会理论的几个问题》，《食货》第5卷第6期。

⑤ 杨中一：《部曲沿革略考》，《食货》第1卷第3期。

⑥ 刘道元：《中国中古时期的田赋制度·序》，新生命书局1934年版。

⑦ 陶希圣：《食货学会本年六项工作草约》，《食货》第1卷第6期。

⑧ 《食货》第4卷第2期“编辑的话”。

⑨ 杨效曾（中一）：《地理与历史的中心关系》，《禹贡》第1卷第12期。

元，何兹全、杨中一侧重于魏晋时期，刘道元长于魏晋至宋代的田赋史研究，而武仙卿、鞠清远则主要从事魏晋隋唐经济史的研究。总体来看，他们更偏重于魏晋隋唐这一被称作中古阶段的社会经济史研究，而研究领域的相对集中，有利于他们在学术上相互切磋，求同存异，从而形成比较一致的观点，同时也便于他们形成一个特色鲜明且较有声势的学术群体。

第三，在研究方法上，则由注重社会形态演变的宏观探讨转入更注重经济史原始材料的搜集、整理或资料性很强的实证性专题研究。这一特点在相当程度上是针对中国社会性质和社会史论战的不足而为的。众所周知，社会史论战时期众人所发表的论著多对中国古代社会的发展阶段进行宏观的鸟瞰式判断，侧重于从远古至当代的中国社会经济形态分辨，并希望形成一个全新的中国史阐释体系，但在具体论证方面却有着明显的缺憾，理论与史实之间的沟通还存在着相当长的距离。其中，诸人所运用的理论并不精确是一重要方面，而对中国历史缺乏深入细致的具体研究则是另一重要原因。因此，论战高潮过去之后，参加论战的一部分学人开始转向中国历史的实证分析。作为论战之后史学界反省的产物，陶希圣等人所提倡的以史料为本的主张，对论战则是一个明显的修正。如鞠清远在研究唐宋官私手工业时，提出“要明了中国社会史的全体，必须先明了各时代，各个问题的真相”，也就是要明了某一历史时期特殊问题的进化情况，而“在特殊问题中，生产关系问题，自然是最基本的。在生产关系中，自然可分为两方面，农业的和工业的”。所以“我们不预拟唐宋的社会形式，我们不预拟唐宋时代的工业的任何情况，我们尽量排比事实。在事实、例证允许我们的范围内，我们寻绎结论”。[①]这也就是陶希圣所说的“一分见解，一分材料；一分材料，一分见解”[②]。所以食货学会自定的主要任务就是搜集史料。[③]在这一方针的主导下，他们发表了大量讨论具体问题的经济史论著，并编辑了《中国经济史料丛编·唐代篇》八册。

---

① 鞠清远：《唐宋官私工业》，新生命书局1934年版，第2、4页。

② 陶希圣：《读中国经济史研究专号上册以后》，《中国经济》第2卷第10期。

③ 《食货》第1卷第11期“编辑的话”；第4卷第2期“编辑的话”。

综上所述，我们可以认为，陶希圣在北京大学六年的教学生涯中，以杂志、学会和中国经济史研究室为媒介，通过教学，搜罗和召集一批史学青年，指导他们从事中国社会经济史的研究，从而形成了一个理论上大体保持一致（魏晋封建论）的学术群体，产生了草创时期中国社会经济史研究的重要史学流派——食货派史学。

二、食货派的史学方法论

食货派史学是中国社会史论战的直接产物，它的前身是以陶希圣为核心的"新生命派"，但又与"新生命派"有很大的不同。总的来说，它不像"新生命派"那样将历史与现实紧密结合并侧重于中国古代社会的结构性、功能性论述，而是更侧重于中国古代社会经济现象及其制度形式和嬗替更迁的考察。

持续数年的社会史论战产生了一系列具有重大意义的学术成果，推动了马克思主义和唯物史观在中国的进一步传播，使唯物史观更深入地介入历史研究的具体领域或专题。当然，这种介入仍不脱中国马克思主义史学初等阶段的特征，并带有因对唯物史观认识初浅而生的种种教条主义倾向。1933 年，当论战高潮过去以后，参与论战的人就从两个方向对这场论战做了总结。何干之、吕振羽、翦伯赞等一批马克思主义史学家认为论战所反映的问题症结在于人们运用理论方法的粗疏，学术界在理解和运用唯物史观上不准确，因此，今后要继续崇重理论、崇重方法，在方法训练上更为严格，从而不断精密理论方法，使分析批判的武器更为锐利；陶希圣、嵇文甫等人则从另一个方向进行总结，他们认为论战的弊病在于过度崇信理论方法而忽视了证据的搜讨，结果是空洞抽象、浮而不实，今后要做的是弃"公式主义"而取材料，多做材料的搜集整理和局部特殊问题的解决，像嵇文甫所说的那样，从此转入史实搜讨时期。①

① 马乘风：《中国经济史》，嵇文甫序，商务印书馆 1937 年版。关于 1930 年代社会史论战及其后史学界的转变，参见王学典：《从偏重方法到史论并重》，《文史哲》1991 年第 3 期；《从强调一般到侧重特殊》，《史学理论研究》1992 年第 3 期。

这两种趋向在当时产生了相当严重的冲突，陶希圣也因此受到各方面的批评。因此，理解《食货》及食货派的史学方法论首先必须考虑社会史论战这一总的历史背景，其次再考虑他们的态度和治史方法，最后结合整个近现代史学方法论和当代史学的发展演进历程，从而给食货派的史学方法论以恰当的定位和评价。

社会史论战时期所说的方法论正如吴承明所说是指世界观意义上的方法论。[①] 正因为历史唯物主义既是世界观又是方法论，故当时讨论方法论时常常是理论与方法结合在一起来论述的，而且在陈述分析时多数时候不加分别，这是我们考察1930年代食货派史学方法论时要特别加以注意的问题。[②] 当然，除了世界观层次的方法论外，经济史研究还有它自身的方法，食货派对此也有一些论析。

食货派的史学方法论，较有特色的主要表现在两方面。

（一）史料与理论方法并重的学术取径

《食货》创刊后，就一直标榜以史料为本，史料与理论并重的治学宗旨。[③] 之所以如此，陶希圣晚年对此曾有一个解释："我要矫正那种公式主义的流弊，创办了《食货》半月刊。我认为一个社会的发展有历史法则可以找寻出来。这一点是与考据学派大不相同的。我又认为历史的法则必须从史料里再产生，才是真确的。如果先搭一个架子，然后把一些史料拼进去，那就是公式主义，也就是错误的。这一点又与那些左派分子相反。为此创办这个半月刊，鼓励青年们搜辑经济社会史料，并从史料中寻找历史法则。"[④]

就1930年代的实际情况看，他的这个解释除了关于理论指导方面必须加以补充外，大体而言还是符合实际情况的。当时，陶希圣对社会

① 吴承明：《中国经济史研究的方法论问题》，《中国经济史研究》1992年第1期。

② 黄进兴：《论"方法"及"方法论"——以近代中国史学意识为系络》，《学人》第5辑，江苏文艺出版社1994年版，第395页。

③ 对于食货派的这一治学宗旨，许冠三有比较简明扼要的论述。参见许冠三：《新史学九十年》下册，第十六章"先行诸贤：方法、材料、理论相须相成"，香港中文大学出版社1988年版。

④ 陶希圣：《潮流与点滴》，第130页。

史论战的批评重点就在于反对公式主义。在过去很长一段时间里，研究者一直认为这个“公式主义”指的就是当时的唯物史观，尤其是以中国共产党为代表的关于中国社会性质及历史分期的论断。当然，身为国民党党员的陶希圣在理论上反共，反对中国共产党对中国社会性质的认识和革命主张，这是毋庸置疑的，此处所说的“公式主义”自然包括他对中国共产党革命理论的非议，但又不仅是如此，其中显然包括了中国社会性质及社会史论战中许多研究者套用社会历史分期理论而随意论断的那种教条主义作风，陶希圣自己当初也是其中的一位，因此也可以说是从全面总结社会史论战的角度立论的，只不过他的出发点及理论走向与何干之、吕振羽、翦伯赞等马克思主义史学家不同而已。陶希圣反对“公式主义”，而对以考据为核心的实证主义（实验主义）却表示出更多的附和性，尽管他并不主张走单纯的考据之路。

《食货》创刊号上陶希圣撰写的“编辑的话”是关于一种治学旨趣的宣言书，它相当全面地提出了食货派在史学方法论方面的主张，并引起此后关于方法论的争论，在争论中，食货派的史学方法论要旨得以进一步展开。因此，分析这份“编辑的话”，可以窥见食货派史学方法论的崖略。

《食货》半月刊公开揭橥这样的宗旨：“集合正在研究中国经济社会史尤其是正在搜集这种史料的人，把他们的心得、见解、方法，以及随手所得的问题、材料，披露出来。大家可以互相指点，切实讨论，并且进一步可以分工进行。”这就标示出他们从事中国社会经济史的研究，并不急于系统性通史的撰著和宏观理论体系的构建，而是更注重史料的搜集和局部问题的解决。显然，这一要旨与社会史论战时期学人动辄纵论上下数千年，试图以一篇文章或数文论定中国古代社会结构及其各阶段形态的理论阐发不同，其目的乃在从具体问题和材料出发，通过微观或中观层次的考察，逐步推进日后对整个社会史的宏观认识。

在处理史料与理论方法的关系方面，他们主张“史学虽不是史料的单纯的排列，史学却离不开史料。理论虽不是史料的单纯排列可以产生，理论并不是尽原形一摆就算成功了的。方法虽不是单纯把材料排列，方法却不能离开史料独立的发挥功用的”。并谓“有些史料，非预先有正确的理论和方法，不能认识，不能评定，不能活用；也有些理论和方法，非先得到充分的史料，不能证实，不能精致，甚至于不能产生”。在强调史料重要性的同时，又肯定理论方法对于史料具有重要的意义，目的在于建立起一种以史料为本，史料与理论方法相辅相成的方法论。在他们看来，社会史论战时期，“当时所谓‘方法’的，不是方法，乃是结论。当时的风气，是把方法当结论的。各人既有了结论在心里，只有向书籍里去找印证，不必广搜材料”，这种方法说到底“其实这不过是外国社会史拿来代替中国社会史罢了。说了多少话，写了千万字，一点与中国社会史没有干系”。而要摆脱这种尴尬，只有深入到中国社会史本身去作个体的解剖，作局部的特殊问题的解决，为将来形成系统的理论提供经验基础，也为将来开展更为深入的讨论提供条件。由此，食货派认为当务之急是搜集材料，开展中国社会历史的实证研究。陶希圣还曾表示，自己曾是社会史论战中以方法当结论的人之一，身经盲争瞎斗这一历程，现在醒悟到这条路走不通，所以要提倡学术研究必须是“一分见解，一分材料；一分材料，一分见解”。[①] 理论观点必须有相应的材料来证实，而相应的材料也必须得出一定的认识见解；一面广搜社会经济史材料，一面用正确的理论方法来分析，将理论方法与材料结合起来。他主张应用于指导分析材料的“正确的方法是能够把握中国历史上的社会现象的内部关系的方法”[②]，换言之，这种能够把握中国历史上社会现象的内部关系的方法不是从外面套上去的，“观念中的方法，必须从历史现象里再产生出来，才是正确的方法”[③]，也就是说，最终的结论（观念中的方法）是在充分研究史料后才抽象得来的。

那么，在结论从史料中产生出来之前是纯粹地研究史料，还是在一定理论方法的指导下进行研究呢？从陶希圣所说的“再产生”一语就可以知道应有理论方法作指导的。他反对纯粹地就史料论史事，认为在搜集材料的同时，也要自觉地探讨理论和方法。纯客观地研究史料，让史料自己说话的那种历史认识论是十分幼稚、也是不可能的。现代诠释学

---

① 陶希圣：《读中国经济史研究专号上册以后》，《中国经济》第 2 卷第 10 期。

② 《食货》第 1 卷第 1 期“编辑的话”。

③ 《食货》第 1 卷第 5 期“编辑的话”。

已经揭示前见在理解上的重要性，前见是理解行为的条件，自由并且无偏见的理性主体并不存在，所以历史研究总是由一定的主观意念出发而开始的。因此陶希圣说“你总得有了疑问，有了假设，你才会去找证据的，你才能够找着别人没有说出的证据”，所以必须有理论方法作指导才能开展研究。至此我们已经看到，食货派史学方法论的旨趣是既不把方法当结论，也不是单纯排比材料，而是主张“在切实的方法之下搜集的材料”[①]，以改变社会史论战时期所存在的形式主义作风，在理论方法与材料相结合和深入仔细搜讨史料的基础上，用理论指导研究，细绎史料之间的脉络，再从史料中产生结论。这一方法论旨趣在此后方法论辩论中得以展开，从而呈现出其更为具体的内涵。

食货派将方法论的探讨与史料的搜集作为均等重要的工作，在不同的史家那里得到了不同的反应。马克思主义史学家吕振羽表示赞同，但吕振羽所侧重的是理论方法的精确化方面。[②]汤象龙则从搜集材料这一方面支持《食货》的宗旨。[③]王宜昌却指责陶希圣规划的这一治史方向会坠入实证主义的怀抱[④]，声称“我的中国社会经济史的研究中，理论、方法与材料是不能分开的，所以我将理论也说成理论的材料。同时，我更以为理论是更重要的东西”。针对陶希圣所说的“方法是史学所必须，方法不就是历史。观念中的方法，必须从历史现象里再产生出来，才是正确的方法”，他反驳道：“纯理论地说来。历史科学的理论与法则，是要从历史材料中抽绎而出的。但在世界已经有历史科学存在的今日，还要单研究中国史实以再抽绎历史科学的理论，而不是直接地利用科学，以作更进一步的探讨，这乃是一种阻碍历史科学进步的反动行动。”[⑤]王宜昌所说的历史科学指的是马克思主义的唯物史观。唯物史观既是世界观，又是方法论，它是马克思等人在对大量经验事实的辩证分析基础上总结出来的，其所包含的一系列原则和命题已经过实践的检验，被认

---

① 《食货》第1卷第1期“编辑的话”。

② 吕振羽：《对本刊的批评与贡献》，《食货》第1卷第8期。

③ 汤象龙：《对于研究中国经济史的一点认识》，《食货》第1卷第5期。

④ 《食货》第1卷第5期“编辑的话”。

⑤ 王宜昌：《关于反对读历史的话》，《食货》第1卷第8期。

为是正确的，故在历史研究中完全可用来作为论证的依据。就这一点来说，王宜昌的主张看去很激进，实际却违背了唯物史观的基本原理，表现出相当的教条主义倾向。按照唯物辩证法，人对事物（包括历史）的认识，不可能一次最终完成，而是一种由实践到理论的反复认识和推进过程。唯物史观虽然从总体上为我们认识社会历史的发展指出了一条正确的途径，但没有也不可能为许多历史问题提供现成的结论。即使是已经得出了结论的某些理论，有时也可以而且应当依据实践的深入而加以完善。王宜昌的观点虽然强调了唯物史观的普遍适用性，实际上却将之引上了另一个极端，因而也是不可取的。

针对王宜昌等人的批评，陶希圣对创刊号上所表述的方法论作了进一步阐释，他承认研究之始就须弄清方法（实指理论方法），但是用于历史研究，只能说是初步的假设，必须进一步依据材料，加以证明和修正，以形成高一级的假设。而不能把第一次的假设当作终极结论，否则，研究便无从深入。他指出没有方法的劳作与没有劳作的方法同样无用，方法必须走到历史中去，把历史的合法则性指出来，须知方法正是从历史发展过程中抽绎出来的。就历史研究的一般程序而言，共有五个环节，即形成问题，再据问题去寻找材料，然后考证材料的真伪，再解释材料，最后叙述成文。问题或者假设的产生，其中必然涉及史家的理论修养等因素，故对理论方法固不可忽视。但如视理论方法为最终结论，所征引的材料仅为证明它而不是加以修正补充提高它，进而得出更严密充实且符合实际的结论，那么历史研究便不成其为研究。事实上理论方法只是解剖历史事实及史事脉络的工具，并不能认为抓住理论就获得了精确不疑的定论，武器与目标之间毕竟还有相当一段距离，倘不从事广泛的史料搜集和仔细认真的材料分析，还是达不到研究目的的。陶希圣的观点事实上牵涉到如何看待人类历史发展中的共性与多样性的问题。他本人固然从不否认理论方法的指导作用，只是在这一时期更强调从事特殊、个别的具体案例研究，希望通过对史料的分析以求得比较符合实际的结论罢了。他认为“人不是神，所以任何伟大的理论家，只能指示我们一个观察事物的眼光，解释事物的见地，批评事物的立场。任何伟大的理论家不能如《创世记》

所说的那样，替我们创造历史的事实”[①]。在分析宋、辽、蒙古的婚姻制度时，他还说：“其实，社会制度那有一贯的自然法（理）？社会制度是随着一族一地的客观物质的条件，尤其是生产交换的方法为定的。”[②]因而社会史的研究应尊重各民族各地区社会具体历史的演进嬗变历程，而不必将其一律纳入某种固定的模式中去。当然，这并不意味着他否认人类社会的发展有其共同的法则。因为直到晚年，他还坚持认为“中国社会发展可与欧洲社会发展作一比较而发现其共同的历史法则”[③]。故有人认为文化上持保守主义的陶希圣和其他文化本位论者一样，都主张中国的历史发展形态是独一无二的[④]，这一说法显然是不确切的。我们仅能说他比较注重中国历史的实际，但他远未走到论述中国历史是独一无二的这样一条与钱穆等人相同的道路上，无论是早期的“封建制度崩坏论”，还是《食货》时期的“魏晋封建论”，我们都可以显而易见地发现，他的历史认识受制于三十年代中国社会性质及社会史论战时期的那种历史观，并且不可否认地受到马克思主义史学家所主张的五种社会形态论的影响。

陶希圣打出“史料与理论并重”的旗号，目的显然是想在他所不赞成的公式主义和实证主义之间另开一条学术路途，这在他与李秉衡之间的有关讨论中可以看得很清楚。

李秉衡自称对《食货》的旨趣大体表示赞同，但对陶希圣所说的史料与方法之间的关系有所异议。在他看来，史料是历史研究的必要条件，《食货》的任务偏重史料的搜集，其用意或许在于弥补社会史论战中的欠缺之处。但是，对论战进行总结时，思想界所提出的问题包括两个方面，一是方法更需精密确定，二是史料更需广事搜集，而搜集材料必须在方法确定之后，因此，研究之前必须要有一个结论在心里。换言之，要先有一个观念的假设，不然，就无法则性，也就没有了理论。而

---

① 《食货》第1卷第11期“编辑的话”。

② 陶希圣：《十一至十四世纪的各种婚姻制度（上）》，《食货》第1卷第12期。

③ 陶希圣：《潮流与点滴》，第144页。

④ 傅乐诗：《现代中国保守主义的文化与政治》，《保守主义》，时报文化出版公司1980年版，第69页。

且“史料产生的理论与方法，易陷于机械或折衷主义之弊”。他的结论是：“研究须以伟大的方法，照耀着、贯通着、运用着，一切材料。透过去有色眼镜是必要的；有色眼镜乃经过若干岁月，若干心血，若干证验所得。无劳吾人再度配置也。时代的任务，非创造新的方法，而为辨证地实践，一切学术研究，贵以此为前提。”这个伟大的方法，就是唯物辩证法。为此，他向《食货》建议，假设刊物以后将所谓“劳作的方法”不看成特殊的注意点，而只认之为在整个统一的理论与方法之下，去选择、鉴定、分析一切材料的一种技术，那么它可以不陷于折中主义或机械主义的泥淖中。[①]

对于李秉衡的意见，陶希圣大体表示同意，但他同时指出，“如果把方法当结论，虽不是机械主义，却易陷于公式主义”。他强调一点：“历史的研究必须顾到历史的事实。”[②] 不要因为这个刊物稍重材料，就认为“我们是实证主义者”，其实对于理论方法，我们正愁着不能精确。[③]在他看来，自己所提倡的方法论与1920年代胡适等人所倡导的实验主义（实证主义之一种）史学方法和社会史论战中的公式主义史学方法都有本质区别，因为“实验主义不尊重确定的理论或思想，公式主义不尊重事实或材料”。也就是说，实验主义史学忽视了历史中的一般性原则，代表它的科学方法派史学仅止步于史料的考订、整理，对于历史的综合和诠释不感兴趣，因此，他们不会到历史材料中去寻找和发掘思辨性的理论和思想；至于公式主义，也就是教条主义，他们充分注意到了理论方法的重要性和应用，但是如泥于理论，在历史研究中专以寻找材料来证明这些理论，便不免会导致对材料原始价值的忽视，乃至对于现实历史的主观误读，这样的历史的理解往往是不完全的、单薄的，甚或是错误的。他声称食货派史学要做的就是清除以上两种史学方法所带来的弊病，既注重材料，又注重理论和方法，在研究中国经济史时，“以一般的理论应用到中国史上，构成‘假设’，由此出发，搜集材料，作成与

---

① 李秉衡：《方法与材料（通信）》，《食货》第1卷第9期。

② 李秉衡：《方法与材料（通信）》，陶希圣附注。

③ 《食货》第5卷第9期“编辑的话”。

一般的理论一致的结论”[①]。其最终的结果是从历史现象里再产生出符合实际的理论与方法。这就是他们尊重历史事实[②]，在切实方法下搜集史料、研究中国社会经济史的方法论。直到晚年，陶希圣犹自诩“从自由主义实证哲学与马克思主义辩证哲学两者之间，开拓一条路。我的路线是执两端而用其中，不是弃两端而用其中”[③]，从而形成其所谓的“社会的历史的方法”。

但是，这种折中主义态度看似公允无疵，实际运用起来却困难重重，理论与史实的完美结合常常只是幻想中的空中楼阁，二者之间存在畸轻畸重的情形实在难免。事实也正是如此，食货派在救弊的同时经常矫枉过正，在实践中，他们往往重材料轻理论。在当时马克思主义史家普遍强调历史发展的一般性，强调唯物史观和五种社会形态在中国的普遍适用性，崇尚理论，反对中国特殊论，贬斥科学方法派的史料学的情况下，“食货派”史学方法论中的实证主义色彩乃益发突出，故而被翦伯赞、吕振羽、何干之等马克思主义史家怀疑是反对马克思主义，否认唯物辩证法及五阶段社会形态在中国的普遍适用性，从而受到他们的强烈批判。何干之便指出：“陶希圣先生是看不起历史唯物论的，正因为如此，对于历史过程，就弄得一塌糊涂，甚至连自己辛勤地搜集的材料，也不能自由地运用。”[④]在社会形态理论方面，陶希圣的态度前后变化多端，对于历史分期的态度犹豫不决，而且包括他在内的食货派成员受波格丹诺夫、奥本海、考茨基、桑巴特等人较多的影响，始终保留着商业资本主义的尾巴，因而也难以建立起清晰系统并富有现实社会改造意义的中国史体系。在很多人看来，这自然是他们忽视方法论，忽视唯物辩证法的指导作用的结果。

（二）运用社会科学的理论方法治史

引社会科学的理论方法入史，是近代以来东西方史学发展的一大趋势，只是各家所引用的社会科学内容既有差异，涉足的领域又复杂多

---

① 李秉衡：《方法与材料（通信）》，陶希圣附注。

② 《食货》第1卷第6期“编辑的话”。

③ 陶希圣：《杨联陞〈汉学评论集〉序》，《食货》月刊复刊第12卷第7期，1982年10月。

④ 何干之：《中国启蒙运动史》，《何干之文集》，中国人民大学出版社1989年版，第392页。

样，因而效果并不一致，二三十年代的中国史学界便是如此。梁启超、何炳松等人都提倡运用社会科学研究历史，但他们的史学方法论与我们这里讨论的食货派史学即有很大的不同。

《食货》有时号称专攻社会史，有时又称专攻经济史，更多的时候则称专攻社会经济史（经济社会史）。从对杂志性质的以上界定可以发现食货派史学方法的一个重要特征，即社会史和经济史在他们的史学研究活动中具有内在的统一性。他们一方面认为社会经济史所关注的“就是历代的农业、工业、商业、财政、币制这一类的记载”①，以为社会经济史研究应当广泛关注历史上的各种经济现象和经济制度，同时他们又声言其出发点与一般史学家不同，“我们是要研究经济史、社会史”②，而不是断代史或其他专史，所考虑的虽然是整个通史，但是“通史的研究，经济史是其基本工作”③。这就揭橥出剖析历史上的经济现象和经济制度对于包罗社会、政治、经济、文化各方面内容的整体社会史研究所具有的重要意义，他们由此认为从对经济结构的考察中可以察知宏观社会历史的变迁轨迹以及这种变迁所具有的一般性原则。

现代史学的发展显示，所谓社会经济史，“它主要是运用社会学理论来探讨历史上经济对社会生活的作用，分析特殊的经济行为及各种角色和组织，研究经济同社会变迁的关系、经济结构和各种制度史的关系，系统地分析各种社会制度的历史演变及其经济功能等”④。众所周知，1930 年代的中国社会史研究主要是指社会发展史的研究，其讨论的主题是历史发展的规律、社会形态、社会历史分期，其方法是应用宏观社会发展史模式阐释中国历史，其所运用的理论一般而言是以社会学为主体的社会科学。⑤它与平常所谓以社会生活史为主要内容的社会史有所不同。由此，我们也就比较容易理解这种社会史何以在大多数场合被视为

---

① 《食货》第 4 卷第 2 期“编辑的话”。

② 高耘晖：《分工研究的方法》，《食货》第 2 卷第 2 期。

③ 梁园东：《中国经济史研究方法之诸问题》，《食货》第 2 卷第 2 期，陶希圣的附注。

④ 庞卓恒主编：《西方新史学述评》，高等教育出版社 1992 年版，第 52—53 页。

⑤ 参见李圣悦（李平心）：《现代社会学理论大纲》，光华书局 1930 年版，第 6 页。

一种史学方法，而不是专门史性质的社会史。[①] 从而也就会发现当陶希圣满怀希望地预言“以社会科学的理论与方法来研究中国经济社会史”[②] 的时代到来时，他所指的社会经济史与现代意义上的社会经济史内涵相当接近。他们是要运用宏观社会发展史的模式来审察中国经济史的嬗替更迁，其研究中国经济史的最终目的是为了系统地分析中国通史即整体中国史。食货派史学正是这种社会史与经济史相互融合的产物，因此，它的史学方法便染有浓厚的社会科学色彩，这与食货派产生时期西方社会科学理论方法在历史研究领域的大量引入和广泛接受有着十分密切的关系。我们知道，中国社会性质和社会史论战的发生都出于现实斗争的需要，为解析大革命及此后的斗争方向而起，并由此溯及古史，演而及于整个历史规律及社会形态的剖解阐释，它起初就是一些社会科学理论家之间的政治思想论战，而不是专业史家之间的单纯学术之争。陶希圣本人的学术道路便是在这种社会文化背景下开始的。1922 年他自北大法律系毕业后，一边工作和参加各种社会活动，一边也在学海中摸索，自称“九年中间，旁及民族学，从民族学而理解中国古代社会组织，而演进而讲述中国社会史”[③]。以后，又广泛阅读马克思、列宁、考茨基、桑巴特、波格丹诺夫、奥本海等人的著作，由此形成了他的治史理论方法和基本领域。显然，其学术进路是由社会科学而入历史研究领域的。那么，食货派所应用的社会科学主要是哪些门类的理论呢？在论及古史时，他们主张在古史辨伪运动之后，应当遵循从信古到疑古再到社会学、民族学的古史重建之路。古史辨派的学术活动沉重地打击了二千年来史学界盲目尊古与信古的传统思想，在研究方法上，却大多未跳出史料真伪辨别的范围，而“真正的古史体系的建设，并不是疑古辨伪的工作所可完成，而是社会学民族学的古史体系的建立的事体。从社会的物质基础与婚姻家族的结构来把握整个古代社会的发展过程，才是真正古

① 黄进兴：《论“方法”及“方法论”——以近代中国史学意识为系络》。现代仍有人视之为方法的，见赵世瑜：《社会史研究呼唤理论》，《历史研究》1993 年第 2 期；常宗虎：《社会史浅论》，《历史研究》1995 年第 1 期。

② 陶希圣：《食货学会本年六项工作草约》，《食货》第 1 卷第 6 期。

③ 陶希圣：《中国政治思想史》，《食货》出版社 1972 年版，台湾版印行记。

史研究的事情，才能建设起真正的古史体系”[①]。高耘晖在与陶希圣讨论史学理论方法时，认为研究一种史事，所需的理论的重要是不减于所寻找的材料的。以中国上古史为例，古代学者多认为中国上古史上的神话传说是可信的，到清代乾嘉汉学兴起，学者们用考证的科学方法治学，辨伪之学大盛，才有崔述出来大刀阔斧地作了一番清理，但仅止于以经证史而已。直到五四新文化运动之后，因为民俗学及考古学的发展，顾颉刚等人树起疑古辨伪的大旗，全盘否定上古神话的可信性。到 1920 年代末 30 年代初，又有人用氏族社会及图腾主义去解释那些神话，于是这些传说又被相对承认了。由此，他断定历史研究的进展离不开社会科学理论的帮助。[②] 曾謇自述其治史道路时说：“予遂由诸子以至史汉，由宋明理学以入于清儒考据训诂，而特留心典章制度。由马克思、恩格斯、考茨基、波格丹诺夫、列宁等共产主义理论，与其他政治经济学说而归本于孙总理经世建国之学。由莫尔干、梅因、泰勒、巴学芬、麦克列兰、卢包喀诸家社会民族学而返乎三礼名物与中国社会组织之钻研。”[③] 他的出发点正是政治经济学、社会学、民族学等社会科学。所以食货派继社会史论战之风，引社会科学入史，所包罗的门类甚广，涉及社会学、人类学、民族学、经济学等社会科学理论与方法。而这些新兴的社会科学理论中最为突出的便是马克思主义的唯物史观。[④] 陶希圣在当时思想界有很多人攻击唯物史观时，申述说食货学会的会员不是都用唯物史观治史的，这话显然也不否认他们中的不少人仍在运用唯物史观研究历史的。在他看来，唯物史观的犀利之处在于它能很容易地指破历史上隐蔽在内幕和黑暗里的真实，它能说出别人不肯也不敢指出的事实。唯物史观与社会主义、共产主义绝对不是一回事。[⑤] 就以陶希圣为核心的食货派而言，他们中的大多数都主张运用唯物史观研究中国社会经济史，从他们的论著

---

① 曾謇：《古代宗法社会与儒家思想的发展》，《食货》第 5 卷第 7 期；参见《食货》第 2 卷第 2 期“编辑的话”。

② 高耘晖：《分工研究的方法》，《食货》第 2 卷第 2 期。

③ 曾謇：《中国政治制度史》第二册《弁言》，重庆南方印书馆 1943 年版。

④ 参见何干之：《中国启蒙运动史》，《何干之文集》，中国人民大学出版社 1989 年版，第 397 页。

⑤ 《食货》第 2 卷第 4 期“编辑的话”。

中可以明显地看到唯物史观的影响，这对他们的史学活动有着十分积极的推动作用，对此应作实事求是的分析。①

但与此同时，必须看到，在他们的心目中，唯物史观仅仅是一种认识和解释历史的理论方法或学术手段，并非社会革命的行动指南。这种将唯物史观与社会主义、共产主义生硬割裂开来的做法，必然导致他们对唯物史观的看法与吕振羽、翦伯赞、何干之等以共产主义为人生信仰的马克思主义史家在观点上有着本质的区别，从而影响到他们对唯物史观的理解和运用。正如美国学者史华慈在讨论社会史论战时所说："参加讨论的一些人只是把马克思主义看作杰出的社会科学而予以关注。比如说，该讨论中的主要人物陶希圣和其他一些人一样都是国民党的拥护者。他发现把他的三民主义观念放入马克思主义范畴的框架中竟然毫无障碍，或依他对马克思主义的分析引用非共产主义的结论并非难事。"②

这样做的结果是他们所使用的唯物史观必带有为我所用的选择性，更不用说要他们运用唯物史观为武器介入现实，直接进行革命斗争了。食货派的主将陶希圣晚年曾有一个自我表白，说这时候他的思想方法，即使夸大到最大程度，也只能是"接近唯物史观，却并不是唯物史观"③，真正影响他思路的是考茨基、波格丹诺夫、奥本海等人的理论，由此产生了所谓的社会的历史的方法，形成了他的所谓社会史观。在陶希圣关于社会形态的理论观点上，我们可以看到他的这一自我表白并非虚言。然而在1930年代陶希圣的论著中，我们却常可发现他一直声言自己在运用唯物论的方法研究中国的社会历史。如《食货》刊登陶希圣所著《中国政治思想史》的广告，便称该书是"国内以唯物辩证法叙述古

① 参见黄敏兰：《学术救国——知识分子历史观与中国政治》，河南人民出版社1995年版，第50—53页。何兹全也说陶希圣属于乾嘉学＋西方新史学＋马克思主义修正主义学派，见何兹全：《我的大学生活》，《大学生》1997年第1期。在另一场合，何兹全认为陶希圣是乾嘉加一些辩证唯物论，但仍承认使陶希圣成名并在学术上高出别人的确是辩证法和唯物史观，见《爱国一书生》，华东师范大学出版社1997年版，第54页。

② 费正清等：《剑桥中华民国史》第一部，上海人民出版社1991年版，第478页。

③ 《潮流与点滴》，第111页。

代政治思想的发达概况及各派主张之详细内容者”①，可见他当时是把自己列在持唯物史观的史家阵营一边的。尽管他与郭沫若、翦伯赞、吕振羽等人在史学观点上有着很大的不同乃至对立。当时他也重视考茨基、奥本海、波格丹诺夫乃至马克斯·韦伯②等人的理论，但这只是他与其时大多数学者一样注重广泛参取国外学者的研究成果，以提升个人的学术水准而已，更何况在当时舆论庞杂、视听淆乱的介绍中，考茨基、奥本海③、波格丹诺夫等人的理论还是被列入马克思主义理论范畴中的。因此，他晚年在台湾的这番解释，多少含有向国民党表白和自我开脱避嫌的意思。站在今天的时代高度，实事求是地看问题，应当说食货派世界观层次的史学方法论内涵比较复杂，其中既有马克思主义唯物史观的深刻影响，更留有非马克思主义或非正统马克思主义的西方其他社会学理论的斑驳烙印。④

食货派大力提倡运用社会科学的理论方法研究中国社会经济史，除了一般的政治学、社会学、民族学、人类学外，主要是唯物史观。在这一主导性方法论的支配下，他们治史关注的主题是历史上各种经济现象、经济制度的变迁，以及这种变迁与中国社会发展史的关系。他们致力于从社会经济结构的变化去考察整体社会史的演进，所构建的研究范式是以宏观社会学，特别是社会形态学说为指导，概括社会经济史的发展逻辑，较之以往史家仅注目于零星经济史实的考证，或侧重于个别经济现象的描述，这是中国经济史研究范式的一次革命，他们所做的工作与郭沫若、吕振羽、翦伯赞等为代表的马克思主义史学在现代中国史学范式革命上具有时代的同一性。如关于经济史与社会变迁的关系，陶希圣在评价鞠清远的《两晋南北朝的客、门生、故吏、义附、部曲》一文时，指出“客的转变过程的研究是了解中古社会的钥匙。自由人怎样依

---

① 《食货》第2卷第2期，第5页。

② 陶希圣在北大讲授“中国社会史”课，其参考书之一就是马克斯·韦伯的《社会经济通史》，见《国立北京大学一览》（1933年），第371页。

③ 如李季在批评陶希圣引用奥本海的理论时，就说“德国绰号资产阶级的马克思主义者阿本海默”，可见时人对于奥本海在理论上承续马克思主义这一点是认同的。李季：《中国社会史论战批判》，神州国光社1936年版，第212页。

④ 参见何兹全：《爱国一书生》，第54—56页。

附豪宗大族，从自由的食客变为半自由的农奴，这种转变指示我们以古代社会为何转变为中古社会的两大线索之一”[①]。认为从“客”这个社会阶层社会经济地位的转变，可以寻绎出这个时期社会形态嬗变的轨迹。而武仙卿在详细考察了南北朝色役后，对南北朝至宋代的色役与社会形态的关系作了揭示。他认为这种社会史意义上的色役研究有力地证实了中国古代封建社会的变迁，从色役本身看，“魏晋南北朝是典型时期，到了隋唐，大体都变为俸禄的一部”，到了宋代则仅存其毫末，这与中国封建社会的兴起、发展、分解的过程相始终。[②]其结论是魏晋南北朝进入封建领主制庄园社会，中唐以后，这个典型的封建社会瓦解，至宋代变为商业资本独特发达的农业手工业社会。对色役的考察正是为了从经济史角度论证食货派的社会形态理论。因此，食货派提倡以社会科学理论治史的史学方法对于现代中国社会经济史中注意讨论社会分期，强调宏观社会发展史的分析，主张经济史研究当致力于确认社会性质这一范式的构建有一定的推动作用，其主流社会形态论成为1949年后国内三大历史分期学说之一——魏晋封建论的先驱，就可以说明他们在这新范式的形成中有一定的贡献。

食货派对中国社会经济史研究的技术性方法也有所揭示。在作具体研究时，他们十分强调运用中外历史的比较方法。他们认为：“要想对中国经济社会史精深研究，必须就外国的经济社会史得到精确的知识。在比较参佐之下，中国经济社会的现象的意义、特征，及各种现象的相互关系，历史发达的必然法则，才能看得出来。”[③]

他们反对那种套用欧洲历史模式论述中国历史，并认为这正是社会史论战诸家的通病，因而食货派要多关注中国历史现象本身，以期由史料中发掘中国历史自身演进的逻辑。但是反对套用并不反对多了解世界史，史家必须具备世界性的眼光，才能对中国历史有精细恰当的分析，否则囿于方隅，自说自话，很难有创造性的理论发现。《食货》在发表苏俄史家雷哈特的《西欧及东洋的封建化过程》一文后，主编就指出，

---

① 《食货》第2卷第12期“编辑的话”。
② 武仙卿：《南北朝色役考（下）》，《食货》第5卷第10期。
③ 陶希圣：《食货学会本年六项工作草约》，《食货》第1卷第6期。

此文“很可作我们研究魏晋南北朝时代的参考”[①]。食货派成员在论证魏晋封建说时常常引罗马帝国的历史变迁为证，认为魏晋时期与2世纪以后的罗马同处于封建社会的形成期。而在具体历史细节问题的讨论中，他们也往往采用中外历史比较的方法，借域外社会经济史研究成果的帮助剖析中国的历史现象。[②]

不仅如此，他们还注意到使用国外的研究成果作中西历史比较时，要注意方法的得当与否。武仙卿就指出，中古时期的“大族与寺院庄园，近来一般人都当作欧洲中古时期的封建庄园看待，若是把她的实际情况加以估量，实在没有这样夸大的必要。我们认为将中西社会经济组织作比较的研究，不必在名辞上追求异同，要在实质上求其差异”[③]。这就不仅注意到历史比较的作用，而且认识到运用的比较方法应具有可操作性，这是历史研究方法的一个进步。

此外，对于数量方法，他们也比较重视。连士昇介绍英国史家克拉潘的论文《经济史的规律》，克氏在文章中称经济史方法的特点“大抵在于显著的数量的利益；因为这缘故，它应该变成史学里最精确的一个部门”。虽说做到这一点困难很多，但如文件丰富，就应该用数量的方法研究经济史。[④]连士昇和陶希圣对此都深为推许。[⑤]陶希圣就曾收集盛唐的户口资料，撰成《盛唐户口较多的州郡》一文[⑥]，而在论述唐代租庸调制向两税制的过渡转变中，他又借助唐代户税、地税收入的总数与租庸调总数的对比，来考察这一转变发生的时间，并确证这一转变的历史必然性[⑦]。

当然，食货派对于历史比较和数量方法的认识及实践都相当粗浅简陋，比较时往往流露出机械的痕迹，而对史书中的数量资料也是见之则

---

① 《食货》第5卷第8期“编辑的话”。

② 参见杨中一：《部曲沿革略考》，《食货》第1卷第2期；陶希圣：《经济史名著选译计划》，《食货》第2卷第1期；傅安华：《关于奴隶社会理论的几个问题》，《食货》第5卷第6期。

③ 武仙卿：《唐代土地问题概说》，《食货》第5卷第4期。

④ 克拉潘（判）著，连士昇译：《经济史的规律》，《食货》第2卷第2期。

⑤ 《食货》第2卷第2期“编辑的话”。

⑥ 《食货》第2卷第10期。

⑦ 陶希圣、鞠清远：《唐代经济史》，商务印书馆1936年版，第148—149页。

录，多半不问其是否可靠，对数字的确实与否缺乏批判眼光，而且所引证的又仅局限于一些简单的数字罗列。这些都表明他们所使用的数量方法只能称为统计学方法，与设定一个经验模型或目标模型，求出几种变量之间数量关系的现代计量史学不可同日而语。因此，食货派所称道的比较与数量方法仍然属于比较传统的史学方法，与现代新史学方法不能等量齐观。但是，作为一种探索，仍有一定的可取之处。

三、食货派与中国社会经济史研究

自1930年代初至抗战爆发，以陶希圣为首的食货派围绕着中国社会经济史的研究，展开了大量的工作，从理论和实践上为现代中国经济史学科的创建提供了诸多研究成果，作出了某种奠基性的贡献。这些贡献突出地集中在三方面。

（一）经济史料的系统搜集与整理

史料的系统搜讨是食货派的工作重心。陶希圣在主编杂志时，屡次声明，“我们的任务是在搜集史料”，在创办《食货》的时期，“便决定注重材料的搜集的工作”。[①] 在他的倡导下，食货派成员倾力于史料的搜求和整理，这种努力甚至被王瑛批评为：“陶先生领导下的食货学会之惟一工作是史料的搜求。”[②] 但不论怎样，这项工作对于其时刚刚起步的中国社会经济史研究确具至关重要的奠基性意义。

为使这项工作有序地开展，食货派还特就其方法问题与各方学人展开了讨论。搜集社会经济史资料，首先自然要关心中国古代的正史。在这方面，参与讨论的中山大学陈啸江（国治）撰有《二十五史文化史资料搜集法》，讨论如何从正史中搜求经济史资料，他分生产、流通、分配、消费四门，而以经济思想殿后，在每门之下都列出详细的工作细目。[③] 其次

---

① 《食货》第1卷第11期“编辑的话”。

② 王瑛：《研究中国经济史的大纲与方法（上）》，《食货》第2卷第4期。

③ 《食货》第1卷第5期。

是如何充分利用大量的方志材料问题。陶希圣主张在对社会历史过程有一定理解的基础上，再从事这一工作。具体的工作步骤是，先读大都会的地方县志，再读小地方的方志，而且最好是本省人读本省地方志，这样有利于深入理解自己所搜集的材料。[①]鞠清远则提出地方志的三种读法。其一，是以都市为中心，先读历史上重要经济都市的方志。中国的经济都市，自汉代起，就已有很重要的地位，此后，由于战争、民族迁徙、疆域开拓、海上贸易与陆路贸易发展等原因，经济城市常常变更，对历代重要经济城市由微小到巨大这一变迁过程的研究，可以发现中国经济城市发展的一般原则，而且，这样的研究也有很多便利之处。其二，是以交通线为中心，先读在水陆[②]交通线附近的府县方志。因为自古至今中国的经济状况，各地并不平衡，在水陆交通线附近的都市、府县、村镇、驿站，因地理环境的关系，而特别发达一些。其三，是以工业矿业为中心，先读历代工业或矿业区域的府县方志。古代文献对这些问题记载太少，从方志中可以得到关于矿业组织的材料，从而明了古代工业矿业城市的发展过程。以上三种读法，有时可以相互结合起来。此外，鞠清远还提示，在工作时，不要忽略了方志中的“杂录”、“金石录”、驿路与水路交通及驿站的设置地点和组织、“物产”、“贡赋”与“和买”的物品、寺院、庙会、市、集会、草市、水利、桥梁诸类易为常人忽视的材料，因为从这些方面可以发现众多重要的社会经济史资料。[③]清华大学的吴景超对陶希圣和鞠清远的提议表示赞同，但他又认为若研究中国过去都市发展的历史，必须将鞠清远所提的三种地方志读法合而为一，因为工商业是都市繁荣的根据，而交通线是都市与其贸易领域打成一片的工具，对这两点不能有丝毫的忽视。他自己的研究方法“是先由理论下手。根据这些理论，来研究中国都市。以研究中国都市的所得，再来修改理论”。这与食货派的史学方法论颇有共通之处，只是侧重点略微有些不同。他并提出自己研究都市时搜集材料的十三项细目，供有志于此的学人参考。他还认为研究古代都市自然要在故纸堆里找材料，研究近代都市却也同样离不开故纸堆，“譬如海关每年出版的

① 陶希圣：《搜读地方志的提议》，《食货》第 1 卷第 2 期。
② 原文为“水路”，笔者据上下文，认为当是“水陆”之误。
③ 鞠清远：《地方志的读法》，《食货》第 1 卷第 2 期。

华洋贸易报告统计册，以及大都市中的银行、工厂、公司每年所出的报告，市政府及其隶属机关所出的公报及其保存的档案，学术机关对于都市某一方面的调查报告，外人对于中国都市各种生活的描写"，这些材料都应当在搜罗之列。当然，他承认实地调查也很重要。① 中央研究院社会科学研究所的汤象龙赞同《食货》的宗旨，他认为撰写完整的中国经济史的时代尚未到来，"我们目前的责任最重要的仍是搜集资料"。除了二十五史和地方志外，关于中国近代经济史资料，尚须注意三种，即明清两代中央政府的档案，各地方政府的卷宗档册，社会上的各种账簿，如农民或家庭的流水账、店铺的生意账，以及其他关于量的性质的记载。他还介绍了自己正从北平故宫所藏明清档案中摘抄社会经济史资料的工作。② 此外，1935 年暑假开始之前，陶希圣号召大中学生利用假期进行家乡的社会经济史调查。③ 广东中山大学史学系的王兴瑞接受这一建议，回到海南岛澄迈家乡调查了当地一个村庄的社会经济状况，将调查材料整理成一篇论文，刊于《食货》。④ 由此可见，现实的社会调查是搜集社会经济史资料的又一途径。

在搜集史料这一目标下，1935 年 9 月，陶希圣在北京大学法学院设立中国经济史研究室，召集一批弟子，从事中国古代社会经济史的史料搜讨和史事研究工作。他们先做唐代经济史料的搜辑，参加工作的有连士昇、鞠清远、武仙卿、沈巨尘、贾钟尧等人。从 1935 年 9 月到次年 6 月，前后工作了近一年，将所搜辑的史料编成唐代经济史料丛编八册，交北京大学出版部出版。这部书 1937 年五六月间印就《土地问题》、《寺院经济》、《唐代之交通》三种，未及正式发行，其余五种只印成清样，抗日战争就全面爆发，兹事遂搁浅，五种清样亦为白蚁蠹烂，不能成书。1949 年，陶希圣去台湾，70 年代初期创办食货出版社，乃再校所印就的三种，正式出版。

这部名为《中国经济史料丛编·唐代篇》的史料集共八种。第一种

① 吴景超：《近代都市的研究法》，《食货》第 1 卷第 5 期。

② 汤象龙：《对于研究中国经济史的一点认识》，《食货》第 1 卷第 5 期。

③ 《食货》第 2 卷第 2 期"编辑的话"。

④ 王兴瑞：《广东一个农村现阶段的社会》，《食货》第 3 卷第 2 期。

《土地法令》，专门胪列唐代关于土地的法令，除了均田令外，又搜集了唐代历朝关于土地问题的格式，及与令有同等效力的诏敕，以及关于特定地方、特定时间的和土地问题有关的法令。第二种《土地问题》，搜集整理了有关内庄宅使、长春宫使、实封、屯田、庄田、水利以及土地所有权的形式，及牧田、垦田等方面的资料。第三种《寺院经济》，分寺观、寺观庄田、僧尼、僧尼之取缔与灭佛四部分，除了整理与一般寺院财产有关的材料外，它第一次搜集到戒律中有关僧尼私产的规定，此外，对唐代度僧和武宗灭佛的资料也搜罗得甚为完备。第四种《唐代之交通》，对唐代关驿桥梁过所的设置和律令、陆路交通、水路交通、驿制、中外交通五方面，分列为52项，将交通路线与统辖交通事业的机关与律令方面的材料搜罗得十分齐全，但侧重国内，涉及中外交通时，只及中国境内起点方面的史料。第五种《唐代之都市》，主要是对唐代各重要城市的地理位置、城市的内部组织，以及城市生活等方面的材料加以搜集整理，而对小的市、镇和庙会式的蚕市，也特加注意，罗列极详。第六种《工商业与货币》，分官私工业、工业技术、作业种类、商客、邸客、高利贷、茶商、对外贸易、奴隶贸易、飞钱便换、铸钱、钱币之流动、轻重与对策诸门，分别搜集史料，整理记述。第七种《动荡中的唐代经济》，分四期列举唐代各地的经济状况。第八种《财政制度》，专门罗列唐代各种赋税和转运制度方面的史料，搜罗也极详备。①这部资料集分门别类，实带有一定的研究性质，为其时食货派成员进行

① 以上对《中国经济史料丛编·唐代篇》的辑录过程、参与人员、重要内容、出版情况的陈述，主要综合以下诸书的记述：台北传记文学出版社1979年版陶希圣《潮流与点滴》，上海商务印书馆1937年版鞠清远《刘晏评传》的陶希圣序，台北启业书局1974年版曾资生《中国政治制度史》的陶希圣序，北京大学出版组1937年版《中国经济史料丛编·唐代篇》的第二、三、四种，台北食货出版社1974年版《中国经济史料丛编·唐代篇》的扉页。关于搜集史料的工作时间，《中国政治制度史》陶希圣序称为1935年秋到1937年6月间，台北版《中国经济史料丛编·唐代篇》扉页称为1936年至1937年辑，《潮流与点滴》第137页称自1936年7月至1937年6月，而《刘晏评传》陶希圣序则称为1935年9月至1936年6月，诸书所记，各有不同。而陶希圣的《唐代寺院经济概说》、武仙卿的《唐代土地问题概说》，1936年12月已经刊载于天津《大公报》的《食货周刊》，武仙卿的《唐代土地法令概说》，1937年2月已刊载于《食货周刊》，它们都是资料集各书的序，当完成于资料集辑录工作结束后。故当以《刘晏评传》陶希圣序所言1935年9月至1936年6月为工作时间为是。

唐代经济史的研究提供了极大的方便，也正是在这批史料的基础上，一大批质量较高的专著和论文得以结撰成篇①，因此，这部资料丛书的辑录推动了1930年代唐代社会经济史研究工作的开展。

在搜辑唐代经济史料时，他们还将中日文书籍杂志里的敦煌户籍丁籍资料辑录汇集，认为运用这批资料可以研析唐代均田制度、兵制、丁对政府的负担、唐代社会组织诸问题。鉴于这部史料集的分量太大，所收材料又不是从敦煌残卷中直接辑录下来的，所以不适合放在《中国经济史料丛编·唐代篇》中，故特在《食货》半月刊上开辟专刊，名《唐户籍簿丛辑》，于1936年8月出版。②这个专辑的出版，推动了史学界对唐代籍帐制度的研究，诚如日本史家池田温所言，这部史料集"其内容比那波（利贞。——笔者）氏录文并未增加多少，也没有直接从原本摘录，而全是转引自已经刊行的文献，虽然缺乏独创的价值，但作为试图将籍帐资料汇集起来，提供一种便于利用的方式的先驱，并且完成了研究史上一定的任务，这一点却是不能否认的"③。

此外，早在1935年6月，陶希圣就声称"我计划较大规模地搜集宋以来的经济史料"④。在这之后，他就零零星星地做了一些工作，发表了一批论文。1936年7月，唐代经济史料辑录工作结束后，其成员一方面利用这部资料集进行研究，刊行论文，出版专著，同时又在陶希圣主持下，开始宋代经济史料的搜辑，当时参加工作的有鞠清远、武仙卿、李树新、贾钟尧诸人。⑤但是，这项工作尚在进行中，就因抗日战争全面爆发，北平很快沦陷而中断。这些参加史料搜辑工作的人，从此四散奔波，所搜辑的部分资料也在战乱中散佚了。

（二）拓荒性的社会经济史专题研究

食货派致力于中国古代社会经济史的研究，做了一系列拓荒性的

---

① 参见鞠清远：《刘晏评传》，陶希圣序。
② 陶希圣：《小序》，《食货》第4卷第5期。
③ 池田温：《中国古代籍帐研究》，龚泽铣译，中华书局1984年版，第23页。
④ 《食货》第2卷第1期"编辑的话"。
⑤ 鞠清远：《刘晏评传》，陶希圣序。

工作，建树颇丰。他们除撰有《南北朝经济史》、《唐代经济史》两部断代经济史外，还出版了多部经济史专书，其研究领域涉及中国古代的农业、手工业、货币经济、寺院经济、赋税制度、财政制度、城市文明、社会阶层等多个方面，在诸多问题上形成了他们独到的看法。因为他们的社会经济史研究主要是为了论证其社会形态理论，尤其是为了阐释魏晋封建说，因此，其主要成果也就集中于汉代至元代这千余年间。

按照食货派的主张，东汉以后，中唐以前，社会经济方面最重要的特征就是大族与寺院的经济特权，"寺院、大族之有社会的政治的与经济的基础，才有与政府争夺的实力。三者之间，最明显的争夺，在这时候是土地与人民的争夺"①。由于"政府、寺院、大族同有他们自己的领地和领民，于是，他们同时都具备了封建领主的资格"②，他们因而成为这一时期社会上三个主要的统治势力，三者之间围绕着土地和人民不断进行争夺，由此形成迥然异于前代与后代的封建社会形态。秦汉时代奴隶经济和商业经济所造成的大土地所有制成为封建制度的经济基础。古代社会中的奴隶解放了一些，而自由民又依附于政府、大族和寺院，都转化为农奴，奴隶主则转化为握有政权的政府、大族和寺院这样的封建领主。这就形成了中古时代的封建社会结构，而其主要的经济形态乃是庄园经济。③

食货派对中国古代社会经济史的专题研究，最具代表性的成果主要有以下几项。

第一，他们认为在中古庄园经济形态下，土地所有制是以私有为主。中古时期，最受后人关注的就是均田制度。食货派认为历来研究者对均田制度的认识并不准确，在他们看来，这种制度"本是北朝国家庄园中始终推行的土地制度"，其施行范围"仅限于属于国家的土地"。④当时均田法令的规定极为整齐，然其实行程度，微乎其微。因为实施均田法后，私有土地仍在扩大，而均田制度只注意土地使用，未及所有

① 陶希圣、武仙卿：《南北朝经济史》，商务印书馆 1937 年版，第 6 页。

② 《南北朝经济史》，第 144 页。

③ 何兹全：《魏晋时期庄园经济的雏形》，《食货》第 1 卷第 1 期；武仙卿：《魏晋时期社会经济的转变》，《食货》第 1 卷第 2 期。

④ 《南北朝经济史》，第 18 页。

权，只有授而不见收，故土地日归私有，乃其必然。它只在官地上施行，没有触及私有土地。北朝如此，南朝则更是另一情形，较之北朝，因其南朝则官地狭小，所以未曾施行均田制，其主要土地形态乃是大土地所有制。故自周齐至隋，继相沿而下的“寺院田园，国家屯田与公田，及贵族田园，共同的发展了佃作制度”[①]，而仅施行于部分官地上的均田制度及由此形成的小农田产常受庄园经济的侵袭，经常陷入破败遭兼并的境地。

隋朝立国，统治者企图抑制兼并，削弱豪族，以巩固政权。而隋炀帝穷兵黩武，戮力开边，又开凿运河，大兴土木，以致民不聊生，民变蜂起。这时受压制的贵族乘机而起，利用民变力量，灭亡了隋朝。在隋末兵革未息、干戈扰攘的战乱中，人口锐减，土地荒废，造成唐初田多人少的局面，这成为唐初实行均田制的先决条件。唐朝大规模地推行均田制度，使之盛极一时。但是，这种制度很难长期推行下去，因为“国有土地一经分散，数量就必然的减少，人口增殖，残余的国有土地，不敷分配”[②]，而且，均田制下的口分田实际上也成了人民的私田。所以，从一开始国有土地就在向私有土地、屯田、皇庄转化，在这些因素的作用下，均田制度必然隳坏，到安史之乱时，田土荒废，已至极点，均田制度也就必然全面崩溃。尽管如此，唐朝的均田制度仍然只在部分土地上实行。唐朝的土地制度实际上包括国家庄园下的均田制、皇庄、贵族大地主的庄墅、寺院庄园几个部分，而均田制度并不是主要的土地制度，“均田制度的破坏不是一般的土地问题，甚至有时还算不得重要的土地问题”[③]。这一时期，贵族、大地主、寺院庄园仍在发展，其佃作制度在安史之乱后更为发达。食货派对均田制度的估价成为国内此后有关讨论举足轻重的一家之说，是魏晋封建说的主要观点之一。

第二，在大族与寺院二者中，食货派对寺院经济作了开拓性的研究，这一方面何兹全作出了奠基性的贡献。他在1934年发表的《中古时代之中国佛教寺院》，是中国学者研究寺院经济的第一篇论著，对从三

① 《唐代经济史》，商务印书馆1936年版，第9页。
② 《唐代经济史》，第181页。
③ 武仙卿：《唐代土地问题概说》，《食货》第5卷第4期。

国到唐代中叶（中古时期）的寺院与寺院经济作了全面系统的论述。他认为从宗教史上说，中国中古时代是佛教思想支配的时代，而佛教的发展又全赖寺院的活动和宣扬。从社会史上说，中古时代的佛教寺院不但是宗教的组织，而且是政治的组织，是中国中古封建社会的一个缩影，在封建关系的表现上，寺院比世俗社会更加显著。因此，研究寺院和寺院经济对我们认识中古时代社会性质具有特别重要的意义。他指出佛教在西汉传入中国，到魏晋时康僧会和佛图澄分别在南北建立起佛教寺院的基础，后来，鸠摩罗什在姚兴的支持扶助下进一步巩固了寺院的社会基础，从此，寺院急剧发展，而其性质也就渐渐地由宗教组织转变为政治的、社会的、经济的组织，变成庄园，成为统治阶级剥削和统治的工具。寺院在成为大资产所有者的过程中，逐渐形成等级分明的僧官制度，私有财产制度也建立起来，从而寺院内也形成了如同俗界的阶级关系。佛教寺院的社会职能在于帮助国家，劝化人民服从统治，同时在其势力强盛时又可以保护人民、传播文化、发展教育，而它所积聚的大量财富有时也用于救济贫穷、赈济灾荒。魏晋以后，随着寺院在各方面的膨胀，戒律日渐隳坏，生活日益堕落和俗化，与俗世别无二致。同时，寺院又放高利贷从事剥削，使它所做的慈善之业败坏，从而寺院的劝化职能也逐渐消失。唐开元天宝之后，随着社会经济的变化，庄园经济日趋没落，寺院存在的社会基础瓦解了，唐政府又建立起度僧权国有制度，这就使得国家逐渐控制了寺院的发展，再加上唐中叶百丈怀海进行佛法平等的寺院改革，宋代又剥夺了寺院免除租调的特权，从而在中古结束时，寺院的权势消失、政治性绝灭，它再次还原为一个简单意义上的宗教组织。到这时，历史上一度兴盛的寺院和寺院经济也就彻底衰落了。[①] 此外，全汉昇撰有《中古佛教寺院的慈善事业》[②]，武仙卿撰有《南北朝国家寺院士族的协和与冲突》[③]，陶希圣撰有《唐代寺院经济概说》[④]，

---

① 何兹全：《中古时代之中国佛教寺院》，《中国经济》第 2 卷第 9 期。

② 《食货》第 1 卷第 4 期。

③ 《文化建设》第 3 卷第 1 期。

④ 《食货》第 5 卷第 4 期。

鞠清远撰有《唐宋元寺领庄园研究》[1]，对中古寺院经济的一些问题分别作了探讨。而陶希圣、鞠清远还对元代的佛寺田园、商店、寺产问题，搜集了一些史料，作了初步论述。[2]

第三，随着中古封建庄园经济形态的发展，其劳动者身份的变化也值得人们注意。杨中一在魏晋封建论的框架内，对“部曲”一词的含义和部曲这一社会群体的源流演变作了较为系统的研究。他认为部曲本为西汉行军时军队的编制，西汉末年转为军队的代称，东汉时成为士卒队伍之义，汉末向私兵转化，身份降低到平民之下。部曲会形成一个阶层是由于屯田，他们在魏晋时是被朝廷承认的私兵、家兵，其任务是且佃且守，再由私兵慢慢地成为主将的私属，由官而为私，到唐代就成为类似农奴的自由民。唐以后部曲之制消灭，其义多从古义，指士卒队伍，而且多用于指非正式的队伍。[3]他从社会经济史的角度进行研究，考证与阐释相结合，所取得的认识基本上为以后大多数学者所认同。该文的发表，奠定了这一问题研究的基本格局。

陶希圣运用社会阶层史的研究方法论述西汉的客及王莽末年的豪家和宾客子弟，他认为西汉时客没有“自己的阶级”，也没有“为自己的阶级”，但在阶级斗争中有作用，他们不从事生产，既有固定性，又有流动性。西汉末年，客开始加入生产过程，尤其是参加农业耕种，以后就渐渐被役于农业生产，从而由自由的食客转变为半自由的农奴。[4]鞠清远则搜集诸多材料，全面系统地对两晋南北朝时期的客，以及与客地位相近的门生、故吏、义附、部曲诸社会群体作了考辨，对他们的性质、地位、发展状况加以说明。他指出晋初客的地位比奴隶高一些，因为客有益于私门而有损于国家赋税收入，所以，晋初一方面禁止募客，另一方面限制贵族官吏的“客”数。客依附于贵族豪族，有纯雇佣性质

---

① 《中国经济》第 3 卷第 9 期。

② 陶希圣：《元代佛寺田园及商店》，《食货》第 1 卷第 3 期；鞠清远：《元代的寺产》，《食货》第 1 卷第 6 期。

③ 杨中一：《部曲沿革略考》，《食货》第 1 卷第 3 期。

④ 陶希圣：《西汉时代的客》，《食货》第 5 卷第 1 期；《王莽末年的豪家及其宾客子弟》，《食货》第 5 卷第 6 期；《食货》第 5 卷第 6 期“编辑的话”。

的，也有与奴隶一同耕田的，而佃客则是一种经营小农场的人，他们与田主地位平等。至于门生、故吏、义附、部曲等社会阶层的构成方法与性质也与客相似。[①]何兹全则撰文论述了中古大族、寺院的领户问题，他认为大族、寺院是庄园领主，领户则是他们的农奴，他们通过依附、招引、侵夺、赐予、庇荫、度僧等方式获得人口，占有领户，并随着魏晋间社会状况的变化不断扩大其农奴占有量。大族、寺院领户的重要义务是给他们耕地，向他们纳课，并为大族寺院服役。他们与大族、寺院的关系是一种隶属关系，具有超经济强制的性质。因为大族、寺院对领户的占有是对国家户口的分割，所以国家与大族、寺院之间常发生争夺领户的斗争。中唐以后，庄园制度瓦解，大族与寺院蜕变为地主，而领户也就变为自由劳动者了。[②]

第四，食货派对从秦汉到宋元的赋税与财政问题作了较为详细的研究。刘道元考察汉至宋代的田赋史，认为田赋包括田租（或地税）、田赋、力税三种，这三者的形态随社会发展而演化，或分或合，或以现物来实现，或以货币来实现。他在分析由秦汉奴隶社会的地税、田赋、力役形式的田赋，如何转变为中古庄园制下封建式的户调制及租庸调制的田赋形态，又如何因中唐封建制度瓦解，再转变为唐末两宋以后的两税制田赋形态这一历史过程的同时，还论述了与田赋形态相联系的三个社会阶段社会形态的变迁过程。[③]对于唐朝的租庸调制度，鞠清远指出这是安史之乱前国家的主要财政收入，但它并不是人们所说的与均田制度紧密联系在一起，二者之间"没有什么永常的有机关系"[④]，而是实行于所有土地上。武仙卿对人们普遍认为的西晋无田租一说提出质疑，他从《晋书》中举出若干强有力的证据，证明西晋有田租存在[⑤]，这一意见此后被人们广泛接受。另外，鞠清远还撰文专门讨论了唐朝的户税，经过

① 鞠清远：《两晋南北朝的客、门生、故吏、义附、部曲》，《食货》第2卷第12期。

② 何兹全：《中古大族寺院领户研究》，《食货》第3卷第4期。

③ 参见刘道元：《商鞅变法与两汉田赋制度》，《食货》第1卷第3期；《中国中古时期田赋制度》，新生命书局1934年版；《两宋田赋制度》，新生命书局1933年版。

④ 陶希圣、鞠清远：《唐代经济史》，第66页。

⑤ 武仙卿：《魏晋南北朝田租与户调对立的税法》，《食货》第5卷第4期。

对唐代按户出钱的户税在当时的称谓、税率、用途以及这一税种存在意义的考证分析，得出户税忽明忽暗贯穿有唐一代的结论。[①] 其考据论述多别具见识，被李锦绣称为“这是对户税拓荒性的研究”[②]。

武仙卿研究南北朝的色役，他从社会史角度出发，在三国至宋代这样一个长时期的社会变迁框架内，寻绎色役形态的变化，并从色役形态的变化论述社会形态的递嬗更替。他分门别类考察南北朝的防阁、白直、亭长、事力、白簿吏、吏、僮、幹、军户、将门、塘丁、桥丁、三长、伎巧杂户等色役职务，认为他们与杂徭很有关系，在南北朝基本上仍是正规的服役，是一部分人民对国家、对君主、对官员的一种特殊服务，但是到了宋代，色役则不再是正规的服役，而改用金钱来替代，从而也就失去了徭役的性质。因此“魏晋南北朝是（色役的）典型时期，到了隋唐，大体都变为俸禄的一部”，至于在唐代还没有变为俸禄的色役，多半是地方政府中或地方性质的，而到了北宋，它又沾染了商业的性质。所以，南北朝的色役是色役的躯干，唐代的色役只是色役的尾巴，宋代的色役更是尾巴的尾端。[③] 他的这篇论文在晋唐色役研究方面具有较大的参考价值。

在财政制度史研究方面，贡献最大的当推鞠清远。其所著《唐代财政史》[④]，利用北京大学中国经济史研究室同人共同搜辑的材料，分两税法以前之赋税、两税法、专卖收入、官业收入与税商、特种收支、财务财政六个部分，对唐代财政中的租庸调、地税、户税、色役、赀课、商税、茶税、酒税、青苗钱、盐铁、漕运、东南财库等问题作了考察，涉及唐代财政制度的各个方面，以史料丰赡、考证精细见长，成为这一领域的权威之作，并被推许为“对于唐代财政问题的优秀概说性著作”[⑤]。他的另一著作《刘晏评传》，以刘晏生活的盛唐至中唐转折（安史之乱）时代的经济财政状况为背景，以理财人物刘晏为中心，搜罗史料，铨叙

---

① 鞠清远：《唐代的户税》，《食货》第 1 卷第 8 期。

② 李锦绣：《唐代财政史稿》上卷第二分册，北京大学出版社 1995 年版，第 468 页。

③ 武仙卿：《南北朝色役考（上）（下）》，《食货》第 5 卷第 8、10 期。

④ 鞠清远：《唐代财政史》，商务印书馆 1940 年版。

⑤ 堀敏一：《均田制的研究》，韩国磐等译，福建人民出版社 1984 年版，第 449 页。

排比，概述唐代财政经济、税收、转运、货币及经济思想诸方面的变化，略于传主的官宦生涯，详于传主生活时代的财政经济史，力图从传主从事的财政调度活动中揭示中唐社会经济的变迁。而且，他把与刘晏大致处于同一时代，也掌朝廷财政大权的官员，将他们的官职升黜和事迹，以及刘晏执政前唐代财政、运输、经济状况中足以为刘晏施政依据或张本的资料都尽量录出，加以考订分析，用以说明刘晏与唐代财政的关系①，对唐代财政史的研究有较大参考价值。

此外，食货派还对中国古代的手工业、货币经济以及城市文明状况作了研究。鞠清远详尽地考察了汉至元的官私手工业，对官私手工业的发展状况进行了细致的论述，内容涉及官私手工业的机构组织、生产规模、生产分工、工场地点、工人身份等问题②，在资料收集、史事考证方面往往有独到之处，诸多见解都是第一次提出，在古代手工业发展史的研究上，他确有拓荒之功。直到20世纪90年代初，仍有专家指出国内有关唐代“手工业方面的研究论文显得零打碎敲，在许多方面还没有超过鞠清远所著《唐宋官私工业》一书”③。全汉昇则专力论述中国行会制度史，对从周秦到近代行会的起源、发展、兴盛、衰亡历程以及行会性质的变化作了全面考察。④

关于货币经济，食货派影响最大的论点是中古自然经济论。他们认为从春秋战国至两汉，金属货币的使用逐渐推广，货币经济日渐繁荣，但从汉末魏晋南北朝起，货币经济逆转衰落，实物经济盛行，自然经济占据支配地位，这种状况一直持续到唐代中叶，货币才再度繁荣。不过陶希圣、武仙卿、何兹全等人反对笼统的自然经济论，主张东汉末年因战乱使货币经济衰落，魏晋南北朝时期南北的经济情形颇

---

① 鞠清远：《刘晏评传》，商务印书馆1937年版，第71页。

② 参见鞠清远：《汉代的官府工业》，《食货》第1卷第1期；《五胡北朝之官府工业》、《魏晋南北朝官府工业之刑徒》、《魏晋南北朝的官工业机关》、《魏晋南北朝的冶铁工业》、《魏晋南北朝的匠师及其统辖机关（上、下）》，分刊于天津《益世报·食货周刊》第4、5、7、11、12、13期；《元代系官匠户研究》，《食货》第1卷第9期；《唐宋官私工业》，新生命书局1934年版。

③ 魏明孔：《近年来隋唐五代经济史研究特点》，《中国史研究动态》1990年第4期。

④ 全汉昇：《中国行会制度史》，新生命书局1935年版。

有不同，“黄河流域屡次回复现物经济状态”，南方则受战乱影响浅微，所以商业仍极兴盛。[①] 全汉昇则认为从汉末到隋初，战火连绵，导致人口锐减，田园荒芜，交通困难，这直接促使商业的衰落。同时由于铜产量大减，而佛寺又广铸佛像，使铜钱减少，实物经济自然出现，这种状况一直持续到唐代中叶。因此，全汉昇主张整个中古时期都处于自然经济状态。[②] 虽然他们之间存在争论，但这并未影响学术界对中古自然经济论的广泛接受。

关于中国古代的城市文明，食货派关注的重点在隋唐五代和宋朝，他们对这一时期都市文明的繁荣以及市镇的兴起情形作了初步论述。武仙卿全面概述了隋唐扬州城市文明的发展[③]，鞠清远介绍了唐宋时代四川的蚕市[④]，陶希圣搜集史料，对五代时的都市和商业情况作了描述，全汉昇则对宋代东京（今开封）和临安（今杭州）的城市生活及其相互关系作了深入细致的考察。[⑤]

（三）域外论著的翻译和介绍

食货派一方面致力于中国古代社会经济史的研究，一方面也积极翻译介绍国外社会经济史的研究成果。在创刊号中，陶希圣针对 1920 年代社会史论战中某些人将方法当结论的倾向，指出“其实这不过是外国社会史拿来代替中国社会史罢了”，这当然是一种错误的方法，“正确的方法是能够把握中国历史上社会现象的内部关系的方法。中国历史上的社会现象并没有明显的整齐的摆在陈列室里面，还须大家去搜求”[⑥]，陶希圣竭力主张大家努力搜求史料以研究中国社会经济史。这表明他们的注意中心转移到中国历史的本身。但是，这并不意味着食货派从此深闭固拒，

---

① 陶希圣、武仙卿：《南北朝经济史》，第 94 页；参见何兹全：《东晋南朝的钱币使用与钱币问题》，《“中央研究院”历史语言研究所集刊》第 14 本，1949 年。

② 全汉昇：《中古自然经济》，《中央研究院历史语言研究所集刊》第 10 本，1942 年。

③ 武仙卿：《隋唐时代扬州的轮廓》，《食货》第 5 卷第 1 期。

④ 鞠清远：《唐宋时代四川的蚕市》，《食货》第 3 卷第 6 期。

⑤ 全汉昇：《南宋杭州的外来食料与食法》，《食货》第 2 卷第 2 期；《宋代都市的夜生活》，《食货》第 1 卷第 1 期；《宋代东京对于杭州都市文明的影响》，《食货》第 2 卷第 3 期。

⑥ 《食货》第 1 卷第 1 期“编辑的话”。

屏弃了国外同行研究成果的参考价值。事实上恰恰相反，他们比以往更加注意国外同行的研究成果，并希望能对外国学者的成果有更加系统全面的了解，能够对外国社会经济史有更为丰富的认识。

1935年，陶希圣为食货学会规划的本年度六项工作草约中，介绍外国论著和搜罗参考资料赫然列为两项重要内容，前者要介绍外国学者撰写的中国社会经济史著作，后者则要译介研究外国社会经济史的论著，以作研究中国社会经济史的参佐之用。而且，文章进一步指出，“要想对中国经济社会史精深研究，必须就外国的经济社会史得到精确的知识。在比较参佐之下，中国经济社会的现象的意义、特征，及各种现象的相互关系，历史发达的必然法则，才能看得出来”[①]。在发表了苏俄史家雷哈特《西欧及东洋的封建化进程》一文后，主编就指出此文“很可作我们研究魏晋南北朝时代的参考”[②]。食货派成员在论证魏晋封建说时常常引罗马帝国的历史变迁为证，认为魏晋时期的中国与公元2世纪以后的罗马同处于封建社会的形成期。在具体历史细节问题的讨论中，也往往采用中西历史比较的方法，借域外社会经济史研究成果的帮助，剖析中国的历史现象。

在《食货》半月刊发表论文的98位作者中，有25位做了译介工作，共有国外35位学者的57篇论文经他们之手传入国内，这批论文占《食货》总共304篇论文的19%，分量相当大，这足以显示他们对国外研究成果的重视程度。在被介绍的国外学者中，属于日本的有加藤繁、仁井田陞、清水泰次、塚本善隆、日野开三郎、铃木俊等人，属于苏俄的有雷哈特、波里耶克大、科窪流夫等人，属于欧美的有施穆勒（译作西摩勒尔）、扎克曼（译作约克曼）、克拉潘（译作克拉判）、桑巴特（译作桑巴德）、卢森堡、考茨基、格拉斯等人。

《食货》中从事翻译工作最有成绩的有连士昇、李秉衡等人。连士昇，1931年毕业于燕京大学经济系，在北平图书馆从事研究工作，参与中国经济史研究室的工作，在《食货》上专任西方各国各派经济史方

① 陶希圣：《食货学会本年六项工作草约》，《食货》第1卷第6期。

② 《食货》第5卷第8期“编辑的话”。

法论的介绍[①]，他在《食货》上刊载译文16篇，主要是介绍西方经济史的兴起、发展及其理论方法，还有一些西方史家所出版的社会经济史论著。在1930年代的国外经济史家中，他最欣赏德国的桑巴特和英国的陶尼。桑巴特提倡经济理论与经济史相结合的史学方法，他认为"只有理论的训练，才能够造成真正的史学家。没有理论就没有历史！任何科学史的著述都以理论为先决的条件"[②]。连士昇专文介绍陶尼的《宗教与资本主义的兴起》一书，概括其主张为"清教徒是注重个人的利益，发展竞争的精神，这种精神正是现代资本主义的滥觞"[③]。他推崇英国史家克拉潘，认为"他的方法最精密，态度最客观，穷源究流，覃精竭思，只重事实，不顾其他"。克拉潘称经济史研究方法的特点"大抵在于显著的数量的利益；因为这缘故，它应该变成史学里最精确的一个部门"。虽然说真正做到这一点十分困难，但是如果文件丰富，就应该用数量的方法研究经济史。另外，驾驭经济史文件所需的训练与通史学者所需的相似，必须懂得有关系的语言学、金石学、古文学等知识；治价格史的，必须懂得现代研究价格的方法和指数的基本原理，而且，经济史学者应当有统计的意识，他们还最好懂社会史和人文地理，因为这两个学科与经济史关系相当密切，它们的结合会有重要的发明。此外，他认为对经济史分期要慎重，德国历史学派将经济史化为经济理论，用历史的概括代替经济的理论，显然是荒谬的。[④]他还慎重地说不能夸大经济史的重要性，经济史只是作为一门专史的经济史而已。[⑤]连士昇所译扎克曼的文章则着意强调经济史的重要，并认为研究经济史的方法当联合运用归纳法和演绎法。[⑥]至于他所译卫布思夫妇研究社会的方法则具有很强的可操作性。卫布思夫妇肯定分类和假设在认知中的作用，但同时又指出了其局限性。分类有思想和统计两种方法，这一过程极为重要，"没

---

① 《食货》第1卷第8期"编辑的话"。

② 桑巴德：《经济理论与经济史》，连士昇译，《食货》第1卷第8期。

③ 连士昇的评介文章，R. H. Tawney, "Religion and the Rise of Capitalism: A Historical Study", London, 1929，文载《中国社会经济史集刊》第5卷第2期，第270页。

④ 克拉潘（判）：《经济史的规律》，连士昇译，《食货》第2卷第2期。

⑤ 克拉潘（判）：《经济史的基础》，连士昇译，《食货》第2卷第8期。

⑥ 约克曼：《经济史的重要性》，连士昇译，《食货》第2卷第12期。

有分类，那种种色色的事实的描写，都没有法子利用，而且也没法子明了”，但不能看得太重，说到底，“这些东西不过是人类用一些词句来表现自己的感觉和思想，‘它们并不是它们想描写的现象’”本身。定义不是思想的基础，它只能指出研究的途径，事实上，它仍然是在继续试验的假设，有待经验事实的证明、修正和否认。至于假设，“是一种有价值的必要的工具，不管是在研究的开头或终结的时候”，但假设也只是一种研究方法，不能当作结论。在研究时，史家不应只持一种假设，而应持有种种相互矛盾的假设，唯一的假设会使人陷于偏见，不能发现真理。因此，要尽量搜集一切假设，包括错误的假设，方法有两种：一是博览与他研究的问题有关的材料；二是经常思考他研究的问题，并充分发挥想象的作用。在对假设的证实、证伪和修正过程中，最终改变前人所使用的范畴和分类，发现新的真理。最后，卫氏夫妇据亲身经历分析了问卷调查法的弱点和局限，以及何时使用、有何作用等问题。①

不是食货派成员，但是积极参与研究讨论的李秉衡在《食货》上发表译文10篇，多为苏俄史学界关于奴隶制度、亚细亚生产方式、封建领主经济的讨论，以及介绍马克思主义史学方法的论文。他据日文重译德国著名马克思主义者卢森堡的《对于经济史底两种见地》，文章认为研究经济史的人应当把握住历史发展的根基，寻出判定社会经济文化现象的试金石。摩尔根强调生产技术的决定性作用，对推动文化史研究确有其功，但对经济史研究则不适用，“能决定一社会生产形态的性质者，是分业与消费者间的生产物之分配、交换种种社会的关系”，更具体一点，就是劳动者与生产手段的关系决定了历史的本质。如果这种关系发生变化，则“其他一切方面即经济的、政治的、精神的生活亦发生根本的变化，同时全然新的社会于此发生”。以此衡量德国资产阶级经济学家代表人物比夏在《国民经济的发生》中采用的经济史分期法，就会发现比夏迷于交换这一现象，而忽视决定交换的劳动者与生产手段的关系，因而发现不了历史的本质。② 李秉衡据日本马克思主义者石滨知行

① 卫布思夫妇：《怎样研究社会事实》，连士昇译，《食货》第3卷第6期。

② 李秉衡译：《对于经济史底两种见地》，《食货》第3卷第8期。

的同题论文改写的《经济学史上的恩格斯》，较为详细地介绍了恩格斯的历史观和他的历史分期理论，认为恩格斯主张历史永不停息地发展进化，这种发展受严格的历史法则支配；其中，人的历史说到底是经济关系的产物，当然社会的上层建筑对经济基础也有反作用。[①] 文章对恩格斯历史观的概括比较准确。

鞠清远所译美国史家格拉斯的《经济史之兴起》一文，相当全面地回顾了欧美经济史的发展历程，认为美国与欧洲一样，其经济史的发展过程也是先商业史，次经济史，再社会史，与德、英、法所不同的是美国学者特别注意经济史的数量统计。但是现在经济史已不能再限于搜集考订史料和分门研究，“现在应有一种智慧的训练，使创造性的想，与统计学的判证，并行起来”。研究的对象也要转换，“我们应注意的，是劳动者、工匠、农民及工业家，普通的运输者及商人，究竟在生存中，得到什么。换句话说，我们需要更为历史的，来研究真正的收入——满足欲望的东西的本质、种类及数量的变化”。而有时质比量更为重要。此外，必须使经济史建立在更加科学的基础上，并改变以往经济史著作枯燥烦闷的面目，在文采上更富有吸引力。[②]

傅安华在《食货》、《中国社会》、《东方杂志》、《中国经济》、《文化建设》等刊物上发表了一系列日本史学家研究唐宋社会经济史的译文，它们多出自加藤繁、玉井是博、滨口重国等名家之手，注重实证，考核精细，论证缜密，对它们的翻译和介绍，既可作国内研究者的参考，又可帮助人们了解日本史学界研究中国社会经济史的状况，而且，至今看来，这些译文仍然不失其参考价值。

在译文译著之外，食货派还主张翻译西方的经济史名著，陶希圣即拟编辑“经济史名著选译”丛书。[③] 连士昇将德国经济史学派代表人物施穆勒所撰《腓特烈大帝的经济政策》一书的英译本导言译为中文，约五万言，名《重商制度》，作为“经济史名著选译”丛书之一种交付出

① 《食货》第 3 卷第 12 期。
② 格拉斯：《经济史之兴起》，鞠清远译，《食货》第 2 卷第 3 期。
③ 《食货》第 2 卷第 10 期“编辑的话”。

版。[1]他又将美国经济史家格拉斯所著的《工业进化史》译出，名《工业发达史》，分九次刊于《食货》中，此后结集名《工业史》，1939年由长沙商务印书馆出版。

食货派虽然积极从事国外经济史研究成果的译介工作，终限于时间、人力、物力，成就并不很大。但是，在1930年代的经济史研究热潮中，其译作毕竟为国内经济史学界了解国外同行的研究状况开辟了一个窗口，对中国社会经济史研究的开展，有一定的促进作用。

陶希圣和他领导的食货派自1930年代初开始，从事草创时期的中国社会经济史研究，在社会形态说方面致力于魏晋封建论的创发，在史学方法上，主张史料与理论并重，提倡社会学、经济学与历史学的结合，并投入巨大的精力进行史料搜集工作，在秦汉至宋元时期社会经济史领域更取得了一定的收获，对现代中国社会经济史范式的建立有一定的推动作用。“但因为陶氏并不是单纯的客观研究的理论家”[2]，他和其他食货派成员与国民党关系极为密切，这使他们随着社会的变化、时局的发展、国民党政治的变更必然卷入政治旋涡，食货派所从事的社会经济史研究也将随着社会文化思潮的变化而转向。历史的发展充分证明了这一点。

1937年7月卢沟桥事变爆发，《食货》杂志停刊，食货派成员各寻去向，从此四下奔波。陶希圣南下参加庐山谈话会，成为南京汪精卫系所谓“低调俱乐部”的重要成员。南京失陷，迁往武汉，1938年国民党政府改组，周佛海担任国民党中央宣传部部长，陶希圣乃列名为宣传委员，领着学生武仙卿、鞠清远、曾謇、何兹全、沈巨尘诸人在武汉从事所谓文化抗敌宣传工作。不久，他又与周佛海共同策划成立“艺文研究会”，担任设计总干事，出版“艺文丛书”。同时，当国民党抗战建国纲领出现，即又召集一批作者作纲领的解释工作，并自撰《总则篇》。艺

---

① 连士昇：《重商制度略说》，《食货》第2卷第5期；陶希圣：《经济史名著选译计划》，《食货》第2卷第1期。但《重商制度》不见于《八十年来史学书目》，可能未曾出版。

② 周予同：《五十年来中国之新史学》，《周予同经学史论著选集》，上海人民出版社1983年版，第556页。

文研究会武汉失陷后去重庆，缩小规模，仅有沈巨尘数人。[①] 这一时期，他又带领弟子担任国民党武昌战训团的教官，撰写了一批旨在宣传抗战的史学作品，如《中国民族战史》（陶希圣、沈巨尘著，重庆青年书店1939年版）、《民族革命战争的历史教训》（武仙卿著，正中书局1939年版）等。1938年底，陶希圣追随汪精卫公开投降日本，食货派的重要成员鞠清远、武仙卿、曾謇、沈巨尘等也跟随左右。[②] 两年后，陶希圣又随高宗武从上海逃往香港，并在香港将汪精卫与日本的秘密投降协定公之于世。而鞠清远、武仙卿、沈巨尘则留在汪伪政权中[③]，曾謇后来回到重庆陶希圣身边。1942年陶希圣在日本侵占香港后又辗转回到重庆，进入侍从室工作，成为蒋介石身边的文胆之一。

在这场民族战争中，陶希圣反反复复，一批追随左右的弟子也因此往返奔波，根本无心于中国社会经济史研究，除了部分战前已撰而延宕至此时才出版的中国社会经济史论著外，1930年代开始进行的中国社会经济史研究全面中断。虽然还有个别成员，如何兹全等人在零星地作些研究，但食货派作为一个较有组织的研究群体到这时已经瓦解，他们所立下的系统研究中国古代社会经济史的目标也从此搁浅。因此，卢沟桥事变的爆发标志着食货派作为1930年代一个重要史学流派的终结。[④]

---

① 参见方秋苇：《陶希圣与“低调俱乐部”、“艺文研究会”》，《民国档案》1992年第3期。也可参见何兹全：《爱国一书生》，第114—117、153—156页。

② 陶希圣：《潮流与点滴》，第169、173页。何兹全：《爱国一书生》，第156、204页。

③ 关于鞠清远、武仙卿，参见刘寿林等编：《民国职官年表》，中华书局1995年版，第1039、1082、1083、1310、1479页。关于沈巨尘，参见何兹全：《爱国一书生》，第204页。另关于武仙卿、沈巨尘的情况还可以参见张润三：《南京汪伪几个组织及其派系活动》，中国人民政治协商会议全国委员会文史资料研究委员会编：《文史资料选辑》第99辑（合订本第34册），中国文史出版社1986年版，第166—167页。

④ 抗战结束后，陶希圣又谋求恢复《食货》，并在其任主笔的国民党《中央日报》（南京）上开辟《食货周刊》，于1946年6月8日开始出刊，先是由曾謇（资生）主编，到1947年5月7日第37期，开始由陶希圣和曾謇共同主编，直至1948年7月19日。另外，1942年贵阳出版的《中央日报》上曾出版《新食货》副刊，可能也是陶希圣回到重庆后创办的（上海社会科学院出版社1991年版《近代中国》第三辑朱荫贵《章有义先生传略》）。而1971年陶希圣更在台北创办《食货》月刊，至1988年停刊，在港台大力倡导运用社会科学治史，推动了港台史学界治史风气的转变，这乃是后话。

中国近现代史学思潮与流派（1840—1949）

下　册

本册著者　　胡逢祥　王东

创于1897　商务印书馆　The Commercial Press

2019年·北京

目录

第八章

抗战时期的民族主义史学思潮

第一节　从传统“夷夏”观到现代民族主义

一、“夷夏之辨”与传统“民族”观

民族主义是20世纪中国具有深厚历史渊源、持续时间最长且影响最为广泛的社会思潮，抗战期间，其所奏出的时代最强音，更在激发人们救亡意识和爱国情操、型塑中国现代民族精神及其文化与学术的走向上刻下了深深的印记。

一般认为，“民族”一词来自西方，而民族主义和民族国家更起源于西方近代。但这并不是说中国古代从未形成类似“民族”的观念，事实上，它在中国原本就有着极为深厚的历史积淀。

古代民族的形成，最初显然源于人类早期有血缘关系和共同栖居地的部族或种族。在西语中，“民族”（英语 nation 或法语 nacion）一词源出罗马时代的 natio，本系从拉丁文“出生”（nasci）的过去分词 natus 转化而来，意即种族、血统、出生物等。中国古代虽极少使用“民族”这一称谓，即用亦多非今所谓“民族”之意[①]，但家族、氏族、公族、宗族、邦族、国族（原意多指一国最高统治者之宗族）、部族等词在文献中出现的频率都很高。“族”之初义，从甲骨文和金文看，原指家族、氏族或以此为基本单位建立的“社会军旅组织”[②]，其所表达的血缘宗亲

---

① 郝时远《中文“民族”一词源流考辨》（《民族研究》2004年第6期）一文曾举出十条中国古代文献中使用“民族”之例，然详审其义，绝大部分系指“民之宗族”或“民之族类”，与今日“民族”一词概念不同。

② 参见丁山《甲骨文所见氏族及其制度》（中华书局1988年版）及徐中舒主编《甲骨文字典》（四川辞书出版社2003年版）和王文耀编著《简明金文词典》（上海辞书出版社1998年版）有关“族”字之释文。

关系，应是构成早期族类观念的最基本要素。然而，随着社会的发展和各部族活动地域的不断扩大，当各部族通过相互频繁接触（包括通婚、贸易和战争等）逐渐融合成越来越大的地域共同体——古代民族时，在其内部，由于血缘成分的日益复杂，种族概念往往有趋于泛化之势①，而共同的语言、习俗和文化认同则日益成为最重要和最具韧性的联结纽带，由此构成人们通常所谓的“文化民族”。春秋时期中原地区已形成并日益发展的“诸夏”或“华夏”共同体，便具有这一鲜明的趋势和特征。

从先秦文献看，“诸夏”和“华夏”本指中原各诸侯国及其所居地域，以别于周边荒远地带的“夷狄”。当时形成的“夷夏之辨”，虽不能排除种族观念，但其所关注的夷、夏差异，已渐向文化与礼俗制度方面作重心转移。春秋时诸夏的基本文化特征是，都奉周天子为政治秩序中心，并认同三代以来一脉相承的文化习俗制度统绪。孔子所谓“殷因于夏礼”，“周因于殷礼”，“周监于二代，郁郁乎文哉，吾从周”。又说“夷狄之有君，不如诸夏之亡也”。并极力称赞管仲辅佐齐桓公“尊王攘夷”之功，说“微管仲，吾其被发左衽矣”②，着眼点便在于此。《春秋穀梁传》谓：“吴，夷狄之国也，祝发文身，欲因鲁之礼，因晋之权，而请冠端而袭，其藉于成周，以尊天王，吴进矣。”③认为僻处东南方的吴作为一个保持着断发文身落后习俗的蛮夷之国，欲仿效礼仪之邦鲁国，学习中原诸国的冠服制度，是一种进步。《大戴礼记》也有蛮夷、诸夏“衣冠不同，言语不合”④的说法。这里，其所强调的都是文化习俗而非血族体貌差异。秦汉以后，随着中央集权帝国的建立和郡县制、车同轨、书同文、行同伦、统一度量衡等一系列制度文化在全国范围的推

① 如生活在古代中国的早期部族原本甚为繁多，但在《史记》的记载中，却几乎都被认定为炎黄之后，不仅夏、商、周和春秋时作为中原诸夏的齐、鲁、晋、燕、蔡、郑、卫等国如此，就是曾被视为“夷”的楚（黄帝之孙颛顼后）、吴（周太王子泰伯后）、越（夏禹之后）也是如此，而匈奴则被认为“其先祖夏后氏之苗裔也”。这些记载或传说可以说都反映了古代中国境内各族在族源问题上出现的一种认同泛化趋势。当然，实际情况肯定要较此复杂得多。

② 参见《论语·为政》、《八佾》、《宪问》。

③ 参见《春秋穀梁传·哀公十三年》。

④ 参见《大戴礼记·主言第三十九》。

行，更为先秦以来的“华夏”共同体发展成地域更宽广和形态更稳定的东方大族（后因汉朝声威远播而被称为“汉”）奠定了坚实的基础。

据此，范文澜曾提出，在西方，民族和民族国家固然是随着资本主义兴起而形成的，但在中国，“自秦汉起，汉族已经是一个相当稳定的人们的共同体，自北宋起，全国范围内经济联系性加强了，这个共同体也更趋于稳定”。因为按“民族是人们在历史上形成的一些有共同语言、共同地域、共同经济生活以及有表现于共同文化上的共同心理素质的稳定的共同体”这一定义，秦汉时中国已初步具备了此四个特征，“以后则是长期的继续发展着”。当然，这并不是资本主义时代的民族，“而是在独特的社会条件下形成的独特民族。它不待资本主义上升而四个特征就已经脱离萌芽状态，在一定程度上变成了现实”。[①] 这一结论，应当说是有相当事实根据的。近代之前，世界上曾出现过不少疆域宽广的大帝国，如波斯帝国、马其顿亚历山大帝国、贵霜帝国、罗马帝国和奥斯曼帝国等，但多“其兴也勃，其亡也忽”，最长的也仅数百年，即归于分崩离析。唯中国自秦汉以来两千多年，虽也几度出现过分裂割据局面，但总体上，作为大一统民族和国家的发展趋势却始终处于比较稳固的主流地位，即使在近代以来列强趁中国衰弱而屡屡掀起瓜分狂潮的极为险恶的环境下，也不能改变这一基本事实和态势。

这种现象的存在，原因当然涉及多方面，但自周秦以来在广大民众中逐步形成的根深蒂固的“族类”文化认同感，无疑在其中起有极大的作用。中华传统文化之所以能在古代民族及其国家的形成和长期运作中起到如此显著的作用，应与其自身的特点有很大关系。

首先，从文化内涵看，汉以后确立的以儒学（其基本价值观念和知识框架在周代史官文化时期实已形成）为主体的中华文化及其意识形态，其核心理念是注重人伦教化和礼治，以求营造和维系一种比较稳定的社会层次结构或秩序。由此出发，历代中央王朝对于边疆少数民族，理论上一般多主张实行“怀柔”政策，如尊重其习俗，对归顺者授以官

---

① 范文澜：《中国通史简编·绪言》，人民出版社 1965 年修订本第一编，第 48、53、60 页。此修订本初版于 1949 年 9 月，但“绪言”则写于 1954 年，修改于 1963 年，其中第七节“至秦汉起中国成为统一国家的原因”对此问题有详尽论证，文繁不具录，可参看。

职或设立相应机构让其首领自行处理内部事务等。而其崇尚“王道”和偏重实用理性的倾向，事实上也为它与佛、道、回等其他宗教、少数民族乃至外来文化的交流共处和思想融合提供了可能。中国历史上没有形成如欧洲中世纪那种以武力排斥或剪灭异教的体制（历史上出现的少数几次短暂的“灭佛”和“灭道”事件，主要是因统治集团担心宗教在社会上的势力过分膨胀直接动摇其统治基础所致，其性质实与某些帝王为伸张皇权而采取抑制打击豪强或“游侠”势力的用意相近），显然与此有关。这些，应当说都在一定程度上增强了其对境内各地区、各民族的文化亲和融汇力。历史上一些少数民族及其所建立的政权自愿接受汉文化，除了汉文化在当时处于比较先进的地位外，不能不说与这点也有着相当关系。

其次，从文化载体看，它有形、声、义兼备的汉字作为大一统国家境内各地区间进行文化传递与联结的强有力工具。汉字的长处在于，除了具有一般文字记录语言的音读功能外，还可直接通过字形本身展示其确定的含义，这不仅给中国古代境内操不同方言的人群乃至不同语言的民族学习、掌握和运用这一共同的书面信息沟通工具提供了便利，也使以此为载体的中华文化更易于远播并在广大的区域内生根。

第三，在文化教育和传播途径上，它很早就发展出一种较为开放且具拓展力的模式。虽然商、周时期，精神和制度文化的授受一度垄断在宫廷史官系统，难以播向一般社会层面，但至春秋后期，随着“私学”的出现，此种垄断已被日益兴盛的民间文化教育系统所打破。汉以后，整个社会的文化教育形成了官、私学互为补充的机制：官府通过立博士，设太学、国子学和州县学，以及各级察举或科举考试等方式，对文化教育的内容进行统一引导；同时允许民间私塾或书院[①]通过聚徒讲授，承担从基础到高雅学术的多层次教育，并得以以同样的权利参与官方组织的各类人才选拔考试。这一体制，使精神文化与制度及社会一般习俗伦理层面的文化有机地结为一体，有力地促进了中华文化的血脉在其广袤国土上——无论是通都大邑还是穷乡僻壤间——的流动不息、

① 古代书院有私学也有官办，清代书院尤以地方官办为盛。

代代相传，甚至远播到邻近国家。此外，这种“有教无类”的教育模式因与历代察举或科举选官制度始终紧密相连，尽管有其自身的弊端，但毕竟销蚀着社会各阶层的身份界限，为各色人员的地位升降提供了一种相对自由的竞争机制和空间，从而有效地扩大了其文化的社会基础与接受面。[①]

自然，还应看到，中国古代国家与近代以来西方形成的民族国家确存在着历史层次上的差别。这主要表现在：1. 西方近代民族国家是在资本主义兴起的背景下形成的，也就是说，它是以资本商品民族市场作为“共同经济生活”的标志出现为基本前提的。中国古代境内各地之间虽也存在着相当的经济联系，但总体上仍是自给自足的小农经济占主导地位，故其这方面的内在联结度与前者相比，仍存在相当的差距，这也是它秦汉以后几度出现较长时期分裂割据局面的重要原因。2. 西方民族国家形成于“天赋人权”和自由、平等、法治日渐成为普世价值的时代，故至少在法理上，现代国家不仅赋予每个公民，也主张给每个民族以平等的权利。而在中国古代，汉族主政的王朝固然常对境内少数民族怀有猜忌乃至鄙视之见，但由少数民族贵族建立的王朝或政权也是如此。有些王朝为维护自己的统治特权，还公开推行不平等的民族政策，如金朝女真统治者任用掌兵马和钱谷官员，便明确规定须按女真、渤海、契丹、汉儿四种等级为先后次序录用[②]；元朝蒙古统治者在官员选任乃至科举考试条例上，也将全国各族人民分为蒙古、色目（主要为来自西北地区的畏兀儿、回回等族）、汉人（指淮河以北原金朝统治区内的汉族和契丹、女真等族）、南人（主要为原南宋境内的汉族）四等，分别给予不平等的待遇[③]；清统治者入关后则以武力强迫汉族“剃发易服”改变习俗等。可见其历史局限性是十分明显的。

此外，在观念上，西方近代国家一般被认为是民族共同体和国家合

① 以上几条并非全面评价中国传统文化或儒学，而只是试图就中国古代民族及其国家形成过程中华夏文化所起的内在联结作用和原因作一扼要讨论，限于本文主题和篇幅，其他问题暂不涉及。

② 参见徐梦莘：《三朝北盟会编》第二册，靖康中帙七三，海天书局1939年印本，第396页。

③ 参见《元史》卷十九《成宗纪》和卷八十一《选举志一》。

而为一的产物，中国古代则缺乏这样明晰的界定。“民族”的观念（无论是以血缘还是文化认同为基础的），就其实际内涵而言，中国古代实已基本形成，但“民族国家”的观念确系近代受西方影响和外力刺激后的产物。中国古代虽有“族类”观念，且长期以来就是个多民族的统一国家，但一般来说，“民族”并未与“国家”的概念形成自觉的联系。“国”字古义可训为城或“邦”[①]，在先秦文献中，“国家”已确指拥有疆土（或封土）和士众的政权。孟子说“士之失位也，犹诸侯之失国家也”[②]。又称“天下之本在国，国之本在家”[③]，把家（卿大夫家族）视为国（诸侯国统治）之基础，可见在古代宗法社会及其制度的框架下，“国家”概念的形成最初与家族有着更为直接的关联。在“家天下”的传统思想世界里，国家也确实更多地被视为某个集团或家族建立的政权，其统治区域内的各民族、各色人群不过是它的臣民，在大多数情况下，人们更关注的是个人、家族和集团与朝廷的关系（所谓“一荣俱荣，一损俱损”，“忠”与不忠等），以致特定的某姓政权或王朝与国家完全被视为一体，是否忠于皇帝与朝廷被完全等同于是否“忠于国家”。以致秦汉以后长达两千年的历史中，“国”通常被许多人用来混指由一家一姓所建立的王朝政权[④]，当政的王朝被称为“国朝”，当代史被称为“国史”，而“忠君报国”亦被合为一种不可分割的德性看待。以故前人有言：“夫在往者，不知有所谓国家主义，其言尊君、爱国，义同耳。至其亡国也，则不曰亡国而曰易君；此无他，亡国之结果必易君也。宋明之遗民，讴咏不离于赵、朱，以其帝系代表吾国也。”[⑤]

对于此中的弊端，明末清初的一些进步学者在对专制政治的反思

---

① 可参见徐中舒主编《甲骨文字典》（第1361—1363页）和许慎《说文解字》（中华书局1963年影印本，第129页）相关释文。

② 《孟子·滕文公下》。

③ 《孟子·离娄上》。

④ 如隋末李世民劝其父李渊起兵自立，李渊经反复考虑后说：“吾一夕思汝言，亦大有理。今日破家亡躯亦由汝，化家为国亦由汝矣！”又其时薛举称秦帝，以其子仁果暴虐，常戒之曰：“汝之才略足以办事，然苛虐无恩，终当覆我国家。”（司马光：《资治通鉴》，中华书局1956年版，第5731、5746页）

⑤ 县解（朱执信）：《心理的国家主义》，《民报》第21期，1908年6月。

中已深有察觉，并作过猛烈抨击。如黄宗羲与唐甄便对许多人津津乐道的“忠君”观念表示异议，认为君和臣一样，本皆为“天下之客”亦即为治理天下事务而设，但后世君主非但不能尽其职，还多反“客”为“主”，不惜屠毒宰割天下以博其一人一姓之私利，以致政治败坏，生灵涂炭。鉴此，他们痛切地发出了“为天下之大害者君而已矣”和“自秦以来凡帝王者皆贼也”[①]的斥责。顾炎武则强调应对“国”与“天下”的概念作出区别，认为：“有亡国，有亡天下。亡国与亡天下奚别？曰：易姓改号，谓之亡国。仁义充塞，而至于率兽食人，人将相食，谓之亡天下。”故“保国者，其君其臣肉食者谋之。保天下者，匹夫之贱与有责焉耳矣”[②]。他明确指出，“君臣之分，犹不敌华夷之防”，因前者所涉仅为个人或家族之私，而后者“所系者在天下”[③]，才真正关系到整个华夏及其文化的存灭。这里，其所阐发的观点，正是以先秦以来儒家传承的“夷夏”观为依据的，至其所谓的“天下”，取义不仅指“文化中国”，实也带有某些“民族国家”的内涵，这也是后世多把“天下兴亡，匹夫有责”的话语转为“国家兴亡，匹夫有责”的原因所在。

如前所说，“夷夏之辨”作为中国古代民族观念的一种表达，具有明显的“文化主义”倾向。按照唐韩愈《原道》的说法，“孔子之作《春秋》也，诸侯用夷礼则夷之，进于中国则中国之”[④]。意即“夷狄”融入中国文化，自当以华夏视之；反之，中国诸侯如行为野蛮不当，也可能沦为“夷狄”一流。宋元明以后，类似的论述更多。故梁启超认为，“后世之号彝狄，谓其地与其种族；春秋之号彝狄，谓其政俗与其行事”[⑤]。即更强调文化上的民族特征。这种观念，就其积极面而论，不仅在历史上起到过加强民族内聚力的作用，实际上还把判别民族高下优劣的主要依据从人之先天不可改变的生物属性（如血缘）转向了后天可塑的社会文化属性方面，这与那些片面死板地强调血缘种族的民族观比较

---

① 参见黄宗羲《明夷待访录·原君》和唐甄《潜书·室语》。

② 顾炎武：《日知录》卷十三“正始”条。

③ 顾炎武：《亭林文集》卷七《管仲不死子纠》。

④ 韩愈：《昌黎先生文集·原道》，《四部丛刊》本。

⑤ 梁启超：《春秋中国夷狄辨序》，《饮冰室合集·文集之二》，中华书局1936年版，第48页。

起来，不能不说是一种进步。

但与此同时，也应看到，这并非一种真正平等的民族观，因为它仍是建立在文化不平等的观念基础之上的。从历史发展角度审视，世界各地区、各民族的文化虽有先进、落后之分，但彼此间并不存在绝对的优劣，事实上，每一民族的文化都含有各自的特点和长短，其间的差异有时很难简单地用“优劣”两字来判断。只是在传统“夷夏”观的意识世界里，人们往往沉湎于强烈的华夏文化中心主义和自我优越感中难以自拔，对其他类型的文化及其奉行者普遍表现出不同程度的贬低或蔑视，这显然是一种文化上的不平等观念。乾隆间清廷对英使马戛尔尼在礼仪上的傲慢姿态，正是此观念的反映。这种情形，延至近代前期仍无明显改观。从林则徐到洋务时期的一些开明人士，虽能看到西方文化在制器、练兵、科技、经商甚至法制上的某些长处并公开倡导“师夷长技”，但总体上却未能或不敢放弃华夏文化中心主义，其目光所聚，大多尚局限于“取西人器数之学，以卫吾尧舜禹汤文武周孔之道”[①]的层次，认为“中国学术精微，纲常名教以及经世大法，无不必具，但取西人制造之长补我不逮足矣”[②]。直到19世纪末，随着民族危机的空前加深，中国人的民族观才真正开始了从传统“夷夏之辨”到现代民族主义的转变。

二、现代民族主义的初兴及其内在紧张

据有关考证，近代意义上的中文“民族”一词，最早见于道光十七年（1837）九月《东西洋考每月统记传》所载《约书亚降迦南国》中“昔以色列民族如行陆路渡约耳但河也”[③]一语，1870年代的《申报》和

---

① 薛福成：《筹洋刍议·变法》，光绪十三年（1887）上海醉六堂石印本。

② 张之洞：《劝学篇·自序》，光绪二十四年（1898）中江书院刊本。

③ 爱汉者等编、黄时鉴整理：《东西洋考每月统记传》丁酉九月，中华书局1997年版，第271页。此出版物由德国来华传教士郭实腊（Karl Friedrich August Gützlaff，1803—1851）创办于1833年。

王韬文中也闪现过它的踪影[①]，不过该词在当时的使用频率并不高。然而到20世纪初年，“民族”和“民族主义”却成了思想界最为流行的用语之一。其时，不仅舆论界骄子梁启超、章太炎等人撰文反复论及“民族”问题，还出现了不少以此为题的专论或著作。如《民族主义之教育》(《游学译编》第10期，1903)、余一《民族主义论》(《浙江潮》第1—3期，1903)、《民族精神论》(《江苏》第7、8期，1904)、遁园《论民族之自治》(《扬子江》第3期，1904)、精卫《民族的国民》(《民报》第1、2期，1905)，以及陶成章《中国民族权力消长史》(1904)和刘师培《中国民族志》(1905)等。这一风气的形成，从根本上说，固然是国内民族救亡运动风起潮涌、日趋高涨的写照，但“民族”和“民族主义”作为一种政治术语在此期的广泛运用，显然也与日译西学书籍用语对国内知识界的影响有关。“民族”一词在日本的运用，虽始于19世纪七八十年代一些学者对西学的介绍或译书，但这类书籍在19世纪末至20世纪初，曾通过种种译介渠道输入中国。上述有关民族主义的讨论文字也恰恰表明，源出中国古代文献的“民族”一词，正是在传入近代日本，经其“发酵”并赋予现代含义后，才被重新引入国内而流行起来的。

现代民族主义在晚清中国的崛起，是当时国内外多重民族矛盾交相冲突的反映，其所面临的反抗外来侵略和争取民族独立，推翻国内专制统治和破除满清贵族特权、实现民族平等的双重使命，使这一历史过程呈现出分外错综的复杂性。

从思想认识层面看，其时知识界大多认同于梁启超在《国家思想变迁异同论》(1901)、《新民说》和《论民族竞争之大势》(均为1902)等文中对民族主义发展态势作出的判断：“自十六世纪以来，欧洲所以发达，世界所以进步，皆由民族主义(Nationalism)所磅礴冲激而成。民族主义者何？各地同种族、同语言、同宗教、同习俗之人，相视如同胞，务独立自治，组织完备之政府，以谋公益而御他族是也。此主

① 关于这方面的讨论，详请参见黄兴涛《“民族”一词究竟何时在中文里出现》(《浙江学刊》2002年第1期)和郝时远《中文“民族”一词源流考辨》(《民族研究》2004年第6期)。

义发达既极，驯至十九世纪之末，乃更进而为民族帝国主义（National Imperialism）。民族帝国主义者何？其国民之实力，充于其内而不得不溢于外，于是汲汲焉求扩张权力于他地，以为我尾闾。其下手也，或以兵力，或以商务，或以工业，或以教会，而一用政策以指挥调护之是也。"由于这种民族帝国主义借助了现代民族国家的合群力量以行其扩张之势，故"非合吾民族全体之能力，必无从抵制也……今日欲抵挡列强之民族帝国主义，以挽浩劫而拯生灵，惟有我行我民族主义之一策"[①]。认为帝国主义在全球的殖民扩张严重威胁着本民族的独立生存，只有通过倡导民族主义，合全民族之力，共抗外侮，方能救民族于危亡。《政艺通报》、《湖北学生界》、《江苏》、《浙江潮》等刊也纷起载文呼应此说，以为值此民族帝国主义势力急遽膨胀之时代，"非竞争何以图存？非进取无以保存，非以我国民族主义之雄风盛潮，必不能抗其民族帝国主义之横风逆潮也"[②]。盖"吾东方民族主义未克树立而骤当泰西民族主义一跃而为民族帝国主义之时代，其阶级相悬既远，其一消一长不能逾越范围，此所以泰西之民族方伸而泰东之民族方缩也"[③]。为此，他们急切地呼吁：面对西方列强"万马齐蹄，千艘鼓轮，争向我大陆进发，我大陆民族犹朦胧未醒也。然而人不我待，祸已燃眉，急起直追，尚可图也。我同胞将何以待之？"[④]这些，都反映出晚清民族主义旨在反抗外来侵略的基本特征。然而，与此同时，它还面临着如何对内实现民族平等和建立现代民族国家的使命，正是在这点上，思想界尤其是革命派和改良派之间产生了很大分歧。

在不少革命党人眼里，清政府不啻是"异族政权"，它不但是君主专制的代表，也是造成国内贵族政治和民族不平等的祸首。故倡导民族主义，首当"排满"以推翻清廷，恢复"汉官威仪"，然后才谈得上建立现代民族国家。孙中山就认为："推倒满洲政府，从驱除满人那一面

---

① 中国之新民（梁启超）：《新民说·论新民为今日中国第一急务》，《新民丛报》第1号，1902年2月8日。

② 邓实：《政治通论外篇·通论四帝国主义》，《政艺丛书》，光绪二十八年（1902）石印本。

③ 黄纯熙（黄节）：《东西洋民族交通消长之大潮》，《政艺通报》1903年第14号。

④ 效鲁：《中国民族之过去及将来》，《江苏》1903年第3期。

说，是民族革命；从颠覆君主政体那一面说，是政治革命，并不是把来分作两次去做。”[①] 章太炎更是激烈地宣称：“夫民族主义炽盛于二十世纪，逆胡膻虏，非我族类，不能变法当革，能变法亦当革；不能救民当革，能救民亦当革。”[②]

改良派则认为，这样的民族主义未免过于狭隘。康有为即指责：“谈革命者开口必攻满洲，此为大怪不可解之事。夫以二百年一体相安之政府，无端妄引法、美以生内讧，发攘夷别种之论，以创大难，是岂不可已乎？”并说，历史上中国境内各民族曾经历了长期的相互融合过程，“计今四万万人中，各种几半，姓同中土，孰能辨其真为夷裔夏裔乎？若必并此而攘之，恐无从检姓谱而行之也”。[③] 梁启超也认为，“满洲与我，不能谓为纯粹的异民族也”，盖其居地、语言、习俗和文化宗教，实久与汉族合流，至满洲地区居民，先秦以来一直与中原有密切交往，其血统也很难说与内地绝无关系。故“以社会学者所下民族之定义以衡之，彼满洲人实已同化于汉人，而有混同民族之资格者也”。[④] 因此，在他看来：“吾国言民族者，当于小民族主义之外，更提倡大民族主义。小民族主义者何？汉族对于国内他族是也。大民族主义者何？合国内本部属部之诸族以对于国外之诸族是也”，即当“合汉、合满、合蒙、合回、合苗、合藏，组成一大民族，提全球三分之一之人类，以高掌远跖于五大陆之上。此有志之士所同心醉也”。[⑤]

此两种观点，后者的“大民族主义”无疑更具理性和前瞻意义，但必须看到，因受君主立宪政治立场的制约，其观念也包含着一些明显缺

---

① 孙文：《〈民报〉周年纪念大会上的演说》，《民报》第10期，1906年12月。

② 章太炎：《狱中答新闻报》，原载《苏报》1903年7月6日，转引自汤志钧编：《章太炎年谱长编》，中华书局1979年版，第171—172页。

③ 康有为：《辨革命书》，《新民丛报》第16期，1902年9月。

④ 梁启超：《申论种族革命与政治革命之得失》，《新民丛报》第76期，1906年3月。

⑤ 梁启超：《政治学大家伯伦知理之学说》（1903），《梁启超全集》卷四，北京出版社1999年版，第1069—1070页。杨度在《金铁主义说》（原载《中国新报》第1至5号，1907年1—5月）中亦有类似的表述：“中国之在今日世界，汉、满、蒙、回、藏之土地，不可失其一部，汉、满、蒙、回、藏之人民，不可失其一种……但可合五为一，而不可分一为五。分一为五之不可，既详论之矣。至于合五为一，则此后中国，亦为至要之政。”（刘晴波编：《杨度集》，湖南人民出版社1986年版，第304页）

陷：首先是在理论上混淆了“反清革命”和狭隘民族主义的界限。以梁启超为例，他虽较早于现代民族主义有所自觉，然当“排满革命”呼声逐浪高涨之际，深恐倡导民族主义，既有“排外”之嫌，又易引起内乱，皆足招致亡国，认为与其这样，还不如保留清廷主政的国家现状为好，于是很快转向强调“国家主义”，说：“今日欲救中国，惟有昌国家主义，其他民族主义、社会主义皆当诎于国家主义之下。闻吾此论而不寤者，吾必谓其非真爱国也已！”[①]并将反清“共和革命”与狭隘民族主义完全视为一体，直斥为“排满共和之狂泉”，以为“万不能实行，即实行，而不为国之福，反为国之祸”。[②]其实，“排满”口号的提出，虽包含着“小民族主义”的因素，但更主要的乃是针对清腐败统治及其君主专制制度而发的，孙中山就明确说过：“中国数千年来，都是君主专制政体，不是平等自由的国民所堪受的……照现在这样的政治论起来，就算汉人为君主，也不能不革命。”[③]连“排满”态度最激烈的章太炎也指出：“排满洲者，排其皇帝也，排其官吏也，排其士卒也。若夫列为编氓，相从耕牧，是满人者，则岂欲剚刃其腹哉？”[④]可见，这种一味强调“反清革命”的民族意识而抹杀其民主革命根本指向的说法，并不符合实际。

其次是在实践取向上充满了对清统治集团的幻想。对于革命党人抨击清廷推行“贵族政治”和民族不平等的公权、兵权、私权及爵赏刑威等言论[⑤]，他们大不以为然，声称：举国人民“法律上本已平等，无别享特权者……况其由特权所得之利益，或不足以偿其损害，彼中稍有识者，必不出死力以争此特权，可断言也”[⑥]。甚至说：“国朝之制，满汉平

---

① 梁启超：《杂答某报》，《新民丛报》第86期，1906年9月。

② 梁启超：《申论种族革命与政治革命之得失》，《新民丛报》第76期，1906年3月。

③ 孙文：《〈民报〉周年纪念大会上的演说》，《民报》第10期，1906年12月。汪精卫也有类似的表述：“设如今之政府为同族之政府而行专制政体，则对之只有唯一之国民主义，踣厥政体，而目的达矣。然今之政府为异族政府而行专制政体，则驱除异族，民族主义之目的也；颠覆专制，国民主义之目的也。”（《民族的国民》，《民报》第1期，1905年10月）

④ 太炎：《排满平议》，《民报》第21期，1908年6月。

⑤ 详参精卫：《民族的国民》，《民报》第21期，1908年6月。

⑥ 梁启超：《申论种族革命与政治革命之得失》，《新民丛报》第76期，1906年3月。

等……近且有满汉通婚之谕。然则大势所趋，即顽锢权强，亦不能不俛首而移变。然则吾四万万人之必有政权自由，必可不待革命而得之。”①但实际上，这不过是康、梁等人的一厢情愿罢了，至于说清代早已实现民族平等和清廷甘愿放弃贵族政治特权，那就更难以服人。特别是慈禧提出的“量中华之物力，结与国之欢心”的对外主张，再清楚不过地表明，此时的清廷只是一小撮贵族统治集团利益的代表，实已从理论上蜕去了代表中华民族国家权益的合法性与正当性。在20世纪初年社会中下层普遍对清廷的所作所为已感绝望之际，如此离谱地美化清廷的施政现实，应是改良派日益失去人心的重要原因。革命党人陈天华的思想经历便十分典型地说明了这一点，其《绝命书》称：“革命之中，有置重于民族主义者，有置重于政治问题者。鄙人所主张，固重政治而轻民族，观于鄙人所著各书自明。去岁以前，亦尝渴望满洲变法，融合种界，以御外侮，然至近则主张民族者，则以满汉终不并立。我排彼以言，彼排我以实；我之排彼自今年始，彼之排我二百年如一日；我退则彼进，岂能望彼消释前疑，而甘心愿与我共事乎？欲使中国不亡，惟有一刀两断，代满洲执政柄而卵育之。彼若果知天命者，则待之以德川氏可也。满洲民族，许为同等之国民；以现世之文明，断无有仇杀之事。故鄙人之排满也，非如倡复仇论者所云，仍为政治问题也。”②

上述围绕民族问题而展开的纷争，既是现实政治的折射，也有理论上的原因。众所周知，晚清民族主义思潮的理论来源不外两方面：一为传统的“夷夏”观。这一点，在国粹派那里表现得更多些。如章太炎曾自述其民族思想的萌发过程说：“余年十三四，始读蒋氏《东华录》，见吕留良、曾静事，怅然不怡。辄言‘以清代明，宁与张李也’。弱冠睹全祖望文，所述南田、台湾诸事甚详，益奋然，欲为浙父老雪耻。次又得王夫之《黄书》，志行益定。”③他和邓实、黄节、刘师培等对民族主义的宣传，有不少正是通过发掘传统经史中的“夷夏之辨”和“攘夷大义”等思想资源展开的。而从兴中会到同盟会纲领的“驱除鞑虏，恢

①　康有为：《辨革命书》。

②　陈天华：《绝命书》，《民报》第2期，1905年11月。

③　参见《检论》卷九，《章太炎全集》（三），上海人民出版社1984年版，第623页。

复中华”等表述中，同样可以看到传统“夷夏”观的深刻印记及其在民间社会的广泛影响力。二是西方现代民族国家学说，其中以瑞士政治学家伯伦知理（J. K. Bluntschli，1808—1881）之说影响尤大，时梁启超、汪精卫均有专文对之作过介绍。[①] 其说以为民族乃同居地、同血统（此两者一般指其初时状态）、同语言文字、同宗教习俗、同体质和同生计之人群在长期的历史过程中形成，国民则为法制国家享有相应权利与义务之成员，两者概念本自有别，盖“古代之国，渊源于市府。中世之国，成立于贵族。十八世纪专制时代，认政府为国家。法兰西大革命之时，同国家于社会。凡此皆与民族之关系甚浅薄者也。自千八百四十年以后，而民族建国之义乃渐昌”，于是民族遂为现代国家成立之基础，而民族国家观念亦应时而兴。现代国家，有以一民族建一国者，亦有合多数民族为一国者。[②] 此外，一些西方社会学家如斯宾塞、吉丁斯、甄克思等著作包含的民族学理论也引起了不少人的关注和吸纳。

这些不同类型理论的相互混杂和纠葛，显然加剧了晚清思想界在民族问题认识上的纷杂。如在种族与民族关系的认识上，中国传统的“夷夏”观本具“文化主义”的倾向，其所强调的主要是古代民族间的服饰、饮食、礼俗等文化差别，对于血缘体质等所表现的种族特征则往往比较笼统含糊。而西方近代民族学的形成与人类学、人种志等自然科学有着相当密切的关系，故其民族界定一直比较注重各民族体质及其所属人种的考察。在民族主义情绪日趋高涨之际，这类观念和当时传入的社会达尔文主义相结合，无疑刺激和强化了人们的种族竞争意识，以致不少人一度将种族和民族视为同一概念，这在反清革命党人方面表现尤为突出，有的甚至还表露出“种族复仇”的倾向。然而严格说来，这是

---

① 1899年4月10日至次年10月25日，梁启超曾将日人吾妻兵治据伯伦知理《为有文化的公众而写的德国政治学》译出的《国家学》节选刊于《清议报》（参见巴斯蒂：《中国近代国家观念溯源——关于伯伦知理〈国家论〉的翻译》，《近代史研究》1997年第4期），1903年复在《新民丛报》发表《政治学大家伯伦知理之学说》对其学说作了评介。1907年5月，汪精卫在《研究民族与政治关系之资料》（刊于《民报》第13号）一文中，亦据日人平田东助和平塚定二郎所译伯伦知理《国家论》相关内容重译为“伯伦知理氏论民族及国家”一节，并加以评论。

② 梁启超：《政治学大家伯伦知理之学说》，《梁启超全集》卷四，第1067—1068页。

一种误解。在现代科学中，“种族”这一概念凸显的是人群的生物属性，故其本质上为生物科学的研究对象；“民族”所凸显的则为人群的社会属性，作为社会科学，特别是行为科学的研究对象，其所涉及的主要是社会文化因素而不是生物因素。民族的形成，虽与种族因素有关联，但两者并非一事，在现实世界中，同一种族或种族类型包含了若干民族，或同一民族包含了几个种族或种族类型成员的情况都是完全正常和可能的。对于中国这样一个历史悠久、文化从未断裂的国家，试图从强调血统或“种族”角度去确定民族的含义，尤不切实际（因今天中国境内的许多民族包括汉族本来就是多民族长期融合的结果），与那种注重揭示社会文化特性的民族观比较起来，甚至还是一种倒退。故对于这种倾向，当时就有人指出：“一国家与一国家之别，别于地域，中国云者，以中外别地域远近也。一民族与一民族之别，别于文化，中华云者，以华夷别文化之高下也。即此以言，则中华之名词，不仅非一地域之国名，亦且非一血统之种名，乃为一文化之族名。故《春秋》之义，无论同姓之鲁、卫，异姓之齐、宋，非种之楚、越，中国可以退为夷狄，夷狄可以进为中国，专以礼教为标准，而无亲疏之别。其后经数千年混杂数千百人种，而称中华如故。以此推之，华之所以为华，以文化言，不以血统言，可决知也。故欲知中华民族为何等民族，则于其民族命名之顷，而已含定义于其中。与西人学说拟之，实采合于文化说，而背于血统说。”①

又如按照欧洲的经验，其现代国家的民族构成多较单纯或不太复杂，对于中国这样一个多民族统一国家如何完成向现代民族国家的转型，并无先例可资借鉴。因而在如何建立现代民族国家的取径上，国内思想界虽时有人援引西方史例，却仍不免歧义纷出：有主张推翻清政府而重建现代国家者，有主张变政体（变专制为君主立宪）而不变国体（君主制）者，有主张合多民族成一民族者，甚至有主张使清廷“退守旧封”（东北地区）者。这些主张，虽各有理论来源，然大多各执一端，不同程度地带有从传

① 杨度：《金铁主义说》，原载1907年5月20日《中国新报》第5号；又见刘晴波编：《杨度集》，第373—374页。

统“夷夏”观向现代民族主义转化或杂糅的过渡期特征，只是随着实践和理论讨论的日益深入，才逐渐走向理性。

如革命党人中一度影响很大的“小民族”观念，由于存在明显的大汉族主义倾向，自1907年起，便在其阵营内部不断遭到质疑。同盟会员李石曾即撰文指出：“今之主民族主义者众矣，吾前亦主之，其为一种族利害计，则诚善矣。”但“今之主民族主义者，其目的也，惟汉人始能握政权，全国之行政机关，皆由其司握，其他满、蒙、回、藏诸族俱应俯首帖耳，以服从其所定法律之下，故今主民族主义者，即排满也。夫排满，则私矣。满人非尽恶也，有革命思想谋社会进步者固不乏，不可因满人而一网打尽。因其满人，不分善恶而一网打尽，其私一。汉人非尽良也，助纣为虐、为桀作犬者，近日之当道皆是也，不可因其汉人而置之不问。因其汉人，不分善恶而置之不问，其私二……不凭公道真理，而惟各以非吾族类者互相仇，其私三。之三私者，彰彰可见，吾不能为主民族主义者讳也”。[①]刚在东京加入同盟会的刘师培也一改其原先极力宣扬“夷夏之大防”的立场，声称：“华夏之防，种姓之说，虽系中国固有之思想，然贵己族以贱他族，不欲与彼杂居，系沿宗法时代之遗风。而近岁学者多固执此说，或谓种族既殊，即不能同居一国；或谓即同居一国，亦当服从汉族之政治。由前说，则为狭隘；由后说，则为自尊。既欲别他种与汉族之外，则回民、苗民，亦不当与汉人杂处；既欲他族受制于汉族，则与今日汉、蒙、回、藏受制满洲者奚异？且民族帝国主义之说，亦将因此而发生。此学理之误也。故吾人所言民族主义，在于排异族之特权，不在禁异族之混合……民族之革命，即弱种对于强种之抗力耳，奚必执中外华夷之旧说哉！”[②]

与此同时，一些少数民族人士也发出了类似的呼吁。如1907年，以恒钧、乌泽声等满族留日学生为主，在日本东京发刊了以宣传君主立宪和“满汉融合”为宗旨的《大同报》，极力倡导“满、汉人民平等，统合满、汉、蒙、回、藏为一大国民”的观点，认为“今之中国，为

---

① 民：《伸论民族、民权、社会三主义之异同再答来书论〈新世纪〉发刊之趣意》，《新世纪》第6期，1907年7月。

② 震、申叔：《论种族革命与无政府革命之得失》，《天义报》第6—7期，1907年9月。

满、汉、蒙、回、藏人合成之中国，而非一族一方之中国也明矣”。满、汉不平等的存在，根本原因在于政治的败坏。[①]“洎夫近世演进于国家社会，凡居一国土地者即为一国之国民，由民族演进为国民，继属人主义为属地主义，不容有种族问题发生，虽有一二未能公平之制度，或门阀之阶级，或贵族之特权，生种种不良之现象，皆宗法社会之残生，而政治组织不完全之恶结果也。虽同国之民亦不能免相抵牾之处，然皆非种族问题，是政治问题。求政治组织完备，此问题遂以解决。”在他们看来，民族和种族并非一事，“民族以文明同一而团结，而种族则以统一之血系为根据”。[②]以现代国家的观念论，满、汉乃至全“中国之人民，皆同民族而异种族之国民也”。故无论是“排满”抑或“排汉”都不足取。[③]该刊发布后，从其第五号登载的78位“本社名誉赞成员姓名”（皆向社捐款者）分析，内中除大部分为满族外，还包括了一些汉、回、蒙古族人，可见其主张在具有立宪倾向的各族人士中已赢得了不少同情。

正是在各方的呼吁下，孙中山及时调整思路，树立起“大民族”的观念，于1912年元旦就任中华民国临时大总统时宣布：“国家之本，在于人民，合汉、满、蒙、回、藏诸地为一国，即合汉、满、蒙、回、藏诸族为一人。是曰民族之统一。”[④]正式将“五族共和”确定为建立现代民族国家的基本方针，并在各种场合一再宣传：“今日中华民国成立，汉、满、蒙、回、藏五族合为一体，革去专制，建设共和……族无分乎汉满蒙回藏，皆得享共和之权利，亦当尽共和之义务。”[⑤]这一方针，不仅为袁世凯政府所继承，且深得社会各界赞同。其时，各地纷纷成立“中华民国民族大同会”、“五族共进会”、“五大民族共和联合会”、“五族国民合进会”、“五族少年同志保国会”等以为呼应。[⑥]西蒙古22部34旗在1913年1月举行的王公会议上，一致决议：“现在共和新立，五

① 恒钧：《中国之前途》，《大同报》第1号，1907年6月。
② 乌泽声：《满汉问题》，《大同报》第1号，1907年6月。
③ 穆都哩：《蒙回藏与国会问题》，《大同报》第5号，1907年10月。
④ 孙中山：《临时大总统宣言书》，《孙中山全集》第二卷，中华书局1982年版，第2页。
⑤ 孙中山：《在张家口各界欢迎会的讲演》（1912.9.7），《孙中山全集》第二卷，第451页。
⑥ 有关这方面的情况，详可参见黄兴涛：《民族自觉与符号认同：“中华民族”观念萌生与确立的历史考察》，《中国社会科学评论》（香港）2002年2月创刊号。

族一家……我蒙同系中华民族，自宜一体出力，维持民国。”[①]藏地达赖十三世于1919年以后即表示愿“同谋五族幸福”[②]，班禅九世则在《致善后会议消弭战祸实行五族共和意见书》（1925年2月）中表示：欲实现和平建设新国家的目标，“非五族人民同心合力如弟兄，如手足，自相捍卫，自相保护不可”。后又在《班禅驻京办公处成立宣言》（1929年1月）中强调：“西藏始终与中国合作，贯彻五族共和，共同抵制强邻之侵略。”[③]可见边疆各族对此的认同感也与日俱增。

在此基础上，有人提出：“以五族相称，不如统以中华民族相称较为亲切。盖我五族人种，同为黄色人种，其所谓汉、满、蒙、回、藏者，乃历史地理上之名词，实则于种族感情上，毫无间隔，如兄弟然，虽分为五，而统于一家；如肢体然，虽判为五，而统于一身。”[④]依据形势的发展，孙中山也自1919年起，更为强调树立大“中华民族”的观念。在他看来：“这五族的名词很不切当，我们国内何止五族呢？我的意见，应该把我们中国所有各民族融为一个中华民族。”[⑤]并认为：“汉族当牺牲其血统、历史，与夫自尊自大之名称，而与满蒙回藏之人民相见以诚，合为一炉而冶之，以成一中华民族之新主义。”[⑥]在此前后，李大钊的《新中华民族主义》（1917）、梁启超的《中国历史上民族之研究》（1922）等也都从理论上阐述了类似主张。在各方的倡导下，大致从1920年代起，“中华民族”作为包容全国各民族总称的观念逐渐深入人心。由此显示出中国现代民族主义与民族国家思想在整个社会的主导层面已基本形成。

---

① 西盟王公招待所编：《西盟会议始末记》附录（三）《乌伊两盟各札萨克劝告库伦文》。该书原有1913年春商务印书馆天津印刷局代印本。刘序渭编：《蒙古史料汇编》，《亚洲民族考古丛刊》第六辑，南天书局1976年版，第205页。

② 参见朱绣《西藏六十年大事记》第57页（1925年铅印本）和刘曼卿《康藏轺征》第118—120页（商务印书馆1933年版）。

③ 中国藏学研究中心等编：《元以来西藏地方与中央政府关系档案史料汇编》（6—7册），中国藏学出版社1994年版，第2959、3089页。

④ 王揖唐：《统一党之大会欢迎词》，《大共和日报》1913年2月17日。

⑤ 孙中山：《在上海中国国民党本部会议的演说》（1920.11.4），《孙中山全集》第五卷，中华书局1985年版，第394页。

⑥ 孙中山：《三民主义》（1919），《孙中山全集》第五卷，第187页。

上述过程还告诉我们，在中国现代民族主义和民族国家思想的形成中，西方近代民族学的理论影响并非都是正面和积极的。如其中与人种学和社会达尔文主义紧密相连的种族主义学说，因与中华民族的深厚历史积淀及其在民族观念上历来所持的“文化主义”主流倾向存在着明显的紧张和冲突，很难科学地解释中华民族的历史和现状问题，甚至还一度造成过某些认识上的混乱。应当说，这正是它很快就遭到学术界和政治界扬弃的原因所在。

第二节　抗战时期的民族主义思潮与史潮

一、抗战与民族爱国主义的高涨

抗战时期，中华民族的顽强生命力经历了一次血与火的空前考验和洗礼。

日本走上军国主义道路后，不仅一直企图从武力上征服中国，还极力通过歪曲历史和散布种种分裂中华民族的谬论，为其侵华制造理论依据。1887年，日本参谋本部就在所谓的《征讨清国策案》中制定了一套肢解中国的方案，梦想把山海关南至浙江的整个中国东部沿海省份划归日本，并按中国国内的民族分布，在东北建立“独立”的满洲国，在长江南北各建一个日本的“保护国”或属国，另“于西藏、青海天山南路立达赖喇嘛，于内外蒙古、甘肃省准葛尔之地，选其酋长或人杰，使其成为我可监视各部之长”①，分而治之，以便将其全部纳入自己的掌控之中。清亡次年，其参谋本部次长福岛又指挥日本在华浪人川岛浪速出面拉拢少数满蒙贵族，试图在民国立足未稳之际发动“满蒙独立运动”，将东三省和内蒙古从中国割离出去，成为完全由其控制的“满蒙王国”。② 与此同时，他们还一再宣扬“满蒙非中国领土”论。如1920年代初，日本军国主义的御用文人矢野仁一就接连抛出《支那无国境论》、《西域、蒙古、满洲非中国固有领土论》和《中国非国论》等文，诬称：“云水缥缈地带的边疆的满洲、蒙古、西域是假的国境，不是真的国境，

---

① 参见米庆余主编：《日本百年外交史论》，中国社会科学出版社1998年版，第19—20页。

② 参见沈予：《日本大陆政策史（1868—1945）》，社会科学文献出版社2005年版，第165—169页。

也可以说就是不成为中国的领土。”甚至说：“中国不仅是没有国境，因没有国境的结果，也可以说就是不成为国家。”①1920年代后期流传一时的“田中奏折”更是赤裸裸地表示：“兹所谓满、蒙者，依历史，非支那之领土……民国成立，虽唱五族共和，对于西藏、新疆、蒙古、满洲等无不为特殊区域；又特准王公旧制存在，则其满、蒙领土权确在王公之手；我国此后如有机会时，必须阐明其满、蒙领土权之真相与世界知道；待有机会时，以得寸进尺方法而进入内外蒙古，以新其大陆”，通过经济、军事的步步渗透，“待时期一到，则内外蒙古均为我有”。②凡此，皆足见其处心积虑想在中华民族内部制造分裂，以图乘乱并吞中国的阴谋。九一八事变后日本军国主义一手导演的伪满洲国、“华北自治运动”和“蒙古军政府”等，正是上述侵略方针主导下的产物。

然而，他们的如意算盘并不能得逞。事实上，日寇的无耻侵略行径，激起的只能是全中国人民的殊死抵抗和民族爱国主义的空前高涨。九一八事变不久，东北各族人民就组织了30万之众的抗日义勇军，奋起抵抗。后来又在中国共产党领导下，组建东北抗日联军，保家卫国，与日寇展开了长期血战。参加抗日队伍的，不仅有汉族，还包括了大批朝鲜、满、鄂伦春、达斡尔、赫哲、鄂温克、锡伯等少数民族人士。西安事变以后实现的抗日民族统一战线，更把中华民族的抗战事业推进到一个新的阶段。其时，在中国的领土之上，凡日寇所到之处，无不是一片愤怒的反抗：在内蒙古地区，蒙、汉民众包括一些蒙古族上层爱国人士

---

① 矢野仁一《西域、蒙古、满洲非中国固有领土论》和《支那无国境论》，转引自李明：《日本知识人“中国论”的检证》，《九一八事变与近代中日关系——九一八事变70周年国际学术讨论会论文集》，社会科学文献出版社2004年版，第167页。

② 《田中义一上日皇奏章》，章伯锋、庄建平主编：《抗日战争》第一卷，四川大学出版社1997年版，第24—26页。按：关于“田中奏折”的真伪，迄今仍争议甚多。一些日本学者因其原本未能找到而断定这是不可信的伪作。尽管这样，我们仍应注意两点：一是日本军国主义投降前，其战争最高指挥部大本营曾有计划地销毁了大批重要文献，以图掩盖其发动侵略战争的罪行，类似“田中奏折”之类的文件难保不在其内。二是从目前发现的田中义一参与制定的《帝国国防方针》和《帝国国防方针案》看，其基本内涵却与所谓“田中奏折”有很大的相似度和连贯性。1999年9月7日日本《产经新闻》刊文更提出，该件系苏联情报机关1925年左右通过潜伏于日本的特工，从外务省盗取出有关日本未来帝国战略的重要内部文件，加以整理编组而成，在1927年以田中义一首相署名的上奏文形式推向全世界的。如果这样，则仍可作为了解当时日本政府意图的参考依据。

纷纷举起抗日的旗帜，建立了蒙、汉抗日游击队，并于1938年以后开辟了大青山抗日根据地，有力地阻遏了日寇进攻大西北的战略企图；河北、河南、山东等地回民则建立了“回民抗日救国会”和“回民救国联合会”等组织，团结广大回民开展救亡活动，活跃于冀中、冀东和渤海地区的回民支队在整个抗日战争中尤给日本侵略军以沉重的打击；在海南岛、广西和云南，同样有黎、苗、壮、白、傣、佤、汉各族同胞的顽强抵抗。所有这些，都在向世人宣示：抗战的烈火正把中华民族煅铸成一个更加团结的整体，使“民族国家”的观念进一步在广大民众中传播和生根。

抗战中，在救亡图存这一神圣历史使命的感召下，各种抗日团体和武装纷纷建立，各种民族文化建设的口号此起彼伏，各种宣传民族主义的出版物纷纷面世，其时仅以“民族”为题的刊物就不下40种，以抗战为名的期刊更多达200来种。[①] 爱国民族主义迅速汇成了一股具有最广泛社会基础的时代主潮。

应当看到，这一时期民族主义思潮的高涨不仅体现在其空前的声势和影响度上，更是一种现代民族精神的构建和深化过程。这种进步，至少表现在三方面：

一是大大增强了全国民众的中华民族整体认同感。

民国初年提出的“五族共和”理念，固然体现了要求民族平等的基本目标，但仍存在着一些认识问题。这不仅因为中国境内的民族远不止五个，还在于这样的表述易使人将中国理解为一个松散的民族联合体。事实上，当时俄、英、日等帝国主义也确实想以此制造混乱，将东北、蒙、藏等地从中国分裂出去。正因如此，孙中山后来一再呼吁应以“中华民族”取代“五族共和”的概念，主张仿效美国“合黑白数十种之人民，而冶成一世界之冠之美利坚民族主义”[②] 的做法，大力加强国内民族间的融合度。抗战时期大敌当前的形势，使人们更加深切地感到：“在民族生命危急万状的现在，只有我们民族内部的团结，才能战胜日本

---

① 主要依据《全国中文期刊联合目录（1833—1949）》增订本（书目文献出版社1981年版）统计。

② 孙中山：《三民主义》（1919），《孙中山全集》第五卷，第187页。

帝国主义的侵略。”[①] 西安事变后，连先前一意主张“攘外必先安内”的蒋介石也不得不表示：“中国民族既已一致觉醒，绝对团结，自必坚守不偏不倚之国策，集中整个民族力量，自卫自助，以抵暴敌，挽救危亡。”[②] 在中共发布的一系列抗日宣言或文件中，更是一再强调应“动员蒙民、回民及其他少数民族，在民族自决和自治的原则下，共同抗日”[③]。这些主张显然受到了国内各少数民族的关注和赞同，1938 年 7 月发表的《康藏民众代表慰问前线将士书》就认为：“中国是包括固有之二十八省、蒙古、西藏而成之整个国土，中华民族是由我汉、满、蒙、回、藏及其他各民族而成的整个大国族。日本帝国主义肆意武力侵略，其目的实欲亡我整个国家，奴我整个民族，凡我任何一部分土地，任何一部分人民，均无苟全幸存之理。”[④] 有的藏族学者还建议由国家出面举行“大中国民族扫墓典礼”，公祭国内各族之历史伟人，以加固现代“大中国民族”意识和破除旧日的“华夷”观念。[⑤]

二是促进了理性民族主义观念的形成。

晚清时期人们对民族主义的理解，不仅夹杂着不少狭隘民族主义、大汉族主义等非理性情绪，对“民族帝国主义”的认识也存在着某种理论误区。如梁启超在《国家思想变迁异同论》（1901）认为欧洲国家思想的变迁大致经历了家长主义、酋长主义、帝国主义、民族主义、民族帝国主义等时代。以欧洲论，民族主义全盛于 19 世纪，民族帝国主义全盛于 20 世纪；前者所争在民族国家的独立与平等，后者所求为民族势力的向外扩张。梁启超虽不赞成后者的侵略行为，但从社会达尔文主义的理念出发，却认为：“自有天演以来，即有竞争，有竞争则有优劣，

---

① 《中共中央为公布国共合作宣言》（1937.7.15），王桧林主编：《中国现代史参考资料》，高等教育出版社 1988 年版，第 168 页。

② 蒋介石：《对中国共产党宣言的谈话》（1937.9.23），王桧林主编：《中国现代史参考资料》，第 181 页。

③ 中共中央：《抗日救国十大纲领》，王桧林主编：《中国现代史参考资料》，第 178 页。这一主张，中共中央 1935 年 8 月《为抗日救国告全体同胞书》（八一宣言）和 1938 年 10 月毛泽东的中共六届六中全会报告等均有表述。

④ 《新华日报》1938 年 7 月 12 日。

⑤ 绛央尼马：《对于民族扫墓之意见》，《大公报》1935 年 4 月 8 日。

有优劣则有胜败，于是强权之义，虽非公理而不得不成为公理。民族主义发达之既极，其所以求增本族之幸福者，无有厌足，内力既充，而不得不思伸之于外。”甚至说：“由民族主义而变为民族帝国主义，则成人以后谋生建业所当有事也。”① 实际上是承认了这一过程的“自然合理性”。但至1930年代，思想界对此已确立起相当理性的姿态。在不少人看来：“今日之中国，处强敌侵陵之下，不欲求民族生存则已，如欲民族之生存，则必以发扬历史的民族性为恢复与充实民族力之基础。”但当警惕19世纪德、法等国出现的民族沙文主义倾向，因“凡此偏狭心理之表现，民族夸大狂之积累，皆是引起一般民族帝国主义派及穷兵黩武之心理，卒至酿成一九一四年世界大战之祸”。故倡导民族主义，“非徒以狭义的民族主义为其哲学之基点，其于内为激发国民之爱国心、民族之自信力，以发挥民族之意识与精神，于外则以其民族之智慧与文化，促进世界之进步”。这种理性的民族主义，不会也不应当与国际主义或世界主义发生冲突。② 另有论者指出：宣传民族主义，固当诫于德、日等国走向极端的流弊，“然在中国，则以民族风尚之和平与目前自卫之亟要，实不可同日而语。且吾人鉴于身受侵略之痛苦，苟得完全独立之自存，方将以实力扶助弱小，决无仿行侵略之弊”③。而毛泽东的中共六届六中全会报告则对此有更为完整的表述，他指出：抗战建国的目标是建立“三民主义共和国”，在实现民族主义方面，它应成为一个完全独立自主的民族国家，“但同时，无论它强盛到什么程度，决不把自己变为帝国主义，而是以平等精神同一切尊重中国独立的友邦和平往来，共存互惠。对国内各民族，给予平等权利，而在自愿原则下互相团结，建立统一的政府”。④ 周恩来也撰文指出：“中华民族是处在被压迫民族的地位，他要从国际帝国主义的压迫下自求解放，尤其在今天，他要从日本帝国主义的铁蹄下，自力更生，从抗战中达到解放之路。所以‘民族

① 参见《梁启超全集》第二卷，第458—460页。

② 高良佐：《民族教育与历史教育》，《建国月刊》第12卷第1期，1935年1月。

③ 陈训慈：《历史教学与民族精神》，《图书展望》第4期，1936年1月。

④ 毛泽东：《论新阶段》，彭明主编：《中国现代史资料选辑》第五册（1937—1945），中国人民大学出版社1989年版，第246页。

至上'的口号就等于民族利益高于一切，他是用来动员全中国被压迫民族向着主要的民族敌人——日寇，作生死存亡的决斗的。在这个意义上，一切个人利益、阶级利益、党派利益，都应该服从总的民族利益。"至其原则，对外在于"不出卖民族利益，不让人家牺牲中国民族利益，不侵犯别的民族利益，也同情别的民族自求解放，更平等的尊重民族间的彼此利益，这便是国际间真正的民族平等"。对内则应坚持境内各民族平等、各阶级联合抗日的方针，发扬光大中华民族"自立奋斗、守道德、重气节"的优良传统，施忠孝与国家民族，施仁爱于同胞，施信义于友邦，施和平于人类。[①] 这些言论，都在一定程度上表达了国内对民族主义内涵的理性共识。

三是加深了民族主义与爱国主义内在统一关系的认识。

当晚清中国现代民族主义初兴之时，由于国内民族关系的复杂性，思想界在如何构建现代民族国家的问题上曾有过一些分歧。民国肇始，建立多民族统一"大中华民国"的方针虽得以确立，但因军阀割据和内战长年不息，以及一些外部侵略势力阴谋利用中国境内民族问题制造事端和肢解中国之心不死，国势依然岌岌可危。抗战中，国人受时局刺激，对两者关系作了更为深入的思考。不少学者从维护国家的统一出发，尤注重中华民族一体性的理论探讨。如傅斯年在1935年就发表《中华民族是整个的》的文章，强调："我们中华民族，说一种话，写一种字，据同一种文化，行同一种伦理，俨然是一个家族……'中华民族是整个的'一句话，是历史的事实，更是现在的事实。"[②]1939年初，当他看到顾颉刚编辑的昆明《益世报·边疆周刊》，便写信责其"登载文字多分析中华民族为若干民族，足以启分裂之祸"[③]，以为现今形势，"更当尽力发挥'中华民族是一个'之大义，证明夷汉之为一家，并可以历史为证。即如我辈，在北人谁敢保证其无胡人血统，在

---

① 周恩来：《民族至上与国家至上》，《新华日报》1941年6月15日。

② 其文原载1935年12月1日《大公报》，收入《傅斯年全集》卷四，湖南教育出版社2000年版，第125页。

③ 参见顾颉刚1939年2月7日日记，《顾颉刚日记》卷四，台北联经出版公司2007年版，第197页。

南人谁敢保证其无百粤苗黎血统。今日之云南，实即百多年前之江南耳。此非曲学也”[①]。顾颉刚见信后，即将久蓄于心中之问题，发为《中国民族是一个》之文，列举多方面证据，指出中国民族无论在血统还是文化上均系合众流而成，故“中华民族”乃其最恰当之共称，“在我们中国的历史里，只有民族的伟大胸怀，而没有种族的狭隘观念！我们只有一个中华民族”。并谓：“我们所以要抗战，为的是要救国，而团结国内各族，使他们贯彻‘中国民族是一个’的意识，实为建国的先决条件。”为此，他建议青年：“到边地去埋头服务，务使一方面杜绝帝国主义的阴谋，把野心家及其流毒一概肃清出去；一方面可以提高边地同胞的智识，发展他们的交通，改进他们的生产，传达内地的消息，搜集了他们的历史资料而放到全国共有的历史书里去，使得中原和边疆可以融为一体。”[②]

由于该文触及一个人们普遍关心的问题，故甫经发表，即为全国多家报刊转载，并在学术界引起了一番讨论。赞成者白寿彝、张维华等以为此说符合中国历史的发展实际，“是解救时弊的一副良剂”[③]，只是“在全民心理上却还不能说已经成了一个普遍的信念”，今后应努力通过史书将这一真相揭示出来。[④]与顾颉刚站在同一立场的傅斯年更称顾文“立意甚为正大，实是今日政治上对民族一问题惟一之立场”[⑤]。而费孝通则从社会人类学的角度对此表示异议，认为不必否认中国境内有不同文化、语言和体质的团体（即民族）存在，维护国家政治统一无需回避各族间客观存在的差异，而在消除因这些差异引起的不平等，若是“组成国家的分子都能享受平等，大家都能因为有一个统一的政治团体得到切身的利益，这个国家一定会受各分子的爱护”。[⑥]

---

① 傅斯年：《致顾颉刚》，《傅斯年全集》卷七，第205页。据《顾颉刚日记》，顾得此信在1939年2月6日，时傅、顾皆居昆明，则傅作此函当不出此前二、三日间。

② 顾颉刚：《中华民族是一个》，昆明《益世报·边疆周刊》第9期，1939年2月13日。

③ 张维华：《读顾颉刚先生的〈中华民族是一个〉之后》，昆明《益世报·边疆周刊》第11期，1939年2月27日。

④ 白寿彝：《来函》，昆明《益世报·边疆周刊》第16期，1939年4月3日。

⑤ 傅斯年：《致朱家骅、杭立武》，《傅斯年全集》卷七，第207页。

⑥ 费孝通：《关于民族问题的讨论》，昆明《益世报·边疆周刊》第19期，1939年5月1日。

作为回应，顾颉刚撰文重申了自己观点，并引美国学者洪康伯（Arthur N. Holcombe，1884—1977）等人有关“民族是具有共同民族意识和情绪的人群”之界说为理论依据，强调民族是由政治现象所造成的心理现象，“而民族主义则是凭了人们的意识而造成的”。[①] 针对顾的说法，1940 年，翦伯赞发表《论中华民族与民族主义——读顾颉刚〈续论中华民族是一个〉以后》一文，运用现代国家和民族学说作了评论。认为顾提出的问题固然非常重要，但因理论上对民族与民族意识、民族与国家等概念有所混淆，对民族关系的分析也多停留在表象，有些还“包含着否定国内少数民族之存在的意义”。并指出巩固多民族国家的真正基础在于实现民族平等。[②]

尤其值得注意的是中共中央在这一时期提出和实施的各项处理民族关系的政策和方针。继六届六中全会把“团结中华各民族（汉、满、蒙、回、藏、苗、瑶、彝、畲等）为统一的力量，共同抗日图存”确定为“当前紧急具体任务”[③] 之一后，1941 年 5 月，陕甘宁边区中央局发布的《陕甘宁边区施政纲领》又明确提出：“依据民族平等原则，实行蒙、回民族与汉族在政治、经济、文化上的平等权利，建立蒙、回民族的自治区。尊重蒙、回民族的宗教信仰与风俗习惯。”[④] 并先后在盐池县、新正县和陇东的回民聚居区建立了几个民族自治乡镇。1945 年，还在伊克昭盟南部建立了一个蒙古族自治区。从而在理论与实践的结合上，为现代多民族统一国家的建设和巩固指出了一条现实之路。与此同时，国民政府方面也对内蒙古民族自治的行政方案等有所思考，而一些关心国家统一和边疆问题的学者也纷纷成立各类边疆学会或边政学会，展开这方面的研究和讨论。战后，在一些学者的参与下，地处内蒙古的绥远省参议会还按照“中华民国国土，属于中华国民全体”和“凡属中华国民无

① 顾颉刚：《续论中华民族是一个》，昆明《益世报·边疆周刊》第 23 期，1939 年 5 月 29 日。

② 文载《中苏文化》第 6 卷第 1 期，1940 年 1 月。

③ 《中共扩大的六中全会政治决议案》（1938.11.6），彭明主编：《中国现代史资料选辑》第五册，中国人民大学出版社 1989 年版，第 530—531 页。

④ 《陕甘宁边区施政纲领》（1941.5.1），中国人民大学中国革命史教研室编：《中国革命史参考资料》第四集，中国人民大学出版社 1956 年版，第 114 页。

分种族，一律平等”的原则，就境内蒙旗自治提出了具体实施方案。[①]

这些都表明，此期有关民族主义的讨论重心已集中到如何加强中华民族整体团结和巩固多民族统一国家的理论和实践方面。而这，也正是中国现代民族国家意识趋于成熟的重要标志。

二、救亡潮中的史学使命感

抗战时期民族救亡运动的急遽高涨，使如何发扬民族精神一时成为学术文化界关注的重心，其间文学界提出建立“民族革命战争的大众文学”和以毛泽东为代表的中国共产党人要求把“民族的科学的大众的文化”作为中华民族新文化的建设方向，都将“民族”二字作为其中的要素，实际上都是对这一历史使命作出的理论回应。同时，它也极大地激发了史学界的爱国正气，并由此演化成一股强有力的民族主义史学思潮。这一点，突出地表现在以下几方面：

首先是整个主流史坛的治学风气发生了明显转移，即从新文化运动以来提倡崇尚科学实证、“为学术而学术”而转向强调“经世致用”，“以史救国”几成其时大部分有社会责任感的史家共识和学术自觉。而这一时期兴起的一些较有影响的史学流派或思潮，如禹贡学会、战国策派和文化民族主义等，也几乎都与这股时代潮流有着直接的关联。

如曾主张学问上“只当问真不真，不当问用不用”的顾颉刚，九一八之后就极力倡导编著中国民族史和开展边疆地理研究，以激发民众爱国心和抵制侵略。并身体力行，积极参与燕大教职员抗日会的活动和主办“通俗读物编刊社”（1933 年 10 月），与洪业、郭绍虞、吴世昌、郑德坤、王守真、郑侃嬨等组织编印通俗历史读物，宣传民族精神和“注意于国民道德之培养及现代常识之灌输”。[②] 继又发起成立“禹贡

① 《绥远蒙旗自治问题之认识与建议》，绥远参议会编：《绥远参议会对于绥远蒙旗自治问题之意见》，1947 年。

② 参见顾颉刚 1932 年 3 月 11 日致郑德坤函和 1933 年 10 月 15 日上教育部呈文，详参顾潮：《历劫终教志不灰——我的父亲顾颉刚》，华东师范大学出版社 1997 年版，第 151、155 页。

学会”，集合起一批史地学者从事历史地理研究，欲以此“兴起读者们收复故土的观念，为民族主义的鼓吹打一坚实的基础”。[①] 傅斯年也一改先前将编史排斥于“科学历史学”之外和考史而不编史的姿态，怀着“书生报国”的激情出面组织编写《东北史纲》，并亲撰了该书第一卷（1932）[②]，用史实论证东北自古以来就是中国领土不可分割的一部分，驳斥了日本军国主义歪曲历史的种种侵略谎言，又委托李济将该书主要内容译为英文，递交国联李顿调查团，为其得出“东北三省为中国之一部，此为中国及各国共认之事实”的结论提供了依据。不仅如此，他还撰专文讨论历史教科学的编写，主张把“历史教科做成一种公民教科，借历史事件作榜样，启发爱国心、民族向上心、纪律性、民族不屈性”。并称：“本国史之教育的价值，本来一大部分在启发民族意识上，即外国史也可用‘借喻’的方法启发民族意识。历史一科与民族主义之密切关系，本是不待讨论的，当前的问题，只在用何方法使历史教育有效的有益的启发民族思想。”当然，编写仍应坚持“遵原则以选择史事，尽考索以折衷至当”的严谨态度，力戒虚骄自大。[③] 而身陷北平的考史大家陈垣抗战中亦称：“至于史学，此间风气亦变。从前专重考证，服膺嘉定钱氏；事变后颇趋重实用，推尊昆山顾氏；近又进一步，颇提倡有意义之史学。故前两年讲《日知录》，今年讲《鲒埼亭集》，亦欲以正人心，端士习，不徒为精密之考证而已。此盖时势为之，若药不瞑眩，厥疾弗瘳也。未知南中风气如何？素患难，行乎患难，愿与同人共勉之。”[④] 其此期撰写的《通鉴胡注表微》（1945）、《明季滇黔佛教考》（1940）、《清初僧诤记》（1941）等史著大多显示了这一特征，以致流亡西南的陈寅恪在读到《明季滇黔佛教考》后，立即

① 1935年10月23日致傅斯年信，参见顾潮：《历劫终教志不灰——我的父亲顾颉刚》，第168—169页。

② 《东北史纲》本系傅斯年组织与方壮猷、徐中舒、萧一山、蒋廷黻合编之作，由傅任第一卷（隋以前）编写，方任第二卷（隋至元），徐任第三卷（明清），萧任第四卷（清代东北之官制及移民），蒋任第五卷（东北之外交）。

③ 傅斯年：《闲谈历史教科书》，《教与学》第1卷第4期“历史教学专号”，1935年。

④ 陈垣：《致方豪函》（1943年11月24日），《陈垣来往书信集》，上海古籍出版社1990年版，第302页。

对其中寄托的民族爱国意识产生了强烈共鸣，称其追述明末“政治之变迁，以考其人之出处本末，虽曰宗教史，未尝不可作政治史读也”[①]。

与此同时，对于当时历史学领域出现的侵略理论，如日本军阀御用学者德富苏峰的“中日提携论”、秋泽修二的“外砾论”（认为中国社会的长期停滞性须赖外族侵入方能打破），以及国内投降派对历史的种种曲解，爱国史家也纷纷展开了自觉的斗争，在这方面，马克思主义史家的表现尤为突出。

其次是以民族国家为中心的历史叙事观被广为接受，并迅速成为此期中国通史编写的基本模式。

中国传统史学，向以王朝政治兴衰为其记载重心，直到20世纪初，史界始在“新史学”思潮的冲击下出现转型，有志于创编“国史”和“民史”以破“君史”一统之局。梁启超且谓：“多民族共同创造中国历史的观念已经蕴含其中，民族为历史之主脑，势不可以其难于分析而置之不论。”[②]然最初十余年间，其实践仍显得相当粗疏：梁启超、章太炎诸大师皆仅有设想而未能付诸实施，其时国内编写的通史类著作，非参考和改编日人作品而成（如柳诒徵《历代史略》和陈庆年《中国历史》等），即为未完之作（如刘师培《中国历史教科书》、曾鲲化《中国历史》、陶成章《中国民族权力消长史》、夏曾佑《中国古代史》等），有的甚至仍停留在汉族的立场上看待民族国家问题。至民国初年，才有国人自编较完整的新体中国通史问世，其现代民族国家观的叙事意识也渐趋清晰。如章嵚《中华通史》在导言中即自释其书名曰：“民国成立以前，朝名屡易而国号虚悬，故所谓正史，大抵皆为君主一姓之史，而不见有吾民立国之史。即治史者，亦仅仅知治君史，而不知君史以外别有国史……自民国完成，从此邦内治史诸家不致蹀躞于君主国体专制政体之下，并得养成其社会观念、国家观念、世界观念，涣其史识而扩之广焉，矫其史才而又助之正焉。是则《中华通史》者，乃中华民国之产儿。中华民国之武，得以斩君史；中华民国之慈，得以孕民史。本书

① 陈寅恪：《〈明季滇黔佛教考〉序》（1940），《金明馆丛稿二编》，上海古籍出版社1980年版，第240页。

② 梁启超：《中国史叙论》，《梁启超全集》第二卷，北京出版社1999年版，第451页。

之必以'中华'为标题者，尊所出也。然则审史名之肇始，溯新国之经程，代君史而以一振本邦史界之槁腐者，其或在此也哉？”在谈及民族问题时，又指出：“今者吾人取广义之民族主义，合汉、满、蒙、回、藏五族组合一大民邦。而一切历史上之陈迹在所勿论，惟道德与政治双方进化，而始克有所谓五族共和之一日。诚哉其新造国家之誉，而又本邦史书未有之国闻也。吾述历史，遂取吾国数千年来关于五族已往之事实，略为诠次以著其概。先类别，而次及异同，又次及于关系，非乐为深论，亦以见吾历史之本相固尝如是。遵斯道也，吾五族人民当力为团集，永相结合，以巩我中华民国之基宇，无可疑也。”① 不过，总的看，1920 年代末之前，能够在这方面自成体系的通史仍寥寥可数。

九一八以后，以国史激发民族意识很快成为史学界的共识。在不少人看来：“历史既所以表现人类实际生活，不期而各以其民族国家为重心……今日世界棣通，而各民族国家间之竞争且日烈，世界主义犹为理想，实力不逮之国，尤不能离民族主义以自存。而民族精神之发挥，惟历史最为具体有效之方式。循此事实，吾人于今日中国历史教学许多目标之中，不能不确认其为中心目标，乃在充分表达中国民族之由来变迁与演进，说明世界各国演进之大势，而与本国相印证，直接间接以加强学者之民族意识，以激励其为本国民族之生存与繁荣而努力。”② 特别是“今日之中国，处强敌侵陵之下，不欲求民族生存则已，如欲求民族之生存，则必以发扬历史的民族性为恢复与充实民族力之基础”③。有的还提出：“二千年来，外患未尝一日或息。轩黄胄裔，危而复安，弱而能存，火而再兴者，何莫非由群策群力得来。其艰难经历，非史事何由征之？窃以为今后诚欲救亡，莫如读史。诚欲读史，莫如注重事实，先编通史。”④ 正是这种强烈的历史使命感，促使不少爱国史学家在抗战的艰

① 章嵚：《中华通史》第一册，商务印书馆 1935 年版，第 3、15—16 页。按：此书第一册草成于 1914 年，全书初稿完成于 1920 年，后续有修订。1931 年作者去世后，经人整理，于 1934 年初版。

② 陈训慈：《历史教学与民族精神》，《图书展望》第 4 期，1936 年 1 月。

③ 高良佐：《民族教育与历史教育》，《建国月刊》第 12 卷第 1 期，1935 年。

④ 邓之诚：《中华二千年史・叙录》，商务印书馆 1934 年版。

难岁月中，从提振民族精神、实现抗战和民族复兴的目标出发，从事于中国通史的编写。

据《八十年代史学书目》的相关收录统计，在20世纪上半叶出版的四十种中国通史中，有二十六种出于1931—1945年间，其中较有影响的如缪凤林《中国通史纲要》（1932—1933、1935）、邓之诚《中华二千年史》（1934、1956）、黄现璠和刘镛《中国通史纲要》（1934—1935）、钱穆《国史大纲》（1940）、吕思勉《中国通史》（1940—1944）、范文澜主编《中国通史简编》（1941—1942）、张荫麟《中国史纲（上）》（1940—1941）、翦伯赞《中国史纲》（二卷未完，1944—1946）等。这些史著，观点虽不尽相同，或持社会进化论，或倡文化史观，或主唯物史观，但叙事格局差不多都显示出以民族国家为中心的特征。这突出地表现在：（一）打破旧史以朝代为主线的叙事体系，着眼于民族国家演化过程之考察。如邓之诚即称其《中华二千年史》的编著“尤重民族变迁，其无关得失，不必详者则略之”[①]。钱穆亦谓：“我民族国家以往全部之活动，是为历史。”故“治国史之第一任务，在能于国家民族内部自身，求得其独特精神之所在”。[②]而范文澜《中国通史简编》各编及章节标目中反复出现的“民族国家底成立”、“民族统一”等字眼，及其书中再三致意于中国境内民族斗争与融合现象的讨论，同样表明了这一点。（二）与此相应，在体现历史发展进阶的分期上，也一改旧史以朝代兴灭为界之习，转而按照社会形态、民族兴衰或政治分合及制度文化演变趋势加以判断，如顾颉刚设想的中国通史，就计划分三编，“上世史以中华民族与文化之形成为其中心论题，中世史以中华民族之扩大为其中心论题，近世史以中华文化之转变及其与全世界之关系为其中心论题。此书以极通俗之笔出之，以期养成全国人民之新人生观及其责任心”[③]。更多的则采取了以先秦、秦汉至魏晋南北朝、隋唐五代、宋辽金元、明清五段分期等方法。（三）视野更为宽广，尤其是加强了对社会文化或经济考察。如吕思勉的《中国通史》分婚姻、族制、政

---

① 邓之诚：《中华二千年史·叙录》。

② 钱穆：《国史大纲·引论》，上海书店出版社1989年版，第1、9页。

③ 《顾颉刚日记》卷四，1939年6月30日条，第244页。

体、阶级、财产、官制、赋税、实业、衣食、住行、教育、学术、宗教等十八个专题，以一半以上的篇幅，广泛讨论了文化制度方面问题。并称："人类的进化，全是文化进化……人类的一切行为，几无不与文化有关系。"只有了解文化，才能了解社会。① 其他通史对各时期历史的叙述，除政治变迁外，也都列出专章，对当时制度、文化、社会、风俗等有所说明。至于马克思主义各家通史对社会经济的关注与研究，更是其一贯的长处。上述通史观念及其编写格局的形成，对此后数十年的历史编纂学影响至为深远。

第三是形成了从政府到各级学校对开展民族爱国主义历史教育的普遍自觉，并在此基础上建立起了相应的制度。

绵延悠长的中国历史，本是养成国人民族爱国心的深厚土壤。然自现代学术和教育兴起以来，人们对此的认识并不统一。在某些人看来，研究历史，乃是对科学知识的一种追求，"只是为学术而作工夫，所谓'实事求是'是也，绝无'发扬民族之精神'的作用"②。实际上只是将之视为少数人的名山事业，而否认了其在提高国民人文素质方面的社会功能和责任。与此同时，历史学在新式教育课程知识结构及现代求职场中的弱势地位，也使不少人对之有所轻视。1931 年 7 月，缪凤林在《中国通史纲要·自序》中即指出："最近中央大学入学试验，二千五百数十人中，以'府兵'为国府之卫队，'青苗'为青海之苗民者，多至二百余人；知崔浩、王应麟为何代人者，则仅十数人。噫，以吾民族积史之富，史类之繁，并世诸国直无俦匹，今读书十二年、毕业中小学之学生，不知国史顾如此。部颁高中课程标准，国史学分已少至外国文十之一者（英文 30 学分，国史 3 学分），教育家尚有提议再事削减、哓哓致辩者。"③ 李季谷也谈到当时参与陕西地方高考阅卷，发现学生历史知识程度普遍甚低，许多人连中日《马关条约》和鸦片战争距今多少年也答不上来；而陕、川、云、贵等地中学入学考试同样暴露出历史地理成绩

① 吕思勉：《吕著中国通史·绪论》，华东师范大学出版社 1992 年版，第 3—4 页。

② 胡适：《致胡朴安函》，梁颖整理：《胡朴安友朋手札·胡适函》，《历史文献》第二辑，上海科学技术文献出版社 1999 年版，第 188 页。

③ 《中国通史纲要》第一册，南京钟山书局 1932 年版，第 6—7 页。

“特别不佳”的现象。[①]而1934年吴晗对清华大学4000余考生历史试卷进行统计的结果，情况也是如此。[②]在民族危机日趋深重的年代，这些现象引起了朝野各方的忧虑，连蒋介石后来也对此表示了不满：“过去我们一般学校只重在教授外国文和理化数学等功课。对于史地教学，教师与学生都不知注重。虽有这两门课目，或是偏重世界部分的讲授；或是与世界部分相并列；从来没有以本国为中心而讲授世界的史地；也没有特别充实本国历史、地理的教材内容。至于语文、音乐各科中应采用本国史地为中心材料，更为一般教师所不曾注意。这实在是我国教育最严重的一个错误。以致教出来的学生大多缺乏史地知识。多数学生对于本国的历史地理，所得知识既极浅薄，多半模糊影响，甚至忘记了自己国家的历史，忘记了自己的祖先，忘记祖先所遗传下来的固有的疆土！不知自己祖国的历史和地理的人，怎能教他爱国呢……从今以后，大家不好再蹈以前的复辙，一定要特别注重历史、地理的教育，以激发国民爱国卫国的精神，开拓我们民族光辉灿烂的新生命。”[③]为扭转此种局面，国民政府教育部在1932年正式颁布的中学历史课程标准中确立了如下目标：“（壹）研求中国民族之演进，特别说明其历史上之光荣，及近代所受列强侵略之经过与其原因，以激发学生民族复兴之思想，且培养其自信自觉发扬光大之精神。（贰）叙述中国文化演进之概况，特别说明其对于世界文化之贡献，使学生明了吾先民伟大之事迹，以养成其高尚之志趣与自强不息之精神。（叁）叙述各国历史之概况，说明其文化之特点，以培养学生世界的常识，并特别注意国际现势之由来，与吾国所处之地位，以唤醒学生在本国民族运动上责任的自觉。（肆）叙述中外各时代文化之变迁，应特别说明现代政治制度，及经济状况之由来。以确立学生对于民权主义，民生主义之信念。”[④]四条之中，前三条皆旨在强

---

① 李季谷：《抗战建国中的历史教育》，《教育杂志》第30卷第8号。

② 吴晗：《中学历史教育》，《独立评论》第115号，1934年。

③ 蒋介石：《革命的教育》（1938年8月28日），《蒋委员长言论类编·文化教育言论集》，正中书局1941年版，第210页。

④ 《初级中学历史课程标准》（1932），李隆庚编：《20世纪中国中小学课程标准·教学大纲汇编：历史卷》，人民教育出版社2001年版，第43页。同时颁布的《高级中学历史课程标准》目标表述也与此相同，只是分为六条，内容更为细化一些。

调培育和激发学生的民族自信和民族复兴意识，整个教材大纲也要求贯穿这一主旨。

鉴于清末以来大学历史课程的设置，一味沿着仿效西方的路向运行，有时不免出现不顾国情偏向，以致引起了某些学者的不满。1936 年，雷海宗在比较了北大、清华、武汉大学、燕京大学、中央大学五校和美国哈佛大学、哥伦比亚大学、芝加哥大学的西洋史课程后，指出：我国大学历史系开设的西洋史课程，“在各方面都较美国最完备的三个大学为复杂，最少也与它们并驾齐驱”，一般都在十几门以上，“年限最少的也有三年半，多的可到九年”，如果加上美国大学没有的大量中国史课程，课程实在显得太多。“所以我们必须有一个通盘的计划，不能一切都照抄美国”。他主张进行“彻底的改革”，方法是减少西洋史方向过于专门的选修课，加强本科生的中外历史基础知识学习与训练；而在教授内容上，也“无需盲目的追随西人”，如阿拉伯伊斯兰教的历史，地位很重要，且与中国关系密切，但在西洋史的教材中总是处于附属地位，这并不符合历史事实，应在教学中加以纠正。[①] 雷海宗的意见，实际上表达了当时一些学者希望推进现代史学专业人才培养模式“中国化”的想法。而该年和 1940 年对历史课程标准提出的修订，也许可以视为对这类意见的一种回应。为更好地借助历史教学构筑起精神国防的基石，其中规定将本国史地的教学课时量由原来的三分之二增加到六分之五的比重。与此同时，有些刊物如《教与学》还转为此编刊了“历史教学”、“国防教育”和“史地教育”等专号，聚集一批专业工作者，就如何展开民族爱国教育展开了专题讨论。

这一时期，社会公众的历史教育也引起了政府和学术界的相当重视。他们指出：面对空前严酷的民族救亡运动，“要养成民族自尊心，要坚定抗战必胜的信念，非学习历史不可。只有学习历史，从历史中探求得来的真理，才能引起信仰，才能认识当前局势及其发展的前途，而坚决地执行自己在这时代所担负的使命与任务”[②]。要做到这点，“除学校之史地教育外，尚需社会之史地教育，使国民能认识我民族之本源与历史”，

① 雷海宗：《对于大学历史课程的一点意见》，《独立评论》第 224 号，1936 年 10 月 25 日。

② 宋云彬：《伟大的历史变革时代的本国史教学问题》，《国民公论》第 1 卷第 7 号，1939 年 2 月。

故应采用戏剧、音乐、电影、幻灯种种新式工具，以“增进社会的史地教育之效能”。[①] 针对普通民众的文化水准和特点，不少人主张通过以通俗的方法讲授古今民族英雄事迹、中华民族形成发展史、近代以来国耻史[②]，以及世界弱小民族的复兴史、最近本国时事和国际形势、我国的边防建设和中国人民反抗外来侵略的史实等[③]，来实现这一社会教育的目标。抗战时期大量有关中国民族史、历史人物传记、帝国主义侵华史等书刊，正是在这一观念的主导下产生的。

三、现代史学制度建设的推进

钱穆在谈及中国现代学术时，曾因其不幸遭遇抗战战乱，以致“神耗气竭，光采无存”而深为感慨。[④] 诚然，战争的爆发，骤然打断了学术自身的发展节奏，迫使大批高校和研究机构内迁，文籍毁弃，许多专业人员流离失所乃至死于非命，其对学术事业造成的损失是无可估量的。但另一方面也应看到，在人文学术领域，由于历史学在激发民族精神方面凸现出来的作用，使之在这一时期受到了社会各界的更多关注，是以在万分艰难的困境中，仍能竭力奋起，而其学科建设的步伐，亦非但未见停止，有些方面还得到了加强。

为更好发挥史学的社会教育功能，国民政府教育部于 1940 年 4 月成立了史地教育委员会，负责推进此项工作。5 月 14 日，该会召集第一次

---

① 陈立夫：《史地教育委员会第二次会议致词》（1941 年 7 月 4 日），《教育部史地教育委员会概况（第 2 号）》，油印本，第 3 页。

② 参见顾颉刚《中学历史教学法的商榷》、缪凤林《中学国史教学目标论》、李季谷《如何能在历史教材中充分发挥民族观念》、陈训慈《民族名人传记与历史教学》、金兆梓《历史教学的我见》和孙正容《中等学校历史教学漫谈》（均载《教与学》第 1 卷，1935 年第 4 期）、李季谷《抗战建国中的历史教育》（《教育杂志》第 30 卷第 8 号，1940 年）。

③ 参见高焕升《国防中心的中学课程和教学》（《教与学》第 1 卷，1935 年第 3 期）、章育才《国防中心的中学教育》、吴研因《小学教育与国防》、沈子善《小学不能实施国防教育吗？》、吴鼎《小学国防教育之实施》（均载《教与学》第 1 卷第 7 期“国防教育专号”，1936 年）。

④ 钱穆：《师友杂忆》，《八十忆双亲 师友杂忆》，生活·读书·新知三联书店 1998 年版，第 182 页。

会议，商讨并决定国内各项史地教育的措施和落实事宜。次年3月发布的《史地教育委员会章程》规定，委员会由教育部“司长三人、秘书一人、参事一人、国立编译馆馆长、教科用书编辑委员会主任委员为当然委员”，另聘任国内相关史地专家15至21人组成，每半年或一年集会一次。[①]

关于第一届史地教育委员会的委员，目前一般论著仅据《史学年报》第3卷第2期（1940）有关教育部史地教育委员会成立的报道列出专家委员十七人（实际应为十九人）。[②]今参考《教育部史地教育委员会概况（第2号）》（1941年铅印本）和《教育部史地教育委员会第三次全体委员会议参考资料汇辑》（1943年油印本），知1941年7月其全部成员为：吴俊升、顾树森、陈礼江（以上三人为教育部司长）、张廷休（教育部秘书）、孟寿椿（参事）、陈可忠（编译馆馆长）、许心武（教科书编辑委员会主任。以上七人为当然委员），吴稚晖、张西堂、黎东方、柳诒徵、胡焕庸、张其昀、缪凤林、蒋廷黻、吕思勉、顾颉刚、钱穆、陈寅恪、傅斯年、徐炳昶、雷海宗、金毓黻、黄国璋、陈训慈（以上为聘任委员）等。其中吴俊升、张西堂、黎东方为专任委员，另以陈东原为委员会秘书。后成员续有调整，至1943年增为35人（其中聘任委员28人）。[③]

该会的宗旨，在“使一般受有教育之青年，认识吾民族祖先之五千年丰功伟业，及其奋斗努力之精神，与夫一千一百一十七万方公里之锦

① 《教育部史地教育委员会章程（1941年3月）》，《中华民国史档案资料汇编》第5辑第2编“教育”一，江苏古籍出版社1997年版，第85—86页。

② 此十七人为：吴俊升、张西堂、黎东方、颜树森（当为顾树森，时任教育部普通教育司司长）、陈礼江、张廷休、吴稚晖、张其昀、蒋廷黻、顾颉刚、钱穆、傅斯年、陈寅恪、胡焕庸、徐炳昶、雷海宗，以及秘书陈东原。

③ 1943年35位委员中较1940年增加的有曾世英、吴其昌、陈垣、吴□绳（疑当为中山大学地理系教授“吴尚时”之误）、郑师许、李季谷、黄序鵷、萧一山、蓝文徵、陆懋德等；当然委员中，陈礼江先后换为王星舟和骆美奂，张廷休则换为刘季洪。关于该会成员，各家著述或回忆说法颇不一致，如陈训慈回忆称郑鹤声亦为委员（见陈训慈：《劬堂师从游脞记》，收入柳曾符、柳佳编：《劬堂学记》，上海书店2002年版，第72页）；傅振伦《蒲梢沧桑——九十忆往》则谓其本人是“教育部史地教育委员会之一员”（华东师范大学出版社1997年版，第147页）；或谓国立中山大学历史系主任陈安仁亦为1943年该会35人之一（黄义祥、易汉文主编：《中山大学大事记（1924—1996）》，中山大学出版社1999年版，第43页）。然据上述原始材料，至少直到1943年，郑鹤声、傅振伦、陈安仁都仅仅是参加或列席过该会相关会议，而非正式委员。

绣山河，及其蕴藏之险要，俾皆油然发生爱国爱民族之心情，献身于抗战建国之工作”[①]。故其历次议决的六七十项提案中，不少都与此直接相关，如《编纂中国史学丛书案》、《编纂一般史地读物案》、《确定史地学科民族立场案》、《设立民族文献馆案》、《请拨款筹办搜集抗战史料训练班以利搜访史料案》、《请提倡中国医学史中国药学史以阐扬中国固有文化案》、《请加重各级学校史地教材中有关边疆部分以提高学生重视我国边疆案》、《请筹组中国民族文化史料专门委员会以整理我国民族文化案》、《请充分利用全国各地名胜古迹及与地理历史有关之照片或画图为施教惟一之工具以激发国民爱国思想案》、《请由史地委员会编制民族史迹及各省人文地理电影及幻灯教材案》等。[②]至其实际工作，则主要集中在四方面。

一是改进学校史地教育。具体包括：（一）调查各中学史地教学。由教育部各督学及视察员将各地中等学校史地教学情况填表上报，并依据对158校454位教师的调查结果写成《全国中等学校史地教学问卷调查报告分析》，针对其中存在的问题，分别提出改进意见。（二）加强中学史地师资培训。协同教育部中等教育司举办全国中等学校史地教员讲习会，按照相关计划及章程，聘请全国史地专家担任讲师，于1940年7月起，先以四川省各校史地教员为主，进行培训。（三）修正高初中及草拟小学史地课程标准。根据形势变化，对1936年制定的高初中史地课程标准进行必要的修订后，于1940年9月颁布实施。同时核校六年一贯制中等学校史地课标准，起草小学史地课程标准及高级职校之史地课程标准，确定小学社会课程之史地部分教学时数及教材单元。（四）汇集历年各校史地教学讲义及参考资料，择优采用出版。对现行中小学校史地教科书进行评选，由教育部下令各书馆局将已出版之各级史地教科书用书（教科书、教授法、地图、沿革图、参考书等）申送该会一份，分别审核，奖励优秀，改进不足。（五）编制各级学校史地教学挂图。完成初中史地挂图四十八

---

① 《教育部史地教育委员会第一次全体会议训词》，《教育部史地教育委员会概况·参考资料第二号》，铅印本，第61页。

② 国民政府教育部编：《第二次中国教育年鉴》第二编“教育行政”第四章“教育会议”，商务印书馆1948年版，第70—71页。

幅编绘，另计划绘制高中史地挂图一百二十八幅和小学挂图挂表若干。大学适用之史地挂图，包括本国历史和地理挂图、西洋历史挂图、时事地图和分洲地理图画等，亦委托浙江大学史地教育研究室着手绘制印刷。

二是推动社会史地教育。主要包括：（一）动员和组织国立戏剧专科学校、实验剧院等单位编演爱国题材的历史话剧、歌剧，并商请中国教育电影协会出面，摄制反映中国地理面貌的影片若干部，以利大众的史地教育。（二）出版史地教育季刊和组织编辑一般史地读物。着重为历代名人和民族英雄传记等。已着手者有罗根泽的《墨子传》、《孟子传》和《荀子传》，张默生的《庄子传》和《韩非子传》，黎锦熙的《周濂溪传》和《张横渠传》，傅振伦的《刘知幾评传》，刘国钧的《玄奘传》和《中国之哲学家》，卢美意的《朱熹传》，高良佐的《国父传》，郐翰芳的《中国之地理学家》等。（三）组织面向社会的史地讲演。如 1941 年 7 月在重庆中央图书馆举办的七七纪念学术讲演周[①]、1943 年 3 月史地委员会第三次会议和中国史学会成立大会后举办的史地教育讲演周。该会还确定 1944 年轮流在各大都市举办“史地教育演讲周”，首次演讲周就由金陵大学与西南联大分别在成都及昆明举行。为此，金陵大学历史系邀请校内外史地专家，与该年 3 月间在成都城内外举办公开演讲十次，每次听众都达数百人之多。这些演讲，对激发人们的爱国热情和抗战意志，都起到了积极作用。[②]

三是组织编写出版《中国史学丛书》。无论是学校还是社会史地教育的提高，都必须以学术研究的系统深化为基础，钱穆在该会第二次全体会议致辞中即指出：开展史地教育的责任，不仅在于国史知识的推广与普及，还“在于国史知识之提高与加深，易辞言之，不在于对依然指导爱好国家民族的民众作宣传，而在于对近百年来知识界一般空洞浮浅乃至于荒谬的国史观念作纠弹。更要的，尤在于对全国民众依然寝馈于

① 此次讲演包括徐炳昶《洪水的故事》、黄国璋《西康的游历印象》、缪凤林《历史的教训与国族的前途》、顾颉刚《甘青的游历印象》、钱穆《民族争存与文化争存》、张西堂《经学与史学》、金毓黻《由北宋的外患说到现在》、胡焕庸《地理上之中国与世界》、黎东方《历史上之中国与世界》等九篇。

② 《私立金陵大学兼办社会教育经过及计划》，中国第二历史档案馆藏档，卷宗号 649-1218。

斯的传统文化，在重新加以一番新认识与新发挥”①。鉴此，尽管战争时期经费极度匮乏，该会仍勉力组织了有四十多名专家参与编写的中国史丛书，计划分三辑出版：

甲辑：中国断代史十册，包括陆懋德《中国远古史》、顾颉刚《春秋战国史》、黎东方《秦汉史》、贺昌群《魏晋南北朝史》、蓝文徵《隋唐五代史》、姚从吾《两宋辽金史》、邵循正《元史》、吴晗《明史》、萧一山《清史》、郭廷以《现代史》。

乙辑：为文化专史系列，包括胡焕庸《中国地理史大纲》、朱延丰《中国民族构成史》、张金鑑《中国政治制度史》、萧公权《中国政治思想史》、罗仲言《中国国民经济及财政史》、陈立夫《中国哲学史》、方壮猷《中国社会史》、张资琪《中国科学史》、张君劢《中国伦理思想史》、张西堂《中国经学史》、金毓黻《中国史学史》、傅抱石《中国美术史》、胡小石和卢前《中国文学史》、陈东原《中国教育史》、《中国宗教史》（由郭本道承担《道教篇》，邓永龄承担《佛教篇》，白寿彝承担《回教篇》，方豪承担《公教篇》，刘廷芳承担《基督教篇》）、张忠绂《中国外交史》、张其昀《中国地理开发史》、向达《中国文化交通史》、许心武《中国水利史》等。

丙辑：中国史通论类，包括陈立夫、黎东方合著《中国历史通论》、陆懋德《甲种中国通史大学教本》，以及钱穆、缪凤林、吕思勉所编乙种中国历史大学教本三种（原计划尚有张荫麟所编一种，因其英年早逝而未能完成）。

据该会发布的1942年7月至1943年2月年度《工作检讨》，以上各书，除乙种中国历史大学教本中钱穆《国史大纲》系据成书收入外，“其余九种计一百三十一万七千字，连前两年合计共有二百七十三万六千字。本年度所收各稿如左：胡焕庸《中国地理大纲》（第一次稿）、萧公权《中国政治思想史》（复稿）、黎东方《中国历史通论·秦汉史》（一稿）、蓝文徵《隋唐五代史》（一稿）、金毓黻《两宋辽金史》（一稿）、缪凤林《中国通史要略》（三稿）、傅抱石《中国美术

① 参见《教育部史地教育委员会概况（第2号）》，1941年铅印本，第7页。

史》(一稿);罗仲言《中国经济史》依照本会意见改正稿，其中多数俱已连同上两年所收各稿统于黎东方审阅一遍后，分别交由钱委员穆、缪委员凤林等加以审阅，俟审阅意见征得著者本人同意后一一陆续付印;现已交到商务印书馆付印者计有金著《中国史学史》、黎著《中国历史通论·远古篇》、缪著《中国通史要略》第一册三稿，均系前年及去年所收之稿”。足见进度亦颇可观。

四是开展基础史料搜集与整理工作。着重为两项:(一)搜集和编辑抗战史料。为加强此项工作，该会成立后，即派黎东方主持教育部抗战史料编辑室，重新制定编辑计划六条，并委部员邹树椿具体负责，系统搜集教育部及其下属各省教育机关呈报的有关抗战史料，自1938年起，按每年一卷加以编集。(二)整理《清史稿》。北洋政府时期编就的《清史稿》，向因观念陈旧、内容疏误遭业内人士訾议，并一度被国民政府禁止发行，然社会各方对此大宗清史资料却又存在实际需求。为更好利用此项史料，该会特组织力量对之展开系统审读，拟对其重要错误加以厘正后出版，以供教学参考。

此外，在辅导各专科以上学校史地学会和各研究院所的组织、发展和规范运作，以及推进中国史学会的筹备成立等方面，该会也做了多方面的努力。[①]

当然，由于受到战争条件的各种限制，该会议决的提案不少并未落实或难以落实，也有一部分虽施行而未能完成。以致顾颉刚在参加第三次会议时不免有所埋怨:“教育部史地教育委员会四年中开了三次，决而不行，大家无精打采，故此次会议议案极少，议一天即毕，且杂以嬉笑。”[②]但尽管如此，其工作对于促进当时史地教育的实际意义仍不能否定。

不仅如此，抗战时期的学术制度建设，对现代史学的规范运作也起

---

① 以上有关抗战时期国民政府教育部史地教育委员会各项工作的叙述，除出注者外，皆据《史地教育委员会三年来工作总报告(1940年5月至1943年2月)》(中国第二历史档案馆藏档，卷宗号5-467)概括而成。其中有关该会在辅导高校史地学会和各研究院所的组织、发展和规范运作，以及推进中国史学会的筹备成立等方面的工作，详请参见本书第五章第三节的相关论述。

② 《顾颉刚日记》卷五，1943年3月25日条，第46页。

到了不少实质性的推进作用。其中最明显的：

首先是史学专业人才资质认定的进一步规范化。进入20世纪后，中国现代大学分科设置和教学制度的建立，为社会各业人才的专业训练提供了全新的模式，同时也对专业人员资质及其学术层次的认定标准，提出了新的规范化要求。但这种规范化，并非一蹴而就。以大学历史学的师资而言，在京师大学堂时期，主要不外来自三方面，即旧功名出身（国学专业）、留学归国和国外引进人员（西洋史专业）。直到民国初年，国内大学或师范卒业者方得渐次充实其中，并在五四以后，发展成为最主要的师资来源。为提高大学的教学水准，国民政府曾于1927年发布过《大学教员资格条例》，对大学聘任教授、副教授、讲师和助教的专业资质提出了相应要求。[①] 然实际上，各校的参照实行仍很不平衡。

为加强此项工作，1940年教育部正式成立学术审议委员会后，即将“专科以上学校教员资格之审查”列为基本工作之一，并采取了以下几项措施：（一）颁布《大学及独立学院教员资格审查暂行规定》及其实施细则（1940年8月—9月），明确助教、讲师、副教授三级递升除学历条件外，须在前一级上任职一年，副教授升教授为二年。后又改为助教升讲师需四年，讲师、副教授到教授的递升则各需三年，并有相应的学术成绩者，要求各校照此办理，如破格晋升教授或副教授，需经教育部学术审议委员会通过方得承认。（二）设置部聘教授，由教育部直接聘任任教授10年以上且有特殊学术贡献者任之。具体办法为：先由国立大学、独立学院、全国性学术团体分别提出候选人，发交各校教务长、院长、系主任于相关学科中推举1—2人，并将名单交相关资深教授评选补充，然后将28单位推出的121人和学术审议委员会直接提名的35人，共156人，再行分科推选，最后经1942年8月24日学术审议会审核确定为30人（实际受聘29人），任期5年。其中历史学入选陈寅恪、萧一山2人。1943年12月，复增第二批15人为部聘教授，历史学增柳诒徵一人。被聘者在月薪之外每月给予研究补助费四百元（其中

① 参见《南京国民政府行政委员会公布大学教员资格条例》（1927.6.15），中国第二历史档案馆编：《中华民国史档案资料汇编》第5辑第1编“教育”一，第168—169页。

半数专作所在学校为其补充研究设备之用），派往公立及已立案的私立专科以上学校担任特设讲座，从事讲学及研究，从而为全国树立起高层次专家的学术标杆。[①]（三）实行专科以上教员的资格审查制度。自1940年至1947年10月，由教育部对各校或相关人员上报之履历表、学历证明和学术著作等材料进行普遍审核认定，合格者发给证书，否则令其改等。经审查者，先后凡二十八批，计教授2563人，副教授1205人，讲师1962人，助教2497人，共8227人。并规定，各校应据此审查合格之等级聘任教员，凡未经审核而已聘任者，仍须办理相关手续，且在此期间，聘任不能超过一年。"至审查合格教员之聘任期间，第一次试聘一年，第二次续聘一年，以后每次续聘均为二年……在教员聘约有效期间，除违反聘约之规定外，非有重大事故经教育部核准者，学校不得解除教员之聘约。"[②]这些，对于稳定高校历史教学的质量，无疑具有一定的规范作用。

其次是建立起可操作的学术成果评估机制。虽然民国初年以后，政府曾先后发布《中央学会法》（1912年11月）、《学术评定委员会组织令》（1914年7月）《学术审定会条例》（1918年3月）等文件条规，试图建立此类机制，但一直未能实现。[③]

1940年5月，教育部学术审议委员会通过了"补助学术研究及奖励著作发明"一案，于次年开始实施。评奖之范围：著作分文学（文学论文、小说、剧本、诗歌）、哲学、社会科学（史学属之）、古代经籍研究四类；发明分自然科学、应用科学和工艺制造三类；美术分国画、音乐、建筑、雕塑四类。其评审标准为："（一）作者观点或所代表之思想是否正确，（二）参考资料是否详赡，（三）结构是否完美，（四）有无特殊创见，（五）是否有独立体系或自成一家学说，（六）是否有系统之

---

① 上述均据《教育部学术审议委员会组织条例草案、工作概况等文件》（1938—1948），中国第二历史档案馆藏档，卷宗号5-1347。有关抗战时期教育部学术审议委员会的情况，另可参看张瑾《抗战时期教育部学术审议委员会述评》（《近代史研究》1998年第2期）、曹天忠《档案中所见的部聘教授》（《学术研究》2007年第1期）等文。

② 《第二次中国教育年鉴》第五编"高等教育"第一章"概述"，商务印书馆1948年版，第514—515页。

③ 关于这方面情况，可参见左玉河：《中国近代学术体制之创建》第九章五"政府谋设学术评议机关"，四川人民出版社2008年版，第642—654页。

叙述或说明，（七）整理前人学说有无改进之点或特殊贡献，（八）是否适合国情或对于我国社会经济及农工业各方面之影响如何，（九）是否有学理根据，（十）是否确系发明或创作，（十一）发明程序是否明显是否可以实验说明，（十二）是否能普遍应用，（十三）技术是否精巧。至给奖之标准，亦有具体决议：（一）具有独创性或发明性，对于学术确系特殊贡献者列为第一等，（二）具有相当之独创性或发明性而有学术价值但不及第一等者列为第二等，（三）在学术上具有参考价值，或有俾实用，但不及第一等第二等者，列为第三等。一律严格审选，给奖名额宁缺毋滥。”[①] 同时规定：评奖每年一次，于6月底前申报，秋季办理。其作品如二次申报均未获奖，不得再行申报；申请之著作，十万字以下者须已出版，十万字以上者因当时条件困难而尚未出版者，可以清抄稿申报。[②] 这些严谨而切实的规定，从理论上看都是比较到位的。

在奖项评审方面，它也建立了一套比较规范的程序。规定评审对象可由教育部直接提出和学术审议委员会推荐，也可由作者或发明人自行申报（须有两位专家推荐），经两到三位专家评议合格后才得提交审议会决审。其时担任历史学科评议的专家主要为陈垣、陈寅恪、柳诒徵、钱穆、缪凤林等，从现在保存的档案中，我们仍能清晰地看到这些专家在评议中坚持以学术为唯一标准的敬业精神。现举两例为证。

例1：董朴垞《中国史学史》

初审评语：

钱穆：“大处绝无可取，小节则纰缪百出，几触目皆是。”

陈寅恪：“全书中未见有创获之处。”

柳诒徵：“未见特殊创见，于前人学说亦无改进之点。从宽给奖，附之三等。”

① 《第二次中国教育年鉴》第六编“学术文化”第五章“学术之审议与奖励”，商务印书馆1948年版，第72—73页。

② 《教育部学术审议委员会组织条例草案、工作概况等文件》（1938—1948），中国第二历史档案馆藏档，卷宗号5-1347。

小组会议审查：不给奖。[①]

例 2：刘铭恕《中外交通史论丛》

初审评语：

陈寅恪："所呈请奖之五种著述，皆为中外交通史范围考证，材料甚为详瞻，所列诸条中颇有创获之处。唯以限于所论之范围及取材之性质，故未能达到一极有系统之理想境界。然即就所得到之成绩而言，亦可谓好学深思，难能可贵，不得不加以奖励者矣。取材详瞻，颇有创获，拟请给予贰等奖。"

陈垣："右五种六册，细读一遍，钦佩不已。著作对于搜集材料方法，似有充分练习，故凡子部、集部有关本题材料，均能钩稽摭拾，运用自如，足见曾下苦工，确有心得，顾亭林所谓采铜于山者，庶乎近之，不徒乞灵于《图书集成》等类书，抄录成文而已。至于考订方法，亦极精密，有左右逢源之乐，无牵强附会之谈，即有采用前人学说，亦能沿流溯源，触类引申，补充新证，时有青出于蓝而胜于蓝之处。此等著作，至少应予以二等奖。"[②]

按：董朴垞（允辉），浙江温州人，燕京大学毕业，任教温州中学，兼教务主任。其书稿著述框架虽尚完整，然终因无"特殊创见"而遭否决。其师陈垣见之，亦评价不高，认为无刊印价值。[③] 刘铭恕，河南淮滨人，中国大学毕业后留学日本早稻田大学，归国后任职于山东省图书

---

① 《全国学术团体一览表及学术奖励摘要》（1946—1947），中国第二历史档案馆藏档，卷宗号5-1351。

② 《1945 年度学术奖励著作申请书及审查意见表》，中国第二历史档案馆藏档，卷宗号5-1360。

③ 《夏鼐日记》卷四，1948 年 3 月 24 日条，华东师范大学出版社 2011 年版，第 179 页。按：董氏为夏鼐燕京大学同学。在温州中学课余草《中国史学史》、《民国史稿》、《俞曲园年谱》等。1980 年尚健在（参见《夏鼐日记》）。又其书长期仅有油印讲义存世。北京师范大学《史学史资料》1980 年第 1 期曾载其《长编目录》，至 2016 年始由王传编入《中国史学史未刊讲义四种》（上海古籍出版社）。

馆和金陵大学等校，专意中外交通史及敦煌学研究。其参评著作虽系论文集而未达“一极有系统之理想境界”，但长处在“取材详赡，颇有创获”，故能获售。可见专家评议中对于“学术原创”这一标准的严格把握。

综计抗战期间，史学类著作获奖者不下数十种（包括文学、哲学、古代经籍和美术类中相关的历史论著），兹列表以见（参见表8.1）。

从数量看，上述历史类论著应当说占了整个人文及社会科学获奖作品的很大比重。这种学术研究风气，实际上也从一个侧面反映了抗战时期人们对民族历史和文化倾注的特殊关怀。

表 8.1：1941—1945 年教育部获奖论著题名录

年度	获奖著作及其类别等第	总计
1941 年	哲学类：李柏显《朱子哲学》（三等奖）； 古代经籍研究类：杨树达《春秋大义述》、陈启天《韩非子校释》（以上二等奖），黎锦熙《方志今议》、罗倬汉《史记十二诸侯年表考证》、贺楙夫《周易卦序研究》、金景芳《易通》（以上三等奖）； 社会科学类：陆懋德《中国上古史》（三等奖）。	8 种
1942 年	古代经籍研究类：罗倬汉《诗乐论》、丁超五《易理新诠》（均三等奖）； 社会科学类：郭宝钧《中国古铜器学大纲》、陆懋德《史学方法大纲》、胡厚宣《甲骨学商史论丛》（以上二等奖），全汉昇《中古自然经济》、罗香林《国父家世源流考》（以上三等奖）。	7 种
1943 年	哲学类：汤用彤《汉魏两晋南北朝佛教史》（一等奖）； 古代经籍研究类：闻一多《〈楚辞〉校补》（二等奖），闻一多《〈孟子〉赵朱异注纂述》、钱基博《增订新战史例孙子章句训义》（以上三等奖）； 社会科学类：陈寅恪《唐代政治史述论稿》（一等奖），刘节《中国古代宗族移植史论》（二等奖），曾资生《中国政治制度史》、郑天挺《发羌之地望与对音等论文三篇》、王焕镳《曾南丰年谱》、邓广铭《宋史职官志考证》（以上三等奖）； 美术类：张清常《中国上古音乐史论丛》、阴法鲁《先汉乐律初探》（以上三等奖）。	12 中
1944 年	文学类：罗根泽《周秦两汉文学批评史》、李嘉言《贾岛年谱》（以上二等奖），冯沅君《古优解》、李辰冬《红楼梦研究》、祝文曰《文选六臣注订讹》、缪钺《杜牡之年谱》（以上三等奖）； 古代经籍研究类：劳榦《居延汉简考释》（一等奖），吴毓江《墨子校注》（二等奖）、徐復《后读书杂志》、蒋礼鸿《商君书锥指》、张国铨《新序校注》（以上三等奖）； 社会科学类：萧一山《清史大纲》、简又文《太平军广西首义史》（以上二等奖），蓝文徵《中国通史》上卷、洪启翔《古代中日关系史之研究》、施之勉《古史摭实》、王伊同《五朝门第》、汪士杰《里甲制度考略》（以上三等奖）。	18 种
1945 年	文学类：柴德赓《鲒埼亭集谢三宾考》、姚薇元《鸦片战争史实考》（以上二等奖），孙文青《南阳草店汉墓画像集》、严济宽《中国民族女英雄传记》、王玉哲《鬼方考》、许澄远《魏晋南北朝教育史》、段青云《选学丛说》（以上三等奖）； 社会科学类：周荫棠《中国近代文官出身之途径》（二等奖）、罗仲言《中国国民经济史》上（三等奖）； 古代经籍研究类：陈延杰《周易程传参正》、苏维嶽《诗经丛著》（均三等奖）。	11 种

注：上表据《第二次中国教育年鉴》第六编“文化学术”第五章“学术之审议与奖励”相关记载，并参核 1945 年教育部印《历届获奖作品及作者题名录》（中国第二历史档案馆藏档，卷宗号 5-1356）列出。

第三节　抗战时期民族主义史学流派之一：禹贡派*

一、禹贡学会与《禹贡》半月刊

1930 年代以后日本军国主义对华发动大规模军事入侵，企图一举灭亡中国的严酷现实，特别是全国各族人民同仇敌忾、奋起喋血自卫的实践，使晚清以来逐步觉醒的中国现代民族主义迅速升华为一种全民意识，并很快成为这一时代爱国史家共同关注的一个中心，其时出现的不少有影响的史学流派，无不表现出这一特征。此就禹贡学会的历史地理研究为例，稍作深入探讨。

禹贡学会是我国现代史学史上的一个重要学术团体，九一八以后，它以专业性很强的历史地理研究相号召，以文会友，倡导严谨学风，培养学术后劲，怀着一腔书生报国激情，广泛开展对于沿革地理和边疆史地的研究，并努力吸取现代科技成果与方法，在历史人文地理、历史地图等领域进行了一系列新的探索，为推动我国历史地理研究由传统意义上的沿革地理学向现代历史地理学的转化作出了积极的贡献。

该会会员众多，成分也较复杂，因此很难将其与一般学派的概念等同起来。但应看到，该会主要成员在治学方法、理念、专攻方向及某些学术活动的组织协同上，也存在着较多的共同点，甚至显示出某些近似学派的特征，因而仍值得我们对其作一整体的考察。

禹贡学会 1934 年由顾颉刚、谭其骧创立于北平。是时顾颉刚在北

---

*　计宏伟为本节的撰写提供了初稿。

1937 年 3 月顾颉刚与禹贡学会同人合影

大和燕大教授中国古代地理沿革史，谭其骧在辅仁大学教授地理沿革史。在承担这门课程的过程中，他们深感对于古代沿革地理知识的迫切需要，同时又“于学生课卷中屡睹佳文，而惜其无出版之机会，不获公诸同好”[①]。为此，1934 年 2 月顾颉刚经与谭其骧商议，决定联合北大、燕大、辅仁三校学生共同发起组织一个以研究中国沿革地理和相关学科为宗旨的学会，并定期出版一份学术刊物，以便把大家看到的材料、想到的问题集中起来进行讨论。由于《尚书·禹贡》是中国沿革地理史的第一篇，又可最简单清楚地表达这项他们工作的意义，因此就被用来称呼他们的学会和刊物。

学会筹备处和刊物编辑部初设于燕京大学旁成府蒋家胡同 3 号顾颉刚寓所，由顾颉刚和谭其骧各捐 20 元作为启动经费，并开始着手发展会员。他们广邀班上学生及平津地区史地学者加入学会，并以他们的习作作为主要稿源。会员分为甲、乙两种，定会费为甲种每月一元，乙种（限于学生）每月五角。因经费有限，刊物不设稿酬，写稿、审稿、编辑都是义务劳动。就在这样艰苦的条件下，经过半个多月的准备，《禹贡》半月刊创刊号于 1934 年 3 月 1 日正式问世。

创刊号由发刊词和 12 篇论文组成，这些论文多出自三校学生的读书札记，虽然还不很成熟，但那篇由谭其骧起草、顾颉刚修订的《发刊

① 《禹贡学会募集基金启》，《禹贡》第 4 卷第 10 期。

谭其骧与史念海

词》却集中反映了他们酝酿已久的治学宗旨。文章首先强调了沿革地理知识对于历史研究的重要性，指出因我国历代行政区划变迁频繁，造成历史上同名异地、异地同名比比皆是，“倘使不把地理沿革史痛下一番功夫，真将开口就错”。而时下的学术界，对于沿革地理的研究却十分落寞衰疲，“各种文学报上找不到这一类的论文，大学历史系里也找不到这一类的课程，而一般学历史的人，往往不知《禹贡》九州、汉十三部为何物，唐十道、宋十五路又是什么。这真是我们现代中国人的极端的耻辱！在这种现象之下，我们还配讲什么文化史、宗教史，又配讲什么经济史、社会史，更配讲什么唯心史观、唯物史观！”他们声称：禹贡学会的成立，就是“要使一般学历史的人，转移一部分注意力到地理沿革这方面去，使我们的史学逐渐建立在稳固的基础之上”[①]。

根据这一治学宗旨，他们还在《发刊词》中提出了以下几项工作计划：（一）从散漫而杂乱的故纸堆中整理出一部中国地理沿革史；（二）把研究成果用最新绘法，制成若干详备精确而又合用的地理沿革图；（三）编一部精确而又详备的历史地名辞典；（四）对历代正史地理志作一番详密的整理；（五）辑录地理书籍中的各种文化史料，作专题研究；（六）提出若干自然地理的问题，征求科学家的解答。即使在今天看来，这仍是一个庞大的计划。禹贡学会之所以要提出这样一个计划，是因为在他们看来，当时北平各大学中，虽有一些人在从事历

《禹贡》杂志

① 《〈禹贡〉半月刊发刊词》，《禹贡》第1卷第1期。

史地理研究，如郑德坤之研究《水经注》和重绘《水经注图》，朱士嘉之研究地方志和编辑《中国地方志综录》，冯家昇之研究辽金史，张维华之研究中西交通史等，但从总体看，这些研究仍处于一种自发分散状态，规模不大。如能将这些分散的研究力量联合起来，协同作战，情况就会大为改观。他们希望通过禹贡学会的组织工作，在总体计划下“聚集若干肯作苦工的人，穷年累月地去钻研，用平凡的力量，合作的精神，造成伟大的事业”①。从以后他们所取得的研究成绩来看，这种分工与合作的研究方式确收到了良好的效果。

半月刊创刊后，每月10日、16日定期出版，由顾颉刚和谭其骧共同主编。1935年夏谭其骧应广州学海书院之聘后，改由冯家昇与顾颉刚同编。《禹贡》发行之初，由于内容专业性很强，读者面狭小，每期仅发行500份，除分发会员与少数订户外，余交景山书社总代售。其时日常经费全靠顾、谭每月所捐数十元和会员会费，以及其他方面获得的少量募款惨淡经营，显得十分拮据。为了改变刊物发展的不利状况，顾颉刚及时提出了几条改进措施，如主张使用浅易文字行文，“只望材料新，不怕说得浅”等。并认为杨向奎发表在1卷12期的一篇随笔《丰润小志》可以作为刊物今后注意的一个方向。于是半月刊开始兼采地方小志、游记等稿件，内容逐渐丰富多样。随着研究范围的日益开拓，原先拟定的沿革地理已经不能涵盖刊物的所有内容，因此从3卷1期起，半月刊正式将其对外译名由原先的“EVOLUTION OF CHINESE GEOGRAPHY”（中国沿革地理）改为“THE CHINESE HISTORIC GEOGRAPHY”（中国历史地理）。这表明禹贡学会的成员们已经受到了现代地理学的影响，产生了将传统的沿革地理向现代历史地理转化的意向。这种转化不仅体现在刊物的名称上，也表现在刊物的内容上。4卷1期起开始增设的“国内地理界消息”一栏，就提出要“搜集南北各日报中之边疆、户口、交通、矿产、工商业、水利、水灾各项新闻，施以系统之编次，藉作研究当世地理之准备”②。可见刊物的地理化因素在不断增强。尽管就半月刊

---

① 《〈禹贡〉半月刊发刊词》，《禹贡》第1卷第1期。

② 《禹贡学会募集基金启》，《禹贡》第4卷第10期。

的整体而言，史学性质的沿革地理作品仍占据主要比重，但是现代历史地理学的内容已经出现，并呈现出一种良好的发展态势。

在学科建设不断取得进展的同时，半月刊的业务也开始好转。从第3卷起，随着外部投稿的增多，刊物篇幅从原来每期2万余字增加到14万字，影响也逐渐扩大。曾担任过教育总长的方志学家张国淦在看了《禹贡》后，深为赞许，不但答应将自己书稿中的志书目录及其略论交半月刊逐期登载，还于1935年9月把自己从前所办培德学校的基地捐给学会。1936年5月，禹贡学会在燕京大学的临湖轩正式召开了成立大会，选举了理事和职员。其时会员已发展到400余人，参与其事的除了发起者顾、谭两人外，还有冯家昇、钱穆、唐兰、王庸、徐炳昶、刘节、黄文弼、张星烺、于省吾、容庚、洪业、张国淦、李书华、顾廷龙、朱士嘉、白寿彝、张维华、史念海、韩儒林、吴晗、杨向奎、周一良、吴丰培、侯仁之、童书业、王静如、蒙思明等一大批史地学界精英。6月，复从中英庚款董事会申请到15000元的年补助额，使学会开始有财力招聘专职研究员，并逐步实施计划中的《边疆丛书》、《游记丛书》以及地图的编刊和实地调查工作。

正当学会各方面事业开始蒸蒸日上之时，华北局势却日趋恶化。日本军国主义自九一八事变占据东三省后，又于1935年策划了所谓的“华北五省自治运动”。由于当时国民党政府的妥协退让，结果日寇不费一兵一卒，就控制了华北大片国土。平津危急，整个中华民族都陷入了空前的危机。当时学界就有人惊呼：“华北之大，已经放不下一张平静的书桌了。”以一二·九运动为起点，很快地，全国各地都掀起救亡的高潮。处在这样一个动荡的局势下，禹贡学会会员同样感受到了自身责任的重大，他们一再表示：“当此国家多难之时，吾辈书生报国有心，而力有未逮，窃愿竭驽钝之资，为救亡图存之学。”为了使学术研究更好地与当时反对帝国主义侵略的斗争密切结合起来，学会强调应把研究工作的重点由沿革地理转到边疆史地，希望“以此激起海内外同胞爱国之热诚，使于吾国疆域演变有所认识，而坚持其爱护国土之意向”。[①] 并表

① 《本会此后三年工作计划》，《禹贡》第7卷第1—3合期。

示，“现在华北局势紧张，本刊之命运殊非本刊同人自身所可决定，但本刊同人誓以最大之努力维持之，非至万不得已时，决不停刊”[①]。

禹贡学会的边疆史地研究，有力地推动了1930年代国内边疆研究的热潮。然而就在1937年4月学会拟定“此后三年工作计划”，准备进一步开展近边调查之时，日本军国主义进一步发动了全面侵华战争。7月7日，抗战爆发。16日，《禹贡》半月刊在刊出7卷82期后，戛然中止。此后会员星散，各奔东西。直到抗战胜利后的1946年3月，才在北平重新复会，并在《国民新报》辟出《禹贡周刊》的专栏，以继前业。但仅出10期，就因战局动荡、经费不继而停刊。

禹贡学会的正常学术活动，虽然仅持续了三年多时间，贡献却是多方面的。它不但通过《禹贡》杂志为我们留下了700多篇专题论文，从学术上有力地推动了现代历史地理研究事业的发展，还在当时极为动荡与艰苦的条件下，团结起一批爱国学者，以天下兴亡为己任，自觉地将学术研究与反侵略的现实斗争结合起来，为激发人们的民族救亡意识，发挥了积极的经世作用，从而在现代学术史上留下了一份永远值得后人珍视的学术和思想遗产。

二、书生报国，学术救亡：禹贡学会的边疆史地研究

在禹贡学会的历史地理研究中，产生社会影响最大的莫过于边疆史地研究。它既是知识分子经世致用传统的继承和发扬，也是现代民族意识在史学上的焕发。

《禹贡》的问世，正是日本军国主义者加紧侵华之时，面对东北四省沦陷和华北危机日趋严重的局势，鉴此，顾颉刚在给傅斯年的信中称：“弟所以创办禹贡学会，发行《禹贡》半月刊，即是你们编《东北史纲》的扩大，希望兴起读者们收复故土的观念，为民族主义的鼓吹打

---

① 《本刊特别启事》，《禹贡》第4卷第7期。

一坚实的基础。”[①] 该刊《发刊词》更是忧愤地指出：“这数十年中，我们受帝国主义者的压迫真够受了，因此，民族意识激发得非常高……民族与地理是不可分割的两件事，我们的地理学既不发达，民族史的研究怎样可以取得根据呢？不必说别的，试看我们的东邻蓄意侵略我们，造了‘本部’一名来称呼我们的十八省，暗示我们边陲之地不是原有的；我们这群傻子居然承受了他们的麻醉，任何地理教科书上都这样地叫起来了。这不是我们的耻辱？”在这种情况之下，民族与地理的研究尤显得重要。由此可见，禹贡学会在《发刊词》中制定的工作计划，虽多围绕着沿革地理的研究展开，但其主要目的之一，便是希望通过历史地理的基础研究，弄清楚“我们民族的成分究竟怎样，到底有哪些地方是应当归我们的”[②]，以期从学术上提高民族自信心和激发国人的民族认同感。该年夏，顾颉刚与冰心夫妇及郑振铎、雷洁琼、容庚等赴绥远旅行考察，深感察哈尔、绥远两省有继东北沦亡的危险，由此更加深了他欲以学术研究唤起民众抗日意识的用心。这一点，在1935年顾颉刚分别致胡适和傅斯年的信中表露得更为清楚。他说：禹贡学会的目的，是“要集合许多同志研究中国民族演进史和地理沿革史，为民族主义打好一个基础”，并特意说明：“这个目的，我从不轻对人言，就是在刊物上也绝少提到。所以然者，我不愿意激起敌人们的注意和汉奸们无聊的干涉。”[③] 又谓，创办禹贡学会和发行《禹贡》半月刊，用意乃在“希望兴起读者们收复故土的观念，为民族主义的鼓吹打一坚实的基础”，如能把沿革地理和民族史的研究工作做好，“我们这辈念书人总算对于我们的国家民族有了相当的贡献，不必以‘缓急无所济’自愧了”。[④] 应当指出，顾颉刚在这里把民族和地理视为不可分割的两个面来探讨，并公开指斥那些制造“‘本部’一名来称呼我们的十八省，暗示我们边陲之地不是原有的”别有图谋者，用意十分明显，就是要强调：在中华民族这一概念

① 顾颉刚：《致傅斯年》（1935.10.23），《顾颉刚书信集》卷一，中华书局2011年版，第211页。
② 《〈禹贡〉半月刊发刊词》。
③ 1935年9月4日致胡适信，《顾颉刚书信集》卷一，第490、491页。
④ 1935年10月23日致傅斯年信，《顾颉刚书信集》卷一，第211页。

下，中国的疆土，无论是内地还是边疆，都是一个整体；中国境内的各民族，无论是汉族还是其他民族，也都是中华民族这一整体的平等组成部分。可见，他是完全站在现代民族意识的立场上来重新审视民族和地理这一历史问题的，这一主旨，在后来《禹贡》发布的东北、康藏、西北各专号中，都有非常清晰的显示。

从半月刊最初的研究成果来看，与时事无关的学术研究虽占了很大篇幅，但各卷中都零星可见有关历代中央政府在边疆所设行政机构的研究，冯家昇个人也拟定了翔实的东北史地研究计划，所有这些篇章其实已都具有了主权宣示的意义。随着此后民族危机的不断加剧，这种民族自卫的意识在研究中显得愈益强烈和鲜明。

1936 年 1 月，禹贡学会提出了一个《研究边疆计划书》，其中强调："同人发起禹贡学会，最初亦但就学校课业扩大为专题之研究，且搜集民族地理材料，分工合作，为他日系统著作之准备耳。而强邻肆虐，国亡无日，遂不期而同集于民族主义旗帜之下；又以敌人蚕食我土地，四境首当其冲，则又相率而趋于边疆史地之研究，满、蒙、回、藏，俱得其人。"因而主张继承清道咸以来魏源、林则徐、沈垚、张穆、何秋涛等人研治西北史地的经世致用传统，大力组织边疆史地研究。为了更好地开展这方面的工作，他们认真考察了近百年来西方列强特别是日本对我国边疆问题的研究及其包含的侵略用心，同时指出国内因边疆史地研究薄弱而招致的种种军事和外交失利，认为近年来国人虽已普遍感到边疆问题之重要，相关的团体报告、个人游记和杂志论文发表已不在少数，但由于缺乏整体规划，以致重复散漫、成绩浅薄，"今后自宜精密筹划，作出全部的设计"，组织人员分工合作，相互切磋，期为国用。[①] 并在《禹贡学会募集基金启》中公开宣称："本会之创立，目的在研治沿革地理，并进而任实地调查工作，以识吾中华民族自分歧至混一之迹象，以识吾中华民族开辟东亚大地而支配之之方术，以识吾中华民族艰苦奋斗以保存其种姓之精神，蕲为吾民族主义奠定坚实之基础，且

---

① 《禹贡学会研究边疆计划书》，《史学史研究》1981 年第 1 期。

蕲为吾全国人民发生融合统一之力量。”[①] 嗣后，又在《本会此后三年中工作计划》称：“本会同仁感念国事日非，惧民族衰亡之无日，深知抱‘为学问而学问’之态度实未可应目前之急，亦非学人以学术救国所应出之一途，爰纠集同志从事于吾国地理之研究，窃愿借此以激起海内外同胞爱国之热忱，使于吾国疆域之演变有所认识，而坚持其爱护国土之意向。”[②]

必须指出，在积极宣传民族主义爱国思想的同时，禹贡学会的历史地理研究仍始终坚持了对学术真理的理性追求。顾颉刚曾向人表示：“禹贡学会的工作依然是‘为学问而学问’，但致用之期并不很远。我们只尊重事实，但其结果自然会发生民族的自信心。而且郡国利病，边疆要害，能因刊物的鼓吹而成为一般人的常识，也当然影响到政治设施。”[③] 在《禹贡》半月刊发刊三年的《纪念词》中也表达了这样的意思：“我们希望在真实的学识里寻出一条民族复兴的道来”，“使得荒塞的边疆日益受本国人的认识和开发，杜绝野心国的觊觎，我们要把我们祖先努力开发的土地算一个总帐，合法地承受这份我们国民应当享受的遗产，永不忘记在邻邦暴力压迫或欺骗分化下被夺的是自己的家业”。[④] 正是在上述史学思想的支配下，《禹贡》半月刊的内容从1936年起明显地加大了对边疆史地的研究分量，在一年多的时间里先后出版了东北、西北和察绥等边疆史地研究专号八种。

由于东北地区在九一八后已沦陷，国人对此莫不感到创深痛巨，因而也最引起一些禹贡学会会员的特别关注，其中冯家昇在《禹贡》半月刊1卷10期就发表了《我的东北史研究计划》，从整理材料、实地考察、学科基本训练（如语言）三个方面对东北史地研究的步骤制定了详细的计划。此后，除了实地考察一项因受条件限制难以开展外，他先后依据个人搜集整理的大量材料，撰写了《东北史中诸名称之解释》、《东北研究已有之成绩》、《日本对我东北的研究近况》等多篇文章。通过这些研

① 《禹贡》第4卷第10期。
② 《禹贡》第7卷第1—3期。
③ 1935年9月4日致胡适信，《顾颉刚书信集》卷二，第491页。
④ 《禹贡》第7卷第1—3期。

究，他对某些日本人所谓“学术研究系直接供侵略”之用的本质，有了深刻认识。以后，随着抗日救亡运动的高涨，为了进一步唤起国人对东北边疆问题的重视，《禹贡》6卷3、4两期还刊出了由他主编的“东北研究专号”。

该专号的编纂，主要采取历史纵深与横切面并重的方式，论析东北的地理沿革与历史渊源。在历史纵深方面，刊有张印堂《中国东北四省的地理基础》、冯家昇《原始时代的东北》、王怀中《唐代安东都护府考略》、侯仁之《燕云十六州考》、尹克明《契丹汉化略考》、潘承彬《明代之辽东边墙》、刘选民《东三省京旗屯垦始末》、赵泉澄《清代地理沿革表续（东三省）》和龚维航《清代汉人拓殖东北述略》等。其中，张印堂《中国东北四省的地理基础》交代了东北地区的自然环境，引用的资料颇为周详，包括英国军部所测绘的地图、日本南沙铁道株式会社的报告书、第四次中国矿业经要等，对于东北地区的地理范围、地形地势、气候农产、土壤矿产、居民生活等，均作了详细说明，从而为进一步研究提供了基础。其余几篇都是考据之作，主要研讨了中国历代政府在东北地区开疆拓土的文治武功，其主要目的，显然在于证明东北向来就是中国的领土，即以沿革地理研究，破除日本学者对历史事实的扭曲。

在横切面上，其讨论则以近现代为主，如刘选民翻译日本学者百濑弘的《日本研究满清近世史之动向》，即在冯家昇《日本对我东北的研究近况》的基础上，分析日本学者对东北近代史的研究。而李敬敏《东北海关税设立之经过及各关贸易之情形》和洪逸生《日本对于满清通货之统制》则同出于民族主义的观点，考察了近代以来日本对于东北地区的经济剥削，表露出对东北同胞不幸境遇的深深同情和对外国侵略势力的愤慨。专号上刊载的王华隆《沈阳史迹》、侯仁之《读〈黑龙江外记〉随笔》、汪声玲《乌桓泥爪》等随笔札记，则对沈阳风土文物、清代东北满族各部分布与汉人移垦，以及清季东北见闻等情形，有很多写实的描述，为一般读者增进对东北的了解提供了感性资料。

在“东北研究专号”中，另有四篇书目文献类的文字颇值得注意，即金毓黻的《辽海丛书总目提要》，陈鸿舜的《东北期刊目录》、《东北书目之书目》以及由日本青木富太郎等辑、刘选民校补的《东北史地参考文献摘目》，特别是陈鸿舜与刘选民所编的书目，涉及日、英、法、德、俄等国文献，收录颇全。这些书目及提要，都为东北史地的研究提供了检索上的便利。

《禹贡》所刊的"康藏专号"，则登载了较多外国学者的相关论著，如斯文赫定《西藏》、荣赫鹏《英人探险西藏埃非尔士峰记》。且专号附录的有关西藏研究书目中，外国学者的研究也在许多地方超过了中国学者。这一方面自然反映了当时中国对该领域研究的薄弱，但同时也透露出禹贡学会希望通过积极引介国外相关的研究成果，以促进国内学术界急起直追的愿望。

如果说，东北、康藏专号因受到当时种种条件的限制，都还是偏重于历史而缺乏现状调查的话，那么，他们对于西北边疆史地的研究则在相当程度上作了改进，这主要是在文献材料之外，加强了对西北地区的实地调查。他们先后组织了"西北史地考查团"和"后套水利调查团"，前往甘肃、内蒙古、绥远等地实地考查，获得了大量第一手资料，在此基础上刊出的"西北专号"、"回教与回族专号"、"后套水利调查专号"、"回教专号"、"察绥专号"等五期有关西北研究专号，在国内外引起了较大的反响。

这五期有关西北地区的研究专号中，以5卷8—9期刊出的"西北专号"为最早。该号考据味较浓，内容主要讨论"大月氏西迁"。大月氏或作月氏、月支，本秦时居住在今甘肃敦煌一带的部族。秦汉之际，该部因遭受匈奴冒顿单于的攻击，被迫西迁到中亚细亚，在妫水北（今阿姆河北）建立政权，史称大月氏。汉武帝派张骞出使西域，本拟联合大月氏夹击匈奴。但大月氏已占有大夏故地，恋其土地肥沃，户口殷盛，不愿东归。"西北研究专号"所刊冯家昇《月氏之民族与研究之结论》一文，主要总结了徐中舒与郑德坤有关"月氏"的争论，对"月氏"的读音、含意、种属、居地、版图以及中西学者有关的论著进行了一番整理，引述材料丰富，是同期论文中最具学术意义与参考价值的。其余两文为王崇武所译日本学者安岛弥一郎的《月氏迁考》和张星烺译述的《大月氏民族最近之研究》，前者引用《史记》、《汉书》相关材料并参考日本学者的相关著作，对月氏西迁之史实包括年代、地点作了详确的考定。后者译述介绍了国外对大月氏民族最近的研究概况，对讨论该专题都有一定的参考价值。

有关西北专号中最具时代特色的当推“后套水利调查专号”和两期有关“回教”与回族的专号。前者汇集了1936年7月禹贡学会首次作西北史地考察获得的第一手材料和研究成果，包括对后套自然环境、古代河套与中国关系，以及农垦兵屯、新村移民等调查结果和看法。后者则将边疆史地与边疆民族的风俗、宗教作了结合研究。

鉴于“从人数比例上说，回教徒可以说是边疆同胞之最主要的成分”①，中华民族的复兴，该教徒自有其不可忽略的作用。但长期以来，一部分人尤其是汉族人士对此却不甚了解，加之清廷二百多年的愚民政策和贪官劣绅的制造事端，导致回、汉民族间纠纷不断。学会认为，要使回、汉民族融合，团结起来共同抵抗帝国主义的侵略，首要的工作便是“使非回教徒尽量知道回教中的一切，从而激起彼此的同情心，造成伟大的事业”②。从《禹贡》5卷11期“回教与回族专号”和7卷4期“回教专号”的内容看，学会此项研究的重点正是围绕着促进回汉间的文化沟通而展开的，其具体内容主要集中在以下三个方面：

（一）“回教”的教育及文化。在这个问题上，庞士谦《中国回教寺院教育之沿革及课本》和马松亭阿訇《中国回教与成达师范学校》两文对明清以降直到民国的“回教”教育，特别是成达师范学校的源起和发展作了详细的说明。需要补充的是阿訇在“回教”中有其特殊的政教地位，不但职掌宗教的理论和仪式，而且对回民彼此的纠纷也能片言折狱。因此，马松亭阿訇为半月刊所作的这篇文字极具价值。至于文化方面，则有顾颉刚《回教的文化运动》和赵振武《三十年来之回教文化概况》对20世纪初以来“回教”文化运动的历史性回顾。唯一不同的是，赵振武着重于对近代“回教”文化的脉络清晰的描述，而顾颉刚更展望于“回教”文化的现况与未来，认为只有凭借政府提倡和学术团体的合作，“回教”的文化运动方能有更美好的远景。

---

① 白寿彝：《论设立回教研究机关之需要》，《禹贡》第7卷第4期。

② 《禹贡》第7卷第4期附录。

（二）消除回、汉间纠纷。如苏盛华的《回汉纠纷经历录》，以自己亲身经历，对近代中国的回、汉冲突，作了翔实的描述。在他看来，西北地区的回、汉问题存在以下四个症结：1．西北回、汉子弟，自幼在各自的环境中耳濡目染，形成了不同的传统观念；2．成年后彼此接触，遂各自本着不同观念出发而造成相互间的言行刺激；3．做官的人和土著有势力的人始终跳不出传统的成见；4．远见深知的人太少，以致相互沟通曲折重重。因此，他呼吁所有关心回汉问题的人，从这几方面入手，同心为弥缝回、汉民族的隔阂而努力。

（三）呼吁建立“回教”研究机构。白寿彝是这一主张的积极倡导者，由于他本人就是回族，对“回教”的关心自较一般学会会员要高。在《论设立回教研究机构之需要》一文中，他认为对拥有五千万教徒的“回教”，只能凭借外国的研究成果来了解，这种状况是令人忧心的。因此，他从学术研究、边疆问题和种族问题三个层面讨论了设立“回教”文化研究机关的必要性。而其中揭示的研究意义，再次重申了禹贡学会开展该项研究的基本出发点，在于使之成为国防上的助力而非阻力，则须先了解其根本信仰及形成思想和生活习俗所凭借之文化。

总而言之，禹贡学会在抗日救亡运动高涨之际，有感于帝国主义对中国史地研究包藏的祸心，肩负时代的使命和要求，不但将研究重心适时转向边疆史地，还在具体的研究过程中，突破典籍考证的局限，结合实地考查和努力吸收国外相关研究的成果，致力于沟通民族间文化与思想感情，为增强民族团结和维护国家主权领土的完整，作出了自己的贡献，并有力促进了1930年代中国边疆研究的热潮。

三、沿革地理研究的推进和拓展

沿革地理学主要研究我国历代疆域政区的消长和古今地名的演变，作为历史地理学的前身，它在我国有着悠久的历史。东汉班固所作的《汉书·地理志》是我国第一部疆域地理志，而它在记述每一政区时，几乎都要推本溯源，追导建置来历，从而开创了沿革地理研究的先例。此后，我国古代正史地理志、全国总志和各地方志中，都有政区建置沿革的记载。这些资料以后成了探讨各时期地理沿革的重要依据。从北宋开始，随着一些沿革地理专著的出现，其学遂成为专门之学。清乾嘉时期，传统沿革地理的研究还一度达到了历史性的高峰。

值得注意的是，沿革地理学的兴起与发展一直与历史学有着密切的关系。因为学习研究历史时，要对历史事件作深入分析，便不可避免地要牵涉到疆域政区的变迁、都邑的兴衰和地名的更易。故历代史家都非常重视地理的沿革变迁，将其作为史学研究的一项重要辅助工具，与目录、年表、职官相提并论。而顾颉刚、谭其骧创立禹贡学会和提倡历史地理研究的基本用意之一，也在于此。在他们的倡导和身体力行下，禹贡学会在沿革地理的研究方面做了大量的工作，这些工作主要包括以下几项。

（一）历代地理志的整理校补和地理沿革史的研究

在半月刊的发刊词里，对于沿革地理与历史学的关系，编者打了个精彩的譬喻："历史好比演剧，地理就是舞台，如果找不到舞台，哪里看得到演剧，所以不明白地理的人，是无由了解历史的。"为此，他们不仅极力提倡开展沿革地理的研究，还提出了一系列具体的工作计划，包括整个中国沿革地理史、新式地理沿革图、中国历史地名辞典的研究编制，以及历代地理志的整理，等等。这四项计划中，沿革地图绘制附属于历史地图的研究，因后文有专篇讨论，兹不赘言。而历史地名辞典的编制，由于工程庞大，学会本拟先从地名索引编纂做起，曾于1937年1月开始由十三经、二十二子、前四史入手，惜数月后学会被迫停止活动，这项工作遂被搁置。故学会的沿革地理研究实绩，主要在历代地理志的整理和沿革史研究方面。

从《汉书·地理志》一直到《清史稿·地理志》，二十五史中有地理志的就占了十六部，这些地理志都详略不同地记载了疆域政区的建置沿革，成为研究沿革地理的基本材料。禹贡学会认为"考订校补历史正史地理志是有清一代学者对于地理沿革学的最大贡献"，但其研究工作"除了汉志一部分的成绩尚可称述而外，其他部分都还粗浅得很"。因此决心“完成清人未竟之业，把每一代的地理志都加一番详密的整理”。[①]

校订工作是一个极为烦琐的过程，在我国当代就经常有学者为了历史上一个地名，耗费穷年累月的时日，做了连篇累牍的文章，禹贡学会的工作也继承发扬了这种献身学术的刻苦精神，对多部地志进行了认真的校补。在校订过程中，他们广搜异本、互相比较、记出异文，详加分析考证，然后在校后记中逐条载明其处理疑误的根据和理由。尤其是使用他校法，因为所涉及的范围广，所以对校勘者的专业知识要求就更高，校勘者必须把握书籍流传的基本情况，以便从中了解哪些是与所校之书相关的书。如聂崇岐在进行《宋史地理志考异》时，先取浙江书局本《宋史》为依据，就它的地理志部分和宋代四种地理总志《太平寰宇记》、《元丰九域志》、《舆地广记》、《舆地纪胜》，按州、府、军、监、县、镇、城、砦，依次对勘；然后又取《续资治通鉴长编》、《玉海》、《文献通考》等，把有关地理变迁的记载，摘录下来，互相比较，分析资料并进行推理考证，最后得出结论，做成“考异”。除了订讹补阙之外，学会成员在校订地理志时也提出了一些地志体例上的问题，值得探讨。如史念海在对《两唐书·地理志》进行互勘之后，就认为唐代长达300年之久，而其间疆域政区时有变化，如太宗贞观年间分天下为十道，玄宗开元时改为十五道，而地理志所记只以一个时代表示整个朝代，那么究竟该以十道为准还是以十五道为准？由于此种现象在历时长久、制度多变的朝代地理志中具有一定普遍性，这就给研究带来了相当的复杂性。而他们的这类细致研究，也确对提高后来沿革地理史编写和历史地图绘制的精确性提供了坚实的学术依据。

从性质上说，校补历代地理志只是停留在对沿革地理资料的搜集、整理阶段，而编写一部完整的地理沿革史才是学会最终的目标。但要完成地理沿革史，首先必须弄清沿革史上的一些重要问题，因此在校补历代地理志的同时，学会也开展了沿革史问题的研究。大致说来，这些疑难问题主要包括两个部分：一是上古三代的许多问题，二是秦汉以后各个时期出现的一些较为复杂的沿革地理现象。

---

① 均见《〈禹贡〉半月刊发刊词》。

前面已经提到，沿革地理学的兴起往往是为适应历史研究的需要，而这一特点在上古三代史的研究中表现得尤为突出。因为在治上古史时，“春秋以下，尚可系年论事。春秋以前，年代既渺茫，人事亦粗疏，惟有考其地理，差得推迹各民族活动盛衰之大概”①。但即便是研究上古沿革地理，由于缺乏类似《汉书·地理志》这样完整的志书，只有《禹贡》等少数可靠性很成问题的材料，所以往往因对同一材料的解释不同，研究者的结论也会有很大的差异。如顾颉刚在1卷4期上发表的《谈丘》一文，指出《左传·昭公十二年》记楚灵王之事，以“九丘”之名，与“三坟”、“五典”并称，晋杜预以为“皆古书名”，而贾逵注云：“‘九丘’即九州亡国之戒”，马融、孔颖达等则谓“九丘”即九州之志。但“丘”本是土高之名，只有小地名才用它，何以九州之志要用“丘”来代表呢？经过一番考辨，他认为“九丘”实刘歆作伪加入《左传》，但“丘”确为古代地理的重要名词，刘歆拿这个字代表古地理，自有其历史的意义。顾的说法引起了一些人的异议。首先是唐兰，他批评古文经学家把“九丘”视为九州之书是把《左传》解释错了，在他看来，“九丘”虽不是什么“九州之志”，却正是自古流传于河、济之间的一些古国记载。接着劳榦也对“九丘”有不同的看法，他认为：“‘九丘’似乎是一种民族上的特别称谓——我觉得商民族传说之同于东北或是与此有关系的。”② 这些讨论虽然一时难定其是非，但对推进有关问题的认识，意义是十分积极的。

《禹贡》7卷6—7合期是由童书业主编的“古代地理专号”，可以说是学会在上古地理研究方面的一次集中展示。这期专号由二十四篇论文组成，汇集了顾颉刚、钱穆、饶宗颐、蒙文通、陈梦家、童书业、侯仁之、史念海、张维华等众多名家的力作。按照内容，可以分为古代民族迁徙、古代国族及其疆域、古代地方制度、古代地名、古代地理著作研究五大部分，而以古代民族迁徙和古代国族的研究为重点。因为这两部分的研究涉及了当时学术界关于上古民族史上的两个重大问题，即上

① 钱穆：《提议编纂古史地名索引》，《禹贡》第1卷第8期。

② 劳榦：《由九丘推论古代东西二民族》，《禹贡》第1卷第6期。

古民族的东西二系之说以及夏代是否存在。关于前一个问题，当时傅斯年在《夷夏东西说》一文中提出的古代民族有东西二系之说，给古史学界带来很大的影响。该文不仅认为周兴于西土，连夏也是兴于西土的，只有殷商是兴于东方，因为从祖先神话中证明殷与东北民族同出一源。而在“古代地理专号”第一部分研究古代民族迁徙的论文中，学会成员从地理考证角度发表了各自不同意见。马培棠认为夏、商、周三代民族起于西方，逐渐东移，才造就了华夏的文明；蒙文通则认为三代种族迁徙东西南北不定；而杨向奎更主张夏民族起于东方。这些结论都不同程度地对傅斯年“古代民族有东西二系”之说形成挑战。另外一个问题是夏代是否存在，这也是当时古史学界争论不休的难题。在“古代地理专号”上，杨宽发表了《说夏》一文，主张历史上并无夏国存在，有关夏代的古史传说无非是周代依托宣传而成。他的观点立即得到了陈梦家的支持，陈通过对甲骨文的研究发现，夏代的历史就是商代历史上半段，而“夏”只是商祖名字的分化。其实有关这两个问题的探讨，严格说已经超出了沿革地理的范围，而更像纯粹古史研究，但是半月刊的创立，原本就出于对古史研究的需要，所以出现在“古代地理专号”上也就不难理解了。

除了上古三代之外，禹贡学会对秦汉以后各个时期沿革地理上的一些重要问题也进行了研究。这类问题包括秦代郡县、两汉侯国、东晋侨州郡县、十六国都邑、北魏六镇、唐代都护府、宋路、元省、明代都司卫所以及明清土司制度，都是疆域演变及政区沿革上比较重要而又复杂的问题。以东晋侨州郡县而论，它是东晋时期一种特殊的地方行政制度。经过西晋末年的永嘉之乱，中原人民纷纷流徙，大部分渡淮南迁。当地政府为了招抚流民，安置世家大族，即就地按原来籍贯的州郡县名设置政区，并给予不税不役的待遇。侨州郡县因“侨实相杂，名目多重复”，使地名由此发生混乱。鉴于《晋书·地理志》对永嘉之后的记载极为简略，清代学者洪亮吉曾作《东晋疆域志》补述之，学会会员班书阁认为洪作体例还不完备，于是更作《东晋侨州郡县释例》，将东晋侨州郡县的各种情况，配以实例，作了极为详细的说明。而《唐代安东都护府考》、《安西四镇建置及其沿考》以及对明代都司卫所制度的多篇考证虽然也引用了大量材料，对政区建置沿革进行了严格的考订，但细察之下就会发现它们所考的内容都是历代中央政府在边疆地区所设立的行政机构，而在日本帝国主义不断加紧对我国侵略的形势下，这些文章已明显具有了主权宣示的成分，因此也成为学会的边疆史地研究的先声。

（二）方志学的研究和推进

方志源远流长，是社会历史发展的文化产物。其所记述，包罗万象。简而言之，则有：地理的沿革、疆域的广袤、政治的消长、经济的隆替、人物的臧否、风俗的良窳、文化的盛衰、遗献的多寡，以及其他地方遗闻佚事等。它在封建社会里经历了漫长的发展过程：从全国性区域志到地记涌现的汉魏南北朝时期，出现官修志书的隋唐时期、方志体例大致定型的两宋时期、方志发展由逆转到复苏兴盛的元明时期，直到地方志全盛的清代。

与此相应，方志理论也经历了长期发展的过程。宋代由于方志盛行，研究方志理论风气浓厚，已开始涉及方志的作用意义及具体编纂方法。清代既是地方志发展的鼎盛时期，也是方志理论兴盛和方志学形成的时期。各方志家在长期的修志活动中，积累了大量经验，对方志考镜源流，表现了创造精神，建立了比较完整的方志理论体系，创建了历史学中的新分支学科——方志学。

禹贡学派对方志学的研究，也十分重视。在《禹贡》全部7卷刊物中每卷均有关于方志学的专论，总计三十篇。内容包括方志目录、修志实践、方志性质种类辨析、方志考订、方志编纂法等。这一时期研究方志学的名家甚多，朱士嘉、傅振伦、瞿兑之、张国淦、薛澄清、徐家湄、王重民、张树芬等尤为著名。在推动方志学发展方面，他们所做的工作主要集中在以下两方面。

其一是关于方志名家及其理论的评价。

关于方志的性质，志家们虽祖述章学诚“志”即“史”的论断，但又面向现实，不完全拘于章氏的成说。例如，傅振伦认为，“方志之书，自有特点，虽兼志史地，而与史地不无异点”。他着重辨析了方志与地记、方志与史书、方志与方记、方志与诸志之差异，提出方志性质和特征在于：1. 为一域之国别体史；2. 记一地之地理及史事；3. 记事周备，为国史约取之资；4. 古今并裁，尤重现在，切乎实用；5. 现存之人，事例年例之符，即可入方志；6. 种类多，体制各异。①

与此同时，朱士嘉侧重于方志名目和种类的研究。他指出方志不但有众多的名目，而且有许多种类。在方志名称上，朱志嘉认为可归纳为八种名目，即志、图经、纪、图志、书、录、乘、传。朱氏还指出方志依历代地理沿革不同而可分为二十二种，如：通志、都会志、路志、府志、道志、直隶厅志、厅志、直隶州志、州志、军志、监志、卫志、守卫所志、宣慰司志、关志、县志、设治局志、镇志、乡土志、乡志、里志、村志。②

方志性质及名称和种类，是研究方志的基础，傅、朱二氏在这方面的成就，反映了志家们在新的社会现实面前的探新求是的精神。他们关于方志基本性质理论的认识，直到现在仍是一种颇具代表性的见解，为学界所赞赏。

其二是旧方志的整理和方志理论研究。

这一时期的方志学家，不仅在方志学理论上颇有研究，还在旧地方志的整理考订上做了许多工作。如张国淦在《禹贡》先后发表《中国地方志考》“旧江宁府”、“旧苏州府”等，其文分志目、叙论、志目异同表、县名沿革各部分，图文并茂，详实考证地方志的真伪，并订正了一些流传已久的疵误。③朱士嘉广泛收集公私所藏，甚至流播海外的方志，历五年而编纂成《中国地方志综录》。另一志家徐家楣也历经多年艰辛，完成了《民国二十二年以来所修刻方志简目》，所搜集方志涵括十七省，门类较为齐全。这些工作，都为后人的研究和方志利用做了大量的基础性工作，受到了学术界的普遍赞赏。

方志学在清代盛极一时，方志理论研究蔚然成风。顾炎武、毕沅、戴震、孙星衍、洪亮吉等均为一时之大家，而尤以章学诚贡献为大。为总结和继承这份遗产，王重民整理发表了《清代地理论文目录》（方志

---

① 傅振伦：《方志之性质》，《禹贡》第1卷第10期。

② 朱士嘉：《方志之名称与种类》，《禹贡》第1卷第2期。

③ 张国淦：《中国地方志考》，《禹贡》第4卷第3—5、9期。

上、下），对清代方志学理论的成就作了系统的清理。张树芬的《章实斋之方志学说》，则对章氏创建的方志学进行了全面的评述。认为章氏方志理论有四方面的内容，即辨方志之领域以责时弊，论方志之目的、地位及其致用的重要性，述方志之定义和撰写方志要求。指出章氏“刊除浮伪，又才气过人，使志学大放光明”。[①] 另一方志家瞿兑之在《读李氏方志学》一文中，将李泰芬的方志分类法与自己的分类相比较，阐述了修志的门类、修志态度、修志者标准等问题，以备当代修志者采纳。特别是朱士嘉，在总结前人理论的基础上，较完整地阐述了编纂方志的具体要求和方法。他认为方志一要真实把事物描述，二要表现地方性与时代性，三要体例符合环境需要。并对于方志体例、内容，以及广泛搜集采访资料、实际编纂中的程序和技术问题，都提出了一些独到的见解。

在此基础上，有的还在新方志的编写方面作了有益的尝试。如《禹贡》上先后发表了林占鳌的《滨县小志》、胡传楷的《金华志略》、张璿的《香河小志》、毛健爽《余姚志略》、赵九成《林县小志》等。这些地方志的共同点，就是修志从时代出发，改变旧时修志不重民事、详古略今、偏重人事而忽视物质等缺点。志中内容按时代所需，包括地质、土壤、山势、水文、气候、生物、物质状况、经济情形、风俗、社会组织、政治情况、交通。各志记载的内容，虽有粗细之别，但在详载民事和经济资料方面则是一致的，并能从实际出发，不拘守成例，提出创新主张，在内容和风格上都较前人有所提高。

禹贡学派在方志学所以能取得上述成就，原因在于：首先，参与研究人员多为学有专长的名家。朱志嘉、傅振伦、张国淦、王重民等都长期潜心旧地方志的资料收集和考订，张国淦还深入实地考察，在学术上，他们厚积薄发，所得自然甚多。其次，也是方志理论长期发展的必然结果。方志理论历经早期单薄稚弱的初步发展，至元、明、清而基本形成了旧方志学的完整体系。禹贡学会的同人在继承前人方志学理论的基础上，复益以现代地理学的眼光和方法，遂得将其推向一个新的发展

① 张树芬：《章实斋之方志学说》，《禹贡》第2卷第9期。

境界。最后，是贯注科学精神，注重编纂地方志中的民生实用。禹贡学会的会员积极参加修志实践，积累修志经验，并注意与现代社会的变革趋势紧密联系，这就使其方志学的研究从理论到实践都透发出一股时代进步的气象。

（三）历史地图的研究

此外，禹贡学会在地图史研究上也卓有成效。在《地图底本》编绘的同时，学会一直十分重视地图学史的研究，5 卷 3—4 合期由洪业主编的“利玛窦世界地图专号”可说是这方面典型。禹贡学会对地图史的初期研究归纳起来，大致有以下几项：1．地图与地志间的关系。学会成员王庸汇录了历代关于《山海经》与“职贡图”沿革的记载，通过它们之间内容及其演变的比较，发现“职贡图”是一种描画四裔各民族形体、风俗、特产及其生活状态之图，而《山海经》诚如毕沅《校山海经正序》中所说的是“禹铸鼎象物，使民知神奸”的事物，因而也是古代此类性质的书。只因当时人智幼稚，经过“十口相传”之后，由事实变为神话，加以图说分离，才暗淡了它原来的性质。由此，他提出了一个大胆的假设，即“中国古来地志，多由地图演变而来。其先以图为主，说明为附。其后说明日增而图不加多，或图亡而仅存说明，遂多变为有说无图，与以图为附庸之地志”。[①]2．古代地图史料的搜集、考订。我国古代的地图资料是相当丰富的，但在漫长的历史发展过程中，由于种种原因，地图的散佚、错误多有发生，因此在系统研究之前对于地图史料的搜集、考订就显得很有必要。禹贡学会在这方面做了大量的工作，如刊印《禹迹图》和对明代《舆地指掌图》与《天下舆地图》作者的考订等。“禹迹图”刻于伪齐阜昌七年（1137），是我国保留至今最古且比较完整的一幅地图。半月刊 3 卷 1 期封面刊登了这幅地图，并著文对该图的作者、成图的年代、所反映的内容以及前人的研究做了详细的介绍。而王庸的《桂萼的〈舆地指掌图〉和李默的〈天下舆地图〉》，则是因两图内容相同而生疑的考证，他引证明代大量的材料，证

---

① 王庸：《地志与地图》，《禹贡》第 2 卷第 2 期。

明桂萼在担任宰辅期间冒袭了李默的《天下舆地图》并将之改名上奏，以致明清两代书目中多著录桂图而李图反而不彰，从而澄清了这桩地图学史上的公案。3．对近现代地图的评价。这主要侧重于对现代边疆省份的地图，如绥远分县图、奉天全省舆图等的评论。它突出地反映了随着边疆危机的日益加剧，他们对于边疆问题忧虑和关注之情。

而从学术上看，禹贡学会在地图史研究上成就较大的当推洪业主编的“利玛窦世界地图专号”。学会认为“中国人之有世界，实始于利玛窦之绘制地图”①。足见这一事件在中国地图学史上的重大意义，因而着重对其进行了研究。

利玛窦（Matteo Ricci，1552—1620）系意大利耶稣会传教士，明万历十年（1582）始来华传教。为了消除当时一般中国人对西洋的疑虑以便传教，他于1584年在肇庆根据西文世界地图绘成《世界地图》，用汉文注释，由岭西按察副使王泮为之刊印。这是利玛窦在我国用经纬网法第一次绘制的世界地图。此后，他又多次加以修订改刻。而自万历十二年至三十六年，除利氏自绘自刻外，国人亦纷纷为之翻刻。由此形成了利玛窦世界地图的各种版本。洪业认为，在利氏地图的所有版本中，以万历三十年（1602）增订刻板印刷的《坤舆万国全图》最为完善。其图面成一椭圆形，亚洲、中国位于图的中央，南北美洲绘于亚洲的东西，非洲绘于亚洲西面。“图中经纬度，南北二分，赤道五带，整比齐列。地名繁多，国俗各异。”但此图既传行较广，东西方学者研究已多，洪业也就不再赘言，而是把兴趣集中到了顾颉刚在燕京大学图书馆得到的一本《方舆胜略》上。在这本书的附录外夷卷里，他发现了利玛窦的《山海舆地全图》为东西两半球各一图，而以往所见的利氏世界地图都为一个大椭圆形，这个小圆与大圆的关系究竟怎样？洪业将利玛窦世界地图的各种版本作了详密的考证，引用中西资料达192条之多，完整地说明了利玛窦编制世界地图的经过。他的研究在当时就成为经典之作，以后利玛窦世界地图各种版本的差异问题几乎都能从他的研究成果中找到答案。

---

① 《禹贡学会募集基金启》，《禹贡》第4卷第10期。

在彻底弄清利氏世界地图版本问题的基础上，陈观胜《利玛窦对中国地理学之贡献与影响》一文论述了利玛窦对中国地理学的贡献，其中主要有以下几点：1. 将测量经纬度绘制地图的方法，第一次介绍到我国，这是最重要的贡献；2. 亚、欧、美、非各洲地名及南北极赤道等地名的译定，其中有些一直沿用到现在，使得中国地理学名词无形中得以统一；3. 介绍了欧洲15至16世纪地理大发现的成果；4. 第一个将世界概念介绍到中国。在利玛窦的世界地图之前，中国未曾有过世界地图，凭空臆造的地理观念与实际有很大出入。应该说这些评价都是恰如其分的，对利玛窦地图的贡献给予了充分的重视。

四、中国现代历史地理学的先驱

历史地理学是研究历史时期地理环境的演变及其规律的学科。就学科的性质而言，它是地理学的一个分支。但就其研究对象的时间范畴及其以历史文献为依据的特点来说，则又与历史学有着密切的关系。在古代中国，作为历史地理学前身的沿革地理就是为适应历史研究的需要而兴起的。这是因为在我国辽阔的版图所经历的漫长历史时期内，历代王朝更相递嬗，疆域范围时有消长，行政区划每多变迁，以及河流迁移、地名更替等，错综复杂，千头万绪，这就给学习和研究历史带来很大的困难。所以从唐宋以后，不少学者都把古今地理因革变迁连贯起来加以考察，沿革地理于是成为一门专门之学，并在清代得到了高度发展，成为乾嘉考据一个重要组成部分。但应看到，在未受到近代西方学术影响之前，所谓历史地理学就是传统意义上的沿革地理，它与现代概念的历史地理学还是有相当大的区别的。就研究的内容来说，沿革地理主要局限于历代政区和疆域、地名、水道的变迁，而历史地理却包括地理学的各个分支。就研究的性质而言，前者一般只是现象的描述和复原，很少涉及变化的原因；后者则不仅要复原以往的地理现象，而且要探求它们变化发展的原因，掌握它们的规律。根据这个标准，我们不难发现，从《汉书·地理志》开始，沿革地理在我国已有两千年悠久的历史，相比之下现代历史地理学只是到了近代才逐步突破了以疆域沿革为主的旧框架，发展成一门独立的学科。

具体地说，1936 年禹贡学会的成立，是我国历史地理这门学科初具雏形的重大标志。这是一个极其重要的转折。虽然这种变化当时还只能算作是从传统沿革地理学走向现代历史地理学的过渡，无论在研究内容或方法都带有明显的双重性质，并且传统沿革地理的研究仍然在其中占据了主要的比重，但值得注意的是，禹贡学会的研究工作已经出现了一些值得注意的现代历史地理学因素。如在《〈禹贡〉发刊词》中，就提道："我们还要提出若干关系自然地理而为我们自己所不能解决的问题，征求科学家的解答。例如自汉以后，言河源者都以为是发源昆仑，其上流即今塔里木河，既潴为罗布泊，复伏流至积石出而为中国河，伏流之说是否可通，这完全有待于自然地理学者的研究。"在历代地理志的整理过程中，有人辑录了不少文化史料，根据《汉书地理志》和《续汉书郡国志》中所录西汉平帝元始二年（公元 2 年）及东汉永和五年（140）户籍，综合排比而写成了《前汉户口统计表》和《后汉户口统计表》。[①]这一研究曾引起了顾颉刚的高度重视，在充分肯定这一工作的价值的同时，他认为应该把二十四史里的人口记载都作一番整理，并指出在研究时不应满足于对现象的描述，而"尤其重要的是在这数字上指出其社会现象并寻求这些社会现象的原因"。[②]应该说，这一认识是很深刻的，它已经接近了现代历史人口地理学的理论。该理论认为，在生产力不发达的时代，有劳动能力的人口是决定社会财富的规模以及经济能否进一步发展的重要因素，所以对各历史时期人口数量、分布和迁徙的分析研究，就能从一个侧面把握某一时代、地区的社会发展状况。在顾颉刚的影响和带动下，学会对于两汉两晋直至唐代的人口分布变化作了一些分析，虽然方法上仍以考订为主，但已经开始有意地去寻找现象背后的原因了。

值得注意的是，在沿革地理的讨论中，有的学者还引入了人地关系

---

① 参见《禹贡》第 1 卷第 2—3 期。

② 参见《禹贡》第 1 卷第 3 期。

的理念。人地关系论是现代人文地理学的一个重要基础理论，也是现代人文地理学的中心课题。它的基本含义是：自有人类社会以来，人类为了生存，时刻也离不开自然环境，人与自然环境间一直存在着一种客观关系，即人地关系，但是系统的人地关系理论直到18世纪才由近代地理学的奠基人之一德国地理学家李尔特提出。而从禹贡学会的沿革地理研究中，已经可以发现各种人文现象的分布变化与地理环境存在着密切关系的观念。例如蒙文通《古代河域气候有如今江域说》、《论古水道与交通》两文从气候、物质与湖泽之分布等几个方面对中国古代文化不发生在长江流域，而发生于黄河流域进行了探讨，认为“盖人生便利之资，北方远过南方，故古文化发生在北而不在南也”。虽然就研究方法而言，仍是就《禹贡》、《职方》、《左传》等几部书进行考证，但其在人地关系论指导下进行的研究，则是无疑的。其余如在方志研究和修纂理论中，也表现出这样一种趋势。而尤其明显的，则是在以下几方面。

（一）具有现代地理学意义的实地考察方法

实地考察是地理研究的一种重要方法，它既可以订正文献记载的讹误，更可以弥补资料的不足。边疆地区由于当地经济、文化相对落后，长期缺乏从事记载与研究的人才，而交通的困难又使大部分旧地理学者视为畏途。由此造成旧文献中对边疆情况的记载往往语焉不详。为了弥补这一缺憾，禹贡学会在进行边疆史地研究时非常注重实地考察。他们认为：“研究地理一切问题，均须作实地调查始可下准确之结论，而研究边疆问题尤不可不作长途旅行。”不过学会创办初期还不具备这一条件，因为那时“各有业务，未容腾出旅行之时间，加以资财不裕，无从筹措旅行之费用，故暂时埋头图书馆中，以整理旧材料自任”。学会真正身体力行实地考查，是1936年7月组织的“后套水利考查团”。

河套地区即今内蒙古伊克昭盟一带，其地东、西、北三面距黄河，南限长城，地理位置十分优越。在禹贡学会看来，开发河套地区对于巩固西北边防具有极其重要的战略意义：“历代之所以移民河套，戍兵屯田不遗余力者，则以中国的外患常在西北，河套实西北之屏障，国防所系，倘能大事开发，则可以当地的人力、物力捍御外侮。”[①] 因此，为了鼓励更多的国人关心、投入河套地区的开发，禹贡学会“后套水利调查团”，对河套地区的历史和现状作了详尽的报道。

由于是实地考查，而且带着明显的经世致用的目的，“后套水利调查团”对于河套开发现状尤其是移垦、兵屯、水利等所作的报道占了绝大篇幅。其中比较重要的文章有侯仁之《河北新村访问记》、《萨县新农场及其新村》，李荣芳《安北和硕中垦区调查记》和张玮瑛《后套兵屯概况》。这些文章均属考察所得的第一手资料，且附有相应的地图，颇为详细而具有参考价值。

与上述学会成员从学者角度观察问题不同，段承泽（绳武）《开发后套的商榷》一文更体现了作者的实务精神。段是“河北新村”的村长，调查团访问的一站即为他所主持的河北新村。在这篇商榷中，他对河套的现状及有的开发方案，从亲身经历者的角度加以分析，在政治组织、经济辅助、水利管理与技术、税收、土地所有权、造林、农业改良、移民等问题上，均作了较为精辟的分析。

此外，在后套水利调查中，他们还发现了兴修水利、造福一方的英雄人物王同春。其人其事在当地民众中广为流传，并建有祠堂，但在史志中却湮没无闻。顾颉刚在《王同春开发河套记》中称王同春是一个民族的伟人，贫民靠了他养活了多少万，国家靠了他设了三个县。然而他的事业是因身亡而失败了，他的名誉除了绥远一带是湮没了。如果我们再不替他表彰，岂不证明中国太没有人了。因此，为了激励民族士气，学会决意要大力表彰王同春的爱国事迹。在这次河套水利调查中，考查团成员张维华还特地走访了王同春的儿子王喆和女儿王云卿，采写了《王同春生平事迹访问》。这些调查活动，不仅在学术界产生了较为广泛的影响，其内容和方法也显示了现代学术的开阔视野。

（二）现代历史地图的绘制

历史地图绘制是历史地理学的一个重要组成部分。它以简单明了、

---

① 蒙思明：《河套农垦水利开发的沿革》，《禹贡》第 6 卷第 5 期。

直观形象的独特方式，对历史事件的空间联系以及地理环境提供了比文字叙述更为鲜明的概念，因而在历史地理研究中发挥了重大作用。从西晋裴秀创立“制图六体”起，历史地图的绘制在中国有着悠久的传统，历代史地学者都曾对此多所关注。禹贡学会在从事其历史地理研究时，也对历史地图的绘制与研究表示了高度的重视。在他们看来，“以前治学限于文字，地图一科虽已萌芽了三千年前，而以数字之不发达，测绘术未能迈进，即有精制之图，如唐贾耽、元朱思本所作，亦以印刷术之幼稚，未克复制，有志研究地理者，无所凭借，自无成学之望”。而“今日绘图术之精既突过前人，而以统计术推求事实乃为前人所未尝梦见”。[①] 在现代技术水准大大提高的情况下，如果再无所推进，那真是自暴自弃了。因此，学会针对现存各种历史地图所存在的弊病，决定“要把研究的成果”，“用最新式的绘图法，绘成若干详备精确而又合用的地理沿革图”。[②]

鉴于当时出版的历史地图适用者极少，禹贡学会决定先编一套方便而精确的《地图底本》，以供研究地理沿革或调查时使用。因为顾颉刚注意到当时还没有一种适合研究时用来打底稿的地图，而绘图技术又不是每人都能掌握的，何况制成一图，很费时间，而一旦图做成之后，用过几次，就变得错综不晰。于是由他和郑德坤编纂，谭其骧校订，吴志顺和张颐年绘图，开展这项工作。

同传统的“计里开方”式历史地图不同，《地图底本》的编绘采用了当时相当先进的制图技术。因为地图是平面的，而地球则为圆形，为使平面的地图与球面对应而不发生偏差，西方近代地理科学发明了种种地图投影法，禹贡学会在经纬度方面即采用国际上非常流行的圆锥投影法作标绘制。与此相应的是山脉采用晕线法以使脉络分明，地形如河流、湖泊、岛屿、海岸线等皆依投影原理，依照光线的射入而分画线的粗细，而在国都、省会、县治等不同等级的地名，都用大小不同的字体标示。

---

① 《禹贡学会募集基金启》，《禹贡》第 4 卷第 10 期。

② 《〈禹贡〉半月刊发刊词》。

自从半月刊1卷4期刊出《地图底本》的出版预告之后，学会又陆续收到几篇讨论制图法的文章，这些文章包括王育伊的《历史地图制法的几点建议》和《郑文读后记》、郑秉云的《改革历史地图计划书》、蔡方舆的《绘制〈清代历史地图〉的报告》、李秀的《绘制各省的人口密度图能以自然区为单位吗？》等，其中有的谈技术性问题，有的讨论观念问题，要皆以方便研究及使用为焦点。

王育伊《历史地图制法的几点建议》，认为清末杨守敬的红底套印法可能不太理想，建议顾颉刚用历史与当代两图分立的方式。而郑秉云《改革历史地图计划书》则认为现行地图有许多弊病，故建议用“复页地图”的方法来加以解决。这里所谓的复页地图，就是先把一幅原纸，印着现时之形势全图，然后用另一透明纸印着所需的局部地图，以后就将两幅一起叠着，两相对照，应用起来就显得明白便利了。这种复页地图的方法，得到了王育伊的呼应，但王并不赞同全图与局部地图合用的方式，因为他认为比例和尺寸可能发生问题。

王育伊和郑秉云的讨论，引起了吴志顺的反驳。吴是学会特聘的绘图员，1926年毕业于南京高等测量军官学校后，一直从事绘图工作。他认为郑、王提出的“复页地图”法是行不通的，因为纸质不同，在印刷时无法完全吻合。如果用在不能有丝毫出入的图上，更可能出现问题。而且因为印刷技术的发达，原图存版再印并无困难，不必用复页地图代替。因此《地图底本》决定仍依原方案绘制。

出版预告中，学会计划绘制的地图底本中共9幅，东西从东经72度至140度，南北从北纬2度至54度。边疆方面，因使用较少，比例为五百万分之一，其余则为二百万分之一。每幅取一个重要地名，以便记忆。至1937年4月，完成并出版甲种比例为二百万分之一的地图26幅，乙种比例为五百万分之一的地图6幅。尽管因时间和条件的限制，禹贡学会的历史地图编绘成果主要体现在《地图底本》上，但他们并未放弃自己在《发刊词》中所提出的沿革地图绘制计划。在《今后三年计划书》中，他们明确提出了对清末杨守敬的《历代舆地图》进行修改的方案，“拟以杨氏之沿革图为底本，除重以科学方法绘制外，并就会中同人研究之所长，分别时代而考订之，凡杨氏之遗漏或错误者均为增补改正”[1]。可惜三个月后，抗战全面爆发，学会无法继续工作，这项计划遂至流产。

（三）中西交通史研究的展开

中西交通史的研究，是近代史地研究领域出现的新分支。其研究对象，主要是指历代中国与欧亚大陆之中国迤西部分的关系而言，亦兼及中国与东南亚（越南、缅甸、暹罗）及南洋等处的交通。[2]其内容实包含英文 relation 或 intercourse 所指的各项，如民族的迁徙与移植，血统、语言、习俗的混合，宗教的传布，神话、寓言的流传，文化与科学的交流，艺术的影响，著述的翻译传播，以及商业贸易、生物移植、海陆空的特殊旅行与国际关系演变，等等。

晚清以来，中西交通大开，给原先封闭的中国社会以政治、经济和文化各方面的种种刺激，在相当程度上引导着中国社会的变动趋势。因此之故，中西方之间的交往历史、交往途径、交往内容，及其造成的种种结果，遂不能不引起中外学者的关注，中西交通史研究于是乎应运而生。

中西交通史在我国列为大学科目之一为时甚晚，以致在 1930 年代的中国，尚为一新兴的研究课题。《禹贡》半月刊上发表的全部文章中，涉及中西交通的仅占小部分。总计有 1 卷 10 期闻宥《评冯承钧译〈西域南海史地考证译丛〉及续编》，2 卷 6 期及 1 期冯承钧《瀛涯胜览校注序》、《伯希和撰〈郑和下西洋考〉序》，2 卷 8 期夏璧《郑和七使西洋往返年月及其所经诸国》、向达《西域行程记》、纪彬译日人堀谦德《于阗国考》、冯家昇《月氏之民族与研究之结论》等十二篇文章。与同时期边疆地理、沿革地理研究相比，禹贡学会的中西交通史研究尤其侧重于对前人典籍的注释、翻译和介绍，侧重于郑和下西洋史事的考订研究。兹分别略作介绍分析。

其一，介绍和翻译。在中西交通研究中，欧洲学人（尤以法人为

---

① 参见《禹贡》第 7 卷第 1—3 期。

② 方豪：《中西交通史·序言》，上海人民出版社 2008 年版。

多）关于东方史地的论著，数量既富，质尤精审。禹贡学派致力于介绍翻译西人著作，不但省却重译之烦，且亦方便于国内研究者，使史地学界得益甚多。冯承钧在译著方面成果颇多。其先后译有《西域南海史地考证译丛》、《宋云行纪笺注》等。在翻译法人沙畹所撰《宋云行纪笺注》时，冯氏参合他人节译全译本，又根据有关考证纠正原译疏误，并将所余尚未阐明诸点加以说明。冯译简洁明了，增删得当，据其译本，研究者可以很方便地了解宋云往返时间及途经地点，以及东西方交流中宗教的流翻情况。

此外，纪彬于《禹贡》3 卷 1 期及 4 期发表的译作《于阗国考》为中国研究者提供了详尽的资料。于阗在西域诸国中，与中原王朝关系最密，其地处东西交通孔道，吸收融合了印度、伊朗和汉等不同系统的文化，是西域文化的中心。东西学者关于研究于阗的著作较多，且在当时国际学术界形成了两派：一以英人斯坦因为代表，侧重于考古学与古物发现；一以日人堀谦德为代表，其研究系以古籍及汉译经典为根据，而将考古学的发现一并加入，作比较综合之研究。堀谦德的代表作即为《解说西域记》，亦即纪彬所译《于阗国考》。纪氏所译向研究者传达了中西交通研究的一种新方法：即以典籍与实地考证相结合的论证方式。另外，译自日人著作的尚有《月氏西迁考》，侧重于介绍考证历史上西域一带月氏的西迁事迹。

其二，版本的考订及史实考证。研究历史人物，往往需要通过考订其亲友关系，来拓宽研究的路子。在中西交通研究中，比较、辨别、确定版本同样具有这样的作用。在这方面，禹贡学会的向达、冯承钧等最早就关注了中西交通典籍的版本考订问题。冯承钧在《伯希和撰〈郑和下西洋考〉序》中，既指出伯希和所撰文章的优点，更独具慧眼地指出伯希和、向达均不约而同地注意到版本考订问题，这是中西交通研究的创举。冯氏且认为“校勘（版本）工作只有我们中国人做得好，外国学者究竟有点隔膜”。[①]

考订版本源流方法其中有二：一为根据版本的内容文字来考订，二

---

① 冯承钧：《伯希和撰〈郑和下西洋考〉序》，《禹贡》第 2 卷第 1 期。

为根据前人的研究成果来考订。精于版本考订的向达多融合此二种方法进行研究考订。在《西域行程记》中，向氏根据《千顷堂书目》及《拜经楼藏书题跋记》与北平李氏藏书参照，通过此书版本源流的辨别，纠正了原书一直讹传为三卷或一卷的错误，提出了其应为两卷的合理结论。

与此同时，禹贡学派也极重视史事的考证。郑和下西洋是明初对外关系的重要事件，最初以文字形式记述和传播这一光辉成就的地理文献，就是郑和的随员们撰写的三部著作，即马欢《瀛涯胜览》、费信《星槎胜览》及巩珍《西洋番国志》。三书版本很多，各种版本内容亦复有异。冯承钧检校各种版本，对郑和奉使次数、随使人名，以及往返年月等，一一考证求索。并对郑和所历之国、航行路线，以及有关该事件中某些历史疑点，也作了不少印证。最详尽而完备地考证郑和史事的当属夏璧《郑和七使西洋往返年月及其所经诸国》。夏璧认为“郑和七次出使西洋，最可注意而应该知道的是其七次往返年月及其所经诸国”①。又认为郑和之随员所著书记载多不可靠。若欲详为推究，只有在《明实录》及《明史》中去找材料，并循此途径对相关史实详尽考证。

其三，注释与评价。在《禹贡》1卷10期上，闻宥发表《评冯承钧译〈西域南海史地考证译丛〉及续编》一文。文章在肯定冯氏“质尤精审”的同时，亦指出冯氏在译事上的不足，其一为文字稍冗，其二为读音译名之不妥，其三为缺乏读音方面的注音。作者直指冯承钧在声韵上的不足，为史地典籍的翻译作了有益的探索。注释向为我国朴学的重要内容。王锡昌著《明史佛郎机、吕宋、和兰、意大利亚四传注释提要》，既有著者、整体结构及各国情况介绍，亦在评介中提出三种注释之道：溯源、辑补、比证。尤为新颖的比证一法增加了中西文互证，为注释方法注入了新的理念。

在中西交通史研究中，学会用力最深的莫过于6卷8、9合期的“南洋研究专号”。南洋地区即今东南亚一带，在西汉时我国就与其有了交通上的联系。从明代起，江浙闽广等省由于土地兼并激烈、赋税繁重，

---

① 夏璧：《郑和七使西洋往返年月及其所经诸国》，《禹贡》第2卷第8期。

一部分失去土地的农民无法生活，不得不背井离乡，远涉到南洋谋生。在迁徙的同时，这些华侨带去了先进的农业和手工业技术，他们从事各项劳动，为南洋地区社会经济的发展作出了杰出的贡献。但是近代以来，随着欧洲列强对南洋实行殖民统治，华侨的地位日渐下降，处境也越来越恶劣，这已经成为一个突出的问题。

国内学术界对南洋华侨问题关注素少，1928 年由暨南大学南洋文化教育委员会编辑发行的《南洋研究》可说是这方面唯一的刊物。禹贡学会成立之初，对此也未曾加以注意。直到《禹贡》4 卷 8 期“通讯一束”栏刊载了徐文珊《南洋华侨的三个问题：人口分布，教育，生活》的来函，才开始对此有所重视，认为“南洋问题确实重要”，随即积极搜集有关材料，遂有以后“南洋研究专号”的编刊。

陈增敏《南洋群岛自然环境与所处国际政治、经济地位》可以看作专号的一篇序言。该文首先区分了广义和狭义的南洋群岛的范围，然后从地形、火山与地震、气候、自然生物四个方面对南洋地区的自然环境作了极为细致的介绍。在此基础上，陈分析了这一地区在现代国际政治、经济上所处的地位，指出它的重要性一是在于自然资源丰富，可以补充资本主义国家的不足；二是因其所具的优越地理位置，使之成为东西方之间的交通要道和攻守要地。其余一些文章则从历史和现状两个方面对南洋华侨的奋斗历程作了探讨。

在历史回顾方面，《明季西班牙在吕宋与中国之关系》与《法国与安南》两文分别论述了明清两代西班牙、法国入侵吕宋、安南及由此与南洋华侨发生的关系。而罗香林《罗芳伯所建婆罗洲坤甸兰芳大总制考》则详细考定了 18 世纪中叶广东嘉应州华侨在西婆罗洲所建的一个生产和自卫组织的形成、发展及其影响。大体说来，怀古思今而发感叹是这类文章共同的特点，如罗香林云：“海之南百数十国，其民口之大部分，皆黄帝子孙，而今托居于彼宇者，仅得自比于牛马，谁之罪欤？虽然，黄帝手定之山河，今且蹙蹙不自保，而海之南更何论哉！”[①]

现状调查方面本期专号也较翔实，学会成员傅振伦出访英国途径东

---

① 罗香林：《罗芳伯所建婆罗洲坤甸兰芳大总制考》，《禹贡》第 6 卷第 8、9 合期。

南亚，就旅途见闻，记载了所见新加坡、哥伦布、孟卖、那波里四处侨胞的状况，给人以衰落的整体印象。许道龄《南洋侨胞衰落的原因》一文对此现象进行了分析，他认为主要原因乃在国家的衰落不振、国内工业不发达、缺乏团结互助精神、知识缺乏等四方面。故保护华侨的根本办法，就是振兴中国政治、经济实力，只有本国实力增强了，华侨在海外的地位才能提高。应该说这一观点是较有见地的。

鉴于南海史地研究的材料匮乏，传世的文献错误较多，学会在南洋研究资料的考订与搜集方面也做了不少工作，如冯承钧《〈海录〉笔受者究为何人》对清嘉庆末广东嘉应州人谢清高口述《海录》的笔录者进行了考订，许道龄《南洋书目遗录》（中西文皆有）和郭敬晖据《小方壶斋舆地丛钞》所辑南洋诸篇撰写的提要，都为学术界对南洋地区的进一步研究提供了方便。

总而言之，与禹贡学会在沿革地理、边疆地理、方志等其他方面研究相比，禹贡学派在中西交通研究上发表文章数量虽不多，在质量上却不遑多让。尤其值得注意的是，禹贡学会的中西交通研究总体上属于日人堀谦德的古籍考古相结合的一派。尤侧重于版本考订和史事考证，能发前人所未发，不仅开创了我国中西交通史研究的新局面，在观念和方法上也展示出历史地理研究的现代趋向。

禹贡学会的活动，在推进我国现代历史地理研究事业上的影响是深远的。

首先，他们的学术活动明显扩大了我国历史地理研究的领域。我国传统的沿革地理学一般局限于疆域政区和山川地名演变的考订，长期作为历史学的附庸而存在。禹贡学会创立之初，虽提出学会宗旨是从事沿革地理研究，并把一度把研究工作的重心放在整理校订各部史书的地理志和地理沿革史方面，但以后学会的宗旨却不断有所调整，2 卷 4 期刊载的学会启事已表示“本会之宗旨在于提倡沿革地理与人文地理之研究”，至4 卷 10 期则称：“本会以研究地理为标的。”[①] 而从禹贡学会整个学术研究活动看，其范围也不断在扩大，开拓了不少新的研究领域，诸

① 《禹贡学会募集基金启》，《禹贡》第 4 卷第 10 期。

如边疆实地与现状考察、中西交通史、方志学等，因此“已经不尽是沿革地理，而是逐渐显出有朝着整个历史地理学方向发展的趋势”。

其次，在观念和方法上，积极引介和运用西方近代地理学的技术与成果。在我国地图绘制史上，西晋裴秀创立的“制图六体”是第一次重大的革新。到了17世纪，康熙年间采用经纬网进行全国大地测量，这是第二次重大革新。西方近代先进制图技术传入我国后，在1930年代，上海申报馆出版的由丁文江、翁文灏、曾世英三人合编的分别采用亚尔勃斯投影法和圆锥投影法绘成的《中华民国新地图》和《中国分省新图》，即代表了我国地图制作上的第三次重大革新。而禹贡学会聘请专人绘制的地图底本即采用了圆锥投影法，从而把历史地图的绘制提到了一个新的水准。他们注重实地调查的地理研究方法，也极具现代科学色彩。与此同时，禹贡学会还十分注意吸收与运用西方相关研究成果，认为外国的论著“其结论固可补正我国史文，即其研究方法与技术亦可供吾人借镜”①。只是不可盲目崇信，并先后在《禹贡》半月刊上登载了30余篇译自东西方的学术论文，其中出于日本的约占三分之二，内容以边疆史地为主。康藏地区较多译载英国及欧洲学者。这对于及时掌握国外信息，开阔学术视野，显然是十分有益的。

第三，为我国地理学建立和发展培养、积累了一批专门人才。在这方面，作为学会的创始人，顾颉刚个人贡献尤其突出。在整个学会的组织和工作中，他始终十分重视对年轻学生的培养，常常通过给学生布置题目，让他们写成文章，然后加以修改和补充后在刊物上发表，扶植年轻人逐步走上学术研究的道路。他还经常在半月刊的“编后”中鼓舞青年学生，说：“谨慎的前辈常常警戒我们，发表文字不可太早，为的是青年作品总多草率和幼稚，年长后重看要懊悔。这话固然有一部分理由，但我敢切劝青年，不要受他们的麻醉。在学术上，本没有‘十成之见’，个人也必没有及身的成功。学术的见解与成就，就全体言是一条长途，古人走到那里停下了，后人就从他停止的地方走下去；这样一代

① 《本会此后三年中工作计划》，《禹贡》第7卷第1—3合期。

一代往前走，自然永有新境界。”[①] 此外，由于“会员分居南北，互读文字而未由接席”，半月刊特地开辟了“通讯一束”栏，以作精神上的团结。在这个小栏中，刊登了会员间的学术通信，包括对会刊上已发表论文的批评、辩论、学术心得以及对学会和会刊的建议等，其中青年学子给顾颉刚的来信以及顾对来信所提问题、建议的答复就占了很大篇幅，足见顾对青年学子的培养是不遗余力的。正是在顾颉刚的大力支持和鼓励之下，一批史地新人团结在学会周围，渐渐成熟起来。我们现在可以发现，在给《禹贡》半月刊撰稿的300多位作者中，到后来在学术界有较大知名度的，竟接近三分之一。这中间只有少数是当时已经知名的中年学者。半月刊创办之时，顾颉刚本人不过41岁，作者之中除杨守敬的弟子熊会贞当时已年逾古稀外，其余如钱穆、洪业、谢国桢、张含英、张国淦等，都与顾同辈。此外有一大批在新中国成立后知名的学者，在当时都是顾的学生或学生一辈的年轻人，如和顾共同主编半月刊的谭其骧，当年还只有24岁。其他现代史地学界知名的学者，如冯家昇、童书业、齐思和、白寿彝、史念海、朱士嘉、周一良、侯仁之、张维华、杨向奎、韩儒林、郭敬晖等，都是当年禹贡学会活动的积极分子。可以说，后来中国的现代历史地理学，正是在这批富有生气的学术新人的努力下才建立和发展起来的。

---

① 《禹贡》第1卷第2期编后。

第四节　抗战时期民族主义史学流派之二：战国策派

一、战国策派及其民族主义

1940年4月，正当我国抗日战争处于极为艰难困苦和关键的敌我相持阶段，西南地区大后方的昆明出现了一份名为《战国策》的半月刊杂志，它以宣传文化形态史观，主张重构“战国型”的文化格局以纾时难而名噪一时，主事者为云南大学和西南联大的林同济、雷海宗、陈铨、何永佶等几位教授，这些人后来也因此被称为“战国策派”或“战国派”。该派作为一个学术群体的人数并不多，集中活动的时间也不长，《战国策》半月刊仅维持了一年零三个月（1940年4月—1941年7月，共出版十七期），稍后在重庆《大公报》重新开辟的《战国副刊》也不过七个月的时间（1941年12月—1942年7月，共出版三十一期），但却在现代中国思想文化史和史学史上留下了颇引人注目的足迹。

林同济

战国策派的代表人物大多具有西方留学的背景。其中林同济（1906—1980），笔名独及、望沧等，福建闽侯（今福州）人。早年就读于清华学校，1926年公费赴美密西根大学主修国际关系和西方文学史。1928年暑期就读于威斯康星大学。其秋，转加州大学柏克莱分校研究院攻读政治学，获博士学位。1930年起，任加州大学东方语言系和奥

雷海宗

克兰市米尔斯学院讲师，讲授中国历史与文明等课。1934年归国，任南开大学教授、南开经济研究所导师，主持《社会经济》季刊。抗战中，任云南大学文学院院长、政经系教授和主任，讲授政治学、中国政治思想史、西洋政治思想史等。1942年后至复旦大学任教。

雷海宗（1902—1962），河北永清人，字伯伦。出身牧师家庭，幼入教会学校就读。1919年考入清华学校高等科。1922年公费赴美芝加哥大学主攻历史学及哲学。1927年获博士学位后回国，历任中央大学、金陵女子大学、武汉大学和清华大学历史系教授。抗战时，任西南联大历史系教授和系主任。

陈铨（1903—1969），原名大铨，号选卿，笔名唐密，四川富顺人。1928年自清华大学西方语言系毕业，出国留学，先后获美国奥柏林大学硕士和德国基尔大学哲学博士学位。1934年归国，历任武汉大学、清华大学、西南联大、中央政治学校等校教授，讲授文学和德语等。[①]

何永佶（1902—1967），字尹及，广东番禺人。1924年自清华毕业后留美，哈佛大学政治学博士，回国任教于北京大学、中山大学、岭南大学等校。抗战中任云南大学政经系教授和云南财政厅厅长缪云台秘书。[②]

此外，在《战国策》或《大公报》“战国”副刊发表文章的尚有洪思齐、沈从文、郭岱西、丁泽、陶云逵、贺麟、朱光潜、费孝通等。这些人中，除陶云逵[③]、洪思齐持论与林、雷、陈、何形成明显呼应外，余则

---

① 关于陈铨的生卒年、字号和留学回国日期，诸家记载颇有出入，此从徐志福《抗日“救亡”运动中的陈铨》（巴蜀书社2009年版）中《陈铨生平创作年表》之说。

② 按：关于何永佶的生年，据笔者所见云南大学旧档（云南省档案馆民国档案卷宗号16-2-190）何氏1941年3月登记表，称其时年37岁，按中国人以虚年称之习惯推算，则当生于1905年。录此以存疑。

③ 陶云逵（1904—1944），江苏武进（今常州）人。早年求学于南开大学，1927年赴德国，先后在柏林大学和汉堡大学攻读人类学和遗传学，获博士学位。1933年归国，入中央研究院史语所工作，深入西南边疆从事社会调查。抗战中，任教云南大学，1942年为西南联大社会学系教授，并任南开大学边疆人文研究室主任，积极开展云南少数民族调查，创办《边疆人文》杂志，代表作有《西南部族之鸡骨卜》等。

不然，故并不能将他们都归入战国策派的思想阵营。

《战国策》

关于战国策派的核心理念，以林同济在《战国策》创刊伊始所作的表述最具代表性："如果我们运用比较历史家的眼光来占断这个赫赫当头的时代，我们不禁要拍案举手而呼道：这乃是又一度'战国时代'的来临。"战国时代的最显著特征在于"战为中心"、"战成全体"和"战在歼灭"，即通过弱肉强食的大规模战争，逐步形成"一种大陆式的若干'区域霸国'的对峙，最后乃在火并而成为全世界的'大一统'"。当此之际，任何国家和民族，绝无他路可走，唯有以"战"求生存，以致过去思想界和政治界所谓"左倾"、"右倾"等争论，皆已失去了现实意义，"名义上，为国际策略的方便起见，彼此仍可自命为'左'，自命为'右'；实际上整个世界的中心潮流，迫于时势的需求，只能有朝着一个方向推进的——即是如何建设道地的'战国式'的国家，如何把整个国家的力量，组织到最高度的效率以应付战国时代势必降临，势已降临的歼灭战、独霸战。叫做专制主义、霸权主义也好，叫法西斯主义、纳粹主义也好，甚至缓和其词，叫做代议会全能主义以及罗斯福新政也好，根本的动向却都是'殊途同归'，实际的结果我看都不外是'国产主义'的完成"。据此，他要求中国人重树"战国七雄时代的意识与立场，一方面来重新策定我们内在外在的各种方针，一方面来仔细评量我们二千多年来的祖传文化！"① 该刊第二期在刊登何永佶《论大政治》一文的同时，又发布《本刊启示（代发刊词）》重申："本社同人，鉴于国事危殆，非提倡及研讨战国时代之'大政治'（high politik）无以自存自强。而'大政治'循例'唯实政治'

① 林同济：《战国时代的重演》，原载《战国策》创刊号，1940 年 4 月 1 日。参见林同济、雷海宗：《文化形态史观》，大东书局 1946 年版，第 79、81—84、88、94、95 页。

（real politik）及‘尚力政治’（power politik），大政治而发生作用，端赖实际政治之阐发，与夫‘力’之组织，‘力’之驯服，‘力’之运用。本刊如一交响曲（symphony），以大政治为‘力母题’（leitmotif），抱定非红非白、非左非右、民族至上、国家至上之主旨，向吾国在世界大政治角逐中取得胜利之途迈进。”

循此思路，战国策派学人提出了一系列颇引人注目的应世“方针”和理念：

一是宣扬“尚力”哲学，以为处此大战国时代，唯有“力”者得生。从“物竞天择，适者生存”的生物进化论出发，林同济等人认为：“力者非他，乃一切生命的表征，一切生物的本体。力即是生，生即是力……人类历史上诅力的文化，命运若出一辙：不被人家格杀，自家也要僵化若尸。”①在他们看来，在大战国时代，最重要的是“力”，而非所谓“法”与“德”，“有力才配说理。如何趁这个苦战求生的时刻，把力的真正意义认清，建立一个‘力’的宇宙观、‘自力’的人生观，这恐怕是民族复兴中一桩必须的工作”②。即使是争取外国援助，也“唯有实行唯实外交，权利害，现均势，合纵连横”③。故必须唤醒国人中被“文德”和奴性淹没已久的“力人”意识，“培养它，使它生长、开花、结种、繁殖，这样幽暗世界才会变成一片光明”④，才能救国家民族于危亡。

二是强调国家集权，质疑民治主义。按照陈铨的说法：“二十世纪的政治潮流，无疑的是集体主义。大家第一要求的是民族自由，不是个人自由，是全体解放，不是个人解放。在必要的时候，个人必须要牺牲小我，顾全大我，不然就同归于尽。”⑤林同济也提出了类似的主张，认

① 林同济：《力》，原载《战国策》第 3 期，1940 年 5 月 1 日；又见林同济、雷海宗：《时代之波》，在创出版社 1944 年版，第 52 页。

② 林同济：《廿年来思想转变与综合》，原载《战国策》第 17 期，1941 年 7 月 20 日；又见林同济、雷海宗：《时代之波》，第 298 页。

③ 洪思齐：《释大政治》，《战国策》第 10 期，1940 年 8 月 15 日。

④ 陶云逵：《力人》，原载《战国策》第 13 期，1940 年 10 月 1 日；又见林同济、雷海宗：《时代之波》，第 78 页。

⑤ 陈铨：《五四运动与狂飙运动》，原载《民族文学》第 1 卷第 3 期，1943 年 9 月 7 日；又见温儒敏、丁晓萍编：《时代之波》，中国广播电视出版社 1995 年版，第 345 页。

为："整个世界大势的展开，再也没有我们迟疑误解的余地。自由主义早已成为昨日的清风，可回忆而不可再得。所谓民族主义、国家主义，实际上乃'国产主义'的别名，它并不是最后最高的目标，乃是另一个更大的潮流的支派。这个更大潮流，不是别的，乃就是全能化的大战国之组成与发威！"[①]此时的一切政治德行之中，"忠"为第一，"惟其人人能绝对忠于国，然后可化个个国民之力而成为全体化的国力。忠是国力形成的基础，形成的先决条件"[②]。为此，他们批评："五四运动的领袖们没有看清这个时代，本末倒置，一切以个人主义为出发点，甚至子抗其父，妻抗其夫，学生赶教员，属僚凌官兵，秩序紊乱，组织不成，仇恨嫉妒，傲慢不恭，背叛国家，破坏团体，无不以个人自由为口头禅、护身符……这就是个人主义的极端现象。"[③]故五四的作风必须向另一路线转换，即由"个性解放的要求一变而为集体生命的保障"。[④]因为大战国时代要求人们"比任何时代都要绝对地以'国'为单位，不容局限于个人与阶级，而也不容轻易扩大而侈言天下一体"[⑤]。

三是鼓吹"权力意志"和"英雄崇拜"。在这方面，比较突出的是陈铨。陈铨的哲学思想颇受叔本华和尼采的影响，这在他的《从叔本华到尼采》(1936)、《尼采与近代历史教育》(1937)、《叔本华的贡献》、《尼采的政治思想》、《尼采的道德观念》(以上均1940)、《尼采的无神论》(1941)等文中有明显的反映，其历史思想在不少地方尤表现出"唯意志论"的倾向。在他看来：人类大部分的物质建设，都是其意志的表现。尽管物质条件对人类有相当限制，但并不能限制一切，尤其是人类的意志。事实上，只有"人类的意志才是历史演进的中心，凡是想

① 林同济：《第三期的中国学术思潮——新阶段的展望》，原载《战国策》第14期，1940年11月1日；又见温儒敏、丁晓萍编：《时代之波》，第330—331页。

② 林同济：《大政治时代的伦理——关于忠孝问题的讨论》，原载《今论衡》1卷5期，1938年6月15日；又见温儒敏、丁晓萍编：《时代之波》。

③ 陈铨：《五四运动与狂飙运动》，原载《民族文学》第1卷第3期，1943年9月7日；又见温儒敏、丁晓萍编：《时代之波》，第345页。

④ 林同济：《廿年来思想综合与转变》，原载《战国策》第17期，1941年7月20日；又见温儒敏、丁晓萍编：《时代之波》，第334页。

⑤ 林同济：《柯伯尼宇宙观》，1942年2月14日重庆《大公报》；又见温儒敏、丁晓萍编：《时代之波》，第219页。

凭物质条件来说明一切的人，凡是相信人力可以战胜一切的人，都只看到一方面的现象，而没有找出全部的真实。物质的力量决不是万能，人类的力量也不是万能，但是人类意志发展努力的过程，的确创造了人类全部的历史"。那么，在创造历史的人类意志中，究竟是多数人还是少数英雄的意志更为重要呢？陈铨虽也承认两者间存在着相互关联，但其天平显然是重重地倾向"英雄"一边的。他说："人类社会上无论任何方面的事业，创造领导，都只有靠少数的天才，他们是群众的救星，他们是宇宙伟大的现象。"甚至认为："假如宇宙间万事万物都靠力量来推动一切，那么英雄就是伟大力量的结晶。没有他们，宇宙间万事万物也许就停止了。"他还批评时下中国人不愿崇拜英雄，唯知自尊自大，追逐私利，整个社会形同散沙。抉其病因，不外传统士大夫的腐化和五四以来提倡科学与民主引发的"个人自由无限伸张"[①]，致使社会责任缺乏，"个人主义畸形发达，集体意识特别薄弱"[②]，这对于当前本民族参与国际间的竞争都是极为不利的。

这些观点，学理上都不免有所偏激或偏颇。但必须看到，它实际上是"战国策派"学人在国家遭受侵略者残暴蹂躏而陷于绝地时发出的拚死抗争之声。林同济就指出："由整个国家在世界大政治中的情势看去，则远自鸦片战争以来，就始终是一个彻头彻尾的民族生存问题。说到底，一切是手段，民族生存才是目标。在民族生存的大前提下，一切都可谈，都可做。在民族生存的大前提外做功夫，无往而不凶。"[③]陈铨也说："中国现在的时代，是一个民族主义的时代。"由此决定了此时的中国思想界，既不以个人为中心，也不以阶级为中心，而是以民族为中心的集体主义。"凡是对民族光荣生存有利益的，就应当保存，有损害的，就应当消灭。我们可以不要个人自由，但是我们一定要民族

① 陈铨：《论英雄崇拜》，原载《战国策》第4期，1940年5月15日；又见温儒敏、丁晓萍编：《时代之波》，第292、293、295、296页。

② 陈铨：《再论英雄崇拜》，原载1942年4月21日重庆《大公报》；又见温儒敏、丁晓萍编：《时代之波》，第318页。

③ 林同济：《廿年来思想转变与综合》，原载《战国策》第17期，1941年7月20日；又见温儒敏、丁晓萍编：《时代之波》，第335页。

自由，我们当然希望全世界的人类平等，但是我们先要求中国人和外国人平等。中国人自有中国人的骄傲，不能听人宰割，受人支配。”[①]并要求在政治上民族主义高涨的同时，通过民族文学运动等方式，进一步凝聚和阐扬中华民族的强烈民族意识。

战国策派的民族主义理论，明显承继了19世纪末以来盛行的社会达尔文主义。他们反复强调，在“大战国时代”，种族或民族国家间的生存竞争已成一切关系的核心，任何社会阶级之间、党派之间、个人和集体间的争执，都当让位于此。这种竞争，没有公理和正义，只有强弱和生死。“大政治是以事实做根据的：国际既不能避免战争，我们唯有以武力维护安全；国际既没有公理、法律、道德，我们的算盘只有国家的利害。国际政治是‘非道德的’（amoral，不是‘不道德的’immoral），一切幼稚的善恶观念必须打破。”[②]因此，当“本国与他国冲突时，即使在伦理上本国未必是，他国未必非，我们也履行政治道德的需求，必须为本国作战，与他国拼杀。我们为求对得住国家，有时乃对不起人类”[③]。只要达此目的，“你且莫管正义不正义，正义也在其中了”[④]。这些呼吁，虽是出于唤醒国人危机意识和抗日勇气的目的，在某种程度上也触及了当时国际关系的严酷现实，但从学理上说，无疑包含着不少非理性成分，以致招来了学术界不少人士的批评。

二、文化形态学观照下的中国文化反思

依据上述时局观，战国策派认为，在“大战国时代”，中华民族必须对其自身的文化进行改造，方能获得生存和复兴。中华文化何以必须

① 陈铨：《民族文学运动》，原载1942年5月13日重庆《大公报》；又见温儒敏、丁晓萍编：《时代之波》，375页。

② 洪思齐：《释大政治》，见《战国策》第10期，1940年8月15日。

③ 林同济：《大政治时代的伦理——关于忠孝问题的讨论》，原载《今论衡》1卷5期，1928年6月15日；又见温儒敏、丁晓萍编：《时代之波》，第169页。

④ 陈铨：《指环与正义》，见1947年12月17日重庆《大公报》。

改造？应如何改造？为替中国文化把脉，他们借助文化形态学的理论，对之展开了反思。

所谓文化形态学，是把人类文化作为一种有机体进行考察，以揭示其性质及自然演变规律的方法。较早倡导这一方法的是德国考古学家和民族学家佛罗贝纽斯（Leo Frobenuis，1873—1936），他在19世纪末发表的《文化循环论》和《自然科学的文化论》中便提出了此概念。而系统运用此法对世界各类文化展开研究的，则首推德国学者斯宾格勒（Oswald Spengler，1904—1936），其所撰《西方的没落》（*Der Untergang des Abendlands*，二卷，1918—1922），对人类历史上的埃及、巴比伦、印度、中国、古希腊罗马、阿拉伯、墨西哥、西欧等八种高级文化一一作了考察。指出，此八种独立发展的文化都经历了兴盛到逐步衰败的生命周期，它们各有其植根的土壤，并形成了各自的特殊风格和历史形式。这一现象表明，世界历史的发展既非以西欧为中心，亦非单纯的线性演进，而是一种多元并发的图景。在此意义上也可说，世界历史是人类各种文化的“集体传记”。在他看来，这八种文化中，前七种都已死亡或僵化，至于西欧文化，在经历了自身的前文化、文化和文明诸阶段后，也将趋于衰亡。其后，英国史学家汤因比（Arnold Joseph Toynbee，1889—1975）的《历史研究》（*A Study of History*，十二卷，1934—1961）对此理论作了进一步阐发。他强调，历史研究的基本单位应是反映宗教、领土、政治等综合特征的文明社会，而不是民族国家。在人类经历的6000年文明史中，曾出现过二十六种文明（包括二十一种常态文明和五个“停滞发展的文明”）[①]，其中除埃及、苏美尔、古代中国、玛雅、米诺斯和安第斯等六种文明为直承人类早期社会原生性文化而来者外，余多为前者之派生物。这些文明的出现，时间上虽有先后，但以哲学的眼光视之，实处于相互平行的发展状态。每个文明通常都会经历起源、生长、衰落、解体的过程，而其兴衰起灭，往往与环境对人类的挑战及人类应战之得失息息相关。与斯宾格勒不同的是，他认为每一文明衰落的标志多为大一统国家的产生，但西方

---

① 在该书最后一卷中，汤因比又将之增加到三十七种文明。

社会并未达到这样的阶段，只要处置得当，仍可保持活力，未必会走上衰亡之路。

斯宾格勒的著作问世后，尽管在学术界毁誉参半，但影响甚大。故自1920年代初起，便有宗白华、魏嗣銮、王光祈、李思纯、吴宓等纷纷将其介绍到国内。1930年代中期，汤因比的《历史研究》也经张君劢、顾俶南等人介绍为中国学术界所知。[①]而“战国策派”则是这一时期运用该理论从事史学实践最具代表性的学术流派，其中林同济和雷海宗对此尤为身体力行。

在《形态历史观》一文中，林同济便指出：“大凡对欧美三四十年来社会科学方法论的发展略加留意之人，恐怕都晓得他们对于各科门的权威学者正在如何不谋而合地朝着我所指出的方向迈进。其中尤堪参照的，我认是所谓‘历史形态学’（Morphology of History）者。”[②]并称：“历史形态学或统相学是利用一种综合比较方法来认识各个文化体系的‘模式’或‘形态’的学问。各个文化体系的模式，有其异，亦有其同。我们研究，应于异中求同，同中求异。斯宾格勒曾应用这方法写出他的《西方的没落》的杰作。最近英国史豪汤贝的《历史研究》一巨作（二十一个文化体系的研究）也是这方法的另一个应用的结果。”[③]通过这种方法，“以古今来所有真实的文化体系为单位，而有系统有步骤地对他们各方面‘形态’作一番详尽精密的比较功夫、认识功夫，这不但是最自然应有的办法，而且可以使我们发现无数大大小小的事实都充满了无穷的实际意义”[④]。

依据文化形态学的理论，林同济认为，凡自成体系的文化，一般都会经历封建、列国和大一统帝国三个阶段。以中国文化而论，大抵殷商

---

① 关于斯宾格勒和汤因比文化形态史观传入中国的情况，可参看李孝迁《西方史学在中国的传播》（华东师范大学出版社2007年版）第六章“斯宾格勒在中国”。

② 林同济：《形态历史观》，原载1941年12月3日重庆《大公报》；又见林同济、雷海宗：《文化形态史观》，大东书局1946年版，第7页。

③ 林同济：《民族主义与二十世纪——列国阶段的形态观》，原载1942年6月17日和6月24日重庆《大公报》；又见林同济、雷海宗：《文化形态史观》，第46—47页。

④ 林同济：《形态历史观》，原载1941年12月3日重庆《大公报》；又见林同济、雷海宗：《文化形态史观》，第8页。

后期至西周相当于封建阶段，春秋战国相当于列国阶段，秦至清为大一统帝国阶段。封建时代，政治权力分散，行分封制，经济为自给自足的“采邑式”农田经济，整个社会等级森严且为世袭，宗教势力影响极大，并带有浓厚的贵族性；至列国时代，政治权力由分散趋向集中统一，其时“一切价值的基础，不在于‘上下之别’，乃在于‘内外之分’”，社会贵贱等级的世袭鸿沟渐趋消解，国与国的区别和对峙日益突出；进入大一统时代后，政治上专制主义，经济上趋向管制，官僚制度盛行，“宗教方面则表现出一种颓萎的倾向”。[①] 虽然在该阶段开始的百年间，文绩武功还会现出一些盛况，但“过此以往，除了偶尔复兴的短期外，始终找不出真正有效的法子避免一种与时俱增的老年‘倦态’（Ennui）：不求向上升高（封建现象），不求向外膨胀（列国现象），焚香祷祝，只求‘天下无事’！”致使“整个文化的‘人’、‘物’两方面的表现，始终摆不脱‘颓萎’的色彩与精神”。[②] 他指出，从整个世界看，目前西方正处于活力四射、崇尚竞争的战国时代，势力不断向外扩张。而“中国文化的发展，早已踏过了它的战国阶段而悠悠度过了二千多年的‘大一统’的意识生活。我们中国人的一般思想立场，无形中已渗透了所谓‘大同’局面下的‘缓带轻裘’、‘雍雍熙熙’的懒散态度。直到今天，我们还不免时时刻刻高提着‘大一统’时代的眼光来评量审定‘大战国’的种种价值与现实”[③]。正是这种文化意识的时代错位，直接导致了我们的国势不竞。为此，必须尽快设法改变其颓势。

在他看来，秦汉以来中国“大一统”文化的最大弊端，集中在两方面：

一是片面崇尚文弱的“德感主义”。德感主义在任何文化的发展中都会产生，并有其自身的价值。但在中国，自孔孟以来，儒家一直都是德感主义的正统宣传者，汉以后，随着儒学定于一尊，“这个主义的寿命延长到二千多年之久，遂使我们的文化留滞在某一阶段之中而不

① 林同济：《民族主义与二十世纪——列国阶段的形态观》，原载1942年6月17日和6月24日重庆《大公报》；又见林同济、雷海宗：《文化形态史观》，第50、51页。

② 林同济：《形态历史观》，原载1941年12月3日重庆《大公报》；又见林同济、雷海宗：《文化形态史观》，第15、17页。

③ 林同济：《战国时代的重演》，林同济、雷海宗：《文化形态史观》，第95页。

能突破藩篱，以进到更新的另一阶段”[①]。这种片面强调德感文化带来的直接结果，是一味排斥“力”的文化，以致“力”的精义汩没，造成民性柔弱、乡愿盛行，在大一统相对和平的环境下，更养成了保守不进、自足自满和怯于创新的习性。陈铨也指出：“假如中国人不采取这一个新的人生观，不改变从前满足、懒惰、懦弱、虚伪、安静的习惯，就把全盘的西洋物质建设、政治组织、军事训练搬过来，前途恐怕也属有限。”[②]

二是积弊深重的官僚体制。对此，林同济先后发表过《中饱——官僚传统的一面》、《士的蜕变——由技术到宦术》、《大夫士与士大夫——国史上的两种人格型》、《官僚传统——皇权之花》等多篇论文，攻之不遗余力。他认为，三千多年的中国社会政治史，可用一句话概括，即“由大夫士到士大夫”，此为“我们民族文化发展路程上一切之一切的关键。这个转变不仅是一种结构的更改，乃尤是一种动力的换质。随着这个动力的换质，整个文化的精神，都改头换目！”所谓“大夫士”，指的是贵族武士（Noble-knight），“士大夫”指的是文人官僚（Scribe-official）。两者“气质不同，品格不同，在社会政治上的功用也不同”。前者是封建时代层级结构的产物，他们上承天子诸侯，下接庶民奴隶，其中卿大夫实为执政的中坚，士则承担着具体行政职能，是当时最活跃的社会阶层。其世袭不替的社会地位和职守，使之形成了一种“贵士传统”和道德感，具体表现为：“以义为基本感觉而发挥为忠、敬、勇、死的四位一体的中心人生观，来贯彻他们世业的抱负、守职的恒心。它是一副‘刚道的人格型’。”后者却是大一统皇权专制下的必需，其时“士乃变为做官的准备，大夫乃成为做士的目标。功名观念代替世业观念，升官念头代替守职念头”。为了功名利禄，他们甘愿在皇权下卑躬屈膝，大夫士的人格由此巧变为士大夫的“孝、爱、智、生”四德中心论——“一种‘柔道的人格型’，以适应他们在皇权专制下猎

---

① 林同济：《力》，林同济、雷海宗：《时代之波》，在创出版社 1944 年版，第 57 页。

② 陈铨：《浮士德精神》，原载《战国策》第 1 期，1940 年 4 月 1 日；又见林同济、雷海宗：《时代之波》，第 26 页。

取‘功名’、企图‘闻达’的大欲望”。[①]他们关心的只是如何攀龙附凤和保持权位的为宦之术。官场之上，充斥着逢迎拍马、结党营私、明争暗斗和遇事相互推诿的卑劣行径。在大一统“内向性”政治的主导下，他们的活动目标始终锁定在“争内权”之上，而根本缺乏“向外”争雄的活力。至于旧官僚传统携带的皇权毒（一唯皇权马首是瞻）、文人毒（重言论文章而怯于办事）、宗法毒和钱神毒等，更是“二千年来社会各面发展系积而成的遗产，其来源也远而深，其铲除也当然繁而重”[②]。他还激愤地指责：两千年来中国官僚制度滋生的“‘自亡单方’，最灵验的，恐怕就是‘中饱’。宋之亡，明之结局，根本的膏肓，都在这里”。何谓“中饱”？即处于君主和百姓上下之间的官僚或官吏阶层，凭着自己的特殊地位，“对一切经手的事件或接触的人物取得了法外的收入——这个微妙的勾当就叫做中饱”。探其渊源，秦汉以后，“外患既消，贵士风气日加远隔，官僚制度往往表面上愈加辉煌，实质上乃反要起始展开腐化的程序”，于是“中饱”渐成惯例。“中饱”的盛行，不仅严重腐蚀着官场政治，也败坏了社会风气，“以至中国人的民族性都大大沾染上了‘中间人的色彩’：妥协，折衷，好讲价，喜取巧，恶极端，反彻底，善敷衍，厌动武……处处都呈现一种道地的‘中间人精神’、‘官商者的模样’”。其结果，“二千多年来只是中饱集团混耍着中饱把戏，留下来的却是一个‘府库空虚于上，百姓穷饿于下’的国家！”[③]这些批判，无疑也包含着对国民党现行腐败官僚体制的强烈不满。

鉴此，他认为中华民族要复兴，首先要改变这种文化上的“颓萎”之风，其办法便是用“列国酵素”救秦汉以来的大一统文化之穷，即以文艺复兴以来西方和中国春秋战国时代的文化精华去“重新唤起内在外在的活力”。[④]所谓“列国酵素”，其最具历史价值的因素有三，即贵士

---

① 林同济：《大夫士与士大夫——国史上的两种人格型》，原载1942年3月25日重庆《大公报》；又见林同济、雷海宗：《文化形态史观》，第116、117、124、125、126页。

② 林同济：《官僚传统——皇权之花》，原载1943年1月17日重庆《大公报》；又见林同济、雷海宗：《文化形态史观》，第149页。

③ 林同济：《中饱——官僚传统的一面》，原题《中饱与中国社会》，载《战国策》第12期，1940年9月15日；又见林同济、雷海宗：《文化形态史观》，第151、156、162、166页。

④ 林同济：《文化形态史观·卷头语》，林同济、雷海宗：《文化形态史观》，第4页。

传统、个性焕发和国命整合。个性潮流代表“创造冲动”，国命整合潮流代表“秩序要求”，“有了列国竞争的局面，多少可以减轻个性潮流陷入放荡享乐的危险；有了个性的伸张，多少可以维持国家最后活力的来源。同时，距离封建阶段尚不太远，个性潮流的推进得着‘贵士遗风’的熏陶，多少也可免登时‘庸俗化’（Plebeianization）的危机。这一点似乎可以肯定的：一个文化所可能达到的最高峰就是列国蜕形、个性发展与贵士遗风三大元素恰得个调和状态的岁时”[①]。只有用充满创造和竞争活力的文化去改变慵懒不振的文化，并且“把我们整个的官僚传统按着大战国的需求彻底地改头革心，中国的官僚制度必须由庞大的‘中饱’集团改革为民族的‘中坚’工作者”，才能适应当前的国际竞争。

应当说，林同济对中国传统文化弊端的上述批判，确有不少击中了要害，其爱国忧时之心亦拳拳可见。但总的看，这些文字的政论色彩更浓，内容主要皆系针对现实而发，而并非一种扎实的历史研究，以致不少评判往往过于笼统，并包含着偏颇。如将秦汉以后两千年的中国文化一概冠以“内向化”的特征，而对其间出现的几次近似“列国纷争”的大分裂局面及对文化的影响（有的长达数百年之久）却避而不谈，这就不能不使人对其说的内在逻辑产生疑窦；他还断然否定中国古代“以农立国”的说法，以为：“最少自秦汉以来，商人在中国整个的社会经济里早已取得主动的地位，在数量上、形式上，尽管农重于商；在作用上、动力上，商是主体而农为副。自从土地由‘世守’而变为‘自由贩卖品’的那一天起，中国经济便向着‘商人中心’的类型溺入。”[②]然观诸史册，此种论断恐终难与实际合辙。这也许正是其不少学术观点难以获得当时及后来史学界认同的原因。

相比之下，有着深厚历史学专业背景的雷海宗在这方面的研究，则要扎实深入得多。自1930年代中期起，雷氏便开始运用文化形态史观考察中国历史和文化，先后发表《皇帝制度的成立》、《中国的兵》、《无兵的文化》、《断代问题与中国历史的分期》、《中国的家族制度》、《世袭以

① 林同济：《形态历史观》，林同济、雷海宗：《文化形态史观》，第13页。

② 林同济：《中饱——官僚传统的一面》，林同济、雷海宗：《文化形态史观》，第157—158、159页。

外的大位继承法》等，1938年集为《中国文化和中国的兵》一书出版。后又在《战国策》杂志及《大公报·〈战国〉副刊》发表《历史警觉性的时限》、《中外的春秋时代》、《历史的形态——文化历程的讨论》、《三种文化体系的形态——埃及、希腊罗马、欧西》、《独具二周的中国文化——形态史学的看法》（此三文后合为一文，改题《历史的形态与例证》）等文，收入与林同济合编的《文化形态史观》（1946）。

据雷氏观察，世界上各主要类型的文化，大都经历过封建（约600年）、贵族国家（约300年）、帝国主义（约250年）、大一统（约300年）、政治及文化破灭（时间长短不一）五阶段的生命发展周期。埃及和希腊罗马等文化无不如此，处于帝国主义阶段的欧西文化日后恐也难改变这一走向。"唯一的例外就是中国"，从历史看，它已经历了两个生命周期，即"由殷商西周至五胡乱华为第一周，由五胡乱华以至最近为第二周"。[①]其演变轨迹大体如下表[②]：

表8.2：中国文化的生命发展周期

时代 周期	封建时代（宗教时代）	贵族国家时代（哲学时代）	帝国主义时代（哲学派别化的时代）	大一统时代（哲学消灭与学术化时代）	末世（文化破裂时代）
第一周期	殷商西周（前1300—前771，约600年） 殷墟宗教 周代宗教	春秋时代（前770—前473，约300年） 邓析 楚狂接舆 孔子	战国时代（前473—前221，约250年） 六家	秦汉与东汉中兴（前221—公元88，约300年） 经学训诂	东汉末至五胡乱华（公元89—383） 思想学术并衰 佛教之输入
第二周期	南北朝隋唐五代（公元383—960，约600年） 佛教之大盛	宋辽金西夏时代（公元960—1297，约300年） 五子 陆象山	元明（公元1279—1528，约250年） 程朱派 陆王派	晚明盛清（公元1528—1839，约300年） 汉学考证	清末以下（公元1839年以下） 学术思想并衰 西洋文化东渐

① 雷海宗：《历史的形态与例证》，林同济、雷海宗：《文化形态史观》，第37页。

② 引自雷海宗《此次抗战在历史上的地位》，文字上略有更动。原表见《中国的文化与中国的兵》，商务印书馆1940年版，第208—209页。

并提出："中国文化的第二周诚然是人类历史上的一个奇迹，但现在已发展到末期，它的前途是结束旧的局面，创造一个新的世界，实现一个第三周的中国文化……中国似为木本花，今年开放，明年可再重开，若善自培植，可以无限的延长生命。"①

这些论述，特别是把中外各种文化的生命周期乃至其经历的各阶段年限都作了整齐划一的规定，固不免陷于循环论和当时一般形态论者喜对历史作公式化描述的通病。但观其论证，仍包含着不少合理乃至深刻的见地。

首先，在中国历史的分期方面，雷氏着力打破"西欧中心论"，并按其自身演变的特点出发，提出了新的思路。晚清以来，新史家为打破旧史的王朝轮回体系，转而采取了完全比照西欧历史通用的上古、中古和近代等分期概念，由此建立起当时国内历史研究和教学的通史架构。然在雷海宗看来，这一架构本是西欧文艺复兴的产物，其着眼点全在希腊罗马为代表的"经典时代"和近世的"经典复兴时代"，"中古"则因"黑暗野蛮"而颇遭"厌弃"。至于上古埃及、巴比伦和波斯等文化，更被置于无足轻重的地位。这种带有浓厚"西欧中心论"色彩的分期法，自然无法解释其他种类的文化现象。因为"文化既是个别的，断代当然以每个独立的文化为对象，不能把几个不同的个体混为一谈而牵强分期"。人类历史发展的多元特点，决定了"我们必须把每个文化时间与空间的范围认清，然后断代的问题以及一切的史学研究才能通行无阻"。② 按照他的认识："中国四千年来的历史可分为两大周。第一周，由最初至西元三八三年的淝水之战，大致是纯粹的华夏民族创造文化的时期，外来的血统与文化没有重要的地位。第一周的中国可称为古典的中国。第二周，由西元三八三年至今日，是北方各种胡族屡次入侵，印度的佛教深刻的影响中国文化的时期，无论在血统上或文化上，都起了大的变化。第二周的中国已不是当初纯华夏族的古典中国，而是胡汉混合、华梵同化的新中国，一个综合的中国。虽然无论在民族血统上或文

① 雷海宗：《历史的形态与例证》，林同济、雷海宗：《文化形态史观》，第 42—43 页。

② 雷海宗：《中国文化的两周》，此文原题《断代问题与中国历史的分期》，载《社会科学》第 2 卷第 1 期，1936 年 10 月；又见氏著：《中国文化与中国的兵》，商务印书馆 1940 年版。

化意识上，都可说中国的个性并没有丧失，外来的成分却占很重要的地位。”[①] 其文化势力，也由原先的中心地带黄河流域，不断向长江流域及其南部广大地区拓展。鸦片战争后，在西方强势政治、经济和文化的冲击下，第二周中国文化终于疲态百出。“但若把眼光放得远大些，我们今日显然的是正在结束第二周的传统文化，建设第三周的崭新文化。”[②] 经过全民族的奋斗，中华民族必将在抗战中崛起，中华文化也将在中西文化冲撞和融合的“大时代”中开启其第三周的新生。新的文化建设固然不能摆脱欧美的影响，但不宜“再似过去的崇拜盲从，而是自动自主的选择学习”[③]。这里，雷氏运用文化形态史观对中国历史分期所作的尝试，尽管存在着偏重民族、政治和文化等要素而忽略社会经济的倾向，但其中对中国历史自身演化趋势的独到解析，却在当时的史学界产生了相当影响。其后，缪凤林《中国民族之文化》（1940）中有关中国文化发展的三期说[④]、常乃悳《历史文化之有机的发展》（1942）提出的中国

---

① 雷海宗：《中国文化的两周》，氏著：《中国文化与中国的兵》，第 171、172 页。

② 雷海宗：《建国——在望的第三周文化》，氏著：《中国文化与中国的兵》，第 214 页。按：在雷海宗之前，此种中国文化史分期观在柳诒徵《中国文化史》中已有所揭示（参见本书上册第 413—414 页），稍后，罗根泽对此有更多的讨论。1933 年，罗在《古史辨》第四册自序中主张将中国学术思想史分四期加以考察：“（一）自上古至东汉之末（约西历 220 年），虽然已和印度发生了一些关系，但学术思想界并未受多大影响，可以叫做‘纯中国学时期’。（二）自魏初（约西历 221 年）至五代之末（约西历 960 年），印度学在中国学术思想界占有极重要的地位，虽然那时有人提倡三教合一或两教合一，但那时更显示了三教不合一的事实；新加入的印度学与旧有的中国学争鸣，可以叫做‘中国学与印度学之交争时期’。（三）自宋初（约西历 961 年）至清之中世（约西历 1800 年），中国学与印度学由长期的争辩而趋于混合，三教合一之说由宣传而至于实现，产生了中印混合体的所谓理学。清代学者如颜元、戴震诸人，虽极力反对理学，而结果不过是理学的修正，造成一种新理学。这种新理学（或称反理学）的时期，可以叫做‘中国学与印度学之混合时期’，也可叫做‘新中国学时期’。（四）自清中世（约西历 1801 年）至现在，西洋学在中国学术思想界占有了重要地位，此种‘新思潮’与旧有‘国故’争鸣，可以叫做‘新中国学与西洋学之交争时期’。依黑格儿（尔）正反相合的辩证法，将来总有‘新中国学与西洋学之混合时期’，不过要等待一个相当的年代罢了。”雷说较之略有变动，并扩大为对整个中国文化和历史发展的分期说了。

③ 雷海宗：《历史的形态与例证》，林同济、雷海宗：《文化形态史观》，第 43 页。

④ 其说谓：“一部中国文化史，大致可分为三个时期：自上古以迄秦汉，为吾民族独立创造文化的时期；自东汉以迄明季，为印度文化及伊兰文化输入吾国，与吾国固有文化相抵牾而融合的时期；自明季以迄今日，则为欧西文化输入吾国，与吾国政教学艺相激相荡而卒相合的时期。大抵第一时期多创造，第二、三时期则多吸收与继续。”缪凤林：《中国民族之文化》，新中国文化出版社 1940 年版，第 13—14 页。

文化四周说，以及朱谦之《中国文化新时代》（1944）中的三周说等，实际上都可视为雷氏分期方法的沿用和充实。

其次，是另辟蹊径，对中国古代社会的兴衰得失作了贯通而深入的探索。这集中地反映在他以“兵”现象为切入口，对中国古代社会特点提出的一系列新解上。兹略举其最可注意者：（一）“兵”与古代国势的盛衰。雷海宗指出，春秋时代的兵员主体为士族，其时士族子弟皆受文武两方面训练，并以当兵捍国为应担之职和荣誉之事。战国以降，随着战争规模扩大，渐行征兵制，其主要成分为农民，有时也征发“刑徒”作战。由于战争日益残酷，人民普遍有厌战情绪。迫于形势，汉武帝时正式改行募兵制。自此以后，除北朝及隋唐一度实行半征兵的府兵制外，一般皆沿此制，以致兵中无业流民与不良成分大增，军纪日益毁坏，军队往往成为私人争权夺利的工具，其作战能力亦大降，终于造成国力日疲、“兵与民隔离的局面”，有的朝代竟至弄到要靠所谓“蕃兵”才能维持统治的地步。“这种长期积弱局面的原因或者很复杂，但最少由外表看来，东汉以下永未解决的兵的问题是主要的原因。”①（二）家族制度对中国历史的影响。雷海宗认为，家族制度在中国根深蒂固，“春秋以上的大族不只是社会的细胞和经济的集团，并且也是政治的机体。各国虽都具有统一国家的形态，但每一个大族可说是国家内的小国家”。那是真正的宗法制度。战国时期，随着兼并战日趋激烈，在国家权威及其功能日益加强的同时，宗法制度遭到破坏，家族观念亦被严重削弱，这在商鞅变法后的秦国显得尤为清晰。“但一旦大家族破裂，子孙繁衍的观念必趋微弱。一人没有子孙，整个家庭的生命就有受威胁的可能。”社会分解成小家庭，常会因经济压力明显而不愿多生育，加之战争连年，人口锐减，各国都希望招徕人口，或通过奖励生育的政策增加户口。至汉代，朝廷为扭转此种颓势，重倡“孝道”，逐渐恢复了大家族制度，由此促进了整个社会的人口繁衍。当然，这种制度并非春秋以上宗法制的复旧。“东汉以下二千

① 雷海宗：《中国的兵》，原载《社会科学》第1卷第1期，1935年10月；又见氏著：《中国文化与中国的兵》，第33、61页。

年间，大家族是社会国家的基础。大家族是社会的一个牢固的安定势力。不只五胡之乱不能把它打破；此后经过无数的大小变乱，社会仍然不瓦解，就是因为有这个家族制度。每个家族，自己就是一个小国家。每个份子，甚至全体份子，可以遇害或流散死亡，但小国家制度本身不是任何暴力或意外的打击所能摇撼的。"[①]（三）古代社会政治中的诸种关系。在《无兵的文化》一文中，雷海宗还对中国古代社会中枢机构的权力变动、皇权与地方势力的消长，以及文官与武官、士大夫与流氓、人口变化与治乱循环、民族冲突与同化等关系作了宏观的疏解，提出了不少值得注意的看法。如指出，在中国古代"一盘散沙"的社会状态下，"只有两种比较强大的组织，就是士大夫和流氓"。这两种社会势力的萌芽，可分别远溯至战国时期的游说之士和游侠之士。汉以后，因独尊儒术和推行文官选举或科举制度，文人学士接受同样的教育并成为各级行政官员的主体，由此形成为共同的利益集团。不过该阶层多属文弱书生，"太平盛世他们可靠皇帝与团体间无形的组织维持自己的势力。天下一乱，他们就失去自立自主的能力，大权就移到流氓的手上"[②]，甚至颓废而做出种种不堪的误国失节举动。流氓集团则多与下层游民或民间秘密宗教结成势力，太平时代，他们虽往往为统治者和士大夫所利用，但在乱世，却又自成一种可观的社会力量。这些，对于认识传统社会都有相当的启发性。

第三，注重从古今、中外的连接中把握历史的脉搏。雷海宗向主："历史的了解虽凭借传统的事实记载，但了解程序的本身是一种人心内在的活动，一种时代的精神的表现，一种整个宇宙人生观应用于过去事实的思维反映。生于某一时代若对那一时代一切的知识、欲望、思想与信仰而全不了解，则绝无明瞭历史的能力。对自己时代的情形与精神愈能体期，对过去历史的了解力也愈发增高。"[③]在《中国文化与中国

---

① 雷海宗：《中国的家族》，原题《中国的家族制度》，载《社会科学》第2卷第4期，1937年7月；又见氏著：《中国文化与中国的兵》，第72、77、90页。

② 雷海宗：《无兵的文化》，原载《社会科学》第1卷第4期，1936年7月；又见氏著：《中国文化与中国的兵》，第138页。

③ 雷海宗：《历史警觉性的时限》，原载《战国策》第11期，1940年9月1日；又见林同济、雷海宗：《文化形态史观》，第179页。

的兵·总论》中，他还表示，自己之所以写下这些评价中国旧文化的文字，乃因："此次抗战，是抗战而又建国。若要创造新生，对于旧文化的长处与短处，尤其是短处，我们必须先行了解。中国文化头绪纷繁，绝非一人所能彻底解明，这几篇文字若能使国人对于传统的中国多一分的明了，著者的目的就算达到了。"[①] 故其史著时时贯注着一种以古通今和关怀现实的气息。如他对秦汉以后士大夫的批评，便包含着对当时官僚体制弊端和文人陋习的针砭。在他看来，此次抗战展现出前线士兵和平民勇赴国难的巨大力量和牺牲精神，正是中华文化复兴的根基所在。相比之下，不少"处在安全的后方，多年享受国家高位厚禄，承受社会的推崇尊敬的自命优秀分子，反倒庸人自扰"，暴露出种种贪生怕死的丑态。[②] "新君子也与旧君子同样的没有临难不苟的气魄。后方的情形一旦略微和缓，大家就又从事鸡虫之争；一个炸弹就又惊得都作鸟兽散。这是如何可耻的行径！"[③] 这与传统士大夫平日高谈阔论、乱世张皇失措正属同调。究其根源，"旧中国传统的污浊、因循、苟且、侥幸、欺诈、阴险、小器、不彻底，以及一切类似的特征，都是纯粹文德的劣根性"，由此形成的软弱和敷衍怕事等国民性格必须加以改造，在此万般艰难的抗日血战中，尤其要注重"武德"的培养和发扬。当然，这不是要提倡偏重武德的文化，"我们的理想是恢复战国以上文武并重的文化。每个国民，尤其是处在社会领导地位的人，必须文武兼备。非如此，不能有光明磊落的人格；非如此，社会不能有光明磊落的风气；非如此，不能创造光明磊落的文化"。并提出，要扭转国力和"兵"势不竞的局面，必须改募兵制为现代征兵制，"所有的兵必须直接出自民间，兵与民必须一体，二千年来兵民对立的现象必须彻底打破"[④]，才能提高国家的防卫力量。不仅如此，他还经常通过中外历史比较或联系的方法，去揭示某些历史现象的原委。如在探究几千年来中国文化何以独能摆脱衰亡命

---

① 参见雷海宗：《中国文化与中国的兵》，第1—2页。

② 雷海宗：《总论——抗战建国中的中国》，雷海宗：《中国文化与中国的兵》，第204—205页。

③ 雷海宗：《君子与伪君子》，原载《今日评论》第1卷第4期，1939年1月22日；又见温儒敏、丁晓萍编：《时代之波》，第231页。

④ 雷海宗：《建国——在望的第三周文化》，氏著：《中国文化与中国的兵》，第217、218页。

运而屡获新生的原因时，即通过中外历史比较，指出中国有两大特点：一是“地面广大，人口众多，与古埃及、巴比伦的一隅之地绝不可同日而语。如此广大的特殊文化完全消灭，似非易事”；二是中国有特殊的语言文字体系，“与其他语文的系统都不相合，似乎不是西洋任何的语文所能同化的。民族文化创造语言文字，同时语言文字又为民族文化所寄托，两者有难以分离的关系。语言文字若不失掉，民族必不至全亡，文化也不至消灭……西洋文化中国不妨尽量吸收，实际也不得不吸收，只要语言文字不贸然废弃，将来或者终有消化新养料而复兴的一天”。[①]全面抗战爆发后，雷海宗受到举国奋起抗战的极大鼓舞，更是发出了这样的预测：中国“长久未来的远大前途，都系于此次大战的结果。第二周文化已是人类史上空前的奇迹；但愿前方后方各忠职责，打破自己的非常纪录，使第三周文化的伟业得以实现！”[②]

当然，雷海宗的史论，也存在着一些可议之处。如谓中国古代的士大夫阶层“实际上等于一个政党，并且是惟一的政党”，其说颇见突兀和随意。在评价中国人口问题时，他一方面指出古代的大家庭制度造成人口过多且“不健全份子”比例过高，“这大概是二千年来中国民族的实力与文化日愈退步的一个主要原因”，同时也是导致古代社会周期性大动荡的主因之一[③]；另一方面又表彰汉代的人口政策大体成功，使太古传下的大家族观念得以复兴，“民族的生机未被不可避免的斩断。我们今日能如此英勇的抗战，就是受此种强度的家族观念之赐。否则我们的民族与文化恐怕早已与埃及、巴比伦或希腊罗马同样的完全成为博物馆的标本，欲求今日流离颠沛的抗战生活，亦不可得矣！”[④]前后未免显得游移不定。但总体上，其治史注重融贯中西和史论结合，个性鲜明而又自具通识的特征，是十分明显的。

---

① 雷海宗：《无兵的文化》，氏著：《中国文化与中国的兵》，第155—156页。

② 雷海宗：《此次抗战在历史上的地位》（1938.2.13），氏著：《中国文化与中国的兵》，第213页。

③ 雷海宗：《无兵的文化》，氏著：《中国文化与中国的兵》，第146、148页。

④ 雷海宗：《建国——在望的第三周文化》，氏著：《中国文化与中国的兵》，第219页。

三、战国策派与战时的思想界

五四至抗战时期，中国史学界先后形成了科学主义、唯物史观和民族文化本位论三大思潮。对于这些思潮或流派的理论与方法，战国策派差不多都持批评态度。

如雷海宗便对当时居于主流地位的实证史学提出了挑战，称："多年来中国学术界有意无意间受了实验主义的影响，把许多问题看得太机械、太简单。以史学为例，一般认繁琐的考证或事实的堆砌为历史的人，根本可以不论；即或是知道于事实之外须求道理的学者，也往往以为事实搜集得相当多之后，道理自然就能看出来实际恐怕绝不如此……历史的了解是了解者整个人格与时代精神的一种表现，并非专由乱纸堆中所能找出的一种知识。"① 对于唯物史观，林同济也一再表示了不满，在他看来，唯物史观在近代社会科学的方法论上，虽有其贡献，但20世纪的科学发展，已容不得以此"故步自封"。并说："近年来一般浅见者流，苦凭着他们一知半解的唯物史观，嚣嚣然应用一种极粗浅化的（所以极方便）的公式，前来解释人生的一切，解决人生的一切。"② 大谈什么奴隶时代、亚细亚式时代、农业时代、商业资本、前资本主义，"诘屈聱牙，勉强附会"③。甚至"株守着无产阶级的立场，来硁硁然估量古往今来的一切经济结构，以及一切人为价值……但从科学方法论上看去，终是武断，终是有心，终不免要阻碍了全体认识的可能"④。此外，战国策派虽不赞成"全盘西化"和盲目崇洋，但对民族文化本位论者一往情深的传统文化，尤其是儒学极力倡导的"文德"等，似乎也保持着相当距离。在他们看来，"真正有意义的历史必定要采取'文化综合'

① 雷海宗：《历史警觉性的时限》，林同济、雷海宗：《文化形态史观》，第179页。

② 林同济：《中西人风格的比较》，原载《战国策》第5期，1940年6月1日；又见温儒敏、丁晓萍编：《时代之波》，第197、196页。

③ 林同济：《中饱——官僚传统的一面》，林同济、雷海宗：《文化形态史观》，第155页。

④ 林同济：《第三期的中国学术思潮》，原载《战国策》第14期，1940年11月1日；又见温儒敏、丁晓萍编：《时代之波》，第323页。

（Cultural-Synthetic）或‘文化统相’（Cultural-Configative）”[①]，亦即文化形态史观，才能确立其更为正确有效的历史认识。

战国策派对战时各主要学术流派的四面出击姿态，很快便遭到了各派学者，尤其是共产党人和左派学者的回击。章汉夫便直接将其定格为“法西斯主义”，认为在历史观上，战国策派以循环论曲解历史，提出所谓“战国时代之重演”及其最终结果必“是一强吞诸国，而创出一个大一统帝国”，根本不符历史实际；在时局的判断上，混淆战争的正义和非正义性，一味宣扬“力”决定一切，更不啻是为国际法西斯侵略行为和恃强凌弱的独裁思想公开张目。事实上，“力和正义，都是一个国家所必需的。但是，只有力而无正义的侵略者，指环（即“力”）固然有了，却没有了胜利”[②]。胡绳则着重批判了其非理性主义的倾向，指出他们在引述黑格尔、尼采等人思想时，总是极力寻觅和发挥其中的非理性主义或消极成分，迎合国际上日趋没落的反理性思潮及其政治势力，这是毫无前途的，因为“整个人类将从战争的烽烟中获得理性的充分解放与发扬，中国的学术文化的发展路向也终归不能不是理性主义的”[③]。

而其反复宣扬顺应“国命潮流”和主张集权的反民治倾向，更令不少民主人士感到不安。曾昭抡就在1940年12月的日记中记下了对“《战国策》论调右倾，主张独裁，与我之政治主张正系相反”的印象。[④]针对陈铨责难五四运动犯有“不要民族主义、要求个人解放和提倡理智主义”三个错误的说法，有人直截了当地回击道：“五四运动给中国人民带来的就是三件最宝贵的东西：民族、民主、科学。没有五四运动的这三个伟大贡献，中国人民今天的进步是不能想象的。”[⑤]章汉夫也指出：“在抗战的大前提下，没有百鸟争鸣，只是一味的思想统制，并不是健

---

① 林同济：《中饱——官僚传统的一面》，原载《战国策》第12期，1940年9月15日；又见温儒敏、丁晓萍编：《时代之波》，第87页。

② 汉夫：《“战国”派的法西斯主义实质》，《群众》第7卷第1期，1942年1月25日。

③ 胡绳：《论反理性主义的逆流》（1940.12），钟离蒙、杨凤麟主编：《中国现代哲学史资料汇编》第3集第3册，辽宁大学哲学系1982年印本，第21页。

④ 曾昭抡1940年12月18日日记，见《一代宗师：曾昭抡百年诞辰纪念文集》，北京大学出版社1999年版，第106页。

⑤ 《解放日报》编者：《“民族文学”与法西斯谬论》，《解放日报》1944年8月8日。

全的现象。”[①] 至其极力鼓吹的“权力意志”和“英雄崇拜”论，连同为《战国策》编辑的沈从文也看不过去而表示了异议。沈氏指出：我们生于20世纪，对于“英雄”虽可由信托而生敬重，但“不必迷信崇拜，尊之若神”。因为“英雄”也是人，并非“头脑万能”，其伟大的成功仍须靠各方面的热诚合作。至于陈铨责备“中国读书人太不崇拜英雄”，并将之归咎于“五四以来提倡‘民治主义’同‘科学精神’，个人主义抬头”之故，更是不足为训。就中国的实际而言，国家要发展，“民治主义”与“科学精神”实在少不得，只有这样，“对内言，在政治上则可以抵抗无知识的垄断主义，以及与迷信不可分的英雄主义，更重要的是抵抗封建化以性关系为中心的外戚人情主义。在教育上则可以抵抗宗教功利化、思想凝固化，以及装幌子化。在文学艺术运动上则可以抵抗不聪明的统治与限制。在一般文化事业上则可以专家分工，不至为少数要人引入歧途。至若科学精神的应用，尤不可少。国家要现代化，就无一事不需要条理明确、实事求是的科学精神！”[②]

应当看到，上述思想交锋，是在抗战这一特殊历史环境下发生的。从共产党人一方讲，当时正处于国民党当局的严密监控之下，又恰值皖南事变前后，因而很自然地把战国策派的某些言论视为蒋介石集团急于从政治上消除异己的呼应而充满了敌忾，其批判矛头，实际上也正是直指蒋政权的。但从战国策派方面看，作为关心国事的知识分子，他们中的一些人虽与官方有一定接触，却并无实据表明其言论是受后者直接支持或指示而为。他们的办刊，也不像当时张其昀办《思想与时代》那样得到蒋政府的经济资助或扶植[③]，只是通过何永佶的私人关系得到过云南省财政厅长缪云台的部分赞助，且不久就因故中断了合作。相反，倒是有材料显示，当时国民党官方人士同样对其抱有疑虑。曾昭抡1940年日

---

① 汉夫：《“战国”派的法西斯主义实质》，《群众》第7卷第1期，1942年1月25日。

② 沈从文：《读英雄崇拜》，原载《战国策》第5期，1940年6月1日；又见林同济、雷海宗《时代之波》，在创出版社1944年版，第145、147、150、155页。

③ 据王泰栋《陈布雷传》（东方出版社1998年版）称，抗战时，陈布雷与张其昀商定出一学术水准较高的刊物，张定名为《思想与时代》，由蒋介石政府津贴出版。陈布雷对这本月刊的要求是“不要太显露本党面目，也不局限于三民主义政治范畴，而着重阐扬我民族优良文化与中西文化之比较”（第238—239页）。

记留下了这样一则记载："仲兄相告，谓胡小石告彼，党部向重庆告密，谓林同济在此组织新党，以《战国策》为其机关刊物……暑期中林、何等与党部合作，举行学术讲演会，关系似颇亲密，不料今竟相忌至此。国民党之不能容人，于此可见。"① 而笔者在云南省档案馆见到的一份函件，也透露了这样的信息。该信全文如下②：

保泰吾兄勋鉴：

手教奉悉。《民族思潮》内部纷争事，据弟调查结果，缘李思齐虽为发行人，实只负出钱之责，从未秉笔为文。最近以昧于乡里地域之见，坚欲以贵州同乡为主干。又彼系林同济、何永佶诸教授之高足，近受林、何诸人之怂恿，欲以《民族思潮》遂《战国策》之借尸还魂计划，藉此以施放有毒之法西主义，危害国策，兼倡中国必亡论，此种言论自宜防止。因此《民族思潮》之编辑人与负责诸人共同议决，取消李思齐发行人资格。弟认彼辈此事甚为合理，且林、何诸教授言论极宜制止。前康兆民处长来滇亦曾面嘱。鄙见认为亟宜停止李思齐之出刊权利，以杜恶性言论。高见以为何如？

耑复并颂勋祺

弟　刘志寰　顿首

六月十四日

信纸为三青团云南支团专用信笺，收信人为云南省图书杂志审查处处长陈保泰。③ 作书人刘志寰，经查乃国民党复兴社成员，时任昆明市府秘书长，兼三青团云南支团书记。信中要求陈取消李思齐《民族思潮》杂志

① 曾昭抡1940年12月18日日记，见《一代宗师：曾昭抡百年诞辰纪念文集》，第106页。

② 参见云南省档案馆藏民国档案，全宗号13-1-21。此信原仅署月日，今据信中"欲以《民族思潮》遂《战国策》之借尸还魂计划"句看，当作于1941年4月《战国策》宣布停刊以后，即1941年6月。而发刊于该年初的《民族思潮》杂志随后即停刊（至1941年4月仅出三期而止），当亦与此有关。

③ 陈保泰（1909—1988），浙江诸暨人。1935年复旦大学法学院政治系毕业。1941年6月9日任云南省图书杂志审查处处长。1949年为上海市社会局代局长。后赴台湾，历任高雄市长、台湾渔业处处长、"行政院"国军官兵退伍辅导委员会办公室主任等职。

发行人资格，理由是其与林、何等串通一气，欲图《战国策》借尸还魂，继续“施放有毒之法西主义，危害国策，兼倡中国必亡论，此种言论自宜防止”。并称这也是其上司复兴社头子、三青团中央组织处长康泽（兆民）的意思。可见“战国策派”的某些言论，连国民党官方的一些高层人士也嫌其过于“出格”而有所忌惮。这至少说明，他们和国民党当局之间事实上并不存在着外界想象的那种“默契”关系。

如此看来，战国策派在当时思想界就是一个颇具争议的学派。史学上，它向学术界输入了一种新的理论，拓展了人们的历史视域，唯其实践多局限于宏观层次的讨论，且带有明显的公式化痕迹，故难以形成深入持久的影响；思想上，它宣扬以“尚力”哲学为依据的民族竞争论，欲以鼓起本民族在极度危难中拼死抗争的勇气，其爱国爱民族之心不可谓不深切，然终因情绪与言论失于偏激，引起时人的种种猜疑和误解。不过无论如何，不能不承认，战国策派学人都是深情的爱国者①，他们大多具有传统知识分子“以天下为己任”的浓厚情结，有时甚至还带着几分“舍我其谁”的傲气，在那民族救亡的“大时代”里，其言其行，狂放孤往者良或有之。但要说他们的思想就是“法西斯主义”，显然不符历史实际，对其人格，则更是一种误判。

---

① 在这方面，林同济和雷海宗尤为典型。据林同济弟林同奇披露：1949 年新中国成立前夕，林父根据他过去的经历，认为留在大陆可能不利，建议他赴台。他却说：“中国若亡，吾与汝偕亡。”以示自己绝不会因此而离祖国他去。（参见《我家才子，一生命苦。可叹！》，许纪霖、李琼编：《天地之间：林同济文集》，复旦大学出版社 2004 年版，第 350 页）雷海宗的情况也与此相似，在抗战中最为艰苦的 1943—1944 年，美国方面曾有意请中国的一些著名教授赴美讲学，雷氏也在邀请名单之中，当时不少学者都接受了。但他回信婉拒说：“值此抗日之时，吾当留在国内与同胞共赴国难。”1948 年，蒋介石集团败退台湾时，当局曾动员他南下赴台，但他毅然选择了留在祖国大陆。（参见于可：《大师风采，学者风范——深切怀念雷老对我的教诲》、资中筠：《关于雷海宗先生二三事》和王敦书：《学贯中西，桃李天下——雷海宗先生的生平、学术成就和自学特点》，南开大学历史学院编：《雷海宗与二十世纪中国史学》，中华书局 2005 年版，第 106、137、307 页）

第五节　抗战时期民族主义史学流派之三：民族本位文化派

这里所说的“民族本位文化”，与目前不少论著所用的“文化民族主义”概念相近，意指执着于本土文化传统继承的民族主义立场或观念。不过，在讨论近现代中国史学思潮或流派的分野时，我们更愿意使用前者。这是因为，后者的含义通常较泛，本为偏重从文化上识别、界定和团聚民族的一种理论尺度，以区别于强调血缘或政治为基本特征的其他类型民族主义，其原意与保守或激进等文化理念并不存在固定的关联。相比之下，前者不但是中国现代思想文化界土生土长的概念，且更为直白地标出了其内在的价值取向，因而更适合概括此派史学的理论特征。

在 20 世纪上半叶具有民族本位文化倾向的史学中，明显在理论上形成学派的厥有两家，一为辛亥革命时期的国粹派，一即抗战时期的民族本位文化派。但国粹派的史学是在中国现代学术体系尚未成形时出现的，故尚带有相当浓厚的旧学色彩，它实际上是一种“国学”架构下的史学，不但体系庞杂，依然涵盖了旧经学、地理学以及属于现代社会学、民俗学的许多内容，其治学理念，也与经今古文学、汉宋学等旧学门户难以切割。而抗战时期的民族本位文化史学，则是五四以后中国现代学术分科体系下的产物，作为一门独立的现代人文学科，其代表人物一般都不再有纠缠于汉宋学或今古文经学等门户情结，且在现代中国学术体系框架内如何构建合理的史学体系上，也形成了自己较系统的主张。因此，其作为完整意义上的现代史学特征显然要较国粹派更为鲜明。

一、民族本位文化思潮的现代史学建设路向

民族本位文化思潮是20世纪中国诸社会思潮中本土渊源最深也是内涵最为复杂的一种思潮。由于其所凭借的主要资源——传统文化及其观念源远流长，盘根错节，参与的社会力量也显得较为庞杂，以致在界定这一思潮的理论特征或相关人物时，学术界往往意见纷纭，难以统一。

这里所谓的现代中国民族本位文化思潮，主要是指在中国现代化进程中出现的一种坚持以本土民族文化精神和要素为主脉的文化建构要求。这一定义有两个关节点：首先，此种思潮或思想流派的现实指向，非主一切恪守传统，而是试图在继承和改造传统的基础上，建立起不失民族自身主体性的现代文化体系，它实质上是一种具有文化保守主义性质的现代文化建设主张。其次，其对传统的尊重与继承，既不像晚清顽固派倭仁、刚毅、曾廉等人那样死守传统和疾视新学，也不同于洋务派依然坚持君主政治及其旧文化体制的立场，而是保持了一定的理性反思精神，且表现出要求了解和吸收西学之长为己所用的自觉意向。

依据上述界定，我们认为，20世纪以来，从辛亥革命时期的国粹主义思潮，到1920年代东西文化论战中的东方文化派、学衡派，“科玄论战”中的玄学派，以及现代新儒学思潮等，大致都可纳入这一范围考察。唯从新文化运动至抗战前的历次思想论战看，这些流派在思想界的地位似乎一直处于节节败退、江河日下之势。直到抗战期间，情况才开始有所转变。1936年，学衡派骨干胡先骕在《国风》发文称：“当五四运动前后，北方学派方以文学革命、整理国故相标榜，立言务求恢诡，抨击不厌吹求。而南雍师生乃以继往开来融贯中西为职志……自《学衡》杂志出，而学术界之视听以正，人文主义乃得与实验主义分庭抗礼。五四以后，江河日下之学风，至近年乃大有转变，未始非《学衡》杂志潜移默化之功也。”胡文的本意自在表彰《学衡》坚守文化保守主义立场的历史贡献，但对当时文化思潮动向的感受无疑是真切的。只是他把风气转向的主要原因归于国民党当局文化政策转变的结果，认为：“幸今日秉国钧者，知欲挽救国难，首在正人心，求实事，而认浮

嚣激烈适足以亡国灭种而有余。于是一方提创本位文化，一方努力于建设事业。南雍师生二十年来力抗狂潮勤求朴学之精神，亦渐为国人所重视。”[①] 则未免有些皮相。盖自民国初北洋政府以来，当局几无不以“尊孔”和维护传统为口头禅，但都未能改变文化保守主义在整个社会尤其是主流思想界日渐边缘化的颓势，蒋介石政府当时在全国尚不能做到真正的政令统一，又何能独凭行政倡导而扭转此局面？因此，对这一文化现象更合理的解释应是：随着民族危机的加剧和国内民族自卫的激情日趋高涨，民族主义一跃成为各派爱国学者的共同旗帜，民族本位文化思潮才得以涛声大作，并开始得到了学术思想界的重新审视和评价。较诸先前，不但其所受的诟病日益减少，学术阵地也开始由萎缩转为拓展，受此感染并加入这一思想阵营的人员渐趋增多，其理论和实践，亦日趋于成熟，由此在现代学术界形成了足与科学实证派和唯物史观派鼎足而三的力量。

九一八以后，国内思想界最先明确提出“本位文化建设”这一概念的，当推 1935 年思想界发生的“中国本位文化”讨论。该年 1 月，王新命、何炳松、武堉干、孙寒冰、黄文山、陶希圣、章益、陈高傭、樊仲云、萨孟武等十教授在《文化建设》月刊联名发表《中国本位的文化建设宣言》，惊叹：“中国政治的形态、社会的组织和思想的内容与形式，已经失去它的特征。由这没有特征的政治、社会和思想所化育的人民，也渐渐的不能算得中国人。所以我们可以肯定的说：从文化的领域去展望，现代世界里面固然已经没有了中国，中国的领土里面也几乎已经没有了中国人。”而扭转这一态势的唯一方法，是赶紧“从事于中国本位的文化建设”。[②] 虽然在文化建设的具体路径上，《中国本位的文化建设宣言》的立场似乎并未在中西文化之间明确选边，只是要求“根据中国‘此时此地的需要’来淘汰旧文化和吸收新文化，而绝对不是排斥外来的文化，或保存固有的文化”[③]。但从其将“中国本位”解释为“从文化

---

① 胡先骕：《朴学之精神》，《国风》第 8 卷第 1 期，1936 年，第 15 页。

② 参见《文化建设》月刊第 1 卷第 4 期，1935 年，第 1 页。

③ 何炳松：《论中国本位文化建设答胡适先生（一）》，《文化建设》第 1 卷第 8 期，1935 年，第 3 页。

的历史性与地理性之对立统一中把握住一个现实问题”[1]，强调须形成自己“独特的意识形态”看，重心显然是偏向于民族文化一边。而其对当时思想界盛行的“全盘西化”论所发出的批评，更显露了这一底蕴。如萨孟武就指出，现在许多人已失去了胆量和民族自信心，以致成了“欧美精神奴隶”，在这种情况下，“我们提倡中国本位的文化，唤醒民族精神，复兴中华民族，有何不可？”[2]

这场有关“中国本位文化”的讨论，虽然有着国民党当局倡导“新生活运动”以求巩固自己统治的背景，且缺乏深度，但不可否认，其中也包含了人们对新文化运动以来文化建设理论和实践的某些反思，并在中国现代文化建设方面提出了一些值得重视的见解。如讨论中，有人明确反对在“现代化”和“西化”之间划等号，认为“现代化可以包括西化，西化却不能包括现代化”。“西化差不多是抄袭西洋的办法，有的加以变通，有的不加变通。”[3]而中国的现代化，则是一个依据自身特点和需要开展的文化创造过程，无论是中国传统还是西方文化因素，都应以适合当下的国情和民情为准。在史学界，同样有一批史家将此作为现代史学的建设目标，并逐渐形成了一个颇有影响的学群，即民族本位文化派。

民族本位文化派自然是以现代民族主义作为其思想基础的，不过，并不能将凡具民族主义倾向的史学都列入其阵营。应当看到，抗战时期国内的爱国史家，大多受到民族主义思想的深刻影响，其明显结成学群的至少有三家，即以顾颉刚和谭其骧为代表的禹贡派，以雷海宗和林同济为代表的战国策派和以柳诒徵、缪凤林和钱穆为代表的民族本位文化派。此三者中，禹贡派的治史方法与科学实证思潮有较深的渊源，战国策派的历史理论则引西方的文化形态史观为奥援，在现代史学的建设方向上，都与民族本位文化观存在着相当距离。在理论和实践上始终坚持民族本位文化立场的，唯有后者，其中对此倡导最力的当推柳诒徵、张

---

① 陈高傭：《怎样了解中国本位的文化建设》，《中国本位文化建设讨论集》，《文化建设》月刊社 1936 年印本，第 268 页。

② 萨孟武：《论中国本位文化建设答胡适先生（二）》，《文化建设》第 1 卷第 8 期，1935 年，第 7 页。

③ 张熙若：《全盘西化与中国本位》，（天津）《国闻周报》第 12 卷 23 号，1935 年，第 9 页。

其昀、缪凤林和钱穆。此外，陈寅恪、张荫麟、萧一山、汤用彤、蒙文通诸家，亦对此抱同情的立场。

柳诒徵及其弟子张其昀、缪凤林等，同出南京高等师范学校，故又被人称为“南高派”。他们在《学衡》时代就已通过南高国文史地部的史地学会和《史地学报》，结成了志在弘扬中国传统文化的稳定学术团体。1929年初，柳诒徵复与其弟子范希曾、向达、缪凤林、陈训慈、郑鹤声、张其昀等倡议成立了“南京中国史学会”，发行会刊《史学杂志》。并在1932年至1936年间，创办和主持《国风》杂志，继续倡导文化保守主义。抗战中，该学术团体虽人员四散，但仍互通声气。特别是在重庆中央大学的缪凤林和遵义浙江大学的张其昀，在各自的教学和学术阵地上，为提倡和实践民族本位文化的史学建设，作出了多方面的努力。张其昀还在蒋介石和陈布雷的支持下，于1941年创办了《时代与思想》杂志，团聚熊十力、贺麟、冯友兰、钱穆、谢幼伟、唐君毅等共同开展这方面的宣传。

而钱穆的史学，初虽以考据成名，其早年代表作《刘向歆父子年谱》和《先秦诸子系年》颇获当时居于学术界主流的科学实证派一致好评。但九一八以后，治学方向却发生了明显转变，开始强调以学术经世，重视义理阐释，主张弘扬传统文化激发民族精神，并与周围一些同道如汤用彤、蒙文通、陈寅恪、冯友兰、熊十力等声气相应，在史学界形成了一定影响。

至于陈寅恪的史学，情况似乎复杂一点。由于他在回国任教的初期，以学问渊博和擅长考据名震一时，故在相当一段时间里，人多视其史学与胡适和傅斯年等同路，以致许冠三先生的《新史学九十年》将其和傅斯年捆绑在一起，作为“史料学派”的代表加以论述。但我们看《吴宓日记》，就可知道，其早年的思想就与吴宓比较投契。抗战以后，其史学转向民族本位文化立场的倾向日益清晰，其所倡导的“新宋学”建设，便明白宣露了这一心迹。

民族本位文化派所提出的史学建设进路，大致包含了以下三项主张：

一是针对新文化运动以来“西化”为主导的文化建设路线，民族本位文化派始终认为，现代民族国家的文化建设当以本民族文化为主体，形成本土特色，而不应简单以移植西学代替自己的创造。至抗战时期，其呼声越发急切。缪凤林即称："中国文化范围至广，内容至丰，吾人志切保存及发扬光大者，惟有从各方面细心研究，与之多多接触，则其价值自能渐渐明了，而主张摧毁者之谬妄，亦不难知矣。"① 钱穆以为：西学东渐以来，"中国遇到了两个问题，第一如何赶快学到欧美西方文化的富强力量，好把自己国家和民族的地位支撑住。第二是如何学到了欧美西方文化的富强力量，而不把自己传统文化的精神斫丧或斨伐了。换言之，即是如何再吸收融合西方文化而使中国传统文化更光大与更充实。第一问题若不解决，中国的国家民族将根本不存在，第二问题若不解决，则中国国家民族虽存在，而中国传统文化则仍将失其存在了"。故即使是"科学化了的中国，依然还要在中国传统文化的大使命里尽其责任，这几乎是成为目前中国人的一般见解了"。② 须知"所谓民族争存，底里便是一种文化争存。所谓民族力量，底里便是一种文化力量。若使我们空喊一个民族，而不知道做民族生命渊源根柢的文化，则皮之不存，毛将焉附"。故史学的当下使命，尤应"对全国民众依然寝馈于斯的传统文化，能重新加以一番新认识与新发挥。在此革命建国时代，又值全世界大动摇之际，若非将我民族传统文化作更深的研寻与更高的提倡，而仍是空洞浮浅或仍不免于荒谬的，只求利用历史来对民众暂时作一种爱国的宣传，依然一样的无济于事"。③ 陈寅恪在华夏民族文化"本根"复兴基础上实现"新宋学之建立"的期盼，表达的同样是这一意境。

二是要求继承发扬中国史学关注和参与现实的经世传统。中国史学"以文载道"和重视"资鉴"的传统，曾对社会产生过深刻影响，但也由此出现过"滥用"史鉴，甚至堕落为政治附庸的教训。五四以后，随

---

① 缪凤林：《文化的训练》，《国风》第 4 卷第 9 期，1934 年 5 月，第 5 页。

② 钱穆：《东西接触与中国文化之新趋向》，《思想与时代》第 32 期，1944 年 3 月 1 日，第 1、5 页。

③ 钱穆：《历史教育几点流行的误解》，原载《教育杂志》第 31 卷第 11 期，1941 年；又见《钱宾四先生全集》（台北联经出版公司 1998 年版）第 31 册所收《中国历史研究法》，第 194 页。此文基本内容为钱穆 1941 年 7 月 4 日在教育部史地教育委员会会议上的致辞，曾以"民族争存与文化争存"为题，在当月 7 日至 12 日教育部主办的"'七七'纪念学术讲演周"上作讲演。

着民主和科学思潮的兴起，为争取并健全史学的学科独立发展机制，避免学术研究受主观意识干扰而偏离正轨，旧“学术经世”观遭到了不少新史家的鄙弃，西方科学“为学问而学问”的非功利主义日见流行。顾颉刚的“学问上则只当问真不真，不当问用不用”[①]，胡适所谓：“我们整理国故，只是研究历史而已，只是为学术而作工夫，所谓‘实事求是’是也，绝无‘发扬民族之精神’的作用。”[②] 正是当时考据学大行其道的理论依据。但民族本位文化派则认为：“史术之正，在以道济天下，参赞位育，礼乐兵刑，经纬万端，非徒智效一官，行比一乡，德合一君，能征一国已也。第人事之对待，安危存亡祸福利害，亦演变而无穷。治史者必求其类例，以资鉴戒。则原始察终，见盛观衰，又为史术所最重者也。”[③] 缪凤林更直接将史学功能的发挥与抗战救国联系起来，认为在当时，“提倡民族主义之要着，即在发扬普及此垂绝之民族思想。讲习国史，首当注意及此。盖摅怀旧之蓄念，发思古之幽情，惟历史之力为大；激发民族思想，亦以历史为原动力”[④]。

三是强调历史研究既要重视史料考证，也不能放弃探究史义的工作。针对其时占据史坛主导地位的傅斯年等极力“反对疏通”，以为“我们只是要把材料整理好，则事实自然显明”的主张，萧一山在1934年《为〈清代通史〉批评事再致吴宓君书》中便针锋相对地指出：“考据与史学之分，诚以博约专精，各有其范，今之人受所谓‘整理国故’者之影响，以考订破碎为学，而讥博约者为粗疏，此梁任公先生所以见轻于人，而弟之所为深痛者也。十年教学，坚信此义，编于讲叶，腾之口说，无不以亭林通儒为依归，而于《清代通史》中卷论实斋之学，则大声疾呼：汉学足以亡清，国故亦足以亡中国。谁厉之阶，至今为梗？先生同情洞察，以精心融会为难，必不以弟言之过激也。”[⑤] 南高学群的景昌极亦撰文

① 顾颉刚：《古史辨·自序》，《古史辨》第一册，景山书社1926年版，第25页。

② 梁颖整理：《胡朴安友朋手札·胡适函》，《历史文献》第二辑，上海科学技术文献出版社1999年版，第188页。按：该函作于1920年代末。

③ 柳诒徵：《国史要义·史术第九》，华东师范大学出版社2000年版，第320页。

④ 缪凤林：《中学国史教育目标论》，《国风》第7卷第4期，1935年11月1日。

⑤ 萧一山：《为〈清代通史〉批评事再致吴宓君书——并答陈恭禄君》，《国风》第4卷第11期，1934年6月1日，第13页。

批评："新文化运动诸人，以其所谓科学方法，为疑古之考据，多有过当之处，时贤论之者众。愚以为此实末节，不足为病。其最可惜者，则所考证之问题，多其细已甚，不值深考。方且以此相高，养成一种琐碎支离之学风，使学生于故纸堆外，不复知有学问。此旧式学究之窠臼，今之新学者亦未能自解免也。"治史当"先使人人明白历史上之大势，而后任少数人作枝枝节节之考据，乃为能见其大，乃不为轻重倒置"。并自信地表示："北都新文化运动炽盛之际，南中（指南高）学者固不乏头脑沉静、淡于荣利之士，其所持态度，类与本篇有同感焉。中国学术之生机，似当于此中求之。"[①]

此三条中，前者凸显的是惜护民族文化本根的意识，后两条的着眼点都在重申传统史学的价值功能观。之所以如此，原因乃在传统史学本以追求事、文、义三者合一，或者说求真与经世的统一为其理想境界。而五四以后一度引领国内主流的实证史学却从西方纯"科学"理念出发，唯重知识的独立与客观性，试图将义理及经世等具主观性的成分均排除在"现代史学"的范畴之外。这种将知识和价值观强行割裂的学科建构路径，不仅从理论上卸去了史学作为一门人文学科应负的社会责任，也使之在诸如"整理国故"等清理传统学术的过程中，往往表现出一种只论知识、方法而轻视、虚化乃至全盘否定其价值观的片面性。在民族本位文化派看来，此路径未免陷于偏狭。按照柳诒徵的说法："史之三要素，曰事，曰文，曰义，此自孔孟发之。孟子曰：其事则齐桓、晋文，其文则史。孔子曰：其义则丘窃取之矣。明史学所重者在义也（近世有所谓考据、辞章、义理之学。考据者事也，辞章者文也。以孔孟论史之义绳之，考据、辞章必归于义理，始得为学。且可悟是三者之学，皆归于史）。徒骛事迹，或精究文辞，皆未得治史之究竟。"[②]钱穆的批评更为直接，在他看来，"考订派"的这一史学取向"缺乏系统，无意义，乃纯为一种书本文字之学，与当身现实无预"，其"震于科学方法之美名，往往割裂史实，为局部窄狭之追究。以活的人事，换为死的

① 景昌极：《新理智运动刍议》，《国风》第 8 卷第 4 期，1936 年 4 月，第 105—106 页。
② 柳诒徵：《国史要义·史义第七》，第 199 页。

材料。治史譬如治岩矿、治电力，既无以见前人整段之活动，亦于先民文化精神，漠然无所用其情。彼惟尚实证，夸创获，号客观，既无意于成体之全史，亦不论自己民族国家之文化成绩也”[①]。

种种迹象表明，此期民族本位文化派的上述史学主张，是建立在对中西学术关系日趋理性的认识基础上的。如南高出身的学者郭斌龢在《南京高等师范学校二十周年纪念之意义》中就一再强调建设现代文化的基本态度应是“一方面尊重本国文化，一方面努力认识西方文化”，对西方现代文化的认识和吸收，应力求全面，避免偏于一端，并说《学衡》当年所以致力“介绍美儒白璧德、穆尔之人文学说，加以发挥，以为此学说以人为本，兼有宗教科学之长，而无其流弊。其批评西方近代文化，更能穷源竟委，洞中肯綮，足供吾人之参考”。[②] 景昌极还提出，对国内出现的各种文化保守主义主张，同样也应理性看待，不能因其属“同道中人”即盲目附和。说：“近今有所谓新孔学运动、本位文化运动，及以恢复旧道德为标帜之新生活运动等，皆偏于复古一途，我得谥之曰旧理智运动。旧理智固有其可贵处，然若硁硁自守，而不复有改弦更张之计，则非作者所敢附和。又有所谓科学化运动者，诚属当务之急。然苟不察本源，不通大体，而惟自然科学、应用科学之是崇，亦有使理智陷于幼稚或偏颇之危险。此健全的新理智运动之所以为要已。”[③]

二、抗战中“南高”学群的史学实践
——以柳诒徵和缪凤林为代表

综观整个20世纪上半叶的中国史学史，在传统文化与学术的总结继承并推进其向现代的转型方面，民族本位文化派史家作出的实质性努力和贡

① 钱穆：《国史大纲·引论》，上海书店出版社1989年版，第3页。此系据商务印书馆1948年版影印。下引此书，皆此版本，不一一注出。

② 郭斌龢：《南京高等师范学校二十周年纪念之意义》，《国风月刊》第7卷第2期，1935年10月1日，第3页。

③ 景昌极：《新理智运动刍议》，《国风》第8卷第4期，1936年4月，第107页。

献可以说是最大的，该派较为成熟的著作大多完成或发布于抗战时期，如柳诒徵《国史要义》、缪凤林《中国通史纲要》和《中国通史要略》、钱穆《中国近三百年学术史》和《国史大纲》、陈寅恪《唐代政治史述论稿》和《隋唐制度渊源略论稿》等，皆堪称体大思精者。

其中柳诒徵和缪凤林皆属“南高”系统，他们在抗战中完成的史学论著，比较典型地体现了该学群乃至民族本位文化派史学的理论和实践特征，故先举此两家著述，略作评论。

（一）柳诒徵的《国史要义》

该书为民族本位文化派系统讨论传统史学之作，并较集中地体现了其在理论方面的诉求与特征。

1942年，柳诒徵以63岁的年龄流亡至重庆。次年起，先后在贵阳大学文学院和重庆中央大学讲授“中国史学原理”。后据以整理成书，1948年由中华书局出版。书中系统引录表现传统史学理念的经典文献与例证，区为史原、史权、史统、史联、史德、史识、史义、史例、史术、史化十篇，对中国传统史学的起源、史书编例、史家修养、功能等基本原理和特点等作了梳理与总结。其篇幅虽仅20万字，内容却相当全面，自谓：“勾稽群言，穿穴百氏，根核六艺，渊源官礼，发皇迁固，踵蹑刘章，下追明清，旁览域外，抉擿政术，评骘学林，反溯古初，推暨来叶。”[①] 显示出较宽的视野。

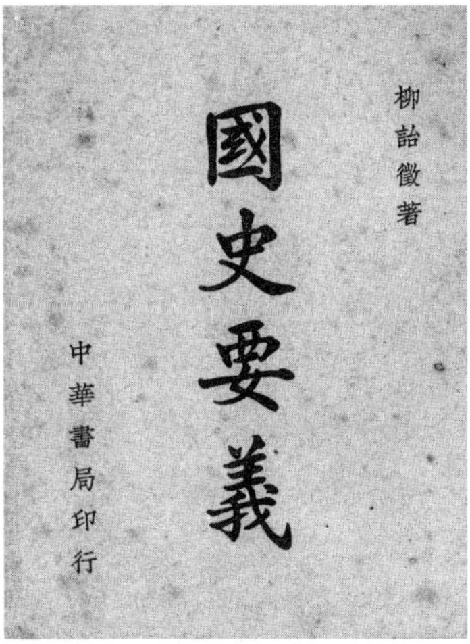

《国史要义》

综览全书，十篇的内容大致可分四方面：

一是古代史学史，包括史原和史权篇。指出中国古代，“史”初属“司天之官”，后渐趋重人事，“由赞治而

---

① 柳诒徵：《国史要义·题辞》。

有官书，由官书而有国史”，朝廷很早就设置了史官，因其有辅佐政治之职能，故所记之史特详于政治。通过系统考察古代史职，引申出“历代内外重要官制皆出于史”的观点。并从儒家立场出发，详细论述了中国史学以礼为核心的思想形成过程。认为古代史官职权甚尊，据事直书，不仅在于保存史迹，实际上还负有监督制约君权的责任。

二是历史理论，主要体现在史统篇对古代历史正统观的讨论。作者列举古代思想家对正统问题的争论，认为政统或道统观的提出和阐发，对中国历史影响甚大，“吾族由大一统而后有所谓正史，由正史而后有所谓通史、集史……而疆域之正，民族之正，道义之正，则治史者必先识前贤之论断，而后可以得治乱之总因。疆域不正则耻，民族不正则耻。推此二耻之所由来，则自柄政者以至中流士大夫全体民众，无不与有责焉”。此种政治民族主义的历史作用不可低估。

三是史学理论，包括史联、史德和史识诸篇。史联篇主要肯定了传统纪传体史书中纪、传、表、志相连之义，关注的是历史编纂法。认为“史之为义，人必有联，事必有联，空间有联，时间有联。纪传表志体之善，在于人事时空在在可以表著其联络”。既易于通史为中心线索的表述，又能从空间上兼容各种横向史实记载，实为世界上独具特长之编纂体例。史德和史识篇谈史家修养，强调章学诚的“史德”不仅指史家应坚持“直书”，还包括史家自身做人的道德操守，而非临文方求敬恕之德。“知此，则学者之先务，不当专求执德以驭史，而惟宜治史以蓄德矣”，才能体会“吾国圣哲深于史学，故以立德为一切基本。必明于此，然后知吾国历代史家所以重视心术端正之故。若社会上下道德荡然，且无先哲垂训诏之以特立独行，决不能产生心术端正之史家”。至于“史识”，往往多从读史治史的实践中获得，史籍中的书法义例都体现着史识，读者宜善体史家用意，而“学者识力，大都出于读史。苟屏前史，一切不信，妄谓吾之识力能破传统观念之藩，则事实所不可能也”。同时还应注意“由历史而求人群之原理”和“史事之公律”。

四是史学功能的考察，包括史义以下各篇。他赞同章学诚“史之义出于天”的观点，认为“善善恶恶”是史义的根本内容，可引导人们“见贤而思齐，见不贤而内自省”。治史者之责，在揭示历史变迁大势，使知“世运迈进，其必趋于各遂其私而又各节其私之一途，而后可以谓之公理大彰”。而史书中的义例，皆为揭示和体现“史义”而设，从《春秋》三传的义例到后代的《通鉴》和《通鉴纲目》看，无不如此。故史术通贯经术，“史术之正，在以道济天下，参赞位育，礼乐兵刑，经纬万端”。史化篇指出，历史上文物制度有因有革，皆循因天因人之原则，顺之者昌，逆之者败。唯其人伦德行教化之基本原则不可随意损革，盖古代礼教“固由少数圣哲所创垂，要亦经多数人民所选择”。[①]

本书对传统史学总结的鲜明特点是“以中释中”，即以中国文化的语言和思维方法，阐幽发微，疏解其特有的内涵、理论形态、范畴和方法，其中有不少精辟的探讨和辨析。同时还引史证今，针对当时史学建设的现状提出了不少看法。他认为，传统史学的某些原则，至今仍具有相当的生命力。如谓：“往有新闻记者，以史学相质，谓治史于今日，不必本之《春秋》矣。应之曰：君日从事于新闻，日操《春秋》之法，胡为有此言？使不操《春秋》之法，何必日日斥侵略国、书伪组织乎？此君闻之，恍然若失。由此可知吾史之原，迄今日未失其功用也。”在发挥史学的社会教育功能方面，书中更是再三致意。以为“任何国族之习心，皆其历史所陶铸，惟所因于天地人物有殊，故演进各循其轨辙……而其探本以为化，亦各有所至。骤观之，若因循而不进，若陈腐而无当，又若广漠而不得要领；深察之，则其进境实多”。

值得注意的是，其所论虽为传统史学，但也能关注并吸收一些西方新史学观念或与之相比较，如谓：“治史之识，非第欲明撰著之义法，尤须积之以求人群之原则。由历史而求人群之原理，近人谓之历史哲学。吾国古亦无此名，而其推求原理，固已具于经子。近人治史，多本进化论，盖缘西哲就生物之演变测人群之进步，而得此基本观念。治吾史者，准此以求，亦可以益人神智。”这样的论述虽不多，但已可见其观念绝非那种只知深闭固守拒绝外来新知的冬烘先生可比。

当然，由于作者自身的局限，其中有些观点或材料的运用也存在一

① 以上所引，见柳诒徵：《国史要义》，第2、50、96—97、113、126、129、165、193—194、210、250、320、340、371页。

些比较陈旧的地方，如据古文献上的传说记载，便以为“古史孔多，唐虞时已有五典”等。从文化保守主义的观念出发，他对于当时史学界的疑古之风，深表不满，一再批评有人“以他族古初之蒙昧，遂不信吾国圣哲之文明，举凡步天治地、经国临民宏纲巨领、良法美意，历代相承之信史，皆属可疑。其疑之者，以他族彼时不过图腾部落，吾族似不能早在东亚建此大邦。复以挽近之诈欺，推想前人之假托。不但不信为事实，即所目为乌托邦之书，亦不敢推论其时何以有此理想。只能从枯骨断简别加推定……至其卑葸已甚，遂若吾族无一而可，凡史迹之殊尤卓绝者，匪藉外力或其人出于异族，必无若斯成绩”。甚至以为，如此“挟考据怀疑之术以治史，将史实因之愈淆，而其为害于国族也亟矣！”①

但尽管如此，此书仍不失为一部系统省察传统史学的论著，其中某些深思独见，对继承和发展我国古代史家的优秀遗产启发良多。故有学者谓其价值较《史通》与《文史通义》有过之无不及，实足与梁启超《中国历史研究法》相媲美。②

（二）缪凤林的中国通史著述

缪凤林

缪凤林（1899—1959），字赞虞，浙江富阳（今杭州富阳区）人。1919年考入南京高等师范学校文史地部，毕业后赴东北大学任教。1928年起，长期任中央大学（今南京大学前身）史学教授。其在抗战时期发表或完成的史著主要有《本国史》（上册，南京钟山书局1932年版），《中国通史纲要》、《中国民族史》（1935年中央大学讲义本），《中国民族之文化》（新中国文化出版社1940年版）和《中国通史要略》等。其中最有影响的当数两部中国通史。

① 以上所引见《国史要义》，第26、371、193、161、158页。

② 参见康虹丽：《论梁任公的新史学和柳翼谋的国史论》，杜维运、陈锦忠编：《中国史学史论文选集》（三），台北华世出版社1980年版，第429—504页。

《中国通史纲要》(以下简称《纲要》)成稿于1930年代初，原稿分四编。首导论，略述史学通义及国史上之民族、年代与地理。次历代史略，述各时代发展趋势。三为政治制度。四为学术文化与宗教，分门述古今社会各文化现象变迁之因果。凡所叙述，皆先通其大，标立节目。并将所见正史、《通鉴》、《通考》，及各家相关记载与中日学术界时彦论著，择要录入书中备参。1932至1935年，该书先后出版三册，叙事至第二编历代史略部分的隋唐五代，约80万言。第四册宋元史略于1937年修定，旋因抗战全面爆发未能出版。就已出版的三册而言，学术界评价颇不一。褒之者称其取材广泛，新旧兼收[①]，"就大体看，确是一部超过夏曾佑《中国古代史》的通史著作。我们以为这书不仅可供大学通史教学和自修之用，还可作为一般想研究历史的人的初步阶梯"[②]。贬之者以为体例"似稍拙笨，全书一半的地位都被引录的历史原料或他人意见所占据……仅将别人的意见生吞活咽，殊难令人满意"[③]。

平心而论，缪氏此作初因讲学之需，"每成一章，即付学校印作讲义"，材料引录虽多，熔铸之功终嫌不足。有鉴于此，内迁后，于1939年决定改写原稿，经四年努力，终于精编成40余万字[④]的《中国通史要略》(以下简称《要略》)，起先秦，迄清代(原拟末章"中华民族更生时代"未能写成)，分三册于1943年出版。与《中国通史纲要》相比，该书除文字和内容上删繁就简外，结构也有相当改变，主要是把原先作为三四两编的政治制度和学术文化与宗教部分内容，分别插入各自的时间段，作综合的表述。基本删去了《纲要》中附入的大量资料、时贤论作和史实考证。故《要略》实可视为其前后十余年编写通史的结晶，其篇幅虽不长，但结构显较《纲要》更为合理，文字及内容亦甚精干，读去确给人以言简意赅的感觉，与当时同样篇幅的中国通史相比，历史信

---

① 参见张德昌：《评缪凤林著〈中国通史纲要〉》，《图书评论》第1卷第8期，1933年。

② 童书业：《读缪著〈中国通史纲要〉第一册》，(天津)《大公报·史地》第127期，1937年3月12日。

③ 田义生：《评缪著〈中国通史〉第一册》，《清华学报》第8卷第1期，1932年12月。

④ 缪氏自述其《中国通史要略》为30万字，然东方出版社2008年排印本标为46万字，除去新增插图，当在40余万字。

息量尤见饱满。

缪氏的中国通史编写，具有以下几个明显的特点：

首先是注重对传统史学的继承。作者自谓，《纲要》对中国历史的观察点较多参考了顾炎武《日知录》、赵翼《廿二史劄记》和柳诒徵《中国文化史》三书，称："《日知录》上篇经术，中篇治道，下篇博闻，意在拨乱涤污，法古用夏，启多闻于来学，待一治于后王。上下二篇不全与史学有关外，治道一篇于官方吏治、财赋、水利、风俗、典礼、选举之属，多疏通其源流，辔论其利弊，学博而识精，理到而辞达，史学经世之业，惟此书足以当之。叶水心、真西山、邱仲深、黄梨洲、王船山、颜习斋、陆桴亭辈之论著，不足与之并论也。吾书第三编多取之。赵氏之书，略可区为四类，曰考证诸史源流、审订诸史曲直、校正文字异同、综论历代史迹。前三者虽略逊于钱氏《考异》、王氏《商榷》，然第四类于古今风会之递变，政事之屡更，有关于治乱兴衰之故者，多据正史综合论述，自汉至明，各朝重要史事略备。赵氏别著《陔余丛考》，其十六、十七、十八诸卷，体例略与此同，可补此编之未备。《劄记·自序》欲比《日知录》，虽规切时弊、深切著明远有不逮，而事实之详明过之。《日知录》为采山之铜，《劄记》则泛论一切故也。吾书第二编于赵书第四类几全部采入。《文化史》以六艺诸史为经，而纬以百家，举凡典章经制、教学文艺、社会风俗，以至经济、生活、物产、建筑、图画、雕刻之类，皆就民族全体之精神所表现者，广搜列举，以求人类演进之通则，以明吾民独造之真际，体例虽为近代史著，而性质与《日知录》中篇、《劄记》第四类略近，议论亦在二氏之间。曩从先生受此书，予之粗通史学，先生启之也。兹于三、四两编多从其说。至先生口耳所传，微言要旨，今书亦多录入，则又在《文化史》外者矣。"[①] 于此可见传统史家对其编史影响之深。

其次是极力倡导民族主义和发扬民族精神。一再强调：史书之"记事载言，则于人类之进化，民族之兴亡，所系至巨"。而"爱国雪耻之思，精进自强之念，皆以历史为原动力，欲提倡民族主义，必先昌明

---

① 缪凤林：《中国通史纲要·自序》第一册，南京钟山书局1932年版，第12—13页。

史学，此史之有关于民族存亡者又一也”[①]。并称：抗战初期，“每岁夏秋，余辄讲学西北，横秦岭，度陇阪，登太华，涉皋兰，游宗周秦汉隋唐之故墟，访灵台、阿房、上林、西苑、曲江之遗址，感我国族之蕴藉若是其宏硕，宅居之山河若是其壮美，经历之年岁若是其悠久，余忝居讲习，当此神圣抗战之会，既不获执干戈以临前敌，苟对我先民盛德宏业，犹弗克论载，罪莫大焉”[②]。正是从关注整个中华民族的命运出发，全书的编写框架突出了对中国境内各民族纷争融合过程的考察，第一册五章以先秦华夏民族的形成发展为主线，第二、三册共五章中有四章都以此为主题，分别是“南北对峙时代（魏晋南北朝）”、“汉族式微与北方诸族崛兴时代（宋元）”、“汉族复兴时代（明）”和“满族入主时代（清）”。其结论为：“中国史者，即汉族与诸族相竞争而相融合为一个中华民族之历史也。”对于中华民族的特性和精神，他也作了多方面的反思，将其归纳为家族主义、中庸主义、世界主义、和平主义、政治上之不干涉主义和实用主义。谓：“吾民族得失之林，大略在是。往史所载，班班可征。如何发扬其优点，革其缺点，并吸取他人之长，补吾之短，以竞存于兹世，且永葆世界先进之令誉，则吾人所宜自勉也。”[③]

第三是重视传统文化现象的考察。以《要略》而论，自第四章“列国时代（东周）”以后各章有关文化习俗的论述，篇幅都在百分之三十三到四十之间，内容包括经学、玄学、史学、文学、天算学、科技、音韵学、绘画书法艺术、佛道之传播、中外文化交流、社会风气等，概括相当全面。并一再强调：中国文化“以人伦道德为根本”，儒学真义“在努力增进其人格，而不在外来之富贵利禄。即使境调极穷，人莫我知，而我胸中浩然，自有坦坦荡荡之乐。无所歆羡，自亦无所怨尤。而坚强不屈之精神，乃足历万古而不可磨灭”。将之作为衡量探析时代治乱的重要风向或关键所在。如说东汉一代，“于崇尚儒术之外，一意表彰气节，凡所举用，多经明行修之人”，故“三代以下，风俗之

---

① 缪凤林：《中国通史纲要》第一册，第 23、24 页。

② 缪凤林：《中国通史要略·自序》，商务印书馆 1943 年版。

③ 缪凤林：《中国通史要略》第一册，第 1、4 页。

美，无尚于东京者”。[①]而魏晋以后，由于背弃和破坏了这一传统，“篡乱相仍，丑秽之史，充塞弥漫，易代之际，士大夫亦莫不传舍其朝，忠义之气，变化殆尽。自宋祖受命，崇重儒学，表彰节义，行事一以忠厚施之，其宽仁待士，尤累世奉为典则。宋代政治，亦多出士大夫之手，历代女主外戚宗王强藩之祸，宋皆无之，宦寺虽为祸，亦视汉唐为不侔。故吾国之君主政体，实以宋世最为纯洁”。其中对各时期文学、艺术、绘画、宗教等描述，尤见凝练传神。如论南北朝文学谓：“三国以降，经子之学衰，而文章之术盛。自建安七子（曹植、陈琳、王粲、徐幹、阮瑀、应玚、刘桢），以至西晋之潘（岳）、左（思）、张（张华、张载、张协）、陆（陆机、陆云），东晋之陶潜，宋之颜（延之）、谢（灵运）、明远（鲍照），作家如林。或以彪炳之词，寓精微之理；或以沈怨之思，发刚劲之音；或吐词简直，而真朴自然；或模山范水，而奇情毕呈。齐梁以降，厥制益工，色泽声调亦均由朴拙而日趋于典丽，若沈约、谢朓、任昉、江淹、徐陵、庾信，其最可称诵者矣。而北朝文人，则舍文尚质。崔浩、高允之作，咸硗确自雄；温子升长于碑版，叙事简直；卢思道长于歌词，发音轻刚；邢邵魏收，亦工记事之文……是就文章气骨言之，南北实有区别。然自庾信、江总，以清绮之文，传于北土；沈炯、王褒，身居北鄙，耻操南音，所为诗文，间崇劲直。南北风气，亦未能斩截划分矣。”[②]

第四是具有历史通解意识，表现出对现代历史哲学的一定自觉。与当时不少实证派史家专重史料考证而厌倦理论，甚至视历史哲学“与历史无关”[③]的倾向不同，缪凤林一直比较强调治史应具理论意识。自谓通史写作的原则是：“史为人事之记录，人事之演进，虽无前定之原则，就已陈之迹而察之，又若有端绪可寻。撰述历史，首在寻此端绪，一也。史文叙述，其事实皆有客观的存在，言史者惟当以事实为依归，实

---

① 缪凤林：《中国通史要略》第一册，第40、98、99页。

② 缪凤林：《中国通史要略》第二册，第94、24页。

③ 傅斯年在《考古学的新方法》一文中即说：“历史哲学可以当作很有趣的作品看待，因为没有事实做根据，所以与史学是不同的。历史的对象是史料，离开史料，也许成为很好的哲学和文学，究其实与历史无关。”《史学》1930年第1期。

事求是，不宜先怀成见，尤忌向壁虚造，务求所言合乎人心公道，绝不能稍呈一人之私，二也……数十万言之课本，断不能事事求备，要在别择史迹之重轻，著其大而忽其细，必有所舍，乃能有所显，三也。”①特别应提到的是，缪氏早年在南高从刘伯明受哲学，后又入南京支那内学院研习，是民国时期比较关注历史哲学的史家之一，这一点，在书中也有相当反映。其《中国通史纲要·前论》及《中国通史要略·总说》中，对史学源起及其性质，各种史观得失，因果现象的分析，史料搜集与考订、编纂方法，以及史学的社会功能等都有所探讨。其中有些问题的思考还相当有深度，如在谈及历史记载的主客观问题时，他指出：“史之记载，苟非臆造，皆有其客观性。然人事万千，史家选择一二，斯凡有记载，皆本主观，客观之史徒虚语耳。夫日报详矣，而一日人事之见报端者，不啻沧海一粟，记者之主观，亦已偏矣。况上下数千百年，约之不盈数册，不赖主观选择，何由成书？如谓选择当依客观准则，而准则由人定，独非主观乎？史之以主观为人病者，莫如《春秋》，《春秋》所书，皆当世实事，即其贤贤恶恶，由今观之，或非史家所尚。然所言苟可以参天地而质鬼神，契前修而俟后圣，正史家所宜取则。今之病《春秋》者，皆以一己之主观，易夫子之主观耳。虽然，主观为修史之所必具，而史家则为之极慎。其始也博观泛滥，识其隐微，继则别其重轻，观其会通，终乃著其大而略其细，每至错综繁互、异同纷纭之会，怵然为戒，视为止，行为迟，苦心焦思，寻其曲折，间或批却导窾，奏刀騞然，为之四顾，为之踌躇满志。如终不得其说，则阙其所疑，慎言其余。故读之者怡然理顺，人人如其所欲言。是虽一人之主观，以其合乎人心之公，即为社会之客观。”②这里所谈的，实已触及今日后现代主义史学的话题了。

此外，该书的观点亦有可注意处，特别是上古部分。作为南高学群的代表史家之一，缪凤林自1920年代起，在古史研究和对古文献记载的可信度判断上，就随其师柳诒徵及同窗刘掞藜等，与胡适和顾颉刚为代

---

① 缪凤林：《中国通史要略·自序》，第2页。

② 缪凤林：《中国通史纲要·自序》第一册，第14页。

表的古史辨派屡起争执，其观念明显偏向“信古”一派。在《中国通史纲要·自序》中，他仍重申了这一基本立场，批评“一、二逞臆之夫，肆其尧神禹虫之邪说，遂至举国风靡”[①]。但在上古史的叙述中，却并不一味以古文献是从，而颇能注意采纳现代考古学的成果。书中把唐虞以前之史称为“传疑时代”[②]，表示对传统的说法既不盲目崇信，也不随意否定，而当采取“疑则传疑”的谨慎态度。在他看来，上古诸传说中，其“较可征信者”为“文物之演进至黄帝而盛”、“母系社会”的存在及“部落种族之战争”，说：“自上古以来，内则诸部落相攻伐，外则与诸侯启竞争，亘数千百年，乃合诸小民族为一大民族。后之学者，每以上古之世寓其郅治之理想，与事实适相反也。”并指出，古书所谓“巢、燧人、庖牺、神农诸名，实为古初进化阶级之象征，其姓氏年世虽不可考，而古初社会之情况，反可由是窥见焉”[③]。

对于作者的上述处置，古史辨派的童书业作了这样的评论：“现在一般人多以为缪先生是位极端‘信古’、‘是古’的人，这种看法是很不对的！他实在只是位受过民族主义洗礼的儒家正统派的历史学家。”因为从《中国通史纲要》对中国民族西来说、中国民族的分类、三皇五帝和封建制度的论述看，“本书著者用了他的‘民族主义’和‘崔述的’态度，从《尚书》之义，次唐虞以降为信史，而以唐虞以前为传疑时代，表阐旧史，考证传记，去取成说，站在旧史的立场上来看，确是一部很成功的著作了”。[④]这一看法，应当说是发自内心的。

当然，作为一部通史教材，该书也存在着一些不足。一个明显的弱点是对历代社会经济关注过少，每一时代，大致仅在该章略加提及，与书中政治、文化部分叙述相较，尤见失衡，由此而欲寻社会演进之端绪，有时难免会陷于滞碍。

---

① 缪凤林：《中国通史纲要·自序》第一册，第6页。

② “传疑时代”的说法，20世纪初夏曾佑的《中学中国历史教科书》（后改名《中国古代史》）已提出，但夏氏所指包括了整个西周之前的上古史，范围比缪氏更宽。

③ 缪凤林：《中国通史要略》第一册，第22、18页。

④ 童书业：《读缪著〈中国通史纲要〉第一册》，（天津）《大公报·史地》第127期，1937年3月12日。

三、钱穆与民族本位文化史学的建设

钱　穆

这一时期，钱穆在民族本位文化史学建设方面的建树更见显著。

钱穆（1895—1990），字宾四，笔名梁隐等，江苏无锡人。中学辍学后曾长期任中小学教师。1930年起，先后任教于燕京大学、北京大学和西南联大，讲授国文和历史。1940年10月，应顾颉刚之邀，赴内迁至成都的齐鲁国学研究所任职。

与柳诒徵、缪凤林等人自五四以来一贯倡导文化保守主义的立场不同，钱穆在1930年代加盟该阵营，颇给人一种异军突起的形象。当1920年代“整理国故”运动方盛之时，钱氏发奋著述，接连发表《论语要略》（1925）、《孟子要略》（1926）、《国学概论》（1928年完稿）、《墨子》（1930）、《刘向歆父子年谱》（1930）等，并写成《先秦诸子系年》初稿（1929），锋芒渐露，其中后两种影响尤大。

《刘向歆父子年谱》初刊于顾颉刚主编的《燕京学报》第七期。作者自谓读康有为《新学伪经考》，“深病其抵牾，欲为疏通证明，因先编《刘向歆父子年谱》，著其实事。实事既列，虚说自消”[①]。康书本为宣传“孔子托古改制”、激发晚清维新思潮而作。其书力主古文经皆刘歆为配合新莽篡汉伪造，虽也揭露了一些古文献有关经今古文记载的含混矛盾处，然考据颇粗疏，连弟子梁启超也不免病其“武断”，指其“以好博好异之故，往往不惜抹杀证据或曲解证据，以犯科学家之大忌，此其所以短也”。[②] 故问世之初，学术上认可者并不多。然随着古史辨运动的兴起，该书成为钱玄同、顾颉刚等疑古辨伪的重要依据，在学术界影响日

① 钱穆：《刘向歆父子年谱·自序》，河北教育出版社2002年版，第739页。

② 梁启超：《清代学术概论》，上海古籍出版社1998年版，第78页。

大。为纠其偏，钱穆详引相关史书记载，对汉昭帝元凤二年（前79）至新莽地皇四年（公元23）刘向、歆父子行迹及其政治和学术背景作了系统梳理，列举《新学伪经考》“不可通者二十有八端”，力证康说之不足信。认为：揆诸史实，不但无证据可说明刘歆有“助莽篡汉”或“篡圣统”的作伪动机，且从时间上看，也无足够条件得以“遍伪群经”。尤可注意者，并世学者对此竟毫无一言提及，应当看到，在莽、歆败亡后的东汉初年，“学者生于西汉晚世及是尚存者不少，其仕于朝而显名后世者亦多矣，歆既不能欺其当世，则歆卒之后，骗局且暴露无遗矣，然伪古文诸经转日益见信于学者，则又何说解之耶？”[①] 书中的翔实辨析，从根本上动摇了“古文经皆刘歆伪作”说的基础，在学术界引发了不小的震动，以致“古史辨”的发起人胡适也为之动容，改变了原先崇信康有为等今文派的态度。[②]

《先秦诸子系年》原名《先秦诸子系年考辨》，由商务印书馆初刊于1935年。全书正文收录专题考证163篇，按先秦诸子学之萌茁、酝酿、磅礴、归宿四期演变态势厘为四卷，其中卷一专考孔子及其弟子事迹，余为墨子以下至尉缭诸子考论。并据考辨结果，将孔子生年（前551）至秦亡（前207）间时事按年编排，成诸子系年四“通表”（分别与正文四卷内容相对应）及“列国世次年数异同”、“战国初中晚三期列国国势盛衰转移”、“诸子生卒年世先后一览”等三附表，列于书后。诸子学研究，为清以来显学之一。然昔人之作，往往各治一家而未能贯通，详于孔、墨、孟、荀等显学而略于晦沉不彰者，有关诸子的系年疏漏尤多。鉴此，该书的研究着重从三方面作了突破：（一）不再局限于一家一说，而是对三百余年先秦诸子活动作了贯通考察，使之联为一体，“以诸子之年证成一子，一子有错，诸子皆摇，用力较勤，所得较实”。（二）对先秦学人，无论显隐，凡稍有踪迹可寻者，无不一一详考，“为之缉逸

① 钱穆：《刘向歆父子年谱》，第793—794页。

② 据邓广铭《我和北大》一文回忆，1931年春，胡适在北大讲授中国哲学史时谈到钱穆的《刘向歆父子年谱》，即称“它是使当时学术界颇受震动的一篇文章，说他本人和一些朋友，原也都是站在今文派一边的人，读了这篇《年谱》之后，大都改变了态度”。《邓广铭学术文化随笔》，中国青年出版社1998年版，第278页。

证坠，辨伪发覆，参伍错综，曲畅旁达，而后其生平出处师友渊源学术流变之迹，无不粲然条贯，秩然就绪”。（三）细勘先秦列国世系年代，发谬正误，编为“通表”，使“前史之误颇有纠正，而后诸子年世亦若网在纲，条贯秩如矣”。在研究思路和方法上，其最值得注意的有两点。

一是讨论诸子，在通晓各家学说特点的同时，力求从相互联系的角度去把握其学脉源流。循此思路，钱穆认为：“先秦学术，惟儒墨两派。墨启于儒，儒源于故史（指商周史官文化。——引者）。其他诸家，皆从儒、墨生。要而言之，法原于儒，而道启于墨。农家为墨道作介，阴阳为儒道通囿。名家乃墨之支裔，小说又名之别派。而诸家之学，交互融洽，又莫不有其旁通，有其曲达。分家而寻，不如别世而观。寻宗为说，不如分区为论。反复颠倒，纵横杂出，皆有以通其源流，得其旨趣，万变纷纭而不失其宗。然后反以求之先秦之史实，并世学者师友交游之渊源，与夫帝王贤豪号召罗致之盛衰兴替，而风会之变，潮流之趋，如合符节，如对契印。”由此对先秦诸子的起源和流变提出了新见。

二是开启了以《竹书纪年》比勘相关文献系统重建战国年代学的成功范例。《史记》有关先秦的纪年，其中春秋时期有《春秋》、《左传》等可凭，最为翔实可靠。而战国时期的记载，则因各诸侯国史记尽遭秦焚毁，剩下的主要参考文献《秦记》又不载日月，文略不具，加之孝公（前361年—前338年在位）之前秦与中原诸国交往甚少，对之的记载不免过于疏隔，由此直接导致了《六国年表》这部分内容的“疏脱不具”。西晋太康间汲冢出土的战国时魏国史记《竹书纪年》，为充实战国编年史提供了极为难得的史料，惜长期未受到足够重视，降及宋代，竟至亡佚，其断篇零简，仅能从《史记》诸家注及他书引文中窥见一二。尽管如此，钱穆认为其有关战国的记载依然“端可信据”，前人虽在该书的辑佚校注方面做了不少工作，“惜其考证未详，古本《纪年》可信之价值，终亦未为大显于世也”。[①] 为此，钱穆不惜耗费九年时间，对《竹书纪年》和《史记》等相关记载做了大量深入细致的比对辨析与纠谬扶正。其方法不但使先秦诸子的活动及其著述年代得以进一步厘清，

① 钱穆：《先秦诸子系年考辨·自序》，上海书店出版社1991年版，第1—2、23、3页。

也将整个战国年代学的研究引入了一种新的境界。

该书的考证结论，虽也存在一些错误，如谓春秋吴孙武与战国齐孙膑实同一人，坚称《老子》出《庄子》后等[①]，已为今日出土文献证明不确。但总体看，仍堪称现代考据学上的精悍绝伦之作，故问世后，不但深获学界好评，还因此一度被胡适、傅斯年引为科学实证派的同调。只是此时的钱穆，心中实怀有更高的学术追求，并不愿仅以考史自限。特别是“九一八”以后，面对日益加剧的民族危机，他开始更多地思考史学的社会意义及其建设路向问题。

1937年5月，他在北平师范大学史学会编刊的《历史教育》季刊发文，公开对中国史的研究和教学现状表示了不满，指出：“现在中国教育界对其本国史，正可谓无感情，甚至抱有一种相反的恶情感。其对本国史的态度，不幸而令人疑其像是一个外国人。这正是现在中国人所极端崇拜的所谓‘客观主义’，而并不像是一个中国人在指导其本国青年所应具的本国史知识。”其具体表现：一是“文化的自谴主义者”，谈到中国历史和文化，总觉得“百不如人”，充满了内疚和厌弃；二是“琐碎的考订主义者”，只知仿效西方学者研究古巴比伦和古埃及这类“死去”文化的冷漠态度，来对待活生生的本民族文化；三是“唯物的社会主义者”，其弊在“忽略了民族与国家间的差异，而专注意到社会和经济的阶层”。并说：“上述三派史学，运用恰如其分，对历史之认识上未尝不各有其贡献；然希望其兼顾到国家教育的责任，则殊非所堪。”[②]为此，他一再呼吁，当下的历史学，首先应承担起激发人们爱国精神和理解民族文化的责任，对此，史家应有所自觉。

在他看来，理想的中国史研究和著述，至少应具备两个条件：

一曰重通识，亦即对“全史”有一较系统的认识。“窃谓治史者当先务大体，先注意于全时期之各方面，而不必为某一时期某些特项问题而耗尽全部之精力，以偏见概全史。当于全史之各方面从大体上融会贯

① 参见钱穆：《先秦诸子系年考辨》七“孙武辨”、八五“田忌邹忌孙膑考”和七二“老子杂辨”。

② 钱穆：《历史与教育》，原载北平师范大学史学会出版的《历史教育》季刊第2期，1937年5月；又见《钱宾四先生全集》第31册，第179、180页。

通，然后其所见之系统，乃为较近实际。其所持之见解，乃得较符真实。而其对于史料之搜罗与考订，亦有规辙，不致如游魂之无归。治古史本求通今，苟能于史乘有通识，始能对当身时务有贡献；如是乃为史学之真贡献，不致将史学埋没于故纸簏中，而亦不致仅为一时政客名流宣传意见之利用品。”针对当时不少人埋头整理和考证史料，或以为只宜先治断代史而不必急于编通史的看法，他明确表示异议，说：“或谓国史尚在逐步整理中，遽言系统，未免过早。今日急务，端当致力于新材料之搜罗与旧材料之考订，至于理论系统，暂可置为缓图。此说亦可商。历史范围过广，苟非先立一研寻之目标，以为探讨之准绳，则史料尽如一堆流水账，将见搜之不胜搜，考之不胜考；而历史仍不过为一件件事情之积迭，将终无系统可言。此如清儒治经，初谓‘训诂明而后义理明’，其论亦非不是。而极其所至，训诂小学日明，经学大义日晦。精熟《说文》、《尔雅》，岂遂通得《语》、《孟》义理！”

二曰体现中国历史文化自身的特点，认为“中国新史学之成立，端在以中国人的眼光，来发现中国史自身内在之精神，而认识其已往之进程与动向”。在他看来，那种判定中国自秦汉以来社会长期停滞发展，直到民国建立才“骤然有长足之进步”的说法，不过是套用西方模式而生的“崇洋媚外观”[①]，其实并不合中国历史实际。盖中国古代社会经济虽似“停滞在农业自给的情况之下……然从政治制度方面看，则实在有其层累的演进”，固不得全以“停滞”视之。[②]对于蒋廷黻在《中国近代史》中贬林则徐而褒琦善的评价，他更不以为然，公开批评：“近代的中国人，也有笑林义忠为顽固糊涂，捧耆（琦）善、伊里布等为漂亮识大体的。这无异于站在外国人的立场，代外国人说话。”[③]

值得注意的，是钱穆在这里提出的“新史学”概念。因 20 世纪初

---

① 钱穆：《略论治史方法》（1936 年 11—12 月），《钱宾四先生全集》第 31 册，第 158、159、161—162、158 页。

② 钱穆：《如何研究中国史》，原载北平师范大学史学会出版的《历史教育》季刊第 1 期，1937 年 2 月；又见《钱宾四先生全集》第 31 册，第 168 页。

③ 钱穆：《历史教育几点流行的误解》，原载《教育杂志》第 31 卷 11 号，1941 年；又见《钱宾四先生全集》第 31 册，第 192 页。

以来，“新史学”在一般人的心目中，多指模仿或参照西方学术规范而建立的一种不同于传统的史学体系，直到1980年代末许冠三在香港出版《新史学九十年》，犹因柳诒徵、钱穆等人的西学色彩不彰而未将之列入讨论范围。而钱穆此期发表的《论近代中国新史学之创造》、《中国今日所需的新史学与新史学家》等文，却对之下了另一番定义：“此所讲之新史学，其实昔人已早言之。司马迁所谓‘究天人之际，通古今之变’，此即融贯‘空间’诸相，通透‘时间’诸相，而综合一视之。故曰‘述往事，思来者’。惟昔人虽有此意，而未尝以今世语道达之，今则姑以名号相假借，称之为‘新史学’。”也就是说，他提出的“新史学”，实旨在重申和弘扬中国史学的优良传统，其陈义已和前者有相当的异趣。当然，强调继承传统，并不等于排斥外来文化。这一点，在他对张荫麟的评价中已有清晰的表达，称：“张君天才英发，年力方富，又博通中西文哲诸科；学既博洽，而复关怀时事，不甘仅仅为记注考订而止。中国新史学大业，殆将于张君之身完成之。岂期天不假年，溘然长逝。”[①]这里开列的几项“新史学”建设的基本条件，“博通中西文哲诸科”无疑占据了相当重要的分量。

中国现代的“新史学”建设，总体上是围绕着“科学化”的目标展开的，尽管各家对“科学化”的理解并不一致。如五四以后在学术界占据主流的胡适和傅斯年等就明显倾向于“自然科学化”的路径。为使史学成为“与各自然科学同列之事业”，傅斯年甚至把通常被认为属于史学范围的史论、历史哲学和“著史”均排除在“近代史学”之外，认定“近代的历史学只是史料学，利用自然科学供给我们的一切工具，整理一切可逢着的史料”。[②]他虽不反对编史，但却以这项工作往往带有主观认识和“艺术”表现手法，不赞同将其与全属“客观”研究的史料学一起纳入近代史学的行列。

---

① 钱穆：《中国今日所需的新史学与新史学家》，原载《思想与时代》月刊第18期，1943年1月；又见《钱宾四先生全集》第31册，第207、208页。

② 傅斯年：《历史语言研究所工作之旨趣》，《国立中央研究院历史语言研究所集刊》第一本第一分册。关于傅斯年在这方面的论述，还可参看其《史学方法导论·史料论略》、《闲谈历史教科书》、《考古学的新方法》等文。

但在钱穆看来，这种“科学史学”的定义看似严密，实际却割裂了历史研究过程中科学和人文关怀意识间应具的内在联系。他指出：“一往不变者，乃历史之‘事实’。与时俱新者，则历史之‘知识’。中国历古相传之史籍，亦仅一种积存的历史材料，并非即我侪今日所需之历史知识。所谓历史知识，贵能‘鉴古知今’，使其与现代种种问题有亲切相关之联系，从而指导吾人向前以一种较明白之步骤。此等历史知识，虽时代之变迁而与化俱新，固不能脱离已往之史料，惟当在旧存之史料中耐心检觅。”历史研究固然不能脱离或随意改变原先存在的客观历史事实，但每一代人或史家因所处时代和境遇的不同，其对历史的体会及所追求的历史知识也会有所不同，从而影响其在历史研究或史书编写中对事实或史料的取舍乃至解释维度。也就是说，任何时代的历史研究结果，从本质上说，都是客观存在的过去事实和现实人生的主体意识相交集的产物。这里，钱穆不但没有像一般客观主义史家那样刻意回避或否认历史研究过程中主体意识的参与，相反坦率承认这是不可避免和正当的。并强调：“今日中国处极大之变动时代，需要新的历史知识为尤亟。凡昔人所宝贵获得之知识，吾人或嫌不切当前需要；而我人之所欲探索寻求着，昔人或未必注意及之。故中国虽为历史最完备之国家，而今日之中国，却为最缺乏历史知识，同时最需要整理以往历史之时期。”① 可见，其所倡导的“新史学”或通史著作，乃是一种融考史和著史、科学和人文为一体，而特具通识的完整史学活动。

上述观点，在《国史大纲·引论》中有更为系统的发挥。据他观察，近代以来，治中国史者大抵可分“传统记诵”、“革新”和“科学考订”三派。其中，“传统记诵”和“科学考订”派“同偏于历史材料方面”，弱点在“缺乏系统，无意义，乃纯为一种书本文字之学，与当身现实无预”；“革新”派关怀社会，有志功业，其治史“能具系统，能努力使史学与当身现实相绾合”，但往往不重史实把握，则其所谓系统，不免易流为空中楼阁。鉴此，他主张合两家之长而去其短，“此种通史，无疑的将

① 钱穆：《论近代中国新史学之创造》，原载《中央日报·文史副刊》第10期，1937年1月；又见《钱宾四先生全集》第31册，第162—163页。

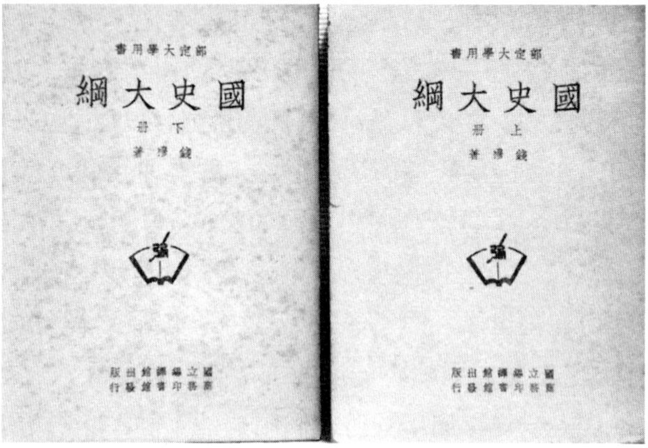

《国史大纲》

以记诵、考订派之功夫，而达宣传革新派之目的”。[①] 抗战中钱穆的著史实践，正是循着以上思路展开的，这在《国史大纲》中尤有集中的表现。

《国史大纲》为钱穆在北大和西南联大多年从事中国通史讲授的结晶，1940年由商务印书馆出版，凡八编四十六章，50万字。起上古，迄于清，末稍及民国初年政局与社会文化思潮简况。其编写框架，颇取纲目体之意，“纲”顶格书，用简要语言点出重要事件及基本判断；“目”低一格书，多为论证和具体说明，间附相关证据。使整个叙事显得眉目清晰，收发自如。该书在相当程度上继承了传统史学注重历代治乱兴衰探讨的风格，其所关注的基本内容，大要不出政治制度、学术思想和社会经济三方面。只是在叙述方法上，主张不必时时面面俱到，而应视各时代变动的中心落在何处，即据以作重点展开。因“变之所在，即历史精神之所在，亦即民族文化评价之所系。而所谓变者，即某种事态在前一时期所未有，而在后一时期中突然出现。此有明白事证，与人共见，而我不能一丝一毫容私于其间。故曰仍当于客观中求实证也”[②]。

本书的最大特点，不在发现事实，即如《先秦诸子系年》和《刘向歆父子年谱》那样重在具体史实和年代的考证，而是发掘“历史知识”，揭出中国历史演变的一些重要关节及其兴衰之道。由于作者“识力过

---

① 钱穆：《国史大纲·引论》，第3、7页。

② 钱穆：《国史大纲·引论》，第10页。

人”（严耕望语），书中的这类分析，往往胜义纷披，具有相当的历史穿透力。

如书中以极凝练的语言，将秦以后中国历史的基本走势归纳为“在于经济地域之逐次扩大，文化传播之逐次普及，与夫政治机会之逐次平等而已”。并指出，近人好以古罗马帝国与秦汉大一统帝国相比拟，其实，两者立国的基本精神并不相侔，“罗马乃以一中心而伸展其势力于四围，欧亚非三洲之疆土，特为一中心强力所征服而被统治”，其中心与四围间并无更多的内在联系；秦汉则“并不以一中心地点之势力征服四围，实乃由四围之优秀势力共同参与，以造成一中央”，此“优秀势力”，非由贵族阶级垄断，还包括了各地区由平民上升而来的士人，且其统治的广大区域间，复有一种共同的文化经脉相连。故前者的中心一旦腐败瓦解，整个帝国亦很快随之趋于分崩离析。后者即使某朝崩溃，仍能由文化积聚势力重新统一。盖“罗马如于一室中悬巨灯，光耀四壁；秦汉则室之四周遍悬诸灯，交射互映。故罗马碎其巨灯，全室即暗，秦汉则灯不俱坏光不全绝。因此罗马民族震烁于一时，而中国文化则辉映于千古。我中国此种立国规模，乃我先民数百年惨淡经营，艰难缔构，仅而得之”[①]。这种观察，确有相当的深刻性。在世界史上，曾出现过不少疆域宽广的大帝国，但多难持久。唯中国自秦汉以来二千多年，虽几度出现分裂割据局面，然总体上，作为大一统民族和国家的发展趋势却始终处于比较稳固的主流地位。个中原因，确值得深思。近年兴起的“新清史”研究中，有一种观点其实也牵涉到该历史现象。一些人力图将清帝国的政治运行模式与中国历代王朝作出区隔，而宁愿将其与古代其他欧亚大帝国的类型作联想，甚至认为清亡后，其帝国也可能随之出现“解体”，当年日本侵华试图先从“满蒙”入手肢解中国当也与此种历史判断有关。殊不知即使清帝国建立之初的情形有与之相类处，但在其后的运作过程中，从巩固统治的需要出发，其制度文化实已自觉或不自觉地走向“汉化”。而在这一过程中，其自身文化的某些因素，其实也加入而成为“汉文化”（更确切地说，应为“中华文化”）的

① 钱穆：《国史大纲》，第23、12页。

一部分。钱穆的分析，无疑为认识古代中外“帝国”的体制差异提供了一种极具启发的思路。

除了对牵涉全史发展的宏观问题形成系统看法外，书中对各时期的一些重要历史现象也多独到见解。如在谈到南北朝的门阀士族时，钱穆注意到南北两地的差异，指出：晋永嘉南渡士族多当时胜流名族，而滞留北方者门望却较次。“南渡衣冠，借拥戴王室之名义，而朘削新土，视南疆如殖民地。北方士族则处胡族压逼之下，不得不厚结民众，借以增强自己之地位，而博得异族统治者之重视。故南士借上以凌下，北族则附下以抗上。情势既异，其对各方态度亦全不同。”由此造成南北世家大族制的演变及其对朝廷态度的不同，大体来说，“南方士族处于顺境，心理上无所顾忌，其家族组织之演进，趋于分裂而为小家庭制。北方士族处于艰苦境况下，心理上时有戒防，时抱存恤之同情，其家族组织之演进，趋于团结而为大家庭制”。前者自恃强势，往往与朝廷相抗，对国事态度消极；后者出于自保，多设法与少数民族统治协调相处，对政务表现积极，“终于握到北方政治之中心势力，而开隋唐之复盛”。[①] 由此发掘出两者发展结局不同的某些内在原因。这样的分析，应当说是独具慧眼的。其余如对外戚和宦官擅权、财赋与兵制、新莽变法、范仲淹和王安石的革新，以及南北经济文化重心之转移等事项，也都作有鞭辟入里的剖析。

突出对本国以往历史的“温情和敬意”，是本书的又一特点。钱穆认为，晚清以来国家的贫弱遭欺，导致不少人对本国历史文化产生误解，视之为黑暗愚昧的渊薮，甚或“将我们当身种种罪恶与弱点，一切诿卸于古人（此乃一种似是而非之文化自谴）”[②]，因而在书中为之作了“同情”的辩护。

《国史大纲》中，最具争议或遭人诟病是其“传统政治非专制论”。20 世纪以来，确认秦汉以来帝制为“专制政治”几成学术界定论，但钱穆始终不以为然。他认为秦汉以后，布衣得跻身朝廷封侯拜相，王室

---

① 钱穆：《国史大纲》，第 219、220、221 页。

② 钱穆：《国史大纲》：“凡读本书请先具下列诸信念。”

与政府逐步分离，民众与政府逐步接近，“政制演进，约得三级：由封建而跻统一，一也。由宗室、外戚、军人所组织政府，渐而为士人政府，二也。由士族门第再变而为科举竞选，三也。惟其如此，考试与铨选遂为维持中国历代政府纲纪之两大骨干。全国政事付之官吏，而官吏之选拔与任用，则一惟礼部之考试与吏部之铨选是问。此两者，皆有客观之法规，为公开的准绳，有皇帝所不能摇，宰相所不能动者……昧者不察，遂妄疑中国历来政制，惟有专制黑暗，不悟政制后面，别自有一种理性精神为之指导也”。直到明清时，废宰相，统“政府”于“王室”下，社会才“不免为独夫专制之黑暗所笼罩”。[①] 这一说法，引来了许多质疑，而钱穆本人也因此被视为“封建制度”的辩护者和“封建思想的残余势力”。

钱穆之所以提出这样的结论，重要依据之一是汉以后平民已不受其地位身份限制而得参政，这其中，通行的察举和科举选拔制度在打破社会成员的阶级固化上起了尤为关键的作用。他指出：汉代地方察举与公府征辟制度，“一面使布衣下吏皆有政治上的出路，可以奖拔人才，鼓舞风气；一面使全国各郡县常得平均参加中央政局，对大一统政府之维系，尤为有效。更重要的，则在朝廷用人，渐渐走上一个客观的标准，使政府性质确然超出乎王室私关系之上而独立”。而唐代建立的贡举制，更推进了这一制度的建设，其优点“在使应试者怀牒自举，公开竞选，可以免去汉代察举制度必经地方政权之选择。在此制度下，可以根本消融社会阶级之存在。可以促进全社会文化之向上。可以培植全国人民对政治之兴味而提高其爱国心。可以团结全国各地域于一个中央之统治”。与此同时，他也看到，“科举既悬仕宦为鹄的，则从事于投选者，往往忘其义命而徒志于身家之富贵与温饱”，其人格堕落者，一旦为官，为保富贵，常易成朝廷鹰犬。由此反使科举丧失了政府与民间沟通桥梁的作用。特别是在清专制政治下，“士大夫怵于焚坑之酷，上之为训诂考据，自藏于故纸堆中以避祸，下之为八股小楷，唯利禄是趋。于是政府

① 钱穆：《国史大纲·引论》，第12、23页。

与民间所赖以沟贯之桥梁遂腐断，所赖以流通之血脉遂枯绝”[①]，上下平衡被打破，社会乃不能不日形脆弱而趋于崩溃。

钱穆还一再宣称，新通史的编写须具备两个基本条件：“一者，必能将我国家民族已往文化演进之真相明白示人，为一般有志认识中国已往政治、社会、文化、思想种种演变者所必要之智识；二者，应能于旧史统贯中映照出现中国种种复杂难解之问题，为一般有志革新现实者所必备之参考。前者在积极的求出国家民族永久生命之泉源，为全部历史所由推动之精神所寄；后者在消极的指出国家民族最近病痛之证候，为改进当前之方案所本。”[②] 据此，《国史大纲》除注重对一些关系全史的政治、学术和经济制度进行探本溯源的讨论外，还十分注意通过一些具体历史事件的评论，从中探求其现实的资鉴意义。

如其论宋金战争，便欲从中引出与当下历史有关者。认为南宋绍兴间与金之对峙，形势已与靖康间颇不同，其时宋之国力稍得缓过气来，并非不能与金一战。并从将帅人材、地理形势、兵甲训练、心理气势和地方财力五方面分析了宋军所处的位置，指出：“纵说宋军一时不能恢复中原，直捣黄龙，然使宋室上下决心抗战，金兵亦未必能再渡长江。强敌在前，正是策厉南方奋兴振作的一个好材料。惜乎高宗自藏私心，一意求和，对内则务求必伸，对外则不惜屈服。岳飞见杀，正士尽逐，国家元气伤尽，再难恢复。这却是绍兴和议最大的损失。”并谓：“后世读史者专据如汪藻等疏，以建炎以前事态，一概抹杀绍兴之抗战，实为不明当时心理气势转变之情形。”[③] 这段议论，既是对历史事实的判断，显然也有意为人们认识当日抗战进入相持阶段的形势提供借鉴，以激励人们坚持抗战的决心。

书中有关清末民初的论述，虽篇幅无多，但因时间上更贴近当下，故针对“国家民族最近病痛之症候”的议论亦相对较多。如论辛亥革命前后的复杂形势，谓其时“政府虽腐败，犹得凭借其地位，借外债，买军火，练新兵，整理交通，加强管辖。遂使腐败之政权、黑暗之势力既

① 钱穆：《国史大纲》，第125、292、24页。

② 钱穆：《国史大纲·引论》，第7页。

③ 钱穆：《国史大纲》，第441—442、440页。

得外力之助，又因外患之顾忌，迄未得彻底澄清之机会。革命势力之起，亦不得不与旧政府下之黑暗势力相妥协，以顺利其进行。革命之结果，仅为旧政权之溃烂解体而非其消灭。于是民国以来，武人弄权，地方割据，日转增长。内乱层见叠出，斫丧社会之元气，障阻国家之前进，其间莫非有外力焉为之呼应”[①]。并对民国初年的社会毒瘤——军阀割据猖獗的原因作了探究，认为民初乱局及各种“旧的黑暗腐败势力之活动，大率以各省的军权割据为因依。辛亥革命以后的各省军权割据，远则导源于元明以来行省制度之流弊，近则导源于洪杨以后各省督抚离心态度之演进。于是由清末督抚之变相，而有民国初年之督军。旧中央既倒覆，新中央又摇动，经过帝制、复辟两事变，此辈乃生心割据。各地军阀，纷纷四起。其时全国各地军队之多，至少当逾二百万以上。不断的兵变与内乱，遂为民国以来唯一最常见之事态”[②]。这些都反映了作者对时局的深切关怀，以及欲借过去以认识和改进现实，“为未来精神尽其一部分孕育与向导之责”[③]的良苦用心。

钱穆抗战时期的整个史学实践，最为关注的，当数对民族文化发展趋势的探究。此种精神，不仅透发自《国史大纲》，也贯注于此前发表的《中国近三百年学术史》中。

按照他的看法，中国史的研究和著述尤应把握历史发展主脉，从中揭示时代“所欲探索寻求”的“知识”。然则何为中国历史发展之主流？“曰：此必为吾国家民族文化之绵历与发皇，吾国家民族文化之奋斗与争存。舍此皆不足以当吾历史之主流。此一事活跃现在，而自有文字记载以来，辜较言之，亦已持续及于五千年之久。而继此以往，仍必继续演进，继续不失其活跃之现在性。研究历史者，苟得此总纲，则千条万缕，纵经横纬，无不入扣。”[④]一个民族的形成、发展和拥有的长久生命，端在其自身蕴蓄的深厚文化力量，“世未有其民族文化尚灿烂光

---

① 钱穆：《国史大纲·引论》，第25页。
② 钱穆：《国史大纲》，第654—655页。
③ 钱穆：《国史大纲·引论》，第2页。
④ 钱穆：《中国今日所需的新史学与新史学家》，原载《思想与时代》月刊第18期，1943年1月；又见《钱宾四先生全集》第31册，第201页。

辉，而遽丧其国家者；亦未有其民族文化已衰息断绝，而其国家之生命犹得长存者。环顾斯世，我民族命运之悠久，我国家规模之伟大，可谓绝出寡俦，独步于古今矣。此我先民所负文化使命价值之真凭实据也”。然而，近代以来遭遇的国弱民贫，使不少人丧失了对民族文化的自信，甚至有主张抛弃自己文化，而以“全盘西化”为救时良药者。鉴此，他指出：“今日之中国，显为有病，病且殆矣，万不容讳。然犹有所希冀者，其人虽病，尚有内部自身生力可以为抗。”只要医治得法，导其生机外发，必有重新发皇畅达之日。他希望通过自己的著述，揭示几千年中国文化绵延发展的真相，启发人们“渊然而思，憬然而悟，愀然而悲，奋然而起”。[①]

综观此期钱穆有关民族文化演变的论述，隐隐紧扣的不外两条主线：

一是社会文化传播的渐次普及和发展重心的渐次下移。他认为，中国古代文化在春秋时已达相当高雅的水平，惜“学术尚为贵族阶级所特有”。春秋战国之交，随着贵族世袭制度的崩溃，原本由政府垄断的“王官”之学散落民间，由此酝酿出新兴的百家之学。不过这种下层民间社会新兴的学术思想，与早先贵族时代文化的精神命脉仍一气相通，“因此战国时代新兴的一派平民学，并不是由他们起来而推翻了古代贵族学，他们其实只是古代贵族学之异样翻新与迁地为良。此是中国文化一脉相承之渊深博大处”。唐宋以后，雕版印书的流行和私家讲学及书院的兴起，使学术的社会传播更见自由方便，自此“永不能再产生独擅学术上私秘的贵族门第”。宋以后的学者，“他们不讲出世，他们亦不在狭义的门第上讲功业礼教。他们要找出一个比较接近平民性的原则，来应用于宇宙、人生、国家、社会、入世、出世等各方面。这一个原则，他们称之曰‘道’，或称‘天理’”。总之，“宋明两朝六百年的政府，并不能主持教育，领导学术；而社会上则学术空气继长增高，教育之要求亦与日俱进。宋明儒讲学，实从此环境中产生”。[②]这些论述，可以说比较贴切地勾画出了春秋以后中国学术始终一脉相承，并沿着自上而下的

---

① 钱穆：《国史大纲・引论》，第27、22页。

② 钱穆：《国史大纲》，第61、48、569、570—571、579页。

轨迹，重心不断下移和泽及面不断扩大，从而引导整个社会日趋进步的趋势。

二是学术文化与社会政治的关系。在钱穆的笔下，中国学术，春秋以前为“王官”独守，本与朝廷政治有极密切的关系。战国民间兴起的百家之学，学源上既与前者“一气相通”，自然与政治结缘匪浅。诸子争鸣和游说诸侯，无不显示出其热心参与社会政治的特点。而历代王朝的政治，也无不受某种学术思想的影响，如秦用法家，汉初重黄老，后独尊儒学等。正是在社会学术力量的浸淫下，汉武帝以后，统治集团渐由宗室、军人和商人组合的模式，“转变成士人参政之新局面。公卿朝士，名儒辈出。且即庶僚下位，亦多学者”。这无疑是中国古代社会政治发展的一大进步。士人得以参政，固然是以皇帝为首的统治中心想利用其为巩固自己的地位服务，但士人亦因此获得机会可将自己的学术思想付诸实政。如汉儒提出的变法和“让贤”论、礼乐教化论，都在两汉政治史上产生过重大影响。特别是宋代，学者渐萌生出一种“自觉精神”，他们不但提倡严格自律的私生活，还要求挺身担当天下的重任。他们的思想，“虽则终于要发挥到政治社会的实现问题上来，而他们的精神，要不失为含有一种哲理的或纯学术的意味。所以唐人在政治上表现的是事功，而他们则是要把事功消融于学术之里，说成一种义理。‘尊王’与‘明道’遂为他们当时学术之两骨干”。北宋范仲淹、王安石等几次革新运动，其实都是以此为学理依据展开的。在钱穆看来，“宋以后的社会，特别需要另一种新的力量，能上面来监督政府，下面来援助民众”。宋明理学即因此而起。“他们对政治的态度，宁可牺牲机缘，决不肯降低理论。所以他们对于在野的传播学术，较之在朝的革新政治，兴味还要浓厚，并不是他们无心于政治之革新。”其讲学虽有开发民智的用意，但最终目的仍欲落在改进政治上。降及清代，由于时局的变化，这种强调学术与政治结合的传统遭到严重削弱。其时清朝贵族出于对汉族士人的防范，并不愿他们对政治多所顾问，而士人慑于“文字狱”的高发，亦惮于触及时事，于是相率遁入故纸堆中，以“为学术而学术”自娱，其精神“遂完全与现实脱离。应科举觅仕宦的，全只为的是做官，更没有丝毫以天下为己任的观念存在胸中。清代中叶以后学术虽日盛，而吏治却日衰，正为此故”。[①] 关于这点，钱穆在《中国近三百年学术史》中有更多的讨论。

《中国近三百年学术史》为其1931年以后在北大讲课内容的集结。1937年5月由商务印书馆出版。凡十四章，约49万字。除首章引论上溯宋明学术，以辨清代学术渊源所自外，余仿学案体，以黄宗羲、王夫之、顾炎武、颜元、李塨、阎若璩、毛奇龄、李绂、戴震、章学诚、焦循、阮元、凌廷堪、龚自珍、曾国藩、陈澧、康有为等人物为纲，各自为章，论其生平思想和师友交往行迹。末附学术年表，备列近三百年（1573—1911）学者生卒、行迹和著作。钱穆自谓：“斯编初讲，正值‘九一八’事变骤起。五载以来，身处故都，不啻边塞，大难目击，别有会心。”[②] 故其中同样交织着对时局和中国文化未来命运的思考。

据作者《师友杂忆》，该书之作，初因与梁启超同名著作“意见相异”，有感而发。[③] 观其书，所谓“意见相异”者，固不仅在取材和史实考辨上对梁书有所是正，更主要的是对明清学术思潮转变原因的解释与之不同。梁氏以宋明理学末流“束书不观，游谈无根”，日趋空疏，流弊滋多，经历了明清鼎革剧变的清初诸大师于是痛定思痛，群相倡导实学，欲以扭转此颓风，故清代汉学之盛，实因对宋明理学的“反动”而起。钱穆则从中国学术发展“精神命脉一气相通”的特性出发，以为自学术思潮演变的内在理路看：“言汉学渊源者，必溯诸晚明诸遗老。然其时如夏峰、梨洲、二曲、船山、桴亭、亭林、蒿庵、习斋，一世魁儒耆硕，靡不寝馈于宋学……而汉学诸家之高下浅深，亦往往视其所得于宋学之高下浅深以为判。道咸以下，则汉宋兼采之说渐盛，抑且多尊宋贬汉，对乾嘉为平反者。故不识宋学，即无以识近代也。”[④] 其书的内容侧重点，亦与梁书有异。梁氏因先有《清代学术概论》之作，对乾嘉汉学代表人物及晚清今文经学等已有论述，为避免重复，其《中国近三百年学术史》主要述清初各学派开创人物及乾嘉学术成果，范围广及于经

---

① 钱穆：《国史大纲》，第104、396、398—399、570、573、580、620页。

② 钱穆：《中国近三百年学术史·自序》，台湾商务印书馆1968年版，第4页。

③ 参见钱穆：《八十忆双亲 师友杂忆》，生活·读书·新知三联书店1998年版，第163页。

④ 钱穆：《中国近三百年学术史》，第1页。

史、音韵训诂、天算、地理、乐曲、文献学各方面。钱书则范围稍狭，叙事重心明显偏于清代儒学的政治、哲学思想一隅。这样做，除学术原因外，显然还包含着钱穆的经世微意。

他认为："所谓道德仁义圣人体用，以为政教之本者，此正宋儒所以自立其学以异于进士场屋之声律与夫山林释老之独善其身而已者也。"而清以后，朝廷"虽外尊程朱，而于北宋以来书院讲学精神，本人心之义理，以推之在上之政治者，则摧压不遗余力，于是锡之东林，以及浙之姚江，徽之紫阳，往昔宋元明以来书院讲学之遗规尽坠。则共学山居之废，固不仅东林一脉废兴所系而已。"由此导致中国传统学术固有的经世精神丧失，学者皆以论政为大戒，而群趋于乡愿之一途。正是这种学术与现实的被迫脱节，直接营造出考证学大盛，提倡关心世务的理学反遭人诟病的局面。可叹的是，许多人对清代学术的病症不察，反而津津乐道。如"近人言治学方法者，率盛推清代汉学，以为条理证据，有合于今世科学之精神，其说是矣；然汉学家方法，亦惟用之训诂考释则当耳。学问之事，不尽于训诂考释，则所谓汉学方法者，亦惟治学之一端，不足以竟学问之全体也"。[①] 更有甚者，"言政则一以西国为准绳，不问其与我国情政俗相洽否也。扞格而难通，则激而主'全盘西化'，以尽变故常为快。至于风俗之流失，人心之陷溺，官方士习之日污日下，则以为自古而固然，不以厝怀。言学则仍守故纸丛碎为博实。苟有唱风教、崇师化、辨心术、核人才，不忘我故以求通之人伦政事，持论稍稍近宋明，则侧目却步，指为非类，其不诋诃而揶揄之，为贤矣！"[②]

可见，钱穆在书中对黄宗羲、王夫之、顾炎武等人关怀世道民生，以天下为己任思想的表彰，对吕留良、李绂等人节概的称赏，对章学诚经世学术观的肯定，目的正是为了纠正上述偏向，使中国学术重归学术与经世相结合的轨道。

---

① 钱穆：《中国近三百年学术史》，第 2、21、402 页。

② 钱穆：《中国近三百年学术史·自序》，第 3—4 页。

四、余 论

严耕望在谈及其师钱穆时说："盖自抗战之前，中国史学界以史语所为代表之新考证学派声势最盛，无疑为史学主流。唯物论一派亦有相当吸引力。先生虽以考证文章崭露头角，为学林所重，由小学、中学教员十余年中跻身大学教授之林。但先生民族文化意识特强，在意境与方法论上，日渐强调通识，认为考证问题亦当以通识为依归，故与考证派分道扬镳，隐然成为独树一帜、孤军奋斗的新学派。"[①] 此说大体允当，唯末谓钱穆"隐然成为独树一帜、孤军奋斗的新学派"，则可商榷。如前所述，抗战时期与其同倡导民族本位文化史学而有影响的史家，非仅其一人，实已形成一个互通声气的流派或史学阵营，只是其成员的思想层次尚不尽一致罢了。

大致来看，其中南高系柳诒徵和缪凤林的史学理论与方法，保留的传统色彩更浓些。五四以来，他们与胡适、傅斯年为代表的科学实证派无论在观念还是私人感情上，几乎一直处于对峙状态。连向被人认为豁达宽厚、有容人雅量的胡适，对当年与之对阵的《学衡》主将吴宓也一直耿耿于怀，其和张其昀的关系直到晚年仍甚紧张。在 1958 年与郭廷以和蒋廷黻的私下谈话中，更直斥张"为一神经病、疯子，处处想以南高、东大、中大为主，打击北大及胡适之，专与台湾大学为难，以钱思亮不肯受其支配，张故意抬高政大、交大，压制台大。清华梅月涵亦饱受其欺凌。此次陈辞修组阁，必须使张离教育部"[②]。可见积怨之深。而中央大学的缪凤林在蒋介石败退台湾时，一度亦欲追随而去，但到台湾后，发现当地教育和学术界已被老对头傅斯年等的影响笼罩，感到无法容身，只得又返回了大陆。[③]

---

① 严耕望：《从师问学六十年》，氏著：《治史三书》，上海人民出版社 2008 年版，第 259 页。

② 参见郭廷以 1958 年 7 月 9 日日记，《郭量宇先生日记残稿》，"中央研究院"近代史研究所 2012 年版，第 82 页。

③ 据张其昀称："徐蚌战后，中大有迁校之议，赞虞（缪凤林）携其全部图书来台。闻当时学界某名公，主张台湾只办一所大学，中大迁校无望，赞虞又只身回南京。"参见张其昀：《中华五千年史》第三册"附记"，台北中国文化研究所出版部 1961 年版。

钱穆的情况与此稍有不同，他一度颇为胡适等人接纳，浸润于当时更为开放的北方学界多年，史学视野和格局较缪凤林和张其昀都要开阔些。他与“南高”系的张其昀一直保持着良好关系，抗战中，张曾邀其到遵义浙江大学担任史地系主任。钱则于1949年听从张建议南下香港办学，并因张“平日治史重通识，因此遂能注意到新史之创作”[①]而引为同调。对柳诒徵，钱穆后来也撰文称其《国史要义》“乃与当时仅知以疑古辨伪为史学，与夫此下之仅以枝节委琐之考据为史学者，相距遥远”。而《中国文化史》“所陈宋、明、清三代学术大趋，与夫其分别异同得失之所在，较之当时群所鼓嚣之学风，尽力推尊清代乾嘉诸儒之考据，而菲薄宋儒义理心性之学者于不屑一顾，正不啻恰相处在一对立之地位。然在当时，北方学者新文化运动之势力方张，柳氏讲学南雍，虽亦俊彦群凑，隐然为一方重镇，而砥柱之屹立，终无以障洪流之奔腾。直至于今，惩前毖后，痛定思痛，柳氏书如《国史要义》与《中国文化史》皆获在台重印，并获再版、三版，此后当益获社会及学术界之重视，可预卜也”。[②]并称：“柳先生的学问真可说是充实而有光辉。《中国文化史》虽谦称长篇，其为名世之作，将不会受到时间的限制。”[③]可见史学观念上两者之投契。而对顾颉刚，钱穆虽终生抱有知遇之感，学术上却不免与之渐行渐远，后来且不断对疑古史学发出公开批评；顾颉刚也在《日记》中对其与张其昀、贺麟等走近，在《大公报》屡发议论文字表示不满，认为：“其文甚美，其气甚壮，而内容经不起分析。（辛）树帜读之，甚为宾四惜，谓其如此发表文字，实自落其声价也。”[④]对于“道不同不相为谋”的胡适，钱与之虽不可能亲近，则总算维持了大体相安的关系。

陈寅恪在学术界所处的位置，似更特殊些。就其抗战时的文化观

① 钱穆：《张晓峰〈党史概要〉序》，约作于1955年，《钱宾四先生全集》第23册，第301页。

② 钱穆：《柳诒徵》，原载1961年10月台北中华学术院编：《中国文化综合研究》；又见《钱宾四先生全集》第23册，第205、209页。

③ 参见罗时贤：《柳翼谋先生及其〈学衡〉诸友》，《“国立”中央大学六十周年纪念特刊》，1965年12月，第112—113页。

④ 《顾颉刚日记》卷四，1941年11月10日条，第602页。

和史学倾向而言，无疑最接近民族本位文化一派。[①] 但他与当时史学界的各派几乎都保持了良好的关系。作为科学实证派大本营中研院史语所历史组的遥领组长，尽管他与傅斯年史学观念不全相同，却一直受到这位学界"霸才"的忍让和特殊礼遇；与此同时，其行迹又常出没于文化保守主义的学人圈内。在这方面，似大有左右逢源之乐。究其原因，除他与吴宓、傅斯年曾一起留学，与傅且有姻亲关系，彼此相知甚深，而学术上又能兼通考据与义理通识之长外，其为人处事的态度也极值得注意。因受家庭影响，其于社会政治，始终抱着极大的关怀，但行动上，又能事事超脱于外，且往往能从冷静的观察中发出深刻的判断。学术上，其超乎常人的资质与功力既为世所公认，却从不以此傲视或贬斥他人，而能一秉学术之公，评判人事。故在学术界一言一动，多能服人。

这些史家，尽管各有专攻和特点，但在现代中国史学的建设方向上，都不同程度地表现出以民族文化为本位的意趣，由此成为该派史学形成的共同理论基础。

抗战时期民族本位文化的史学主张及其实践尝试，是中国现代史学史上一个值得关注的环节。其所提出的现代史学建构路线，就其积极的意义看，对于当时流行的那种唯"西化"是从，认为传统史学除了考据方法尚值得继承外，其余史学理论、概念及其价值观念皆一无可取的偏颇，无疑是一种合理的回拨。

另一方面，也应看到，由于当时学术界对传统文化的系统清理和现代性转化方始起步，以及认识上的某些局限，民族本位文化史学的理论和实践均不免存在种种不足乃至粗糙之处。如在传统历史文献的使用上，经过整理国故运动的洗礼，缪凤林虽然不再把三皇五帝的传说视为信史，将唐虞以前称为"传疑时代"，但仍然沿用其师柳诒徵《中国文化史》的说法，认为上古"文物之演进，至黄帝而盛"，并引《世本》及《易传》为证，称天文、历法、算学、衣履等可能皆发明于其时。[②] 这自然是难以考信的，钱穆的《国史大纲》就不再采用此说。特别是对传统

---

① 关于陈寅恪史学，可参见本书第五章第四节相关论述。

② 缪凤林：《中国通史要略》，商务印书馆 1943 年版，第 19—20 页。

文化的认识，不少地方仍存有理想化的成分，柳诒徵所谓："由虞夏至周，礼法明备，其于地政民治政纲军备，洪纤毕具，尤非汉宋君臣徒托无为者可比。然汉宋君臣窃其余绪，犹若可以为治，岂古之政术，本天恤民，所由来者远，而所谓集私为公者，固常能节制其私而恒出于公耶？"[①]便明显表露出一种"慕古"情怀。在谈到如何发挥传统史学的借鉴作用时，缪凤林还称："今日执政者与政论家，对于各种制度，每无自信心，而以稗贩西制为能事，国家社会所受试验之害，亦已多矣。实则以吾国史之悠久，各种实施之制度与学者之理论，其可供今人借鉴者何限，研习古人之良法美意，以药时人空疏不学之弊，兼以改良政制，宏济群生，以民族主义为中心之国史教学，固亦有取于此尔。"[②]言下若中国历史经验已足供现代制度建设参考之需，诚不免有夸大本国古代史对现代借鉴作用之嫌。

至于钱穆所谓研究本国史应具"温情和敬意"的主张，固然饱含着对民族国家及其文化的厚爱，并透露出某种历史主义的意识，但不少地方，对中国古代文化尤其是政制的描述，显然也存在过于理想之处，以致连其后来的文化保守主义盟友徐复观也对此感到不解。此外，《国史大纲》虽为多年讲授中国通史的结晶，但由于编写过程比较仓促，仅年余时间，留下的遗憾也不少，其中有的部分如第十五章"北方之长期纷乱"有关五胡十六国的叙述几乎只有提纲和表格，实在太过简略。在材料的征引上，缪凤林指出的疏误就达二十余处。以致严耕望一再向钱穆建议："此书虽然极有创获，但写作草率，仍存讲义形式，宜当加工，增补修饰，臻于完美。"[③]

但即使如此，这一时期民族本位文化史学的理论与实践，在揭示传统史学的生命力，激发国民的民族自信和抗战意识，以及在现代史学建设上取得的实绩，仍是不可磨灭的。

---

① 柳诒徵：《国史要义·史义第七》，第250页。

② 缪凤林：《中学国史教学目标论》，《国风》第7卷第4期，1935年11月1日，第60页。

③ 严耕望：《从师问学六十年》，氏著：《治史三书》，第264页。

第九章

马克思主义史学的发展壮大

第一节　走向成熟的中国马克思主义史学

一、马克思主义史学阵地的巩固和拓展

抗战以后，中国马克思主义史学的建设在血与火的严峻考验中，取得了长足的进展。

这一点，首先突出地表现在其历经多年的探索和磨炼后，已在理论和实践的结合上日益走向成熟。

众所周知，马克思主义作为一种科学理论，固然有其基本的原理和体系。但在传入中国之初，却往往因人们接受或理解程度的不同而产生歧义，甚至示人以不同的形象。当其19世纪末进入国人的视线时，首先以其强烈的社会政治革命倾向，激起了革命党人和无政府主义者的关注。唯最初二十年间，各类报刊对其的介绍多属零星片断，至五四运动前后，才渐趋于系统化，并将唯物史观引入了社会学、史学和哲学等学术研究领域。但即使在这时，从事马克思主义著作研读和正面译介宣传的人员构成仍颇复杂，其中既有共产党人，也有早期无政府主义者、国民党高层理论家（如胡汉民、戴季陶），甚至加入中共后不久就自行脱党并在抗战中成为汉奸的陈公博、周佛海等人，或者竟可以说，其学术队伍的阵营是不清晰的。这个事实，一方面显示了马克思主义自身对社会各界的理论感召力，同时也表明当时国内思想界不少人士对其性质特别是阶级属性尚处于辨识的过程中，至于一般社会对之的认识，自然更为滞后，以致1926年北京“三一八惨案”后，北洋政府段祺瑞竟将徐谦、李大钊、李煜瀛、易培基、顾孟余等五人一并指为“假借共产主

义，啸聚群众，率暴徒闯袭国务院”而下令通缉。[①]

大革命失败后，随着国共分裂，马克思主义、非马克思主义和反马克思主义的政治界限日见分明，但在学术领域，其明确分野似乎要显得更晚些，在此后展开的中国社会性质和社会史论战中，政治立场不同的论战各方都不同程度地在学理上举起过唯物史观，用以证实自己的观点或反驳对方，便说明了这点。当然，也正是经过这场论战，使各方的学术立场及其相互间的区分度变得明晰起来，并形成了旗帜鲜明的中国马克思主义史学阵营。与其他学术派别相比，该阵营的基本特征在于：从人员结构看，这是一支以共产党人为核心、以改造社会为目标的革命史学队伍；在学术取向上，不仅始终坚持以唯物史观指导历史研究，还十分注重学理观与世界观的统一、学术实践与社会实践的统一，公开倡导学术研究应关怀现实，使之发挥服务现实和推动社会进步的作用。在论战中，他们一再强调：“对于未来社会的待望逼迫着我们不能不生出清算过往社会的要求。”[②] 其根本指向，“是为解放民族之一现实的任务上的问题”[③]。翦伯赞在对此进行理论总结时也表示：“我们要使主观的斗争配合着客观的形势——即历史的必然——的发展，尤其要以中国历史发展的原理指导这一现实的民族解放斗争，然后才能使这一斗争更顺利地获得最后的胜利。因此，现在来研究中国社会形势发展史的问题，决不是一种经院式的无病呻吟；反之，而是一个最迫切的政治任务。”[④] 这一治学理念，后来实际上成为中国马克思主义史学的一种传统。

抗战中，马克思主义史学更是顺应时代的要求，在建设民族新文化、推进学术中国化方面作了诸多的探索。应当看到，社会史论战虽然开创了运用唯物史观研究中国历史的广阔途径，但也暴露一些明显的弱点。这一点，不仅在当时遭到朱谦之、周予同等人的批评，认为其不免“理论多而事实少”，往往“拿着马克思的公式来解决中国社会上之复杂

---

① 李书华：《七年北大》，原载《传记文学》第6卷第2、3期，1965年2月、3月；又见王世儒、闻笛编：《我与北大》，北京大学出版社1998年版，第167页。

② 郭沫若：《中国古代社会研究·自序》，人民出版社1954年版。

③ 吕振羽：《给陶希圣的关于历史唯物主义的信》，《食货》第1卷，1935年第9期。

④ 翦伯赞：《历史哲学教程》，河北教育出版社2000年版，第195页。

问题”[①]，“致结果流于比附武断”[②]，也引起了马克思主义史家阵营内的反思。何干之就指出其中包含着“许多幼稚、空疏、不够的地方”[③]。侯外庐认为：“这场论战有一个最大的缺点，就是对于马克思主义的基本理论没有很好消化，融会贯通，往往是以公式对公式，以教条对教条。”[④]李平心也说：“近十年中国历史学界渐渐腾涨了清算旧史观的科学新潮，一般新历史学者企图用科学方法重新整理中国近代史；但无可讳言的，一种公式主义的积习严重妨碍了中国新史学的发展。最明显的例子，就是有些人离开中国特殊的历史条件和民众实践，机械地背诵新史观的公式，按照西洋社会史的模型来解说中国近代史；他们不能也不愿理解历史的一般规律在特殊状态中的具体展现，结果，为中国人民创造出来的生动历史场面，为中国近代民族生活所显示出来的无数历史特点，是给那种干枯无味的教条主义所荫蔽了。”[⑤]因此，他们急切地希望通过自己的努力，改进现状，把其推向更高的建设层次。1938 年 10 月毛泽东在中共六届六中全会报告中向全党发出“马克思主义中国化”的号召，由此在思想界引发了学术中国化的讨论后，这一问题更引起了马克思主义史家的普遍重视。在讨论中，嵇文甫认为：“中国需要现代化，需要把世界上进步的学术文化尽量吸收，使自己迅速壮大起来。然而我们有自己的社会机构，有自己的民族传统，有自己的历史发展阶段……世界上任何好东西，总须经过我们的咀嚼消化，融合到我们的血肉机体中，然后对于我们方为有用。”而“所谓‘中国化’，就是要把现代世界性的文化和自己民族的文化传统有机地联系起来。所以离开民族传统，就无从讲‘中国化’。”[⑥]在侯外庐看来：“学术中国化的基本精神，就在于‘知难行易’的传统继承，使世界认识与中国认识在世界前进运动实践中和中国历史向上运动实践中统一起来。”[⑦]有的还提出：学术中国化，“就是

---

① 朱谦之：《中国史学之阶段的发展》，《现代史学》第 2 卷第 1、2 期，1934 年 5 月 25 日。
② 周予同：《五十年来中国之新史学》，《学林》第 4 辑，1941 年 2 月。
③ 何干之：《中国社会性质问题论战》，《何干之文集》卷一，北京出版社 1993 年版，第 214 页。
④ 侯外庐：《韧的追求》，生活・读书・新知三联书店 1985 年版，第 224—225 页。
⑤ 李平心：《中国现代史初编・自序》，香港国泰出版公司 1940 年版。
⑥ 嵇文甫：《漫谈学术中国化问题》，《理论与现实》第 1 卷第 4 期，1940 年 2 月。
⑦ 侯外庐：《中国学术的传统与现阶段学术运动》，《理论与现实》创刊号，1939 年 4 月 15 日。

把目前世界上最进步的科学方法，用来研究中华民族自己历史上，自己所具有的各种现实环境上所有的一切具体问题，使我们得到最正确的方法来解决这一切问题”。并主张从传统的经史子集等“有学术价值的文献中，去研究出我民族对于宇宙观、人生观、哲学、科学思想、史学、政治原理、教育原理等等范畴，其研究是怎样发展下来的，其中有些什么好的东西必须由我们接受下来”。[①]本此精神，马克思主义史家在战乱播迁中，克服重重困难，展开了多方面的学术探索，在中国通史、学术思想史和近代史等领域取得了一系列开创性的研究成果，从而为中国马克思主义史学的建设和未来发展奠定了坚实的基础。

其次，在史学队伍建设及其学术阵地的巩固拓展方面，它也取得了显著的成绩。

抗战全面爆发后，随着国民政府西迁重庆及其军队在正面战场的节节败退，大片国土沦于敌手。在国家和民族的存亡危急之秋，马克思主义史家纷纷挺身而出，积极从事各项救亡活动：在上海这一抗日文化的“孤岛”，李平心等人在中共地下党的领导下，不仅通过现代知识讲座等途径，向青年学生和民众传授马克思主义的基本原理，还借助报刊时评，坚持宣传抗日，抨击投降路线，并撰写出版了《中国民主宪政运动史》和《论鲁迅思想》等专著，以此“传播历史的语言与真理的声音”[②]；在湖南长沙，翦伯赞、吕振羽、谭丕谟等发起成立了湖南省文化抗敌后援会和中苏文化协会湖南分会，团结各界人士从事救亡活动，吕振羽还在武岗县创办了塘田战时讲学院，身体力行地“实施战时教育，培养抗战干部”。[③]广州、武汉失陷后，面对大批文化界进步人士流亡大西南的形势，为团结更多爱国人士参与抗日，中共中央及时制定了加强文化界统一战线的政策，要求在国统区“发展进步的文化力量，发展民

① 潘梓年：《新阶段学术运动的任务》，《理论与现实》创刊号，1939 年 4 月。

② 平心：《论新中国·初版自序》，群众联合出版社 1941 年版。

③ 此学院自 1938 年 9 月 15 日开学，第一期招生 100 多人，编为两个研究班，一个补习班。次年 2 月，复招两班，凡 100 人，另插班生 25 人。同年 5 月，被国民党当局强令解散。详请参看刘茂林、叶桂生：《吕振羽评传》九“风雨斗江村 —— 塘田战时讲学院”，社会科学文献出版社 1990 年版。

主思想，主张思想自由，研究各种学术，宣传科学的社会主义，推进中国的文化向前发展”。并注意团结和培养文化干部，“吸收知识分子、各种专家学者参加一切抗战工作”。[①] 据此，中共中央南方局在周恩来的领导下，通过郭沫若为首的国民政府军事委员会政治部第三厅和后来的文化工作委员会，以及全国抗敌文协、中苏文化协会等合法组织，团聚起一批进步的文化人，组成广泛的抗日文化统一战线，把大后方的抗日宣传搞得风起云涌，由此引导更多的人走上了学习和接受马克思主义的道路，也为马克思主义史学阵地的不断壮大拓展了新的空间。

纵观抗战时期大后方马克思主义史家的整个活动，以重庆、桂林二地最为集中。

重庆是当时国民党政府的陪都，也是各方文人学者聚集的渊薮。在国共合作抗日的大背景下，郭沫若、杜国庠、侯外庐、吕振羽、翦伯赞、胡绳、杨荣国、吴泽等马克思主义史家都相继来到这里。作为一个战斗的学术群体，他们之间不仅保持着密切的私人联系，还以“读书会”的方式，定期组织理论学习和学术交流。据侯外庐回忆，他所在的小组，“每两周举行会议一次，经常出席讨论的同志中间，有许涤新、胡绳、杜国庠、翦伯赞、王寅生等人”。有时，周恩来也亲自参加，并作引导性的发言。[②] 为了向学界和社会展示运用唯物史观剖析历史和现实问题的新见，由郭沫若主持的文工会还“经常举办各种讲座、讲演会、报告会，以学术活动的方式联系群众、宣传群众、鼓动群众。主讲人都是著名的学者、专家。如郭沫若开的‘古代社会讲座’和关于文艺问题的演讲，邓初民讲的‘清国政治史’，翦伯赞开的‘新史学讲座’……常常因为人多座位不够，而要临时加座或更换会场”。[③] 皖南事变后，国共关系趋于紧张，为了防止国民党当局下毒手，重庆的许多共产党人被

① 关于这一方针，在 1940 年 9 月 10 日《中央关于发展文化运动的指示》就作了明确表述。此据《中共中央关于党在文化运动上的任务》（节录，1941 年 6 月 20 日），南方局党史资料编辑小组编：《南方局党史资料·文化工作》，重庆出版社 1990 年版，第 9 页。

② 侯外庐：《韧的追求》，第 121—122 页。

③ 阳翰笙：《从第三厅到文化工作委员会》，《中共党史资料》第 14 辑，中共党史资料出版社 1985 年版，第 253 页。

组织安排疏散到别处，有的赴延安，有的转移香港；鉴于马克思主义史家在当地公开发表讲演或论文也受到较前更大的限制，周恩来及时提出：“形势不利于大规模地搞公开活动，但这也是一个机会。有研究能力的人，尽可以利用这个机会，坐下来搞点研究。抓紧时间深造自己，深入研究几个问题，想写什么书，赶快把它写出来。”并建议侯外庐等人“致力马克思主义史学阵地的继续开拓与建设”。① 中国马克思主义史学史上的一些里程碑式的作品，如郭沫若的《青铜时代》和《十批判书》、吕振羽的《中国社会史诸问题》和《简明中国通史》（上）、翦伯赞的《中国史纲》二卷（即《先秦史》和《秦汉史》）、侯外庐的《中国古代思想学说史》和《中国近世思想学说史》等，正是在这一阶段潜心发愤写成的。

当时，史学领域的思想斗争十分尖锐，无论是抗战派，还是日本侵略者或卖国投降派，“都注视到中国社会的历史的发展规律性或历史上的可资借鉴的史迹。一方面，抗战派则从历史的规律中证明抗战胜利的可能性及今后建国应走的道路，或者从历史上民族斗争的光荣史迹来鼓励抗战的信心，或者从历史上民族败类的卖国阴谋来提高对投降分子的警惕性；另方面，投降分子则企图歪曲历史事实以证明其投降理论的正确，日寇御用学者也企图以中国历史的发展规律来证明其侵略行为的合理及有利于中国”②。抗战重庆时期吕振羽和吴泽等对日本军国主义御用学者秋泽修二宣扬中国社会“停滞论”和“外铄论”等侵略理论的批判，翦伯赞等史论中结合历史和现实对破坏抗战言行以及各种复古思想的抨击等，都是这一时代使命的产物。

与此同时，对于史学界较有代表性的一些唯心论观点，马克思主义史家也与之展开了多方面的思想交锋，如杜国庠对冯友兰“新理学”的批评，章汉夫对雷海宗“文化形态史观”的批评等。应当看到，这些批评和争论，当时都是出于“用马克思主义的科学方法，有理有据地恢复被唯心史家们歪曲了的历史本来面目”，并“大抵坚持了客观的、实事

---

① 侯外庐：《韧的追求》，第 114—115 页。

② 叶蠖生：《抗战以来的历史学》，《中国文化》第 3 卷第 2、3 期合刊，1941 年 8 月 20 日。

求是的、研究性的批判态度”，而不是也不可能以势压人。但即使如此，周恩来仍时时提醒他们：从抗战大局出发，对冯友兰或《战国策》的批评，“这些都不是主要矛盾”，“当前学术理论上最危险的敌人，是国民党右派的妥协投降理论，我们斗争的锋芒应该对准陈立夫的‘唯生论’”，要求他们做好学术界的团结统战工作。据侯外庐回忆：“在这样一种坚持团结、坚持进步的方针指导下，一九四二年，杜国庠等人和我一起发起成立‘新史学会’，顾颉刚、张志让、周谷城等著名学者，都聚会到这面‘新史学’的旗帜之下。”①

桂林则为抗战时广西省会，也是国民党桂系李宗仁和白崇禧的大本营。由于桂系一直与蒋介石集团矛盾重重并受到蒋的压制，在抗日民族统一战线已经建立的形势下，希望借重中共和其他民主人士的力量，为自己争得更大的活动空间，曾一度摆出较开明的姿态，使抗战前期的桂林出现了一个政治相对宽松的局面。因此，当 1938 年 10 月武汉、广州等地相继沦陷后，这里立即吸引了大批内迁的文化界进步人士。为加强国统区的统战工作，中共在当地设立了以李克农为主任的“八路军桂林办事处”，并将原在武汉郭沫若领导下的军委会政治部第三厅部分文艺骨干也转移到桂林，以团结、组织和引导各方爱国进步人士开展抗日文化活动。据有关统计，1938—1944 年间，这里云集的文化界人士多达千人以上，其中 20% 为全国知名人士。② 另有书店和出版社 170 余家、印刷厂 109 家，出版发行各类杂志近 200 种③，并通过一些中共领导或其影响下的进步出版社，如读书出版社、生活书店、新知书店、文化供应社、石火出版社、华华书店等，公开出版了不少马克思主义的史学著作，如陈昌浩的《近代世界革命史》（三卷，1939 年新知书店版）、吕振羽的《中国原始社会史》（1943 年耕耘出版社版）、邓初民的《中国社会史教程》（1942 年文化供应社版）、吴泽的《中国社会简史》（1942 年学

① 侯外庐：《韧的追求》，第 124、123、125 页。按：关于杜、侯两人 1942 年在重庆发起成立“新史学会”之事，仅见于此，其他相关人员包括《顾颉刚日记》都未见相关记载，颇可存疑。故更可能只是当时朋友间的一项提议而未真正付诸实施。

② 参见王坪：《文化城的文化状况》，《广西日报》1943 年 9 月 8 日。

③ 参见赵家璧：《忆桂林 —— 战时的出版城》，（上海）《大公报》1947 年 5 月 28 日。

艺出版社版）和《中国原始社会史》（1943 年文化供应社版）等。

其时聚集于桂林的文化人中，大多为文艺界人士，也有部分社会科学工作者，包括一批马克思主义的史学工作者，如宋云彬、曹伯韩、杨东纯、张健甫、杨荣国、陈竺同、谭丕谟、汪士楷等。其中，宋云彬作为军委政治部第三厅宣传科成员，于 1938 年 12 月自武汉撤至桂林，后参与创办文化供应社，先后任编辑、出版部主任和总编辑，并在桂林师范学院讲授中国近代史。曹伯韩与杨荣国也一度在该社任职。杨东纯自 1939 年 1 月至次年 6 月任桂林广西地方建设干部学校教育长，离职后，张健甫代之，并在该校讲授中国近代史。其他几位皆先后任教于桂林师院，陈竺同为史地系主任，长于少数民族史和中外交通史研究；谭丕谟为国文系主任，讲授中国文学史和思想史；汪士楷任西洋史教授。抗战胜利后，杨荣国也从重庆转至该校讲授中国哲学思想史。

这些人中除谭丕谟、杨荣国为中共地下党员外，余均在大革命前加入过中国共产党，其后虽因各种原因脱党，却始终未改对马克思主义的信仰。[①] 如汪士楷离开党组织后，仍积极从事马克思主义经典著作的翻译，先后出版了《哲学之贫困》（1929）、《马克思恩格斯政治论文集》（1930）等中译本。[②] 1933 年前后，与李达、吕振羽、黄松龄等“红

① 其中，宋云彬 1924 年加入中国共产党，1926 年秋至黄埔军校任政治部编纂股长，“七一五”事变时遭通缉，隐入上海出版界，与党组织失去联系。张健甫（1898—1955），原名幄筹，化名江汉波，湖南平江人。1925 年加入中国共产党，次年起，历任北伐军某部党代表、江西省委秘书长等职。1930 年因与赣西特委负责人发生意见分歧，被迫离党，从此转入文教界。曹伯韩 1921 年加入社会主义青年团，1924 年加入中国共产党，旋任中共湘区执行委员会宣传部长。马日事变后，到上海中共中央组织局宣传科工作。1930 年被国民党当局逮捕，判刑六年。出狱后与党组织失去联系。陈竺同（1893—1955），原名经，字啸秋，浙江永嘉（今温州鹿城区）人。1927 年加入中国共产党，大革命失败后脱党，流亡日本，入东京帝国大学研究院。1930 年归国后，历任复旦大学、中山大学、桂林师院等校教职。汪士楷（1894—1959），又名泽楷、杜叔林、杜敬斋等，湖南醴陵人。1919 年赴法勤工俭学，1922 年加入“旅欧中国少年共产党”，次年转为中共党员。为邓小平入团介绍人。旋赴莫斯科东方大学学习。1924 年归国。大革命时任中共安源地委书记、中共江西省委书记、国民革命军第二集团军政治部组织处长等职。1929 年底，被指追随陈独秀“托派”路线，开除出党。30 年代在北平中国大学等高校任教，与李达、吕振羽等共事，讲授社会主义思想史和国际关系等课程。

② 邹秉国、罗慧敏：《汪士楷教授对中国革命的历史贡献》，刘可风主编：《岁月如歌：中国财经政法大学校友回忆录》，湖北长江出版集团、湖北人民出版社 2008 年版。

色教授”同任教于北平中国大学，讲授社会主义思想史和国际关系等课程。[①]平时，“他从不隐讳自己的马列主义立场、观点，在师院授西洋史课程时，从来就是以历史唯物主义的观点忠实传授”[②]。讲课时，“总是从社会经济发展变化情况讲到政治、文化教育，进一步从政治、文化教育的兴衰，再讲到它们对经济基础的影响，阐明各个历史时期社会经济、政治与文化教育的相互联系”[③]。其他几位也都没有消沉，而是积极投身各种社会进步活动，并在史学研究中坚持了马克思主义唯物史观的基本立场。抗战中，他们先后聚集到桂林，与谭丕模、杨荣国等中共党员的学术活动互相呼应，共同为民族救亡运动奔走呼号，并能注意在实践中不断提高马克思主义的理论水平。据宋云彬日记，在桂林文化供应社期间，他每周日都要参加社内举办的读书会，和曹伯韩、张健甫、千家驹、萧敏颂、傅彬然、张铁生等一起讨论诸如辩证法、封建主义、图腾主义（指氏族社会）、思维与存在关系、形而上学与唯物辩证法等理论问题。[④]而他们的史学活动，同样坚持了唯物史观的基本立场。

如宋云彬的《东汉之宗教》，在基本史实的叙述上，虽多取梁启超、章太炎、皮锡瑞、王国维、郭沫若和周予同诸家之说参稽而用之，但在宏观理论的分析上，则力图以马克思主义的阶级斗争学说作出解释，强调“宗教和教育是有密切关系的，在阶级对立依然存在着的社会，宗教每做了支配阶级的武器，而教育就是使用这一武器的一种方法”。而儒家思想体系实即“封建社会支配阶级的心理，所以历代帝王都利用他以宰制天下”。而“无论何种宗教，他常随着社会每个进展的阶段上而有所变迁。例如原始共产社会的犹太教，一经耶稣的改革，便成为奴隶社会的信仰；再经繁琐哲学家的钩通，便成为封建制度的护符；三经马丁·路德的个人主义的改革，便成为今日资本社会的武器。儒家也是这

① 吴泽：《我的治学历程》，《吴泽文集》第1卷，华东师范大学出版社2002年版，第4页。

② 张毕来：《一生无长物，举世少知音——忆故友汪士楷教授》，张谷、魏华龄主编：《桂林文史资料》第36辑《国立桂林师范学院实录》，漓江出版社1997年版，第172页。

③ 何勇、岑寂：《忆汪士楷教授》，张谷、魏华龄主编：《桂林文史资料》第36辑《国立桂林师范学院实录》，第174—175页。

④ 见宋云彬：《红尘冷眼·桂林日记》，山西人民出版社2002年版。

样”。[①] 其对明代王阳明学说的评价，同样反映出这一特点。如指出：“我们如果承认人类社会所以组织的根本条件，是物质的生产与生产的手段时，那么，像王守仁那样以一心创化天地万物，把社会的本身只看作虚灵的心理的东西，不能不说他是世界的倒置，把世界建立在头脑上了。”又说王学之所以兴起，乃在适应了“当时社会之转变的方向，遂取得大众的接受，获得在社会中存立的根据，于是‘朱学时期’便不得不在这时候归于终结。然而王学没有救得明朝的危亡，其末流且流于荡佚礼法，于是王学便又随社会的转变而失去他在社会中存立的根据，便又归于终结”。[②] 陈竺同撰写《中国文化史略》，也旨在揭示“社会一切发展，都与人类生产发展保持着一定的关系，文化发展自然不是例外”。在他看来，文化就大的方面讲，包含了社会经济、政治和精神生活，但其中物质生产活动“是占着基础的地位”，艺术、习惯、思维“都与政制互相影响，而为生产力所决定，而具有反作用的力量”。[③] 全书力求运用唯物史观的原理，结合史书记载和金石学以及田野考古资料，吸取现代社会学与考古学的方法观念，按标志古代生产工具和生产力发展水准的石器、陶器、铜器、铁器等阶段，以及渔猎、畜牧、农业、商业等社会经济的演进次序，去解释两汉以前的中国文化史，虽然内容比较简单，但在当时，却是一种崭新的文化史研究思路。

与当时国内学院派史学的偏重古史研究不同，从究心时局和积极参与社会变革的立场出发，他们最为关注的是贴近现实的当代史研究，希望从中探究百年来中国社会变局的因果得失，以为社会进步所用。如面临日本军国主义咄咄逼人的侵华态势，陈竺同与张健甫抗战前就分别撰写了《日本势力下二十年来之满蒙》与《近六十年来的中日关系》[④] 等论著，对其近代以来侵占台湾、向东北等地渗透殖民等种种侵华行为作了揭露，并分析了日本作为后起资本主义国家在帝国主义时代对外侵略扩

① 宋云彬：《东汉之宗教》，商务印书馆 1931 年版，第 2、1、9 页。

② 宋云彬：《王守仁与明理学》，商务印书馆 1931 年版，第 106—107 页。

③ 陈竺同：《中国文化史略》，第 17、18 页。按：此书写成于 1943 年，1944 年由桂林文化书店出版。此处所引为 1950 年文光书店版《基本知识丛书》本。

④ 此书出版虽在 1938 年，然据其序，则完成于 1937 年七七事变前。

张的特点，意图唤起国人抗日救亡的意识。

他们还编著了多部中国近代史著。其中较有影响的是张健甫的《中国近百年史教程》和宋云彬的《中国近百年史》。

张著原为广西地方建设干部学校必修课讲义，曾于1939—1940年讲授两年。凡鸦片战争、太平天国革命运动、边境纠纷与藩属的丧失、中日战争的前因后果、从戊戌变法到八国联军、辛亥革命的成功与失败、从鲁案二十一条到五四运动、中国国民党改组与北伐、从九一八事变到七七全面抗战、一百年中国历史的回顾与前瞻等十讲，其中有关中日关系的三讲（即第四、七、九诸讲），系在其《近六十年来的中日关系》的基础上写成。是书于史实叙述虽较前人无明显突破，但颇能从社会经济形态的变化出发，扣住近代中国“由纯封建的农业社会降而为半殖民地半封建的社会”这一主线展开。在他看来，鸦片战争后，中国问题已“与世界问题息息相关，国际间的任何事件，都可影响中国的安危，左右中国的政局，明白地说，中国已为国际势力所支配，所以研究近百年中国历史是不能脱离国际范畴的”①。并依据这一认识，在第十讲第一节“一百年中国社会的变质及历史的分期”中，结合国际和国内局势的互动，将近百年的中国史按其向半殖民地的转化过程，以及国内反帝反封建民主革命运动的发展，分鸦片战争到甲午战争、甲午到1914年第一次世界大战爆发、1914年到1921年华盛顿会议、1921年到九一八事变、1931年到1937年抗战爆发等五个阶段作了考察，从而在一定程度上加强了各讲所述事件的内在联结度和历史演变的整体脉络感。该书1940年正式出版后，颇受欢迎，两年之中再版六次，后又多次重印。

宋著凡十四章，约40万字，记事起鸦片战争，迄抗战后国共谈判破裂。其书虽稍晚出，然叙事更详，观点更鲜明，特别是正面展示了大量有关中国共产党革命活动的史实。诚如作者所说：“现在坊间出版的中国近代史，大都是在抗战前编写的，没有把轰轰烈烈的抗战史写进去；并且为了避免触犯当道，对于大革命前后的史事的叙述，往往转

---

① 张健甫：《中国近百年史教程》，香港文化供应社1946年版，第1、359页。

弯抹角，很少能秉笔直书。这本书总算弥补了这个缺点。”[①] 如张健甫的《中国近百年史教程》在论及1924—1927年大革命时，就迫于当时形势，刻意回避了孙中山确定的联俄、联共、扶助农工的三大政策和北伐中国共合作的情况。宋云彬则不仅在书中对中国共产党的成立及其领导的早期工人运动、第一次国共合作的过程及其分裂作了较完整叙述，还对中共处理西安事变的方针、国共合作和抗日民族统一战线的形成，特别是在第十三章第五节“抗战八年的解放区”中，对抗战时期中共在敌后发动人民群众抗击日寇的巨大贡献、解放区不断扩大，及其内部的各项政权建设，财政经济和农工商业各项政策的实施，推广文教事业的成就，乃至延安的整风均作了正面报道，并附带提供了大量相关统计数据。其余各章叙事也都较翔实而规范。[②] 应当说，这在当时公开出版的中国近代史通论性著作中是十分少见和难能的。

此外，他们编著的史书还有一个共同特点，即注重面向社会大众。如曹伯韩的《中国现代史常识》和《中国近百年史十讲》系针对初中教学和一般读者而写，前者选取鸦片战争至抗战时期发生之大事，分十八课讲述，每课后附有习题，作者自称“没有着重在分析，而是着重了事实的叙述”[③]，其实叙事也相当简略；后者叙事稍详，且自谓“内容力求简单，解释则不避烦琐，一定要使得读者对每一史实的意义完全了解透彻”[④]，但为了契合当时一般社会的文化水平，仍然保持了简要通俗的风格。即使是作为地方干部学校教材的张健甫的《中国近百年史教程》，亦颇注意于此。其编例颇取法于“纲目体”，每节正文叙事简明，而后附“参考”甚详，内容为补充原始材料，追溯事件原委，并作进一步评析，颇便读者在学习中依据自己的程度循序而进。应当看到，他们这样做，乃是出于对现代文化建设的一种自觉。宋云彬在《中国文学史简

① 宋云彬：《中国近百年史·序》，香港新知书店1948年版。

② 此书记事也存在一些疏误之处，经人指出，作者曾作了自我批评和解释，可参看陈昌勃《评〈高中本国史〉上册》和宋氏本人《我对于〈高中本国近代〉的几点说明》（均见《人民日报》1950年9月6日）。

③ 曹伯韩：《中国现代史常识·序》，石火出版社1939年版。

④ 曹伯韩：《中国近百年史十讲·前记》，华华书店1942年版。

编》中便一再提到中国近代文化的大众化和平民化发展趋势，认为：自1920年代中期起，“文学为大众服务”已日渐成为新文学运动的一致目标，至1930年代乃有“文学大众化”口号的提出。文学大众化的主要条件，不外就是“为大众所了解（形式），写大众的生活”。而“抗战开始以后，革命形势一变，文艺工作者与人民大众的关系大有改进，新文学不仅简单地要求大众化，更进一步要求品质的提高，遂有‘民族形式’问题的提出”。并提出：“我们期待着今天的文艺作家站在大众的立场，批判地接受外来的文艺遗产，接受中国文艺传统上的优点，进一步创造出中国多数人所喜闻乐见的中国作风中国气派的文学作品来。”[①]也正因如此，尽管这些人自身的文史根底相当深厚，但他们作文编史，从不故作摇曳之态，而是从启发更多民众了解历史真相着眼，始终坚持了大众化、平民化的道路。他们的史学活动，虽不若同时重庆地区郭、吕、翦、侯等那样声势夺人，却与之桴鼓相应，共同推进了中国马克思主义史学的发展。

1946年6月全面内战爆发后，在国统区活动的一些马克思主义史家如郭沫若、翦伯赞、侯外庐、邓初民、胡绳、华岗、宋云彬等，经中共党组织的安排，先后转移至香港继续开展工作。此时，尽管蒋介石集团对各种民主进步力量实施了更加残酷和肆无忌惮的镇压，但马克思主义史学的发展势头，依然如“青山遮不住，毕竟东流去”，日益壮大不已。

二、延安革命根据地的史学建设

这一时期延安革命根据地的史学建设，是一种新型政权创建过程中的文化体制建构尝试，就此而言，显然有其更值得关注的地方。

1937年1月，中共中央机关进驻延安，此后十余年间，依此为中心在边区展开了多方面的政权建设，为其后全国政权的建立和运转积累了宝贵的经验。和以往的苏区政权相比，延安时期的建设，已不再限于

① 宋云彬：《中国文学史简编》，香港文化供应社1945年版，第137、139、140页。

眼前急需解决的军事、政治和财政问题，而是把范围延伸到了文化、艺术、民族和宗教政策，乃至学术等关乎一个政权长治久安的领域，并从理论上提出了建设“新民主主义文化”的基本方针。这既是中共政权建设思想日趋成熟的标志，也与当时大批知识分子因对国民党政府失望而纷纷来到延安有关。据相关研究，1938 年末，等待批准进入陕甘宁边区的青年学生就有 2 万人。[①] 至 1943 年底，到延安的知识分子已达 4 万余人，其中 40% 为高中以上文化程度者。[②] 这支知识生力军的到来，不仅壮大了边区的力量，也给其文化建设带来了新的思考和发展契机。其时延安根据地积极创办抗日军政大学、自然科学院、陕北公学、鲁迅艺术学院、马列学院、工人学校、中国女子大学、农业学校、中国医科大学、师范学校、延安大学、民族学院等二十余所院校，建立起中央研究院、中国现代革命史研究会、新哲学会、边区自然科学研究会（下设机电、农学、化学、数理、医学、地质矿冶等十多个学会）、文协等学术研究机构和团体，无不反映出这一趋势。

在延安的整个学术事业建设中，史学因其在弘扬民族精神和培育政治智慧方面的特殊作用，受到了以毛泽东为代表的中共领导层的高度重视。这一时期，毛泽东通过各种场合的报告、讲演或论著，一再强调了学习和研究历史的必要性，认为掌握革命理论和历史知识，是帮助我们事业取得成功的重要条件，“我们这个民族有数千年的历史，有它的特点，有它的许多珍贵品。对于这些，我们还是小学生。今天的中国是历史的中国的一个发展；我们是马克思主义的历史主义者，我们不应当割断历史。从孔夫子到孙中山，我们应当给以总结，承继这一份珍贵的遗产。这对于指导当前的伟大的运动，是有重要的帮助的”[③]。而研究中国近代史，现实意义尤大，故“对于近百年的中国史，应聚集人材，分工

---

① 据《剑桥中华民国史》（下）所引美国学者约翰·伊斯雷尔和唐纳德·W. 克莱因之说，见中国社会科学出版社 1994 年版，第 726 页。

② 据《胡乔木回忆毛泽东》披露，1943 年 12 月 22 日，任弼时在中央审干总结会议上发言说：“抗战后来延安的知识分子总共四万余人，就文化程度而言，初中以上 71%（其中高中以上 19%，高中 21%，初中 31%），初中以下约 30%。”（人民出版社 2003 年版，第 277 页）

③ 毛泽东：《中国共产党在民族战争中的地位》，《毛泽东选集》卷二，人民出版社 1967 年版，第 499 页。

合作地去做，克服无组织的状态。应先作经济史、政治史、军事史、文化史几个部门的分析的研究，然后才有可能作综合的研究”[①]。并曾建议由范文澜、总参谋部和总政治部、陈伯达、艾思奇、周扬等分工从事近代政治、军事、经济、哲学和文学诸史的研究。[②]不仅如此，他还打算亲自动手研究中国战争史和近代史[③]，在《如何研究中共党史》（1942年3月30日）的报告中，他还就党史的研究对象、方法、基本线索和框架等提出了具体的指导性意见。[④]时任中央书记处书记兼宣传部长的张闻天同样要求“每个干部应该应先学习历史、地理，以及各种必要的社会常识与科学知识”[⑤]，并将中国革命运动的经验教训和中国历史列为党内教育的基本课程[⑥]，其所主持编写的《中国现代革命运动史》（1937年冬）便是当时各根据地干部教育普遍使用的教材。党内的老成之士吴玉章也指出：历史是一种“发现整个人类社会发展变化的规律的科学”，“我们大中华民族正处在亡国灭种的生死关头，只有深刻的研究我们的历史，唤起全民族的爱国精神，团结一致，结成牢不可破的钢铁一般的民族统一战线，来推翻帝国主义的压迫，最迫切地是粉碎日本帝国主义的进攻，我们的民族革命和社会革命才能得到胜利”。[⑦]

延安根据地的史学建设，正是在此种氛围中展开的。这种建设，不仅涉及历史研究的理论和方法更新，还触及现代学术体制的建构层面。这一点，从延安中央研究院中国历史研究室的建立和活动中尤可清楚地感受到。该室原为马列学院（成立于1938年5月）下属之历史研究室，建于1939年2月，最初成员包括尹达、佟冬、杨绍萱和陈伯达（室

---

① 毛泽东：《改造我们的学习》，《毛泽东选集》卷三，人民出版社1966年版，第760页。

② 毛泽东：《在中央政治局会议上讲话的要点》（1943.3.16），《毛泽东文集》卷三，第10页。

③ 毛泽东在《关于研究民族史问题给何干之的信》中曾表示：“我想搜集中国战争史的材料，亦至今没有着手，我的工具不够，今年还只能作工具的研究，即研究哲学、经济学、列宁主义，而以哲学为主，将来拟研究近代史，盼你多多指教。”《毛泽东文集》卷二，第143页。

④ 文见《毛泽东文集》卷二，第399—408页。

⑤ 张闻天：《提高干部学习的质量》，《张闻天文集》卷三，中共党史出版社1994年版，第147页。

⑥ 张闻天：《党的宣传鼓动工作提纲》，《张闻天文集》卷三，第155页。

⑦ 吴玉章：《研究中国历史的意义》，《解放》第52期，1938年9月。

范文澜

主任）四人，主要从事干部教育工作。1940年1月，范文澜（1893—1969）到延安加盟该室，并任主任，另增加谢华、叶蠖生、金灿然、唐国庆等人员，其工作始转向以编写《中国通史简编》为主。次年7月，马列学院改组为马列研究院，8月以后，又更名中央研究院，下设中国政治、经济、思想文化、教育、文艺、新闻、历史及国际问题和俄文等九个研究室，各制定了相关的研究计划。这一体制的变化，标志着该机构的职能已由过去以教学为主转向以研究和培养专业人才为重心，人员构成也发生了相应变化——各室除研究员外，还包括了一定数量的研究生。"研究员的任务是独立进行研究工作，其中过去已有一定学术地位的同志定为特别研究员，他们的工作职责和研究员相同，只是生活待遇上得到一些优待。研究生的任务是边学习边工作，开始以学习为主，逐步走向独立工作。"[①]

中国历史研究室的成员其时已扩至十六七位，包括上文提到的范、杨、佟、谢、叶、金，以及新增的齐燕铭、吕振羽（两位均为特别研究员）、刘亚生等九名研究员和七八位研究生。从该室1942年2月3日制定的三年规划看，主要工作可分三方面：一为近代史组，负责编写《中国通史简编》下册近代部分（古代部分上、中两册已于1941年底完成）、《中国经学史》（以上范文澜），《苏维埃运动史》、《中国近代政治史》、《抗战史》、《中国经济政治制度史》（以上叶蠖生）和收集东洋近代史料（李徽）；二为农民土地组，负责编写《中国土地制度史》（佟冬）、《中国法制史》（孙孝实）和《中国农民战争史》（刘亚生与宗箴）；三为民族组，从事民族史（金灿然）和西南少数民族史（陈道）研究。另外，还有一些教材和资料，如《中国国文选》、《中级中国历史课本》、《中国史初级教本》、《中国文学史》、《中国近代思想史料》、《中国通史

① 叶蠖生：《我所了解的中国历史研究室》，温济泽等编：《延安中央研究院回忆录》，湖南人民出版社1984年版，第73页。

附录图表》的编写等。其工作方式，大致“以个人独立研究为主与集体商讨相辅进行”。此计划虽雄心勃勃，但在当时的条件下，对于一个仅十余人的研究机构，显然过于庞大了。何况延安中国历史研究室的成员并不仅仅是学者，他们更视自己为中国革命的实践家。其日常工作除学术研究外，还须直接参与许多政治事务以及为打破敌对势力从经济上封锁边区而开展的“大生产运动”。同时，按有关规定，其研究人员通常“以一半时间从事日常工作，另一半时间加深理论修养”，即须安排大量时间研读马列和时事政治书籍，并参与整风运动，以提高运用马克思主义及其唯物史观的水平。这些，都不能不使其直接从事专业研究的时间大受制约。随着1943年5月研究院改组为中央党校三部及该室建制的消解，更使其失去了继续原计划的凭借，以致最后完成的项目仅《中国通史简编》、《苏维埃运动史》(初稿)、《中级中国史课本》和《中国国文选》等数种，而其中真正有分量的实唯《中国通史简编》一种。

从延安中国历史研究室的整个运作看，其人员编制和工作模式与北大国学门和史语所大致相近，但在工作目标与体制方面却表现出相当的异趣。首先，在研究理论和方法上，它十分强调马克思主义的主导作用，并对当时史语所等机构所奉行的实证史学始终持公开的批判态度，其研究计划还特将胡适、梁启超和何炳松列入了应批判的“各种非科学之历史方法”之中。①这就在相当程度上标识出了其工作特具的党性意识。其次，按照中共中央《关于延安干部学校的决定》，延安中央研究院被确定“为培养党的理论干部的高级研究机关，直属中央宣传部”②。这一规定的含义自然是：人文社会科学研究应当成为帮助人们了解社会历史与现状，教育人民，打击敌人，进行抗日救国和社会革命的精神武器，从而有效地发挥其社会宣传和教育功能。据此，研究院下属各研究室的工作计划和研究课题，无不表现出强烈的社会政治革命倾向和现实参与性。如政治研究室对中国革命问题的研究，经济研究室对鸦片战争

---

① 上引均见《中国历史研究室研究计划(二年计划)》，温济泽等编：《延安中央研究院回忆录》，第280—282页。

② 李维汉：《中央研究院的研究工作和整风运动》，温济泽等编：《延安中央研究院回忆录》，第7页。

以来中国经济及其现状的研究，教育研究室对现代教育思潮以及抗战以来国内一般教育状况的研究等，都是如此。这与五四以来部分学者崇尚“为学术而学术”的主张可以说形成了鲜明的反差。[①]此种治学倾向，可以说既是对传统“经世致用”观的继承，也是现实和时局诉求的一种反映，自有其积极的意义。

应当指出，延安中国历史研究室的存在虽仅四年多，影响却不可低估。不仅由范文澜撰写的《中国通史简编》，作为第一部运用唯物史观编就的完整中国通史为后来此类史书的编写树立了新范式，其运作机制也直接为日后大陆的史学研究机构所继承。1947 年，范文澜在晋冀鲁豫边区的北方大学任校长期间，就按当年延安的模式重新组建了历史研究室，并亲自兼任室主任。次年并入华北大学后，仍保留了该编制。1951 年，又以此为基础首先建立起新中国第一个史学研究机构——中国科学院近代史研究所（即第三历史研究所）。这一过程，使延安时期史学机构运行的观念和某些制度自然也深深植入其中。

延安时期的史学建设，还突出地表现在对历史教育的重视及其制度化的运作上。其具体操作，按不同对象，主要分为三个层面。

一是干部教育，延安时期创办的学校，不仅抗大、马列学院、泽东青年干校、行政学院、军政学院、军事学院等专为培养干部而设，即如陕公、鲁艺、中国女子大学和后来的延安大学也都带有这种性质。[②]这些学校的课程中，历史都占有相当比重。如马列学院第一班仅三个月的学程中，近代世界革命运动史即为其主修课程之一；抗大、陕公大学部和中国女子大学的课程中包含了中国革命运动史、世界革命运动史和社

---

① 参见《原延安中央研究院各研究室的计划》，温济泽等编：《延安中央研究院回忆录》，第 285—291 页。

② 艾思奇《抗战中的陕甘宁边区文化运动》即称：“抗战以来，这些学校已经训练出了大批抗战工作的干部，分配到全国各地工作。举几个重要的学校来说，毕业的人数，大约有这样的数目：抗大一万二千多人；陕公六千多人；青训班一万多人；鲁艺二百多人。这些数目中除相互转学的不算外，大约有二万五千多人。这些毕业的干部，都是分配到全国各地，特别是到前线的地方做抗战工作，或在农村中做民众工作。”《中国文化》第 1 卷第 2 期，1940 年。

会发展史等[①]；成立稍晚而学制更为规整的延安大学也将中国通史列为各学院的通设必修课[②]。至于中共党史和联共（布）党史，更是这些院校包括延安自然科学院等理工类学生的政治必修。这样的课程设置和历史教学方针与国统区高等院校比较起来，存在着明显的差异。首先，和当时国统区大学历史研究和教学普遍偏重中国古代史不同，其关注的重心明显在中国近现代史。这一点，不仅与当时中共面临抗日和中国革命等诸多急需解决的现实问题，以及这些学校以培养干部为主的教育方针有关，实际上也受制于根据地办学过于简陋的条件。1940年初，艾思奇在边区文协第一次代表大会上的报告中就指出：边区的历史研究，在古代哲学和古代社会方面虽有一些成绩，但相比之下，“对于中国近代史的研究，成绩还更大些”。并说：“对于历史和旧的学术的研究，边区所感到的最大困难是研究材料的缺少，而且这方面的研究才是开始，所以虽有一些成绩，而成绩并不大。”[③]其次，从教育性质看，它并非史学专业教育，因而并不追求中外通史等系统的历史知识传授，而是着眼于对现实更为关切的中外近现代革命史的深入了解，以便通过对前人革命成败经验的学习和总结，有效提高学生的政治素质和参与现实的能力。从这个意义上说，它似乎更接近于政教类课程的教学功能。当时延安编写出版并被用为教材的近现代史著作，如张闻天《中国现代革命运动史》、何干之《中国启蒙运动史》、陈昌浩《近代世界革命史》、范文澜《中国近代史》（上）、杨松和邓力群编《中国近代史参考资料》等，无不贯穿着这一编写宗旨。

二是中小学历史教育。陕甘宁边区中小学的历史教学，一度参照国统区颁布的相关课程标准[④]，延安整风开始以后，对此有所调整。1939年8月和1941年2月，边区教育厅先后发布《陕甘宁边区小学规程》

---

① 参见陕西师范大学教育研究所编《陕甘宁边区教育资料》（教育科学出版社1981年版）第375页、《老解放区教育资料·二、抗日战争时期（下）》（教育科学出版社1986年版）第387页、黎曼《谈女大高级研究班的学习》（《新华日报》1940年7月20日）。

② 《延安大学建立正规学制》，《解放日报》1942年2月10日。

③ 艾思奇：《抗战中的陕甘宁边区文化运动》，《中国文化》第1卷第2期，1940年。

④ 关于抗战时国民政府颁布的有关历史课程标准，可参见本书第八章第二节“二、救亡潮中的史学使命感”。

和修订版，规定初小学生常识课包括政治、自然、历史、地理四门，每周各为一学时，高小为每周一个半学时。[①]1942年颁布的《陕甘宁边区暂行中学规程》（草案）规定，初级中学设置11门课程，历史课程共开设三学年，每周两课时；高级中学设置13门课程，历史课程每学年均设置，第一学年每周两课时，第二学年每周三课时。[②]中小学文史教学的目标在于为型塑和提高现代国民的道德和人文素质打好基础，但在全民抗战的形势下，又有其特殊的要求。1941年边区政府的规定就明确抗战时中等学校的全部课程都当以民族独立、民主自由和人民幸福的理论为中心，历史教学也应"以历史唯物主义的观点，叙述中华民族解放运动与世界革命运动的经验与教训，以养成青年的革命的民族主义与国际主义的精神"[③]。1944年5月公布中等学校新课程还规定史地课："第一学期教鸦片战争以前的中国史，第二学期教近百年中国史，特重五四以后的现代史，外国史仅于两学期中取必要者参入教授。"[④]其时编写的中小学历史教材，如辛安亭所编、边区教育厅发行的高小历史课本和《中国历史讲话》，叶蠖生的《初级中学中国历史课本》等，都贯彻了这一精神。在表述方面，"除了词句方面力求清浅，少用专词、术语，少用长句、复句外，在史事的叙述方面力求化复杂为简明，化高深为浅易"[⑤]，有的还在历史知识的讲授上注意结合当地的民情，以使教育对象更易接受。

三是社会公众的历史教育。延安时期的公众教育形式多样，从有组织的识字组（文字启蒙与扫盲组织）、冬学（利用冬季农闲时间组织文化补课等）、夜校、民众教育馆（县级常设机构，通过开办阅览室，出版各类通俗小报和墙报等开展教育）等，到书刊的宣传，触及社会面十分宽广。在历史知识的传播方面，主要是两种方式：一为编写出版大众

① 参见《陕甘宁边区小学规程》（1939.8.15）和修订本（1941.2.1），陕西师范大学教育研究所编：《陕甘宁边区教育资料小学教育部分（上）》，第61、102—103页。

② 参见江山野主编：《世界中学课程设置博览》，吉林教育出版社1989年版，第172—173页。

③ 参见陕西师范大学教育研究所编：《陕甘宁边区教育资料教育方针政策部分（上）》，第139页。

④ 《中共中央西北局宣传部、陕甘宁边区政府教育厅拟定中等学校新课程》，原载1944年5月27日《解放日报》，转引自江山野主编：《世界中学课程设置博览》，第177页。

⑤ 辛安亭：《陕甘宁边区部分教材介绍》，《西北师院学报》1986年第3期。

化的通俗历史读物，如许立群的《中国史话》（1942）、韩启农的《中国近代史话》（1945）、柯山的《日本革命运动史话》（1942—1943年《解放日报》连载本），以及一些干部历史读物。一为编演群众喜闻乐见的历史剧，如《完璧归赵》、《苏武牧羊》、《江油关》（又名《亡蜀鉴》）、《亡宋鉴》、《瓦岗山》、《逼上梁山》、《太平天国》、《血祭九一八》、《广州暴动》、《史可法》、《石达开》、《秋瑾》、《秦桧》、《吴三桂》、《洪承畴》等，激励民族气节，歌颂反抗暴政的革命精神，鞭笞投降失节分子，演绎历史上的成败得失，给普通百姓以生动而富有现实意义的思想教育。

上述情况表明，延安时期的史学，承继了中国文化中“以文载道”的传统，具有强烈的用世色彩，吴玉章所说“历史科学是为民族革命和社会革命而斗争的有力工具”[①]，实为当时许多人的共识，故无论是学术机构的研究和著述，抑或是面向社会各层次的历史教育，都毫无例外地围绕着现实的需求展开，堪称“凡文之无关乎马列经典之指、当世之务者，一切不为”，它实际上已与新型革命政权的整个运作融为一体。自然，在当时的历史条件下，强调并发扬史学的经世功能特别是其政治学的功能，对于激发和强化人们的抗战意志，宣传革命政权生存和发展的正当性，确实起到过相当的作用。问题在于，如在治史中过分强调于此而放弃科学性第一的原则，片面地以革命性取代科学性，那就很容易滑向破坏学术自身的科学性乃至“滥用历史”的歧路。这种倾向，其实在当时就有所显露。如边区教育厅教材编辑辛安亭1938年编写的四册本高小历史课本，为突出与抗战有关的内容，先是采用第一册讲九一八以后的国内外大事，第二册讲中国近百年史及一战和俄国革命，第三、四册才讲中外古代史的叙事方式。结果因宣传成分太多，基础知识偏少，且“编排太没有系统”而遭到批评，经1942年修改后，才成为一部观点新颖、知识比较系统的受人欢迎教材。[②]即使是范文澜这样学术根底深厚的史家，在《中国通史简编》的编写中也不免因其中存在混淆历史

① 吴玉章：《研究中国历史的意义》，《解放》第52期，1938年9月。

② 辛安亭：《回顾在延安十一年的教材编写生活》，《西北师大学报》1977年第4期。

和现实之处而使其科学性受到一定的损害。[①] 这确实是值得后人引以为戒的。

三、唯物史观影响的进一步扩大

这一时期，中国马克思主义史学的发展不仅表现为自身队伍的不断成熟和壮大，还反映在其认识历史的核心理念唯物史观对整个学术界，包括非马克思主义史家的实际影响也日益扩大。这一点，从其时颇为流行的一些史学概论中就不难看到。

如 1930 年代中期，李则刚就在所著《史学通论》中明确肯定了唯物史观对于建立历史科学所起的关键作用，认为："这完全以经济的关系来解释历史，从历史的本身寻找揭示历史的原素，既不是神学的史观，也不是唯心论的史观，使历史哲学成为科学的，遂为历史学辟一个新局面。"并从理论上反驳了各种历史学不能成为科学的理由，指出："自辩证法与自然科学结合以来，历史的经济一元论阐明以后，历史的科学基础更为巩固。"[②] 在安庆高级中学任教期间，他的这些观点给学生以很大启发。其学生严耕望晚年犹忆及："在高中三年中，我由于李先生的引导与长庆（指其同班同学董长庆。——引者）的联系，看了不少社会科学书籍，也略涉一点唯物史观的理论，对于我后来的史学观念，影响也极大！"[③]

又如吕思勉 1923 年发表的《白话本国史》，贯穿全书的历史观尚是进化论，但在抗战时期写就的《历史研究法》中，已注意到唯物史观的重要价值。称："马克思以经济为社会的基础之说，不可以不知道……

---

① 1951 年 2 月，范文澜在《关于〈中国通史简编〉》（《新建设》第 4 卷第 12 期）一文中即自我检讨说：当年编写的旧本《中国通史简编》"有些地方因'借古说今'而损害了实事求是的历史观点"，认为"如果简单地借古人古事来模拟今人今事，这就不是'一切以条件、地方以及时间为转移'的历史的观察社会现象的态度"。

② 李则刚：《史学通论》，商务印书馆 1935 年版，第 71、135 页。

③ 严耕望：《钱穆宾四先生与我》，氏著：《治史三书》，第 236—237 页。

以物质为基础，以经济现象为社会最重要的条件，而把他种现象看作依附于其上的上层建筑，对于史事的了解，实在是有很大的帮助的。但能平心观察，其理自明。”并据此解释了近代科技和物质文明对人类社会组织、观念、交通乃至整个文化变动的巨大影响，以为“近代西洋科学及物质文明的发达，实在是通于全世界划时期的一个大变”。[①]

即使是对唯物史观持有保留看法的陆懋德，在其《史学方法大纲》中也指出：“今日之研究社会科学者，已多趋于唯物派一途。”只是认为，唯物和唯心史观，“二者当参用而不可偏用。如偏于心理，则流于虚玄论之病；如偏于物质，则流于机械论之病”。因历史发展过程中，心理和物质之作用，恒相互影响，“经济状况能改变人的意识，而人的意识亦能改变经济状况”，故不可执一而论。不过，他仍肯定：“盖历史的变化，甚为复杂。取用任何一种原因，皆不能解释圆满，而经济状况有最大的决定，自当承认。”[②]顾颉刚亦表示：“近年唯物史观风靡一世，就有许多人痛诋我们不站在这个立场上作研究为不当。他人我不知，我自己决不反对唯物史观。我感觉到研究古史年代、人物事迹、书籍真伪，需用于唯物史观的甚少，无宁说这种种正是唯物史观者所亟待于校勘和考证学者的借助之为宜；至于研究古代思想及制度时，则我们不该不取唯物史观为其基本观念。”[③]

与此同时，唯物史观的一些基本原理，也被不同程度地引入了他们的历史研究或史书编写之中。

如吕思勉在1923年出版的《白话本国史》中，对上古的“尧舜禅让”传说，原来断定这“实在是儒家的学说，并非实有其事”。理由是“世界究竟是进化的，后世总比古人好。譬如‘政体’，断没有后世是‘专制’，古时候反有所谓‘禅让’之理”。[④]而其后来编写的《中国社会

① 吕思勉：《历史研究法》，氏著：《史学四种》，上海人民出版社1981年版，第39—41页。

② 陆懋德：《史学方法大纲》(1943)，北京师范大学史学研究所资料室1980年印本，第84、85页。

③ 顾颉刚：《古史辨》(四)序(1932.12)，第22页。

④ 吕思勉：《中国史》(即《白话本国史》)，中国华侨出版社2010年版，第11—12页。

史》[①]，却承认了古代曾经历过“原始共产之世”，其时“力作皆以为群，相养亦惟群是待。故老弱疾病之民，亦皆有以食之；死亡迁徙之事，则必有以协助之”。“原始部落共产之制，随世运之进步而逐渐破坏。其所由然，则以社会组织之改变，由于私有制之产生，私利之心日盛也”。对于尧舜禅让，他虽仍抱有疑问，但也提到：上古时君位继承，“亦有群族所奉，出于公推，不必即为一族之长者，此即选君之制。然人情恒私其子孙，所选者权力既大，选之者不复能制，则坏毁旧法，以传其所欲传之人矣”[②]。可见对唯物史观的某些观念已有所采纳。

李则刚的《始祖的诞生与图腾》则参考美国民族学家摩尔根（L. H. Morgan，1818—1881）《古代社会》（*Ancient Society*）的理论，结合传统典籍的记载，对中国原始氏族社会的图腾制作了探索。认为旧籍有关上古的记载，固然包含着不少荒诞不经的传说，但其中也存有一些历史的真实影子。“吾人知道图腾制度为各民族必经的阶段，始祖诞生的传说，势必与图腾发生关系，既与图腾发生关系，势必有‘玄鸟生商’一类的故事产生。吾人倒因为传说的存在，得知社会发展的真象，不能不致谢于保存传说之人。惜传说究以‘文不雅训’之故，存留至今者甚少。但是吾人仅就现存的传说研究，似乎已足证明中国古代社会确也经过图腾制度。”[③]不仅如此，他还在安徽大学和安徽学院，通过中国文化史和历史形态的研究等课程，对马克思主义的社会历史形态理论作了探讨和阐述。[④]

陈寅恪和冯友兰对唯物史观的态度，亦颇耐人寻味。前者在《王观堂先生挽词序》和《隋唐制度渊源略论稿》都有一些接近唯物史观的史实分析（详参本书第五章有关陈寅恪史学的论述）。后者虽被视为中

① 本书系吕氏生前讲稿，分农工商业、财产、钱币、饮食、衣服、宫室、婚姻、宗族、国体、政体、阶级、户籍、赋役、征榷、官制、选举、兵制、刑法等十八专题论述。其中国体、政体、宗族、阶级、婚姻五专题曾以单行本行世。全书至 1985 年方由上海教育出版社以《中国制度史》为名出版，但对原稿有较大删改。2007 年上海古籍出版社据原稿排印，并复其原名为《中国社会史》。

② 吕思勉：《中国社会史》，上海古籍出版社 2007 年版，第 48、49、320 页。

③ 李则刚：《始祖的诞生与图腾》（1935），上海文艺出版社 1988 年影印本，第 76—77 页。

④ 参见李修松编：《李则刚遗著选编》，安徽大学出版社 2006 年版。

国现代新儒家代表人物，但从1920年代起就对社会主义学说有所关注，其1924年所著《人生哲学》，即称社会主义“比资本主义的社会制度为较优”。[①] 在1931—1934年出版的《中国哲学史》中，对唯物史观已有所取，如论及先秦诸子哲学发达的原因时，认为春秋以后，“政治制度、社会组织，及经济制度，皆有根本的改变”，由此引起思想界之动荡变化。至西汉中叶，此种变动渐止，新社会秩序日趋稳定，诸子争鸣局面亦因之结束。[②]1933—1934年欧游归国后，对唯物史观的理解更进一层，深信“一切社会政治等制度，都是建筑在经济制度上。有某种经济制度，就要有某种社会政治制度。换句话说：有某种所谓物质文明，就要有某种所谓精神文明。这都是一套的”。又说：若用唯物史观看历史，就“不能离开历史上的一件事情或制度的环境，而单抽象的批评其事情或制度的好坏……再就历史演变中之每一阶段之整个的一套说，每一套的经济社会政治制度，也各有其历史的使命”[③]。其《新事论》对中西社会与文化的讨论，尤有不少地方依据了唯物史观的基本原理，指出：中西方的强弱及其文化差别，实因两种不同生产方式，即“以家为本位”和“以社会为本位”的生产制度决定，中国现在所经之时代，正是“自生产家庭化底文化转入生产社会化底文化之时代”。[④] 这些新见在哲学史研究中的阐发，使之博得了该时期辩证唯物论思潮代表的名声。[⑤]

当然，这些学者对唯物史观的认识，都有一定的局限或保留。以吕思勉的史学思想而论，最为突出的基调仍是一种广义的文化史观；陈寅恪对社会经济的重视，理论来源也并不出于一端，实际上还包含着由古代良史关注“食货”一脉而来的直接影响等；而在冯友兰当时的学术研究中，唯物史观也只是其博采各种现代学理和方法的一个方面。然即使如此，这些史学巨子的思想活动，仍足以使人感受到当时学术界的风气

---

① 冯友兰：《人生哲学》，《冯友兰文集》卷一，长春出版社2008年版，第376页。

② 冯友兰：《中国哲学史》，华东师范大学出版社2000年版，第19、26页。

③ 冯友兰：《秦汉历史哲学》，《冯友兰文集》卷十，长春出版社2008年版，第54页。

④ 冯友兰：《新事论》，上海书店出版社1996年影印本，第56—57、72页。

⑤ 郭湛波《近五十年中国思想史》即称冯氏自欧游“归国后，思想为之大变，代表‘辩证唯物论’的思潮，但是融会贯通而自成体系，非同流俗趋时者可比”。山东人民出版社1997年重版，第154页。

转换和唯物史观的影响之广。

这种现象的存在，从根本上说，乃是唯物史观自具的理论感召力所致。因为在那个时代，接受唯物史观，完全是出于一种学术自觉和追求真理的使命感，而不是迫于外力的被动。应当看到，马克思主义、唯物史观、“共产”或共产党这些概念在民国的学术生态中，境遇其实不尽相同。对于“共产革命”或共产党，无论是北洋政府还是国民党政府，都视之为洪水猛兽，必欲扑灭之而后快。而比较单纯的“学术”马克思主义和唯物史观，处境似乎要好一些。且不说社会史论战中许多学者公开打出唯物史观的旗号相互争鸣，1930 年代的大学里，一些教师仍可公开讲授马克思的学说。据侯外庐回忆，当时“在张学良统治下的北平，一段时间内，不论组织集会，还是宣传马克思主义，只要限于学校范围内，多少还有那么一点自由。即使有时把人抓去，也会较快地释放”。乃至 1932 年暑假后蒋介石派其侄儿蒋孝先率宪兵三团到北平，试图对中共组织实施严厉镇压而逮捕侯外庐后，民国大学校长雷殷致电法学院院长白鹏飞，请其帮助救侯的理由依然是：“侯玉枢君，前在哈法大任教，对马克思学说颇有研究，但尚未运动宣传情事，闻因讲演受嫌被捕，请公加意营救。”而这一时期山西军阀阎锡山为标榜自己统治地区的“开明”和“民主”，也曾允许一些进步人士在当地有条件地讲授一些马克思主义哲学和政治经济学。1933 年秋，侯外庐从北平出狱到山西，还由阎的绥靖公署付给薪水而专事《资本论》的翻译。[①] 可见其时的国统区，唯物史观和马克思的学说在军阀纷争形成的地区政治不平衡中，仍保持着一定的生存和传播空间。

抗战中，在国共合作的新形势下，国民党当局虽未放弃“溶共、防共、限共、反共”的根本方针，但在某些公开场合，特别是高校和学术领域，更不得不做出一点“松动”的姿态。如 1939 年国民党当局杀害新四军干部，制造“平江惨案”后，溆浦县国民党党部书记长找到正在当地民国学院任教的翦伯赞，试图以此威胁其勿再宣传马克思主义。翦伯赞却理直气壮地说：“这里是大学，是讲学的地方，和你们县党部不一

---

① 侯外庐：《韧的追求》，第 42、49 页。

样。你们那里只准讲‘三民主义’，这里各种学说都允许讲。”又说：“我讲马克思主义已经很久了，并不是什么秘密。我在南京住了多年，一贯是讲马克思主义的。我在长沙、沅陵都讲马克思主义，难道到了你们贵溆浦，就不允许我讲马克思主义了吗？你们不要以为谁讲了马克思主义，就有多大的问题，就大逆不道！你们要明白，这是学术！”“上海、北平的大学教授，讲马克思主义的多得很，难道都是共产党？都要抓起来？”说得对方语塞而退。[①] 这些情况，正有助于我们从另一个侧面认识那个时代“学术”和“实践”（政治）的马克思主义间存在的差异。

综上所述，我们认为，全面认识马克思主义史学在现代中国的发展和影响，至少应从两个层面加以把握：一是马克思主义史学队伍的成长及其活动；二是唯物史观在各史学实践领域的具体表现。前者为中国马克思主义史学的核心和主体力量，后者则标示着该史学思潮在学术界的实际影响力。

有人主张，既然马克思主义史学的基本特征就是运用唯物史观治史，那么，判别现代史上个人或团体是否属该阵营的基本依据，就看其是否在学术研究中运用了此史观。盖狭义唯物史观（指马克思主义有关经济基础和上层建筑关系的理论）的学理乃广义唯物史观（包括了马克思主义的全部基本学说）之基础与核心，后者涉及的社会发展理论、阶级观点和无产阶级革命等学说只是作为前者的推论和应用结果而存在的。故在评判唯物史观史学时，不妨将“学术”的马克思主义与政治的或“实践”的马克思主义作适度的分离和切割，从比较单纯的学理角度加以考察。这样做的出发点也许不错，可惜只是一厢情愿。须知马克思主义原本就是一种党性或阶级性很强，亦即具有明确政治指向（实现社会主义革命和共产主义理想）的学说，在社会革命年代尤其是如此，离开了这一点，也就不成其为马克思主义了。马克思本人为此就特别表明过：“我的新贡献就是证明下列几点：（一）阶级的存在仅仅同生产发展的一定历史阶段相联系；（二）阶级斗争必然要导致无产阶级专政；

① 张传玺：《翦伯赞传》，北京大学出版社 1998 年版，第 70 页。

（三）这个专政不过是达到消灭一切阶级进入无阶级社会的过渡。”[①] 恩格斯也特别强调了唯物史观在“实践”上的意义，称其“不仅对于理论，而且对于实践都是最革命的结论”，只要“把它应用于现时代，一个伟大的、一切时代中最伟大的革命远景就会立即展现在我们的面前”。[②] 对于马克思主义理论的整个体系，我们固然可以作一些理论上的逻辑结构或层次分析，却不宜将其理论的各主要组成部分人为地切割开来，这样做的结果，既有违马克思主义经典作家的本意，也不符合中国现代马克思主义史学史的实际，至少也是将这一过程作了过于简单化的处理。

实际上，在新民主主义革命时期，人们所说的马克思主义史学或史家，通常是指较完整意义上接受马克思主义的世界观，即不仅将其作为学术事业的指导思想，还以此指导人生实践，并立志将社会改造和革命，实现社会主义乃至共产主义作为其终身奋斗目标的一批史家。这也是不少人在谈到马克思主义史家时，往往十分强调其具有“学术家和革命行动家兼而为之”的时代特征之原因。

诚然，此期也有一些学者在史学实践中接受并运用了唯物史观的学理，并取得了相当成就，其中有的后来还进一步转变为马克思主义者。但也有不少人始终只愿将其作为一种学术研究的理论或手段看待（如社会史论战中的部分学者），或仅是其参用的多种观念和方法中的一部分罢了。这些学者，也许会在唯物史观学理的认识上达到一定的层次，但不可否认，其对马克思主义的整体认识和接受程度，显然与前者不同。应当看到，唯物史观固然是马克思主义的核心理论之一，但不是全部。完整地说，其基本内容应包括马克思主义的哲学（辩证唯物主义和历史唯物主义）、政治经济学和科学社会主义，以及一般革命学说和历史学说。由于他们中的不少人在学理上并不赞同其中的阶级斗争和社会主义等学说，更无意于将此类理论付诸当下的实践，有的还对此持坚决的反对态度，因而才在学术和社会实践中对此采取了回避或反对的姿态。显

---

① 马克思：《致约·魏德迈（1852 年 3 月 5 日）》，《马克思恩格斯全集》第 28 卷，人民出版社 1975 年版，第 509 页。

② 恩格斯：《卡尔·马克思〈政治经济学批判〉》，《马克思恩格斯选集》卷二，人民出版社 1972 年版，第 117 页。

见，其与通常所说马克思主义史学间的分歧，恐非“学术”和“实践”间的差异所能解释。也就是说，这些人对于唯物史观的理论或部分观点，虽然接受了，并且愿意施诸学术研究，但对其整个思想体系却并不认可。故尽管他们运用唯物史观的学术活动可纳入马克思主义学说在中国的实际影响范围进行考察，却仍不宜将其与通常所指的现代中国马克思主义史家视为一体。

这些，也正是我们在中国现代马克思主义史学研究中应当引起注意的。

第二节　马克思主义史学理论的建设

一、史学专业理论的构建

从中国马克思主义史学发展的内在逻辑来看，其理论体系和研究范式的形成，大致经过三个前后连续的阶段。五四前后唯物史观的传播和20年代早期以李大钊为代表的马克思主义者在史学领域的初步探索，大体上标志着马克思主义史学的奠基。对唯物史观主要内容和基本原理的介绍，对唯物史观在现代史学中之价值的学理性分析与阐释，对运用唯物史观来改造中国传统史学、建立新的“历史科学”的理论探索，遂成为奠基阶段的主要工作。20年代后期至30年代中期的社会史论战，则标志着马克思主义史学体系及其研究范式的基本形成。在社会史论战期间，以郭沫若和吕振羽等为代表的马克思主义史学家，紧紧围绕着“中国向何处去”这一急迫的现实课题，在与论辩各方的反复争辩和问难中，初步运用马克思主义的社会经济形态学说来分析中国社会的具体发展过程，从不同历史时期中国社会的生产力与生产关系、经济基础与上层建筑的矛盾运动中，来揭示中国历史发展与变化的客观规律。经过他们的尝试与努力，马克思主义的基本原理和原则，历史唯物论的一系列概念、术语、范畴和分析体系，都开始与史学研究的具体实践结合起来。尽管这种结合还只是初步的，有时甚至还是机械的，但是，中国的马克思主义史学体系及其基本的研究范式，却正是在这一结合的过程中草创起来的。至于这一史学体系和研究范式的最终完成，则是在八年抗战时期。对于马克思主义史学在抗战时期的发展情况，有人曾作过这样的概括：“抗战时期是中国马克思主义历史学体系建设的极其重要的阶段。在它所取得的辉煌成就面前，1979 年前各个时期的发展都显得有些逊色。”[①] 诚然，把抗战时期的马克思主义史学视为1979 年以前马克思主义史学发展史上的“巅峰”，这一看法或许还有待商榷；不过，就其在整个马克思主义史学发展的谱系中所起的承前启后作用而言，这种评价又具有相当的合理性。因为，就是在这一时期，马克思主义史学界结合全民族抗战的新形势，配合抗战建国的新任务，在总结和反思社会史论战期间马克思主义史学的重大建树及其所存在的诸多问题之基础上，就史学研究中的一系列重大的理论与实际问题，展开积极的探索，并取得了诸多具有突破性意义的成果。这些具有突破性意义的成果的问世，一方面在实践上极大地丰富和拓展了马克思主义史学的内容及其研究领域，另一方面又从理论和研究范式的层面充实与完善了草创时期的马克思主义史学体系。到了 1940 年代中期，以吕振羽的《简明中国通史》、范文澜的《中国通史简编》和翦伯赞的《中国史纲》等几部中国通史的相继问世为标志，中国的马克思主义史学体系建设遂正式完成。

在抗战时期马克思主义史学的诸多具有突破性意义的学术成果中，首先应该提及的就是关于史学专业理论的建设。1938 年 8 月，翦伯赞的《历史哲学教程》一书，由长沙新知书店出版。该书的问世，标志着马克思主义史学界关于史学专业理论的建设已达到了一个全新的理论高度。

如果追根溯源，中国马克思主义史学的专业理论建设，最早应该是由李大钊的《史学要论》一书而开其端绪的。在该书中，李大钊从唯物史观的基本原理出发，对人类历史的本质、史学发生学、现代历史科学、历史哲学、史学方法论和史学价值论等诸多问题，都作了别开生面的分析与讨论。该书也因此而被视为“第一本新史学理论”著作。[②] 然而，该书毕竟出版于 1924 年。当时，马克思主义在中国的传播尚处于早期阶段，包括李大钊在内的中国马克思主义者，对马克思主义理论体系的整体了解和把握都还未臻成熟。更为重要的是，该书出版之时，中国的马克思主义史学刚刚开始奠基，运用唯物史观的基本原理来研究中国

---

① 王学典：《翦伯赞学术思想评传》，北京图书馆出版社 2000 年版，第 114 页。

② 许冠三：《新史学九十年》下，香港中文大学出版社 1988 年版，第 8 页。

历史的具体实践尚未展开。正因为如此,《史学要论》一书所构筑的史学专业理论，基本上都属于对一般性的原理或原则的介绍，至于如何把这些原理和原则与具体的经验性研究结合起来，则未遑深究。从这个意义上来说,《史学要论》只是奠基时期中国马克思主义史学的理论先声，对后来的马克思主义史学实践并未产生任何重大的影响。

从《史学要论》的问世到《历史哲学教程》的出版，其间已走过了十多年的岁月。在这期间，一方面，马克思主义在中国的传播已进入比较成熟的阶段，以李达《社会学大纲》的出版（1935）为标志[①]，中国的马克思主义者对马克思主义理论体系的整体了解和把握，都已达到了相当的高度；另一方面，伴随着社会史论战的展开及其深入，运用唯物史观来研究中国历史的具体实践也已积累了比较丰富的经验。正因为如此，由《历史哲学教程》所构筑起来的一整套史学专业理论体系，不仅代表了它所诞生的那个时代的理论高度，而且还对此后中国马克思主义史学的理论建设产生了深远的影响。

作为一部旨在建构马克思主义史学专业理论的著作,《历史哲学教程》始终紧扣马克思主义史学的具体实践，在正面解说和演绎唯物史观基本原理和原则的同时，还重点针对各种非马克思主义和反马克思主义的史学理论，进行深入的剖析和批判。如前所述，中国的马克思主义史学是伴随着社会史论战而草创起来的。正因为如此,《历史哲学教程》一书的内容设计，也始终围绕着社会史论战期间各家各派的论点而展开。正像作者在该书的序言中所说的那样："近十余年来，出现在中国历史科学战线上的实验主义，他们在史料的考证上，确实有着相当的贡献；但在其对具体历史的研究上，却反而把中国史玄学化，在某些意义上，甚至给了许多相反的影响。历史的形式主义者，隐藏在史的唯物论的外衣里面，传播'半波格达诺夫主义'、'半实验主义'的毒素，迷惑于历史的零碎现象，拒绝对历史之本质的说明。经济唯物论，即机械论者，也同样隐藏在史的唯物论的术语下，无耻地从事于对史的唯物论

---

① 饶有意味的是，翦伯赞在《历史哲学教程》一书的序言中，就对李达的《社会学大纲》给予很高的评价。他认为，该书"虽然不是一部历史哲学著作，然而却是值得历史研究者一读的"。详请参见翦伯赞：《历史哲学教程》，1938 年序。

之修正、割裂、歪曲，企图假借科学社会主义，发挥其政治上反动之阴谋，在理论上使历史复归于进化论。另一方面，在某些史的唯物论的历史家的名著中，他们虽尽过了主观上的努力，但对于历史理论之本质的理解，也依旧不免犯了或多或少的错误。”因此，“对于这些错误的历史理论之彻底澄清”，尤其是把那些“在中国历史研究领域中曾经或一直到现在还可以多少发生一些支配作用的几种理论体系作为批判对象”[①]，遂成为该书的重要内容之一。

然而，《历史哲学教程》之所以作为中国马克思主义史学理论体系建设过程中的标志性著作，其重点显然不在“破”而在“立”。正像作者自己所说的那样：“我所以特别提出历史哲学的问题，因为无论何种研究，除去必须从实践的基础上，还必须要依从于正确的方法论，然后才能开始把握和理解其正确性。历史哲学的任务，便是在从一切错综复杂的历史事迹中去认识人类社会之各个历史阶段的发生发展与转化的规律性，没有正确的哲学做工具，便无从下手。”[②]也就是说，他之所以要写作《历史哲学教程》一书，就是要从历史哲学（亦即马克思主义理论）的高度，为历史科学的实践提供一套正确的方法论或思维工具。

正是本着这一初衷，作者在《历史哲学教程》一书中，从唯物史观的基本原理出发，以唯物论与辩证法的高度结合作为方法论基础，对史学理论领域的许多重大问题，都作了极具有创造性的理论探索，提出了一系列既代表那个时代的理论高度，又对当时的史学研究实践具有重要指导意义的真知灼见。翦伯赞之所以被誉为唯物史观派史学的理论代言人，在很大的程度上正是因为该书。

《历史哲学教程》一书的史学理论建构，是紧紧围绕着历史是如何创造出来的、历史是如何发展的、历史的本质是什么等一系列史学理论研究中的核心问题而展开的。作者在《绪论》中即开宗明义地指出：“历史不是谎造的故事、小说和神话，所以它不是少数人‘有趣的音乐’，而是人类在其生活的长期斗争中所展开的社会经济形态之发生、

---

① 翦伯赞：《历史哲学教程》，1938 年序，张传玺编：《翦伯赞全集》第 6 卷，河北教育出版社 2008 年版，第 7—8 页。

② 翦伯赞：《历史哲学教程》，张传玺编：《翦伯赞全集》第 6 卷，第 8 页。

发展与更替的相续的诸过程。”根据这一界定，历史就“绝不是从人类的感情中、美中、真中、善中所发展出来的人类精神和平进化过程之幽雅的牧歌，而是人类生活斗争及其革命的实践所推进的社会发展之一贯的全面的总述”。作者的这一界定，首先从哲学的高度把唯物史观的历史本体论与唯心史观的历史本体论作了原则性的区分。应该说，翦伯赞对历史的这一界定，大体上也是当时马克思主义史学界的共识。他高于时人的卓见在于，他在阐述历史进程中始终贯穿着客观规律这一唯物史观基本原理的同时，又着重提出了“历史之主观创造作用”这一崭新的课题。他十分明确地指出，人类的历史归根结底是由人类自己所创造出来的，当然，人类的主观创造也并不是随心所欲的。正是在这个意义上，人的主观创造与历史的客观规律是一种辩证的统一关系。正因为如此，在历史研究的过程中，“过于着重于客观的动因或主观的动因都是错误的，历史的发展是客观与主观的发展。虽然在究极上，一切主观的动因（都）是客观事实的产物，而主观的意识，又是促成、至少是加速或延缓客观的历史发展之唯一的活力”。基于这一认识，他对社会史论战以来马克思主义史学界的一些幼稚观点，也提出了严肃的批评，并特别针对当时颇为流行的“见物不见人”的历史思维，给予有力的矫正和反拨。他不无感慨地指出：“现在，我们在唯物史观的历史家的著述中看不见一个‘历史人物’的名字，就正像我们在旧的历史著述中看不见‘社会经济形态’的发展痕迹一样。忽略历史客观发展的规律，是史的观念论者的一贯作为；忽略历史主观创造作用，也不是唯物论者的历史理论。唯物论者与观念论者及机械论者不同之处，就在于他不仅同时注意历史之主观创造作用与其客观发展的规律，并且尤其注意他们在历史运动中之辩证的统一。”从客观规律与主观创造“在历史运动中之辩证的统一”这一高度出发，他对机械论者的“经济决定论”等历史观点，也作了深入的剖析与澄清。他一针见血地指出，机械论者“认为历史只是经济力量自然进化的结果，故不屑于去研究创造历史的许多个人，研究他们的愿望、感觉及其思想”，其后果便是“机械论者把历史变成一个刻板的公式，其对历史的飞跃的过程只看见死板的经济力量之自然的机械的活动，而看不出人的作用”。他还进一步分析说：“我们新兴的历史家如郭沫若、吕振羽都闭口不谈个人，这至少是过于偏重了历史之经济的动因，而忽略了历史之主观创造的动因。”[①] 他的这些分析，可谓切中时弊，对新生的马克思主义史学的健康发展具有十分重要的警示意义。

像那个时代的所有马克思主义者一样，翦伯赞坚信历史的创造主体是广大的人民大众。他说：“人类是历史的创造者，但是创造历史的是世世代代的大众。”他认为：“科学社会主义创始者认为，旧的唯物论的理论最主要的缺点之一，就是没有把握群众行动的规律及其对历史的创造作用。史的唯物论者他不仅承认群众对历史的创造作用，并且从其生活诸条件上研究领导群众行动的规律。”通过对中国历史上的武王伐纣、秦末的反秦起义、近代的太平天国和辛亥革命以及世界历史上的法国革命、苏联十月革命等相关史实的梳理与概括，他发现：“只有群众的力量的兴起，才能执行任何一个历史的行动。反之，没有群众的力量，任何历史的行动也是不能实现的。因此，群众的力量与行动，是一切过去以及未来的历史行动的决定的力量。”他还进一步指出，中外历史的发展都说明了这样“一个历史的原理”：“即群众在历史创造中的伟大。它破坏一切，建设一切，它能扫荡一切反动的泡沫，它能让每个历史行动走向进步。因而他也就是历史发展的动力。”[②]

在翦伯赞的认识中，人民群众是历史的创造主体，但历史上的人民群众又是具有内在的历史局限性和盲目性的一个群体。通过对中外历史的具体研究，他发现：“在历史上，任何一种反动的行动，首先在其行动的本质上，必然是反群众利益的。因而它必然与群众对立。但历史上存在着的许许多多的反动，为什么又有群众参加而使其得以实现呢？”关于这个问题，他从不同的角度分析了其中的多方面原因。其中，最重要的就是“群众的愚昧无知”和统治阶级的“欺骗、麻醉与利用”。他不无感慨地指出：“在历史之封建社会这一阶段，任何国家的农民，总是经常被地主阶级利用为争夺政权的工具，他们一千次被利用，同时也一千次被出卖。”联系到中国的历史，“在中国两千多年的封建社会历

---

① 翦伯赞：《历史哲学教程》，张传玺编：《翦伯赞全集》第 6 卷，第 33、95、12、93、94 页。
② 翦伯赞：《历史哲学教程》，张传玺编：《翦伯赞全集》第 6 卷，第 93、12、14、21 页。

史发展中，不知经过了多少地主阶级彼此间争夺政权的战争，无数王朝的更替，事实上，也就是剥削集团的换班。……然而每一个新的王朝的创立，都是农民大众的力量。农民大众为什么把一个戴着皇冠的地主拖下王座，而另外把一个草野的地主送上王座呢？把一个旧的剥削者换一个新的吸血鬼呢？这就是因为封建意识限制了农民不能认识这些‘英雄们’的本质，即他们同是地主阶级，同是以剥削农民为生的强盗，而以为他们是一个不剥削农民的‘真命天子’。因此，即使他们被出卖了一千次，他们还是希望在一千零一次不被出卖”。正是由于统治者的“欺骗、麻醉与利用”以及他们的种种伪装，加之农民群众自身的“封建意识”，从而使得农民大众在历史上往往成为反动的、灾难性历史的参与者，甚至是直接的创造者，同时也就当然地成为这些历史的无辜牺牲品。[①] 在当时的马克思主义史学界，像翦伯赞这样把人民群众看作创造历史的主体，已经是一种共识；但是，能像他这样如此犀利、如此深刻地分析农民大众的内在的历史局限性，揭示人民大众在创造历史的过程中所体现出的集体盲目性，可以说并不多见。

在《历史哲学教程》所构筑的史学理论体系中，作者一方面强调了人民群众是创造历史的主体，另一方面又客观地分析了个人、领袖和政党在历史创造过程中的作用。在1939年写作的题为“群众、领袖与历史”的《再版代序》中，作者就这一问题进行了更加深入的讨论。他指出：“群众之所以能成为一个推动历史的伟大力量，主要的，固然是被决定于当时的社会经济的关系，但对这一历史发展之客观的倾向使群众能够形成一个统一的行动，阶级行动或民族行动，这便是需要一个革命的政党或革命的领导人物。只有通过这种领导的政党或领导人物，才能使群众的行动规律化，组织化，集中化，引导他们依照正确的路线，走上历史的阵地。”因此，他强调：“把历史发展的动力，完全建筑于个人的动机上，而不建筑于大众的创造上，这自然是绝大的错误。但是，相反的，近代所谓的唯物的历史家，他们企图用社会的眼光来观察历史，从事于社会经济之史的发展的研究，企图推翻旧的历史学；却完全忽略

---

① 翦伯赞：《历史哲学教程》，张传玺编：《翦伯赞全集》第6卷，第15—17页。

了社会与其‘中介人’之关联，将整体与其部分分开，完全忽视了个人在历史斗争中对大众的领导作用。这种为了抽象的理论而抹杀具体的事实，结果也是陷于同样的错误。”在他看来，“任何一个历史时代，一切伟大的历史斗争，决不是乌合的盲动，而是社会上各阶级或某一民族有组织的行动，有一定的口号，而且有代表那个时代要求和广大群众的愿望的代表人物或政党。所以历史的研究，不仅在于能阐述具体的历史基础，具体的说明相互斗争之各阶级及其意识形态，而且还要说明其斗争的组织者及领导斗争的人物”。因此，“史的唯物论者，当认定社会发展是自然历史的支配律的过程时，并不否认或者轻视个人的作用”。总之，“历史的创造，固然是许多个人，即大众的力量，然而，大众之所以能够成为一个历史的动力，又是由于领导者把他导入历史各时代之种种斗争的正确途中，使他们从分散的个人进到有组织的全体，发挥出伟大的作用”。[①] 这就是作者在对该问题进行深入的分析之后所得出的结论。

翦伯赞的历史发生学理论，可以用他的以下这段话加以总结：“历史的发展，不是自动的，而是要依于活的人类的创造才得以实现；但活的人类，也不能依照其自己意识、预望而自由地创造，他必须依照于历史发展之一般的与特殊的规律性，所以任何一个历史行动或历史变革，都是由客观条件与主观创造之辩证地统一实现出来。”[②] 正因为如此，在解决了“历史之主观创造（包括人民群众、个人和政党的主观创造）作用”这一重大的理论问题之后，《教程》便顺理成章地以“历史发展的合法则性”为题，来讨论“历史发展之一般的与特殊的规律性”问题。

作为唯物史观的坚定信奉者，翦伯赞也像那个时代的所有马克思主义者一样，坚信经典作家在《〈政治经济学批判〉导言》中所总结的历史发展图式，就是人类历史发展的普遍模式。他所说的历史的“合法则性”，就是指这一历史发展图式的普遍性。他解释说：“所谓历史的合法则性，即关于历史上各时代社会经济形态的诸构成之发生发展崩溃与由一形态向另一形态转化之一般的法则及其特殊现象。”这种“合法则性”

① 翦伯赞：《历史哲学教程》，张传玺编：《翦伯赞全集》第6卷，第21、93、30、95页。
② 翦伯赞：《历史哲学教程》，张传玺编：《翦伯赞全集》第6卷，第31—32页。

表明，“人类历史的发展，都是经过同一的相续的诸发展阶段，具有其一般的法则”。在他看来，马克思所总结出来的历史发展图式，“虽然是一个简单的概念，却包含着最复杂的现实内容。它是从几千年来各民族具体的历史发展中抽象出来的一般的法则……这种一般法则，决不是从一个时代一个民族的历史中所能发现的，而是从许多民族和国家的历史事实中，即世界史之综合的现实过程中抽象出来的”。如果说作者的以上论述，还只是在介绍唯物史观的一般性常识，那么，接下来对历史发展的“特殊性”的详细讨论，则充分展现了他的理论创见。他特别指出，人类历史的发展除了具有“合法则性”之外，又“由于空间的地理环境等条件的歧异，也能给予以各自不同的特殊性”。因此，“历史科学的研究，固然要以一般的发展法则为前提，但只是理解一般的法则性或世界史的一般发展途径是不够的，因为世界史发展的一般法则，并不能把特殊性摒除；反之，必须从历史发展的一般性和其特殊性的统一的探究中，才能复现各民族与各时代的历史之具体的内容”。正是在这个意义上，他一再强调：“历史的研究不仅在探求一般的法则，而且探求特殊形势，即是说不仅在从多样性的具体历史中抽出其一般性，而且还要从一般性中去认识其特殊性，即同时必须顾及到各个时代和各个地域之历史的特殊法则。”在他看来，“史的唯物论者所谓历史发展的法则，总是丝毫也不忽视特殊性的意义”。因为，“在历史的发展中，特殊性与一般性不能游离；同时，也不能以一般性去掩盖特殊性，前者只对后者起主导作用”。因此，他的结论是：“只有从把握特殊性与一般性的统一这个观点才能正确地理解历史本身之具体内容。”①

在深入地论证了历史发展的一般性与特殊性之辩证的统一后，作者还联系当时史学界的实际情况，加以种种针砭。他一针见血地指出：“形式主义的理论家，总是企图把那些类似的特征归纳起来，再把那些差别除去，以形成抽象的一般观念，然后把一切现实的具体历史，笼统地嵌在他们的所谓一般法则之中；反之，却又从个别的观念去加以夸张，而引出其所谓个别民族历史之特殊的法则。把历史的特殊性和一般

① 翦伯赞：《历史哲学教程》，张传玺编：《翦伯赞全集》第6卷，第53、54、55页。

性，都形而上学地把它们全部蒸发，结果只留下一个抽象的概念。把概念的发展法则，当作现实历史发展的法则。”[①] 他所针砭的这两种现象，在当时的史学界都是存在的。即使是在马克思主义史学界，也并非绝无仅有。

在翦伯赞的认识中，历史的发展不仅是一般性与特殊性的辩证统一，而且历史本身还是一个具有普遍联系性的存在。他以“历史的关联性”来界定历史的这种普遍联系性。他所说的“历史的关联性”，主要是指“历史之时间上的相续性，空间上的联系性以及客观条件与主观创造之不可分裂性”。在他看来，“这种作为历史发展之辨证的法则的个别与全体的统一的历史的关联性，自然为过去的那些观念论机械论的历史家所不能理解。然而不幸一直到现在，仍然被我们所谓唯物史家所疏忽，至少没有充分地应用。这在历史科学的研究上，不仅是一个普遍的疏忽，而且是方法论上的一个严重错误”。他分别从三个方面论证了历史的这种关联性。“第一，历史从其总的过程上说，在时间上不是‘一瞬间的断面’，而是向着一个继起发展的总的前程进行。一切相依继起的历史状态不过是一大历史运动行程中诸历史阶段相续发展的诸过程。在其各个发展过程中，存在着严密的相互依存性、制约性……第二，在空间上，各个民族的历史，决不是孤立地存在于世界史的全体之外；反之，只是作为世界史构成之一部或一环而存在着。因为每一个民族的历史在其每一发展时期中，在其生活的接触上，他总是不断地摄取并消化着那些环绕在它周围的诸民族的文化，或是把它自己的历史的影响，投射或浸润到其他环绕在它周围或掺杂在它中间的各民族历史中去……第三，历史的客观条件与人类之主观创造作用是统一而不容分离的。”总之，根据作者的理解，“人类的历史在其发展的过程中，不但是一个切不断的东西，而且也是一个分不开的关联着的整体，并且贯通这一个连续的和构成这个联系的动力，也不仅是客观的动因或主观的动因，而是它们之辩证的统一。因此只有把握历史各个方面的关联性，才能理解各个民族的个别历史和世界史，以及各个民族史与世界史在发展中之相互

① 翦伯赞：《历史哲学教程》，张传玺编：《翦伯赞全集》第6卷，第56页。

的作用与影响。一切离开这一历史原理而研究历史的人们，他们终其身只是在机械论的泥沼中翻来覆去。充其量，也只能捉住一些历史的片断，不能把握历史的全面，只能把一些死的材料机械的嵌镶，决不能从其变动中、转化中、相互影响中，以及主观与客观的统一作用中，看出历史的生动性”。[①]

翦伯赞的“历史的关联性”理论，从历史生成的三个维度，亦即从时间、空间和人的活动这三个层面，全面地论证了历史的整体性和不可分割性。这种古今不可切断、中外不可分割、个人主观创造与客观历史条件不可分裂的理论，是唯物辩证法原理在史学理论领域的创造性运用和发挥。放眼30年代的中国史学界，具有如此宏阔的历史视野和如此缜密的历史思维之史家，应该说是屈指可数的。

历史之所以是合法则的、彼此关联的，归根结底是由于历史的展开是人类实践的结果。正因如此，作者在分析了“历史的合法则性”和“历史的关联性”之后，便顺理成章地讨论起“历史的实践性”问题。作者指出，人类历史展开的前提，是由于现实的人的存在，而现实的人要生存与发展下去，就必须一方面对自然展开行动，另一方面又必须与他人（即社会）发生某种联系。人类对自然的行动以及其相互间的社会联系，便构成了人类的实践总和。历史的发展便是在人类实践的不断深化和日益丰富的过程中实现的。用他的话来说，“一切人类之第一前提，是人类之个人的生存”，“人类之对自然的行动，即人类之历史的实践，在人类之历史的实践上，自然和社会之相互的关系，便统一起来，而社会之历史的发展，便由之而进行”。然而，这只是问题的一个方面。另一方面，人类的任何实践，都无法脱离其特定的地理环境基础。正因为如此，作者紧随其后用了相当的篇幅来讨论人类与自然的“辩证法的统一”。他颇具有针对性地指出，尽管历史展开的前提是现实的、具体的、活生生的人，是人的实践；但是，“人类遂行其历史实践的是围绕其周围的即人类生活于其中的自然界”。因此，“作为历史实践的基础本体不是离开自然的人类，而是人类与自然在其发展中之统一。离开人类或离开自然，

① 翦伯赞：《历史哲学教程》，张传玺编：《翦伯赞全集》第6卷，第76、77—78、96页。

便无谓历史”，“要说明历史的实践性，首先就必须要承认人类与自然在其发展中之辩证法的统一”。他甚至认为，“人类对自然的行为就是人类的历史实践”，因为“人类对其物质生活的资料之获得，无论在哪一个历史时代，都不能离开自然界，因而自然界是人类历史实践之最基础的条件，它是一切物质的生活资料之生产的现实的唯一前提。必须依据自然条件，人类的生产力才得以体现出来。所以一切历史的叙述，必须首先从这些自然的基础及人类的行为在历史进行的途程上变更这些自然基础的这种事实出发”。根据他的理解，“无论人类社会对于其自然界的地位如何，从各方面来看，我们都能找着同一的种类的运动和发展，即那种从自然本身发展出来的物质间的运动和发展。因为人类社会的发展，完全是自然的发展框内的一部分，人类的精神，即使在最复杂最高度的现象形态下，在一切领域内的活动，都是受着自然发展的法则所支配或制约的。因此人类社会的历史和自然的历史当然不能分离，更不是对立，而是相互的统一”。[①] 联系到社会史论战期间论辩各方都在不同的程度上强调对生产力、生产关系或生产工具的研究，而对于不同历史时期中国社会的生产力和生产关系所赖以产生的自然条件基本上都置而不论，作者的上述意见显然是别具深意的。

总之，《教程》紧密联系马克思主义史学发展的实际，以历史唯物论与辩证法的高度统一为方法论原则，全面地证论了历史创造过程中客观与主观的统一、历史发展过程中一般性与特殊性的统一、人类的历史实践与自然进程的统一，以及历史的整体性和不可分割性等诸多史学理论领域的重大理论问题。正像台湾学者许冠三所评价的那样：“以上这几个‘辩证的统一’观，既是《教程》的主要纲领，同时亦是翦在四十岁以后持以论衡各家史学的信条，用以考察并研治中国历史的准则。虽在 1960 年前后的事业颠峰辰光，亦未见显著的逾越或移易。那些终于为他招来杀身之祸的议论，包括最招忌恨的农民战争论在内，几乎无一不含盖在这本着重理论（与）实践贯通的小书中。”[②]《教程》所建构的一整

① 翦伯赞：《历史哲学教程》，张传玺编：《翦伯赞全集》第 6 卷，第 106、107—108、111—112 页。

② 许冠三：《新史学九十年》下，第 124 页。

套马克思主义史学理论体系，不仅是三四十年代“唯物史观派学术史上的丰碑”[1]，而且对新中国成立后的马克思主义史学理论建设也产生了极其深刻的影响，作者的不少观点，就是在今天也依然是值得珍视的。

除《历史哲学教程》一书之外，吕振羽的《中国社会史诸问题》（1942）、吴泽的《中国历史研究法》（1942）、侯外庐的《苏联史学界诸论争解答》（1946）和华岗的《中国历史的翻案》（1946）等，也对抗战时期的马克思主义史学理论建设作出过不同程度的贡献。不过，由于这些论著一般都侧重在构筑中国历史的发展体系方面，与《教程》之多从历史哲学的角度来建构历史理论相比，存在明显的差异，故这里不作讨论，宜在下文分析这一时期马克思主义史学界的古史研究部分时再作相应的展开。

二、史料学的建设

在这一时期马克思主义史学建设过程中，史料学领域的丰厚创获也是一个十分重要却又时常为后人所忽视的方面。时下的史学界在谈到20世纪上半叶的中国史学时，往往有所谓“史观派”和“史料派”之分。更有甚者，在这种简单的两分法之中，马克思主义史学又总是毫无例外地被归入所谓的“史观派”。这种简单的两分法是否能够概括这一时期中国史学发展的实况，这里姑且不论；但是，不加分析地把马克思主义史学归入所谓的“史观派”，并无条件地强调它与“史料派”之间的歧异与分野，则显然与历史的真相不符。众所周知，中国马克思主义史学从它诞生的那一天开始，就十分强调史观的重要性，这也是它区别于当时其他各种史学流派的一个十分重要的标志。但是，马克思主义史学对史观的强调，并非意味着它不重视史料，更非意味着它只要史观而不要史料。恰恰相反，在20世纪上半叶的马克思主义史学发展过程中，史料学领域的艰苦探索和理论建设一直都是它的一项重要学术使命，同

---

① 王学典：《翦伯赞学术思想评传》，第114页。

时也取得了一系列重要的学术成果。我们完全有理由说，与同一时期的其他各史学流派相比，马克思主义史学界在史料学领域所取得的成就，都是十分突出的；即使比之于以“史学便是史料学”相标榜的“史料派”，也依然毫不逊色。

被郭沫若誉为“新史学之开山”的王国维曾有这样的观察：“古来新学问起，大都由于新发现。”[①] 中国现代史学的发展，就与新材料的发现具有内在的逻辑关联。作为中国现代史坛的一支生力军，马克思主义史学从它诞生的那天开始，就以十分敏锐的史料学眼光，全神贯注于新材料的发现，并以科学的探索精神积极从事于新材料的收集、整理和研究工作。以郭沫若为例，他在研究中国古代社会之初，就十分敏锐地意识到由罗振玉和王国维二人所初步建立起来的甲骨学对古史研究的重大意义。正因为如此，他一方面赞誉罗振玉对甲骨的搜集、保存、流传和考释“实是中国近三十年来文化史上所应该大书特书的一项事件”，另一方面更称赞王国维的学术遗产“好像一座崔巍的楼阁，在几千年来的旧学的城垒上，灿然放出了一段异样的光辉”。他甚至还断言：“大抵在目前欲论中国的古学，欲清算中国的古代社会，我们是不能不以罗、王二家之业绩为出发点了。”[②] 1928 年，他在日本东京的上野图书馆看到了罗振玉的《殷墟书契前编》，面对全书“毫无考释的一些拓片”，便非常迫切地想“读破它”，想利用它来打开中国古代社会的“秘密”。经过一年多的努力，他于次年撰成《甲骨文字研究》一书，并于 1931 年由上海大东书局影印出版。在该书的序中他写道：“余之研究卜辞，志在探讨中国社会之起源，本非拘丁文字史地之学。然识字乃一切探讨之第一步，故于此亦不能不有所注意。且文字乃社会文化之一要征，于社会生产状况与组织关系略有所得，欲进而追求其文化之大凡，尤舍此而莫由。”[③] 显而易见，郭沫若一开始便是把甲骨卜辞当作研究中国古代社

① 王国维：《最近二三十年中中国新发见之学问》，《王国维全集》第 14 卷，浙江教育出版社 2009 年版，第 239 页。

② 郭沫若：《中国古代社会研究》，1929 年版《自序》，《郭沫若全集》（历史编）第 1 卷，人民出版社 1982 年版，第 8 页。

③ 郭沫若：《甲骨文字研究》，1929 年版《序》。

会的第一材料来看待的。正像他自己所说的那样："得见甲骨文字之后，古代社会之真情实况灿然如在目前。得见甲骨文字以后，《诗》、《书》、《易》中的各种社会机构和意识才得到了它们的泉源，其为后人所粉饰或伪托者，都如拨云雾而见青天。"[①] 在撰写《中国古代社会研究》一书时，郭沫若就把他这一时期的甲骨学研究成果纳入其中。《中国古代社会研究》之所以能在古史研究领域作出划时代的贡献，与作者对甲骨文和金文等新材料的高度重视和充分运用，是分不开的。他在该书的《自序》中就坦承，该书之作，一方面得益于恩格斯《家庭、私有制和国家的起源》等经典著作的理论启示，另一方面则"以罗、王二家的业绩为出发点"。他所说的"罗、王二家的业绩"，就是指罗振玉和王国维二人在甲骨文和金文等新材料的收录、整理以及考释方面的重大成就。郭沫若以甲骨文和金文等新材料来探究古史真相的研究取径，给当时的古史学界以极其深刻的影响，同时也获得了主流史学界的积极评价。长期从事"疑古与辨伪"工作的顾颉刚就认为："中国古代社会的真相，自有此书（《中国古代社会研究》）后，我们才摸着一些边际。"[②] 齐思和在40年代的一篇文章中曾评论说："中国社会史的研究到了郭沫若先生才真正的走上了学术的道路"，其《中国古代社会研究》一书"所研究的仅限于殷周，而每篇又依据极明确的史料。而且他不但依据书本上的资料，又因为研究中国社会而研究甲骨金文，将卜辞金文用到社会史研究"。[③] 直到50年代初，作为现代"甲骨四堂"之一的董作宾，在谈到该书时依然给予很高的评价："他（郭沫若）把《诗》、《书》、《易》里面的纸上材料，把甲骨卜辞、周金文里的地下材料，熔冶于一炉，制造出来一个唯物史观的中国古代文化体系。"[④] 以上这些评价，其立足点显然都是基于该书在新材料的运用方面所作的大胆尝试和非凡建树。由此

---

① 郭沫若：《中国古代社会研究》，《郭沫若全集》（历史编）第1卷，第195—196页。

② 顾颉刚：《中国当代史学》，南京胜利出公司1947年版，第100页。

③ 齐思和：《百年来中国史学的发展》，《燕京社会科学》1949年第2期。

④ 董作宾：《中国古代文化的认识》，《大陆杂志》第3卷第12期，转引自谢保成等：《〈古代社会研究〉评介》，仓修良主编：《中国史学名著评介》第4卷，山东教育出版社2006年版，第126页。

可见，当时的主流史学界尽管有许多人不能接受甚至反对该书的基本观点，但对作者创造性地运用新材料的这一研究取径，则基本上都能予以正面的肯定。

继《甲骨文字研究》之后，郭沫若在抗战前还先后撰写了《殷周青铜器铭文研究》（1931）、《两周金文辞大系》（1932。1934—1935年间，作者又将该书增订为《两周金文辞大系图录》、《两周金文辞大系考释》二书）、《金文丛考》（1932）、《卜辞通纂》（1933）、《殷契余论》（1933）和《殷契粹编》（1937）等多种专门性的著作。这些著作，在甲骨和商周青铜器的研究方法、甲骨文字和青铜器铭文的著录、识读、分类以及甲骨和青铜器的分期断代研究等诸多领域，均作出了创造性的贡献。例如，就甲骨文的搜集、整理和著录来看，他的《卜辞通纂》"正编"选入甲骨800片，把当时分散在著录甲骨文诸书中的卜辞菁华集于一书，"别录"则刊布了作者自己从各种途径所收集到的一大批甲骨资料，其中有很多都不是当时的学术界所能轻易见到的精品。该书的刊布，不仅反映了殷墟科学发掘时代的最新成果，而且以其所收甲骨内容之丰富与重要，从而成为甲骨文和殷商史研究者不可须臾离开的资料宝库。再如《殷契粹编》一书，作者从上海甲骨收藏名家刘体智所藏的28000片甲骨中，精挑细选，去粗取精，著录其中的1595片，可谓片片精品。在很长一段时间内，它也与《卜辞通纂》一样，都是甲骨文和殷商史研究者所必备的参考书。在甲骨文的识读、分类、断代、商代卜法复原、甲骨文例研究以及甲骨文系统缀合和校对重片等方面，他也有着创造性的成就与巨大的贡献。[①] 甚至就连对郭沫若史学颇有微词的许冠三也不得不承认："在甲骨卜辞方面，他的发明亦见于好几个层次。在材料整理一层，最富新意的，是《卜辞通纂》的分类特立'食货'一门，与干支、数字、世系、天象、食货、征伐、田游并列……就文辞考释言，郭笺的长处，在有文化史的统观，在敢于引进新学说新概念，在善于以中外材料互相译证。"在青铜铭文的收集、整理与著录方面，其《两周金辞大系

① 详请参见林甘泉等编：《郭沫若与中国史学》，中国社会科学出版社1992年版，第455—498页。

吕振羽

图录》共收器铭 511 件，其中，西周器铭 250 件，除去关联附见 18 件、同铭参见 70 件，实收 162 件；东周器铭 261 件，除去关联附见 9 件、同铭参见 90 件，实收 162 件。合计收录 324 件，是当时所知两周金文资料的完善选编。在青铜器断代研究方面，他首创以铭文定年与别国的标准，继则以历史的眼光考察殷周青铜器的演进，“其‘创造条例、开拓阃奥’之功，前可与王（国维。——引者）氏铭文考释四例相媲美，后足与董（作宾。——引者）氏甲骨断代分派十条争辉”。[①]

像郭沫若一样，吕振羽（1900—1980）在从事古史研究之初，就对新材料的发现给予高度的关注。1934 年 6 月，也就是在社会史论战的高潮刚刚退去不久，他的《史前期中国社会研究》正式出版。该书不仅是马克思主义史学界有关中国史前社会史研究的开山之作，而且也是中国现代史学史上第一本体系完整的原始社会史著作。工科出身的吕振羽，之所以能够在史前史的研究领域作出划时代的贡献，一方面固然得益于唯物史观的理论浇灌，另一方面则又与他的史料观以及运用和驾驭史料的能力息息相关。30 年代早期曾与吕振羽一起在北京共事的侯外庐，在晚年的回忆中曾说：“吕振羽是学工程技术出身的，思维方法很讲求科学和严格，对理论问题有坚实的研究功底，这是他与一般史学家明显的不同之处。”[②] 侯氏所说的“思维方法”，当然也包括处理史料的方法。众所周知，研究史前社会的一个重大学术难点，便是成文史料的缺如。在这种情况下，史前史的研究者，往往只能依靠考古材料。在吕氏从事史前社会研究的 30 年代早期，中国的现代考古学刚刚兴起，与史前社会研究有关的考古发现，只有北京周口店猿人遗址、北京山顶洞猿人遗址和仰韶文化遗址等屈指可数的几处。尽管如此，吕振羽在从事中国的史前社会史研究时，依然把上述有限的考古发掘材料，视作为自己研究时的

① 许冠三：《新史学九十年》下，第 113、111 页。
② 侯外庐：《韧的追求》，第 37 页。

"正料"，并尽可能将之系统全面地纳入自己的研究之中。这一点，可以说是当时许多以新史家自命的学者望尘莫及的。

吕振羽在史料学领域的卓越识见，还突出地反映在他对中国上古神话传说所作的史料学分析与系统运用等方面。如前所述，由于中国现代考古学发展的严重滞后，在吕氏从事中国的史前社会史研究之时，有关的考古学成果屈指可数。仅仅凭借这些极为有限的考古学成果，根本就无法把漫长的史前社会历史整理出任何头绪来。有鉴于此，在《史前期中国社会研究》一书中，吕氏除仔细搜罗和征引当时已经公布的考古发掘材料之外，还凭借其丰富的社会科学知识和敏锐的史料鉴别能力，把大量的中国远古传说材料用之于自己的研究。正如他在该书的《自序》中所说的那样："我在这一部分的研究所根据的材料，第一为各种古籍中的神话传说式的记载，第二为仰韶各期的出土物。可说是以后者为正料，而以前者为副料的。"吕振羽当然知道，上古的神话传说并不等于历史，更非"信史"，因此，通过神话传说材料来"复原"史前时代的历史，"无疑是带着几分冒险尝试的性质"。[①] 众所周知，吕振羽研究中国史前社会史之时，正值"古史辨"运动方兴未艾之际。作为该派中坚的顾颉刚就曾断言："中国的古史全是一篇糊涂账。二千余年来随口编造，其中不知道有多少罅漏，可以看得出他是造假的。"在他看来，对于"无史时代的历史"，"载记没有一点用处"。[②] 该派的始作俑者胡适更是认定"东周以上无史"，主张"先把古史缩短二三千年，从诗三百篇讲起，将来等到金石学、考古学发达上了科学的轨道以后，然后用地底下掘出的史料，慢慢地拉长东周以前的古史"。[③] 与他们这种简单而又偏激的态度相比，吕振羽对"古籍中的神话传说式的记载"则始终抱持着具体分析、理性研究的立场。在他看来，那些散见于古代各种典籍中的神话传说材料，其来源虽无法完全厘清，"但它们能代表历史上一个时代的真际意义，是我们敢于肯定的"。他还进一步指出："古籍神话中保

---

① 吕振羽：《史前期中国社会研究》，人文书店 1934 年版，自序。

② 顾颉刚：《我是怎样编写〈古史辨〉的？》，《古史辨》（一），上海古籍出版社 1982 年版，第 28 页。

③ 胡适：《自述古史观书》，《古史辨》（一），第 22 页。

留着的神话式的记载，不仅能正确的暗示着一个时代的历史意义，并且还相当丰富。”① 正是基于对神话传说材料的这一卓见，吕振羽在《史前期中国社会研究》一书中，极富有创造性地把考古发掘的实物资料与古籍文献中的相关记载有机地结合起来，以考古材料为主干，以“复原”史前社会的部分实况；再以神话传说材料为补充，以重建远古的历史发展脉络及其完整体系。正像李达在为该书写的序言中所总结的那样：作者“把文献记载的神话传说与新出土的考古文物结合起来，把历史学与民族学的理论方法结合起来，从而整理出一个体现了唯物史观的中国原始社会史的体系来”②。翦伯赞稍后也曾评论说：“吕振羽应用旧石器、新石器时代的出土文物，配合着民俗学的知识，以之与陶希圣所谓‘托古重言’的神话传说相互印证，写出其《史前期中国社会研究》。吕振羽的这一大胆尝试，不管其正确性达到何种程度，但把中国历史研究的领域突破了‘阶级社会’的局限，从殷代再提到先阶级的原始时代，因而把‘历史怀疑主义者’在中国历史上所设定的封锁线也彻底毁灭了。在这一点上，吕振羽对于中国先阶级社会史的研究上，是尽了一个开辟的任务。”③

需要特别指出的是，吕振羽以神话传说材料来填补考古学空白的这一史料学主张，在当时的主流史学界也获得了积极的回应。被誉为中国现代考古学之父的李济就曾指出：“殷墟发掘的经验启示于我们的就是：中国古史的构成，是一个极复杂的问题，上古的传说并不能算一篇完全的谎帐。那些传说的价值，是不能遽然估定的。”④ 李氏的这一意见，就与吕振羽的相关见解不谋而合。正是在吕振羽所倡导的把考古材料与神话传说综合起来以重建远古历史的这一研究路径之启发与影响下，从30年代后期开始，中国史学界遂掀起了以神话传说材料结合考古实物以重建远古历史的热潮。从吴泽的《中国原始社会史》（1943），到徐旭生的《中国古史的传说时代》（1943），再到翦伯赞的《中国史纲》第1

① 吕振羽：《史前期中国社会研究》，第82页。
② 李达：《〈史前期中国社会研究〉序》，吕振羽：《史前期中国社会研究》，第2页。
③ 翦伯赞：《历史哲学教程》，《翦伯赞全集》第6卷，第174—175页。
④ 李济：《城子崖发掘报告序》，《李济文集》卷二，上海人民出版社2006年版，第208页。

卷《史前史》(1944)，都在不同的程度上受到了吕振羽所开创的这一研究门径的启发。从这个意义上，我们甚至可以说，吕振羽的这一研究取径，为此后很长一段时间内的中国原始社会史研究开启了不二法门。

社会史论战结束以后，马克思主义史学界在认真回顾和总结论战中所取得的一系列成就以及存在的诸多问题之基础上，把史料学建设的课题进一步向前推进。从何干之的《中国社会性质问题论战》、《中国社会史问题论战》，到翦伯赞的《历史哲学教程》和吕振羽的《中国社会史诸问题》，大家的基本共识就是：马克思主义史学经过社会史论战的重大洗礼，取得了巨大的成绩；但是也存在着诸多的问题。就后一个层面来看，大家都认为，“公式主义”是其中的一个相当严重的问题。吕振羽就曾指出：“当时的论战，一般还限于搬弄原理的公式主义的地步，很少把握到中国历史的具体性。”[①] 针对论战过程中出现的这一公式主义的倾向，翦伯赞则进一步分析说，这一现象之所以产生，除了研究者在方法论上的偏颇之外，“史料的搜集不够”也是一个非常重要的原因。因此，在他看来，除了要掌握唯物史观与辩证法，还必须“尽量地运用具体的历史材料”[②]，只有这样，才能克服公式主义的倾向，真正揭示出中国历史的具体性和特殊性。吴泽也指出：“史料引用得不够，史事把握得少，写著立论，不免于原则抽象，不踏实际，这是过去新史法之弊。”[③] 与翦伯赞和吴泽持有类似看法的还有侯外庐。根据他的观察，“这场论战有一个最大的缺点”，那就是“以公式对公式，以教条对教条”，而另一缺点则是“不少论者缺乏足以信征的史料作为基本的立足点，往往在材料的年代或真伪方面发生错误”。为了避免这些错误的再次发生，他认为应该在史料的搜集、整理和鉴别等各个方面，多下苦功夫，“对待历史材料应该谨守科学的法则，善于汲取前人的考据成果，同时又有自己的鉴别能力，勇于创新”。[④]

正是基于这样的认识，到了40年代，伴随着马克思主义史学实践

① 吕振羽：《中国社会史诸问题》，耕耘出版社1942年版，第1页。
② 翦伯赞：《历史哲学教程》，张传玺编：《翦伯赞全集》第6卷，第48、49页。
③ 吴泽：《中国历史大系·古代史》，1944年版《序》，《吴泽文集》第1卷，第2页。
④ 侯外庐：《韧的追求》，第225页。

的不断丰富和发展，史料学领域的研究也进入了一个全新的学术高度。其中，翦伯赞的《史料与史学》、华岗的《中国历史的翻案》等，可视为这方面的代表。

翦伯赞（1898—1968）是马克思主义史学界最富有理论自觉的大家。他的“理论自觉”不仅集中地体现在对唯物史观的理解和全面把握之上，而且还全面地反映在他对历史学科之特殊性、具体性的深刻思考以及对史学方法和史料学的科学探索之中。他一再强调，“历史是具体的科学，要承认客观的事实，不能以主观的爱憎涂改历史的事实”[①]。他所说的“具体性”，也就是指史学的实证性。正是由于“具体性”和“实证性”，决定了历史学学科的特殊性。由于史学是一门“具体性”的学科，因此，所谓历史研究的方法，“就是从千头万绪的历史事实中，找出那一种贯通于它们之中的原理原则，使一切历史的事实，都在这种原理原则之前，得到正确的说明。这种原理原则不是用人类主观的思维可以想得出来的，而是从无数具体的历史事实中抽象出来的。因此要找出历史发展的原理原则，还是要记得‘历史事实’。多记‘历史事实’，是‘研究方法’之基本前提”[②]。在他看来，“千头万绪的历史事实”，就存在于史料之中，故而，史料的收集、整理和鉴别，是历史研究的“基本前提”。就像有学者所说的那样，翦伯赞对史料的重视，“确确实实来源于认识上的自觉。他是从尊重历史学的本质这个理论高度来对待资料工作的”[③]。

翦伯赞

翦伯赞这一时期在史料学领域的研究成果，除了集中在《史料与史学》一书（上海国际文化服务社，1946）之外，还散见在《中国史论集》第一辑（重庆，文风书局，1943）和第二辑（上海国际文化服务社，1947）以及《中国史纲》第一卷（重庆五十年代出版社，1944）和第二卷（重庆大呼出版公司，1946）等诸多

① 翦伯赞：《论刘知幾的历史学》，张传玺编：《翦伯赞全集》第3卷，第394页。
② 翦伯赞：《略论中国史研究》，张传玺编：《翦伯赞全集》第3卷，第7页。
③ 王学典：《翦伯赞学术思想评传》，第151页。

著述之中。许冠三在分析翦氏这一时期的史料学研究成果时，曾有这样的概括："伯赞在野期（指1949年之前。——引者）的史学活动，以史料学的探索最富学术意义。1944—1946年的尝试，既显示他未忽略司马迁、刘知幾所代表的大传统，亦表明他重视梁任公、胡适之和傅孟真等所推动的新潮流……他那一系列的述作，包括未收入《中国史论集》的《史料的搜集与辨伪》、《略论搜集史料的方法》和《补〈三国志〉食货志》在内，显示他深知史料学的重要，且有意与当时的主流史学一较高下。"[①] 这样的评价，应该说是实事求是的。

原许氏之意，所谓"未忽视司马迁、刘知幾所代表的大传统"，当是指翦伯赞十分自觉地继承和发扬了中国古代史学中以"求真"和"贵实"为治史目标的优良传统。围绕着中国古代史学中的这一优良传统，翦氏先后撰写了《论司马迁的历史学》、《论刘知幾的历史学》和《略论中国文献学上的史料》等多篇专题论文。在《论司马迁的历史学》一文中，他就以很大的篇幅，讨论《史记》一书的史料来源，同时还称赞说："司马迁对于记录史实，非常严谨。非根据古书，即根据访问，从未随便纪一事，传一人。"他还列举大量的例证，一方面赞美司马迁著《史记》"并非闭门造车，有些史料，皆系身历其地或亲访其人而得来"，另一方面又称赞"司马迁对于以前的古人，大概有图像者，必观其图像"。正是基于以上的认识，他称赞司马迁是"天才的史学大师"，《史记》一书是"千古的杰作"，并引用《汉书·司马迁传》中班固对该书的评价说：虽"刘向、扬雄，博极群书，皆称迁有良史之才，服其善序事理，辩而不华，质而不俚，其文直，其事核，不虚美，不隐恶，故谓之实录"。当然，他也同时指出，司马迁的《史记》，在史料方面并非完美无缺，也存在着不少的疏漏或自相矛盾的地方。根据他的分析，"司马迁的疏漏与自相矛盾，不是因为他不重视史实，或故意歪曲史实，而是因为他在整齐百家杂说，贯穿经传遗文之时，千头万绪，精力有时不能顾及之所致也"。[②] 在《论刘知幾的历史学》一文中，他也析出专节，

---

① 许冠三：《新史学九十年》下，第125页。

② 翦伯赞：《司马迁的历史学》，张传玺编：《翦伯赞全集》第3卷，第378—379页。

讨论刘氏在“历史文献学”方面的贡献。他一方面高度评价刘氏“对于他以前的历史文献，也曾经展开了一个全面的批判”，认为刘氏对古代文献的分类“叙其性质，举其书名，条分缕析，巨细无遗”；另一方面更是对刘氏“正史”与“杂史”并重以及“用批判的眼光”去处理史料的观点击节称赏。他分析说：“刘知幾虽然把史籍别为‘正史’和‘杂史；但是，他并不是重‘正史’而轻‘杂史’。他以为治史者，‘正史’固然重要，‘杂史’也要读。因专读‘正史’，不读‘杂史’，则见闻不同。但无论读‘正史’或‘杂史’，都要用批判的眼光去读。”他还进一步指出，“刘知幾无论对于‘正史’或‘杂史’，皆有批判……上自经传史汉，下迄隋唐，所有的历史文献，（他）无不具体地指出其症牾所在，疏略之点，而予以辩证……这样，就完成了他对历史学文献的批判”。[①]

许氏所谓“重视梁任公、胡适之和傅孟真等所推动的新潮流”，当是指翦伯赞接受了20世纪新史学思潮的积极影响，特别是吸收了新史学在收集与处理史料时所形成的一整套行之有效的理论、方法和技术的影响。早在《历史哲学教程》一书中，翦伯赞就客观地评价了梁启超以来的新史学在史料学方面所取得的成就。他说：“在中国最初企图以科学的方法整理历史的是梁启超。他在其所著《中国历史研究法》著作中，主张把历史联系到一切其他的自然科学与社会科学……这样的历史研究法，在梁启超的主观上已经是尽力在应用实验主义的科学方法。”“继梁启超而起者，有胡适、钱玄同。他们虽然在历史科学的理论上，没有比梁启超进步，但当他们在理论上研究的时候，便转而从破纸堆中去整理史料，想从史料的考证中去证明自己的历史理论。这到顾颉刚反获得较多的成就了。”[②] 对于胡适所倡导的用科学的方法整理国故，翦伯赞也给予了积极的评价。他说：“近来实验主义者倡为点点滴滴研究中国史之议，实际上，这是乾嘉学派的旧方法，并不是实验主义的新方法。所谓点点滴滴，不过是对于史料之疏通辨证，训释辑补而已。……我们不是说，这种琐碎的研究工作，对于研究中国史，不是必要的，反之，这正

---

① 翦伯赞：《论刘知幾的历史学》，张传玺编：《翦伯赞全集》第3卷，第414—416页。

② 翦伯赞：《历史哲学教程》，张传玺编：《翦伯赞全集》第6卷，第41页。

是研究历史的第一个前提工作。”[①] 对顾颉刚领导的古史辨派，翦伯赞的评价更高。在《历史哲学教程》一书中他就说过：“顾颉刚对于古史中的许多发明与发现，那还是值得我们钦佩的。……在其摧毁无稽的历史神话这一点上，也是有其相当功绩的。”[②] 在稍后的《略论搜集史料的方法》一文中，他又说：“顾颉刚编的《古史辨》对于辨伪也有不少的贡献。”[③] 不难看出，翦伯赞对现代新史学各流派的治学特点都是十分熟悉的，对他们在史料学领域的建树则更是十分留意并予以充分尊重的。

一方面继承和发扬中国古代史料学的优良传统，另一方面又吸收了近代史学各流派在史料学领域的主要成就，正是在这样的基础之上，翦伯赞形成了自己的史料观。在《略论中国文献学上的史料》一文中，翦伯赞就史料的范围和不同文献的史料价值，系统地提出了自己的观点。关于史料的范围，作者指出：“用历史学的眼光看，不仅史部诸书才是史料，一切史部以外的文献，都含有史料。章实斋曰：‘六经皆史’，此说甚是；但仍不足以概括史料的范围。我们若更广义地说，则何止‘六经皆史’，‘诸子亦史’，‘诸诗集、文集、词选、曲录、传奇、小说亦史’，乃至政府档案、私人信札、碑铭、墓志、道书、佛典、契约、账簿、杂志报纸、传单广告以及一切文字的记录，无一不是史料。”[④] 至于不同文献的史料价值，他则有这样的认定：“就史料价值而论，正史不如正史以外之诸史，正史以外之诸史，又不如史部以外之群书。”因此，“要使中国的历史获得更具体更正确之说明，我们就必须从中国的文献中，进行史料之广泛搜求，从正史中，从正史以外之诸史中，从史部以外之群书中，来发掘史料，提炼史料。只有掌握了更丰富的史料，才能使中国的历史，在史料的总和中，显示出它的大势；在史料的分析中，显示出他的细节；在史料的升华中，显示出它的法则”。[⑤] 翦氏有关“一切文字记录，无一不是史料”的议论，很容易让人联想到章学诚“天地

① 翦伯赞：《略论中国史研究》，张传玺编：《翦伯赞全集》第 3 卷，第 8 页。

② 翦伯赞：《历史哲学教程》，张传玺编：《翦伯赞全集》第 6 卷，第 169 页。

③ 翦伯赞：《略论搜集史料的方法》，张传玺编：《翦伯赞全集》第 3 卷，第 335 页。

④ 翦伯赞：《略论中国文献学上的史料》，张传玺编：《翦伯赞全集》第 3 卷，第 296 页。

⑤ 翦伯赞：《略论中国文献学上的史料》，张传玺编：《翦伯赞全集》第 3 卷，第 298 页。

间凡著作之林，皆是史学”的那句名言。不难认定，他的这一史料学思想，正是由中国古代史料学的这一“大传统”生发而来。至于他对史部以外之群书的重视，特别是对诗词、小说等文艺作品之史料价值的发掘与强调，则又让人想起胡适和顾颉刚等人的相关主张。换句话说，他对不同文献之史料价值的衡定，则显然又受到了由胡适等人所推动的“新潮流”的影响。

在《略论搜集史料的方法》一文中，翦伯赞就史料的搜集、辨伪与考证，提出了自己的观点。他郑重地指出：“我们要想建设一部科学的中国史，还得要从史料的搜集整理和批判着手。搜集史料，并不是一种容易的事情。因为中国的史料，虽然浩如烟海，但他们并不像宝库里的金银聚在一起，可以随手取得；而是和矿石一样，埋藏在我们所不知道的许多地方，需要我们耐烦去探求。考古学上的资料不必说，沉埋在各种地层之中，不易发现；就是文献上的资料，也是散在各种典籍之中，不易找到。因之，探求史料，正如采矿一样，有时在一个地方可以发现一大批，有时在许多地方竟至找不到丝毫。”在接下来讨论史料搜集的主要门径时，他主张还是要从中国传统的目录学入手。他说：“这些目录学的著作告诉我们历史文献的名字、篇章、版本及作者的姓名等等，虽然不很详细，但至少可以作为我们寻找史料的一种线索。”至于史料搜集的具体方法，他主要列举了二条，第一条就是“逐书搜求法”，也就是“从与这一史料有关的诸文献上去搜求”，第二条就是“从一种书的引用语或注释中去追寻与这一史料有关的第二书类”。他所介绍的这些方法，梁启超在《中国历史研究法》一书中也都有所阐发。翦伯赞超越前人的贡献在于，他在介绍有关方法的同时，还十分强调研究者的思维训练。他说：“我们要运用各种方法，把史料从原书中钩索出来，从正面看不出来的，从反面看，侧面看；从个别看不出来的，从综合看；从笼统看不出来的，从分析看；从片面看不出来的，从类比看。这样，我们便能网罗所有的史料了。”[①] 显然，他所强调的由正面到反面和侧面、由个别到综合、由笼统到分析、由片面到类比，都属于辩证式的思维方

---

① 翦伯赞：《略论搜集史料的方法》，张传玺编：《翦伯赞全集》第3卷，第330—331、346页。

式。关于史料的辨伪与考证，他一方面梳理了中国古代文献辨伪与考证的传统，另一方面又重点介绍了清代学者这方面的成就。他说："中国文献上的史料，在清代曾经经过一度精密的考证。清代的学者，或通考诸史，或专考一史，或仅考一史中的某一部分，皆能摭拾遗佚，博采群书，属辞比事，刊误释疑。他们的辛勤劳绩，自然是中国学术史上的一笔很大的遗产。"不过，他也指出："对于史料辨证，清代的学者，也还没有做完，而且也不见得做得尽对；因而还留下不少的问题，等待我们来解决"，"以史料范围而论，清代学者所考证的史料，只是史料中的一半，即文献上的史料；至于考古学上的史料，则做得非常不够"。[①]

如果说上述翦伯赞的有关史料学思想，大体上或者是对中国古代史料学这一"大传统"的继承，或者是对近代新史学诸大家所开创的"新潮流"的积极回应；那么，他对考古资料的高度重视、对利用考古资料以订正文献材料的相关论述、对上古神话传说材料和伪书之史料价值的充分发掘，则代表了他在史料学领域的新探索。对于考古资料的高度重视，是翦伯赞史料学思想的一个非常重要的内容。在《中国史纲》第一卷的《序》中，他开宗明义即指出："几千年来，秦以前的古史，只不过是飘浮于神话与传说中之一些扑朔迷离的阴影而已。历代学者，对于这一段古史的论著，也只是传神书怪，捕风捉影，因误正误，以讹传讹……秦以前的古史之走向科学的阶段，不过是近二十年左右的事。其所以能致此者，一方面，固然是新的科学，如地质学、古生物学、人类学、考古学、民俗学的发展；另一方面，又是中国史学自身发展之必然的结果。所谓中国史学自身的发展，即由盲目的信古而进到疑古，更由消极的疑古，而进到积极的考古。前者就是所谓的辨伪学，而后者便是所谓金石学、考古学。"他在回顾了中国古史在"最近二十年左右"所取得的突破性进展之后，进而指出："中国古史之能进一步的发展，乃是由于近年以来考古学的发现。由于考古学之不断的发现，于是埋藏于地下的远古遗物到处出土。此种远古器物之出土，因而提供了中国古史研究以新而又新、真而又真的资料。这些新的真实资料，不但可以考验

① 翦伯赞：《略论搜集史料的方法》，张传玺编：《翦伯赞全集》第 3 卷，第 340—341 页。

文献上的史料之真伪，而且还可以补充文献上的史料之缺失。”正因为如此，他一方面批评当时一些以新史家自命的学者，“对于近千年来固有的文化成果并不接受，对于科学的发现，亦视若无睹，而仍然昏迷于神话与传说之中，以至近来许多历史的巨著，不是把史前的社会避而不论，便仍然以神话的汇编当作真实的古史”[①]，另一方面则积极主张“接收考古学的成果，使考古学与历史学结合为一”，并认为这是“历史科学的任务”。在他看来，考古资料不仅是重建史前历史的最主要史料，而且对于有文献记载的秦汉时代的历史，也依然具有非常重要的意义。因为仅仅凭借传世的文献材料，“决不能使秦汉的历史显出光明”；相反，近三四十年以来的一些新的考古发现，则“使两汉的历史，显出了不少的光明”。他在列举了斯坦因的古长城遗址调查和敦煌、居延汉简等重大发现之后，进一步指出：“上述考古学的诸发现，他们不知道吹送了多少新生命到纪传体的秦汉史之中。由于这些新的史料之发现，从前在文献史料中仅能想像，或不能想像，乃至完全不知道的史实，现在已有若干被具体地显现出来了。”[②]在40年代的中国史学界，像翦伯赞这样高度重视考古资料，虽不能说绝无仅有，但也并不多见。对翦氏史学褒扬有加的许冠三甚至认为，翦氏为《中国史纲》第一卷和第二卷所写的两篇序文，“读来竟像是为考古学做广告”[③]。

正是基于对考古资料重要性的这种认识，翦伯赞在讨论史料的考证工作时，十分强调用考古实物资料来订正传世文献材料的必要性。他在总结了清代学者的考据学特点之后曾指出：“清代学者的考据学，就只是拘束在文献的部门之中。他们使用的方法，也就是以文献考证文献，即以甲书的史料辨证乙书上的史料，以真书上的史料订正伪书上的史料，以各书上一般的通论，指斥某一书上独特的异说。”清代学者用这种方法当然也取得了很大的成绩，但是，他们“对史前史料的考证，结果只是在神话传说中兜了一些圈子，弄得头昏目眩而一无所得。即对于殷周史，也大半是徒劳无功”。在他看来，“我们现在对史料考证的任

① 翦伯赞：《中国史纲》第1卷《序》，张传玺编：《翦伯赞全集》第1卷，第18、19—20页。
② 翦伯赞：《中国史纲》第2卷《序》，张传玺编：《翦伯赞全集》第2卷，第11、15页。
③ 许冠三：《新史学九十年》下，第126页。

务，是一面批判地接受清代学者对文献上的史料之考证的成果；另一方面，又要开辟一种新的考据学，进行对考古学上的资料之考证。用现在既存的考古学的资料，去衡量清代学者考证过的史料，使考古学的资料与文献上的资料结合为一，然后史料的考证，才算达到最后的完成”。[①] 为此，他一再强调：“如果有了新考古学上的发现，我们便应该尽可能地运用考古学上所提供的新史料，去订正文献上的史料之伪，补充文献上的史料之缺失。”[②]

需要特别指出的是，翦伯赞对考古资料的高度重视，并非意味着他对传世文献的漠视。恰恰相反，即使是对传世文献中所保存在下来的神话传说材料，乃至于一些被公认为是伪书的典籍，翦伯赞都能从自己独特的视角出发，发掘出其中的史料价值。如前所述，在翦伯赞的史料学理论中，考古材料才是重建史前历史的第一手资料。然而，也正像吕振羽一样，他对考古资料的高度重视，并没有让他对古代的神话传说材料，作一笔抹杀式的否定。在《中国史纲》第一卷的《序》中，他就指出：“我并不是否定神话与传说；反之，我以为神话与传说，决非好事者之凭空谎造，而皆有其一定的历史根据。换言之，它们都是历史上一个突出的片断的记录。”[③] 在该书的《史前史》部分，他就沿着吕振羽在《史前期中国社会研究》一书中所开创的研究路径，将考古资料与大量的神话传说材料结合起来。即使是对于那些公认的伪书，他也不作一概的否定。在他看来，“伪书之所以不能用，是因为著作者不用他自己的名字，而在伪托古人，以致使作品的时代不明。因而只要我们确知了伪书的作伪时代，则伪书还是可以用作作伪时代的史料”。他还进一步指出，伪书除了可以作为作伪时代历史研究的资料之外，还可以作为研究史前历史的材料，“因为史前时代的人，尚无文字。没有文字时代的人，当然不能留下任何文字的记录。因而今日所有有关于史前时代之文字记录，不论是载于真书，抑或载于伪书，都是有文字以后的人伪托的”。[④]

① 翦伯赞：《略论搜集史料的方法》，张传玺编：《翦伯赞全集》第3卷，第341—342页。

② 翦伯赞：《中国史纲》第2卷《序》，张传玺编：《翦伯赞全集》第2卷，第11页。

③ 翦伯赞：《中国史纲》第1卷《序》，张传玺编：《翦伯赞全集》第1卷，第21页。

④ 翦伯赞：《略论搜集史料的方法》，张传玺编：《翦伯赞全集》第3卷，第337页。

这些看法，无疑都是极有见地的。

除翦伯赞的《史料与史学》一书之外，华岗的《中国历史的翻案》也是这一时期马克思主义史学界在史料学领域的重要成果之一。该书于1946年由上海作家书屋出版，共收录作者在40年代中期所撰写的《论中国历史的翻案》、《历史为什么是科学和怎样变成科学》以及《论中国社会历史发展阻滞的基因》等三篇重要论文。其中，除最后一篇的主题设定在中国历史领域之外，其他两篇都是理论性极强的论文。作者在史料学领域的探索成果，主要就集中在这两篇论文之中。在《作者自序》中，华岗开宗明义即指出："要想完成中国历史的翻案工作，使中国历史从伪造与歪曲的深渊翻过身来……一方面需要变革历史的社会基础，同时又需要变革历史本身，使之走出神学与玄学，而进入科学的研究，使它变成科学的中国史。"而要使历史变成科学，首先就必须坚持实事求是的原则，还历史以本来的面目。他说："历史就是过去的事实，这些事实既成过去，便成铁案。"因此，不管出于什么目的，想凭空捏造和删改历史的事实，都是"最无理也是最愚蠢的事"。他旗帜鲜明地指出："我们坚决反对捏造历史和玩弄历史，并且反对借用任何理由来替捏造和玩弄历史的行为作辩护。"因为，"科学必须实事求是，不能容许人们说谎行骗。假如认为为了'训练'与'教育'的目的，可以歪曲历史事实，或者在某种程度上修改事实或增减事实，那就是离开了科学的立场，否定了客观真理，而一切离开科学立场与否定客观真理的想法和做法，都是有害的和错误的"。①

正是基于以上的认识，华岗认为，要写出一部科学的中国历史来，首先就必须对有关中国历史的文献进行彻底的整理与鉴别工作。在他看来，"中国历史典籍，浩如烟海，其中自然有不少真实的部分，但伪造和失实的部分，或许还更多些"。为此，他用了相当的篇幅，分析"中国历史失实的原因"。在此基础之上，他总结说："中国原有史籍既然包含了许多伪造的成分，复经历代统治者的武断删改，其真实性自十分微弱。我们希望出现一部新的中国通史、中国思想史、中国经济史及艺术

① 华岗：《中国历史的翻案》，作家书屋1946年版，第1—2、3、4—5页。

各部门、文化各部门的专史，就是史纲也好，但要货真价实的信史，亦即是科学的中国史。要实现这个希望，必须重新搜索史料，经过科学的整理和厘革，对于伪造的历史和被曲解的历史，要重新给予评定，被歪曲的历史要加以矫正，被粉饰过的要把粉饰去掉；但用不着矫枉过正，更用不着重新涂抹，而是要还原出对象的本来面目，这是翻案与建设信史的必要前提。然后再据有各种史料，并运用科学的历史方法，加以实事求是的研究，真正的中国信史，才有出现的希望。”①

显而易见，华岗所理解的“科学的中国历史”，其前提就是史料的真实性。按照他的话来说，“无论作何种研究，材料的据有和检讨，都是必要的前提。研究历史科学，自然也不例外。史料不够或不能自由运用，固无从着手研究；有了史料，而不能加以科学的检讨，即对于史料真伪和时代性，如不能检讨清楚，也和缺乏史料一样，甚至还更危险。因为缺乏史料，至多得不出结论而已，而史料不正确，便会得出错误的结论，这样的结论，比没有更为有害”②。他的这一结论，几乎与郭沫若的相关见解如出一辙。

透过翦伯赞等人在史料学领域的探索，我们不难发现，无论是在对史料的重视程度和强调通过各种途径以不断扩大史料搜集的范围等观念层面，还是在史料的系统整理、辨伪和考证等诸多技术层面，马克思主义史学界与“史料派”之间，都不存在根本性的分歧。正是在这个意义上，我们认为，不加分析地划分出所谓的“史观派”与“史料派”，并把马克思主义史学无条件地划入所谓的“史观派”，并不符合现代不同史学流派之间分合的史实。以上的分析足以表明，即使在史料学建设领域，特别是在新材料的整理、考释和运用方面，马克思主义史学界所付出的努力以及所取得的成就也丝毫不让于“史料派”。许冠三在比较了翦伯赞和傅斯年的相关史料学思想之后就曾客观地指出，翦伯赞的诸多史料学识见，就远在傅氏“史学本是史料学”之上。③翦伯赞是马克思主义史学在理论上的“代言人”，而傅斯年则是“史料派”的中坚。从

① 华岗：《中国历史的翻案》，第 6、17—18 页。
② 华岗：《中国历史的翻案》，第 18 页。
③ 许冠三：《新史学九十年》下，第 128 页。

这个意义上来看，许氏的上述论断，显然已不只是对翦、傅两人之间的简单比较。其中的深意，是颇值得我们仔细玩味的。

当然，在马克思主义史学与那些主张“史学便是史料学”的流派之间，并非没有分歧。只是，他们之间的根本分歧，不在于史料重要不重要，也不在于要不要通过各种手段来不断扩大史料收集的范围，更不在于要不要通过科学的方法对史料进行系统的整理和精确的辨伪与考证。双方的分歧在于：后者主张完成了史料的搜集、整理、辨伪和考证之后，史学的能事已毕；而马克思主义史家则认为，史料工作只是历史研究的第一步，史料并非就是史学。与傅斯年“史学便是史料学”这一观点恰相对照的，是翦伯赞有关史料与史学之关系的一个非常著名论断：“不钻进史料中去，不能研究历史；从史料中跑不出来，也不算懂得历史。”在翦伯赞等马克思主义史学家看来，史料工作是历史研究的前提；但是，只有史料而没有“方法”，还不能建立起真正的“历史科学”。翦伯赞就指出：“要使历史学走上科学的阶梯，必须使史料与方法结合而为一。即用科学的方法，进行史料之搜集、整理与批判；又用史料，进行对科学方法之衡量与考验。使方法体化于史料之内，史料融解于方法之中。”[①] 他所说的这种“科学方法”，“就是从千头万绪的历史事实中，找出一种贯通于它们之中的原理原则，使一切历史的事实，都在这种原理原则之前，得到正确的说明”。具体说来，“研究历史的方法，就是从历史事实发见历史发展的原理原则；再用这种原理原则去说明历史的事实。换言之，即从这千头万绪的历史事实中，找出它们之间的相互关联，找出他们的运动法则，找出他们发展的倾向。这样，任何交错复杂的历史事实，在我们面前，便不再是混乱一团，而是一定的历史发展阶段上所表现出来的应有的现象。这样，我们也就不仅可以知道历史上的任何事实，‘怎么样’发生发展，而且也可以知道他‘为甚么’要发生和发展”。[②] 显然，在翦伯赞看来，所谓“钻到史料中去”，就是尽可能详尽地占有史料，并以科学的方法对史料进行整理、辨伪和考证；而

---

① 翦伯赞：《略论搜集史料的方法》，张传玺编：《翦伯赞全集》第 3 卷，第 329—330 页。

② 翦伯赞：《略论中国史研究》，张传玺编：《翦伯赞全集》第 3 卷，第 6—7 页。

所谓“从史料中跑出来”，就是要在大量的、确切的史料之基础上，找出各历史事实之间的相互联系，发现历史运动的法则，揭示历史发展的倾向。他在《略论中国文献学上的史料》一文中所概括的那三句话，即“在史料的总和中，显出它的大势；在史料的分析中显出它的细节；在史料的升华中，显出它的发展法则”，就是对“不钻进史料中去，不能研究历史；从史料中跑不出来，也不算懂得历史”这句话的最好注释。翦伯赞这一意见，可以是说是马克思主义史学界的共同识见。吴泽就认为，“专注于史事的零星钻凿，拘泥于字句的烦琐考据，把社会历史的全面貌、全形势以及发展体系忽视了”，“这是传统史法的大弊”；现代的史学家在做好史料工作的同时，还应该“以唯物史观来严谨措理”，只有这样才可以“体现出整体的社会历史面貌”。[①] 华岗也指出，要建立科学的历史学，“发掘历史真髓，考证辨伪是不可缺的一环。所以考证学在整个历史科学中，乃是主力部队之一，不应该让它局限于旧的岗位，而应该移置在新的战略据点上。对于研究历史材料，没有下过深切的功夫，往往容易根据抽象的理论，冰冻在许多符号公式上，拿它当作邮局的图章，乱刻在史料上，结果只能搬演公式的八股文章，并不能具现真实的历史。历史究竟是整体的具体的，而且具有客观规律和客观真理”[②]。然而，这只是问题的一方面。另一个方面，“有了史料，辨明了史料的真伪”，也并不就一定能够“建设起真正的信史”。要建立真正的信史，还必须把“活的神经组织”注入考证学之中，“这个活的神经，当然不是那快入历史博物馆的儒家义理之学再投胎复活，而是应该汲取由近代新兴科学在历史发展过程中综合起来具有客观真理的科学历史观。历史考证学如要开辟自己的伟大前途，就需要在这总神经系统上有所连属，取得它自己的新发展基地，再不能单做材料的汇集、归纳、辨证，或根据之而穿凿附会出一个预定的论据，任意作‘模金御史’的曲说欺世。它需要从戴东原、钱大昕、王西庄、赵瓯北、王国维诸先辈成功的道路上，注入科学历史观的新生命”。一句话，“考证学应该用相互关联

① 吴泽：《中国历史大系·古代史》，1944 年《序》，《吴泽文集》第 1 卷，第 2 页。

② 华岗：《中国历史的翻案》，第 28 页。

的眼光去审察各种史料，因为历史的发展过程，是整个的有机的发展过程，不能单独的孤立的去理解”。[①] 总而言之，在马克思主义史家看来，“材料的汇集、归纳、辨正”，只是历史考证学的内容，而历史考证学只是历史研究中的一个环节；因此，还必须在考证学的基础之上，“用相互关联的眼光去审察各种史料”，用科学历史观去分析史料。这样，也只有这样，才算真正完成历史研究的使命，建立起真正的历史科学。

① 华岗：《中国历史的翻案》，第 25 页。

第三节　古史研究及其分期讨论的新进展

中国马克思主义史学的实践，是从古史研究领域展开起来的。作为马克思主义史学草创阶段标志性成果的《中国古代社会研究》、《史前期中国社会研究》和《殷周时代的中国社会》等著作，均毫无例外地属于古史研究的范畴。在持续多年的社会史论战过程中，古史研究也是马克思主义史学界用功最力、成果最多、影响也最为深远的一个学术领域。郭沫若关于中国奴隶制社会的“发现”与论证，吕振羽对中国史前社会史的系统研究，在20世纪的中国史坛上都是划时代的成就。

抗日战争爆发后，民族危亡迫在眉睫。在抗日救亡的严峻形势下，马克思主义史学界的学术研究重点自然也有所转移。正像翦伯赞在写于1938年的《历史哲学教程·序》中所说：“在这样一个伟大的历史变革时代，我们决没有闲情雅致埋头于经院式的历史理论之玩弄；恰恰相反，在我的主观上，这本书正是为了配合这一伟大斗争的现实行动而写的。”[①] 可以说，在整个抗战时期，马克思主义史学界的学术研究重点，都是围绕着抗日救亡“这一伟大的现实行动”而展开的。

1937年，在作为日本侵华战争策源地的东京，出现了一本名为《东洋哲学史》的著作。该书的作者秋泽修二原本是一位哲学史家，也曾以信奉唯物史观自诩，在东亚的学术界有一定的影响。然而，中日战争爆发后，他很快便堕落成为日本法西斯的御用文人。其精心炮制的《东洋哲学史》一书，便是为配合日本军国主义武力入侵中国而写作的。翌年，他又出版了《支那社会构成》一书。在这两本著作中，秋泽断章取

① 翦伯赞：《历史哲学教程·序》，张传玺编：《翦伯赞全集》第6卷，第7页。

义地套用马克思主义创始人关于亚细亚生产方式的论述，认定中国社会具有“亚细亚的停滞性”，鼓吹“皇军的武力”是打破中国社会“停滞性”的根本途径，公开为日本军国主义的侵华战争制造舆论。除秋泽修二赤裸裸的法西斯侵略史观之外，还有披着学术外衣、实则鼓吹文化殖民主义的所谓中国人种与文化“东来说”、“西来说”和“南来说”，等等，也在当时的中国学术界产生一定的影响。面对法西斯侵略史观的甚嚣尘上，面对东西方殖民者对中国历史与文化的种种亵渎和恶意曲解，马克思主义史学界有责任予以坚决的回击。正像吕振羽在《中国社会史诸问题·编著者序》中所说的那样：“随着民族民主革命实践过程的深入，为‘抗战建国’的神圣事业而服务的新史学，也进入一个新的阶段。为着要和侵略者、汉奸的中国史观以及其他各种各样的错误观点作斗争，要指示大众以正确的实践方向，树立一部正确的中国社会史体系，首先对新史家提出的要求，是对中国社会史的几个基本问题，给予正确地解决。”[①] 吕氏所说的“中国社会史的几个基本问题”，就是指社会史论战期间已经提出但并未彻底解决的几个重大理论问题，包括亚细亚生产方式问题、中国历史上是否存在奴隶制社会的问题、中国历史发展的诸阶段以及所谓中国社会的“停滞性”问题等。[②] 显而易见，这些重大理论问题的解决，都离不开对中国古代历史的系统而又深入的研究。

与此同时，伴随着全民族抗战的展开，马克思主义史学界还面临着另外一项重要而又急迫的研究课题，那就是通过对中国历史，尤其是中国古代历史的研究，表彰中华民族坚毅卓绝、勇往直前的爱国主义精神，弘扬中国悠久而又优秀的民族文化传统，从而为全民族抗战提供不竭的精神资源。中国是一个有着几千年历史与文化传统的国家。从中国的历史与文化传统中展现中华民族根深叶茂的博大气象，发掘中华民族自强不息、百折不挠的民族精神，揭示中华民族前赴后继的生命力和改天换地的创造力，对于提高民族自信心和自豪感，对于鼓舞全民族共同抗战，无疑都具有极其重要的意义。正像叶蠖生在 1941 年发表的《抗战

① 吕振羽：《中国社会史诸问题》，《编著者序》，第 1 页。
② 详请参见吕振羽：《关于中国社会史的诸问题》，氏著：《中国社会史诸问题》，第 1—29 页。

以来的历史学》一文中总结的那样，“以祖国的光荣史迹来增强民族自信心，来鼓舞抗战精神”[①]，成为这一时期马克思主义史学界的重要学术使命。吴泽在晚年的回忆中也说过，在这一时期，马克思主义史学界的“主要任务”，就是一方面“对国内外形形色色的帝国主义、法西斯侵略史观的揭露和批判”，一方面“弘扬中华民族悠久的文化传统和爱国主义精神”。[②]

正因如此，与此前的社会史论战期间相比，这一时期的马克思主义史学，其研究重心虽然有所转移，但对中国古代历史的研究，依然是其最为重要、成果也最为丰硕的一个领域。

郭沫若在七七事变之后，秘密由日本返回国内，投身于抗日救亡运动。在这期间，他先后担任《救亡日报》社社长、中华全国文艺界抗敌协会理事、国民政府军事委员会政治部第三厅厅长和文化工作委员会主任等多种职务。在团结和组织进步文化人士投身于抗日救亡的同时，他依然笔耕不已，先后出版了《青铜时代》和《十批判书》（均为1945）等古史研究的力作，把秦以前的古代社会研究，推向一个新的学术高度。

吕振羽在抗战初期辗转回到湖南，先后在长沙和邵阳等地发起和领导湖南文化界抗敌后援会、塘田战时讲学院等抗日救亡工作。1939年秋，奉周恩来之命，他来到陪都重庆，一边执教于复旦大学，一边从事抗日民族统一战线工作。在这期间，他对此前出版的《史前期中国社会研究》和《殷周时代的中国社会》两书，进行了仔细的修订，并以《中国社会史纲》第一册和第二册的名义，重新出版。与此同时，他还紧紧围绕着建立“正确的中国社会史体系”[③]这个中心，做了大量的研究工作。1942年，他把有关这方面的研究成果汇集成书，题为《中国社会史诸问题》。书中收入了《关于中国社会史的诸问题》、《“亚细亚生产方法”和所谓中国社会的“停滞性”问题》、《中国社会史上的奴隶制度问题》和《创造民族新文化与文化遗产的继承问题》共四篇论文，同时

---

① 叶蠖生：《抗战以来的历史学》，《中国文化》第3卷第2期，1941年。

② 吴泽：《我的治学历程》，《吴泽文集》第1卷，第9页。

③ 吕振羽：《中国社会史诸问题》，《编著者序》，第1页。

还包括《日本法西斯蒂的中国历史观批判》和《本国史研究提纲》两个附录。在该书中，吕氏对社会史论战期间的若干重大问题，进行了系统的回顾与总结，对各家各派的观点进行了仔细的梳理与评论，同时还进一步申述了他本人对这些问题的基本见解。尤其值得注意的是，作者由分析“亚细亚生产方式”问题入手，在批判和清算秋泽修二法西斯侵略史观的同时，还对秦以后的中国历史发展过程，进行了初步的讨论与研究，从而极大地推进了马克思主义史学向中国古代史纵深领域的拓展，为建立科学的中国通史体系作了积极的尝试。

翦伯赞在抗战之初也回到湖南，和吕振羽、谭丕模等人一起组织中苏文化协会湖南分会和湖南文化界抗敌后援会，积极从事抗日救亡工作。1940 年初，他辗转来到重庆，一方面从事统一战线的工作，一方面埋首于学术研究。在这期间，他先后撰写了《中国史纲》第一卷《史前史、殷周史》（1944）和第二卷《秦汉史》（1946），同时还发表了大量的中国古代史研究论文，先后集结为《中国史论集》第一辑（1943）和第二辑（1947）两书。翦伯赞的这一系列论著，都是这一时期马克思主义史学界在中国古代史领域的重大创获，翦氏本人也因这一系列论著而成为继郭沫若和吕振羽之后马克思主义史学的又一重要代表。

侯外庐在抗战之初曾在山西太原从事统一战线的工作，1938 年秋，他也辗转来到重庆，担任《中苏文化》月刊的主编。在结束了长达十多年的《资本论》翻译之后，他从 1941 年开始，转而悉心研究中国古代社会史和思想学说史。正像他晚年所回忆的那样：“1941 年，中国人民的抗日战争进入最艰苦的阶段。我一生的历程，也在这时踏上了一个新的阶段。我全力投入史学方面的研究，正是从这一年开始的。”[①] 短短几年间，他接连出版了《中国古典社会史论》（1943 年初版，1947 年增订为《中国古代社会史》，1955 年再改为《中国古代社会史论》）、《中国古代思想学说史》（1944）和《苏联历史学界诸论争解答》（1946）等重要著作。在这些著作中，他通过对经典作家关于“生产方式”理论的崭新理解，特别是通过对“亚细亚方式”问题的独立思考，从而对中国“古典

① 侯外庐：《韧的追求》，第 113 页。

时代”——奴隶制时代的社会史，进行了别具一格的分析与讨论，同时还对先秦时代的中国思想史进行了系统的梳理与极具有创造性的研究。

吴泽在七七事变前夕刚刚大学毕业。抗战开始后，他回到江苏常州，与友人一起创办《抗敌导报》，从事抗日救亡的舆论宣传工作。1938 年春，他辗转来到重庆，先后执教于复旦大学、朝阳法学院和大夏大学。在这期间，他先后出版了《中国原始社会史》(1943)、《中国历史简编》(1945。该书原名《中国社会简史》，1942 年由桂林学艺出版社出版，后增改扩充，改为今名）和《中国历史大系・古代史》(1949)[①]等多种著作。这些著作也都是这一时期马克思主义史学在古代史领域的重要研究成果。

除上述诸人之外，这一时期自觉地运用唯物史观从事中国古代社会史和思想文化史研究的，还有李达、邓拓、华岗、范文澜、尹达、杜国庠、赵纪彬、杨荣国和嵇文甫等多人。其中，诸如尹达的《中国原始社会史》(1943)、杜国庠的《先秦诸子思想概要》(1946)、赵纪彬的《中国哲学史纲要》(1939)、杨荣国的《孔墨的思想》(1946）以及嵇文甫的《晚明思想史论》(1946）等，也都从不同的角度对这一时期马克思主义史学的发展作出了重要贡献。

综合来看，这一时期马克思主义史学在中国古代史研究领域的重大建树，集中体现在以下几个方面。

一、关于原始社会的研究

继吕振羽的《史前期中国社会研究》之后，吴泽和尹达在 1943 年又分别出版了《中国原始社会史》和《中国原始社会》两本著作。吴泽(1913—2005）早在大学读书时代，就从事原始社会史的研究。从 1935 年开始，至 1937 年大学毕业前夕，他先后在南京的《劳动季报》和北

---

① 《中国历史大系・古代史》虽然正式出版于 1949 年，但作者的研究与写作早在 1944 年春就已完成，是年 5 月，作者为该书的出版已写好了序，旋因种种原因未能出版。详请参见吴泽：《我的治学历程》，《吴泽文集》第 1 卷，第 10 页。

京的《现代评坛》等杂志上，陆续发表了《传说中尧舜禹时代的劳动生产》、《传说中之“尧舜禹禅让”说释疑》、《神话传说与古史研究》、《中国古代原始艺术考略》、《史前期中国社会组织与社会诸动乱》、《中国原始共产社会经济研究》、《中国先阶级社会之商业与赋税雏形考略》、《中国先阶级社会的崩灭》和《史前期中国社会的亲族制》等系列论文。大学毕业前夕，他将这些论文加以排比与整理，题为《中国先阶级社会史》，拟交出版社正式出版。李达还为该书稿撰写了序[①]，向学界郑重推荐此书。然而，由于适值七七事变之际，作者在辗转南下的途中，不慎将书稿遗失，从而未能正式出版。[②]抗战期间，作者一边教学，一边重写该书，并最终于1943年完成了《中国原始社会史》一书的写作。在该书中，作者一方面继承了由吕振羽所开创的以考古材料结合神话传说来探讨史前社会史的研究路径，另一方面又充分吸收了当时的人类学、人种学、民族学以及艺术史等诸多相关学科的研究成果，同时还结合海内外学术界关于中国人种和中国文化起源问题的研究现状，对史前社会发展的具体历史过程，对经济生产、社会组织、婚姻制度和亲族关系的演变，特别是对原始时代的宗教观念以及审美艺术等意识形态诸内容，均作了系统的梳理与深入的研究。针对东西方殖民者所鼓吹的中国人种和文化“西来说”、“东来说”或“南来说”，作者以大量的考古资料为基础，一一予以批判与澄清；同时又以相当大的篇幅，对中国人种与文化的“本土起源说”加以充分的证论。该书是继吕振羽的《史前期中国社会研究》之后，马克思主义史学界在原始社会史研究领域的又一重要成果。翦伯赞在写于1943年的《中国史纲要》第一卷《序》中，就对该书作了相当高的评价，认为它“对于中国史前的历史亦能有所发挥”[③]。这样的评价，应该说实事求是的。

尹达（1906—1983）是三四十年代马克思主义史学界既受过严格的现代考古学训练又具有丰富的考古学实践经验的学者。早在大学时代（1931—1932），他就被学校推荐参加中央研究院历史语言研究所考

---

① 《世界文化》第1卷，1937年第4期。

② 详请参见吴泽：《我的治学历程》，《吴泽文集》第1卷，第10页。

③ 翦伯赞：《中国史纲》第1卷《序》，张传玺编：《翦伯赞全集》第1卷，第21页。

尹　达

古组所主持的安阳殷墟发掘实习。1932 年大学毕业后，又考入史语所考古组的研究生。1937 年研究生毕业，即被聘为史语所助理研究员。在这期间，他先后参加或主持了河南浚县辛村卫墓、河南浚县大赉店史前遗址、安阳后冈第三次和第四次、安阳侯家庄西北冈、山东日照两城镇等考古发掘工作，并撰写了大量的考古发掘报告。[①]1937 年底，为从事抗日救亡工作，他离开史语所，奔赴延安。从 1939 年开始，他一边协助范文澜撰写《中国通史简编》，一边从事于原始社会史的研究。1943 年，他的《中国原始社会》一书由延安作者出版社出版。该书共分三编，第一编为《从考古学上所见到的中国原始社会》，第二编为《从古代神话传说中所见到的中国原始社会》，"补编"由三个单篇论文所组成，重点讨论了中国文化的起源问题，批判了形形色色的中国文化外来说。和吕振羽的《史前期中国社会研究》以及吴泽的《中国原始社会史》相比，尹达此书的主要特色及其贡献，都集中在《从考古学上所见的中国原始社会》这一部分。由于尹达受过严格的现代考古学训练，同时又具有丰富的考古学实践经验，故而，他在运用考古材料研究氏族社会的历史时，非常重视新石器发展的时间序列问题。而这正是吕振羽和吴泽等人的著作中所忽略的。正像他在晚年回忆中所说的那样："研究我国氏族制的社会结构，考古学中新石器时代的资料是十分重要的。要想把氏族制度在我国发展的序列弄清楚，首先应该把我国业已发见的新石器时代资料的时间序列基本弄清。所以，我的第一步工作就放在我国新石器时代的分期问题上了。"当时，在中国的考古学界，关于中国新石器时代的分期问题，最为流行的就是瑞典人安特生所首创的六分期说。尹达仔细地分析安特生的分期工作，"认为他的理论根本靠不住"。他说："从资料本身讲，他所根据的大都是地面调查所得，不可能作为分期的基础；他发掘所得的部分材料，因工作粗疏，未曾把文

① 中国社会科学院科研局编：《尹达集》，《作者生平年表》，中国社会科学出版社 2006 年版，第 452—453 页。

化堆积的层位关系弄清楚，因而科学价值也相对减低了。从他的治学方法看，是形而上学的。尤其是他带着民族偏见研究我国远古的社会文化，从而得出了错误的结论——‘中国文化西来说’。”[①]正是基于这样的认识，他早在1937年就撰写了《龙山文化与仰韶文化之分析》[②]一文，首次就安特生的分期理论提出批评。在1939年完成的《中国新石器时代》[③]一文中，他首次确认：“龙山文化与仰韶文化是两种不同的中国新石器时代晚期的文化遗存。就现在所有的材料来看，大体上可以说仰韶文化早于龙山文化。”[④]通过对大量文化遗层的比较分析，他还推测出龙山文化（两城期、龙山期和辛村期）与仰韶文化（后冈期、仰韶期和辛店期）的绝对年代，从而填补了中国新石器时期早期的文化空白，并初步地建立了一种新的且具有坚实科学基础的中国新石器时代分期体系。在《中国原始社会》一书中，作者就以自己关于新石器时代的分期研究成果为基础，把当时已经发现的大量新石器时代文化梳理成一个严整的发展序列，并据以研究氏族制度在中国的演进情况。根据中国新石器时代的发展序列，作者认为中国经历了“以渔猎为基础的氏族制社会”和“以农业为基础的氏族制社会”两个主要阶段。他还以大量的考古发掘材料为依据，就不同阶段“氏族制度的社会生活”，加以详细的勾勒与分析，以力图“复原”氏族社会的实况。因此，如果说吕振羽的《史前史中国社会研究》是马克思主义史学界关于原始社会史研究的“首创之作”，而吴泽的《中国原始社会史》是对吕著的进一步完善和“发挥”[⑤]，那么，尹达的《中国原始社会》则代表了马克思主义史学界在该领域的新思维和新探索。书中对于中国新石器时代发展序列的重新思考与划分，对于新石器时代不同发展序列与氏族社会不同发展阶段对应关系的

---

① 尹达：《从考古到史学研究的几点体会》，《尹达集》，第351、352页。

② 该文完成于1937年，刊于《中国考古学报》第二册（1947年，原署名刘燿）；后收入生活·读书·新知三联书店1955年出版的《中国新石器时代》一书；现收入《尹达集》，第28—55页。

③ 该文就是《中国原始社会》一书之第一编《从考古学上所见到的中国原始社会》第二篇《中国氏族社会》部分；现收入《尹达集》，第56—127页。

④ 尹达：《中国新石器时代》，《尹达集》，第65页。

⑤ 语见翦伯赞：《中国史纲》第1卷《序》，张传玺编：《翦伯赞全集》第1卷，第21页。

梳理与分析，不仅代表了马克思主义史学界在史前社会史研究领域的最新成果，而且也是1940年代中国新石器考古学的重大理论创获。正是在这个意义上，我们甚至可以说，科学的中国新石器时代体系的建立，正是由尹达的《中国原始社会》一书中而开其端绪的。

二、殷商史研究及其社会性质的争论

郭沫若的《中国古代社会研究》一书，不仅是中国马克思主义史学的开山之作，而且还是运用唯物史观从事先秦史研究的拓荒之作。在该书中，郭沫若运用大量的甲骨与金文材料，并结合《诗》、《书》、《易》等传世文献，以经典作家的社会经济形态学说为指导，对先秦时期中国社会的发展与变化，进行了系统的梳理与创造性的分析。根据他的研究，秦以前的中国社会历史，依次经过了氏族社会、奴隶制社会和封建制社会这样几个前后连接的阶段。具体说来，殷代是氏族社会的末期（郭称之为“中国历史之开幕时期”），西周是奴隶制社会，从周室东迁（春秋时代）开始，中国进入封建制时代。[①]

在郭沫若之后，吕振羽也开始运用唯物史观来研究先秦时期的历史。继1934年出版《史前期中国社会研究》率先尝试揭开中国史前社会的秘密之后，吕振羽又于1936年出版了《殷周时代的中国社会》。在该书中，吕振羽的研究取径大致与郭沫若相同，他也是根据甲骨和金文材料，并结合传世文献，也是以经典作家的社会经济形态理论为分析工具，但是他所得出的结论却与郭沫若有着很大的不同。根据吕振羽的研究，殷商是奴隶制社会，从西周开始，中国已进入封建制社会。[②]

同样以甲骨和金文为主要史料，并结合传世文献，同样以经典作家社会经济形态学说中的概念、范畴、分析工具和解释体系为理论指导，但却得了完全不同的结论。郭、吕二人的上述分歧表明，即使在马克思

① 详请参见郭沫若《中国古代社会研究》之《导论·中国社会之历史的发展阶段》，《郭沫若全集》（历史编）第1卷，人民出版社1982年版，第13—31页。

② 详请参见吕振羽：《殷周时代的中国社会》相关部分，不二书店1936年版。

主义史学的阵营里，对有关问题的分析、解释和论证，也可以是多样的。

郭沫若在完成《中国古代社会研究》之后便转而从事甲骨文和金文的系统研究。尽管他在稍后的《甲骨文字研究》和《两周金文辞大系》等著作中，对自己此前的有关观点作了进一步的申说与论证，但由于这些著作都是在日本出版，国内学术界对此知之甚少。加之郭沫若本人一直生活在日本，并没有直接参加社会史论战，故而，他的《中国古代社会研究》一书尽管在出版以后产生了很大的影响，但书中的很多观点却一直成为论战过程中论辩各方攻击的对象。正像何干之在《中国社会史的论战》中所总结的那样："在中国过去的八九年间（指 1930 年以来），附和他（郭沫若）的人极少，而反对他的人却极多。请看四辑《中国社会史的论战》中的陈邦国先生、周绍溱先生（第一辑）、王宜昌先生、李季先生、杜畏之先生（第二辑）、王礼锡先生、王伯平先生、梁园东先生（第三辑）、王平先生（第四辑），差不多一提起《古代社会研究》，必大骂一顿。"[①] 即使在马克思主义史学阵营内部，批评或反对郭沫若观点的也大有人在。与郭沫若"附和他的人极少，而反对他的人却极多"这一境遇相比，吕振羽的《殷周时代的中国社会》出版以后，很快便获得了进步史学界的广泛回应。从 30 年代中期开始，翦伯赞、吴泽、邓拓等人，都成为吕振羽殷商奴隶制社会论和西周封建说的大力支持者和积极发挥者。

就这样，在马克思主义史学的内部，关于先秦社会历史的分期问题，已经形成了两种不同的意见。一种意见认为，殷代是氏族社会，西周是奴隶制社会，春秋开始进入封建社会，持这种意见的是郭沫若；另一种意见则认为，殷代是奴隶制社会，西周开始中国就已进入封建社会，这一观点的代表人物是吕振羽，支持这一观点的则有翦伯赞和吴泽等人。

进入 40 年代以后，伴随着一大批古代史研究成果的相继问世，马克思主义史学界关于先秦历史的研究，也开始走向深入，相应地，有关古史分期问题的讨论，也进入了一个新的阶段。1942 年，吕振羽的《中国社会史诸问题》一书率先出版。在收录于该书的《中国社会史上的奴

① 何干之：《中国社会史问题论战》，生活书店 1937 年版，第 49 页。

隶制度问题》一文中，作者系统地回顾了社会史论战期间论辩各方有关奴隶制社会史的争论，并对各家各派的观点进行了梳理与评判。他指出："首先肯定中国社会史上的奴隶制阶段的是郭沫若，郭氏估定西周时代是中国史的奴隶制阶段。……继着，吕振羽在《中国古代史》(即《殷周时代的中国社会》。——引者)中，诚如何干之所说，也'在方法论上肯定奴隶制度是一历史的范畴'，认'殷代为中国史的奴隶社会的时代'。这两种见解，对中国奴隶制时间的估定虽然不同，而在肯定中国奴隶制社会这一点上，却是同一的。"接着，他用了很大的篇幅，对郭沫若西周奴隶制社会论的主要论据，予以一一辨析。在他看来，由于郭沫若过低地估计了殷代的社会生产力，从而误以为殷代尚处于氏族社会的末期，又因为郭氏误读了《左传》和金文中的相关史料，故而又把中国进入封建社会的时间划定在周室东迁以后。吕振羽重申，不论是从商代的社会生产力发展水平(吕认为商代已进入青铜器时代)，还是从奴隶在当时社会生产过程中所起的作用，抑或是从政治形态和意识形态诸方面来看，商代都应该"是中国史上的奴隶制阶段"。[①]

继吕振羽之后，翦伯赞又对殷商时代的历史进行了更加深入、更加系统的梳理与研究。在《中国史纲》第一卷的《殷周史》部分，作者用六章的篇幅，分别就"商族的起源与古代国家的建立"、"商代的社会生产力"、"商代的社会经济构造"、"商代的社会关系及其发展"、"商代的家族关系"和"商代社会的意识诸形态"等重大问题，展开研究。像郭沫若和吕振羽等人一样，翦伯赞也坚信："在全世界，任何文化民族的历史发展，都曾经有过奴隶制。……中国的历史上，也并不空白奴隶制。"至于中国奴隶制社会的具体发展过程，他则同意吕振羽的观点，认为奴隶制与殷商一代的历史相始终。用他的话来说："商代的历史，正是中国史上之奴隶制经济的阶段，商代的社会，正是中国的古代社会。"为了充分论证自己的观点，他分别从商代的社会生产力、社会经济结构、生产关系和政治形态等不同的层面，来条分缕析。根据殷墟等出土的大量考古发掘资料，翦伯赞断定，"商代的物质文化，已进入

① 吕振羽：《中国社会史诸问题》，第62、85—94页。

到高度发展的青铜器时代”，而“青铜器文化所表现的劳动生产性，无论在社会经济的哪一个部门，如农业、畜牧和工艺，都大大地超越了‘夏代’的水平，达到了另一个崭新的历史阶段”。他结合对大量古代文献的分析，认为由于青铜农具的大量使用，极大地提高了农业的生产力，使得商代的农业已超越了畜牧业而成为“支配形态”的经济门类，“这一经济的转化，正是人类历史由野蛮时代过渡到文明时代之基本的条件”。[①]另一方面，随着社会生产力的提高，社会分工开始加剧，手工业和商业因之而发展起来。在这样一种全新的生产力水平之下，“无论在社会经济的哪一个部门，都已经能够创造出剩余劳动。也就必然会创造出一部分依赖剩余劳动以为生的坐食之群，以及另一部分提供剩余劳动的食人之群。这样就发生了社会之最初的大分裂，而在同一有血有肉的人群之中，出现了奴隶与奴隶所有者”[②]。为了说明这一“社会之最初大裂变”，他还结合甲骨文和有关古代文献，对商代的基本社会构成进行了系统的分析。在他看来，商代的社会已十分明显地分化出奴隶所有者、奴隶和自由民等不同的群体。“商人奴隶所有者集团之最高的首领是国王，在国王的隶属下，又有大群的世俗贵族和僧侣贵族。前者如甲骨文中的所谓侯、宰，《书·盘庚篇》所谓邦伯、师长，以及《微子篇》所谓父师、少师属之；后者如甲骨文中所谓巫祝、卿史、御事等属之。这些奴隶所有者，他们已经完全从生产劳动中脱离出来，形成了一个以压榨奴隶劳动为生的统治者集团。”至于商代的奴隶，“有各种的名称，甲骨文中所谓小臣、奚、奴、童、仆、妾、役、牧、御皆属之。这些奴隶完全失掉了身体的自由，成为奴隶所有者榨取的对象，而构成一个庞大的被统治者集团。”在奴隶所有者和奴隶之间，便是自由民，“这种自由民可以说是介于榨取者与被榨取者之间的一个中间社会群”。所以，他总结说：“以上的社会分野，就是商代社会关系之全部的内容，亦即商代奴隶所有者的国家之政治的属性。”再就家庭形态来看，翦伯赞认为，郭沫若所主张的殷代实行“亚血族群婚”以及“殷代末年多有多父

---

① 翦伯赞：《中国史纲》第 1 卷，张传玺编：《翦伯赞全集》第 1 卷，第 155、156、170 页。

② 翦伯赞：《中国史纲》第 1 卷，张传玺编：《翦伯赞全集》第 1 卷，第 184 页。

多母的现象”，也是站不住脚的。在他看来，商代的家族形态已是一夫一妻制。因为，“一夫一妻制的家族之发生，与私有财产及国家的起源是相适应的。商代既有私有财产的发生，又有国家的出现，从历史发展的原理上来说，在这一时代，必然要产生一夫一妻制的家族”。他特别指出，郭沫若的“多父多母”说，其主要依据就是三“商句刀”上的铭文，而“商句刀”的铭文恰恰是否定该说成立的铁证。因为，铭文中已有“祖”和“大祖”之分，于父则有“大父”、“仲父”之别。这一史实足以证明，商代的人已能区别谁是自己的直系亲属，而这在实行“亚血族群婚”的时代是根本不可能的。至于“多母”说，翦伯赞认为更缺乏证据，因为根据罗振玉的考证，“在商代三十一世帝王中，仅有三个帝王为多配，而一配者则占十分之九以上。”因此，所谓“多母”其证据是极为“薄弱的”。[①] 总之，在翦伯赞看来，不论是从生产力发展状况和社会分工，还是从社会阶级阶层的分化、政治形态，抑或是从婚姻和家庭关系等各个层面来看，殷代都不可能像郭沫若所说的那样尚处在氏族社会的末期，而应该是一个典型的奴隶制社会。

在这一时期关于殷商史的研究中，吴泽的《中国历史大系·古代史》无疑是最为重要的成果之一。鉴于多年来围绕着殷商社会性质的各种争论，吴泽认为，当务之急是“用功整理史料，精详考证史事”，只有通过具体而微的系统研究，才能“使中国新史学系统的建设上，（在）这一古代阶段的问题，获得合致的解决”。在该书中，作者本着“凡一事一物，务冀阐释明白，不使其玄言难解，不可思议，故每于史料文义深谙之处，不避烦琐，广列史事，详引史料，以为阐解证实”的初衷，对殷代历史的方方面面，均予以系统的梳理和翔实的研究。正像作者所说的那样，该书“论及宗教、艺术、意识形态时，就广为摹录殉葬明器、绘画、雕刻、花纹等遗物图片；论及殷代国内外的经济情况、政治、军事形势时，就详为考定甲骨卜辞地名，以及土壤、地形、物产等，制定各种地图，以此加强读者的意像力，帮助对文句的了解，使每

---

① 翦伯赞：《中国史纲》第 1 卷，张传玺编：《翦伯赞全集》第 1 卷，第 184—185、197、198—200 页。

吴　泽

一史事，都能具体详实”。之所以如此，是因为在作者的意识中，“研究一个已过去了的社会历史，除致力于社会经济构造的研究外，必须详细考察当时的社会制度和人民衣、食、住、行、风俗、习惯等，把历史的真像活现起来，那才能真正知道我们的祖先们是怎样生活过来的实际情形”。故而，“本书研究殷代社会历史，就潜心致力于此。诸如殷代人民怎样耕地、种苗、收获、打谷、舂米、做饮食？怎样捕鱼？怎样畜牧？怎样狩猎？穿的是什么样的衣服？打扮些什么饰物？住的什么房子？房子是什么样子？屋里用些什么用具？怎样睡觉？怎样吃饭？甚而至于想些什么？怎样想？相信些什么？……一言之，把殷代人民的生活情形，活生生地显示出来”。作者相信，“只有这样，才能窥视到古代人民生活的实际情况，才能生动地、有筋有肉地真正认识古代社会历史的面貌”。[①]

本着“活现”殷代社会历史真实面貌的这一初衷，作者在《中国历史大系·古代史》一书中，一方面网罗了当时所能找到的有关殷商历史的各种材料，从考古发掘遗物到甲骨文字，再到大量的传世文献，可谓应有尽有，无所不包；另一方面还系统地整理和吸收了自王国维以来的殷商史研究成果。在此基础之上，作者就殷代的帝王世系、政治地理、自然环境、殷族源流、文化特征、生产技术、生产工具、土壤地形、农耕状况、畜牧渔猎、工艺发展、商业经济、劳动者身份、贡纳制度、社会构成、国家组织、政治形势、军事组织、对外战争、家庭形态、婚姻继承制度、意识形态、宗教体系、古代科学、鬼神巫术、祭祀种类、文字书法、饰物艺术等各个方面，进行了包罗万象的研究。正像有论者所说的那样，“全书涉及论题、所用资料、文字篇幅较此前已出版，或约略同时问世的殷商史著作大大扩充”，“俨然已成一部规模宏

① 以上引文均见吴泽：《中国历史大系·古代史》，1944年《序》，《吴泽文集》第1卷，第2—4页。

大的殷代通史”，“在断代通史的体系构筑方面已取得了超越其师辈的成就”。[①]

在对殷代历史的方方面面进行“具体而微”的研究之同时，吴泽还用了相当的篇幅对这一时期的社会性质进行了深入的分析与论证。该书的副标题即为“奴隶制社会史”，显而易见，在作者看来，殷代就是中国的奴隶制时代。正像他在该书的《序》中所说的那样：“古代奴隶制社会，是人类社会历史发展过程中必然经过的阶段；中国社会历史发展过程中，也未‘空白’古代的阶段。”“殷代一代的社会历史，我认为是中国古代奴隶制社会历史。奴隶制的发生、发展与灭亡，殷代一代，自成起迄。”[②]为了论证这一观点，作者结合甲骨文和传世文献中的相关资料，从殷代社会的生产力、社会分工、生产关系及国家政权组织等不同角度，并重点就殷代奴隶的种类、奴隶在殷代社会生产过程中所起的作用、奴隶的来源等问题，展开分析。作者指出：“我们从具体的史料上研究，知道殷代的生产工具不是石器，而是青铜器；主要生产是农业，畜牧业只是补充而已，渔猎业已是游乐之事；殷代社会经济也远远超过野蛮时代，达到农业时代的古代文明阶段了。‘田奚’、‘众黍’记事，并非仅见，奴隶已大规模地使用……奴隶也不用作牺牲了，是奴隶制时代的奴隶了。”综合上述种种情况，“殷代的生产方法是殷王最大所有的农业生产手段与当做生产工具作用的奴隶劳动二者间之结合的关系”。“殷代社会的生产方法是奴隶制的生产方法，那么，毫无疑问，在这奴隶制的生产方法上，所有物质生产的全运动与全性质都是奴隶制的，殷代社会经济构造，是奴隶制的构造，殷代社会的性质是奴隶制的性质。”因此，“殷代是奴隶制社会”。[③]

就在翦伯赞和吴泽就殷代史和殷代社会性质问题展开系统研究和深入讨论的同时，延安的范文澜、尹达和叶蠖生等人，也就这一问题发

① 钱杭：《〈中国历史大系·古代史〉评介》，仓修良主编：《中国史学名著评介》第 4 卷，第 488—489 页。

② 吴泽：《中国历史大系·古代史》，1944 年《序》，《吴泽文集》第 1 卷，第 1 页。

③ 吴泽：《中国历史大系·古代史》，《吴泽文集》第 1 卷，第 214—215 页。

表了相关的看法。范文澜在1940年发表的《关于上古历史阶段的商榷》一文中，首先就郭沫若的殷代为氏族社会末期、西周开始进入奴隶制社会等相关观点展开辨析。众所周知，郭沫若在《中国古代社会研究》中之所以认定殷代是氏族社会末期，是因为他相信殷代还处在金石并用时代，而金石并用时代的生产力，是无法创造出奴隶制社会这一古代文明来的。至于西周，郭沫若就《诗经·公刘》的“取厉取锻”推论，西周初年已有铁器，故而从西周开始中国才进入奴隶制社会。针对郭沫若的上述推论，范文澜提出了不同的意见。他指出，《诗经·公刘》篇虽一般均认为是西周初年的作品，但说的却是公刘时期的史事。公刘时期大约相当于夏殷之际，距西周初年还很遥远，故而不能据以说明西周初年的情况。范文澜还借此反问道：如果相信《公刘》篇所言属实，夏末殷初就已有了铁器，那么，殷代为何又是氏族社会的末期而不能是奴隶制社会呢？这一反问可谓击中了郭沫若有关观点的要害。至于前引《公刘》篇中的“厉”与“锻”，范文澜认为也不能简单地训为铁器。他举出《尚书·费誓》“锻乃戈矛，厉乃锋刃”的例子，说明在古代文献中铜器也可称为“厉”、“锻”。通过对殷代历史的具体考察，范文澜审慎地认为，“奴隶社会的基本条件，考之殷代盘庚以后，无不具备”。据此，他判定盘庚迁殷以后的殷代应该是奴隶制社会。至于盘庚迁殷以前的情况，他认为尚少实证材料，故而“不能率断”。由此不难看出，在对殷代社会性质的认定上，范文澜的观点大致与吕振羽、翦伯赞和吴泽等人相近。不过，细加分析也不难发现，他对殷代社会生产力的估计、对殷代不同经济门类的分析，又与上述诸人颇有不同。在吕、翦、吴诸人看来，殷代已是青铜器时代，范文澜则认为，石器在殷代虽已被青铜器所逐渐取代，但并没有完全消失，特别是在农业生产领域，金属农具尚不多见。他也不同意吕、翦、吴等人有关农业已是殷代最主要的经济门类的观点，在他看来，在奴隶制时代，一般都是畜牧业占主导地位，殷代也不可能出现“农业已占主导地位”的情况。他征引《尚书·洪范》“雨旸燠寒风，五者来备，各以其叙，庶草蕃庑”这段材料，认为这正是畜牧时代的人所说的话。《洪范》接着又有“岁月日时无易，百谷用成”一句，范文澜认为，这里把“百谷”放在前文的“庶草”之后，这也证明殷代是先畜牧而后农耕。[①]

尹达在1940年和1941年先后发表了《关于殷商社会性质争论中的几个重要问题》与《关于殷商史料问题》[②]两文，就殷商史研究的史料运用以及殷商社会性质问题，提出了自己的看法。如前所述，尹达曾参加过安阳殷墟的考古发掘，对殷商考古材料十分熟悉。在他看来，研究殷商史的第一手材料应该是考古出土的甲骨文和其他遗物。他说："甲骨文和考古学上的材料是我们研究殷商社会的主要凭借，只有研究这些具体的大量的史料，从这里寻找当时社会的史实，才能够了解殷商社会的本质。""研究殷商社会最可靠的史料是当时的甲骨文和当时的遗迹遗物，离开它们，就不可能写出殷商社会的信史。"至于其他传世文献中的材料，由于它们"大部分是后人的记述，我们应当弄清作者的时代和作者时代的社会性质，然后才能使用它们"。根据这样的史料学原则，他对郭沫若的殷商氏族社会论和吕振羽等人的殷代奴隶制社会论之主要史料证据，进行了严格的史料学批评。他认为，不论是郭沫若，还是吕振羽等人，"的确都从具体的史料里去探寻殷商社会的本质问题，都费了不少的心血。……但是，同样地依据着具体的史料，为什么得出两个不同的结论？"在他看来，其中的关键还是出在对史料的处理与运用方面。为此，他围绕郭、吕双方争论的三个重要问题，展开分析与论证。其一，关于殷代生产力发展水平的估计。殷代到底是青铜器时代还是石器时代？这是郭、吕双方据以判断殷商社会性质的一个十分重要的论题。尹达认为，要弄清这个问题并不难，关键就是要对殷商考古材料中青铜器和石器的出土地点、用途及性质加以具体的分析。他说："青铜器和新石器同时存在，是十年来考古学者在殷墟所得到的具体事实。"然而，由于吕振羽等人过于强调青铜器的存在，故而认为殷代已进入青铜时代，而郭沫若的"金石并用时代"表面上似乎两者兼顾，实则"不曾把握着它们的本质"。在他看来，就研究殷代的社会生产力而言，仅

---

① 以上引文均见范文澜：《关于上古历史阶段的商榷》，《群众》第5卷第4、5期（1940）；后收入中国社会科学院近代史研究所编：《范文澜历史论文选集》，中国社会科学出版社1979年版，第81—92页。

② 原刊《中国文化》第3卷第1期，1941年；后收入《尹达集》，第283—297页。

仅罗列青铜器或石器的考古材料是远远不够的，“我们应当深入的研究它们出土的具体事实，应该分析这许多遗物的本质：那大批的铜器出于什么地区，它们都是些什么东西；那大批石器出于什么地区，它们又是些什么东西？”按照这一标准，吕振羽等人关于殷代是青铜时代的论断，显然就是有疑问的了。一方面，因为殷墟及其附近的发掘表明，铜器只是出于小屯村及其附近的墓葬中，在其他许多小的村落遗址中则很少见到铜器的踪迹，而且它们的制作只限于兵器和礼器以及少数的零星饰物，至于铜制的农具或其他与生产有关的器物，则迄未发现。另一方面，小屯村附近的许多小屯文化遗址中都存在着大量的石器，其中主要有石斧和石刀等生产工具。据此，他得出结论：“殷代一般的生产工具不是铜，更不是铁，而是石器”，“当时一般的生产工具还是以石器为主”。他的这一结论，既不同于郭沫若的“金石并用时代”，也不同于吕振羽等人“青铜器时代”。其二，关于殷代经济基础的估定。郭沫若在《中国古代社会研究》中认为，殷代的“产业状况已经超过了渔猎时期，而进展到牧畜的最盛时期”。范文澜也基本同意这一观点。而吕振羽等人则认为，农业已成为殷代最重要的经济门类，畜牧业只是作为一种补充类型而存在，至于渔猎，更是沦落为贵族阶层的游乐。尹达在分析了双方的证据之后认为，郭沫若和范文澜据以分析殷代经济生活的主要材料，都来自于《诗经》和《尚书》中的有关文字。这些文字大多是战国时代的作品，“我们不能毫无游疑的以战国时代的作品作为研究殷商社会的史料”。结合万国鼎、吴其昌和胡厚宣等利用甲骨文研究殷代农业生产的最新成果，他认为吕振羽的观点应该更加符合实际，“殷代的产业部门之中是以农业为主，牧畜已降为次要地位”。其三，关于奴隶在殷代社会发展过程中的作用。吕振羽等人之所以断定殷代为奴隶制社会，很重要的一个原因就在于他们认为奴隶已成为殷代生产过程中的主体。尹达通过对甲骨文中相关资料的系统梳理，发现“奴隶之用于耕作者，甲骨文中并不多见，与之有关的只有三片”。据此，他认为，“若有大批奴隶参加了农业生产，而农业又是当时的主要经济基础，决不会只有这样少数的记载”。综合以上三个方面的内容，他认为“殷代后期的社会是在崩溃过程中的氏族社会，是没落的氏族社会走向坟墓里去的前夜”。[①] 这一结论，大抵与郭沫若的观点相似。

然而，饶有意味的是，正当尹达在延安呼应郭沫若的殷代氏族社会论，确信“郭沫若先生对于殷代后期社会性质的估计，基本上是正确的”[②] 的时候，郭沫若本人却对自己此前的相关结论进行了全面的否定。1942 年，他在《论古代社会》一文中，就认为“殷代已有大规模的奴隶制度”[③]。稍后，他在《屈原研究》一文中更是明确地表示：“关于殷代是奴隶社会这一层近来已得到一般的公认。”[④] 对于自己的这一新见解，他后来在《青铜时代》和《十批判书》中又作了系统的阐述。

收录在《十批判书》中的第一篇论文，题为《古代研究的自我批判》。作者开宗明义即指出：“关于秦以前的古代社会的研究，我前后费了将近十五年的工夫，现在是达到了能够作自我批判的时候。”在这篇论文中，作者用了很大的篇幅对自己此前在材料处理与运用方面所出现的诸多失误以及因此而造成的后果，进行了深刻的总结与自我批评。他指出：“无论作任何研究，材料的鉴别是最必要的基础阶段，材料不够固然大成问题，而材料的真伪或时代性如未规定清楚，那比缺乏材料还要更要危险。因为材料缺乏，顶多得不出结论而已，而材料不正确便会得出错误的结论。这样的结论比没有更要有害。”[⑤] 在逐一检讨了自己在处理和运用传世文献、甲骨卜辞以及殷周青铜器等材料中所出现的诸多失误之后，他还就此前关于殷代社会研究的相关结论进行了认真的反思、修正和完善。这主要表现在以下几个方面。其一，对殷代生产力的重新估计。郭沫若认为，他此前之所以得出殷代是氏族社会末期的这一结论，主要是因为过低地估计了殷代的社会生产力。在《青铜时代》中，他重新估计了殷代的生产力发展状况。在他看来，“中国究竟是在什么时候由石器时代递禅到青铜器，在今天谁也无法回答。我们在

① 以上引文均见尹达：《关于殷商社会性质争论中的几个重要问题》，《中国文化》第 2 卷第 1 期，1940 年；后收入《尹达集》，第 263—282 页。

② 尹达：《关于殷商社会性质争论中的几个重要问题》，《尹达集》，第 282 页。

③ 郭沫若：《论古代社会》，《郭沫若全集》（历史编）第 3 卷，第 408 页。

④ 郭沫若：《屈原研究》，《郭沫若全集》（历史编）第 4 卷，第 60 页。

⑤ 郭沫若：《十批判书·古代研究之自我批判》，《郭沫若全集》（历史编）第 2 卷，第 3—4 页。

今天所有的知识，只是知道，殷代已经是青铜器时代了”。他根据自己多年来从事青铜器铭文整理和研究的经验，发现在所有业经著录的青铜器中，由铭文可以确考为殷代的，已有一打左右。他还对通过现存殷彝及殷墟出土铜器之花纹、样式及其质地的研究，发现殷代青铜器的“冶铸技术已极端高度化”。据此，他认定，“殷代已毫无疑问进入青铜时代”，“在今天，谁也不会怀疑，殷周两代是共同包含在青铜器时代里面的”。[①] 其二，对殷代农业生产状况的重新估计。在《古代研究的自我批判》中，郭沫若根据对甲骨卜辞的研究，发现“就卜辞所见，殷代的牧畜应该还是相当蕃盛的，因为祭祀时所用的牲数很多，每每有多至五百头牛的”。而且古代的文献中也有盘庚以前殷人八迁、盘庚五迁的记载，“这样屡常的迁徙，是牧畜民族的一种特征”。然而，他也发现，在甲骨文中，田、畴、农、藉等字已经出现，禾、黍、来、麦、穑、禀等字也数见不鲜。与农业密切关联的历法已相当严密。而且，卜辞中还不时有“告麦”和“观黍”等记录，说明殷人对农业生产已十分重视。所有这些均表明，“农业已经成为（殷代）主要的生产”。其三，对殷代农业生产中使用奴隶劳动的重新估定。在马克思主义史学界，大家都有一个基本的共识，那就是一个社会有了奴隶，并不代表它就一定是奴隶制社会。在他们看来，奴隶制是一个经济的范畴，因此，只有当奴隶大规模地运用于生产时，这个社会才是奴隶制社会。在此前的《中国古代社会研究》一书中，郭沫若之所以断定西周才是奴隶制社会的开端，就是因为他在殷代的经济生产过程中没有发现大规模的奴隶生产的存在。在《古代研究的自我批判》中，他通过对殷代农业生产过程的系统考察，发现的确存在使用大规模奴隶劳动的情况。其主要证据就是卜辞中多有“众”或“众人”从事农耕的记载。郭沫若解释说，卜辞中的“众”都作“日下三人形”，就原辞的气势上来看，其耕种的规模是相当宏大的。据此，他认为，“殷代确已使用大规模的奴隶耕种，是毫无问的。因此，我在十几年前认为殷代是原始公社制末期的那种看法，当然

---

① 郭沫若：《青铜时代·青铜器时代》，《郭沫若全集》（历史编）第1卷，第601页。

要修正才行”。①

郭沫若对殷商历史中若干重大问题的新思考以及对殷商社会性质的新估定，不仅是他本人在从事古史研究十余年后的又一重要收获，而且还极大地推动了马克思主义史学界在殷商史研究领域的新进展。伴随着郭沫若对自己观点的修改与完善，马克思主义史学界就殷商社会性质这一议题已基本达成一致。从1940年代中后期开始，除侯外庐等个别史学家之外（详后），殷代是奴隶社会差不多已成为马克思主义史学界的共识。正因为如此，从那以后所谓古史分期的讨论，主要便集中在关于奴隶制与封建制的分期问题之上，对应于中国历史的具体发展过程，则由殷商下移至周秦之际。换句话说，在接下来关于古史分期问题的讨论中，周秦之际的历史才是讨论、聚讼的中心环节。

三、周史研究与古史分期的新见

如前所述，早在社会史论战期间，继郭沫若首倡西周奴隶制社会说之后，吕振羽又提出西周封建说。这样，在马克思主义史学的内部，关于西周的社会性质问题便有了两种截然不同的意见。中国现代史学界聚讼数十年的古史分期问题争论，正是由双方的这一严重分歧而演变和发展起来的。

1940年，吕振羽先后撰写了《中国社会史上的奴隶制度问题》和《本国史研究提纲》等文。这是抗战时期马克思主义史学界较早、较系统地讨论中国历史上奴隶制与封建制分期问题的文字。在《中国社会史上的奴隶制度问题》一文中，吕振羽系统地回顾了社会史论战期间各家各派关于奴隶社会史的观点，并针对郭沫若的西周奴隶制社会说，提出了不同的意见。在他看来，郭沫若的西周封建论，无论是在理论上还在材料的运用上都存在着严重的问题。就理论层面来看，郭沫若关于中国

① 郭沫若：《十批判书·古代研究之自我批判》，《郭沫若全集》（历史编）第2卷，第16—17、18—19页。

奴隶制社会史的研究，并没有结合经典作家的“亚细亚生产方式”理论，所以一开始便把殷代排除在奴隶制阶段之外。[①]这样，他便不得不把中国奴隶社会的开端定在西周。至于材料的运用，吕振羽认为郭沫若用来证明西周是奴隶社会的三个主要证据，或者是出于对文献的误读和误解，或者根本就不能成立。其一，据《左传》定公四年记载，殷民六族、七族和怀姓九宗，其男女老幼均与物品一起被封给诸侯。郭沫若据此认为，这是殷民六族、七族和怀姓九宗作为奴隶的铁证。其二，周金中有大量锡“臣”和“庶人”的记载。郭沫若认为，这些“臣”和“庶人”既然被“锡”（赐），因此也应该是奴隶。其三，周金中还有奴隶买卖和赎罪的记载。吕振羽认为，郭沫若的上述证据，都是不能令人信服的。因为，首先，根据经典作家的论述，“封建的土地赠予，并不是单纯概念下的土地，而是连同土地上的人民”，上述《左传》中的记载，如同《大盂鼎》中的“受民受疆土”和《诗经》中的“锡之山川，土田附庸”一样，都是西周通过“封建”来建立“藩屏”的。故而，这些殷民六族、七族和怀姓九宗到底是农奴还是奴隶，应该由他们在直接生产过程中的地位来确定。其次，“在周代，生产劳动的主要担当者是‘庶人’、‘夫’、‘白丁’或‘小人’”，他们都是“分田而耕”的“农”，与工商一样身份世袭地“各守其业”，同时还能够“自由处分其部分的劳动时间”。因此，他们应该是向农奴主提供劳役地租的农奴，而不是奴隶制社会中的奴隶。再次，在西周时期，类似于“臣”这样的奴隶确实存在，但“他们系使用在公私杂役及贵族家务等方面，即所谓‘贱奴’。他们并有其妻子和家屋，这在奴隶制社会一般场合是很难想像的”。因此，并不能据此就认为西周是奴隶制社会。[②]

在《本国史研究提纲》中，吕振羽进一步申述了自己的西周封建

① 郭沫若在《中国古代社会研究》中把亚细亚生产方式理解为原始公社制社会，相应地，他也把殷代视为氏族社会。吕振羽此时已接受苏联学者柯瓦列夫的意见，把亚细亚生产方式理解为奴隶制社会。在他看来，“建基于‘亚细亚的’公社形态之上的社会组织，（虽）保持氏族社会的外貌，（但）并不能妨碍其国家的职能与存在”。殷代的社会就是如此。详见吕振羽：《中国社会史诸问题》，第 67 页。

② 吕振羽：《中国社会史诸问题》，第 66—69 页。

论。他认为，“武王伐殷不是外族的征服形式，而是社会内部的革命”。正因为如此，从西周开始，中国便进入了领主制封建社会。在这种领主制封建社会中，“农民向领主提供劳役地租和贡物，领主分给农民以耕地；工奴替领主生产手工制造品，领主则给予工奴以食物；贱奴为领主担任家内杂务…… 他们被豢养于领主的家内”。到了春秋战国时代，随着生产力的发展，“新的土地占有者要求冲破领主的领地组织，而易以联合管理机关的郡县制”。这样，原来的地租便开始分裂成租和税。领主制也因此而向地主制转变。①

继吕振羽之后，翦伯赞在《中国史纲》第一卷的《殷周史》部分，又对西周封建论作了进一步的申说和发挥。翦伯赞通过对周族源流的研究，发现“周族和商族，在中国史上，本来是平行发展的两个民族，虽然周族在进入中原以前，尚没有发展到像商代那样高度的奴隶制经济的历史阶段，但它却曾在长期中隶属于商代奴隶所有者国家的统治之下，而为其领属。换言之，周族曾经是商族奴隶所有者国家之一个构成部分。因而也就得以从政治经济的隶属关系中，通过商族奴隶制度的文明”。正因为如此，“周族继商族之后，而能在奴隶所有者国家的废墟上，建立起初期封建制的国家”。“商周的递嬗，不仅是政权之民族的转移，而且是社会经济之质的变革。换言之，是奴隶制经济向封建制经济的转化。”②

显而易见，翦伯赞也像吕振羽一样，把周之代商视为是奴隶制和封建制两种社会经济制度的递嬗。不过，细加分析便不难发现，他的论证方式却与吕振羽不尽相同。大致说来，他是从如下三个方面来分析西周时期封建制度的确立及其发展的。首先，他从西周初年的制度性变革入手，分析了殷代奴隶制向西周封建制的转变过程。在他看来，自武王伐商之后，“周族的征服者，毫不犹豫地执行了他的历史任务。他们在击败了商代奴隶所有者政权以后，首先便宣布土地王有，和奴隶制度的废除”。经过这样的制度性变革，“周代的征服者，不但消灭了商代奴隶所

---

① 吕振羽：《中国社会史诸问题》，第159—161页。

② 翦伯赞：《中国史纲》第1卷，张传玺编：《翦伯赞全集》第1卷，第230—231页。

有者的政权，并且也消灭了这种政权之依以建立的经济基础”。正是在这样的基础上，“周代的国王，便变成了土地和人民之唯一的所有者”。《诗经》中所说的“溥天之下，莫非王土；率土之滨，莫非王臣”，正是这一历史内容的生动展现。这种土地由原先的“国有”向“王有”的转化，正是社会制度由奴隶制向封建制转化的基础。其次，西周建立之后，便进行大规模的分封，把土地连同土地上的人民封赐给大大小小的诸侯，“这些诸侯，一到封区，便成为其封区内的土地和人民的主人”。翦伯赞强调，像西周这样土田和人民同时并赐的记录，在殷代是没有的。在殷墟的甲骨文中，不但没有土田和人民同时并赐的记载，而且也无单赐土田的记录。这一事实表明，“周之诸侯与商之邦伯，其性质已完全不同。因为土地之变成王的赏赐物，首先必须要把土地由‘国有’变成‘王有’，而土地所有之这一转化，正是奴隶制到封建制的过渡”。他还具体地分析了商代的“邦伯”和周代诸侯的本质差别。在他看来，商代的“邦伯”仅仅是征收贡纳的代理人，但西周的诸侯“一至封区，便把封区以内的人民，不问其为商族，或为‘夏族’，不问其为自由民抑或奴隶，便把他们整族整族地转化为农奴。把这些农奴固着于土地而开始庄园经济的组织”。[①] 再次，随着西周政权的巩固，统治者还通过武力征服的方式，不断地把残存于其势力范围之内的氏族和部落，“也依照封建制度的原理而改变其原来的属性”，“于是许多落后的民族，都在封建骑士的刀剑之下被降服了”。据此，翦伯赞得出结论：“由于周代封建主义势力之膨胀，以及周围各氏族自身的社会内部之变革因素的发育完成，于是有许多民族，特别是江淮一带的各族，便开始其向封建主义的转化。”历史上所谓的“宣王中兴”，“正是表征周代封建国家之发育完成，亦即周代封建经济之更大的发展。在宣王以后的不久的时期，周代的历史，便转入了春秋、战国时代”。[②]

在详细地梳理了西周封建制度的确立及其发展过程之后，翦伯赞还在该书的第十六章《西周社会的经济构造》中，以整整一章的篇幅，分

① 翦伯赞：《中国史纲》第1卷，张传玺编：《翦伯赞全集》第1卷，第234—235、237—238页。
② 翦伯赞：《中国史纲》第1卷，张传玺编：《翦伯赞全集》第1卷，第239—242页。

析了西周的经济结构。翦伯赞认为，在武王伐商取得成功之后，天下的土地和人民都属于周王，“但是土地的所有与人民的隶属，只是一种政治权力的象征。为了使象征的权力转化为真实的权力，就必须使这种作为权力之象征的土地与人民，相互结合以发挥其经济上的效能。于是天子以之分封于诸侯，诸侯以之分封于家臣，而开始‘作邑’、‘作采’的历史任务”。正是由于分封制这一重大的制度性的变革，“商代的村落公社转化为无数的封区和领邑”，于是产生了封建制的经济关系。他进一步分析指出，“西周的各级领主，在受民受疆以后，于是各在其领地以内……开始庄园经济的组织”。在庄园之内，领主“把过去的自由民、奴隶乃至氏族成员都转化为农奴，从而把过去的奴隶制经济乃至氏族制经济，转化为封建主义的庄园经济了”。这种庄园经济组织，就是孟子所说的“井田制”。

根据翦伯赞的理解，在这种封建庄园制度之下，“所有的人民，皆被剥夺了土地；所有的土地，都属于封建领主所有。失掉土地之人民，则不得不转而依存于领主所赐之一小块的分有地。这一小块分有地，就决定了他们对领主之人格的隶属，而转化为农奴；同时，亦即领主迫使农奴交出其剩余劳动及剩余劳动生产物之唯一的根据”。正因为如此，在这种庄园制度中，领主对农奴实行超经济的强制的剥削，“这种剥削，在法律上，称之曰‘赋’、曰‘役’。‘赋’者，田赋，‘役’者，徭役。不过在西周，田赋的征收，也是采取力役的形态”。他还进一步解释说，西周时期的农奴，在从领主那里领取土地、耕牛和农具后，在“田畯”（即领主庄园使用人）的督促和监视下，从事大规模的耕作，文献中所谓的“千耦其耘”，正是这一耕作方式的真实写照。[①]

除了从上层建筑和经济构造这两个方面来论证西周为封建社会之外，翦伯赞还在该书的第十七章《西周时代的社会关系》中，从等级制度的形成与西周的政治组织、爵位的等级制以及“庶民”身份的变化等角度，对自己的观点加以引申和发挥。他认为，由于实行分封制，“土地之由上而下地一级一级分封下去，于是形成了各级的土地所有者”。

---

① 翦伯赞：《中国史纲》第1卷，张传玺编：《翦伯赞全集》第1卷，第248—249页。

这是西周等级制度形成的经济基础。文献中所谓的“公食贡，大夫食邑，士食田”，说的就是这种等级制度。在这种等级性的社会关系中，唯有“庶人”无田，所以只能“食力”。另一方面，“由于土地之等级的所有，又构成土地所有者之人格的等级隶属关系”。《左传》中所说的“王臣公，公臣大夫，大夫臣士”，摹画的正是建立在土地等级性所有制基础之上的人格之等级隶属关系。在这种隶属关系体系中，唯有“庶人”因无田，故而只能“臣于人”而不能“有所臣”。正是由于土地的等级性所有与人格的等级隶属关系，构成了等级的剥削与榨取关系，这便是自庶人以次而上达于天子的贡纳制。所以，他总结说：“西周的政治，就建筑在这种等级从属的社会关系之上，而构成其等级支配的政治组织。”在这种政治组织中，天子是地上的最高权力之代表。在天子之下，有中央政府的组织。其地方组织，便是文献中所谓的“五服”之说。至于大大小小的诸侯，便以“列爵惟五”的五等爵制来表示等差。[①]

针对郭沫若把西周广大的被统治者——“庶人”视为奴隶的观点，翦伯赞表示了不同的看法。他认为，西周的庶人最主要的成分还是农奴，而不是奴隶，此外还有工奴与贱奴，他们被统称为“臣”、“妾”、“白丁”、“厘仆”或“夫”。庶人“在生产上所担负的任务及任务的重要性，虽各不相同，但其对领主之人格的从属，却是相同的。因为在封建制的生产方法之下，必须要有人身的隶属关系”。正因为如此，西周庄园制的经济具有两个显著的特征，其一是土地的王有，其二便是农民的隶属。也正是由于农奴对领主的这种隶属关系，所以领主可以用来赏赐、买卖、偿债，总之，“他们被当时的领主当作一种活的财产”。尽管如此，他们却并不是郭沫若所理解的奴隶。因为，他们“已经被允许有其自己的私有财产，从而有其自己的家庭组织”。文献和周金中所谓的“臣几家”，正是他们拥有家庭组织的铁证。[②]

翦伯赞对西周社会性质的解说和论证，是继吕振羽之后马克思主义史学界对西周封建论的进一步引申与发挥。尽管西周封建论作为一种学

---

① 翦伯赞：《中国史纲》第1卷，张传玺编：《翦伯赞全集》第1卷，第267—274页。

② 翦伯赞：《中国史纲》第1卷，张传玺编：《翦伯赞全集》第1卷，第275—278页。

术观点早由吕振羽提出并加以详细的疏证，但是翦伯赞却并没有把这个观点视为不证自明的结论。以上的分析表明，他是通过对西周历史的具体而微的梳理与研究才得出这一结论的。如果两相比较，他的论证方式和侧重点也显然有别于吕振羽。他从西周政权建设与巩固的角度，来探究封建制度确立与发展的历史轨迹，从西周的分封制与庄园经济的内在关联中来揭示封建生产方式的实质，从西周等级性的土地所有制以及建立在此基础之上的等级性人身隶属关系中，来梳理和解释封建性的政治组织和社会关系，凡此都是吕振羽此前所未曾涉及的。正因为如此，翦伯赞的这一引申与发挥，不仅进一步拓展了由吕振羽所首倡的西周封建论的理论纵深，而且还极大地丰富了西周封建论的社会历史内涵。翦伯赞也因此而成为西周封建论的又一位重要代表人物。当然，翦伯赞对西周封建论的引申与发挥，也存在着这样或那样的问题。例如，他认为，“周族的征服者，毫不犹豫地执行了他的历史任务。他们在击溃商代奴隶主所有者政权之后，首先便宣布土地王有，和奴隶制度的废除”，这样的结论并没有直接的史料根据，纯粹只是作者自己的一种推论。再如，他把周代的井田制度理所当然地理解为封建性的庄园组织，其实也缺乏足够的史料支撑。正因为如此，他对西周社会性质的解说，不仅没有成为定论，相反却激起了郭沫若一方的反批评。双方围绕着西周社会性质问题的争论，也因此而无休无止。

由于西周封建说是继郭沫若的西周奴隶奴隶制社会论而后起的，故而，不论是社会史论战时期的吕振羽，还是1940年代的翦伯赞，抑或是当时身在延安的范文澜等人，他们在立说之时，几乎都把郭沫若的观点作为批评的主要对象。面对西周封建论者的批评，郭沫若在1940年代中期先后出版了《青铜时代》和《十批判书》。在《青铜时代》的《序》中，作者就成书的缘起有这样的说明：“我把十年来关于秦前社会和学术思想的研究文字收集为两个集子：一个是这儿呈献出的《青铜时代》，另一个是她的姊妹篇《十批判书》。……《十批判书》的内容，如篇名所示，偏于批评。本集则偏于考证。两者相辅相承的地方很多。”[①] 在该

---

① 郭沫若：《青铜时代·序》，《郭沫若全集》（历史编）第1卷，第315页。

书的《后记》中，他又说："关于中国古代的研究，断断续续地，前后费了将近十五年的功夫，自己感觉着对古代的认识是比较明了了。十五年前所得到的一个结论，西周是奴隶社会，经过种种方面的研讨，愈加感觉着是正确的。"① 显而易见，郭沫若之所以要"把十年来关于秦前社会和学术思想的研究文字收集为两个集子"，一方面是要全面地回应西周封建论者的批评，另一方面则是为了系统地申述自己的西周奴隶制社会论。在作为《十批判书》后记的《我怎样写〈青铜时代〉和〈十批判书〉》一文中，作者又进一步指出："好多年辰以来，研究古代社会的人，意见不一，但大多数认为周代是封建社会，我是不赞成的。主张封建说的朋友们，对于我的奴隶社会说，自然也不赞成。"他坦承，他之所以要对先秦社会史和学术思想史进行"一番总清算"，很重要的一个原因就是受到"主张封建说的朋友们"的"刺激"。因为，"在这期间之内有好几部新史学阵营里面的关于古史的著作出现，而见解却和我的不尽相同"，不少"主张周代是封建制度的朋友"，对他的见解"采取着一种类似抹杀的态度"，这让他感到"有些不平"，觉得自己"犯了众怒"。他特别强调指出："假如是不同道的人，要受到他们的攻击，那是很平常的事；在同道的人中得不到谅解，甚至遭受敌视，那却是很令我不安。因此，我感觉着须得有一番总清算、总答覆的必要。就这样彻底整理古代社会及意识形态的心向便更受了鼓舞。"②

为了全面回应西周封建论者的批评，进一步申述自己的观点，郭沫若在《青铜时代》和《十批判书》这两部著作中，首先在史料方面下了很大的功夫。正像他自己所说的那样："秦、汉以前的材料，差不多被我彻底剿翻了。考古学上的、文献学上的、文学学、音韵学、因明学，就我所能涉猎的范围，我都作了尽我可能的准备和耕耘。"③ 在此基础上，他对西周历史上的若干重大问题进行了系统的梳理与深入的论证。

在《中国古代社会研究》一书中，郭沫若曾断然否定历史上存在过所谓的"井田制"。他认为，记载井田制的最古老的文献是《周礼》，

① 郭沫若：《青铜时代·后记》，《郭沫若全集》（历史编）第1卷，第611页。
② 郭沫若：《十批判书·后记》，《郭沫若全集》（历史编）第2卷，第475—476页。
③ 郭沫若：《十批判书·后记》，《郭沫若全集》（历史编）第2卷，第468页。

而《周礼》又是一部有问题的作品，不足为据。通过对周代大量青铜铭文的研读，他发现，“周代彝铭中有不少的锡土田或者以土田为赔偿抵债的记录”，但是却“寻不出有井田制的丝毫的痕迹”。据此，他认为，“周代自始至终并无所谓井田制的施行”。[①]然而，在完成于1944年的《古代研究的自我批判》一文中，郭沫若则否定了自己此前的观点，认为“殷周两代曾经实行过井田制”。正如他自己所说：“这个问题（即井田制。——引者），在前被人否定过，也被我自己否定过的；现在我却要肯定它，而且认为这是解决殷、周社会组织的一个极重要的关键了。我也算经过了十五年的探讨而来，决不是一时的心血来潮，为了要自圆其说，而任意的翻云覆雨。”在系统地梳理了有关的史料之后，他认为至少有二个证据可以证明井田制的存在。其一，“田”字本身就是一个证据，甲骨文中的“田”字就是方正而又规整的，这说明古代一定实行过“豆腐干式的田制”，唯有如此，才会产生出这样四方四正、规整划分的“田”字。其次，“西周的金文里有好些赐田和以田地赔偿或交易的纪录，而都是以‘田’为单位”。在他看来，以“田”为计算单位，“这便足以证明田的亩积必然有一定的大小”，“田有一定的亩积而且规整划分的制度，除井田制之外不能想像”。[②]

正像郭沫若自己所说的那样，他之所以要否定自己此前的观点，重新肯定井田制的存在，原因便在于他通过多年的研究，已深刻地意识到它是“解决殷周社会组织的一个极重要的关键”。正因为如此，他在列出了井田制存在的两个重要证据之后，还对该制度在历史上的实施情况进行了系统的梳理与分析。他认为，古代之所以要施行井田制，“显然是由于两层用意所设计出来的：一是作为榨取奴隶劳力的工作单位，另一是作为赏赐奴隶管理者的报酬单位”。总而言之，井田制的施行，是与殷周时代的奴隶制生产方式结合在一起的。[③]

针对翦伯赞等西周封建论者把井田理解为封建庄园的意见，郭沫若也提出了反批评。如前所述，西周封建论的一个非常重要的理由，就

---

① 郭沫若：《中国古代社会研究》，《郭沫若全集》（历史编）第1卷，第255—262页。

② 郭沫若：《十批判书·古代研究的自我批判》，《郭沫若全集》（历史编）第2卷，第25—26页。

③ 郭沫若：《十批判书·古代研究的自我批判》，《郭沫若全集》（历史编）第2卷，第34—36页。

是西周时期的土地已出现分割和私有。郭沫若认为，西周时期的井田，“土地分割是事实，但只是土地的享有，而非土地的私有”。当时的实际情况是“普天之下，莫非王土”，内服的百官“田里不鬻”，外服的诸侯只是殖民代办，有罪则“有削地”。至于西周封建论者时常引用的《诗经·大田》中的“雨我公田，遂及我私”一句，郭沫若认为，那不过是证明在公有的土地之外已经有了私有的土地而已。①

在肯定了井田制的存在并把它与周代的奴隶制生产方式联系起来加以考察之后，郭沫若又对当时劳动者的身份进行系统的梳理与澄清。西周封建论者所持的另一个重要证据，就是庶人的身份已不是奴隶而是农奴。郭沫若认为，“这是由于没有把古代民字的本义认识清楚”。他承认，“农业奴隶与封建制下的‘农奴’性质相近”，但西周时期的主要生产者“众”或“庶人”，都是奴隶，而绝不可能是农奴。通过对古代希腊奴隶制的研究，他发现：“注重手工业和商业的雅典，奴隶是无身体的自由的，而注重农业的斯巴达，它的农耕者黑劳士便有充分的身体自由。这是因为农业的土地便发挥着更大的缧绁髡钳的作用，耕者不能离开土地，离开了便有更深沉的苦痛。”西周时期的农业已十分发达，其情况类似于斯巴达，故而当时的奴隶人身也比较自由。因此，不能依据当时的奴隶有相对的人身自由而误认为就是农奴。②

与《中国古代社会研究》中的《周代彝铭中的社会史观》等文字相比，郭沫若在1940年代对于西周社会性质的研究，无论是在史料的层面，还是在观点与结论的部分，无疑都有着更上层楼的飞跃。尽管他的西周奴隶制社会说的基本观点未变，但是他证成此说的论据却较此前有了极大的丰富，相关见解也较此前更加深入和妥帖。从早先对井田制的断然否定，到确认井田制的存在，并通过对井田制在历史上的实施情况以及实施的历史缘由进行系统的梳理与论证，他首次把井田制与商周时期的奴隶制生产方式联系起来，这就在很大的程度上深化了他的西周奴隶制社会论，同时也极大地丰富了这一论说的社会历

① 郭沫若：《十批判书·古代研究的自我批判》，《郭沫若全集》（历史编）第2卷，第37—39页。
② 郭沫若：《十批判书·古代研究的自我批判》，《郭沫若全集》（历史编）第2卷，第38—45页。

史内涵。更为重要的是，正是由井田制入手，郭沫若探索出了奴隶制社会逐渐瓦解与封建制产生的历史线索。他的春秋战国封建说，正是依循着从井田制的破坏到私田的大量出现这一重要历史线索而不断清晰和完善起来的。对此下文再作更加详细的介绍。

郭沫若在1947年为《中国古代社会研究》的再版所写的《后记》中，曾有这样一段话："大体上西周是奴隶社会的见解，我是始终维持着的。这个见解在我自己是认为极重要的揭发。本来，社会的发展阶段并不是斩钉截铁地可以划分的，各个阶段之间有相当长期间的游移，依资料的多寡可以上属或下属。例如殷代则原始社会的孑遗比较多，春秋、战国时代则奴隶制已在崩溃，两者要认为前后两阶段的推移期似乎都是可以的。然而，西周是典型的奴隶社会则毫无问题。"[①] 这番话既是他对"西周是奴隶社会"这一"揭发"的珍视，更是他对《青铜时代》和《十批判书》中相关研究成果的自我肯定。然而，实事求是地说，他的这一结论未免过于自信，他所说的"毫无问题"，也未免失之武断。因为，就总体情况来看，他对西周奴隶制社会说的反复论证，就没有充分地驳倒对方。由于双方的立说都是基于对西周时期主要劳动者身份的分析，而劳动者的身份作为一种生产关系，并非仅仅从其字面的意义上就可以分析出来的。郭沫若用了相当的笔墨，希望把"古代民字的本义认识清楚"。但是，他对西周时期"众"和"庶人"字面"本义"的解释，也并不能证明他们就是奴隶而非农奴。不难看出，他反复申辩的"众"和"庶人"是奴隶而不是农奴的主要理由，依然是这些人可以被赏赐、买卖和抵押。仅凭这些理由，根本就无法驳倒对方。因为，正像翦伯赞所一再强调的那样，在欧洲中世纪的历史上，农奴被赏赐、买卖或抵押的现象，就时常发生。因此，仅仅凭借"众"或"庶人"可以用来赏赐、买卖和押抵就认定他们为奴隶，显然并没有足够的说服力。

在1940年代关于西周社会性质的争论过程中，侯外庐的问题意识、研究路径及其主要观点都可谓是别具一格的。侯外庐（1903—1987）早年曾有长达十年的翻译《资本论》的经历。翻译过程中所受到的理论

---

① 郭沫若：《中国古代社会研究》，1947年《后记》，《郭沫若全集》（历史编）第1卷，第311页。

侯外庐

与方法论训练，对他后来的史学研究，产生了非常积极而且重要的影响。正像他在晚年的回忆中所说的那样："《资本论》是凝结马克思四十年心血的一部煌煌科学巨著。我从这部巨著中所得到的，不仅在于其理论，而且在于其超群出众、前无古人的研究方式。《资本论》的理论与《资本论》本身所体现的方法论，是应予同等重视的。……我在历史研究中所注重的研究方法，相当程度取决于我对马克思的唯物史观理论的形成和发展过程的认识。我之所以一向欣赏乾嘉学派的治学严谨，一向推崇王国维的近代研究方法，而未至于陷入一味考据的传统，一个相当重要的原因，便在于《资本论》方法论对我的熏陶。"[①] 正是由于《资本论》所给予的方法论启示，侯氏在从事中国古代社会研究之初，便非常清晰地形成了自己独特的问题意识和具体的研究路径。他晚年在总结自己的史学研究时就曾指出，通过对社会史论战以来各家各派研究取径的仔细观察和学术观点的冷静分析，他发现很多人都"没有找到研究中国古代的科学路径"，正因为如此，他们也就"缺乏正确的方法论，来处理中国古代浩繁的史料"，从而往往陷入"公式对公式，教条对教条"的困境。经过较长时间的观察与思考，他终于找到了自己的研究路径，那就是"要研究一个社会发展阶段的历史，确定这一阶段的生产方式总是先决的条件"。在他看来，决定一个社会性质的最主要因素，既不是技术（生产力），也不是剥削关系，更不是商品流通方式，而是经典作家所说的生产方式。当然，他也看到，在当时的马克思主义史学家中，"一般都认为生产方式是决定社会性质的根本因素"；但是，他们"对生产方式本身如何理解，并没有统一的认识"，其中，有些人的理解，多少都有点"偏离马克思的原意"。[②] 正是基于这样的认识，他

① 侯外庐：《韧的追求》，第 91 页。

② 侯外庐：《韧的追求》，第 115、117、226 页。

在从事中国古代社会研究之初，便选择生产方式问题作为自己研究的切入点，并沿着自己所独立探索出来的这一研究取径，一步一步地深入堂奥，以揭开中国古代社会的奥秘。

早在发表于1939年的《社会史导论》[①]一文中，侯外庐就对经典作家的生产方式理论进行了系统的梳理与全新的解说。他发现，马克思在《资本论》中，无论讲到资本主义之何种经济范畴时，诸如商品、货币、资本、剩余价值、利润、利息、地租等，总是把它们限定在资本主义的“生产方式”（当时将生产方式译为生产方法）这一总的范畴之内。他认为，《资本论》“这种严明的方法论，实在是认识一社会构成（不是社会制度）的先决条件”。根据他的理解，在经典作家的原意中，一个社会的构成，正是由其“生产方法”所决定的，而不是由包括技术在内的生产力诸要素、分配形式（包括剥削关系）和商品流通方式等所决定的。那么，决定一个社会构成的“生产方式”到底又是什么呢？对此，他给出了一个极具有原创性的解释。在他之前，一般都认为生产方式要么就是指生产诸力的总和，要么就是指生产关系与生产力的结合方式。在他看来，这样的解释并不符合经典作家的原意。他认为，经典作家所说的生产方式，其实是一种“生产手段与劳动力之特殊的结合关系”，也可理解为“特殊的生产资料与特殊的劳动者之间的结合关系”。在生产方式、生产力和生产关系三者之间，前者总是居于后两者之间的中介地位，并对后两者产生渗透作用。正因为如此，它才是决定一个社会的构成、判定一个社会的性质之最重要的因素。

侯外庐对生产方式的这种独特理解，终其一生均未改变。他在晚年的回忆中也说：“我对生产方式及其在人类历史的地位，基本看法可归结为：（一）它是决定历史上特定社会形态的根本因素；不同社会形态的区别，就是由它的性质决定的；（二）它必须在一定社会形态中占有统治的地位；（三）它的内容可表述为：特殊的（历史上一定的）生产资料和特殊的（历史上一定的）劳动者（力）二者的特殊结合方

---

① 原刊《中苏文化》第4卷第2期（1939）；后收入《侯外庐学术论文选集》上，人民出版社1987年版，第22—41页。

式。”[①] 可见，他对生产方式的这一独特理解是始终未变的。

根据自己对生产方式的独特理解，侯外庐又顺理成章地对亚细亚生产方式问题进行了深入的、别开生面的研究。如前所述，早在社会史论战期间，亚细亚生产方式问题就是论战各方反复争论的重要论题之一。在马克思主义史学界，对该问题的理解也是众说纷纭，莫衷一是。社会史论战结束以后，翦伯赞和吕振羽等人又重新开展对该问题的研究。翦伯赞在1936年发表的《关于“亚细亚的生产方法”问题》[②] 一文中认为，马克思在《〈政治经济学批判〉序言》中所归纳出来的那个“亚细亚的、古代的”著名公式，只是在没有读到摩尔根的《古代社会》以前对东西方古代历史发展图式的一种粗略概括。当马克思读了摩尔根的《古代社会》以后，便改变了原先的看法。因此，不能根据“亚细亚的、古代的”这种排列顺序，就误以为亚细亚生产方式是介于原始社会以后和古代社会（即奴隶制社会）之前的一种独立的生产方式。他还进一步指出，马克思在《资本论》第一卷的《商品与货币》一节，已非常清楚地将亚细亚生产方式与古希腊、罗马的生产方式看作是“具有同样的社会的经济的本质”，“因而他们是并存的而不是相续的两种生产方法”。换句话说，亚细亚生产方式也像希腊和罗马的古代社会一样，是一种奴隶制的生产方式。在《历史哲学教程》中，翦伯赞又更加明确地指出：“所谓亚细亚的生产方法决不是一种属于古代‘东方的’法则，一种特殊历史，也不是一种先于古代的一种社会构成，或氏族社会与奴隶社会的一种过渡形态，更不是可以武断地说它没有独特的存在于人类历史发展的过程中，它确实是人类历史发展中的一种附有独特形势的奴隶制的社会构成”。在他看来，亚细亚生产方式“不仅存在于古代中国和埃及，也同时存在于俄国，存在于日本、印度、中央亚细亚”，因此，“它是古代希腊、罗马而外的一种普遍存在的奴隶制的变种。”[③] 吕振羽在《“亚细亚生产方法”和所谓中国社会的“停滞性”问题》一文中，也修正了

---

① 侯外庐：《韧的追求》，第227页。

② 原刊《劳动季报》第8期（1936）；后收入张传玺编：《翦伯赞全集》第6卷，第251—278页。

③ 翦伯赞：《历史哲学教程》，张传玺编：《翦伯赞全集》第6卷，第62页。

自己以前的观点，[①]支持亚细亚方式为"奴隶制的变种"说。[②]这里应该指出的是，翦伯赞和吕振羽的"奴隶制的变种"说，显然是受了苏联史学家柯瓦列夫的影响。[③]正因为如此，他们关于亚细亚生产方式的重新探索与解说，虽较此前有所深入，但对于这一理论与中国古代社会之间内在关系这一重要问题，并未展开系统的、实证性的研究。

侯外庐关于亚细亚生产方式的研究，一开始就把它与中国古代社会史的研究结合在一起。在《中国古典社会史论》一书中，他就"确定研究中国古代社会"要"遵循三个原则"，其中第一个原则就是"确定中国的古代，是亚细亚生产方式为主导的古代"。[④]在晚年的回忆录中，他还进一步指出，早在社会史论战期间论辩各方就亚细亚生产方式问题展开激烈争论之时，"我就感到它是关系到研究中国古代社会的一个至关重要的问题。如果不懂得生产方式，不弄清楚亚细亚生产方式究竟是什么，就不可能科学地判明中国古代社会的性质。正是基于这一认识，我开始了这方面的探索"[⑤]。

1945年发表的《我对于"亚细亚生产方法"之答案与世界历史家商榷》[⑥]，是侯外庐研究亚细亚生产方式问题的第一篇，也是最重要的一篇文字。作者在全面总结与评析论战期间各家各派关于该问题的基本见解之基础上，通过对马克思原著的系统梳理，尤其是对新发现的马克思的

---

① 吕氏此前接受苏联学者戈德斯的影响，认为亚细亚生产方式是一种封建制的"变种"，详请参见吕著《殷周时代的中国社会》相关部分。

② 详请参见吕振羽：《中国社会史诸问题》，第30—44页。

③ 翦伯赞在1936年发表的《介绍柯瓦列夫〈古代社会论〉》一文中，就对柯瓦列夫的"变种"论加以全面的介绍，并认为柯氏的研究成果"对于这沉迷于云雾中的问题（即亚细亚生产方式问题——引者），可以说接近于解决的命运"（《翦伯赞全集》第6卷，第453页）。在《历史哲学教程》中，翦氏又认为，柯氏的"变种"论"是亚细亚生产方法问题的一个正确的结论"（《翦伯赞全集》第6卷，第61页）。吕振羽在《"亚细亚的生产方法"与所谓中国社会的"停滞性"问题》一文中也认为："关于亚细亚生产方法的问题，可说已由柯瓦列夫等人达到正确的结论了。"（《中国社会史诸问题》，第44页）

④ 侯外庐：《韧的追求》，第117页。

⑤ 侯外庐：《韧的追求》，第231页。

⑥ 原刊《中华论坛》第1卷第7、8期合刊（1945），后稍作修改，收入作者《中国古代社会史论》第一章，题为《亚细亚古代社会规律的研究》，现收入《侯外庐史学论文集》上，第42—73页。

遗著《资本主义生产以前的各种形式》[1] 一文的深入细致的解读，从而提出了极具有原创性的观点。以前学术界关于亚细亚生产方式的研究，大多拘泥于《政治经济学批判·序言》中的那个著名的公式，认为“亚细亚的”既然置于“古代的”之前，那就说明它是先于“古代的”一种生产方式。侯外庐通过仔细研读马克思的遗著，发现《序言》中的那种排列方式，在遗著中却倒了过来，“古代的”就赫然放在“亚细亚的”前面。他认为，这一倒置表明，在马克思那里，“古代的”和“亚细亚的”是可以任意排列的，两者的意义相当，并不存在谁先谁后的问题。正因为如此，他不同意所谓亚细亚生产方式为东方社会“过渡期”的理论。在他看来，经典作家的研究表明，农村公社的解体过程表现出典型的二元性，一方面表现在私人占有土地和共有土地的不相容，另一方面表现在血缘基础的社会和地域基础的社会不相容。这种有农村公社存在的漫长过渡期，是一切文明社会都必然经过的历史阶段，如果两相对照，与其说东方过渡期的特征比西方过渡期的特征更明显，毋宁说西方有明显的过渡期的英雄时代和王政时代的前期社会，而东方却恰恰没有这个截然分明的过渡期。因此，所谓过渡期的推论，并不符合马克思的原意。

既然亚细亚生产方式不是东方社会“过渡期”的一种生产方式，那么是不是就是苏联学者柯列夫以及中国学者吕振羽和翦伯赞等人所主张的“奴隶制的变种”呢？对此，侯外庐也持否定的态度。在他看来，经典作家在研究人类社会由野蛮时代进入文明社会时，曾发现不同的地区文明发展的路径也不尽相同。马克思所说的“正常发育的小孩”和“早熟的小孩”正是这个意思。马克思之原意，所谓“正常发育的小孩”就是指西方的古代希腊，而“早熟的小孩”则是指东方的古代社会。既然西方的古代希腊社会是奴隶制生产方式占主导地位的社会，那么，与这一社会在发展的序列上是平行的“亚细亚的”社会，当然也应该是奴隶制社会。

在厘清了亚细亚生产方式的本质内涵之后，侯外庐还结合经典作家

---

① 据侯外庐回忆，他是在 1943 年经苏联汉学家费德林的介绍才知道马克思的这篇遗著，费氏将该遗著的俄文译本给他，他请戈宝权译成中文。详见氏著：《韧的追求》，第 233 页。该遗著直到 1953 年才由日知（林志纯）翻译成中文，正式发表在《文史哲》1953 年第 1 期上。

的大量论述，就“古典的”和“亚细亚的”两种文明路径所体现出来的具体历史特征，进行了系统的梳理、归纳和比较。他认为，根据经典作家的论述，“古典的古代”并不是文明产生与发展的唯一路径，但却是“古典的典型”。从世界范围来看，严格说来只有古代的希腊属于这个典型。但是，从具体的历史发展过程来看，由亚细亚生产方式所支配的东方社会构成，却要比“古典的古代”早走若干世纪。因为，在“亚细亚的”古代，由于灌溉、湿热等自然地理环境，最终造成了东方社会成为“早熟的小孩”，从而迥异于古代的希腊这个“正常发育的小孩”。在“古典的古代”，由于国家直接并主要地是从氏族内部的分裂中产生出来的，故而基于血缘基础之上的农村公社组织被破坏殆尽，原先的氏族土地所有制也因此而被土地私有制所代替；而在“亚细亚的古代”，由于氏族的遗风余俗保存在文明社会里，故而农村公社长期存在，原先的氏族土地所有制也因氏族首领转变为“公族”而形成土地国家制。正是在这个意义上，他把“古典的古代”称之为“革命的路径”，用中国的话来说，就是“人唯求新，器唯求新”；而把“亚细亚的古代”称之为“维新的路径”，用中国的话来说就是“人唯求旧，器唯求新”。

侯外庐关于亚细亚生产方式的研究，是我国马克思主义史学界关于该问题的最具有原创性的学术成果，同时也是我国马克思主义史学界贡献给世界马克思主义研究领域的最重要理论创获之一。他的“并列”说的提出，使得马克思主义理论界在有关该问题的诸多既有成果基础上，又有了一种全新的论说。他的“路径”说，则更是在很大的程度上开启了研究该问题的新思维，极大地拓宽了解决该问题的新视野。侯外庐的名字也因此而与亚细亚生产方式的理论紧紧地联系在一起。

如前所述，侯外庐关于亚细亚生产方式问题的研究，其目的不仅仅是为了解决马克思主义研究界的这一理论难题，更重要还在于要用这种理论来作为研究中国古代社会的方法论。正像他所说的那样，“为了探索中国古代社会的奥秘，我把马克思关于亚细亚生产方式问题的思想，同中国古代社会的历史材料结合起来做进一步的研究”[①]。正是在这

① 侯外庐：《韧的追求》，第 232 页。

一“结合”的过程中，他对中国古代社会的历史及其分期问题，作出了自成一家的解释与论证。

根据自己对于亚细亚生产方式的理解，侯外庐认为，中国的历史自殷末周初开始，才明显地具有亚细亚社会的特征。正因为如此，他不同意吕振羽和翦伯赞等人的殷代奴隶制社会论。在他看来，殷代末年以前的历史，是畜牧业和农业并重的历史，“是处在野蛮末期的畜牧兼农耕的阶段，并且有转化到文明阶段的痕迹”。在这个阶段，虽然已经有了奴隶，但就整个社会的生产而言，“尚没有达到使用奴隶的阶段（大规模的农业土地生产）”。因此，他的结论是，“支配殷代的生产方式，是氏族公社所有的畜牧和农业生产资料与氏族成员主要的共同劳动力二者间的结合”。这一观点大体与郭沫若《中国古代社会研究》中的相关结论相合。

通过对大量史料的分析，侯外庐发现，从西周初年开始，中国的社会“构成”发生了深刻的变化。根据他对“生产方式是特殊的劳动力与特殊的生产资料的结合”这一理解，他首先对西周社会的劳动力这个因素加以具体的分析。他认为，西周时期的劳动力构成，明显地出现如下两种趋势：其一是“由俘获而转化为新劳动力”，如关于文王时代的文献材料，就多有战争征伐过程中的俘获和“受土”、“受民”的记载；到了武王和周公时代，又相继对西北和西南的土族加以征伐，“翦商便是使殷民一大氏族投降成为俘虏”；再如周公以后的南征，也多有虏获。这些被俘的氏族成员都变成奴隶，他们在当时被“称作某族人或人鬲，大抵是全族转为生产者的意思，数目是很大的”。其二是“由族人的集体奴分散成家族单位奴”。如康王时的《麦尊》铭文，就有锡臣二百家的记载。如果只是家内奴隶，是用不着这么大规模的。之所以用“家”来做单位，“是指集体族俘经过陶冶分化出来的，可以说是熟练的生产者”。在他看来，不论是“由俘获而转化为新劳动力”，还是“由族人的集体奴分散为家族单位奴”，这些人的身份都是奴隶，而不可能是西周封建论者所说的农奴。因为，“锡臣、锡人和锡器物、货币、牛、马并列，是周金中常见的现象。这除了把人当作工具解释而外，没有别的”。而奴隶区别于农奴的一个主要特征，正在于他的“工具性”。也正因为如此，经典作家把奴隶称作“说会话的工具”。根据对《周礼》和《诗经》等古代文献的分析，他还发现，“周代生产者是集体族奴，这种集体族奴是以家室计算的”。所谓“家”，就是奴隶主的财产计算单位，而所谓“室”则是奴隶劳动者的构成单位。再就“报偿法则”来看，《诗经·小雅》所描摹的“取我其陈，食我农人”的主奴关系，“显然不是支付劳动的报偿部分，而是用陈旧的食物养活奴隶，奴隶的劳动却是当作无偿劳动来表现的”。

至于西周时期生产资料的特性，侯外庐着重就土地国有制（也就是生产资料的氏族贵族专有）展开深入的分析与论证。根据对大量青铜铭文史料的研读，他认为“土地国有是周代的特点”，文献中所谓的“莫非王土”，正是这种所有制关系的真实写照。“这种受土的所有制方式是氏族贵族所有制。土地是不能自由买卖的。”至于《诗经·大田》中所谓的“雨我公田，遂及我私”，也非意味着当时已有土地私有的情况出现。他还着重指出，古代“公”与“私”的含义，和现代完全不同。在古代，“公”是指大的氏族所有者，“私”是指小宗长所有者；“公”指国君以至国事，“私”指大夫以至家事。因此，“‘雨我公田，遂及我私’，这‘私’也不是自由买卖的私有土地，至多是大量鄙野土地以外的自由民所使用的小块田地”。总之，“土地是周代的主要生产资料，这种生产资料的所有形态是‘国有’或‘曾孙田之’的氏族贵族所有制。在周金铭文中和最早的《周颂》历史诗里，没有‘私’的现象”。至于《小雅》中所谓的“私”，则是春秋以后才有的事，那是奴隶制的生产方式发生部分变化以后才出现的新情况。[①]

为了进一步论证西周是奴隶制社会而非封建社会，侯外庐还对中国古代的“城市国家”这个问题作了系统的研究。他晚年曾回忆说，中国古代的“城市国家”这个问题，“之所以成为我研究的一个重点，是因为我发现中国古代城市国家的成立和发展，与‘古典的古代’具有显著不同的特点。我以为研究古代社会，要依据古代国家发展的一般规律，

---

① 以上引文均见侯外庐：《中国古典社会史论·中国古代社会与亚细亚生产方法》，后收入《侯外庐史学论文集》上卷，第 74—115 页。

同时也要研究各个类型的特殊规律，只有对具体的事物作具体的分析，才能找出中国古代社会发展的客观规律”[①]。正因为如此，他在《中国古典社会史论》中专门写有《中国古代“城市国家”的起源及其发展》一章。[②]侯外庐所说的“城市国家”，就是指以古代希腊的雅典和斯巴达为典型的城邦国家。他在引用这一称谓时加上的引号，意即中国古代的国家形态具有与希腊城邦国家不尽相同的特征，两者不可等而同之。在他看来，中国古代的“城市国家”起源于殷末周初的作邑作邦。根据他的考察，古代的“邦”和“封”，都是同一个意思，其本意即是用林木或树枝划分“疆界”，表示古代筑城的第一个阶段。而所谓“营国”，即是划分都鄙之制度，比之于用草木封树的情况，已是进步了，故而属于筑城的第二个阶段。通过对殷末周初作邑作邦的研究，他认为封树所用的“国”（城）是氏族贵族居住之所，而古代社会所以作邦的第一个用意，就是将被征服的氏族化为集团奴隶，并以疆界分割，使这些奴隶驯服。而过去的氏族酋长或盟主所以成为国家的统治阶级，也就在于有了城市的王国。据此，他得出了古代城、国同义的结论。也就是说，筑城即是营国，“城市＝国家”。根据对古代城市国家发展过程的具体研究，侯外庐发现，甲骨卜辞中就已见“封邑”的记载，这说明“邑”在殷末就已出现。不过，这时的邑还没有成为古代社会的基础，还只能算是初期的阶段。到西周时期，从一开始的大规模分封，到东营洛邑，再到所谓“诸侯城楚丘而封卫”，可谓是“城市国家筑城建国的一串历史”。通过仔细考察西周时期的这些“城市国家”中农村与城市的关系，他又发现，封疆之内便叫“国”，封疆之外便称“野”，国又叫“都”，野的范围便称作“四鄙”。这种划分，“正是历史上第一次城市与农村的划分”，意味着城市对农村握有支配的权力，也就是经典作家所说的“城市统治乡村”。由于土地的国有形态和生产者也是国有形态（贵族宗子所有），决定了氏族贵族掌握了城市，氏族奴隶住在农村。这便造成了“两种氏族纽带所结成的密切关系，却不容易连结在土地上面”，而是“形成了

① 侯外庐：《韧的追求》，第240页。

② 现收入《侯外庐史学论文集》上，第116—145页。

城市和农村特殊的统一和古代氏族贵族的专政”。这种城市和农村不可分割的统一，正是经典作家所说的“亚细亚的历史”，也就是东方国家奴隶制时代的历史，而不是中世纪封建农村统治城市的历史。①

侯外庐对西周社会性质的分析与解说，尽管在具体的结论上类似于郭沫若的奴隶制社会论，但是，他的论证方式却别具一格、匠心独运。他既没有像郭沫若那样从技术的层面（诸如青铜器或铁器）来讨论西周时期的社会生产力，也没有像吕振羽和翦伯赞那样，着重于从当时的生产关系，尤其是剥削关系中来梳理能够反映社会性质的种种蛛丝马迹。根据自己对生产方式理论的独特理解，侯外庐在分析与论证西周的社会性质时，紧扣经典作家关于亚细亚生产方式的诸多论述，从劳动力与生产资料的结合关系中，来系统分析西周时期的社会构成，勾勒西周时期生产方式的种种外在表现形式，揭示这一生产方式的内在实质。正是在对西周时期劳动力与生产资料集合关系的全面梳理与系统分析之中，他总结、归纳出了西周社会的诸多“亚细亚的”特征，揭示了西周奴隶制社会在形成起点、发展路径以及由奴隶制向封建转变过程中所呈现出的独特性。所有这些，都是郭沫若所未曾涉及的。他的研究成果不仅代表了马克思主义史学界对西周史认识的深化、细化和具体化，而且还在理论的层面极大地丰富了“东方奴隶制社会”论的历史内涵。至此，在马克思主义史学界，尽管大家对中国奴隶制社会上限和下限的断代划分还不尽一致，但中国历史上有着奴隶制时代，而且中国的奴隶制社会明显不同于“古典古代”的希腊奴隶制社会，具有典型的东方特征，则成为大家的共识。

1940年代的古史分期问题争论，西周史固然是聚讼的一个重要时段，但相较于1930年代的社会史大论战，西周以后的春秋战国史，更是成为论辩双方反复争论的重中之重。原因很简单，不管是郭沫若和侯外庐的西周奴隶制社会说，还是吕振羽、翦伯赞的封建制社会论，双方都无法就西周论西周，都必须就西周以后的历史加以梳理、分析与论证，

---

① 侯外庐：《中国古典社会史论·中国古代“城市国家”的起源及其发展》，《侯外庐史学论文集》上，第116—145页。另请参见侯外庐：《韧的追求》，第240—245页。

只有这样才能使自己的论说更加周延，更具有说服力。因此，随着讨论的不断深入，紧随西周的春秋和战国时代，成为解决古史分期问题的又一个重要历史断代。

以吕振羽和翦伯赞为代表的西周封建论者，由于把西周定为封建制社会，故而他们对于春秋战国史的解读，一般都立足于封建制度的发展与变化这个角度。如前所述，吕振羽的西周封建说，早在社会史论战时期就已经提出。当时，他把西周界定为“领主制封建社会”，而春秋战国时代则是由领主制转变为地主制。在发表于1934年的《中国经济之史的阶段》一文中，吕振羽就指出：“战国时代，中国封建社会内部所包含的一种变化，已开始成长。一方面新兴地主经济暂时确立，和商业资本的抬头，一方面原来封建贵族之大批没落。因而，直到周秦之际，这种内部的变化因素已存在，旧封建领主所支配的农奴经济不能不让位到新兴地主的农奴经济。因而建筑于其上层的封建领主政权，当然不能完全符合新兴地主的要求。秦始皇的地主支配之封建国家政权，便在这个基础上建立起来的。像这种地主表现领主职分之一形式的封建社会，为把它别于原来的封建社会，可以叫做地主制封建社会。”① 显而易见，在他看来，从领主制向地主制的转变，就是春秋战国之际历史变动的最深刻的内容。吕振羽的这一观点，后来一直未曾变化。在发表于1940年的《本国史研究提纲》一文中，他又指出，春秋时期，“由于生产力的进步，领邑内出现了独立的手工业者和商人”，这一情况发展至战国时代，“一面由于领主对商人的借贷关系，出现了商人的土地占有，一面由于劳动生产力的提高，开始出现了现物地租。这种土地占有和地租形态，到战国末期已获得支配意义。同时，高利贷、商业资本和都市也更为发展了”。据此，他总结说：“在点面交错的土地占有新形态下，同时由于都市的发展，新的土地占有者要求冲破领主的领地组织，而易以联合管理的郡县制。在这里，原来的地租便开始分裂为租和税。”② 这样，领主制便为地主制所取代，反映在国家的政权形态上，便

① 吕振羽：《中国经济之史的阶段》，《文史》创刊号，1934年。

② 吕振羽：《中国社会史诸问题》，第160—161页。

是分封制为专制主义中央集权制所取代。这就是春秋战国历史变动的基本轨迹。

翦伯赞对春秋战国社会性质的理解，显然受到了吕振羽上述观点的影响。早在发表于1937年的《关于“封建主义破灭论”之批判》一文中，他就援引吕振羽的观点，认为封建社会可划分为领主制和地主制两个阶段。针对陶希圣等人所主张的封建制度早在春秋战国时代就已崩溃的论说，他认为这只是一种皮相之见。在他看来，春秋战国时代，由于生产力的发展、商业资本的活跃，推动了土地的私有化进程，西周以来的农奴制开始被瓦解。但是，“农奴制在封建主义的体制中，诚然是一个重要的特色，但其形式的废除，决不能说是这个社会之完全的破灭；同样，农奴剥削者领主制的废除，也决不能说是这个社会之完全的破灭。因为封建主义社会也和其他社会一样，它也是时时在不断的发展中，从领主制到地主制，这正是封建的所有关系之发展。我们不能把它的发展了的形态，当作是相异于它的东西，尤其不能把它的发展，当作是它的破坏”。[①]

翦伯赞对春秋战国社会性质的理解，在其《中国史纲》第一卷中有所深化。在该书的《殷周史》部分，翦伯赞以“初期封建社会”这一总目来概括从西周到春秋战国时代的历史。在这一总目之下，共分为两编，第一编为“初期封建社会的形成”，主要论述西周时代的历史，第二编为“初期封建社会的发展与转向”，主要论述春秋战国时代的历史。这种编目安排，本身就包含着作者对春秋战国这段历史的理解。所谓“初期封建社会的发展与转向”，翦伯赞是这样解释的：“春秋战国的历史，从其本质上考察，可以说就是庄园制经济过渡到佃耕制经济的历史；同时，也是独立手工业者和商人，从庄园经济中发生以至成长的历史。由于庄园制经济之解体与孕育于其中的新历史因素之成长，遂使中国的封建社会，走向更高发展的历史阶段。”为了进一步阐明自己的观点，他从这一时期生产力的发展、生产组织的演变、地租形态的转

---

① 翦伯赞：《关于“封建主义破灭论”之批判》，张传玺编：《翦伯赞全集》第6卷，第378—379页。

化、庄园经济的解体和城市经济的兴起等不同的角度，来展开论述。他认为，导致春秋战国时期中国初期封建“发展与转向”的“历史转换动力”，就是“铁器在生产领域内之普遍的应用，特别是普遍应用于耕种”。由于铁器之普遍应用于生产，从而极大地提高了社会的生产力，引起了生产组织的改变，“于是，庄园制度便转化为佃耕制，采邑制便转化为郡县制了”。庄园经济的解体，产生了两个结果，一个是“新兴商人的土地占有，逐渐扩大，他们因为尚没有取得对农民行使劳役的权力，所以他们的农业经营，一开始便是佃耕制，因而他们的地租，一开始也是现物地租”，而现（实）物地租的实行，则极大地调动了农民生产的积极性，推动了社会生产力的进步，促进了商品经济和城市的发展。另一个结果就是，伴随着庄园经济的解体，原先在庄园里从事耕作的农民便大量逃亡到城市，他们在摆脱了领主的奴役之后，有相当一部分转化为独立的手工业者。大量的城市手工业者的存在，又进一步促进了城市经济的繁荣。正是在这样的背景之下，到了战国时代，以新兴的商人地主势力为一方，以传统的贵族领主势力为另一方，双方展开了长期的政治权力争夺，并由此而上演了一出又一出“合纵”与“连横”的历史活剧。最后，“新兴的秦国在商人地主的支持下，首先开始了对六国旧领主的武装攻势”，并最终统一六国。伴随着秦的统一，“新兴商人地主，便在中国历史舞台上袍笏登场了”。①

翦伯赞强调，春秋战国之际的一切历史变动，都只是封建社会内部的变化与发展，绝不是意味着封建制度的“破灭”。因为，“春秋战国时代，社会生产关系之主要的构成，还是各级土地所有者的领主与土地之直接耕种者的庶人之间的从属关系”。当然，由于社会历史的一系列变动，这一时期的社会生产关系，也在发生很大的变化。这主要体现在两个方面。一方面，由于地方经济之发展以及因此而引起之封建兼并战争，强化了地方领主的独立性，削弱了最高领主的权威，从而松懈了天子与诸侯之间的等级从属关系。同时，在大大小小的兼并战争中，一些地方的领主被削弱，而另一些地方的领主则得以强大，从而极大地改变

---

① 翦伯赞：《中国史纲》第1卷，张传玺编：《翦伯赞全集》第1卷，第310—327页。

了原有土地所有关系的态势，建立在原有土地关系之上的爵位等级制，也因此而趋于紊乱。另一方面，同样由于地方经济的发展以及由此而引起的工商业的发达，在原先直接从事土地耕种的庶人之中，分化出了独立的手工业者与独立的商人这两个新的社会阶层。正是由于土地所有者关系的变化，以及庶人内部的分化，使得春秋战国时代的社会关系变得十分复杂。特别是在进入战国时代以后，“一方面许多原来的土地所有者，失掉了土地；另一方面，许多原来没有土地的商人，获得了土地所有。由于土地所有之转移，于是大批失掉土地的旧的领主，从政治舞台上脱退出来；而大批新获得土地所有的商人，登上了政治舞台。这样便改变了社会结构之原来的成分”。尽管如此，这一时期的社会性质依然没有改变。因为，“新的土地所有者，还是土地所有者，他们并不会因为他们出身于庶人而减轻其对庶人的榨取，因而社会之主要的构成，并没有改变”。总而言之，从社会关系方面来看，“在这一时代，一方面，是土地所有者方面之新陈代谢；另一方面，是土地直接耕种者方面之两极分化。即因关系的这一变化，所以就改组了当时社会内部之人与人的关系。但在终极上，这种新的社会关系之主要的构成，仍然是领主与农民的隶属关系”。①

显而易见，吕振羽和翦伯赞对春秋战国社会性质的分析与解说，其基本的立足点就是封建领主制向封建地主制的转变。为了论证这一转变的具体历史过程，他们都把因铁器的使用而导致的生产力的进步、商品经济的发展和城市经济的繁荣，作为历史分析的基本线索。就这一点来看，他们显然都吸收了社会史论战期间陶希圣等人的研究成果。只不过双方的立论并不相同而已。除了上述这些历史线索之外，他们另一个研究的侧重点则集中在这一时期社会关系的历史演变和地租形态的变革。通过对这一时期封建领主与庶人这对主要生产关系的梳理，他们一方面论证了土地所有者方面的新陈代谢，另一方面又分析了直接生产者的两极分化。通过对封建庄园经济向佃耕经济转变过程的研究，他们揭示了劳役地租转向实物地租的这一重大制度性变革。凡此种种，都从生产关

① 翦伯赞：《中国史纲》第 1 卷，张传玺编：《翦伯赞全集》第 1 卷，第 328—339 页。

系的层面支撑了由领主制向地主制转变的这一基本观点。

然而，应该指出的是，不论是吕振羽还是翦伯赞，他们对于春秋战国社会性质的解说与辨析，都还是比较粗略的，其理论的周延性和史料的翔实程度，都不及他们关于殷商奴隶制社会的种种论说。他们以领主制向地主制的转变这一纲领性的理论来观照春秋战国之际的历史，很容易给人以欧洲中世纪历史模式套用中国的联想。他们以“商人地主”来指代这一时期的新兴势力，也给人以以偏概全之感。他们关于这一时期商品经济和城市经济发展程度的估计，也远远高于历史的实际。至于翦伯赞关于这一时期庄园经济过渡到佃耕经济的种种论述，在很大的程度上只是理论的推断和逻辑的演绎，几乎就没有实质性的史料支撑。他把秦的统一理解为“商人地主的袍笏登场”，则更属牵强。正像有论者所评述的那样：“无论是吕振羽或翦伯赞，对春秋战国社会性质的阐述，都不是很深入的。西周封建论者对这个时期比较有系统的研究和探讨，还要留等建国以后。”[①] 这样的评价，是实事求是的。

以郭沫若和侯外庐为代表的西周奴隶制社会论者，由于认定西周为奴隶制社会，故而他们对于春秋战国社会性质的辨析与论证，也就与西周封建论者完全不同。郭沫若在《中国古代社会研究》中曾认为，奴隶制在周穆王末年便渐渐地衰落下来，因为，《尚书·吕刑》中就有（奴隶）以钱赎罪的制度规定，“这就是奴隶解放的表现”。根据传统的说法，《吕刑》是周穆王所作，而周穆王已当西周的末年，故而，郭沫若据此认定，“周室东迁以后，中国的社会才由奴隶制逐渐转入了真正的封建制”。[②]

到了1940年代，郭沫若通过对先秦大量文献和金文资料的深入研究，发现自己在《中国古代社会研究》一书中所引用的很多材料，都存在着严重的问题。因此，他坦承该书的写作“太草率”、“太性急”，从而得出了“好些未成熟的或甚至是错误的判断”。例如，他原先引为重要证据的《吕刑》，经过进一步的研究，他发现并非周穆王所作，它应

① 林甘泉等：《中国古史分期讨论五十年》，上海人民出版社1982年版，第135页。

② 郭沫若：《中国古代社会研究》，《郭沫若全集》（历史编）第1卷，第26、28页。

该是春秋时期吕国所造的刑书。[①]《吕刑》的制作年代既然已出现了问题，他以前据此推定的奴隶制的下限当然也就很难成立了。为了揭示奴隶制向封建制转变的具体过程，梳理这一重大制度更迭的历史脉络，郭沫若在1940年代出版的《青铜时代》和《十批判书》两部著作中，都把研究的重点放在春秋战国时代。与《中国古代社会研究》侧重于社会结构的研究不同，《青铜时代》和《十批判书》的研究重点却在意识形态领域。在郭沫若看来，周秦诸子的百家争鸣，正是春秋战国时期中国社会的制度性变革在意识形态领域的生动反映。正像他在《十批判书》中所说的那样："自春秋末年以来中国的思想得到了一个极大的开放，呈现出一个百家争鸣的局面。这是因为奴隶制度解纽了，知识下移，民权上涨，大家正想求得一条新的韧带，以作为新社会的纲领。"[②]因此，系统地梳理先秦诸子的渊源流变，揭示各家各派思想学说的发展脉络及其社会历史内涵，对于理解这一时期的历史变革无疑将具有十分重要的意义。

然而，《青铜时代》和《十批判书》又并不是纯粹的思想史论著。因为，作者在探讨诸子的思想学说时，并不是就思想论思想，而是把社会与思想的互动作为立论的前提。正像他在《青铜时代·后记》中所说的那样："我尽可能地搜集了材料，先求时代与社会的一般的阐发，于此寻出某种学说所发生的社会基础，学说与学说彼此间的关系和影响，学说对于社会进展的相应之或顺或逆。"[③]在《我怎样写〈青铜时代〉和〈十批判书〉》中他又说道："我的方法是把古代社会的发展清算了，探得各家学术的立场和根源，以及各家之间的相互关系，然而再定他们的评价。我没有把他们孤立起来，用主观的见解去任意加以解释。"[④]正因为如此，在这两本主要讨论先秦学术思想史的著作中，作者还是用了相当的篇幅，来具体地研究春秋战国时代的社会变革，系统地解析这一时期的社会性质。他认为，只有把春秋战国时期的社会变革讲清楚，"周

① 郭沫若：《十批判书·古代研究的自我批判》，《郭沫若全集》（历史编）第2卷，第3、4—5页。

② 郭沫若：《十批判书·吕不韦与秦王政的批判》，《郭沫若全集》（历史编）第2卷，第402页。

③ 郭沫若：《青铜时代·后记》，《郭沫若全集》（历史编）第1卷，第617页。

④ 郭沫若：《十批判书·后记》，《郭沫若全集》（历史编）第2卷，第470页。

秦之际的一个学术高潮（即百家争鸣。——引者）才能得到说明；而那个高潮期中的各家的立场和进展，也才能得到正确的了解”[①]；只有让当时的“社会机构得到明确的清算，从这里建立起来的意识形态然后才能清算得更为明确”。他自信，通过《青铜时代》和《十批判书》的写作，他已“把古代社会的机构和它的转变，以及转变过程在意识形态上的反映，可算整理出一个比较完整的轮廓”。[②]

在《我怎样写〈青铜时代〉和〈十批判书〉》中，郭沫若对自己关于春秋战国社会性质的研究成果作了这样的总结：“我在古代社会的机构上，除掉把我历来的意见综合地叙述出了之外，有了些新的发扬。第一，我把井田制度肯定了，由井田制如何转化为庄园制，我也得到了较合理的阐明。第二，我从工商业方面来证明了和农业的蜕变有平等的现象，即是从事工商业者在春秋中叶都还是官奴，继后才逐渐成了都市的有产者。第三，《考工记》一书附带着得以考定了它的年代和国别，那是春秋年间齐国的官书。第四，详细地追求了士民阶层的分化，在这上面奠定了后来的封建政权的基础。这些都是比较重要的新的收获。”[③]具体说来，郭沫若在《青铜时代》和《十批判书》中关于春秋战国社会性质的分析与论证，主要集中在以下四个方面。

其一，对以铁器为代表的社会生产力发展水平的估计与分析。在《中国古代社会研究》一书中，郭沫若曾以《诗经・公刘》的“取厉取锻”作为周初已出现铁器的证据，并由此推论，正是由于铁器的使用，促进了农业生产的发展，西周也因此而进入奴隶制时代。[④]经过进一步的研究，他发现《公刘》“绝不是周初的诗”，而且“锻字的初文即是段字，有矿石、石灰石以及榷冶的含义，并没有铁矿的意思”，因此，把铁器出现的最早年代定在周初，“完全是牵强附会”。到1940年代，他根据对《管子・海王篇》和《国语・齐语》等可靠文献的分析，认为春秋时期开始使用铁器，应该是不成问题的。进入战国时代，已出现了

① 郭沫若：《青铜时代・后记》，《郭沫若全集》（历史编）第1卷，第611页。
② 郭沫若：《十批判书・后记》，《郭沫若全集》（历史编）第2卷，第478、487页。
③ 郭沫若：《十批判书・后记》，《郭沫若全集》（历史编）第2卷，第477页。
④ 郭沫若：《中国古代社会研究》，《郭沫若全集》（历史编）第1卷，第24页。

更进一步的炼钢技术，铁制兵器的使用也非常广泛。凡此都证明当时铁的冶铸技术已达到相当的高度。冶铁技术的进步，特别是铁制农具的应用，“增加了整个的生产力，而使社会生产得到了更高一段的发展。这无疑便成为社会变革的一个重要的契机”。据此，他认定，“这铁的使用倒真正成为春秋战国时代是古代社会的转折点的‘铁的证据’了”。[①]

其二，梳理井田制瓦解的历史过程。根据郭沫若的考察，铁制农具的使用，为大规模的土地开垦提供了可能。奴隶主为了更大程度地榨取奴隶的剩余劳动，便驱赶广大的奴隶利用铁制农具去开垦“公田”（井田）以外的“私田”。《左传》等古代文献中所谓的“筚路蓝篓，以处草莽，跋涉山林”或“庸次比耦，以艾杀此地，斩之蓬藜藋”，反映的正是这一历史现象。相对于传统的井田，这些私田具有两个典型的特征：一是可以买卖、交换或抵押，而且没有纳税的义务；二是由于私田的垦殖“是在国家大法的范围之外的”，都是因任地势的自然田畴，因此也就不可能、事实上也不能遵守那种四方四正的古板井田制办法。因此，私田的大量增加，必然促使井田制的瓦解。根据对《散氏盘》等铭文的分析，他认为从厉王时代开始，就已有大量私田存在，这就足以证明，“厉王时地主形态的人的确是存在”的。不过，封建制的“地主关系要经过法定而成为制度，是还需要好几百年的”。鲁国的“初税亩”可视为地主关系通过法定而成为制度的开端。“初税亩”的施行，意味着私田已超过了公田，私门富庶，公室式微，公室被迫打破传统的公田制，从而公开承认私田，并对私田课税。所以，他总结说：“虽然只是这样的三个字，但它们确是新旧两个时代的分水岭……的确是井田制死刑的宣布。”当然，他也同时指出，以鲁国“初税亩”为标志的制度性变革，“在当时的中国并不是平衡地发展起来的。大多数的国家都比鲁国迟”。进入战国时代以后，几乎所有诸侯国都先后开始了这一变革过程，直到秦始皇统一六国，这一过程才告结束。[②]

---

① 郭沫若：《十批判书·古代研究的自我批判》，《郭沫若全集》（历史编）第 2 卷，第 61—63 页。

② 郭沫若：《十批判书·古代研究的自我批判》，《郭沫若全集》（历史编）第 2 卷，第 45—52 页。

其三，对奴隶解放的历史考察。根据郭沫若的分析，铁器的使用，推动了私田的大量垦殖；而私田的不断增加，又必然会使得公室与私家的矛盾和斗争日趋激烈。正是在公室与私家所展开的矛盾和斗争过程中，广大奴隶得到了解放，变成了封建地主制之下的农民。由于私田的不断增加，必然需要大量的劳动力。于是，一些私田的拥有者如大夫或陪臣，便想方设法，招徕人民，“把被剥削的大群作为自己的同盟军，而与公家对抗”，这样，在私家与公室之间，“人民争夺战便不间断地展开出来”。根据对《左传》中所记载的齐国、鲁国和晋国等史实的分析，他认为“私家与公室之争，争取人民，在春秋战国年代差不多是每一个国家所共通的现象，一直到秦始皇与吕不韦的斗争为止，才逐渐地走下了历史舞台”。公室与私家之间为争夺人民而持续进行的斗争，“正表明着一个社会变革的关键，人民就是在这样的契机下从奴隶的羁绊解放出来的”。[①]

其四，关于新兴的士阶层的研究。为了进一步分析奴隶解放的问题，郭沫若还详细地讨论了春秋战国时期的社会阶层变动，特别是士阶层的兴起过程。在他看来，士阶层的兴起，是这一时期社会变动的一个非常重要的指标。他说：“人民分化为四民，所谓士农工商，而士居首位。这是后来的封建社会的官僚机构的基层。我们如果把这层忽略了，不仅周秦之际的社会变革我们得不到正确的了解，那种变革在周秦诸子的意识形态上的反映，不用说是更得不到正确的了解的。”根据他的理解，士这个阶层的渊源可以追溯到齐桓公时代。《国语·齐语》中就记载说，管仲相齐时，曾“制国（都城）以为二十一乡，工商之乡六，士乡十五”，而农人则居于鄙野。这时的士“和古代的情形已经是大不同了”，因为，他们已不像奴隶时代完全来自贵族子弟，其中有相当一部分当是由庶人上升而来。从《王制》等古代文献中不难看出，当时“选士”、“俊士”和“造士”等所谓“国之俊秀”，都是直接从人民里选举出来的。当然，这些人民并非是真正的劳动人民，而是一些小地主，“但这些小地主们的本身也多半还是奴隶，故从整个来说，奴隶是获得解

---

① 郭沫若：《十批判书·古代研究的自我批判》，《郭沫若全集》（历史编）第2卷，第63—65页。

放，而且获得了参与政权的门路，是毫无疑问的”。从士的具体发展过程来看，春秋前期的士大抵是由各诸侯的公室所养畜，这时的士也以贵族或逃亡贵族的子弟占多数。但是，从春秋中叶开始，随着私门与公室斗争的不断加剧，私门养士之风也盛极一时，于是士的流品也日趋复杂。正是在这种背景下，“所谓鸡鸣狗盗、引车卖浆者流，都可以成为士”。这恰恰又表明“在社会变革的过程中，奴隶的解放程度相当彻底”。[①]

郭沫若认为，士既由民间上升，则上层的礼乐刑政等所谓文化，也就因士为媒介而下降。在这种背景之下，文化必然会发生对流，原先不下庶人的礼乐，一部分下了下来；原本不登大雅之堂的东西，一部分登了上去。这种社会变革反映在思想文化领域，便是诸子蜂起，百家争鸣，入主出奴，是丹非素。[②]正是在这个意义上，他把春秋战国这个中国文化史上的黄金时代，视作为“奴隶制向封建制的转移”之时代。

总体上看来，郭沫若关于春秋战国社会性质的辨析与论证，是紧紧围绕着生产力与生产关系的矛盾运动这一中心论题而展开的。他抓住井田制的瓦解与私田的产生与发展这一历史线索，透过这两者之间的替代关系，来分析与论证西周以来奴隶制的解体与封建生产关系的产生之间的历史关联。应该说，他的这些分析与论证，比起吕振羽和翦伯赞等人的论说，不论是就其理论的周延性，还是就其所包含的历史内容的丰富性来看，无疑都要更胜一筹。郭沫若后来正是在此基础上发展成体系完整、自成一家的春秋战国封建说。然而，尽管这一论说具有理论上的相对周延性，也能够在很大的程度上反映春秋战国时代的历史纵深；但是，却也同样存在着这样或那样的问题。例如，他以井田制的破坏和私田的产生与发展，来论证奴隶制的解体和封建生产关系的产生，这里就预设了一个理论假定，即土地的私有制才是封建生产关系的历史前提。然而，就像西周封建论者所批评的那样，经典作家关于古典社会的研究却一再证明，在古代的希腊和罗马，土地

① 郭沫若：《十批判书·古代研究的自我批判》，《郭沫若全集》（历史编）第2卷，第65—73页。

② 郭沫若：《十批判书·古代研究的自我批判》，《郭沫若全集》（历史编）第2卷，第67—73页。

私有制就一直是其典型所有制形式。因此，土地的私有并非一定就意味着封建生产关系的产生。又如，他透过公室与私门对劳动力的争夺这一历史现象，来解释奴隶的解放，这种解释固然符合逻辑，但他据以支撑此说的史料，却显得相对薄弱，无法令人信服。西周封建论者也可以把它解释成是封建领主和封建地主之间的争夺。再如，士阶层的兴起，被他视为是春秋战国社会变革的一个非常重要的标志，但是他关于战国时期的士多由奴隶上升而来的论断，却完全出于主观的推论，而并无坚实可信的史料支持。对于这些显而易见的问题，他都没有给予起码的重视，这不能不说是令人遗憾的。

侯外庐对于春秋战国社会性质的解析，如同他的西周奴隶制社会论一样，也是别具一格，与众不同的。正像他晚年在回忆录中所总结的那样："我认为，在历史发展的长河中，前后社会形态的内在联系不允许截然割开……以古史分期而言，不但封建制的经济因素萌芽于古代社会之中，而且在封建化的过程中，也还保留着奴隶社会的残渣。因此，我把中国封建制发生到形成的过程，划定在战国中叶至秦汉之际。具体一点说，就是从秦孝公时代进行的某些带封建性质的社会变革，经过秦的统一，到汉武帝的'法度'，才真正开始了法典化的封建制度的表现形式。"[①] 由于他"把中国封建制发生到形成的过程，划定在战国中叶至秦汉之际"，因此，他对于春秋战国这段历史的分析与论证，既不同于吕振羽和翦伯赞，也迥然有别于郭沫若。

侯外庐认为，关于春秋战国之间的社会变革，不可一概而论，应该区分开来，具体分析。在他看来，"春秋时代的生产资料所有形态，基本上还是继承'周公之藉'，所起的变化乃是由大氏族向小宗族的土地所有。隶农的过渡形态的萌芽，产生税亩和地征，并不能由此决定封建社会生产方式已经出现"。他基本上同意郭沫若对春秋时代田制变化的分析，认为既然《左传》和《国语》中都有"初税亩"、"相地而衰征"等记录，那就表明"田制开始变化是没有问题的"。但是，他又不同意郭沫若所主张的私田逐渐取代公（井）田的结论。根据对这一时期的

① 侯外庐：《韧的追求》，第250页。

社会史分析，他认为，春秋时期依然是以“氏族做基本单位，还没有用地域做基本单位，没有生产资料（土地）的私有制，不但不能尽地力，而且不能爱护地力，以致动不动就要迁国，更不惜放弃过去所耕的田了”。正因为如此，税亩的制度，只是表明“由下面开始和土地结合，至少大夫是和土地结成相对的难以分离的状况”，而并非意味着田制的变化已达到“支配的地位”。

就劳动力的性质来看，侯外庐认为，“春秋有‘兴灭国，继绝世’的礼，因此劳动力的来源减少，同时殖民地也到了饱和的状态，土地扩张受到限制，各国又要在‘救患救灾’相对的互助之下，供给维持生活的资料。所以，为了挽救生产力的低落，便要改革旧制，劳动者就有和土地结合的必要，奴隶便渐渐升到隶农的地位，这正是农奴的过渡形态”。在他看来，春秋时代的大夫与劳动者都和土地发生紧密的关系，这可以从两个方面看出来：其一，大夫得到的邑，是土地和庶人两者在一起，这与西周时期的田和人分开是不同的；其二，大夫之间的氏族内战的对象，是争邑和兼邑，而在有些国家的内部，贵族们在兼邑之后还组织成县（人民悬而不离）。这样，劳动者就被紧紧地束缚在土地之上。这样的劳动者虽然还是家族奴隶，但在客观的形态上已具有了隶农形态的萌芽。

进入战国时代，以上的各种变化终于逐渐明朗化。他说：“土地生产资料所有制的长期转变经历了艰难的过程，到郡县的成立，才产生了不合法的土地私有制。这种制度在中国古代，在地域上是由晋、楚、秦三国开始的。渐渐地普及于各国。在时间上是从春秋中叶以至秦并六国慢慢地发展起来的。”经过商鞅变法以后，这种私有制终于成为支配的形态。另一方面，“生产资料的土地公有向私有转化的过程，从未合法的私有化到合法的私有化的过程，是和劳动者从束缚于邑到束缚于郡县的过程，奴隶转化成为隶农的过程以及从他们未合法的私有工具到合法的私有工具的过程，都是相适应的”。所以，他总结说：“从战国初期到秦统一，废封建置郡县，是城市和农村的显族发展形态；开阡陌，尽地利，是以农村为出发点的萌芽；废除分封诸子的制度，实现土地的私有和买卖，是中古小单位生产的课题；农具私有和尽地力并且使人民束缚在土地上面，是隶农以至农奴转变的历史。”①

侯外庐对于春秋战国社会变革的分析与论证，其重点显然是放在战国这个时段。根据他的理解，中国古代发生激烈的社会变动，主要就集中在战国这一阶段。这样的观察与判断，无疑是有见地的。他从特殊的生产资料与特殊的劳动者结合关系的这个角度，来讨论战国时代生产方式的变革过程，从各国变法的具体条文，来条分缕析不同条文所对应的社会历史内容，并以此来证论封建生产方式从发生、发展到形成的历史过程，他以“法典化”来作为封建制度正式确立的标志，所有这些都是他自觉的理论创新的收获，体现了他对中国社会由古代奴隶奴隶制转向中世纪封建制的独特理解。不过，如果就事论事，他的有关结论也不无可议之处。为了强调战国时期社会变动的激烈程度，他提出“春秋承认现实，战国则打破现实”的结论。这个结论对春秋时期社会变动程度的估计，就显得过低。再如他认为春秋时期（奴隶）劳动力的来源减少，殖民地也到了饱和的状态，土地扩张因此受到限制，等等，这些结论都是没有坚强的史料支撑的推论，不仅与当时的历史实际不符，而且也与作者在其他地方的论述相矛盾。总体来看，与他的西周奴隶奴隶制社会论相比，他对于春秋社会历史的分析与研究，无论是就史料的丰富程度还是就理论的周延性来看，都是要稍逊一筹的。

1940年代马克思主义史学界围绕着古史分期问题所开展的一系列争论，由于有着太多的理论预设，从而不能、事实上也不可能得出实证性的、经得起检验的研究结论，争论各方不可能、事实上也没有在分期的问题上最终达到一致。然而，这并非意味着当年的那些讨论就是没有任何学理价值的无谓争吵，更不意味着讨论过程中所提出来的一系列问题都是没有任何学术含量的“伪命题”。事实上，在当时马克思史学界的内部，古史分期的问题是每一个马克思主义史学家都在认真对待和严肃思考的问题。侯外庐在晚年的回忆中，曾说过这样两个细节：其一，“1946年，我在与郭沫若辩论屈原思想时，无意间说过一句冒失的话，

① 侯外庐：《中国古典社会史论·中国古代社会与亚细亚生产方法》，《侯外庐史学论文集》上卷，第74—115页。

表示要奉陪西周封建论者辩论到底。……这一句话，把所有的西周封建论者都得罪了。(翦)伯赞是十分坦白的人，他气得都要跳起来，一度不断地挖苦我。我看到伯赞的激怒，才意识到自己犯下了操之过急的错误，才清醒地认识到，古代社会的分期问题，并不是解决了世界观和方法论便能统一认识的”。其二，“抗战年代，我们在重庆的一班朋友就知道毛主席是主张西周封建论的，知道延安理论界、学术界的见解也以西周封建论为主流。伯赞的纯洁在于，他虽自喜与延安同调，却并不表现有所恃于此。那时候，我们头脑中世故很少。……无论伯赞或我，都从没有无原则地把政治搅和到学术争论中去，更没有想到过有将政治权威与学术划一的必要”。[①] 从侯外庐所回忆的这两个细节中我们不难发现，在当时的马克思主义史学界，大家对待古史分期问题的态度是极其认真、严肃的，大家所恪守的是以理服人的学术信条，而绝非政治权威的大旗。正因为如此，在当时马克思主义史学界的内部，因在分期问题上的见仁见智而相互批评、相互诘难，便时有所见。翦伯赞和侯外庐这对在一起相处多年、相知甚深的朋友，就因为在分期问题上的歧见而发生了“小小的风波”(侯外庐语)。这样的例子在当时并非绝无仅有。郭沫若之所以要出版《青铜时代》和《十批判书》，在很大的程度上就是因为受到了翦伯赞等西周封建论者的“刺激”。论辩各方基于学术立场的这种相互间的严厉批评和反复诘难，一方面有力地推动了研究实践的深入，另一方面又在批评与反批评的过程中提出了新材料和新问题，从而使得各自的论说在理论和材料等各个层面都得以不断地丰富和完善。郭沫若从早年所持的殷商氏族社会论转而认同殷商奴隶制社会论，他在《古代研究的自我批判》中，对自己先前轻率运用史料所作的深刻检讨，在很大的程度上就是因为他接受了吕振羽、翦伯赞和范文澜等人的批评。同样，郭沫若对吕振羽和翦伯赞等人在材料运用上所存在的问题，也多有批评和指陈。在《古代研究的自我批判》中，郭沫若在深刻检讨自己的同时，也对“新史学家们”提出了诸多不留情面的批评：“新史学家们对于史料的征引，首先便没有经过严密的批判：《易经》仍

① 侯外庐：《韧的追求》，第139页。

被视为殷末周初的古书，《书经》甚至引用梅颐的伪古文，《诗经》则一本《毛传》。对于旧文献的批判根本没有做够，不仅古史辨派的阶段没有充分达到，甚至有时比康有为、阎百诗都要落后，这样怎么能够扬弃旧史学呢？有好些朋友又爱驰骋幻想，对于神话传说之被信史化了的也往往无批判地视为信史，对于甲骨文的引用和解释也太随便。……关于金文，《殷文存》仍被视为殷文。周代的彝器则笼统活脱地被使用着，不肯从分别时代上着眼。这些作风，不能不说是在基本上就颇成问题的。”[①] 类似于这样的严词批评，在当时围绕着古史分期问题所开展的讨论中，也是屡见不鲜的。正是在这种批评与自我批评、相互间的问难与申辩中，马克思主义史学界对于西周至春秋战国间这段历史的认识，不断地由浅入深，由表及里，从而取得了一系列具有突破性意义和重大价值的学术成果。在1949年以前的马克思主义史学发展过程中，古史研究始终就是一个成就卓著、名家云集、影响深远的学术领域，这一研究格局的形成当然不是偶然的，它与当年围绕着古史分期问题所开展的热烈讨论之间应该具有密切的内在关联。

四、秦以后历史及其社会发展“迟滞”的研探

相对于先秦史而言，1940年代的马克思主义史学界对秦汉及秦汉以后历史的研究，总体上要薄弱一些，其重要成果也不是很多。翦伯赞早在1944年为《中国史纲》第二卷所写的《序》中就曾有这样的观察和评论：“一般地说来，中国历史之科学的研究，其自上而下者，大抵皆停止在殷周阶段；其由下而上者，则又皆停止于鸦片战争。自殷周而后，迄于鸦片战争，这两千余年的历史，虽已曾有若干学者尝作初步之科学的探讨，但历史的具体演进，则尚有待于详细的研究。”[②] 作为当时马克思主义史学界的重要代表人物之一，翦伯赞的这番观察与评论，其

---

① 郭沫若：《十批判书·古代研究的自我批判》，《郭沫若全集》（历史编）第2卷，第37—38页。

② 翦伯赞：《中国史纲》第2卷《序》，张传玺编：《翦伯赞全集》第2卷，第10页。

客观性毋庸置疑。这一研究格局的形成，当然有着各种复杂的原因。但是，其中一个重要的原因便在于，从马克思主义的社会经济形态理论来看，先秦时代的历史关涉到原始社会、奴隶制社会和封建制社会几个重要历史阶段的分期问题，而秦汉，特别是秦汉以后至鸦片战争以前的那段中国历史，基本上与上述分期问题关联不大。因此，对于刚刚步入发展里程的马克思主义史学来讲，选择先秦史作为研究的重点，也就是题中应有之意了。

在这一时期马克思主义史学界关于秦汉史的研究中，翦伯赞的《中国史纲》第二卷，无疑是最为重要的一份成果。该书题为《秦汉史》，共分《中期封建社会的序幕》和《中期封建社会的确立与展开》二编，凡十一章，约46万字，另附地图20幅、插图50幅。该书不仅是翦伯赞古代史研究的代表之作，而且也是20世纪我国秦汉史研究的奠基之作。

在翦伯赞的《秦汉史》问世之前，新史学界关于秦汉历史的研究可以说才刚刚起步。除了在政治制度史和经济史等个别专史领域有屈指可数的零星成果之外，关于秦汉历史的综合性和通史性研究，基本上还是一片空白。正像翦伯赞在该书的《序》中所说的那样："秦汉的历史直至今日，我们还没有看到一部完整的科学的专著；有之，只是以一个章目列于诸家通史之中。"正因为如此，"当我们的研究进到秦汉时代，就要走进中国历史学上的荒原了"。[①] 为了填补马克思主义史学在这一断代史研究领域的空白，翦伯赞在1943年完成《中国史纲》第一卷《史前史、殷周史》之后，又用了一年多的时间，完成了《秦汉史》的写作，后经修改、完善，于1946年由重庆大呼出版公司正式出版。

根据翦伯赞对中国历史的整体理解，商代以前是原始社会，商代是奴隶制社会，西周开始进入封建社会。直到鸦片战争以前，中国封建社会的基本形态一直保持不变。从西周开始至鸦片战争才正式结束的中国封建社会，又可分为若干不同的历史阶段。西周时期是中国封建社会的形成阶段，春秋战国则是"初期封建社会"的发展及其转向阶段。从秦代开始，中国的"中期封建社会"揭开了序幕，而西汉和东汉则是"中

① 翦伯赞：《中国史纲》第2卷，张传玺编：《翦伯赞全集》第2卷，第10页。

期封建社会”的确立与展开阶段。正是根据这一理解，他在《秦汉史》中把秦汉四百年间的历史都划入“中期封建社会”这一范畴。在第一编的《中期封建社会的序幕》部分，他用四章的篇幅，分别就秦族的渊源，早期秦国的历史发展过程，秦统一后封建专制主义国家的创立，秦代中国境内的各种族的活动，秦代社会经济的构造及其转向，秦代政权的性质、组织、发展及其灭亡，秦代的意识形态及其变化等问题，展开论述。在第二编的《中期封建社会的确立与展开》部分，作者又用七章的篇幅，分别就西汉王朝的建立及其历史形势，西汉的社会经济构造，西汉政权的性质、组织、发展及其崩溃，东汉王朝的继起及其历史形势，东汉社会经济构造，东汉政权的性质、组织、发展及其崩溃，两汉时期的意识诸形态等问题，条分缕析。作者以历史唯物主义的理论与方法为分析工具，紧紧抓住生产力与生产关系、经济基础与上层建筑这两对唯物史观的基本范畴，对秦汉四百年间错综复杂的历史头绪加以系统的梳理和全面的分析。经过作者的辛勤探索，不仅秦汉四百年间的整个历史走向跃然纸上，其发展的轮廓和主要线索被勾勒得清晰而完整，而且这期间中国政治、经济、文化、民族活动、中外关系以及重要历史人物的事功与思想等包罗万象的历史内容，也都被整理得脉络分明，有条不紊。

作为一部断代性的通史著作，该书全面地展现作者关于“整体性”和“关联性”的历史哲学思想。在该书中，作者不仅将秦汉四百年间的政治、经济和思想文化等内容融为一体，形成了一部有血有肉的整体史，而且还力图把秦汉时期的中国历史放在整个世界历史的进程之中来加以考察，通过梳理和分析中外历史互动所产生的深远影响，来加深对中国历史发展进程的理解。正是从历史的“整体性”和“关联性”这一原则出发，作者一直强调，在研究中国史的时候，必须要“看看中国以外的世界”。他批评说：“中国的历史家，过去以至现在，都把中国史当作一种遗世而独立的历史。换言之，即把中国史从其与世界史之关联中，截然割分出来，使之成为一个与世绝缘的历史单位。”在他看来，“当作一个独立的历史单位，中国史固然有其自己之独特的运动和发展；当作世界史中的有机之一环，则中国史与世界史之间，又决不能划出一条绝对的界线”。因为，从历史发展的“整体性”和“关联性”原则来看，“中国史的变动，往往影响世界史的发展。反之，世界史发展之总的倾向，也必然制约着中国史的发展。中国史之于世界史，正犹细胞之于人体，他是一个个体，但他决不能离开人体而自由地发展其生命。所以，我们研究中国历史，就必须要顾到他与世界史之间的关联”。[①] 正是基于这一认识，他在该书开篇的第一章，就专门设有《秦代的世界形势》一个专节，用整整六页的篇幅，来分析这一时期整个世界历史的发展大势及其对中国历史的影响。作者指出：“当秦族进入中原，在东方世界激起一个历史浪涛的时候，西方世界的历史浪花，也正在飞溅到中国西部的边境。世界史的运动倾向，似乎在替继起的两汉时代之东西两个世界的历史接触，进行准备工作了。”短短几行极其感性的文字，一方面准确地勾画出了秦代所处的世界历史形势，另一方面又为下文分析两汉时期东西方的文化交流作了铺垫。接着，作者主要分析了西方罗马帝国和南亚印度历史的基本发展脉络。他总结说：“综上所述，吾人因知当嬴秦之世，中国、印度和罗马是世界史的三个动力。希腊虽已瓦解，但其文化，仍然在滋长之中。当此之时，罗马文化尚未东渐，但希腊文化和印度文化的浪涛，则已在冲击中国的西部疆界。人类历史正在走向世界的结合。秦代的历史，就在这样一个世界环境中展开其发展，中国的历史也就是在这样一个世界环境中，走进了中期封建社会。”[②] 在第二编开篇的《西汉王朝的建立及其历史形势》一章，作者又设置了《西汉时期世界的新形势》专节，分别讨论西方、阿拉伯、南亚以及位于中国东南的海洋世界的历史发展过程，并具体地分析这一进程与中国历史的相互关联。在较为详细地梳理了这一时期世界历史的基本脉络之后，作者总结说：“当时的西方世界，是罗马势力的东展，中国势力的西进，而大月氏与安息两大势力，则屹然横亘于中亚，成为东西两个世界的历史交流之障壁。虽然如此，在当时，东西的文化，已经突破了这种障壁，像一种幽灵一样，相互拥抱了。”[③] 紧接在这个专节之后，

---

① 翦伯赞：《略论中国史研究》，张传玺编：《翦伯赞全集》第 3 卷，第 10—11 页。

② 翦伯赞：《中国史纲》第 2 卷，张传玺编：《翦伯赞全集》第 2 卷，第 32、37 页。

③ 翦伯赞：《中国史纲》第 2 卷，张传玺编：《翦伯赞全集》第 2 卷，第 154 页。

作者便写张骞出使西域以及西汉与中亚商路的开通。这样的安排，不仅在逻辑上一气呵成，而且在历史的脉络上也丝丝入扣，环环相连，层层推进。作者对中外历史的这种横向联系，其用意就是要通过对中国史与“整体世界史的交互作用”的分析，以实现其“不仅要从世界发展的一般途径中去分别考察各个别民族的历史，还要从个别民族的历史中去考察其他与它相关民族相互之间的影响作用”[①]这一史学主张。字里行间，既显示出作者无比开阔的历史视野，又浓缩了他对历史大开大合之际的独特而深刻的洞察与思考。

除了中外历史的横向联系之外，全书对秦汉时期中国境内各民族的活动及其与秦汉王朝之间关系的论述，也充分体现了作者对于历史的“整体性”和“关联性”的思考。翦伯赞认为，历史的“整体性”和“关联性”体现在空间的运动上，就是各民族历史与文化的相互作用及其影响。所以，他说：“在空间上，各个民族的历史，决不是孤立地存在于世界史的体系之外，反之，只是作为世界史构成之一部分或一环而存在着。”每一个民族的历史都与周边其他民族的历史交互着发生影响，“因为每一个民族的历史在其每一发展时期中，在其生活的接触上，他总是不断地在摄取并消化着那些环绕在它周围的诸民族的文化，或是把它自己的历史的影响，投射或浸润到其他环绕在它周围或掺杂在它中间的各民族历史中去”。因此，“每一个民族的历史发展，都不能脱离其周围各民族之相互浸润、相互影响的作用。在战争中，交换中，文化的交流中，血流的混合中……随时随地都在进行着这种作用”。也正因为如此，“当我们研究某个民族的历史的时候，切不要把这一个民族的历史从世界史中孤立出来，必须把握其与整个世界历史的交互作用”。[②]正是基于这一认识，他一直反对大汉族主义的民族史观，并对基于这种民族史观之上的中国历史写作提出种种批评。他一针见血地提出：“中国的历史家，过去以至现在，都是以大汉族主义为中心，处理中国的历史。因此，过去以至现在的中国史著述，都不是中国史，而是大汉族史。”

---

① 翦伯赞：《历史哲学教程》，张传玺编：《翦伯赞全集》第6卷，第78页。

② 翦伯赞：《历史哲学教程》，张传玺编：《翦伯赞全集》第6卷，第77—78页。

在他看来，“大汉族史，不是中国史，而只是中国史的一个主要的构成部分；真正的中国史，是大汉族及其以外之中国境内其他诸种族的历史活动之总和”。他大声疾呼，“研究中国史，首先应该抛弃那种以大汉族主义为中心之狭义的种族主义立场，把自己超然于种族主义之外，用极客观的眼光，把大汉族及其以外之中国境内诸种族，都当作中国史构成的单位，从这些历史单位之各自的历史活动与其相互的历史交流中，看出中国史之全面的运动与全面的发展”。[①] 在《秦汉史》一书中，作者就身体力行地把自己的这一史学主张贯穿于其中。例如，在第一编的第一章《秦族的渊源、建国及其历史形势》中，作者就专门设置了《秦代中国境内各种族的活动》一节，详细地梳理了当时中国境内各民族的历史活动及其相互关系。在这一节中，作者不仅对西北地区的匈奴、诸羌各部、东北辽东半岛和朝鲜半岛各部、东夷各部等古代文献中记载较多的诸多古民族的历史与文化，条分缕析，且还结合当时的民族考古资料，对西南及东南沿海的“太平洋系人种诸族”的活动，进行了尽可能的“复原”。正是通过对当时中国境内各民族、各族种历史活动的系统梳理与分析，作者一方面勾勒出了作为中国主体民族——汉民族的形成与发展过程，另一方面又揭示出汉民族与境内各民族血肉相连的依存关系。正像作者所总结的那样：“当秦族进入中原，中原诸种族融混为一之时，包围于四周的诸种族，也正展开其各自之自发的历史活动。当此之时，一方面是中原诸种族鼓其青春健壮的历史活力，向四围膨胀，企图扩展他们的天地，并从而突破加于他们的历史包围。另一方面，是四周诸种族一层一层地把中原文化区域包围得水泄不通，并且不断地向中原压迫，于是在膨胀与压力的运动中，造成了当时中国史的紧张性，并从而触发了中国史之全面运动。”他还进一步形容说：“当时的中国正像一个鸡卵，中原诸种，有若卵黄，四周诸种族，有若卵白。卵黄与卵白虽各为一物，而在鸡卵之有机构造上，则是血肉相连的。当秦之时，中国的历史，正在发生一种适当的温度，来孵化这个鸡卵。所以到西汉之初，鸡雏遂破壳而出，是为汉族。”这样来理解汉民族的形成及其与周

---

① 翦伯赞：《略论中国史研究》，张传玺编：《翦伯赞全集》第3卷，第9页。

边各民族的关系，即便是在当时的马克思史学界，也是不多见的。在接下来讨论西汉与东汉的历史进程时，作者也是将同一时期中国境内各民族的活动详加整理，并对不同历史时期汉族与周边各民族的关系加以分析与说明。作者认为，从两汉时期中原汉民族与周边各民族的互动过程中，不难发现这样一个历史现象："只要汉族一旦发生内乱，四周诸种族就会乘机而起，企图挤进中原。"之所以如此，是"因为汉族是中国历史运动的核心，汉族内乱，则核心腐化；核心腐化，则消失了运动四周诸种族的历史热力，因而中原历史便不能继续一种全体性的运动而转向分子的个别运动。分子的个别运动，对中原的统治者来说，是中国史的离心运动；但站在整个中国历史的发展上看，则是各种族之平行的运动"。他还特别指出："在全体性的运动中，历史的热力皆发挥于相互渗透之中；在个别的运动中，历史的热力，则发挥于各种族的独特性之发展。"而且，更为重要的是，"中国的历史，就在全体性运动与个别运动的递嬗之中，获得其历史之一般性与独特性的辩证发展。中国的历史，也就在这种辩证发展的过程中，而日益丰富其内容，提高其水平"。[①] 虽然只是简短的几句话，但却透出了作者卓越的历史识见。放眼1940年代的中国史学界，能够像作者这样从汉民族与其他各民族的互动关系中来洞察中国历史的辩证发展过程，从民族平等、各民族都为中国历史内容之丰富与水平之提高作出过重要贡献这一角度，来理解汉民族与其他各民族的势力消长，应该说并不多见。

对于翦伯赞在该书中所展现出来的广阔的历史视野和卓越的历史识见，当时的主流史学界曾给予很高的评价。出身于燕京的邓嗣禹就认为，翦氏的《中国史纲》是一种"雄心勃勃的尝试"，"翦先生好像蔑视他所有的前人，但他的著作的确是组织精密，有一些新思想"。[②] 同样出身于燕京的齐思和，对翦著也给予了很高的评价。他在1949年的一篇评论性文章中曾介绍说："最近翦伯赞先生的《中国史纲》，很受到学术界的重视……他这部书规模很大"，对于作者在书中所开展的中外历史联

① 翦伯赞：《中国史纲》第2卷，张传玺编：《翦伯赞全集》第2卷，第31—32、362—363页。

② 邓嗣禹：《近五十年中国的历史编纂学》，（美国）《远东季刊》第8卷第2期，1949年2月。

系与比较，他更是表示由衷的赞赏。[①]

需要特别指出的是，翦伯赞的《秦汉史》不仅观点鲜明、体大思精，文字优美，而且资料翔实、信而有征。众所周知，相对于先秦史研究中的文献不足甚或无文献可征，秦汉史，特别是两汉史的史料，已比较丰富。正像翦伯赞在该书的《序》中所分析的那样："秦汉的历史，特别是两汉的历史，已经留下不少有系统的记录。其中，最有名的巨著，是天才的史学家司马迁的《史记》；其次，是班固的《汉书》，范晔的《后汉书》，荀悦的《汉纪》。此外尚有清人姚之骃、汪文台等所辑谢承、薛莹、张璠、华峤、谢沈、袁山松、司马彪及失名氏等所著诸家的《后汉书》。"他认为，"这些古典史籍和后来的辑逸，若把他们当作历史，虽班马亦不敢轻许；但当作史料，则上列诸书都是研究秦汉史的最好资料"。除上述诸史之外，历代学者关于秦汉史的种种论述，特别是清代学者对于上述诸史的注释、疏证、探源、索隐、正义、考异、辩惑、志疑、纠谬、勘误之作，也可谓汗牛充栋。他认为，"我们不能说这一类后起的著作对于秦汉史的究明没有或多或少的贡献，至少对史料之订正，有其一面的劳绩"。正因为如此，上述诸史以及历代学者围绕上述诸史所作的"后起的著作"，都成为《秦汉史》一书中的基本史料。除文献史料之外，该书对考古材料的运用更是十分突出。作者指出："近三四十年，由于中西考古学者的努力，两汉的遗址和遗物，在中国的西北新疆、甘肃一带，大有发现"，"这些新的发现，使两汉的历史，显出了不少的光明"。他主张，"有了新的考古学上的发现，我们便应该尽可能地运用考古学上所提供的新史料，去订正文献上的史料之伪误，补充文献上的史料之缺失"。[②] 正是基于这一认识，作者在该书中全面地吸收了考古学所提供的大量新材料，诸如汉简、石刻画像、碑刻、封泥以及遗址和墓葬的发掘报告，等等，真可谓无所不包，应有尽有。齐思和在前引的那篇评论性文章中，就曾对该书大量引用考古材料给予了充分的肯定。正是由于作者将丰富的古代文献材料与大量的考古资料结合

① 齐思和：《近百年来中国史学的发展》，《燕京社会科学》1949 年第 10 期。

② 翦伯赞：《中国史纲》第 2 卷《序》，张传玺编：《翦伯赞全集》第 2 卷，第 10、11 页。

起来，互相参证，互相发明，从而把秦汉史的研究向前推进了一大步。直到今天，该书依然被视为是了解秦汉历史的重要参考之作。《二十世纪中国社会科学·历史学卷》的作者，就把该书置于同一时期问世的劳榦、吕思勉和李源澄等诸家同名著作之前，称赞该书“视野开阔，资料丰富，是中国最早用马克思主义理论剖析中国历史的代表作之一，也是二十世纪中国第一部用历史唯物主义为指导的秦汉史专著”[①]。这样的评价，绝非溢美之词。

对于两汉以后至鸦片战争之前这段中国历史的研究，马克思主义史学界主要是在批判日本法西斯文人秋泽修二所鼓吹的“亚细亚社会的停滞性”谬论过程中，逐渐开展并深化起来的。如前所述，在1937年前后，日本法西斯文人秋泽修二先后抛出了《东洋哲学史》和《支那社会构成》二书，蓄意曲解马克思的亚细亚生产方式理论，认为中国社会具有“亚细亚的停滞性”，鼓吹“皇军的武力”才是解决中国社会“停滞性”的根本途径，公开为日本军国主义的对华战争制造舆论。为了驳斥秋泽修二利用亚细亚生产方式理论对中国历史所作的肆意歪曲，从40年代初开始，马克思主义史学界和理论界的多位学者，诸如吕振羽、吴泽、李达、蒙达坦、罗克汀、华岗和王亚南等人，都纷纷发表文章，在驳斥和抨击秋泽修二谬说的同时，还对中国社会历史，尤其是封建社会的历史发展过程及其规律与特点等问题，展开讨论。1940年，吕振羽先后撰写了《关于中国社会史的诸问题》[②]、《“亚细亚的生产方法”与所谓中国社会的“停滞性”问题》[③]以及《日本法西斯蒂的中国历史观批判》[④]等文，率先对秋泽修二的观点展开批判。吕振羽郑重指出：“秋泽不是从研究的立场出发，而是为着日本帝国主义的侵华宣传，来曲说其所谓‘中国社会之亚细亚的停滞性’。从历史唯物论的理论来看，从整个世界史发展过程的形势来看，绝不容有秋泽所谓的‘停滞’形势。只

---

① 姜义华、武克全主编：《二十世纪中国社会科学·历史学卷》，上海人民出版社2005年版，第176页。

② 原刊《理论与现实》第2卷1940年第1期，后收入《中国社会史诸问题》，第1—29页。

③ 原刊《理论与现实》第2卷1940年第2期，后收入《中国社会史诸问题》，第30—56页。

④ 该文作为“附录一”收入《中国社会史诸问题》，第131—149页。作者自注该文撰写于1940年2月12日。

有在某种外在的特殊矛盾关系的影响下，在指导人类创造作用之阶级政策的影响下，（才）可能促进或阻滞社会的前进发展速度。”正是基于这样的认识，吕振羽结合中国历史的实际，对秋泽修二的主要论点，一一加以驳斥。他认为，如果“把中国社会形式的发展作为一个总的过程来考察，生产力、劳动生产性……以至意识形态，都是螺旋式地向前发展的，并没有什么‘停滞性’和‘复归’或‘循环’的性格”。就中国历史的具体发展过程来看，它也像绝大多数民族或国家的历史一样，依次经历了原始社会、奴隶制社会和封建制社会等不同的社会发展阶段。再从西周以来中国封建社会的历史过程来看，其发展的阶段性也是十分明显的。就生产力的角度而言，即使是在被秋泽修二视为“倒退”和“回复到自然经济”的魏晋南北朝至初唐的数百年间，中国的社会生产力也一直是在向前发展的。进入宋代以后，一方面是手工工场的发展、大量雇佣工人的使用，一方面是印刷术的发展、罗盘技术的改进，以及自由商人的出现，等等，这些不仅表明了生产力发展水平的进一步提高，而且还意味着“中国的封建制已进入末期”。在被秋泽称为“奴隶制复活期”的元朝，城市经济的发展和造船业的进步，都表明中国社会的“生产力仍在前进”。根据吕振羽的考察，中国的封建社会发展至鸦片战争前夕，已产生了“资本主义性”的工场手工业的萌芽，“这种嫩芽若不是为先进资本主义侵入所绞杀，中国社会已开始预备转入到资本主义的条件”。当然，他也同时指出，与西欧等国家的历史相比较，中国社会，尤其是封建社会的发展速度“比较缓慢”。但是，造成中国社会发展“比较缓慢”的原因，绝不是秋泽修二所谓的“亚细亚的停滞性”，而是由于特殊的地理环境条件或外在矛盾诸关系所给予的“阻滞作用”。[①] 他还具体地分析和归纳了对中国社会的发展起着“阻滞作用”的种种原因。其一，中国是葱岭以东的东亚大陆国家，地大物博，有着大量的可耕土地，可以容纳持续增长的人口规模。“从一方面说，这是中国民族获有的天惠给予我们以地大物博人众的遗产；从另一方面说，这反给中国社会生产力发展以阻滞作用。”因为在这种情况下，“生产力与生产关

① 吕振羽：《关于中国社会史的诸问题》，氏著：《中国社会史诸问题》，第12—13页。

系的矛盾，每由于民族的迁徙而获得暂时的缓和”，“大量人口的不断他徙，同时使得社会内部的剩余劳动人口不断得到消纳。这又阻滞着商业资本向生产资本转化和商品市场的扩大”。其二，中国北部的草原地带，是欧亚大陆上游牧民族活动的主要地区之一。历史上北方的游牧民族就多次南下，他们以军事的暴力给中国社会的生产力造成极大的破坏。其三，“在封建制时代的中国，四周各民族的生产都比中国落后”。正因为如此，中国历史上的生产剩余不是用来与周边市场的贸易，而主要是为了满足封建贵族、官僚和地主等社会特殊阶级的奢侈生活需要。同样，官营手工业工场的存在，也是为了满足特殊阶级的奢靡生活。这一切都“间接地妨害着农业生产力的发展”，这也是“阻滞中国社会发展的一个次要条件”。总之，在吕振羽看来，“阻滞”中国社会发展的主要原因，都来自于中国社会的外部，而并非来自于中国社会的内部。因此，秋泽所鼓吹的“亚细亚的停滞性”，根本就是不存在的。而且，这些外在的条件“只是阻滞了中国社会的发展，并不能改变中国社会发展之合法则性的一般的规律和过程，也不能阻止中国社会的发展。中国社会在较缓慢的发展过程中，并没有‘静止’、‘退化’、‘复归’或‘循环’，而是螺旋式的前进。在鸦片战争前，如果没有外国资本主义的侵入，中国社会自身内部孕育出的资本主义因素，便必然引导中国社会完成由封建制到资本主义制转化的过程了”。①

继吕振羽之后，吴泽在1940年也发表了《中国社会历史是停滞倒退的么？》②一文。在该文中，吴泽大体上同意吕振羽的观点。他指出，中国社会无论是从生产力还是从生产关系的角度来看，从古到今“都是一步步地由低级到高级，由简单到复杂，一往直前，向上线地前进发展的”，并不存在秋泽修二所鼓吹的“亚细亚的停滞性”。他特别考察了中国封建社会的历史。在他看来，“中国封建制社会历史，差不多前后历时三千年之久，较之日、俄、英、法诸国封建社会历史，确是‘长期’得多”。但是，在中国封建社会的长期演变过程中，发展一直都是

---

① 吕振羽：《“亚细亚的生产方法”与所谓中国社会的“停滞性”问题》，氏著：《中国社会史诸问题》，第54—55页。

② 原刊《读书月刊》第2卷1940年第8期，后收入《吴泽文集》第4卷，第99—109页。

主要的，“自汉末至隋唐的中国社会历史，绝没有‘倒退’、‘复归’的‘反复’、‘循环’形迹”。即使是在元代，其社会也是“继续唐宋封建社会而前进发展，绝未‘倒退’、‘复归’、‘变质’为奴隶制社会”。到了清代，“社会经济继续发展，工场手工业已成普遍的形式。当时，南京、成都、苏州、杭州、广州是丝业中心，江西景德镇是陶业中心，采矿制盐已成为特种工场手工业……（这一切）充分表明着中国社会经济发展到清代前半期，封建经济已临于死亡，资本主义新因素已在形成过程中”。“这个孕育在封建制母体中的资本主义因素，如果不遭遇到外来资本帝国主义的袭击和压迫，百年来的中国社会，不难完成‘新历史的’转变。”因此，“我们在全部中国历史中，绝对看不见中国社会历史是‘停滞’、‘循环’、‘倒退’或‘退化’的”。

吕振羽和吴泽的研究表明，历史上的中国社会也是持续发展、不断进步的，因此，根本就不存在秋泽修二所谓的“亚细亚的停滞性”问题。不过，他们也都同时指出，如果比照于欧洲的封建社会，中国封建社会的发展周期无疑是漫长的，其发展的速度是缓慢的。[①]吕振羽所说的“阻滞”，即是指其发展的速度而言。而吴泽所谓的“长期”，则是就其发展的周期而言。在接下来的讨论中，学者们基本上都接受中国封建社会的“阻滞”说或“长期”说，但对导致其“阻滞”或“长期”的原因，则各有不同的解说。

1941年，李达发表《中国社会发展迟滞的原因》[②]一文。他在该文中指出，中国封建社会自西周正式形成以来，并不是没有发展，相反，它的进步是十分明显的，“大体说来，西周的领主经济，进入到春秋时代，农业生产较前进步，手工业和商业也相当发达。特别是到了战国时代……农业生产力是向上了”，从而进入了封建地主制社会。在这以后，虽然经历了几次大的反复，但总的趋势依然是进步的、发展的。不过，他也指出，从封建社会内部资本主义生产方式的萌芽以及这两种生产方式的更替来看，中国封建社会尤其到了中后期，其发展的速度是迟缓

① 饶有意味的是，参加这场讨论的所有学者，几乎都持西周封建说。

② 原刊《文化杂志》第1卷1941年第2期，后收入《李达文集》第1卷，人民出版社1980年版，第684—706页。以下引用该文，均据《文集》本。

的。正像他所指出的那样："西欧各国所经历的封建时期，不过八九百年，就转进了现代社会的阶段。而中国社会自西周初年到鸦片战争，其间的距离是二千九百六十二年，却长期停顿于封建阶段，以致成为落后的民族，变成了帝国主义侵略的对象。"为此，他特别用了"迟滞"一词。至于中国封建社会出现"迟滞"的原因，他不同意吕振羽立足于"外在矛盾的影响"所进行的种种分析。在他看来，应该从分析中国封建社会的生产关系入手，"把一切障碍生产力的发展及不能孕育新生产力的原因，都要联系起来加以考察"，只有这样，才能得出正确的结论。为此，他分别从封建社会的生产关系、剥削形式、意识形态以及阶级斗争等方面入手，在系统地考察和分析中国封建社会发展的历史过程之后，他把导致"迟滞"的原因概括为八条：战乱的频仍、封建的力役、封建的剥削、宗法遗制下聚族而居的村落公社、封建的政治机构、农民阶级不能代表新的生产方式、科学不发达以及儒家思想的长期影响、地理环境的制约等。

李达的这篇论文，原本是为熊得山的遗著《中国社会经济史》所写的"代序"。由于作者是马克思主义理论界的权威，故而它在《文化杂志》上发表后，很快便引起了进步史学界和理论界的极大关注。一时间，蒙达坦、华岗、罗克汀和王亚南等人，都先后发表文章，或者对李达的观点进行评论，或者对中国社会发展"迟滞"的原因作进一步的分析。正因为如此，以李达该文的发表为标志，马克思史学界很快便由原先集中火力展开对秋泽修二侵略史观的批驳，转而演变成关于中国封建社会发展"迟滞"问题的热烈讨论。

就在李达的文章发表后不久，蒙达坦便发表了《与李达先生论中国社会发展迟缓的原因》[①]一文。作者指出，李达对中国社会发展"迟滞"原因的梳理与归纳，还止于就事论事，在方法论上还存在着诸多的不足，因为"即使这些全是中国社会发展迟滞的原因，但这些原因怎样作用于中国社会而使其发展迟滞呢？"在他看来，"如果单只说这些原

① 刊于《文化杂志》第2卷1942年第1期。以下引用该文，均转引自白钢编著：《中国封建社会长期延续问题论战的由来与发展》，中国社会科学出版社1984年版，第67—77页。

因妨碍了生产力的发展，因而迟滞了社会的发展，那是非常不够和太笼统的。科学的说明，决不容许含糊，而必须说明其如何如何”。根据他的理解，社会的发展主要取决于资本的积累和生产方法的进步。因此，“所谓中国社会发展迟滞，主要就是意味着中国社会何以迟迟的不能走上应用资本主义生产方法的资本主义社会。这是顶重要的。封建的生产方法之进步，只是量的进步，只有当封建的生产方法过渡到资本主义的生产方法时，才是质的进步和转变”。正是基于这样的认识，他认为，在探讨中国社会发展“迟滞”的原因时，“我们除了考究量的发展外，还必须以更大的注意考究质，即是我们除了注意考究中国封建社会之量的发展何以迟滞外，还必须以更大的注意去考究中国封建社会何以迟迟不能达到质的转变”。他还进一步指出，“封建社会怎样过渡到资本主义社会，封建的生产方法怎样过渡到资本主义的生产方法，这在中国的历史上是不能找出例证的。……这只有欧洲的国家才找得出标准的例证”。根据他的理解，欧洲国家在由封建社会向资本主义社会的转变过程中，“生产方法之量的不断进步”和“原始资本的积累和完成”这两个过程是“平等发展的”。因此，要解决中国社会何以发展迟滞的问题，就得从妨碍生产方法进步和阻碍乃至破坏资本积累的事事物物及其相互关联之中来予以探求。

根据这样的方法论原则，蒙达坦对中国历史上妨碍或破坏资本原始积累和生产方式发展的原因分别进行了分析。关于妨碍或破坏资本原始积累的原因，他主要列举了三条。其一，“特殊的土地所有权关系”。他认为，中国封建时代的土地所有权，在秦以前是归大大小小的各级领主分别领有的，从秦代起，土地便从领主独占下解放出来，转移其所有权于民间，并且土地可以在民间自由买卖。这种土地所有权与欧洲封建时代的土地所有权是完全不同的，因此他冠之以“特殊”。欧洲只是在封建制度解体时，土地所有权才转移到民间。中国的土地所有权从领主独占下解放出来之后，“民间便出现了地主”，他们代替了此前的封建领主，“成为封建社会的主要支柱”。这种特殊的土地所有权关系，“不单只成为中国封建时代政治制度的特殊性的导因，其给予经济的影响，决定中国封建时代经济的特殊性，则尤有过之。这就是秦以后社会发展迟滞的主要秘密”。其二，农民战争。他认为，“战争减少劳动力和毁灭生产手段，足以妨碍社会的发展是当然的”。在中国的历史上，战争特别频繁，尤其是周期性的农民战争，“对于生产手段的破坏是极利害的。生产手段为原始的资本积累之前提，而且是其构成部分，破坏生产手段，当然是会妨碍积累之进行的”。其三，“共有财产”。他认为，“中国封建社会的宗族，大都有共有的财产……其数量是相当多的”。这些公有财产主要是用于消费，“都和生产不发生关系，这样当然是对于社会财富的毁灭，会妨碍积累的进行了”。

至于阻碍生产方式进步的原因，蒙达坦也举出了三条。第一，历朝历代所采取的“重农抑商”政策，导致“工商业不能发展，不单只工业的生产受到影响，新的生产方法无法孕育出来，即在农业方面亦同受其影响，不能孕育出新的生产方法来”，“因此，对于工商的抑制，是对生产方法之进步起着很大的妨碍作用的”。第二，“地域发展不平衡”。他认为，中国的领土十分广袤，各区域间的经济发展极不平衡，“统一的国家建立于经济发展如此不平衡的地域之上，其统治权虽握在经济发达的地域的人们手上，一切设施每以经济较高的地域的利益为依归，但对于经济落后的地域，而不能完全不予顾及，以顾全其统一性的”。这样，经济发展较高的地区遂不能自谋其发展，“自然难免受到坏影响，妨碍生产方法的进步了”。第三，“由于儒学的影响，一般知识分子都向自己的内心做‘存、养、省、察’的功夫，不对客观世界格物致知，反视研究生产技术的人为‘奇技淫巧’者，以及地理环境的特殊，环绕中国的各民族都很落后，缺乏外来的刺激，没有竞争，也都对生产方法的进步起着妨碍的作用”。

针对蒙达坦的观点，华岗在1942年发表的《中国社会发展阻滞的基因——兼评李达蒙达坦两先生对中国社会发展迟滞原因的讨论》[①]一文中，提出了批评性的意见。华岗认为，蒙达坦“虽然批评了李达先生的一些错误，而蒙先生自己却陷入了更大的错误。虽然蒙先生指出中国特殊的土地所有权关系，是中国社会发展阻滞的原因之一，是一个很有

① 原刊《群众》第7卷1942年第11—12期合刊，后经修改补充，收入氏著：《中国历史的翻案》，第111—154页。以下所引该文，均据《中国历史的翻案》一书。

价值的意见，是这次讨论问题中的一大收获。可是蒙先生竟认中国农民战争是社会发展阻碍的一个原因，却是不可饶恕的错误”。在他看来，蒙达坦把农民战争视为阻滞中国社会发展的重要原因，不仅是对中国历史的曲解，更是对农民战争的污蔑。他指出，中国历史上的农民战争之所以周期性地发生，原因便在于“封建地主以及封建国家对于农民大众的残酷的剥削和压迫”。“只有这种农民起义与农民战争，企图掀掉压在他们身上的沉重负担，扫除阻碍生产发展的腐旧势力，才是推动中国历史前进的真正动力。因为每次农民起义与农民战争的结果，都多少打击了当时的封建统治，因此也就多少变动了社会的生产关系，多少推动了社会生产力的发展。”至于“为什么中国这样多的农民起义与农民战争，却没有使中国社会发展阻滞的现象有所改良”的问题，华岗是这样回答的：“这就是（由于）当时还没有新的生产力与新的生产方法，没有新的社会力量，没有先进的政党来领导。因为这种农民起义与农民战争得不到先进阶级与先进政党的领导，就使当时的农民起义和农民战争总是陷于失败，总是在革命中和革命后被地主阶级和贵族豪绅利用去了，当作他们改朝换代的工具。这样，就在每次农民起义与农民战争停息之后，虽然多少有些进步，但是封建的经济关系和封建的政治制度，基本上依然继续下来。这是中国历史的不幸，但这一不幸决不能由农民战争来负责，而是应该由封建统治阶级以及其他真正阻碍社会发展的因素去负责。”

在批评了蒙达坦的相关观点之后，华岗还就中国社会发展迟滞的基本原因（他称之为“基因”）作了深层次的分析。他把中国历史的“保守性和停滞性”称之为“历史之谜”。他指出，“在理论上说，一个社会制度，决不会完全停滞。在事实上说，中国历史也和其他国家历史一样，经过了由原始公社制到奴隶制以及由奴隶制到封建社会的变革。就是在中国封建社会这一历史阶段内来说，自西周以来，也有不断的变动和进步”。因此，“把中国历史看成没有变化与进步的停滞状态，绝对不符合客观实际”。然而，这只是问题的一个方面。另一个方面，他也看到，“中国历史虽然有这些变化和进步，而在总的发展趋势来看，中国自周朝到鸦片战争这三千年的历史，终究没有能够突破封建社会的界限，终究没有能够跃进资本主义社会。所以虽然不能说是完全停滞，而中国社会发展比较迟滞或阻滞，却也是不能否认的事实”。正是在这个意义上，他首次提出“中国封建制时期比较悠久”这个说法。他所说的“悠久”，实际上包含着两层含义，其一，中国进入封建制的历史比欧洲要早很多；其二，中国封建制的结束比欧洲要晚很多。他把这一现象形象地概括为“当人家还生活于野蛮时代，中国早就产生了灿烂的封建文化；可是当人家过着资本主义的文明，我们却还死抱着旧世界，还在亚细亚大陆平原上，唱着东方文明的老调”。

正是基于这样的认识，华岗认为，“我们检讨中国社会历史的‘停滞’或‘阻滞’的问题，实际上就是研究中国封建社会为什么特别悠久”。在他看来，要厘清“中国封建社会为什么特别悠久”这个问题，就必须全面地分析中国封建社会的整个发展过程，从中国封建社会的“内在矛盾中去找寻，即是需要在生产方法的发展中，在生产力与生产关系的矛盾统一的发展过程中去找寻”。他认为，“中国封建时代的经济制度和政治制度，其真实内容与具体表现，可归纳成下述四点”：其一，“自给自足的自然经济占主要地位。农民不但生产自己需要的农产品，而且还生产自己需要的大部分手工产品”；其二，“封建的统治阶级——地主、贵族以至皇帝，他们拥有最大部分的土地，而在农民则很少土地，或完全没有土地”；其三，“不但地主、贵族和皇帝依靠剥削农民的地租，而且地主阶级的国家，又强迫农民缴纳贡税并强迫农民从事无偿的劳役，去养活一大群的国家官吏及为了镇压农民之用的军队”；其四，保护这种封建剥削制度的，便是地主阶级的国家。在这样的经济制度和政治制度之下，广大农民和手工业者一直处在“强度的封建经济剥削与残暴的封建政治压迫之下，过着贫穷困苦的悲惨生活”，从而“减低了生产力的机能”，这就是“中国社会几千年来在经济上和各种社会生活上阻滞不进的基本原因”。

除了从生产力与生产关系的矛盾运动这个角度来分析“中国封建社会为什么特别悠久”之外，华岗还对中国封建社会的基本特征进行了比较深入的分析，并力求从中发掘出中国社会发展“阻滞”的历史根源。在他看来，中国封建社会的基本特征主要体现在三个方面。其一，“中国封建社会构成的最显著的特征，就是由于农村公村的残存和奴隶制发展不充分”，这就“造成了中国封建社会中自给自足的小土地及农业与手工业的强固结合”。他还详细地分析了这一构成特征对中国整个封建社会的发展所产生的深刻影响。他认为，正是由于农村公社的长期存在和古代的奴隶制发展得不充分，“造成了中国封建时期生产方法及其社会细胞——家族的与公社的——农业与手工业直接结合的前提”。在这样的一种社会结构之下，农民一家一户地分散在小块的土地上，一方面从事农业的耕作，一方面又从事手工业的生产。“这种以农业与手工业直接结合的农村公社的遗制，是中国社会长久阻滞在封建社会的重要因素。土地兼并之风没有使它根本动摇，商业城市的发展也没有给它以决定的影响，反而它曾长期地阻碍着中国独立的手工业与手工工场的发展，阻碍着商业高利贷资本转化为生产资本，因而也就阻碍着中国社会的向前进步。”其二，“就是中国地主经济、商业资本和高利贷资本三者的强固结合”。“在封建式的土地占有和商业资本及高利贷资本三位一体的混合剥削形态下，直接生产者（农民）以全部剩余的生产物，对于地主，表现为地租；而又以部分必要劳动的生产物，对于商人，表现为商业利润和高利贷的利息。”这种三位一体式的剥削制度，“不仅把直接生产者生存手段降低到生理的最低限度”，而且还“进一步地使直接生产者的生存手段降低至于不能维持最低限度生理条件的程度”。这样，便“剥夺了直接生产者的一切生产兴趣，剥夺了他们的一切改善生产和扩大生产的可能”。因此，“这种剥削，又正是绝对地压榨人民购买的能力，使国内市场紧缩至最低限度，缺乏了扩大再生产的条件”。正是在这种三位一体式的严酷的剥削制度之下，小农业与家庭手工业的直接结合变得“畸型的凝固”，从而进一步阻碍了社会生产力的进步。其三，“就是中国特殊的土地所有权关系”。中国从秦代开始，“土地即从领主独占的形式下解放出来，开始在民间自由买卖，出现了所谓商人地主”。而土地的自由买卖，则“为商业资本开辟了一条大道”。这样，原先用来发展工商业的资本，便纷纷涌向土地，从而极大地限制了工商业的发展。工商业的不发达、交换的萎缩，就使得土地买卖更加成了“商人资本投资活动的场所”，从而形成了中国乡村中商业资本与封建地主间的结合。正是在这种恶性的循环之中，中国封建社会中的农业与工商业的分化迟迟无法展开，从而也就“阻碍新的生产方法的发展，因而也就使中国封建经济向资本主义经济转变时，不能不走驼鸟式的慢步，而且表现出异常的吃力”。

继华岗之后，罗克汀也发表了《论中国社会发展阻滞的原因——兼评几位史学家对于这一个问题的意见》[①]一文，对蒙达坦的观点展开批评，同时也针对华岗等人的观点提出了不同的意见。罗克汀认为，华岗对蒙达坦的农民战争论的批评是“很正确的”，但是，华岗认为蒙氏所提出的“特殊的土地所有权关系”是一个“重大的收获”，则有“值得商榷的地方”。在他看来，“中国社会发展阻滞的基因是由于封建制度的特点（包括特殊的土地所有权关系、自给自足经济等）而造成的地租、商业资本和高利贷资本三者的强固结合”。因为，正是这三者的强固结合，使得“农民必要的物质生活资料不能维持，生产缺乏了刺激，只能以父子相传的同一生产方法去进行单纯的再生产，因而造成了生产力发展的龟步式的爬行。更加上了外在因素（条件）——地理环境的影响及历代异族的侵略和入主——的影响而形成了中国社会发展的阻滞”。

在这以后，陈贤禄又在1946年发表《论中国封建社会长期停滞问题》[②]的长篇论文，而王亚南也在1948年发表《官僚政治对于中国社会长期停滞的影响》[③]一文，继续就中国封建社会发展的“迟滞”问题展开分析。陈贤禄通过对中国地主制封建社会的形成与发展过程的分析，认为“地主经济封建制”是中国社会长期停滞的根本原因；而王亚南则立足于对中国封建社会的“专制的官僚的政治形态”作静态的分析，重点阐述“官僚政治对于中国社会长期停滞的影响”。尽管他们关切的重点不尽相同，得出的结论也因人而异，但他们都力图深入中国封建社会的内部结构，希望通过对中国封建社会内部结构的科学分析，来揭示中国社会发展迟滞的深层原因。这一研究路径，与前述李达和华岗等

① 《群众》第8卷1943年第1—2期合刊。以下征引该文，均转引自白钢编著：《中国封建社会长期延续问题论战的由来与发展》，第79—90页。

② （福建）《社会科学》第2卷1946年第1—2期合刊。

③ （上海）《时与文》第2卷1948年第19期。

人的研究路径则是大体一致的。至于他们的具体观点[①]，这里就不作详细的介绍了。

从史学史的语境来看，1940 年代马克思主义史学界所开展的关于中国社会发展“迟滞”问题的讨论，虽然主题是针对秋泽修二的法西斯侵略史观，但是，通过这场讨论，马克思主义史学界对中国历史，尤其是秦汉以后中国封建社会历史发展的规律性、中国封建社会的经济结构和政治结构等一系列重大问题的认识，都有着进一步的深化。正像亲自参加这场讨论的王亚南所评论的那样：“在这几个回合的争论中，我们不应忽视它对于中国社会史研究的莫大的贡献。自从中国社会发展迟滞的问题被提到论坛上以后，我们以前几乎全部被蒙在中外俗流学者们放言高论的一些不着边际的曲解和疑难中，如缺乏自然科学哪，缺乏自然科学的研究精神哪，缺乏蒸汽机的发明哪，缺乏对外贸易的曲折海岸线哪……经过这次讨论，至少，那些技术的自然的理由，已不再能蒙蔽任何一个稍有新历史科学修养的读者了。”[②] 通过讨论，马克思史学界一方面比较彻底地清算了以秋泽修二为代表的法西斯侵略史观的流毒，另一方面则自觉地把研究的重点逐步转移到秦汉至鸦片战争这段历史的研究之中，从而在很大的程度上推进了秦汉至鸦片战争这段历史的研究，填补了马克思主义史学自形成以来在这一时段的研究中所留下的空白。正是在研究重点逐渐下移的过程中，马克思主义史学界关于中国古代史的研究，陆续形成了一些新的问题或新的热点，诸如中国古代的农民战争问题、汉民族的形成与发展问题、明清时期的资本主义萌芽问题，等等。1949 年以后中国古代史研究领域出现的所谓“五朵金花”，其理论的种子事实上早在 40 年代就已播下，并已生根发芽。而其中逻辑与历史的起点，都在很大的程度上与当时的那场讨论有关。

---

① 详请参见白钢编著：《中国封建社会长期延续问题论战的由来与发展》，第 91—113 页。

② 王亚南：《官僚政治对于中国社会长期停滞的影响》，《时与文》第 2 卷 1948 年第 19 期。转引自白钢编著：《中国封建社会长期延续问题论战的由来与发展》，第 114 页。

第四节　近代史研究的成就

运用唯物史观的基本原理来从事中国近代史的研究，早在20年代中国马克思主义史学的奠基阶段就已开始。以李大钊和李达等为代表的早期马克思主义者，在传播马克思主义、宣传社会革命理论的同时，也开始自觉地运动唯物史观的基本原理，来分析和解说中国近代史上的若干重大问题。如李大钊的《由经济上解释中国近代思想变动的原因》、《孙中山先生在中国民族革命史上之位置》和《中山主义的国民革命与世界革命》，以及李达的《马克思学说与中国》、《帝国主义与中国》等论文，都是运用唯物史观来研究中国近代思想、人物和革命的重要成果。1924年的国共合作开始以后，随着工农运动和国民革命的不断高涨，以马克思主义的基本原理为指导，研究和分析中国近代以来的土地问题、农民问题、工人运动问题、帝国主义问题和中国民族资产阶级问题等方面著作，开始纷纷涌现。如瞿秋白的《义和团运动的意义与五卅运动的前途》、毛泽东的《湖南农民运动考察报告》、彭湃的《海丰农民运动》和恽代英的《中国民族革命运动史》等，都是这一时期的代表性著作。

不过，就总体情况而言，这一时期的中国近代史研究，还处在刚刚起步的阶段。上述这些论著，所涉及的基本上都还只是中国近代史上的某一个具体问题或某一个层面的问题。把中国近代的历史视作一个有机的整体，梳理其发展与演变的具体过程和主要线索，分析其运动和变化的基本规律与特点，揭示其未来发展的方向与各种可能性，这样贯通性的研究工作尚有待时日。

1929年1月，上海昆仑书店出版了李达的《中国产业革命概观》一书。该书是第一部运用唯物史观的基本原理对中国近代历史进行贯通式研究的著作。在该书的《编辑例言》中，作者写道："要晓得现代的中国社会是怎样的社会，只有从经济里去探求。"在他看来，"现代中国的社会，已经踏入了产业革命的过程，渐渐脱去了封建的衣裳，穿上了近代社会的外套了。一切政治和社会的变动，都是随着产业革命进行的"。因此，"凡是留心于国家改造的人们，必先依照这产业革命的经过，就中国经济发展的倾向作正确的分析，才能了解革命的理论，树立建设的计划"。为此，作者援引了国内外大量的中国近代经济统计数据和资料，对中国近代的经济状况及其发展趋势，作了较为系统的分析与研究。全书共分七章，除第一章的《绪论》和最后一章的《怎样发展中国产业》两章外，其余各章分别就中国近代的农业、手工业、近代企业的发展过程及其现状，中国境内的资本主义发展等问题，加以全面的梳理与分析。作者紧紧抓住鸦片战争以来东西方殖民列强、传统的封建制度和民族资本主义这三个决定中国近代历史基本走向的重要线索，剖析它们之间盘根错节的历史关联，揭示这三大线索交织之下中国近代社会的半殖民地和半封建化的历史过程。作者通过大量的历史事实证明，一部中国近代经济史，既是中国传统的农业和手工业崩溃与衰落的历史，又是民族资本主义发生、发展及其受阻的历史。中国近代的产业"一方面是在帝国主义的卵翼之下得到了相当的发展，同时又受国际帝国主义巨大的政治力经济力笼罩所支配，绝没有在它们的掌握中翻过筋斗的可能"。除了帝国主义这一因素之外，"封建势力和封建制度的存在，(也)是发展新式产业的大障碍"。因此，"打倒帝国主义的侵略，廓清封建势力和封建制度，是中国革命的唯一对象，同时又是发展产业的唯一前提"，"要发展中国产业，必须打倒帝国主义的侵略，廓清封建势力和封建制度，树立民众政权，发展国家资本，解决土地问题"。[①]

《中国产业革命概观》一书出版于社会史大论战的前夜，李达在书中对中国近代经济发展过程的梳理和对中国近代社会性质的解说，对决定中国近代历史基本走向的帝国主义、封建主义和民族资本主义这三大

---

① 李达：《中国产业革命概观》，《李达文集》第1卷，第388、394、481、488、495页。

因素之间错综复杂关系的梳理与分析，不仅为社会史论战期间的“新思潮派”创导了理论先声，而且也对后来马克思主义的中国近代史研究产生了极其重要的影响。

在1920年代末至1930年代初的中国社会史大论过程中，鸦片战争以来的中国社会性质问题，正是论辩各方反复争论的焦点论题之一。以“新思潮派”为代表的一批马克思主义学者，在与“取消派”、“动力派”和“新生命派”的激烈论战中，通过对中国近代社会经济结构的解剖与分析，初步地得出了近代中国是半殖民半封建社会这一重要结论，从而为科学的中国近代史研究开辟了途径。正是在论战的高潮中，李鼎声（平心）的《中国近代史》1933年由上海光明书局正式出版。该书从1840年的鸦片战争一直讲述到1932年日本帝国主义对上海的武装侵略。作者开宗明义即指出：“中国近代史的主要任务，就是要说明国际资本主义侵入中国以来，中国社会、经济、政治所引起的重大变化，中国民族的殖民地化的过程，以及在此过程中所发生的社会阶级之分化与革命斗争的发展起落。”他还进一步指出：“我们之所以不以明末清初为近代的开头，而将近代史发端于鸦片战争，理由是很简单的：明末清初不过为两个朝代的交替，不能代表一个历史的大转变期；而鸦片战争却是中国开始为国际资本主义的浪涛所袭击，引起社会内部变化的一个重大关键。”根据他的理解，“从鸦片战争后，中国才日益走上殖民地化的途程，在国民经济上、阶级阵容上以及文化思想上都表现了巨大的转变”。他还强调指出，鸦片战争以来的中国近代史，“只是展开了国际资本主义对于中国的榨取与掠夺，只是加深了中国民族的奴隶状态。旧有的农业经济虽是为国际资本的铁爪逐次抓破了，而新的资本主义的生产方法却没有支配着全国民经济，这就是说，中国社会的旧的剥削制度并没有从此失势”。因此，“中国的近代史完全不能与资本主义国家的近代史相提并论”，因为“后者是资本主义的发达史，而前者却是一部中国民族沦为半殖民地及国民经济受着帝国主义破坏的历史，这部编年史是用血与火写成的”。正因为如此，“暴露国际资本的群魔怎样从中国吸吮着膏血膨胀它们身体，怎样驱使它们的鹰犬来榨取中国广大的勤劳人口，以及中国的被压榨的奴隶大众怎样用自己的战斗力量来反抗此种残酷的吸血与狡榨”，遂成为该书的主要线索和基本内容。[①] 该书是马克思主义史学界第一部完整意义上的中国近代通史著作，它的基本框架和一系列核心概念，对此后的中国近代史研究都产生了十分深远的影响。

从1933年社会史论战高潮消退至抗战初期，马克思主义史学界关于中国近代史的研究，主要是围绕着社会史论战中所遗留下来的一系列重大问题而展开的。在这期间，吕振羽发表的《中国经济之史的发展阶段》[②]，李达发表的《中国现代经济史之序幕》[③]、《中国现代经济史概观》[④]，翦伯赞发表的《"商业资本主义社会"问题之清算》[⑤]、《关于"封建主义破灭论"之批判》[⑥]，邓云特（邓拓）发表的《中国社会经济"长期停滞"的考察》[⑦] 和《再论中国封建制的"停滞"问题》[⑧] 等一系列论文，都对论战期间"新思潮派"的有关论说作了进一步的补充、发挥、引申和完善。特别是李达的《中国现代经济史之序幕》和《中国现代经济史概观》两文，通过对鸦片战争以后中国经济发展与变化这一重要历史线索的梳理与分析，比较深入地论证了中国近代半殖民地半封建化的历史过程。在这期间，何干之在系统地总结前期社会史论战的基础上，先后出版了《中国社会性质问题论战》、《中国社会史问题论战》（生活书店，1937年）和《近代中国启蒙运动史》（生活书店，1938年）等著作。钱亦石也出版了《中国怎样降到半殖民地》（生活书店，1936年）和《近代中国经济史》（生活书店，1939年）等书。张建甫则出版了《中国近百年史教程》（桂林文化供应社，1940年）。它们都对这一时期的中国近

---

① 李鼎声：《中国近代史·绪论》，《平心文集》第1卷，华东师范大学出版社1985年版，第108—109页。

② 刊于《文史》第1卷1934年第1期。

③ 刊于《法学专刊》1935年第3、4期合刊，后收入《李达文集》第1卷，第608—633页。

④ 刊于《法学专刊》1935年第5期，后收入《李达文集》第1卷，第634—668页。

⑤ 刊于《世界文化》1936年创刊号。

⑥ 刊于《中山文化教育馆季刊》第4卷1937年第1期。

⑦ 刊于《中山文化教育馆季刊》第3卷1936年第2期，后以《论中国封建社会"长期停滞"问题》为题，收入《论中国历史的几个问题》一书，生活·读书·新知三联书店1959年版，第23—46页。

⑧ 刊于《中山文化教育馆季刊》第3卷1936年第3期，后收入《论中国历史的几个问题》，第47—60页。

代史研究作出了积极的贡献。

抗日战争时期，延安的中国近代史研究也非常活跃。1939年，毛泽东与其他几位在延安的学者一起，合作撰写了《中国革命与中国共产党》[①]，作为党内干部的读本。次年初，他又在《中国文化》创刊号上发表了《新民主主义论》一文。[②]在这两篇重要的论著中，毛泽东在总结全党智慧的基础上，在全面地吸收社会史论战以来马克思主义史学界关于中国近代史研究的重要成果的基础上，就中国近代的半殖民地半封建社会性质，中国革命的对象、任务、动力、领导阶级和前途等一系列重大的问题，作了精辟的分析与深刻的阐述。它们不仅为中国共产党取得新民主主义革命的胜利提供了重要的理论指导，而且还有力地推进了中国近代史学科体系的建立。其中的一系列重要论断，长期以来一直是我国史学界从事近代史研究的基本准绳，对后来的中国近代史研究产生了巨大而且深远的影响。

这一时期，延安的理论界还编写了一大批以革命史为题材的中国近代史论著。其中，由张闻天编著的《现代中国革命运动史》一书，可视为这方面的代表。该书1938年由延安的解放社出版。长期以来，该书一直署名为“中国现代史研究会编”，具体作者不详。1986年，当年任延安抗日军政大学政治部主任的莫文骅撰写了《〈中国现代革命运动史〉的写作经过》一文[③]，确认该书为张闻天所著。关于该书撰写的具体历史背景，该文的作者还有这样的回忆：1937年，“党中央为了适应抗日民族统一战线的要求，决定重新训练老干部，并且对新参加革命的青年知识分子进行革命传统教育，于是在抗大设一门‘中国现代革命运动史’的课程，只是苦于无适当的教员担任讲课。四月初，张闻天同志受中央委托，在抗大组织一个研究委员会，研究中国现代革命运动史的问题，并亲自担任领导责任”[④]。作为延安进行中国革命史教育的第一本正规教

① 后收入《毛泽东选集》第2卷，人民出版社1967年版，第584—615页。

② 后收入《毛泽东选集》第2卷，第623—670页。

③ 莫文骅：《〈中国现代革命运动史〉的写作经过》，《中国现代革命运动史》，中国人民大学出版社1987年版，第415—418页。

④ 莫文骅：《〈中国现代革命运动史〉的写作经过》，《中国现代革命运动史》，第416页。

材，当时中共开办的各类院校，无论开设中国革命基本问题的课程，还是中国革命史、中共党史课程，一般都是以该书作为教材或蓝本。正像《张闻天选集》编辑组在 1987 年撰写的《再版说明》中所说的那样，该书是中国共产党在革命根据地开展革命教育史以来的第一本正规教材，“现在六十岁左右和以上的来自解放区的许多同志，都接受过这本著作的教育”[①]。其影响之大，由此可以想见。

张闻天是中共的理论权威，其马克思主义理论水准和人文社会科学修养，在中共党内可谓是有口皆碑。早在社会史论战期间，他就曾以刘梦云的笔名发表了《中国经济之性质问题的研究》一文，较早、较系统地阐述了近代中国社会的半殖民地半封建性质。该文也被认为是社会史论战期间“新思潮派”诸多论著中准确地把握到了“中国历史的具体性”的代表作。[②]30 年代早期，他又在江西的中央苏区，系统地讲授过中国革命基本问题的课程。正因为如此，由他编著的这本《中国现代革命运动史》，在问世之后，很快便不胫而走，在抗战时期的延安和其他根据地以及后来的整个解放区，都曾产生了很大的影响。30 年代后期在陕北公学时曾读过该书的胡华，在事隔数十年后的 1986 年就曾回忆说，“这本书从鸦片战争写到广州起义，内容生动具体，文笔流畅，深刻地总结了鸦片战争以来每个革命运动、政治事件的经验教训。我们初次读到这样一本系统地用马克思主义观点分析研究中国近百年历史的书，又写得这样明确、深刻，大大地提高了我们的思想认识，开阔了我们的视野，成为我们最感亲切，最爱读的一本教材”[③]。这样的评价，绝非溢美之词。

《中国现代革命运动史》共分七讲，依次讲述“太平天国革命运动”、“戊戌政变与义和团运动”、“辛亥革命”、“五四运动”、“中国共产党的产生与中国工人运动的发展”、“中国国民党改组与国共合作”和“1925—1927 年的中国大革命”。作者以鸦片战争以来的中国近百年历史为整体背景，系统地论述了历次革命运动和重大事件的发生和发展过

---

① 《张闻天选集》编辑组：《〈中国现代革命运动史〉再版说明》，《中国现代革命运动史》，第 1 页。

② 吕振羽：《中国社会史诸问题》，第 1 页。

③ 胡华：《读张闻天的〈中国现代革命运动史〉》，吕振羽：《中国社会史诸问题》，第 419 页。

程，全面地总结了历次革命运动的经验与教训。它是一本系统地用马克思主义观点分析和研究中国近百年历史的著作，也是用马克思主义观点研究和编写中国革命史和中共党史的开创之作。

首先，该书虽以近代以来的历次革命运动为中心内容，但是，作者并没有把革命运动看作是一种孤立的历史现象，就革命运动论革命运动，而是把革命运动的发生与发展放在中国近代半殖民地半封建社会这一总体背景之下，梳理与分析历次革命运动发生与发展的深层历史原因，揭示历次革命运动与重大历史事件之间的内在关联，阐述历次革命运动对中国近代历史的深刻影响。经过这样的上勾下连，作者笔下的《中国现代革命运动史》，事实上就是一部内容丰富、结构完整的中国近代史。

太平天国革命运动是中国近代史上的第一次农民革命运动，也是该书的开篇第一讲。作者在正式讲述太平天国这段历史之前，分别用“外国资本主义侵入中国前中国的经济政治状况”和“外国资本主义的侵入及其影响”二个节次的篇幅，来说明太平天国革命运动发生的历史背景。作者开宗明义即指出：“要明确估计太平天国革命运动，必须正确了解太平天国的社会背景，首先是外国资本主义侵入中国前中国的经济政治状况。”作者认为，在西方列强入侵中国之前，处在满清政府统治下的中国社会，“是一个封建社会”，“当时中国社会的经济结构是封建社会的经济结构”，“当时中国的政治制度是绝对的君主专制政体”，当时“主要的阶级对立就是地主和农民”。在“外国资本主义的侵入及其影响”一节，作者分别讲述了两次鸦片战争和战后条约的主要条款及其对中国的影响。作者总结指出：“外国资本主义的侵入，在中国整个政治与经济生活中显然就产生了两种不同的趋势：一面是满清政府在外国资本主义的压力下屈服投降，逐渐走向依靠外国资本主义来支持其统治的趋势；另一方面就是广大的民众在外国资本主义与满清统治的压迫剥削下，开展着广大的反对满清统治的群众运动。”[①] 太平天国农民革命便是在这样的历史背景之下发生与发展起来的。经过作者的这番梳理，太

① 张闻天：《中国现代革命运动史》，第1—18页。

平天国革命运动的发展与发展，就不是一个孤立的历史现象，而是鸦片战争以后中国社会内部矛盾不断激化的必然结果。该书第三讲，主要论述辛亥革命。在这一讲中，作者一共安排了七个节次的内容。其中，前四个节次的篇幅都用于分析辛亥革命发生的历史背景。作者分别从“辛亥革命前帝国主义的侵略”、“中国资本主义的发展”、“辛亥革命前的满清统治”和“辛亥革命前的革命运动”这四个方面，分析了辛亥革命发生的历史必然性。通观全书，作者对每次革命运动的论述，大体都采取类似的方法。由于作者把每次革命运动的发生与发展，都放在特定的历史背景之下来加以考察，力图从中国近代半殖民地半封建社会的矛盾运动中，来揭示每次革命运动发生的深层次原因，分析每次革命运动与此前或此后重大历史事件之间的内在关系，阐述历次革命运动对中国近代历史的深刻影响，这样，历次革命运动史的联络，便俨然构成一部首尾呼应、结构完整而且内容丰富的中国近代史。

其次，该书紧扣中国近代半殖民地半封建社会这一中心线索，通过对鸦片战争以后中国社会半殖民地半封建化程度不断加深这一历史过程的系统梳理，全面地分析了中国近代各阶级阶层力量的消长以及他们在反帝反封建过程中的作用，深刻地揭示了由农民革命到资产阶级革命再发展到无产阶级革命的历史必然性，厘清了中国近代革命运动的发展与变化线索，从而为马克思主义的中国革命史研究奠定了理论基础。

如前所述，张闻天是社会史论战时期“新思潮派”的核心人物，是中国近代半殖民地半封建社会论最早、最系统的阐述者之一。在《中国现代革命运动史》一书中，作者就紧紧抓住中国近代半殖民地半封建社会这一中心线索，来分析和评价历次革命运动和重大历史事件。作者认为，中国近代的半殖民地半封建社会性质，决定了中国革命的基本任务只能是反帝反封建；但是，在不同的历史阶段，领导革命的阶级阶层各不相同，因此革命的性质自然有所差异。而不同的阶级阶层之所以在不同的历史时期能够担当起领导中国革命的历史任务，归根结底又是由半殖民地半封建化程度不断加深导致阶级力量的此消彼长所决定的。在该书开篇第一讲的《太平天国革命运动》中，作者就指出：“鸦片战争后，中国开始在转化为半封建半殖民地的社会，同时也在酝酿着资本主义的种子，但当时还没有新兴的资产阶级和无产阶级，还没有可能组织与形成一个资产阶级或无产阶级的政党来领导太平天国。”故而，太平天国只能是一场发生在新的历史条件下的农民革命运动。“而农民则在基本上还是落后的、保守的、散漫的、无组织的。农民战争要取得胜利，要在资产阶级（如在过去法国）或无产阶级（如在俄国）领导下才有可能。”太平天国正是由于“没有那样一个革命阶级与政党领导”，从而最终只能“走向失败”。至于太平天国领导人在政策与策略上所犯下的一系列错误，也都直接与这一“基本原因”有关。在《戊戌政变与义和团运动》一讲中，作者又指出，第二次鸦片战争以后，由于西方资本主义入侵的客观刺激，中国的资本主义生产关系获得了一定程度的发展；而甲午战争的爆发和《马关条约》的签订，则进一步强化了中国半殖民地半封建社会的地位。“跟着帝国主义侵略与中国民族资本主义的发展，中国新官僚与欧美留学生知识分子，便产生了资产阶级的革新的意识，有了发展资本主义的思想。”康有为和梁启超领导的“戊戌变法”，就是在这种新思想的推动之下而开展起来的。他们“在中日战争失败的教训下，更深深感觉到中国的危亡，企图以改良主义的方法自上而下来挽救中国，使中国富强起来”。至于“戊戌变法”失败的原因，作者认为主要有二点。其一，康、梁等人所代表的资产阶级力量，此时还比较弱小，与此相对应的，“整个满清统治则掌握在反动势力手中，他们积极反对变法”。其二，康、梁等人倡导自上而下的改良，“他们只祈望经过上层的统治（者）来进行改革，至于如何去领导当时发展着的农民斗争，依靠群众的力量来实施改革，那是康、梁等所梦想不到的”。在深刻地总结了戊戌变法失败的原因之后，作者还特别指出：“戊戌政变的失败，证明用改良主义的方法，自上而下来改造中国，使中国走上资本主义的道路是不可能的。戊戌政变的失败就是中国改良主义第一次尝试的破产，同时也指出只有用革命的方法才能取得胜利。辛亥革命就是（对）戊戌政变的改良主义的否定。”[①] 在接下来的《辛亥革命》一讲里，作者分别从“辛亥革命前帝国主义的侵略”、“中国资本主义的发展”、“辛亥革命前的满清统

① 张闻天：《中国现代革命运动史》，第43、60、63、65—66页。

治”等方面，深刻地阐述了辛亥革命发生的历史必然性。作者指出，在中国近代资本主义的发生与发展过程中，始终受到帝国主义殖民列强和清封建统治的双重束缚。这一双重束缚，严重地阻碍了中国近代生产力的发展。“这说明当时生产力与生产关系已经发生冲突，生产力向前发展，非打破旧有的生产关系不可。这一冲突反映到政治斗争上来就是帝国主义、满清政府极力要求现状的维持，旧有生产关系的保证，阻碍中国资本主义的发展；另一方面，工人、资产阶级、华侨资本家、知识分子、新官僚、农民、手工业者则要求打破现状，打破阻碍生产力向前发展的旧有生产关系，也就是要求推翻满清政府的封建统治与帝国主义在华的统治，开辟资本主义独立发展的道路。生产力与生产关系的矛盾之发展，就展开了辛亥革命。”正是在这个意义上，作者对辛亥革命作出了很高的评价，认为“辛亥革命是中国第一次的资产阶级的民主革命。这一革命所需要完成的任务，是推翻封建势力和争取民族独立，客观上是要求开辟中国资本主义独立发展的道路”。而辛亥革命最终之所以失败，作者认为其原因正在于领导这场革命的资产阶级的软弱性。中国资产阶级的软弱性，一方面表现在“反帝意识不明确”，另一方面则表现在不敢放手发动群众，建立最广泛的革命统一战线。[①] 辛亥革命的失败则表明，由于中国近代半殖民地半封建社会的特殊性，使得中国的资产阶级无法完成民族民主主义革命的历史任务。因此，反帝反封建这一近代历史的课题，最终只能留待中国的无产阶级来完成。在该书的最后几讲中，作者就这个问题进行了系统而又深入的论证。经过作者这种层层剥笋式的分析与论证，中国近代革命运动发展与变化的历史脉络与逻辑关系，便清晰地呈现出来。作者所梳理出的这条中国近代革命史的基本线索，是马克思主义的中国革命史研究中最早、最完整的科学体系，对此后的中国革命史研究，产生了极其深远的影响。

除张闻天的《中国现代革命运动史》之外，华岗的《中华民族解放运动史》（上海鸡鸣书店，1940 年），也是这一时期同类题材中比较有影响的著作。

---

① 张闻天：《中国现代革命运动史》，第 85、104—105、106—108 页。

延安的中国近代史研究，在1942年以后获得了长足的进步。1942年，在著名的延安整风运动即将展开的前夕，毛泽东特别发表了《改造我们的学习》一文，高度强调学习与研究历史、特别是中国近百年史的重要性。他在分析当时党内的情况时曾郑重指出："不论是近百年和古代的中国史，在许多党员的心目中还是漆黑一团。许多马克思列宁主义的学者也是言必称希腊，对于自己的祖宗，则记不住，忘记了。认真地研究现状的空气是不浓厚的，认真地研究历史的空气也是不浓厚的。"他尖锐地批评当时党内的一些人，"对于自己的历史一点不懂，或懂得甚少，不以为耻，反以为荣"。因此，他建议应特别重视中国共产党的历史和鸦片战争以来的中国近百年史，提出："对于近百年的中国史，应聚集人材，分工合作去做，克服无组织的状态。应先作经济史、政治史、军事史、文化史几个部门的分析的研究，然后才有可能作综合的研究。"[①] 根据毛泽东的这一提议，从1943年开始，范文澜接受了研究和撰写近百年政治史的任务。一开始，他"想把旧民主主义革命时代和新民主主义革命时代的历史一气写下来，将旧民主主义革命时代划归上编，新民主主义革命时代划归下编"[②]。据此，他于1945年完成了从鸦片战争至义和团运动这段历史的写作，题名《中国近代史》上编第一分册，次年由新华书店出版。至于该书其他部分的写作，则因抗战胜利后整个形势的变化而中止。

范著《中国近代史》虽然不是一部完整意义上的中国近代史著作，但是，在40年代的中国近代史研究领域，尤其是在马克思主义的中国近代史研究界，却又是一本具有划时代意义的著作。正像有学者所评价的那样："《中国近代史》是一部研究这段历史的开创性著作。如果我们说，范文澜试图用科学观点对中国古代史作了一番概述（指范著《中国通史简编》。——引者），又用科学观点对系统地研究中国近代史开了一个头，大概不为过分。"[③] 全书共分八章，依次讲述"第一次鸦片战争"、

---

① 《毛泽东选集》第3卷，第755、756、760页。

② 范文澜：《中国近代史》上，《九版说明》，人民出版社1955年版，第1页。

③ 刘大年：《范文澜与历史研究工作》，《刘大年集》，中国社会科学出版社2000年版，第255页。

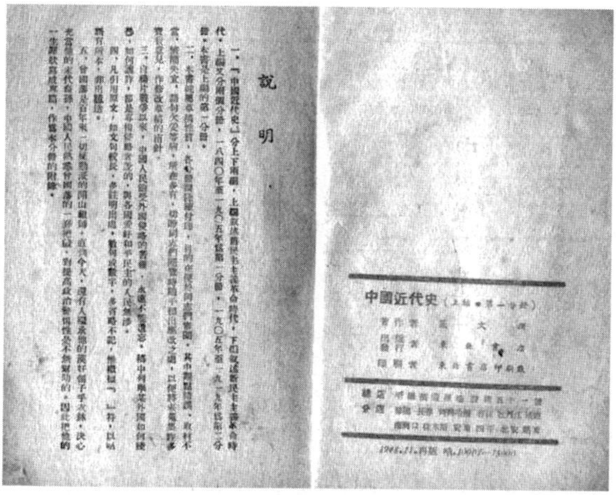

范文澜《中国近代史》

“中国人民的反英反满斗争”、“太平天国革命”、“第二次鸦片战争”、“洋务派的‘自强’与第一次割地狂潮”、“甲午中日战争及第二次割地狂潮”、“第一次改良主义运动——戊戌变法”和“对抗瓜分野心的义和团反帝运动”。仅仅从上述章节标题的设计便不难看出，该书迥然有别于当时通行的各种中国近代史著述，非常鲜明地强调了中国近代的半殖民地半封建社会特征，突出了反帝反封建的这一历史主题。全书体大思精，既系统地梳理了从鸦片战争至义和团运动这六十年间中国近代历史的总体发展进程，又客观、具体地评价了各个历史时期的重大历史事件和人物，同时还从宏观的角度，对中国近代历史发展的基本规律及其分期问题进行了高屋建瓴式的分析与思考。

毛泽东在《中国革命与中国共产党》一文中，对中国近代史的基本线索作过这样的论述：“帝国主义和中国封建主义相结合，把中国变为半殖民地和殖民地的过程，也就是中国人民反抗帝国主义及其走狗的过程。”[①] 毛泽东的这段话，后来被概括为“两个过程”，很长时间内一直是史学界关于中国近代史发展线索的经典表述。[②] 在《中国近代史》一书中，范文澜正是紧紧抓住这“两个过程”，来论述中国近代历史的展开及其

① 《毛泽东选集》第 2 卷，第 595 页。

② 详请参见张海鹏：《中国近代史的“两个过程”及有关问题》，《历史研究》1984 年第 4 期。

发展与变化的。

首先，作者通过对鸦片战争至义和团运动六十年间一系列重大历史事件的梳理，雄辩地证明了一部中国近代史就是帝国主义的侵华史。鸦片战争是中国近代史的开端，也是范著《中国近代史》的开篇第一章。作者在该章用了相当多的篇幅来阐明鸦片战争爆发的原因。他认为，从根本上讲，鸦片战争是英国这个资本主义强国殖民扩张的产物，“这个最先进的资本主义国家，驾驭着新式的运输工具，带着可怕的杀人大炮和精美而又廉价的纺织品，开辟世界市场，他决不允许地大物博人口众多的中国，闭关自守，孤立于资本主义世界之外”。中国作为当时世界上第一个老大封建帝国，依然停留在小农业与家庭手工业高度结合的自然经济阶段，加之广大人民生活的贫穷和清政府的闭关政策，这一切都使得“英国资本主义侵略者，决不允许中国关门，但他们的正当商品如一时不能担负起这个责任，就用鸦片作为有效的敲门砖”。英国需要出口鸦片来打开中国大门，封建的中国又不愿放任，英国又决不肯放弃，所以最后只有诉诸战争。英国作为一个资本主义的国家，为了维持巨额的鸦片利润，“不惜发动武力来阻止中国人的自救行动，资产阶级所谓‘文明’，‘自由’的实质就是强权即公理”。作者用丰富的史料说明了英国是如何借鸦片贸易赚取巨额利润的，“印度的英国政府的十分之一收入都是由于出卖鸦片给中国人得来的”，而鸦片贸易不仅仅是英国商人的事情，英国政府执行鼓励大规模鸦片走私的政策，“强迫一部分印度农民种植罂粟，用垫款办法来引诱更大一部分农民也去种植，用严格的垄断办法操纵这种毒药的全部生产。在政府监管下，由国家官吏出卖给商人，偷运到中国”。在鸦片战争前，“鸦片的贩运在中国已经组成了经济侵略的毒网”。鸦片输入的结果使鸦片吸食者不可胜数，“据 1835 年（道光十五年）估计，吸洋烟人数，约两百万以上，几乎腐蚀了大部分的统治人员及其依附人”。吸鸦片的结果，劳动者失去生产力，兵力失去战斗力，官员更加萎靡不振，严重危害中华民族的肌体和灵魂，在经济上，“中国每年出口丝茶等土产，却不够抵偿鸦片价，还要补足白银千万两以上”。英国人马丁描绘当时烟祸说：“鸦片贩卖者时时刻刻向贪欲无厌的吃人神贡献新的牺牲品，而充当凶手的英人和服毒自杀的华人，就彼此竞争，向吃人的祭台贡献牺牲品。”[①] 上述事实雄辩地论证了中国禁烟的正当性，中国反抗英国侵略的正义性。在此基础上，作者还进一步分析了中英鸦片战争的性质：“从中英两国关系来说，是老大的封建主义社会与新型的资本主义社会的斗争，在政治上表现为闭关自守与海盗式掠夺的斗争。从中国内部来说，是抵抗派与投降派的斗争，这一斗争表现在思想上成为进步倾向与守旧倾向的斗争，表现在政治上转成满汉民族的斗争。总的结果，英国侵略者同满清统治者赢得暂时的胜利，中国人民的进步倾向者遭受暂时失败。”[②] 这些论述有力地驳斥了西方殖民者鼓吹的鸦片战争是一场“贸易战争”的说法，也批驳了近代史研究界一度流行的所谓“东西对打”的论调。

其次，作者淋漓尽致地揭露了清朝统治阶层的腐朽。范著《中国近代史》以“腐烂的‘天朝’”来形容步履蹒跚的晚清王朝。书中写道，罪恶的鸦片贸易从乾隆后半期便已经渐渐增多，当时，由于连年大宗鸦片进口，白银源源外流，国内银根枯竭。而“鸦片输入与满清腐烂统治是互为表里的”，即“鸦片不仅和地方官吏（主要是广东督抚、粤海关监督）勾结，而且和朝中大官也直接联系着，更不待说政以贿成的间接联系了”。英国走私商人用贿赂的办法使中国海关官员和地方官吏默许以至纵容鸦片偷运入口。“海关从鸦片得肥，皇帝从海关分肥。”“广东官吏从鸦片贸易获大利，内地官吏当然不甘落后，欢迎鸦片广泛流行，从中取利。”在鸦片战争以前，天朝的官僚界的肺腑，早被“贿赂熏染得秽浊不堪”[③]，而鸦片的贩运在中国境内已组成了经济侵略的毒网。清政府自上至下的腐朽溃烂，导致“烟毒泛滥于中国”，“伦常的柱石被他们自己破坏了”。

不但如此，统治者对抵抗外来侵略的普通群众及反满武装还进行了疯狂的屠杀。例如，平英团、升平社学等自发组织抵抗外侮，道光帝、

---

① 范文澜：《中国近代史》，新华书店 1950 年版，第 17、46—47、5、13 页。下引该书，均据该本。

② 范文澜：《中国近代史》，第 70 页。

③ 范文澜：《中国近代史》，第 6、7、9、10 页。

耆英却早就合谋，企图利用会党、土匪等残杀反抗群众。太平天国起义爆发后，以一百零三乡为中心（首领李文茂），广州附近各府州县民众发动反满武装斗争，广东巡抚叶名琛利用一部分地主豪绅领导的团练，实行血腥镇压，共计屠杀“广州人民十余万人，省城外各属被杀至少也不下一二十万人”。这种大肆屠杀沿海群众的野蛮行径同时也为侵略者的入侵提供了便利，洋人见“人民反英武力已不存在，依据英国内阁的秘密训令，决计发动军事行动来完成进入广州城的志愿”。而这些大肆残暴屠杀人民群众的清廷高级官吏，在外国侵略者面前则又变成了驯服的俘虏和奴仆，穆克德讷、柏贵投降敌国，在英军的淫威下，收缴民间武器，禁止人民的反抗运动。

第二次鸦片战争后，统治阶层又满足于短暂的“和平”时期。在地方，“地主豪绅或与官吏勾结，朋比为奸，或放高利贷，兼并土地，他们不受加赋的影响，并从其中得到很大的好处”。在朝中，顽固派们“盲目排外，幻想闭关时代的回来”，其首领人物倭仁更是反对革故鼎新、师事洋人。在洋务运动时期，外国侵略者便已经在中国边境蠢蠢欲动、寻衅滋事，先有日本吞并琉球，洋务领袖李鸿章竟然有“琉球朝贡，本无大利，若再以威力相角，争小国区区之贡，非惟不暇，亦且无谓”之谬论；中法战争中，统治阶层不顾前线将士的节节胜利，下旨严令收兵，并与法国签订了《中法条约》，承认法国侵占越南；甲午战争中，“在李鸿章指导下战无不败的海陆军”，先后遭受了牙山溃败，平壤溃败，九连城溃败，大连旅顺溃败，威海卫溃败，牛庄、营口、田庄台溃败，等等，而此时的清政府不但不能协力抗敌，内部还在进行着愈演愈烈的“帝后之争”，终于遭受惨败并签订了丧权辱国的《马关条约》。正是统治者的腐朽和无能才导致了国内此起彼伏的反抗斗争，范文澜以义和团运动的爆发为例说道：“触发义和团运动的原因，无疑是甲午战后的外国侵略和满清暴政。”[①] 因此也可以说，是清政府自身的无能才使得近代中国沦落到内忧外患的境地。

范著《中国近代史》还充满义愤地记载了统治阶层中的投降派奴

---

① 范文澜：《中国近代史》，第 255、404 页。

颜媚骨以及谎报捏奏的丑陋行为：道光帝在革除林则徐等主张禁烟的官员后，任命琦善为两广总督，主办对英外交。琦善到广州，“一反前任所为”，实行全面撤防，任令英军入内河探测河道。有探报洋情者，则曰：“我不似林总督，以天朝大吏，终日刺探外洋情事。”在对洋人全面妥协的同时，琦善对道光帝则谎话连篇，促成投降；道光帝对英军，希望“夷情恭顺，自动退兵，送还定海，恢复禁烟前旧状”。当对英战争打响，奕山到广州急欲侥幸一战，但当英军占据城外炮台，向广州城中发炮后，奕山则仓皇失措，立即不战而竖白旗投降。奕山答应英军提出的休战条件，交给英军赔城费六百万元，却在上报给皇帝的奏报中称：“初八日焚击痛剿，大挫其锋。”“大败改作大胜，乞降改作乞抚，赔款改作商欠，批准投降改作准令通商，一群懦夫居然在纸上大获‘胜利’。”另外，以穆章阿、琦善为代表的投降派，在鸦片问题上“寓禁于征”（范文澜认为国民党政府仍在奉行这种政策），在帝国主义侵略时主张妥协投降，因为“这一派人在统治中占主导地位，本身利害与外国侵略者相符合，伴着外国侵略者逐步深入，他们的卖国事业也逐步发达，从穆章阿开始，继承人有曾国藩、李鸿章、袁世凯、段祺瑞、汪精卫以及国民党反动集团的领袖，百年来一脉相传，逼使中国一层一层地陷入殖民地的地狱里”。正是他们的妥协投降，导致了鸦片战争的失败，“投降派的路线，显然是守旧顽固，阻止生产力进步，依附各国侵略者，引导中国走向殖民地的路线，这一路线直到今天还没消灭。中国近百年史就是人民反抗投降派及帝国主义的斗争史”。[①]

再次，全书突出地展示了人民群众的反帝反封建斗争。根据范文澜的理解，近代中国的半殖民地半封建化过程，同时也就是中国人民的反帝反封建过程。从鸦片战争至义和团运动的60年间，以农民为代表的人民群众，始终是反帝反封建的主要力量。正因为如此，在范著《中国近代史》中，作者对农民群众的各种反抗斗争，作了极其详尽的记述，对历次重大的反帝反封建运动，进行了热情的歌颂。该书开篇在写完鸦片战争之后，紧接其后便安排了“中国人民的反英反满斗争”这一专

① 范文澜：《中国近代史》，第51—52、16、74页。

章，详细论述鸦片战争期间以及战后广东等地农民群众的反抗斗争。作者以大量的事实证明，在外敌侵略面前，农民大众走的总是反抗路线。作者指出，在英国侵略军进入中国，清政府缴械投降的同一时刻，广东等地就出现了反英反满的民间武装力量。反英武装一部分是农民的自发组织，一部分与反英的地主官僚合作，受他们的领导。反满武装一般是民间的秘密组织。书中详尽记述了鸦片战争时期广东的平英团、升平社学以及福建、浙江、江苏方面的抗英斗争。作者总结指出，“英国侵略军足迹所到的地方，无例外地遇到人民武装反抗。英军避免与人民武装对抗，唆使投降派的官吏来破坏反抗，这种方法是暂时收效的，但同时也引起反英反满斗争的发展”。作者还分析指出，尽管当时的农民反抗斗争还具有种种局限性，但是，从中国近代历史的发展趋势来看，“反英武装发展为反帝运动，反满武装发展为反封建（以前的反满不可能发展为反封建）运动”。因此，“不管它是原始的，规模不大的，意识模糊的，方法陈旧的，甚至有时带些野蛮气味的，但必须承认它是民族民主主义革命的开始，也必须承认它有无限的前途”。[①]

基于反帝反封建的这一主旨，范著对太平天国运动给予了充分的肯定。作者称赞太平天国运动“揭开了中国旧民主主义革命的序幕”，使中国自陈胜吴广以下数千百次旧式农民起义“面目为之大变”。作者认为，太平天国运动是在西方的外来侵略迫使中国自给自足经济开始趋于瓦解，而清政府在鸦片战争后更加残酷剥削压迫人民这一大背景下爆发的，是中国处于“社会革新底前夜”的产物。因此，太平天国具有以往历次农民起义不同的时代特点，是广大穷苦人民反官僚地主、富商、高利贷等一切封建剥削制度的产物。正因为如此，“它的光荣成就永不会磨灭，它的伟大精神也永远在继续和发展”[②]。

范著对于义和团运动也给予了很高的评价。作者认为，义和团运动“在形式上，是以落后的宗教迷信表现出来的，实际上就代表着广大中国人民反帝的运动”。作者指出，义和团运动表明“中国人民中蕴藏着

---

① 范文澜：《中国近代史》，第 82、81 页。

② 范文澜：《中国近代史》，第 186 页。

不可限量的反抗力”，“充分表现出中国人民的反抗精神”。他还具体地分析了义和团运动的重大历史意义，认为它有力地“阻止了帝国主义的瓜分运动”，并肯定其“功绩是不可磨灭的”。[①]

除了对人民群众的反帝反封建斗争给予热情的歌颂之外，对于统治阶级中的主战派，范著《中国近代史》也给予很大程度的肯定。作者称赞裕谦是“满洲贵族中坚决主战的唯一人物”；大力表彰勇敢抗击英军的将领颜伯焘等人的英雄气概；充分肯定陈化成、关天培及定海三总兵“保持民族自觉、抵御外侮的历史旧传统”的不屈精神。对于林则徐主导的禁烟行动和抵抗行为，作者更是给予了热情的赞扬。他称林则徐的“才能道德在当时是第一流”，是“中国封建文化优良部分的代表者，又是满清时代维新运动的重要先驱者”，“林则徐是少数进步人士的代表者，这种进步性表现在依靠人民的力量，坚决抵抗外国侵略”[②]，是近代中国“睁眼看世界的第一人”。他充分肯定林则徐领导的虎门销烟，赞扬林则徐抵抗侵略者最突出之处即在于他相信“民心可用”，认为林氏所倡导的这种依靠民众抵御外侮的方法才是值得借鉴的抗击外来侵略的方式。

范文澜的《中国近代史》不仅具有政治意义，更具有深远的学术价值，它“标志着近代史研究进入了科学的阶段，它所奠定的基本格局和提出的一系列深刻论断，影响了近代史研究达数十年之久”[③]。在马克思主义中国近代史学科体系形成史上，克服了李鼎声《中国近代史》中论述不深入和资料不丰富等不足；该书从学术上论证了毛泽东的中国近代史的观点，第一次在充分占有历史资料的基础上，深刻地论证了近代中国半殖民地半封建社会的时代特征，指出了人民与统治阶级所走的不同的道路，以及人民群众创造历史等一系列对后来中国近代史研究具有深远影响的规范性认识，使毛泽东关于中国近代史的观点以学术的姿态影响和支配后来的中国近代史研究。这本书对近代史事件的描绘和解释，成为许多研究者进一步研究的基础和依据。因此，这本书是马克思主义

---

① 范文澜：《中国近代史》，第 502 页。

② 范文澜：《中国近代史》，第 55、17、33 页。

③ 陈其泰：《范文澜学术思想评传》，第 417 页。

胡　绳

中国近代史学科体系初步形成时期的代表作。

范著《中国近代史》的问世，标志着马克思主义的中国近代史研究已进入了一个全新的阶段。作者在该书中所建立的整体框架及其所提出的一系列重要论断，对此后数十年的中国近代史研究都产生了深刻的影响。

继范文澜的《中国近代史》之后，胡绳（1918—2000）又于1948年在香港出版了《帝国主义与中国政治》一书。关于该书的著述缘起，作者后来有这样的回忆：该书所叙述的虽然“是一百多年前到几十年前的帝国主义侵略中国的故事，但所要解答的问题，是同写书时的现实政治斗争密切相关的”①。当时，中国人民的解放战争已由战略防御转入战略进攻的阶段，蒋家王朝正处在风雨飘摇之中。然而，当时却有一部分人正在鼓吹所谓“第三条道路”，他们对国民党政权和美国政府都抱有幻想，寄希望于美国帮助他们形成“第三种力量”。而以美国为代表的西方列强，在看到蒋家王朝大势已去之时，也在积极寻找新的代理人。胡绳之所以要写作该书，就是要回答美国“会采取什么手段来对付中国”这个问题。②在该书中，作者从中国近代历史的具体事实出发，说明“只有彻底地从帝国主义的统治和压迫下解放出来，只有彻底打倒作为帝国主义的工具的中国反动阶级，中国才能有真正的国家的统一、人民的民主和民族经济的发展”③。

《帝国主义与中国政治》一书所着重研究的是“近代中国政治史与革命史中的若干基本问题中的一个——在时期上只限于从鸦片战争到1925—1927年的大革命的前夜，帝国主义列强与半殖民地中国之间的政治关系”。正像作者自己所申述的那样，该书并不是一般性地条述自鸦片战争以来帝国主义列强操纵、影响中国政治的具体事实，而是要着重

① 胡绳：《〈帝国主义与中国政治〉北京六版序言》，《胡绳全书》第5卷，人民出版社1998年版，第147页。
② 胡绳：《笔耕丰歉说当年》，《胡绳全书》第7卷，人民出版社2003年版，第172页。
③ 胡绳：《〈帝国主义与中国政治〉北京六版序言》，《胡绳全书》第5卷，第147—148页。

分析“帝国主义侵略者怎样在中国寻找和制造他们的政治工具，他们从中国统治者与中国人民中遇到了怎样不同待遇，并且说明一切政治改良主义者对于帝国主义者的幻想曾怎样地损害了中国人民的革命事业”。[①]为了实现这一研究目标，作者别出心裁地建构出一套政治史的分析框架。像范文澜的《中国近代史》一样，该书也以毛泽东的“两个过程”作为近百年历史的基本线索，并且把这一基本线索贯穿在自己所精心构筑的政治史分析框架中。在这一分析框架中，作者通过对大量史料的梳理，详细地论证了帝国主义如何一步一步地与中国反动势力相勾结，中国反动势力又是如何由起初的排拒到一步一步地投降帝国主义，并最终沦为帝国主义的侵略工具；中国人民又如何由沉睡而惊醒，在反抗外来侵略中逐渐成长起来。正是在这一分析框架的整体统摄之下，近代中国的一系列重大历史事件都变得清晰可解，反帝反封建这一近代历史的中心课题亦得到深刻的阐释。

根据鸦片战争以来帝国主义与中国政治关系的总体演变进程，作者将全书分为六章，每章集中讨论这种政治关系演变过程中的一个环节，分析其表现形式，剖析其对中国历史的深刻影响，层层递进，从而完整地勾勒出近代以来帝国主义与中国政治间这种畸形关系的产生、发展的轮廓，并系统地阐述了作者对这种关系的深刻认识。

该书开篇第一章为《新关系的建立》。作者通过对1840至1864年间一系列重大历史事件的系统梳理，深刻地揭示了帝国主义与中国政治之间“新关系”建立的过程。作者指出，以鸦片战争为标志，帝国主义与中国近代政治之间的“新关系”开始建立。因为，“帝国主义对中国民族的压迫以此为起点，专制统治者与人民的对立由此而加强，而抱着侵略野心的列强与中国政治之间也展开了前所未有的一新形势”。正是在鸦片战争的震慑下，清王朝由早先的盲目“排外”转而为“媚外”，“帝国主义侵略势力已经和满清统治者携手合作，共同以武力对付中国人民”。通过对鸦片战争期间官、民、夷三者之间关系的深入分析，作

① 胡绳：《帝国主义与中国政治》，1948年《序》，生活·读书·新知三联书店1949年版，第1页。下引该书，均据该本。

者认为：清朝当局的原则是苟安目前，洋人的威胁迫在眉睫之时，即逆民而顺“夷”；而“看到洋人似乎‘安抚’下来，人民中的反抗情绪日渐高涨时，便又觉得为统治政权的利益打算，仍须多容纳一点民意，对洋人要求也就不能不违逆一点了”。因此，“官”是自居于“调停”立场，在“民”、“夷”之间操纵运用。但是，他们“操纵运用的结果，广大人民与统治者间的矛盾到底不能消除，‘太平天国’的大起义跟着爆发了；同时外国侵略者则认为满清官方有意煽动民间‘排外’心理以对付他们”。[①] 事实证明，清统治者的苟且企图只能是幼稚的幻想。这些分析，可谓鞭辟入里，新见迭出，体现出该书强大的思辨力量。

西方列强通过鸦片战争而建立起来的与中国政治之间的这种“新关系”，通过太平天国运动期间的“助剿”而进一步巩固。作者指出，太平天国运动的兴起，使得“开始以其侵略的触角探入中国的列强不能不严重考虑他们应采取何种态度”。一开始，西方列强则抱持所谓“中立”的态度。但作者通过深入的分析之后则发现：“他们之所以采取‘中立’政策，只是为了要观望一下，好看清楚究竟采用什么方法利用这一复杂的局面为自己取得更多的权益。”果然，当他们发现太平天国并非如他们所望之时，遂一改其所谓“中立”政策，对太平天国也就由拉变成打了。于是，在清政府所谓“借师助剿”的名义下，中外反动势力实现了肮脏的合流。1864 年，在西方列强的“助剿”之下，太平天国运动终于被清政府所镇压。这一事实表明，“满清统治者和外国侵略者已经因共同镇压中国人民的革命运动而建立了友谊，表明了他们之间虽然有猜忌、嫉恨，甚至有战争，但在基本上究竟是可以建立互相信托的关系的”。这种“信托关系”“使得从《南京条约》以来在中外关系上所形成的新的结合达到了最高峰”。[②]

在第二章《“中兴”和媚外》中，作者重点分析了 1964—1894 年间清王朝的所谓“中兴”以及中西之间“新关系”的发展。作者在梳理了大量的史料之后一针见血地指出：“好可怜而可耻的‘中兴’啊！所谓

① 胡绳：《帝国主义与中国政治》，第 8—9、17、18 页。

② 胡绳：《帝国主义与中国政治》，第 19、22、47—48 页。

'绥靖边陲'实际上岂不就是向外国侵略者屈膝么？所谓'削平僭伪'实际上岂不就是借外国力量镇压人民么？到了同治末年、光绪初年，外交的纠纷渐渐严重，'中兴'的纸老虎已经渐渐地显出原形。"作者以无可辩驳的事实证明：就在所谓"同治中兴"期间，帝国主逐步建立起"对于满清政府的控制"[1]，清政府逐渐变成为"洋人的朝廷"。

在第三章《洋人的朝廷》中，作者分析了甲午战争以后帝国主义与中国政治的关系。作者指出，甲午战争以后，东西方殖民列强掀起了瓜分中国的狂潮，即使是后起的美国，也通过"门户开放"而实现了"利益均沾"。针对近代史研究界关于美国"门户开放"政策的种种错误认识，作者特别指出："曾有人以为，美国提出门户开放政策是和当时别的各国政策相反的：别的国家想'瓜分'中国，只是由于美国这样的提议，才使中国免于'瓜分'的危险；别的国家是对华侵略，而美国却是好意地保全中国。这种说法完全不合乎事实。"究其实际，"美国向其他国家提出'门户开放'政策并不是反对侵略中国，只是要求在对中国的侵略中，也让他有一份。所以美国并没有表示反对欧洲列强所已经建立的'势力范围'，只是提出了'利益均沾'的原则。那就是说，你们各国在中国所占的利益，我也得有一份。你有份，我有份，大家都有份。大家都承认现在的中国政府，而共同享受在中国的一切权益"。因此，美国所谓的"门户开放"，其实质无异于"列强互相保证共管中国"。1900年，列强又借庚子事变之机组成八国联军侵华，以"保全之名"实现"以华制华"的目的。针对列强所谓的"保全"，作者也进行了鞭辟入里的分析："他们所'保全'的只是中国形式上独立，并且'保全'着一个腐败透顶的惯于卖国的清政府坐在中国主权者的位置。"作者一针见血地指出："帝国主义列强之所以要让满清存在，并加以支持，就因为他是一个共同的好奴才。对于媚外主义的满清，帝国主义主人怎会不报答以保全主义呢？中国在这样的政府下维持着形式上的独立，即可以有助于列强在某种程度内调节他们互相间的矛盾冲突，而且为了使中国人民相信中国到底还没有亡国，在列强看来，也非有这样一个政府不

---

① 胡绳：《帝国主义与中国政治》，第60、62页。

可。”[①] 这样的分析，可谓切中要害。甲午战败之后，清政府更加仰赖列强，1898年残酷地镇压发起戊戌变法的维新人士，1900年又利用义和团以泄私愤，兵败后“结与国之欢心”，从而彻底沦为列强统治中国的政治工具。

对于甲午战后上层士大夫阶层中兴起的改良主义政治思潮及其实践，作者给予了较高的评价。他称“戊戌变法”为“士大夫层中的救亡运动”，“强烈地表现着爱国主义的性质”。但是，对于“维新志士”的历史局限性，书中也进行了十分深入而且中肯的分析。作者特别指出，在康、梁等人“宣传发奋自强”的诸多言辞背后，一方面“掩盖着帝国主义者的罪恶”，另一方面“在如何解脱帝国主义束缚的问题上”又“跌入轻率的幻想”。因为，“他们（都）幻想中国可以依靠某个帝国主义的力量而完成他们所主张的政治改造”。然而，历史的事实则表明，“中国的独立解放固然绝不可能依靠帝国主义者的好意，就是极有限度的政治改良也不可能在帝国主义的赞助下实现”。“戊戌变法”失败之后不久，帝国主义列强就通“门户开放”而实现“共管中国”，这一危局的出现，正是“对维新运动者的当头一棒”。[②]

第四、第五两章均题为《“强”的人》。在这两章中，作者分析了辛亥革命后帝国主义与中国政治的关系。他通过大量史实证明，“帝国主义在中国政治上所努力的总是要企求建立和维持一个能为他们服务而有足够能力统治国内的政府”。1905年以后，中国的革命运动一浪高过一浪，清政府已摇摇欲坠。帝国主义列强见清政府大势已去，于是便开始寻找新的代理人。辛亥革命前后，帝国主义利用革命者的幼稚，表面上宣告“中立”，实则支持新的代理人——袁世凯这个“强”的人，称“中国非袁不可”，逼迫清政府和革命者先后交权。为了获取更大的利益，他们又支持袁世凯恢复帝制，最后发觉袁世凯也不是“强”的人，又放弃袁世凯，在中国寻找更“强”、更能卖国、能更好地为他们服务的人。袁世凯的崩溃，说明了“贯串在中国近代史中的一个基本规律是

① 胡绳：《帝国主义与中国政治》，第121—122、124、176—177页。

② 胡绳：《帝国主义与中国政治》，第127、133、136页。

不会动摇的——反动的统治者只能因外力的援助而显得一时的‘强’，但在既暴露了卖国的原形之后，就必然遇到更高地觉悟了的人民的反抗，那么虽有帝国主义的援助也还是挽救不了他的生命”。[1]

袁世凯死后，帝国主义列强又纷纷在中国寻找新的代理人。他们“从反动阵营中选出一个他所认为‘强’的人穿上一件新衣来代替旧的政府，以继续保持反动的统治秩序”。正是在这样的背景之下，中国出现了军阀割据的局面。先是日本利用欧洲列强忙于第一次世界大战的机会，控制段祺瑞派系，“独立宰割中国”，使得中国“几乎完全成了日本帝国主义和在他卵翼下的段系军阀的天下”。而日本对中国的独占，又招致西方列强，特别是美国的“忌视”。故而，日、美两国遂展开了争夺中国的竞争。作者特别指出，相较于日本对中国的赤裸裸的侵略，美国则显得更为隐蔽，它巧妙地运用其欺骗的政治资本，高唱“民族自决”的口号，以骗取中国人民的“好感”。此外，美国“又很致力于拉拢中国官僚政客中的所谓‘自由分子’以传播亲美空气”。日、美之间的这种竞争，反映在当时中国的政治中，就是“北京政府一面固受日本控制，一面也还要向美国结下点交情”。东西方列强通过培养其各自的代理人，死死地压在中国人民的头上。“他们之间，或者是激烈地火并下去，或者是分赃式的相互协调，都一定是拿中华民族做牺牲品。”[2]

在第六章《革命和反革命》中，作者重点分析了五四运动以后中国的革命进程以及帝国主义列强对中国革命的态度。

在书的结尾《未完成的故事》中，作者还总结了帝国主义与中国近代历次革命运动之间的关系，比较了太平天国、辛亥革命、1925—1927年的大革命这三个各具特色的革命时期帝国主义对中国革命的态度。作者指出，这三个时期，都是“革命与反革命、进步势力与倒退势力相对抗的时期”，而“抱着侵略野心的帝国主义者在三个时期的基本立场都是破坏中国革命，阻止中国的进步，而扶持反革命的和倒退的势力。他们在每一时期的革命形势刚展开而获得优势时都会表示出伪装的‘中

① 胡绳：《帝国主义与中国政治》，第214、234页。

② 胡绳：《帝国主义与中国政治》，第334、250、260、264页。

立'，且向革命方面表示'好意'；而在'中立'和'好意'的烟幕之下进行其阴谋。阴谋的具体做法则又在每一个时期不同"。作者还特别指出，帝国主义者在三个时期的做法虽不尽相同，"但其方向与目标是一致的，其狠毒与阴险也是一致的"。而"具体做法之所以不同是由于中国的革命力量与反动力量之对比形势的不同而来，也是由于中国人民的觉悟程度的不同而来"。总体来看，"革命力量越占有利形势，人民的觉悟程度越高"，帝国主义者为达到其目标所用的手段也就愈加狠毒与阴险。但帝国主义的狠毒"更造成中国人民的敌意"，阴险"更锻炼了中国人民的辨识力"，它们必然面临着失败的命运。①

《帝国主义与中国政治》出版于近代中国两种前途与两种命运的最后决战之际，以美国为代表的列强又在重操故技，企图在中国培植"第三种势力"，从而把鸦片战争以来的一幕幕历史旧剧重演。这本书就是为了彻底撕破帝国主义的面具，告诉中国人民应该怎么对待他们。作者坚信，尽管历史往往呈现出惊人的相似性，但历史的结局绝不会重演。通过对近百年来帝国主义与中国政治关系的梳理、分析和论证，作者认为，这种畸形的政治关系的历史演变，最终只会出现这样的两种结局："一种情形是，帝国主义者支持着他的政治代理人，'统一'了中国，达到了殖民地化中国的结果"；"又一种情形是，中国的人民大众推翻帝国主义在中国的统治，连根拔除一切为帝国主义侵略中国所利用的大地主大资产阶级统治的政治势力，达到中国的独立，中国人民解放的目的"。而近百年中国历史的发展则一再表明"帝国主义者虽然用尽了心机，但总归达不到他们企求的目的"，而"中国人民能够从过去的历史教训和当前的实际斗争中学得更聪敏，锻炼得更有力，能够和敢于取得彻底的胜利，那是一点疑问也没有的"。②

如果就研究题材而言，《帝国主义与中国政治》只是一部专题性的论著，算不上是一部完整意义上的中国近代史；但是，作者透过对帝国主义与中国近代政治关系的梳理、分析与论证，深刻地揭示了帝国主义

① 胡绳：《帝国主义与中国政治》，第333—334、335页。

② 胡绳：《帝国主义与中国政治》，第336、337、339页。

与中华民族、封建主义与人民大众这两对矛盾在近百年历史中的具体展开过程及其在不同时期的具体表现形式，充分体现了作者从宏观上把握中国近代政治史的能力。全书以唯物史观的基本原理和原则为指导，从联系、发展与变化的多重视角，对中国近代一系列重大历史事件进行了细致的分析与深入的论证，从历史的纵深处揭示出反帝反封建这一中国近代历史的主题。全书视野开阔，立意高远，材料丰富，语言流畅，既体现出作者作为史家的“方以智”，又反映出作者作为哲学家的“圆而神”。正因为如此，该书的问世，不仅为当时的马克思中国近代史研究作出了宝贵的贡献，而且也像范文澜的《中国近代史》一样，对此后的中国近代史研究产生了深刻的影响。正像有学者所分析的那样，从 50 年代初期开始，“大多数研究者认为，只有根据他们（范文澜、胡绳）提示的研究方向和研究方法深入研究，才能得到科学的结论”[①]。该书所形成的基本框架及其研究范式，为马克思主义的中国近代史研究奠定了重要的基础。

① 张亦工：《中国近代史研究的规范问题》，《历史研究》1988 年第 3 期。

第五节　中国通史体系的形成

中国近代的新史学虽然是在批判传统史学的号角声中发生与发展起来的，但是，由司马迁所开创的“通古今之变”的“通史”家风，却又是近代以来众多新史学流派竞相承继与发扬的学术传统。尤其是到了抗日战争时期，空前深重的民族危机，一方面强烈地激发了历史学家的国家与民族意识，另一方面又有力地推动了民族文化史观、唯物史观向新史学纵深领域的拓展。正是在这样的背景之下，20 世纪初叶兴起的新式中国通史的编撰，至抗战时期再掀高潮。短短几年间，钱穆的《国史大纲》、吕思勉的《吕著中国通史》、张荫麟的《中国史纲》、周谷城的《中国通史》和陈恭禄的《中国史》等，纷纷问世，通史著述遂由附庸而蔚成大国。[①] 甚至就连史料派的中坚、古史辨派的掌门人顾颉刚，在这种求通明变的学风影响之下，也开始对史料派长期以来所坚持的以史料考订具体史实、反对疏通的所谓专家之学进行了深刻的反思。他坦承：“抗战前的史学界，大家投向专的方面，而忽略了通的方面”，专家的研究固为“史学界的基石，万万缺少不得”，但将来的史学则应该“两条路都走，两种人才都培养，然后可以学尽其用”。[②] 这一事实表明，即便是一向以“考史而不撰史”相标榜的史料派，此时对通史写作所抱持的态度，也已发生了很大的改变。顾氏在 1945 年写作的《当代中国史学》一书中，就曾一连褒扬了吕思勉的《吕著中国通史》、张荫麟的

---

① 详请参见李淑珍：《二十世纪“中国通史”写作的创造与转化》，台湾《新史学》第 19 卷第 2 期（2008 年 6 月）。

② 顾潮：《顾颉刚年谱》，中国社会科学出版社 1993 年版，第 327 页。

《中国史纲》和钱穆的《国史大纲》等多部通史著作[①]，便是证明。

顾颉刚的《当代中国史学》一书写定于1945年，书中对通史著述的评论，到张荫麟的《中国史纲》便戛然而止。其实，就在吕思勉、张荫麟和钱穆诸家埋首于通史著述之际，马克思主义史学界也开始了对中国通史体系的精心构筑。1941至1943年间，吕振羽的《简明中国通史》（上）、翦伯赞的《中国史纲》（第一卷）和范文澜的《中国通史简编》（上、中）先后问世。这三部中国通史著作的问世，标志着马克思主义的中国通史体系已正式形成。

在吕、范、翦三家通史中，翦伯赞的《中国史纲》在1949年之前只出至第二卷（三国以前），未能以完璧的形成呈现出来。加之在前文所讨论的古史研究部分，对翦著《中国史纲》第一卷和第二卷的主要内容已分别有所涉及，故而这里仅以吕、范二家通史为重点，略加介绍和评析。

在马克思主义中国通史体系的酝酿和形成过程中，吕振羽的贡献应该说是首屈一指的。如前所述，早在社会史大论战期间，吕氏就先后出版了《史前期中国社会研究》和《殷周时代的中国社会》两部具有划时间意义的著作，对中国的原始社会史和殷商史进行别开生面的研究，率先提出了殷商奴隶制社会论和西周封建论，从而成为继郭沫若之后我国马克思主义史学界的又一位领军人物。稍后，他又出版了《中国政治思想史》和《中国社会史诸问题》等著作。通过这些专著和其他一系列论文，吕振羽独自完成了对中国史前史、殷商史和西周史的断代研究，并就秦汉以后中国社会发展过程中的一系列重大问题（诸如封建土地所有制问题、封建社会政治形态的演进问题、中国封建社会的长期“迟滞”问题、明清时期的资本主义萌芽问题等）形成了自己的意见，从而构筑起一套关于中国历史发展的完整体系。1940年，他在《中国社会史诸问题》一书的《编著者序》中，便首次明确地提出了要建立“正确的中国社会史体系”的设想。他郑重地指出：“随着民族民主革命实践过程的深入，为‘抗战建国’的神圣事业而服务的史学，也进入到一个新的阶段。为着要和侵略者、汉奸的中国史观以及其他各种各样的错误史观作斗争，为着要指示大众以正确

① 详请参见顾颉刚：《当代中国史学》，第85—86页。

的实践方向，树立一部正确的中国社会史体系，首先对新史家提出的要求，是对中国社会史的几个基本问题，给予正确的解决，而步步深入的革命实践，又使得问题的解决成为可能。”[①] 显而易见，此时的吕振羽，已把“一部正确的中国社会史体系”网罗在胸。收录在《中国社会史诸问题》一书中的《本国史研究提纲》，上起远古洪荒，下迄七七卢沟桥事变，事实上就是吕氏“中国社会史体系”的大纲。

细读《本国史研究提纲》，我们便不难发现，吕振羽在精心构筑其中国通史体系之时，除了进行大量的具体研究工作之外，还就中国通史的编纂进行了深入的理论探索和思考。《提纲》开宗明义即指出：“历史不应是王家年谱，伟大人物的‘起居注’，或材料的‘层累堆累’。”在作者看来，“历史研究的任务，在究明历史自身的运动和发展过程的规律性，把握其现实奋斗的方向，提高对历史创造的作用——加强指导原则和实践动力；同时适应现实的要求，科学地批判继承过去人类文化的优良成果——民族文化优良传统的承袭，世界文化的优良成果的吸取。所以历史是科学，是‘一切科学的基础’，是人类生活、奋斗的武器”。以这一标准来评量当时通行的各家通史，他认为这些著作都无法堪称真正意义上的科学的中国通史。他说：“近代中国实验主义的历史家，他们虽极力反对儒家的‘道统’观和‘记豆腐账’的作史方法，但也只作出‘上古’、‘中世’、‘近世’之时间推移的抽象结论，或‘神权’、‘王权’、‘民权’之政治形式划分的粗浅结论。”在他看来，要建立科学的中国通史体系，就必须“以历史的唯物论来研究本国史”。当然，作者同时也指出，历史唯物论并不是现成的结论，更不是教条。一部科学的中国通史，不仅要根据历史唯物论的基本原理，来揭示出中国历史发展的“合法则性”，还要重点揭示中国历史发展的具体性和特殊性，而不是把唯物史观的基本原理和原则当作现成的结论，机械地套用到中国历史之中，把活泼生动的中国历史当作唯物史观基本原理和原则的注脚。作者指出：“我们和观念论者不同的地方，就是他们只看见特殊性。我们和机械论者不同的地方，就是他们把特殊性和一般性对立；我们则从

---

① 吕振羽：《中国社会史诸问题》，《编著者序》，第1页。

一般性的基础上去认识特殊性，去把握特殊性和一般性之矛盾的统一。”正因为如此，在建设科学的中国通史体系过程中，一方面要努力揭示中国历史的合法则性，另一方面又“应力避抽象的原理式的叙述，而且尽可能去发现活的历史的具体面貌”。根据作者的理解，“只要人类史还在进行所谓‘采集经济’的原始群团的阶段，不同空间的自然条件的差异性所给予的影响，还不甚显著；但当人类的历史一进入所谓‘生产经济’的阶段，即开始进入到氏族制以后，自然条件的差异性（和其他外在的诸矛盾），就显著地给予世界史各部分以各地的特殊性”。就中国的历史发展过程来看，它“在世界史一般发展法则的基础上”，也毫无例外地“渗透了独有的特殊性”。这种特殊性不仅体现在中国历史的具体发展过程之中，而且还反映在其经济、政治、社会结构和思想文化等方方面面。为了完整地、准确地呈现出中国历史的具体性与特殊性，作者还就通史的编纂形式、章节标题的设置等诸多问题，进行了深入的探索。作者特别指出，要完整地、准确地呈现出中国历史发展过程中的具体性与特殊性，就应该在宏观的层面上把中国历史放置于世界史的整体运动之中，从世界历史发展的整体脉络之中，来梳理中国历史的具体发展过程，从中外历史的比较之中来凸显中国历史在不同阶段的基本走向、发展大势及其主要特点。正像他在《提纲》中所强调的那样：“对条绪繁复的中国史，根据正确的方法，去和世界史作一比较的研究，是必要的。”在他看来，“过去，由于新史家对方法的把握欠正确，对世界史智识也表现不够，所以一提到奴隶制，便以古代希腊、罗马作标本；提到封建制，便以‘中世’日耳曼为典型。实则我们对古代希腊、罗马和‘中世’日耳曼社会，也还应以世界史的比较研究上，去分别出奴隶制或封建制之一般的诸特征和其特殊的构成形态。过去我们的研究者，是把‘古代’希腊、罗马社会构成的全部面貌，当作奴隶制的一般应具的面貌；同样，把‘中世’日耳曼社会构成的面貌，当作封建制的一般应具的面貌。依照这种标本或典型，到世界其他各国的历史中去寻找奴隶制或封建制阶段”。[①] 把这种“标本”或“典型”套用到中国史的

① 吕振羽：《中国社会史诸问题》，第 150、151—152、152—153 页。

研究之中，自然不可避免地出现公式主义的倾向。

根据吕振羽的理解，一部科学的中国通史，除了要完整而又准确地揭示出中国历史发展的具体性与特殊性之外，还要重点突出汉民族和其他各民族共同创造中国历史与文化这一中心线索。因为，“在中国历史的发展过程上，汉族和国境内其他各种族的交往关系，对社会文化生活上，有着相互渗透的作用；特别是入主的‘五胡十六国’、‘北朝’、辽、金、元、清诸王朝，对中国社会形势的发展，有着强烈的影响。而此在历史上入主的各族，今日又都成了中华民族的构成份子。在今日中国境内，除去汉、满已经合流，再找不出任何种族的界限，回族的大部分除却一点宗教信仰的分别外，再找不出汉、回的界限，然构成中华民族的份子，还有满、蒙、回、藏、傜等种族”。由于中国从很早的时候开始就是一个多民族的国家，现今的中华民族也是一个由多民族所组成的大家庭，因此，“虽则汉族文化是中国历史发展的主导成分，然以整个中华民族为对象的中国通史，便不应作为单纯的汉族史去把握。这（就）是说，不应从‘大民族主义’的狭隘的观点上，而应从三民主义民族主义的原则上，来整理我们的历史。所以，对于蒙、藏、回、苗、傜各种族及其历史的研究，是本国史研究部门的一个重要部分”。[①]

经过此前大量的具体研究和长期的理论思考，吕振羽终于在 1941 年完成了《简明中国通史》上册（先秦部分）的写作，并于同年由香港的生活书店出版。该书的上册完成之后，吕振羽便相继辗转于苏北、延安和东北各地，从事政治工作，下册的写作不克为继。直到 1947 年 3 月，根据刘少奇的指示，吕振羽拟赴湖南国统区工作，旋因交通受阻而滞留于大连。正是在滞留大连期间，他完成了《简明中国通史》下册（秦至鸦片战争前）的写作，并于 1948 年 5 月由大连光华书店出版。至此，第一部马克思主义的中国古代通史终于以完璧的形式呈现在读者的面前。

作为最早问世的马克思主义中国通史著作，吕著《简明中国通史》迥然有别于当时通行的各家通史著述，体现了作者独特的历史精神和编

① 吕振羽：《中国社会史诸问题》，第 153 页。

纂思想。正像作者在1941年为该书写作的《序》中所说的那样："我的写法与从来的中国通史著作，颇多不同。最重要的是：第一，把中国史作为一个有规律的社会发展过程来把握；第二，力避原理原则式的叙述和抽象的论断；第三，尽可能照顾到中国各民族的历史和其相互作用，极力避免大民族主义的观点渗入。"[①]作者所列举的上述三点，既是该书区别于当时通行的各种通史著述的重点所在，更是他在书中再三致意的关键所在。

《简明中国通史》问世以后，以其开阔的历史视野、迥异于习见的历史观念、崭新的编纂形式和平实而又通俗的行文风格，很快便在广大的读者中不胫而走。据作者在1959年写作的改版《后记》中所说："本书从上册出版到现在已十九年，从全书出版也有十二年。十二年间，由大连光华书店、三联书店和各大行政区印行的，约达四十万册左右。"[②]研究吕氏学术思想的学者更是发现，在该书出版以后的短短几年间，"香港生活书店、香港三联书店、东北新华书店、华东新华书店、香港书店新中国分店、东北书店安东分店等，都印刷出版过这部著作"。[③]应该说，这在中国马克思主义史学发展史上还是不多见的。

范文澜的《中国通史简编》原本是应毛泽东的委托而组织编写的。范氏于1939年10月来到延安，并于次年1月出任马列学院历史研究室主室。稍后，延安又成立中央研究院，范氏任副院长兼历史研究室主任。范氏到达延安之时，恰逢毛泽东的《中国革命与中国共产党》一文正式发表之际。毛泽东在该文的第一章《中国社会》中，对中国历史的发展过程及其基本特点作了言简意赅的理论概括。这一理论概括大体上表达了中国共产党人对中国历史的基本看法，同时也表明毛泽东个人对重新解释中国历史的高度重视。为了在行将开展的延安整风运动中对广大干部进行历史教育，毛泽东遂委托范文澜组织编写班子，在短时间内

---

① 吕振羽：《简明中国通史》，1941年《序》，人民出版社1955年版，第1页。人民出版社1955年版的《简明中国通史》，系上下卷合订竖排本。吕振羽在新版之前曾作过相关修订，但修订内容仅限引文和年月等，原书整体内容未作修改。

② 吕振羽：《简明中国通史》下，《后记》，人民出版社1959年版。

③ 朱政惠：《吕振羽和他的历史学》，第138页。

《中国通史简编》（上）1941 年 9 月初版书影

编写一本十余万字的中国通史来，以作为教材之用。范氏接到毛泽东的委派后，随即组织历史研究室的相关研究人员集体编写，由他担任总编，参加者中有谢华、佟冬、尹达、叶蠖生、金灿然和唐国庆等人。大家按朝代先后，分工起草。但是，“由于缺乏集体写作的经验，对如何编法没有一致意见，稿子是齐了，有的太详，有的太略，不甚合用”，于是，最后决定还是由范文澜独自从头写起。[①]1941 年初，范氏完成该书上册的撰写，5 月由延安新华书店出版发行。年底，他又完成该书的中册，并于次年出版问世。《中国通史简编》的上、中两册，从史前时代一直写到清代中期。按照范氏原先的写作计划，该书的下册写鸦片战争以后的中国近代史。这样，上、中、下三册合一，便构成一部完整意义上的中国通史。但是，1942 年以后，随着形势的变化，下册的写作遂不克为继。正因为如此，该书遂由原先计划中的严格意义上的中国通史，最终变成为一部中国古代通史。[②]

范著《中国通史简编》出版后，被毛泽东视为“一件大事”。根据毛泽东的理解，范著的出版表明“我们共产党人对于自己国家几千年的历史，不仅有了我们的看法，而且还写出了一部系统完整的中国通史。这表明我们中国共产党人对于自己国家几千年的历史有了发言权，也拿出了科学的著作了”[③]。作为一部久享盛誉的中国通史著作，范著《中国通史简

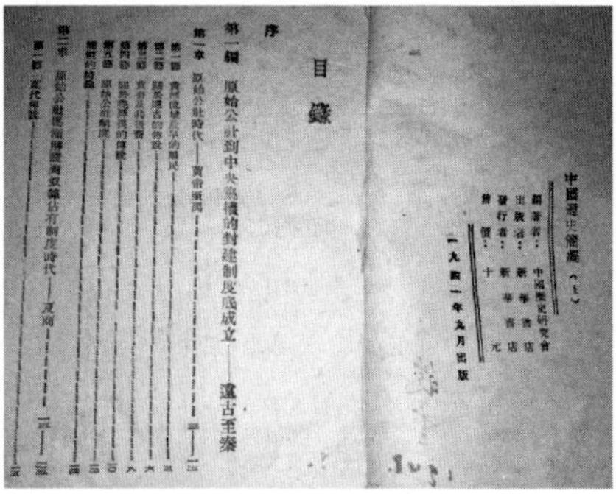

《中国通史简编》（上）初版版权页

---

① 范文澜：《关于中国历史上的一些问题》，《范文澜历史论文选集》，第 17 页。

② 蔡美彪：《新版〈中国通史简编〉前言》，《中国通史简编》，河北教育出版社 2000 年版，第 7—8 页。

③ 程龙、杨立琴：《毛泽东的学术知音范文澜》，《党史博采》2004 年第 4 期。

编》集中地体现了马克思主义中国通史所特有的历史精神和编纂思想。根据范氏本人的归纳，该书的思想主旨集中体现在以下几个方面："第一，书中肯定历史的主人是劳动人民，旧类型历史以帝王将相作为主人的观点被否定了。""第二，按照一般社会发展的规律，划分中国历史的段落。旧历史写尧舜禹汤文武所处的时代都是一个样，是完全静止的。有的颂古非今，什么都是古的好，思想更是反动。试用一般的历史发展原则到具体的中国历史，这是和旧历史完全不同的。""第三，中国是长期延续的封建社会，但三千年来决不是没有发展，本书把封建社会分成三个时期，说明它的发展过程。""第四，写阶级斗争，着重叙述腐化残暴的统治阶级如何压迫农民和农民如何被迫起义。旧类型历史站在地主阶级的立场上骂农民起义是'流寇、'土匪'，描写成为野蛮人。把所谓'官军'的真正的野蛮行为，大都挂到起义军账上。要矫正这种谬见，必须肯定农民起义的作用，同时也要指出农民阶级本身缺乏组织性和觉悟性，因之它只能起着有限度的推动作用。至于异民族侵入，我也着重写了民族英雄和人民群众的英勇抵抗。写农民起义和反抗异族侵略，本意在说明中国人民确有阶级斗争与民族斗争的伟大传统。""第五，书中注意收集生产斗争的材料，古代的科学发明以及有关农业、手工业的知识还是写的不少。"①

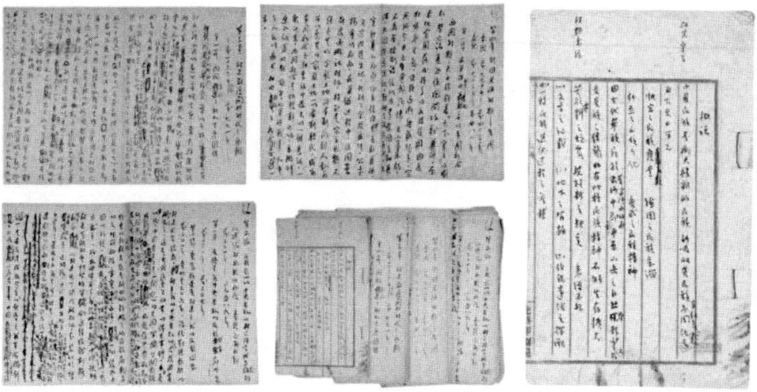

范文澜《中国通史简编》手稿

① 范文澜：《关于〈中国通史简编〉》，《新建设》第4卷1951年第2期。

正像范文澜自己所说的那样，《中国通史简编》与当时通行的各种通史著作相比，确有“本质的不同”。因为，作者在该书中所着力强调的上述五点，都是“在旧类型的历史里从来没有过”的。[①] 与同一时期问世的其他新式中国通史相比，该书在构建中国通史体系时所作的理论探索以及编纂形式上的创新，都是十分突出的。兹举其荦荦大者，简述于下。

《中国通史简编》紧紧抓住中国历史的“共同性”与“特殊性”这两个中心论题，来建构其通史体系，既在宏观的层面上揭示中国历史在几千年发展过程中所呈现的阶段性和规律性这一总体线索，又在微观的层面上展现出不同时期中国历史所蕴含的具体而又独特的丰富内容，把一部头绪纷繁、包罗万象的中国古代历史，厘定为一个条理分明、具有内在联系的知识体系，从而创造出一种全新的中国通史编纂范式。

范文澜在《中国通史简编·序》中，开宗明义即指出：“我们要了解整个人类社会的前途，我们必需了解整个人类社会过去的历史；我们要了解中华民族的前途，我们必需了解中华民族过去的历史；我们要了解中华民族与整个人类社会共同的前途，我们必需了解这两个历史的共同性与其特殊性。只有真正了解了历史的共同性与特殊性，才能真正把握社会的基本法则，顺利地推动社会向一定目标前进。”这段话事实上就是作者撰写《中国通史简编》的指导思想，也是他据以构筑其中国通史体系的核心原则。原作者之意，所谓“真正了解”中国历史的“共同性与特殊性”，就是要化唯物史观的基本原理和原则为方法论，既要揭示中国历史发展过程中所呈现出的“一般社会发展的规律”，又要彰显中国历史的具体性与特殊性，进而昭示人们“中国社会循着怎样的道路向前发展”。[②]

综观《中国通史简编》，我们不难发现，作者正是紧紧地抓住中国历史的共同性与特殊性这两个中心论题，来构筑其通史体系的。作为一位马克思史学家，范文澜坚信经典作家所揭示的历史发展图式，是人

---

① 范文澜：《关于〈中国通史简编〉》，《新建设》第4卷1951年第2期。

② 范文澜：《中国通史简编·序》，河北教育出版社2000年版，第3、4页。河北教育出版社新版的《中国通史简编》，系根据该书1948年的校订本重新排印出版，原版排印中的错字和漏字，由蔡美彪等人校改，原书内容一仍其旧，未作任何改动。下引该书，均据该版本。

类社会发展的一般性和普遍性的模式，中国的历史发展，自然也不会例外。正因为如此，按照“一般社会发展的规律，划分中国历史的段落”，以揭示中国几千年历史发展与变化的阶段性与规律性，遂成为作者彰显中国历史“共同性”的重中之重。尽管作者在书中绝少征引经典作家的词句，也很少套用唯物史观的名词、概念、术语或范畴，但他对唯物史观的基本原理和原则，显然已融会贯通，并自觉地将其升华为研究过程中的方法论，融化在全书的字里行间。正是在由唯物史观所提供的方法论之指导下，作者在通过对大量史料的梳理、排比、综合和分析的基础上，就中国几千年的历史发展过程提出了自己的系统性观点：夏代以前，是原始公社制时期；夏、商两代是原始公社制逐渐解体到奴隶占有制度时代；从西周开始至秦统一六国，是初期封建社会；秦汉至南北朝，是封建社会的第二阶段，是封建社会的政治、经济和文化大发展的时代；隋、唐至鸦片战争前夕，是封建社会的第三阶段，是封建社会呈螺旋式继续发展的时期，直到近代西方资本主义的入侵，中国才由封建社会演变成半殖民地半封建社会。总之，在作者的意识中，中国历史在其漫长的发展过程中，也先后经历过原始公社制社会、奴隶制社会和封建社会，这就是中国历史所呈现出的“共同性”。作者对中国“历史段落”的这种划分以及在此基础之上所形成的关于中国历史发展过程的系统性观点，从社会经济形态演进的角度，揭示了中国历史发展过程中不同社会经济形态的发生、发展及其替代规律，从而构筑起马克思主义中国通史体系的总体骨干和基本脉络。

如果说范文澜对中国历史共同性的上述理解，只是大体上代表了当时马克思主义史学界的主流意见；那么，他在书中对中国历史“特殊性”的思考、探索与呈现，则在很大的程度上体现出他那独具特色的历史思想和治史风格。在范文澜的历史观念中，探求中国历史发展进程中不同社会经济形态的发生与发展，进而揭示中国历史所呈现出的“一般社会发展的规律”，还只是建立马克思主义中国通史体系的第一步。除此之外，还必须就不同历史时期中国政治、经济和思想文化的具体发展情况，加以系统的梳理、归纳和总结，揭示不同历史时期中国社会的基本特点，从中国历史的具体发展过程中来彰显其“特殊性”。如果说前者是中国通史体系的总体骨干和基本脉络，那么，后者则是贯穿在这一骨干和脉络之中的血肉。只有将两者密切结合，使其相互连络而又融为一体，才能写出一部主干清晰、脉络分明、内容饱满、有血有肉的中国通史来。根据范文澜的理解，中国历史的“特殊性”，就蕴含在中国历史的具体发展过程之中，就呈现在不同时期中国的政治、经济和思想文化等方方面面。中国通史的书写，如果脱离了中国历史的具体发展过程，如果忽视了对不同时期中国政治、经济和思想文化等内容的仔细梳理和深入分析，所谓呈现中国历史的“特殊性”，便无从谈起。正因为如此，在《中国通史简编》中，作者一方面从宏观的角度来揭示中国历史“发展的法则”，梳理其演变线索，勾勒其基本轮廓；另一方面则着重对不同时期中国政治、经济和思想文化发展的具体情况及其基本特点，加以深入的探究、分析与论证。作者早年接受过严格的现代学术训练，治学严谨，成年后又长期从事学术研究，学识渊博，视野开阔，对不同历史时期的文献材料和典章制度都十分谙熟，故而，书中对不同历史时期中国政治、经济和思想文化发展情况的梳理、概括和分析，往往能够深入浅出，既准确、生动，又要言不烦。例如，该书第一编的第二章写夏、商两代的历史。根据作者的理解，夏、商两代是“原始公社制逐渐解体到奴隶占有制度时代”。在具体地解释这一历史发展的主线时，作者既没有征引经典作家关于家庭、私有制和国家起源的理论，也没有套用中外学者关于古代希腊、罗马奴隶制度的相关论述，而是直接从夏、商历史的具体发展过程入手，通过对这一时期财产继承、政治演变、生产方式、制度建设和文化发展等各个方面的系统梳理，来呈现“原始公社制逐渐解体”到“奴隶占有制度”的确立这一历史过程。作者在该章的开篇即写道：“《礼记》礼运篇说，禹以前是没有阶级，没有剥削，财产公有的大同社会；禹以后是财产私有的阶级社会。”根据《礼运篇》中关于禹传子而不传贤的记载，作者认为由传贤到传子，正是一种制度性的改革，而“一制度的改革，一定因为经济方面发生新变化”。因此，从禹以前的传贤到禹的传子，正说明了财产公有到财产私有的转变。据此他得出结论：“私有制度在夏代发展起来，所以传子制度确立了。他的反面就是原始社会制度崩溃下去。”到了商代，青铜器已取代石器，成为主要的生产工具；农业也取代了畜牧业，成为主要的生产门类。正是在此基础上，奴隶的使用越来越广泛。从当时的阶级关系、婚姻制度和意识形态各方面来看，商代已建立起“奴隶占有制度”的国家组织。但是，“因为生产力发展非常缓慢，不能使生产关系起重大的变化，对旧传公社制度，也不能作更多的破坏。所以按本质说，商代自然是奴隶社会，但公社制度，依然还保存很大的残余”。[①] 从作者对夏、商两代历史的总体认识来看，中国在原始公社制解体以后也经历了“奴隶占有制度”的时代，这便是中国历史发展过程中所呈现出来的“共同性”，而商代奴隶制生产关系发展不充分，传统的公社制度依然大量地残存在“奴隶占有制度”时代的社会组织和社会结构之中，则正是中国历史“特殊性”的体现。再如，第一编的三、四、五各章，写西周至春秋战国间的历史。根据作者的理解，这一时期是中国的初期封建社会。为了说明“初期封建社会”这一历史主题，作者既没有从理论的层面来详细讨论封建制度和奴隶制度的联系与区别，也没有从社会发展史的角度来仔细分析封建制度取代奴隶制度的历史过程。作者只是紧紧抓住中国历史的具体发展线索，从梳理西周到春秋战国间中国政治、经济与思想文化的一系列发展与变化入手，来厘清这一时期历史发展的基本特点及其整体走向。作者认为，根据《诗经·豳风·七月篇》的记载，周人在古公居豳的时代，农夫们依然工作繁重，衣服、菜蔬和柴火等，“都由公家供给”，说明他们依然过着一种“奴隶生活”。但是，到灭商前夕，周人“已开始踏上封建社会的阶段”。由于“周已形成新社会，而新社会必然要战胜旧社会”，故而，周才能最终战胜强大的殷商。从这个意义上来说，“周革商命，是封建主摧毁奴隶主的统治”。周灭商以后，开始大举封建。从西周分封时“授土授民”的情况来看，所授的“民”显然是农奴而非奴隶。因为，《诗经》等大量的古代文献都表明，周代所授之“民”，已是有家有室之“民”。他们耕种一定数量的“公田”，作为租税，交给公家；同时还耕种“私田”，收获归自己所有。“这种人数增大，就成为封建社会的开始。”当然，在西周时期，奴

① 范文澜：《中国通史简编》，第20—23、25—32页。

隶依然存在，但是“（奴隶的）主要用途是供封建主的役使”，已不像商代广泛地用于社会生产。[①] 进入春秋以后，政治上的变革以王室衰微和大国争霸为主线，同时还辅之以中原华夏民族与周边其他民族的矛盾与斗争；而经济上的变迁则以土地制度、赋税制度为两翼，同时又伴之以阶级阶层关系的调整。正是在这一系列深刻的政治变动与经济发展过程中，作为后世封建社会重要支柱的诸多制度性建设，开始由萌芽而日渐清晰。诸如，士人逐渐取代传统的世卿，而郡县制则逐渐取代了传统的分封制，等等。进入战国时代以后，随着冶铁技术的进步，社会生产力进一步发展。生产力的发展又推动了生产关系的变革，土地私有制开始确立，商品经济获得很大程度的发展。秦始皇时代统一的中央集权的封建国家，正是在这样的基础上建立起来的。从作者对西周至春秋战国这一阶段历史的总体认识来看，中国在奴隶制社会解体以后跟着而来的也是封建社会，这便是中国历史所呈现出的“共同性”；但是，中国封建社会的形成，又迥然有别于人们惯常用来比附的西欧，它不是在蛮人入侵的过程中产生与发展起来的，而是在其自身历史的矛盾运动之中发展而来的。显而易见，在范文澜的历史观念中，中国历史的“共同性”就扎根在其具体的发展过程中，没有中国历史的“特殊性”，也就无所谓其“共同性”。正因为如此，经典作家主要基于西欧历史经验而形成的关于人类历史发展规律的学说，只能作为历史研究过程中的方法论，而绝不能当作现成的结论，不加分析地套用到中国历史之中。中国历史的研究，归根结底还得从具体的史料出发，具体问题具体分析，从丰富而又真实的史料中梳理出中国历史的具体史实，从头绪纷繁、杂乱无章的史实中厘清中国历史的具体发展过程，从中国历史的具体发展过程中来揭示其“共同性”和“特殊性”。正像作者在《中国通史简编·序》中所说的那样：“中国是拥有五千余年悠久历史的古国，积累着丰富而又庞杂的大堆史料。甲骨钟鼎、经传诸子、史书地志、小说笔记、哲学宗教、诗文考证、歌谣戏曲，凡此种种，无不属于历史的研究范围以内”，而要“了解中国历史比较近真的情况”，就必须“向这广泛纷乱的大堆史料中

---

① 范文澜：《中国通史简编》，第 33—44 页。

去寻找”。[1]许冠三用“不能削中国之足适西欧之履”[2]来总括范文澜的史学思想，可谓道出了范氏史学的真谛。通观《中国通史简编》，其各章各节的内容，都重在活写中国历史的具体实际，并从中国历史的具体发展过程中来彰显其特点。正像有学者所评论的那样，范著“既反对了‘离开中国特点谈论马克思主义’的教条主义，又开拓了以马克思主义的历史唯物主义观点编写中国历史的新境界，从两个方面取得了具有时代特征的成就，开一代之学风”[3]。这样的评价，应该说是实事求是的。

在通过梳理、总结不同时期政治、经济和思想文化发展情况以彰显中国历史的具体性与特殊性的同时，《中国通史简编》还以高屋建瓴的历史识见，对不同时代的历史情境及其特征，进行了别开生面的分析与论证，真实而又传神地再现了不同时代的具体历史场景，从而为读者展示了一幅又一幅既形象生动又充满着思想睿智的历史画卷。

《中国通史简编》不仅从纵向的层面梳理和总结不同时期中国政治、经济与思想文化的发展情况，借以彰显中国历史在其历时性的发展进程中所呈现出的具体性与特殊性，而且还从横向的层面对每个时代的总体历史情境及其特征，进行极富有创造性的分析与论证，力图揭示出每个时代之独特的时代精神和历史发展基调。在范文澜的历史意识中，中国历史的具体性与特殊性不仅体现在纵向的发展过程之中，而且还体现在不同时代的不同发展基调、时代精神和历史氛围之中。正因为如此，一部科学的中国通史，不仅要从时间的纵轴线上写出中国历史具体而又独特的发展过程，写出不同时期中国政治、经济和思想文化等各个层面的变相与动相；而且还要从时代的横切面上写出不同时代的整体历史氛围、时代特征和历史发展基调。例如，《简编》第二编的第一至第六章，分别叙述秦、两汉、三国、两晋、南朝和北朝六个时代的历史。在范文澜看来，这六个时代虽然在时间上前后相续，同属于“初期封建社会”这一大的范畴，但每个时代都有其独特的历史氛围、时代精神和发展基调。关于秦代，他以“官僚主义中央集权的民族国家底成立”作为这一

---

① 范文澜：《中国通史简编·序》，第3页。
② 许冠三：《新史学九十年》下，第145—159页。
③ 蔡美彪：《新版〈中国通史简编〉前言》，范文澜：《中国通史简编》，第5页。

时期历史发展的基调，并分别以“秦统一后怎样建立新制度”、“秦朝的事功”和“农民大起义及楚汉战争”三个节目的篇幅，来讨论秦代历史的具体发展过程，既突出了有秦一代历史发展的重点所在，又道出了秦汉两个朝代之间历史演进的内在关联。在“秦统一后怎样建立新制度”一节，作者写道：“秦朝开始建立中国民族统一的国家，它的一切制度和设施，都在中央集权这一总目标上面。因为集权的成功，出现了统一的大帝国。七国混战转变为对外侵略，疆土扩大了，人口增加了。秦虽然很快崩溃，它的统一事业，替盛大的汉朝奠定了巩固的基础。”[①] 短短几句话，既揭示出秦代历史的大势，又突显了秦王朝在中国历史发展过程中所起的重要作用。接下来，作者就秦代的一系列制度性建设，诸如皇帝独裁、郡县制、官制、禁私学、订定文字、划一器械、迁徙豪富、抑止末业等，条分縷析。经过作者的梳理、归纳和分析，不仅秦代历史中的各个关键性环节被完整地、具体地呈现出来，而且这一时代的整体历史氛围和发展基调也被清晰地勾勒出来。关于两汉，作者用“对外扩张”来总括这一时代的发展基调，并从政治演进、经济发展、疆域拓展等各个方面，来烘托这一时代主题。这种安排，既顾及到两汉历史的整体发展，又重点突出了两汉时代区别于此前与此后的独特的时代特征。在接下来的各章，作者分别用“内战时代”、“外族侵入时代”、“中国文化南迁时代”和“异族同化时代”，来分别概括三国、两晋和南北朝各自的时代特征。这样的概括既突出了各个时代整体历史氛围的差异，也强调了不同时代历史发展的不同基调。

除此之外，《中国通史简编》还在通史编纂方法和编纂形式等方面做了大量的有益尝试和创新工作。众所周知，通史的阅读对象一般都是青年学生，或者是普通大众，而非专家学者。范文澜的《中国通史简编》就是“为某些干部补习文化之用”而编撰的。而当时通行的各种通史著作，不是用文言体写作，就是用半文半白的语体写作，非常不便于一般读者的阅读。有鉴于此，范文澜在着手编纂之初，就确立了“全用

---

① 范文澜：《中国通史简编》，第 108 页。

语体”的原则。[1]纵观全书，从头至尾都采用口语文体，力求做到简明易懂。由于作者的古典文学修养极为深厚，行文造句，独具风格，故而全书以极富有民族化和大众化的语言特色，一扫当时通行的中国通史著作中文白参差、书斋味十足的文风，读来平实自然，引人入胜。鉴于当时通行的中国通史著作中大量引用古典文献，既导致行文阻滞不畅，又不便于一般读者阅读的情况，范著绝少引经据典，必须引用古代文献作为史料时，作者多将原文意译为生动而又确切的口语，或以口语解说原文大意，务使文句畅达，语意清晰，易于阅读，便于理解。就编纂形式来看，全书虽采用当时通行的章节体，但其章节标题的设计，往往匠心独运，既充分体现了作者对整个中国通史体系的独特理解，又提纲挈领地反映了不同时代的历史发展主题和时代特征。如该书第一编的第四、第五两章，分别叙述春秋和战国时代的历史。作者分别以“列国兼并时代”和“兼并剧烈时代”作为两章的标题，虽是简短数语，却言简意赅地烘托出这两个时代的总体历史氛围。再如第三编的第一、二、三各章，分别叙述隋、唐和五代的历史。作者分别以“南北统一时代”、“封建制度发展时代”和“大分裂时代”来作为各章的标题，虽简明扼要，但却生动而又准确地概括出这三个时代的历史发展主题和时代特征。至于全书节目的设置与安排，看似信手拣来，实则精结细构，别具深意。例如第一编第五章写战国时代的历史，作者共设六个节目，分别是“七国形势”、“七国兴亡”、“合纵连横”、“养士制度”、“经济状况”和“秦统一的原因”。这六个节目，既囊括了战国时代的一系列重大历史事件、制度变迁和经济发展，又突出了这一时期历史发展的总体趋势。可谓深思熟虑，别具匠心。再如第二编的第七章，叙述秦汉至南北朝时期的思想文化发展情况。众所周知，这一时期中国思想文化的发展，可谓千头万绪，很难梳理。为了处理这个难题，作者在该章之下共设置四个节目，分别是“儒家学派”、“道家与道教”、“佛教”和“儒佛道的斗争”。经过作者的分节梳理，不仅秦汉以来儒、道、佛各家各派的发展线索朗若列眉，而且各家各派既矛盾、斗争又相互吸收的盘根错

---

① 范文澜：《关于〈中国通史简编〉》，《新建设》第4卷1951年第2期。

节关系，亦得到清晰呈现。通览全书，类似的节目设置与精心安排，可谓比比皆是。凡此均充分说明，作者在开笔写作之前，就已对全书的整体结构作了通盘性的考虑，对各章各节的内容也都作了妥善的安排。此外，作者还在每章的结尾部分，特设“简短的结论”一节，一方面总结本章的主要内容，另一方面则勾连历史事件的承传起合。例如第二编的第七章，叙述秦汉至南北朝时代的思想文化。作者在“简短的结论”中总结说：“南北朝儒道佛鼎立，道佛斗争，儒守中立。两教都引儒自重，不敢向儒挑战。同时儒学又吸收道佛，经过唐朝，成立宋朝的理学（亦称宋学）。宋学战胜汉学，亦战胜道学。”短短数语，既准确地总括了南北朝时代儒佛道三者之间既矛盾、斗争又相互吸收的关系，又为后来讲述宋明理学作了很好的铺垫。再如第三编的第八章，也就是全书的最后一章，叙述鸦片战争以前的清代历史。作者在该章的“简短的结论”中总结道：“清朝严格执行闭关政策，极大部分人民保持小农业结合家庭手工业的自给自足生活。虽然有些地区，已经存在着颇具规模的手工工场，比较欧洲是远落在后面了。因此欧洲资本主义侵入中国，成为不可抵御的力量。”[①] 这番总结，既约略概括出有清二百年间历史发展的大势，又道出了鸦片战争后清王朝江河日下的历史必然。这样的小结，虽寥寥数语，但往往画龙点睛，既方便读者领会本章的主要内容，又能加深他们对于相关历史现象的理解。

除上述三部通史著作之外，这一时期邓初民的《中国社会史教程》[②] 和吴泽的《中国历史简编》[③] 等，也都为马克思主义中国通史体系的形成与发展作出了积极的贡献。

马克思主义中国通史体系的形成，开创了中国通史编纂的全新范式。这一范式在对中国历史的整体诠释方面，力图“把中国史作为一个有规律的社会发展过程来把握”[④]，强调在揭示中国历史发展的“合

---

① 范文澜：《中国通史简编》，第 265、792—793 页。

② 桂林文化供应社 1942 年出版。

③ 《中国历史简编》原名《中国社会简史》，1942 年由桂林学艺出版社初版，后经作者增补扩充，由重庆峨眉出版社 1945 年再版。再版时，改为今名。

④ 吕振羽：《简明中国通史 · 序》。

法则性”的同时，还要着重彰显中国历史的“特殊性”①；在写作主旨方面，则强调“把人民历史的面貌复现出来”②，“肯定历史的主人是劳动人民”③，并“尽可能照顾中国各民族的历史和其相互作用，极力避免大民族主义的观点渗入”④。正是由于在范式方面的一系列创新，使得上述各部通史能以其崭新的姿态屹立于这一时期名著如林的通史著述之列，并在短短的几年之中，风行全国，获得广大读者的喜爱。顾颉刚在其1945年写作的《当代中国史学》一书中，对上述各部马克思主义的中国通史著作均未置一词。然而，两年之后，他在一封私人信件中则发表了这样的议论：“（时下）范文澜、翦伯赞们编的书各处畅销，为什么我们不能与之争锋呢？”⑤从原先对“范文澜、翦伯赞们编的书”未置一词，到现在自叹“不能与之争锋”，顾颉刚的这番议论，不免让人大兴“换了人间”之叹。

的确，人间也正在转换。1949年新中国的成立，使整个史学界的格局为之一变：随着马克思主义上升为国家主流意识形态，其史学也开始在史学界确立起全面的主导地位；与此同时，以傅斯年为代表的实证史学与以钱穆为代表的文化民族主义史学之中心则分别转移至台港地区，续展其姿，由此奠定了其后数十年中国史学发展的基本态势。

---

① 范文澜：《中国通史简编・序》。

② 吕振羽：《简明中国通史・序》。

③ 范文澜：《关于〈中国通史简编〉》，《新建设》第4卷1951年第2期。

④ 吕振羽：《简明中国通史・序》。

⑤ 顾颉刚：《致白寿彝书》，1947年9月23日。转引自王学典：《翦伯赞学术思想评传》，第338页。

附录一：六十年来的中国近代史学史研究[①]

一、简要的回顾

作为历史学的一门分支学科，史学史在我国兴起和发展的历史并不长。最先明确提出把中国史学史作为一种专门学问进行系统研究的，当推五四以后的梁启超和何炳松。1926—1927 年，梁启超在《中国历史研究法补编》中称："史学，若严格的分类，应是社会科学的一种。但在中国，史学的发达，比其他学问更利害，有如附庸蔚为大国，很有独立做史的资格。"并专题讨论了"中国史学史的做法"。1929 年，何炳松也在《西洋史学史》的译序中宣布了欲从事中国史学史编写的计划。此后，较有系统的中国史学史研究论著才渐有问世，只是对近代史学史的研究，很长一段时期内仍处于相当薄弱的状态。纵观三四十年代的史学史研究，涉及中国近代领域的，除了《吾国最近史学之趋势》（金静庵，1939.2）、《五十年来中国之新史学》（周予同，1940.2）、《近三十年中国史学的发展》（张绍良，1943.4）、《近百年来中国史学的发展》（齐思和，1949.10）等少数综论性文章外，有关个案的研究，不但数量少，且几乎都集中在龚自珍、魏源、梁启超、章太炎、王国维等人身上。在专著方面，值得注意的只有二种，一是金毓黻的《中国史学史》（商务印书馆 1944 年版），二是顾颉刚的《当代中国史学》（南京胜利出版公司 1947 年版）。可惜前者所述近代史学太过简略，连作者自己也感到不满，

---

① 此文系在胡逢祥《五十年来的中国近代史学史研究》（收入曾业英主编：《五十年来的中国近代史研究》，上海书店出版社 2000 年版）一文基础上增补而成，为 1950—2010 年间中国近代史学史研究的学术综述。

以致在1949年后该书重版时干脆将这部分作了删除，使之完全成了一部古代史学史。后者涉及近代史学的学科面虽较宽广，但大抵是对近现代史学各重要分支学科研究成果的简要介绍和评论，其体制颇近乎梁启超《中国近三百年学术史》中的“清代学者整理旧学之总成绩”部分，主要参考价值乃在文献史料学方面，与完整意义上的史学史研究仍有相当距离。

新中国成立以后的最初十年，中国近代史学史的研究从总体上说依然比较沉寂。这主要是因为当时史学界的注意力大多转向了学习运用唯物史观、重新认识历史和批判非马克思主义史学方面，学术讨论的重点也多为与社会革命联系较密的宏观历史理论问题，如中国古代社会史的分期、封建土地所有制的形式、资本主义萌芽、农民战争的性质和作用、汉民族形成与民族关系，以及历史人物的评价等。而对史学史这类专业化特强的学科史研究，则往往因其看去与现实问题隔得稍远而不遑顾及。50年代的高校历史系很少开设这门课，有的教师还因开设此课在1958年教育革命时被指责为“搞冷门”，与火热的现实斗争不协调而不得不中辍，便说明了这一点。在这种情况下，近代史学史的研究自然难有大的作为。此期，不但杂志发表的有关论文寥寥可数，涉及面也颇狭，以致无法形成一种可观的研究规模。这种状况，直到60年代初才有所改观。

1961年4月全国文科教材会议后，教育部高等学校文科教材编审办公室委托吴泽在华东师范大学历史系组织力量编写中国近现代史学史教材。时任历史组编审组长的翦伯赞还亲自在北京民族饭店召开座谈会，专门讨论了中国近现代史学史编写的一些原则问题，范文澜、吕振羽、侯外庐和尹达等都应邀出席了会议。这项计划的实施，有力地推动了国内近代史学史研究工作的开展，也标志着该学科的建设进入了实质性的启动。

从这时起至“文化大革命”前的四五年间，可以说是我国近代史学史学科建设的草创期，就其研究工作的侧重而言，主要集中在资料的搜集整理和以史家为重心的个案研究上。特别是华东师范大学历史系，自接受教育部有关中国近代史学史教材的编写任务后，在系主任吴泽的主持下，召开了专门的学术座谈会，建立了教材编写组，确定了编写大纲和工作计划，并率先展开了大量基础性的资料收集、调查和研究，先后发表了《魏源的变易思想和历史进化观点》（吴泽，《历史研究》1962 年第 5 期）、《康有为公羊三世说的历史进化观点研究》（吴泽，《中华文史论丛》第一辑，1962 年 8 月）、《魏源〈海国图志〉研究》（吴泽、黄丽镛，《历史研究》1963 年第 4 期）、《徐鼒的史学思想》（袁英光，《华东师范大学学报》1964 年第 2 期）等专题论文。与此同时，各级学术杂志上的相关论文也渐渐增多。但不久，"文化大革命"的爆发便使这项刚刚有起色的研究事业不得不被迫中断。其间，不仅近代史学史研究的学科队伍被解散，连大量多年辛勤积累的资料也全遭毁弃。

"文化大革命"结束后，经过一系列拨乱反正，学术研究重新走上了正常的发展道路。1978 年，华东师范大学历史系恢复了史学史研究室的建制和中断十余年的中国近代史学史教材编写工作，并率先招收了以中国近代史学史为主攻方向的硕士研究生。与此同时，中国社科院历史研究所、北京师范大学史学研究所、南开大学历史系等科研机构和高校也纷纷组织力量，对中国史学史展开了从古到近代的全面研究，一部分高校还开设了有关近代史学史的课程，从而使该学科的研究出现了一种前所未有的新局面。

从学科建设的角度看，1970 年代末至今的近代史学史研究大致经历了两个发展阶段。

自 1970 年代末至 80 年代，为中国近代史学史学科框架体系的基本形成时期。

这一时期的研究，首先是从理论上进一步明确了近代史学史研究的指导思想、方法视野、主题线索、内容范围及各时期特点的认识。如 80 年代初，白寿彝发表的《谈谈近代中国的史学》（《史学史研究》1983 年第 3 期）便对中国近代史学发展的基本脉络和特征作了概括性的通论。俞旦初《简论十九世纪后期的史学》（《近代史研究》1981 年第 2 期）则以丰富的史料展示了近代前期的史学演变趋势。蒋大椿在 1985 年撰写的《中国史学科的回顾与展望》（《唯物史观与史学》，吉林教育出版社 1991 年版）一文中，也对 1840—1949 年间的史学发展作了比较完整的评述。

这些，都为人们了解近代史学史的基本线索提供了方便。

更为主要的是，这一时期的研究还通过大量扎实的基础性工作，包括各种思潮、流派、史家、史著和社会史学现象的个案研讨，填补了许多原先的学术空白点，从而勾勒出了中国近代史学史的基本全貌。1980年代末出版的《中国近代史学史》（江苏古籍出版社1989年版）便是这一阶段性成果的代表。该书由吴泽主编，袁英光、桂遵义撰著，分上下两册，近80万字。全书结合近代社会变迁与史学发展的特点，将1840—1919年之间的中国近代史学史厘为三编，分阶段具体论述了其间封建史学日趋没落，代表时代进步潮流的地主阶级改革派史学、资产阶级改良派史学和革命派史学相继兴起，以及科学的马克思主义史学在中国的初期传播和发展过程，力求抓住各时期史学思潮和流派相互斗争的主线，深入揭示近代史学波浪形曲折推进的历史真相及其与时代阶级斗争的内在必然联系。该书的最大特点是资料丰富，论证详赡，书中的每一章节几乎都是一篇扎实的专题论文，且对近代新旧各派史学的主要代表人物、史著乃至某些历史辅助学科发展状况皆有所论列，这就为后人的进一步研究提供了坚实的基础。当然，作为国内第一部系统研究中国近代史学史的垦荒之作，此书也难免存在一些不足，主要是全书的框架结构基本上为“文化大革命”前所拟定，有些地方尚未能充分展现80年代学术界对近代史学的研究风格。如西方史学的输入及其影响，是中国近代史学发展史上一个非常值得注意的因素，书的前言虽也谈到了这点，但实际论述却很不够。此外，从全书的布局看，各章的专题论文色彩过浓，相互间的关联有时反显得不够紧密。其中个别章节的设置，也有可商榷的余地，如第一编第四章第四节“外国人和呤唎对太平天国史的研究”，就显得不很协调，因为其中列举的都是外国人在国外编写并且很晚才被译介到国内的中国近代史著作，对我国近代史学的演进几乎谈不上有何影响，故严格说来，并非属于中国近代史学史的研究范围，而应属海外中国学或外国史学史的范围，将之纳入书中加以论述，显与全书的主旨不符。

此期值得重视的专著还有尹达主编的《中国史学发展史》（中州古籍出版社1985年版），其下卷专述1840—1949年间中国史学的演进大势，篇幅约占全书的三分之一多，其内容虽嫌简略，但却是80年代出版的通论性中国史学史著作中唯一能够完整反映近代史学发展全过程的，因而具有一定的开创意义。

这一时期的近代史学史研究，在基本资料的积累整理和研究成果的总结方面也形成了相当的规模。如华东师大中国史学研究所在吴泽主持下，先后编辑出版了《中国近代史学史论集》上（华东师范大学出版社1984年版）、《王国维学术研究论集》三辑（华东师范大学出版社1983—1990年版）、《何炳松论文集》（商务印书馆1990年版）、《何炳松纪念文集》（华东师范大学出版社1990年版）和《中国当代史学家丛书》（已出吕振羽、陈垣、吕思勉和李平心等史论集数种）。北京师大史学研究所主办的《史学史研究》杂志刊载的当代史学家访问记和有关现代史学家的回忆，以及各家杂志发表的众多现当代史学家传记，则为现代史学史的研究保存了可贵的第一手资料。此外，吴泽和杨翼骧主编的《中国历史大辞典·史学史卷》（上海辞书出版社1983年版），陈清泉、苏双碧、肖黎等编的《中国史学家评传》下（中州古籍出版社1985年版），仓修良主编的《中国史学名著评介》第三卷（山东教育出版社1990年版），北京师范大学编的《陈垣校长诞生百年纪念文集》（北京师范大学出版社1980年版）、北京大学历史系编的《翦伯赞学术纪念文集》（北京大学出版社1985年版）、中山大学编辑的《纪念陈寅恪教授国际学术讨论会文集》（中山大学出版社1989年版）和北京大学中古史研究中心编的《纪念陈寅恪先生诞辰百年学术论文集》（北京大学出版社1989年版），以及中国社科院历史研究所编的《八十年来史学书目》（中国社会科学出版社1984年版）和稍后由刘泽华主编的《近九十年史学理论要籍提要》（书目文献出版社1992年版）等，在清理总结前人的相关研究成果方面，也都作了很好的基础工作。

这里，特别值得一提的还有1982—1983年俞旦初在《史学史研究》发表的长篇论文《二十世纪初年中国的新史学思潮初考》，该文从20世纪初的各类旧期刊、翻译史著和清季历史教科书中爬梳出大量的史料，其意义不仅在于十分具体地为人们勾勒出了新史学思潮的总体概貌，还为进一步拓展近代史学史研究的史料范围提供了新的示范。在此之前，国内有关近代史学史的研究，大多局限于一些重要史家和史著，对于史学思潮这类涉及社会文化层面较宽的史学现象则讨论不多，且由于辛亥革命前后出版的书刊杂志外间流传稀少，材料分散，搜寻整理不易，尚未引起人们的足够重视。该文在这方面的成功尝试，对后来的研究者启迪良多。1980 年代末葛懋春主编的《中国现代史论选》上册（广西师范大学出版社 1990 年版）和蒋大椿主编的《史学探源——中国近代史学理论文编》（此书直到 1991 年 4 月才由吉林教育出版社正式出版），可以说进一步推进了这方面的工作。特别是后者，在广泛收集近代史学理论文献的基础上，精选出 20 世纪上半叶发表于各杂志的 90 篇代表作，汇为一编，后附 19 世纪末至 1949 年的史学理论论文索引，为近现代史学史的研究提供了很大便利。

1990 年代以后，近代史学史的研究进入了一个视野更为宽广和层次更趋深入的阶段。

如果说，近代史学史的研究在 1980 年代尚属垦荒阶段的话，那么，90 年代则是其第一个金色的收获季节。这一点，最为明显地反映在中国近代史学史研究著作的数量激增上。整个 80 年代，大陆出版的这类专著仅为一部。而自 90 年代起，先后有胡逢祥和张文建的《中国近代史学思潮与流派》（华东师范大学出版社 1991 年版）、高国抗和杨燕起主编的《中国近代史学史概要》（广东高教出版社 1994 年版）、陈其泰的《中国近代史学的历程》（河南人民出版社 1994 年版）、马金科和洪京陵编著的《中国近代史学发展叙论》（中国人民大学出版社 1994 年版）、蒋俊的《中国史学近代化进程》（齐鲁书社 1995 年版）、俞旦初的《爱国主义与中国近代史学》（中国社会科学出版社 1996 年版）、张岂之主编的《中国近代史学学术史》（中国社会科学出版社 1996 年版）、张书学的《中国现代史学思潮研究》（湖南教育出版社 1998 年版）等十多种著作问世。

其中，《中国近代史学思潮与流派》较早从思潮和流派结合的角度，对近代史学的发展作了系统考察。该书一改过去史学史著作多以史家和史著为主线的论述方法，而将 1840 年至 1919 年之间的主要史学思潮归纳为鸦片战争时期的经世致用思潮、洋务思潮影响下的史学、20 世纪初的新史学思潮、辛亥革命时期的国粹主义思潮、五四时期的史学思潮与流派等，加以讨论，试图从社会思潮、民族心理、中西文化交流、传统意识的影响等更为广阔的文化背景中，抓住社会群体性的史学现象为主脉，更深入地揭示其演变的趋势。

《中国近代史学的历程》和《爱国主义与中国近代史学》虽皆由论文编集而成，但其文章的组合，也形成了各自对于近代史学史贯通研究的基本框架结构。前者分三部分：先总论中国近代史学的发展趋势，后分论 19 世纪和 20 世纪中国史学，对中国近代史学研究的基本方法、视角、意义，以及重要史家均有论列。后者出版于作者身后，书中除首篇简论 19 世纪后期中国的史学外，其余主要是对 20 世纪最初十年某些宏观性史学思潮和史学现象的思索，如新史学、爱国主义史学思潮、外国史研究和历史科学观念的兴起等。作者原拟撰写一部完整的近代史学史著作，可惜逝世过早，未能如愿，但其在研究上所展示的新视角和大量扎实细致的资料工作，却受到了同行的普遍推重。

《中国史学近代化进程》和《中国现代史学思潮研究》是两部讨论 20 世纪前半期史学的专著，其着眼点皆偏重于史学思想或史学理论的演变。前者分十章，对新史学、实验主义史学、古史辨、史料建设派、历史研究法派，以及此期出现的某些历史观一一作了评述。认为一个时代的史学思想，是该时期史学与政治、哲学的交合点，故应结合三者的相互联系加以考察。而其讨论的重点，则在中国资产阶级史学思想的发展过程。后者是国内出版的第一部系统论述中国现代史学思潮之作，全书分总论和分论两编，近五十万字，在努力吸收学术界相关研究成果的基础上，从历史和逻辑两方面对五四以来出现的实证主义、相对主义、马克思主义三股史学思潮的影响消长和相互关系进行了辩证的考察。不但于王国维、胡适、顾颉刚、傅斯年、陈寅恪、陈垣、梁启超、何炳松、朱谦之、常乃悳、雷海宗、钱穆、李大钊、郭沫若、吕振羽、翦伯赞、侯外庐、范文澜等各家史学理论与方法的贡献、特征及得失俱有评述，还对中国现代史学发展过程中遭遇的一些理论困惑，如怎样认识“历史科学”的内涵、历史研究中“主观”与“客观”的对立、“史料”与“理论”孰重孰轻、“求真”与“致用”的矛盾等问题，作了认真的反思，体现了作者在史学史研究中着力探究时代史学脉搏的敏锐“问题意识”。

《中国近代史学学术史》则是一部从学术史的角度对近代史学进行别开生面研究的专著。作者提出：史学学术史“不同于史学史，后者主要研究史观、史书体例以及史学功能等属于史学本身的演变发展历史；史学学术史研究的方面并不限于史学本身，而且包含有各种史学成果的学术价值和社会效益的估量，以及史学与其他学术成果的关系等等”[①]。据此，该书分四编，从史学哲学、史学方法和史学学术成果三方面对近代史学学术史展开了论述。在史学哲学和史学方法方面，大抵先述古代发展简况、特点及其与近代之差异，并论新史学哲学和方法的初步建树及传统文化主体论、文化西化论、马克思主义文化观三家学说体系的不同特点；在史学学术成果方面，则分别考察了中外历史研究、历史地理学和考古学的成就，其中考古学独占一编，篇幅约占全书三分之一，内容显得特别丰实。此书还有一个特点，即把近代史学的发轫上推到明末清初，这是和目前一般论述近代史学史的著作不同的。

即使是《中国近代史学史概要》和《中国近代史学发展叙论》这两部教科书，也在完整把握1840—1949年整个中国近代史学的发展脉络上作了努力尝试。前者将近代史学史分为封建旧史学的分化没落、资产阶级新史学的兴起发展和马克思主义史学的出现及成就等三个专题（三篇）进行了论述。这样做，虽然反映近代史学的阶级阵营和文化形态层次比较分明，但对相互之间的交叉关系论述不够。特别是由于参加该书编写的作者多达二十余人，各篇之间文风、详略不甚一致，难免有拼凑的痕迹。后者分十四章，鸦片战争至五四之前占九章，其余述五四以后三十年史学。全书在内容上较多吸取了前人有关近代史学史的科研成果，因而显得较为充实，涉及的史家、史著和学科面也较宽。

以上情况表明，此期有关中国近代史学史的著作，在风格和结构布局上已日益呈现出多样化的趋势。

进入新世纪以后，近代史学史的研究更形成了一种注重系统性及其

---

① 张岂之：《中国近代史学学术史·序》，中国社会科学出版社1996年版，第1—2页。

与现实联系的态势，特别是出现了不少对20世纪史学进行整体反思和总结的论著，如刘新成主编的《历史学百年》（北京出版社1999年版）、曹家齐的《顿挫中嬗变：20世纪的中国历史学》（西苑出版社2000年版）、罗志田主编的《二十世纪的中国：学术与社会·史学卷》（山东人民出版社2001年版）、王学典的《20世纪中国史学评论》（山东人民出版社2002年版）、盛邦和主编的《现代化进程中的中国人文学科·史学卷》（上海人民出版社2005年版）、姜义华和武克全主编的《二十世纪中国社会科学·历史卷》（上海人民出版社2005年版）等。其中，《二十世纪的中国：学术与社会·史学卷》由海峡两岸和美国华裔学者几方通力合作而成，全书共六编，主要采取专题研究的方法，对晚清民国新史学的观念及其实践、20世纪中国的马克思主义史学、近代学科体制及其科学化等问题作了较深入的讨论。《20世纪中国史学评论》收录作者相关论文，分典范、思潮、动向、人论四个专题加以编集，其中"典范"部分论文八篇，主要对20世纪前半叶中国史学界影响最大的史料"考释"与历史"诠释"两种治史范式的特征、学术取向，以及互动关系作了考察，其中有不少独到见解。《现代化进程中的中国人文学科》运用现代化的理论，分七个专题考察了中国史学由传统向现代转型的过程，内容涉及经学的蜕变，西方史学的输入和影响，史观、史法和史学功能的演变，思潮与流派，以及马克思主义史学的形成发展等。《二十世纪中国社会科学·历史卷》则以将近70万字的篇幅，分四编对近百年来中国史学的总体演变进程、各分支学科的发展及其主要成就、史学领域的重大论争，以及历史教育与研究机构、史学社团和报刊、中外史学交流等问题作了述评。全书的论析，既注意到纵向发展过程及其得失的总结，又以大量的篇幅从横向上展示了各学科和各时期重大史学理论的讨论情况，不仅涵盖面广，由各专业人士分工撰写的专题综述也多能深得其要领。

与此同时，系统梳理20世纪史学基本文献的工作也被提上了议事日程，并取得了显著进展。在瞿林东的主持下，河北教育出版社于2000年推出了包括33位已故史家57种著作在内的《二十世纪中国史学名著》，2002年又将整理者为这些名著撰写的评论集为《二十世纪中国史学名著叙录》一书出版；仓修良主编的《中国史学名著评介》增订本（五卷，山东教育出版社2006年版）在新增的四、五两卷中，对五四至当代中国62位史家的68部史学论著作了详细评介；马宝珠主编的《20世纪中国史学名著提要》（北京师范大学出版社2007年版），收录了20世纪已故中国史家的101种名著提要；汪受宽、赵梅春主编的《20世纪中国史学论著要目》（北京师范大学出版社2007年版），则收集百年以来中国（以大陆为主，兼顾港、澳、台地区）的史学论著目录，分上（著作）、下（论文）两编、七大类进行了著录。这些，都为人们系统了解和研究百年史学经典提供了很大便利。

这一时期的近代史学史研究，还在以下两方面显示出一种全新的气象。

首先是研究视野大为开阔。

有迹象表明，1960年代初中国近代史学史研究刚起步时，在视角和框架上似明显受到过侯外庐先生主编的《中国思想通史》影响，突出的是对近代一些史学大家或重要史著的个案研究；对史家史学思想的探讨，注重的也往往是政治思想和以自然观与历史观为主的哲学思想，而不是历史学科自身的理论与方法，显得与一般哲学史或思想史研究的模式比较相近，这从吴泽撰写的《魏源的变易思想和历史进化观点》、《康有为公羊三世说的历史进化观点研究》中便可看到。80年代以后，近代史学史的研究逐步形成了自己的学科风格，特别是对直接推动学科自身发展的史学理论和方法演变倾注了更大关怀。其研究内容，也不再局限于某一史家或史著的个案讨论，而是将视野逐步扩展到各种影响史学变动的重要文化因素或社会史学现象方面。这种趋势，至90年代后尤为明显。

如中西史学的交流，曾对中国近代史学的发展产生过很大影响，但新中国成立以后，由于种种原因，大陆史学界对此研究一直十分薄弱。至80年代俞旦初的《二十世纪初年中国的新史学思潮初考》和何兆武的《近代西方史学理论在中国》（《历史研究方法论集》，河南人民出版社1987年版）始对此有所论列。但总的来说，注意者仍不多。进入90年代后，有关论文日趋增多，如胡逢祥的《西方史学的输入和中国史学的近代化》（上海《学术季刊》1990年第1期）和《“五四”时期的中国史坛与西方现代史学》(《学术月刊》1996年第12期)、张广智的《西方古典史学的传统及其在中国的回响》(《史学理论研究》1994年第2期)和《二十世纪前期西方史学输入中国的行程》(《史学理论研究》1996年第1期)、王也扬的《清末外国史书的引进与中国史学观念的变化》(《社会科学探索》1994年第5期)、于沛的《外国史学理论的引入和回响》(《历史研究》1996年第3期)，以及留美学者王晴佳的《中国二十世纪史学与西方——论现代历史意识的产生》(台湾《新史学》9卷1期，1998年3月)等，分别对西方史学输入近代中国的途径、内容、影响和特点作了论述。而桑兵的《国学与汉学——近代中外学界交往录》(浙江人民出版社1999年版)，则从双向交流的角度，对欧美、日本汉学界和与中国学术界的交往及相互影响作了翔实而饶有兴味的考论，使人们对这一问题的认识日趋具体。进入新世纪以后，对这一问题的研究范围更广且更趋系统，除罗志田《西学冲击下近代中国学术分科的演变》(《社会科学研究》2003年第1期)、史革新《20世纪初西史东渐与中国近代新史学》(《郑州大学学报》2004年第2期)、章清《中西历史之会通与中国史学之转向》(《历史研究》2005年第2期)、易兰《兰克史学之东传及其在中国的回响》(《学术月刊》2005年第2期)、邬国义《梁启超新史学思想探源》(《社会科学》2006年第6期)等论文外，还出现了几部较有分量的专著，如邹振环的《西方传教士与晚清西史东渐》(上海古籍出版社2007年版)、李孝迁的《西方史学在中国的传播》(华东师范大学出版社2007年版)和张广智主编的《20世纪中外史学交流》(北京师范大学出版社2007年版)等。邹、李两书都取径于实证研究，通过大量发掘资料，对西方近代史书及诸家史学理论与方法传入中国的时间、途径和影响等提出了新看法，对了解史实的过程具有很高的参考价值。在资料运用上，邹书引证的中国近代早期西书译本极为丰富；而注重爬梳散见于各类报刊、广告、日记、档案方面的材料，则是李书的特点。《20世纪中外史学交流》是近年来该领域研究的一部视域开阔且颇为系统的著作。全书除导论外，凡十八章。上编七章为“20世纪中外史学交流之行程”，历述20世纪初年、五四时期及20至40年代等各阶段西方史学输入情况；下编十一章分论“20世纪中外史学交流之例案”，内容涉及梁启超、李大钊、陈寅恪等史学观念与东西方外来史学之关系，以及美国鲁滨逊“新史学”、兰克“客观主义”史学和文化形态史观等在中国的传播影响，在相当程度上反映了目前国内在这方面的研究水准。

有关近代史学思潮和流派的研究，也在这一时期得到了进一步深化。较有代表性的研究成果有刘俐娜的《五四时期史学思潮新探》(《近代史研究》1991 年第 1 期)、张和声的《文化形态史观与战国策派的史学》(《史林》1992 年第 2 期)、张文建的《学衡派的史学研究》(《史学史研究》1994 年第 2 期)、胡逢祥的《“五四”时期的“科学主义”思潮与中国史学的现代化建设》(《华东师范大学学报》1995 年第 6 期)、郑师渠的《学衡派史学思想初探》(《北京师范大学学报》1998 年第 4 期)，以及侯云灏的《20 世纪前期中国史学流派略论》(《史学理论研究》1999 年第 2 期）等论文，以及江沛《战国策派思潮研究》(天津人民出版社 2001 年版)、路新生《中国近三百年疑古思潮研究》(上海人民出版社 2001 年版)、吴少珉和赵金昭主编的《二十世纪疑古思潮》(学苑出版社 2003 年版)、吴忠良《传统与现代之间：南高史地学派研究》(华龄出版社 2006 年版)、侯云灏《20 世纪中国史学思潮与变革》(北京师范大学出版社 2007 年版）等专著，从而为厘清近代史学头绪纷繁的演变轨迹提供了有益的启示。

在研究领域的开拓方面，更有不少新的进展。如 20 世纪初以来西北敦煌文献的发现和敦煌学的形成，与现代历史学特别是中西交通史、西域史、西北地理、宗教史等分支学科的发展有着密切的关系，但过去从史学史的角度对之研究很不够，林家平等所撰《中国敦煌学史》(北京语言学院出版社 1992 年版）对之的系统考察，可以说在相当程度上弥补了这一缺陷。西方考古学的传入及其在中国的兴起，与中国现代史学的发展有着十分密切的关系，陈星灿的《中国史前考古学史研究(1895—1949)》(生活・读书・新知三联书店 1997 年版）还从考古学史的角度，对这一过程进行了总结。

清末民初以来，伴随着中国社会的巨变，其学术文化也经历了一场由传统到现代的深刻转型。这种转型，不仅表现在理论、方法、研究范式等观念层面，也贯穿于整个学术制度的变动与重构之中。但以往有关中国史学现代化的考察或研究，一度比较疏于后者，这就不能不在相当程度上影响了对其过程和特点的完整认识。近年来，随着国内学术体制自身面临的创新和发展需要，促使人们开始更多地关注这一问题，并出现了一些相关论著。如张瑾的《抗战时期教育部学术审议委员会述论》（《近代史研究》1998年第2期）、张越等《近代学术期刊的出现与史学的变化》（《史学史研究》2002年第3期）、陈时伟的《中央研究院与中国近代学术体制职业化》（《中国学术》2003年第1期）、桑兵的《晚清民国的国学研究》（上海古籍出版社2001年版）和《二十世纪前半期的中国史学会》（《历史研究》2004年第5期）、胡逢祥的《中国现代史学的制度建设及其运作》（《郑州大学学报》2004年第2期）和《中国现代史学专业机构的建制与运作》（《史林》2007年第3期）、尚小明《抗战前北大史学系的课程变革》（《近代史研究》2006年第1期）、林国华和陈峰《论延安时期史学机构的产生、沿革及特点》（《山东大学学报》2006年第3期）等。特别是左玉河的专著《中国近代学术体制之创建》（四川人民出版社2008年版），从比较宏观的角度，较系统地论述了中国学术体制从传统到现代的转化进程，内容包括教育、专业人才构成、大学、研究机构、学会、图书及期刊、学术评估和基金会等方面，给进一步细化史学建制的研究提供了诸多启示。

关于中外史学的比较研究，史学史界虽早有人提倡并作过一些讨论，但系统深入之作却不多见，盛邦和的《东亚：走向近代的精神历程——近三百年中日史学与儒学传统》（浙江人民出版社1995年版）对中日（兼及朝鲜）史学近代化的系统比较，应当说在这方面作出了有意义的尝试。其余如黄敏兰的《学术救国——知识分子历史观与中国政治》（河南人民出版社1995年版）对现代思想史上各派历史观的考察，陈其泰的《清代公羊学》（东方出版社1997年版）对今文经学《春秋》公羊说与近代史学思想发展关系的系统研究，罗志田《国家与学术：清季民初关于"国学"的思想论争》（生活·读书·新知三联书店2003年版）对晚清至1920年代学术界有关"国学"观念变迁的考察，刘俐娜《由传统走向现代：论中国史学的转型》（社会科学文献出版社2006年版）运用现代化观念对20世纪最初三十年间中国史学变革的内容、特点和方向等分析，台湾学者王汎森的《近代中国的史家与史学》（香港三联书店2008年版）对中国近代史学观念和学风变迁的探讨等，都显示了这一新动向。凡此，皆在不同程度上推进了近代史学史研究不断向着更为深广的领域拓展。

其次是研究重心的转变。

综观90年代国内近代史学史研究的论著，可以发现一个明显的趋势，即研究重心已由原先比较集中于1840年至1919年转向了1919年至1949年的史学史。

有关1919年至1949年间史学史的研究，“文化大革命”之前几乎是个空白，这自然与当时的政治气候有关。据白寿彝回忆，60年代初北京师大和华东师大分工编写中国史学史时，最初设想由华东师大负责五四以后部分，后因考虑到这段“历史不好写”，才改为撰写1840—1919年的近代史学史。[①]80年代起，对这方面的研究才真正有所启动。1981年，白寿彝先生发表了《回顾与前瞻》（《中国史研究》1981年第2期），较早对中国现代史学特别是马克思主义史学的发展概况作了回顾。此后，有关现代史学史的论文逐渐增多，不过开始仍多集中在马克思主义史学和史家的研究方面，如朱仲玉的《1919年至1949年间中国的马克思主义史学》（《史学史研究》1981年第3期）、白寿彝和瞿林东的《马克思主义史学在中国的传播和发展》（《史学史研究》1983年第1期）、叶桂生等的《略论马克思主义中国历史学的创立和发展》（《学习与研究》1982年第11期）和《中国社会史论战与马克思主义历史学的形成》（《中国史研究》1983年第1期），以及有关李大钊、郭沫若、吕振羽、翦伯赞、侯外庐、范文澜、尹达等马克思主义史学家的个案研究。林甘泉等撰写的《中国古代史分期讨论五十年》（上海人民出版社1982年版）、白钢编著的《中国封建社会长期延续问题论战的由来与发展》（中国社会科学出版社1984年版）和张静如的《中共党史史学史》（中国人民大学出版社1990年版）等，也对20年代以来马克思主义史家

---

① 见白寿彝：《中国史学史》第一册，上海人民出版社1986年版，第174—175页。

在历史理论方面的建树和某些史学活动有相当的总结。而对非马克思主义史家的研究，则大抵不出梁启超、王国维、陈寅恪、胡适、顾颉刚、陈垣、吕思勉等数人范围。

1990年代以后，现代史学史的研究形成了全面铺开之势，尤其是近几年来，随着《历史研究》等刊物纷纷开辟20世纪中国历史学或学术史回顾的专栏，更对此起了推波助澜的作用，不但在中国马克思主义史学史的研究方面硕果累累，有关其他各家各派的讨论也达到了相当宽广深入的境界。

经过80年代的准备，此期马克思主义史学史的研究已进入到了一个全面系统的总结阶段。这方面，最具代表性的专著是桂遵义的《马克思主义史学在中国》（山东人民出版社1992年版）。该书分四编，凡46万字，较系统地论述了五四至1956年间马克思主义唯物史观在中国的传播和中国马克思主义史学的形成发展史。全书依据中国革命的历史进程，结合中国现代史学自身演变的基本趋势和特点，对各个历史时期的马克思主义史家及其史学活动和代表性史著作了比较细致的叙述。与此同时，原先对马克思主义史家的个案研究也开始由单篇论文发展为专著，如中国社科院历史研究所史学史研究室编的《新史学五大家》（社会科学文献出版社1996年版，系郭、范、翦、吕、侯五位马克思主义史家评传）、刘茂林和叶桂生的《吕振羽评传》（社会科学文献出版社1990年版）、朱政惠的《吕振羽和他的历史学研究》（湖南教育出版社1992年版）、叶桂生和谢保成的《郭沫若的史学生涯》（社会科学文献出版社1992年版）、张传玺的《翦伯赞传》（北京大学出版社1998年版）等。并且集结出版了一些有关人物的研究专论集，如中国郭沫若研究学会等编的《郭沫若史学研究》（成都出版社1990年版）、林甘泉等主编的《郭沫若与中国史学》（中国社会科学出版社1992年版）、中国社会科学院历史研究所中国思想史研究室等编的《纪念侯外庐文集》（陕西人民教育出版社1991年版）等。从“恢复唯物史观派在现代学术史上的本来面貌”的目的出发，王学典还主张改变过去学术史叙事的“革命史化”倾向，认为正是这种做法，将现代学术史上不少“一度信从过唯物史观的人完全排除在外”，以致把“本来是一支很雄壮很庞大的唯物史观派学术力量写得越来越单薄，直至最后只剩下有数的几个人”。在他看来，开展这项研究，“理应将马克思主义析分为作为‘实践’的马克思主义和作为‘学术’的马克思主义两个单元”，有些人尽管在政治上反对共产主义运动，但并不妨碍他们“在学术研究中又以唯物史观为工具治史”，对此同样也“应该在事过境迁之后如实地予以肯定”。[①] 此外，德国学者罗梅君的《政治与科学之间的历史编纂——30和40年代中国马克思主义史学的形成》（孙立新译，山东教育出版社1997年版）在观点和资料的运用上也颇有特色，值得注意。这些，都反映了上述学术发展趋势。

对于中国现代非马克思主义各派史学的研究，90年代更呈现出一种突破禁区、思想解放的新格局，特别是一批五六十年代长期遭到批判否定的史学家或视为禁区的领域得到了重新检视和实事求是的评介，从而大大拓展了现代史学史的研究空间和深度。这一时期出版的有关现代史家专论，无论是其涉及的流派层面还是深度，都是前所未有的。仅90年代百花洲文艺出版社出版的一套《国学大师丛书》中，就包括了胡适、陈寅恪、柳诒徵、汤用彤、郭沫若、钱穆、顾颉刚、章太炎、罗振玉、梁启超、刘师培、王国维等十二位现代史家的评传。1997年华东师范大学出版社出版的《往事与沉思》传记丛书第一辑也包括了两部现代史家回忆录（傅振伦的《蒲梢沧桑——九十忆往》和何兹全的《爱国一书生——八十五自述》）与三部现代史家传（葛剑雄的《悠悠长水——谭其骧前传》、顾潮的《历劫终教志不灰——我的父亲顾颉刚》和张耕华的《人类的祥瑞——吕思勉传》）。此外，岳玉玺和李泉的《傅斯年——大气磅礴的一代学人》（天津人民出版社1994年版）、王永兴的《陈寅恪先生史学述略稿》（北京大学出版社1998年版）、陈勇的《钱穆传》（人民出版社2001年版），以及各家出版社出版的现代学者研究丛书中对此亦多有涉及。至于单篇论文的范围就更为广泛，对于陈垣、朱希祖、邓之诚、何炳松、张荫麟、朱谦之、常乃悳、萧一山、冯承钧、洪业、张星烺、雷海宗等，都有不同程度的讨论。

与此同时，对现代史学史上的一些重要现象和分支学科发展的研究

---

① 王学典：《唯物史观派史学的学术重塑》，《历史研究》2007年第1期。

也日趋深入和系统化，出现了不少相应的专著，如陈其泰主编的《20世纪中国的历史考证学研究》（北京师范大学出版社2005年版）以历史考证学为主线对现当代史学演变及其成就的翔实评述，以及盛邦和的《解体与重构：现代中国史学与儒学思想变迁》（华东师范大学出版社2002年版）、吴怀祺主编的《中国史学思想通史》近代卷（分前后二卷，分别由陈鹏鸣和洪认清撰写。黄山书社2002年版）、肖黎主编《20世纪中国史学重大问题论争》（北京师范大学出版社2007年版）、周文玖《中国史学史学科的产生和发展》（北京师范大学出版社2002年版）、沈颂金的《二十世纪简帛学研究》和《考古学与二十世纪中国学术史》（均为学苑出版社2003年版）、张越的《新旧中西之间：五四时期的中国史学》（北京图书馆出版社2007年版）、温乐群、黄冬娅的《二三十年代中国社会性质和社会史论战》（百花洲文艺出版社2004年版）、郑先兴的《文化史研究的理论与实践（1900—2000）》（中央编译出版社2004年版）、田亮的《抗战时期史学研究》（人民出版社2005年版）、宋学勤的《嬗变中的近现代史学：以学科互涉为视点的考察》（学苑出版社2008年版）、李春雷的《留美生与中国历史学》（南开大学出版社2009年版）等，都从不同侧面反映了该期史学多姿多彩的面貌。

现代史学之所以会成为1990年代的史学史研究重心，一方面固然是由于感受到近几年学术界不断升温的20世纪学术史回顾总结热之故，另一方面也和整个中国史学史本身的研究现状与趋势有关。就中国史学史的研究而论，古代部分由于起步较早，至80年代已形成了比较完整的体系。而1840—1919年部分的近代史学史研究，到80年代末也初具规模，在各重要史家和史著的研究方面建立了相当的基础。相比之下，1919年至1949年间的史学史研究在90年代初则处于明显的薄弱状态，这就吸引了不少原先从事古代和近代前期史学史研究的专业工作者纷纷把目光转向现代史学史领域。不仅如此，80年代一些专门从事史学理论研究的学者，为了更好地推动当代中国史学理论的建设，也希望通过现代史学史特别是中国马克思主义史学发展史的探讨，穷源溯流，总结其间的经验教训，以便为当代中国的史学发展提供有益的借鉴。加之一部分原先从事西方史学史研究的学者，从探究现代中西史学交流视角入手，也开始涉足于这一学术领域。这几股学术力量汇聚一起，自然使现代史学史的研究很快出现了新的面貌。

这一事实还表明，六十年来的近代史学史研究，一方面是对史学遗产进行认真清理的过程，同时也是一个不断接近现实和为当代文化建设提供借鉴的过程，特别是由于这一时期距离我们今天的时代最近，文化学术上的影响最为直接，因而其现实意义也更强一些。

二、理论与方法的检视

六十年来的中国近代史学史研究，围绕着本学科理论体系的建设，曾展开过多方面的探索和争论，取得了不少积极的成果。兹就其大的方面，略加评述。

（一）关于近代史学史的基本内容

近代史学史的基本内容与一般史学史的研究对象应当说并无差别，但由于其所处时代的特殊性，因而也有一些新的内涵与特点。李润苍认为，中国近代史学史的研究，必须从其所处的半殖民地半封建社会政治、经济、文化思潮的基本背景出发，从史观、史法、史料、史编、史家五个方面对该时期的史学现象作出科学的说明，应“重点深入研究中国近代有代表性的史籍和史家，包括翻译的外国史学名著，探索外国史学对中国史学的影响，中外史学的交流”，“指出它们的特点、地位和作用，从而阐明其演变、发展的规律，供现代史学的参考、借鉴”。尤其要重视对“史观”问题的考察，因为史观在影响史学变化的诸因素中具有决定性的主导作用。[①] 吴泽主编的《中国近代史学史》对此作了更为系统清晰的论述，指出，中国近代史学史的研究对象除了包括一般的史学思想、历史编纂学、史料学等外，还应看到随着近代以来学科分工的

① 李润苍：《关于中国近代史学史的基本内容和几点想法》，《史学史研究》1985年第2期，第49—50页。

发展，“史学史研究的对象和范围也随之扩大。如考古学、民族学、宗教学、历史地理等，都是与史学史发展相关联的学科，均应作为史学史研究的对象。但这些只能作为史学发展的辅助学科，不能取代史学史的研究。还特别应当注意，由于中国近代是半殖民地半封建社会，反映在史学上，外国史学思想和史学方法起有重大影响，不探本溯源，不易进行深入的分析，特别是有些学者片面鼓吹学习西方，主张‘全盘西化’，给中国史学带来了严重后果。另一方面，我们应注意到中外史学的发展应有共同的基本规律，也有各不相同的民族特点。不研究外国史学，就没有一个综合比较的研究，也就不能认识各国史学发展的共同规律和我国史学的民族特点。因此，研究中国近代史学史，必须同时研究西方资产阶级史学及其对中国的影响”①。叶桂生先生则强调，现代史学史的研究应注重分析该时期史学和史家的流派及其特点，写出代表性史家的成就和性格，以便从中揭示该时期的史学动向。②近年来，王学典接连发表文章，主张从“史观派”和“史料派”，或者“新史学”与“新汉学”的交相兴替和互动中去把握现代史学的基本走向，认为：中国现代史学是同时循着两条几乎完全不同的路线一步步产生出来的。从乾嘉汉学逐步演化而来的化经为史的过程，是其中的路线之一；生发于“西洋史学”、对中国学术传统而言意味着炉灶重起的过程，则是其中的另一条路线。前者是所谓的“新汉学”，后者是所谓的“新史学”。“新史学”是指向历史本体的，“新汉学”则从一开始就是着眼于历史记录的。这两条路径起初各有轨辙，齐头并进，但由于“新汉学”凭借深厚，一段时间内压倒了“新史学”；而“新史学”因为符合社会历史潮流、国际学术潮流，又后来居上，再立潮头。“新史学”中经“唯物史观派史学”，如今已经开花结果为“中国社会经济史研究”；“新汉学”最富有象征性的学术遗产，事实上已经归并到当今的“古籍整理”和“史料学”学科中来了。③这些探讨，对于拓宽史学史研究的视野，特别是促进近代史

① 吴泽主编：《中国近代史学史》，第3—4页。

② 叶桂生：《关于现代史学史的思索》，《史学史研究》1989年第4期，第12页。

③ 王学典：《新史学和新汉学：中国现代史学的两种形态及其起伏》，《史学月刊》2008年第6期。

学史研究更充分地展示其时代个性，无疑具有积极的启迪意义。

（二）关于近代史学史的发展主线和分期

这是一个涉及对近代史学史总体认识和编写大框架的体系性问题。80 年代初，白寿彝较早对此作了分析，认为由民族危机激起的“救亡图强的爱国主义史学思潮”是旧民主主义革命时期进步史学的主流，不但反映了其时的社会矛盾和时代要求，对封建主义进行了多方面的深刻批判，也为此后史学的近代化和马克思主义史学的建立准备了条件。而彻底地反帝反封建则是五四以后三十多年中国史学近代化的最大特色和主流。并指出，史学近代化的过程主要表现为研究重心的转变和视野的日趋开阔、史观的更新、史料范围的扩大和治史方法的进步等。① 李润苍先生则认为：“对中国近代史学史的分期可以史观的变化为标志，把近代前八十年分为两个小段：20 世纪初年梁启超提出建立‘新史学’、‘史界革命’以前为第一段，以后为第二段。第一段自魏源的《海国图志》、徐继畲的《瀛寰志略》、梁廷枏的《海国四说》起，19 世纪七八十年代又有王韬的《法国志略》、《普法战纪》、黄遵宪的《日本国志》等，至九十年代末梁启超的《戊戌政变记》，尽管这些书中有反映反帝反封建斗争的倾向，但其史观还不能确定为资产阶级的。只有到了 20 世纪初年，随着民族资本主义发展，民族资产阶级的改良派和革命派形成，各种资产阶级史观的输入，当时的历史论著才有鲜明的资产阶级性质。”②
杜蒸民的《中国近代资产阶级史学概论》（《安徽师范大学学报》1983 年第 1 期）也认为 19 世纪后期的中国史学从总体上看并未跳出封建史学的框架，最多只是资产阶级史学的萌芽，至 1901 年、1902 年梁启超发表《中国史叙论》和《新史学》，才标志着资产阶级史学的真正开端。

80 年代后期，一些近代史学史专著结合具体的研究实践，对此作了更为细致的论述。如尹达先生主编的《中国史学发展史》认为，从鸦片战争到太平天国运动期间，封建史学的藩篱开始被冲破，但由于还缺

---

① 白寿彝：《谈谈近代中国的史学》，《史学史研究》1983 年第 3 期，第 7 页。

② 李润苍：《关于中国近代史学史的基本内容和几点想法》。

乏先进阶级的力量和思想武器，其性质仍属于封建史学的范畴。洋务运动至戊戌变法期间，随着西方进化史观的输入和外国史研究的进一步展开，中国资产阶级史学开始萌芽。20世纪初年则是中国资产阶级“新史学”创立的真正开端。五四以后三十年，马克思主义史学的形成和发展成为现代史学进步的主线，中国史学从此走上了真正科学的轨道。①

吴泽在《中国近代史学史》中提出，中国近代史学的发展贯穿了唯物主义与唯心主义、唯物史观与唯心史观的斗争这一主线，故史学史的研究应注重阐明唯物史观如何在斗争中壮大自己并推进整个中国史学发展的过程及其规律。在近代史学史的分期上，该书认为，一方面应考察构成史学演变的三个要素，即史学思想、历史编纂学和史学研究范围的变化情况；另一方面则应与从根本上制约其发展阶段性的社会历史发展特点联系起来进行分析，也即“抓住每一社会形态发展过程中的各个不同历史时期的主要矛盾和主要矛盾方面，探索出当时各个社会形态中史学发生、发展、演变递嬗的规律”，作出合理的分期。依据这一标准，书中主张将中国近代史学史分为四个阶段：一是鸦片战争前后到太平天国时期，其史学演变的趋势表现为封建旧史学的渐趋衰落和地主阶级改革派史学的兴起。二是太平天国革命失败到义和团运动时期，随着洋务运动的展开、西方近代史学的逐步传入和民族资产阶级登上政治舞台，资产阶级新史学开始崛起。三是义和团运动失败到五四时期，其时资产阶级改良派史学依然保持着相当的影响，革命派史学也异军突起。四是五四至1949年新中国建立，为马克思主义史学在中国产生、传播和发展并成为主流的时期。②

胡逢祥对近代史学的分期，较多地从各时期史学主流的社会文化属性演变着眼，认为中国史学变革的近代化趋势，从内容上看，“主要表现为两个方面：1. 历史研究开始反映出中国近代社会的特点，尤其是帝国主义和中华民族的矛盾、封建主义和人民大众的矛盾这些重大历史斗争的课题。2. 史学主导形态逐步由封建性向资产阶级性以及科学化

① 尹达主编：《中国史学发展史》，第379—381、470页。

② 吴泽主编：《中国近代史学史·前言》。

转变”。据此，他主张将1840年至1949年间的中国史学发展进程划分为三个阶段，一是鸦片战争前后至19世纪90年代，为中国史学近代化的酝酿期，也即中国史学发展主流由封建史学向资产阶级史学转化的过渡期；二是19世纪90年代至新文化运动，为中国近代史学的确立期；三是五四至1949年新中国建立，为我国近代史学走向科学化时期。[①] 蒋俊的《中国史学近代化进程》则强调了中国近代的史学革命与该时期整个社会民主革命进程的一致性，因而主张以史学革命为主线来考察近代史学，认为19世纪末是史学革命的准备时期，20世纪初至20年代末系以资产阶级史家为主进行史学革命的时期，30年代至40年代末是马克思主义史家为主进行史学革命的时期。

这些分歧的存在，反映了各家分期标准的不一，有的强调以社会形态演变为基准；有的以中国近代的三次革命高潮为参照依据；有的着眼于史学自身发展的阶段特点；有的倾向社会经济、政治、学术文化多种因素的综合分析。但就具体的分期而言，我们仍可从中发现一些基本的共识，即大部分意见都倾向以19、20世纪之交和五四作为两个分期的基本历史界标，将整个中国近代史学的演变划分为三个时段。

（三）中国史学的近代化进程与传统史学及西方史学的关系

近代以来，中国史学经历了有史以来最为深巨的脱胎换骨之变，几千年来一直以“道统相传”的方式递嬗并不断得到加固的传统史学体系遭到了根本的动摇，而有着不同社会与文化背景的西方史学却登堂入室，大有取而代之之势。如何看待这一历史现象？如何正确评估传统史学和西方史学在中国史学近代化过程中的实际作用和影响？这是近代史学史研究必须回答的问题。

对于这一问题，史学界曾出现过一些认识上的偏差。肖黎就指出，50年代以来，在很长的时间里，学术界存在着一种既漠视传统史学的优良传统，又盲目排斥西方史学理论方法的错误倾向，“文化大革命”时

---

① 胡逢祥：《中国近代史学的发展进程及其特点》，《华东师范大学学报》1991年第4期。

期，这两者更被打上了“封资修”的标记。[①] 在这种情况下，自然很难谈得上对其进行科学的研究。

近年来，传统史学在近现代史学发展中的地位和作用日渐受到人们的重视。陈其泰便指出：“认为传统史学即封建史学，因而近代史学与传统史学之间存在一个断裂层，近代史学从理论到方法都是由外国输入，在编撰上也是摒弃了传统史书形式而从外国移植的。这种似乎很时髦的论调实则同一个多世纪以来中国史学演进的客观进程相违背。”他认为，近代史学是从传统史学发展演变而来的，外来影响只是近代史学产生的条件。传统史学中既有大量糟粕，也孕育着近代因素，在外来文化大量输入之时，这些宝贵的近代因素被当时敏锐的学者所发扬，成为他们吸收外来进步文化的内在基础，并在与外来成分相糅合的过程中得到升华，形成向近代史学转变的“中介”。有成就的近代史家，其学术无不深深扎根于民族文化的土壤，做到了将外来进步思想与中国史学的优良传统相糅合。可见20世纪史学发展的主流绝不是一脚踢开传统，对外来东西的生搬硬套或简单移植。[②] 并强调，近代史学对古代传统史学是扬弃而不是摒弃，这是一个对传统史学的吸收、改造、发挥和提高过程。[③] 瞿林东先生则提出，在20世纪史学发生巨大变革的过程中，传统史学受到了严峻的批判，这是史学进步的表现，但同时，由于人们对其在近现代史学发展过程中的积极作用估计不足，也削弱了对当代史学之民族形式的研究和追求。苏双碧先生也发表了类似的意见：“在中国，当资产阶级新史学兴起，以及无产阶级的马克思主义史学出现并发展起来时，就必然要破除传统史学方法，揭露传统史学的弊端，以便为新的史学方法开路，从而使零碎的、个别的历史研究变成探寻历史发展规律的研究方法。”但这种批判是为了史学在新社会形态下的发展，而不是从根本上否定传统史学。[④]

这些看法，无疑表达了当代学人对这一问题的理性自觉。而如果从

---

① 《二十世纪中国历史学》（下），《光明日报》1998年1月27日。

② 陈其泰：《史学与中国文化传统》，书目文献出版社1992年版，第177—179页。

③ 陈其泰：《论近代史学对传统史学的扬弃》，《中国史研究》1987年第1期。

④ 《二十世纪中国历史学》（上），《光明日报》1998年1月20日。

整个中国近代史学发展的实际过程看，更不难发现，传统史学的深刻影响力（包括其精华和某些缺陷），无论你是赞赏还是厌弃，都是不容回避的客观存在。因此，正确反映新旧文化交替过程中这层错综复杂的关系，应是近代史学史研究的一项重要任务。有鉴于此，近20年来发表的近代史学史论著，有不少都对传统史学与近现代史学的关系作了不同程度的探讨。如汤志钧的《近代史学和儒家经学》（《学术月刊》1979年第3期）对近代史学和传统经学之间关系的考察，陈其泰的《传统史学向近代史学的转变》（收入其所著《史学与中国文化传统》，书目文献出版社1992年版）对传统史学思想、历史编纂学、考史方法等在近代影响的分析，以及学术界对国粹派、学衡派史学和史家的研究，其关注的重点皆在于此。

至于西方史学与中国近代史学的关系，近十多年来似乎更引人注目。在这方面，于沛先生的看法颇具一种代表性，他说："20世纪中国史学发展的每一关键时刻，都和外国史学理论的引入、传播及中外史学的交融有着密切的关系。没有进化史观，就没有梁启超的新史学；没有唯物史观，就没有中国的马克思主义史学。"[①] 综观此期发表的有关论文，其讨论的主题多集中在以下几方面：首先是西方史学传入近代中国的过程问题。一种意见认为，西方史学输入近代中国的过程可以19世纪末为界线，大致分为前后两期。前期为自发阶段，主要通过两个渠道，一是西方近代来华传教士的史书编译活动，二是近代前期中国人编写的外国史地著作，内容零星而全无系统。19世纪末以后才开始步入自觉阶段，内容也渐趋系统。[②] 另一种意见认为，从比较确切的意义上说，西方史学之输入中国并对中国史学真正产生影响，当自20世纪初的梁启超始。[③] 其次是输入的内容问题。如俞旦初的《二十世纪初年中国的新史学思潮初考》对20世纪初中国通过日本中介输入西方近代史学理论的过程及其内容的考察；张广智的《二十世纪前期西方史学输入中国的行程》对20世纪前五十年梁启超、何炳松、李大钊、傅斯年和战国策

① 《二十世纪中国历史学》（下），《光明日报》1998年1月27日。

② 胡逢祥：《西方史学的输入和中国史学的近代化》，《学术季刊》1990年第1期。

③ 张广智：《二十世纪前期西方史学输入中国的行程》，《史学理论研究》1996年第1期。

派输入西方史学的活动，以及现代美国“新史学”、兰克的“客观主义史学”、西方文化形态史观等在中国的影响所作的评述等。第三是中国近代输入和吸收西方史学的特点。如胡逢祥在《西方史学的输入和中国史学的近代化》中指出，19 世纪末以后，我国史学界之吸收西方史学理论，起初往往并非直接通过史学本身，而是通过西方现代社会学的理论和方法，特别是其中的进化论和社会形态演进学说等，这种历史学与社会学的结合，是中国史学走向近代化的主要趋势之一。张书学则认为，20 世纪初叶，西方在近两百年间先后出现的实证主义、马克思主义、相对主义三大史学思潮几乎同时被介绍到中国，对中国史学发生了共时性的影响。而中国史家在构筑自己的理论体系时，往往根据自己的理解将西方各派史学理论和方法杂糅在一起，并能注意保持自己的民族特点，他们大多是在传统史学的基础上吸收西方史学思想的。[①] 这些，对于当代中国史学的建设应当说都提供了有益的借鉴。

（四）关于中国近代史学思潮与流派的分野问题

史学思潮与流派的起伏兴衰，敏锐地反映着一定时期史学流变的脉息动向，因而历来受到近代史学史研治者的关注。但在如何界定近代史学思潮和流派的分野上，却众说纷纭。

关于中国近代的史学思潮，白寿彝较早提出了这样的看法，认为自鸦片战争到辛亥革命前后，始终贯穿着一股“救亡图存的爱国主义史学思潮”。[②] 稍后，俞旦初也在有关论文中详细论述了 20 世纪初年国内出现的“新史学”和爱国主义二大史学思潮，“这两种思潮并起奔腾，交相辉映，在中国近代文化史上展示了灿烂的篇章”[③]。吴怀祺的《中国史学思想史》持论亦与此相近，他指出，在中国近代史学发展史上，主要出现过三股史学思潮：鸦片战争后，在传统史学经世观的基础上发展起来的爱国主义史学思潮贯穿了近代史学的整个过程；19 世纪末到 20 世纪初，随着西方史学的输入及其和中国传统史学某些理论与方法的结

① 张书学：《中国现代史学思潮研究》，第 51 页。

② 白寿彝：《谈谈近代中国的史学》。

③ 俞旦初：《中国近代的爱国主义史学思潮》，《史学史研究》1985 年第 2 期，第 50 页。

合，新史学思潮由此蓬勃兴起；五四以后，马克思主义在中国的广泛传播，使唯物史观在史学领域内成为发展的主潮。[①]

胡逢祥和张文建则从另一个视角提出了划分近代史学思潮的看法，他们认为，中国近代史学的发展，虽然总体上始终受到爱国主义思想的深刻影响，但由于爱国主义是一种广泛影响于政治、经济和文化各层面的社会思潮，用这类概念来定义整个近代的史学思潮，似乎过于泛化了一点，因而主张史学思潮的界定应尽可能体现出学术史本身的特点。据此，他们提出："从史学发展本身的特点看，中国近代真正形成史学思潮的主要有经世致用史学思潮、新史学思潮、国粹主义史学思潮、疑古史学思潮以及屡屡泛起的封建复古主义史学思潮。这些思潮依次递兴，大致经历了一个依附于一般的学术思潮到逐步形成独立史学思潮的过程。"[②]胡逢祥还主张把五四时期的史学主潮概括为"科学主义史学思潮"。[③]

而张书学对五四以后史学思潮的系统清理工作，尤值得我们注意。他认为，左右中国现代史学发展方向的主要为实证主义、相对主义和马克思主义三大史学思潮，"这三大史学思潮在相互对垒、碰撞和融汇的过程中，促进了现代中国史学的发展。三大史学思潮之间的关系是一种生态关系，否定或看不到这种生态关系而架构的现代中国史学发展史，无疑会因为维度不够而捉襟见肘；或者只看到它们之间的斗争、排斥，看不到彼此的同一互渗，亦难以透视全局"[④]。这样的认识确是颇有新意的。只是在中国现代史学思潮的具体界定上，似有强求与西方近现代主要史学思潮合辙的痕迹。中国现代之存在实证主义和马克思主义两大史学思潮，这是大家所公认的。一战后，西方相对主义思潮对我国史学界产生过一些影响，这也是事实。但它究竟有没有在我国形成过堪与实证主义和马克思主义鼎足而三的大思潮，却是大可商榷的。众所周知，实证主义和马克思主义史学之所以在现代中国形成这样大的影响力，除了

---

① 吴怀祺：《中国史学思想史》，安徽人民出版社1996年版，第327—328页。

② 胡逢祥、张文建：《中国近代史学思潮与流派》，第15—16页。

③ 胡逢祥：《"五四"时期的"科学主义"思潮与中国史学的现代化建设》，《华东师范大学学报》1995年第6期。

④ 张书学：《中国现代史学思潮研究·引言》，第5—6页。

种种历史和现实的原因外，还因其理论内涵存在着某些与中国传统文化易于结合的因素有关。而中国自古代形成史官记事制度后，历史向来就被视为客观存在过的事物，“求历史之真”也被悬为治史的基本宗旨之一，这种文化氛围，使相对主义在中国史学界从来就未获得过充足的滋长空间。如梁启超等人虽说过一些同情相对主义史学观点的话，但直到晚年，这种观点事实上并未成为其史学实践的主导意识。至于钱穆，也不能因他重视历史研究过程中史家主体意识的作用，便将其归入相对主义史家的行列，因为与此同时，他也十分强调历史本身的客观性。这些问题，实际上都可以作进一步的探讨。

与史学思潮的分野问题比较起来，对近代史学流派的讨论似乎要更活跃一些。按照近代史学有关流派的衡量标准，中国古代的史学流派本不甚发达，章太炎甚至说：“夫国学有不必讲派别者，如史学是。”[①] 这主要是由于王权文化专制主义的严厉控制，使史学的学科独立发展受到极大的限制，以致史学流派往往被同时的政治或经学派别所掩盖之故。近代早期，此种情况仍未得到根本的改变，其时比较接近学派性质的大概只有鸦片战争前后的西北史地学派和光绪朝的元史学派。直到20世纪以后，真正具有近代意义的史学流派才开始逐步产生。因此，关于近代史学流派的议论，主要集中在20世纪上半叶的时间段。还在三四十年代，就有冯友兰、钱穆、周予同、曾繁康、齐思和、金毓黻等不少学者探讨过现代史学流派的划分问题[②]，以后稍有沉寂。近二十年来，这一问题的讨论又有重趋活跃之势。

1979年，海外学者余英时在《中国史学的现阶段：反省与展望》（台湾《史学评论》创刊号）中提出：“在现代中国史学的发展过程中，先后曾出现过很多的流派，但其中影响最大的则有两派：第一派可称之为‘史料学派’，乃以史料之搜集、整理、考订与辨伪为史学的重心工作。第二派可称之为‘史观学派’，乃以系统的观点通释中国史的全程为史学的主要任务。”认为两派各偏于一端，唯有起而互补，方能

① 转引自汤志钧编：《章太炎年谱长编》，中华书局1979年版，第674页。

② 详见周文玖：《我国二十世纪三四十年代的史学评述》，《史学理论研究》1999年第2期。

趋于史学正道。该文的观点，实与钱穆《国史大纲·引论》所说相近；而“史料”、“史观”两派的名称，则颇有取于周予同的《五十年来中国之新史学》，只是对其内涵作了新的解释。其后许冠三先生的《新史学九十年》，又将偏重于史料及史实考证的史家和“史观派”各分为若干流派加以详论，使人们对现代史学流派的基本情况有了更为清晰的概念。而侯云灏在《20世纪前期中国史学流派略论》一文中，对前此各家划分现代史学流派的方法得失作了简评，认为“几种划分标准各有利弊，莫衷一是”，倒不如以史坛原来的局面，就事论事，将中国现代史学流派分为新史学派、古史辨派、南高派、考古派、国粹派、食货派、保守派、史料学派、生机史观派、生物史观派、战国策派、马克思主义派等十二个学派。

在近代史学流派的分野上出现这种意见纷纭的局面，主要是由于各家的流派划分标准不一。有的习惯以阶级或政治立场分派，如地主阶级改革派、资产阶级改良派、顽固派、革命派等史学流派概念便据此而生。这种分法虽有一定的道理，但难以充分反映史学本身的特点，且易陷入简单化，正如林甘泉先生所说的“学派分野和阶级分野虽然有一定联系，却不能完全划等号”[①]。有的主张以史家工作的重心所在分派，如史料派和史观派之划分便是。但这种方法也存在问题，“因为史料是史学工作的基础，史观又是史学研究的灵魂，两者缺一不可”，说史料派没有史观或史观派不采用史料，都是不可能的。[②]也有的完全以史家的学历特别是接受国外某种史学理论的背景为依据分派，如傅斯年和陈寅恪同到德国受到过“历史语言学派”的影响，便都被列入了兰克式的“史料学派”。而实际上，中国现代的大部分史家，在吸收外来史学理论和方法时，往往并不局限于一家一派之说，而是兼收并蓄，有时甚至将相互有矛盾的学说也糅合一起，以为我用。如过分拘泥以学历背景分派，同样会导致片面性。总之，我们对各家有关近代史学流派的划分固不必强求统一，但总期于能综合各方面的因素，使流派的划分日趋合理

---

① 林甘泉：《二十世纪的中国史学》，《历史研究》1996年第2期。

② 侯云灏：《20世纪前期中国史学流派略论》，《史学理论研究》1999年第2期。

化，以便更准确地反映中国现代史学的发展趋势与特点。

（五）关于史学功能在近代社会的变化及其实际影响

中国传统史学历来十分强调自身的“经世致用”功能。在传统社会，它曾依附于经学并与之牢固结盟，作为维护封建政治的主要意识形态而盛极一时。进入近代以后，其学术地位和原有的社会功能逐渐发生变化。鸦片战争前后，当旧制度日益走向衰落之际，龚、魏重张“六经皆史”之帜，试图通过强调史学的经世功能，挽救日趋严重的社会危机。20世纪初年，眼看经学没落已成定局，梁启超提出了“史界革命”，甚至说“悠悠万事，惟此为大”，称史学为“学问之最博大而最切要者”，“今日欧洲民族主义所以发达，列国所以日进文明，史学之功居其半焉”。[①] 从理论上将史学的社会功能进一步扩大。其时改良派和革命派在学术研究与宣传活动中，无不注重借史论政，便反映了这种观念。新文化运动前后，在“科学主义”的影响下，出现了一种“非功利主义”的观念，王国维、胡适、顾颉刚等都提出过这样的主张。20年代末以后，史学的经世致用功能在现实政治的刺激和爱国救亡的时代主旋律中重新得到了高扬。史学功能在近代所发生的这些变化，从根本上说，是中国社会及其整个文化巨变的反映，同时也显示了其时史家对这一问题的认识水准。

如何来评价近代史家的上述艰辛探索与实践呢？瞿林东认为，在中国近代史学史上，虽然有“为史学而史学”的种种思潮存在，但史家在关心社会并注重以史学经世的问题上“都有鲜明的认识”，即使其间“走过弯路，留下了严重的教训，但史学之关注社会，在总的方向上是不错的，是应当肯定和坚持下去的”。[②] 刘俐娜认为，虽然近代早期的学者已提出了重新认识史学功能的问题，但并未能加以解决，直至五四时期，全面认识和建设新史学的主客观条件才趋于成熟，其时对于史学功能的认识和重新转换，主要体现在确定了为民众服务的方向，扩大了

---

① 梁启超：《新史学》，《饮冰室合集·文集之九》。

② 引自《二十世纪中国历史学》（下）。

研究的范围和视野，着眼于现实、人生和社会的进步等。[①] 也有的提出，对于现代史坛出现的非功利主义史学功能观，应作具体的分析，特别是五四前后这一观念的提出，对于克服传统史学过分依附于封建政治、缺乏独立意识的弊端实是一种必要的针砭和“矫枉”，这对确立我国近代学术形态和健全史学的学科独立发展机制无疑具有积极的意义。[②] 张书学对此抱有类似的意见，并指出，历史研究中“求真”与“致用”的对立统一，本是其价值观不可或缺的两个基本点，但在中国现代史学史上，却常常表现为两者的分离，这对于历史科学的发展曾产生过不利影响。[③] 王学典更以为，在现代中国史学界，存在着两种互相冲突的治史旨趣，一种是为学问而学问；另一种是为变革现实、再造未来而研究历史。前者为史料考订派推崇，后者为唯物史观派所信守。40 年代以后，两派的观念有相互逆向移动的迹象，唯物史观派开始举起求真的旗帜，而史料考订派也有关注致用之意。[④] 甚至说，百年中国史学史，可以说是史料考订派与史观派的对抗史。前者的实证追求最后变成了在科学方法旗帜下乾嘉汉学的复兴，后者的阐释取向也部分演变为科学理论旗帜下晚清今文经学特征的再现。其实，他们“所追求的东西一开始很可能就是无法实现的东西，与历史学的本性不相容的东西”。[⑤] 姜义华则从“史官史学”和“史家史学”的独特视角考察了这一问题，他说，近代以来的史家史学，对现政权及现社会持批判态度，有着较强的独立性。但由于近代中国新史观和新史学在空前严重的民族危机和社会危机中形成，其所带有的强烈政治性、党派性和阶级性，使史家史学在他们所支持的政治力量取得政权、确立政治支配地位以后，自身很容易相应地从一种社会异己意识变为统治意识，在重建意识形态控制系统中演化为新的史官史学。正因为如此，在 20 世纪大部分时间中，史官史学声威不减

---

① 刘俐娜：《五四时期学者对史学功能的认识》，《历史研究》1996 年第 3 期。

② 胡逢祥：《中国近代史学的发展进程及其特点》，《华东师范大学学报》1991 年第 4 期。

③ 参见张书学：《中国现代史学思潮研究》，第 97—117 页。

④ 王学典：《从追求致用到向往求真》，《史学月刊》1999 年第 1 期。

⑤ 王学典：《实证追求与阐释取向之间的百年史学》，《文史哲》1997 年第 6 期。

往昔。[①] 这些意见，都是值得我们进一步深思的。

（六）关于中国马克思主义史学发展史的反思

在中国近代史学史上，马克思主义史学居有十分重要的地位，因而史学界有关这方面的研究也比较多。限于篇幅，这里只能对一些学术界普遍关注或有争议的问题略作述评。

首先是关于1919年至1949年间中国马克思主义史学的发展进程，大部分意见认为可分为三个阶段：1919年至1927年为其诞生或奠基期；1927年至1937年为成长壮大期；1937年至1949年为中国马克思主义历史科学体系的基本确立期。白寿彝、瞿林东、朱仲玉、蒋大椿、桂遵义诸先生大致持此见，其中白寿彝、瞿林东又将1937年至1949年这一阶段区分为抗日战争和解放战争两个时期。[②] 叶桂生和刘茂林虽然也同意将其发展分为三个阶段，但具体分期却有不同，主张以1919年至1927年为其理论准备阶段，1928年至1940年为中国马克思主义史学形成阶段，1941年至1949年为其建设阶段。[③]

其次是中国马克思主义史学的历史地位问题。近几年来，由于学术界存在的某种贬低、误解甚至否定马克思主义史学的错误倾向，这一问题已引起了众多学者的关注。1997年5月，北京师大史学研究所还为此召开了专门的学术讨论会。会上，蒋大椿指出，建国前的马克思主义史学是在同其他派别相互补充、斗争和竞争中成长的，虽然还不能说已成为中国史学的主流，却是代表时代进步潮流的最先进史学。唯物史观对历史的解释，比其他各派都要强，在史料学方面的成就也很大，这些完全应该肯定。即使是讲阶级斗争，在当时也是正确的，是真理相对性的体现。王学

---

① 姜义华：《从“史官史学”走向“史家史学”：当代中国历史学家角色的转换》，《复旦学报》1995年第3期。

② 参见朱仲玉《1919至1949年间中国的马克思主义史学》（《史学史研究》1981年第3期）、白寿彝和瞿林东《马克思主义史学在中国的传播和发展》（《史学史研究》1983年第1期）、蒋大椿《中国史学科的回顾与展望》（氏著：《唯物史观与史学》）、桂遵义《马克思主义史学在中国》。

③ 叶桂生、刘茂林：《略论马克思主义中国历史学的创立和发展》，《学习与研究》1982年第11期。

典提出：唯物史观派史学在20世纪中国的兴起，至少建立了两大学术功绩：一是促使了社会经济史研究的兴起；二是“把人类学、经济学、社会学等学科的概念工具引人到历史分析中来，从而把中国史学带入了社会科学化的新阶段。郭沫若的《中国古代社会研究》和吕振羽的《史前期中国社会研究》这两部名著可以看作是这个新阶段到来的标志”。[①] 吴怀祺进而认为，五四以后的马克思主义史学，无论从史学发展的趋向还是实际看，都已成为这一时期的史学主流。陈其泰和周溯源等还从马克思主义史学在历史研究成果、人才培养、理论建树、发挥史学的进步社会功能和推进历史学的科学化建设方面，高度地评价了其成就。[②]

三是对马克思主义史学发展过程中经验教训的总结。如果说新中国成立之初，人们因震于马克思主义史学取得的辉煌成就及其在史学界所居的主导地位，一度对这项工作比较忽略的话，那么，经过“文化大革命”的惨痛教训，学术界对此的反思已日趋自觉和深入。戴逸就指出：在马克思主义指导问题上，由于受“左”的思潮的影响，长期以来存在着教条主义与形式主义的问题。以阶级斗争为纲曾在很长的时间内占据统治地位，农民战争史代替了全部的中国历史，历史人物评价也打上了“左”的烙印，这些都需要作进一步的反思。当然，马克思主义仍然是科学的理论和方法，但它只能以自己的理论威力争取群众，而不能靠行政命令、大批判和压服的方法，这是一个教训。[③] 有的则从马克思主义史学史的角度对此作了探讨，认为马克思主义史学自在中国诞生之日起，便十分强调史学的致用也即为革命服务的功能，在相当长的一段时期内，其对历史研究虽已“具有了充分的致用自觉，尚缺乏必要的求真自觉”。[④] 这种倾向，使之“在强化和追求历史学的战斗性、革命性的同时，就自然难免强古就今、以古证今现象的发生，尤其是为激发人民爱国、革命的义愤，不惜借古人古事说今人今事，任意作历史类比，把历

① 王学典：《唯物史观派史学的学术重塑》，《历史研究》2007年第1期。

② 许殿才：《中国马克思主义史学历史地位学术讨论会纪要》，《史学史研究》1997年第3期，第20—23页。

③ 《二十世纪中国历史学》（下）。

④ 王学典：《从追求致用到向往求真》，《史学月刊》1999年第1期。

史现实化，结果不仅对历史研究造成破坏性影响，而且使人辨别不清历史唯物主义和唯心主义的界限，怀疑马克思主义历史学的科学性，在马克思主义史学史上留下了深刻而沉痛的教训”。对此，新中国成立初期范文澜、翦伯赞等老一辈马克思主义史家曾作过自我反省，可惜未引起史学界足够的重视，以致后来在这方面出现了更大的偏差。不仅如此，由于大多数早期马克思主义史家都把马克思主义看作具有普遍权威性的“科学的哲学”，以为研究历史“只是发现已经发现的规律，而忽视对中国历史特殊规律的探讨；自信只要用马克思主义来研究中国历史，即可得出科学的结论，而缺少对史家主体问题的研究”，由此造成了某些盲从本本的教条主义倾向。[①] 这种反省式的讨论，虽然会有一些不同的意见，但总的来说，将对我国当代史学的发展起到积极的促进作用。

涉及近代史学史研究整体框架的理论问题自然还可以举出不少，如中国近代史学发展过程中政治和学术的关系、社会大变动时期史家思想多元特性的分析等。这些问题的讨论，都较集中地反映了目前学术界对近代史学发展基本趋势的认识水平，无论其观点是得是失，皆足供今后的研究参考借鉴。

三、开展健康的学术争鸣，推动近代史学史研究的进一步深化

六十年来的中国近代史学史研究，在经历了几番风雨之后，还逐步形成了一种比较开放的学术争鸣氛围。这一点，尤其反映在对某些具体的史学思潮、流派、史家和事件所展开的讨论上。

在史学思潮和流派的评价方面，争议较大的主要有国粹主义、学衡派、战国策派和食货派等。

长期以来，国粹主义作为一种文化学术思潮，曾因其浓厚的保守倾向而遭到大多数人的否定。在这方面，杨天石发表的《辛亥革命前的国

① 张书学：《中国现代史学思潮研究》，第 112、40 页。

粹主义思潮》(《新建设》1965 年第 2 期）颇具代表性。他认为，“国粹主义思潮是一种封建地主阶级的复古思潮”，它“在保存民族遗产的幌子下保存封建文化，用遗产作为抵制革命的新文化的手段”。吴泽先生主编的《史学概论》还把钱穆、柳诒徵、缪凤林等五四以后的史家归入国粹派，认为其思想实质是“美化中国古代社会”，“美化封建专制制度和封建文化”。[①] 而张枬、王忍之则认为 1905 年至 1907 年间出现的国粹派是当时革命派的支流，它用“保存国粹”的形式，宣传排满复汉和反对君主专制的思想，有一定的革命性。但由于思想上“以狭隘的大汉族主义反对清王朝”，一旦清廷退位，失去了革命的首要目标，便不免消沉“蜕化成革命的逆流”。[②]80 年代以后，主张后一种观点的人有增多的趋势，如隗瀛涛和吴雁南主编的《辛亥革命史》中册（人民出版社 1980 年版）便对晚清国粹主义思想中蕴含的积极因素作了较多的发掘。胡逢祥和郑师渠等人则通过对 20 世纪初年国粹派史学活动的考察，认为不能将其视为一味排斥西学和固守传统的文化复古派。在史学研究上，他们颇能注意吸收西方近代理论和方法，“不仅同样高揭‘史界革命’旗帜，猛烈批判旧史学，而且于新史学身体力行，研究硕果累累”，充当了 20 世纪初年“资产阶级史学不容忽视的一个重要的方面军”。[③] 或者可以说，国粹派的史学主张，实代表了“刚刚从地主阶级中分化出来，具有反帝反封建要求，但又与封建文化保持较深关系的资产阶级学术思想”。[④]

有关学衡派史学的讨论，情况也与此类似。作为五四时期公开反对新文化运动的学术思想流派，学衡派长期以来一直被当作封建文化的余绪而弃置一旁。近年来，随着学术界对现代文化保守主义的研究日趋重视，学衡派的史学也得到了重新评价。郑师渠即认为，学衡派的史学思想实现了与当时西方史学发展态势相近的“由实证主义史学向新史学的

---

① 吴泽：《史学概论》，安徽人民出版社 1985 年版，第 348、349 页。

② 张枬、王忍之编：《辛亥革命前十年间时论选集》卷二“序言”，第 16、17—18 页。

③ 郑师渠：《晚清国粹派的新史学探讨》，《北京师范大学学报》1991 年第 5 期。郑师渠另有《晚清国粹派——文化思想研究》（北京师范大学出版社 1997 年版）一书，可参看。

④ 胡逢祥：《论辛亥革命时期的国粹主义史学》，《历史研究》1985 年第 5 期。

转换”，在理论上，他们肯定历史演变的自身规律性和史学作为一门科学存在的价值，主张史学的发展应注重普及与提高并重，并在通史与专史的编纂、研究领域的开拓和学术团体的组织活动方面提出了一系列建设性的意见，颇能“得风气之先”。[①]

而活跃于40年代初的战国策派史学，“文化大革命”前原被定性为“法西斯史学”，从政治上判决了“死刑”[②]，直到1980年代以后，才有人开始从学术的角度对其作了讨论，并在两个方面提出了新的评价：一是不赞成将它说成是替德、日法西斯侵略张目。理由是战国策派曾明言，“如果希特勒和东条英机取胜，只能是文化的颓萎枯竭，‘希特勒绝对要不得’。有些文章指责战国策派希望法西斯统一世界，似与事实不合，果真如此，他们又何必鼓吹‘战’，只须提倡‘降’就可以了”[③]。二是肯定其输入西方文化形态史观对于开阔国内史学理论视野具有一定的积极意义。[④]江沛通过对林同济、雷海宗、陈铨等“战国策派”代表人物思想和文化观的多方位考察，更提出“战国策派学人的思想意识中，既有自由主义特征，也有激进主义因素，充满了抵御外侮的强烈的民族主义情感，但并不是那种极端的民族主义意识”，更不能将之与法西斯主义思潮联系在一起。在史学上，雷海宗等提出中国文化独具“两周”的理论，“不仅具有学术创造的重要意义，而且在抗日战争最艰苦的时期具有鼓动士气的现实作用”。[⑤]虽然目前学术界在如何评价战国策派史学的问题上仍有一些分歧，但讨论的气氛显然已相当宽松。

对食货派史学的重新评估，牵涉的问题可能更广和更敏感些。由于该派代表人物陶希圣与汪精卫、蒋介石的特殊政治关系，他本人及其所创办的《食货》杂志和食货学会，在新中国曾长期被列入现代“反动学

---

① 郑师渠：《学衡派史学思想初探》，《北京师范大学学报》1998年第4期。

② 参见袁英光先生的《“战国策派”反动史学观点批判》，该文原载《华东师范大学学报》1958年第2期，后被转载于《历史研究》。尹达先生主编的《中国史学发展史》基本上也持此说，参见该书第572—574页。

③ 张和声：《文化形态史观与战国策派的史学》注文，《史林》1992年第2期。

④ 参见侯云灏《雷海宗早期史学思想研究》（《史学理论研究》1992年第3期）、李帆《“文化形态史观”的东渐——战国策派与汤因比》（《近代史研究》1993年第6期）。

⑤ 江沛：《战国策派思潮研究》，天津人民出版社2001年版，第3、80页。

术阵营”而遭到否定。直到1990年代后期，史学界一位极有声望的前辈得知某青年写有一篇评价食货派研究中国社会经济史成就的稿子后，仍以半开玩笑的口吻对他说：“你胆子真大，连这样的题目都敢写！”当时这篇文章虽经多方投稿，但一般杂志都不敢刊登。然至90年代末，特别是进入新世纪后，情况逐渐发生变化，相关论著接连刊布，如李根蟠《二十世纪的中国古代经济史研究》(《历史研究》1999年第3期)、陈峰《〈食货〉新探》(《史学理论研究》2001年第3期)、李源涛《20世纪30年代的食货派与中国社会经济史研究》(《河北学刊》2001年第5期)、翁贺凯《1927—1934陶希圣之史学研究与革命论——兼论其与国民党改组派之关系》(《福建师范大学学报》2003年第4期)、向燕南和尹静《中国社会经济史研究的拓荒与奠基——陶希圣创办〈食货〉的史学意义》(《北京师范大学学报》2005年第3期)等，评价亦有日益走高之势。这些论著，都众口一词地肯定陶希圣及食货派史学在中国社会经济史研究领域的开创性贡献。有的还认为：1930年代的学术界，马克思主义广泛流行，已成一种主流思潮，陶希圣及食货学派在学术上所取的正是唯物史观的路径，且避开了当时某些马克思主义史家的公式主义倾向和经济史观“过分夸大了经济因素的作用，忽视、排斥了政治、文化等其他因素”的理论陷阱。[①] 至其治史路径的最大特点，向燕南等认为乃在注重理论与材料的结合和运用社会科学方法。[②] 王学典更提出，自1930年代中期起，中国史学发展出现了一种在理论和方法上会通各派所长的趋势，这一“‘会通派’的学统应部分直接溯源至《食货》杂志”，该派学人的实践，“既一扫考订派的拘谨局促，又无史观派的大而无当”，“在崇尚材料的‘疑古派’、史语所派和迷信理论的‘史观派’之外，又开辟了一条兼重材料与理论的史学研究之路”。[③] 这样的评价，应当说已达相当的高度。

至于对近代史家的讨论，争议之处就更多。这里仅以梁启超、章太

① 陈峰：《〈食货〉新探》，《史学理论研究》2001年第3期。

② 向燕南、尹静：《中国社会经济史研究的拓荒与奠基——陶希圣创办〈食货〉的史学意义》，《北京师范大学学报》2005年第3期。

③ 王学典：《近五十年的中国历史学》，《历史研究》2004年第1期。

炎、陈寅恪、郭沫若为例，作些简介。

梁启超是中国近代新史学的奠基人，由于一生思想多变，学术界对其史学的认识分歧也较多，这主要是：（一）关于梁氏史学理论体系的形成时间。一种意见认为当在20年代，也即《中国历史研究法》发表之时；[①] 另一种意见认为初步形成于1902年左右，以《中国史叙论》和《新史学》的发表为标志，此后只是进一步完善罢了；[②] 还有一种意见主张上推到戊戌变法前夕。（二）关于梁氏史学思想的评价。一种意见认为，梁氏史学思想的演变与其政治活动基本同步，即前期进步有生气，后期伴随着政治上的落伍，史学上也不断倒退；[③] 另一种意见认为，梁的史学总体上应基本肯定，即使是晚年思想多变，表现出对进化论的怀疑，也并非简单的倒退，其中实包含着对历史的认识趋向深化和复杂化的一面。[④]（三）关于梁氏史学的特点。一种意见认为"批判与创新是梁启超史学的特点"，即使在他晚年仍是如此；[⑤] 另一种意见认为离开时代的变化，笼统地说梁史学的特点是批判和创新是不对的；[⑥] 还有的指出梁的史学理论体系具有多元论倾向、开放型结构和不稳定性等特点。[⑦]

关于章太炎的史学，诸家争论的焦点一度主要集中在其思想的复杂多元性上，仅章氏思想的阶级属性而言，就至少有地主阶级反满派、农民小生产者的代表、封建士大夫阶层的代表、资产阶级民主主义思想家、小资产阶级思想家等五种不同的意见[⑧]，对于他的史学，大部分论文

---

① 刘振岚：《梁启超对历史发展规律的探索》，《历史研究》1984年第5期。

② 胡逢祥：《梁启超史学理论体系新探》，《学术月刊》1986年第12期。

③ 参见胡滨《论梁启超的史学》（《文史哲》1957年第4期）和李侃《梁启超史学思想试论》（《新建设》1963年第7期）。

④ 参见前揭刘振岚、胡逢祥文及张书学《中国现代史学思潮研究》，第286页。

⑤ 参见马金科《批判与创新是梁启超史学的特点》（《光明日报》1983年10月12日）和曹靖国《梁启超进化史观的演变》（《东北师大学报》1985年第3期）。

⑥ 吴怀祺：《关于梁启超史学评价的几个问题》，《光明日报》1984年1月18日。

⑦ 见前揭胡逢祥文。

⑧ 分别参见罗耀九《辛亥革命前章太炎的封建意识试析》（《学术月刊》1962年第6期）、胡绳武和金冲及《辛亥革命时期章炳麟的政治思想》（《历史研究》1961年第4期）、孙守任《论章炳麟政治思想的阶级属性及其发展的几个阶段》（《吉林师大学报》1964年第1期）、赵金钰《论章炳麟的政治思想》（《历史研究》1964年第1期）、林庆元《章太炎是小资产阶级思想家》（《历史研究》1985年第4期）。

都比较强调其民族主义的历史观念，认为他是中国近代由传统史学向资产阶级新史学转变的代表人物之一。[①]也有人认为其史学理论基本上来源于资产阶级进化论和西方的社会学。[②]对章氏思想和史学的讨论，实际上向我们提出了一个如何正确认识处于近代社会形态大变动时期人们思想的多元化问题。

陈寅恪则是近几年学术界议论的一个热点，其中比较有争议的，首先是其思想的基本属性问题。有人据其自述“思想囿于咸丰同治之世，议论近乎曾湘乡、张南皮之间”，认为其政治思想仍然恪守或近于洋务派的“中体西用”观。[③]傅璇琮以为“这简直是不可思议的”，陈氏的表述，固然与其家世渊源和对时势的感慨有关，但其本意，还是从“中国本位文化论”的立场上理解为好，也就是说，“陈寅恪只不过借张之洞的术语，来表达他个人对如何接受外来文化的主张。他的这种以我为主、为我所用的文化主张，正是他所倡导的学术理性的表现，对今天也还有极大的认识意义”。[④]其次是其史学方法的渊源问题。比较传统的说法，认为其史学方法主要承自“乾嘉朴学的家法”。[⑤]陈门弟子王永兴先生亦认为陈之“史学渊源于宋贤”，“而又发展之，开辟了华夏民族史学的新时代”，并特作《陈寅恪先生史学述略稿》加以阐扬。[⑥]其三是其史学流派的分野问题。许冠三的《新史学九十年》将其与傅斯年一同归入“史料学派”加以论述。对此，海外华裔学者汪荣祖深不以为然，说：“使人觉得奇怪的是，史料居然可作为一个史学流派的称号。因史料乃任何史学流派，或任何像样的史学家必须共同重视与遵奉的，说不上是一种特点，也不是一种特长。”[⑦]傅璇琮也提出，不能“把陈寅恪的学问仅仅归结为考据，那只是看到它的极为次要的部分”，因他治学“决不

---

① 参见吴蔚若《章太炎之民族主义史学》（台北《大陆杂志》第13卷第6期）、李润苍《章太炎的史学观点和方法》（《学术月刊》1984年第8期）。

② 杜蒸民：《试论章太炎 的史学思想及其成就》，《史学史研究》1983年第4期。

③ 李泽厚：《中国近代思想史论》，1978年所写后记。

④ 傅璇琮：《陈寅恪文化心态与学术品位的考察》，《社会科学战线》1991年第3期。

⑤ 俞大维、蒋天枢、萧公权、汪荣祖等皆持此见，参见《新史学九十年》第238页注16。

⑥ 参见该书前言。

⑦ 汪荣祖：《陈寅恪与乾嘉考据学》，《纪念陈寅恪教授国际学术讨论会文集》，第220页。

以考据资料自限”，而是十分强调通识的。①

而郭沫若是我国老一辈马克思主义史学家中影响最为广泛并且也是最有争议的人。自他逝世以后，学术界对其史著的资料、观点、结论乃至学风都有所非议，开始是对其“文化大革命”中所撰《李白与杜甫》的指责，接着是对其以往有关曹操、武则天的翻案文章，以及古史分期看法等的批评。1981年姚雪垠在《文汇月刊》发表的《评〈甲申三百年祭〉》除了指出其史料上的疏漏，还对郭沫若的治学态度和学风表示了极大的不满。著名历史学家金景芳先生也对郭沫若的治史学风提出了言辞激烈的批评，认为他的某些研究“既没有马克思主义的理论根据，又没有中国历史事实根据，纯粹出于主观臆造”②。这些看法，很快遭到了顾诚、王守稼、缪振鹏、谢济等人的反驳，他们认为，郭沫若的历史研究固然存在着某些不足，但绝不能因此从学风上全盘否定其成就，应当从时代条件和其在历史上所起的实际作用来全面认识郭沫若史学的地位。③特别是尹达先生的《郭沫若》一文，高度评价了郭沫若一生的史学活动，认为他是我国无产阶级史学的拓荒者，“革命行动家与学术家兼而为之的道路，决定着郭沫若治学的特点”，无论是对中国古代史还是甲骨、金文和古器物的研究，都是如此。同时指出，他的某些史著，也存在着理论上简单化和片面化倾向，有时甚至用“驰骋想象”的推理代替史实的分析，以致显得不够严谨。难能可贵的是，对于自己的错误，他总能不断进行自我解剖，并勇于修正。④在有关郭沫若史学的各种评价中，还应顺便提及海外学者余英时的《〈十批判书〉与〈先秦诸子系年〉互校记》。该文最初发表于1954年香港《人生》半月刊，1994年复收入上海远东出版社出版的《钱穆与中国文化》一书，在国内产生了较大的影响。文中指责郭沫若的《十批判书》大量抄袭钱穆的《先秦诸子系年》，以

① 参见傅璇琮前揭文。

② 金景芳：《中国古代史分期商榷》，《历史研究》1979年第2—3期。

③ 参见顾诚《如何正确评价〈甲申三百年祭〉》（《中国史研究》1981年第4期）、王守稼和缪振鹏《〈甲申三百年祭〉及其在现代史学史上的地位》（《郭沫若研究》[1]，文化艺术出版社1985年版）、谢济《金景芳先生为何如此评论郭沫若史学》（《郭沫若学刊》[乐山]1991年第1期）。

④ 参见陈清泉等编：《中国史学家评传》（下），中州古籍出版社1985年版。

致“我们便不能不对他的一切学术论著都保持怀疑的态度了”。[①] 由于该文对郭的批评已接近攻击，颇引起一些大陆学者的不满，翟清福、耿清珩特此撰文，列举史实，对余文逐条作了理智的辩析，指出余英时出于个人的好恶，肆意扬钱抑郭，绝非一个正直学者应有的态度，“学术批评应当实事求是，不能出于政治偏见而恶意中伤”。[②]

以上所举，不过是目前近代史学史研究领域存有争议的几个例子，但从其涉及的学术流派层面、讨论问题的视野，以及思想的解放程度看，已颇可感受到近数十年来国内史学风气的转换尤其是学术界思想日趋开放之势。正是这种日趋开放而健康的学术争鸣，使近代史学史的研究不断萌发出新的意境和活力。[③]

回顾六十年来的中国近代史学史研究，其所取得的成绩确是令人鼓舞的。但与此同时，我们也不能不看到，由于其整个研究工作起步较晚，与同属文化学术史领域的哲学史、文学史、思想史等相比，无论在学科建设的成熟度、视野的开阔性、研究思路和方法的多样性上，都还存在着相当的差距。因而，正如瞿林东所说的：“中国史学史研究的建设时期，还将走过一段路，还有许多艰苦的工作要做。”[④] 对于近代史学史的研究和学科建设来说，尤其是如此。

就目前近代史学史研究的现状而言，我以为要进一步将其推向深入，至少有以下几方面的工作可以注意。

一是理论观念的更新。新中国成立以后的史学史研究，一直十分重视理论和方法问题。但应当看到，60 年代以来的有关讨论，大多集中在学科研究的对象、任务、分期、史学评论的标准等最基本的问题，对于某些更为具体的理论则较少展开探讨，这就不能不影响到整体研究的专深度。如关于现代化问题，是目前学术界关注的一个热点，讨论的文章也比较多。在中国近代史学史的实际研究中，也不时出现“史学现代

---

① 参见余英时：《钱穆与中国文化》，第 119 页。

② 翟清福、耿清珩：《一桩学术公案的真相》，《中国史研究》1996 年第 3 期。

③ 有关 80 年代以前近代史学史研究的具体问题讨论情况，乔治忠、姜胜利编著的《中国史学史研究述要》有更多的介绍，可参看。

④ 瞿林东：《走向中国史学深处》，《中国史研究》1998 年第 4 期。

化”提法，但对于其内涵究竟是什么，史学史学界却未能根据本学科的特点展开比较集中的讨论，大抵只是各抱一说，互不交锋。其实这个问题不仅涉及近代史学史的分期标准，还与整个近代史学史研究内容的布局、视野的广狭和某些理论范畴的确立都有着直接的关系。中国近代史学之所以与传统史学不同，就在于它的发展已超越了原先比较单纯的本土文化旧囿而开始汇入到整个世界的学术潮流中，现代中国史学的不少理论范畴及运作机制与传统史学存在很大的差异，与西方近代史学却有着相当的同构性，原因就在这里。这个事实提示我们，对近代史学史的研究，不能仅仅满足于过去建立的对于一般史学史研究理论的共识，而应根据近代史学发展的具体历史背景和特点，作进一步的细化认识。又如对现代史学史的研究，过去一直强调马克思主义史学和非马克思主义史学斗争的一面。但实际上，现代各派史学的关系并非如此简单，他们之间有斗争，也有相互影响的一面。特别是在一些技术性的史学理论和方法方面，其间的互通性就更多些。同时，非马克思主义史家在治史的实践中，受唯物史观影响的也大有人在。因此，在研究中国现代史学时，对各派史学的阶级和政治倾向固应重点关注，对其间实际存在的相互影响，也须进行实事求是的考察分析，方能得其全相。至于近代史学思潮与流派的分野，各家说法不一，标准五花八门，其实也与近代史学史研究目前存在的某些“理论失范”有关。当然，“理论失范”对于学术研究来说并不就是坏事，在很多场合下，它还是观念更新和思想活跃的前提。但是，如果满足于这种现状，不通过有意识的讨论，将这种分散的、接近感性状态的个人认识及时总结、提升到更高的理论层次，最终势必制约整个学科研究的进一步深化。

二是进一步开拓视野和研究领域。近几年来，近代史学史研究的领域虽不断有所扩大，但仍有一些问题值得我们注意。比如一般史学史论文，考察问题的着眼点多集中在史家、史著、史学思想和历史编纂法，这些当然都是史学史研究的基础，但近年来有些论著在研究视角和方法上已显示出一些新的特点，如罗志田《近代中国史学十论》（复旦大学出版社 2003 年版）对近代史学史的讨论，往往能结合思想史的研究，从比较大的社会学术观念层面去揭示其演变特点；桑兵的相关研究，则从过去史学史研究相对薄弱的学术活动史角度，通过钩稽学界人物之间的学术关联、学术群体的活动等史实，来展现近代史学的某些面貌，给人以相当的动感。这些都为今后的研究提供了有益的启示。又如近代中外史学的比较研究，虽已有人作了一些工作，但大多偏于西方史学对中国单向输入及影响的考察，有关中国现代史学（包括一些具体的历史研究成果）对国外学术界的影响，则很少有人探讨，在自觉进行融贯中外的史学横向比较方面，也显得十分单薄。这些，都有待于进一步改进。

三是提倡协作精神，加强综合研究。为使中国近代史学史的研究在现有的规模基础上有一个较大的提升，我们还必须大力提倡学术界的通力协作精神。如前所说，目前国内从事近现代史学史研究的人员，从其原先的专业分布看，主要来源于三个方面，即史学理论、中国史学史和西方史学史，他们从各自熟悉的研究方向着手，默默耕耘，都作出了可观的成绩。但是，由于过去的专业分工过细过专，他们的研究也不免暴露出各自的弱点，以致在一定程度上影响了研究的深入。如能改变目前的分散经营状况，把这些学术力量有意识地组织起来，通过定期的讨论和合作性的课题研究，有机地融合各方的专长，相信一定能使中国近代史学史的研究出现一个崭新的局面。这样做，还有一个好处，可以集中财力物力，减少重复劳动。有幸的是，自2000年教育部在北京师范大学成立人文科学研究基地“史学理论与史学史研究中心”以后，上述情况已有了较大改观。该中心在瞿林东先生的支持下，团结全国各高校的同行研究人员，有效地组织了多项大型的近代史学史研究课题，先后组织出版了《二十世纪中国史学名著》（河北教育出版社2000—2002年版）、《20世纪中国史学研究系列》、《历史时代嬗变的记录——中国近现代史学研究》（均为北京师范大学出版社版）、多卷本《中国史学史·中国近代史学》（白寿彝主编，陈其泰著，上海人民出版社2006年版）等颇具规模的文献集和论著，为本学科的发展作了大量基础性的建设工作，也为今后协调组织史学史的研究力量提供了很好的示范。

应当看到，就中国近代史学史的研究而言，目前我国不仅专业队伍人员众多，成果也极为丰富。但也存在着一个很突出的问题，即科研课题和论文内容的重复率比较高，这虽然和高校现行的考核机制有关，但在我们这样一个财力不宽和出版资源有限的国家实在可以说是一种“奢侈”。要改进这一现状，不仅需要科研人员的努力和自律，同时也希望今后的科研机制，能建立在有利于注重质的提高方面，以便引导研究者集中到新领域、新课题的开拓或深耕细作上。虽然这样做，冷板凳会坐得长些，出成果也可能慢些，但却能一个一个地填补空白，不断开辟出新的领地，把我们的学术事业建设得更加踏实。

附录二：主要引用文献及书目一览

一、档案、书信日记、年谱、资料汇编类

《1945年度学术奖励著作申请书及审查意表》，中国第二历史档案馆藏档，卷宗号5-1360。

《北平研究院十年来工作概况》，中国第二历史档案馆藏档，卷宗号5-6797。

《陈德培手录：洋事杂录》，原件今藏上海社会科学院历史研究所，今经林永俣、孟彭兴整理标点，刊于《中山大学学报》1986年第3期。

《国立武昌高等师范学校史地学会组织表》，中国第二历史档案馆藏档，卷宗号1057-491。

《国立中央研究院历史语言研究所致齐鲁大学公函》，山东省档案馆藏档，卷宗号J109-03-2。

《教育部史地教育委员会概况（第2号）》，1941年铅印本。

《教育部学术审议委员会组织条例草案、工作概况等文件》（1938—1948），中国第二历史档案馆藏档，卷宗号5-1347。

《教育部指令》（1940.9），山东省档案馆藏档，卷宗号J109-03-2。

《南海康先生口说学术源流》，广州中山图书馆藏抄本。

《齐鲁大学国学研究所在蓉》（1939—1945），山东省档案馆藏档，卷宗号J109-03-3。

《全国学术团体一览表及学术奖励摘要》（1946—1947），中国第二历史档案馆藏档，卷宗号5-1351。

《三年来学术审议委员会工作概况》，1943年3月铅印件，中国第二历史

档案馆藏档，卷宗号 5-1347。
《史地教育委员会三年来工作总报告》，中国第二历史档案馆藏档，卷宗号 5-467。
《私立金陵大学兼办社会教育经过及计划》，中国第二历史档案馆藏档，卷宗号 649-1218。
《私立扬州国学研究所呈请立案的文件》，中国第二历史档案馆藏档，卷宗号 5-2313。
《中华民国史档案资料汇编》第 5 辑第 1、2 编“教育”（一），江苏古籍出版社 1994、1997 年版。
北京师范大学档案馆藏辅仁大学旧档，卷宗号 707、761。
顾颉刚致刘书铭函，山东省档案馆藏档，卷宗号 J109-03-2。
国立北平研究院编:《院务汇报》。
暨南大学“史地学会”档，上海档案馆藏档，卷宗号 Q240-546-24。
王应宪编校:《现代大学史学系概览（1912—1949）》，上海古籍出版社 2016 年版。
云南省档案馆民国档案，卷宗号 13-1-21、16-2-190、16-2-115。

《曾文正公书札》，传忠书局刻本 1876 年版。
《道光朝筹办夷务始末》，北平故宫博物院 1929—1930 年版。
《读书杂志》社编:《中国社会史的论战》第 1、3 辑，神州国光社 1931、1932 年版。
《胡适的日记》，中华书局 1985 年版。
《全国中文期刊联合目录（1833—1949）》（增订本），书目文献出版社 1981 年版。
《私立燕京大学》，台北南京出版公司 1982 年版。
《四库全书总目提要》，中华书局 1965 年版。
《吴宓日记》，生活·读书·新知三联书店 1998 年版。
《吴宓日记续编（1961—1962）》，生活·读书·新知三联书店 2006 年版。
《夏鼐日记》，华东师范大学出版社 2011 年版。
《学府纪闻·国立河南大学》，台北南京出版公司 1981 年版。

《艺风堂友朋书札》上、下册，上海古籍出版社 1980—1981 年版。
《云南杂志选辑》，科学出版社 1958 年版。
《朱希祖日记》，中华书局 2012 年版。
安徽省泾县地方志编纂委员会办公室编:《泾县史志资料选编》第一集，1987 年。
北京大学中国现代文学教研室等编:《中国现代文学史参考资料·文学运动史料选（一）》，上海教育出版社 1979 年版。
北京图书馆编:《北京图书馆所藏珍本年谱丛刊》，北京图书馆出版社 1998 年版。
卞僧慧纂:《陈寅恪先生年谱长编（初稿）》，中华书局 2010 年版。
曹伯言整理:《胡适日记全编》，安徽教育出版社 2001 年版。
曾纪泽:《使西日记》，湖南人民出版社《走向世界丛书》本 1981 年版。
陈崧编:《五四前后东西文化问题论战文选》（增订本），中国社会科学出版社 1989 年版。
陈学恂主编:《中国近代教育史教学参考资料》，人民教育出版社 1987 年版。
陈寅恪:《陈寅恪集·书信集》，生活·读书·新知三联书店 2001 年版。
陈真等编:《中国近代工业史料》第一辑，生活·读书·新知三联书店 1957 年版。
陈智超编注:《陈垣来往书信集》，上海古籍出版社 1990 年版。
丁文江、赵丰田编:《梁启超年谱长编》，上海人民出版社 1983 年版。
杜元载主编:《革命文献》第 59 辑，台北"中央"文物供应社 1972 年版。
房鑫亮编校:《王国维书信日记》，浙江教育出版社 2015 年版。
甘孺辑述:《永丰乡人（罗振玉）行年录》，江苏人民出版社 1980 年版。
高军编:《中国社会性质问题论战》（资料选集），人民出版社 1984 年版。
耿云志主编:《胡适遗稿及秘藏书信》，黄山书社 1994 年版。
顾潮:《顾颉刚年谱》，中国社会科学出版社 1993 年版。
顾颉刚:《顾颉刚日记》，台北联经出版公司 2007 年版。
顾颉刚:《致陈叔亮（训慈）》，原函，陈训慈先生藏。
郭嵩焘:《使西纪程》，辽宁人民出版社 1994 年版。

郭廷以：《郭量宇先生日记残稿》，“中央研究院”近代史研究所2012年版。
国民政府教育部编：《第二次中国教育年鉴》，商务印书馆1948年版。
胡颂平编著：《胡适之先生年谱长编初稿》，台北联经出版公司1990年版。
华美协进社编：《中国留美学生硕士、博士论文目录（1905—1960）》，台湾书店《近代中国教育史料丛刊·留学教育》本1980年版。
蒋大椿主编：《史学探渊——中国近代史学理论文编》，吉林教育出版社1991年版。
蒋天枢：《陈寅恪先生编年事辑》（增订本），上海古籍出版社1997年版。
蒋致远主编：《中华民国教育年鉴》，宗青图书出版公司1991年版。
黎庶昌：《西洋杂志》，《走向世界丛书》，湖南人民出版社1981年版。
李隆庚编：《20世纪中国中小学课程标准·教学大纲汇编：历史卷》，人民教育出版社2001年版。
梁颖整理：《胡朴安友朋手札·胡适函》，《历史文献》第二辑，上海科学技术文献出版社1999年版。
刘经富：《陈寅恪未刊信劄整理笺释》，《文史》2012年第2辑。
刘曼卿：《康藏轺征》，商务印书馆1933年版。
刘乃和等编著：《陈垣年谱配图长编》，辽海出版社2000年版。
刘寿林等编：《民国职官年表》，中华书局1995年版。
刘序渭编：《蒙古史料汇编》，《亚洲民族考古丛刊》第六辑，台北南天书局1976年版。
南方局党史资料编辑小组编：《南方局党史资料·文化工作》，重庆出版社1990年版。
彭明主编：《中国现代史资料选辑》第五册，中国人民大学出版社1989年版。
浦江清：《清华园日记·西行日记》，生活·读书·新知三联书店1987年版。
清华大学校史研究室编：《清华大学史料选编》，清华大学出版社1991年版。
瞿宣颖纂辑：《中国社会史料丛钞》，上海书店出版社1985年版。
陕西师范大学教育研究所编：《陕甘宁边区教育资料》，教育科学出版社

1981 年版。
宋云彬：《红尘冷眼》，山西人民出版社 2002 年版。
苏州大学校史编写办公室编：《唐文治年谱》，苏州大学校史编写办公室，1984 年。
绥远参议会编印：《绥远参议会对于绥远蒙旗自治问题之意见》，1947 年。
孙尚扬等编：《国故新知论》，中国广播电视出版社 1995 年版。
孙武等编：《共产国际与中国革命资料选辑》（1919—1924），人民出版社 1985 年版。
汤志钧、陈祖恩编：《中国近代教育史资料汇编——戊戌时期教育》，上海教育出版社 1993 年版。
汤志钧编：《章太炎年谱长编》，中华书局 1979 年版。
屠孝宦：《先君敬山先生年谱》，屠氏家属打字稿油印本。
万仕国编：《刘师培年谱》，广陵书社 2003 年版。
王桧林主编：《中国现代史参考资料》，高等教育出版社 1988 年版。
王蘧常编：《沈寐叟年谱》，商务印书馆 1938 年版。
王明泽：《陈垣事迹著作编年》，广西师范大学出版社 2000 年版。
王庆祥、萧立文校注：《罗振玉王国维往来书信》，东方出版社 2000 年版。
王锡祺编：《小方壶斋舆地丛钞》正编、补编、再补编，上海著易堂 1891—1897 年版。
温儒敏、丁晓萍编：《时代之波》，中国广播电视出版社 1995 年版。
吴宓：《吴宓自编年谱》，生活·读书·新知三联书店 1995 年版。
吴相湘、刘绍唐主编：《国立北京大学纪念刊》，台北传记文学出版社 1972 年版。
吴泽主编，刘寅生、袁英光编：《王国维全集·书信》，中华书局 1984 年版。
燕大文史资料编委会编：《燕大文史资料》第三辑，北京大学出版社 1990 年版。
张静庐编：《中国近代出版史料初编》，上海书店出版社 2003 年版。
张荣华：《沈曾植年谱稿》，复旦大学硕士学位论文打印稿。
中共党史资料征集委员会编：《中共党史资料》第 14 辑，中共党史资料出版社 1985 年版。
中共中央书记处编:《六大以前》，人民出版社 1980 年版。
中共中央书记处编:《六大以来》，人民出版社 1981 年版。
中国藏学研究中心等编:《元以来西藏地方与中央政府关系档案史料汇编》，中国藏学出版社 1994 年版。
中国人民大学中国革命史教研室编:《中国革命史参考资料》，中国人民大学出版社 1956 年版。
中国人民解放军政治学院党史教研室编印:《中共党史参考资料》，1979—1980 年。
中国史学会编:《中国近代史资料丛刊·戊戌变法》，神州国光社 1955 年版。
中央教育科学研究所编:《老解放区教育资料·二、抗日战争时期（下）》，教育科学出版社 1986 年版。
周宁辑:《国立中央研究院概况（1928—1948）》（据中国第二历史档案馆藏原始资料摘编），《民国档案》1990 年第 4 期。
朱偰:《朱希祖年谱》，《文史大家朱希祖》，学林出版社 2002 年版。
朱有瓛主编:《中国近代学制史料》第 2 辑上册，华东师范大学出版社 1987 年版。
朱有瓛主编:《中国近代学制史料》第 3 辑下册，华东师范大学出版社 1992 年版。

二、晚清与民国报刊类

《北大日刊》
《北平晨报》
《布尔什维克》
《晨报》
《大公报》
《大同报》

《地学杂志》
《东方杂志》
《动力》
《独立评论》
《读书通讯》
《读书月刊》
《读书杂志》
《法学专刊》
《改造》
《歌谣》
《广西日报》
《国粹丛编》
《国粹学报》
《国风》半月刊
《国风月刊》
《国故》
《国立中央研究院历史语言研究所集刊》
《国民报汇编》
《国民公论》
《国学粹编》
《国学辑林》
《国学季刊》
《国学论丛》
《杭州白话报》
《湖北学生界》
《华北时报》
《华国月刊》
《建国月刊》
《建设》
《江苏》

《教与学》
《教育公报》
《教育杂志》
《解放》
《考古》（考古学社社刊）
《科学》
《科学大众（中学版）》
《理论与现实》
《历史科学》
《民报》
《民铎》
《清华学报》
《清华周刊》
《群众》
《厦大周刊》
《申报》
《师大史学丛刊》
《时报》
《食货》半月刊
《史地丛刊》
《史地学报》
《史学》
《史学集刊》（北平研究院）
《史学年报》
《史学消息》
《史学与地学》
《史学杂志》
《世界文化》
《思想与时代》
《太平洋》

《天义报》
《同声月刊》
《图书评论》
《图书月刊》
《图书展望》
《万国公报》
《文化建设》
《文化建设周刊》
《文史》
《现代评坛》
《现代史学》
《湘学报》
《新教育》
《新民丛报》
《新青年》
《新生命》
《新世纪》
《新世界学报》
《新月》
《星期评论》
《学报》
《学部官报》
《学海》
《学衡》
《学林》
《燕大月刊》
《燕京社会科学》
《译林》
《译书汇编》
《益世报》

《禹贡》半月刊
《语言历史研究所周刊》
《战国策》
《浙江潮》
《浙江省立图书馆月刊》
《政艺通报》
《中法大学月刊》
《中国丛报》（*Chinese Repository*）
《中国经济》
《中国社会经济史集刊》
《中国文化》
《中华教育界》
《中华论坛》
《中华新报》
《中山文化教育馆季刊》
《中苏文化》
《中外日报》

三、著作类

马克思、恩格斯：《马克思恩格斯全集》，人民出版社 1956—1983 年版。
马克思、恩格斯：《马克思恩格斯选集》，人民出版社 1972 年版。
列宁：《列宁全集》，人民出版社 1984—1990 年版。
列宁：《列宁选集》，人民出版社 1972 年版。
斯大林：《斯大林全集》，人民出版社 1954 年版。
毛泽东：《毛泽东选集》，人民出版社 1966—1967 年版。

《春秋穀梁传》，中华书局 1980 年版《十三经注疏》本。
《大戴礼记》，商务印书馆 1922 年版《四部丛刊初编》本。

《论语》，中华书局 1980 年版《十三经注疏》本。
《孟子》，中华书局 1980 年版《十三经注疏》本。
《元史》，中华书局 1976 年版。
《朱子语类》，中华书局 1986 年版。
《诸子集成》，中华书局 1954 年版。
卞永誉：《式古堂书画汇考》，台北正中书局 1958 年版。
崔述著，顾颉刚编订：《崔东壁遗书》，上海古籍出版社 1983 年版。
方以智：《物理小识》，商务印书馆 1937 年版。
方以智：《愚者智禅师语录》，安徽教育出版社 1983 年版。
顾炎武：《顾炎武全集》，上海古籍出版社 2012 年版。
韩愈：《昌黎先生文集》，商务印书馆《四部丛刊》本。
何良俊：《四友斋丛说摘抄》，商务印书馆《丛书集成》本。
黄宗羲：《明夷待访录》，中华书局 2011 年版。
黄宗羲：《南雷文定后集》，中华书局 1985 年版。
李贽：《焚书》，中华书局 1961 年版。
全祖望：《鲒埼亭集外编》，商务印书馆《四部丛刊》本。
容肇祖整理：《何心隐集》，中华书局 1960 年版。
阮元：《研经室二集》，中华书局 1993 年版。
司马光：《资治通鉴》，中华书局 1956 年版。
万斯同：《石园文集》，张氏约园刻《四明丛书》本 1936 年版。
王夫之：《读通鉴论》，中华书局 1975 年版。
王守仁：《王阳明全集》，上海古籍出版社 1992 年版。
许慎：《说文解字》，中华书局 1963 年版。
颜元：《颜元集》，中华书局 1987 年版。
章学诚著，仓修良编注：《文史通义新编新注》，浙江古籍出版社 2005 年版。
昭梿：《啸亭杂录》，上海古籍出版社 2012 年版。

《高等小学中国历史》，江户编译社 1906 年版。
《清史列传》，中华书局 1928 年版。

《一代宗师：曾昭抡百年诞辰纪念文集》，北京大学出版社 1999 年版。
《中国当代社会科学家》第四辑，书目文献出版社 1983 年版。
爱汉者等编，黄时鉴整理：《东西洋考每月统记传》，中华书局 1997 年版。
白钢编著：《中国封建社会长期延续问题论战的由来与发展》，中国社会科学出版社 1984 年版。
白寿彝：《中国史学史》第一册，上海人民出版社 1986 年版。
白寿彝总主编：《中国通史》卷二，上海人民出版社 1994 年版。
包世臣：《安吴四种》，咸丰元年（1851）重刊本。
蔡元培：《蔡孑民先生言行录》，广西师范大学出版社 2005 年版。
曹伯韩：《中国近百年史十讲》，华华书店 1942 年版。
曹伯韩：《中国现代史常识》，石火出版社 1939 年版。
曾謇（资生）：《两汉文官制度》，商务印书馆 1942 年版。
曾謇：《中国古代社会》，新生命书局 1935 年版。
曾謇：《中国政治制度史》，南方印书馆 1943 年版。
曾廉：《蠡庵集》，曾氏会辅堂刻本 1911 年版。
查建瑜编：《国民党改组派资料选编》，湖南人民出版社 1986 年版。
陈存恭、陈仲玉、任育德访问记录：《石璋如先生访问记录》，台北“中央研究院”近代史研究所 2002 年版。
陈德溥编：《陈黻宸集》下册，中华书局 1995 年版。
陈东原：《中国妇女生活史》，商务印书馆 1937 年版。
陈乐素、陈智超编校：《陈垣史学论著选》，上海人民出版社 1981 年版。
陈龙昌：《中西兵略指掌》，光绪二十三年（1897）东山草堂印本。
陈平原、谢泳等著：《民国大学：遥想大学当年》，东方出版社 2013 年版。
陈平原等编：《追忆王国维》，中国广播电视出版社 1997 年版。
陈其泰：《范文澜学术思想评传》，北京图书馆出版社 2000 年版。
陈清泉、苏双碧等编：《中国史学家评传》下，中州古籍出版社 1985 年版。
陈庆年：《兵法史略学》，两湖书院正学堂 1899 年版。
陈庆年：《横山乡人类稿》，陈氏横山草堂 1924 年版。
陈庆年：《中国历史教科书》，商务印书馆 1913 年版。

陈以爱：《中国现代学术研究机构的兴起》，江西教育出版社 2002 年版。
陈寅恪：《陈寅恪集·寒柳堂集》，生活·读书·新知三联书店 2001 年版。
陈寅恪：《陈寅恪集·讲义及杂稿》，生活·读书·新知三联书店 2002 年版。
陈寅恪：《陈寅恪集·金明馆丛稿初编》，生活·读书·新知三联书店 2001 年版。
陈寅恪：《陈寅恪集·金明馆丛稿二编》，生活·读书·新知三联书店 2001 年版。
陈寅恪：《陈寅恪集·诗集》，生活·读书·新知三联书店 2001 年版。
陈寅恪：《陈寅恪集·隋唐制度渊源略论稿》，生活·读书·新知三联书店 2001 年版。
陈寅恪：《陈寅恪集·唐代政治史述论稿》，生活·读书·新知三联书店 2001 年版。
陈寅恪：《陈寅恪集·元白诗笺证稿》，生活·读书·新知三联书店 2001 年版。
陈垣：《陈垣史源学杂文》，人民出版社 1980 年版。
陈垣：《明季滇黔佛教考》，中华书局 1962 年版。
陈垣：《南宋初河北新道教考》，科学出版社 1958 年版。
陈垣：《清初僧诤记》，中华书局 1962 年版。
陈垣：《史讳举例》，上海书店出版社 1997 年版。
陈垣：《通鉴胡注表微》，科学出版社 1958 年版。
陈垣：《校勘学释例》，中华书局 1959 年版。
陈垣：《元西域人华化考》，世界书局 1935 年版。
陈垣：《中国佛教史籍概论》，中华书局 1962 年版。
陈垣：《中西回史日历》，中华书局 1962 年版。
陈智超编：《励耘书屋问学记》，生活·读书·新知三联书店 1982 年版。
陈竺同：《中国文化史略》，桂林文化书店 1944 年版，文光书店 1950 年版。
成仿吾：《成仿吾文集》，山东大学出版社 1985 年版。
邓广铭著，刘隐霞、邓小南编：《邓广铭学术文化随笔》，中国青年出版社 1998 年版。

邓之诚：《中华二千年史》，商务印书馆 1934 年版。
丁宝书：《蒙学中国历史教科书》，文明书局 1903 年版。
丁谦：《蓬莱轩舆地学丛书》，浙江图书馆 1915 年版。
丁日昌辑：《百将图传》，江苏书局 1869 年版。
丁山：《甲骨文所见氏族及其制度》，中华书局 1988 年版。
东京留学生译述：《意大利独立战史》，商务印书馆 1902 年版。
东京支那青年会编辑译述：《法兰西革命史》，上海明权社 1903 年版。
杜亚泉著，田建业等编：《杜亚泉文选》，华东师范大学出版社 1993 年版。
范文澜：《中国近代史》，上海新华书店 1950 年版。
范文澜：《中国通史简编》，河北教育出版社 2000 年版。
范文澜：《中国通史简编》，人民出版社 1965 年版。
方豪：《中国天主教史人物传》，中华书局 1988 年版。
方豪：《中西交通史》，上海人民出版社 2008 年版。
方诗铭：《钱大昕》，上海人民出版社 1986 年版。
冯友兰：《冯友兰文集》卷一，长春出版社 2008 年版。
冯友兰：《新事论》，上海书店出版社 1996 年版影印《民国丛书》本。
冯友兰：《中国哲学史》，华东师范大学出版社 2000 年版。
傅斯年：《傅孟真先生集》，台湾大学，1952 年。
傅斯年：《傅斯年全集》，台北联经出版公司 1980 年版。
傅斯年：《史料论略及其他》，辽宁教育出版社 1997 年版。
傅斯年著，朱正编：《傅斯年集》，花城出版社 2010 年版。
傅衣凌：《明清时代商人及商业资本》，人民出版社 1956 年版。
傅振伦：《蒲梢沧桑——九十忆往》，华东师范大学出版社 1997 年版。
高增德、丁东编：《世纪学人自述》，北京十月文艺出版社 2000 年版。
葛剑雄：《悠悠长水——谭其骧前传》，华东师范大学出版社 1997 年版。
葛懋春、李兴芝编辑：《胡适哲学思想资料选》（上、下），华东师范大学出版社 1981 年版。
龚骏：《中国新工业发展史大纲》，商务印书馆 1933 年版。
龚书铎主编：《励耘学术承习录》，北京师范大学出版社 2000 年版。
龚自珍著，王佩诤校：《龚自珍全集》，中华书局 1959 年版。

顾潮：《历劫终教志不灰——我的父亲顾颉刚》，华东师范大学出版社1997年版。
顾颉刚、刘起釪：《尚书校释译论》，中华书局2005年版。
顾颉刚：《当代中国史学》，胜利出版公司1947年版。
顾颉刚等编：《古史辨》一至七卷，上海古籍出版社1982年版。
顾长声：《传教士与近代中国》，上海人民出版社1981年版。
顾长声：《从马礼逊到司徒雷登》，上海人民出版社1985年版。
光绪朝士校注：《校正元亲征录》，清光绪间《知服斋丛书》本。
郭沫若：《郭沫若全集》（历史编），人民出版社1982年版。
郭沫若：《青铜时代》，群益出版社1947年版。
郭沫若：《中国古代社会研究》，人民出版社1954年版。
郭嵩焘：《玉池老人自叙》，台北文海出版社1971年版影印《近代中国史料丛刊》本。
郭湛波：《近五十年中国思想史》，山东人民出版社1997年版。
国民党中央宣传部编：《蒋委员长言论类编·文化教育言论集》，正中书局1941年版。
郝镇华编：《外国学者论亚细亚生产方式》，中国社会科学出版社1981年版。
何炳棣：《读史阅世六十年》，广西师范大学出版社2005年版。
何干之：《何干之文集》，中国人民大学出版社1989年版。
何干之：《中国社会史问题论战》，生活书店1937年版。
何秋涛：《朔方备乘》，光绪七年（1881）畿辅志局初刊本。
何秋涛校正：《圣武亲征录》，商务印书馆1959年版《丛书集成》本。
何兹全：《爱国一书生——八十五自述》，华东师范大学出版社1997年版。
贺麟：《当代中国哲学》，上海书店出版社1989年版《民国丛书》本。
横阳翼田氏（曾鲲化）：《中国历史》，东新社译本1903年版。
侯外庐：《侯外庐史学论文集》，人民出版社1987年版。
侯外庐：《韧的追求》，生活·读书·新知三联书店1985年版。
侯外庐主编：《中国思想通史》第四卷下册，人民出版社1960年版。
胡逢祥：《社会变革与文化传统》，上海人民出版社2000年版。

胡林翼:《读史兵略》，咸丰十一年（1869）武昌节署刻本。
胡乔木:《胡乔木回忆毛泽东》，人民出版社2003年版。
胡绳:《胡绳全书》，人民出版社1998年版。
胡适:《胡适讲演集》，台北大陆杂志社1979年版。
胡适:《胡适论学近著》，商务印书馆1935年版。
胡适:《胡适文存》，黄山书社1996年版。
胡适:《胡适选集·考据集》，台北文星书店1966年版。
胡适:《中国哲学史大纲》卷上，东方出版社2004年版。
胡适著，季羡林主编:《胡适全集》，安徽教育出版社2003年版。
湖南哲学社科研究所编:《唐才常集》，中华书局1980年版。
华岗:《中国历史的翻案》，上海作家书屋1946年版。
黄爱梅编选:《中国学人自述丛书·雪堂自述》，江苏人民出版社1999年版。
黄福庆:《近代中国高等教育研究——国立中山大学（1924—1937）》，台北"中央研究院"近代史研究所专刊（56），1988年。
黄敏兰:《学术救国——知识分子历史观与中国政治》，河南人民出版社1995年版。
黄义祥、易汉文主编:《中山大学大事记（1924—1996）》，中山大学征求意见稿，1999年。
黄遵楷:《先兄公度先生事实述略》，附见《人境庐集外诗辑》，中华书局1960年版。
黄遵宪:《日本国志》，光绪二十三年（1897）富文斋改刻本。
纪念陈垣校长110周年筹委会编:《纪念陈垣校长诞生110周年学术论文集》，北京师范大学出版社1990年版。
翦伯赞:《翦伯赞全集》，河北教育出版社2008年版。
翦伯赞:《历史哲学教程》，河北教育出版社2000年版。
江沛:《战国策派思潮研究》，天津人民出版社2001年版。
江山野主编:《世界中学课程设置博览》，吉林教育出版社1989年版。
姜义华、武克全主编:《二十世纪中国社会科学·历史学卷》，上海人民出版社2005年版。

蒋廷黻：《蒋廷黻回忆录》，岳麓书社 2003 年版。
鞠清远：《刘晏评传》，商务印书馆 1937 年版。
鞠清远：《唐代财政史》，商务印书馆 1940 年版。
鞠清远：《唐宋官私工业》，新生命书局 1934 年版。
柯金：《中国古代社会》，黎明书局 1933 年版。
柯劭忞：《新元史》，开明书店 1935 年版。
雷海宗：《中国文化与中国的兵》，商务印书馆 1940 年版。
李达：《李达文集》，人民出版社 1980 年版。
李大钊：《李大钊选集》，人民出版社 1959 年版。
李大钊：《史学要论》，北京师范大学史学研究所 1980 年版。
李大钊：《守常文集》，上海北新书局 1949 年新一版。
李广濂：《高等小学国史教科书》，文明书局 1904 年版。
李鸿章：《李文忠公全集・奏稿》，光绪三十四年（1908）刊本。
李桓：《国朝耆献类征》，湘阴李氏 1884 年版。
李季：《中国社会史论战批判》，神州国光社 1936 年版。
李济著，张光直编：《李济文集》，上海人民出版社 2006 年版。
李锦绣：《唐代财政史稿》，北京大学出版社 1995 年版。
李平心：《中国现代史初编》，香港国泰出版公司 1940 年版。
李其驹等：《马克思主义哲学在中国》，上海人民出版社 1991 年版。
李圣悦（李平心）：《现代社会学理论大纲》，光华书局 1930 年版。
李孝迁：《西方史学在中国的传播》，华东师范大学出版社 2007 年版。
李孝迁：《域外汉学与中国现代史学》，上海古籍出版社 2014 年版。
李新主编：《国民革命的兴起》，上海人民出版社 1991 年版。
李修松编：《李则刚遗著选编》，安徽大学出版社 2006 年版。
李友芝等编：《中国近现代师范教育史料》第二册，1983 年内部印本。
李元度：《国朝先正事略》，台北文海出版社 1966 年版影印《近代中国史料丛刊》本。
李则刚：《史学通论》，商务印书馆 1935 年版。
李则刚：《始祖的诞生与图腾》，商务印书馆 1935 年版，上海文艺出版社 1988 年版。

李泽厚:《中国近代思想史论》，人民出版社 1979 年版。
李泽厚:《中国现代思想史论》，东方出版社 1987 年版。
李兆洛:《养一斋文集》，光绪四年（1878）汤成烈等重刻本。
梁启超:《佛学研究十八篇》，上海古籍出版社 2001 年版。
梁启超:《梁启超全集》，北京出版社 1999 年版。
梁启超:《清代学术概论》，上海古籍出版社 1998 年版。
梁启超:《饮冰室合集》，中华书局 1936 年版。
梁山等编著:《中山大学校史（1924—1949）》，上海教育出版社 1983 年版。
梁漱溟:《东西文化及其哲学》，《梁漱溟全集》第一卷，山东人民出版社 1993 年版。
梁廷枏:《海国四说》，1846 年刊本。
梁廷枏:《夷氛闻记》，中华书局 1959 年版。
林甘泉等:《中国古史分期讨论五十年》，上海人民出版社 1982 年版。
林同济、雷海宗:《时代之波》，在创出版社 1944 年版。
林同济、雷海宗:《文化形态史观》，大东书局 1946 年版。
林则徐:《林则徐集》，中华书局 1965 年版。
林子勋:《中国留学教育史（1847—1975）》，台北华冈出版有限公司 1976 年版。
刘大年:《刘大年集》，中国社会科学出版社 2000 年版。
刘道元:《两宋田赋制度》，新生命书局 1933 年版。
刘道元:《中国中古时期的田赋制度》，新生命书局 1934 年版。
刘龙心:《学术与制度：学科体制与现代中国史学的建立》，台北远流出版公司 2002 年版。
刘茂林、叶桂生:《吕振羽评传》，社会科学文献出版社 1990 年版。
刘乃晟:《中国历史课本》，奉天学务处 1906 年版。
刘晴波编:《杨度集》，湖南人民出版社 1986 年版。
刘师培:《刘申叔遗书》，江苏古籍出版社 1997 年影印本。
刘师培著，李妙根编选:《国粹与西化——刘师培文选》，上海远东出版社 1996 年版。
刘寅生、房鑫亮编:《何炳松文集》，商务印书馆 1996 年版。

柳曾符、柳定生编：《柳诒徵史学论文集》，上海古籍出版社 1991 年版。
柳曾符、柳佳编：《劬堂学记》，上海书店出版社 2002 年版。
柳诒徵：《国史要义》，华东师范大学出版社 2000 年版。
柳诒徵：《中国文化史》，中国大百科全书出版社 1988 年版。
鲁迅：《鲁迅全集》，人民文学出版社 1956 年版。
陆懋德：《史学方法大纲》，北京师范大学史学研究所资料室，1980 年。
罗继祖主编：《王国维之死》，广东教育出版社 1999 年版。
罗振玉编：《海宁王忠悫公遗书》初集，上虞罗氏印本 1927 年版。
罗志田：《国家与学术：清季民初关于“国学”的思想论争》，生活·读书·新知三联书店 2003 年版。
罗志田主编：《20 世纪的中国：学术与社会·史学卷》，山东人民出版社 2001 年版。
罗竹风主编：《平心文集》第 1 卷，华东师范大学出版社 1985 年版。
吕瑞廷、赵瀓璧：《新体中国历史叙论》，商务印书馆 1911 年版。
吕思勉：《白话本国史》，商务印书馆 1923 年版。
吕思勉：《历史研究法》，《史学四种》，上海人民出版社 1981 年版。
吕思勉：《吕著中国通史》，华东师范大学出版社 1992 年版。
吕思勉：《先秦史》，上海古籍出版社 1982 年版。
吕思勉：《中国社会史》，上海古籍出版社 2007 年版。
吕思勉：《中国史》(即《白话本国史》)，中国华侨出版社 2010 年版。
吕振羽：《简明中国通史》，人民出版社 1955 年版。
吕振羽：《史前期中国社会研究》，人文书店 1934 年版。
吕振羽：《史学研究论文集》，华东人民出版社 1954 年版。
吕振羽：《殷周时代的中国社会》，不二书店 1936 年版。
吕振羽：《中国社会史诸问题》，上海耕耘出版社 1942 年版。
马乘风：《中国经济史》，商务印书馆 1937 年版。
蒙默编：《蒙文通学记》，生活·读书·新知三联书店 1993 年版。
孟森：《明清史讲义》，中华书局 1981 年版。
米庆余主编：《日本百年外交史论》，中国社会科学出版社 1998 年版。
闵尔昌辑：《碑传集补》，燕京大学国学研究所 1923 年铅印本。

缪凤林:《中国通史纲要》，南京钟山书局 1932—1933、1935 年版。
缪凤林:《中国通史要略》，商务印书馆 1943 年版。
莫文骅:《中国现代革命运动史》，中国人民大学出版社 1987 年版。
慕维廉:《大英国志》，上海墨海书馆 1856 年版。
慕维廉:《地理全志》，光绪九年（1883）重纂本。
欧阳哲生编:《傅斯年全集》，湖南教育出版社 2009 年版。
欧阳哲生编:《胡适学术文化随笔》，中国青年出版社 1996 年版。
平心（李平心）:《论新中国》，上海群众联合出版社 1941 年版。
钱穆:《八十忆双亲　师友杂忆》，生活·读书·新知三联书店 1998 年版。
钱穆:《国史大纲》，上海书店出版社 1989 年版影印《民国丛书》本。
钱穆:《刘向歆父子年谱》,《先秦诸子系年（外一种）》本，河北教育出版社 2002 年版。
钱穆:《钱宾四先生全集》，台北联经出版公司 1998 年版。
钱穆:《中国近三百年学术史》，台湾商务印书馆 1968 年版。
钱玄同:《钱玄同文集》，中国人民大学出版社 1999 年版。
钱仪吉:《衎石斋记事稿》，道光十四年（1834）钱氏家刻本。
清华大学校史编写组编:《清华大学校史稿》，中华书局 1981 年版。
邱文生主编:《永安抗战进步文化活动》，海峡文艺出版社 1994 年版。
璩鑫圭、唐良炎编:《学制演变》，上海教育出版社 1991 年版。
全汉昇:《中国行会制度史》，新生命书局 1935 年版。
萨孟武:《中国社会问题之社会学的研究》，华通书局 1929 年版。
桑兵:《晚清民国的国学研究》，上海古籍出版社 2001 年版。
桑兵:《晚清民国的学人与学术》，中华书局 2008 年版。
沈兼士:《沈兼士学术论文集》，中华书局 1986 年版。
沈垚:《落帆楼文稿》，商务印书馆 1936 年版《丛书集成》本。
沈垚:《落帆楼文集》，吴兴嘉业堂刻本 1918 年版。
沈予:《日本大陆政策史（1868—1945）》，社会科学文献出版社 2005 年版。
舒新城:《中国近代教育史资料》中册，人民教育出版社 1961 年版。
宋教仁著，陈旭麓主编:《宋教仁集》，中华书局 1981 年版。
宋云彬:《东汉之宗教》，商务印书馆 1931 年版。

宋云彬：《王守仁与明理学》，商务印书馆 1931 年版。
宋云彬：《中国近百年史》，香港新知书店 1948 年版。
宋云彬：《中国文学史简编》，文化供应社 1945 年版。
苏舆：《翼教丛编》，光绪二十四年（1898）刻本。
孙中山：《孙中山全集》第二、五卷，中华书局 1982、1985 年版。
汤鹏：《浮邱子》，岳麓书社 1987 年版。
汤一介编：《国故新知：中国传统文化的再诠释》，北京大学出版社 1993 年版。
汤用彤：《汤用彤全集》，河北人民出版社 2000 年版。
汤志钧：《戊戌时期的学会与报刊》，台湾商务印书馆 1993 年版。
汤志钧编：《康有为政论集》，中华书局 1981 年版。
唐德刚：《胡适杂忆》，华文出版社 1992 年版。
唐文权、桑兵编：《戴季陶集》，华中师范大学出版社 1990 年版。
陶飞亚、吴梓明：《基督教大学与国学研究》，福建教育出版社 1985 年版。
陶希圣、鞠清远：《唐代经济史》，商务印书馆 1936 年版。
陶希圣、武仙卿：《南北朝经济史》，商务印书馆 1937 年版。
陶希圣：《潮流与点滴》，台北传记文学出版社 1979 年版。
陶希圣：《革命论之基础知识》，新生命书局 1930 年版。
陶希圣：《国家论·译者序》，新生命书局 1929 年版。
陶希圣：《中国封建社会史》，南强书局 1929 年版。
陶希圣：《中国社会与中国革命》，新生命书局 1929 年版。
陶希圣：《中国社会之史的分析》，新生命书局 1935 年版。
陶希圣：《中国政治思想史》，食货出版社 1972 年版。
陶希圣编：《中国问题之回顾与展望》，新生命书局 1930 年版。
屠寄：《蒙兀儿史记》，屠氏家刻本 1934 年版。
屯庐主人辑：《五千年中外交涉史》，蜚英书局 1903 年版。
汪嵚：《中国历史讲义》，普益书局 1906 年版。
汪荣祖：《史家陈寅恪传》，北京大学出版社 2005 年版。
汪文泰：《红毛番英吉利考略》，道光二十四年（1844）京都漱六轩刊《域外丛书海外番夷录》本。

王安定:《湘军记》，江南书局 1889 年版。
王国维:《古史新证——王国维最后的讲义》，清华大学出版社 1994 年版。
王国维:《流沙坠简·屯戍丛残考释》，日本京都东山学社 1914 年版。
王国维著，彭林点校:《观堂集林（外二种）·观堂外集下》，河北教育出版社 2001 年版。
王礼锡:《李长吉评传》，神州国光社 1930 年铅印本。
王礼锡:《王礼锡诗文集》，上海文艺出版社 1993 年版。
王世儒、闻笛编:《我与北大》，北京大学出版社 1998 年版。
王栻主编:《严复集》，中华书局 1986 年版。
王韬:《普法战纪》，中华印务总局 1873 年版。
王韬:《弢园文录外编》，中华书局 1959 年版。
王桐荪、胡邦彦、冯俊森编注:《唐文治文选》，上海交通大学出版社 2005 年版。
王为松编:《傅斯年印象》，学林出版社 1997 年版。
王学典:《翦伯赞学术思想评传》，北京图书馆出版社 2000 年版。
王永兴:《陈寅恪先生史学述略稿》，北京大学出版社 1998 年版。
王之春:《国朝柔远记》，广雅书局 1891 年版。
王舟瑶:《京师大学堂中国通史讲义》贰编，商务印书馆 1904 年版。
魏源:《魏源集》，中华书局 1979 年版。
魏源辑:《海国图志》100 卷本，古微堂刻本 1852 年版（另有 50 卷和 60 卷本，分别刊于 1842 年和 1847 年）。
魏允恭等纂修:《江南制造局记》，光绪三十一年（1905）上海文宝书局石印本。
温乐群等:《二三十年代中国社会性质和社会史论战》，百花洲文艺出版社 2004 年版。
文廷式:《纯常子枝语》，汪氏双照楼 1943 年版。
闻少华:《陈公博传》，东方出版社 1994 年版。
邬国义、吴修艺编校:《刘师培史学论著选集》，上海古籍出版社 2006 年版。
吴怀祺:《中国史学思想史》，安徽人民出版社 1996 年版。

吴学昭：《吴宓与陈寅恪》，清华大学出版社 1992 年版。
吴泽：《吴泽文集》，华东师范大学出版社 2002 年版。
吴稚晖：《吴稚晖先生文存》，医学书局 1926 年版。
吴忠良：《传统与现代之间——南高史地学派研究》，华龄出版社 2006 年版。
夏燮：《中西纪事》，江上草堂 1884 年版。
谢维扬、房鑫亮主编：《王国维全集》，浙江教育出版社、广东教育出版社 2009 年版。
熊十力：《读经示要》，上海正中书局 1948 年版。
徐复观：《学术与政治之间》，台湾学生书局 1985 年版。
徐继畬：《松龛先生全集》，山西省文献会 1915 年版。
徐继畬：《瀛寰志略》，清总理衙门 1866 年版。
徐梦莘：《三朝北盟会编》，海天书局 1939 年版。
徐天啸：《神州女子新史》，神州图书局 1912 年版。
徐志福：《抗日“救亡”运动中的陈铨》，巴蜀书社 2009 年版。
徐中舒主编：《甲骨文字典》，四川辞书出版社 2003 年版。
许冠三：《新史学九十年》上、下册，香港中文大学出版社 1988 年版。
薛福成：《庸庵全集》，光绪二十四年（1898）无锡薛氏家刻本。
恂如编：《汪精卫集》，光明书局 1930 年版。
严复：《天演论》，商务印书馆 1981 年版。
严耕望：《治史三书》，上海人民出版社 2008 年版。
杨鸿烈：《史地新论》，晨报社出版部 1924 年版。
杨鸿烈：《史学通论》，商务印书馆 1939 年版。
姚莹：《中复堂全集》，同治六年（1867）安福县丛刊本。
叶春生编：《典藏民俗学丛书·妙峰山》，黑龙江人民出版社 2004 年版。
殷鉴社编：《近世亡国史》，殷鉴社 1911 年版。
尹达：《尹达集》，中国社会科学出版社 2006 年版。
尹达：《中国新石器时代》，生活·读书·新知三联书店 1955 年版。
俞振基：《蒿庐问学记——吕思勉生平与学术》，生活·读书·新知三联书店 1996 年版。

俞正燮:《癸巳类稿》，辽宁教育出版社 2001 年版。
俞正燮:《癸巳存稿》，辽宁教育出版社 2003 年版。
袁英光选编:《王国维学术研究论集》第一、三辑，华东师范大学出版社 1983、1990 年版。
臧振华主编:《中国考古学与历史学之整合研究》，台北“中央研究院”历史语言研究所 1997 年版。
张传玺:《翦伯赞传》，北京大学出版社 1998 年版。
张光直:《考古人类学随笔》，生活・读书・新知三联书店 1999 年版。
张健甫:《中国近百年史教程》，香港文化供应社 1946 年版。
张杰、杨燕丽选编:《追忆陈寅恪》，社会科学文献出版社 1999 年版。
张静如:《五四以来历史人物笔名别名录》，陕西人民出版社 1986 年版。
张穆:《蒙古游牧记》，寿阳祁氏刊本 1867 年版。
张穆:《㞩斋文集》，咸丰八年（1858）刻本。
张书学:《中国现代史学思想研究》，湖南教育出版社 1998 年版。
张舜徽:《清人文集别录》，中华书局 1963 年版。
张舜徽:《中国古代史籍举要》，湖北人民出版社 1980 年版。
张闻天:《张闻天文集》第一至四卷，中共党史出版社 1990—1995 年版。
张之洞:《劝学篇》，光绪二十四年（1898）中江书院刊本。
张之恒主编:《中国考古学通论》，南京大学出版社 1995 年版。
章伯锋、庄建平主编:《抗日战争》第一卷，四川大学出版社 1997 年版。
章嵚:《中国大历史》，文明书局 1910 年版。
章嵚:《中华通史》第一册，商务印书馆 1935 年版。
章太炎:《国学概论》，上海泰东书局 1922 年版。
章太炎:《太炎学说・说新文化与旧文化》，成都观鉴庐 1921 年版。
赵必振:《东洋女权萌芽小史》，新民译印书局 1903 年版。
赵万里等编:《王国维遗书》，上海古籍书店 1983 年版。
赵懿年:《中国史：中等历史教科书》，上海科学会编辑部 1908 年再版本。
郑有国:《中国简牍学综论》，华东师范大学出版社 1989 年版。
中国蔡元培研究会编:《蔡元培全集》，浙江教育出版社 1997—1998 年版。
中国农村经济研究会编:《中国农村社会性质论战》，新知书店 1935 年版。

中国社会科学院历史研究所史学史研究室编：《新史学五大家》，社会科学文献出版社 1996 年版。
中国社科院近代史研究所编：《范文澜历史论文选集》，中国社会科学出版社 1979 年版。
钟离蒙、杨凤麟主编：《中国现代哲学史资料汇编》，辽宁大学哲学系，1982 年。
周言编：《陈寅恪研究：新史料与新问题》，九州出版社 2014 年版。
周予同著，朱维铮编：《周予同经学史论著选集》，上海人民出版社 1983 年版。
周子东等：《三十年代中国社会性质论战》，知识出版社 1987 年版。
朱克敬辑：《洋务用军必读》，五湖草庐刻本 1884 年版。
朱其华：《中国社会的经济结构》，新生命书局 1932 年版。
朱维铮、姜义华编注：《章太炎选集》，上海人民出版社 1981—1985 年版。
朱维铮等著：《马相伯传略》，复旦大学出版社 2005 年版。
朱绣：《西藏六十年大事记》，1925 年铅印本。
朱政惠：《吕振羽和他的历史学研究》，湖南教育出版社 1992 年版。
左玉河：《中国近代学术体制之创建》，四川人民出版社 2008 年版。

仓修良主编：《中国史学名著评介》，山东教育出版社 2006 年版。
杜正胜、王汎森主编：《新学术之路——“中央研究院”历史语言研究所七十周年纪念文集》上、下，台北“中央研究院”历史语言研究所 1998 年版。
复旦大学历史系中国思想文化研究室编：《中国文化研究集刊》第一辑，复旦大学出版社 1984 年版。
李金强主编：《世变中的史学》，广西师范大学出版社 2010 年版。
南开大学历史学院编：《雷海宗与二十世纪中国史学》，中华书局 2005 年版。
食货月刊社编委会主编：《陶希圣先生八秩荣庆论文集》，食货出版社 1979 年版。
许纪霖、刘擎主编：《多维视野中的个人、国家与天下认同》，《知识分子论丛》第 11 辑，华东师范大学出版社 2013 年版。

袁英光编选:《中国史学史论集》，上海人民出版社 1980 年版。

曾业英主编:《五十年来的中国近代史研究》，上海书店出版社 2000 年版。

张枬、王忍之编:《辛亥革命前十年间时论选集》第一至五册，生活·读书·新知三联书店 1960、1963、1997 年版。

中国社会科学院中日历史研究中心编:《九一八事变与近代中日关系——九一八事变 70 周年国际学术讨论会论文集》，社会科学文献出版社 2004 年版。

中国社科院历史研究所等合编:《顾颉刚先生诞辰 110 周年论文集》，中华书局 2004 年版。

Alexander Wylie, *Memorials of Protestant Missionaries to the Chinese*, Shanghai: American Presbyterian Mission Press 1867.（中译本见伟烈亚力著，赵康英译:《基督教新教传教士在华名录》，天津人民出版社 2013 年版。）

Jack Gray, "Historical Writing in Twentieth Century China", *Historians of China and Japan*, ed. by Beasley, W. G. and Pulleyblank, E. G., London: Oxford University Press, 1971.

John Harold Plumb, *The Death of the Past*, London: MacMillan Press, 1969.

阿里夫·德里克著，翁贺凯译:《革命与历史：中国马克思主义历史学的起源》，江苏人民出版社 2005 年版。

安徽大学苏联问题研究所等编译:《苏联〈真理报〉有关中国革命的文献资料选编》第 1、2 辑，四川省社会科学院出版社 1985—1986 年版。

长谷川诚也著，敬业学社译:《欧洲历史揽要》，敬业学社 1902 年版。

程恩培集案，程尧章译述:《日本变法次第类考》，政学译社 1902 年版。

池田温著，龚泽铣译:《中国古代籍帐制度研究》，中华书局 1984 年版。

大濑甚太郎、中川延治:《教授法之沿革史》，教育世界出版所 1902 年版。

丹皮尔著，李珩译:《科学史》，商务印书馆 1975 年版。

杜博洛夫斯基著，吴清友译:《亚细亚生产方式·封建制度·农奴制度及商业资本之本质问题》，神州国光社 1933 年版。

樊仲云编译：《东西学者之中国革命论》，新生命书局 1929 年版。
费正清主编，章建刚等译：《剑桥中华民国史》上、下卷，上海人民出版社 1991 年版。
浮田和民著，李浩生译：《史学通论》，上海合众译书局 1903 年版。
福泽谕吉著，北京编译社译：《文明论概略》，商务印书馆 1959 年版。
工藤武重著，汪有龄译：《日本议会史》，江苏通州翰墨林书局 1904 年版。
郭颖颐著，雷颐译：《中国现代思想中的唯科学主义（1900—1950）》，江苏人民出版社 1998 年版。
何炳松译：《通史新义》，商务印书馆 1933 年版。
黑格尔著，王造时译：《历史哲学》，生活·读书·新知三联书店 1956 年版。
花之安：《自西徂东》，光绪十年（1884）香港中华印务总局刊本。
华勒斯坦等著，刘锋译：《开放社会科学》，生活·读书·新知三联书店 1997 年版。
杰弗里·巴勒克拉夫著，杨豫译：《当代史学主要趋势》，上海译文出版社 1987 年版。
柯林武德著，何兆武、张文杰译：《历史的观念》，中国社会科学出版社 1986 年版。
堀敏一著，韩国磐等译：《均田制的研究》，福建人民出版社 1984 年版。
朗格诺瓦、瑟诺博司著，李思纯译：《史学原论》，商务印书馆 1926 年版。
李提摩太：《时事新论》，上海广学会 1894 年版。
李提摩太编译：《地球一百名人传》，上海广学会 1909 年版。
林乐知编译：《全地五大洲女俗通考》，上海华美书局 1903 年版。
林乐知编译：《中东战纪本末初编》，上海广学会 1896 年版。
鲁滨逊著，何炳松译：《新史学》，商务印书馆 1924 年版。
路义恩原著，卫理口译，范熙庸笔述：《日本学校源流考》译本序，江南制造局 1899 年版。
M. C. 贾比才等著，张静译：《中国革命与苏联顾问》，中国社会科学出版社 1981 年版。
马扎亚尔著，陈代秋、彭祖秋译：《中国农村经济研究》，神州国光社

1934 年版。
麦恳西原著，李提摩太译：《泰西新史揽要》，上海广学会 1895 年版。
米夫：《米夫关于中国革命言论》，人民出版社 1986 年版。
涩江保著，薛蛰龙译：《波兰衰亡史》，上海镜今书局 1904 年版。
山峰畯台著，中国汉阳青年编译：《续支那通史》，会文政记书局 1903 年版。
商务印书馆编译：《法兰西史》，商务印书馆 1903 年版。
王韬辑：《西学辑存六种》，淞隐庐铅印本 1889 年版。
魏易译：巴克尔《文明史》，光绪三十二至三十三年（1906—1907）《学部官报》本。
谢卫楼编：《万国通鉴》，美华书馆 1882 年版。
永田广志著，陈应年等译：《日本哲学思想史》，商务印书馆 1978 年版。
有贺长雄著，麦仲华译：《人群进化论》，上海广智书局 1903 年版。
远山茂树、佐藤进一编，吕永清译：《日本史研究入门》，生活·读书·新知三联书店 1959 年版。
斋藤奥治著，秦元弼译：《西力东侵史》，上海文明编译局 1903 年版。
赵必振译：《日本维新三十年史》，广智书局 1902 年版。
甄克思著，严复译：《社会通诠》，商务印书馆 1981 年版。
支那少年编译：《支那四千年开化史弁言》，支那翻译会 1903 年版。
中共中央党史研究室编译：《联共（布）、共产国际与中国国民革命运动》，北京图书馆出版社 1998 年版。
商务印书馆编译所编：《法国革命战史》，商务印书馆 1911 年再版本。
中国社会科学院近代史研究所翻译室编：《共产国际有关中国革命的文献资料》第 1 辑，中国社会科学出版社 1981 年版。

四、论文类

《二十世纪中国历史学》（上、下），《光明日报》1998 年 1 月 20 日、27 日。
《解放日报》编者：《“民族文学”与法西斯谬论》，《解放日报》1944 年

8 月 8 日。
《禹贡学会研究边疆计划书》,《史学史研究》1981 年第 1 期。
S. Y. Teng, "Chinese Historiography in the Last Fifty Years," *The Far Eastern Quarterly*, Vol.VIII, No. 2, Feb., 1949.
白寿彝、瞿林东:《马克思主义史学在中国的传播和发展》,《史学史研究》1983 年第 1 期。
白寿彝:《谈谈近代中国的史学》,《史学史研究》1983 年第 3 期。
曹靖国:《梁启超进化史观的演变》,《东北师大学报》1985 年第 3 期。
常宗虎:《社会史浅论》,《历史研究》1995 年第 1 期。
陈峰:《〈食货〉新探》,《史学理论研究》2001 年第 3 期。
陈怀宇:《陈寅恪留学哈佛史实钩沉及其相关问题》,《清华大学学报》2012 年第 5 期。
陈其泰:《论近代史学对传统史学的扬弃》,《中国史研究》1987 年第 1 期。
陈垣:《党使我获得新的生命》,《人民日报》1959 年 3 月 12 日。
程龙、杨立琴:《毛泽东的学术知音范文澜》,《党史博采》2004 年第 4 期。
董作宾:《中国古代文化的认识》，台北《大陆杂志》第 3 卷第 12 期。
杜蒸民:《试论章太炎的史学思想及其成就》,《史学史研究》1983 年第 4 期。
樊洪业:《从格致到科学》,《自然辩证法通讯》1988 年第 3 期。
范文澜:《关于〈中国通史简编〉》,《新建设》1951 年第 4 卷第 2 期。
方龄贵:《记所见阮惟和〈元秘史地理今释〉抄本》,《中国蒙古史学会成立大会纪念集刊》，内蒙古人民出版社 1979 年版。
方秋苇:《陶希圣与"低调俱乐部"、"艺文研究会"》,《民国档案》1992 年第 3 期。
傅乐诗:《现代中国保守主义的文化与政治》,《保守主义》，台北时报文化出版事业有限公司 1980 年版。
傅璇琮:《陈寅恪文化心态与学术品位的考察》,《社会科学战线》1991 年第 3 期。
顾潮:《顾颉刚与傅斯年在青壮年时代的交往》,《文史哲》1993 年第 2 期。
顾诚:《如何正确评价〈甲申三百年祭〉》,《中国史研究》1981 年第 4 期。

郝时远:《中文“民族”一词源流考辨》,《民族研究》2004 年第 6 期。
何兹全:《我的大学生活》,《大学生》1997 年第 1 期。
何兹全:《我所经历的 20 世纪中国社会史研究》,《史学理论研究》2003 年第 2 期。
何兹全:《我所认识到的唯物史观和中国社会史研究的联系》，北京师范大学史学理论与史学史研究中心举办“唯物史观与 21 世纪中国史学研讨会”参会论文（打印稿），2001 年 11 月 23 日。
侯仁之:《回忆与希望》,《历史地理》1981 年创刊号。
侯云灏:《20 世纪前期中国史学流派略论》,《史学理论研究》1999 年第 2 期。
侯云灏:《雷海宗早期史学思想研究》,《史学理论研究》1992 年第 3 期。
胡滨:《论梁启超的史学》,《文史哲》1957 年第 4 期。
胡厚宣:《关于〈殷墟书契考释〉的写作问题》,《社会科学战线》1984 年第 4 期。
胡绳武、金冲及:《辛亥革命时期章炳麟的政治思想》,《历史研究》1961 年第 4 期。
黄进兴:《论“方法”及“方法论”——以近代中国史学意识为系络》,《学人》第 5 辑，江苏文艺出版社 1994 年版。
黄兴涛:《“民族”一词究竟何时在中文里出现》,《浙江学刊》2002 年第 1 期。
黄兴涛:《民族自觉与符号认同：“中华民族”观念萌生与确立的历史考察》,《中国社会科学评论》（香港）2002 年 2 月创刊号。
江文汉:《广学会是怎样一个机构》,《文史资料选辑》1964 年总第 43 辑。
姜义华:《从“史官史学”走向“史家史学”：当代中国历史学家角色的转换》,《复旦学报》1995 年第 3 期。
蒋大椿:《中国史学科的回顾与展望》，氏著:《唯物史观与史学》，吉林教育出版社 1991 年版。
金景芳:《中国古代史分期商榷》,《历史研究》1979 年第 2—3 期。
康虹丽:《论梁任公的新史学和柳翼谋的国史论》，杜维运、陈锦忠编:《中国史学史论文选集》三，台北华世出版社 1980 年版。

蓝吉富:《〈汉魏两晋南北朝佛教史〉前言》,《现代佛学大系》第 27 册，台北弥勒出版社 1982 年版。

李帆:《“文化形态史观”的东渐——战国策派与汤因比》,《近代史研究》1993 年第 6 期。

李锦全:《陈寅恪先生治学的精神风貌》,《纪念陈寅恪教授国际学术讨论会文集》，中山大学出版社 1989 年版。

李侃:《梁启超史学思想试论》,《新建设》1963 年第 7 期。

李庆:《〈崔东壁遗书〉和 20 世纪初中日两国的“疑古”思潮》,《学术集林》第 10 辑，上海远东出版社 1997 年版。

李润苍:《关于中国近代史学史的基本内容和几点想法》,《史学史研究》1985 年第 2 期。

李润苍:《章太炎的史学观点和方法》,《学术月刊》1984 年第 8 期。

廖名春:《试论古史辨运动兴起的思想来源》,《原道》第四辑，学林出版社 1998 年版。

林庆元:《章太炎是小资产阶级思想家》,《历史研究》1985 年第 4 期。

林伟:《陈寅恪的哈佛经历与研习印度语文学的缘起》,《世界哲学》2012 年第 1 期。

刘凤翥、陈智超:《陈述先生忆往事》,《中国史研究动态》1992 年第 3 期。

刘俐娜:《五四时期学者对史学功能的认识》,《历史研究》1996 年第 3 期。

刘起釪:《顾颉刚先生卓越的〈尚书〉研究》,《文史哲》1993 年第 2 期。

刘振岚:《梁启超对历史发展规律的探索》,《历史研究》1984 年第 5 期。

罗时贤:《柳翼谋先生及其〈学衡〉诸友》,《“国立”中央大学六十周年纪念特刊》1965 年 12 月。

罗耀九:《辛亥革命前章太炎的封建意识试析》,《学术月刊》1962 年第 6 期。

马金科:《批判与创新是梁启超史学的特点》,《光明日报》1983 年 10 月 12 日。

闵杰:《戊戌学会考》,《近代史研究》1995 年第 3 期。

钱婉约:《“层累地造成说”与“加上原则”——中日近代史学上之古史

辨伪理论》,《人文论丛》1999年卷，武汉大学出版社1999年版。
瞿林东:《走向中国史学深处》,《中国史研究》1998年第4期。
饶宗颐:《古史重建与地域扩张问题》,《九州》第二辑，商务印书馆1999年版。
孙敦恒:《清华国学研究院纪事》,《清华汉学研究》（第一辑），清华大学出版社1994年版。
孙守任:《论章炳麟政治思想的阶级属性及其发展的几个阶段》,《吉林师大学报》1964年第1期。
汤用彤:《五代宋元明佛教事略》,《中国哲学》1981年第5辑。
陶希圣:《杨联陞〈汉学评论集〉序》，台北《食货》月刊复刊第12卷第7期，1982年10月。
童浩:《屠寄史学研究》，华东师范大学历史系硕士学位论文，1981年。
万亚:《珍贵的文献——〈西南研究丛书〉评介》,《东陆学林》第八辑，云南大学出版社1998年版。
王德毅:《姚从吾先生年谱》,《台大历史学报》1974年第1期。
王东:《历史主义与二十世纪上半期的中国史学》,《史学理论研究》2001年第3期。
王尔敏:《清季学会汇表》，台北《大陆杂志》第24卷第2、3期，1962年1—2月。
王晴佳:《白璧德与“学衡派”——一个学术文化史的比较研究》，台北《近代史研究所集刊》2002年第37期。
王晴佳:《陈寅恪、傅斯年之关系及其他——以台湾“中研院”所见档案为中心》,《学术研究》2005年第11期。
王世襄:《傅斯年先生的四句话》,《文汇报》2006年7月5日。
王守稼、缪振鹏:《〈甲申三百年祭〉及其在现代史学史上的地位》,《郭沫若研究》（1），文化艺术出版社1985年版。
王煦华:《抗日战争期间的中国史学会》,《历史文献》第四辑，上海科技文献出版社2001年版。
王学典:《从偏重方法到史论并重》,《文史哲》1991年第3期。
王学典:《从强调一般到侧重特殊》,《史学理论研究》1992年第3期。

王学典：《从追求致用到向往求真》，《史学月刊》1999 年第 1 期。
王学典：《近五十年的中国历史学》，《历史研究》2004 年第 1 期。
王学典：《实证追求与阐释取向之间的百年史学》，《文史哲》1997 年第 6 期。
王学典：《唯物史观派史学的学术重塑》，《历史研究》2007 年第 1 期。
王学典：《新史学和新汉学：中国现代史学的两种形态及其起伏》，《史学月刊》2008 年第 6 期。
魏明孔：《近年来隋唐五代经济史研究特点》，《中国史研究动态》1990 年第 4 期。
邬国义：《梁启超新史学思想探源》，《社会科学》2006 年第 6 期。
吴承明：《中国经济史研究的方法论问题》，《中国经济史研究》1992 年第 1 期。
吴丰培：《记 1935—1937 年的北平研究院史学研究会》，《北京社会科学》1986 年第 2 期。
吴怀祺：《关于梁启超史学评价的几个问题》，《光明日报》1984 年 1 月 18 日。
吴蔚若：《章太炎之民族主义史学》，台北《大陆杂志》第 13 卷第 6 期。
吴熙钊：《合中外古今文化而成新的学术思想》，《中山大学学报》1986 年第 1 期。
向燕南、尹静：《中国社会经济史研究的拓荒与奠基——陶希圣创办〈食货〉的史学意义》，《北京师范大学学报》2005 年第 3 期。
谢济：《金景芳先生为何如此评论郭沫若史学》，《郭沫若学刊》1991 年第 1 期。
辛安亭：《回顾在延安十一年的教材编写生活》，《西北师大学报》1977 年第 4 期。
辛安亭：《陕甘宁边区部分教材介绍》，《西北师院学报》1986 年第 3 期。
徐复观：《悼蓝孟博（文徵）先生》，原载台北《中华杂志》第 14 卷第 3 期，1976 年 3 月，收入夏晓虹、吴令华编：《清华同学与学术薪传》，生活·读书·新知三联书店 2009 年版。
许殿才：《中国马克思主义史学历史地位学术讨论会纪要》，《史学史研究》1997 年第 3 期。
杨宽：《顾颉刚先生和〈古史辨〉》，《光明日报》1982 年 7 月 19 日。
杨云若、邱路：《大革命失败前后共产国际内部围绕中国问题的争论》，《近代史研究》1987 年第 1 期。
叶桂生、刘茂林：《略论马克思主义中国历史学的创立和发展》，《学习与研究》1982 年第 11 期。
叶桂生：《关于现代史学史的思索》，《史学史研究》1989 年第 4 期。
逸雪：《三十年来国史馆筹备始末记》，《说文月刊》第 3 卷第 8 期。
殷海光：《胡适与国运》，台北《自由中国》第 20 卷第 9 期，1959 年 5 月。
游宇明：《钱锺书看不起陈寅恪？》，《北京日报》2016 年 12 月 2 日“理论周刊”。
俞旦初：《中国近代的爱国主义史学思潮》，《史学史研究》1985 年第 2 期。
俞旦初：《中国近代最早的史学会——湖北史学会初考》，《近代史研究》1986 年第 6 期。
袁英光：《“战国策派”反动史学观点批判》，原载《华东师范大学学报》1958 年第 2 期，后被转载于《历史研究》1959 年第 1 期。
查时杰：《私立基督教燕京大学历史系所初（1919—1952）》，《台大历史学报》1996 年第 20 期。
翟清福、耿清珩：《一桩学术公案的真相》，《中国史研究》1996 年第 3 期。
张毕来：《一生无长物，举世少知音——忆故友汪士楷教授》，张谷、魏华龄主编：《桂林文史资料》第 36 辑《国立桂林师范学院实录》，漓江出版社 1997 年版。
张广智：《二十世纪前期西方史学输入中国的行程》，《史学理论研究》1996 年第 1 期。
张海鹏：《中国近代史的“两个过程”及有关问题》，《历史研究》1984 年第 4 期。
张和声：《文化形态史观与战国策派的史学》，《史林》1992 年第 2 期。

张求会：《陈寅恪 1949 年有意赴台的直接证据》，《陈寅恪丛考》，浙江大学出版社 2012 年版。

张润三：《南京汪伪几个组织及其派系活动》，《文史资料选辑》1986 年总第 99 辑（合订本第 34 册）。

张亦工：《中国近代史研究的规范问题》，《历史研究》1988 年第 3 期。

张致远（贵永）：《兰克的生平与著作》，台北《自由中国》第 7 卷第 12 期，1952 年 12 月。

赵金钰：《论章炳麟的政治思想》，《历史研究》1964 年第 1 期。

赵世瑜：《社会史研究呼唤理论》，《历史研究》1993 年第 2 期。

甄金：《〈蒙古秘史〉源流研究概叙》，《蒙古史研究》第 2 辑，内蒙古人民出版社 1986 年版。

郑师渠：《晚清国粹派的新史学探讨》，《北京师范大学学报》1991 年第 5 期。

郑师渠：《学衡派史学思想初探》，《北京师范大学学报》1998 年第 4 期。

郑天挺：《回忆陈援庵先生四事》，《陈垣校长诞生百年纪念文集》，北京师范大学出版社 1980 年版。

周善培：《旧雨鸿爪》，《文史资料选辑》1985 年第 3 辑（总第 103 辑）。

周文玖：《我国二十世纪三四十年代的史学评述》，《史学理论研究》1999 年第 2 期。

周文玖：《朱希祖与中国现代史学体系的建立》，华东师范大学历史系与海外中国学研究中心主办“国际视野下的中国史学”国际研讨会参会论文打印稿，2005 年 10 月 29—30 日。

朱荫贵：《章有义先生传略》，《近代中国》第三辑，上海社会科学院出版社 1993 年版。

朱仲玉：《1919 至 1949 年间中国的马克思主义史学》，《史学史研究》1981 年第 3 期。

邹秉国、罗慧敏：《汪士楷教授对中国革命的历史贡献》，刘可风主编：《岁月如歌：中国财经政法大学校友回忆录》，湖北长江出版集团 2008 年版。

后　记

本书是在教育部人文社会学科重点研究基地重大项目《中国近代史学思潮研究》结题成果的基础上，经多年充实改写而成。

笔者自 1978 年考入华东师范大学历史系从吴泽师攻读研究生，1981 年毕业留校，长期从事中国史学史特别是近代史学史的教学和研究。1991 年与张文建合作，出版《中国近代史学思潮与流派》，颇获好评。因该书叙事仅止于新文化运动前后，不少同行提议应将全书内容下延至 1949 年，以更好展现中国近现代史学史演变的完整性。受此激励，多年来，笔者一直将自己的专业研究侧重于这一时段，现在总算为此交出了一份迟到的答卷。至于是否符合同行和其他读者的期望，则尚需接受学术界的检验。

本书的撰写，不敢奢望反映中国近现代史学史的全貌，唯欲通过对近现代史上形成深远影响并留下显著实绩的史学思潮与流派之系统考察，揭示中国史学由传统向现代转型的总体演变趋势。故全书框架大抵以思潮和流派区置章节，力求根据各思潮与流派的实际影响及其活动触及面的大小展开铺述，而不太注重各章节间篇幅上的平衡，对一些近现代史学史上很有成就，但并未明显参与或形成流派学群的史家，因限于主题，未能一一论及。凡此，皆祈读者见谅。

本书写作的具体分工如下：

胡逢祥：绪论、第一章、第二章第五至六节、第三章第一至四节、第四至六章、第七章第一节、第八章、第九章第一节。

张文建：第二章第一至四节、第三章第五节（此节与李孝迁合撰）。

王　东：第七章第二至三节、第九章第二至五节。

李远涛：第七章第四节。

此外，笔者的研究生计宏伟、朱慧颖、吴忠良、李江涛、徐春夏、杨天通等先后为部分专题的撰写提供了初稿或相关资料。李孝迁、王传两位教研室同人为搜集本书的图片做了大量工作。书末附录的“主要引用文献及书目一览”由李远涛协助完成。全书由胡逢祥负责架构设计和统稿。

本书在撰写过程中，曾受到山东教育出版社温玉川先生等的鼓励及不少同行研究成果的启发，商务印书馆的丁波先生等为此书的出版付出了辛勤劳动。在此谨代表本书作者表示衷心感谢。

华东师范大学历史学系和中国现代思想文化研究所 胡逢祥

2017 年 9 月